日本思想大系 8

古代政治社會思想

山岸徳平
竹内理三
家永三郎
大曾根章介

岩波書店刊行

目次

凡例

一、本書に収録したものの底本は次の通りである。

遷都平城詔（和銅元年二月戊寅詔）・造立盧舎那仏詔（天平十五年十月辛巳詔）・乞骸骨表（宝亀元年十月丙申条）――新訂増補 国史大系本「続日本紀」

法成寺金堂供養願文――東京大学史料編纂所蔵本「諸寺供養類記」

私教類聚（目録）――内閣文庫蔵本「拾芥抄」（略要抄）

貞恵伝・武智麻呂伝――彰考館蔵本「家伝」

革命勘文――内閣文庫蔵本「群書類従」

藤原保則伝・寛平御遺誡・九条右丞相遺誡・陸奥話記――尊経閣文庫蔵本

意見十二箇条――東京大学史料編纂所蔵本

菅家遺誡――陽明文庫蔵本

新猿楽記――宮内庁書陵部蔵本

遊女記・傀儡子記――新訂増補 国史大系本「朝野群載」

幕年記・狐媚記・勘申——内閣文庫蔵本「本朝続文粋」
将門記——宝生院蔵本(真福寺本)
尾張国郡司百姓等解——早稲田大学蔵本(佚失部分については東京大学史料編纂所蔵本を使用)

*

一、訓読文をもって本文とし、原文を後に一括して掲げた。但し「私教類聚」「尾張国郡司百姓等解」は原文のみ掲げ、その翻刻方針についてはそれぞれの扉に記した。
一、字体は概ね通行の字体を用いた。
一、適宜、改行を設けた。訓読文については句読点や並列点(・)を施し、原文については読点や並列点を施した。
一、底本の二行割書は、〈 〉内に一行小字で示した。
一、底本の文字を訓読文で訂した場合、原文の当該文字の右傍に・印をつけた。また、底本にない文字や虫損を訓読文で補った場合、その補入した文字を原文中に示し、校合本によったときは〔 〕、意によりあるいは他の史料によったときは( )で括った。
一、注解を施した語句には、訓読文中に*をつけた。
一、頭注に収めきれない事柄、また別に論ずべき事柄は補注として巻末に一括した。
一、↓は、参照すべき頭注・補注があることを示す。

一、主な引用書目の略称は次の通りである。
紀・書紀―日本書紀　続紀―続日本紀　後紀―日本後紀　続後紀―続日本後紀　文徳実録―日本文徳天皇実録　三代実録―日本三代実録　世紀―本朝世紀　紀略―日本紀略　略記―扶桑略記　群載―朝野群載　分脈―尊卑分脈　補任―公卿補任　三代格―類聚三代格　要略―政事要略　文粋―本朝文粋　続文粋―本朝続文粋　法華験記―大日本国法華経験記　霊異記―日本国現報善悪霊異記　今昔―今昔物語集　和名抄―和名類聚抄　名義抄―類聚名義抄　字類抄―色葉字類抄　伊呂波―伊呂波字類抄　尾張国解文―尾張国郡司百姓等解
なお「延喜式」は誤解のおそれがない限り、「延喜」を冠しなかった。例えば「主計式」とあれば「延喜主計寮式」の意である。

＊

一、収録文献の選定は、山岸徳平がこれにあたり、竹内理三・家永三郎と協議した。
一、執筆にあたって次のように分担した。
(a)　訓読文・原文の整定は、概ね大曾根章介が担当したが、「遷都平城詔」「革命勘文」「乞骸骨表」については今井宇三郎氏をわずらわした。
(b)　注解の分担は、それぞれの扉に示した。
(c)　「参考」として掲げたものについては、「私教類聚」を大曾根章介が、「尾張国郡司百姓等解」を竹内理三が担当した。

一、日本史及び仏教関係の注解について、笹山晴生・益田宗・義江彰夫、田村芳朗・大久保良順各氏の御助力を得た。

一、本書の刊行にあたり、底本使用及び資料閲覧のため便宜を計っていただいた諸研究機関、また御協力いただいた方々に厚く御礼申し上げる。

遷都平城詔

元明天皇(六六一—七二一)が即位の翌年、和銅元年(七〇八)二月十五日に発した詔である。遷都の議は、文武天皇治世の最後の年である慶雲四年(七〇七)におこされたもので、続日本紀、同年条に「詔㆓諸王臣五位已上㆒議㆓遷都事㆒也」とみえる。和銅三年三月には早くも遷都が行なわれ、いわゆる奈良時代の開始となる。この詔は、宣命体ではなく漢文体で書かれているが、特に隋書、高祖紀にみえる新都創建の詔の影響が明らかであることは注目すべきである。平城の地を表現した「四禽叶㆑図、三山作㆑鎮。亀筮並従」は有名である。

底本には、新訂増補国史大系本「続日本紀」を用いた。

〈今井宇三郎　校注〉

遷都平城詔*

朕《われ》*、祗《つつし》みて上玄《じやうげん》*に奉《うけたまは》りて、宇内《あめのした》に君とし臨み、菲薄《ひはく》の徳を以《もち》て、紫宮《しきう》*の尊《たふと》きに処《を》れり。常に以為《おもへ》らく、之を作《な》す者は労し、之に居《を》る者は逸す、と。遷都のこと、心*はいまだ遑《いとま》あらざるなり。しかるに王公大臣咸言《みなまう》さく、往古《いにしへ》より已降《このかた》、近き代《よ》に至るまで、日*を揆《はか》り星を瞻《み》て、宮室の基《もとゐ》を起こし、世を卜《ぼく》し土*を相《み》て、帝皇《みかど》の邑《さと》を建つ。定鼎《ていてい》*の基《もとゐ》永く固く、無窮の業《わざ》ここに在り、と。衆議忍びがたく、詞情深く切なり。然らば則ち京師は、百官の府にして、四海の帰する所なり。ただ朕一人《われいちにん》、あに独り逸《いつ》予《よ》せむや。苟《いやし》くも物に利あらば、それ違《たが》*ふべけむや。

昔殷王《いんわう》*五たび遷《うつ》して中興の号を受け、周后《しうこう》*三たび定めて太平《たいへい》の称を致しき。安んじてもてその久安の宅を遷せるなり。方今《いま》平城の地は、四禽《しきむ》*図に叶《かな》ひ、三山《さんざん》*鎮を作《な》し、亀筮並《きぜいならび》*に従ひぬ。宜しく都邑を建つべし。その営構*の資は、すべからく事に随ひて条奏*すべし。また秋《あき》*の収《をさめ》を待ちて後《のち》に、路橋《みちはし》を造《つく》らしめて、子来《しらい》*の義は労擾《らうぜう》を致すことなく、制度の宜《ぎ》は、後《のち》をして加へざらしめよ。

遷都平城詔　↓補
朕祗みて…　以下の詔文は、隋書、高祖紀の新都創建の詔を襲うている。↓補
上玄　天。
紫宮　星の名、紫微宮。天帝の居所。転じて天子の居所、皇居をいう。晋書、苻堅載記「姉弟専㆑寵、宮人莫㆑進。長安歌㆑之曰、一雌復一雄、双飛入㆓紫宮㆒」。
心　底本「必」。
日を揆り星を瞻て　揆は、はかる(度)。日出日入の影を計り、星を観測して四方の方位を正すこと。↓補
土を相て…　土地が都するに適するかを観る。書、洛誥「予乃胤㆑保、大相㆓東土㆒」。
定鼎　鼎は鼎(鼎)に同じ。都を定めること。左伝、宣公三年「成王定㆓鼎于郟鄏㆒、卜㆑世卅、卜㆑年七百、天所㆑命也」。
違　底本「遠」。
殷王五たび…　始祖湯王から十九代の盤庚に至るまで都を五遷している。↓補
周公三たび…　周の大王、古公亶父が岐山、文王が酆、武王が鎬京に遷都した。
四禽図…　禽は走獣の総名(説文)、図は陰陽図緯の学(文選、東方朔画像賛)。↓補
三山　春日山・奈良山・生駒山とされる。
亀筮並に従ひぬ　亀卜も筮占も共に吉。
営構の資　建造の費用。
条奏すべし　箇条書にして上奏せよ。
秋の収を待ちて　秋の収穫を終えて後に。
子来の義　子が父母を慕うが如く、庶民が有徳の君の事におもむく。詩、大雅、霊台「経始勿㆑亟、庶民子来」。

造立盧舎那仏詔

聖武天皇(七〇一―七五六)が天平十五年(七四三)十月十五日、紫香楽宮にあってだした、大仏建立発願の詔である。聖武治世には国家鎮護を念じた仏教の保護育成が盛んに行なわれ、天平九年三月詔に「毎レ国令下造二釈迦仏像一軀、挾侍菩薩二軀一、兼写中大般若経一部上」、同十二年六月条に「令下天下諸国毎レ国写二法華経十部一并建中七重塔上焉」とあり、同十三年三月には国分寺創建の詔がだされている。この詔はこれらを背景にしたものであるが、同時に華厳経の教義にのっとっていることも注目される。「夫有二天下之富一者朕也。有二天下之勢一者朕也」の一句は、古来より有名であった。底本には、新訂増補国史大系本「続日本紀」を用いた。

〈家永三郎 注〉

造立盧舎那仏詔

詔して曰《のたまは》く、朕薄徳《われはくとく》をもて恭《かたじけな》くも大位《たいゐ》を承《う》け、志は兼済《けんさい》に存《あ》りて、勤めて人物《じんぶつ》を撫《な》でつ。*率土《そつと》の浜《ほとり》、すでに仁恕《じんじょ》に霑《うるほ》ふといへども、*普天《ふてん》の下《もと》いまだ法恩《ほふおん》に浴《ゆあ》みず。誠に三宝の威霊《ゐれい》に頼《よ》りて*乾坤《あめつち》相泰《やす》らけく、万代《よろづよ》の福業《ふくごふ》を修《おこな》ひて動植咸栄《みなさか》えむと欲《ほり》す。ここに天平十五年歳次癸未十月十五日をもて、菩薩の大きなる願を発《おこ》して、*盧舎那仏《るしゃなぶつ》の金《こむ》銅《どう》像一軀《ひとはしら》を造り奉りつ。国の銅《あかがね》を尽《つく》して象《みかた》を鎔《い》り、大きなる山を削りてもて堂を構《かま》へ、広く法界に及《およ》ぼして朕が*知識《ちしき》と為し、遂に同じく利益《りやく》を蒙《かがふ》らしめ、共に菩提《ぼだい》を致さしめむとす。

それ天下《あめのした》の富を有《たも》つものは朕《われ》なり。天下の勢《いきおひ》を有つものも朕なり。この富と勢とをもて、この尊き像《みかた》を造りたてまつりつ。事は成り易く、心は至りがたし。ただ恐らくは徒《いたづら》に人を労《いたづ》かすことありて、能《よ》く聖《ひじり》を感《うご》かすことなく、或は誹謗《そしり》を生《う》みて、反《かへ》りて罪辜《つみ》に堕《お》ちむことを。この故《ゆゑ》に知識に預《あづか》る者は、懇《ねもころ》に至誠を発《おこ》さば、各《をのをの》介福《かいふく》を招かむ。宜しく日ごとに盧舎那仏《るしゃなぶつ》を三たび拝《をが》みたてまつるべく、自《みづか》ら当《まさ》に念《おもひ》を存《たも》ちて、

率土の浜・普天の下　詩経、小雅、北山に「溥天之下、莫㆑非㆓王土㆒、率土之浜、莫㆑非㆓王臣㆒」。書紀に聖徳太子の肇作として引用される憲法十七条にすでに「率土兆民、以㆑王為㆑主」との用例がある。

乾坤　天地。

盧舎那仏の金銅像　華厳経の教主で、毗盧遮那仏ともいう。宇宙の象徴。金銅像は金の鍍金をした銅製の仏像。天平勝宝元年十二月丁亥の宣命に「去辰年、河内国大県郡乃知識寺尓坐盧舎那仏遠礼奉天則朕毛欲奉造止思」とあり、天平十二年河内知識寺の盧舎那仏像を拝したときに、この大仏造立を思い立ったことがわかる。この発願の詔に続き、同年同月乙酉に紫香楽宮において盧舎那仏像を造るために始めて寺地を開いた。甲賀寺という。しかし紫香楽京経営が放棄せられたために、盧舎那仏像造立の計画も一旦中止され、十七年八月改めて平城京の東郊金鐘寺の寺地において造立が開始された。金鐘寺は大倭国の金光明寺(国分寺)であって、盧舎那仏像の造立が開始されて後、東大寺と呼ばれるようになり、同像は東大寺金堂の本尊として造立されることとなったのである。天平勝宝四年四月乙酉に開眼供養が行われたが、その銅座を鋳了したのは天平勝宝八歳七月であった。今日の大仏は、その後平重衡と松永久秀とにより再度焼かれ元禄の再造に成るもので、仏体の裾の部分と銅座蓮弁のみが創建当初の形をとどめているにすぎない(続紀・

各盧舎那仏を造りたてまつるべし。もし更に、人情《こころ》に一枝の草・一把《すくひ》の土を持ちて、像を助け造らむと願ふものあれば、恣《ほしきまま》にこれを聴《ゆる》せ。国郡《くにこほり》等の司《つかさ》、この事によりて*百姓《おほむたから》を侵《をか》し擾《なや》まし、強《あながち》に収《を》斂《さ》めしむることなかれ。*遐邇《かじ》に布《し》き告げて、朕《わ》が意《こころ》を知らしめよとのたまへり。

東大寺要録・七大寺巡礼私記）。

知識　造寺造仏その他の功徳を協力して行うための信者の組織。続紀、天平十九年九月乙亥条に「河内国人大初位下河俣連人麻呂銭一千貫、越中国人无位礪波臣志留志米三千碩、奉二盧舎那仏知識一。並授二外従五位下一」、同二十年二月壬戌条に「進二知識物一人等、大初位下物部連族子嶋、外従六位下田可臣真束、外少初位上大友国麻呂、従七位上柒部伊波並授二外従五位下一」、同天平勝宝四年四月甲午条に「進二知識物一人、外従八位下他田舎人部常世、外従八位上小田臣根成二人、並外従五位下」等と見え、東大寺要録所引造寺材木知識記に「材木知識五万一千五百九十人」「金知識人卅七万四千九百二人」「奉二加財物一人、利波留志〈米五千斛〉。河俣人麿〈銭一千貫〉。物部子嶋〈銭一千貫、車十二両、牛六頭〉。甲賀真束〈銭一千貫〉。少田根成〈銭一千貫、車一両、鍫二百柄〉。陽侯真身〈銭一千貫、牛一頭〉。田辺広浜〈銭一千貫〉。板茂真釣〈銭一千貫〉。柒部伊波〈商布二万端〉。夜国麿〈稲十万束、屋十間、倉五十三間、栗林二丁、家地三町〉。自余少財不レ録レ之」とある。

百姓を侵し…　続紀、天平宝字元年七月庚戌条の橘奈良麻呂の言に「造二東大寺一人民苦辛」とあり、結果としては、百姓を侵しなやますことを免れなかった。

遐邇　遠近。

法成寺金堂供養願文（藤原広業）

治安二年（一〇二二）、藤原道長が法成寺金堂五大堂の新仏開眼供養の仏事を行った時、参議式部大輔藤原広業（九七七―一〇二八）が作成した願文である。この法会は、後一条天皇・上東門院彰子・東宮（後朱雀天皇）らの行幸啓の下に営なまれたもので、その盛大さは、栄花物語に詳しく描写されている。藤原広業は、藤原氏北家流で、一条・三条・後朱雀三代の侍読をつとめた名儒。従三位まで昇った。その父藤原有国・弟資業も文章をもって知られ、この家は日野流と称される。この願文は、法会から遠からずしてまとめられたと思われる「法成寺金堂供養記」（作者未詳）に収録されたもので、同書には、その時発せられた大赦の詔書、及び文章博士善滋為政の手になる呪願文も載せられている。底本には、東京大学史料編纂所蔵「諸寺供養類記」所収「法成寺金堂供養記」を用いた。

〈家永三郎　注〉

法成寺金堂供養願文

*菩薩戒弟子《ぼさつかいでし》某《それがし》、*稽首和南《けいしゆわな》、十方諸仏《じつはうしよぶつ》、無量尊法《むりやうそんぼふ》、一切賢聖《いつさいけんじやう》。

それ*顕密《けんみつ》の二道は辺際《へんざい》を定むべからず、*真俗《しんぞく》の両端は孰《たれ》か能く同異を判《さだ》めむ。所以《ゆゑ》に□は沙界《しやかい》に周《あまね》くして、*無始《むし》を無生《むしやう》に引き、功《く》は□労を済《すく》ひて、*有為《うゐ》を有結《うけつ》□。我《わが》身《み》は我《わ》が有《う》に非ず、天地は*指馬に同じきものなり。ここをもて弟子*摂籙《せうろく》*万機《ばんき》の重き寄《よせ》を遁《のが》れ、早《つと》に帰依《くゐえ》三宝の境界《さかひ》に入りたりといへども、恩徳を戴《いただ》くこと猶《なほ》し往日《むかし》のごとく、□謝を致せども□に及ばず。

これによりて遠く南山の陽《みなみ》を尋《たづ》ねず、便ちただ*東邦の地《ところ》に卜《ぼく》し、滅罪生善往生極《めつざいしやうぜんわうじやうごく》楽《らく》を為《な》さむが故に、一□の精舎《しやうじや》を建立《こんりう》し、*九品蓮台《くほんれんだい》を庶幾《こひねが》ふ。及《ととのほ》るに法華《ほふくゑ》*常行《じやうぎやう》をもてし、昼夜《ひるよる》の時日、種々《くさぐさ》の所作《しよさ》、一々これあり、かれ皆*供養先《ま》づ畢りぬ。いまだ起《つく》らざるものは*金堂《こむだう》なり。即ち大厦《たいか》の*結構《けつこう》を企《くはた》て、新《あらた》に朝家の*殊私《しゆし》を請ひて、六口の*阿《あ》闍梨《ざり》を置き、万代の御願《ごぐわん》を修《をさ》むべし。寺ありといへどもその法《はふ》を置かざるときむば、何の法か能く守らむ。□といへどもその人を定めざるときむば、誰《たれ》の人か全《また》く弘め

菩薩戒弟子　道長の自称。道長は寛仁三年九月二十九日東大寺で受戒し、同四年十二月十三日叡山に登って廻心菩薩戒を受けた(紀略・小右記・左経記等)。
稽首…　インドにおける最上の敬礼法。ひざまずいて顔面を地面に接し、両手の掌を上にして相手の足を取り、それに顔面を触れる。頂礼。和南は梵語 Vandana の音訳で、稽首と同じ。
顕密の二道　真言宗では、法相・三論・華厳・天台を浅略易了の顕教とし、真言を深奥秘密の密教として、勝劣を判じた。
真俗　真は仏道、俗は俗世間。
無始を無生に…　不詳。
有為を有結　有為は生滅・変化するもの。有結は迷いの生に束縛されること。
指馬　荘子､斉物論に「天地一指也。万物一馬也」。
摂籙　摂政・関白の異称。字類抄「セウロク、輔翼、公卿部、納也」。
万機　摂籙の地位にある人の代行する帝王の政務。字類抄「公卿部、ハンキ、輔翼分」。
東邦の地　京都の東郊、鴨川の西畔、京極の東辺に法成寺があった。
九品蓮台　観無量寿経所説の浄土往生の九等の品種。上品・中品・下品に各上生・中生・下生があって、あわせて九品。
常行　般舟三昧経所説の九十日間休息せず阿弥陀仏を唱しかつ念ずる行。
供養先づ畢りぬ　↓補
金堂　原義は金殿玉楼の意であったが、

む。すでに□容を□、我《わ》が願《ねがひ》満ち足りぬ。いはむや*仏聖《ぶつしやう》・燈油《とうゆ》寺に満ち、大小のこと内外なく、随《まにまに》ただ多きをや。封第《ふだい》の旧き賜《たまもの》に及ばず。猶し伽藍《がらむ》の新しき貯《たくはへ》を□がごとし。その善根《ぜんごん》を推《おしはか》るに、皇恩《くわうおん》ならずといふことなし。

方《まさ》に今、*帝王儲皇《ていわうちよくわう》の祖《おや》貴しといへども、もし勤めざるときはそれ菩提を奈何《いかん》かせん。*三后二府の父厳《いつく》しといへども、もし懺《く》いざるときはそれ罪業《ざいごふ》を奈何かせん。たとひ人《にん》力《りき》を万民に仮《か》るといへども、何《な》ぞ仏事を一時に忘るることあらむ。大凡《おほよそ》地に勝れたる境あり、人によりて後開く。人に心の匠《たくみ》あり、物を逐《お》ひて後知る。建立せる道場は法《ほふ》成寺《じやうじ》と号《なづ》けたり。境と心と相固きことは時あらくのみ。瓦葺《かはらぶき》の金堂《こむだう》、*草創《さうさう》すでに成りぬ。天に配《はい》して金《こがね》の*瑠《こじり》を連ね、地に土《を》りて玉の甃《いしだたみ》を鋪《し》く。柱ごとに*両界曼陀羅《りやうがいまんだら》を図《しる》し、扉《とびら》ごとに*八相成道変《はちさうじやうだうへん》を書けり。その内には仏・菩薩・*六天《ろくてん》の像を安置《あんぢ》す。*華高三丈二尺金色《こんじき》の*大日如来《だいにちによらい》、中央《ちうやう》百葉の蓮花《れんぐゑ》の座に坐《ましま》し、荘厳微妙《しやうごむみめう》なり。一々《ひとつひとつ》の蓮華の葉の上には、百躰の釈迦《しやか》また現じたまひぬ。同じき金色二丈の釈迦如来、同じき薬師《やくし》如来・文殊師利《もんじゆしり》菩薩・弥勒《みろく》菩薩、相好円満《さうがうゑんまん》にして、左右《さう》に*囲繞《ゐねう》せり。金色九尺の梵天《ぼんてん》・帝釈《たいしやく》と四大天王は、仏法を住持《ぢうぢ》し、国家を鎮護《ちんご》せむがためなり。丹《に》素《しろ》金碧《あを》をもて形容《ぎやうよう》し、香火《かうくわ》花菓をもて厳浄《ごんじやう》せり。しかのみならず虹の幡《はた》畳の□・雲の蓋《きぬがさ》□絲《いと》・□羅束帛《そくはく》の類《たぐひ》誠に□あり。竜糸鵷縷《りやうしゑんる》の文《あや》これを営み、楚忽簡倹《そこつかんけん》の器《うつはもの》備へずといふ

日本古代では一寺の本尊を安置する中心の伽藍を呼ぶ。後世の本堂。↓補

結構　字類抄「伎芸部、ケツコウ、工匠分」。

殊私　特別のいつくしみ。

阿闍梨　もと弟子に正しい法式を教える師。ここでは宣旨により補せられる僧職。

仏聖　仏聖料の略。仏菩薩に供える飯米。

帝王儲皇の祖　道長は時の後一条天皇と皇太子敦良親王(後の後朱雀天皇)の外祖父であった。

三后二府の父　道長は一条天皇の中宮であった彰子、三条天皇の中宮であった妍子、後一条天皇の中宮威子の三人の后の父であり、関白左大臣頼通・内大臣教通の父であった。

草創　字類抄「伎芸部、始也。サウサウ」。

瑠　和名抄「文選云、裁二金璧一以飾レ瑠〈音当、師説古之利〉、劉良曰、言以二金璧一飾二椽端一也」。

両界曼陀羅　曼陀羅は仏・菩薩・諸天を一定の法により配列した密教の図像。金剛界・胎蔵界の図像を両界曼陀羅という。

八相成道変　仏の生涯における八の重要なことがら(降兜率・托胎・出胎・出家・降魔・成道・転法輪・入滅)を描き出した図。

六天　欲界に属する六重の天。四天王・忉利天・夜摩天・兜率天・楽変化天・他化自在天。

華高　蓮華台の高さか。

大日如来　真言密教の教主。華厳宗の盧舎那如来と同様に宇宙万象の象徴。

囲繞　字類抄「仏法部、ヰネウ」。

ことなし。*五大尊の堂同じくもて造り、彩色《さいしき》二丈の不動尊《ふどうそん》・一丈六尺の四大尊を安置《あんぢ》す。家門《かもん》に怨《うらみ》を成す怨霊《おんりやう》を降《がう》せむがためなり。弟子が臨終《りんじう》の正念《しやうねん》を専《もはら》にせむがためなり。彫飾《てうしよく》の奇□は古今に□。

また金色の妙法蓮華経《めうほふれんぐゑきやう》一部、無量義経《むりやうぎきやう》・観普賢経《くわんふげんぎやう》・般若心経《はんにやしんぎやう》各一巻、墨字の同じき経百五十部、*開結《かいけつ》二経各一巻を書写し奉る。釈迦如来説きて曰《のたまは》く、もし人ありて*仏像を彩画《さいぐわ》し、経典《きやうてん》を書写し、伽藍《がらむ》を建立し、衆《もろもろ》の僧を供養せば、知るべし、この人永く生死《しやうじ》を離れて、無上道《むじやうだう》を成さむとのたまへり。側《ほのか》に聞きて*服膺《ふくゐよう》するところなり。よて新に一会《いちゑ》を設けて、十方を驚かしめ、百五十口の僧侶を*啒請《くつじやう》して、百五十具の法衣《ほふえ》を施しぬ。諸部の大乗の次第《しだい》の*諷読《ふどく》は、*梵唄讃嘆《ぼんばいさんだん》をもて*恭敬《くぎやう》し、管磬歌舞《くわんけいかぶ》をもて供養す。これ皆*遺迹《ゆいしやく》の教の力なり。それ感ぜざらむ。

そもそも弟子偏《ひとへ》に菩提を求めて、*栄耀《ゑいえう》を求めず、朝廷《みかど》已《や》むことを得ずして、百《もも》の官《つかさ》もて卒《したが》ひ由《よ》りぬ。*椒《せう》□また儲闈《ちよゐ》併《しかしなが》らその尊威《そんゐ》を忝《かたじけな》くせり。事《こと》は旧き式《しき》にあらず、議《はかりこと》は新しき恩に出でぬ。かの*陳《ちん》の文帝《ぶんてい》の妙法を講《かう》ぜしとき、信力《しんりき》を台岳《だいがく》の雲に運び、*唐《たう》の懿宗《いそう》の釈尊に帰《くゐ》せしとき、真身《しんしん》を長安の□に迎へたまへりき。あに聖上《せいじやう》*鑾輿《らんよ》を露□に廻《めぐら》し、儀衛《ぎゑい》を法門に厳《いつく》しくしたまふがごときをや。すでに帝□を受けたまへり。むしろ*孫謀《そんぼう》にあらずや。重ねて請《こ》はく、十方三世の仏陀、随喜《ずいき》影向《やうがう》の聖衆《しやうじゆ》、中に誠《まこと》に

五大尊の堂　忿怒形の五尊、不動明王・降三世・軍荼利・大威徳・金剛夜叉を安置する堂。→補

開結二経　序説の経を開経と言い、法華経の序説として無量義経を開経とし、本経の要旨を説く観普賢経を結経と言う。

仏像を…無上道を成さむ　法華経、方便品第二に「綵画作仏像、百福荘厳相、自作若使人、皆已成仏道」とあるによるか。

服膺　字類抄「然諾分、フクヰヨウ」。

啒請　招くこと。

諷読　北史、蘇威伝「恐禍及レ已、逃二入山一以二諷読一為レ娯」、同、劉行本伝「毎以二諷読一為レ事」。

梵唄　仏法讃歎の楽声。

恭敬　字類抄「キヤ〳〵シ、クキヤウ」。

遺迹　仏のおしえ。

栄耀　字類抄「サカエカ、ヤク、人事部、ヱイエウ」。

椒□　椒房か。皇后と皇太子。

陳の文帝　中国で仏教を崇敬した君主。この話は南岳慧思または天台智顗の伝に関するものか。

唐の懿宗　咸通十二年(八七三)三月、両街に勅して鳳翔法門寺の仏骨を迎え、四月、仏骨を内道場に迎えて三日供養し、安国寺崇化寺に送り、士庶をして瞻礼せしめた(旧唐書一九・仏祖統紀四二等)。

鑾輿　天子の御車。鑾は天子の車馬のくつわにつける鈴。

孫謀　子孫のためのはかりごと。詩経、大雅、文王有声「貽二厥孫謀一以燕二翼子一」

して外に形《あら》はれむことを。善根《ぜんごん》の上分をもて、先づ*震儀《しんぎ》に資《あた》へ奉らむ。*金輪《こむりん》久しく転《てん》じて、我《わ》が法久しく弘《ひろ》むべく、玉燭《ぎよくしよく》長く明《あきら》かにして、我《わ》が寺長く興《おこ》すべし。*長秋《ちやうしう》その徳を共にし、*少陽《せうやう》その*明を重《かさ》ぬ。*准后の家《いへ》、摂籙《せうろく》の寄《よせ》、□相納言《なごん》、男女子孫に及びて、氏族繁昌《しぞくはんじやう》し、*その麗億《かず》のみならず。また合契《がふけい》の尊卑《そんひ》、同志《どうし》の*緇素《しそ》、各《をのをの》*声華《せいくわ》の栄を発《おこ》し、共に菩提《ぼだい》の縁《えん》に詣《いた》らむ。乃至*四生六趣《ししやうろくしゆ》、*百界千如《ひやくかいせんによ》、忽に抜苦解脱《ばつくげだつ》の門に入り、日《ひび》に極楽功徳《ごくらくくどく》の界《かい》に遊ばむ。一念の企《くはた》つるところ、三宝知見《さんぼうちけん》したまへ。稽首和南《けいしゆわな》、敬《うやま》ひて白《まう》す。

治安二年七月十四日　　菩薩戒弟子、敬ひて白す。

〈集伝、謀二及其孫一、則子可二以無レ事矣〉」。

震儀　天子の御身。

金輪　転輪聖王（てんりんじようおう）のうち、金剛で造った輪宝を持ち、その輪宝の転ずる方向に随って世界を支配する王を金輪王と呼び、略して金輪ともいう。

長秋　後宮。後漢書、明徳馬皇后紀「永平三年春、有司奏立二長秋宮一〈注、皇后所レ居也。長者久也。秋者万物成熟之初也。故以名焉〉」。

少陽　東宮。文選、三月三日曲水詩序「正体毓二徳於少陽一、王宰宣二哲於元輔一〈李善注、正体、太子也。少陽、東宮也〉」。

明を重ぬ　↓補

准后　太皇太后・皇太后・皇后の三后に準ずる優遇。道長は長和五年に准三后の恩命を受けた。

その麗億のみならず　↓補

緇素　緇は黒衣、素は白衣。僧尼と俗人。

声華　よい評判。

四生六趣　仏教用語。四生は生物の総称。胎生・卵生・湿生・化生。六趣は六道ともいう。仏浄土に対する全世界。天上・人間・阿修羅・畜生・餓鬼・地獄の六道。

百界千如　天台宗の観心の対象。上は仏界から下は地獄に至るまでの十界それぞれが、十界を具えているので百界となる。この百界の各界に十如是(すべてのものが存在生起するという相・性・体・力・作・因・縁・果・報・本末究竟の十種の法)があるので千如となる。

貞恵伝（藤原仲麻呂）

貞恵（六四三―六六五）は藤原鎌足の子。僧侶となり渡唐、その英才をうたわれながら若くして歿した。この伝記は「家伝」上巻の末尾に付せられたもので、鎌足の伝記の後、「有二二子貞恵・史（不比等）一、々別有レ伝」の語に続いて載せられている。なお定恵（慧）として、多武峰縁起・元亨釈書に伝が見えるが、鎌足の死後帰朝しその墓所として多武峰を開いたという仏教説話を中心とするもので、歿年も大きくくい違い、史料的には信頼に値するものではない。「家伝」は本来功臣家の系図・列伝を意味する一般名詞であったが、かなり古いうちから藤原氏の家伝をさす固有名詞となった。別名、藤氏家伝。上巻を大織冠伝・鎌足伝ともいう。鎌足の曾孫にあたる藤原仲麻呂が自らの家を顕彰するために編んだもので、成立は天平宝字四年（七六〇）頃と推定される。なお貞恵伝は、旧伏見宮家蔵大織冠伝にのみ付載されており、本書の底本には、その系統をひくと思われる彰考館本を用いた。

〈大曾根章介　校注〉

貞恵伝

貞恵《ぢやうゑ》　性《ひととなり》*聡明《そうみやう》にして学を好めり。*大臣《おほおみ》異《あやし》みて以為《おも》へらく、堅き鉄《くろがね》ありといへども、*鍛冶《たんや》するに非《あら》ずは、何《な》ぞ*干将《かんしやう》の利《と》きを得む。勁《つよ》き箭《や》ありといへども*羽括《うくわつ》するに非ずは、詎《な》ぞ*会稽《くわいけい》の美を成さむとおもへり。よりて*膝下《しつか》の恩《おん》を割《さ》きて、遙に*席上《せきじやう》の珍《ちん》を求めつ。故《かるがゆゑ》に*白鳳《はくほう》五年*歳次《さいし》甲寅をもちて、聘唐使《へいたうし》に随ひて長安に到り、*懐徳坊《くわいとくばう》の*恵日《ゑにち》道場《だうぢやう》に住す。*神泰法師《じんたいほふし》によりて*和上《わじやう》と作《な》りしは、唐主の*永徽《えいき》四年、時に年十有一歳なり。始めて聖《ひじり》の道を*鑽《き》りて、日夜怠らず、師に従ひて遊学《いうがく》すること十有余年、すでに*内経《ないきやう》に通じ、また外典《ぐゑてん》を解せり。*文章は観《み》るべく、*稾隷《かうれい》は法《のと》るべし。*白鳳十六年歳次乙丑秋九月をもちて、百済《くだら》より経て京師《けいし》に来りつ。その百済にありし日、詩一韻を誦せり。その辞《ことば》に曰く、*帝郷《ていきやう》は千里を隔《へだ》て、辺城《へんじやう》は四望《しばう》秋なりといへり。この句*警《けい》絶《ぜつ》なれば、当時《そのかみ》の才人も末を続《つ》ぐことを得ず。百済の士人《しじん》、窃《ひそか》にその能を妬《ねた》みて毒すれば、その年の十二月廿三日をもちて、*大原《おほはら》の第《いへ》にて終りぬ。春秋《しゆんしう》廿三なり。道俗《だうぞく》涕《なみだ》を揮《のご》ひ、朝野《てうや》心を傷《いた》みつ。高麗《こま》の僧*道賢《だうけん》*誄《るい》を作りて曰く、

聡明　字類抄「文章部、ソウミヤウ、メイ。才智分」。
大臣　藤原鎌足。
鍛冶　和名抄「四声字苑云、鍛、打二金鉄一為レ器也。冶、焼レ鉄銷鑠也」。
干将　古の名剣の名。↓補
羽括　やはずと羽をつけ矢を作る。↓補
会稽の美・膝下の恩・席上の珍　↓補
白鳳五年　孝徳天皇の白雉五年。↓補
懐徳坊　皇城の西第三街（朱雀門の西第五街）北より第六坊。
歳次・恵日道場・神泰法師　↓補
和上　受戒の人のために師表となる者。
永徽四年　唐の高宗の時で、我国の白雉四年に当たる。
鑽りて　深く研究して。論語、子罕「仰レ之弥高、鑽レ之弥堅」。
内経　仏教。
文章　韻文の中で主として詩をいう。
稾隷　書をいう。稾も隷も字体の一。南史、王志伝「志善二稾隷一、当時以為二楷法一」。
白鳳十六年　天智天皇四年。↓補
帝郷は…　都は遠く千里の彼方にあり、辺境の城の四方の眺めは物寂しい秋の気配に覆われている。
警絶　詩全体を活かす働きをする絶妙な秀句。
大原　奈良県高市郡明日香村小原。藤原鎌足の誕生地。↓補
道賢　道顕。高句麗からの帰化僧。その著「日本世記」が斉明紀・天智紀に引用されており、書紀編纂の一資料とされた

それ予《あらかじ》め*運推《うんすい》を計《はか》るは、*前経《ぜんけい》より著《あらは》れ、明《あきら》かに古今を鑑《かが》みるは、国の*恒典《こうてん》にあり。*紫闕《しくあつ》に*糸綸《しりん》する者は、賢を薦《すす》むるをもちて本と為《な》し、*宗室《そうしつ》を*緝熙《しふき》する者は、忠を挙ぐるをもちて先と為す。故《かれ》もちて、*周公は禽《きむ》に躬《みづか》ら三笞《さんち》を行ひ、*仲尼《ちうぢ》は鯉《り》に問ふに二《に》学《がく》をもてせり。これ並に遠く国家を理《をさ》むれど、*私《わたくし》に非ざるは明かなり。これによりて観れば、凡そ英雄《えいいう》の世に処《しよ》する、名を立てて*位を栄《さか》え、*可を献じて否を替《す》て、知りて為さずといふことなし。或は*寛猛相済《くわんもうあひすく》ひ、*文質《ぶんしつ》互に変ずることあり。これ聖人の務むるところなり。ただ君子*なるかな、かくのごとき人。*景徳《けいとく》は行き、高山は仰ぐ。*ここに一あり。理固《ことわりまこと》に善し。乃《すなは》ち法師《ほふし》をして唐《たう》に遣して学問《がくもん》せしむるに、教あれば相近づきて、研習《けんしふ》せずといふことなかりき。*七略《しちりやく》心にありて、*五車《ごしや》胸に韜《をさ》め、*否泰《ひたい》を思ひ甄《あか》して、深く*去就《きよしう》を精《わきま》へつ。*鬼谷《くゐこく》再び涙して、人士を分つことを恐れ、*韋編《ゐへん》一たび絶《た》ちて、*造化《ざうくわ》を陶鋳《たうしゆ》せり。これをもちて*席上《せきじやう》の智嚢策才《ちなうさくさい》は例《ともがら》に堪《た》へたり。しかるに忽に*天勅《てんちよく》を承《うけたまは》りて、*節《せつ》を荷《にな》ひ駕《のりもの》を命じ、また*郭武宗《くわくむそう》・*劉徳高《りうとくかう》等《ら》に詔《つ》げて、旦夕《あしたゆふべ》に撫《ぶ》養《やう》し、倭朝《わてう》に送り奉る。よりて海路《かいろ》を逕て*旧《もと》の京《みやこ》に至りつ。聖上命《せいじやうみこと》を錫《たま》ひて、幸《さき》く*舎《や》に就《つ》くことを蒙りぬ。居ること幾何《いくそばく》ならずして、疾《やまひ》に寝《ふ》し*纊微《わたすこしき》なり。*咨《あ》嗟《あ》奈何《いかが》せむ。これ白鳳十六年歳次乙丑十二月廿三日に、*春秋若干《しゆんしうそこばく》、大原の殿《との》の下に卒《し》せり。嗚《あ》呼哀《かな》しきかも。乃《すなは》ち*誄《るい》を作りて曰く、

らしい。天智元年には鼠が馬の尾に子を生んだのを占って、高麗国が敗れ日本に属くことを予言した。

誄　文体の一。死者生前の功績をほめてその死を悼む文。礼記、曾子問「賤不レ誄レ貴、幼不レ誄レ長、礼也〈鄭注、誄累也。累二列生時行迹一誄レ之、以作レ謚〉」。

運推　天運の推移で廻りあわせをいうか。

前経　古の経書。隋書、煬帝紀「天子七廟、事著二前経一、諸侯二昭、義有二差降一」。

恒典　一定不変の規則。

紫闕　神仙の府の意から皇居。

糸綸　天子の詔。↓補

宗室　天子の一族。皇族。

緝熙　徳が光り輝く。詩経、大雅、文王「穆々文王、於緝熙敬止〈毛伝、緝熙光明也〉」。

周公は…　周公が子の伯禽、弟の康叔を答うった故事。子弟を教訓する喩。↓補

仲尼は…　孔子が子の鯉に学習を尋ねたことから父の訓をいう。↓補

私に非ざる　魏志、陳群伝「群曰、夫議レ刑為レ国、非レ為レ私也」。

位を栄え　華やかな地位につく。

可を献じて…・寛猛相済ひ　↓補

文質互に変ず・君子なるかな　↓補

景徳は行き…　徳の高い人は高山のごとく仰がれる。何人にも尊敬される者の譬で、以上は藤原鎌足に対する賛美。↓補

ここに一あり　この中に一つでも当てはまるものがある。以下脱文あるか。↓補

七略　前漢の劉向の七略別録に基き、そ

於《あ》穆《うるは》しき丕基《ひき》、経綸光宅《けいりんくわうたく》す。懿《うるは》しきかな依仁《いじん》、軌格《きかく》を翼修《よくしう》す。軒冕藉甚《けんべんせきじん》にして、廟略《べうりやく》を謨宣《ぼせん》す。これ岳《をか》これ海、城のごとく埒《はりき》のごとし。魚《うを》を諫《いさ》め鼎《かなへ》を諫むるは、乃ち僖《き》乃ち伯《はく》。積善《しやくぜん》の余慶《よけい》、その哲人《てつじん》に貽《のこ》す。道を西唐《せいたう》に問ひて、業《わざ》を泗浜《しひん》に練《ね》り、席間《せきかん》に丈《ぢやう》を函《い》れて、思を覃《ふか》め神《しん》に秀《ひ》づ。荆山《けいざん》玉を抱《うだ》きて、弁氏規《べんしき》を申《の》べ、漢《かん》水珠《すいたま》を蔵《かく》して、竜子随《ずい》に報《むく》ゆ。王庭《わうてい》に賓《したが》ひて、上国《じやうこく》に輝《ひかり》を揚《あ》げ、ここに朝命《てうめい》を受け、節《せつ》を建《た》てて来儀《らいぎ》す。臂歯《ひし》方《まさ》に新ならむとして、橋父《けうふ》猶し煥《かかや》き、近署多士《きんしよたし》にして、紫微《しび》壮観なり。四門廓硌《しもんくわくらく》として、三端雅亮《さんたんがりやう》なり。王事盬《もろ》きことなく、国宝に酬《むく》いむとす。世路《せいろ》は芭蕉《ばせう》のごとく、人間《にんげん》は闥城《たつじやう》のごとし。鼠《そ》藤《とう》絶《た》え易く、蛇篋《じやけふ》停めがたし。蘭芝《らんし》春に萎《しぼ》み、松竹《しようちく》夏に零《お》ち、鳳《ほう》は繳射《しやうしや》に遭《あ》ひ、鸞《らん》は網刑《まうけい》に掛《かか》れり。嗚《あ》呼哀しきかも。顔回《がんくわい》不幸にして、天予《われ》を喪《ほろぼ》せりと謂ひ、延陵子《えんりよう》を葬《はふ》りて、その礼与《れいよ》を称《たた》へられき。書筆《しよひつ》は猶し存《のこ》れども、身精《しんせい》は何《いづれ》の処にかある。物を覩《み》て人を思へど、堂下《だうか》に叙《の》ぶることなし。嗚《あ》呼哀しきかも。車珠魏《しやじゆぐゐ》を去り、城壁趙《じやうへきてう》を辞《さ》りぬ。才はここに惜《をし》むべく、日もまた暮るるべし。嗚《あ》呼哀しきかも。

の子の歆が作った書籍分類目録のことで、すべての分野にわたる書物の意。↓補
五車　五台の車に積むほどの書籍。↓補
否泰　ともに易の卦の名。↓補
去就　去ることと留ること。進退。
鬼谷再び涙して　師が弟子の上達に感涙すること。↓補
韋編一たび…　読書に勉めること。↓補
造化を陶鋳せり　天地を作る。森羅万象を詩や文章に表現することをいうか。
席上の…　詩などを即席に作る智恵や才能。
天勅　唐の高宗の勅命。
節を荷ひ…　命を承けて使節の役目をし、出かけるために従者に馬車を用意させる。↓補
郭武宗・劉徳高　↓補
旧の京　近江大津宮に対して飛鳥の古宮をさしていったものか。天武紀元年七月壬辰条「古京」。
舎に就く　宿に入る。ここは家に帰るか。
纊微　気息がかすかなこと。臨終。↓補
咨嗟　ため息をついて嘆くことば。
春秋若干　文選、陶徴士誄「春秋若干、元嘉四年月日、卒二于尋県之某里一」。
誄　以下の内容については↓補

武智麻呂伝（延慶）

藤原武智麻呂（六八〇—七三七）は不比等の長子、仲麻呂の父にあたる。南家の祖。武智麻呂の生涯を編年的に記述したもので、史料の乏しい奈良時代前期の記録としては出色のものであるが、霊亀二年（七一六）以後の記載は簡略であって、長屋王の変、不比等の死、光明子の立后などの重要な事柄に全くふれていない。武智麻呂に対する賛辞でうめつくしているため、そのあたり杜撰さあるいは作為が目立つ。作者の延慶は藤原仲麻呂家僧と推定される。この伝記は早くから、「家伝」下巻として「大織冠伝」と対となっていたらしく、権記、長保四年二月十四日条に「藤氏記並家伝上下巻」とみえている。成立は大織冠伝とほぼ同じ頃（天平宝字四年（七六〇））と推定される。底本には彰考館本を用いた。なお底本奥書には「建久七年丙辰卯月八日書写之法相宗末葉乗円／舜禎之本也」とある。

〈大曾根章介 校注〉

武智麻呂伝

僧　延*慶

藤原《の》左大臣は、諱《いみな》は武智麻呂《むちまろ》、左京の人なり。太政大臣*史《ふひと》の長子《このかみ》、*その母は宗我《そがの》蔵大臣《くらのおほまへつきみ》の女《むすめ》なり。天武天皇即位九年歳次《さいし》庚辰四月十五日、*大原《おほはら》の第《いへ》に誕《うま》る。*義は茂《さかり》に栄《さか》ゆを取りて故《かれ》名となせり。

幼《をさな》くしてその母を喪《うしな》ひ、血《ち》の泣《なみだ》して摧《くだ》き残《そこな》ひ、*漿《こみづ》も口に入らずして、幾《ほとほと》に性《たましひ》を滅《ほろぼ》さむとす。これより*尫弱《ちからなく》、進み趣《わし》るに病を饒《ま》しぬ。年長《ま》し大《おほき》なるに及びて、*小さき節《まこと》に繋《かか》らず、形容《かたち》*条暢《でうちやう》にして、辞気《ことけ》*重遅《ぢゆうち》なり。その性《ひととなり》温良《やはらか》にして、その心は貞《さだ》しく固く、*礼に非ざれば履《ふ》まず、義に非ざれば領《をさ》めず、毎《つね》に恬淡《てんたん》を好みて、遠く*憒閙《くわいだう》を謝《さ》る。或る時には*手談《しゆだむ》して日を移し、或る時には披覧《ひらん》して夜を徹《とほ》しぬ。財色を愛せず、喜怒を形《あらは》さず、*忠信を主となし、仁義を行となせり。善を言ひて己《をのれ》に反《かへ》ることなく、悪を言ひて人に及ぶことなし。廉《きよ》くして汚《けが》れず、直《なほ》くして枉《ま》げず。

*百家の旨帰《しくゐ》、*三玄の意趣《いしう》を究めて、尤も釈教《しやくけう》を重《おも》みし、兼ねて*服餌《ふくじ》を好めり。道あるひとを尊《たふと》びて徳あるひとを敬《ゐやま》ひ、貧窮《まづしきもの》を矜《めぐ》みて孤独《ひとり》を憐《あはれ》ぶ。年ごとの夏三月に十《と》

延慶　藤原仲麻呂家僧か。↓補
史　不比等。鎌足の第二子。↓補
その母　右大臣大紫冠蘇我武羅自古女娼子(分脈)。補任は媼子。武羅自古は蘇我連(書紀)、石川連子(続紀)とあり、天智元年右大臣に任ぜられ、同三年三月(書紀は五月)に五十四歳で薨ず(略記)。字は蔵大臣(補任)。
大原　→二二頁注
義は…　「武智」は尊貴の意。↓補
漿　米を煮た汁でおもゆのこと。字類抄「コミツ、即良反、漿水也」。
尫弱　字類抄「チカラナシ、人体部、ワウジヤク」。
小さき節　小さな礼節。史記、魯仲連伝「我聞㆑之規㆓小節㆒者、不㆑能㆑成㆓栄名㆒」。
条暢　のびやかである。礼記、楽記「感㆓条暢之気㆒、而滅㆓平和之徳㆒」。
重遅　ゆったりしている。荀子、修身「卑湿重遅貪利、則抗㆑之以㆓高志㆒〈楊倞注、重遅、寛緩也〉」。
礼に非ざれば…　易経、大壮「象曰、雷在㆓天上㆒大壮。君子以非㆑礼弗㆑履」。
憒閙　乱れ騒がしいこと。
手談　囲碁のこと。字類抄「シユタム、囲棊名」。
忠信を…　孟子、告子上「仁義忠信、楽㆑善不㆑倦、此天爵也」。
百家の旨帰　多くの学者の説の意義。荀子、解蔽「今諸侯異㆑政、百家異㆑説、則必或是或非、或治或乱」。
三玄の意趣　深奥な哲理を説く三種の説

たりの大徳《だいとく》を請《しやう》じて、法花を聴説し、心府を*薫習《くんじふ》す。主を諫むるにおいては*裾《すそ》を引くに同じ。宅宮《いへ》の南にあるをもて、世に号《なづ》けて南卿といへり。

嘗《むかし》年少《わか》かりし時、*穂積親王《ほづみのみこ》宴《うたげ》の会《つどひ》に遇《あ》ひ、顧《かへり》みて群英に謂ひて曰く、遍《あまね》く藤氏《とうし》の子を見るに、この児《こ》*奇を懐《ふつくろ》にすること人と殊《こと》にす。吾《われ》聞きしく、*虎豹《こへう》の駒《こま》は文《あや》を成さずといへども、羊《ひつじ》を食《は》むの意《こころ》あり。鴻鶴《こうかく》の雛《ひな》は翼《つばさ》備はらずといへども、四海の心ありとききし。この児必ず*台鼎《たいてい》の位に至らむかといへり。*大宝元年*良家《りやうか》の子を選びて*内舎人《うどねり》と為《な》し、*三公の子をもて別に勅《みことのり》して正六位上に叙し、徴《め》して内舎人と為したまふ。年廿二。詔《みたとのり》して曰《まう》さく、爾《なむち》の家は帝室を光《おほき》に済《すく》ひ、勲《いさをしさ》は*策書《さくしよ》に載せたり。今この爵《しやく》を錫《たま》ふは栄《さかえ》となすに足らず。間者《このごろ》*新《あらた》に律令を制《つく》りて、国の人を斉整《ととの》ふ。*条章あるに縁《よ》りて、この爵を錫はらむとすらくのみとまうす。大臣《おほまへつきみ》の家令《いへのかみ》*小治田志毘《をはりだのしび》大《おほき》に息《いきどほ》りて曰く、嗟呼《あ》この家の嫡子、何《な》どかこの爵あらむといへり。心の内喜ばずして、面《おもて》に媿《は》づる色ありき。或る人大臣に告げき。大臣、家令に命《のたま》ひて曰く、今国家新《くにいへあらた》に法令《はふりやう》を制れり。故《かれ》例によりて爵をこの児に錫はりぬ。何どか羞恥《は》づべけむ。また浪《みだり》なる語《こと》を休《や》めよとのたまふ。公《きみ》内舎人と為りて禁中《きんちう》に出で入る。見る者はその*徽猷《きいう》を欣《よろこ》び、交る者はその温雅を尚《たふと》びつ。時の人相語りて曰く、人大臣の長子のごとくあるべしといへり。その時の人のために称《たた》へらるることかくのごとし。

のおもむき。顔氏家訓、勉学「荘・老・周易、総謂二三玄一」。上宮聖徳法王帝説「亦知二三玄五経之旨一、並照二天文地理之道一」。

服餌 長生のために薬を服する。↓補

薫習 香りが漂うように習慣によって心にしみつけること。

裾を引く ↓補

穂積親王 天武天皇の第五皇子。↓補

奇を懐にす 奇才を抱く。

虎豹の駒は… 栴檀は二葉より芳しと同じ。芸文類聚、鳥部、鴻「尸子曰、虎豹未レ成レ文、而有二食レ牛之気一。鴻鵠之鷇羽翼未レ全、而有二四海之心一。賢者之生亦然」。

台鼎 三公の位。高官。

大宝元年… 続紀、大宝元年六月癸卯条「始補二内舎人九十人一、於二太政官一列見」。

良家 家柄の良い家。↓補

内舎人 中務省に属し警衛雑役に従事し、行幸に供奉す。↓補

三公…・策書・新に律令を… ↓補

条章 律令の箇条書きの文章。

家令 律令制で親王家や公卿の家に設置されることが決められた職員で家務を総括する。家令職員令「職事一位、家令一人〈掌、知二家事一〉…、二位、家令一人…、正三位、家令一人…、従三位、家令一人」。

小治田志毘 他に見えず。

徽猷 よいはかりごと。詩経、小雅、角弓「君子有二徽猷一、小人与属〈集伝、徽、美。猷、道〉」。

二年正月*中判事《ちうはんじ》に遷《うつ》りぬ。公《きみ》官に莅《のぞ》みて*事《こと》を聴き、*公平にして私なし。*言《こと》を察《さと》り色を観て、その実を失はず。*疑《うたがひ》を決《さだ》め獄《ひとや》を平《たひら》かにして、必ず審慎《しんしん》を加へつ。大小の判事ありといへども、その官方《まさ》に准式なく、*文案錯乱《ぶんあんさくらん》して、*問弁允《もんべんかな》はず。ここに*讞事《げつじ》の前後、奏して条式に定めつ。*大宝元年より已前《さき》は法の外となし、已後《のち》は法の内となしぬ。これより已後《のち》、諸《もろもろ》の訴訟《うたへ》は、内《うち》に己《をのれ》のことを決めて、あへて公《おほやけ》の庭《には》にせずありき。

三年四月疾《やまひ》をもて罷《や》む。四年三月拝して*大学助《のすけ》と為る。先に*浄御原天皇《きよみはらのすめらみこと》*晏駕《あんが》したまひしより、国家事繁《ことしげ》くして、百姓役《おほむたからえだち》多かりき。兼《とも》に車駕の*藤原京《のみやこ》に移すに属《つ》きて、人皆怱忙《そうばう》にして、代《よ》学を好まず。これによりて*学校*凌遅《りようぢ》し、生徒流散したり。その職ありといへども、奈何《いかに》すべきことなし。公《きみ》学校に入りて、その空寂《くうじやく》たるを視て以為《おも》へらく、それ学校は賢才の聚《あつま》る所にして、王化の宗《むね》とする所なり。国を理《をさ》め家を理むるは、皆聖《ひじり》の教に頼《よ》り、忠を尽《つく》し孝を尽すは、この道に*率《したが》ひ由る。今学者散《あか》れ亡《う》せて、*儒風扇《あふ》かず。これ聖の道を抑揚し王化を翼賛する所以《ゆゑ》に非ずとおもへり。即ち長官*良虞王《らうぐわう》と共に陳《の》べ請《こ》ひて、遂に碩学《せきがく》を招き、経史を講説《かうせつ》せしめつ。*浹辰《せふしん》の間、*庠《しやう》序鬱《じよさかり》に起《おこ》り、遠近《をちこち》の学者、雲のごとく集り星のごとく列なりて、*諷誦《ふうしよう》の声、*洋々《やうやう》として耳に盈《み》てり。

中判事　刑部省に属し訴訟を掌る。職員令、刑部省条「中判事四人〈掌、案㆓覆鞫状㆒、断㆓定刑名㆒、判㆓諸争訟㆒〉」。

事を聴き　事をきき是非曲直を判決する。

公平にして…　戦国策、秦上、孝公「商君治㆑秦、法令至㆑行、公平無㆑私」。

言を察り…・疑を決め…　↓補

文案　実際に用いられて効力を発揮する文書とその草案。職員令、神祇官条「大祐一人〈掌、糺㆓判官内㆒、審㆓署文案㆒〉」、義解「謂、文案者、施行曰㆑文、繕置曰㆑案也」。

問弁　問うて善悪を判断する。易経、乾「君子学以聚㆑之、問以弁㆑之」。

讞事　罪の疑わしい者を取調べる。↓補

大宝元年　大宝律令施行の年。のちの弘仁格もこの年以降の法令を編纂している。

大学助　式部省の被管である大学寮の次官。職員令、大学寮条「頭一人〈掌、簡㆓試学生㆒、及釈奠事〉、助一人」。

浄御原天皇　天武天皇。天武紀二年二月癸未条「天皇命㆓有司㆒設㆓壇場㆒、即㆓帝位於飛鳥浄御原宮㆒」。

晏駕　海人藻芥「晏駕、帝王ノ崩御也」。天武天皇の崩御は朱鳥元年九月。

藤原京　持統四年着手、八年十二月遷都。

学校　↓補

凌遅　物事が次第にすたれて行くこと。詩経、王風、大車「礼義陵遅、男女淫奔」。

率ひ由る　書経、微子之命「率㆓由典常㆒、以蕃㆓王室㆒〈集伝、循㆓用旧典㆒、無㆑失㆓其常㆒〉」。

慶雲二年仲春の*釈奠《しやくでん》に至りて、公*宿儒《しゆくじゆ》*刀利康嗣《とりのやすつぐ》に謂ひて曰く、伝へ聞きしく、*三年礼をなさずあれば、礼必ず廃《すた》れむ。三年楽《がく》をなさずあれば、楽必ず亡びむとききし。今釈奠の日逼《せま》りぬ。願くは文を作りて*先師の霊《みたま》を祭り、*後生の則《のり》を垂《た》れむといへり。ここに康嗣釈奠《しやくでん》の文を作り、その*詞に曰《まう》さく、これ某年《それの》月日朔丁《さくてい》、大学寮某《だいがくれうそれ》姓名等《ら》、清酌蘋菜《せいしやくひんさい》をもて、故《いにしへ》の魯《ろ》の司寇《しこう》孔宣父の霊《みたま》を敬《ゐやま》ひ祭る。惟《おもみ》るに公尼山彩《ぢざんあや》を降《くだ》し、ここに将聖《しやうせい》誕《あ》れます。千載の奇《くす》しき姿を抱きて、百王の弊《つひ》えたる運に値《あ》ふ。主昏《くら》くして時乱れ、礼廃《すた》れて楽崩《がくくづ》る。斉《せい》に帰《おもぶ》き魯《ろ》を去り、歎《なげき》を衰周に含《ふふ》み、陳《ちん》に厄《わづら》ひ匡《くゐよう》に囲《かく》まれ、傷《いたみ》を下蔡に懐《おも》ふ。門徒三千、達者七十。洙泗《しゆし》を忠孝に敷《し》き、唐虞《たうぐ》を徳義に探《さぐ》り、雅頌《がしよう》所を得、衣冠正しきに従ふ。あに謂はむ頽山《たいざん》維《つな》ぎがたく、梁歌《りやうか》早くも吟《うた》ふ。逝水停《とどま》らず。楹奠奄《えいてんおほい》に設く。嗚呼《あ》哀《かな》しきかも。今聖朝魏々《ぐゐぐゐ》として、学校洋々たり。芳徳《はうとく》を褒揚《ほうやう》し、至道を鑽仰《さんぎやう》す。神《くす》しくして霊化《みたまめぐ》む。ただ尚《こひねがは》くは饗《う》けたまへとまうす。*その十二月従五位下に叙す。時に年廿六。三年七月徙《うつ》りて大学頭《のかみ》と為る。公屢《しばしば》学官に入り、儒生を聚集《あつ》めて、詩書《ししよ》を吟詠《ぎむゑい》し、礼易《れいえき》を*披玩《ひぐわん》す。学校を*揄揚《ゆやう》し、*子衿《しきん》を訓導《くゐんだう》す。文学の徒《ともがら》おのもおのもその業《わざ》に勤めつ。

和銅元年三月*図書頭《づしよのかみ》に遷り、*侍従《じじゆ》を兼《か》ぬ。公朝《あした》に*内裏《だいり》に侍《さもら》ひ、祇《つつし》みて*綸言《りんげむ》を候《ま》つ。ここにもてその間に*図書経籍《づしよきやうじやく》を検校《かむが》ふ。先に*壬申の年の乱離より已来《このかた》、官《つかさ》の書《ふみ》は或

儒風扇かず　儒教の風習が盛んでない。
良虞王　百済王善光(禅広)の子。天武天皇の崩御の時誄を奏し、大宝三年伊予守、養老元年従四位下、天平九年七月卒。
浹辰　十二日。子から亥にいたる十二辰が一めぐりする意。左伝、成九「莒恃二其陋一而不レ修二城郭一。浹辰之間、而楚克二其三都一(杜預注、浹辰十二日也)」。
庠序　→補「学校」
諷誦　詩文などを暗誦すること。周礼、春官、瞽矇「諷二誦詩一、世二奠繋一、鼓二琴瑟一(鄭玄注、諷二誦詩一、謂闇読之、不レ依レ詠也)」。
洋々　字類抄「ヤウ〳〵、タ、ヨフ」。→補
釈奠・刀利康嗣　→補
宿儒　深く学問を研究し道に通じた学者。
三年礼を…・先師・後生　→補
詞に曰さく…　以下の内容について→補
その十二月…　慶雲二年十二月。→補
披玩　ひらいて鑑賞する。
揄揚　引き挙げる。文選、両都賦序「雍容揄揚、著二於後嗣一(李善注、説文曰、揄、引也。孔安国尚書伝曰、揚、挙也)」。
子衿　古学生の着た青色の服。転じて学生。詩経、鄭風、子衿「青青子衿、悠悠我心(毛伝、青衿、青領也。学子之所レ服)」。
図書頭　中務省の被管である図書寮の長官。→補
侍従・綸言　→補
内裏　宮城内の天皇の居所。
図書経籍　陰陽五行関係の書物と儒教の古典。諸子百家の書を兼ねていう。→補
壬申の年　壬申の乱をいう。→補

は巻軸零落《お》ち、或は部帙欠少《か》けつ。公《きみ》ここに奏《まう》し請《こ》ひて、民の間を尋《たづ》ね訪《とぶら》ひ、写し取りて満《み》て足らす。これによりて官の書*髣髴《ほのか》に備ふることを得たり。

公官《つかさ》と為りて克《よ》く勤《つと》めてあへて怠り息《やす》まず。*仁に体《かな》ひてもて人に長《をさ》たるに足り、*貞《てい》固《こ》なればもて事《こと》を幹《つかさど》るに足れり。ここをもて*四月従五位上に叙し、五年六月徙《うつ》りて近江守と為る。近江国は宇宙《あめのした》に名あるの地《ところ》なり。地広く人衆《おほ》くして、国富み家給《そな》ふ。東は*不破《ふは》に交《まじは》り、北は*鶴鹿《つるが》に接《つ》き、南は*山背《やましろ》に通《かよ》ひて、この京《みやこ》の邑《さと》に至る。水海《みづうみ》清くして広く、山木《やまき》繁《しげ》くして長し。その壊《つちくれ》は*黒壚《くろつち》にして、その田は上々《すぐ》れたり。水旱の災《わざはひ》ありといへども、曽《むかし》より不穫の恤《うれへ》なし。故《かれ》*昔《むかし》聖主賢臣、都をこの地《ところ》に遷《うつ》し、郷童野老、共に*無為《ぶゐ》を称《たた》へたりき。手を携《たづさ》へ巡《めぐ》り行《ある》きて、大路《おほぢ》を遊び歌ふ。時の人咸《みな》曰く、太平《たいへい》の代《よ》は、これ公私往来《わうらい》の道にして、*東西二陸の喉《のみど》なり。その治急《すむやけ》くば奸《かたま》しく偽《いつは》りて逋《に》げ竄《かく》れ、その治緩《ゆる》へば嫚《あなづ》り侮りて侵凌《をか》すといへり。公*導《みちび》くに徳をもてし、斉《ととの》ふるに礼をもてせり。小さき過《あやまち》を赦して化を演《の》べ、寛《ゆるるか》な政《まつりごと》を行ひて衆を容《い》る。*閭《さ》閻《と》に入りては、敬《うやま》ひて父老を訪《とぶら》ひ、百姓《おほむたから》の苦しぶところを蠲《のぞ》きて、国の内の悪《あ》しき政を改む。農桑を勧め催《うなが》して、*使ふに時をもてし、*差《さ》し課《おほ》することあるに至らしめつ。*富《ふ》饒《ねう》と多《た》丁《ちやう》とを先にし、貧窶《ひんく》と単弱とを後にす。*老いたるものを貴び小《わか》きものを恵みて、その*所を得しめたり。国の人悦びて曰く、貴き人境《さかひ》に臨みて、百姓蘇《よみがへ》ることを得つとい

髣髴に　僅かに。
仁に体ひて…　仁を身につけているので人の長となることができる。易経、乾「文言曰、…君子体㆑仁足㆓以長㆒㆑人」。
貞固なれば…　正しく誠があるので事を成し遂げることができる。易経、乾「文言曰、…貞固足㆓以幹㆒㆑事」。
四月…　和銅四年四月か。↓補
不破　岐阜県不破郡。↓補
鶴鹿　福井県敦賀市。日本海へ出て北陸、山陰また大陸に舟行する重要基地。↓補
山背　山城国(京都府)。↓補
黒壚　和名抄「釈名云、土色黒曰㆑壚〈音盧、和名久路豆知〉」。
昔…　天智天皇が近江大津宮に遷都したことをいう。天智紀六年三月辛酉朔乙卯「遷㆓都于近江㆒」。
無為　何もしないで天下が自然に治まること。論語、衛霊公「子曰、無為而治者其舜与。夫何為哉〈集注、無為而治者、聖人徳盛而民化。不㆑待㆓其有㆒㆑所㆓作為㆒也〉」。
東西二陸の…　田氏家集巻中、江州形勢に「江州形勢自難㆑裁、関左咽喉此地堆」。
導くに…　論語、為政「道㆑之以㆑徳、斉㆑之以㆑礼、有㆑恥且格〈集解、包咸曰、徳謂㆓道徳㆒。集注、礼謂㆓制度品節㆒也〉」。
閭閻　字類抄「サト、リヨエム」。↓補
使ふに時を…　論語、学而「道㆓千乗之国㆒、敬㆑事而信、節㆑用而愛㆑人、使㆑民以㆑時〈集解、包咸曰、作㆑事使㆑民、必以㆓其時㆒、不㆔妨㆓奪農務㆒〉」。
差し課す　人民に歳役・雇役または調庸

へり。それ人に貴《たふと》び仰がるること、大略《おほむね》かくのごとし。

*六年正月従四位下に叙す。時に年卅四。公少《わか》き時より三宝を貴重《たふと》び、妙法を貪《むさぼ》り聴き、仏果を願ひ求めつ。*食《じき》を終ふるの間も、あへて忘るることあらず、公《おほやけ》の務《つとめ》ありといへども、常に*精舎《てら》を礼《をが》む。忽《たちま》ちに一《ひとつ》の寺に入るに、寺の内荒涼《あ》れたり。堂宇《だうう》は頽《くづ》れ落ちて、房廊《ばうらう》は空《むな》しく静かなり。顧みて国の人に問ふに、国の人答へて曰く、寺の*檀越《だんをつ》等《ら》寺家《じけ》の財物田園《ざいもつでんゑん》を統《す》べ領《をさ》め、僧尼《そうに》をして*勾当《こうたう》せしめず、自由を得ずあらしむ。所以《ゆゑ》にこの損《そこな》ひ壊《こは》つことあるは、独りこの寺のみに非ず、余《ほか》もまた皆然《しか》ありといへり。公以為《おも》へらく、*如来出世《によらいしゆつせ》して、諸法を演説し、衆生《しゆじやう》を教化《けうくゑ》して、善業《ぜんごふ》を樹《た》てしめたまひ、その教深妙《じむめう》なり。*天竺国《てんぢくのくに》より、*震檀《しんたん》に流転《つた》ひ、延《の》びてこの地に及《いた》りぬ。その門《かど》を得たる者は*蓋纏《がいてん》を出離《しゆつり》し、その路を失へる者は*生死《しやうじ》を輪廻《りんね》す。何ぞあへて*白衣《びやくえ》の檀越輙《たやす》く僧物《そうもつ》を統《す》べむ。*法侶《ほふりよ》に供《そな》へずして、精舎《てら》を損《そこな》ひ壊《こは》つことは、これ国家《くにいへ》の*福田《ふくでん》を益《ま》し、衆生の悪業《あくごふ》を損ふ所以《ゆゑ》に非ずとおもへり。仍ち奏《まう》して曰く、臣 幸《さきはひ》に大なる化に浴《めぐみ》し《ゆあみ》、一の国を宰守《つかさど》る。公事《くじ》によりて民の間を巡り、余《あまり》の隙《ひま》に就《つ》きて精舎を礼《をが》む。部《こほり》の内の人民《ひとくさ》は因果《いんぐわ》を知らず、檀越の子孫《こむまご》は罪業を懼《おそ》りず、僧物を統《す》べ領《をさ》めて専《もはら》妻子《めこ》を養ひぬ。僧尼《そうに》空しく名を寺籍《じじやく》に載《の》するのみにして、分《わか》れ散《ち》りて*口を村里《むらさと》に餬《のり》す。いまだ嘗《むかし》より寺家《てらいへ》の破壊《こほ》ちたるを修理《をさ》めず。ただ能く牛馬《うしむま》の蹋《ふ》み損《そこな》ふことあるを致《いた》す。これ国家の

などを課すること。↓補

富饒と… 賦役令、差科条に「凡差科、先富強、後貧弱。先多丁、後小丁」とある。

老いたるものを… 孟子、告子下「三命曰、敬㆑老慈㆑幼、無㆑忘㆓賓旅㆒」。

所を得しめ… 適当な位置を占めさせる。易経、繋辞下「日中為㆑市、致㆓天下之民㆒、聚㆓天下之貨㆒、交易而退、各得㆓其所㆒」。

六年正月… 和銅六年正月。↓補

食を終ふるの間 しばらくの間。論語、里仁「君子無㆓終㆑食之間違㆒㆑仁〈集注、終食者一飯之頃〉」。

精舎 修行に精練する者のいる舎。寺院。

檀越 恵みを与える人の意で寺院を外護する信徒。

勾当 のちには寺務をあつかう僧官の名となったが、ここは寺務を取扱うことか。

如来出世 仏が衆生教化のためにこの世に出ること。

天竺国 日本・中国でインドの古称。↓補

震檀 中国の別称。

蓋纏 心の本性をおおって自由にさせないこと。煩悩の束縛。

生死を輪廻す 迷いの世界に生れかわり死にかわりして止ることがない。

白衣 世俗の人をいう。

法侶 仏法を修行する人々。

福田 人々の幸福の種子がまかれる田。幸福の因となるもの。仏や法などを指す。

口を…餬す 口すぎをする。荘子、人間世「挫㆑鍼治㆑繲、足㆓以餬㆒㆑口〈疏、餬、飼也。庸㆓役身力㆒、以飼㆓養其口命㆒也〉」。

僧尼を度《ど》し*仏化《ぶつくゑ》を演《の》ぶる所以《ゆゑ》に非ず。もし*糺《ただ》し挙《あ》ぐるに非ずは、恐るらくは正法《しやうぼふ》を滅《ほろぼ》さむ。伏して明《あきら》けき裁《ことわり》を請ひたてまつるとまうす。

*勅《みことのり》して曰《のたま》はく、*法蔵《ほふざう》を崇《あが》め飾るは、粛《つつし》み敬《うやま》ふことを本《もと》となし、*仏廟《ぶつめう》を修《をさ》め営《つく》るは、清浄《きよ》きことを先《さき》となす。今聞かくに諸《もろもろ》の国の寺、多く法《のり》のごとくあらず。或は*草堂《さうだう》始めて闢《ひら》きて、題額《だいがく》を争ひ求め、*幡幢《はたほこ》纔《わづか》に施して、即ち田薗を訴《うるた》ふ。或は房舎《ばうしや》修《をさ》めず、牛馬《うしむま》蹋《ふ》み損ひ、庭《には》荒《あ》涼れて、荊棘《うばらつら》旅ね生《お》ひぬ。遂に*無上《むじやう》の尊像《そんざう》をして永く塵《ちり》埃を蒙《かがふ》り、*甚深《じんじん》の法蔵をして風雨《かぜあめ》を免《まぬか》れずあらしむ。多《さは》に年代《としよ》を歴《ふ》れども、絶えて構《つく》り成《な》すことなし。*事を損《す》てて論《い》へば、極めて崇敬に違《たが》ひぬ。宜しく諸の国、*数《あまた》の寺を兼ね并《あは》せて、一区《ひとまち》に合せ成すべし。庶幾《こひねがは》くは力を同じけくして共に造り、更に頽《くづ》れたる法《のり》を興《おこ》さむ。明かに*国師《こくし》、衆《もろもろのほふし》僧と檀越等《だんをつら》に告げ、部《こほり》の内の寺家の*便宜《びんぎ》と財物《ざいもつ》を具《そな》へ修《をさ》めよ。使に附けて奏上《まうしあ》げ、後の*進止《しんじ》を待てとのたまへり。これより已後《のち》、国人《くにたみ》罪を怕《おそ》りて、あへて寺家の物を浸《をか》し用ゐず。孔子の所言《いはゆる》*君子《くんし》の徳《とく》、風のごときものは、それここにあるか。

ここによりて*按行《あんかう》し、*坂田郡《さかたのこほり》に至り、目を山川に寓《とど》めて曰く、吾《われ》*伊福山《いぶきのやま》の頂《いただき》に上りて瞻《まも》り望まく欲《ほり》すといふ。土《ところ》の人曰《まう》さく、この山に入れば、疾風《はやち》雷《かみ》なり雨ふり、雲霧《くもきり》晦《くら》瞑けく、群蜂《むらはち》飛び螫《さ》す、昔*倭武皇子《やまとたけるのみこ》、東国《あづま》の麁《あら》悪ぶる鬼神《*もの》を調伏《したが》へ、この界《さかひ》に帰

仏化 仏の教化。
糺し挙ぐ 罪状をただし挙げる。
勅して… 以下の勅は続紀、霊亀二年五月庚寅条に引用する詔とほぼ同文。
法蔵 仏の教説、またはそれを蔵する経典をいう。
仏廟 仏を崇拝するための建物。塔。
草堂 草ぶきの堂。釈氏要覧巻上「姚興世、鳩摩羅什於㆓大寺中㆒構㆓一堂㆒、以㆑草苫蓋、於㆑中訳㆑経。因㆑此名㆑之也」。
幡幢 仏や菩薩の威徳を表わす荘厳具。和名抄「宝幢、華厳経偈云、蓋宝幢諸幡〈訓㆓波多保古㆒〉。涅槃経云、諸香木上懸㆓五色幡㆒〈波太〉」。
無上の尊像 この上なく尊い仏像。
甚深の 極めて奥深い。深遠な。
事を損てて… かいつまんでいうと。続紀「於㆑事斟量」。
数の寺を… 続紀、養老五年五月辛亥条に「令㆘七道按察使及大宰府、巡㆓省諸寺㆒、随㆑便併合㆖」とあり、天平七年六月己丑条には「勅曰、先令并㆑寺者、自今以後、更不㆑須㆑并。宜㆑令㆔寺々務加㆓修造㆒。若有㆘懈怠不㆑肯㆓造成㆒者㆖、准㆑前并㆑之、其既并造訖、不㆑煩㆓分析㆒」と見える。
国師 奈良時代の僧官の名。諸国に駐在して部内の寺院や僧尼を監督し、誦経や祈禱に与った。→六三頁注「講師」
便宜 都合がよいこと。
進止 朝廷の指図。天平九年三月十日太政官謹奏に「欲㆑令㆑講㆓説興福寺㆒、伏聴㆓進止㆒者」とある。

り到りたまひき。よりて即ち登りたまひき。登りて半《なかば》ならむとするとき、神のために害《ころ》さえたまひき。白鳥《しらとり》と変為《な》りて、空を飛びて去りきとまうす。公曰く、吾少《わか》きときより今に至るまで、あへて鬼神を軽慢《あなづ》らず。鬼神もし知ることあらば、あにそれ我を害さむや。もし知ることなくば、安《なに》ぞ能《よ》く人を害さむといへり。即ち滲《すす》き洗ひ清み斉《ととの》ひて、五六人を率《ゐ》て*蒙籠《もうろう》を披《ひら》きて登る。行きて頂《いただき》に至らむとするの間、忽に両《ふたつ》の蜂あり、飛び来りて螫《さ》さむと欲《ほ》りす。公袂《たもと》を揚《あ》げて掃《はら》ふに、手に随ひて退《しりぞ》き帰りぬ。従《とも》の者皆曰く、徳行神《かみ》を感《うご》かして、あへて害《そこな》はる者なしといへり。終日《ひねもす》*優遊《いういう》し、*徘徊《たちもとほ》り瞻《まも》り望《のぞ》みつ。風雨共《かぜあめとも》に静かにして、天《そら》の気《け》清く晴れたり。これ公の勢《いか》し力《ちから》の致すところなり。

後余閑《いとま》に就《つ》きて、*滋賀山寺に詣《まゐ》り、*尊容《そんよう》を礼《ゐやま》ひて発願《ほつぐわん》し、身心《しんしん》を刻みて懺罪《さんざい》す。受《じゆ》戒長斎《かいちやうさい》して、神《くす》しき剣《つるぎ》を造らしめ、使《つかひ》に附《つ》けて進《たてまつ》りつ。*帝《みかど》大《おほき》に悦び勅《みことのり》して曰《のたまは》く、朕《われ》聞かく、剣は君子の武《たけ》き備《そなへ》にして、身を衛《まも》る所以《ゆゑ》なりときく。朕間者動息《このごろふるまひ》安からず、精神《こころ》失へるがごとし。この神《くす》しき剣を得ば、夜の眠極《ねぶりきは》めて穏《おだひ》ならむ。これ誠に近江国《の》守武智麻呂《むちまろ》の献《たてまつ》りたるところの神しき剣は、身を衛るの験《しるし》なり。先《さき》の哲《さか》しきひと言ひしことありて曰《いひ》しく、*徳として報《むく》いざるはなく、言《こと》として酬《こた》へざるはなしといひき。宜しく田《た》十町を給ひ、もて忠効《つとめ》に報《こた》ふべしとのたまへり。

君子の徳… 論語、顔淵「君子之徳風也。小人之徳草也。草尚二之風一必偃」。徳が人を化することを風に喩えた。
按行 行列を組んで行くこと。
坂田郡 琵琶湖の東。和名抄「近江国、坂田郡〈佐加太〉」。推古紀十四年五月甲寅朔戊午条に「因以給二近江国坂田郡水田廿町一焉」と見える。
伊福山 伊吹山。滋賀・岐阜県境。
昔倭武皇子… ↓補
鬼神 不思議な霊力を持った魔物。
蒙籠を… 字類抄「蒙籠、モウロウ、ヲクラシ」。小暗い茂った草や木をかき分けて登った。↓補
優遊 ゆったりしている様。詩経、大雅、巻阿「伴奐爾游矣、優游爾休矣〈集伝、優游、閑暇之意〉」。
徘徊り 字類抄「タチモトヲル、ハイクワイ、行歩分」。
滋賀山寺 近江大津宮にあった寺院。志我山寺・紫郷山寺とも書く。続紀、大宝元年八月甲辰条によると、庚午年(天智天皇九年)に封戸を賜わったとあり、このころの創建か。天平元年八月官寺の例に入れられた。
尊容 仏の尊いお姿。
帝 元明天皇。
徳として… いかなる徳も報いがあり、いかなる言葉も我身に返ってくる。↓補

公《きみ》政《まつりごと》を施《し》くこと公平にして、嘉《よ》き声《な》日《ひにひに》益せり。故《かれ》*八年正月に至りて、従四位上に叙す。ここに国の中事《うち》を省《はぶ》き、百姓《おほむたから》多く閑《しづか》なり。公無為《ぶゐ》の道を欽《うやま》ひ仰ぎ、*虚玄《きよくゑん》の味を咀《か》み嚼《くら》ひ、優遊自足《いういうじそく》して、心を*物の外《よそ》に託《つ》けつ。遂《つひ》に比《ひ》叡《えの》山に登り、淹留《とどま》りて日を弥《かさ》ぬ。ここに*柳の樹《き》一株《くひぜ》を栽《う》ゑ、従《とも》の者に謂ひて曰く、嗟乎《あ》君等《きみら》後の人をして吾《わ》が遊び息《いこ》ひたる処を知らしめむといへり。

*この年左京《ひむがしのみやこ》の人瑞《くす》しき亀《かめ》を得たり。和銅《わどう》八年を改めて霊亀《れいくゐ》元年となす。公《きみ》嘗《むかし》夢に一《ひとり》の奇《あや》しき人に遇《あ》ひき。容貌《かたち》*非常《はなはだ》し。語りて曰く、公《きみ》仏法を愛《め》で慕ふこと、人神《ひとかみ》共に知りぬ。幸《のぞまく》は吾《わ》がために寺を造りて、吾が願を助け済《すく》へ。吾宿業《われしゆくごふ》によりて、神となりたること固《まこと》に久し。今仏道《ぶつだう》に帰依《くゐえ》し*福業《ふくごふ》を修行せむと欲《ほり》すとも、因縁を得じ。故《かれ》来りて告ぐといへり。公疑《うたが》はくはこれ*気比《けひ》の神ならむ。答へむと欲すれども能《あた》はずして覚《さ》めたりき。よて祈りて曰さく、神人《かみひと》道別《わか》れて、隠《かく》れたると顕《あらは》れたると同じからず。いまだ昨夜《よむべ》の夢の中の奇《あや》しき人これ誰《たれ》の者《ひと》なるかを知らず。神もし験《しるし》を示さば、必ずために寺を樹《た》てむとまうしき。ここに神*優婆塞《うばそく》*久《く》米勝足《めのかつたり》を取りて高き木末《こぬれ》に置き、よりてその験と称《い》ひき。公乃ち実《まこと》なりけりと知りて、遂に一の寺を樹てつ。今越前国にある*神宮寺《じんぐうじ》これなり。

霊亀二年十月、徴《め》されて式部大輔《しきぶのだいふ》と為り、*養老二年九月、徙《うつ》りて卿《きやう》と為りき。式部

八年正月　和銅八年。改元して霊亀元年。続紀、霊亀元年春正月癸巳条「授㆓…従四位下…藤原朝臣武智麻呂、並従四位上㆒」。

虚玄　空しく奥深いこと。文選、七命「其居也崢嶸幽藹、蕭瑟虚玄〈呂向注、虚玄、寂静貌〉」。

物の外　俗世間の外。

柳の樹　懐風藻に詩がある。↓補

この年…　↓補

非常　名義抄「メヅラシ、ハナハタシ、アヤウシ」。

福業　幸福をもたらす善い行い。

気比の神　気比神社の祭神。↓補

優婆塞　在家の男の信者。

久米勝足　伝未詳。

神宮寺　↓補

養老二年…　続紀、養老二年九月庚戌条「以㆓従四位上藤原朝臣武智麻呂㆒為㆓式部卿㆒」。

考選　考課と選叙。毎冬官吏の一年間の功過を調査し（考課）、一定の年限ごとにその成績に応じて叙位させる（選叙）。職員令、式部省条に卿の職掌として「掌㆓内外文官名帳、考課、選叙…事㆒」とある。↓補

輻湊　車の輻（矢）がこしきに集る様に四方から寄り集って来ること。字類抄「フクソウトアツマル」。

儀刑　模範とする。また法則・儀形。詩経、大雅、文王「儀㆓刑文王㆒、万邦作㆑孚〈集伝、刑、法〉」。続紀、和銅六年四月丁巳条に「銓㆓衡人物㆒、黜㆓陟優劣㆒、式部之任、

は天下《あめのした》*考選《かうせん》の*輻湊《ふくそう》とあつまるところにして、群公《もろもろのきみ》・百僚《もものつかさ》の*儀刑《ぎけい》とするところなり。公力を公正《こうせい》に用ゐて、選事《せんじ》を綜《す》べ管《つかさど》り、功能《くのう》を考へ迹《たづ》ねて、審《つばびら》かに*殿最《でんさい》を知り、その称《かな》ふや否《いな》やによりて、その*黜陟《ちゆつちよく》を察《あきら》めつ。これによりて国郡《くにこほり》の*考文《かうもん》に、奸濫《かんらん》永く絶えぬ。

*三年正月正四位下に叙す。ここに*儲后《まうけきみ》始めて元服を加へたまひ、血《ち》の気《け》漸壮《うたたさかり》なりき。師傅《しふ》の重《おも》きこと、その人を善《よ》しとなせり。故《かれ》その七月拝して*東宮傅《とうぐうふ》と為りき。公春宮《みこのみや》に出で入りして、副君《まうけのきみ》を賛《たす》け衛《まも》り、勧《すす》むるに*文学《ぶんがく》をもてし、匡《ただ》すに*淳風《じゆんふう》をもてせり。太子《ひつぎのみこ》ここに田猟《かり》の遊《あそび》を廃《や》めて、終《つひ》に文《ふみ》の教《をしへ》の善《よ》きに趣《おもぶ》きたまひき。これによりて位に即《つ》きしより已後《のち》、常に善き政《まつりごと》を施して、百姓《おほむたから》を矜愍《あはれ》び、仏の法《のり》を崇重《あが》めたまひき。

*五年正月従三位に叙し、中納言に遷《うつ》る。その九月*造宮卿《ざうぐうきやう》を兼《か》ねたり。時に年四十二。*工匠等《たくみら》を将《ゐ》て、宮の内を案行《あんかう》し、旧《もと》によりて改め作りつ。これによりて宮室《みや》厳《いつく》しく麗《うるは》しくして、人帝《みかど》の尊《たふと》きことを知りぬ。*神亀《じんくゐ》元年二月正三位に叙す。造宮を知ること故《もと》のごとし。五年七月播磨《はりまの》守に遷《うつ》り、*按察使《あぜち》を兼ねたり。*六年三月大納言に遷る。

公人為《ひととな》り温雅《みやびか》にして、諸《もろもろ》のことを備へたり。すでに*喉舌《こうぜつ》と為りて帝《みかど》の猷《はかりこと》を賛《たす》け揚げたりき。出でしときは乗輿に奉《つかまつ》り、入りしときは*枢機《すうき》を掌《つかさど》りつ。朝議あるに至りて

務重二他省一」とある。

殿最 ↓補

黜陟 功のある者は官を陟(のぼ)らせ、功のない者は官を黜(しりぞ)く。↓補

考文 毎年諸官司がその属官の考課の結果を報告した文書。↓補

三年正月… ↓補

儲后始めて… 聖武天皇(首親王)の元服は和銅七年。↓補

東宮傅 東宮職員令「傅一人〈掌、以二道徳一輔二導東宮一〉」。

文学 学問。論語、先進「文学、子游・子夏」。

淳風 淳朴な古代の風習。

五年正月… ↓補

造宮卿 造宮省(皇居造営のために置かれた役所)の長官。↓補

工匠 造営工事にあたる技術者。↓補

神亀元年… 続紀、神亀元年二月甲午条に「従三位藤原朝臣武智麻呂…並正三位、並益レ封賜レ物」。

按察使 地方官を取締り民情を視察する官。↓補

六年三月… 神亀六年、改元して天平元年。↓補

喉舌 喉舌の官で宰相をいう。書経、舜典「帝命レ汝作二納言一。夙夜出二納朕命一、維允〈孔伝、納言、喉舌之官。聴二下言一納二於上一、受二上言一宣二於下一、必以レ信〉」。

枢機 大事な政務。文選、魏都賦「魏都之卓犖、六合之枢機〈呂延済注、枢、戸所二以転而開閉一也。機、弩牙也。所二以発レ箭。皆言二其要一也〉」。

は、平《たひら》かなるを持《たも》ちて和《やはらぎ》を合《はか》りつ。朝廷《みかど》上下安静《しづか》にして、国に怨讟《うらみ》なかりき。

*この時に当りて、舎人親王《とねりのみこ》知太政官事《ちだいじやうくわんじ》、新田部《にひたべ》親王知《ち》惣管事《そうくわんじ》、二弟北卿知《ち》機要事《きえうじ》なり。その間参議《さんぎ》の高卿は、中納言丹比県守《たぢひのあがたもり》・三弟式部卿宇合《うまかひ》・四弟兵部卿麻呂《まろ》・大蔵卿鈴鹿王《すずかのおほきみ》・左大弁葛木《かづらきの》王あり。風流《みやびか》なる侍《じ》従《じゆ》は、六人部《むとべの》王・長田《ながたの》王・門部《かどべの》王・狭井《さゐの》王・桜井《さくらゐの》王・石川朝臣君子《いしかはのあそみきみこ》・阿倍《あべの》朝臣安麻呂《やすまろ》・置始《おきそめの》工《たくみ》等十余人《とたりあまり》あり。宿儒《しゆくじゆ》は、守部《もりべの》連大隅《むらじおほすみ》・越智直広江《をちのあたひひろえ》・背奈行文《せなのゆきふみ》・箭集宿禰《やづめのすくね》虫麻呂《むしまろ》・塩屋連《しほやのむらじ》吉麻呂・楢原造東《ならはらのみやつこあづま》人《ひと》等あり。文雅《ぶんが》は、紀朝臣清人《きのあそみきよひと》・山田史御《やまだのふひとみ》方《かた》・葛井《ふぢゐの》連広成《ひろなり》・高丘《たかをかの》連河内《かはち》・百済公倭《くだらのきみやまと》麻呂《まろ》・大倭忌寸《やまとのいみき》小東人《こあづまひと》等あり。方士《はうし》は、吉田連宜《きちたのむらじよろし》・御立《みたちの》連呉明・城上《しきのかみの》連真立・張福《ちやうふく》子《し》等あり。陰陽《おんやう》は、津守《つもりの》連通《とほる》・余真《よのま》人《ひと》・王仲文《わうちうぶん》・大津《おほつの》連首《おびと》・谷那《こくな》康受《かうじゆ》等あり。暦算《りやくさん》は、山口忌寸田《やまぐちのいみきた》主《ぬし》・志紀《しきの》連大道《おほみち》・私《きさいちの》石村《いはむら》・志斐《しひの》連三《み》田《た》次《すき》等あり。呪禁《しゆこむ》は、余仁軍《よのにんぐん》・韓国《からくにの》連広足《ひろたり》等あり。僧綱は、少僧都《せうそうづ》神叡《しんえい》・律師《りつし》道慈《だうじ》あり。並《ならび》に天の*休命《きうめい》に順ひて、共《とも》に時《じ》政《せい》を補《たす》けたりき。これによりて国家《くにいへ》殷《にぎは》ひ賑《と》み、倉《く》庫《ら》盈《み》ち溢《あぶ》れたり。天下太平《あめのしたたひらか》にして、*街衢《ちまた》の上は、朱紫《あけむらさき》輝々とかかやき奕々《やくやく》とあかく、鞍乗《くらのりもの》駱々《らくらく》といななき紛々《ふんふん》とまがひぬ。*囹圄《ひとや》は幽《くら》く寂《しづか》にして、*嘉石《かせき》は苔生《こけお》ひぬ。よりて京《みやこ》の邑《さと》と諸《もろもろ》の*駅家《うまや》を営《いとな》み飾《かざ》りて、人の*瓦屋《かはらや》に赭堊《あかつちしらつち》の*渥《あつ》き飾《かざり》を許しぬ。季秋《すゑのあき》に至りて、毎《つね》に文人才子と、*習宜《すげ》の別業《べつげふ》に集りて、文《ふみ》の会《つどひ》を申《かさ》ねたり。時の学ぶ者、競《きほ》ひて座《しきゐ》に預《あづか》らむと欲《ほ》りし、名《なづ》け

この時に当りて…　以下に挙げる人名は当時各界の代表的人物。↓補

天の休命　天子の大命。左伝、僖廿八「重耳敢再拝稽首、奉二揚天子之丕顕休命一〈集解、休、美也〉」。

街衢　文選、西都賦「内則街衢洞達、閭閻且千〈李善注、説文曰、街、四通也。爾雅曰、四達謂二之衢一〉」。

囹圄…・嘉石…　罪人の少いこと。↓補

駅家　厩牧令、須置駅条に「凡諸道須レ置レ駅者、毎二卅里一置二一駅一。若地勢阻険、及無二水草一処、随レ便安置」とある。

人の瓦屋に…　続紀、神亀元年十一月甲子条の太政官奏に「其板屋草舎、中古遺制、難レ営易レ破。空殫二民財一。請仰二有司一、令下五位已上及庶人堪レ営者、構二立瓦舎一、塗為中赤白上」とあるのをさす。赭は名義抄「代赭、アカツチ」、堊は和名抄「唐韻云、堊〈音悪、和名之良豆知〉、白土也」。

渥き飾　美しい飾り。文選、神女賦「夫何神女之姣麗兮、含二陰陽之渥飾一〈劉良注、渥飾、謂レ含二天地渥厚之美飾一〉」。

習宜の別業　平城京の西部にあった武智麻呂の別荘。↓補

竜門点額　登竜門。↓補

天平三年九月…　↓補

身は帝闕に在り　在京して赴任しなかったことをいう。

来蘇　仁者が来て人民が蘇生の思いをすること。↓補

春秋大に…　齢が若く将来が長い。↓補

て*竜門点額《りようもんてんがく》と曰《い》ひき。

*天平三年九月筑紫《つくし》大宰帥《だいさいのそち》を兼ぬ。筑紫はこれ国家要害《えうがい》の地《ところ》にして、縁海防賊の府《ふ》なり。公《きみ》その大綱《たいかう》を秉《と》りて、屢《しばしば》寛政《くわんせい》を施しき。*身は帝闕《ていくゑつ》に在《あ》りといへども、人望《じんばう》は*来《らい》蘇《そ》に同じかりき。ここに帝《みかど》*春秋大《しゆんしうおほき》に富み、事《こと》を視て怠りたまはず。心は仁愛《じんあい》に在りて、志は善政《ぜんせい》を務めたまひき。*台鼎《たいてい》の任《にむ》、いまだその人あらず。公の行甚だ整《ととのほ》り備《そなは》り、*章を含《ふふ》みて貞《ただ》しくすべきことをもて、*従二位に叙し、陟《すす》みて右大臣と為る。この年天平六年なり。時に年五十五。

公《きみ》*詮衡《せんかう》に居りて、*終日《ひねもす》に乾々《けんけん》とつとめ、国家《くにいへ》を鎮安《しづ》め、*黎庶《おほむたから》を存恤《めぐ》みたりき。爵《つかさ》位《くらゐ》は尊しといへども、節操《せつさう》は愈謙《いよよへ》りたりき。家に有《たも》てるところを分けて、貧孤を収《をさ》め贍《たす》け、糸綿《いとわた》等《ら》を散《あか》ちて、常に三宝に施しつ。屢《しばしば》朝《みかど》の政《まつりごと》を省《かへり》みて、恒《つね》に治《まつりごと》の闕《か》くることを懼《おそ》りたりき。公家《おほやけ》のこと、知りて為《な》さざりしことなく、恩沢《めぐみ》の令《おほせこと》、聞きて施さざりしことなし。これによりて天の災《わざはひ》は弥滅《いよよき》え、*鬼神《かみ》は譴《せ》めざりき。百姓《おほむたから》は*家ごとに給《た》り人ごとに足《た》りて、朝廷《みかど》は*垂拱《たむだ》きて無為《ぶゐ》なり。

九年七月に至りて、*遘疾《こうしつ》弥《いよよ》留り、朝廷《みかど》惜《をし》みたまひぬ。*その廿四日、皇后《きさき》親《みづか》ら臨《のぞ》み、勅《みことのり》と称《のたま》ひて患《やまひ》を問ひたまふ。*正一位に叙し、徙《うつ》りて左大臣と為る。その翌日《あす》左京の私の第《いへ》に*薨《しに》す。春秋五十有《あまり》八なり。帝《みかど》、公《きみ》の薨《しに》たることを聞きたまひて、永《ひたふる》に懐《みこころ》を

台鼎　三公（大臣）の位。神亀六年左大臣長屋王の変以来左右大臣を欠いている。

章を含みて…　内に美しさを秘めて貞静にしていなければならぬ。↓補

従二位に…　↓補

詮衡　人物の才能を審査すること。考課令、最条集解「詮㆓衡人物㆒〈謂、銓衡者、銓、量也。衡、平也。…釈云、銓衡、所㆔以称㆓量軽重㆒也〉」。

終日に乾々…　終日努力して怠らぬこと。易経、乾「九三、君子終日乾乾、夕惕若、厲無㆑咎」。

黎庶　文選、西都賦「功徳著㆓乎祖宗㆒、膏沢洽㆓乎黎庶㆒〈李周翰注、黎庶、衆民也〉」。

鬼神は…　易経、謙、彖伝に「鬼神害㆑盈而福㆑謙」とある。

家ごとに…　どの家も人も皆裕福で生活に困らない。淮南子、人間訓「后稷乃教㆓之辟㆑地墾㆑草、糞㆑土種㆑穀、令㆓百姓家給人足㆒」。

垂拱き…　両手をこまねいて。↓補

遘疾　病気になる。書経、金縢「史乃冊祝曰、惟爾元孫某、遘㆓厲虐疾㆒〈蔡伝、遘遇也〉」。この年、疫病が流行したことについては、続紀、天平九年条に「是年春、疫瘡大発。初自㆓筑紫㆒来、経㆑夏渉㆑秋、公卿以下天下百姓、相継没死、不㆑可㆓勝計㆒。近代以来未㆓之有㆒也」と記す。

その廿四日…・**正一位に**…　↓補

薨す　喪葬令、薨奏条「凡百官身亡者、親王及三位以上称㆑薨。五位以上及皇親称㆑卒。六位以下、達㆓於庶人㆒、称㆑死」。

慟《いた》め、*朝《みかど》を輟《や》めたまひしこと三日、遂に*羽葆鼓吹《うはうこすい》を給はりき。八月五日、*佐保《さほ》山に火葬したるは、礼なり。

公に嫡夫人《ちやくぶにん》あり、*阿倍大臣《あべのおほまへつぎみ》の*外孫《ぐゑそん》なり。育《いとけな》き子二人、その長子《このかみ》は*豊成《とよなり》と曰ひ、その弟は*仲満《なかまろ》と曰ひて、*博士《はかせ》の門下《もんか》に学《まな》ばしめ、屢《しばしば》絹帛《きぬ》を奉りて、その師《きみ》を労《いたは》り遺《おく》りつ。これによりて二子《ふたりのこ》皆才学《さいがく》あり、名聞《みやうもん》衆《もろもろ》を蓋《おほ》へり。豊成仕《つか》へて*左大臣に至り、爵《つかさ》は正二位に入りぬ。後に*変事《へんじ》知りて奏《まう》さざりしことに坐《よ》りて、降《おと》されて大宰員外帥《だいさいのゐんぐゑのそち》と為る。仲満は名を改めて*押勝《おしかつ》と曰ふ。仕へて大師《たいし》に至り、爵は従一位に入りて、帝《みかど》の*羽翼《はね》と為り、天下《あめのした》を鎮《しづ》め撫《な》づ。賛《さん》に曰く、*積善《しやくぜん》の後、余慶《よけい》*鬱郁《うついく》とかぐはし。*冠蓋《くわんがい》相尋《つ》いで、*輦轂《れんこく》を翼賛《たす》け、孫々子々《そんそんしし》、恒《つね》に*耳目《じぼく》と為りぬ。上安《かみやす》く下泰《しもゆたか》にして、鬼神和《ものにき》び睦《むつ》ぶ。*乃ち国乃ち家、*ここに労《つと》めここに勠《あは》す。*忠貞籍甚《まことはなはだ》しく、*その人玉《たま》のごとしといへり。

朝を輟め… 儀制令、太陽虧条に「皇帝二等以上親、及外祖父母、右大臣以上、若散一位喪、皇帝不レ視レ事三日」とある。

羽葆鼓吹・佐保山・阿倍大臣 ↓補

外孫 和名抄「爾雅云、女子之子為二外孫一」。

豊成・仲満・博士の門下に… ↓補

左大臣 右大臣の誤り。↓補

変事・押勝…大師に至り ↓補

羽翼 輔佐をする人。戦国策、韓、烈侯「請益具二車騎壮士一、以為二羽翼一」。

積善の後… 祖先の功徳により子孫が報われること。ここは鎌足・不比等の功業をさす。易経、坤「文言曰、積善之家、必有二余慶一。積不善之家、必有二余殃一」。

鬱郁と… 香の盛んな様。文選、広絶交論「且心同二琴瑟一、言鬱二郁於蘭茝一〈李善注、鬱郁、香也。張銑注、鬱郁、茂盛貌〉」。

冠蓋… 使者の冠と車上の蓋が路に連続していることで、多くの使者が相次いで派遣される意。史記、信陵君伝「平原君使者冠蓋相二属於魏一」。

輦轂 天子の乗物。天子を補佐すること。

耳目… 人の補佐をする。書経、益稷「臣作二朕股肱耳目一〈集伝、言二大体若レ身〉」。

乃ち 文語解「乃聖乃神乃文乃武コレ一一ニアグル辞ナリ」。

ここに… 努め励み力を合わせる。ここに(爰)は発辞。

忠貞籍甚し 忠義貞節の評判が盛ん。↓補

その人… 美しいものを褒めていう。↓補

乞骸骨表（吉備真備）

神護景雲四年（七七〇）九月七日、時の右大臣・中衛大将であった吉備真備の提出した辞表である。この年、八月四日に称徳天皇が崩じ、皇嗣は永手・百川ら藤原氏の擁立する天智天皇系の白壁王（光仁天皇）が継いで、天武天皇系を推す真備の主張は容れられなかった。そこで即位の直前に、政界から引退することを願い出たもので、真備にとってはその機を得たものというべきであろう。その間の事情については、日本紀略、藤原百川伝に詳しい。「乞骸骨」については、続日本紀、神亀五年（七二八）八月甲午条に「正五位下守部連大隅上書、乞骸骨、云々」とみえるが、表文を録しておらず、文章として残るものとしてはこれが最古のものであろう。前後十九年にわたる在唐研学の儒者・軍学者としての達意の名文である。底本には、新訂増補国史大系本「続日本紀」を用いた。

〈今井宇三郎　校注〉

乞*骸骨表

*側《ほの》かに聞かく、力任《た》へずして強ふる者は廃《はい》し、心*逮《およ》ばずして極《きは》むる者は必ず惛《くら》し、と。*真備《まきび》、自《みづ》から観《み》るに、信《まこと》に験ありと為《な》すに足れり。

去る天平宝字八年、真備生年*数《かぞ》へて七十に満ちぬ。その年《とし》の正月、*致事《ちじ》の表《へう》を大宰《だいざい》府《ふ》に進《たてまつ》り訖《をは》りぬ。いまだ奏《まう》さざるの間に、即ち*官符《くわんぷ》ありて、造東大寺長官《ざうとうだいじのかみ》に補せらる。これに因りて京《みやこ》に入りて、病を以《もち》て家に帰り、仕進の心を息《や》む。忽ち*兵《つはもの》の動くことあり、急に召されて入内し、*軍務を参謀す。事畢《をは》りて功《いさをし》を校《かむが》ふるとき、この微労に因りて、*累《しき》りに貴職に登《のぼ》され、辞譲することを聴《ゆる》されずして、すでに数年を過ぎたり。即今《いま》老病、身に纏《まつは》りて、療治《れうぢ》すれども損《い》え難し。*天官の劇務は、暫くも空しくすべからず。何ぞ疾を抱《いだ》くの残体にして、久しく*端揆《たんき》を辱しめ、数職を兼帯して、万機《ばんき》を佐《たす》くることを闕《か》くべけむや。自《みづ》から*微躬《びきう》を顧みて、*靦顔《てんがん》すでに甚しく、天に慚《は》ぢ地に愧《は》ぢて、身を容《い》るるに処なし。

伏して乞ふらくは、*事を致《かへ》して以《もち》て*賢路《けんろ》を避《さ》け、上は聖朝《せいてう》の老を養《やしな》ふの徳を希《ねが》ひ、

乞骸骨表　君に捧げた身の残骸を乞うの意。致仕・致事を請うに同じ。↓補

側かに聞かく　うわさに聞く。仄聞。

心逮ばずして…　その心智が職責に及ばないで努める者は、必ず中途で困惑しその職責を怠る、の意。↓補

真備　↓補

数へて七十…　天平宝字八年(七六四)に、真備は自から七十歳に満つと称し、霊亀二年(七一六)二十二歳で入唐した(薨伝)というから、この時は七十六歳である。従って生年は持統天皇九年(六九五)で、薨じた宝亀六年(七七五)は八十一歳である。薨伝の年八十三は八十一の誤りであろう。

致事の表…　選叙令、官人致仕条に「凡官人年七十以上、聴㆓致仕㆒。五位以上々表、六位以下申㆓牒官㆒奏聞」とあり、真備はこの時大宰府にあり、正四位下であったので上表が必要であった。

官符　太政官符。太政官から下す公文書。

兵の動くこと　藤原仲麻呂(恵美押勝)の乱。↓補

軍務を参謀す　仲麻呂の退路を分断した計略。続紀、宝亀六年十月条「(宝字)八年仲満謀反、大臣計㆓其必走㆒、分㆑兵遮㆑之。指麾部分甚有㆓籌略㆒。賊遂陥㆓謀中㆒、旬日悉平。以㆑功授㆓従三位勲二等㆒、為㆓参議中衛大将㆒」(真備薨伝)。

累りに貴職に…　神護二年に正三位中納言(正月)、大納言(三月)、従二位右大臣(十月)と昇進した(続紀・補任)。

天官　天子に仕える官吏。

下は庸愚《ようぐ》の足《た》るを知るの心を遂げむ。特《こと》に殊恩《しゅおん》を望みて、*矜済《きょうさい》を祈り、*愍懃《いんぎん》の至りに任《た》へず。謹《つつし》みて*春宮《とうぐう》の路《みち》の左に詣《まう》でて、*啓《けい》し奉りて陳《の》べ乞ふ、以《もち》て聞せよ。

端揆　端は正、揆は図る。庶政を正しく図る意で、右大臣の職責をさす。
微躬　微賤の身。賤躬。
靦顔　靦として恥じない顔付き。厚顔。
事を致し　致仕の意。
賢路を避け　賢者の昇進する道を避ける。史記、万石伝に「願帰㆓丞相侯印㆒、乞㆓骸骨㆒帰、避㆓賢者路㆒」とあり、また文粋巻五、為㆓清慎公㆒辞㆓右大臣㆒第一表に「然則賢路収㆑責、将㆑逃㆓銷㆑骨之訕㆒」などとある。
矜済　あわれみ救済する。
愍懃　ねんごろに懇願する。
春宮　東宮、皇太子。ここでは白壁王。
→補
啓し　皇太子に申上げる。白壁王は、宝亀元年八月四日称徳天皇崩御後、同日に立太子、同十月一日即位であるから、これは九月七日皇太子白壁王に奉ったものである。東宮職員令、春宮坊条集解「古記云…申㆓太子㆒謂㆓之啓㆒也」。

〔参　考〕

私教類聚（吉備真備）

吉備真備の家訓書。家訓書としては日本最古のものではないかという。本朝書籍目録に「私教類聚　一巻」とあるが、現在には伝わらず、拾芥抄、教誡部に目録（「吉備大臣私教類聚目録」）が見える以外は、政事要略等に逸文が残されているのみである。三十八条よりなり、唐宋時代盛んに行われていた北斉の顔之推の「顔氏家訓」が頻りに引用されており、これに範をとっていたことが明らかである。第一条にみられる儒仏一体の思想、また十三条「可レ信二仏法一事」、三条「仙道不レ用事」の言から、儒仏を重んじ道教を排する姿勢がうかがわれ、奈良時代の思想を示すものとして興味深い。

〈大曾根章介　校訂〉

私教類聚

目録は内閣文庫本「拾芥抄」を底本とした。逸文は、すでに和田英松「政事要略考」(『史学雑誌』二六編一一号)・『国書逸文』に蒐集されている。それらを参考にして収録し、返り点を施した。なお逸文中、「政事要略」に引かれている諸条は国史大系本を参照し、該当する目録の項目番号を文末【　】内に示した。引用漢籍との相違は（　）に括って右傍に示した。

吉備大臣私教類聚目録

第一略示二内外事一
内外五戒　一不殺生、二不偸盗、三不婬欲、四不妄語、五不飲酒
外教五常　一仁不殺、二義不盗、三礼不邪、四智不妄、五信不乱

第二略示二文籍一事　第三仙道不レ用事
第四人生変化事　第五人道大意事
第六不レ可二殺生一事　第七不レ可レ行レ盗事
第八不レ可レ行二姧婬一事　第九不レ可二妄語一事
第十不レ可二酔乱一事　第十一可レ存二忠孝一事
第十二可レ存二信忠一事　第十三可レ信二仏法一事
第十四可レ慎二言語一事　第十五過則必改事
第十六思緩可レ行事　第十七不レ誨二愚夫一事
第十八莫レ住二他家一事　第十九可レ番二交遊一事
第廿可レ忍二忿情一事　第廿一可レ慎二飲食一事
第廿二可レ勤二身行一事　第廿三不レ可二奢侈一事
第廿四莫レ娶二両妻一事　第廿五可レ慎二販鬻一事
第廿六不レ可二博奕一事　第廿七世俗禁忌事
第廿八任身禁忌事　第廿九房中禁忌事
第卅世俗愚行事　第卅一莫レ用二詐巫一事
第卅二不レ可二監察一事　第卅三莫レ勤二音声一事
第卅四可レ知二巫占一事　第卅五可レ知二医方一事
第卅六可レ知二書算一事　第卅七可レ勤レ〔学レ〕文事
第卅八可レ知二弓射一事

○私教類聚〈吉備大臣撰〉云、余年三十有六之時、稍煩二身病一。
○即余参二薬師寺一、敬二礼薬師丈六瑞像一、而申云、依二余身病一老母悉苦。伏願欲レ痊。○至二七日夜一、夢見自レ天降二下短籍一枚一〈長一尺計、広二寸計〉、即余持二取其籍一而見者、記云、七八八八九年、実是雖レ知二余命之遺数一、而猶二或七八八八九一、爾時空上教云、四十年哉。○今余至二七十有六一云々。　（覚禅抄、七仏薬師法）

○吉備大臣私教類聚云、過則必改事。右論語曰、夫子欲レ寡二其過一、未レ能レ无レ過也。子曰、過則勿レ憚レ改レ之也、過而不レ改、是謂レ過矣也。孔子曰、侍二於君子一、有二三愆一〈愆過也〉。言未レ及而言、謂二之躁一〈躁不二安静一〉。言及而不レ言、謂二之隠一〈隠匿不レ尽二情実一〉。未レ見二顔色一而言、謂二之瞽一〈未レ見二顔色一、色起先有而語猶レ瞽也〉。子夏曰、小人之過也必文〈文、飾也、謂餝二其過一不レ言レ実之〉。子夏曰、君子之過、如二日月之食一也。過者人皆見レ之也、更者人皆仰レ之〈更、改〉。即知賢人君子猶在二其過一。況凡人乎也。要覧曰、言□口、莫レ不レ成レ辱、行違二於法一、莫レ不レ害レ身、以レ力勝レ人、胙（ママ）斉成レ患、失レ理覓レ得、舐レ粮受レ愧、雖レ悔二已往一、不レ悔二未来一也。故諺云、羅レ網鳥者、悔レ不二高飛一、答レ鈎魚者、恨レ不レ忍レ飢也。故云、過則必改、庶免二後悔一。（政事要略巻八四、自首覚挙）【十五】

○吉備大臣私教類聚云、莫レ用二詐巫一事。
右詐巫之徒、里人所レ用耳也。真之巫覡、官之所レ知、神験分明、不二敢所レ謂者也。但子孫汝等、好用二詐巫一、具聞二巫言一、何費若レ此。又生老病死、理之所レ然、天下含生、何物不レ死。詐巫邪道、豈得二更生一。何者巫之子孫、何為二夭折一、巫之家道、何至二貧窮一。未レ得二我身一、何与二他願一。宜下知二此意一莫上用二詐巫一。又常経二他家一、詐説二恠異一、教以二解潔一、即脱二衣裳一。損失過多、絶而无レ益。凡

偽巫覡、莫レ入ニ私家一。巫覡毎レ来、詐行不レ絶。（政事要略巻七〇、蠱毒厭魅及巫覡）【卌一】

○吉備大臣私教類聚云、可レ勤レ学レ文事。右顔氏家訓曰、士大夫子弟数歳以上、莫レ不レ被レ教。多者或至ニ礼伝一、少者不レ失ニ詩論一。及レ至ニ冠婚一、体性稍定、因ニ此天機一、倍須ニ訓誘一。有ニ志尚一者、遂能磨礪、以就ニ素（称）業一、无ニ履立一者、因（自）レ茲惰慢、便為ニ凡人一。人生存（在）レ世、会当レ有レ業。農民則計ニ量耕稼一、商賈則討ニ論貨賄一、工巧則致ニ精器用一、伎芸則沈ニ思法術一、武夫則慣ニ習弓馬一、文士則講ニ議経書一。多見ニ士大夫一、恥レ渉ニ農商一、羞レ務ニ工伎一、射既（則）不レ能レ穿レ札、筆則纔記ニ姓名一、飽レ食酔レ酒、忽々无事、以レ此消レ日、以レ此終レ年。或因ニ家世緒余（余緒）一得ニ一階半級一、便謂為レ足、安能自苦。及下有ニ吉凶大事一、議中論得失上、蒙然張レ口、如レ坐ニ雲霧一。公私讌（宴）集、談レ古賦レ詩、塞黙低頭、欠伸而已。有識傍観、代レ其入レ地、何惜ニ数年勤学一、長受ニ一生愧辱一哉。又曰、有ニ学芸一者、触レ地而安、自ニ荒乱一已来、諸見ニ俘虜一、雖ニ百世小人一、知レ読ニ論語・孝経一者、尚為ニ人師一、雖ニ千載冠冕一、不レ暁ニ書記一者、莫レ不ニ耕レ田養レ馬。以レ此観レ之、安可レ不ニ自勉一耶。諺曰、積レ財千万、不レ如ニ薄伎在レ身。伎之易レ習而可レ貴者、無レ過ニ読書一也。世人不レ問ニ愚智一、皆欲下識ニ人之多一見中事之広上、而不レ肯レ読レ書、是猶ニ求レ飽而嬾レ営レ饌、欲レ暖而惰レ裁レ衣也。今世之人不レ勤レ学レ文、不レ師ニ古之蹤跡一、猶ニ蒙レ被而臥一耳。又曰、学之興廃、随レ世軽重。漢時賢儁、皆以ニ一経一弘ニ聖人之道一、上明ニ天時一、下該ニ人事一、用レ此致ニ卿相一者多矣。末俗以来、不レ能ニ復爾（ナシ）一、空守ニ章句一、但誦ニ師言一、施ニ之世務一、殆无ニ一可一。故士大夫子弟、皆以ニ博渉一為レ貴、不レ肯レ専レ儒也。唐人今諺云、千巻博士不レ知ニ驢書一、所レ謂腐儒也。論語曰、子曰、吾嘗終日不レ食、終夜不レ寝、以思無レ益、不レ如レ学也。又曰、朝聞レ道夕死可矣也。礼記云、玉不レ琢不レ成レ器、人不レ学不レ成レ道也。故劉子曰、宣尼臨レ没、手不レ釈レ巻、仲舒垂レ没、口不レ輟レ誦、況凡愚乎、

何不レ学歟。又顔氏家訓曰、人生幼小(小幼)、精神専利、長成以後、思慮散逸。故(固)須二早教而勿一レ失レ機也。又曰、孔子曰、五十以学レ易、可三以无二大過一矣。曾子七十、迺(ナシ)好レ学、名聞二天下一。荀卿五十、始来游学、猶為二碩儒一。公孫弘(宏)四十余、方読二春秋一、以レ此遂登二丞相一。朱雲亦卌、始学二易・論語一、皇甫謐廿、始受(授)二孝経・論語一、皆終成二大儒一。此並早迷而晩寤也。世人冠婚(婚冠)未レ学、便称二遅暮一、悩(因循)意面レ墻、亦為レ愚耳。幼而学者、如二日出之光一、老而学者、如二秉レ燭夜行一。猶賢二乎瞑目而无レ見者一也。又曰、学者所三以求レ益耳、見三人読二数十巻書一、便自高大凌二忽長者一、軽二慢同列一。人疾レ之如二讎敵一、謡(悪)レ之如二鴟梟一。如レ是以レ学自損、不レ如レ无レ学也。（政事要略巻九五、学校下）【卌七】

○又云、可レ知二書算一事。右顔氏家訓曰、書跡不レ須レ過レ精。夫巧者労而智者憂、常為三人所二役使一。是(更覚為累)故韋仲将遺誡深有レ以也。王逸少風流才士・蕭散名人、挙世唯(惟)知二其書一、翻以レ能自蔽也。蕭子雲、此以二筆迹一得レ名、猶(弁異事)有二毎歎一也。王褒地胄清華、才学優敏、後雖レ入レ関、亦常被二礼遇一、亦(猶)以二書工一、(崎嶇碑碣之間)然其辛二苦筆研之役一。嘗悔恨曰、仮使吾不レ知レ書、豈(可不至)全二今日一耶。以レ此観レ之、慎勿三以レ書自命一也。然者雖レ知二書写一、不レ可レ成レ業也。又曰、算術亦是六芸要事、自レ古儒士、論二天道一定二律暦一者、皆学通レ之。然可二以兼明一、不レ可二以専レ業也。故云レ可レ知而不レ云レ可レ習也。（同上）【卌六】

○漢(ママ)書曰、後漢明帝、夢見二金人一、即遣下中郎蔡愔等十八人、往二於西域一、尋中訪仏法上。至二天竺国一、見二沙門迦葉摩騰・竺法蘭等二人一、経負二白馬一来。蔡愔等乃求二請之一、即共二愔等一温(冒カ)二渉流沙一至二於洛陽一、立二精舎一。今白馬寺是也。私教類聚。（河海抄巻一三、若菜上）

○吉備大臣私教類聚云、可レ知二筮占一事。右五行非支之理、六壬相剋之情、絶命禍害之居、生気行年之処、又九坎厭対之日、所レ忌何色之行、時至二土王一、恣不二犯土一、如レ是事類、毎レ事可レ知、但不レ専レ業也。故顔氏家訓曰、世伝云、解二陰陽一者、為二鬼所一レ嫉、坎壈貧窮、多不レ称レ泰。吾観二近古以来一、尤精妙者、唯京房管輅郭璞耳。皆无二位官(官位)一、多或罹レ災也。又曰、卜筮者聖人之業也。但近世无二復佳師一、多不レ能レ中。古者卜以決レ疑、今人生二疑於卜一。何者守レ道信レ謀、欲レ行二一事一、卜得二悪卦一、反令二復卜(栻栻)一、此之謂乎。且十中六七、以為二上手一、粗知二大意一、亦不二委曲一。凡射二奇偶一、自然半収、此何足レ頼也。故云下雖レ知二大意一、不上レ可レ専レ業也。（政事要略巻九五、学校下）【卅四】

○吉備大臣私教類聚云、可レ知二医方一事。右丸粁薬者、杏人〈去二心皮一熬レ之〉・亭歴子〈熬〉・芒消〈熬合レ白〉・大黄〈先擣細篩〉・蜀椒〈汗〉・遠心〈去二心皮一〉・桂心〈去レ皮〉・甘草〈炙〉・巴豆〈去二心皮一熬レ之〉・烏頭・附子〈並炮〉・鹿茸〈炙〉。又湯粁薬者、大黄吹咀、以二清少水一、経二一宿一、而令レ尽二其水一。然後諸薬所レ煮過半、復加二大黄一、但芒消煮了之後、加而研耳。如レ是之類、可レ知二其理一、但不レ可レ専レ業也。顔氏家訓云、医方之事、取レ妙極難、不レ勧二汝等(曹)以自命一也。微解二薬性一、小々合和(和合)、居レ家得二以救一レ急、亦為二勝事一也。史記曰、良医遍鵲名聞二天下一、秦大(太)医令李醯自知レ不三伎(伎不)如二遍鵲一也、使三人刺(刺殺)二鶣鵲一也。又有二良医花他一、魏武帝令下二華他一治中愛子倉舒之患上。其後差更発。武帝曰、花他為二吾愛児一、不レ尽二其心一、致令因矣。遂殺二華他一。故曰下可レ知二医方一、不上レ可レ専レ業。（同上）【卅五】

革命勘文（三善清行）

神武即位紀元の元年辛酉を根拠として辛酉革命説を論じ、今年昌泰四年（九〇一）がその辛酉に当たるゆえ改元すべきことを請うた上申書。革命改元の勘文（かんがえぶみ）として残る最も古いもの。清行は前年の昌泰三年十月十一日に「奉㆓菅右相府㆒書」、同十月二十一日に「預論㆓革命㆒議」の二文を書き、次いでこの勘文を上申したもので、この勘文の主意をなす辛酉革命・甲子革命の説が容れられ、同年七月十五日に延喜と改元された。清行の辛酉革命説は神武即位紀元の辛酉年を基点とし、一蔀を一三二〇年とすることを前提とする。そして易緯鄭注の六甲一元、四六・二六交々相乗じ、七元三変の大変革命年を説くにある。然るに後文に挙げている四六・二六の年数が必ずしも四六の二四〇年、二六の一二〇年として計上されていないことと、易緯とその鄭注の文が早く佚亡し、諸家輯佚の緯書類に徴検できないこととで、この勘文を一層難解なものとしている。ここには可能なかぎり清行説の根拠とする資料について検討した。この革命勘文は諸書に徴引されていると共に、辛酉改元の典拠として、後来、辛酉年毎に大変革命年に当るや否やの論議を引き起こし（続群書類従巻二九一、公事部四十四参照）、そしてまた辛酉年に改元されている例がすこぶる多い。底本には、群書類従本（内閣文庫蔵）を用いた。

〈今井宇三郎　校注〉

革命勘《かん》文《もん》

文章博士《もんじやうはかせ》＊三善宿禰清行《みよしのすくねきよつら》謹《つつし》みて言《まう》す

改元して天道に応ぜんことを請ふの状

合して証拠四条

一、今年大変革命の年に当《あた》るのこと

＊易緯《えきゐ》に云ふ、辛酉を革命となし、甲子を革令となす、と。＊鄭玄《ちやうげん》曰く、＊天道は遠からず、三五にして反《かへ》る。＊六甲を一元となし、＊四六・二六 交《こもごも》相乗じ、七元にして三変あり。三七相乗じて、廿一元を＊一蔀《いちぼう》となす。合して千三百廿年なり、と。＊春秋緯《しゆんじうゐ》に云ふ、至道は遠からず、三五にして反る、と。宋均《そうきん》注に云ふ、三五は、王者改代の際会なり。能く此の際に於て、自《みづ》から新たにすること初めのごとくなれば、則ち無窮に通ずるなり、と。＊詩緯《しゐ》に云ふ、＊十周して参聚《さんしう》し、気＊神明を生ず。戊午運を革《あらた》め、辛酉命を革め、甲子政を革む、と。＊注に云ふ、天道は三十六歳にして周《めぐ》るなり。十周を名《なづ》けて王命の

三善宿禰清行　参議に任じ、その唐名にちなみ善相公とも称せらる。↓補

易緯　易経の緯書。辛酉革命・甲子革令の一文は諸家による輯佚緯書類に見えない。↓補

鄭玄　後漢末の大儒、字は康成（一二七―二〇〇）。武英殿聚珍版本易緯八種に注している。

天道は…　次の春秋緯の本文と同文。次文によれば三五は三正五行。

六甲　十干は一〇日で六甲では六〇日であるが、ここでは干支紀年により六〇年。

四六・二六…　鄭注の四六は六甲四で二四〇年、二六は六甲二で一二〇年。後文に例証している。鄭注の四六・二六と清行の勘文の四六・二六との年数の不整合については↓補

一蔀　六甲一元で六〇年、三七相乗じた廿一元で一二六〇年、これに更に六〇年を加え合して一蔀一三二〇年とする。蔀は漢書律暦志上の注に「師古曰、蔀音剖、又音部」とあり、音剖による。↓補

春秋緯　春秋の緯書の合誠図。但し底本の天道は「至道」、道無は「通無」。↓補

詩緯　詩経の緯書。後年の勘奏文に「詩緯推度災曰」としている。然し諸家輯佚緯書の推度災には見えない。↓補

十周　一周三六年で十周は三六〇年。

神明　神のような明知の人。易、繋辞上「聖人以㆑此斉戒、以神㆓明其徳㆒夫」。

注　魏博士宋均注。

大節　国家の大事変。論語、泰伯「臨㆓大

*大節と曰ふ。一冬一夏し、凡そ三百六十歳にして一たび畢《をは》り、余節あるなし。*三推《すゐ》終れば則ち始めに復《かへ》り、更《あらた》めて綱紀を定む。必ず聖人あり、世を改め*統理《とうり》する者はかくのごとし。十周を名《なづ》けて大剛と曰《い》ふ。則ちまた乃ち*三基にして会聚し、乃ち神明を生ず。神明にして乃ち聖人は世を改むる者なり。周の文王は、*戊午の年、虞芮《ぐぜい》の訟《うつた》へを決し、*辛酉の年、青竜図《と》を銜《ふく》みて河《か》に出で、*甲子の年、赤雀丹書を銜《ふく》む。しかして武王、紂《ちう》を伐つに至り、*戊午の日、軍孟津《まうしん》を渡り、辛酉の日、泰誓《たいせい》を作り、甲子の日、商郊《しやうかう》に入る、と。

謹みて案ずるに、易緯《えきゐ》は*辛酉を以て蔀首《ぼうしゆ》となし、詩緯《しゐ》は戊午を以て蔀首となす。主上、戊午の年を以て昌泰元年となし、この年また*朔旦冬至《さくたんとうじ》ありしにより、故に論ずる者或は以為《おも》へらく、応《まさ》に戊午を以て受命の年となすべし、と。然れども本朝は神武天皇より以来、皆辛酉を以て一蔀大変の首《はじめ》となせり。この事は文書のいまだ出でざるの前にあり、天道神事、自然の*符契《ふけい》なり。然らば則ち両説ありといへども、猶《なほ》*易緯によるべきなり。また詩緯は十周三百六十年を以て大変となし、易緯は四六・二六を以て大変となす。二説は異《ことな》るといへども、*年数もまた同じ。

今、緯説《ゐせつ》によりて、*倭漢《わかん》の旧記《きうき》を勘合するに、神倭磐余彦《かむやまといわれひこ》天皇、筑紫《つくし》の日向《ひむか》の宮より、親《みづ》から船師を帥《ひき》ゐて東征し、諸賊を誅滅《ちゆうめつ》して、初めて*帝宅《ていたく》を畝火山《うねびのやま》の東南の地橿《かし》

節二而不レ可レ奪也」。

三推 十周三六〇年を三たび推すので一〇八〇年。

統理 すべ治める。史記、天官書「聖人統二理之一」。

三基 三推に同じ。

戊午の年…・辛酉の年…・甲子の年… ↓補

戊午の日… 尚書の泰誓・牧誓・武成に見えるのは戊午と甲子の両日で、辛酉の日は見えない。孟津は孟の渡し場、商郊は商(殷)の郊外の牧野。↓補

辛酉を以て… 前文に易緯が辛酉・甲子の順序に、詩緯が戊午・辛酉・甲子の順序に述べていることによって言う。

朔旦冬至 陰暦十一月一日が冬至の日に当ること。十九年に一度あり、中古以来瑞祥として宮中で祝宴が行われた。続紀、延暦三年「勅曰、十一月朔旦冬至者、是歴代之希遇、而王者之休祥也」とある。

符契 わりふ。よく適合する意。韓非子、主道「言已応則執二其契一、事已増則操二其符一。符契之所レ合、賞罰之所レ生也」。

易緯 易緯の辛酉紀元、一蔀一三二〇年によって、今年昌泰四年辛酉が第二蔀の四六の後、二六の初めに当るから。

年数も… 詩緯の十周三六〇年が易緯鄭注の四六・二六の合計年数と相当すること。

倭漢の旧記 史記・漢書と書紀・続紀とが主である。

帝宅 みやこ。神武即位前紀の己未三月「是月即命二有司一、経二始帝宅一」。

原《はら》の宮に営む。辛酉春正月即位す。これを元年となす〈周の*僖王《きわう》三年に当る。この年、斉の桓公始めて覇《は》たり。王、諸侯を鄄《けん》に会す。事は史記の表に見ゆ〉。*四年甲子春二月詔して曰く、諸虜《しよりよ》すでに平《たひら》ぎ、*海内《かいだい》事なし。以て*郊祀《かうし》すべし、と。即ち*霊畤《れいじ》を*鳥見《とみ》の山中に立て、その処を号して上小野《かみつをのの》*榛原《はりはら》・下小野榛原《しもつをののはりはら》と曰《い》ふと云ふ〈この年は周の恵王即位の元年なり。斉の桓公諸侯を帥《ひき》ゐて蔡《さい》を伐つ。蔡潰《つひ》え遂に楚《そ》を伐ちて召陵《せうりよう》に至り、*苞茅《はうばう》を責む。*これ即ち桓公の兵車第一の会なり〉。

謹みて日本紀を案ずるに、神武天皇はこれ本朝人皇の首《はじめ》なり。然らば則ちこの辛酉は、一蔀革命の首《はじめ》となすべし。また本朝の時《じ》を立て、詔を下すの初めは、また同天皇四年甲子の年にあり、宜《よろ》しく革令の証となすべきなり。

四六〈神武天皇辛酉の即位より、孝昭五十六年辛酉に至るまで、二百四十年〉

孝昭天皇五十六年辛酉、日本紀闕《か》く〈秦の懐公元年なり。また三晋、晋地を分ち、小侯のごとく晋を朝せしむ。また楚の簡王莒《きよ》を取る〉。五十九年甲子〈周の威烈王元年、また趙桓子元年〉。

二六〈孝昭五十六年辛酉より、孝安三十三年辛酉に至るまで、六十年〉

孝安天皇三十三年辛酉、日本紀闕《か》く〈秦の孝公始めて覇《は》たり。天子胙《そ》を致す〉。三十六年甲子〈斉の威王強くして諸侯を服す〉。

四六〈孝安三十三年辛酉より、孝元三十五年辛酉に至るまで、百八十年〉

孝元天皇三十五年辛酉、日本紀闕く〈漢の呂太后崩ず。大臣諸呂を誅し、文帝を迎へ立つ〉。

周の僖王… 以下、小字割書で書かれた中国の故事の挙例は必ずしもあたっていない。その異同については↓補

四年甲子… 神武紀四年春二月壬戌朔甲申詔の中に見える。

海内 あめのした(天下)。

郊祀 天祖天神をまつる。郊祭。↓補

霊畤 まつりの庭。時は「止」で、神霊の基止まる所。

鳥見 今、桜井市外山(とび)にある鳥見山。

榛原 今、宇陀郡榛原(はいばら)あたりか。

苞茅 毛刺のある菁茅を束ねたもの。菁茅は「たまほ」、かやの一種で香草。これを束ねたものに酒をそそぎ酒をしたむに用いた。楚の特産で周王室に貢献することになっていた。

これ即ち… 桓公二十八年(癸亥)が第一会、三十年(乙丑)が第二会である。

稚足彦尊 後の成務天皇。

棟梁の臣 棟(むなぎ)や梁(うつばり)のように重任にたえる臣下。大臣。

万機を… 「摂行万機」の四字は、景行紀五十一年の条には見当らない。

纏向宮 垂仁天皇の宮があった。景行紀「(五十三年)十二月従二東国一還之、居二伊勢一也。是謂二綺宮一。五十四年秋九月辛卯朔己酉、自二伊勢一還二於倭一、居二纏向宮一」。

誉田天皇 応神天皇。

辛酉 允恭紀によると即位元年は壬子(四一二)で、十年が辛酉(四二一)である。

四年甲子 允恭天皇四年は乙卯(四一五)で、

二六〈孝元三十五年辛酉より、崇神三十八年辛酉に至るまで、百廿年〉

崇神天皇三十八年辛酉〈漢の宣帝神爵元年〉。四十一年甲子〈宣帝五鳳元年〉。

四六〈崇神三十八年辛酉より、景行五十一年辛酉に至るまで、百八十年〉

景行天皇五十一年辛酉、秋八月、*稚足彦尊《わかたらしひこのみこと》を立てて皇太子となす。この月武内《たけしうちの》宿禰《すくね》を以て*棟梁《とうりやう》の臣《しん》となすなり。*万機を摂行《せつかう》せしむ〈後漢の安帝の建光元年に当る〉。五十四年甲子秋九月、伊勢の綺宮《かにはたのみや》より上京し、*纏向宮《まきむくのみや》に居れり。

二六〈景行五十一年辛酉より、誉田《ほむた》三十二年辛酉に至るまで、百八十年〉

*誉田《ほむた》天皇三十二年辛酉〈前涼の張軌自《みづか》ら立ちて王となる〉。三十五年甲子〈前趙の劉元海自から立ちて王となる〉。

四六〈誉田天皇三十二年辛酉より、允恭天皇元年辛酉に至るまで、百廿年〉

允恭《いんぎよう》天皇の即位元年*辛酉〈宋の高祖武帝劉裕即位し、永初元年となす〉。*四年甲子〈後魏の太祖太武皇帝即位す〉。

謹みて*史漢を案ずるに、一元の終《をはり》といへども、必ず皆変事あり。しかるに本朝の古記は、大変の年に、或は異事なし。蓋《けだ》し文書記事の起るは、*養老の間に始まるを以てなり。上古の事は、皆口伝に出で、*故代《こだい》の事変も、応《まさ》に遺漏あるべし。また允恭天皇以後は、古記頗《すこぶ》る備《そなは》る。故に小変の年も、事また詳《つまびらか》なり。案ずるに*稚日本根《わかやまとね》

甲子(四二四)は同十三年である。

史漢 史記・漢書。

養老の間 元正天皇の養老年間(七一七—二四)。

故代 古い時代。

稚日本根子天皇 清寧天皇。以下のことは清寧二年辛酉(四八一)春二月の条に見え、また顕宗即位前紀に詳細である。

遺跡 のこりのあと、よつぎ(継嗣)のみこ(皇子)。

播磨国… 山部連の先祖、伊予来目部の小楯。

億計・弘計 履中天皇の皇子市辺押磐皇子(いちべのおしはのみこ)のふたみこ(二主)。兄億計王(後の仁賢天皇)と弟弘計王(後の顕宗天皇)。

馳駅 宿つぎの馬。清寧紀には「乗駅馳奏」に作る。

博愛 大いなる恵み。清寧紀には「溥愛」に作る。溥(ふ)は大なり、広しの意。

節を持して… 清寧紀には「使下小楯持レ節、将二左右舎人一、至二赤石一奉上迎」とある。節は、しるしの刀、節刀。

五年甲子 四八四年。

事大小… 推古紀九年辛酉(六〇一)の条には「春二月、皇太子初興二宮室于斑鳩一」とあり、「事無二大小一皆決二太子一」の八字なし。

大小合せて… 大徳・小徳・大仁・小仁・大礼・小礼・大信・小信・大義・小義・大智・小智の十二階。

子《こ》天皇二年辛酉春正月、天皇継嗣《けいし》なきを愁《うれ》ひ、大伴室屋大連《おほとものむろやのおほむらじ》に詔して、*遺跡《ゐせき》を垂れんことを冀《こひねが》ふ。ここに於て室家大連《むろやのおほむらじ》、*播磨国《はりまのくに》の伊余来目《いよのくめ》の小楯《をだて》の宅に於て、*億《お》計《け》・弘計《をけ》の二主を得て、*馳駅《ちえき》して聞奏す。天皇愕然とし、悦《よろこ》びて曰《いは》く、懿《よ》きかな、*天博愛《はくあい》を垂れ、賜《たま》ふに二児を以てす、と。即ち小楯《をだて》をして*節《せつ》を持して喚《よ》び上《のぼ》らしむ。*五年甲子、天皇崩じ、弘計即位す。推古天皇九年辛酉春二月、上徳太子《じやうとくたいし》初めて宮を斑鳩《いかるが》村に造り、*事大小となく皆太子に決せり。この年新羅《しらぎ》を伐ち任那《みまな》を救ふのことあり。十二年甲子春正月、始めて冠位を賜《たま》ひ各《おのおの》差あり。徳・仁・義・礼・智・信あり、*大小合せて十二階なり。夏四月、皇太子肇《はじ》めて憲法十七条を制す云々〈この年隋の文帝崩ず〉。然らば則ち本朝の冠位・法令を制するは、推古天皇の甲子の年に始まる。あに甲子革令の験にあらずや。

已上《いじやう》の一蔀は、神倭磐余彦《かむやまといはれひこ》天皇即位の辛酉の年より、天豊財重日足姫《あめとよたからいかしひたらしひめ》天皇六年の*庚申の年に至るまで、合して千三百廿年にして已《や》み畢《をは》る。

一蔀《いちぼう》の首《はじめ》

*天智《てんぢ》天皇は、*息長足日広額《おきながたらしひひろぬか》天皇の太子なり。位を母の*天豊財重日足姫天皇に譲り、舅《をぢ》の*天万豊日《あめよろづとよひ》天皇に及ぶまで十一年間、猶《なほ》*太子となりて万機を摂す。*ここに内臣中臣《なかとみの》鎌子連《かまこのむらじ》と与《とも》に、賊臣蘇我入鹿《そがのいるか》并《ならび》に入鹿の父大臣蝦夷臣《おほおみえみしのおみ》を誅す。また新羅《しらぎ》を伐ちて百済《くだら》

庚申の年…合して…　→補

天智天皇　舒明天皇の子、名は葛城、中大兄皇子で、孝徳・斉明両朝の皇太子として大化の改新を行なった。

息長足日広額天皇　舒明天皇。

天豊財重日足姫天皇　皇極天皇(重祚して斉明天皇)。尚書、洪範「九疇次五日、建用二皇極一」。

天万豊日天皇　叔父(母弟)の孝徳天皇。漢書、礼楽志「皇帝孝徳、竟全二大功一、撫安二四極一」。

太子となりて…　大化元年に皇太子となる。皇極紀・孝徳紀・天智紀には「摂二万機一」の三字なし。

ここに…誅す　大化元年六月、入鹿を大極殿に誅し、蝦夷は自殺した。

天豊財重日足姫天皇　斉明天皇(皇極重祚)。

即位す　斉明紀七年(辛酉)「秋七月甲午朔丁巳、天皇崩二于朝倉宮一」、天智即位前紀「(斉明)七年七月丁巳崩、皇太子素服称制」とあり、即位は辛酉年ではなく、称制七年戊辰(六六八)である。

冠位の階…　大化五年の冠位十九階を二十六階に改めた。→補

大氏の上　大氏は後の朝臣、小氏は宿禰、伴造等は忌寸以下にそれぞれ相当する。氏上は氏の代表者で、後には氏宗・氏長者などと称せられた。

民部　臣・連・伴造・国造等の氏の隷属民の称で、その氏に労働力を提供した。部曲。

を救ひ、高麗《こま》を存し粛慎《みしはせ》を服す。*天豊財重日足姫《あめとよたからいかしひたらしひめ》天皇、七年辛酉秋七月崩じ、天智天皇*即位す〈大唐の高宗竜朔元年に当る〉。三年甲子春二月、詔して*冠位の階を換へ、更《あらた》めて廿六階となす。織《しき》・縫《ほう》・紫《し》に各大小あり、錦《きん》・山《せん》・乙《いつ》にもまた大小あり、大小の中に上中下あり、建《けん》もまた大小あり、これを廿六階となす。その*大氏《おほきうぢ》の上《かみ》には大刀《たち》を賜ひ、小氏《ちひさきうぢ》の上には小刀《かたな》を賜ふ。伴造等《とものみやつこら》の氏上《このかみ》には干楯《たて》・弓矢《ゆみや》を賜ふ。また*民部《かきべ》・*家部《やかべ》を定む。夏五月、大唐の*鎮《ちん》百済将軍*劉仁願《りうじんぐわん》、*朝散大夫《たいふ》*郭務悰等《くわくむそうら》をして、来りて表を進《たてまつ》り物を献ぜしむ〈大唐の高宗麟徳元年に当る〉。

已上、革命・革令の徴、倭漢《わかん》甚だ詳《つまびらか》なれば、更に具載《ぐさい》せず。

四六

今年辛酉〈昌泰四年なり〉。

謹みて案ずるに、天智天皇即位辛酉の年より、去年庚申に至るまで、合して二百四十年なり。これ所謂《いはゆる》四六相乗ずるの数、已《や》み畢《をは》る。今年辛酉は大変革命の年に当るなり。また天智天皇以来二百四十年の内、*小変の六甲、凡そ三度なり。案ずるに天智天皇即位の辛酉より、*日本根子高瑞浄足姫《やまとねこたかみづきよたらしひめ》天皇の養老五年辛酉に至るまで、合して六十年なり。*その年五月、日本根子高瑞浄足姫太上天皇崩ず。然れども猶《なほ》聖武天皇改元せず。*七年甲子に至りて、初めて改元して神亀元年となす。その後六十年、

家部　民部と同じく、氏に給与された隷属民の称。
鎮百済将軍　正式な官名ではなく、百済を攻略した後、百済城を占守していた軍司令官の意(唐書巻二二〇)。
劉仁願…　唐の武官。孫仁師の指揮下に劉仁軌と共に百済を攻略した。竜朔三年九月の条(唐書巻三・通鑑巻二〇一)。↓補
朝散大夫　従五品下をいう(唐六典)。
郭務悰　↓二三頁補「郭武宗」
小変の六甲　辛酉年の革命にも大変と小変の別があるとしている。↓補
日本根子高瑞浄足姫天皇　元正天皇。
その年五月…　続紀、養老五年辛酉(七二一)「五月己酉、太上天皇不予、大二赦天下一」…十二月己卯、崩二于平城宮中安殿一」。
七年甲子　八年甲子(七二四)の誤り。続紀「(養老)六年春正月癸卯朔、天皇不レ受レ朝」。同、神亀元年甲子「二月甲午、天皇(元正)禅二位於皇太子(聖武)一」。

天応元年辛酉　七八一年。
白壁天皇…　光仁天皇。↓補
承和七年庚申・九年壬戌　↓補
唐暦　唐の柳芳撰。↓補
去年以来…　「奉二菅右相府一書」(昌泰三年十月十一日)と「預論二革命一議」(昌泰三年十月二十一日)との両書を指す。
徴験　しるし、徴証。次文の「去年秋彗星見事」と「去年秋以来老人星見事」とを指すが、暗に今年昌泰四年正月二十五

*天応元年辛酉夏四月、*白壁天皇不予なり。桓武天皇天応元年四月三日受禅し、同日即位す。十二月廿日太上天皇崩ず。その後承和八年辛酉は異事なし。但し*承和七年庚申に、淳和太上天皇崩ず。*九年壬戌に、嵯峨太上天皇崩ず。また皇太子を廃し、文徳天皇を以て皇太子となす。その後六十年にして、今年辛酉に至るなり。ただ*唐暦以後は唐家の史書なく、仍《よ》りて近代の事変を勘合するを得ず。清行、*去年以来、明年は革命の年に当るを陳《の》ぶ。今年に至りて*徴験すでに発す。初めて天道の信《まこと》あり、聖運の期あるを知るあるのみ。

一、去年の秋彗星《すゐせい》見ゆるの事

謹みて*漢晋の天文志を案ずるに、皆云ふ、彗躰は光なく、日に傅《つ》きて光をなす。故に夕に見ゆれば則ち東指し、晨《あした》に見ゆれば則ち西指す。*皆日光に随ひてこれを指す。これ*旧を除《はら》ひ新を布《し》くの象なり、と。

一、去年の秋以来*老人星見ゆるの事

謹みて案ずるに、*顧野王《こやわう》の符瑞図《ふずゐと》に云ふ、老人星は瑞星なり。*弧星《こせい》の比地《ひち》に直《あた》りて、一大星あり〈*晋灼《しんしやく》曰く、比地は近地なり〉。これを老人星となす。見《み》ゆれば則ち治《ち》平《たひら》かにして主《しゆ》、寿《じゆ》なり。*常に秋分を以てこれを南郊に候《うかが》ふ、と。〈*春秋元命苞《しゆんじうげんめいはう》に見ゆ〉*春秋運《しゆんじううん》斗枢《とすう》に曰く、*機星《きせい》は和平を得て合し、万民寿なれば則ち老人星、国に臨む、と。〈宋均

日「右大臣菅原朝臣任二大宰権帥一。坐レ事」（略記第二三）を指している。

漢晋の天文志… 漢書、天文志には「除レ旧布レ新」の一文のみで、他はすべて晋書、天文志によっている。↓補

皆日光に… この文は晋書、天文志中に「在二日南北一、皆随二日光一而指」。

旧を除ひ… ほうきぼし（箒星）は旧きけがれを掃い新しきを布くの象である。左伝、昭公十七年「申須曰、彗所三以除レ旧布二新也」。

老人星 南極星の異名。人の寿命を司る星で、寿星・寿老人とも称せられる。

顧野王 ↓補

弧星の比地… 弧矢星の近地に。↓補

晋灼曰く… 晋灼は河南の人、官は尚書郎に至る。漢書集注十四巻を撰す。↓補

常に秋分を…南郊に候ふ 常に秋分の旦に丙（南方）に現れ、春分の夕に丁（南方）に没する（晋書、天文志上）。「候」は占候する、その光が微弱なためである。

春秋元命苞 春秋の緯書。諸書に徴引する元命苞の文は直弧星以下に限るので、「符瑞図云」は「…瑞星也」に終ると見られる。↓補

春秋運斗枢 春秋の緯書。

機星… 機（璣）は北斗の第三星。以下の緯文は諸家の輯佚緯書類に見当らない。↓補

文耀鉤… 春秋の緯書。太平御覧巻五に徴引している。

熊氏瑞応図… 孫氏瑞応図の誤か。↓補

曰く、〈斗の徳は人に応ずるものなり〉*文耀鉤《ぶんえうこう》に曰く、老人星見ゆれば則ち主安く、見えざれば則ち兵起る、と。*熊氏《ゆうし》瑞応図《ずゐおうと》に曰く、王者は天を承け理を得れば則ち国に臨む。*晋の武帝の時、老人星見え、太史令孟雄《まうゆう》以て言ふ。元帝の大興三年、老人星見え、四年また見ゆ、と。かくのごとき文を合すれば、老人星は、聖主長寿にして、万民安和するの瑞《ずゐ》なり。今にして*先《さき》に旧を除《はら》ふの象あり、*後《のち》に福寿の瑞ありて、首尾相待つ。事験知り易し。

一、*高野《たかの》天皇天平宝字九年を改めて天平神護元年となすの例

謹みて国史を案ずるに、高野天皇の天平宝字九年、逆臣藤原仲麿《ふぢはらなかまろ》を誅し、即ち改元して天平神護となす。然らば則ちただ*天道の符運《ふうん》のみに非ず、また*先代の恒典《こうてん》あるなり。当今の事は、あに*旧貫《きうくわん》に仍《よ》らざらんや。

臣伏して以《おもん》みるに、*聖人は*二儀《にぎ》とその徳を合し、五行とその序を同じくす。故に*天道は疾《はや》からずして速し、聖人は静なりといへどもこれに後《おく》れず。天道は遠からずして反る、聖人は動なりといへどもこれに先んぜず。況《いは》んや君の臣を得、臣の君に遇ふは、皆これ*天授《てんじゆ》にして、曾《かつ》て人事に非ず。義は*風雲《ふううん》に会し、契《けい》は*魚水《ぎよすゐ》に同じ。故に*周文《ぶん》の呂尚《りよしやう》に遇ふは、*兆《てう》、玄亀《げんき》に出で、漢祖の張良を用ふるは、神、*黄石《くわうせき》に憑《よ》る。方今《はうこん》、*天《てん》時《じ》は革命の運を開き、*玄象《げんしやう》は推始の符を垂る。聖主はその神機を動かし、賢臣はその

晋の武帝の時… 武帝紀並びに元帝紀の太興三年・同四年の条に見えず。↓補

先に旧を… 去年の秋彗星の見えたこと。

後に福寿の瑞… 去年の秋以来、老人星の見えること。略記、昌泰三年の条に「是歳、老人星見」と記している。

高野天皇… 称徳天皇。続紀に見える。↓補

天道の符運 前記の彗星・老人星を指す。符運は天運の意。

先代の恒典 天平神護と改元したこと。恒典は常則・常法の意。

旧貫 古いならわし。旧例。論語、先進「魯人為㆓長府㆒。閔子騫曰、仍㆓旧貫㆒如㆑之何、何必改作」。

聖人 知徳兼備の理想的な最高人格者。唐代以後は天子の尊称に用いた。

二儀 天と地。または陰と陽。

天道は疾からずして速し ↓補

天授 天から与えられたもの。人力に非ざるもの。論衡、命禄「陛下所謂天授、非㆓智力所㆑得」。

風雲に…・魚水に… ↓補

周文の呂尚… 周の西伯文王が呂尚に遇い、太公望・師尚父と称した故事。↓補

兆玄亀に出で 亀卜のうらかた(兆)に現れた。

黄石 張良に太公の兵法を与えた老人(黄石公)が、済北穀城山下の黄石は我なりと称して去った故事。↓補

天時 天の時。辛酉に当るをいう。

玄象 天象。彗星・老人星をいう。

*廟勝《べうしよう》を決す。この*冥会《めいくわい》を論ずれば、理は自《おのづ》から然るがごとし。もし更に謙退《けんたい》を存すれば、必ず稽疑《けいぎ》を成さん。この改元の制を欝し、かの創統の談を抑ふれば、則ち恐らくは天意に違《たが》ひ、還《かへ》つて*咎徴《きうちよう》を致さん。伏して望むらくは、*三五の運《うん》に因循《いんじゆん》し、*四六の変に感会《かんくわい》し、遠くは大祖神武の遺蹤《ゐしよう》を履《ふ》み、近くは中宗天智の基業を襲《おそ》ひて、当《まさ》にこの更始を創《はじ》め、かの中興を期し、元号を*鳳暦《ほうれき》に建て、作解を*雷声《らいせい》に施すべし。清行、*機祥《きしやう》は弁じ難く、*霊憲《れいけん》は迷ひ易し。その*丹欵《たんくわん》を献じて、*飲を白虎《びやくこ》の樽《そん》に望むといへども、その*玉英《ぎよくえい》を験すれば、恐らくは*責《せめ》を黄竜《くわうりよう》の湍《たん》に負はん。臣清行、誠恐誠惶頓首謹みて言す。

昌泰四年二月廿二日

従五位上*行《ぎやう》文章博士兼伊勢権介　三善宿禰清行上《たてまつ》る。

廟勝　廟策。古は宗廟に於て必勝の策を定めた。魏志、袁紹伝「今釈二廟勝之策一、而決二成敗於一戦一。若不レ如レ志、悔無レ及也」。

冥会　冥々のうちに一致すること。

咎徴　天のとがめのしるし。漢書、郊祀志下「祥瑞未レ著、咎徴仍臻」。

三五の運に因循　易緯鄭玄注に言う「天道不レ遠、三五而反」(五〇頁)の辛酉革命の機運により従うの意。

四六の変に感会　同じく「四六・二六交相乗、七元有二三変一」に言う大変の年に折よく出会うの意。

鳳暦　こよみ。鳳鳥はよく天時を知る故に名づける。↓補

雷声に施す　雷声によって陰欝の気を払う。礼記、月令の仲春、春分の条に「是月也日夜分、雷乃発レ声、始電。蟄虫咸動、啓レ戸始出」とある。

機祥　機微な祥瑞。

霊憲　霊妙な顕示。

丹欵　まごころ。丹誠。晋書、桓豁伝「敢冒二成命一、帰二陳丹欵一」。

飲を白虎の樽に望む　はばからずに直言することをいう。↓補

玉英を験すれば　口を開いて言えば。「玉英」はつばき。津液。

責を黄竜の湍に負ふ　犠牲になるであろう責任を負う。↓補

行　律令制で官位を称するとき、官職より位階が高い場合、位階と官職名との間に「行」を插入する(選叙令、任内外官条)。

藤原保則伝（三善清行）

藤原保則（八二五―八九五）は藤原氏南家武智麻呂五代の孫に当る平安初期の能吏。特に地方官として名声があり、備中守・出羽権守・大宰大弐などを歴任して参議に昇った。本書は、保則歿後十二年の延喜七年（九〇七）に、当時文章博士であった三善清行がまとめたもので、備中守在任時の善政また出羽国蝦夷の叛乱鎮定の功績を中心とする。一貫して保則に対する好意と共感に満ちた姿勢で書かれ、往々三代実録などの記載との相違がみられるが、これはこの伝記がそもそも事蹟の正確な叙述をめざすというよりは、中国史書の良吏伝を下敷に保則を理想化して、良吏の理想像を示すことを目的にしていたからであろう。また奥羽地方鎮定の叙述は、国文学史上、軍記物語の先駆をなすものとして注目されるものである。現存する伝本には巻頭と巻尾近くの二カ所に闕文がある。底本には、尊経閣文庫蔵本を用いた。

〈大曾根章介　校注〉

藤原保則伝

（*闕　文）

旱《ひでり》し、田畝尽《ことごと》くに荒れたり。*百姓《おほむたから》*饑饉《ききん》して、□相望めり。群盗*公行《こうかう》し、邑里《いうり》空虚《むな》し。*英賀《あが》・哲多《てた》の両《ふたつ》の郡《こほり》は、山谷の間にありて、*府《ふ》を去ること稍《やや》遠し。郡の中の百姓は、或は劫掠《こふりやく》して相殺され、或は*租《そ》を逋《のが》れて*逃散《てうさん》しつ。境《さかひ》の内の*丘墟《をか》には、単《ひとり》の*丁《てい》もあることなし。前守《さきのかみ》*朝野貞吉《あさののさだよし》は苛酷《かこく》をもて治めたりき。郡司小さき罪あれば皆*鉗鈦《かなき》を着け、人民《おほむたから》織毫《せんがう》を犯《をか》せば捕《とら》へ案《かむが》へて殺しつ。囚徒《しゆと》は獄《ひとや》に満ち、仆《たふ》れし骸《かばね》は路を塞《ふさ》ぎぬ。

公*任に到りし初め、施すに*仁政をもてし、その*小過《せうくわ》を宥《ゆる》して、その*大体《たいてい》を存せり。*徒隷《とれい》を*放散《はうざん》して、遍く*賑貸《しんたい》を加へ、*農桑を勧督《すす》めて、*遊費を禁《いまし》め止めつ。ここに百姓*襁負《きやうふ》して来り附くこと帰るがごとし。*田園尽《ことごと》くに闢け、*戸口殷盛《さかり》なり。*門は夜の扃《とざし》せず、*邑《むら》は吠ゆる狗《いぬ》なし。府蔵《ふざう》多く蓄へ、*賦税倍《ますます》入りぬ。遂に租税の*返抄《へんせう》を受くること卌四箇年、調庸の返抄を受くること十一箇年なり。古より以来《このかた》、いまだ嘗《むかし》より

闕文　巻首の欠文は恐らく保則の出自の説明と、誕生より備中に赴任するまでの記事があったと思われる（所功「藤原保則伝の基礎的考察」『芸林』二一ノ三）。
百姓　八雲御抄巻三、異名「百姓、おほむたから、みたみ、あをひとくさ」。
饑饉　字類抄「貧賤部、キ、ン」。
公行　左伝、襄三十一「盗賊公行、而天癘不レ戒〈会箋曰、公行謂二顕然為一レ之〉」。
英賀・哲多　和名抄に「備中国、哲多郡、英賀郡〈阿加〉」、民部式に「テタ」「アカ」と訓む。三代実録、貞観八年十月八日条に「備中国哲多・英賀両郡百姓、給二復二年一。以二旱疫一也」と見える。高梁川の上流両岸で岡山県阿哲郡に当たる。
府　和名抄「備中国〈吉備乃美知乃奈加、国府在二賀陽郡一、行程上九日、下五日〉、管九」。今の岡山県総社市にあった。
租　伊呂波「租穀〈口分田地子宛二封家一〉」。意見十二箇条「又諸国百姓逃二課役一逋二租調一者」（九七頁）。
逃散　農民が己れの土地を捨てて逃げ去ること。字類抄「遁避分、テウサン」。延喜五年十一月三日太政官符「百姓被レ冤尽レ頭逃散」。
丘墟　字類抄「ヲカ、地部、キウキョ」。
丁　課役にあてられる壮年の男性で二十一歳から六十歳。↓補
朝野貞吉　↓補
鉗鈦　首枷と足枷。↓補
織毫を犯せば…　↓補
任に到る・仁政・小過を…　↓補

この類《たぐひ》あらず。

*十三年従五位上に叙し、備前介に遷《うつ》り、十六年権守《ごんのかみ》に転ず。公備前にありて、徳化《とくくわ》仁政《じんせい》は、もはら備中にありし時のごとし。凡そその*僚下《れうか》のひとに、もし*奸賊《かんぞく》の者あれば、曽《むかし》よりその咎《とが》を発明するところなかりき。窃《ひそか》に*間処《かんじよ》において相語りて云はく、*君は久しく*学官《がくくわん》に疲れ、初めてこの官《つかさ》を得たり。必ずしもその廉節を立てて、栄誉を勉《つと》め取るべし。あに一州の小吏に滞《とどこほ》らむことを思ふべけむや。然れども上《かみ》は父母《ぶも》の供養《くゐやう》を資《たす》け、下《しも》は妻子の*飢寒《きかん》に給す。性《ひととなり》を撓《たは》め心を屈して、この濁穢《ぢよくゑ》を受けつ。これ皆*貧《びん》窶《ぐ》の憂《うれへ》の善人を羈《ほだ》し累《とら》ふるなり。僕《やつがれ》薄き*俸《ほう》あり。冀《ねがは》くは君の所用に随ひて、もて資《し》給《きふ》せむ。官物《くわんもつ》を犯すことなかれといへり。その俸を分ち賜ふに、多少を限らざりき。ここに*恥格《ちかく》の化《くわ》は、*風の草を靡《なび》くがごとし。吏民畏《おそ》り愛して、号《なづ》けて*父母と曰《い》ひつ。

備前・備中両《ふたつ》の国の界の上《ほとり》に、*吉《き》備《び》津彦神《つひこの》おはします。もし国に水旱あるときは、公*祈禱《きたう》しつれば、必ずしも感応を致して、影響に速《すみや》かなり。もし境の中に奸《かたま》しき者あるときは、立《たちどころ》に冥罰《みやうばつ》を降したまふ。嘗《むかし》この神形見《あらは》れ、公に語りたまひて云はく、公《きみ》の徳化に感じ、深くもて*欣服《きむふく》せり。冀《ねがは》くは公《きみ》を助けて治を為《な》し、この善績《ぜんせき》を終へしめむとまうしたまへり。これによりて両の国を治め化《くわ》し、前後の年歳《とし》頻に豊《ゆたか》に穣《にぎは》ひて、百姓和《やはら》ぎ楽《たの》しべり。

大体　大局。字類抄「大体タイテイ、大底タイテイ、大宗也」。
徒隷　奴隷、奴僕。→補
放散　字類抄「牛馬部、ハウサン」。
襁負　たすきで幼児を背負うこと。→補
賑貸・農桑を勧督め・遊費…　→補
田園尽くに闢け…・戸口殷盛なり　→補
門は夜の扃…・邑は吠ゆる狗なし　→補
賦税倍入りぬ　→補
返抄　受取状。官司に文書や帳簿または物資などを提出した時、誤りがなければ受納されて受納証明書が出された。ここは、それまで未納であった備中国の三十四カ年分の租税(田租及び出挙の利稲)、三十一カ年分の調庸を保則が完済したことを示す。→補
十三年　貞観十三年。
僚下　下役。→補
奸賊　悪者。→補
間処　字類抄「閑所カンショ、閑素分」。
君は久しく…　この逸話は世説、政事篇の記事に基くという(矢作武「三善清行の方法」『国文学研究』五〇)。→補
学官　学校。→補
飢寒　字類抄「貧賤部、キカン」。
貧窶　ひどく貧しいこと。
俸　文徳実録、仁寿二年十二月廿二日「小野篁薨…公俸所レ当、皆施二親友一」。→補
恥格　悪事を恥じて善に至ること。→補
風の草を靡く・父母・吉備津彦神　→補
祈禱　字類抄「神社部、キタウ」。
欣服　悦び従うこと。

　時に安芸国の*偸児険《ぬすびとけん》を遮《さいぎ》りて、備後国の*調《みつき》の絹四十疋《ひき》を劫《おびやか》し盗みつ。逃げ走りて草に入り、道に備前国*石梨郡《いはなす》の旅舎《りよしや》に宿りつ。盗《ぬすびと》主人の翁《おきな》に語りて云はく、*この国の太守《たいしゆ》の*化跡《くわせき》は何にか似たまへるといふ。主《あるじ》の翁語りて云はく、*府君《ふくん》民を化するに、専《もはら》に仁義を用ゐたまひしかば、一国の人尽《ことごと》くに*伯夷《はくい》と為《な》りぬ。*恩信《おんしん》の感、自《おのづか》らに*神明に通ず。故《かるがゆゑ》に国に*奸濫《かんらん》の者あれば、吉備津彦神立《たちどころ》に誅罰《ちうばつ》を降したまふといへり。具《つぶさ》にその治化の本末《ほんまつ》を語るに及びて、皆実《まこと》のことのごとし。盗の*顔色《がんそく》大《おほき》に変じて、恥ぢ畏《おそ》るるところあるに似たり。終夜《よもすがら》歎息し、*展転《てんてん》とふしまろびて寝ねず。暁に向《なむなむ》として府の門に馳《は》せ詣《いた》り、叩頭し自首して云はく、小民*無状《むじやう》にして、備後国の官《つかさ》の絹四十疋を略奪せり。過《あやまち》を改めて罪に服せむ。願《ねがは》くは生命を賜らむとまうす。公盗《ぬすびと》を召して語りて云はく、汝は*善に向ふことを知りつ。遂に悪人に非ずといへり。即ち米糧《よねかて》を賜ひつ。*贓《ざう》の絹を封《ふう》じ、盗に付《ふ》して備後国に移せり。僚下《れうか》のひと皆云はく、これ奸盗の人なり。恐らくはかの国に達《いた》らざらむといふ。公云はく、この人すでに心を改めて誠に帰《くゐ》せり。あに更にその志を変《か》ふることあらむやといへり。聴かざりき。ここに盗《ぬすびと》移《*い》文《ぶん》を得て、備後国に送らしめつ。時に備後守*小野喬木《をののたかき》、且つは怪《あやし》み且つは悦びて、盗人を放ち遣りつ。自《みづか》ら備前に詣《いた》りて、庭の中に*拝謝《はいしや》せり。凡そその徳化の、人神を感服せしむること、皆この類《たぐひ》なり。

偸児　訓みは字類抄・名義抄による。

調の絹　主計式に「備後国、調、白絹十疋、帛一百疋、糸九十絇、縹糸廿絇、自余輸二絹鍬鉄塩一」と見える。

石梨郡　和名抄「備前国、磐梨郡〈伊波奈須〉」。吉井川右岸の岡山県赤磐郡。↓補

この国の太守…　当時は親王任国(上総・常陸・下野三国)の国守に任ぜられた親王を太守と号したが、ここは備前権守の保則をさす。↓補

化跡　変化のあと。

府君　字類抄「刺史部民呼、フクン、曰レ吏之詞也」。

伯夷　周の人で弟の叔斉と共に節操堅固で清廉潔白、義士として有名。↓補

恩信　情深く誠あること。↓補

神明に通ず　↓補

奸濫　よこしまで秩序を守らぬこと。字類抄「カンラン」。

顔色　字類抄「人体部、カンソク」。

展転と…　文選、秋興賦「宵耿介而不レ寐兮。独展二転於華省一〈李善注、毛詩曰、悠哉悠哉展転反側〉」。

無状　よくない行い。蜀志、張飛伝「卿等無状、侵二奪我州一」。

善に向ふ　後漢書、郭太伝「林宗追而謝レ之曰、賈子厚誠実凶徳。然洗心向レ善。仲尼不レ逆二互郷一。故吾許二其進一也。淑聞レ之、改レ過自厲、終成二善士一」。

贓　職員令「贓贖司、正一人、掌二簿斂、配没、贓贖〈謂、非地取レ財曰レ贓、倍贓亦同也〉闌遺雑物事一」。

十七年の秋解《と》けて帰京す。両備の民、*悲《かな》しび号《な》きて路を遮《さいぎ》りつ。里老村媼の、頭《かしら》に白髪《しらが》を戴けるは、各《をのをの》*酒肴を捧げて、道の辺《ほとり》に拝伏せり。公謂はく、老いたる人の心は違失すべからずといへり。これがために*留《る》連《れん》すること数日《すじつ》、相次ぎて競《きほ》ひ到りて遏止《とど》むべからず。公以為《おも》へらく、もし常にかくのごとくば、必ずしも日月を引かむとおもへり。よりて窃《ひそか》に小さき船を艤《ふなよそひ》して、棹《さを》を軽くし*纜《ともづな》を解《と》きつ。時に従《とも》の者と相期《あひご》するに、到らざる者あり。よりて暫く和気《わけ》郡の*方上《かたかみの》津に泊《とどま》りつ。ここに備前の郡司等《ら》、公の糧《かて》の儲《まうけ》なくして船を艤《ふなよそひ》したることを聞きて、白き米二百石を、泊《とまり》の処に奉進す。公謝《しや》して云はく、*甘棠《かんたう》の遺《ゐ》愛《あい》なくして、故人の厚き贈《をくりもの》を忝《かたじけな》くす。然りといへども篤志《とくし》深密《しんみつ》なれば、何《いか》でか嘉《か》納《なう》せざらむやといへり。受けて辞《じ》するところなし。郡司等初めに思はく、公の性《ひととなり》廉《れむ》に過ぎたり。*必ずしもこの贈を受けざらむとおもへり。この報を聞くに及びて、大《おほき》に悦びて帰り去りぬ。頃之《しばらく》ありて公国《くに》の*講師《かうじ》に書《ふみ》を遺《をく》りて云はく、この泊《とまり》に次《やど》りたるときより、舟の中頻に怪異あり。風浪測《かぜなみはか》りがたくして、憂《うれへ》の念《おもひ》誠に深し。望むらくは僧徒を率ゐて、津の頭《ほとり》に来り会《くわい》し、相共に海行の穏《おだひか》ならむことを祈《き》念《ねむ》せよといへり。ここに*講読師《かうどくし》国分《こくぶ》の僧等《ら》を率ゐて、泊の処に馳せ詣りつ。公語りて云はく、願くは諸《もろもろ》の僧各《をのをの》*般若心経《はんにやしんぎやう》一遍を読誦《どくじゆ》せよ。功《く》徳《どく》足らむといへり。諸の僧旨《むね》を承りて、心経《しんぎやう》を読み畢《をは》んぬ。この米《よね》二百石をもて、悉《ことごと》くに誦経《ずきやう》の布施に充《あ》

移文　直属関係にない官司が取交わす文書。公式令、移式条「内外諸司、非二相管一隷一者、皆為レ移」。
小野喬木　仁和二年二月図書頭、六月刑部大輔、同三年山城守となる(三代実録)。
拝謝　字類抄「ハイシヤ、対面詞」。
悲しび号きて…　以下の描写は中国史書の良吏の伝に見られる。↓補
酒肴を捧げて…　↓補
留連　字類抄「稽留分、ルレン」。
纜を解きつ　字類抄「解纜、トモツナヲトク、舟楫分、カイラム」。
方上津　岡山県備前市に属す。主税式、諸国運漕功に「諸国運二漕雑物一功賃…美作国〈廿一束、但従レ国運二備前国方上津一駄賃五束〉」と見える。
甘棠の遺愛　人民が周の召公の善政を思慕する情の深く、その下に留った甘棠(からなし)の樹を大切にした故事。↓補
必ずしも…　↓補
講師　平安朝以後、国ごとに置かれた講説師の称。もと国師といい、国内の僧尼を管掌し、また経論を講説する職官であったが、延暦十四年に改めて講師と称して各国分寺に一人を置いた。↓補
講読師　講師と読師(講師を補佐して種々の法事などを司る者)。
般若心経　唐の玄奘訳の般若波羅蜜多心経一巻。古来般若心経は短いので読み易く、最後が咒文で終わるので除災招福の時によくよまれた。↓補

てつ。夜の中に*飛帆《ひはむ》し、出で去りて顧みざりき。

*十八年正月右衛門権佐に任じ、検非違使《けんびゐし》を兼ねたり。公親《した》しぶところに語りて云はく、昔者《むかし》*帝堯《ていげう》の民は、皆比屋《ひをく》して封ずべし。時に*皐陶《かうえう》大賢をもて獄《ひとや》の官《つかさ》と為《な》りき。あに*枉濫《わうらん》の罰あらむや。また用ゐしところは*象刑《しやうけい》なり。*惨毒《さんどく》の科《つみ》なかりき。あに怨酷の人あらむや。然れども論ずる者以為《おも》へらく、*英六《えいりく》の封継《ほうつ》がざりしは、これ皐陶が*治獄の咎《とが》なりとおもへり。いはむや今は末代*澆薄《げうはく》にして、人多く阿《おもね》る。誅罰の間、動《やや》もすれば*両造《りやうざう》を失へり。たとひ*惻《そく》隠《いん》の情《こころ》あるとも、必ずしも子孫の□と成らむといへり。再三《ふたたびみたび》辞譲《じじやう》して、職《しよく》に就かざりき。幾《いくばく》もなくして*民部大輔に遷る。*民部省《みんぶしやう》の例《れい》は、*商布《たに》をもて貴《たふと》び、諸の国の米《よね》を貸《ひさ》ぎて、もて官人の*厨《くりや》の用に充《あ》つ。名は*交易《けうやく》と為せども、実はこれ*箕斂《きれん》なり。諸国の百姓《おほむたから》これがために愁《うれ》へ苦しべり。公、職にあること一年、遂に*一飯だにもなかりき。

元慶元年、任ぜられて*右中弁にあり。二年二月、*出羽国の蝦夷《えびす》反乱し、*秋田城を攻む。城司の介*良岑近《よしみねのちかし》は、城守すること能はず、身《み》を脱れて草莽《くさむら》の間に伏《ふ》し竄《かく》れぬ。*賊火を放ちて城を焼く。軍資器械《ぐんしきかい》は一時に蕩尽《たうじん》せり。逆徒《げきと》*蟻《あり》のごとくに聚《あつま》り、兵を分ちて諸《もろもろ》の*城戍《じやうじゆ》を囲む。国守《の》*藤原興世《ふぢはらのおきよ》は*府の城を弃てて逃げ走りつ。時に太政大臣《だいじやうだいじん》

飛帆　字類抄「河海部、ヒハム」。

十八年…　補任「貞観十八年正月十四日右衛門権佐」。

帝堯の民は…　堯帝の時の民は皆その徳化によって、家なみにどの家の人も封ずるに足るほどの賢人である。↓補

皐陶　堯舜の頃の人で、法を立て刑を制し獄を造った。↓補

獬豸　神獣の名。一角の牛(鹿とも羊ともいう)でよく曲直を知るといい、法冠に用う。解廌、觟䚦。↓補

枉濫　法をまげること。↓補

象刑　罪人の衣服を異にして、その形象によって恥を与えた昔の国法。↓補

惨毒　むごたらしく人を傷つける。↓補

英六の封・治獄の咎　↓補

澆薄　字類抄「ケウハク」。人情の薄いこと。↓補

両造　原告と被告。↓補

惻隠の情　字類抄「政理分、ソクイン」。あわれみいたむ心。↓補

民部大輔…　補任「貞観十八年二月十五日任民部大輔」。

民部省の例・商布　↓補

厨　和名抄「説文云、厨〈久利夜〉庖屋也」。

交易　字類抄「ケウヤク」。品物を互いに交換取引すること。

箕斂　支配者が箕で掬い取るように民の財を集め取ること。↓補

一飯だにもなかりき　ここは保則が大輔在任中民部省内で一度も食事をしなかったとの意。本来は民の家で一椀の食事もしなかった

*昭宣公は摂政《せふしやう》なり。乃《すなは》ち*陸奥国に勅して、兵《つはもの》三千人を発《をこ》し、出羽国を赴《おもぶ》き援《たす》けしめつ。ここに*陸奥守大《おほき》に国の中に発すべく、精騎千人歩兵二千人を得たり。その鎧甲《かぶとよろひ》糧儲《かてまうけ》を送りたる者は、万人になむなむとす。*大掾《だいぜう》*藤原梶長《かぢなが》をもて*押領使《あふりやうし》と為して、出羽の軍《いくさ》とともに賊虜を討撃《う》たしめつ。出羽掾*藤原宗行《むねつら》・*文室有房《ふんやのありふさ》・*小野春泉《をののはるみづ》等も、また*国の中の歩騎二千余人を発して、相共に*秋田河の辺《ほとり》に屯《たむろ》しぬ。時に賊徒千余人、軽き*舡《はや》舸《ふね》に乗り、流れに随ひて俄に至る。梶長ら兵を率ゐて対《むか》ひ戦へり。天《てん》時に大《おほき》に霧ふりて、四面昏暗《くら》し。ここに賊衆数百人、兵を持《たも》ちて欻《たちまち》に官軍の後《しりへ》に至り、同声《どうせい》に大に叫び、奔りて官軍を突く。官軍大に駭《おどろ》き、*狼狽《らうばい》して散じ走りぬ。賊徒勢《せい》に乗じて、前より後より奮《ふる》ひて撃《う》てり。官軍大に潰《つ》えぬ。遂に出羽国の*弩師《どし》*神服《かんはとりの》真雄及び両国の*偏裨《へんひ》数十人を斬る。軍の士《をのこ》の殺され虜《とりこ》にせらるるもの数百千人なり。*軍実甲冑《ぐんじつかふちう》は、悉《ことごと》くに*鹵獲《ろくわく》せられぬ。道に相*蹈《ふ》み藉《し》かれて、死する者勝《あ》げて数ふべからず、文室有房は創《きず》を被《かうぶ》りて殆《ほとほと》に死なむとす。小野春泉は死せる人の中に潜《かく》れ伏して、纔《わづか》に害《がい》を免るることを得たり。藤原梶長は深く草の間に竄《かく》れて、五日も食《じき》せず、賊去りし後、歩《かち》より逃れて陸奥国に至りつ。

*五月二日、両の国の*飛駅《ひやく》忽に至りぬ。ここに昭宣公大《おほき》に驚きて、公と事を謀りたまふ。語りて云はく、東方の将を*長者《ちやうじや》に累《わづら》はさむといふ。公辞謝《じしや》して云はく、*身旧《もと》文吏

したことがないの意で清廉をいう。↓補

右中弁… 補任「貞観十九(元慶元)年正月十五日右中弁」。

出羽国の蝦夷…・秋田城・良岑近 ↓補

賊火を放ちて…・蟻のごとくに… ↓補

城戍 城柵や兵営をいう。↓補

藤原興世・府の城 ↓補

昭宣公 藤原基経。↓補

陸奥国に勅して…・陸奥守… ↓補

藤原梶長 ↓補

押領使 伊呂波「アフリヤウシ」。↓補

藤原宗行・文室有房・小野春泉 ↓補

国の中の歩騎… ↓補

秋田河 秋田城の南を流れる雄物川。

舡舸 玉篇「舡、船也」。和名抄「四声字苑云、舸〈波夜布称〉。高尾舟。一云、戦士可ㇾ乗軽舟也」。

狼狽… ↓補

弩師 弩を引く人で辺境の要地に配備され防衛に当った。↓補

神服真雄 三代実録は権弩師とある。神服氏は神服部(神衣を織る職)の部民を管理する豪族で、三代実録、元慶四年三月十一日条に出羽国軍士白丁神服連貞氏の名が見える。

偏裨 一方の将。↓補

軍実 軍隊の器械糧餉。↓補

鹵獲 かすめとる。奪う。

蹈み藉かれて…・五月二日 ↓補

飛駅 字類抄「駅伝分、ヒヤク」。↓補

長者 徳の高い人。保則をさす。

身旧文吏にして… ↓補

にして、いまだ嘗《むかし》より馬に跨《またが》り弓を引くことを知らず。あへて微《いや》しき軀《み》を愛惜するに非ず、朝廷の恥と成らむことを恐るるのみとまうす。昭宣公曰く、*天智天皇の時より、藤氏代勲績《よよくんせき》を立てて、朝の倚頼《いらい》するところなり。方《まさ》に今《いま》身は*伊周《いしう》に非ねども、忝《かたじけな》くも*冢宰《てうさい》を摂《と》れり。この*寇乱に遭ひて、内に慙《は》ぢ外に□。*瓜葛《くわかつ》の義、君もまた悉《つく》すべし。願くは智謀《ちばう》を尽《つく》せ。*餝譲《しよくじやう》を為すことなかれといふ。公曰く、必ずしも已《や》むことを得ずして、愚計を用ゐるべくは、冀《ねがは》くは*肝胆《かんたむ》を露《あらは》して、隠すところあることなけむ。恐らくは殿下能《よ》く用ゐること得ざらむとまうす。昭宣公云はく、専《もはら》に安《やす》く付かむことを意《おも》ひて、遂に他《ほか》の腸《おもひ》なしといふ。公曰く、蝦夷《えびす》*内附《いりつ》きてより以来《このかた》、二百年に漸《いた》らむとす。朝威を畏《おそ》り服して、*寇逆《こうぎやく》あることなし。聞くがごとく、秋田城司良岑近は、*聚《あつ》め斂《をさ》むるに厭ふことなく、*徴《はた》り求むるに*万端《ばんたん》なり。故《かるがゆゑ》に怨を畳《かさ》ね怒を積《つも》りて叛逆を致せり。*夷《えびす》の種《ともがら》は衆多《おほ》くして、逓《たがひ》に相*合従《がつしよう》す。賊徒数万《すまん》、*窮寇死戦《きうこうしせん》せば、一*もて百に当《あた》りて、*与《とも》に鋒《ほこのさき》を争ひがたし。如今《いま》のことは、*坂将軍《ばんしやうぐん》の再び生まるといへども、*蕩定《たうてい》すること能《あた》はじ。もし教ふるに*義方《ぎはう》をもてし、示すに威信《ゐしん》をもてして、我が*徳《とく》音《いん》を播《ほどこ》し、彼《か》の野心《やしん》を変ぜば、*尺兵《せきへい》を用ゐずして、大寇自《おのづか》らに平《たひら》かならむとまうす。昭宣公曰く、善《よ》しといへり。公また曰く、今当《まさ》に恩信をもて*夷狄《えびす》を化服すべし。もし群《もろもろ》の醜《あ》しきものの中に、猶し馴れ服せざる者あれば、必ずしも兵《つはもの》の威《ゐ》をもて臨むべ

天智天皇の時…　藤原氏の祖鎌足が朝廷に功績のあったことをいう。↓補

伊周　殷の湯王の大臣伊尹と周の武王・成王の大臣周公旦で、ともに古の良相。↓補

冢宰　字類抄「公卿分、テウサイ」。周代六官の長で、天子を補佐し百官を統御した役だが、我国では摂政の唐名。↓補

寇乱　↓補

瓜葛の義　瓜の葛のように互に絡み合うことから、親類縁者としての義理。↓補

餝譲　うわべだけへりくだること。↓補

肝胆を露して…　真心を述べて。↓補

内附き…　服従してくる。↓補

寇逆　謀叛。↓補

聚め斂むる　重税を徴収する。↓補

徴り求むる　租税を取りたてる。↓補

万端　あらゆる手段。↓補

夷の種　↓補

合従す　国や地方が連合すること。元来戦国時代南北に同盟を結び秦に対抗したことで、ここも出羽国の蝦夷が南北に合一したことをいう。↓補

窮寇死戦せば…　追詰められた賊が死にもの狂いで戦ったならば。↓補

一もて百に当り…与に鋒を…　↓補

坂将軍　征夷大将軍坂上田村麿。

蕩定する　乱を平定する。↓補

義方　義にかなった正しい道。↓補

徳音　天子の徳。↓補

尺兵　短い武器。↓補

夷狄　↓補

し。前右近衛将監《さきのうこんゑのしやうげむ》*小野春風《をののはるかぜ》は、*累代《るいだい》の将家《しやうか》にして、驍勇《げうゆう》人に超えたり。*前《さき》の年頻に讒謗《そしり》に遭《あ》ひ、官《つかさ》を免《はな》たれて家居《いへゐ》せり。願くは先づ春風をして精衆を率ゐしめ、示すに朝廷の威信をもてせむ。然る後に徳をもて招致《せうち》せば、数月を歴《へ》ずして、自《おのづか》らに銷《き》え散《さん》ずべしとまうせり。

昭宣公大《おほき》に悦びて、*それの月の四日、公を叙《じよ》して正五位下と為し、もて右中弁に出羽権守を兼ぬ。*春風を擢《ぬきい》でて*鎮守《ちんじゆ》将軍従五位下と為し、陸奥介従五位下*坂上好蔭《よしかげ》とともに公の*節度《せつど》を受けたり。公詔《せう》を奉じてより以後《のち》、数日《すじつ》にして進発《しんはつ》し、*昼夜兼行《けんかう》す。*行跡《かうせき》の間、*飛駅途《ひやくみち》に継げり。賊虜強く盛にして、官軍頻に敗れ、城或は守《まもり》を失ひて群隊陥没《かんぼつ》せし状《じやう》を奏せり。時に従ひし騎《のりもの》十余人、皆魂を褫《うば》はれ気《け》を奪《ば》はれずといふことなし。公容色《ようしよく》変ぜず、曽《むかし》より畏《おそ》り憚《はば》かる意《こころ》なし。すでにして*出羽国に至る。*春風・好蔭に命じて、各《をのをの》陸奥国の精騎五百人を将《ゐ》て、直《ただ》に虜《りよ》の境《さかひ》に入り、その酋豪《しうがう》を召して、宣《の》ぶるに国家の威信をもてせり。

これより先賊*王師《わうし》の来り討たむことを聞きて、衆《いくさ》万余人を率ゐて、険隘《けは》しきところを遮《さいぎ》り守りつ。*春風少《わか》くして*辺塞《へんさい》に遊び、*能く夷《えびす》の語《こと》を暁《さと》れり。甲冑《かふちう》を脱《ぬ》ぎ*弓竿《きうかん》を弃てて、*独り虜の軍《いくさ》に入り、具《つぶさ》に朝《みかど》の命《みことのり》を宣《の》ぶること、皆公の意《こころ》のごとし。ここに夷虜叩頭拝謝して云はく、*異時《いじ》秋田城《の》司、貪慾《とんよく》*暴獷《ぼうくわう》にして、*谿壑塡《けいがくうづ》みがたし。もし毫《がう》

小野春風　従五位上石雄の男。↓補
累代の将家　史記、項羽紀「項氏世世将家、有ㇾ名ニ於楚ㇾ」。春風の父石雄は弘仁四年陸奥の残賊を平定し、兄春枝は陸奥権守として警備に当った(三代実録、貞観十二年三月廿九日条)。
前の年…　春風は貞観十二年対馬守となったが、任期満了の後元慶二年までの数年間任官していない。何か事情があったか。
それの月の四日…・春風を擢で…　↓補
鎮守将軍　鎮守府の長官。↓二三一頁補
坂上好蔭　田村麿の曾孫で、陸奥守当道の男。従四位上右馬頭、帯刀、右近少将(坂上系図)。元慶二年四月二十二日陸奥権介(三代実録)。
節度　指図。↓補
昼夜兼行す　↓補
行跡　通った足跡の意だが、ここは道を行くこと。
飛駅途に…　飛駅の奏言の具体的内容は三代実録では前記の官軍敗北をいう。
出羽国に至る　三代実録、元慶二年七月十日条に「出羽国飛駅奏曰、正五位下守右中弁兼権守藤原朝臣保則到ㇾ国」。この奏状は六月二十八日に出したものである。
春風・好蔭に…　↓補
王師…　天子の軍隊。官軍。↓補
春風少くして…　↓注「累代の将家」。彼も若い頃父兄に従って奥羽にいたと思われる。
辺塞　辺境の地。↓補

毛《もう》もその求《もとめ》に協《かな》はざるときは、*楚毒《そどく》立《たちどころ》に施しぬ。故《かるがゆゑ》に*苛政《かせい》に堪《た》へずして、遂に叛《はん》逆《ぎやく》を作《な》せり。今将軍 幸《さいはひ》に天子の恩命をもて詔《つ》げたまふ。願くは迷ひし途《みち》を改めて*幕府に帰命せむとまうす。ここに競《きほ》ひて酒食をもて官軍を饌《そな》へ饗《あへ》せり。その*豪長《がうちやう》数十人、相率ゐて春風に随ひ、出羽の国府《こくふ》に至りぬ。公召し見《まみ》えて慰撫《ゐぶ》せり。賊もまた尽《ことごと》くに先に*虜略《りよりやく》せしところの生口及び軍器を返し献《たてまつ》りつ。時に*渠帥《きよすい》二人あり、帰附《くゐふ》することを肯《がへ》んぜず。公 諸《もろもろ》の豪長に語りて云はく、二《ふたり》の虜《りよ》来らず。汝の心に如何《いかに》ぞといふ。豪長ら倶《とも》に陳《の》べて云はく、殊に 謀《はかりこと》あるによりて、願くは暫《しばら》く寛仮《くわんか》を垂れたまへとまうせり。後数日《すじつ》にして、遂に両の夷《えびす》の首を斬りてもて献りつ。公使《つかひ》の者を発して、*佃《つくだ》の余《あまり》の種《たね》を撫《おさ》へたり。*津軽《つがる》より渡嶋《わたりしま》に至るまで、雑種の夷人《えびすびと》の、前の代いまだ曾《むかし》にも帰附せざりし者、皆 尽《ことごと》くに*内属《ないぞく》せり。ここに公また*秋田城を立てつ。凡そその塁柵楼塹は、皆旧制に倍《ばい》せり。

*三年、権《の》守を改めて正《の》守と為る。右中弁故《もと》のごとし。勅《みことのり》あり、暫く留りて鎮撫す。この国は、*民夷雑居《みんいざつきよ》して、*田地膏腴《でんちかうゆ》に、*土産《どさん》の出づるところ、珍貨《ちんくわ》多《た》端《たん》なり。*豪吏弁せ兼ぬること、*紀極《ききよく》あることなく、私《わたくし》に租税を増して、恣《ほしいまま》に*徭賦《えうふ》を加へつ。また*権《くわん》門《もん》の子の年来《としごろ》*善き馬*良き鷹を求むる者、猥《みだりがは》しく聚ること雲のごとし。辺民愚朴《ぐぼく》にして、告訴するを知ることなく、ただその求《もとめ》に随ひて、煩費《はんひ》を言はず。これによりて*隴《りよう》

能く夷の語を…　↓補
弓竿　弓幹。弓とやがら。
独り虜の軍に入り…　↓補
異時　他の時。かつて。↓補
暴獷　荒々しい。字類抄「獷、強暴、コハシ」。
谿壑塡みがたし　人の慾心が深くて飽きないことを谿谷が水を受けて尽きないのに譬えた。↓補

楚毒　苦しみ。後漢書、蔡邕伝「臣一入㆓牢獄㆒、当㆘為㆓楚毒㆒所㆖迫」。
苛政に堪へずして…　↓補
幕府　将軍の本営。↓補
豪長　蛮人の長。
虜略　人をとりこにし財物を奪う。↓補
渠帥　賊の首。↓補
佃　耕作されている田地。和名抄「唐韻云、佃〈音与㆑田同。和名豆久利太〉作田也」。字類抄「テン、ツクリタ、ツクダ、作田也」。
津軽より…・秋田城を…　↓補
内属　他国人が帰服して属国となること。斉明紀元年条に「是歳…蝦夷隼人、率㆑衆内属」とある。
三年　補任「元慶三年正月十一日転㆑守」。
民夷雑居して…・田地膏腴に…　↓補
土産　字類抄「田舎分、トサン、又境名」。土地の産物。
豪吏　力の強い官吏。続紀、天平二年四月甲子条に「又国内所㆑出珍奇口味等物、国郡司蔽匿不㆑進」とある。

畝《ほ》の民《たみ》、皆*貧窮《びんぐ》なるがごとし。*奸猾《かんくわつ》の輩《ともがら》多く富溢《ふいつ》を致せり。公施《ほどこ》すに朝典《てうてん》をもてし、百姓《おほむたから》を教へ示して、厳しく*憲法《けんばふ》を張り、侵犯《をか》さしむることなし。もし更に不法なる者あれば、捕へて案《あん》じつ。これによりて*百姓安堵《あんど》し、夷《えびす》の道は清平《せいへい》なり。時に陸奥国の夷狄《えびす》*訴訟《そしよう》あれば、皆出羽国に到りて決《くゑつ》を取れり。公初め両備にありしとき、専《もはら》に仁恵《けい》をもて化せり。出羽を治《をさ》むるに及びて、更に威厳《ゐげん》をもて理《をさ》めつ。吏民《りみん》に罪あれば、宥《ゆる》すところあることなし。*論に当《あた》る者はその深浅《しんせん》を測《はか》ること能はず。

四年四月、官符《くわんふ》によりて京《みやこ》に入りつ。時に朝《みかど》にありし卿相《けいしやう》、皆公の勲績《くんせき》を賀《が》せり。公辞謝《じしや》して云はく、*これ皆朝威《てうゐ》の致せしところにして、愚略《ぐりやく》の施せしところあるに非ずとまうせり。この時天下のひと皆以為《おも》へらく、公一卒《いちそつ》を労《らう》せずして、大寇《たいこう》を平定せり。朝廷《みかど》必ずしも高爵《かうしやく》に疏《かよ》ひその殊勲《しゆくん》に答ふべしとおもへり。しかれども偏《ひとへ》に公の辞《じ》譲《じやう》を用ゐて、遂に*優崇《いうすう》の制なし。また良岑近は、*貪叨《たんたう》*贓穢《ざうわい》にして、この寇乱《こうらん》を致せり。しかるにまた懲悪《ちようあく》の典《のり》なし。これによりて衆議多く昭宣公の*賞罰の柄《へい》を失ひたるを譏《そし》れり。公 性《ひととなり》*静黙《せいもく》を楽しびて、劇務《げきむ》を好まず。屢《しばしば》昭宣公に対《むか》ひて、弁官を*固辞《こじ》せり。七月、播磨守に任ず。辞して任に赴かず。

*六年正月、従四位下に叙す。公曰く、年既に老いたり。盍《な》ぞ功徳《くどく》を修《しゆ》して冥路《めいろ》の資《し》と為さざらむ。伝へ聞く、讃岐国は*倫紙《りんし》と*能書者《のうしよしや》と多し。かの国に赴きて*修多羅《しゆたら》・*阿毘曇《あびどん》

紀極　物事の終り。↓補
徭賦　徭役。↓補
権門　字類抄「尊者分、クワンモン」。
善き馬・良き鷹　↓補
隴畝の民　字類抄「隴ウネ畝ウネ、田舎分、リヨウホ」。ここは公民をいう。
貧窮　訓みは字類抄による。
奸猾・憲法・百姓安堵し…　↓補
訴訟　字類抄「愬詞、ソショウ」。
論に当る　判決に従事する。↓補
これ皆朝威の…　↓補
優崇　優遇し尚ぶ。魏志、王粛伝「魏之待レ公、優崇而不レ臣」。
貪叨　貪欲。むさぼる。↓補
贓穢　賄賂をとる穢れた行為。呉志、潘濬伝「時沙羨長贓穢不脩、濬按殺レ之、一郡震竦」。
賞罰の柄　続紀、天平宝字六年六月庚戌詔に「国家大事、賞罰二柄波朕行牟」。
静黙　静かに黙っていること。↓補
固辞　字類抄「遁避分、コシ」。
六年正月　三代実録、元慶六年正月七日条「讃岐権守藤原朝臣保則等並従四位下」。
倫紙　紙のこと。千字文に「恬筆倫紙」とあり、和名抄に「後漢和帝時、蔡倫所レ造也」と説く。↓補
能書者　空海からの連想か。
修多羅　経蔵。三蔵の一。仏の説いた経を総括していう。
阿毘曇　論蔵。三蔵の一。仏の教えを整理・注釈・研究し要約した聖典。なお蔵は聖典の分類をいう。

らの諸《もろもろ》の蔵《ざう》を書写すべしといへり。*二月出でて讃岐守と為る。この国の庶《もろもろ》の民は、皆法律を学びて、論を執《と》ること各《をのをの》異りぬ。邑里《いうり》*畔《くろ》を疆《かぎ》りて、動《やや》むずれば*諍訟《さうしよう》を成せり。公境《さかひ》に入りてより、人人相譲《あひゆづ》ること、*虞芮《ぐぜい》の恥心あるがごとし。*秩満《ぢちまん》にして帰京《くゐきやう》せり。西山の*別墅《べつしよ》に*隠居《いんきよ》して、また出仕《しゆつし》の志《こころ》なし。

仁和三年二月、伊予守に任ず。辞して職《しよく》に赴《おもぶ》かず。八月、*除《ぢよ》されて大宰大弐《ださいのだいに》と為り、*十二月従四位上に叙す。公頻に病を称《しよう》して、職に就《つ》くを肯《がへ》んぜず、朝廷《みかど》屢《しばしば》慰喩《ゐゆ》を加へて、強《あながち》にもて発遣《はつけん》せり。公*鎮府《ちんぶ》にありて、専《もはら》に*清静《せいせい》をもて化《くわ》を施しつ。故《かるがゆゑ》に吏民感服《かんぷく》し、*政化《せいくわ》大《おほき》に行はれぬ。元《もと》よりこれ姦猾《かんくわつ》の輩《ともがら》、猥《みだり》に鎮西《ちんぜい》の境《さかひ》の内に聚《あつま》りつ。それ筑前・筑後・肥前の三の国は、尤《もつと》も群盗《ぐんたう》の*藪沢《さうたく》なり。郷閭《きやうりよ》騒擾《さうぜう》にして、道路隔絶《かくぜつ》せり。人民《おほむたから》蓄積《たくはへ》あれば、皆殺略《さつりやく》せらる。*行旅《かうりよ》資儲《たくはへ》あれば、*令治《れいち》あることなし。前の年の*府《ふ》官《くわん》と国司《こくし》とは、兵《つはもの》を発《はつ》して捕へ殺したりき。凶党《きようたう》弥《いよいよ》熾《さかり》にして、禁止すること能《あた》はず。公初めて領《りやう》に莅《のぞ》みしとき、衆人《しうじん》皆云はく、多く軍士《いくさをのこ》を発して悉《ことごと》くに*鉏誅《しよちう》加ふべしとまうす。*公曰く、吾《われ》聞く、この盗《ぬすびと》の渠帥《きよすい》は、率《おほむ》ね*編戸《へんこ》の民に非ず、皆これ流浪《るらう》の輩《ともがら》なり。或は*良家《りやうか》の子弟《してい》が衣食《いしよく》の利《り》に逐はれ、或は旧吏《きうり》の*僕従《ぼくじゆ》が*婚姻の便《びん》を取る。*辺城《へんじやう》に寓居《ぐうきよ》すること、猶し*桑梓《さうし》のごとし。しかるに*比年《ひねん》稔《みの》らず、生産《せいさん》利を失へり。*無頼《ぶらい》の輩、*同悪相済《あくあひすく》ひ、争ひて干戈《かんくわ》を尋《もち》ゐ、赴《はし》りて賊徒と為りぬ。国の民は大半盗《ぬすびと》と為りぬ。今

二月… 補任に「元慶六年二月三日兼讃岐権守」とあるが、三代実録の記述と相違する(↓前頁注「六年正月」)。

畔 和名抄「陸詞曰、畔〈音半、和名久路、一云阿〉田界也」。

諍訟 訴え争うこと。↓補

虞芮の恥心 昔虞と芮の二国の人が田を争って決せず、周に行って訴えようとしたが、その国の人が廉譲なのを見て恥じ、争いを止めて互に譲ったという。↓補

秩満… 字類抄「刺史部、チ、マン」。↓補

別墅 下学集「ヘツショ、山荘義」。

隠居 字類抄「飲食部、インキョ、盃酒分」。

除されて…・**十二月**… ↓補

鎮府 大宰府をいう。↓補

清静 無欲で静かなこと。↓補

政化 国を治め民を導くこと。↓補

藪沢 土地が広く雑木雑草の生い茂っている所の意から、物が沢山集っている所をいう。↓補

行旅 字類抄「行旅部、カウリヨ」。

令治 法によってよく国内を治める。

府官 大宰府の官吏。↓補

鉏誅 殺しつくす。漢書、酷吏伝田延年「誅二鉏豪彊一、姦邪不二敢発一」。

公曰く… ↓補

編戸の民 戸籍に編付されている民。すなわち元来その地に居住し本貫を有する人民。公民。↓補

良家の子弟…・**僕従**・**婚姻** ↓補

悉《ことごと》くに捕へて殺すときは、*里落《りらく》の内、*闃《げき》として人なからむ。たとひ隣国の警《いましめ》あるとも、誰人が城戍《じやうじゆ》ならむ。この輩《ともがら》必ずしも*凶狡《きようかう》の心を懐《いだ》きしにあらず、多くはこれ*飢《き》寒《かん》のために逼迫《せま》られしのみ。もし施すに*恩賑《おんしん》をもてせば、自《おのづか》らに*椹《くはのみ》を食《くら》ひて音《こゑ》を改むべしといへり。その俸米《ほうまい》をもて、遍《あまね》く三国に*賑贍《しんせん》し、深く慰撫《ゐぶ》を加へて、各《をのをの》生業《せいげふ》を存《そん》せしめつ。ここに盗《ぬすびと》の徒《ともがら》大に悦びて相語りて云はく、府君《ふくん》*父母《ぶも》の情《こころ》をもて我を遇《かへり》みたまふ。我あに孝子の志を尽さざらむとまうす。相率ゐて帰化《くゐくわ》し、*守剣《しゆけん》の夫《ぶ》たらざるものなし。

寛平三年四月、辟《め》されて左大弁《さだいべん》と為る。公召されて京に入りし後、数月《すぐわつ》を歴ずして、大宰府上奏して云はく、新□あり。

（闕*文）

天性廉潔《てんせいれんけつ》にして、身《み》をもて物を化《くわ》せり。僚下《れうか》に貪穢《たんわい》の者あらむに、誠を推《を》して教訓《をし》へつ。もし遂に悛《あらた》めざらむ者は、これと言語《げんぎよ》を接《まじ》へざりき。その一善だにあるを見たらむには、顔色《がんそく》を悦び動《はたら》かせ、常に称誉推挙《しようよすいきよ》して、その美を賛成《さんせい》せり。また士を択《えら》び才を採《と》りて、*人を知るの鑑《かがみ》あり。昔備中にありし時、*小野葛絃《をののふぢを》年少《わか》くして掾《ぜう》と為りき。また讃岐にありし時、公称《ほ》めて曰く、君必ずしも天下《てんが》*循良《じゆんりやう》の吏《り》たるべしといへり。また菅原朝臣公に代りて守と為りき。公窃《ひそか》に語りて云はく、新太守《しんたいしゆ》は*当今《たうぎん》の碩儒《せきじゆ》にして、

辺城　大宰府管内の意。↓補
桑梓　桑と梓。昔これを牆下に植えて子孫に遺し生計の資とした。父母の遺物から恭敬や敬老の意となり、さらに郷里の意を表わす。↓補
比年　毎年。後漢書、何敞伝「比年水旱、人不㆓収穫㆒、涼州縁辺、家被㆓凶害㆒」。
無頼　字類抄「タノムコトナシ、又タヨリナシ、貧賤部、フライ」。
同悪相済ひ　悪人同士が互に助け合って悪事を働く。晋書、文帝紀「文欽既同悪相済、必不㆓便走㆒」。↓前頁補「鎮府」
里落　むらざと。邑里。
闃として…・凶狡・飢寒　↓補
恩賑　憐みの心をもって救うこと。
椹を食ひ　名義抄「椹、クハノミ」。他人の恩恵に感化されることをいう。↓補
賑贍　貧困者などを救うための財物を施し与えること。後漢書、朗顗伝「稟㆓卹貧人㆒、賑㆓贍孤寡㆒、此天之意也、人之慶也」。
父母の情　↓補
守剣の夫　剣を執って守る兵士。
寛平三年四月　補任「寛平三年四月十一日左大弁」。
新…・闕文　↓補
人を知るの鑑　人の賢愚を知る眼識。梁書、到洽伝「楽安任昉、有㆓知㆑人之鑑㆒」。
小野葛絃　参議峯守の男（一説にいう篁の子が正しいか）。↓補
循良の吏　法に順い善良な官吏。↓補
当今の碩儒　現今の大学者。字類抄「古今部、タウキン」。

吾《われ》の測り知るところに非ず。ただしその内の志を見れば、誠にこれ*危殆《くゐたい》の士《し》なりといへり。後に皆その語のごとくありけり。凡そその*奨鑑《しやうかむ》は、皆多くこの類《たぐひ》なりき。

公年漸《やうや》く五十にして、婦人に近づかず。ただ心を内典《ないてん》に帰《くゐ》して、尤も*空観《くうぐわん》に熟《じゆく》せり。常に金剛般若経《こむがうはんにやきやう》を読誦《どくじゆ》して、いまだ嘗《むかし》より退き倦《う》まざりき。この経の諸家《しよけ》の*義疏《ぎしよ》を撰び集めてもて一部を為し、その義を究め討《たづ》ねて、該通《がいつう》せずといふことなかりき。公*清節沖虚《せいせつちうきよ》にして、心に廻□することなし。蓋しこれ般若の*空無相《くうむさう》を練《ね》りしが故なり。公疾《やまひ》に寝《い》ねざりし時、忽に語りて云はく、死期は□に非ず。何《な》ぞ身を*塵労《ぢんらう》の□中に終《を》ふべけむといへり。□に一室を叡山《えいざん》の東坂に営みぬ。翌日《あす》夙《つと》に興《お》きて駕《のりもの》を促《うなが》し、山の廬《いほり》に赴《おもぶ》き投《いた》りて、落髪入道《らくはつにうだう》し、昼夜念仏せり。その後数月にして、俄に*逝水《せいすい》に随ひき。*啓体《けいたい》の日、身病痛《びやうつう》なく、*属纊《ぞくくわう》の時、心*顚倒《てんだう》せず。ただ西方《さいはう》に向ひて、阿弥陀仏《あみだぶつ》を念ずらくのみ。□*時賢《じけん》公の天命《てんめい》を知りたることに驚き、僧徒《そうと》公の善報《ぜんぽう》を得むことを感じたり。

余《われ》初めて*起居郎《ききよらう》たりしとき、*元慶注記《ぐわんぎやうちうき》によりて、*東征《とうせい》の謀略《ぼうりやく》を見たりき。*備中介たりしとき、*故老《こらう》の風謡《ふうえう》を聞きて、*西州《せいしう》の政績《せいせき》を詳《つばひらか》にせり。粗《ほぼ》知れるところを述べて、この実録《じつろく》を成しぬ。ただし世の公の徳美《とくび》を称《ほ》むるに、老人の談は*口《くち》を容《い》れず。然れども*転語浮詞《てんごふし》は、あへて*論著《ろんちよ》せざりき。恐らくは□餝の疑ありて、*相公《しやうこう》の美を損《そん》せ

危殆の士　危険な人物。名義抄「殆、アヤフシ」。なお道真への評を保則の言とするものに喜田貞吉「菅公の左遷は果して冤罪か」(『国学院雑誌』三四ノ四、昭3・4)があるが、これを作者清行自身の感想とする説が圧倒的に多い。

奨鑑　奨めることと戒めること。↓補

空観　一切の存在はみな空であるという真理を悟るために修行する観法。

義疏　経典の意味内容を解釈したもの。

清節沖虚　清廉で節操があり、無欲淡白なこと。

空無相　空・無相・無願の三三昧。すべての存在が無であり、すべての存在は差別がなく、従って何も求めるものがないということを悟る三種の禅定をいう。

塵労　世俗のわずらわしさ。

逝水　流れ行く水で、一度去って再び還らない譬。ここは死をいう。↓補

啓体の日　曾子が臨終の時弟子に衣衾を開いて身体の傷の有無を点検させた故事から臨終をいう。↓補

属纊の時　死にかかった人の口に新しい綿をあてて呼吸の有無を見ることから臨終をいう。↓二三頁補「纊微」

顚倒　正しい見方の反対で、迷いのこと。

時賢　当時の賢人。文粋、徳行策「謝仁祖之角立傑出、時賢呼曰二一座之顔回一」。

起居郎　内記の唐名。清行は仁和二年正月に少内記、同三年二月に大内記に任ぜられた。↓補

元慶注記　↓補

む。昔者《むかし》*司馬遷《しばせん》晏子《あんし》の伝《でん》を著《あらは》して、遙に*鞭《むち》を執《と》らむことを羨《ねが》ひ、*蔡伯喈《さいはくかい》郭泰《くわくたい》の碑《ひ》を作りて、遂に*徳に慙《は》づることなかりき。故《かるがゆゑ》にこの草《さう》を叙《じょ》して、*貞《てい》を行《ふ》み志を立つ。

延喜七年季春一日　　文章博士善清行記す。

東征の謀略　出羽守として蝦夷征定の治績をさす。

備中介　↓補

故老の風謡　昔のことをよく知っている老人が唄う俗謡。ここは昔話の意。後漢書、羊続伝「当ㇾ入二郡界一、乃羸服間行、侍二童子一人一、観二歴県邑一、採二問風謡一、然後乃進」。

西州の政績　備中守時代の政治上の功績をいう。

口を容れず　口をさしはさんで反対しない。↓補

転語浮詞　言い伝えられて行く中に変ってしまった語や虚飾に満ちた詞。

論著　意見を論じ書を著わすこと。史記、太史公自序「余死、汝必為二太史一。為二太史一、無ㇾ忘二吾所ㇾ欲二論著一矣」。

相公　拾芥抄、官位唐名部「参議〈今世号二相公一〉」。保則は寛平四年四月廿八日に参議に任ぜられ(補任)、これが極官である。

司馬遷…・**蔡伯喈**…　↓補

鞭を執る　人の使用人となり鞭を執って馬を御すること。論語、述而「子曰、富而可ㇾ求也、雖二執鞭之士一、吾亦為ㇾ之〈集注、執ㇾ鞭賤者之事〉」。

徳に慙づる　不徳を慙じる。書経、商書、仲虺之誥「成湯放二桀于南巣一、惟有ㇾ慙ㇾ徳〈集伝云、有ㇾ慙ㇾ徳、慙二徳不ㇾ及ㇾ古〉」。

貞を行み　正しい道を行なう。

意見十二箇条（三善清行）

延喜十四年(九一四)二月十五日、醍醐天皇が詔を下して諸臣の意見を徴したのに応じ、当時式部大輔であった三善清行が奏上した意見封事である。意見封事とは政治上の考え・見解を述べた文書を密封して提出するもので、公卿の審議を経た上で上奏される。この三善清行のものは、経学者的立場から当時の政治の欠点を摘出し、その改善策を十二箇条にわたって述べたもので、特に仏教の弊害を鋭く指摘していることが注目され、律令体制崩壊前夜の政情を伝えるものとして興味深い。格調高い名文であり、今日に伝わる意見封事の中で最も高く評価される。底本は、東京大学史料編纂所蔵「本朝文粋」巻二(保阪潤治氏蔵本影写本)を使用した。これは貞永式目の紙背に記されたもので、鎌倉時代末頃書写されたものと推定される。原則として訓読は底本に従った。なお本文中に注記があり、そのいくつかを頭注に掲げた。

〈竹内理三　校注〉

意見十二箇条

臣清行言《まう》す、伏して去《い》にし二月十五日の詔《みことのり》を読むに、遍《あまね》く公卿大夫・方伯牧宰《はうはくぼくさい》をして、讜議《たうぎ》を進《たてまつ》り謨《ぼ》謀《ぼう》を尽《ことごと》くし、百王の澆醨《げうり》を改め、万民の塗《と》炭《たん》を拯《すく》はしめよとのたまへり。陶唐《たうたう》の諫鼓《かんこ》を置き、隆周《りうしう》の官箴《くわんしん》を制《せい》すといへども、徳政の美、これに過ぐること能はず。臣清行誠惶誠恐頓首死罪。

臣伏して旧記《きうき》を案ずるに、我が朝家《みかど》、神明統《しんめいとう》を伝へ、天険疆《てんけんさかひ》を開き、土《つち》壌膏腴《かうゆ》にして、人民《おほむたから》庶《もろもろ》富めり。故《かるがゆゑ》に東のかた*粛慎《しくしん》を平《たひら》げ、北のかた*高麗《かうらい》を降《くだ》し、西のかた新*《しん》羅《ら》を虜《とりこ》にし、南のかた*呉会《ごくわい》を臣とす。*三韓入朝《さんかんにうてう》し、百済内属《はくさいないぞく》す。*大唐《もろこし》の使訳《しやく》、ここにして賝《たから》を納《い》れ、*天竺《てんぢく》の沙門《しやもん》、これがために化《くわ》に帰《くゐ》せり。それ爾《しか》る所以《ゆゑ》は何《いかん》とならば、国の俗敦厖《ぞくとんばう》にして、民の風忠厚《ふうちうこう》なり。賦税《ふぜい》の科《くわ》を軽くし、徴発《ちようはつ》の役《えき》を疎《おろそか》にす。上仁《かみ》を垂《た》れて下《しも》を牧《やしな》ひ、下誠《まこと》を尽してもて上を戴《いただ》く。一国の政《まつりごと》は猶《なほ》し一身の治《ち》のごとし。故に*范史《はんし》にはこれを君子《くんし》の国と謂《い》ひ、*唐帝《たうてい》その倭皇《わくわう》の尊《たふとき》を推《を》せり。

これより後風化《のちふうくわ》漸くに薄くして、*法令滋《しげ》く彰《あらは》す。賦斂《ふれん》年ごとに増《まさ》り、徭役代《えうやくよよ》に倍《まさ》り、

〔**大意**〕 延喜十四年二月十五日の詔に応じ、国運隆昌、四海来朝せる国初から、仏教伝来して造寺造仏の流行、平安造都、奢侈の風潮、応天門・大極殿の焼亡復興のため、その都度国費を消耗し、現在の国力は往古の十分一にも及ばぬ。斉明天皇の世に二万の兵を徴集出来た備中国邇磨郷は、現在では一人の正丁もない。この天下の虚耗を復興されようとする聖旨に応じ、管見をのべる。

粛慎…・高麗…・新羅…・呉会… ↓補

三韓 新羅・百済・高麗。神功皇后摂政前紀九年十月条「故因以定ニ内官家屯倉一、是所謂之三韓也」。

大唐の使訳…・天竺の沙門… ↓補

范史… 范曄の後漢書のこと。↓補

唐帝その倭皇の… ↓補

法令滋く彰す 近江令・浄御原令・大宝令・養老令の相つぐ制定と、格式の発布をいう。

欽明天皇 神皇正統記「第三十代、第二十一世、欽明天皇は継体第三の子、御母皇后手白香皇女、仁賢天皇の女なり」。

仏法初めて本朝に伝へ 欽明紀十三年十月条「百済聖明王…献ニ釈迦仏金銅像一体・幡蓋若干・経論若干巻一」。但し上宮法王帝説等の「欽明天皇戊午歳」とする異説が正しいとされている。

推古天皇より以後…・群公卿士 ↓補

浮図 梵語 Budda-stopa の音略。仏塔。続紀、延暦十年四月戊申条「山背国部内諸寺浮図、経レ年稍久、破壊処多」。

戸口《こく》月《つきづき》に減《おと》り、田畝《でんほ》日《ひび》に荒れたり。すでにして*欽明天皇の代《よ》に、*仏法初めて本朝に伝へ、*推古天皇より以後《このかた》、この教盛に行はる。上は*群公卿士《ぐんこうけいし》より、下は諸国の黎民《れいみん》に至るまで、寺《じ》塔《たう》を建立《た》つることなき者は、人数《にんじゆ》に列せず。故《かるがゆゑ》に資産《しさん》を傾け尽し、*浮図《ふと》を興《おこ》し造る。田園《でんをん》を競《きほ》ひ捨ててもて仏地と為し、多く*良人《りやうじん》を買うてもて*寺奴《じど》と為す。降りて*天平に及《いた》りて、弥《いよいよ》尊重をもてす。遂に田園を傾《かたぶ》けて、多く大寺を建つ。堂宇《だうう》の崇《たか》く、仏像の大なること、工巧《こうかう》の妙《めう》、*荘厳《しやうごむ》の奇《き》、鬼神《くゐじん》の製《せい》のごとくなるあり。人力《じんりき》の為《しわざ》に非ざるに似たり。また七道諸国をして*国分二寺を建てしむ。造作《ざうさく》の費《つひえ》、各その国の*正税《しやうぜい》を用ゐたりき。ここに*天下の費、十分《じふぶん》にして五《いつつ》。

*桓武天皇に至りて、*都を長岡に遷したまふに、製作《せいさく》すでに畢《をは》りて、更に*上都《じやうと》を営む。再び*大極殿《だいこくでん》を造り、新たに*豊楽院《ぶらくゐん》を構《かま》ふ。またその宮殿楼閣、百官の*曹庁《さうちやう》、*親王・*公主の第宅《ていたく》、*后妃《こうひ》嬪御《ひんぎよ》の*宮館《きうくわん》、皆*土木《とぼく》の巧を究《きは》め、尽《ことごと》く*調庸《てうよう》の用を賦《ふ》す。ここに天下の費、五分にして三《みつ》。

*仁明天皇位に即きて、尤も奢靡《しやひ》を好みたまふ。*雕文刻鏤《てうぶんこくろう》・錦繡綺組《きむしうきそ》、農事《のうじ》を傷《やぶ》り女《ぢよ》功《こう》を害《がい》するもの、朝に製《つく》り夕に改め、日《ひび》に変り、月《つきづき》に悛《あらた》まる。後房内寝《こうばうないしむ》の飾《かざり》、*饫宴《よえん》歌楽《かがく》の儲《まうけ》、*麗靡煥爛《れいひくわんらん》にして、古今に冠絶《くわんぜつ》せり。府帑《ふど》これによりて空虚《くうきよ》にし、賦斂《ふれん》これがために滋く起る。ここに天下の費、二分にして一《ひとつ》。

良人 良、一般の公民をいう。有姓で、口分田の班給をうけ、調庸の義務がある。律令法上の自由民である。↓補

寺奴 寺院所有の奴。↓補

天平 聖武天皇の治世(七二九—七四九)。

荘厳 探玄記三「荘厳有二二種一、一是具徳義、二交飾義」。

国分二寺を建てしむ ↓補

正税 令制で国が収納した租税。大税。続紀、天平十六年七月甲申条「詔曰、四畿内七道諸国、々別割二取正税四万束一、以入二僧尼両寺一、各二万束、毎年出挙、以二其息利一、永支二造寺用一」。

天下の費十分にして五 ↓補

桓武天皇 ↓一八六頁補「天国押撥御宇柏原天皇」

都を長岡に… 京都府長岡京市、向日市にわたる区域。↓補

上都 都。ここでは平安京のこと。↓補

大極殿・豊楽院 ↓補

曹庁 曹は官人の詰所、庁は執務所。続紀、天平宝字元年七月庚戌条「奈良麻呂古麻呂、便留二彼曹一」。

親王・公主・后妃嬪御・宮館 ↓補

土木 字類抄「伎芸、トボク、工匠分又造作名也」。

調庸の用を賦す・仁明天皇 ↓補

雕文刻鏤…女功を害す 漢書、景帝紀「夏四月、詔曰、雕文刻鏤、傷二農事一者也、錦繡纂組、害二女紅一者也」にもとづく。

饫宴 字類抄「ヨエン、遊宴詞」。

麗靡煥爛… ↓補

*貞観年中に、*応天門《おうてんもん》及び大極殿《だいこくでん》、頻《しきり》に災火《さいくわ》あり。儻《たまたま》太政大臣《だいじやうだいじん》*昭宣公匪躬《ひきう》の誠《まこと》、具《ぐ》瞻《せむ》の力によりて、庶民《そみん》子のごとくに来り、万邦《ばんはう》麑《かご》のごとくに至りて、この宇《う》を修復《しゆふく》すること、*期年《きねん》にして成せり。然れども天下の費、また一分が半《はん》を失へり。然れば*当今《たうぎん》の時、曾《かつ》て往世《わうせい》の十分が一に非ず。

臣、去《い》にし*寛平五年に備中介《の》に任ず。かの国の下道《しもつみち》郡《のこほり》に、*邇磨郷《にまのさと》あり。ここにかの国の風土記《ふどき》を見るに、*皇極天皇の六年に、大唐の将軍*蘇定方《そていはう》、新羅《しんら》の軍《いくさ》を率《ひき》ゐ百済《はくさい》を伐《う》つ。百済使を遣《まだ》して救はむことを乞《こ》ふ。天皇*筑紫《つくし》に行幸《ぎやうかう》したまひて、将に救《すくひ》の兵《つはもの》を出さむとす。時に天智天皇太子と為り政を摂《せふ》す。従ひ行きて路に下道郡に宿《しゆく》したまふ。一郷《がう》を見るに戸邑《こいう》甚だ盛なり。天皇詔《みことのり》を下し、試みにこの郷の軍士《いくさをのこ》を徴《め》したまふ。即ち勝兵二万人を得たり。天皇大に悦びて、この邑を名《なづ》けて二万郷と曰《のたま》ふ。後に改めて邇磨郷《にまのさと》と曰ふ。

その後天皇筑紫の*行宮《かうきう》にして崩じたまひ、終にこの軍を遣《や》らず。然れば二万の兵士、弥《いよいよ》蕃息《はんそく》すべし。しかるを*天平神護年中に、右大臣*吉備朝臣、大臣といふをもて本郡《ほんぐん》の大領《だいりやう》を兼ねたり。試みにこの郷《がう》の戸口《こく》を計《かぞ》へしに、纔に課丁《くわちやう》千九百余人ありき。貞観の初めに、故民部卿*藤原保則《のやすのり》朝臣、かの国の介たりし時に、旧記を見るにこの郷に二万の兵士の文あり。*大帳《だいちやう》を計《かぞ》ふるの次《ついで》に、その課丁を閲《けみ》せしに、七十余人ありしの

貞観年中　清和天皇の治世(八五八—八七六)。
応天門及び大極殿…　↓補
昭宣公　藤原基経。↓六五頁補
期年にして成せり　↓補
当今　字類抄「古今部、タウキン」。
寛平五年　八九三年。
邇磨郷　岡山県吉備郡真備町の地名。和名抄「邇磨〈爾万〉」、金葉集、賀「後冷泉院御時大嘗会主基方、備中国二万郷をよめる」。
皇極天皇の六年　書紀は斉明天皇六年の条にある。斉明天皇は皇極天皇の重祚であるので両者を混じたものであろう。
蘇定方…・筑紫に行幸…　↓補
筑紫の行宮にして崩じ　斉明紀七年七月丁巳条「天皇崩二于朝倉宮一」。
天平神護　称徳天皇の治世。(七六五—七六七)。
吉備朝臣　吉備真備。↓四〇頁補
藤原保則　補任、寛平四年条「(貞観八年正月)任二備中権介一、(同十三年)備中守」。
大帳　大計帳の略。↓補
老丁・正丁・中男　戸令「凡男女、三歳以下為レ黄、十六以下為レ少、廿以下為レ中、其男廿一為レ丁、六十一為レ老、六十六為レ耆」。
藤原公利　左大臣魚名の後裔、中納言山蔭の子(分脈)。従四位下但馬権守に至る。
虚耗　すりへってなくなること。文明本節用集「虚耗、キョカウ」、漢書、昭帝紀賛「承二孝武奢侈余弊師旅之後一、海内虚耗、戸口減レ半」。
千年の…に鍾り　伊呂波「当、アタル、直、

み。清行任《にむ》に到りて、またこの郷の戸口《こく》を閲せしに、*老丁《らうちやう》二人・*正丁《しやうちやう》四人・*中男《ちうなむ》三人ありしのみ。去《い》にし延喜十一年に、かの国の介*藤原公利、任満ちて都に帰りたりき。清行問はく、邇磨郷の戸口当今幾何《いくばく》ぞととひき。公利答へて云はく、一人もあることなしといへり。謹みて年紀《ねんき》を計ふるに、皇極天皇六年庚申より、延喜十一年辛未に至るまで、纔に二百五十二年、衰弊《すいへい》の速《すみや》かなること、またすでにかくのごとし。一郷をもてこれを推《を》すに、天下の*虚耗《きよかう》、掌《たなごころ》を指《さ》して知るべし。

方《まさ》に今《いま》陛下*千年の期運《きうん》に錘《あた》り、万古《ばんこ》の興衰《きようすい》を照す。*惻隠《そくいん》を兆庶《てうそ》に降《くだ》し、恵愛《けいあい》を四方に施《ほどこ》す。*宵《よひ》に衣《きぬ》き旰《ひだ》けて食《じき》し、夜《よる》に念ひ朝《あした》に行《おこな》ふ。遍く綸綍《りむはい》を頒《わか》ち、広く*芻蕘《すぜう》に訪《とぶら》ふ。昔者《むかし》*虞舜《ぐしゆん》の居ること、三年にして都を成し、*仲尼《ちうぢ》の政、期月《きぐわつ》にして自《おのづか》ら理《をさま》る。然れば民の繁孳《はんじ》、*必代《ひつだい》の後を待たず、国の*興複《きようふく》、*浹日《せふじつ》の間を期《ご》すべし。*抃躍《べんやく》に任《た》へずして、あへて狂愚《くゐやうぐ》を陳《の》ぶ。猶《なほ》し、*管中《くわんちう》に豹《へう》を見る、纔に一斑《はん》を知り、井底《せいてい》に天を望む、数尺《すしやく》に過ぎざるがごとし。謹みて録《ろく》すること左のごとし。伏して天裁《てんさい》を待つ。

一、水旱《すいかん》を消《け》し*豊穣《ほうじやう》を求むべきこと

右、臣伏して以《おもん》みるに、国は民をもて天と為《な》し、民は食をもて天と為す。民なくば何にか拠《よ》らむ。食なくば何にか資《よ》らむ。然らば民を安むずるの道、食を足《た》すの要《えう》は、

鐘、鍾ィ」。聖人は千年に一人出るという。

惻隠 字類抄「政理分、ソクイン」。

宵に衣き旰けて食し 朝早く起きて正衣をつけ夜日が没してからおそく食事をすること。為政者が政務に精励すること。懶室漫稿五序「徳粘二於上一、恩覃二於下一、宵衣旰食、克慮二億兆之休戚一也」。

芻蕘 草苅と樵夫。黒本本節用集「芻蕘、スウゲウ、芻刈レ草者、蕘採レ柴者、毛詩曰、詢二于芻蕘一」。

虞舜の居ること三年… 史記、五帝紀「虞舜者、名曰二重華一、…一年而所レ居成レ聚、二年成レ邑、三年成レ都」。

仲尼の政期月… 論語、子路「子曰、苟有二用レ我者一、期月而已可也」。期月は一ケ月、或は十二ケ月、ここでは後者。

必代の後を待たず 論語、子路「子曰、如有二王者一、必世而後仁」、孔安国注「三十年曰レ世」。柿村重松『本朝文粋註釈』に「案、唐太宗諱世民、故避以作レ代」。

興複 字類抄「ヲカシカヘス、吏幹分、キヨウフク、刺史部」。

浹日 十日間。浹はめぐる。十干の一めぐり。

抃躍 字類抄「ヘンヤク、悦詞」。

管中に豹を見る 見聞の甚だ狭いことの喩。↓補

豊穣 底本注「後漢書曰、天下復平、歳豊穰。切汝陽反禾□也」。

〔**大意**〕 民は国の天、安民の道は食を豊かにするにある。国家はそのため毎年祈

ただ水旱沴《わざはひ》なく年穀《ねんこくみの》登ることあるにあり。故《かるがゆゑ》に朝家、年ごとの二月四日・六月十一日・十二月十一日に、神祇官《じんぎくわん》にして、*祈年《としごひ》・月次《つきなみ》の祭を立つ。厳《いつく》しく斎粛《さいしく》を加へ、遍《あまね》く神祇官に禱《いの》り、その豊熟《ほうずく》を乞うて、その*報賽《ほうさい》を致す。その儀、公卿、弁官及び百官を率ゐて神祇官に参ず。神祇官、社《やしろ》ごとに幣帛《へいはく》一裹《つつみ》・清酒一瓮《ほとき》・鉄鉾《かねのほこ》一枝《えだ》を設け、棚《たな》の上に陳《つら》ね列《つら》ぬ。また社に或は馬を奉る者あり〈祈年祭は一疋、月次祭は二疋〉。また左右《さう》の馬寮《めれう》、神馬を牽《ひ》き列《つら》ぬ。ここに神祇官祭文《さいもん》を読み畢りて、件《くだむ》の祭物《さいもつ》をもて、諸社の*祝部《はふりべ》に頒《あか》ちて、本社に奉ぜしむ。

祝部、*潔斎《けつさい》して捧げ持ちて、各もて奉進《ほうしん》すべし。しかるを皆*上卿《しやうけい》の前に、即ち幣《へい》の絹をもて、懐《ふところ》の中《うち》に插《はさ》み着《つ》け、鉾《ほこ》の柄《え》を抜き弃てて、ただその鋒《さき》を取り、その瓮《ほとき》の酒を傾《かたぶ》けて、*一挙《いつきよ》に飲み尽す。曾て一人として全《また》く神祇官の門より持ち出《い》づる者なし。いはむやその神馬は、市人《いちびと》*郁芳門《いくはうもん》の外に、皆買ひ取りて去《い》ぬるをや。然らば祭るところの神、あに*歆饗《きんきやう》することあらむ。もし歆饗せずは、何ぞ豊穰《ほうじやう》を求めむ。伏して望まくは、申《かさ》ねて諸国に勅して、*史生《ししやう》より以上《かみつかた》一人を差《さ》し、祝部《はふりべ》を率ゐ、この祭物《さいもつ》を受け取らしめて、慥かに本社に致し、もて在《いま》すがごとくの礼を存せむ。

また朝家、年ごとの正月に、大極殿《だいこくでん》の前より始め、七道諸国に至るまで、*吉祥悔過《きちじやうけくわ》を修《しゆ》せり。また聖代、年ごとに*仁王会《にんわうゑ》を修し、遍く百姓のために、豊年《ほうねん》を祈禱し、疾《しつ》

年月次祭を行うが、諸社の祝部は、幣物を請けるや否やこれを懐中に入れ、神馬は市人に沽却する。毎年正月の吉祥悔過、仁王会を行う僧侶も破戒無慚、国中の法務を委ねられた諸国講読師も破戒の僧、或は贖労の輩、その監督下の国分寺僧も、畜妻、商賈を行う無慚の徒である。かかる者の祈禱では神仏の感応を得ることは不可能である。よろしく諸国講読師に精進練行の者を任じ、国分寺僧の濫穢を糺明せぬ者は解任することとすべきである。

新年・月次の祭… 神祇令「仲春、祈年祭…、季夏、月次祭…、季冬、月次祭…、其祈年月次祭者、百官集ニ神祇官一、中臣宣ニ祝詞一、忌部班ニ幣帛一」。

報賽 字類抄「カヘリマウシ、ホウサイ」。

祝部 神主の指図をうけて、直接神事の執行に当る神職。職員令、神祇官条集解「物記云、禰宜・破布里、是神部也、神主是為ニ監神一」。

潔斎 字類抄「イツクシクキヨシ、ケツサイ」。易経、説卦伝「斉也者、言ニ万物絜斎一也」。

上卿 饅頭屋本節用集「上卿、シヤウケイ公卿」。宮廷行事の際、責任者としての首席の公卿。

一挙 字類抄「イツキヨ、千里名、鶴一挙ニ千里ヲ以」。

郁芳門 平安京大内裏十二門の一。大内裏外郭東側南端にあり、東大宮大路に面す。

歆饗 神が祭祀の礼を享ける。左伝、僖

疫《えき》を消伏《せうぶく》したまふ。これによりて人天慶《よろこ》び頼《かうぶ》り、兆庶《てうそ》歓び娯《たの》しぶ。然も猶し水旱休まず、災沴《さいれい》屢《しばしば》発《おこ》る所以《ゆゑ》は何《いかん》となれば、僧徒のこれを修する者、多くその人に非ざればなり。臣、漢国の史籍《しせき》を窺《うかが》ひ、本朝の文記を閲《み》るに、凡そその禅徒《ぜんと》、いまだ必ずしも皆修学《しゆがく》倶に備《そな》へ、*禅智《ぜんち》兼ね高からざる者なり。然れども或は固く*律儀《りつぎ》を守りて、死に至るまでに犯さず、或は遍《あまね》く*菩薩《ぼさつ》を行じ、身を忘れて他を利す。故《かるがゆゑ》に帝皇の誠、禅僧《ぜんそう》によりて感じ易く、禅僧の念、如来《によらい》と必ず通ず。しかるに今、上は*僧綱《そうがう》より、下は諸寺の次第《しだい》の*請僧《しやうそう》、及び*法用《ほうよう》の小僧《こぞう》・沙弥《しやみ》等《ら》に至るまで、持戒《じかい》の者は少く、違律《ゐりつ》の者は多し。かくのごときの薫修《くんじゆ》は、*三尊《さんぞん》あに感応《かんおう》すべけん。感応の来れること、あへて望む所に非ず、妖咎《えうきう》の至り、還《かへ》りてまた懼《おそ》るべし。伏して望まくは、衆僧の濫行《らんぎやう》聞ゆることあるは、一《い》切《せつ》に請用《しやうよう》に預《あづか》らざれ。

また諸国司等の、公務《くむ》怱忙《そうばう》にして、事多くして遑《いとま》あらず。故《かるがゆゑ》に国中の*法務《ほうむ》、皆*講《かう》読師《とくし》に委附《ゐふ》す。しかるを講読師多く持律《ぢりつ》の人に非ず、また或は*贖労《そくろう》の輩《ともがら》あり。いはむやその国分《こくぶん》の僧廿人、皆これ*無懺《むせん》の徒《ともがら》なり。妻子を蓄《たくは》へ、室家《しつか》を営《いとな》み、耕田を力《つと》め、*商賈《しやうか》を行ふ。しかるを今国司例によりて、祈念を致さしむ。その感応を望むこと、譬へば猶し*木に縁《よ》りて魚《いを》を求め、*竈《かまど》に向ひて花を採《と》るがごとし。重ねて望まくは、諸国の講読師、*階業《かいごふ》を成すといへども、精進練行《しやうじんれんぎやう》の者に非ずは、擬補《ぎふ》することを得じ。

公十年「神不レ歆二非類一」。

史生　八省及び国の雑任。式部式「凡雑色輩、頗有下耐二書算一者上、省課試補二任諸司史生一」。職員令、大国条「史生三人」。

吉祥悔過　大極殿で正月八日より十四日までの一週間、金光明最勝王経を講じて朝家を祈念する行事。玄蕃寮式「凡諸国起二正月八日一迄二十四日一、請二部内諸寺僧於国庁一、修二吉祥悔過一」。

仁王会　仁王護国般若経を講じて朝家を祈念する行事。

禅智　禅那(静慮)と智恵(実相を照らしてさとりに達する認識)の意。

律儀　仏法の律に定めた規式。

菩薩　自ら菩提を求むると共に、他をも利する行を行う業。

僧綱　僧尼令「謂、律師以上」。

請僧　法会に請待された僧。

法用　法要とも。法会に、梵唄・散華・梵音・錫杖の四事をつとめる役僧。

三尊　仏法僧。

法務　仏法上の業務。

講読師　講師と読師。↓六三頁補「講師」

贖労　字類抄「続労、佞眉分、追従詞、ソクロウ」。

無懺　字類抄「恥辱分。ムセン」。

商賈　字類抄「シヤウカ、アキナヒ」。

木に縁りて…　孟子、梁恵王上「以二若所一レ為、求二若所一レ欲、猶二縁レ木而求一レ魚也」。

竈に向ひて…　出典未詳。

階業　↓補

また国分の僧、もし濫穢《らんゑ》ありて、講読師紏さずは、講読師を解却《げきやく》*せむ。かくのごとくにせば聖主の祈感影響《やうかう》よりも速《すみや》かに、公田の税蓄《ぜいちく》 京坻《けいち》*のごとくにし、十旬の雨節《せつ》に随ひ、*千箱《しやう》の詠衢《ちまた》に満たむ。

一、奢侈《しやし》を禁ぜむと請ふこと

右、臣伏して以《おもん》みるに、先聖明王の世を御《をさ》めたまふ、節倹を崇《たふと》び、奢盈《しやえい》を禁ず。澣《かん》濯《たく》が衣《え》を服し、蔬糲《それい》の食《じき》を嘗《な》む。これ往古《わうご》の称美《しようび》するところ、明時の規模《きぼ》とするところなり。しかるを今澆風《げうふう》漸《やうや》くに扇《さかり》にして、王化行《おこな》はれず。百官庶僚《しよれう》、嬪御媵妾《ひんぎようせふ》、及び権貴《くゑんくゐ》の子弟《してい》、京洛浮食《けいらくふじき》の輩《ともがら》、衣服飲食の奢《をごり》、賓客饗宴《きやうえん》の費《つひえ》、日《ひび》にもて侈靡《しび》にして、紀極《ききよく》を知ることなし。今略《ほぼ》一端を挙げて、事の実《まこと》を指し陳《ちん》ず。

臣、伏して貞観*・元慶の代を見るに、親王公卿、皆生《すずし》*の筑紫絹《ちくしぎぬ》をもて夏の汗衫《かざみ》と為し、曝絁《さらしきぬ》を表袴《うへのはかま》と為し、東絁《あづまきぬ》を韈《したうづ》*と為し、染絁《そめぎぬ》を履《くつ》の裏《うら》と為す。しかるを今諸司の史生《ししやう》、皆白き縑《かとり》*をもて汗衫と為し、白き絹を表袴と為し、白き綾《あや》を韈と為し、*菟褐《とかち》を履の裏と為す。その婦女は、下侍婢《しもじひ》に至るまでに、裳《も》は斉紈《せいぐわん》*に非ざれば服せず、衣は*越綾《ゑつれう》に非ざれば裁《さい》せず。紅袖《こうしう》を染むる者は、その万金の価《あたひ》を費《つひや》し、練衣《ねりきぬ》を擣《う》つ者は、一砧《てん》の間に裂《さ》けぬ。自余の奢靡《しやひ》、具《つぶさ》に陳ずること能はず。

解却　字類抄「貶黜部、ケキヤク」。

京坻・千箱の詠　詩経、小雅、甫田「曾孫之稼、如レ茨如レ梁、曾孫之庾、如レ坻如レ京〈毛伝、京高丘也、箋云、坻水中之高地也〉、乃求二千斯倉一、乃求二万斯箱一」。

〔**大意**〕　今日の風俗奢侈日々甚しく、貞観・元慶の代には、親王公卿すら筑紫産の生絹を用いていたが、今は諸司の史生すら白縑を用い、婦女は侍婢の末まで唐綾でなければ衣裳としない。よって人品に応じた衣服の制を定め、検非違使に命じて違犯者を糺正すべきである。また宴会には厳重な格式を励行したい。この法はとかく上から破るから、検非違使をして強硬に実施さるべきである。また葬礼追善の方式は、家の階品によって式があるのに、莫大な費を投じ、産を破り負債のため逃亡、幼児を他郷に餓死させるものがある。公卿等率先僭越をつつしみ、庶民に節度を知らすべきである。また維摩最勝竪義僧が、僧綱聴衆に盛大な斎供を設け、仏律に背いている。早く禁制を立つべきである。

貞観・元慶の代　清和・陽成天皇の代。

生　字類抄「ス、シ、―衣、―糸等也」。

韈　和名抄「説文云、韈〈之太久豆〉、足衣也」。

縑　和名抄「毛詩注云、絹〈加止利〉、縑也。釈名云、縑、其糸細緻、数兼二於絹一也」。

菟褐　和名抄「蔣魴切韻云、兎褐〈此間云

昔者《むかし》*季路《きろ》が縕袍《うんはう》にして狐狢《こかく》の麗服《れいふく》に恥ぢず、*原憲《ぐゑんけん》が藜戸《れいこ》にして猶し駟蓋《しがい》の栄暉《ゑいくゐ》を蔑《ないがしろ》にす。これ賢哲《けんてつ》の高規《かうき》なり、庸人《ようじん》の克念《こくねん》に非ず。故《かるがゆゑ》にその僣差《せんさ》を見れば、競《きほ》ひて相放《あひなら》ひ効《なら》ふ。その倹約を観れば、逓《たがひ》にもて嘲《あざけ》り嗤《あざけ》る。富める者はその志を逞しうすることを誇《ほこ》り、貧しき者はその及ばざるを恥づ。ここに一領《りやう》の衣を製して、終身《しうしむ》の産《さん》を破《やぶ》り、一朝の饌《せん》を設けて、数年《すねん》の資《たくはへ》を尽《つく》す。田畝《でんほ》これがために荒蕪《くわうぶ》し、盗徒《たうと》これによりて滋く起る。かくのごとくして禁ぜずは、恐らくは聖化《せいくわ》を損せんことを。伏して望まくは、人の*品秩《ほむぢち》に随ひ、衣服の制《せい》を立てむ。*検非違使《けんびゐし》をして、その越溢《をついつ》を糺《ただ》さしむ。また飫宴《よえん》の制は、頻に格式に張れり。しかるをこの法、常に上《かみ》よりこれを破り、下をしてこれに効はしむ。重ねて望まくは、検非違使をしてこの制を張り行はしめむことを。

また王臣より以下《しもつかた》、庶人《そじん》に至るまで、*追福《ついふく》の制《せい》、飾終《しよくしう》の資《し》、その階品《かいひん》に随ひて皆*式の法を立てよ。しかるを比年《しきりのとし》諸の喪家《さうか》、その*七七日の講筵《かうえん》、*周闋《しうき》の法会《ほうゑ》、競ひて家産を傾《かたぶ》け、盛に斎供《さいぐ》を設く。一机《き》の饌、*堆《うづたか》きこと方丈《はうぢやう》に過ぎ、一僧の儲《まうけ》、費《つひえ》千金を累《かさ》ねたり。或は他家《たけ》に乞《こ》ひ貸《か》り、或は居宅《きよたく》を斥《しりぞ》け売らる。孝子遂に逃債《てうさい》の*逋人《ほにん》となり、幼孤《えうこ》自《おのづか》ら*流冗《りうじよう》の*餓殍《がふ》となる。

それ以《おも》みれば、*顧復《こふく》を蒙り育愛を拯《すす》むる者、誰か*追遠報恩《ついゑんはうおん》の志なからむ。然れども

止加千〉、繒衣以二兎毛一和織也」。
斉紈・越綾　唐物の絹。
季路…　論語、子罕「子曰、衣二敝縕袍一、与下衣二狐貉一者上立而不レ恥者、其由也与」。
原憲が藜戸　史記、仲尼弟子伝「原憲字子思、…孔子卒、原憲亡在二草沢中一、子貢相レ衛、而結レ駟連レ騎、排二藜藋一、入二窮閻一、過謝二原憲一、憲摂二敝衣冠一、見二子貢一、子貢恥レ之曰、夫子豈病乎、原憲曰、吾聞レ之、無レ財者謂二之貧一、学レ道而不レ能レ行者、謂二之病一、若レ憲貧也、非レ病也、子貢慙、不レ懌而去」。
品秩　字類抄「人倫部、ホムヂチ」。身分、分際。
検非違使　→一九二頁補
追福　字類抄「仏法部、ツイフク」。追善。
式の法　ここにいう式法未詳。
七七日の講筵　人の死後、七七日ごとの法要。或は死後四十九日目に行う法要。→補
周闋　周忌と同じ。
堆きこと方丈に過ぐ　孟子、尽心下「食前方丈、侍妾数百人、我得レ志弗レ為也」。
逋人　負債や租税未納のため逃亡する人。
流冗　字類抄「リウショウ、流散也」。
餓殍　底本注「六穀餓死也」。
顧復　詩経、小雅、蓼莪「長レ我育レ我、顧レ我復レ我〈箋云、顧旋視也、復反覆也〉」。
追遠　論語、学而「慎レ終追レ遠、民徳帰レ厚矣」。

この功徳を修すること、宜しく程章《＊ていしやう》あるべし。あに必ずしも子孫の破産《はさん》を待ちて、もて父祖の得果《とくくわ》を期《ご》すべけむ。いはむやこの斎《さい》を修するの家、更に弔客《てうかく》の饗《きやう》を設くるをや。献酬交錯《けんしゆかうさく》すること、宛《あたか》も飫宴《よえん》のごとし。初めは匍匐《＊ほほく》の悲《かなしび》ありて、俄に酣酔《かむすい》の興《きよう》を成す。孔子＊、喪《も》ある者の側に食《じき》するときは、いまだ嘗《むかし》より飽くまでせず。あにそれかくのごとくならむや。ただし郊畿《かうき》の内《うち》、道場《だうぢやう》一に非ず。故《かるがゆゑ》に検非違使《けんびゐし》、禁止するに遑《いとま》あらず。伏して望まくは、申《かさ》ねて公卿大夫・百官諸牧《しよもく》に勅し、各この僭濫《せんらん》を慎み、天下の庶民をしてその節制《せつせい》を知らしめむ。

また維摩《＊ゆいま》・最勝《さいしよう》の竪義《＊りうぎ》僧等、皆貧道修学《＊ひんだうしゆがく》の輩《ともがら》なり。一鉢《いちはつ》の外に、また他の資《たくはへ》なし。しかるを比年《しきりのとし》、これをして盛に僧綱《そうがう》幷に聴衆《＊ちやうじゆ》の斎供《さいぐ》を儲《まう》けしむ。ただに饌《＊せん》を積み山を成すのみに非ず、猶しまた酒の淮《くわい》のごとくなるものあり。すでに仏律に乖《そむ》いて、また聖化《せいくわ》に害あり。伏して望まくは、申《かさ》ねて僧綱を誡めて、早くこの禁を立てよ。伏して以《おもん》みれば、上《かみ》率ゐ正さざるときは、下自《しもおのづか》ら差《たが》ひ忒《たが》ふ。もし卿相《けいしやう》法を守り、僧統《そうとうせい》制に随はば、源《みなもとす》澄みて流自《おのづか》ら清く、表正しくして影必ず直からむ。

一、諸国に勅して見口《げんこう》の数に随ひて口分田《くぶんでん》を授けむと請ふこと

右、臣伏して諸国の大帳《だいちやう》を見るに、載《の》せたるところの百姓《ひやくしやう》、大半《たいはん》以上は、これ無身

程章　物ごとのほどあい。

匍匐　字類抄「ハラバフ、ホホク」。礼記、問喪「孝子親死、悲哀志懣、故匍匐而哭レ之」。

孔子…　論語、述而「子食ニ於有レ喪者之側一、未ニ嘗飽一也」。

維摩・最勝…　→補

竪義…　字類抄「法会分、リウギ」。論場に於て、探題より出した論題について、義を立つるをいい、転じて義を立つる僧をいう。玄蕃寮式「凡興福薬師両寺維摩最勝会竪義及第僧等、叙ニ満位一者、寺別惣録ニ交名一、連ニ載一紙一、僧綱共署申レ官、不レ聴ニ彼此参差申請一」。

貧道　智度論によれば、貧には二種あり、一つは財貧もう一つは功徳法貧という。

聴衆　三代格、仁和元年九月五日官符「応レ加ニ維摩最勝二会立義各一人一事、右得ニ興福薬師両寺牒一偁、二会者是仏教之心肝、法蔵之脂粉也、天下名徳為レ之披レ帙、海内学侶由レ其挑レ燈、而今所レ請聴衆維摩卅人、十僧為ニ興福寺分一、最勝廿一人、五僧為ニ薬師寺分一、其余諸寺只両三人一」。

饌を積み…　文選、呉都賦「置酒若ニ淮泗一、積肴若ニ山丘一」。

〔**大意**〕　諸国の大帳に載っている百姓の大半は、実在しないものであるのに、国司はこの計帳に従って口分田の班給、正税の出挙、調庸の徴収をしている。ために実在者はわずかに口分田を耕して多くの租調を納め、実在しない者は、その戸の一人に小作させて地子をとり、租庸調

の者なり。ここに国司偏に計帳《けいちやう》*に随ひて、口分田*を宛て給《たま》ふ。即ち正税*を班《あか》ち給ひて、調庸《てうよう》を徴納《ちようなう》す。ここにその身ある者は、纔に件《くだむ》の田を耕作《かうさく》し、頗る租調を進《たてまつ》る。その身なき者は、戸口《こく》一人私《ひそか》に件*の田を沽《う》り、曾《かつ》て自ら耕《たがへ》さず。租税《そぜい》調庸に至りては、遂に輸納《しゆなう》の心なし。謹みて案内《あんない》を検《けみ》するに、公家の口分田を班《あか》つ所以は、調庸を収《をさ》め正税を挙《こ》せむがためなり。しかるを今はすでにその田を奸《かん》して、終《つひ》にその貢《こう》を闕《か》く。牧宰《ぼくさい》空しく無用の田籍《でんしやく》を懐《いだ》き、豪富《がうふ》弥《いよいよ》幷《あは》せ兼《か》ねたる地利《ちり》を収《をさ》む。ただ公損の深きのみに非ず、また吏治《りぢ》の妨を成す。今諸国をして実の見口《げんこう》を閲《けみ》し、その口分田を班《あか》ち給はしむべし。その遺《のこり》の田は、国司収《と》りて公田《くうでん》と為し、任《ほしまま》にもて沽却《こきやく》せむ。もし地子*《ぢし》を納《をさ》むれば、もて無身の民の調庸租税に充《あ》てむ。猶し遺《のこ》らむところの稲は、不動《ふどう》に委納《ゐなう》せむ。今略《ほぼ》その応輸《ゐようしゆ》の数を計《かぞ》ふるに、百姓《ひやくしやう》の進むるところの調庸に三倍せり。公《おほやけ》のために利あり、民のために煩《わづらひ》なし。これ皆国宰専《もはら》に行ひて、殊なる妨げなかるべし。然れども事旧例に乖《そむ》けり。恐らくは民の愁《うれへ》あらむことを。伏して望まくは、申ねて諸国に勅し、試みに施《ほどこ》し行はしめよ。

一、大学の生徒の食料《じきれう》を加へ給はらむと請ふこと

右、臣伏して以《おもん》みるに、国を治むるの道は、賢能《けんのう》を源《もと》と為す。賢を得るの方《はう》は、学

は全く納める意がない。口分田を班給するのは、調庸徴収のためであるが、豪富の者はいよいよ兼併して地利を収得している。すべからく諸国に命じ、現在の戸口を検閲して口分田を班ち、残りはすべて公田として賃租させ、その地子稲を無身の百姓の調庸租に充てるべきである。更に残る稲あれば不動倉に積み納めることにすれば、ほぼ現在の調庸の三倍になろう。この方法は旧例に乖くので民は愁いとするかも知れぬ、試みとして諸国に施行されたい。

計帳　戸令「凡造二計帳一、毎レ年六月卅日以前、京国官司、責二所部手実一、具注二家口年紀一、若全戸不レ在レ郷者、即依二旧籍一転写、幷顕二不レ在所由一、収訖依レ式造レ帳連署、八月卅日以前申二送太政官一」。正倉院文書に実物がある。↓七八頁注「大帳」

口分田　田令「凡給二口分田一者、男二段、女減二三分之一一」。

正税を班ち給ひて…　正税を出挙すること。↓補

件の田を沽り　口分田の永代売買を禁じた令制下で、一年を限ってその耕作を他人に委ねることをいう。↓前項補

地子　主税式「凡公田獲稲、上田五百束、中田四百束、下田三百束、下下田一百五十束、地子各依二田品一、令レ輸二五分之一一」。

〔**大意**〕　わが国の大学は、大宝年中に始まり、天平時代に吉備真備が大いに諸芸をひろめて学生四百人に六道を習学させ、その後、勧学田・百度飯・大学寮雑用

校を本と為す。ここをもて古者《いにしへ》は明王、必ず*庠序《しやうじよ》を設けて、もて徳義を教へ、経芸《けいげい》を習はして、彝倫《いりん》を叙《つい》づ。*周礼《しうらい》に卿大夫《けいたいふ》賢能の書《しよ》を王に献《たてまつ》る、王拝してこれを受くとあり。道を尊び士を貴ぶ所以なり。

伏して古記を見るに、朝家の大学を立つる、始め大宝年中に起《おこ》り、天平の代に至るまでに、右大臣吉備朝臣、道芸《だうげい》を恢弘《くわいこう》し、親《みづか》ら伝へ授く。即ち学生《がくしやう》四百人をして、*五経《ごきやう》・*三史《さむし》・明法《みやうばふ》・算術《さんずゐつ》・音韻《おんゐん》・籀篆《ちうてん》等《ら》の六道を習はしむ。その後、代々《よよ》勅を下し、*罪人《つみんど》伴《ともの》 家持《やかもち》が*越前国《の》加賀郡《の》の没官田《もつくわんでん》一百余町、*山城国久《く》世《ぜの》郡の公田《くでん》四十余町、河内国茨田《まだ》・渋川《しぶかは》両郡の田五十五町を給《たま》はりて、もて生徒の食料《じきれう》に充《あ》つ。号《なづ》けて勧学田《くわんがくでん》と曰ふ。また日ごとに*大炊寮《おほひれう》の百度《ももと》の飯《いひ》一石五斗〈人別《にんべつ》三升、五十人の料〉を給はりて、もて照読《せうどく》の疲《つかれ》を補《ほ》す。また勅あり、*常陸国《ひたちの》をして、年ごとに稲九万四千束を挙《あ》げ、その利《り》稲《たう》をもて寮中の雑用料《ざふようれう》に充てしめ、また丹後国の稲八百束を挙げ、その利稲をもて学《がく》生《しやう》の口味料《くみれう》に充《あ》つ。

しかるを年代漸く久しくして、こと皆*睽違《けいゐ》しぬ。*承和年中に、*伴善男《とものよしを》、家持の罪なきことを訴《うた》へしかば、加賀《の》郡の勧学田を返し給ふ。また勅あり、山城国久世郡の田卅町を分《あか》ち四分と為し、その*三分は典薬左右馬《てんやくさうめ》の三寮に給ふ。纔にその一分を留めて、学生《がくしやう》の料《れう》に充つ。また河内国両郡の治田《ちでん》、頻に洪水《こうずい》に遭ひて、皆大河と成りたり。ま

稲・学生菜料などを設け、学生の勉学の便をはかった。しかし年代久しくなり、勧学田は他寮に割きとられて四分の一に減じ、他の諸料も殆んど失われ、学業を成立させようとする学生は、飢寒をしのいで研学に勉めているが、挙用される中才以上の者は十中三、四に過ぎず、帰るに所なき不才の者が、学舎の近辺に群をなして飢え臥している。後進者はこれをみて、大学は窮困凍餒の郷とし、父母は児孫が学館に入るを止める。博士等は才の高下、学の勤怠を問わず、唯学生名簿のみで貢挙するため請託が行われ、聖門に従おうとする者は歎じて校舎を去る有様で、学校は丘墟と化している。人を集めるのは、食が根本である。ひろく諸国の田租を以て大学寮料等に充て、勧学田を旧に復し、学寮に住まぬ学生は貢挙しないこととすれば、天下の青年皆大学に帰することになろう。

庠序… ↓二八頁補「学校」

周礼に… 周礼、地官、郷大夫「郷老及郷大夫群吏、献二賢能之書于王一、王再拝受レ之、登二于天府一、内史弐レ之」。

五経・三史 ↓補

罪人伴家持 続紀、延暦四年八月庚寅条「大伴継人・竹良等殺二種継一事発覚下レ獄、案二験之一事連二家持等一。由レ是追除レ名」。

越前国加賀郡… 越前国より加賀国が分立するのは弘仁十四年(八二三)。↓補

山城国久世郡の公田… ↓補

大炊寮の百度の飯 大炊寮式「出二納官

た常陸・丹後両国の*出挙《すいこ》の稲、度々《どど》の*交替《けうたい》の欠《くゑつ》によりて、本稲《ほんたう》皆失せて利稲あることなし。当今《たうぎん》に遺るところは、ただ大炊寮《おほひれう》の飯料米六斗、*山城国久世郡の遺田《ゆいでん》七町ならくのみ。この小《すこしき》の儲《まうけ》をもて数百《すひやく》の生徒に充つるに、薄《うす》き粥《かゆ》に作るといへども、また周《あまね》からず。

然れども学生等《がくしやうら》、成し立つるの望猶し深く、飢寒《きかん》の苦《くるしび》自《おのづか》ら忘れたり。各鑽仰《さんぎやう》を勤め、共に*学館《がくくわん》に住す。ここに性利鈍《りどん》あり、才愚智《ぐち》異《ことな》り、或は捍格《かんかく》して用ゐがたき者あり、或は穎脱《えいだつ》して嚢《ふくろ》を出づる者あり。通計《つうけい》してこれを論ずれば、中才以上の者、曾《かつ》て十分が三四もなし。これによりて才士はすでに超擢《てうたく》して挙用《きよよう》せられ、不才の者は衰《すい》老《らう》して空しく帰《くゐ》す。またその旧郷《きうきやう》凋落《てうらく》して、帰託《くゐたく》する所なき者は、頭《かうべ》に白雪の堆《うづたかき》を戴《いただ》きて、飢ゑて*璧水《へきすい》の涘《ほとり》に臥せり。ここに後進の者、偏にこの輩《ともがら》の群《ぐん》を成すを見て、即ち以為《おも》へらく、大学はこれ*迍邅《つゐんてん》*坎壈《かむらむ》の府《ふ》、窮困凍餒《きうこんとうたい》の郷《きやう》なりとおもへり。遂に父母相誡めて、子孫《こむまご》をして学館に歯《まじは》らしむることなきに至るなり。これによりて南北の講堂《かうだう》、鞠《きはま》りて茂草《もさう》と為り、東西の曹局《さうくゐよく》、*闃《けき》として人なし。

ここに博士《はかせ》等、*貢挙《こうきよ》の時に至るごとに、ただ歴名《りやくみやう》をもて士を薦《すす》む。曾て才の高下、人の労逸《らういつ》を問はず。請託《せいたく》これによりて間《まま》起り、濫吹《らんすい》これがために繁く生《な》る。*権門《くわんもん》の余《よ》唾《だ》に潤《うる》ふ者は、羽翼《うよく》を生《な》して*青雲《せいうん》に入り、*闕里《くゐつり》の遺蹤《ゐしよう》を踏む者は、*子衿《しきん》を詠《えい》じて黌舎《くわうしや》

物二諸司百度料、一月所レ受米六斛〈五位以下六合、史生四合〉」。

常陸国をして… ↓補

睽違 そむきたがうこと。

承和 仁明天皇代の年号（八三四―四八）。

伴善男 継人の孫、国道の子。貞観六年大納言。正三位（八〇九―六八）。

三分は典薬左右馬の三寮に給ふ ↓補

出挙 字類抄には「刺史部、シユツコ、又在借用分」とある。

交替 字類抄「刺史部、ケウタイ」。延喜交替式によれば、国司等の在任年限、交替時の事務引継の細目もきまっていたが、地方政治の紊乱とともに崩れた。

山城国久世郡の遺田七町 ↓補

学館 字類抄「文章部、カク、ワン」。大学学生の寄宿勉学の施設。↓補

璧水 周代、天子のたてた学校を璧雍といい、それをめぐらした池を璧水とよんだ。転じて天子の学校をいう。書言故事、学校類「称二大学一曰二璧水一」。

迍邅 字類抄「ツヰンテン、ウチハヤシ」。行きなやんで進まぬさま。

坎壈 不遇にして志を得ざるさま。

闃として ↓七一頁補

貢挙 ↓補

権門 字類抄「尊者部、クワンモン」。

青雲 字類抄「セイウン、衣袍名」。

闕里 孔子の旧里。孔子の廟がある。

子衿… 学校の頽廃を諷刺する詩。詩経、鄭風、子衿序「子衿、刺二学校廃一也、世乱則学校不レ修焉」。

を辞す。かくのごとく陵遅《りようち》して、興復するに由なし。先王の庠序《しやうじよ》、遂に丘墟《きうきう》と成りたり。

臣伏して以《おもん》みるに、人を萃《あつ》むるの道は、食《じき》をもて本と為す。望み請はくは、常陸・丹後両国の出挙《すいこ》の本穎《ほんえい》九万四千八百束が利稲、二万八千四百四十束が代《しろ》は、遍く諸国田租《でんそ》の穀《こく》をもてこれを充て給ひ〈縁海《えんかい》の国半分、坂東《ばんどう》の国半分〉、もて学生《がくしやう》等の食《じき》に充て給はらむことを。また罪*人伴善男が返し給はるところの加賀《の》郡の田は、重ねてまた没官《もつくわん》して、*穀倉院《こくさうゐん》に給はしめ、道橋を造る料に充て給はられよ。重ねて望まくは、旧によりて件の田を返し給ひ、もて勧学田と為さむことを。また式*に云はく、学生寮家《れうけ》に任せずは、薦挙《せんきよ》することを得ずてへれば、比年《しきりのとし》この式ありといへども、張行すること能はざるは、学生の食《じき》なきによりてなり。今厳《きび》しく博士及び*寮頭《れうとう》等に勅し、諸道の学生、才芸ありといへども、寮家に直《ぢき》せずは、貢挙《こうきよ》することを得じ。かくのごとくせば*挑兮《たうけい》の徒《ともがら》、我が*国冑《こくちう》に帰《くゐ》し、*皇矣《くわうい》の士《し》、彼《か》の*周行《しうかう》に列せん。

一、五節の妓の員《かず》を減ぜむと請ふこと

右、臣伏して朝家*五節《ごせち》の舞妓《ぶぎ》を見るに、*大嘗会《だいじやうゑ》の時の五人は、皆叙位に預る。その後年々《としどし》の*新嘗会《しんじやうゑ》の時の四人は、叙位に預るの例なし。これによりて大嘗会の時に至り

罪人伴善男　貞観八年(八六六)応天門の変事件のとき放火犯人として逮捕、九月二十二日伊豆に遠流。三代実録、貞観八年九月廿五日条「勅二京畿七道一、勘二録庶人伴善男等資財田宅一」。

穀倉院・式に云はく…　→補

寮頭　職員令、大学寮条「頭一人、掌下簡二試学生一及釈奠事上」。

挑兮　恣に跳りはねて落着きのないさま。詩経、鄭風、子衿「挑兮達兮、在二城闕一兮、一日不レ見、如二三月一兮〈毛伝、挑達、往来相見貌〉」。

国冑　王侯の子弟。ただし文選、閑居賦「両学斉列、双宇如レ一、右延二国冑一、左納二良逸一〈注、国学教二冑子一、大学招二賢良一〉」により、冑子を教える国学の意か。

皇矣　大いなるさま。詩経、大雅、皇矣「皇矣上帝、臨レ下有レ赫」。

周行　周の朝廷の列位。転じて朝廷の官人の列。詩経、周南、巻耳「嗟我懐レ人、寘二彼周行一〈毛伝、行、列也、思下君子官二賢人一、置中周之列位上〉」。

〔**大意**〕　五節舞姫は、大嘗会の五人は叙位に預かるが、毎年の新嘗会の四人は叙位に預からぬので、新嘗会の舞姫は諸家皆辞退して、神事闕怠するので、最近、公卿・女御に順次に進めさせる制が立てられたが、その費用が莫大で堪え難くなっている。嵯峨・仁明の御世には、内寵を好み、五節舞姫を後宮選納のたよりと

て、権貴《くゐんくゐ》の家、競ひてその女《むすめ》を進《たてまつ》り、もてこの妓に充つ。尋常《じむじやう》の年には、人皆辞遁《じとん》して、神事を闕《か》いつべし。ここに新制*あり、諸公卿及び女御をして、輪転《りんでん》して進らしむ。その*費《つひえ》甚だ多くして、堪へ任ふること能はず。

伏して故実《こじち》を案ずるに、*弘仁・承和二代、尤も内寵《ないちよう》を好む。故《かるがゆゐ》に遍く諸家をしてこの妓を択び進らしむ。以為《おも》へらく*選納《せんなう》の便《たより》とおもへり。諸家天恩に*僥倖《げうかう》して、*糜費《びひ》を顧みず、財《ざい》を尽し産《さん》を破り、競ひてもて貢進《こうしん》す。方《まさ》に今《いま》聖朝、その帷薄《ゐはく》を修《をさ》め、その防閑《ばうかん》を立つ。これらの妓女、舞ひ了りて家に帰り、燕寝《ゑんしん》に預ることなし。然らばこの妓人数《にんじゆ》、遂に何の用かある。重ねて旧記*を案ずるに、昔は神女《しんぢよ》来り舞ふ。いまだ必ずしも定数あること四五人にあらず。伏して望まくは、良家の女子の嫁せざる者二人を択び置きて五節の妓とせむ。その*時服《じふく》・*月料《ぐはつけいやうやう》、稍に饒《ゆたか》に給はしめよ。節日の衣装《いしやう》は、また公物《くもつ》を給へ。もし貞節にして嫁せずして、十箇年を経ば、女叙《によじよ》に預り、出《いだ》し嫁せしむることを聴《ゆる》せ。もし留りて侍《つか》へむことを願はば、これを蔵人《くらうど》の列《れつ》に預けよ。その替《かはり》の人を択び置くこと、また前の年のごとくせよ。

一、旧により判事の員《かず》を増し置かむと請ふこと

右、臣伏して職員令《しきゐんりやう》を案ずるに、大判事《だいはんじ》二人、中《ちう》判事二人、少《せう》判事二人、皆人の罪

されたので諸家は財を尽して貢進したが、今は後宮を修め淫靡の風を正されたので、舞姫は舞が終れば無用となっている。それ故、良家の未婚の女子二人を五節の妓と定め、時服・月料を支給し、衣裳も公物とし、十ケ年を経た者は叙位、出嫁させ、なお留侍を願う者は女蔵人とし、替人を撰んで交代させることにされたい。

五節の舞妓　五節は遅速本末中の音律をいい、これに合せて舞うのでこの名があるという。

大嘗会　↓補

新嘗会　↓一七七頁補

新制…　寛平御遺誡逸文の「毎年五節舞人進出…」(一一三頁上)参照。

その費甚だ多く　↓補

弘仁・承和二代　嵯峨・仁明天皇。

選納の便　選ばれて後宮に納れられる便宜。

僥倖　字類抄「佞媚分、ケウカウ」。

糜費　底本注「靡為反、及孫愐云、費也」。

旧記を…　要略二七、辰日節会「天皇御二吉野宮一、日暮弾レ琴有レ興、俄爾之間、前岫之下、雲気忽起、疑如二高唐神女一髣髴応レ曲而舞」。

時服　時服料。王禄とも。↓一〇四頁補「衣服」

月料　字類抄「資用部、クハツケイ、家計分」。↓一〇四頁補

〔大意〕　職員令には、大判事以下六人が

を決断《くゑちだん》することを掌《つかさど》る。然れども近古より以来《このかた》、大判事一員、常に*律学《りつがく》の人を用ゐる。その外の五人、いまだ必ずしも明法《みやうばふ》の輩《ともがら》を任ぜず。故《かるがゆゑ》に去《い》にし*寛平四年詔あり。件《くだむ》の大判事一人、中判事二人、少判事一人を省《はぶ》いて、ただ大少判事各一人を置く。然れども猶し大判事のみ独り法家《はふけ》を用ゐる。少判事またその人に非ず。

今、事の意を案ずるに、この詔の旨《むね》、窃《ひそか》に疑惑《ぎわく》あり。何となれば、聖王の政刑法《けいはふ》を大《おほい》なりと為《な》す。*昔者皐陶《むかしかうえう》の大賢なるをもて理官《りくわん》を為す。*帝舜猶し誡めて云はく、欽《つつし》め欽め。これ刑を恤《うれ》へよといへり。*光武明察《めいさつ》をもて刑獄を詳《つばびらか》にす。*桓譚《くわんたん》また奏して云はく、法吏《はふり》愛憎して、刑二門を開けりといへり。然らば疑獄《ぎごく》の断《だん》は、古今より難《かた》するところなり。しかるに今万民の死生《ししやう》を総《す》べ、これを一人の*脣吻《しむふつ》に繫《か》く。*五刑の軽重を括《くく》り、これを独見《どくけん》の*讞書《けんしよ》に決す。すでに実を閲あるの理《り》に乖《そむ》けり。恐らくは*濫罰《らんばつ》の科《つみ》を貽《のこ》さんことを。

近曾《このごろ》安芸守*高橋《の》良成の罪、大判事*惟宗善経《のよしつね》これを*遠流《おんる》に処《しよ》して、もて*螭魅《ちみ》を禦《ふせ》ぐ。奏可《そうか》すでに畢りて、官符《くわんぷ》もまた下れり。儻《たまたま》*刑部大録《ぎやうぶだいろく》粟田豊門《とよかど》の駮議《はくぎ》により、良成の身、幸ひに赦免《しやめん》を蒙《かうぶ》れり。朽骨《きうこつ》再び肉《しし》つき、遊魂《いうこん》更に帰る。然らば法律の出入《しゆつにふ》、信を取らるべきこと難し。天下*喁喁《ぎようぎよう》として危《おそ》り懼《お》ぢずといふことなし。伏して望まくは、旧により判事六人を置き、皆明かに法律に通ぜる者を択びて、これに補任《ぶにん》し、これを

あって皆人の罪の決断を掌るとあるが、近古以来、大判事一人だけが律学の人を用い、他は必ずしも明法の輩を任ずると限らなくなった。さらに寛平四年定数を半減されたが、大判事だけが法家で、一人で罪を決するため、最近安芸守高橋良成が遠流とされたが刑部大録粟田豊門の駮議によって赦免された。このような出入があれば、法律の適用に信頼が失われ天下は安堵し難い。よろしく旧の如く判事六人とし、皆法律に明らかな者を補して論議し罪の有無を確めて奏聞することにすれば、怨獄は永く絶つことになろう。

律学 律令のうち律を研究する学。明法ともいう。→補

寛平四年詔あり 八年の誤りか。→補

昔者… 以下書経、舜典に見える。

帝舜… 書経、舜典「欽哉欽哉、惟刑之恤哉」。

光武 後漢の光武帝。

桓譚… 後漢書、桓譚伝。→補

脣吻 字類抄「シムフツ、クチヒルニアフラサス」。

五刑 笞・杖・徒・流・死。

讞書 職員令、刑部省条義解「卿一人、掌下鞫レ獄定二刑名一、決二疑讞一〈謂、讞請也、正也、依二同令一、国有二疑獄一不レ決者、讞二刑部省一、是也〉…上」。

濫罰 字類抄「ミタリニウツ、仕家部、ランハツ」。

高橋良成・惟宗善経 伝未詳。

遠流 続紀、神亀元年三月庚申条「定二諸

して倶に*科比《くわひ》を議し、詳《つばびらか》に条章《でうしやう》を定めしめむ。各《をのをの》その意を慥《ただ》し、然して後に奏聞《そうもん》せむ。かくのごとくば怨獄《をんごく》永く絶え、罪人《つみびと》自《おのづか》ら甘《あまな》はむ。*扶南《ふなむ》の鰐魚《がくぎよ》を待たずして、あに*堯時の獬豸《かいち》を用ゐむか。

一、平均《へいくゐん》に百官の季禄《きろく》を充《あ》て給はむと請ふこと

右、謹みて*式条を案ずるに、二月廿二日、八月廿二日、大蔵《おほくら》省にして、百官の春夏秋冬の*季禄を給ふべし。しかるを比年《しきりのとし》、官庫《くわんこ》の物に乏《とぼ》しきによりて、遍く賜ふことを得ず。これによりて公卿及び*出納《しゆつなう》諸司には、年ごとに充て給はり、自余の庶官《しよくわん》は、五六年の内に、一季料を給ひがたし。伏して事の意を案ずるに、上下階《しな》を分てり。故《かるがゆゑ》に禄の多少各異なり、閑忙《かんばう》務《つとめ》殊《こと》なり。故《かるがゆゑ》に物の精麤《せいそ》同じからず。頒《あか》ち賜ふに至りては、宜しく差別《しやべつ》なかるべし。あに倶に王事《わうじ》を勤《つと》めて、別《こと》に偏煦《へんく》の官を置き、同じく周《しう》行《かう》に列して、式《も》て*躶国《らこく》の俗に比《なら》ぶべけむや。伏して望まくは、季禄を給ふべくは、先づ物の多少《たせう》を計《かぞ》へて、公卿百官、一同に遍く給ふこと、一に式文のごとくせよ。もし官庫物なくば、同じくまた賜はず、*偏頗《へんば》あることなけむ。かくのごとくは*鳲鳩《しきう》桑にありて、哺養《ほやう》を七子に均《ひと》しくし、*単醪《たんらう》流に投《なげす》てて、酣酔《かむすい》を三軍に期せむ。

流配遠近之程㆒、伊豆安房常陸佐渡隠岐土左六国為㆑遠、諏方伊予為㆑中、越前安芸為㆑近」。

鰯魅を禦ぐ・刑部大録 ↓補

喁喁 魚が集って口を上げてあぎとう有様をいう。転じて人が集まり仰ぎ向う様。

科比 法律の事条や類別。

扶南の鰐魚 ↓補

堯時の獬豸 底本注「胡買反、池爾反。漢書曰、御史四人、持書皆冠、一名柱一名獬廌云々、獣名、知正直、獬触不正、漢官御史、周官柱下史冠、法冠、一名柱後、以鉄為柱、言其□周不撓」。↓補

〔**大意**〕 最近は官庫欠乏のため、百官の季禄を遍く支給することが出来ず、公卿及び出納の諸司以外の庶官は、五、六年に一季の禄も支給困難である。百官いずれも王事に勤めているのであるから、不公平があるべきではない。もし季禄を給するならば、在庫の量を計って百官一様に支給すべきであるし、在庫なければ、一様に支給せず、偏頗をなくすべきである。

式条 貞観式か。

季禄 ↓一〇四頁補

出納諸司 官物の出納を掌る諸司。↓補

躶国 後漢書、東夷伝「自㆓女王国㆒南四千余里、至㆓朱儒国㆒、人長三四尺、自㆓朱儒㆒東南、行船一年、至㆓裸国黒歯国㆒、使駅所㆑伝、極㆓於此㆒矣」。

偏頗 字類抄「人情部、ヘンバ」。

鳲鳩・単醪 ↓補

一、諸国の少吏幷びて百姓《ひやくしやう》の告言《がうごん》・訴訟《そしよう》により朝使を差し遣《つかは》すことを*停止《ちやうじ》せんと請ふこと

右、臣伏して以《おもん》みれば、牧宰《ぼくさい》は*万乗《ばんじよう》の憂《うれへ》を分ち、*一方の寄《よせ》を受け、*六条の紀綱《きかう》を惣《す》べ、兆民《てうみん》の領袖《りやうしう》たり。故《かるがゆゑ》に*漢の宣帝の云《のたま》はく、朕と共に理《をさ》むる者は、それただ良二千石かとのたまへり。必ずその才を択用《たくよう》し、その職を尊崇《そんすう》し、官威を重くして民心を厭し、小瑕《せうか》を捨てて大成《たいせい》を責《せ》むべし。しかるを比年《しきりのとし》任用《にんよう》の吏、或は私の怨《あた》を結びてもて官長を誣告《むかう》す。所部の民、或は王事に矯《つ》けもて国宰を愁訴《うた》ふ。或は官物を犯用《ほんよう》するの状《かたち》を陳じ、或は政理《せいり》の法に違へるの由を訴ふ。これらの条類、千緒万端《せんしよばんたん》。

ここに朝家その告状を収め、*使の人を発遣《はつけむ》す。使の人国に到り、事の虚実《こじつ》を問はず、理《り》の是非《ぜひ》を弁ぜず。偏に*使の式によりて、年ごとに*准擬《じゆんぎ》して、その*印鎰《いんやく》を領《りやう》じて、その禁錮《きむこ》を厳しうす。即ち官長の貴《たふとき》をもて、小吏賤民《せんみん》と肩を比《なら》べ口を連ね、その推鞫《とひとふこと》を受く。もし辞対《じたい》の問《あひだ》、*繊芥《せむかい》も違ふことあれば、立《たちどころ》に*縲紲《るいせつ》を加へ、便ち*牢狴《らうへい》に塡《あ》つ。もしまた告訴の旨《むね》、事《こと》皆不実なりといへども、しかも威権《あくゐん》すでに廃《すた》れて、政令《せいれい》行はれず。ここに隣境《りむけい》の百姓《ひやくしやう》、転《うた》た相見《あひみ》聞《き》きて、各その官長を軽《あなづ》り侮《あなづ》り、その政教に服従《ふくじう》することを肯《がへ》んぜず。化《くわ》を傷《やぶ》るの源、これより甚だしきはなし。

いはむやまた*理劇《りげき》の任《じむ》、庶務《しよむ》端《はし》多し。暁夕《げうせき》に*僶俛《びんべん》して、猶し遑あらざることあり。

〔**大意**〕 近来、任用の吏が、私怨を結んで長官を誣告し、或は部内の民が、公事を矯めて国司を愁訴し、或は国司が官物を犯用したといい、或は政務が法に違うと訴え、朝廷は、その告訴状によって使を派遣するが、使者は事の実否を訊問するに先立って、式法に従って国司の印鎰を取り上げ、国司を禁錮し、貴き長官と小吏・賤民と一列に推鞫して、少しでも違法があれば、その場で牢獄に投ずる。たとえ告訴が事実でないことが明らかになっても、権威は失墜し、政令は行われない。その上推問の間に国務は停頓して、交替の際の解由に支障を生ずる。徒らに良吏を失い訴人を助け私怨を報いさせることになる。現今は、国司の政務も一々正法に拘わってはおられない時世である。此等の告言・訴状は、謀反大逆以外は、一切朝使の派遣を停め、専ら新司に付けて犯過あれば、不与解由状に載せて、勘判をうけるようにすべきである。

停止　字類抄「評定分制詞、チヤウシ」。

万乗の憂を分つ　万乗は天子のこと。職原抄下、諸国「凡国司之撰、和漢重レ之、此云二烹鮮之職一、又云二分憂之官一」。

一方の寄　国土の一方を寄託されること。

六条の紀綱　周礼、地官、大司徒「以二保息六一、養二万民一、一曰慈レ幼、二曰養レ老、三曰振レ窮、四曰恤レ貧、五曰寛レ疾、六曰安レ富〈疏云、民使二蕃息一、有二六条一、以養二万民一〉」。

漢の宣帝…・使の人を発遣　→補

しかるを今、朝使推問《とひとふ》の間、釐務《りいむ》を停《や》められたり。多く旬月を歴《へ》、空しく治政を廃《す》てたり。たとひ賊吏《ぞくり》の名を免るといへども、しかも猶し任中の怠《おこたり》と成る。*秩満《ちちまん》の日、遂に*解由《げゆ》に拘《かか》はる。かくのごとくは多く公損を致し、徒《いたづら》に良吏を滅《ほろぼ》す。この訴人《そにん》を助け、かの私の怨に報ぜむ。

前の年阿波守橘*秘樹《なみき》、所部《しよぶ》を粛清《しくせい》し、その貢《こう》を底《いた》し慎む。勤王の誠、当時に第一なり。必ず殊に奨擢《しやうたく》を加へてもて*循良《じゆんりやう》を励ますべし。しかるを小民の誣告《むかう》によりて、朝使の*廉問《れむぶん》を降す。事皆虚詐《きよさ》にして、告人逃亡《がうにんてうまう》せりといへども、しかも秘樹が身、また廃人と為る。かくのごとくは恥を知るの士、誰か吏たることを冀《ねが》はむ。

方《まさ》に今《いま》時代*澆季《げうき》にして、公事済《くじせい》しがたし。故《かるがゆゑ》に国宰《こくさい》の治、事々《ことごと》くに正法に拘牽《こうけん》せらるること能はず。故《かるがゆゑ》に或は尺を枉《ま》げて尋《じむ》を直《なほ》くする者あり、或は始を失ひて終《をはり》を全《また》くする者あり。*昔者《むかし》龔遂《くゐようすい》渤海《ぼくかい》の守《しう》として、奏して曰《まうさ》く、請ふ、丞相御史《しようじやうぎよし》に勅し、且《しばら》く臣を拘《かかは》ること文法《ぶんはふ》をもてすることなかれ。便宜《びんぎ》を得、事に従はしめよとまうす。また*本朝格《きやく》に云はく、国宰、経《けい》に反《そむ》き宜《ぎ》を制し、動《やや》もすれば己《をの》がためにせざる者、将《まさ》に寛恕《くわんじよ》に従へ。文法に拘ることなかれてへり。伏して望まくは、此等の告言《がうごん》・訴訟《そしよう》、*謀反《むほん》・大逆《だいぎやく》の外を除きて、一切《いせつ》に朝使を停止《ちやうじ》し、専《もはら》に新司《しんし》に付せよ。もし実《まこと》に*犯過《ぼむぐわ》あらば、具《つぶさ》に*不与解由《ふよげゆ》の状に載せ、勘判《かむはん》の後、刑官《けいくわん》を下し、その罪科を論ぜむ。

使の式　未詳。
准擬　下級審に於て、定罪権のない事件に対し、犯罪者の事実を取調べ、これに適用すべき刑罰の擬議をなすこと。
印鎰　→二〇八頁補
纖芥　字類抄「資用部、セムカイ」。
縲紲…　縲目にかけること。論語、公治長「子謂、公治長可レ妻也、雖レ在二縲紲之中一、非二其罪一也、以二其子一妻レ之」。
牢狴　牢獄。
理劇の任　繁劇な事務をととのえる職務。
僶俛　字類抄「ツトム、仕官、ヒンハン」。
朝使　朝廷の使。詔使。
秩満　字類抄「刺史部、チ、マン」。任期の満ちること。
解由に拘はる　→補
橘秘樹　伝未詳。
循良　良吏に同じ。
廉問　問い糺すこと。史記、秦始皇紀「吾使二人廉問一、或為二訞言一、以乱二黔首一」。
澆季　澆は薄の意。世の末。
昔者…　漢書、循吏伝「龔遂、字少卿、山陽南平陽人也、…臣願丞相御史、且無三拘レ臣以二文法一、得二一切便宜従一レ事、上許焉」。
本朝格に云はく…　→補
謀反・大逆　→一九三頁補「八虐」
犯過　字類抄「ボムグワ、云犯詞」。
不与解由の状…　→補

或ひと難じて云はく、凡そその貪吏《たんり》の官物《くわんもつ》を盗める、宜しく速《すみや》かに糺察《きうさつ》を加ふべし。もしその任終を待たば、恐らくは倉庫《さうこ》余《あまり》なけむといふ。答へて云はく、たとひ人あり、吏《り》の盗贓《たうざう》を告げ申す。ここに太政官軽騎《だいじやうくわんけいき》を馳《は》せ、昼夜《ちうや》兼《か》ね行きて、その奸《かん》を禁遏《きむあつ》せば、事爾《しか》るべきがごとし。しかるを今訴人の告状、*三審《しん》を歴《へ》るの程、奏可《そうか》を待つの比《ころ》、使人を択び定むるの間、装束行程《しやうぞくぎやうぢやう》の限《かぎり》、事自《おのづか》ら*弥留《びりう》して、年紀を度《わた》り歴む。その間もし盗犯《たうはん》に心あらば、あに遑《いとま》ありて一粒《りう》を遺《のこ》さむ。然らばかの後司に付《つ》けると、何《な》の*分別《ふんべち》かあらむ。いはむやこの牧宰《ぼくさい》等、身*帝簡《ていかん》より出でて、志朝恩を報ず。ただに績《せき》を明時《めいじ》に立てむことを求むるのみに非ず。また皆名を後代に垂れむことを念《おも》ふものなり。故《かるがゆゑ》に比年《しきりのとし》この罪に陥《おちい》れる者、皆公《おほやけ》のために功を謀《はか》り、いまだ成らざるの間、俄に告言《がうごん》せらるるのみ。いまだ嘗《かつ》て自《みづか》ら犯《をか》して*己《をのれ》を入れし人あらず。静にその意を尋ぬるに、誠にこれ公罪《くざい》なり。伏して望まくは、暫《しばら》く*天旒《てんりう》を褰《かか》げ、その可否《かふ》を照せ。

一、諸国の*勘籍人《かむじやくにん》の定数を置かむと請ふこと

右、謹みて案内《あんない》を検《けみ》するに、*三宮《さむく》の舎人《とねり》、及び諸親王の*帳内《ちやうない》の資人《しにん》、*諸大夫《しよだいぶ》・*命婦《みやうぶ》の*位分《ゐぶん》の資人《しにん》、諸司の勘籍人、*諸衛府《ゑふ》の舎人、*式兵《しきひやう》二省の季符に載せたる者、一年四季の内、稍《やうやう》に三千人に及べり。また略《ほぼ》本朝の課丁《くわちやう》を計《かぞ》ふるに、*五畿内、陸奥・出羽両国、

三審　獄令、告言人罪条義解「凡告二言人罪一、非二謀叛以上一者、皆令二三審一〈謂、凡告二言人罪一、皆当レ依レ実、若其虚妄者、自得二反坐一、故令二其反覆一、欲二其自画一、従レ初至レ三、故謂二之三審一、其未レ至レ三而有二更悔一者、亦無二罪法一也〉」。

弥留　病が長びくこと。転じて物事に結着がつかずに長びくこと。

分別　字類抄「評定分、フンヘチ」。

帝簡　天皇自らの選抜。

己を入れし　考課令、官人犯罪条義解「若本犯免官以上、及贓賄入レ己〈謂、官人受下所二監臨一物一尺以上上之類也〉、恩前獄成者、仍以二景迹一論」。

天旒　天は天子。旒は糸に貫いて冕の前後に垂れた珠玉。

〔大意〕　三宮の舎人、親王の帳内資人、諸大夫・命婦位分の資人等の勘籍をうけて調庸を免除される者、年に三千人に及んでいる。我国の課丁は、五畿内陸奥出羽大宰九ヶ国を除くと、四十万に満たず、しかもその大半は正身がなく、実在する課丁は十余万人にすぎぬ。年々三千人の課役を免除すれば、四十年足らずで、天下の人皆不課の民となることになる。願くば、国の大小に従って、毎年の定数を定め、大国は年に十人、上国は七人、中国は五人、小国は二人として蠲符に載せ、この外一人も加え得ぬこととしたい。また旧例では近江国は年々百人、丹波国は五十人で両国の凋弊の主な原因となっている。両国も上記の規定に准じたい。勘

及び大宰九箇国を除きての外、四十万人に満たず。就中《なかむづく》に大半はこれその身あることなし。然らば見《げむ》の課丁、纔に十余万人あり。今十余万人の中、年ごとに三千人の課役《くわやく》を除く。*傍薄《はうはく》してこれを論ずるに、四十年に盈《み》たず、天下の人、皆不課の民となすべし。然らば国宰《こくさい》、何人をしてか調庸を備へ進《たてまつ》らしめむ。これによりて国宰*蠲符《くゑんふ》を奉行《ぶぎやう》し、富豪《ふかう》見丁《げんちやう》の課役を除く。更に無実《むじち》の課丁をもて、計帳《けいちやう》に括出《くわつしゆつ》す。故《かるがゆゑ》に例進《れいしん》の調《てう》庸《よう》、自然《じねん》に徴《はた》るべきの門なし。然らば調庸の備へ難きこと、曽《かつ》て国宰の怠《おこたり》に非ず。都《かつ》てこれ蠲符《くゑんふ》の猥《みだ》れ濫《みだ》れたるが致すところなり。しかるを今この怠により、遂に未得解《みとくげ》由《ゆ》と為《な》ること、あに悲しからずや。

或ひと難じて云はく、三宮の舎人、帳内・位分の資人等、古来充《あ》て給はるところなり。然れども累代《るいだい》蠲符に、この妨あることなし。今当時《たうじ》に至りて、何ぞ異論を生《な》さむといふ。答へて云はく、凡そ諸の勘籍人等の*符損符益*通計《つうけ》して蠲符に載すべきこと、具《つぶさ》に*式条にあり。しかるを今比年《しきりのとし》年下すところの蠲符の損、百人が中《なか》に、符益一人なし。また近古諸家、一たび資人を得、また改め補することなし。しかるを比年資人に補して後、三宮及び諸司の*内考《ないかう》に遷転《せむてん》し、重ねてまた改め請はく、ここに*三省の史生《ししやう》・書生等《しよしやうら》、縁に因りて姧《かん》を為し、或は本主《ほんじゆ》に触れず、国解《こくげ》によらず、偽りて勘籍《かむじやく》と称して、猥《みだ》りに季符に載す。その尤も甚だしきは、本主一人を補せざるに、*省底《せいてい》すでにそ

籍の手続を厳にすれば、調庸の収納も容易となるであろう。

勘籍人　籍は民部省保管の戸籍。僧侶・位子・舎人等の徭役を免除するため、戸籍を勘して身分を確認することを勘籍といい、その手続によって徭役免除された人を勘籍人という。民部式「凡勘籍者、位子幷雑色三比、諸衛五比、若有二不合一、随即還却」。比は戸籍作成の一期、即ち六年。

三宮の舎人・帳内の資人　↓補

諸大夫・命婦・位分の資人　↓補

諸衛府の舎人・式兵二省の季符　↓補

五畿内…　軍防令、帳内条「凡帳内…其資人…並不レ得レ取二三関及大宰部内、陸奥・石城・石背・越中・越後国人一」、式部式「凡飛驒・陸奥・出羽及太宰府所管諸国人、皆不レ得レ補二帳内職分位分資人一」。

傍薄　伊呂波「旁魄、ハウハク、ムラカル」。群がって一つになること。一つに混同すること。

蠲符　課役免除の符。賦役令「凡応レ免二課役一者、皆待二蠲符至一」。

符損符益　↓補

通計　字類抄「資用部、ツウケ、計数分」。

式条　主計式上。

内考　諸司の考試をいう。↓補

三省　式部・兵部・治部。↓補

省底　底はもと。標註職原抄別記「古注云、以二神祇官及太政官一云二官底一、以二八省一云二省底一、以二諸寮一云二寮底一、余司准レ之」。

の数を盈つ。かくのごときの奸濫《かんらん》、日《ひび》にもて加《そ》へ倍《まさ》る。公損の甚だしきこと、これより過ぎたるはなし。伏して望まくは、件等《くだむら》の勘籍人、*国の大小に随ひ、年ごとにその*定数を立てむ。大国には一年に十人、上国は七人、中国は五人、小国は二人、もて鐲《くゑん》符《ふ》に載せむ。この外は一人を加《そ》へ増すこと得じ。

また*旧例に、*近江国一年に百人を免じ、丹波国免五十人なり。両国の凋残《てうざん》、職《もと》としてこれに由るなり。今この例に*因准《いんずゐん》して、近江国は十人に減定し、丹波国は七人に減定すべし。またその勘籍の解文《げもん》は、必ず二通官に進《たてまつ》る。その一通は官底《くわんてい》に留め、一通は外題《げだい》を加へ、式部省に下す。省季符を進らむの日、官底の解文と勘《かむが》へ合せて、然して後に*請印《しやういん》せよ。また鐲符に載せたるところ、符損多く符益少き者は*勘返《かむべむ》して、請印することを得じ。ただし京戸《きやうこ》五畿内は、この制に拘《かかは》らじ。冀《ねがは》くは調庸納《をさ》め易く、牧宰《ぼくさい》煩《わづらひ》なからむことを。

一、贖労《そくらう》の人をもて諸国の検非違使《けんびゐし》及び*弩《ど》の師《いくさ》に補任《ぶにん》することを停《とど》めむと請ふこと

右、諸国の検非違使、境《さかひ》の内の奸濫《かんらん》を紏《ただ》し、民間の凶邪を禁ずることを掌《つかさど》る。然らば国宰《こくさい》の爪牙《さうが》、兆庶《てうそ》の銜策《かんさく》なり。必ずすべからく明かに法律《はふりつ》を習ひ、兼ねて決断《くゑつだん》を詳《つばびらか》にすべし。しかるを今この職に任ずる者、皆これ当国の百姓《ひやくしやう》、贖労料《そくろうれう》を納《い》るる者

国の大小　民部式に、国の大国・上国・中国・下国の四等級を定む。戸口の多少によるものの如し。
定数　民部式「凡毎年所レ載二鐲符一雑色人数、大国六十人〈式部省卅四人、治部省四人、兵部省十二人〉上国卅人〈式部省廿七人、治部省三人、兵部省十人〉中国卅人〈式部省廿一人、治部省二人、兵部省七人〉下国廿人〈式部省十三人、治部省一人、兵部省六人〉」。
旧例に…　↓補
近江国…　↓補
因准　字類抄「ヨリナスラフ、インスヰン」。
請印　文書の内容の承認あるいは保証のために、内印(天皇の印)・外印(太政官印)・省印(八省の印)などの捺印を請うこと。捺印によって文書の効力は発生する。
勘返　字類抄「公事部、カムベム、弁済分」。

〔**大意**〕　諸国の検非違使は、部内の奸濫を紏し、民間の凶邪を禁ずることを職掌とするが、現今は、その国の百姓が贖労料を納めて任ぜられた者で、公俸を受けるのみで、使役の用に立たぬ。明法学生を試験の上この職に任じて、国中の追捕及び断罪の事を専らこれに委任することとされたい。また縁辺の諸国に置く弩師は寇賊防備のためであるが、今日の弩師は皆年給に充てて売却させているので、兵器に弩があることすら知らぬ者が任ぜ

なり。徒《いたづら》に公俸《こうほう》を費《つひや》し、役《えき》に差《さ》すに堪へず、空しくその名を帯《たい》し、曾てその器に非ず。また猶し画餅《ぐわへい》の食《くら》ふべからず、木吏《もくり》の言《ものい》ふこと能はざるがごとし。伏して望まくは、*明法《みやうばふ》の学生《がくしやう》を監試《かんし》し、この職に宛て任ぜむ。その試法《しはふ》は一に*明経国学の試のごとくにせむ。国中の追捕《ついふく》及び断罪は、一向《いつかう》にこの検非違使《けんびゐし》に委《まか》せむこと、猶し京下の判事及び検非違使あるがごとくせむ。

また*縁辺の諸国に、各《をのをの》弩《ど》の師《いくさ》を置くことは、寇賊《こうぞく》の来り犯すを防がむがためなり。臣伏して本朝の戎器《じうき》を見るに、*強弩《きやうど》を神なりと為す。その用たること、逐《お》ひ撃《う》つに短《たん》にして、守り禦《ふせ》くに長ぜり。古語に相伝へて云はく、この器《うつはもの》は神功皇后の奇《き》巧妙思《かうめうし》ありて、別《こと》に製作したまへるところなりといへり。故《かるがゆゑ》に*大唐に弩の名ありといへども、曾てこの器の勁利《けいり》なるにはしかず。臣伏して陸奥・出羽の両国を見るに、動《やや》もすれば蝦夷《えぞ》の乱あり。大宰《だいさい》管内の九国に、常に新羅《しんら》の警《いましめ》あり。自余の北陸・山陰《せむをん》・南海の三道の海に浜《そ》へる国、また皆隣寇《りんこう》に備ふべき者なり。

しかるを今件の弩の師は、皆*年給《ねんきふ》に充《あ》て、*斥《しりぞ》け売らしむることを許す。ただ価直《けぢき》の高下《かうげ》を論じて、才伎《さいぎ》の長短《ちやうだん》を問はず。故《かるがゆゑ》に充て任ずるところの者、軍器の弩あることを知らず。いはむや*機弦《きぐゑん》の用するところを暁《さと》らむ。たとひ天下太平《たいへい》に、四方無虞《むぐ》なりとも、猶し安けれども危きことを忘れず、日に一日を慎むべし。いはむや万分が一に、

られ、万が一隣寇の際に用をなさない。六衛府の宿衛等に弩射を練習させ、其の才伎を試みて彼の国の弩師に任ずれば、人才所を得、縁辺の守りも易かろう。

弩の師　弩は大弓。令抄、軍防令「弩、蹶張曰レ弩」。師は使い手。→六五頁注

明法の学生　大学寮式「凡須レ講経生者三経、紀伝生者三史、明法生者律令」、考課令、明法条義解「凡明法、試二律令一十条〈謂、依二此令一、必可下有二明法博士及生一上〉律七条、令三条、識二達義理一、問無二疑滞一者、為レ通、粗知二綱例一、未レ究二指帰一者、為レ不、全通為レ甲、通二八以上一為レ乙、通二七以下一為二不第一」。

明経国学の試　→補

縁辺の諸国　軍防令、東辺条「凡縁二東辺・北辺・西辺一諸郡人居、皆於二城堡内一安置」。

強弩を神…　→補

大唐に弩の名あり　唐六典、武庫「弩之制有レ七、一曰二擘張弩一、二曰二角弓弩一、三曰二木単弩一、四曰二大木単弩一、五曰二竹竿弩一、六曰二大竹竿弩一、七曰二伏遠弩一」。

年給　年官年給。弩師は史生に相当。従って一分給に准ずる。

斥け売る　年給として支給された弩師の職を希望者に売り渡す。その代価が被支給者の収入となる。

機弦　弩のばねと弦。釈名、釈兵「弩、怒也、有二弩勢一也、其柄曰レ臂、似二人臂一也、…含括之口曰レ機、言レ如二機之巧一也、亦言下如二門戸之枢機一、開闔有上レ節也」。

もし隣寇《りんこう》の死を挑《いど》まむ者あらば、空しくこの器《うつはもの》を懐《いだ》きて、孰《たれ》の人か施用《しよう》せむ。伏して望まくは、*六衛府の宿衛《しくゑ》等をして、弩射《どしや》の術を練習し、その才伎を試み、その功労《くらう》に随ひ、件等《くだむら》の国の弩《ど》の師《いくさ》に充て任ぜむ。然らば人才《じんざい》名に適《かな》ひ、城戍《じやうじゆ》守り易からむ。

一、諸国僧徒《そうと》の濫悪《らんあく》及び宿衛舎人《しくゑとねり》の凶暴《きようぼう》を禁ぜむと請ふこと

右、臣伏して去《い》にし*延喜元年の官符《くわんぷ》を見るに、すでに権貴《くゑんくゐ》の山川を*規《し》め錮《かた》め、勢家《せいか》の田地《てんち》を侵《をか》し奪《ば》ふことを禁じ、州郡《しうぐん》の*枳棘《しきよく》を芟《か》り、兆庶《てうそ》の*蟊螫《ぼうぞく》を除《はら》ふ。吏《り》の治《ち》施し易く、民の居安きことを得たり。ただ猶し凶暴邪悪の者は、悪僧《あくそう》と宿衛となり。伏して以《おもん》みれば、諸寺の*年分《ねんぶん》及び*臨時《りむじ》の得度《とくど》の者、一年の内に、或は二三百人に及ぶ。就中《このなか》の半分以上は、皆これ邪濫《じやらん》の輩《ともがら》なり。また諸国の百姓の課役《くわやく》を逃《のが》れ租調を逋《のが》るる者、私《ひそか》に自《みづか》ら髪《かみ》を落して、猥《みだ》りに法服《ほうぶく》を着る。かくのごときの輩、年を積みて漸く多し。天下の人民、三分が二は皆これ禿首《とくしゆ》の者なり。これ皆家に妻子を蓄《たくは》へ、口に*腥膻《せいせん》を啖《くら》ふ。形は沙門に似たれども、心は*屠児《ゑとり》の如し、いはむやその尤も甚だしき者は、聚《あつま》りて群盗を為《な》し、*窃《ひそか》に銭貨《せんくわ》を鋳る。天刑《てんけい》を畏《おそ》りず、仏律《ぶつりつ》を顧《かへり》みず。もし国司法により勘糺《かむきう》するときは、霧のごとくに合ひ雲のごとくに集りて、競ひて暴逆《ぼうげき》を為す。前の年に安芸守*藤原時善を攻め囲み、紀伊守*橘公廉《きみかど》を劫略《けふりやく》するは、皆これ濫悪《らんあく》の僧、

六衛府の宿衛　→補

〔大意〕　延喜元年の官符で、権門勢家が田地を侵奪することを禁ぜられてから、国司は政務が行い易く、民も安ぎを得たが、今なお凶暴邪悪なものに悪僧と衛府の舎人がある。今日、諸寺の年度臨時の得度者は年に二、三百人に及び、租調課役を忌避する百姓は、私に僧体をなし、天下の人民の三分の二は、無髪の徒となっている。彼等は形は沙門であるが、心は屠児のごとく、甚だしき者は群盗となり私鋳銭を鋳る。国司が法によって勘糺しようとすれば、雲のごとく集って暴逆を行い、国司を凌辱する。願くば、僧徒に凶濫の事あらば即時に追捕し、度縁戒牒を返させ、調庸課役の俗人とし、私度の沙弥に凶党となる者あれば、足枷・頸枷を着けて苦役することにされたい。また六衛府の舎人は、当番を定めて朝夕の警備に当り、非番には東西帯刀町に休息して待機すべきであるのに、彼等は皆その本国に分散居住して宿衛分番できる状態にはない。しかも彼等は、部内の強豪、凶暴の輩で、国における蠹害は甚だしい。願くば、諸衛府舎人は、一旦任じた後は本国に帰住することなからしめ、もし帰省する時は、休暇の日を限って府から国衙に通牒し、もし帰還を怠れば、国司が舎人を解任することにされたい。

延喜元年の官符　延喜二年の誤り。→補

規め錮め　後漢書、隗囂伝「規二錮山沢一、奪二民本業一」。説文「錮、鋳塞也」。

その*魁帥《くわいすい》たり。たとひ官符遅く発し、朝使緩《ゆる》く行かましかば、時善・公廉、皆*魚肉《ぎよにく》たらまし。もし禁《いさ》め懲《こら》すの制《せい》なくは、恐らくは防衛《ばうゑい》の方に乖《そむ》かむことを。伏して望まくは、諸の僧徒《そうと》の凶濫ある者は、登時追捕《すなはちついふく》して、*度縁《どゑん》・*戒牒《かいてう》を返し進《たてまつ》らしめよ。即ち俗《ぞく》服《ふく》を着せ、本《もと》の役に返し附《つ》けよ。また*私度《しど》の沙弥《しやみ》の、その凶党たる者は、即ち*鉗鈦《かなぎ》を着《は》かせ、その身を駈《か》り役《つか》へ。

また六衛府の舎人は、皆すべからく*月ごとに番を結び、*暁夕《げうせき》に警《いまし》め備《そな》へて、当番《たうばん》は兵欄《ひやうらん》に陪侍《ばいじ》し、他番は京洛《けいらく》に休寧《きうねい》せむ〈*東西の帯刀町《たちはきまち》、これその住所なり〉。もし機急《ききう》あれば、また当番と他番と倶に防衛に勤むべし。しかるを今件等の舎人、皆諸国に散落《さんらく》、或は千里郵駅《いうえき》の外、百日行程《ぎやうぢやう》の境《さかひ》にあり。あに*門籍《もんじやく》に名を編《あ》み、*宿衛《しくゑ》番を分つことを得む。これ皆部内《ぶない》の強豪《きやうかう》、民間《みんかん》の凶暴《きようぼう》なる者なり。国司法により、その辜《つみ》を勘糺《かむきう》するときは、駿《と》く奔《はし》り洛に入りて、銭貨《せんくわ》を納《い》れ、買ひて宿衛と為る。或は徒党《とたう》を帥《ひき》ゐて、国府を劫《おびやか》し囲む。或は*老拳《らうけん》を奮《ふる》ひて、もて官長を凌辱《れうじよく》す。凡その*蠹害《とがい》ただ疥癬《かいせん》のみに非ず。

それ以《おもん》みれば、衛卒を選び置くことは、警急《けいきう》に備へむがためなり。しかるを今遠く*甸服《でんふく》に在り、京畿《けいき》に居らず。たとひ皇都虞《はかりこと》なくば、この輩《ともがら》何《いか》が用ゐむ。もしそれ急《すみや》かなることあらば、奔《はし》り赴《おもぶ》くとも及ぶことなけむ。然らば徒《いたづら》に諸国の*豺狼《さいらう》として、

枳棘・蟄蟹 からたちといばら。心にとげのある悪人。蟄蟹は底本注「六牟六賊」。↓補

年分 年分度者。律令制下で、仏教の宗派別、或は寺院ごとに、年間の度者数を規定した。これを年分度者という。

臨時の得度の者 年分度者の外に、国家・皇室の祈願法会に際して別勅により臨時に得度させる度者。玄蕃寮式「凡除二年分度者一之外、臨時度者有レ過二僧廿人・尼十人一、省執申」。

腥膻 なまぐさき魚肉獣肉。

屠児 伊呂波「屠児、ヱトリ」。

窃に銭貨… 鋳銭は国家の大権に属し、私鋳銭を鋳るのは大赦にも赦免を受けられぬ国権侵犯の大罪である。

藤原時善 是行の子。従五位下、安芸守(分脈)。

橘公廉 元愷の子。従四位上、山城守、大内記(分脈)。

魁帥 字類抄「クワイスイ、六軍兵也」。

魚肉・戒牒 ↓補

度縁 ↓一二九頁補

私度 僧尼令、私度条「凡有二私度及冒名相代一、并已判二還俗一、仍被二法服一者、依レ律科断」。

鉗鈦 鉄製の首枷と脚枷。

月ごとに番…・暁夕に警め… ↓補

東西の帯刀町 拾芥抄、宮城部「六衛府他番之時宿也」。一条の南、堀川の東。

門籍…・宿衛… ↓補

老拳 老は腰のかがまりたる意。身のか

がまりたるエビを海老と書くが如く、握り拳のことであろう。
蠹害　字類抄「奸濫分、ノムシノコトクヤフル、トガイ」。
甸服　王都を去る千里の地。前文「千里郵駅の外」に対応する。周礼、夏官、職方氏「方千里曰㆓王畿㆒、其外方五百里曰㆓侯服㆒、又其外方五百里曰㆓甸服㆒」。
豺狼　やまいぬとおおかみ。転じて残虐凶暴なるものにたとえる。

貙虎　大きな虎。猛獣にたとえる。
寧帰する　里帰りして親の安否を問う。
留連　字類抄「稽留分、ルレン」。
猨臂…　史記、李将軍伝「広為㆑人長猨臂、其善射亦天性也」。
狗吠…　底本注「塩鉄論曰、以賢人為兵、聖人為守、則中国無狗吠之警、而辺境無鹿狼之憂矣」。

〔**大意**〕　瀬戸内海の檉生泊・韓泊・魚住泊・大輪田泊・河尻の五泊は、行基がそれぞれ一日行程を計って設けたものであるが、魚住泊の修造が行われぬため廃港となり、公私の舟は、韓泊から二日の行程を一日一夜兼行して輪田泊を目指すため、風はげしき冬季、星も弁じ難き暗夜には、浜岸の遠近を見分け得ずして、漂没する舟は、毎年百艘を越え、没死する者、一千人にとどまらぬ。官物の損失もまた莫大である。願くば、諸司の判官の幹了巧思の者を派遣し、播磨・備前両国

曾《かつ》て六軍《りくぐん》の*貙虎《ちこ》に非ず。望み請はくは、諸衛府の舎人、充《あ》て補しての後、本国に帰住《くゐぢう》することを得じ。もし*寧帰《ねいくゐ》する者あらば、各《をのをの》假《いとま》の日を限りて、本府の牒《てう》を取り、国《こく》衙《が》に附《つ》け送り、限の外に*留《る》連《れん》することを得じ。もし猶し懈緩《かいくわん》して還らずは、国宰《こくさい》且つはその職を解《と》き、且つは事状を録《ろく》して、本府に牒送《てうそう》せよ。かくのごとくは*猨臂《ゑんぴ》肩を門《もん》欄《らん》に比《なら》べ、*狗吠《こうはい》驚くことを州壌《しうじやう》に休《や》めむ。

一、重ねて播磨国《の》の魚住《うをすみ》の泊《とまり》を修復《しゆふく》せむと請ふこと

右、臣伏して山陽・西海・南海三道の舟船海行《しうせんかいかう》の程《ほど》を見るに、*檉生《むろふ》の泊《とまり》より*韓《からさき》の泊に至ること一日行、韓の泊より*魚住の泊に至ること一日行、魚住の泊より*大輪田《おほわだ》の泊に至ること一日行、大輪田の泊より*河尻に至ること一日行。これ皆*行基菩薩、程を計り建て置けるところなり。しかるを今公家ただ韓の泊・輪田の泊を修造《しゆざう》して、長く魚住の泊を廃《す》つ。これによりて公《おほやけ》私《わたくし》の舟船、一日一夜の内に、兼ね行きて韓の泊より輪田の泊を指す。冬の月風急《すみや》かに暗夜星稀《まれ》らなるに至りては、舳艫《ちうろ》の前後を知らず、浜岸《ひんがん》の遠近《おんごん》を弁《わきま》ふることなし。帆《ほ》を落し檝《かぢ》を弃てて、居然《きよぜん》として漂没《へうもつ》す。これにより て年ごとに舟の蕩覆《たうふく》する者、漸《やうやく》に百艘《そう》に過ぎたり。人の没死《もつし》する者、ただ千人のみに非ず。昔者《むかし》*夏禹《からう》の仁、人を罪《つみ》し猶し泣く。いはむやこれ等の百姓《ひやくしやう》、皆王役《わうえき》に赴《おもぶ》かむ

をや。伏して惟《おもん》みれば、聖念必ず哀矜《あいくゐよう》を降すべき者なり。

臣伏して旧記を勘《かむが》ふるに、この泊は天平年中に建立せるところなり。その後延暦の末に至るまで、五十余年、人その便《たより》を得たり。弘仁の代に、風浪侵《ふうらうをか》し齧《く》ひて、石頽《くづ》れ沙湮《うづ》めり。*天長年中に、右大臣*清原真人、奏議《そうぎ》し起請《きしやう》して、遂にもて修復《しゆふく》す。承和の末に、またすでに毀壊《くゐゑ》しぬ。貞観の初めに至りて、東大寺の僧*賢和は、菩薩《ぼさつ》の行《ぎやう》を修《しゆ》し、利他の心を起す。石を負《お》ひ鍤《すき》を荷ふ。力を尽し功を底《いた》す。単独《たんどく》の誠、その業を畢へずといへども、年紀の間、その利を蒙《かうぶ》らずといふことなし。賢和入滅して、稍《やうやう》に四十年に及ぶ。人民《にんみん》の漂没《へうもつ》すること、勝《あ》げて数ふべからず。官物の損失すること、また巨万を累《かさ》ねたり。伏して望まくは、諸司の判官《はんぐわん》の*幹了《かんれう》にして巧思《かうし》あらむ者を差《さ》して、件《くだむ》の泊を修造せしめ、その料物《れうもつ》は播磨・備前両国の正税《しやうぜい》を充《あ》て給《たま》はむ。冀《ねがは》くは、早く聖朝《せいてう》*手を援《たす》くるの仁を降し、天民《てんみん》魚と為《な》るの歎《なげき》を脱《のが》れしめよ。凡そその便宜《びんぎ》、具《つぶさ》に去にし延喜元年に献ずるところの意見の中に載せたり。更に重ねて陳《ちん》ぜず。

延喜十四年四月廿八日　　従四位上式部大輔三善朝臣清行上《たてまつ》る。

の正税を充てて修造され、民の歎きを救われたい。

檉生の泊　兵庫県揖保郡御津町室津。播磨風土記「室原泊、所㆓以号㆒㆑室者、此泊防㆑風如㆑室、故因為㆑名」。

韓の泊　現在地不明。福泊の誤りとし、兵庫県加古川市福とする説がある。

魚住の泊　兵庫県明石市魚住。

大輪田の泊　摂津国菟原郡。現在の神戸港。

河尻　現在の大阪市淀川区。淀河の河尻に当る故、その名がある。

行基菩薩　続紀、天平勝宝元年二月丁酉条に伝がある。

夏禹の仁…　説苑、君道「禹出見㆓罪人㆒、下㆑車問而泣㆑之」。

天長年中に…　↓補

清原真人　清原夏野。続後紀、承和四年十月丁酉条「右大臣従二位清原真人夏野薨、遣㆑使監㆓護葬事㆒、有㆓賻物㆒、天皇不㆑聴㆑朝三日、夏野、正三位御原王孫、正五位下小倉王之第五子也、薨時年五十六」。

賢和　↓補

幹了　字類抄「人情部、ガンレウ」。

手を援くるの仁　孟子、離婁上「嫂溺、援㆑之以㆑手者権也」。

寛平御遺誡（宇多天皇）

宇多天皇（八六七—九三一）が、寛平九年（八九七）の譲位にあたって、皇太子敦仁親王（醍醐天皇）に与えた訓誡書。帝王としての振舞を諭すとともに、公事儀式・任官叙位のあり方から、菅原道真・藤原時平ら諸臣の人物論に及ぶ。この時宇多天皇は三十一歳、臣籍降下後に親王に復帰し即位した体験を経ているだけに、醍醐天皇への教訓は具体的かつ細やかである。花園天皇宸記に「聖明之遺訓足レ為ニ鑑誡一」と見えるように、早くから帝王学の鑑として尊重され、大槐秘抄・禁秘抄・花園天皇誡太子書など後世の訓誡書の先蹤となった。本書は元来常人の披見し得るものではなかったが、恐らく天皇の側近によって公事用に引用され、それらの断片が後に集大成されて一般に流布したのであろう。完本は伝わらない。現存する残闕は一九条からなると考えられるので、条ごとに改行し、条文番号を付した。底本には、尊経閣文庫蔵本を用いた。なお、その教訓的故実的性格から多くの文献に引用され、その逸文が多数現存している。本文末に参考として掲げた。

〈大曾根章介　校注〉

寛平御遺誡

〔一〕 朝膳を供す。申時《さるの》に〔　　　〕

〔二〕 *衛府《ゑふ》の舎人《とねり》、以上、*陣直倫《ぢんのとのゐともがら》に超え、声誉《せいよ》遍《あまね》く聞ゆる者は、*昇転叙位《じよゐ》、及び*兼《けん》国《ごく》賞物は、常例に拘《かかは》ることなかれ。ただ婦人の口小人の挙を忌《い》むらくのみ。

〔三〕 諸司諸家等《ら》が申すところの*季禄《きろく》・*大粮《たいらう》・*衣服《えぶく》・*月料《ぐはつれう》等、或は*官奏《くわんそう》に入り、或は*内給《ないきふ》に就きて、*不動《ふどう》・*正税《しやうぜい》等を申す。国の中の*帳遺《ちやうのこし》を勘《かむが》へ申さしむといへども、或は遠き年の帳は実と為しがたし、今すべからく不動は一切《いせつ》禁断し、正税は状に随ひて処分すべし。もし必ずしも不動を用ゐるときは、後の年に全く委塡《ゐてん》せしめ、忘るべからず。この事は当時《そのかみ》の*執政《しつせい》が*進止《しんじ》すべきところなり。然りといへども内心に存するときは、万分の一を補へ。努力々々《ゆめゆめ》。

〔四〕 斎宮《さいぐう》は、出でて*外国にあり。*用途《ようど》繁しといへども、*料物《れうもつ》足らず。その申し請ふに随ひて、量りて進止《しんじ》すべし。ただし*寮の司は能く能く選びて任ずべし。斎院《さいゐん》は、種《くさ》々《ぐさ》の雑物《ざふもつ》*式の例には具《そなは》るといへども、それ*用度《ようど》においては十分の一だにも足らざれば、

〔一〕 禁秘抄巻上、恒例毎日次第に「遺誡、朝膳巳時也」とあり、同上、御膳事に「朝巳時、夕申時之由、寛平遺誡也」とあるので、本文の内容を知ることができる。

〔二〕 年中行事抄、三月吉日、京官除目事に見える。

衛府の舎人・陣直　↓補

昇転　昇任と転任。

兼国　本官の外に国司の官を兼任。↓補

〔三〕 年中行事抄、二月廿二日、給諸司春夏季禄及皇親時服事に見える。

季禄・大粮・衣服・月料　↓補

官奏　太政官より天皇に奏聞。↓補

内給　天皇に与えられた年給。↓補

不動　不動穀。↓二〇六頁補「不動倉」

正税　正税稲。↓補

帳遺　正税帳(諸国の前年の正税の出納を記入した帳簿)に記載された正税の残高。↓補

執政　大臣・納言・参議。↓補

進止　方針を決定し指示すること。↓補

〔四〕 年中行事抄、五月晦日、伊勢斎王禊事・同四月中午日、賀茂斎王禊事に見える。

外国　畿外の意。この場合は伊勢国。

用途　字類抄「資用部、ヨウド」。

料物　所用の物。斎宮式に祓や祭の料、供物、月料、造備すべき雑物等のことが定められている。

寮の司・式の例　↓補

用度に…　出費が多く、料物だけでは出費の十分の一にも足りない意。

大略　字類抄「タイラク、云㆓大宗㆒也」。

特にまた相労《いたは》れ。忘るべからず。*大略《たいらく》は*菅原《の》朝臣・*季長《すゑながの》朝臣に仰せ畢りぬ。かの両人をして検校《けんげう》せしめよ。

〔五〕諸国の*権講師《ごんかうじ》・*権検非違使《のけんびゐし》等《ら》は、朕一両《ちんひとりふたり》許せども、例と為すべからず。□読師は*孟冬《まうとう》の簡定《かんぢやう》に随ひて、諸《もろもろ》の階業の僧等を任ずべし。□□こと妨げつ。*二三度朕失《あやま》てり。新君慎《つつし》め。

〔六〕*内供奉十禅師《ないぐぶじふぜんじ》、□寺の*定額《ぢやうがく》僧等の闕《くゑつ》は、必ずしも本寺の選挙を用ゐて、輙《たやす》く前《さき》の人の譲《ゆづ》りを許し、妄《みだり》に他の所の嘱《つく》るを□すべからず。*もし智徳普《あまね》く聞え、戒律□せしむるものあれば、問ひて許せ。失《あやま》つべからず。

〔七〕*外蕃《ぐわいばん》の人必ずしも召し見るべき者は、簾中《れむちう》にありて見よ。直《ただ》に対《むか》ふべからざらくのみ。*李環《りくわん》、朕すでに失《あやま》てり。新君慎め。

〔八〕諸国新任の官長、任用を請ひ申す者は、或は掾《ぜう》或は目《さくわん》、医師《くすし》・博士《はかせ》等《ら》、惣《すべ》て許すべからず。ただ*諸司諸所労《らう》あるの中、他人のために遍くその用に堪ふることを知られたる者は、状を量《はか》りて許せ。もし*分明《ふんみやう》ならざる者はまた忌め。忘るることなかれ怠ることなかれ。

〔九〕*有憲《ありのり》昇殿すべからざるの状、去年《こぞ》神明《しんめい》を引きて*定国《さだくに》に附けて、申し遂ぐることすでに了りぬ。忘るることなかれ。

菅原朝臣・季長朝臣　↓補

〔五〕**権講師・権検非違使**　↓補

孟冬の簡定　↓補

二三度…　坂本太郎は以下の表現と帝範の後序にある「斯数事者吾之深過也。勿二以レ茲為レ是而後法一焉」と通ずるところがあると推定している(「帝範と日本」『日本古代史の基礎的研究』所収)。

〔六〕禁秘抄巻上、御持僧事の「寛平遺誡、忘二本寺一有レ制歟」と関係あるか。

内供奉十禅師　↓補

定額僧　↓二〇七頁補「定額の僧尼」

もし智徳普く聞え…　新儀式巻五、任僧綱事に「内供十禅師、召二大臣於御前一、択二浄行者一補レ之。或又住二深山一、苦行超レ輩者補レ之。但随レ闕補レ之」と見える。

〔七〕源氏物語奥入・明文抄、帝道部上に見える。なお貴嶺問答の「唐人事、寛平法皇御宇召二覧画工一。後日令レ悔給、被レ誡二新主一」と関係あるか。

外蕃の人…　↓補

李環　紀略、寛平八年三月四日条「唐人梨(李)懐依レ召入京」と関係あろう。

〔八〕年中行事抄、正月十一日、外国除目事に見える。

諸司諸所労あるの中　諸司(律令制の諸官司)や諸所(蔵人所など宮廷の諸務を扱う所)で規定の年数勤務した者の中から。

分明　字類抄「法家部、フンミヤウ、発免分」。

〔九〕**有憲**　伝未詳。

定国　藤原高藤の男。↓補

〔一〇〕 万《よろづ》のことに淫《いん》することなかれ。*躬《み》を責《せ》めて*節《せつ》せよ。*賞罰を明《あきら》かにすべし。*愛憎に迷ふことなかれ。意《こころ》に平均《へいくゐん》を用ゐて、*好悪《かうを》に由ることなかれ。能く*喜怒《きど》を慎みて、色に形《あらは》すことなかれ。

〔一一〕 左右の近衛《こんゑの》*将監《はんぐわん》*叙位《じよゐ》のこと、昔の例を追ふに、左右遁《たがひ》に隔年に叙せり。しかるに今位に叙すること必ずしも年ごとならず。*宿衛の勤《つとめ》は殊に他の府に倍す。*舎人《とねり》より始めて判官《はんぐわん》に至るまでは、四五十年を積めども、殆《ほとほと》にその運を待ちがたし。今すべからく近代の例に復して、*儀式の叙位あるごとに、左右共に叙すべし。宿衛の人を励さむとす。新君慎め。

〔一二〕 *内侍所《ないしどころ》は、*有司《いうし》すでに存せり。ただ宮中の至難なるものは、これ後庭《こうてい》のことなり。今すべからくその方の雑事、*御匣殿《みくしげどの》・*収殿《をさめどの》・*糸所《いとどころ》等のことは、*定国朝臣《の》の姉《し》妹《まい》*近親《こんしん》の中、その事に堪ふべき者一両人、一向《いつかう》に事を行ふべし。*日給《につきふ》のもの*等第《とうだい》の類《たぐひ》は、惣て処分《しよぶん》すべし。*洽子朝臣《の》は昔より糸所のことを知れり。□の間、猶し兼ね知らしめよ。*息所《みやすどころ》菅氏・*宣旨《せんじ》滋野《しげの》等《ら》は、日々《ひび》*女房《にようばう》の侍所《さぶらひどころ》に出居《いでゐ》て、蔵人《くらうど》等の日給のことを行ひ、兼ねて進退《しんだい》の礼儀を正せ。*更衣《かうい》あるの時に至りては、また教正礼節を加へよ。それ更衣・蔵人、事に随ひて賞《しやう》のものを給ひ、功によりて官爵《くわんしやく》を授くるのことは、皆悉くに*執奏《しつそう》して申し行ふべし。菅氏はこれ好《よ》く煩《わづらは》しきことを省《はぶ》くの人

〔一〇〕 原文は四箇条書となっているが、明文抄、帝道部下により一文に改む。
躬を責めて 自分の過ちをせめる。文選、曹植「上下責レ躬応レ詔詩上表」。
節せよ 適宜にせよ。周礼、考工記、弓人「是故厚二其液一而節二其帑一〈鄭玄注、節、猶レ適也〉」。
賞罰を明かにす・愛憎・好悪・喜怒 ↓補
〔一一〕 年中行事抄、正月五日、叙位議事に見える。
将監 近衛府第三等官。字類抄「ハンクワン、舞人随身等居二此官一之時所レ云也」。
叙位のこと ここは五位以上に叙すること。二中歴、叙位歴「将監〈五六年叙位〉」。
宿衛の勤・舎人…・儀式の叙位 ↓補
〔一二〕 **内侍所** 字類抄「ナイシトコロ、有二女官一」。拾芥抄、宮城部「云二温明殿一、南殿東」。内侍司（平安時代には後宮の中心的な官司となった）が置かれた場所。
有司 その職についている役人。後宮職員令、内侍司条「内侍司。尚侍二人、典侍四人、掌侍四人、女孺一百人」。
御匣殿・収殿・糸所 ↓補
定国朝臣の姉妹 宇多天皇女御で醍醐天皇の御母儀胤子と尚侍満子がいる（分脈）。
近親 字類抄「人倫部、コンシン、先祖分」。
日給・等第・息所菅氏・宣旨滋野 ↓補
洽子 春澄善縄長女。正四位下典侍（三代実録）、延喜二年正月従三位（古今集目録）。
女房の侍所 河海抄、絵合「女房の侍は台盤所也」。
更衣 字類抄「后妃部、カウイ」「女官也」。

なり。宣旨はまた寛緩《ゆる》び和柔《やはらか》なる人なり。各《をのをの》の身《み》を激励《はげま》して、勤仕せしめよ。新君慎め。

〔一三〕 *中重《なかのへ》の北西の廊《ほそどの》は、*采女《うねめ》・*女孺《にょしうら》等、各 *曹司《ざうし》と為し、居住すること家のごとく、代々常に失火の畏《おそり》あり。然りといへども遂に*追却《ついきやく》することを得ず。今すべからく夜ごとに蔵人《くらうど》・殿上人《てんじやうびと》の、その事に堪ふべき者一人《ひとり》に、蔵人所の人一両《ひとりふたり》を差加へて巡検*せしむべし。怠るべからず。また宮中の人々の曹司の*坪《つぼつぼ》々等、凡下《ぼんげ》の人、常に破壊を致す。すべからく五日に一度、同じく殿上人を遣して、巡検警誡《けいかい》せしむべし。新君慎め。

〔一四〕 *左大将藤原朝臣《の》は、功臣《こうしん》の後なり。その年少《わか》しといへども、すでに*政理《まつりごと》に熟《くは》し。先《さき》の年《とし》*女《をむな》のことにして失《あやま》てるところあり。朕早《つと》に忘却して、心を置かず。朕去《い》ぬる春より激励《はげまし》を加へて、公事《くじ》を勤めしめつ。またすでに第一の臣たり。能*く顧問に備へて、その輔道《ほだう》に従へ。新君慎め。

〔一五〕 右*大将菅原朝臣《の》は、これ*鴻儒《こうじゆ》なり。また深く政事《まつりごと》を知れり。朕選びて*博士《はかせ》と為し、多*く諫正《かんせい》を受けたり。よて不次《ふじ》に*登用《とうりよう》し、もてその功に答へつ。しかのみならず朕前《さき》の年*東宮《とうぐう》に立てし日、ただ菅原朝臣一人とこの事を論じ定めき〈女知*尚侍《しやうし》居りき〉。その時共に相議する者一人もなかりき。また東宮初めて立ちし後、二年を経ざるに、

河海抄に、仁明天皇の承和三年、紀乙魚女を更衣としたのを始とする。

執奏 意見や書類などをとりついで天皇に奏上すること。↓補

〔一三〕 **中重・采女・女孺・曹司** ↓補

追却 字類抄「追放分、ツイキヤク」。

巡検 字類抄「公事部、シュンケン、弁済分」。

坪 倭訓栞「禁中の殿舎に桐壺梨壺梅壺などといふは其一区を指ていへり」。

〔一四〕 大鏡裏書(国史大系)にあり、河海抄、藤裏葉に「寛平遺誡、左大将藤原朝臣者功臣之後、其年雖レ少、已熟二政理一。先年於二女事一有二所失一。先勘了」と見える。

左大将藤原朝臣・政理に熟し ↓補

女のこと 今昔巻二二の時平大臣取国経大納言妻語を指すか。

能く顧問に備へて… ↓補

〔一五〕 大鏡裏書(国史大系)にある。

右大将 菅原道真。補任「寛平九年六月十九日任権大納言。同日兼右大将」。

鴻儒・博士・多く諫正を受けたり ↓補

登用 字類抄「公事部、トウリヨウ、撰択分」。菅家文草巻一〇、辞二右大臣職一第一表「偏因二太上皇(宇多)往年抜擢之恩一、自至二諸公卿今日昇進之次一」。

東宮… 寛平五年、敦仁親王(醍醐天皇)の立太子。紀略「寛平五年四月二日庚午、詔敦仁親王為二皇太子一、即任二坊官等一。太子年始九歳。或云、十四日壬午、冊立」。

女知 未詳。

尚侍 藤原長良の女淑子。↓補

朕位を譲らむの意《こころ》あり。朕この意をもて、密々《みつみつ》に菅原朝《の》臣に語りつ。しかるに菅原朝臣申して云はく、かくのごとき大事《だいじ》は、自《おのづか》らに天の時*あり、忽《いるかせ》にすべからず、早くすべからず云々とまうす。よて或は封事《ふうじ》を上《たてまつ》り、或は直言《ちよくげん》を吐きて、朕が言に順はず。またまた正論《せいろん》なり。今年《ことし》に至りて、菅原《の》朝臣に告ぐるに朕が志必ずしも果すべきの状をもてす。菅原朝臣更に申すところなく、事々《ことごと》に奉行《ぶぎやう》せり。七月*に至りて行ふべきの儀《ぎ》人の口に云々《*つつや》きぬ。殆《ほとほと》にその事を延引《*えんいむ》せむと欲するに至りて、菅原朝臣申して云はく、大事は再び挙ぐべからず。事留《とどま》るときは変《へん》生ず云々とまうせり。遂に朕が意をして石のごとくに転ぜざらしめつ。惣《すべ》てこれを言へば、菅原朝臣は朕が忠臣のみに非ず、新君の功臣ならむや。人の功は忘るべからず。新君慎め云々。

〔一六〕 季長《*すゑながの》朝臣は深く公事《くじ》に熟《くは》しく、長谷雄《*はせを》は博く経典《けいてん》に渉《わた》りて、共に大器《たいき》なり。昇進を憚《はばか》ることなかれ。新君慎め。

〔一七〕 朕聞かく、旦《*あかつき》ならざるに衣を求むるの勤は、日ごとに服を整へ、盥嗽《*くわんそう》して神を拝す。また近くに公卿を喚《よ》びて、議し洽《あは》すことあれば、治術《ちじゆつ》を訪《とぶら》ふ。夕には本《もと》の座に還りて、侍臣《ししん》を招き召して、六経《*りくけい》の疑はしきことを求む。聖哲《せいてつ》の君は、必ずしも輔佐《ほさ》によりてもて事を治む。華夷寡小《*くわいくわせう》の人、何《な》ぞ賢士なからむ。感*をもて徹を救はむ。事疑《うたがひ》を持つことあれば、必ずしも推し量りてもて決《くゑつ》すべしときけり。新君慎め。

天の時　天道。
七月に…　紀略、寛平九年七月三日条に「午剋、天皇御二紫宸殿一、譲二位於皇太子敦仁親王一。宣制如二常儀一」とある。
云々　字類抄「ウン〳〵、ツ、ヤク」。あれこれ批評すること。
延引　字類抄「古今部、エンイム、遅速」。
〔一六〕 **季長朝臣**　→一〇五頁補
長谷雄　紀貞範の男。図書頭・文章博士・式部少輔を経て、寛平六年右少弁、七年大学頭、九年式部大輔となり侍従を兼ねる。延喜二年参議、十一年中納言に任じ、十二年三月十日に六十八歳で薨ず。
〔一七〕 **旦ならざるに…**　→補
盥嗽　手を洗い口をそそぐこと。礼記、内則「凡内外、雞初鳴、咸盥漱、衣服」。
六経　漢書、武帝紀「孝武初立、卓然罷二黜百家一、表二章六経一〈顔師古注、六経、謂二易・詩・書・春秋・礼・楽一也〉」。
華夷寡小の人　文明の国と野蛮の国の人及び数少い人。儀制令、天子条「皇帝。華夷所レ称〈謂、華、華夏也、夷、夷狄也。言王者詔二誥於華夷一称二皇帝一〉」。
感をもて　脱字があるか。意味不明。
〔一八〕 **諸司諸所の…**　公式令、諸司奏事条に「凡諸司奏事、皆不レ経二長官一、不レ得二輙奏一。若有二機密一、及論二長官事一者、不レ在二此例一」と見える。
〔一九〕 **延暦の帝王**　桓武天皇。
南殿　禁秘抄巻上「南殿〈紫宸殿〉。御帳如レ恒〈無二几帳一。有二師子狛犬一、立二椅子一〉。北障子号二賢聖障子一。帳外南面母屋庇無二

〔一八〕 諸*司諸所の、言奏見参《げんざん》するところは、先例ありてへれば、諸司に下して旧跡を勘《かむが》へしむべし。ただ旧く遠きことあれば、能く推し量りて行ふべし。新君慎め。

〔一九〕 *延暦《えんりやく》の帝王は、日ごとに*南殿《なんでん》の帳《みちやう》の中に御《おはしま》して、*政務の後に、衣冠《いくわん》を解《と》き脱《ぬ》ぎて、臥し起き飲食《おんじき》したまひき。また*鷹司《たかづかさ》の御鷹を喚《よば》ひて、庭前にて呼び餌《くらは》しめたまひき。或時は御手《おほむてづか》ら觜爪等《くちばしつめら》の好むべきものを作りたまひき。また苦熱のときに至りては、朝政の後に、*神泉苑《しんぜんゑん》に幸《かう》して*納涼《だふりやう》したまひき。行幸《ぎやうかう》の時は、先づ*左右近の中少将に問はしめ、手輿《たこし》を喚《よば》ひて御《おはしま》す。行路の次《ついで》に、もし御輿《おほむきよう》あるときは、*近衛等《こんゑら》をして*相《すま》撲《ひ》せしめたまふ。これ相撲を好まむがためなり。*羅城門《らしやうもん》を造りて、巡幸《じゆんかう》して覧《み》たまひ、*工匠《たくみ》に仰せて曰《のたまは》く、この門の高さ五寸を減《げん》ずべし云々とのたまひき。後にまた幸して覧《み》たまひ、工匠を喚《よば》ひて何如《いかが》とのたまふ。工匠云《まう》さく、すでに減じたりとまうす。帝歎《みかどなげ》きて曰く、悔《く》ゆらくは五寸加へざることをとのたまへり。工匠聞きて、地に伏して息を絶えつ。帝奇《あやし》みて問ひたまふ。工匠良《やや》久しくして蘇息《そそく》し、即ち云《まう》さく、実《まこと》には減ぜざりつ。然れども煩《わづらひ》あらむがために詐《いつは》り言《まう》すらくのみとまうす。帝その罪を宥《ゆる》したまひき。帝王は平生《へいぜい》昼は帳《みちやう》の中に臥して、小《をさな》き児《ちご》の諸《もろもろ》の親王《みこ》を遊ばしめたまひき。或は采女《うねめ》を召して、時《ときどき》酒《きよ》め掃《はら》はしめたまふ。その時の人夏冬綿の袴《はかま》を服《き》たりき。その采女の袴の躰《てい》は今の*表袴《うへのはかま》のごとし。御《ぎよ》するに便《たより》ならむと欲したまへり。これ等の

指物一。南格子常下。上二額間一。

政務の後に… ↓補

鷹司 職員令、主鷹司条に「主鷹司。正一人。掌下調二習鷹犬一事上。令史一人。使部六人。直丁一人。鷹戸」とあり、後紀、延暦十五年十月辛未条に「始置二主鷹司史生二人一」と見える。

神泉苑 拾芥抄、宮城部「天子遊覧所、二条南、大宮西八町〈三条北、壬生東〉」。以二近衛次将一為二別当一。乾臨閣謂二之正殿一。

納涼 字類抄「ス、シキニイル、天部、タウ(フ)リヤウ、時節分」。

左右近の中少将 左右近衛府の成立は大同二年のことで、桓武天皇の時には近衛府・中衛府の二府であった。

近衛 近衛舎人。大同三年以前には左右各四百人であった(三代格)。相撲に召されたことは北山抄巻八、相撲召合に「若有二相撲人楽人等可レ補二近衛一者、早且修二奏文一、次将奏レ之」とある。

相撲 神泉苑で節日に相撲が行なわれたことが後紀、大同三年・弘仁二年などに見える。

羅城門 羅城は京城の周囲にめぐらされる築垣。羅城門は京城の南正面の門、朱雀大路の南端にあたる。↓補

工匠… 造営工事にあたる技術者。↓三五頁補。以下の説話は世継物語に見える。↓補

表袴 名目鈔に「ウエノハカマ、礼服束帯小忌皆用之」とあるが、女性は主に童女装束に着用す。

語《こと》は*故太政大臣《こだいじやうだいじん》の旧説《きうせち》なり。追ひ習ふべからずといへども、旧き事を存《そん》せんがために状《じやう》の末に附《ふ》すらくのみ。また*弘仁《こうにん》の御時、諸《もろもろ》の堂殿《だうとの》の門の額《がく》は初めて書きたりき。*宮城《くじやう》の東面は帝親《みづか》ら書きたまふらくのみ。また初めて唐の服を製《つく》り云々。

以前《さき》の数事の誡《いましめ》、朕もし忘却すれども、嘱《しよく》するところの者あれば、この書を引きて警《いまし》むべし。□これをもて孝とせむ。違失《ゐしつ》すべからざらくのみ。

本に云はく、

承安《じようあん》二年十一月七日　*納言殿《なごんどの》の御本をもて書取り了りぬ。

日向守《ひうがのかみ》　*定長《さだなが》

寛元三年四月十一日一校を加へ了りぬ。中宮権大進《ちうぐうごんのたいしん》　*俊兼《としかね》の本をもて書写せり。

春宮《とうぐう》権大進　*光国《みつくに》

故太政大臣　藤原基経。

弘仁の御時　紀略「弘仁九年四月庚辰、是日有レ制。改二殿閣及諸門之号一皆題二額之一」。

宮城の東面　江談抄巻一、大内門額等人々事「予問曰、件額等誰人手跡乎。答云、南面者弘法大師、東面者嵯峨帝、北面者橘逸勢…」。古今著聞集巻七にも見える。

納言　未詳。藤原資長か(所功説)。

定長　藤原為隆の孫、光房五男。仁安元年正月蔵人の巡により日向守となる。後に正三位参議に昇り建久六年十一月に四十七歳で薨ず(補任)。

俊兼　従三位藤原経賢の男宗経のこと。仁治三年十月に中宮権大進となる。後に宮内卿・左京大夫を経て従三位に叙され文永九年出家す(補任)。

光国　権中納言資実四男で兄家光の養子。寛元元年九月春宮権大進となる。後左大弁・蔵人頭・大蔵卿を経て従三位に叙せられ、文永七年十月に六十五歳で薨ず(補任)。

逸文

すでに逸文は、和田英松『国書逸文』や、所功「寛平御遺誡の復原試案」（史学文学五ノ三）・「寛平御遺誡」（『国書逸文研究』創刊号）などに蒐集されている。それらを参考にして収録し、返り点を施した。なお逸文中同文と思われるものは一字下げて併載した。

○天子雖レ不レ窮二経史百家一、而有二何所一レ恨乎。唯群書治要早可二誦習一。勿下就二雑文一以消中日月上耳。　寛平御遺誡　（明文抄巻一、帝道部上）

　寛平遺誡、雖レ不レ窮二経史一、可レ誦二習群書治要一云々。（禁秘抄巻上、諸芸能事）

　寛平遺誡云、天子入二雑文一不レ可レ消レ日云々。（花園天皇宸記、元亨三年六月十七日条）

○春風秋月、若レ無二異事一、幸二神泉北野一、且翫二風月一、且調二文武一。不レ可二一年再三幸一。又大熱大寒慎之。　寛平御遺誡（明文抄巻二、帝道部下・古今著聞集巻三、政道）

○殊制、殿上男女、輙以二無用之事一、莫下奏二御前一以驚中視聴上矣。事若レ可レ驚者、密々告下近習可レ備二顧問一人上、然後進止。　寛平御遺誡　（明文抄巻一、帝道部上）

○可レ忌下依二小恠小異一、以軽々召二神祇陰陽等一事上。　寛平御遺誡　（明文抄巻一、帝道部上）

　依二小怪小異一、不レ可レ召二神祇陰陽一之由、見二寛平遺誡一之故也。（玉葉、文治三年五月九日条）

○寛平御誡云、七日叙位者、不レ可二必毎年行一レ之。若隔二一年一、随レ状行之。其成業無レ疑、治国有レ効、吏幹堪レ用、才能可レ褒、及諸司判官以上、労高年老、為二第一第二一者、並可二臨時加階新叙一。（年中行事抄、正月五日、叙位議事）

○寛平御誡云、正月八日、可レ参二八省一。（年中行事抄、正月八日、大極殿御斎会始事）

○寛平御誡云、任官之日、所々労人、必任二好処一、莫レ令二人々之給紡一之。又陸奥・出羽・大宰管国・近江等、二三年来不レ任二人給一。伝聞、親王・公卿偏以嗟嘆。今須二諸有(許カ)レ給者。若申二件等国一、依レ次許之。莫三去今年令二同人給一之。不レ得三一年両三人畳二任一国一。又件等国掾目、通計三分之二任二公人一、其一分許二人給一、随二秩満一可二処分一。又公卿合二両二分一、給二一三分一之例、其始近在二今年之春一。今復レ旧、混二一二分一、可レ給二三分一。須下隔二四五年一許上之。至レ挙二其子一或許、任二内外官・判官・次官一、不レ立二年限一。令三以知二公卿之為レ貴。又公卿時々給、内舎人并申二一合一、只許二中納言以上一、不レ及二参議一。但以二一合一申二其子一者、参議亦得レ之。又莫下以二内官一充中人々之給上耳。(年中行事抄、正月十一日、外国除目事)

寛平遺誡云、公卿二一合、須下隔二四五年一許上之。至レ挙二其子一、或拝二任内外官・判官・次官一、不レ立二年限一。令レ知二公卿之為レ貴也。又申二一合一者、只許二中納言已上一、不レ及二参議一。但以二一合一申二其子一者、参議亦得レ之。(除目大成抄巻六、京官二合)

○寛平御誡云、京官権任不レ可二輙任一。至二于弁一人及主計・主税・供奉諸司・六衛府・馬寮等官人一、量二時務之閑繁一、臨時任之。莫二専弁一。又陰陽寮・雅楽寮等、為レ取二其芸一、年来有レ例。随レ宜処分。自余諸司一切停止。公卿正員者、太政大臣、左右大臣各一人、大納言二人、中納言三人、参議八人、合十六人。其中太政大臣、無二其人一則闕之官也。定二十五人一。雖レ有二件十五人員一、天安以往、其員至二多時一僅十二人、貞観以後常十四人。今須二大納言以下莫レ過二十二人一。君(若カ)有二権任納言一者、随置二参議之闕一。雖レ任二大臣一又置二納言・参議之闕一。勿レ過二十四人一。又大納言勿レ過二権正三人一。(年中行事抄、三月吉日、京官除目事)

公卿正員者、太政大臣、左右大臣各一人、大納言二人、中納言三人、参議八人、合十六人。寛平御遺誡也。(河海抄巻六、明石・同巻一三、若菜上)

寛平遺誡云、大納言二人、正権勿レ過二三人一。(中略)遺

誡云、中納言三人。（官職秘抄巻上）

○寛平御遺誡云、毎年五節舞人進出、迫二彼期日一経営尤切。今須三公卿之中令レ貢二一人一。雖レ非二其子一、必令二求貢一。殿上一人選レ人召之。当代女御又貢二一人一。公卿・女御依レ次貢之。終而復始、以為二常事一。須下入二十月一即召仰上。各身在レ前令二用意一、勿レ有二故障一。臨レ時取替。比年朕之所レ煩、只在二此事一。仍誡二新君一。（政事要略巻二六、十一月新嘗祭・年中行事抄、十一月中丑日、五節舞姫帳台試事・河海抄巻九、乙通女）

○又云、新嘗会、神今食、并九月伊勢御幣使日、必可下幸二八省中院一、以行中其儀上。雷公祭、年来有レ験、不レ闕レ之。（政事要略巻二六、十一月新嘗祭）

寛平御誡云、神今食日、必可下幸二八省中院一、以行中其儀上。（年中行事抄、六月十一日、神今食事）

寛平御誡云、新嘗日、必可下幸二八省中院一、以行中其儀上。（年中行事抄、十一月中卯日、新嘗祭事）

○凡員数廿五人、具二六位一卅人。見二寛平遺誡一。（禁秘抄巻上、殿上人事）

○但無二殊事一之時、不レ可レ有二御卜一、在二寛平遺誡一。（禁秘抄巻上、陰陽道）

非二強事一御卜不レ可レ行之由、在二寛平誡訓一。（禁秘抄巻下、御卜）

○有レ芸者依二其事一近召事近代多。如二寛平遺誡一不レ可レ然。（禁秘抄巻上、可レ遠二凡賤一事）

○無二左右一出二簾外一見二万人一事、能々不レ可レ然。乍二簾中一之条在二寛平遺誡一。（禁秘抄巻上、可レ遠二凡賤一事）

○寛平遺誡、半殿上者、近始二貞観之代一、自今一切停二止之一。（禁秘御鈔階梯、地下者条）

○陪膳蔵人頭以下四位侍臣、役送四位五位六位、随レ候有二陪膳番一。仍陪膳より上首も役送常事也。上古は公卿陪膳も有之歟。又女房陪膳也。見二寛平御遺誡一。（河海抄巻一、桐壺）

○寛平遺誡曰、五月五日、九月九日、文人武士行事繁多。

不レ可レ怠不レ可レ緩。（河海抄巻二、篝木）

○寛平遺誡云、右大臣已薨、言而無レ験。（河海抄巻八、薄雲）

○蔵人所別当、可レ付二殿上簡一之由、見二寛平遺誡一。（台記、久安三年六月十七日条）

○寛平遺誡云、次侍従者、先例百廿人以上、年来例才（方カ）八十余人為二甚少一。此為二稍少一、須二式例数一莫レ過二百人一。新君慎之。（江次第抄第一、元日宴会）

○寛平遺誡には、昇殿すべきものによくこゝちよく、ゆみいるものとかやさぶらふ。（大槐秘抄）

九条右丞相遺誡（九条師輔）

藤原師輔（九〇八—九六〇）の家訓。九条殿遺誡ともいう。執筆時期は末尾に「崇班に登り云々」とあることから、右大臣となった天暦元年（九四七）以後と推定される。日常の振舞をこまごまと指示し、心構えを述べ、仏法の信ずべきことを説く。師輔が祖である九条流の年中行事・作法のみならず、当時の公卿の日常生活とその規範をうかがい知る上で、好個の史料である。この遺誡は尊信されたらしく、大槐秘抄・徒然草・愚管抄など後世の諸書に言及がある。師輔は忠平の二男で村上天皇の外戚として権勢があった。朝儀に通暁し「年中行事」一巻をのこす。伊尹・兼通・兼家は子、道長は孫。底本には、尊経閣文庫本を用いた。

〈大曾根章介　校注〉

遺誡

*九条右丞相《うしようじやう》

遺誡幷《ならび》に日中行事〈*造次《ざうじ》にも*座右《ざいう》に張るべし。〉

先づ起きて*属星《ぞくしやう》の名字《みやうじ》を称《しよう》すること七遍〈微音、その七星は、貪狼《とんらう》は子《ね》の年、巨門《こもん》は丑亥《うしゐ》の年、禄存《ろくそん》は寅戌《とらいぬ》の年、文曲《ぶんきよく》は卯酉《うとり》の年、廉貞《れむてい》は辰申《たつさる》の年、武曲《ぶきよく》は巳未《みひつじ》の年、破軍《はぐん》は午《うま》の年なり〉。

次に*鏡《かがみ》を取りて面《おもて》を見、暦《こよみ》を見て日の吉凶《きつきよう》を知る。次に*楊枝《やうじ》を取りて西に向ひ手を洗へ。次に*仏名《ぶつみやう》を誦《じゆ》して*尋常《じむじやう》に尊重《そんてう》するところの神社*を念ずべし。次に昨*日のことを記せ〈事多きときは日々の中に記すべし〉。

次に*粥《しるかゆ》を服す。次に頭《かしら》を梳《けづ》り〈三ケ日に一度梳るべし。日々梳らず〉、次に手足の甲《*つめ》を除け〈丑の日に手の甲を除き、寅の日に足の甲を除く〉。

次に日を択びて沐浴《ゆするあみ》せよ〈五*ケ日に一度なり〉。沐*浴の吉凶〈*黄帝伝《くわうていでん》に曰く、凡そ月ごとの一*日に沐浴すれば短命なり。八*日に沐浴すれば命長し。十一日は目明かなり。十八日は盗賊《たうぞく》に逢ふ。午《うま》の日は愛敬《あいきやう》を失ふ。亥《ゐ》の日は恥を見る云々といへり。悪《あ》しき日には浴《ゆあ》むべからず。その悪しき日は寅・辰・午・戌・*下食《けじき》の日等《ら》なり〉。

九条右丞相　藤原師輔。忠平二男、母藤原能有女。天暦元年右大臣、天徳四年五月四日九条第にて五十三歳で薨ず。

造次　↓補

座右　身の側において金言とする。↓補

属星　陰陽道でその人の生年に当る星でその一生を支配するといわれ、北斗七星がそれに配される。↓補

鏡を取りて…暦を見て…　当時の具注暦は上中下三段に分かち、日の吉凶や気節の変などが注記されている。↓補

楊枝　和名抄「温室経云、澡浴之法、用二七物一。其六曰二楊枝一」。類聚名物考「やうじをもて、歯を刺、ロそゝぐ事、すでに天暦の比より見えたり。九条殿遺誡ハ、その比の物なるに、そのうちに見えたれば、そのまへつかたより有しことゝ見ゆ」。

仏名を誦して　大鏡巻三に「この宮(斎院)には仏法をさへあがめ給て、あさごとの御念誦かゝせたまはず」とある。

尋常　字類抄「ヨノツネ、シムジヤウ」。

神社を念ず　↓補

昨日のことを記せ　師輔の日記は九暦といい一部が存する。↓補

粥　和名抄「四声字苑云、周人呼レ粥也。粥〈之叔反、之留加由〉薄糜也」。

甲　名義抄・字類抄「甲、ツメ」。↓補

五ケ日に…　礼記、内則に「五日則燂レ湯請レ浴、三日具レ沐」とある。

沐浴の吉凶　↓補

黄帝伝　未詳。陰陽書の一。吉日考秘伝に「黄帝沐浴経」と見えるものと同じか。

次に出仕すべきことあれば、*衣冠《いくわん》を服《き》て解緩《おこた》るべからず。人に会《あ》ひて*言語《げんぎよ》多く語《かたら》ふことなかれ。また人の行事《ぎやうじ》を言ふことなかれ。ただその思ふところと兼ねて触ることを陳べ、世の人のことを言ふべからず。*人の災《わざはひ》は口より出づ。努々《ゆめゆめ》慎《つつし》み慎め。また公事《くじ》に付《つ》きて文書《もんじよ》を見るべし。必ずしも情《こころ》を留《とど》めて見るべし。

次に*朝暮《てうぼ》の膳《かしはで》は、常のごときは多く*飡《くら》ふことなかれ、多く飲むことなかれ。また時剋を待たずして食ふべからず。*詩《し》に云はく、戦々慄々《せんせんりつりつ》として、日《ひ》一日《いちにち》に慎むこと、深き淵に臨《のぞ》むがごとく、薄き氷を履《ふ》むがごとしといへり。長久の謀《はかりこと》は能く天年を保つ。

凡そ成長《ひととな》りて頗る物の情《こころ》を知るの時は、朝《あした》に*書伝《しよでん》を読み、次に手跡《しゆせき》を学べ。その後に諸《もろもろ》の*遊戯《ゆけ》を許す。ただし*鷹犬《ゐようけん》・*博奕《ばくえき》は、重く*禁遏《きむあつ》するところなり。*元服《ぐゑんぶく》の後、官途に趨《わし》らざるの前、その為《な》すところもまたかくのごとし。ただし早く*本尊を定め、手を盥洗《あら》ひて*宝号を唱へ、もしくは真言《しんごん》を誦《じゆ》せよ。多少に至りては、人の*機根《きこん》に随ふべし。不信の輩《ともがら》、非常夭命《ひじやうえうめい》なること、*前鑑《ぜんかん》すでに近し。

*貞信公《ていしんこう》の語《ものがたり》に云はく、延長八年六月廿六日、清涼殿《せいりやうでん》に霹靂《へきれき》せしの時、侍臣《じしん》色を失ひき。吾《われ》心の中に三宝《さんぼう》に帰依《くゐえ》して、殊に懼《おそ》るるところなかりき。大納言*清貫《きよつら》・右中弁*希世《まれよ》、尋常《じむじやう》に仏法を敬《うやま》はず。この両《ふたり》の人すでにその妖《えう》に当りつといへり。これをもて謂はば、*帰真《くゐしん》の力尤も災殃《わざはひ》を逃る。また信心貞潔智行《しんじむていけつちぎやう》の僧、多少は随《まにまに》相語るに堪《た》

一日に…・八日に… ↓補

下食の日 陰陽道で天狗星の精が地に下って食を求める日。↓補

衣冠 装束抄「常ノ袍ニ指貫ヲ着スルヲ云。公事ニアラズシテ尋常参内ノ時用ユ」。

言語多く… 孔子家語、観周「無㆓多言㆒。多言多㆑敗。無㆓多事㆒。多事多㆑患」。初学記巻二五、席「晋傅玄銘、右後曰、惑生㆓於邪色㆒、禍成㆓於多言㆒」。

人の災は… 報恩経三「仏告㆓阿難㆒、人生㆓世間㆒、禍従㆑口生。当㆑護㆓於口㆒」。事文類聚、後集一九、傅玄口銘「病従㆑口入、禍従㆑口出」。

朝暮の膳 禁秘抄巻上、御膳事に「朝巳時、夕申時之由、寛平遺誡也。但三度供之間、近代昼未時、夕入㆑夜歟」。

多く飡ふこと… ↓補

詩に云はく… 詩経による。↓補

書伝 古人の書いた書物。顔子家訓、勉学「夫所㆓以読書学問㆒、本欲㆔開㆑心明㆑目利㆓於行㆒耳」。

遊戯 字類抄「人事部、ユケ、逍遥分」。

鷹犬・博奕 ↓補

禁遏 字類抄「法家部、キムアツ」。

元服 下学集「ゲンブク、元、首也。始也。又云㆓首服㆒也」。

本尊 個人が供養し礼拝する対象となる仏。

宝号 仏菩薩の名号。↓補

機根 教を聞いて修行し得る能力。

前鑑 前人の残した手本。文選、運命論

へたり。ただに現世《げんぜ》の助《たすけ》のみに非ず、則ちこれ後生《ごしやう》の因なり。頗る*書記《しよき》を知りて、心を我朝の書伝に留めよ。

夙《つと》に興《お》きて鏡に照らし、先づ形躰《けいてい》の変《へん》を窺《うかが》へ。次に暦書を見て、日の吉凶を知るべし。年中の行事は、略件《ほぼくだむ》の暦に注《しる》し付け、日ごとに視るの次《ついで》に先づその事を知り、兼ねてもて用意せよ。また昨日の公事《くじ》、もしくは私に止むを得ざること等《ら》は、*忽忘《こつばう》に備へむがために、また聊《いささか》に件の暦に注し付くべし。ただしその中の*要枢《えうす》の公事と、君父所在のこと等は、別にもて記して後鑑に備ふべし。

凡そ*君のためには必ずしも*忠貞《ちうてい》の心を尽し、親のためには必ずしも*孝敬《かうけい》の誠を竭《つく》せ。*兄を恭《うやま》ふこと父のごとくに、弟を愛すること子のごとくにせよ。公私大小のことは、必ずしも一心同志をもてし、*纖芥《せむかい》だにも隔つることなかれ。もし心に安むぜざることあらば、常にその旨《むね》を語り述べて、恨《うらみ》を結ぶべからず。いはむや*無頼《ぶらい》の姉妹に至りては、*慇懃《いんぎん》に扶持《ふち》せよ。また見しところ聞きしところのことは、朝《あした》に謁《えつ》し夕《ゆふべ》に謁して必ずしも親に曰《まう》せ。たとひ我《わ》がために芳情《はうじやう》ありとも、*親のために悪しき心あるときは、早くもて絶《た》て。もし我《われ》に疎《うと》しといへども、親に懇《ねむごろ》なることあるときは、必ずしももて相親しめ。

凡そ病患《びやうぐゑん》あるに非ざれば、日々必ずしも親に謁すべし。もし故障《こしやう》あるときんば、

「前監不レ遠、覆車継レ軌(李善注、毛詩曰、殷鑒不レ遠。晏子春秋、諺曰、前車覆、後車戒)」。
貞信公　関白太政大臣藤原忠平。師輔の父。→補
清貫　藤原保則四男、母在原業平女。左中弁・蔵人頭を経て延喜十年参議に任ぜられ、同十四年中納言となり、同廿一年正三位大納言となる。
希世　雅望王の子平希世。延喜十九年四月五位蔵人、延長六年従四位下、後右中弁に至る。後撰集作者。
帰真　真理に帰着する意だが、ここは帰信と同じか。霊異記巻下七に「故於二己作善功徳一、発レ信至レ心、即大歓喜、被レ助脱二災故一」。

書記　記録。台記、康治元年十二月卅日条に「予聊遊二心於漢家之経史一、不レ停二思於我朝之書記一」。
忽忘　なおざりにして忘れること。
要枢　字類抄「雑部、エウス」。文粋、書斎記「又朋友之中、頗有二要須之人一」。
君のために…・忠貞　→補
孝敬　左伝、文十八「孝敬忠信為二吉徳一、盗賊蔵姦為二凶徳一」。
兄を恭ふこと　大鏡巻三に師輔の女安子を評して「御あにをばおやのやうにたのみ申させたまひ、御をとゝをば子のごとくにはぐゝみたまひし御こゝろをきてぞや」と記す。ただし顔氏家訓、兄弟には「人之事レ兄、不レ可レ同二於事レ父。何為愛

早く消息《せうそく》をもて夜来《よごろ》の寧否《ねいひ》を問ふべし。*文王《ぶんわう》の世子《せいし》たりしとき、尤も欣慕《きんぼ》するに足れり。

*凡そ人のためには常に*恭敬《くぎやう》の儀《ぎ》を致して、慢逸《まんいつ》の心を生ずることなかれ。衆《しゆ》に交るの間、その心を用ゐること、或は公家《こうか》と王卿《わうけい》たるにもあれ、殊ならむ謗《そしり》に非ずといへども、善からざることを言ふの輩《ともがら》は、然るごときの間も必ずしも座《ざ》を避けて却《しりぞ》き去れ。もし座を避くるに便なくんば、*口を守り心を隔ててその事に預《あづか》ることなかれ。たとひ人の善なりとも言ふべからず。いはむや*その悪をや。古人云はく、*口をして鼻のごとくあらしめよといへり。これの謂《いひ》なり。

公に非ずして私に止むことなきの外は、輙《たやす》くは他の処に到るべからず。また妄《みだり》に契《ちぎり》を衆《もろもろ》の人と交ふることなかれ。*交《まじはり》の難きこと、古賢の誡《いまし》むるところなり。たとひ人あり、甲と乙と隟《ひま》ありて、もし件《くだむ》の乙を好むときは甲その怨《うらみ》を結ぶ。かくのごときの類《たぐひ》は重く慎むべし。

また*高声《かうしやう》悪狂《あくきやう》の人に伴《ともな》ふことなかれ。その言ふところのことは輙く聞き驚くべからず。*三《み》度反覆《たびはんふく》して人と言《こと》を交へよ。

また輙く軽《かろがろ》しきことを行ふべからず。常に聖人の行事《ぎやうじ》を知りて、跡なきのことを為すべからず。

レ弟不レ及レ愛レ子乎。是反照而不レ明也」。

纖芥　字類抄「セムカイ、方略分」。

無頼　字類抄「タノムコトナシ、又タヨリナシ、貧賤分、フライ」。

慇懃　字類抄「インギン、苦詞也」。

親のために…　曾子、疾病に「親戚不レ説、不二敢外交一」。

文王の世子…　世子は諸侯のあとつぎ。

凡そ…　以下数条、略記巻二四に「或記曰、延喜天皇御製曰」として載せている。→補

恭敬　字類抄「キヤウ〱シ、クキヤウ」。論語、顔淵「君子敬而無レ失、与レ人恭而有レ礼、四海之内、皆為二兄弟一也」。

口を守り…　鬼谷子、権篇に「古人有レ言曰、口可二以食一不レ可二以言一。言者有二忌諱一也」。説苑、説叢に「悪語不レ出レ口、苟言不レ留レ耳」。

その悪をや　文選、崔子玉座右銘「無レ道二人之短一、無レ説二己之長一」。

口をして…　明文抄、人事部下に「使二口如レ鼻。終レ身勿レ事〈孝経〉」、行基年譜に「又数誡二諸弟子一云、口虎破レ身、舌剣断レ命。使二口如レ鼻、死後無レ過」と見える。

交の難きこと…　詩経、小雅、谷風に「谷風、刺二幽王一也。天下俗薄、朋友道絶焉」。

高声悪狂　大声で荒れ狂うこと。十訓抄巻五に「又九条殿遺誡には、高声悪狂の人に伴ふ事なかれと教へ給へり」とある。

三度反覆して　論語、先進「南容三二復白圭一〈孔安国曰…南容読レ詩至レ此、三二反復之一。是其心慎レ言也〉」。

また我身《わがみ》の*富貧《ふひん》の由《よし》をもて、曾《すなは》ち談《かたら》ひ説《と》くことなかれ。凡そ身の中家の内のことは、輙《たやす》く披《ひら》き談ふべからず。

*衣冠《いくわん》より始めて車馬《くるまうま》に及《いた》るまで、有るに随ひて用ゐよ。美麗を求むることなかれ。己《をのれ》が力を量らずして美しき物を好むときは、必ずしも*嗜欲《しよく》の謗《そしり》を招く。徳至り力堪《た》へたらむには何事かあらむ。

輙く他の人の物を借り用ゐるべからず。もし公事《くじ》限りありて必ずしも借るべくは、用ゐ畢《をは》りたるの後、時日を移すべからず、早くもて返し送れ。

故老《こらう》と公事を知れるの者《ひと》、これに相遇ひたるの時は、必ずしもその知りたるところを問へ。*賢者の行《おこなひ》を聞くときは、及びがたしといへども必ずしも*庶幾《こひねがふ》の志を企《くはた》つ。*多《た》聞多《ぶんた》見《けん》は、*往《わう》を知り来《らい》を知るの備《そなへ》なり。

もし官《くわん》あるの者は、僚下《れうか》のひとを催《うなが》し行《おこな》へ。一所の長たるの者、その下を整へ役《つか》ふときは、各《をのをの》*所職《しよしよく》を全《また》くしてもて*事を幹《つかさど》るの誉《ほまれ》を招く。もし故障《こしやう》あるの時は、早く*假文《けぶん》を奉りて障《さはり》の由《よし》を申すべし。故障を申さずは公事を闕《か》かむ。慎み誡めよ。努力《ゆめ》々々《ゆめ》。その謗《そしり》尤も重し。節会《せちゑ》もしくは公事の日は、衣冠を整へて早く参入《さむにう》せまく欲せよ。殿上《てんじやう》の侍臣《じしん》もしくは*諸衛《しよゑ》の督佐《かみすけ》たるの者は、*直《とのゐ》の日に当らば早く参入して必ずしも*宿直《とのゐ》すべし。ただし文官のひとの劇務に非《あら》ざるに至りては、公事あるに随ひて殊に

富貧　論語、学而「貧而無レ諂、富而無レ驕何如」。

衣冠より…　徒然草二段に「衣冠より馬車にいたるまで、あるにしたがひて用ゐよ。美麗をもとむる事なかれとぞ、九条殿の遺誡にも侍る」とある。

嗜欲　貪り好むこと。説苑、説叢「無二以レ所レ好害レ身、無下以二嗜欲一妨ヶ生、無下以二奢侈一為ヶ名」。

賢者の行を…　論語、里仁「子曰、見レ賢思レ斉焉。見二不賢一而内自省也」。

庶幾の志　太平御覧巻四五九「諸葛亮誡二外生一曰、夫志当下存二高遠一、慕二先賢一、絶二情欲一、棄二凝滞一、使中庶幾之志、掲然有レ所レ存、惻然有ヶ所レ感」。

多聞多見　管子、宙合「聖人博聞多見、畜レ道以待レ物、物至而対レ形、曲均存矣」。

往を知り…　易、繋辞上「神以知レ来、知以蔵レ往」。文粋、陳徳行策「知レ往知レ来之臣、謝二空桑一而輔レ主」。

所職　官庁において自己の分担している特定の職務。式部式上「凡諸司皆先上三朝座一、後就二曹司一、不レ得下経二過他処一以闕中所職上」。

事を幹るの誉　後漢書、景丹伝「王莽時挙二四科一、丹以二言語一為二固徳侯相一、有二幹レ事称一」。

假文　休暇届。在京諸官庁は六日ごとに休暇一日を給されたが、その外に暇を請う時に提出した。↓補

諸衛　職原鈔「諸衛。左右近衛府、左右衛門府、左右兵衛府」。

能く勤めよ。*緩怠《くわんたい》の聞《きこえ》は重く畏《おそ》るべきものなり。

凡そ*採用《さいよう》の時は、*才行《さいかう》ありといへども、*恪勤《かくごん》せざるの者をば、薦挙《せんきよ》の力なし。たとひ殊に賢《けん》なるに非ずとも、*僶俛《びんばん》の輩《ともがら》は、尤も*挙達《きよたつ》するに堪《た》へたり。

大風・疾雨・雷鳴・地震・水火の変、非常《ひじやう》の時は、早く親を訪《とぶら》へ。次に朝《みかど》に参《まゐ》りて、その所職《しよしよく》の官に随ひて、*消災《せうさい》の慮《おもばかり》を廻《めぐ》らせ。朝にありては*珍重《ちんちよう》*玲荘《くゐようさう》ならむと欲し、私にありては*雍容《ようよ》仁愛《じんあい》ならむと欲し、小事をもて輙《たやす》くは*慍《いかり》の色を見《あらは》すべからず。もし過《あやまち》を成すの者あらば、暫く勘責《かむせき》すといへども、またもて*寛恕《くわんじよ》せよ。

凡そ大《おほき》に怒るべからず。人を勘《かむが》ふるのことは、心の中に怒るといへども、心に思ひて口に出すことなかれ。常に*恭謹《くゐようきむ》をもて例のことと為すべし。喜怒の心過ぎ余ることなかれ。一日の行事《ぎやうじ》をもて、万年の*鑑誡《かむかい》とせよ。

凡そ宅《いへ》にあるの間、もしくは道《だう》もしくは俗来《ぞくきた》るところの客は、たとひ頭《かしら》を梳《けづ》り飲食するの間にあるとも、必ずしも早く相遇ふべし。*髪《かみ》を捉《とら》へ哺《ふくみ》を吐くの誡は、古賢重《おも》むずるところなり。

家中所得《しよとく》の物は、各《をのをの》必ずしも先づ十分が一を割《さ》きて、もて功徳《くどく》の用に宛《あ》てよ。*没《もつ》後《ご》のことは、予《あらかじ》め*格制《きやくせい》を為《つく》りて、慥《たしか》に勤め行はしめよ。

もしこの事為《な》さざるの時は、妻子従僕《じゆぼく》多く事の累《わざはひ》を招かむ。或は乞《こ》ふべからざるの

直の日 ↓補
宿直 昼間の勤務と夜の勤務。職制律、在官応直不直条「凡在レ官、応レ直不レ直、応レ宿不レ宿、各笞廿。通二昼夜一者、笞卅」。
緩怠 字類抄「人情部、クワンタイ」。
採用の時… 大槐秘抄に「九条の右大臣と申人のかきをきて候物には、才学ありといへども、みやづかへ□は、挙するにちからなしとぞしるして候」と見える。
才行 才智と品行。
恪勤 ↓一三〇頁注
僶俛 字類抄「ツトム、仕官、ヒンハン」。文選、文賦「在二有無一而僶俛、当二浅深一而不レ譲〈李善注、毛詩曰、何有何無、僶俛求レ之。僶俛、由二勉強一也〉」。
挙達 推挙を承けて栄達すること。
消災の慮 天変異常の際に祈禱・廃朝・改元及び蠲免や賑恤などの処置がとられる。
珍重 字類抄「称誉分、チンチョウ」。
玲荘 慎み深く厳かなこと。孔子家語、好生「黼黻袞冕者、容不二褻慢一、非二性矜荘一、服使レ然也」。
雍容 温和な容貌をいう。文選、両都賦序「雍容揄揚、著二於後嗣一、抑亦雅頌之亜也〈呂向注、雍、和。容、綏〉」。
慍の色 論語、公冶長「令尹子文、三仕為二令尹一、無二喜色一、三已レ之、無二慍色一」。
寛恕 字類抄「仁愛分、クワンショ」。
恭謹 うやうやしく慎み深いこと。漢書、韓信伝「項王見レ人恭謹、言語姁姁」。
鑑誡 字類抄「カ、ミイマシム、教誡分、カムカイ」。

人に乞ひ、或は失ふべからざるの物を失ふ。一家の害のみに非ず、必ずしも諸《もろもろ》の人の謗《そしり》を招かむ。よりて所得の物は、必ずしもて割《さ》き置きて、葬料《さうれう》より始めて、諸七追《つい》福《ふく》の備《そなへ》を尽《つく》せ。ただし清貧の人、この事尤《もつと》も難《かた》し。然れども用意すると用意せざると、何《な》ぞ差別《しやべつ》なからむ。

以前《さき》の雑事《ざふじ》の書記《しよき》は右のごとし。予《われ》十分にしてその一端だも得ず。然れども常に先公の教を蒙《かうぶ》り、また古賢を訪《とぶら》ひて、今粗《ほぼ》事の要《えう》を知れり。万一《まんいち》の勤《つとめ》によりて、才智に非ずといへども、すでに崇班《すうはん》に登りつ。吾が後の者は、熟《つらつら》この由《よし》を存して、たとひ如法《によほふ》に非ずとも、必ずしもて意《こころ》を用ゐて公私のことを勤むべし。

髪を捉へ哺を吐くの誡　来客があれば洗髪中でも髪を握って迎え、食事中でも口中の食を吐いて迎えて、賢人を得るに努めた喩。↓補

没後のこと　死後の供養。

格制　弘仁格序「格則量レ時立レ制、式則補レ闕拾レ遺」。律令制では律令の規定を変更した法令をいうが、ここは単なる守るべき規則の意か。

諸七追福　字類抄「仏法部、ツイフク」。↓補

以前の雑事の…　江談抄巻一に「治部卿〈伊房〉云、九条殿御遺誡云、為二我後人一者、賀茂春日御祭日必可レ参二詣社頭一也。但於二春日一者、路遠有レ煩。可レ参二大原野一也者。而参二大原野一已以断絶也。件事極秘事、不レ載下流二布世間一之遺誡上。若件事在二別御記一歟」と記すが、異なる内容を持つ遺誡が存したか。

十分に…　↓補

先公　亡父藤原忠平。

万一　ごくわずか。後漢書、鄧騭伝「本非下臣等所レ能二万一一、而猥推二嘉美一、並享二大封一」。

崇班　高い地位。文粋、為二入道前太政大臣一辞職第二表「臣縦遁二崇班一、以棲二野雲一、命存則可レ仰二聖化一」。

如法　字類抄「雑部、ニヨホウ」。本来は仏の説いた法のとおりの意。規則通り。

菅家遺誡

菅原道真に仮託されているが、後世の偽作であることは確実である。作者・執筆年代ともに不明だが、黒川春村は卜部兼倶作かと臆測している(碩鼠漫筆)。公家のための訓戒が三三条にわたって述べられているが、近世に至って巻一末尾に二条が竄入し、特にそのうちの一条に「和魂漢才」の語があることから、平田篤胤らの宣揚するところとなり、世にもてはやされるものとなった。北野天満宮信仰との結びつきもあって、影響力は大きく、近世国学の神国思想にも援用され、ついに聖典視されるに至っている。同時に偽書であることの考証も早くからすすめられ、六人部是香「篶乃玉籤」(すずのたまくし)、黒川春村「碩鼠漫筆」はその代表的なものである。底本には、巻一末尾の二条を載せない古い形を留める、近衛家煕書写陽明文庫本を用いた。また注釈にあたって、加藤仁平『和魂漢才説』に負うところが多かった。

〈大曾根章介　校注〉

菅家遺誡

菅家遺誡　巻第一

*凡そ*仁君の要政《えうせい》は、民を撫《ぶ》するをもて本と為す。民*は神明《しんめい》の賚《たまもの》なり。本朝の*綱教《かうけう》は、神明を敬《うやま》ふをもて最上と為す。神徳の微妙《みめう》はあに他あらむ。

凡そ本朝は、天照太神《あまてらすおほみかみ》の裔《はつこ》の国にして、天孫瓊瓊杵之尊《てんそんににぎのみこと》位に臨みし地《ところ》なり。*嘗禘《しやうてい》祀祭《しさい》の法は、漢土の法に因るべきことなし。*斎《さい》・卜《ぼく》両家の氏人、これをもて*有司《いうし》の員《かず》に預《あづか》れり。

凡そ神事の*枢機《しゆき》は、正直《せいちよく》の*道心《だうしむ》をもて事《つか》ふるときは、神ここに照し降り、*玄《ぐゑん》ここに至り遊ぶ。故《かるがゆゑ》に*中臣鎌子《なかとみのかまこ》が*神照の表に曰く、神明は水の精のごとくして、神徳は池の水のごとし。神明と神徳と、*一を分ちて一を分つの理《ことわり》なし云云といへり。

*凡そ世を治むるの道は、神国の*玄妙《ぐゑんめう》をもて治めんと欲すとも、その法密《みつ》にしてその用充《あ》てがたし。故に夏殷周《かいんしう》三代の*正経《せいけい》、*魯聖《ろせい》の約書《やくしよ》も、平素に*簪《かむざ》し冠《いただ》き、*服膺《ふくゐよう》して当《まさ》にその*堺界細塵《さかひさいぢん》に至るべし。

凡そ・仁君の…・民は神明の賚　↓補

綱教　大本になる教え。日本書紀通証は「綱孝」の本文により「神武紀曰、郊二祀天神一用申二大孝一。〇孝経、孝悌之至通二神明一」と注す。

嘗禘　嘗は秋の祭で天子が新穀を神に奉り、禘は天子が正月に南郊で始祖を祭ること。

斎卜両家　斎部氏と卜部氏。↓補

有司　その職を行うべき官人で神祇官のこと。

枢機　物事の要所。↓補

道心　事の善悪正邪を判断し正道を行おうとする心で、人心に対す。↓補

玄　深遠微妙な心をいう。

中臣鎌子　藤原鎌足。

神照の表　未詳。篶乃玉籤に「また正直道心云々、中臣鎌子神照之表、などある事の信難く」と偽作の証拠とす。

一を分ちて…　言葉の上では神明と神徳とは一つずつに分けていうが、実は一つずつに分れる道理はない。

凡そ世を治むる…　↓補

玄妙　奥深く微妙なこと。神の法をいう。

正経　正しい経書の意だが、三代の治績を書いた書物をいう。

魯聖の約書　孔子が古典をつづめて編纂したという五経。

簪し冠き　簪や冠にすることで、常に頭に入れて忘れぬようにする意か。

服膺　字類抄「然諸分、フクヰヨウ」。

堺界細塵　治世の道のすみずみや細かな

個所をいう。
神器政器　神を祭るための器具と天子が使用する器具だが、祭政一致のために両者の区別はない。
大鹿嶋之命　↓補
真榊・平敷・膳手の葉・葉椀　↓補
真木の群鬘　神代紀上に「亦以二天香山之真坂樹一為レ鬘、以レ蘿為二手繦一而火処焼」。
儲王　皇太子。字類抄「儲君、帝王部、チョクン、マフケノキミ、践祚分」。
神をもて…　神人合一の境をいうか。
因準　字類抄「ヨリナスラフ、インスキン」。
妖災夭殤　天変地異の災難や若死。↓補
水旱蝗蛙　洪水旱魃の災や虫害。
その貴きは…　神の法によって天孫が治める我国の政道と、徳をもって天下を治めた堯舜の政治と較べてみれば、貴さの点で比較にならない。
八十河原・神燎の神楽　↓補
神風の奥　皇国であるところの奥義か。
格に合ふ吏幹の刺史　格制に適い才幹を有する地方官。↓補
甲乙左右の民役なく　人民を使役するに上下優劣の区別なく公平にすること。
烹鮮　国政を処理すること。↓補
省槐　未詳。誤字か。
幸へ・高天原　↓補
尊き趣　泰平無事を意味するか。
臨期の朝儀　臨時の朝廷の儀式。或はその時々の朝儀の意か。
有職　公家の儀式等の故実に通ずること。

凡そ*神器政器は、有司《いうし》の精なるものを尋繹《たづ》ねて、その法規を掌《つかさど》らしむ。たとひ新古の班《わかれ》ありといへども、更に厭ふことなし。*大鹿嶋之命《おほかしまのみこと》、祭主たりしの時は、神器闕弊《くゐっへい》に及ぶときは、*真榊《まさかき》の連《つらな》れる葉をもて*平敷《ひらしき》と為し、*膳手《かしはで》の葉をもて*葉椀《くぼて》と為して、その便に足《た》らしめき。中大兄皇子《なかのおほえのみこ》は、新しき冠その頭にあらざるときは、*真木《まさき》の群鬘《もろかづら》をもて冠として、天皇を向拝《かうはい》したまひき。かれは神臣にして、これは*儲王《ちよわう》なり。古蹟《こせき》の影は万世《よろづよ》の子臣を照せり。*最も神をもて玄《ぐゑん》に入るものなり。

凡そ治天《ちてん》の君は、先王《せんわう》の法に*因準《いんずゐん》して、太古《たいこ》の伝《つたへ》に則《のと》り、和《やはら》ぎて治めたれば、民は*妖《えう》災夭殤《さいえうしやう》の苦《くるしび》なく、土は*水旱蝗蛙《すいかんくわうわ》の辛《から》きことなかりき。いはむやまた神孫の皇国《すめらみくに》と、堯舜《げうしゆん》治天の徳とをや。*その貴きはその天孫にあり。その楽《たのしび》は*八十河原《やそかはら》の*神燎《しんれう》の神楽《かぐら》にあり。

凡そ入租《にふそ》貢税《こうぜい》の法は、大概《たいがい》先王の道に法《のと》りて、蕃国《ばんこく》を監察《かむさつ》す。*神風の奥は*格《かく》に合ふ吏幹《りかん》の刺史《しし》を撰びて、*甲乙左右の民役なく、*烹鮮《はうせん》*省槐の愛を専《もはら》にし、治め正すときは、神明夜に守り日に護り、護り*幸《さきは》へ給ひて、国土《こくど》は*高天原《たかまのはら》の窮《きはまり》なきと、*尊き趣《おもぶき》を同じくすべし。

凡そ*臨期の朝儀《てうぎ》は、古老*有職《いうしよく》の臣に随ひ、重祖《ちようそ》歴代の士材《しざい》を正しくして、朝家緩懈《くわんかい》の公事《くじ》なかるべし。

凡そ*有楽《いうがく》の会式《くわいしき》は、漢楽《かんがく》に因ることあり、和楽《わがく》に因ることあり。然りといへども*三家五子の調楽は、本朝の眉目《びぼく》なり。然れば神をして幽玄微妙《いうぐゑんみめう》の域《さかひ》に遊ばしめ、民をして*淡水澗戸《たいすいかんこ》の屋《や》に帰《くゐ》せしむ。ただし*蕃楽《ばんがく》・*催馬楽《さいばら》・*朗詠《らうえい》の御遊《ぎよいう》は、またこれ異楽の一調にして、*清暑露台《せいしよろだい》の逸興《いつきよう》なり。尤《もつと》もその奥旨《あうし》に至りては、*鬼神《くゐじん》を感ぜしむるの一助なり。

凡そ詩賦《しふ》の興《きよう》、その旨趣《ししゆ》は歌楽《かがく》と*一般《いつはん》なり。しかのみならず詩は*五倫十等《ごりんじつとう》の列を直《ただ》しうして、敵国旧讎《きうしう》の癖《へき》を純《うるは》しくし、賦は*長舌短手《ちやうぜつたんしゆ》の便《びん》を述べて、不備麁様《ふびそやう》の何《いかん》を通ず。尤《もつと》も詩賦の二什《じふ》をもてせば、その徳用*は歌楽と一に至り二に至りて、*三事合理《がふり》の便能《べんのう》なり。当家の*素生《そせい》、*走履急鞋《さうりきうかい》の浪《なみ》を馳《は》せ、縄綬木冠《じようじゆもくくわん》の星を插《さしはさ》むときは、二事兼学《けむがく》の才用《さいよう》は、*規模と為《な》るべきものなり。

凡そ*歌什詠吟《かじふゑいぎむ》の弄《もてあそび》は、鬼神交遊の梯階《ていかい》にして、夫婦偶和《ぐうわ》の基《もとゐ》なり。鬼神交遊して万品《ばんひん》生育するときは、挙国純一《じゆんいつ》にして、千物繁栄す。夫婦偶和するときは、民生*淳《じゆん》質《しつ》にして、*旱水各趣《かんすいかくしゆ》なり。故《かるがゆゑ》に*伴黄門《ばんくわうもん》は鵲霜《じやくさう》の情《こころ》を述べ、*柿三品《しさんぼん》は諸山の霡《しぐれ》を賦《ふ》しき。挙一の麗《うるは》しき趣《おもぶき》なり。

凡そ神社を営《いとな》み仏閣を修《しゆ》するの旨意《しい》は、*来格照降《らいかくせうかう》の実あるべからずといへども、*敬《けい》すればこの敬あり、疎《うとむ》ずればこの疎《うとみ》あり。*眼底情機《じやうき》の到るところ、*通徹至妙《つうてつしめう》の要底《えうてい》な

有楽の会式　音楽を用いる会や式。

三家五子　未詳。朝廷の雅楽に奉仕する三の家柄と五人の演奏家の意か。

淡水…　水のきれいな谷間の家に落ちついているような気分にさせる。字類抄「淡水、タイスイ、善人部。君子之交如二淡水一」。

蕃楽　外国の音楽。

催馬楽　↓一五九頁補

朗詠　↓補

清暑露台の…　納涼や月見の露台では格別に興味深いものである。

鬼神…　古今集序「動二天地一、感二鬼神一、化二人倫一、和二夫婦一、莫レ宜二於和歌一」。

一般　同様。菅家文草巻一、春雪映早梅詩「雪片花顔時一般」。

五倫十等　五倫五常の道をいう。↓補

長舌短手の…　賦は物事を詳しく述べるものだから言葉や手足の代りとなり、足りない点やおろそかな所まで補うことができる。

徳用　徳の働き。

三事合理の…　詩・賦・歌楽の三が一体となって道理に適い満足な働きをするものである。

素生　生まれ育った者。

走履急鞋…　急いで履や鞋をはき走り廻り、道を求めて研学に精進し、縄のひもを結び木の冠を被り星を戴いて努力する。

規模　模範。字類抄「流例分、キボ」。

歌什詠吟の弄は…　和歌を朗詠して楽しむことは、鬼神と交り遊ぶに至る手始め。

り。

凡そ主上《しゆしやう》の着たまふ*御元服乗輿《げんぶくじようよ》の具《ぐ》、調度《てうど》*殿階《でんかい》の差別《しやべつ》は、級階《しな》ありといへども、草服穴居《さうふくけつきよ》の往時を省《かへり》みるときは、*外物飾粧《ぐわいぶつしよくさう》の具《ぐ》をもて貴《たつと》きに当《あ》つるも、*威徳色様《しよくやう》の別あるに非ず。然れば*疎麁《そそ》遠からざるの物をもて、御便《たより》に備ふべし。

凡そ*外蕃下裔《ぐわいばんかえい》の賓客《ひんかく》、*鴻臚《こうろ》の寓《ぐう》に来朝するときは、たとひ朝家便《てうかびん》を益《ま》すの儀ありといへども、*王卿《わうけいら》等に至りては、謁見に侍るべきにあらざるか。いはむやまた陛下においてをや。所謂《いはゆる》*藤仲卿《とうちうけい》は*紳帯《しんたい》を臚館の塵《ちり》に汚《けが》し、*田淋《でんりん》は*什尾《じふび》を蕃筵《ばんえん》の拙《つたな》きに黙《もく》したるは、皆蕃客会語《くわいご》の通訳《つうやく》に乏しきをもてなり。

凡そ市店《してむ》朝夕の交買《かうばい》は、有司《いうし》の処分を待ちて、曽《むかし》よりもて*他言《たごん》に定むべきに非ず。然りといへども輙《すなは》ち王卿*槐流《くわいりう》の徒《ともがら》の、市中の歴遊《れきいう》を為し、剰《あまりさ》へ*間行微服《かんかうびふく》の遊《あそび》は、酷《はなは》だ*不器《ふき》の至《いたり》なり。

凡そ鷹犬《ゐようけん》は、田猟《かり》に便《びん》にして民の望《のぞみ》に幸《さいはひ》す。ただし遙《はるか》に民の望に越えて鷹に耽《ふけ》るは、あへて門を守るに*狡犬《かうけん》を養《か》ふの利に非ず。不可思議の至《いたり》なり。

凡そ山海川沢《さんかいせんたく》の利は、*口沢《こうたく》のために求むることなかれ。たとひ*田家《でんか》たりといへども、*細網戟撃《せいまうげきげき》の猟《かり》に及ぶべからず。

凡そ宮中私閨《しけい》の侍女《じじよ》の数は、大概《たいがい》*家丁《かてい》の五等を減ずべし。ただし病《や》めるの婦《ふ》の家

淳質　すなおで飾り気がないこと。

旱水各趣　天地の陰陽に相応ずる故に、日照と旱魃は各々よろしきを得る。

伴黄門…　大伴家持。職原鈔「中納言〈唐名黄門〉」。→補
柿三品…　柿本人麿だが三位は誤。→補
来格照降　神や仏がその場に降りて来て実際の姿を顕わすこと。

敬すれば…　尊敬すれば尊敬するだけの尊さがあり、疎略にすれば疎略にするだけのことしかない。

眼底情機の…　眼に映ったものによって(敬神崇仏の)心情が起ること。

通徹至妙の…　悟りを開くための最もすぐれた要点である。

御元服　元服の際の衣裳をいうか。

殿階　宮殿の階段。

外物飾粧の具　舶来品で飾り立てたものの意か。

威徳色様の別…　天子の犯しがたい徳の色合が増すわけでもない。

疎麁遠からざる　粗末で手近かにできた。

外蕃下裔の賓客・鴻臚の寓・王卿　→補
藤仲卿・田淋　未詳。

紳帯…　文官が儀式に着用する大帯。ここは公卿としての体面を失ったことをいう。→補
什尾…　不明。ここは外客接待の席で詩が拙劣で恥をかいたことを意味するか。→補
他言に…　他人に任せるべきではない。

槐流　三公(大臣)の位にある貴族。

は、家の禄《ろく》の多少に随ひて、外妾《ぐわいせふ》・箒婦《さうふ》を置くの儀は、各《をのをの》これが法を用《もち》ゐるべし。

凡そ*詳刑《しやうけい》の便故《べんこ》は、*笞《ち》・杖《ぢやう》・徒《づ》・流《る》・死《し》の五等に随ふ。*族類五等の親別《しんべつ》は、更《さら》にもて混《おなじう》すべからず。薄く賞する者をもて賞物《しやうぶつ》を重くし、重く罪《つみ》する者をもて罪科《ざいくわ》を薄くすることは、古今に大略《たいらく》その過《あやまち》を為すことなし。罪科は外面《ぐわいめん》の塵《ちり》のごとく、身命《しんめい》は宝《ほう》鏡《きやう》の光のごとし。罪科はこれをなきに至らしめば、身命は明鏡の光あり。*刃傷《にんじやう》の音は、君子賤《いやし》む。*大理《だいり》諫議《かんぎ》の官のことは、天下《てんが》の枢職《すうしよく》なり。

凡そ武備の芸《げい》のことは、*府官の試みるところなり。然りといへども文道《ぶんだう》に疎《うと》きときは、その武は庸拙《ようせつ》にして、備《そなへ》は古典に背《そむ》けり。故《かるがゆゑ》に*四道の将帥《しやうすい》が*節鉞《せつゑつ》を賜はりし時、*侍儒《じじゆ》は経史《けいし》の要を取りて含《ふふ》め、その急のこと律条《りつでう》の定めたるところを学ばしめき。たとひ*暴虎掠熊《ぼうこりやういう》の器《うつはもの》ありといへども、*文物《ぶんぶつ》の節《せつ》なきときんば、赤子《せきし》の雄剣《いうけん》を取るがごとし。最上の勇士《ようし》、将帥の量《はからひ》あるは、*文備の両条あるものなり。

間行微服　人目をしのんだ服装で隠れ歩きをすること。
不器　不見識。
狡犬　ここはすばしこい犬の意か。↓補
口沢　自分の口をうるおすこと。
田家　辺鄙な田舎。
細網戟撃の猟　目の細かい網を入れ戟をもって撃ちとることで、獲物を取り尽くすことをいう。
家丁の五等　未詳。

詳刑の便故　刑罰を詳らかに考えて実行するわざ。
笞杖徒流死　名例律に「笞罪五、杖罪五、徒罪五、流罪三、死罪二」とある。
族類五等の親別　↓補
刃傷　字類抄「ニンジヤウ、雑部」。
大理諫議の官　刑獄を掌り天皇を諫める官。我国では拾芥抄、官位唐名部に「刑部卿〈大理〉、参議〈諫議大夫〉」と見える。
府官　衛府の官。
四道の将帥・節鉞　↓補
侍儒　侍読。以下の記事は何に基くか未詳。
暴虎掠熊の器　虎を手うちにし熊をとりひしぐようなすぐれた武才。
文物の節　文道に基く節度。
文備の両条　↓補
〔**参考**〕　巻一の末尾にさらに二章を収める諸本がある。↓補

菅家遺誡　巻第二

凡そ放鷹猟獣《はうゐようれうじう》の遠き遊《あそび》は、王者《わうじや》*国に臨《のぞ》むの機《き》なれど、過《すご》すべからず。然りといへども逸興《いつきよう》と珍猟《ちんれう》との二の遊は、王者の望《のぞみ》に違ふものなり。民をして荒蕪《くわうぶ》の田に至らしめ、*物をして不慈の役《やく》に落さしむ。ああ放鷹猟獣の差別《しやべつ》は、遠慮することなくんば、成功を尽《つく》すべきこと難《かた》からむ。

凡そ僧尼《そうに》の新しき徒《ともがら》は、*牧宰《ぼくさい》の令するところの臣と為り、*戸口《ここう》人民の多少を計《かぞ》へて、水旱病災《すいかんびやうさい》の用を考へ、*礼部《れいほう》の処分を待ちて、本官主省の下知《げぢ》を待ち、住遊《ぢういう》の可否を考へて、省《しやう》の*度縁《どえん》を請ひ、*自行《じぎやう》の器《うつはもの》に至らしむべし。

凡そ冠婚葬祭の式条《しきでう》は、*自鬼《じくゐ》の官秩《くわんちつ》と、*譜第《ふだい》の歴名《れきみやう》とを守り、その分様《ぶんやう》を越ゆるべからず。ただしその*分秩歴職《ぶんちつれきしよく》は宜《よろ》しきに叶《かな》ふといへども、*薄式《はくしき》に従ひて、仮《かり》にも美麗《びれい》重器《ちようき》の飾《かざり》を用ゐることなかれ。いはむやその分を越ゆるにおいてをや。

凡そ*服忌《ぶくき》は、五等の親属《しんぞく》を別《わか》ち、*期祥《きしやう》の年月を弁《わきま》へ、親属をしてこれが*鬼神《くゐじん》に備へずして、異姓《いせい》に馳せしむることを為すべからざらしむ。*鬼をして不遊の祭に降さしむの語は、礼部《れいほう》の常に守るところを揚《あ》ぐるなり。最《もつと》も親に順《したが》ふは常に孫の亀鑑《くゐかむ》にして過《あやま》つべからず。

国に臨むの機　四方を巡狩して民の生活を知る政治上のかなめ。

物をして…　作物を無慈悲に踏み荒して生長を妨げる。

牧宰　字類抄「ボクサイ」。国司。職原鈔「諸国、守〈唐名牧宰〉」。

戸口人民　職原鈔「民部省、周礼地官大司徒之職也。邦国土地之図、戸口人民之数、此官之所ㇾ知也」。

礼部　職原鈔「治部省〈当二唐礼部一〉、周礼春官大宗伯之職也。…当時此省所ㇾ掌、雅楽事、僧尼度縁庿陵等事也」。

度縁　僧尼の得度を公認する文書。↓補

自行　自ら修行すること。歎異抄「わがこゝろに、往生の業をはげみて、まうすところの念仏をも、自行になすなり」。

自鬼の官秩　死んだ人の官位の等級。

譜第の歴名　家の系統を示す人々の名を順次に列記したもので、系図や履歴をいう。軍防令、叙勲条「即勲色雖ㇾ同、而優劣少異者、皆以ㇾ次歴名」。

分秩歴職　身分や履歴。

薄式　弾正台式に「凡喪葬盛飾奢僭、及淫祀之類、左右京職若不ㇾ禁者弾ㇾ之」。

服忌…　親族の死に際し一定期間喪に服すること。↓補

期祥の年月　服喪の年月。

鬼神に備へず　霊に対して十分な祭りを行わないでの意か。

鬼をして…　その身に属する霊を他姓に行かせることなく祭るの意。

凡そ*公家《こうけ》官用《くわんよう》の新領は、*受領改補《じゆりやうかいふ》の節に毎例あり。*恪勤仕官《かくごんしくわん》の鑑《かがみ》をもて正すべし。

凡そ*朝市《てうし》班列《はんれつ》の官戸商戸《くわんこしやうこ》は、輙《たやす》く*公堺両市《こうかいりやうし》の令司《れいし》を犯《をか》し、剰《あまりさ》へ軽情《けいじやう》に耽《ふけ》りて、本省の条を失へり。*あに他あらむや、*弾正《だんじやう》の急責《きうせき》これに及ぶべし。たとひ楚忽《そこつ》の刑事《けいじ》に及ぶといへども、毫釐《がうり》も刑官の恥と為すべからず。

凡そ極官《ごくくわん》の長上《ちやうじやう》は、*則闕《そくくゑつ》の任《にん》たりといへども、その器《うつはもの》酷政《こくせい》にして下乱《みだ》る者は、*一章を与へて三たび難ぜよ。朝《てう》に佞臣《ねいしん》走り、野に*讒夫《ざんぷ》馳《は》すの故《ふる》き言《こと》は、あに*疑はざらむや。法家《はふけ》の儒門《じゆもん》、吾《わ》が家《いへ》の*紀流《きりう》、これを重《おも》んじこれを勘《かむが》へよ。徳をもて妖《わざはひ》を治《をさ》めしは、堯舜の臣民なりと、常に思ひ案ずるときは、*市言流音《しげんりうおん》は、消尽《せうじん》に及ぶこと日の下《もと》の霜《しも》のごとく、*炳然《へいぜん》として毫髪《がうはつ》の災害なきものなり。

凡そ*朝野の恪勤《かくごん》、*諸蕃辺要《しよばんへんえう》の武器は、その撰挙に任《まか》せ声誉《せいよ》に随ひて、その官に居らしむの儀は、*宰官《さいくわん》の重路《ちようろ》なり。

凡そ*良家《りやうか》の子は、十有五等の*学田《がくでん》に及ぶ。ただし庶流《しよりう》の者は、三等の学田あり。故《かるがゆゑ》にその用は*その道に便《たより》ありて出身に到る。好まざるときは嫡家《ちやくけ》の者は百日の*徒罪《づざい》に宛《あ》て、庶流の者は五十日の徒罪に及べ。これ専《もはら》にその人を責むるに非ず、一向に*学林に進ましむるなり。これを思ひこれを憶《おも》へ。

公家官用の新領　公卿が国から与えられる新しい領地。↓補

受領改補の節　諸国の長官の交替の場合。

恪勤…　字類抄「ツヽシムツトム、勤節詞、カクゴン」。勤務上の成績を考慮する。

朝市班列の官戸商戸　京城内の街路に並んでいる官人の家や商家。

公堺両市の令司　公の土地における東西の市を司る役人。↓補

あに他あらむや　何も手心を加える必要はない。

弾正　弾正台。↓補

則闕の任　太政大臣のこと。↓補

一章を与へて…　一書を贈って三度まで非難するのがよい。

讒夫　言葉巧みに人を陥れる者。

疑はざらむや　原文「不疑乎」は「可疑乎」の誤りであろう。

紀流　伝統。

市言流音　巷間に広がる流言。

炳然　明らかなさま。

朝野の恪勤　朝廷及び地方の役所に勤める官吏。

諸蕃辺要の武器　諸外国からの来襲に備え辺境の要害の地を守らすべき武官の人物。

宰官の重路　役人の重い任務。

良家　家柄の良い家。↓補

学田　大学寮の学生の奨学のために支給された田。勧学田といった。↓補

その道に…　学問の道が開かれていて出世することができる。

凡そ街路《がいろ》巷保《かうほ》の中、*妖霊《えうれい》・神荘《しんさう》・奇仏《きぶつ》は、*先規《せんぎ》の極制《きよくせい》ありて、治部省《ちぶしやう》の*令牒《れいてふ》をもてす。その牒に及ばずして結ぶときは、*定額《ちやうがく》の寺院をもて、三年の徒罪に宛《あ》て、治部省をもて、*百日の徒罪に宛つ。

凡そ*揚名《やうめい》の官職は、*大間の職事《しきじ》を取りてその用に宛《あ》つ。摂関将帥《せつくわんしやうすい》の職は、揚名の名をもて、*比興《ひきよう》の義《ぎ》と為せり。国政*虞氏《ぐし》の法に及び、民用*周家《しうか》の富に至らむに、いかぞ揚名の名あらむ。尤ももて管轄《くわんかつ》の規模と為すべし。

凡そ京畿《けいき》急火に及ぶときは、*二京の所司は、急《いそ》ぎ火の宅に当りて、その災《わざはひ》を止むべし。弾正《だんじやう》の所司は、*非常の班民《はんみん》・非礼《ひれい》の諸士を戒むべし。*神祇《じんぎ》の所司は、職を執《と》りて*三種の神器《じんぎ》に候《こう》すべきの条、*不可思議の国法なり。

凡そ震雷《しんらい》のときは、朝家《てうか》にありては、左右の侍臣《じしん》・近席《きんせき》の侍女《じじよ》、*火炉《くわろ》の香煙《かうえん》をもて、主上《しゆしやう》の尊き耳に供《くゐよう》すべし。公家《こうけ》はその分限《ぶんげん》をもて、またかくのごとくすべし。

*右弐巻の遺誡《ゆいかい》は、*菅給事《きふじ》庸安朝臣より伝へ写し畢りぬ。

*開府儀同《かいふぎどう》藤原実純

右の遺誡は、*青門主《しやうもんしゆ》の恩眄《おんめん》によりて拝写《はいしや》せり。尤も儒門《じゆもん》の秘文《ひぶん》なり。

徒罪　ここは体罰として大学寮の清掃などを指すか。↓補
学林　学問の盛んな所の意。学校を指す。
妖霊・神荘・奇仏　淫祀邪教の類をいう。
先規の極制　↓補
令牒　牒は所管被管関係のない官司、または官司に準ずる所の間で取交す文書。
定額の寺院　定額寺。朝廷が一定の数を限って財政上の保護を与え、鎮護国家を祈らせた寺。↓補
百日の徒罪　↓補
揚名　名前だけで職掌のないこと。↓補
大間の職事　未詳。
比興　取るに足りぬもの。遊興的なもの。異制庭訓往来「只当世様、以㆓珍体㆒為㆓風情㆒、以㆓淳朴㆒為㆓比興之義㆒」。
虞氏の法　帝舜が泰平に世を四十八年間治めた方法。↓補
周家の富　周代の時のごとく人民が富有であったこと。周王朝が三十七世、八百六十七年の長きに及んだので言ったか。
二京の所司　左京職と右京職。↓補
非常の班民・非礼の諸士　非常時につけこんで無法な行いをする者達。
神祇の所司　神祇官。↓補
三種の神器　八雲御抄巻三「三のたから〈まがり玉、やたのかゞみ、草なぎのつるぎ、是は自㆑天下宝也〉」。
不可思議の国法　不思議なありがたい神国のおきて。
火炉　香炉。香を焼くに用いる器。↓補
右弐巻の…　以下の奥書について篤乃玉

嘉吉二年十月廿二日

*翰林学士《かんりんがくし》藤原定常

籤に「此三人すべてものに見当らず。庸安実純などいふ人は何時の人なりけん知るべからざるさまなるを、翰林学士は文章博士の唐名なるを、嘉吉改元の文章博士は菅原在綱朝臣、同益長朝臣、嘉吉四年なりし文安の改元には、藤原資任朝臣、菅原綱長朝臣とありて、定常といふ人は見えたるもの無ければ、他し二人も偽名なるべく思えたり」と記す。

菅給事庸安　給事は給事中の略で職原鈔に「少納言〈相当従五位下、唐名給事中〉」とある。庸安は菅家の系図に見えず。

開府儀同　拾芥抄、官位唐名部「従一位、開府儀同三司」。藤原実純は系図・補任に見えず。なお北野文叢本の奥書には上に「元弘二年五月下旬」とある。

青門主　青蓮院の門跡。

翰林学士　職原鈔「文章博士〈相当従五位下、唐名翰林学士〉」。藤原定常は系図に見えず。

新猿楽記（藤原明衡）

藤原明衡（九八九？—一〇六六）の晩年の作といわれる。疑問視する説もあるが、「明衡往来」との辞句の類似から推して彼の作と認めてよい。その内容は当時都で流行した猿楽について、演技の種々相や名人、見物人の狂態などを紹介しながら、観衆の老翁一家の男女三十人の職業と生活の状態を、往来物風に列挙している。従来能楽の源流である猿楽の記述によって、演劇史上高く評価され研究されて来たが、本書の生命はその類書的性格にある。すでに江戸時代に新井白峨は「闇の曙」で「玄恵法印が庭訓往来は、藤原明衡の新猿楽記にならひて書たりと云」と指摘しているが、本書は往来物の祖と見るのが正しいと思われる。ここに列挙された事物の名称や所作などは、ほぼ人事全般にわたっており、語彙の豊富さは驚くべきものがある。現在意味不明のものも少くないが、当時の社会生活を知る上で貴重な文献である。底本は、宮内庁書陵部蔵本を使用した。

〈大曾根章介　校注〉

新猿楽記

*予、廿余年より以還《このかた》、東西二京を歴観《へみ》るに、今夜*猿楽見物許《ばかり》の見事《みごと》は、古今に於きていまだ有らず。就中《なかむづく》に*呪師《のろんじ》・侏儒舞《ひきうとまひ》・田楽《でんがく》・傀儡子《くわいらいし》・唐術《たうじゆつ》・品玉《しなだま》・輪鼓《りうご》・八玉《やつだま》・独《ひとり》相撲《すまひ》・独双六《ひとりすぐろく》・無骨《ほねなし》・有骨《ほねあり》、*延動大領が腰支《こしはせ》・蝦漉舎人《えびすきとねり》が足仕《あしつかひ》、氷上専当《ひかみのせんだう》が取袴《とりはかま》・山《やま》背大御《しろおほいご》が指扇《さしあふぎ》、琵琶法師《びはほうし》が物語・千秋万歳《せんずまんざい》が酒禱《さかほかひ》、飽腹鼓《あいはらつづみ》の胸骨《むなほね》・蟷蜋舞《いもじりまひ》の頸筋《くびすぢ》、福《ふく》広聖《くわうひじり》が袈裟《けさ》求め・妙高尼《あま》が繦緥《むつき》乞ひ、形勾当《けいこうたう》が面現《ひたおもて》・早職事《さうしきじ》が皮笛《かはぶえ》、目舞《さくわんまひ》の翁体《おきなすがた》・巫遊《かんなぎあそび》の気装貌《けしやうがほ》、京童《きやうわらは》の虚左礼《そらざれ》・東人《あづまうと》の初京上《うひ》り、いはむや*拍子男《ひやうしをのこ》共の気色《きそく》・*事取《ことどり》大徳《だいとく》が*形勢《けはひ》、都《すべ》て猿楽の態《わざ》、嗚呼《をこ》の詞は、*腸《はらわた》を断ち頤《おとがひ》を解かずといふことなきなり。

そもそも*上下同じからず、論じてもて弁《わきま》へつべし。*百太《はくた》は高く神妙《しんべう》の思を振ひ、古今の間に独歩《どくほ》せり。*仁南《じんなん》は常に猿楽の庭に出でて、必ず衆人《しうじん》の寵《てう》を被《かうぶ》る。*定縁《ぢやうえん》は嗚呼《をこ》の神《しむ》なり、先づその形を見て、一端の腸を断つ。*形能《けいのう》は猿楽の仙《ひじり》なり、いまだにその詞を出さざるに、万人の頤を解く。*県井戸《あがたゐど》の先生《せんじやう》は、その体骨《ていこつ》を得たりといへども、詞甚だ鄙《いや》しくして時々言失《ごんしつ》を致す。*世《せ》尊《そん》寺《じ》の堂達《だうだつ》は、その天性《てんせい》を受けたりといへども、

予廿余年　文粋巻一二、池亭記「予二十余年以来、歴二見東西二京一」。
猿楽　散楽の転訛。古代より中世にかけて行われた雑伎。我国古来の滑稽なわざに唐の散楽が加味されてできた。↓補
呪師…　法会のあとなどに呪法の内容を所作を交えて演じた者。以下は↓補
延動大領が腰支…　以下、すべてが対句になっていて、その各々が両の極端な役や物語を構成している。↓補
拍子男共…　複数の囃子方だが、楽器だけでなく猿楽を演ずる者を傍から助けるワキ役のごときことを勤めたのであろう。
事取大徳　事取は枕草子八〇段に「心地よげなるもの…傀儡のことどり」。遊芸人の長。大徳は僧形の猿楽法師。↓補
形勢　河海抄、帚木に「気、ケハヒ〈日本紀〉、形勢〈新猿楽記〉、景気」とある。
腸を断ち頤を解く　腸を断ち切りあごをはずす程大笑いすること。↓補
上下…　猿楽者の芸は上から下まで程度が違うので、論じていって区別しよう、の意。以下二人ずつ対にして評を加えるのは、新猿楽が漫才の様に二人組の芸であることを示していると思われる。古今集真名序「然長短不レ同、論以可レ弁」。
百太・仁南　↓補
定縁　未詳。動作に笑の中心があった。
形能　未詳。台詞に笑の特長があった。
県井戸の先生…**・世尊寺の堂達**　↓補
坂上菊正・還橋徳高・大原菊武　↓補
小野福丸…　未詳。その芸が卑しくて以

詞余《あま》り多くして人々欠咳《あくび》を為《な》す。*坂上菊正《さかのへのきくまさ》は、初めは冷《すさま》じくして終りに興宴《けうゑん》を増す。*還橋徳高《もどりはしのとくたか》は、先づ瞻《にぎは》しくして末に秀句《しうく》なし。*大原菊武《おほはらのきくたけ》は、この道すでに不覚《ふかく》なり。己《をのれ》独り栄えてあへて人間の愛敬《あいぎやう》なし。*小野福丸《をののふくまる》は、その体《てい》甚だもて非人《ひにん》なり。偏に乞丐《こつがい》にして衆中に一列すべからず。*近代耳目を驚かすは、纔《わづか》に四五人ならくのみ。ここをもて或は道俗男女《だうぞくなむによ》、貴賤上下《くゐせんじやうげ》の*被物《かづけもの》・禄物《ろくもつ》、*雨のごとく雲のごとし。よて百が九は裸《はだか》にして帰り、万が八は犬にして去る。その明朝、天陰《くも》り雨降《くだ》りて、藁《わら》を結《ゆ》ひて蓑《みの》と為し、薦《こも》を割《さ》いて笠《かさ》と為す。或は袴《はかま》を褰《かか》げて*猿踵《さるきびす》なり、或は袙《あこめ》を被《かづ》きて*鶴脛《つるはぎ》なり。或は畳を戴《いただ》きて深泥《しむでい》に斃《たふ》れ臥《ふ》し、或は筵《むしろ》を着て堀川《ほりかは》に落ち入る。これを見て嘲《あざけ》り咲《わら》ふ人、あへて勝《あげ》て計《かぞ》ふべからず。就中《なかむづく》に西の京に右衛門尉《のぜう》といふ者あり。一家相挙《あひこぞ》りて来り集る。所謂妻《いはゆるめ》三人、娘十六人、男《をのこ》九人なり。各善悪相頒《あひわか》れて、一一の所能同じからずと云云。

第一の本妻《もとのめ》は、齢《よはひ》すでに六十にして、*紅顔漸《こうがんやうや》く衰《おとろ》へたり。夫の年は僅《わづか》に五八に及びて、色を好むこと甚だ盛なり。蓋し*弱冠《じやくくわん》にして公に奉《つかまつ》りし昔は、偏に舅姑《しうとしうとめ》の*勢徳《せいとく》に耽《ふけ》り、長成《ちやうせい》して私を顧《かへりみ》る今は、ただ年齢の懸隔《くゑんかく》なることを悔ゆ。首の髪を見れば*皤々《はは》として朝の霜のごとし。面《おもて》の皺《しは》に向へば*畳々《でうでう》として暮の波のごとし。上下の歯は欠け落ちて*飼猿《かひさる》の顔のごとし。左右《さう》の乳《ち》は下《な》り垂《た》れて夏牛の*閫《ふぐり》に似たり。気装《けしやう》を致すとい

上の猿楽者の中に並べられない。非人・乞丐は愚迷発心集「彼乞匃非人望レ門、不レ賜而令二悪厭一」。

近代耳目…　人々の注目を惹くことをいうが、以下は特別にすぐれた者が少いこと。古今集真名序「近代存二古風一者、纔二三人」。

被物・禄物　北辺随筆「かつけものとは、頭にかつきてまかりいでぬべき心なるべし。いつの頃よりか、をのこにはをのこの衣をかつくる事とは成りにけん。むかしは、かつけ物とだにいへば、必、女のさうぞくなりき」。ここは見物人が自分の着用している衣服の一部を脱いで与えた。

雨のごとく…　詩経、斉風、敝苟「斉子帰止、其従如レ雲…斉子帰止、其従如レ雨〈毛伝、如レ雲言レ盛也、如レ雨言レ多也〉」。

猿踵　猿のかかとのように汚れている様。

鶴脛　着物の丈が短くて鶴の脛のように脛を長く出していること。↓補

紅顔　美人の顔。万葉七九四序「嗟乎痛哉、紅顔共三従一長逝、素質与二四徳一永滅」。

弱冠　二十歳。礼記、曲礼上「二十曰レ弱、冠」。

勢徳　権力と財産。

皤々　白髪のさま。漢書、叙伝「営平皤皤、立レ功立レ論〈顔師古注、皤皤、白髪貌也〉」。

畳々　積み重なる様。和漢朗詠集巻下、老人「太公望之遇二周文一、渭浜之波畳レ面」。

飼猿の顔　初学記、醜人「劉思真醜婦賦…姿容劇二嫫母一、鹿頭獼猴面」。

閫　伊呂波「陰嚢、閫、フクリ」。↓補

へども、あへて愛する人なし。宛《あたか》も*極寒《しはす》の月夜《つきよ》のごとし。*媚《こ》び親《むつ》ぶることを為すといへども、更に厭《いと》ふ者多し。猶し盛熱《みなつき》の陽炎《ひなた》のごとし。吾が身の老衰を知らずして、常に夫の心の等閑《なほざり》なることを恨む。故に本尊《ほんぞん》の*聖天《しやうでん》は、供すれども験《しるし》なきがごとし。持《ぢ》物《ぶつ》の*道祖《だうそ》は、祭れども応少きに似たり。*野干坂《きつねざか》の伊賀専《いがたうめ》が男祭《をまつり》には、蚫苦本《あはびくぼ》を叩いて舞ひ、*稲荷《いなり》山の阿小町《あこまち》が愛法《あいはふ》には、鰹破前《かつをはぜ》を*甋《うせ》つて喜ぶ。*五条の道祖《さへ》に粢餅《しとぎもちひ》を奉ること千葉手《ちひらて》、*東寺の夜叉《やしや》に飯餌《かしきかて》を祀《まつ》ること百籭子《ももあじか》、千社《ちやしろ》を叩いて躍《をど》り、百幣《ももみてぐら》を捧げて走る。嫉妬《しつと》の瞼《まなぶた》は毒蛇《どくじや》の*繞乱《ねうらん》せるがごとく、忿怨《ふんえん》の面《おもて》は悪鬼《あくくゐ》の*睚眦《がいさい》するに似たり。恋慕《れんぼ》の涙は面上の粉《ふん》を洗ひ、愁歎《しうたん》の炎は*肝中の朱《しゆ》を焦《こが》す。すべからく雪の髪を剃《そ》り除きて、速《すみや》かに比丘尼《びくに》の形と成るべし。しかれども猶し*露命《ろめい》に愛着《あいぢやく》して、*生き乍《なが》ら大毒蛇の身と作《な》る。ただし諸《もろもろ》の過失《くわしち》ありといへども、すでに数子の母たり。これを如何せん。

次の妻は、夫婦《ふふ》同年なり。*西施《せいし》に勝《すぐ》れたるに非ずといへども、また指《さ》せる過失なし。*心操調和《しんざうてうわ》にして、*水の器《うつはもの》に随ふがごとし。剛柔進退《かうにうしんだい》にして、雲の風に聳《たなび》くがごとし。剈《いはむ》や裁縫《たちぬひ》・染張《そめはり》・経《へ》織《おり》・績紡《うみつむぐ》の道、*吏《り》桿《かん》・*興販《こうへん》・*家治《けち》・*能治《のうち》の条、嘆《ほ》めても猶し余《あまり》あり。朝夕の*厨膳《つうぜん》心に叶《かな》ひ、夏冬の装束時《しやうぞくとき》に若《したが》ふ。*烏帽子《えぼし》・狩衣《かりぎぬ》・袴《はかま》・袷衣《あはせのきぬ》・袙《あこめ》・袿《うちき》・衾《ふすま》・単衣《ひとへ》・差貫《さしぬき》・水干《すいかん》〈已上宿装束《とのゐしやうぞく》〉、冠《かうぶり》・袍《うへのきぬ》・半臂《はんぴ》・下襲《したがさね》・大口《おほくち》・表袴《うへのはかま》・帯《おび》・太刀《たち》・爵《しやく》・扇《あふぎ》・沓《くつ》・襪《したうづ》〈已上昼装束《ひのしやうぞく》〉、馬鞍《むまくら》・弓《ゆみ》・胡籙《やなぐひ》・従者・眷属《くわんぞく》、皆この女房の徳に放《よ》れり。

極寒の月夜…　↓補

媚び親ぶる　二中歴、十列歴に「不用物…老女好色」とある。

聖天　歓喜天。↓補

道祖　↓一五五頁補

野干坂…・**稲荷山**…　↓補

甋つて　甋は甋に同じ。和名抄「説文云、甋〈五忽反、宇世流〉、以㆑鼻動㆑物也」。

五条の道祖…・**東寺の夜叉**…　↓補

繞乱　もつれ乱れること。

睚眦　にらむこと。字類抄「ニラム、ガイサイ」。河海抄、明石に「にらみ、瞰〈鬼瞰、文選〉、耶睨〈日本紀〉、睚眦〈新猿楽記〉、斜眼〈同、遊仙窟〉」とある。

肝中の朱を…　肝を焦す。心を悩ませること。

露命に愛着して　露のようにはかない命に執着して。

生き乍ら…　法華験記巻下、紀伊国牟婁郡悪女に「女聞㆓此事㆒、打㆑手大瞋、還㆑家入㆓隔舎㆒、籠居無㆑音。即成㆓五尋大毒蛇身㆒、追㆓此僧㆒行」とある。

西施　中国古代の美人。↓補

心操　心ばえ。気立。今昔五ノ九「形貌端正ニシテ心操正直也」。

水の器に随ふ　↓補

吏桿　家を治める能力のことか。

興販・能治　↓補

家治　家の中をよく処置すること。

厨膳　調理した食物。食事。↓補

烏帽子…**眷属**　↓補

強縁　権力者と縁故がある。字類抄「近第三の妻は、ある所の女房、*強縁《がうえん》の*同僚《どうれい》なり。年十八、容顔美麗《ようがんびれい》にして*放逸豊顔《はういつほうがん》なり。一偏《ひとりひとへ》に*妖艶《えうえむ》の道を立てて、いまだ曾て世間《せけん》の上を知らず。然りといへども*沈淪窮屈《ちむりむきうくつ》の性を養ひて、*世路喧囂《せいろくわんけう》の思《おもひ》を罷む。たとひ公に奉《つかまつ》り官を衛《まも》るの営《いとなみ》といへども、これを談ずる日はすでに彼を忘れ、たとひ仏に仕へ神に事《つかまつ》るの務《つとめ》といへども、これに交る時には更にこれ重むず。摂《すぼ》める眉もこれに対《むか》へば自《おのづか》ら開け、怒《いか》れる面もこれに会《あ》へば自ら和らぎぬ。痛むところもこれに触《ふ》るれば忽《たちまち》に愈《い》え、苦しぶところもこれを謁《えつ》すれば速《すみや》かに安し。*夜は夜を専《もはら》にして愛し、昼は昼に随ひて翫《もてあそ》ぶ。*眼《まなこ》を挑《くじ》れども痛まず、財《たから》を投ぐれども惜しまず。*水火を論《ろん》ぜず、*風雨も憚《はばか》らず。万人の嘲哢《てうろう》に於て頭を振ひ、両妻《りやうさい》の嫉妬《しつと》に於て耳を塞《ふさ》ぐ。*長生不死の薬、*遐齢延年《かれいえんねん》の方《はう》も、この若妻に過ぎたるはなし。

大君《おほいきみ》の夫は、高名の*博打《ばくち》なり。*筒《どう》の父傍《をや》に擢《ぬ》き、*簺《さい》の目意に任《まか》せたり。*語条《ごでう》詞を尽《つく》し、*謀計《ぼうけい》術を究め、*五四《ぐし》の尚利目《なをりめ》・四三《しさん》の小切目《こきりめ》・錐徹《きりとほし》・一六難《だ》の呉流《くれながし》・叩子《たたいこ》・平簺《ひやうさい》・鉄簺《かなさい》・要筒・金頭《かなかしら》・定筒《ぢやうどう》・入破《いれわり》・康居《とつすゐ》・樋垂《こひたれ》・品態《ほうわざ》・簺論《さいろん》、猶し*宴丸道弘に勝《まさ》りたり。即ち*四三一六の豊藤太《ぶどうだ》、*五四衝四《ぐししゆうじ》の竹藤掾《ちくとうぜう》の子孫なり。*字《あざな》は尾藤太《びとうだ》、名は傅治《すけはる》、*目細く鼻膈《ひら》にして、宛も物の核《さね》のごとし。*一心《しむ》・二物《もつ》・三手《しゆ》・四勢《せい》・五力《りき》・六論《ろん》・七盗《たう》・八害《がい》、欠けたるところなし。

習分、ガウエン」。
同僚　字類抄「オナシツカサ、朋友部、ドウレイ」。
放逸豊顔　字類抄「放逸、ホシマヽ、人情部、ハウイツ」。「豊顔、人倫部、児女云、ホカ、ホウガン」。
妖艶…　美しい女性としての態度を守って。字類抄「人情部、エウエム、美女分」。
沈淪窮屈の性…・**世路喧囂の思**…　↓補
夜は夜…　長恨歌「春従二春遊一夜専レ夜」。
眼を挑る　眼の玉をえぐって取る。↓補
水火を論ぜず・風雨も憚らず　↓補
長生不死の薬　史記、秦始皇帝紀「願上所レ居宮、毋レ令二人知一。然后不死之薬殆可レ得也」。
遐齢延年の方　庭訓往来、二月状「詩歌管絃者遐齢延年之方也」。
博打・筒・簺　↓補
語条詞を尽し　双六を打つ時の口遊のごときをいうか。後代のものについては柳亭種彦の柳亭記巻上に説明がある。
謀計　↓一四五頁補
五四の尚利目…　↓補
宴丸道弘　二中歴、双六に「宴丸道供」。
四三一六の豊藤太　四三と一六は賽の目。豊藤太は高名の博打の名だが未詳。
五四衝四の竹藤掾　衝四は朱(重)四で二つの賽の目が共に四をいう。↓補
字は…・目細く鼻膈にして…　↓補
一心二物…　博奕の心掛けをいう。口遊「伎芸門五曲、一心、二物、三手、四勢、五力、六論〈謂二之博奕一〉」。↓補

中君《なかのきみ》の夫は、天下第一の武者なり。合戦《かふせん》・夜討《ようち》・*馳射《はせひき》・待射《まちゆみ》・照射《ともし》・歩射《かちゆみ》・騎射《のりゆみ》・笠懸《かさがけ》・流鏑馬《やぶさめ》・八的《やつまと》・三々九《さんざく》・手挾《たはさみ》等の上手なり。或は甲冑《よろひかぶと》を被《き》、弓箭《ゆみや》を帯《たい》し、干戈《ほこ》を受け、太刀《たち》を用《つか》ひ、旌《はた》を靡《なび》かし楯《たて》を築《つ》き、陣を張り兵を従ふるの計《はかりこと》、寔《まこと》に天の与へたるの道なり。*手聞《てき》き心猛《たけ》くして、合戦の庭に臨むごとに、常に勝利の名を得たり。*会稽《くわいけい》の時に至りて、いまだ*属降《ぞくかう》の思を取らず。*養由《やういう》が弓の能《のう》を具し、*解烏《かいう》が靫《ゆき》の徳あり。寔《まこと》に*一人当千《いちにんたうぜん》と謂《い》ひつべし。姓名を知らず、字は元、名は勲藤次《くんとうじ》と云云。

三の君の夫は、*出羽権介田中豊益《たなかのとよます》、偏に耕農《かうのう》を業《げふ》と為して、更に他の計《はかりこと》なし。*数町《すちやう》の戸主《へぬし》、*大名の*田堵《たと》なり。兼ねて水旱《すいかん》の年を想《おも》ひて鋤《すき》・鍬《くは》を調《ととの》へ、暗に腴《こ》え迫《や》せたる地を度《はか》りて*馬杷《うまくは》・犁《からすき》を繕《つくろ》ふ。或は堰塞《ゐせき》・堤防《つつみ》・構渠《ほりけみぞ》・畔畷《あぜなはて》の忙《いそぎ》に於て、田夫《でんぷ》農人《のうじん》を育《やしな》ひ、或は種蒔《たねまき》・苗代《なはしろ》・耕作《かうさく》・播殖《ばんしよく》の営《いとなみ》に於て、*五月男女《さうとめ》を労《いたは》るの上手なり。作るところの稙穜《わせおくて》・粳糯《うるしねもちひ》・苅穎《かりかひ》、他人に勝れ、*春法《ついはふとしごと》毎年に増す。しかのみならず、*薗畠《そのはたけ》に蒔くところは*麦《むぎ》・大豆《まめ》・大角豆《ささげ》・小豆《あづき》・粟《あは》・黍《きび》・稗《ひえ》・蕎麦《そば》・胡麻《ごま》、員《かず》を尽して登熟《とうずく》す。春は一粒をもて地面に散《ちら》すといへども、秋は万倍をもて蔵《くら》の内に納《をさ》む。凡そ*東《はるの》作《つくり》より始めて西収《あきのをさめ》に至るまで、聊《いささか》も違《たが》ひ誤《あやま》ることなし。常に*五穀成熟《ごこくじやうずく》、*稼穡豊贍《かしよくほうせむ》の悦《よろこび》を懐《いだ》きて、いまだ*旱魃《かんばつ》・洪水《こうずい》・蝗虫《くわうぢう》・不熟《ふずく》の損《そん》に会はず。*検田収納《けんでんしゆなふ》の厨《くりや》、*官使《くわんじ》逓《だい》送《そう》の饗《きやう》、更に遁避《とんぴ》するところなし。いはむや*地子《ぢし》・官物《くわんもつ》・租米《そまい》・調庸《てうよう》・代稲《だいたう》・段米《たんまい》・

馳射…手挾　↓補

手聞き　武芸がすぐれていること。今昔二八ノ二「皆見目ヲ鑭々ク、手聞キ魂太ク思慮有テ、愚ナル事無カリケリ」。

会稽の時　越王勾践が呉王夫差に会稽山で敗れた故事から講和をいうか。

属降の思　敵に従い降るという恥辱。

養由が弓・解烏が靫　↓一九九頁補

一人当千　文選、答蘇武書「疲兵再戦、一以当レ千」。↓一九九頁注

出羽権介・数町の戸主　↓補

大名の　有名な。

田堵　国衙・荘園から田畠の耕作を請負っている農民。耕作経営農民。↓補

馬杷…苅穎　↓補

五月男女　田植えの時集団となって働く男女。栄華物語に、数十人の乙女が一列に並び後退しながら苗を植え付けて行く様を、藤原道長が見物したとみえる。

春法　籾稲を臼で擣く。

薗畠に…　和名抄によれば、畠作物の品として約七十種を数える。

麦…胡麻・東作より…　↓補

五穀成熟　米麦粟豆黍又は稗を五穀というが、ここは穀物がよくみのること。

稼穡豊贍　作物を植えて採り入れ豊か。

旱魃…　戸令、遭水旱条「凡遭ニ水旱災蝗一、下熟之処、少レ粮応ニ須賑給一者、国郡検レ実、預申ニ太政宮一奏聞」。蝗虫はいなご。

検田収納の厨　検田使や収納使など官使の接待。厨は飲食を調理する台所。使発遣の目的は開発の田の摘発と田租の確保。

使料《つかひれう》・供給《くぎう》・土毛《とも》・酒直・種蒔《しゆじ》・営料《えいれう》・交易《けうやく》・佃《つくだ》・出挙《すいこ》・班給等《ばんぎふら》の間に、いまだ*束把《そくは》合夕《がふしやく》の未進《みしん》を致さず。そもそも*輸税贖課《しゆさいそくくわ》の民の烟《かまど》たること拙《つたな》しといへども、*遮莫《さもあらばあれ》いまだ困《たしな》み諂《へつら》ひ乞《こ》ひ索《もと》むる貧しき家には若《し》かじ。

四の*御許《おもと》は、*覡女《かむなぎ》なり。卜占《うら》・神遊《かぐらあそび》・寄絃《よりづる》・口寄《くちよする》の上手なり。舞の袖飄颻《へうえう》として、仙人の遊ぶがごとし。歌の声和雅《わげ》にして、頻鳥《びんてう》の鳴《さへづ》るがごとし。非調子《ひてうし》の琴の音は、*地祇影向《ちぎやうがう》を垂れ、無拍子《むひやうし》の鼓の声は、*野干《やかん》必ず耳を傾《かたぶ》く。よて天下《てんが》の男女*踵《くびす》を継《つ》いで来り、遠近《おんごん》の貴賤《くゐせん》*市《いち》を成して挙《こぞ》る。*熊米《くましね》は積りて納《をさ》むる所なく、*幣《みてぐら》の紙は集《あつま》りて数ふるに遑《いとま》あらず。その夫を尋ぬれば、則ち*右馬寮《うまれう》の史生《ししやう》、七条以南の*保長《ほうのをさ》なり。*姓は金集《かなつめ》、名は百成《ももなり》、*鍛冶《かぢ》・鋳物師《いもじ》幷に銀《しろがね》金《こがね》の細工《さいく》なり。*一佩・小刀・太刀《たち》・伏突《よこはき》・鉾《ほこ》・剣・髪剃《かみそり》・矢尻、*鍔《やきは》は*寒《かん》の氷のごとし。様は*茅《ち》の葉に似たり。或は*鐙《あぶみ》・銜《くつは》・鎰《かぎ》・鋸《のこぎり》・鉇《かな》・釿《てをの》・鐇《たつき》・鎌《かま》・斧《をの》・鋤《すき》・鍬《くは》・釘《くぎ》・鎹《かすがひ》・錐《きり》・鑷《けぬき》・鋏《はさみ》・金物《かなもの》等〈已上造物〉、或は鍋《なべ》・鑊《かなへ》・釜《かま》・鍑《さがり》・鼎《あしかなへ》・鉢《はち》・鋺《かなまり》・熨斗《のし》・鏡《かがみ》・水瓶《みづがめ》・花瓶《はながめ》・閼伽器《あかつき》・匳《はこ》・火舎《くわしや》・錫杖《しやくぢやう》・鐃鈸《ねうはち》・香《かう》炉《ろ》・独鈷《どくこ》・三鈷《さんこ》・五鈷《ごこ》・鈴《れい》・大鐘《おほがね》・金鼓《こんく》等〈已上鋳物〉の上手なり。鉄《くろがね》を*進退《しんだい》すること、動《やや》もすれば*揚州《やうしう》の莫邪《ばくや》に同じ。銅を錬《ね》り沸《わか》すこと、*呉山の百錬かと疑《うたが》ひつべし。

五の君の夫は、*紀伝《きでん》・明法《みやうばふ》・明経《みやうぎやう》・算道等《さんだうら》の*学生《がくしやう》なり。姓《しやう》は菅原《すがはら》、名は*匡文《まさふん》、*字《あざな》は菅綾三《くわんりようさん》。*文選《もんぜん》・文集《もんじふ》・史記《しき》・漢書《かんじよ》・論語《ろんご》・孝経《かうきやう》・毛詩《もうし》・左伝《さでん》・令律《りやうりつ》・格式《きやくしき》、部《ぶ》を

雲州消息、中末「検田収納之時、多以致二其煩一」。

官使逓送　官使を次の目的地まで送り届けること。

地子…班給・束把合夕　↓補

輸税贖課の…　きちんとした納税者に較べれば格がおちるが、救済を求めるだけの貧困農民よりはましだ、の意。

遮莫　字類抄「サマアラハレ、サモアラハレ」。↓補

御許　女房などを親しんでいう語。↓補

覡女…　以下については↓補

地祇影向　地の神が来臨すること。↓補

野干　和名抄「考声切韻云、狐〈岐豆禰〉、獣名、射干也。関中呼為二野干一、語訛也」。

踵を継いで…・市を成して…　↓補

熊米　神仏に捧げる精米。↓補

幣の紙　御幣を作るための用紙。↓補

右馬寮の史生・保長　↓補

姓は金集…　金属性の物は何でも造る意。

鍛冶…・一佩…矢尻　↓補

鍔　名義抄「刃・鍔、ヤキハ」。

寒の氷・茅の葉　↓補

鐙…金鼓　鍛冶物と鋳物。↓補

進退する　心のままに取扱うこと。今昔二〇ノ二「止事無キ悪行ノ僧共数有レドモ、我等ガ進退ニ不懸ラヌ者ハ無シ」。

揚州の莫邪・呉山の百錬　↓補

紀伝…・字は…・文選…格式　↓補

学生　字類抄「文章部、ガクシヤウ」。

匡文　有名な学者大江匡衡と菅原文時の名の一字をそれぞれとったもの。

尽して読み了んぬ。よて*詩賦《しふ》・序表《じよへう》・詔《せう》・宣旨・宣命《せんみやう》・位記《ゐき》・奏状《そうじやう》・願文《ぐわんもん》・呪願《じゆぐわん》・符《ふ》牒《てう》・告書・教書《けうしよ》・日記《につき》・申文《まうしぶみ》・消息《せうそく》・往来《わうらい》・請文《うけぶみ》等の上手なり。*了々分明《れうれうふんみやう》にして、憲《けん》法格式《はふきやくしき》に違《たが》はず、*風月心工《ふうぐゑつこころたくみ》にして、詩賦韻題《ゐんだい》を背かず。あに*以言《いげん》・匡衡《くゐやうかう》・文時《ぶんじ》・直《ちよく》幹《かん》等に異ならむ。いはむや*大算乗除《だいさんじようぢよ》・九々・竹束八面蔵《ちくそくはちめんざう》・開平方除《かいへいはうぢよ》・開立方除《かいりつはうぢよ》・町段《ちやうたん》歩数《ぶす》積冪《せきべき》・算術《さんずゐつ》・算経《さんけい》等、暗きところなし。凡そ近代*給料《きうれう》・得業《とくげふ》・進士《しんじ》・秀才《しゆさい》・成《じやう》業《ごふ》・大業《たいげふ》の者、誰の人か肩を比《なら》ぶる者あらむや。

六の君の夫は、高名の*相撲人《すまひ》なり。伯耆《ははきの》権介、名は丹治筋男《たんぢのすぢを》と曰《い》ふ。父旁《かた》は即ち*丹治文佐《のふんすけ》が子孫なり。母方は則ち*薩摩氏長《さつまのうぢをさ》が曾孫《ひひこ》なり。気《き》体《たい》長大にして形貌雄爾《ぎやうめういうじ》なり。*強力勇悍《がうりきゆうかん》にして取手《とつて》競《きほ》ふ者なし。*内搦《うちからみ》・外搦《そとからみ》・亙繫《わたしかけ》・小頸《こくび》・小脇《こわき》・逆手《さかて》等《ら》の上手なり。*絡衣《たうさき》の腰支《こしはせ》・理髪《もとどり》の髪際《かむきは》、庭に*翔《ふるま》ふ心地・手合《てあはせ》の気色、腕の力筋《ちからすぢ》・股の肉《ししむら》、支《えだ》の成《なり》・骨の連《つづき》、外《よそ》に見るもの当《まさ》に迷惑しつべし。いはむや相敵《あひかたき》忽《たちまち》に臆病《おくびやう》す。*佐伯希《さへきのまれ》雄《を》・品治《はむぢの》是男・丹治是平《これひら》・紀勝岡《きのかちをか》・近江薑《あふみのはじかみ》・伊賀枯丸《のからまろ》等といへども、*狭間《はさま》の内取《うちとり》・*大庭《おほには》の抜手《ぬきて》に、いまだこれを蹶《つまづ》かしこれを汚《けが》す者あらず。いはむや自余の*最手《ほて》・占《うら》手《て》、*諸国の貢御《くご》、手合《てあはせ》するに皆敵《かたき》ならず。譬《たと》へば*鼠《ねずみ》の猫《ねこ》に会ひ、雉《きじ》の鷹《たか》に相《あ》へるがごとし。もし*金剛力士《こむがうりきし》の化現《くゑげん》に非ずは、これ*紀八法師が生れ来れるなるべし。よて*最手《ほて》の宣旨《せんじ》を蒙《かうぶ》りて、八十町の*免田《めんでん》を賜はれりと云云。

詩賦…請文・了々分明　↓補
風月心工にして　詩文の才能があって。
以言…直幹　↓補
大算乗除…　以下和算のこと。↓補
給料…大業　↓補
相撲人　↓補
丹治文佐　未詳。
薩摩氏長　二中歴、相撲「氏長〈薩摩〉」。
強力勇悍…　勇しく強い。↓補
内搦…逆手　相撲の手の種類。↓補
絡衣の腰支…　↓補
翔ふ　字類抄「フルマヒ、室中不㆑翔」。
佐伯希雄…　以下有名な相撲人だが未詳。↓補
狭間の内取　狭い場所で行う内取の意か。↓補
大庭の抜手　広い場所(或は紫宸殿の前の庭を指すか)の抜手。↓補
最手・占手　相撲人の最高位と、それに次ぐ最手脇。↓補
諸国の貢御　諸国から召される相撲人。小右記、治安三年五月廿四日条に「応㆓逐年毎国貢上㆒、相撲白丁二人官符四枚、将曹正方持来」と見える。
鼠の猫に…　無題詩巻二の賦鼠に「暗燈猫来命殆危」、雉逢鷹に「逢㆑鷹雉思暗応㆑覚、定有㆓悚兢㆒無㆓寂情㆒」と見える。
金剛力士　執金剛・金剛夜叉などともいう。仁王。金剛杵を持って仏法を守る神。門の左右に立って法を守る力士。↓補
紀八法師　未詳。
最手の宣旨・免田　↓補

七の御許《おもと》は、貪飯愛酒《たんはんあいしゆ》の女なり。好むところは何物ぞ。*鶉目《うづらめ》の飯《いひ》・蟇眼《ひきめ》の粥《かゆ》、鯖《さば》の粉切《こきり》・鰯《いわし》の酢煎《すいり》・鯛《たひ》の中骨《なかほね》・鯉《こひ》の丸焼、精進《しやうじん》の物には、腐水葱《くたしなぎ》・香疾《かはや》き大根春《おほねつき》・塩辛《しほから》き納豆・油濃《あぶらこ》き茹物《ゆでもの》・面穢《おもきたな》き松茸、菓物《くだもの》には、核《さね》なき温餅《あたたけ》・粉勝《あれかち》なる団子《だんご》、熟梅《うみうめ》の和《やはらか》なる・胡瓜《きうり》の黄《き》ばめる、酒は醪《もろみ》・肴《さかな》は煎豆《いりまめ》。夫を眠《み》ては順《したが》ひ嬌《こ》ぶること、猶し猫の爪を蔵《かく》すがごとし。食に望みて進み悶《まど》ふこと、宛も狗《いぬ》の牙《き》を舐《ねぶ》るがごとし。よて形貌端正《ぎやうめうたんじやう》なりといへども、馬借《うまかし》・車借の妻《め》と為《な》らむと願《ねが》ふ。件の夫は、字は越方部《をちかたべの》津五郎、名は津守持行《つもりのもちゆき》と云云。東は*大津・三津を馳せ、西は淀の渡《わたり》・山崎を走る。牛の頸《くび》は爛《ただ》るといへども、一日も休むることなし。馬の脊《せ》は穿《うが》つといへども、片時《かたとき》も活《いこ》へず。常に*駄賃《だちん》の多少なることを論じて、鎮《とこしなへ》に車力の足らざることを諍《あらそ》ふ。*等閑《なほざり》にして腰を屈《かが》めず、*蔑如《ないがしろ》にして紐《ひぼ》を斂《をさ》めず、足は藁履《わらうづ》を脱ぐの時なく、手には楉鞭《しもとむち》を捨つるの日なし。踵《きびす》の*皹《あかがり》は*山城茄子《やましろなすび》の霜に相《あ》へるがごとし。脛《はぎ》の*瘃《ひび》は*大和瓜《やまとうり》の日に向へるがごとし。ただ牛馬の血肉《くゑつにく》をもて、将《まさ》に妻子の身命を助けんとするのみ。寔に一家の面《おもて》を伏《ふ》する、ただ七の娘の処にありと云云。

八の御許の夫は、*飛驒国《ひだの》の人なり。位は*大夫大工、名は檜前杉光《ひのくまのすぎみつ》。*八省《はつしやう》*豊楽院《ぶらくゐん》の*本図を伝へ、造殿《ざうでん》・造宮《ざうくう》等の式法《しきはふ》を鑑《かが》みたり。或は寺を造れば、*講堂《かうだう》・金堂《こむだう》・経蔵《きやうざう》・鐘楼《しゆろう》・宝塔《ほうたう》・僧房《そうばう》・大門《だいもん》・中門《ちうもん》・二蓋《にがい》・四阿《あづまや》・重榱《しげたるき》・間椽《またるき》・並料楫《なれとかまへ》・寝造《ねやつくり》なり。或は

鶉目…煎豆・大津…・駄賃… ↓補

等閑 字類抄「無礼分疎詞、ナヲサリ、トウガン、トオサカル」。

蔑如 字類抄「ナイカヲ(マヽ)ロニス」。

皹 和名抄「漢書注云、皹〈阿加々利〉、手足拆裂也」。

山城茄子・大和瓜 ↓一四九頁補

瘃 和名抄「漢書音義云、瘃〈比美、弁色立成云、之毛久知〉、手足中㆑寒作㆑瘡也」。

飛驒国の人… 賦役令、斐陁国条に「凡斐陁国、庸調倶免。毎㆑里点㆓匠丁十人㆒」。一年一替」とあり、玉かつま巻八に「いにしへ飛驒国より、匠おほく出たりし故に、かならず其国のならねど、匠をば、ひだのたくみとなむいひける」と見える。

大夫大工 五位の大工。百寮訓要抄、木工寮に「大工、権大工…是皆番匠の名也。此職細工所を奉行する間、此輩をかるゝ也」とあり、甲良宗賀の工匠式に「大工と云は工匠の長なり。是を棟梁と云。古代は五位六位を授く」と見える。

八省 八省院の略。西宮記、臨時五「院宮、八省院〈天皇臨朝即位、諸司告朝所〉」。花鳥余情、賢木「太極殿をば八省院といふ。たゞ八省ともいへり。八省の本院なる故なり。朱雀門の一町にあり。南限㆓冷泉㆒、北限㆓中御門㆒、東は東坊城、西西坊城をかぎれる也。八省の東に太政官庁、西に豊楽院、北に中和院はある也」。

豊楽院 天皇の宴会所。↓七七頁補

本図 本になる図。

講堂…寝造 ↓補

人の家を作れば、*対《たい》・寝殿《しむでん》・廊《らう》・渡殿《わたどの》・曹司町《ざうしまち》・大炊殿《おほひどの》・車宿《くるまやどり》・御厩《みまや》・叉倉《あぜくら》・甲蔵《こふくら》等の上手なり。凡そ桁《けた》・梁《うつはり》・垂木《たるき》・木舞《こまひ》・梲《うだち》・豕杈首《ゐのこさす》・枓《とがた》・枅《ひぢき》・柱《はしら》・鴨柄《かもえ》・長押《なげし》・板《いた》敷《じき》・蔀《しとみ》・隔子《かうし》・妻戸《つまど》・遣戸《やりど》・高欄《かうらむ》・日隠《ひかくし》・破風《はふ》・関板《せきいた》の様体《やうだい》、飛檐《ひえむ》・角木《すみぎ》・曾利《そり》の丈尺寸法、*鏡を懸けたるがごとし。そもそも*廛目《すつぼめ》にして曲直《まがりなほき》を縄《ただ》し、鋸歯《のこぎりは》にして切角《きりずみ》を営む。手《て》斧頸《をのくび》にして工《たくみ》の棟梁たり、桙槌頭《さいづちかしら》にして道の首長たり。指は*墨芯《すみさし》、臂《ひぢ》は曲尺《まがりかね》、肩は錑柄《もぢえ》、足は鉄槌《かなづち》なり。都《すべ》て身体より始めて*天骨《てんこつ》を得たる工《たくみ》なり。

九の御方の夫は、*右近衛《の》医師《くすし》和気《わけの》明治《あきはる》なり。毒薬の道*分別《ふんべち》し、*術方《ずつはう》の計《はかりこと》極りなし。看病療疾《かんびやうれうしち》の仏なり、*遣針灸治《けんしんきうち》の神なり。*六府五蔵《ろくふござう》の*診脈《しむみやく》を知り、*四百四病の根原を探る。方に順《したが》ひて病を治し、術に任せて疾《やまひ》を療《いや》す。*擣篵合薬《たうしがふやく》・搗抹吹咀《たうまつふそ》の上手なり。*耆婆《ぎば》・医王《いわう》に異ならず、神農《しんのう》・鶣鵲《へんじやく》に相同じ。かの*雪山童子《せつせんどうじ》の日々に草を採り、*蓬《ほう》萊方士《らいはうし》が年々に薬を拾ふとも、ただ名のみ聴きて益《やく》なきをや。

十の君の夫は、陰陽《ゐんやうの》先生*賀茂道世《かものみちよ》なり。*金匱経《こむくゐきやう》・枢機経《しゆききやう》・神枢霊轄《じんしゆりやうかつ》等不審《ふしん》するところなし。*四課三伝《しくわさんでん》明々多々《めいめいたた》なり。*覆物《ふくもつ》を占《うらな》ふことは目に見るがごとし。*物怪《もつくゑ》を推《すい》することは掌《たなごころ》を指すがごとし。*十二神将《しんしやう》を進退《しんだい》し、*三十六禽《きむ》を前後す。*式神《しきがみ》を仕《つか》ひ、*符法《ふばう》を造《つく》りて、*鬼神《くゐじん》の目を開閉し、男女の魂《たましひ》を出入す。凡そ*覩覧反閉《とらむはんべい》に術を究《きは》め、祭祀解除《さいしけぢよ》に験《げむ》を致す。地鎮《ぢちん》・謝罪《しやざい》・呪術《じゆじゆつ》・厭法《えんはう》等の上手なり。*吉《き》備《びの》大臣*七佐法王の道

対…**曾利**　↓補

鏡を懸けたる…　鏡に写したように物事が明らかなことをいう。大鏡、後一条院「こゝらのすべらぎの御ありさまをだに鏡をかけたまへるに」。

廛目…・**墨芯**…　以下体の特長については↓補

天骨　生まれつきの器用。

右近衛医師和気明治　和気氏は医家として名高い。↓補

分別　字類抄「評定分、フンヘチ」。

術方　医術。

遣針灸治・**六府五蔵**　↓補

診脈　脈搏を見ること。↓補

四百四病　人間の病気の総括。↓補

擣篵…　以下薬の製法。↓補

耆婆…**鶣鵲**・**雪山童子**・**蓬萊方士**　↓補

加茂道世　賀茂家は陰陽の家として知られる。↓補

金匱経…　以下陰陽書について↓補

四課三伝　安倍晴明の占事略決に「四課三伝法第一」とあり。↓補

覆物を占ふ…・**物怪を推する**…　↓補

十二神将　薬師経を誦持する者を擁護する十二の夜叉神将をいう。↓補

三十六禽　三十六種の禽獣。一昼夜十二辰の神で一辰に各々三ある。仏教で行者を悩ます魔、占術では卜に用いた。↓補

式神　陰陽師が使役する鬼神。↓補

符法・**鬼神**・**覩覧反閉**…**厭法**　↓補

吉備大臣　吉備真備が占卜の大家であるという伝承があったと思われる。↓補

を習ひ伝へたる者なり。しかのみならず、*注暦天文図《ちうりやくてんもんづ》・*宿耀地《しゆくえうち》判《はん》経、またもて了々《れうれう》分明《ふんみやう》なり。所以《このゆゑ》に形は人体《じんてい》を稟《う》けたりといへども、心は鬼神に通達す。身は世間に住すといへども、神《たましひ》は天地に*経緯《けいゐ》たり。

十一の君の*気装人《けしやうびと》は、*一《の》宮《の》先生*柿本恒之《かきのもとのつねゆき》、管絃《くわんげん》幷に和歌《わか》の上手なり。穴あるものをば吹き、絃あるものをば弾く。*箏《しやうのこと》・琴《きむ》・琵琶《びは》・和琴《わごん》・方磬《はうきやう》・尺八《しやくはち》・囲碁《ゐき》・双六《すぐろく》・将棊《しやうぎ》・弾棊《だんき》・鞠《まり》・小弓《こゆみ》・包丁《はうちやう》・料理《れうり》・和歌・古歌、天下《てんが》無双《むさう》の者なり。就中に和歌に至りては、抜《ぬき》でたるところの能者なり。*難波津《なにはづ》の古風《こふう》を扇《あふ》ぎ、*富緒河《とみのをがは》の末流《ばつりう》を汲《く》む。*長歌《ちやうか》・短歌《たんか》・旋頭《せどう》・混本《こんぼん》・連歌《れんが》・隠題《かくしだい》・恋《こひ》・禱《いはひ》等、聊《いささか》も沈滞《ちむだい》するところなし。凡そ*素盞烏尊《そさのをのみこと》・*聖徳太子《しやうとくたいし》の御世代に、三十一字を定めてより以降《このかた》、*古万葉集《こまんえふしふ》・新《しん》万葉集・古今《こきん》・後撰《ごせん》・拾遺抄《しふゐせう》・諸家《の》集等尽《ことごと》くもて見了りぬ。*猿丸大夫《さるまろまうちきみ》・*衣通姫《そとほりひめ》等《ら》にも恥ぢず、*躬恒《みつね》・貫之《つらゆき》・小野小町《をののこまち》等にも愧づるところにあらず。*花山僧正《くわざんそうじやう》のこの道に長ぜる、猶ほ画女《ぐわぢよ》の人の情《こころ》を動かすの難《なん》あり。*在原《ありはらの》中将その名を得たるといへども、自《おのづか》ら賈人《あきひと》の鮮《あざやか》なる衣《きぬ》を着たるの誹《そしり》を招《まね》く。いはむやそれより以外《ほか》にこの道を好む者は、古今に幾千万ぞや。然りといへども纔に古風を存するは、この公一人のみ。その氏《うぢ》を温《たづ》ぬれば、廼《すなは》ち*柿本人丸《かきのもとのひとまろ》が末孫《ばつそむ》なり。その家を問へば、また*山辺赤人《やまべのあかひと》が前跡《ぜむせき》なり。卅一箇字に*六義《りくぎ》を備へ、五七五七七の句句に*八病《はちびやう》を避《さ》る。*花実《くわじつ》兼ね備《そな》はり、首尾《しゆび》相《あひ》

七佐法王の道　未詳。
注暦天文図・宿耀地判経　↓補
経緯　治め整えること。淮南子、本経訓「紀㆓綱八極㆒、経㆓緯六合㆒、覆露照導」。
気装人　懸想人。字類抄「夫婦分、ケシヤウ、結政所有㆓気装間㆒」。↓補
一宮先生　和歌の先生。絵画の場合に菅家文草「寄㆓巨先生㆒乞㆓画図㆒」の例があり、和歌にも用いたと思われる。
柿本恒之　柿本人麿の姓と凡河内躬恒・紀貫之より名を借りた戯名。続文粋、詳和歌策に例がある。
箏…古歌　↓補
難波津の古風・富緒河の末流　↓補
長歌…禱　↓補
素盞烏尊・聖徳太子　↓補
古万葉集…拾遺抄　↓補
猿丸大夫　伝承上の歌人。↓補
衣通姫　允恭天皇の皇后大中姫の妹、弟姫。↓補
躬恒・貫之・小野小町　↓補
花山僧正…　僧正遍照。六歌仙の一人。花山寺の住職であったのでいう。↓補
在原中将…　在原業平。阿保親王五男。六歌仙の一人。↓補
柿本人丸・山部赤人・六義　↓補
八病　和歌における修辞上の欠陥をいうが、詩病説に基いている。↓補
花実…　花は詞(表現)、実は心(内容)で両者兼備するのが和歌の理想である。新撰和歌序に「詞人之作、花実相兼」、雲州消息、上本に「花実兼備、首尾相得」。

調《ととの》ふ。その詞は滑《なめらか》にして、五尺の*鬘《かつら》に水を沃《い》るがごとく、その情《こころ》は緆《まだらか》にして、一流《る》の*縷《いとすぢ》に珠を貫くがごとし。故に公臣《こうしん》の寵愛《てうあい》を蒙《かうぶ》り、貴賤《くゐせん》の饗応《きやうおう》あり。かの*藤六主《とうろくぬし》は、これをもて*活計《くわつけい》の媒《なかだち》とす。この先生君は、これをもて出世の橋《はし》とすと云云。

十二の君の*仮借人《けしやうびと》は、*侍従宰相《じじゆのさいしやう》・頭《とうの》中将・上《かみの》判官《はうぐわむ》・蔵人《くらうどの》少将・左《さ》衛門佐《ゑもんのすけ》等なり。或は*文《ふみ》を梅の枝に付けて、*随身《ずいじん》・*小舎人《ことねり》をもて賜《たま》はる。或は*歌を桜花に書きて、*帯刀《たちはき》・*滝口等をもて送らる。*艶書《えむじよ》の来ることは*鋪波《しきなみ》のごとし。貴使《くゐし》の集ることは雲霞《くもかすみ》に似たり。逓《たがひ》に心肝《しむかん》を砕《くだ》けども、いまだ意を得ることあらず。そもそもその女の形貌《ぎやうめう》を言へば、*翡翠《ひすい》の釵《かむざし》滑《なめらか》にして、嬋娟《せむけむ》の粧《よそほひ》靚《しづか》なり。芙蓉《ふよう》の瞼《まなぶた》を廻らして一たび咲《ゑ》めば、百《もも》の媚《こび》を成し、青黛《せいたい》の眉を開いて半面《はたかく》れば、万《よろづ》の愛を集む。粉《はふに》を着けざれども自ら白し。經《べに》を施《ほどこ》さざれども自ら赭《あか》し。潤《うるほ》へる唇《くちびる》は丹菓《たむくわ》のごとし。膏《あぶら》つける膚《はだへ》は白雪《はくせつ》に似たり。腕《たふさ》は玉を論じ、歯は貝を含めり。詞は少くして旨《むね》を顕《あらは》し、音和《こゑやはら》かにして事を通《とほ》す。綾《れう》羅《ら》身に纏《まと》ひ、蘭麝《らんじや》衣に薫《くむ》ず。鸞鏡《らんきやう》を擎《ささ》げて伴《とも》と為し、鳥跡《てうせき》を習ひて師と為す。養《やしな》はれて深窓《しむさう》に在れども、艶《えむ》自ら天下《てんが》に風聞《ふぶん》す。尊《かしづ》かれて幽閨《いうけい》に在れども、色*覊《そぞろ》に遠近《おんごん》に髣《はう》髴《ひ》たり。皆云へらく、昔の唐の玄宗《ぐゑんそう》の代《よ》ならましかば、必ず*楊貴妃《やうくゐひ》に猜《そね》まれなまし。漢《かん》の武帝《ぶてい》の時ならましかば、自ら*李夫人《りふじん》にも替《か》へられなましといへり。

十三の君は、娘の中の*糟糠《さうかう》なり。*醜陋《しゆる》とみにくくして人に見《まみ》ゆべからず。頑鄙《ぐわんひ》とか

鬘・縷　↓補

藤六主　藤原輔相。弘経の男。分脈に「歌人、無官号藤六」。物名に秀で当意即妙の歌人として知られる。古今・拾遺集などに歌が見え、藤六集が現存する。

活計の媒　生活の手段。古今集真名序に「乞食之客、以レ此為二活計之媒一」。

仮借人　↓一四三頁注「気装人」

侍従宰相…　以下については↓補

文を…　貞丈雑記巻九「結び状と云ふ事昔は無之、艶書などは結びつける也」。

随身　貴人が外出する時護衛のため勅宣によってつけられた近衛府の官人。↓補

小舎人　小舎人童。身辺の雑用を勤める召使の少年。↓補

歌を…　玉章秘伝抄巻上「艶書歌ヲバ四三一四三一四三一四二一ト書也。袖ニモ又此趣ニテ可レ書也」。

帯刀　↓一三四頁補「県井戸の先生」

滝口　滝口所に勤番する武士。職原鈔巻下に「堪二武勇一之輩可レ補レ之云々。滝口二十人」とある。

艶書　字類抄「婚姻分、エムショ」。

鋪波　倭訓栞「しきは頻の義にて万葉にしく波のしば〳〵とよみ古今によせくる浪のしば〳〵とよめり」。

翡翠の釵…　以下の文章は文選にある宋玉の登徒子好色賦を踏まえている(金関丈夫「明衡と宋玉」『文芸博物志』)。↓補

覊　名義抄「ス、ロ、アチキナシ、アカラシク」。

楊貴妃・李夫人　↓補

たくなはしくして主に仕《つか》まつるべからず。その為体《ていたらく》、蓬頭《ほとうかしら》にして額短《ひたひみじか》なり、齞唇《あひくち》にして頤長《おとがひなが》なり、攣耳《みみたり》にして頬太《かまちふと》なり、顒高《たかつらたか》にして頬窄《すいつら》なり、歴歯《はわかれ》にして磾誕《したつき》なり、傍行《かたゆき》にして戻脚《わにあし》なり、匾梯《ひらはな》にして塞鼻《そくび》なり、偶僂《くぐせ》にして鴿胸《はとむね》なり、膸脹《はらぼて》にして蛙腹《かへるはら》なり、疥癩《はたけかさ》にして歴易《なまづはだ》なり、短頸《くびみじか》にして襟《ころものくびあまり》余あり、長大《たけたか》くして裾《ものすそた》足らず。身には胡臭《こしう》を薫じ、衣には蟣虱《きしち》を集む。手は鉄𣏐《かなかき》のごとく、足は鍬枚《くはひら》のごとし。粉《はふに》を施《ほどこ》せば狐の面《おもて》に似たり、臙《べに》を着くれば猿の尻のごとし。婬泆《いんしち》にして上下を択《えら》ばず、嫉妬《しつと》にして心操《しんざう》を修《つくろ》はず。織紝《おりつむぎ》裁縫《たちぬひ》、甚だもて手筒《てづつ》なり。家治《かち》営世《えいせい》、頗《すこぶ》るもて跡形《あとかた》なし。凡そ*六行《りくかう》永く離れて、*七出《しちしゆつ》完《また》く具《ぐ》せる女なり。ただし近来《このごろ》、*夜這人《よばひびと》ありと云云。*大原に居住《きよぢう》せる老翁《らうをう》*壱岐大掾《ゆきのだいぜう》、姓は山口、名は炭武《すみたけ》、常に*天の寒きことを願ひて、鎮《とこしなへ》に気の暖かなることを悪《にく》む。*十指は黒くして両鬢は白し。出でては*官使《くわんじ》の奢《をご》れることを苦しび、入りては弊衣《へいい》の破《や》れたることを憂ふ。身は常に*灰煙《くわいえん》に交り、命は僅に炭薪《たんしん》に係れり。

十四の御許《おもと》の夫は、*不調白物《ぶてうしれもの》の第一なり。高事《ことたか》くして自身を嘆《ほ》め、短弱《たんじやく》にして他の上を誹《そし》る。高声《かうしやう》にして則ち放逸《はういち》なり、多言《たげん》にして則ち豊顔《ほうがん》なり。食歎《しよくたん》にして味《あぢはひ》を嗜《たしな》み、貪欲《とんよく》にして物を要《えう》す。笑《ゑみ》を好んで常に歯露《あらは》なり、戯《たはぶれ》を愛して早く面暴《おもあら》し。好むところは謀計横法《ぼうけいわうはふ》、立つるところは博奕窃盗《ばくえきせつたう》。父母《ぶも》に於ては不孝《ふけう》なり、兄弟《くゐやうてい》に於ては不和な

糟糠　酒かすと荒ぬか。取るに足らぬものの意。三教指帰巻中「欒太両帝之徒、此乃道中之糟糠、好仙之瓦礫」。

醜陋…　以下は宋玉の登徒子好色賦によるという(金関丈夫、前掲書)。↓補

六行　六の善行。周礼、地官大司徒「以二郷三物一教二万民一、…二曰六行。孝・友・睦・姻・任・恤〈鄭玄注、善二於父母一為レ孝、善二於兄弟一為レ友、睦、親二於九族一、姻、親二於外親一、任、信二於友道一、恤、振二憂貧者一〉」。

七出　妻を離別する七の理由。戸令、七出条「凡棄レ妻、須レ有二七出之状一。一無レ子、二淫泆、三不レ事二舅姑一、四口舌、五盗窃、六妬忌、七悪疾、皆夫手書棄レ之。与二尊属近親一同署。若不レ解レ書、画レ指為レ記」。万葉集巻一八、教二喩史生尾張少咋一歌に「七出例云、但犯二一条一、即合レ出之。無二七出一輒棄者、徒一年半」とある。

夜這人　求婚者。大和物語一四七段「かかれば、そのよばひ人ども呼びにやりて、親のいふやう」。→一四三頁補「気装人」

大原　京都市左京区北部。↓補

壱岐大掾　職原鈔下に「壱岐〈下国〉」「下国、…掾〈従八位下〉」とある。以下の叙述は白氏文集巻四、売炭翁に基く。

天の寒き…・十指は…　売炭翁「心憂二炭賤一願二天寒一」。同「両鬢蒼蒼十指黒」。

官使　役人のことか。売炭翁「官使駆将惜不レ得」。

灰煙に交り　売炭翁「満面塵灰煙火色」。

不調白物…　素行不良な馬鹿者。↓補

り。ただし一の*尿《とりどころ》あり。謂はく、閉《まら》大《ふと》くして虹梁《こうりやう》を横《よこた》へたるがごとく、雁高《かりたか》くして藺《ゐ》笠《がさ》を戴《いただ》けるに似たり。長さは八寸、大《ふと》さは四伏《よつふせ》。紐結《ひぼゆひ》の附贅《ふすべ》は蜘蛛《くも》の咋《く》ひ付けるがごとし。帯縛《おびもの》の筋《すぢ》脈は蚯蚓《みみず》の跂《は》ひ行《あり》くがごとし。剛《こは》きこと栗《くり》の株《くひぜ》のごとく、堅きこと鉄槌《かなづち》のごとし。晩《よひ》に発《を》ひて暁《あかつき》に萎《な》ゆ。あへて嫁《とつ》がるる女なし。ただし十四の御許一人のみこれを翫《もてあそ》ぶ。これを愛するに聊《いささか》も憚《はばか》るところなし。件の女の姿を見れば、頂《いただき》平にして*口甚だ広し。*侏儒《たけひき》くして*跗《あなひら》頗る小さし。面の色常に青くして眉黛《まゆずみ》もて赤し。*陰相《をむさう》互に*和合《わがう》して、神の媒《なかだち》するところの夫妻なり。ただし昔の*道鏡院《だうきやうゐん》は法王の賞《しやう》ありといへども、今の白太郎主《ぬし》はただ*貧窮《びんぐ》の名をのみ振《ふる》ふ。

十五の女《むすめ》は、*孀《やもめ》なり。*道心堅固《だうしんけんご》にして日夜に仏法に帰依《くゐえ》し、精進勇猛《しやうじんゆうみやう》にして旦暮《たんぼ》に道場《だうぢやう》に参詣《さんけい》す。すでに夫の種《たね》を断つて、永く仏果《ぶつくわ》を求む。ただ女身を受けたることを歎いて、偏《ひとへ》に浄土に生れむことを欣《ねが》ふ。春の花を見ては則ち世間の無常を観じ、秋の月に臨んでは曾て諸法《しよはう》の寂滅《じやくめつ》を悟る。念仏読経《どくきやう》懈《おこた》らず、貪欲瞋恚《とんよくしんい》遠離《おんり》せり。櫛鬘《くしかづら》を脱《ぬ》いで烏瑟《うしつ》の髻《もとどり》に代へ、匳鏡《はこかがみ》を投げて月輪《ぐわつりん》の貌《かたち》を誂《あつら》ふ。かの*八歳の竜女《りうによ》は、速かに*南方の八相《はちさう》を唱《とな》ふ。この十五娘は、偏に*西方の九品《くほん》を期《ご》す。

十六の女《むすめ》は、*遊女《うかれめ》・夜《や》発《はつ》の長者《ちやうじや》、江口《えぐち》・河尻《かはしり》の*好色《いろこのみ》なり。慣《なら》へるところは河上《かはかみ》の遊《いう》蕩《たう》が業《げふ》、伝ふるところは坂下《さかもと》の無面《おもなし》が風なり。昼は簦《おほかさ》を荷《にな》うて身を上下の倫《ともがら》に任せ、

尿… とりえ。以下の叙述は語句の上で、文粋巻一二、鉄槌伝と類似する。↓補

口甚だ広し 医心方に「玉房秘決云、若㆓悪女之相㆒、…大口高鼻㆖」と見える。

侏儒く 名義抄「音朱濡、ヒキウト、上タケヒキ、ヒキナリ、下ヒキウト」。

跗 和名抄「儀礼注云、趺〈字亦作ㇾ跗、阿奈比良〉、足上也」。

陰相 男女性器の形をいうか。↓補

和合 雲州消息、中末「筆是成㆓仏経書写之功徳㆒、為㆓男女和合之用物㆒」。

道鏡院… ↓補

貧窮 貧しくて生活に苦しむ。今昔一ノ一四「物持タル人ヲバ、世間ハ無益ノ事也。功徳ヲ造レト云テ賤ヲ失ハセテ貧窮ニ成シツ」。

孀 和名抄「釈名云、無ㇾ夫曰ㇾ寡〈和名夜毛女〉、玉篋云、寡婦或曰㆓孀妻㆒、曰㆓嫠婦㆒」。

道心堅固… 以下信仰心の堅い様は↓補

八歳の竜女 法華経に、竜王の八歳の娘が文殊菩薩の導きによって男身となり、南方世界で成仏したと説く。↓補

南方の八相 南方世界で成仏したこと。八相は仏の一生涯における八の重要なことがらで、特に成道が中心であるので八相成道ともいう。↓補

西方の九品 西方十万億土の彼方にある極楽浄土。観無量寿経では極楽に往生するものに九種類あるとする。↓補

遊女・夜発の長者・江口・河尻 河尻は神崎をいう。↓一五四・五頁注

夜は舷《ふなばた》を叩いて心を往還《わうぐゑん》の客《まらうど》に懸《か》けたり。そもそも淫奔徴嬖《いんぽんちようへい》が行《かう》、偃仰養風《えんぎやうやうふう》の態《わざ》、琴《きん》絃麦歯《ぐゑんばくし》の徳、竜飛虎歩《りようひこほ》の用《よう》、具せずといふことなし。しかのみならず、声は頻伽《びんが》のごとく貌《かほ》は天女《てんによ》のごとし。宮木《みやき》・小鳥《こからす》が歌、薬師《やくし》・鳴戸《なると》が声といへども、これに准《じゆん》ずれば敵《かたき》ならず、これに喩《たと》ふれば*屑《もののかず》ならず。故に孰《たれ》の人か眼を迷《まど》はさざらむ、誰の類《たぐひ》か*心を融《とらか》さざらむや。於戯《あ》、年の弱《わか》からむ間は、自ら身を売りて過《すぐ》すといへども、*色衰へなむ後は、何をもてか余命を送らむ。

太郎主《ぬし》は、*能書なり。古文《こぶん》・正文《せいぶん》・真行草《しんぎやうさう》・真字《まな》・仮字《かんな》・蘆手《あしで》・水手《みづて》等《ら》の上手なり。*筆勢浮べる雲のごとく、*字行《じかう》流水のごとし。*羲之《ぎし》が垂露《すいろ》の点、*道風《たうふう》が貫花《くわんくわ》の文《もん》、*和尚《くわしやう》が五筆の跡《あと》、*佐理《さり》が一墨の様《やう》、悉《ことごと》く皆習ひ伝へずといふことなし。*額《がく》・手本《てほん》・御書《ごしよ》・草紙《さうし》、屏風《びやうぶ》・障子《しやうじ》の色紙形《しきしがた》、経書《きやうしよ》の外題《ぐゑだい》等、或は宣旨《せんじ》を蒙《かうぶ》り、或は*属請《しよくしやう》を得《え》たる者なり。*半紙《はんじ》に銘《めい》せる消息《せうそく》は、万代の宝たり。一字を点ぜる*反故《ほぐ》は、*千両の金に当《あた》る。たとひ*骨骸《こつがい》を土の下《した》に腐《く》つと云ふとも、猶もて*手跡《しゆせき》を世上に留むるを。

次郎は、*一生不犯《ふぼん》の大験者《だいげむざ》、*三業相応《さんごふさうおう》の真言師《しんごんじ》なり。*久修練行年《くしゆれんぎやうとし》深く、持戒精進《ぢかいしやうじん》日積《つも》れり。両界《りやうがい》鏡を懸《か》け、別尊《べつそん》玉を琢《みが》く。五部の真言雲晴《くもは》れて、三密の観行《くわんぎやう》月煸《ほがらか》なり。梵語《ぼんご》悉曇舌《しつたむした》和《やはらか》にして、立印加持《りういんかぢ》指嫋《ゆびたをやか》なり。唱礼《しやうらい》・九方便《はうべん》滞《とどこほり》なく、修法《しゆほう》に芥《け》子《し》焼くに験《しるし》あり。護摩《ごま》・天供《てんく》には阿闍梨《あざり》たり。許可灌頂《こかくわんぢやう》には弟子《でし》たり。凡そ真言の道

好色… 以下は↓補

屑ならず 字類抄「不屑、モノ、カスナラス、下賤部、フセウ」。玉造小町壮衰書に「不レ奈二楊貴妃之花眼一、不レ屑二李夫人之蓮睫一」とある。

心を融す 見遊女詩序に「少者脂粉歌咲、以蕩二人心一」、遊女記にも「能蕩二人心一」。

色衰へなむ後 無題詩、傀儡子に「壮年華洛寵光女、暮歯蓬廬留守人、行客征夫遙側レ目、是斯髪白面空皺」と見える。

能書 以下書体については↓補

筆勢 運筆の勢。↓補

字行 字のつらなり。

羲之… 王羲之。↓補

道風… 小野道風。↓補

和尚… 弘法大師。↓補

佐理… 藤原佐理。↓補

額…経書の外題 ↓補

属請 依頼。

半紙 紙きれ。宋書、廬江王禕伝「公未下曾有二一函之使一、遺中半紙之書上」。

反古・千両の金 ↓補

骨骸を… 和漢朗詠集巻下、文詞に「竜門原上土、埋レ骨不レ埋レ名」と見える。

手跡 筆跡。勘解由式「凡書写功程…若其手迹狼藉文字脱誤者、従二追上日一」。

一生不犯の大験者 一生の間戒律を厳持して犯さず、特に淫戒を犯すことのない、霊験あらたかな山伏または真言師。↓補

三業相応 三業は身・口・意の行動。心と言語と所作とが一体である。↓補

久修練行… 以下については↓補

底《そこ》を究《きは》め、苦行の功《こう》傍《かたはら》に抜《ぬ》けたり。*十安居《あんご》を遂げ、*一落叉《らくしや》を満《みつ》ること度々《どど》なり。*大《おほ》峰《みね》・葛木《かづらき》を通《とほ》り、辺道を踏むこと年々《としどし》なり。*熊野《くまの》・金峰《みたけ》・越中《ゑつちう》の立山《たてやま》・伊豆《いづ》の走湯《はしりゆ》・根本中堂《こんぽんちうだう》・伯耆《はは き》の大山《だいせん》・富士《ふじ》の御山・越前《ゑちぜん》の白山《しらやま》・高野《たかの》・粉河《こかは》・箕尾《みのを》・葛川《かつらがはら》等の間に、行《ぎやう》を競《きを》ひ験《げむ》を挑《いど》まざることなし。山臥《やまぶし》修行者は、昔の*役《えんの》行者・浄蔵貴所《じやうざうくゐそ》といへども、ただ一陀羅尼《だらに》の験者《げむざ》なり。今の右衛門尉の次郎君に於ては、すでに智行具足《ちぎやうぐそく》の生仏《いきぼとけ》なり。

三郎主《ぬし》は、*細工《さいく》幷に*木《き》の道《みち》の長者なり。手筥《てばこ》・硯箱《すずりばこ》・枕筥《まくらばこ》・櫛筥《くしばこ》・厨子《づし》・唐櫃《からひつ》・基《き》帳《ちやう》の足・屛風《びやうぶ》の骨《ほね》・燈台《とうだい》・仏台・花机《はなつくえ》・経机・高座《かうざ》・礼盤《らいばん》・大盤《だいばん》・高器《たかつき》・脇息《けうそく》〈已上木《き》造《づくり》〉、鞍橋《くらぼね》・扇骨《あふぎのほね》・箙《えびら》・大刀《たち》の装束《しやうぞく》・唐笠《からかさ》・造花《つくりばな》・藤巻《とうまく》の上手なり。総《すべ》て*風流《ふりう》*曲節《くゐよくせつ》喩《たと》ふべきところの人なし。故に十指の*撒《あやつ》り営《いとなみ》に因《よ》りて、一家の*稔《にぎはひ》を致し、三寸の小刀を持《も》て、五尺の大身を資《たす》くるをや。

四郎君は、*受領《ずりやう》の*郎等《らうどう》、*刺史《しし》*執鞭《しふべん》の図《づ》なり。*五畿七道に届《いた》らざる所なく、六十余国に見ざる所なし。船《ふね》に乗りては則ち風波《ふうは》の時を測《はか》り、馬に騎《の》ては廼《すなは》ち山野《さんや》の道を達す。*弓箭《きうせん》に拙《つたな》からず、算筆《さんひち》に暗《くら》きことなし。*境《さかひ》に入ては着府《ちやくふ》の作法《さはふ》、神拝《じんばい》・着座《ちやくざ》の儀式《ぎしき》、治国良吏《ちこくりやうり》の支度《したく》、交替分付《けうたいぶんふ》の沙汰《さた》、不与状《ふよじやう》の文《もん》、勘公文《かんくもん》の条《でう》、等《ひとし》き者はありといへども、更にこれに過ぎたる者はなし。これをもて凡そ*庁《ちやう》の目代《もくだい》、もしくは*済所《さいしよ》・案主《あんじゆ》・

十安居　十回の安居。安居とはインドの雨期、四月十五日から三ケ月間、寺院等に籠って反省学習すること。十安居は十年間の修行を意味する。日本では一定期間一ヶ所で修行することをいう。↓補

一落叉…　落叉 lakṣa は十万の数量。大日如来または不動明王等の陀羅尼を念誦するに十万遍を唱え終ること。↓補

大峰・葛木　大峰山脈と金剛山脈。後の修験道では密教の教義と結びつけて、大峰を胎蔵界、葛木を金剛界とする。↓補

熊野…葛川　いずれも山林修行また霊験所として著名。↓補

役行者…　↓補

細工・木の道の長者…　指物師。以下その作物については↓補

風流　新奇な考案をいう。兵範記、仁安三年九月廿九日条に「四尺御屛風同墨画、凝二御插頭台風流一」とある。

曲節　入りくんで変化が多いこと。史記、魏其武安侯伝「夫創少瘳。又復請二将軍一曰、吾益知二呉壁中曲折一。請復往」。

撒　名義抄「アヤツル、フネノカチ」。

稔　名義抄「ミノル、トシ、ニキハフ、ユタカナリ」。

受領　実際に国務を行う国守。実務をとらない遙任国守や知行国主に対してこう呼ぶ。平安中期以降、次官(介)以下は、現地国衙を担う地方豪族が帯びたり、実務と無関係に年給・売官の対象となったりしたので、国司といえば、守(親王任国では介)をさす。→二〇八頁補

郎等　従者。但し下人・所従のような隷属者ではない。↓補

刺史　国守の唐名。

執鞭の図　図は徒か。鞭をとって馬を馭する者。

五畿七道に…　当時、受領は一国の任が満ちると次の国の任を望み、役得の多い国の空くのを期待していた。

弓箭に…算筆に…　↓補

境に入る…　以下については↓補

庁の目代　国衙の在庁官人の頭、在京の長官の代官。↓補

済所…政所　いずれも国府の役所。↓補

検田使・臨時雑役　↓補

諸国の土産…　以下については↓補

轆々・済々　↓補

除目の朝　春秋二度の任官選考の日。任官申請(申文)を有力者や女房の局などを頼って提出するが、この時の進物としてこれらの品々が入用となる。

大名僧　有名な僧。

因明・内明　インド学者の学ぶべき五つの学科区分である五明(内明・工巧明・医方明・因明・内明)中の第四と第五。↓補

内教・外典　↓補

俱舎・唯識　俱舎論と唯識論。↓補

舌の端に懸け　内容に精通して、よどみなく問題を解決説明する。

止観・玄義　摩訶止観や法華玄義。↓補

臆の中に収めたり　文意を知り尽くしていた。即ち天台の教学に精通していた。

三十講には提婆品…　以下は↓補

健児所《こんにしよ》・検非違所《けんびゐしよ》・田所《たどころ》・出納所《しゆつなう》・調所《でうしよ》・細工《さいく》所・修理《しゆり》等、もしくは御厩《みまや》・小舎人《ことねり》所《どころ》・膳所《ぜんしよ》・政所《まんどころ》の或は目代《もくだい》或は別当《べつたう》、いはむや*検田使・収納《しゆなう》・交易《けうやく》・佃《つくだ》・*臨時雑役《りんじのざふやく》等の使《つかひ》、望《のぞ》まざるに自《おのづか》ら懸《か》け預《あづか》るところなり。ただし民を弊《つひや》さずして公事《くじ》を済《な》し、君損なくして自《みづか》ら利《り》あるの上手《じやうず》なり。よて万民の追従《ついしよう》を得《え》て、宅《いへ》常に贍《にぎは》ひ、*諸国の土産《とさん》を集《あつ》めて、貯《たくはへ》甚《はなは》だ豊《ゆたか》なり。所謂《いはゆる》阿波絹《あはのきぬ》・越前綿《ゑつぜんのわた》・美濃八丈《みののはちぢやう》〈また柿〉・常陸綾《ひたちのあや》・紀伊国《きのくにの》縑《かとり》・甲斐斑布《かひのまだらぬの》・石見紬《いはみのつむぎ》・但馬紙《たじまのかみ》・淡路墨《あはぢのすみ》・和泉櫛《いづみのくし》・播磨針《はりまのはり》・備中刀《びちうのかたな》・伊予手筥《いよのてばこ》〈また砥《と》また簾《すだれ》また鰯《いわし》〉・出雲筵《いづものむしろ》・讃岐円座《さぬきのわらふだ》・上総鞦《かづさのしりかき》・武蔵鐙《むさしのあぶみ》・能登釜《のとのかま》・河内鍋《かうちのなべ》〈また味噌《みそ》〉・安芸《あきの》榑《くれ》・備後鉄《びごのかね》・長門牛《ながとのうし》・陸奥駒《むつのくにのこま》〈また紙〉・信濃梨子《しなののなし》・丹波栗《たんばのくり》・尾張粔《をはりのこめ》・近江鮒《あふみのふな》・若狭《わかさの》椎子《しゐ》〈また餅《もちゐ》〉・越後鮭《ゑつごのさけ》〈また漆《うるし》〉・備前海糠《びぜんのあみ》・周防鯖《すはうのさば》・伊勢鯯《いせのこのしろ》・隠岐鮑《おきのあはび》・山城茄子《やましろのなすび》・大和《やまとの》瓜《うり》・丹後和布《たんごのめ》・飛驒《ひだの》餅・鎮西米等《つくしのよねら》なり。かくのごとき贄菓子《にへくだもの》、*轆々《ろくろく》として踵《きびす》を継《つ》ぎ、*済々《せいせい》として市《いち》を成《な》すと云云。故《かるがゆゑ》に*除目《ぢもく》の朝《あした》には、親疎《しんそ》を云はず、先づ尋《たづ》ね求めらる者なり。

五郎は、天台宗《てんだいしう》の学生《がくしやう》、*大名僧《めいそう》なり。*因明《いんみやう》・内明《ないみやう》に通達《つうだつ》し、*内教《ないけう》・外典兼学《ぐゑてんけんがく》せり。*俱舎《くしや》・唯識《ゆいしき》*舌の端《はし》に懸《か》け、*止観《しくわん》・玄義《ぐゑんぎ》*臆《むね》の中に収《をさ》めたり。*三十講には提婆品《だいばほん》、内論《うちろん》議《ぎ》には第一の番《つがひ》、宏才博覧《くわうさいはくらん》にして、論議《ろんぎ》決択《くゑつちやく》の吻《くちさきら》、満座《まんざ》の惑《まどひ》を破り、当弁利口《たうべんりこう》にして、説経《せつきやう》教化《けうくゑ》の声《こゑ》、衆会《しゆゑ》の睡《ねぶり》を驚かす。大意《たいい》・釈名《しやくみやう》朦《くら》からず、入文判釈分明《にうもんはんじやくふんみやう》なり。

*梵音錫杖《ぼんのんしやくぢやう》の匂《にほひ》花のごとし。題名《だいみやう》諷誦《ふじゆ》の詞《ことば》は蝶《てふ》に似たり。表白《へうびやく》神分《じんぶん》に情《こころ》を形《あらは》し、六《ろく》種《しゆ》廻《ゑ》向《かう》に事《こと》を結《むす》ぶ。袈裟《けさ》を係《かけ》たる肩田々《でんでん》として、裳《も》の腰斜《ななめ》なり。念珠《ねんじゆ》を挈《ひさ》げたる指織《せむ》々《せむ》として、袍《ころも》の頸鮮《くびあざや》かなり。如意《によい》・香炉《かうろ》を捧《ささ》げたる姿《すがた》蕩々《たうたう》として、鼻広《びくわう》・草鞋《さうかい》を履《は》ける勢《いきおひ》巍々《ぐゐぐゐ》たり。その容貌《ようめう》を謂《い》へば、忝《かたじけな》くも*阿難《あなん》・羅睺《らご》に等《ひと》し。その智弁《ちべん》を論《ろん》ずれば、身子《しんじ》・富楼那《ふるな》に同《おな》じ。*一音《とん》・二弁《べん》・三形《ぎやう》・四徳《とく》・五愛敬《あいぎやう》、すでにもて具足せり。よて南北二京に名を揚《あ》げ、*公私《おほやけわたくし》の請用《しやうゆう》に遑《いとま》あらず。ただ歴《へ》たるところは*常行堂《じやうぎやうだう》の衆《しゆ》、期《ご》するところは天台座主《てんだいさす》ならくのみ。

六郎冠者《くわんじや》は、*絵師《ゑし》の長者なり。*墨画《すみがき》・彩色《さいしき》・淡作絵《たにつくりゑ》・丹調《につくり》・山水《せんずい》・野水《やすい》・屋形《やかた》・木額・海部《かいぶ》・立石《たていし》・屏風《びやうぶ》・障子《しやうじ》・軟障《ぜんじやう》・扇絵《あふぎのえ》等の上手《じやうず》なり。手早《てはや》く筆軽《ふでかろ》くして、寔《まこと》に天の与《あた》へたる業《げふ》なり。もしくは*金岡《かなをか》・弘高《ひろたか》が*再《ふたた》び生れ来れるか。

七郎は、*大仏師《だいぶつし》なり。*丈六《ぢやうろく》・等身《とうじん》・一搩手半《ちやくしゆはん》・柔愞《にうなん》・忿怒《ふんぬ》・王相《わうさう》・人形《にんぎやう》・金色《こむじき》・彩《さい》色《しき》・白檀造《びやくだんづくり》・面相開眼《めんざうかいげん》・衣文《えもん》等の上手なり。何ぞいはむや天蓋瓔珞《てんがいやうらく》、蓮花《れんぐゑ》の形《かたち》、座光《ざくわう》荘厳《しやうごむ》、唐草《からくさ》の様《やう》、更に人間《にんげん》の所作《しよさ》とは見えず。三十二相《さう》を造り応《かな》へ、八十種好《しゆがう》を刻《きざ》み成せり。これ即ち*解聞恵《けもんゑ》・解宿爾《けしくに》が*玄孫《やしはご》なり。昔の*毘首羯摩《びしゆかつま》が斧《をの》の声は、*聴《きき》三十三天の上に至り、今の恵頭《ゑとう》仏師が刀の巧《たくみ》は、名を*一天四海の中《うち》に挙《あ》ぐと云云。

八郎真人《のまふと》は、*商人《あきびと》の主領《すりやう》なり。利を重《おも》くして妻子を知らず。身を念《おも》ひて他人を顧《かへり》み

梵音錫杖…　以下については↓補

阿難…富楼那　↓補

一音二弁…　ロ遊「伎芸門五曲、一音、二弁、三形、四徳、五愛敬〈謂㆓之化他師㆒〉」。雲洲消息中末「右御仏名之間不参給、有㆓何故㆒乎。初夜御導師、一音二弁共得㆓其道㆒」。

公私の請用　朝廷の法会などに招かれるのを公請(くじやう)といい、貴族ほか個人の法会に招かれるのを私請という。

常行堂の衆　比叡山に円仁が建てた常行三昧堂の衆徒。歩行しながら堂内を廻り、弥陀の名号を称える。

絵師　字類抄「画クワ師、ヱシ、絵師、同俗用之」。職員令、画工司条「正一人〈掌、絵事、彩色、判㆓司事㆒、余正判㆑事准㆑此〉、…画師四人」。

墨画…扇絵　↓補

金岡・弘高　巨勢金岡・巨勢広貴。↓補

再び生れ　文粋巻八、延喜以後詩序「元白再生、何以加㆑焉」。

大仏師　仏師の棟梁。仏師集団の統率者で仏像製作の高級技術者。扶桑略記抄二、天平勝宝元年七月廿四日条「奉㆑鋳㆓東大寺大仏㆒已畢。三箇年間、八箇度奉㆑鋳㆓大仏㆒。大仏師従四位下国公麿」。

丈六…八十種好　↓補

解聞恵・解宿爾　奈良時代の名仏師で長谷寺を建立した稽文会・稽主勲。↓補

玄孫　和名抄「爾雅云、曾孫之子為㆓玄孫㆒〈玄、遠也。言益疎遠也。和名夜之波古〉」。字類抄「ヤシハコ、曾孫子為㆓玄

ず。一を持《も》て万と成し、壌《つちくれ》を搏《う》ちて金と成す。言をもて他の心を誑《たぶろか》し、謀《はかりこと》をもて人の目を抜く*一物《いちぶつ》なり。東は*浮囚《ふしゆ》の地に臻《いた》り、西は*貴賀《きかい》が嶋に渡る。交易《けうやく》の物《もの》、売買《ばいばい》の種《くさ》、称《あ》げて数ふべからず。*唐《から》物には、沈《ぢむ》・麝香《じやかう》・衣比《えひ》・丁子《ちやうじ》・甘松《かむしやう》・薫陸《くんろく》・青木《しやうもく》・竜《りう》脳《なう》・牛頭《ごづ》・雞舌《けいぜち》・白檀《びやくだん》・赤木《あかき》・紫檀《したん》・蘇芳《すはう》・陶砂《たうさ》・紅雪《こうせつ》・紫雪《しせつ》・金益丹《きんえきたん》・銀益丹《ぎんえきたん》・紫《し》金膏《こむかう》・巴豆《はづ》・雄黄《おわう》・可梨勒《かりろく》・檳榔子《びんらうじ》・銅黄《どわう》・緑青《ろくしやう》・燕脂《えんじ》・空青《くしやう》・丹《たん》・朱砂《しゆしや》・胡粉《ごふん》・豹《へう》虎皮《とらのかは》・藤茶垸《とうちやわん》・籠子《ろうじ》・犀生角《さいのいきつの》・水牛如意《すいぎうのによい》・瑪瑙帯《めなうのをび》・瑠璃壺《るりのつぼ》・綾《あや》・錦《にしき》・羅《うすもの》・縠《こめ》・呉竹《ごちく》・甘竹《かんちく》・吹玉《ふきだま》等なり。*本朝の物には、緋襟《ひきむ》・象眼《しやうがん》・繧繝《うんげん》・高麗軟錦《かうらいぜむきむ》・東京錦《とうきやうきむ》・浮線綾《ふせんれう》・金・銀・阿古夜玉《あこやだま》・夜久貝《やくがひ》・水精《すいしやう》・虎珀《くはく》・水銀《みづかね》・流黄《ゆわう》・白鑞《びやくらう》・銅《あかがね》・鉄《かね》・縑《かとり》・蟬羽《せみのは》・絹《きぬ》・布《ぬの》・糸《いと》・綿《わた》・纐纈《かうけち》・紺布《こむの》・紅《くれなゐ》・紫《むらさき》・茜《あかね》・鷲羽《わしのは》・色革《いろかは》等なり。もしくは泊浦《とまりうら》にて年月を送り定まれる宿なし。もしくは村邑《むらさと》にて日夜を過《すご》し住《とどま》る所なし。財宝を波濤《はたう》の上に貯《たくは》へ、浮沈《ふちむ》を風の前に任せたり。運命《うんめい》を*街衢《かいく》の間に交《まじ》へ、死生《ししやう》を路頭《ろとう》に懸《か》けたり。賓客《ひんかく》の清談《せいだん》は甚だ繁《しげ》くして、妻子の対面《たいめん》はすでに稀《まれ》なり。

九郎の小童《こわらは》は、*雅楽寮《うたづかさ》の人の*養子《やしなひご》たり。*高麗《かうらい》・大唐《もろこし》・新羅《しんら》・大和《やまと》の儛楽《ぶがく》、尽《ことごと》く習《なら》ひ畢《をは》りぬ。生年《しやうねん》十五にして既にこの道に達せり。笙《しやうのふえ》・篳篥《ひちりき》・簫《せう》・横笛《よこぶえ》・太鼓《たいこ》・壱鼓《いちこ》・羯鼓《かつこ》・鼗鼓《ふりつづみ》・摺鼓《すりつづみ》・鉦鼓《しやうこ》・銅鈸子《どびやうし》等の上手《じやうず》なり。*調子《てうし》を言へば、双調《さうでう》・平調《ひやうでう》・盤渉《ばんしき》調《でう》・黄鐘調《わうしきでう》・大食調《たいしきでう》・壱越調《いちこつでう》・上無《かみむ》調子等なり。*舞は陵王《りようわう》・散手《さんじゆ》・延喜楽《えんぎらく》・皇麞《わうしやう》・甘《かむ》

孫㆓」。

毘首羯摩　三十三天に住し釈天の命を奉じて建築彫刻等を司る神匠の名。↓補

三十三天　忉利天。六欲天の一で須弥山の頂上にある天。中央に帝釈天がいて、頂の四方に各八人の天人がおり、合わせて三十三天となる。↓補

一天四海　天下全体。平家、大塔建立「汝この剣をもて一天四海をしづめ、朝家の御まぼりたるべし」。

商人の主領　当時の商人の活動を批判したものに、保延元年七月二十七日藤原敦光勘文がある。「京中所住浮食大賈之人、或於㆓近都㆒借㆓一物㆒、向㆓遠国㆒貪㆓三倍㆒云々」(一八一頁)。

一物　すぐれた者。字類抄「逸物、イチブツ人也、イチモツ馬也」。

浮囚の地　蝦夷地方、今の東北地方。金の産地として古来有名。↓補

貴賀が嶋　九州南端の島。鬼界島・鬼島ともいう。往古は薩摩国の管内、当時日本の最南端の島。どの島を指すかは未詳。

唐物…・本朝の物…　↓補

街衢　字類抄「郷里分、カイク」。

雅楽寮　令制では治部省の所管。一般にはウタリョウと呼ばれた。↓補

養子　釈日本紀六「子養…私記曰、問子養両字云比太須、其義如何」。育てるの意。

高麗…銅鈸子・調子…・舞は…　↓補

州《しう》・万歳楽《まんざいらく》・想夫恋《さうふれん》・青海波《せいがいは》・壱徳塩《いつとくえむ》・安楽塩《あんらくえむ》・蘇合《そかふ》・弄槍《ろうさう》・五常楽《ごしやうらく》・地久《ちきう》・納曾利《なうそり》・埴破《はにわり》・覩曾《とそ》・胡飲酒《こんじゆ》・崑崙《こんろん》八仙《せん》等なり。凡そ百廿条尽《ことごと》くもて学び了りぬ。その姿美麗《びれい》にして衆人愛敬《あいぎやう》す。その貌端正《かたちたんじやう》にして見る者歓喜《くわんぎ》す。就中《なかむづく》に*睿岳《えいがく》の諸僧、辺山《へんざん》の住侶《ぢうりよ》、これを見これを問ひて、或は*目を迷《まど》はして着裳《つけも》を飛ばし、或は肝《きも》を砕《くだ》きて*紙衣《かみきぬ》を振《ふる》ふ。総《すべ》て洛陽《らくやう》の貴賤《くゐせん》、田舎《ゐなか》の道俗《だうぞく》、これを寵《てう》せずといふことなく、これを愛せずといふことなしと云云。そもそも見物の上下その数ありといへども、右衛門尉《の》一家《のいつけ》、今夜《こよひ》の棟《とう》梁《りやう》たり。よて記《しる》すこと件のごとし。

弘安九年正月下旬、書写し畢りぬ。

醍醐寺に上る、求法沙門一阿書《しる》す。

正応六年卯月十八日、重ねて多くの本をもて点じ了りぬ。

快賢

睿岳の諸僧　比叡山延暦寺の僧侶たち。

目を迷はし…　僧侶たちが正体をなくし血まなこになって、美少年の許に馳せて来るさま。

紙衣　紙で作った衣服。薄手の和紙に何重にも柿渋を塗り乾かしたもの。

遊女記（大江匡房）

大江匡房（一〇四一—一一一一）の晩年の執筆にかかると推定される。本書は江口・神崎・蟹島の遊女について述べたもので、「傀儡子記」とともに平安末期の遊女の有様を知るための根本史料である。概ね遊女に同情的な叙述であることは注目すべきで、匡房の代表する当時の中流貴族の性格・嗜好をよく示すものであり、またその筆致が具体的であり栄花物語・扶桑略記などの記事とよく符合することから、史料的価値は高い。小品ながら風俗史料として一級のものである。大江匡房は文章得業生として出身して以来、東宮学士をふりだしに多くの顕職につき、後三条・白河天皇の信任厚く荘園整理に功績があり、正二位権中納言まで昇った。平安後期の代表的学者であるとともに政治家としても有能であった。大宰権帥を兼ねたことから江帥と称せられ、著書に「本朝神仙伝」「続本朝往生伝」「江家次第」などがあり、その談話を集めて「江談抄」といった。その若年の時の勉学は「暮年記」に詳しい。底本には、新訂増補国史大系本「朝野群載」を用い、山岸徳平所蔵写本「朝野群載」で補訂し、群書類従本を参照した。

〈大曾根章介 校注〉

遊《いう》女《ちよの》記《き》

山城国*与《よ》渡津《どの》より、*巨川に浮びて西に行くこと一日、これを*河陽《かや》と謂《い》ふ。山陽・西海・南海の三道を往返《わうへん》する者は、この路に遵《よ》らざるはなし。江河南し北し、邑《むら》々処《ところ》々に流れを分ちて、河内国に向ふ。これを*江口《えぐち》と謂ふ。蓋《けだ》し典薬寮《くすりのつかさ》の*味原《あぢふ》の牧《むまき》、掃部《かむもりの》寮《つかさ》の*大庭《おほば》の庄《しやう》なり。

摂津《つの》国に到りて、*神崎《かむざき》・*蟹島《かしま》等の地《ところ》あり。*門を比《なら》べ戸《こ》を連ねて、人家絶ゆることなし。倡女《うため》群《たむろ》を成して、*扁舟《へんしう》に棹《さを》さして旅船に着き、もて*枕席《しむせき》を薦《すす》む。*声は渓雲を遏《とど》め、韻《しらべ》は水風に飄《ただよ》へり。*経廻《けいくわい》の人、家を忘れずといふことなし。*洲蘆浪花、*釣翁商客、*舳《ぢく》艫《ろ》相連なりて、殆《ほとほと》に水なきがごとし。蓋し天下第一の楽しき地《ところ》なり。

江口は*観音が祖《はじめ》を為《な》せり。中君《なかのきみ》・□・小馬《こま》・*白女《しろめ》・主殿《とのもり》あり。蟹島は*宮城を宗《むね》と為《な》せり。*如意《によい》・*香炉《かうろ》・孔雀《くじやく》・立枚あり。神崎は*河菰《かこ》姫を*長者《ちやうじや》と為せり。孤蘇《こそ》・宮子・力命・小児の属《たぐひ》あり。皆これ*倶尸羅《くしら》の再誕にして、*衣通姫《そとほりひめ》の後身なり。上は卿相《けいしやう》より、下は黎庶《れいそ》に及《いた》るまで、*牀第《ゆかむしろ》に接《みちび》き慈愛を施《ほどこ》さずといふことなし。また*妻《め》妾《をうなめ》と

遊女 →補

与渡津 京都市伏見区。賀茂・桂・宇治三川の合流点にあたり、当時交通の要衝地であった。→補

巨川 宇治川。

河陽 山崎津。山城名勝志に「宮駅橋、或云、山崎同所歟」とある。→補

江口 大阪市東淀川区。平安時代に遊里として名高く、雲州消息、中末に「明月之夜向二河陽一、欲レ遊二予江口辺遊女所一」、江家次第巻一五、八十島祭に「次帰京、於二江口一遊女参入、纏頭例禄如レ恒」とある。

味原の牧・大庭の庄 →補

神崎 伊呂波「カムサキ」。尼崎市神崎で、摂津志の河辺郡に見える。→補

蟹島 伊呂波「カシマ、ツノ国」。大阪市西淀川区。神崎川を隔てて神崎の対岸。→補

門を比べ… 新撰朗詠集巻下、遊女に「家来江河南北岸、心通上下往来船」とあり、撰集抄巻五に「江口柱本など云遊女のすみか見めぐれば、家は南北の岸にさしはさみ」とある。

扁舟…・枕席 →補

声は渓雲を… 美声をいう。列子、湯問「声振二林木一、響遏二行雲一」。

経廻 雲州消息、中本「為レ訪二近親一参二下貴境一。経廻之間可レ賜二一顧一」。

洲蘆浪花 新撰朗詠集巻下、水「洲蘆浪砕驚二花白一」。

釣翁商客 本朝無題詩巻三、秋月詩「漁人歌冷洞庭暁、商客涙寒巴峡秋」。

為りて、身を歿《ぼつ》するまで寵《あい》せらる。賢*人君子といへども、この行《しわざ》を免れず。南は住*吉、西は広*田、これをもて*徴嬖《ちようへい》を祈るの処と為す。殊に事《つかまつ》る*百大夫《ひやくだいふ》は、*道祖神《さへのかみ》の一名《おなじ》なり。人別《べち》にこれを剜《ゑ》れば、数は百千に及べり。能く人*の心を蕩《とらか》す。また古*風ならくのみ。

*長保年中、東三条院は住吉の社・天*王寺に参詣したまひき。この時に*禅定大相国《ぜんぢやうだいしやうこく》は小*観音を寵《あい》せられき。長*元年中、上東門院また御行《みゆき》ましましき。この時に宇治《の》大相国は中君を賞《もてあそ》ばれき。延*久年中、後三条院は同じくこの寺社《てらやしろ》に幸《かう》したまひき。*狛犬《こまいぬ》・*犢《こうしら》等の類《たぐひ》、舟を並べて来れり。*人神仙《しんせん》を謂へり。近代の勝事《しようじ》なり。

相伝へて曰く、*雲客風人《うんかくふうじん》、遊女を賞ばむとして、京洛より河陽《かや》に向ふの時は、江口の人を愛す。*刺史《しし》より以下《しもつかた》、西国《にしくに》より河に入る輩《ともがら》は、神崎の人を愛すといへり。皆始めに見《まみ》ゆるをもて事とするが故《ゆゑ》になり。得るところの物は、団*手と謂ふ。均分《くゐんぶん》の時に及びては、廉恥の心去りて、忿*厲の色興《おこ》り、大小の諍論《じやうろん》は、闘乱《とうらん》に異らず。或は*麁絹《そけん》尺寸を切り、或は粳米斗升を分《わか》つ。蓋《けだ》しまた*陳平《ちんへい》が肉を分つの法あり。その*豪家《かうけ》の侍女の、上《のぼ》り下《おろ》す船に宿る者、湍*繕と謂《い》ひ、また*出遊《いであそび》と称《い》ふ。少分の贈《をくりもの》を得て、一日の資《たすけ》と為せり。ここに髻*俵・絅*絹の名あり。舳《へ》に登*指を取りて、皆九*分の物を出すは、習俗《しふぞく》の法なり。

舳艫　↓補
観音…　以下、院政期の名妓の名。画証録に「遊女が名、さまぐ〵なれど、仏の名、釈家の語など付たる殊に多し。是又流行によれる也」という。二中歴、遊女・古事談巻二・高野山御参詣記に「観童」とあるのと同じであろう。
白女　二中歴に名がある。
宮城　二中歴に名がある。↓補
如意　二中歴に名がある。
香炉　古事談巻二・二中歴に見える。
河菰姫　二中歴の「阿(河ィ)古」と関係あるか。
長者　ここでは遊女の統率者。↓補
倶尸羅　瞿枳羅・鳩夷羅ともいう。↓補
衣通姫　遊女の美貌を形容。↓補
牀笫　牀の上面を竹で編んで作ったもので閨房を意味する。往生極楽記に「以レ娃妻レ之、不レ同二牀笫一」とある。
妻妾と為りて・賢人君子と…　↓補
住吉・広田　↓補
徴嬖　遊女が客に呼ばれる。お座敷がかかる。↓補
百大夫　遊女や傀儡子の守り神をいう。↓補
道祖神　道路や村境にあって、悪霊疫病を防ぐとともに、男女のことを司る神でもあった。↓補
人の心を…　見遊女詩序「少者脂粉歌咲、以蕩二人心一」。
古風　古くからの風習。
長保年中…　↓補

*江翰林《がうのかんりん》が序に見えたりといへども、今またその余《ほか》を記《しる》せるのみなり。

天王寺　聖徳太子の創建。→補
禅定大相国　在家剃髪した太政大臣のことで、藤原道長をさす。
小観音・長元年中…・延久年中…　→補
狛犬・犢　遊女の名。江口の長者か。
神仙　雲州消息、中末「遊女一両船、於二蘆葦之間一発二今様之歌曲一、可レ謂二象外之遊一」。
雲客風人　殿上人や風流人。
刺史　文粋、公卿意見六箇条「国守者古之刺史也」。
団手　纏頭・玉代のことか。
忿厲　はげしく怒ること。
麁絹　下学集「素絹 ソケン」。綾のない生絹(すず)。→補
陳平が肉を分つ　漢の陳平が郷里の宴会で料理人になって、肉を平均に客に分けた故事より、公平な分配をいう。→補
豪家　親王や公卿のように家柄のよい家。→補
湍繕・髻俵・絅絹　未詳。
出遊　娼家に属せぬ素人の売色のこと。
登指　未詳。→補
九分　九は「丸」の誤り。円形を分割した形か半円形をいうか。しるしの紋様。

江翰林　大江以言。なお序は文粋巻九の「見二遊女一」を指す。→補

傀儡子記（大江匡房）

「遊女記」と姉妹編をなすもので、同時期に執筆されたものと推定される。「傀儡」はあやつり人形を意味し、中国では人形を舞わし歌を歌った者をいうが（宋、荘綽、雞肋篇）、日本では本書から知られるように、狩猟を元来の生業としながら党とよばれる集団で漂泊し、男は剣術・人形つかい・奇術、女は倡歌・売春などを業とした。その実情は塵添壒嚢鈔の「昔ハ様々術共ヲ成ス也。今ハ無二其義一。男ハ殺生ヲ業トシ、女ハ偏ヘニ遊女ノ如シト云リ」や、下学集の「傀儡（日本俗呼二遊女一曰二傀儡一）」という記述からも窺われる。今日では内容不明のものもあるが、ここに記された生活形態と技芸は、当時の風俗・芸能の一端を知る上で貴重であるばかりでなく、この類の芸能者の発生・系譜を考える上でも注目すべきものを含んでいる。

底本には、新訂増補国史大系本「朝野群載」を用い、山岸徳平所蔵写本「朝野群載」で補訂し、群書類従本を参照した。

〈大曾根章介　校注〉

傀《くい》儡《らい》子《しの》記《き》

*傀儡子《くいらいし》は、*定まれる居《をりところ》なく、当《まも》る家なし。*穹廬氈帳《きうろせんちやう》、水草を逐《を》ひてもて*移徙《いし》す。頗る*北狄《ほくてき》の俗《ならひ》に類《に》たり。男は皆*弓馬を使《わきま》へ、狩猟をもて事と為《な》す。或は*双剣を跳《をど》らせて七丸を弄《もてあそ》び、或は*木人《ぼくじん》を舞はせて*桃梗《たうかう》を闘はす。生ける人の態《わざ》を能くすること、殆《ほとほと》に*魚竜曼蜒《ぎよりようまんえん》の戯《たはぶれ》に近し。*沙石を変じて金銭と為し、草木を化して鳥獣と為し、*能く人の目を□す。女は*愁眉《しうび》・*啼粧《ていしやう》・*折腰歩《せつえうほ》・*齲歯咲《くしせう》を為し、*朱《しゆ》を施し粉《しろきもの》を傅《つ》け、*倡歌淫楽して、もて妖媚を求む。*父母夫聟は誡□せず。亟《しばしば》*行人旅客に逢ふといへども、一宵の佳会を嫌はず。*徴嬖《ちようへい》の余に、自ら千金の繡《ぬひもの》の服・錦の衣、*金《こがね》の釵《かむざし》・鈿《でん》の匣《はこ》の具《ぐ》を献ずれば、これを異《うやま》ひ有《をさ》めざるはなし。*一畝の田も耕《たがへ》さず、一枝の桑も採《つ》まず。故《かるがゆゑ》に県官に属《つ》かず、皆*土《ど》民《みむ》に非ずして、自《おのづか》ら*浪人《らうにん》に限《ひと》し。上は王公を知らず、傍《かたがた》*牧宰《ぼくさい》を怕《おそ》れず。課役《くわやく》なきをもて、一生の楽《たのしび》と為せり。夜は*百神を祭りて、鼓舞《こぶ》*喧嘩《くわんくわ》して、もて福《さいはひ》の助《たすけ》を祈れり。

東国は*美濃・参川《みかは》・遠江等《ら》の*党《たう》を、*豪貴《かうくゐ》と為す。山陽は*播州、山陰は*馬州等の党、

傀儡子　和名抄に「唐韻云、傀儡〈賄儡二音、和名久々豆〉、楽人所レ弄也。顔氏家訓云、俗名二傀儡子一為二郭禿一」とあり、傀儡はあやつり人形をさす。↓補

定まれる居　↓補

穹廬氈帳　匈奴人の住む天幕と毛氈をはりめぐらせた家。↓補

移徙　字類抄「イシ」、名義抄「移・徙ウツル」。

北狄　字類抄「ホクテキ」。北方の未開民族。↓補

弓馬を使へ…　↓補

双剣を…　二本の剣をお手玉し、七つのまりを投げる田楽の演戯。↓補

木人　木製の人形。でく。↓補

桃梗…　桃の木で作った人形のこと。これは人形に相撲をとらせること。↓補

魚竜曼蜒　仮頭を頂いて魚が竜になったり、竜蛇や熊虎になったりする変幻の戯術。↓補

沙石を…　幻術をいう。↓補

能く人の目を…　後漢書、方術列伝に「解奴辜能変二易物形一、以誑二幻人一」とあるのと同じ意味であろう。

愁眉　後漢の時、京の婦人が画いた細く曲った眉。以下、眉態の形容。↓補

啼粧　お白粉を塗ってから目の下だけを薄く拭う化粧法。悲しんで泣いた顔に見せる。↓補

折腰歩　少し腰を曲げて歩くこと。足が弱くて体にたえぬ様子を示す。↓補

齲歯咲　虫歯が痛むような顔付をして笑

これに次ぐ。*西海の党は下と為せり。その名ある傀《くぐつ》は、*小三《こみ》・日百・三千載・*万歳・小君・*孫君等なり。*韓娥《かんが》の*塵を動《うご》かして、余音は梁《うつはり》を繞《めぐ》る。聞く者は*纓《えんび》を霑して、自《みづか》ら休むこと能《あた》はず。*今様《いまやう》・古川様《ふるかはやう》・足柄《あしがら》・片下《かたおろし》・催馬楽《さいばら》・黒鳥子《くろとりこ》・田歌《たうた》・神歌《かみうた》・棹歌《さをうた》・辻歌《つじうた》・満固《まこ》・風俗《ふぞく》・咒師《ずし》・別法等の類《たぐひ》は、勝《あ》げて計《かぞ》ふべからず。即ちこれ天下の*一物《いちぶつ》なり。誰か*哀憐《あいれむ》せざらむや。

うこと。↓補

朱を施し…・倡歌淫楽 ↓補

父母夫聟は…・行人旅客… ↓補

徴嬖…・金の釵・一畝の田も… ↓補

土民 土着の民。↓補

浪人 戸籍に記された本貫の地を離れた者。↓補

牧宰 職原鈔「諸国、守〈唐名牧宰〉」

百神 ↓一五五頁注「百大夫」

喧嘩 字類抄「言語分、クワンクワ」。

美濃…・党 ↓補

豪貴 富んで勢力がある。文粋、貧女吟「寄レ語世間豪貴女」。

播州 宮津と高砂の遊女を指すか。↓補

馬州 但馬は未詳。しかし丹波は、無題詩、中原広俊の詩に「売レ色丹州容忘レ醜〈丹波国傀儡女、容良皆醜。故云〉」とある。

西海 古く遊女檜垣嫗がいたことが、後撰集や大和物語に見える。

小三 二中歴の傀儡子に見える。↓補

万歳 二中歴に見える。

孫君 無題詩に大江匡房の詩「傀儡子孫君」がある。

韓娥 昔の歌の名人。↓補

塵を動かして… 歌の秀れていること。↓補

纓 冠を縛ったのこりの紐。↓補

今様… ↓補

一物 すぐれたもの。字類抄「逸物、イチブツ人也、イチモツ馬也」。

哀憐 字類抄「慈悲分、アイレム」。

暮年記（大江匡房）

本書の成立時期は明らかではないが、末尾に「寛治以後」とあることから、晩年の五十歳以後の作であることは確認できる。若年の頃からの彼の師と彼の草した詩文の評価を排列・寸評する形で彼の一生を綴り上げたもので、いま「識レ文之人、無二一人存一焉」と慨嘆し盛時を偲びつつ結ぶ、という構成になっている。もとは自撰の詩集の序であって後独立して記と称したと推定されるが、詩の方は現存していない。大江匡房の伝記資料としても重要なものであるとともに、当時の文人社会の雰囲気を窺い知る上でも恰好な一文である。底本には、内閣文庫蔵本「本朝続文粋」を用い、新訂増補国史大系本「朝野群載」で補訂した。

〈大曾根章介　校注〉

*暮《ぼ》年《ねんの》記《き》

江《がうの》*大《たい》府《ふ》卿《けい》

予《われ》*四歳のときに始めて書《ふみ》を読み、八歳のときに史漢*に通《かよ》ひ、十一*のときに詩を賦《ふ》して、世、神童《しんどう》と謂《い》へり。源*大相国《だいしやうこく》は*風月《ふうげつ》の主《ぬし》にして、*社稷《しやしよく》の臣《ひと》なり。試みに雪*の裏《うち》に松の貞《さだ》きを看《み》るの題を賜へり。この日*時棟朝臣《ときむねあそん》、座にありき。筆*は停滞《ていてい》せず、文*は点《てむ》を加へず。相府《しやうふ》、深く賞歎したまひ、幸《さいはひ》に汲引*の恩《めぐみ》を賜ひき。宇*治前《のさきの》大相国、また詩を賦されむがために、忝《かたじけな》くも*徴辟《ちようへき》ありき。*予参《よさん》すといへども賦せざりき。相*府の忌月〈十二月〉に当るによりてなり。この日、予を相《さう》して曰く、地を履《ふ》みて人を踰《こ》え、必ず大位に至らむといひたまへり。故肥前《の》守*長国《ながくに》朝臣は、予《わ》が先祖*李部大卿《りほうたいけい》の門人なり。文章に長《す》ぐれ、時に任国にありき。予が詩草を見て、書《ふみ》を送りて相賀《よろこ》びき。

十六のときに、*秋日閑居《かんきよ》の賦を作りき。故大学頭《だいがくのかみ》*明衡《あきひら》朝臣、深くもて許せり。常に曰く、*その鋒《ほこのさき》は森然《いよよか》にして、定めて敵《ひと》しき者は少からむといへり。後に*落葉泉石を埋むの詩を作りき。感《ほ》めて曰く、すでに*佳境に到りたりといへり。予《われ》後の日に見るに、いまだその美を尽さず。然れども先達名儒《せんたつめいじゆ》を感《かむ》ぜしむることかくのごとし。故

暮年記　群載「江納言暮年詩記」。暮年は晩年。

大府卿　職原鈔「大蔵卿、唐名大府卿」。殿暦、天永二年七月二十九日に「依㆓除目直物㆒忩参也。…大蔵卿、江帥匡房」とある（中右記・永昌記等同じ）。なお匡房はこの年十一月五日に七十一歳で薨ず。

四歳のときに…・十一のときに…　↓補

史漢　史記と漢書。↓補

源大相国　源師房。↓補

風月の主　詩歌の道の主。↓補

社稷の臣　国家の重臣。↓補

雪の裏に松の…　↓補

時棟　大江匡衡（匡房の曾祖父）の養子。↓補

筆は停滞せず　文粋、書斎記「余非㆓正平之才㆒、未㆑免㆓停滞之筆㆒」。

文は点を加へず　菅家文草巻七、鴻臚贈答詩序「黙記畢㆑篇、文不㆑加㆑点」、本朝神仙伝「染㆑筆作㆑文不㆑加㆑点」。

汲引　人を引き上げること。

宇治前大相国　太政大臣藤原頼通。

徴辟　微賤の者を起用して官職を授けること。また貴人が卑しい者を召すこと。↓補

予参　参加して仲間に入ること。↓補

相府　頼通の父左大臣道長。↓補

長国　大隅守中原重頼の男。↓補

李部大卿　式部大輔の唐名。大江匡衡を指す。↓補

秋日閑居の賦　続文粋巻一に収め、「学生江匡房 年十六」と記す。↓補

文章博士《もんじやうはかせ》*定義《さだよし》朝臣、予《わ》が師右大弁《うたいべん》*定親《さだちか》朝臣に謂《い》ひて曰く、定義始めは*江茂才《がうもさい》の文*を許さざりき。近日製作《このごろつく》れるものは、日《ひ》に新《あら》しと謂ふべしといへり。故*都督《ととく》源亜相《あしやう》は、久しく*鑽仰《さんぎやう》を好みて、兼ねて文章を知りたまへり。予《わ》が文章を見るや、必ず褒美《ほうび》を加ふ。*馬は呉坂《ごはん》の風に嘶《いなな》き、亀は盧江《ろかう》の浪に扑《てう》つといへり。予《わ》が昇進《しようしん》の間、必ず*吹嘘《すいきよ》の力を加へたり。前肥後守《の》*時綱《ときつな》朝臣は、深く詩心を得たり。予が*前《の》大相国の表幷《へうならび》に源*右相府の室家《しつか》源二位の願文《ぐわんもん》を見て曰く、殆《ほとほと》に*江吏部《がうりほう》の文章に近しといへり。故伊賀守《の》*孝言《たかとき》朝臣・掃部頭《かもりのかみ》*佐国《すけくに》は、文に*提携《ていけい》し、道に*浮沈《ふちむ》せり。蓋《けだ》し後進の*領袖《りやうしう》なり。予が*円徳院《ゑんとくゐん》の願文幷に*前《の》大相国関白《くわんばく》の第三の表を見て、深く感歎《かむたむ》せり。故式部大輔《しきぶのたいふ》*実綱《さねつな》朝臣は、文章に深からずといへども、猶《なほ》し感激なしといふこと非ざりき。予《わ》が*高麗《かうらい》の返牒《へんてう》を見て心伏せり。右中弁《うちうべん》*有信《ありのぶ》朝臣は、頗《すこぶ》る詩心を得たり。予が文章を見て、泣きて感《ほ》めたり。

ここに頃年《としごろ》より以来《このかた》、かくのごときの人、皆もて*物故《もつこ》したり。*文を識《し》るの人、一人《ひとり》の存《のこ》るものなし。*司馬遷《しばせん》が謂へるありて曰く、誰がためにか為《な》さむ、誰をして聞かしめむといへり。蓋《けだ》し聞かく、*匠石《しやうせき》は斧《をの》を郢人《えいひと》に輟《や》め、*伯牙《はくが》は絃《こと》を鍾子《しようし》に絶てりと。何《いか》にいはむや*風騒《ふうさう》の道は、識《し》れる者の鮮《すくな》きをや。*巧心拙目《かうしんせつもく》は、古《いにしへ》の人の傷《いた》み所なり。*寛治《くわんぢ》より以後《のち》、*文章はあへて深く思はず、ただ*翰墨《かんぼく》の責《せめ》を避《の》がるらくのみ。もしそれ

明衡　藤原敦信の男。↓補
その鋒は森然…　詩風の鋭い形容。↓補
落葉泉石を埋む　江談抄巻五「又落葉埋二泉石一詩、羊子碑文嵐裡隠、淮南葉色浪中深云々」。和漢兼作集に見える。
佳境　すぐれた境地。↓補
定義　菅原孝標の男。↓補
定親　平親信の孫、理義の男。↓補
江茂才　拾芥抄、官位唐名「文章得業生茂才」。匡房は天喜四年十二月二十九日に文章得業生に補せられる(公卿補任)。
文を許さず…　文は詩をさす。↓補
都督源亜相　源経信。↓補
鑽仰　学問を求めて努力すること。↓補
馬は呉坂の風に嘶き…　詩才が卓越し識者に認められることを、急坂を登る駿馬、大江を泳ぐ亀に譬えた。↓補
吹嘘　推薦。
時綱　光孝源氏、信忠の男。↓補
前大相国の表　後出「第三の表」と同じか。
源右相府の室家源二位の願文　六条右大臣室家奉為故中宮堂供養願文(続文粋巻一三・江都督願文集巻五)。源二位は源顕房室従二位源隆子をいう。
江吏部　↓前頁注「李部大卿」
孝言　惟宗教親の男。↓補
佐国　大江朝綱の曾孫、通直の男。↓補
提携・浮沈　↓補
領袖　多数の頭に立つ人。↓補
円徳院の願文　続文粋巻一三・江都督願文集巻二に収む。↓補
前大相国関白の第三の表　↓補

*心内《うち》に動《はたら》くときは、言外《ことほか》に形《あらは》る。*独《ひと》り吟《ぎん》じ偶《たまたま》詠《えい》じて、聊《いささか》に巻軸《くわんぢく》を成せり。よりて由《ゆい》緒《しょ》を記《しる》して、*来葉《らいえふ》に貽《のこ》す。

実綱　藤原資業の男。↓補
高麗の返牒　承暦四年の事件で、帥記・水左記等に詳しい。↓補
有信　実綱の三男。↓補
物故　人の死ぬこと。↓補
文を識るの人…　延喜以後詩序「知レ文之士、当時無レ遺」。
司馬遷…　↓補
匠石…・伯牙…　知己の死を傷む譬。↓補
風騒の道　詩経の国風と楚辞の離騒の意から、正統的な詩の道をいう。↓補
巧心拙目　巧みな発想も愚者の眼から笑われること。↓補
寛治　堀河天皇の年号(一〇八七—九三)。
文章はあへて…　延喜以後詩序「雖レ関二公宴一、不三敢深思一、共避二格律之責一而已」。
翰墨　詩文を草すること。↓補

心内に動くときは…　↓補
独り吟じ…　延喜以後詩序「摛レ藻独吟独作、不レ肯レ視レ人。年往月来、徒成二巻軸一」。
来葉　後世。

狐媚記（大江匡房）

狐が人をだました怪異譚を集めたもの。執筆時期は明らかではないが、冒頭に「康和三年云々」とあり、康和三年（一一〇一）は匡房六十一歳の時にあたるから晩年の作であることは間違いない。怪異譚四話を略記した後、中国の史籍に載せられた狐媚の伝承に触れ、「未二必信伏一。今於二我朝一、正見二其妖一。雖レ及二季葉一、恠異如レ古。偉哉」と結んでいる。狐が人をばかすという観念は古く、日本においても例えば日本霊異記などにその説話があるが、平安後期における第一級の知識人であった匡房が狐媚譚をどうみていたかを考える上で、興味深い一篇である。底本には、内閣文庫蔵本「本朝続文粋」を用いた。

〈大曾根章介　校注〉

*狐《こ》媚《びの》記《き》

江大府卿

*康和三年、洛陽《らくやう》に大きに狐媚《こび》の妖《えう》ありき。その異《い》は一《ひとつ》に非ず。初《はじ》めに朱雀門《しゆじやくもん》の前において、饌《そなへもの》を羞《すす》むる礼《れい》を儲《まう》く。*馬通《うまくそ》をもて飯《いひ》と為《な》し、牛骨をもて菜《な》と為せり。次に式部省の後《うしろ》、及び王公《わうこう》*卿士《けいし》の門の前に設く。世に狐《きつね》の*大饗《だいきやう》と謂へり。

図書助《づしよのすけ》*源隆康《のたかやす》は、賀茂《かも》の斎院に参れり。車は門の外にあり。夜に入りて少年の*雲客《うんかく》両三《ふたりみたり》、その車に推《を》し駕《の》り、兼ねて偶《ともがら》の女あり。月に乗りて行々《ゆくゆく》、鴨川を経て、七条川原《かはら》に到れり。右兵衛尉《うひやうゑのぜう》*中原家季《のいへすゑ》は、途中《とちう》に相逢ひつ。その車の中を見るに、紅衣*皎《けう》然《ぜん》たり。夜に入りて色あり。独り怪《あやし》ぶ。牛童《うしわらは》はその苦《くるしび》に堪へずして、道の間《あひだ》に平伏《へいふく》せり。雲客、*一張《ちやう》の紅《くれなゐ》の扇を給ひて、*倏忽《たちまち》に去りぬ。車の前*軾《くるまのとじきみ》の上に、狐の脚《あし》の迹《あと》あり。牛童家に帰りて、明くる日見るに、扇はこれ*繭栗《けんりつ》の骨なりき。その後病を受け、数日《すじつ》にして死せり。その主大《ぬしおほき》に恐れて、その車を焚《や》かむと欲す。夢に*神人《しんじん》あり、来りて曰く、請ふ焚くことなかれ。将《まさ》に報《ほう》あらむとすといへり。明《あく》る年の*除書《ぢよしよ》に、図書《の》助に任ぜらる。

狐媚 狐が人をだますこと。広異記(太平広記巻四五一)「唐宋州刺史王璿、少時儀貌甚美。為二牝狐一所レ媚」。
康和三年… 皇代暦「康和二(一本三)年三月五(一本十一)日、於二朱雀門前東掖一狐大饗。以二牛馬宍一為レ飯、以二蚖虵類一為レ菜、以二牛馬骨一為レ箸。牛童将レ還レ車、於二一条大宮辻一狐現二人業之妖一」。
馬通 字類抄「ウマクソ」。
卿士 王公の家臣。
大饗 宮中・大臣家などで行われる年始慶賀・任官祝賀などの大饗応。民間の大饗宴をよぶこともあった。↓補
源隆康 光孝源氏。縫殿守師隆の男。従五位下図書助(分脈)。
雲客 下学集「四位以下云二雲客一、殿上人也」。
中原家季 伝未詳。
皎然 明らかなさま。
一張 張は紙や皮などを数える助数詞。字類抄「張、チヤウ、紙員也」。
倏忽 字類抄「タチマチナリ」。
軾 牛車の車箱の前に張りわたした低い仕切り板。和名抄「説文云、軾〈音式、車乃止之岐美〉、車前也」。
繭栗 小牛の角が初めて生える時にその形が繭や栗のようであるので、小さい角をいう。転じて小牛のこと。↓補
神人 神のようにけだかい人。
除書 除目。江次第抄「除目、此二字出二於唐書一。或曰二勅目一、或除書、其義一也」。
御願寺 天皇・皇后・院・女院などの発

主上《しゆじやう》*御願寺《ごぐわんじ》を造り、四十五夜に満たざるによりて、*方忌《かたいみ》を避くるの行幸《ぎやうかう》ありき。忽《たちまち》に何人《なにひと》か馬に騎《の》りて扈従《こしよう》せるものあり。左右《さう》の袖を挙げて、自らその面《おもて》を掩ふ。その後《しり》に*垂纓《すいえい》の小舎人《ことねり》あり。蔵人大学助《の》*藤原重隆《のしげたか》、怪びて問ふに、子細《しさい》を答へず、朱雀門に馳《は》せ入りて、*瞥爾《べつじ》にして見えず。

*増珍律師《りつし》は、*説法《せつほう》の宗匠《そうしやう》なり。一《ひとり》の老嫗《らうく》あり、来りて曰く、*無頼《ぶらい》の婦人《ふじん》、法会《ほうゑ》を修せむと欲す、忝《かたじけな》く光臨《くわうりん》を垂れよといへり。律師許諾《きよだく》せり。その日の夕《ゆふべ》に臨みて、嫗《おうな》重《かさ》ねて来り屈《くつ》す。律師請《しやう》に赴きて、六条朱雀の大路《おほぢ》に到りぬ。人家《じんか》堂、荘厳《しやうごむ》せること常のごとし。僧供《そうぐ》を設くといへども、*役送《やくそう》の人なし。簾《すだれ》の中に手を拍《う》ちて、偶《たまたま》酒盃《しゆはい》を出せり。律師怪びて、あへて饌《そなへもの》に就かざりき。*先《ま》づ講座《かうざ》に登りて、鐘を打つこと一声《いつせい》にして、燈《ともしび》の色忽に青し。儲《まう》くるところの饌も、またこれ糞穢《ふんゑ》の類《たぐひ》なりき。事々《ことごと》に違《ゐ》例《れい》なり。心神《たましひ》迷惑し、半死《はんし》にて遁《のが》れ去りぬ。後の日に尋《たづ》ぬるに、地を掃《はら》ひて宅《いへ》なし。人あり七条京極の宅を買へり。その後この屋《や》を壊《こほ》ち、鳥部野《とりべの》に到りて、葬斂《さうれん》の具《ぐ》と為《な》しつ。その渡し与ふるところの直《あたひ》は、本《もと》はこれ金銀糸絹なりき。後の日に見れば、皆これ弊《やぶ》れたる*鞋《わらぐつ》・旧き*履《くつ》、瓦《かはら》・礫《さざれいし》、骨《ほね》・角《つの》なり。

嗟呼《ああ》、狐媚の変異は、多く史籍に載せたり。*殷《いん》の妲己《だつき》は、*九尾の狐と為《な》り、*任《じむ》氏は人の妻《め》と為りて、*馬嵬《ばくわい》に到りて、犬のために獲《え》られき。或《あるい》は*鄭生の業《わざ》を破り、或は*古《こ》

願によって建立された寺院。↓補

方忌を避く　陰陽道で特定の方向が塞っているとして、これを忌み避けて行くこと。方違(かたたがえ)。↓補

垂纓　冠の紐を武官は巻上げ(巻纓)、文官はそのまま垂れた。↓一五九頁注「纓」

藤原重隆　大蔵卿為房の三男、母源頼国女。堀河天皇の時の蔵人。大学助を経て正五位下、右衛門権佐、中宮大進となり、元永元年閏九月一日に四十四歳で卒す(中右記)。故実に明るく、蓬萊抄の著者。

瞥爾　ちらと見る間。

増珍　三井寺の阿闍梨。分脈に源義家の子とあるは別人。康和二年十二月二会の労で権律師となり、嘉承二年五月少僧都に転じ、天仁二年正月一日、七十四歳で卒す(僧綱補任)。なお以下の説話は袋草紙巻上に見え、忠命法橋の弟という。

説法の宗匠　中右記の長治二年二月十二日条に「今日以後権律師増珍為二講師一。…依レ指仰二一巻中文之句々一講レ之。説法之体弁説如レ涌」、殿暦の同年五月八日条に「請二増珍律師一令二供養一。説経甚以美也」

無頼　たよりになるものがないこと。袋草紙は「老嫗」が「人」になっている。

役送　儀式・行事・法会などのとき、天皇・貴人・僧たちを接待するため、食物を陪食者に取りつぐこと。またその役。

先づ講座に登りて…　↓補

鞋　鞵に同じ。名義抄「クツ、ワラクツ」。

履　和名抄「唐韻云、草曰レ扉、麻曰レ屨、革曰レ履〈音李、久豆〉、黄帝臣於則造也」。

冢《ちょう》の書《ふみ》を読む。或は*紫衣公《しいこう》と為りて県に到り、その女の屍《かばね》を許せり。事は*倜儻《てきたう》にあり、いまだ必ずしも信伏せず。今我朝《みかど》にして、正《まさ》にその妖を見たり。季《すゑ》の葉《よ》に及ぶといへども、怪異古《いにしへ》のごとし。偉《あや》しきかな。

江都督作

殷の妲己 有蘇氏の女。殷の紂王の妃となり暴逆淫楽を尽くす。史記、殷本紀に「帝紂…好レ酒淫楽、嬖二於婦人一、愛二妲己一、妲己之言是従」とあり、列女伝巻七に「亡レ紂者是女也」という。

九尾の狐 九尾ある老狐。↓補

任氏 唐の沈既済の任氏伝に見える。↓補

馬嵬 陝西省興平県の西にある。安禄山の乱で楊貴妃が殺された地として名高い。

鄭生 任氏伝に見える任氏の夫鄭六を指すか。「業を破り」は不明。

古冢の書 捜神記に見える。↓補

紫衣公 未詳。紫衣は天子諸侯の衣。或いは名山記(芸文類聚巻九五)の「狐者先古之淫婦也。其名曰レ紫、化而為レ狐。故其怪多自称二阿紫一」と関係あるか。

倜儻 他にかけはなれて優れていること。↓補

勘申（藤原敦光）

保延元年（一一五六）七月一日、崇徳天皇が天下の飢饉疾疫について諸道の博士に諮問したことは、百錬抄に「天下飢饉疾疫事、仰二諸道一令レ進二勘文一」とみえるが、これに応じて藤原敦光（一〇六二―一一四四）が進上したもので、敦光の代表作の一つである。先ず中国の故実を引証し、次いで災異の起る所以を述べ、その救済の方法を論ずる、という構成になっており、その典拠引用に博学ぶりを遺憾なく発揮している。彼が三善清行の「意見十二箇条」を意識していたことは明白であるが、比較して具体性に乏しい欠点をもつことは否めない。しかしそれは、敦光が文人であって経世家ではない、ということに多くよるのであり、平安後期における最大の文章の名を傷なうものではなかろう。敦光は父明衡、兄敦基とともに、後世三蘇（蘇泉・蘇軾・蘇轍）に擬せられた当代随一の学者で、本朝帝紀・続本朝秀句・三教指帰注などの編著があり、続文粋・無題詩などに多くの詩文を残した。文章博士・大学頭・式部大輔などを歴任し正四位下まで昇ったが、晩年は不遇であり、死の年の天養元年（一一四四）出家している。その有様は新修往生伝に詳しい。出家を聞いて関白藤原忠通は七絶の詩を賦し、「八十衰翁辞レ我去　煙霞余味共レ誰論　莫レ忘他日旧遊処　詩席幾廻与興レ温」と悲しみを述べている。底本には、内閣文庫蔵本「本朝続文粋」を用いた。

〈大曾根章介　校注〉

*勘《かん》申《じん》

敦《あつ》光《みつ》朝《あ》臣《そん》

変異《へんい》疾疫《しつえき》・飢饉《ききん》・盗賊《たうぞく》等のこと

一、天*地の変異、人*民の疾疫のこと

*天文志《てんもんし》に曰く、天文の図籍《とせき》に、昭々《せうせう》として知るべし。*陰陽《いんやう》の精《せい》、その本地《もと》にありて、上天《かみ》に発《おこ》るものなり。故《かるがゆゑ》に政《まつりごと》ここに失ふときは、変《へん》かしこに見《あらは》るること、猶《なほ》し景《かげ》の形に象《かたど》り、響《ひびき》の声に応《こた》ふるがごとし。ここをもて明君《めいくん》これを覩《み》て寤《さと》り、身を飭《ととの》へて事を正し、その咎《とが》を思ひて謝するときは、禍除《わざはひのぞ》かれて福至《さいはひ》ること、自然の符《しるし》のみといへり。

*五行伝《ごぎやうでん》に曰く、*皇《きみ》の極《きよく》ならざる、これ不建《ふけん》と謂《い》ふ。その咎《とが》は*眊《ぼう》にして、その罰は恒《つね》に陰《くも》り、その災は大《おほき》に疫《えやみ》すといへり。

*礼記《らいき》に曰く、孟春《まうしゆん》に秋の令《れい》を行ふときは、その民大に疫す。季《き》春に夏の令を行ふときは、民疾疫《しつえき》多し。仲夏《ちうか》に秋の令を行ふときは、民疫に殃《つみ》せらる。孟秋に夏の令を行ふときは、民*瘧疾《えやみ》多し。仲冬に春の令を行ふときは、民*疥瘻《はたけのあしきやまひ》多し。季冬に

勘申　諸事に関する先例典故などを調査することや、事を行おうとする日時を予め占って定めることを勘申といい、その結果を書き表わして差出す文書を勘文という。ここは勘文と同じ。↓補

天地の変異・人民の疾疫　前年(長承三年)に風水害・日月蝕や大咳病があった。↓補

天文志…　漢書、天文志。↓補

陰陽の精　天地間にあって万物を構成するという陰陽の気の核になる魂のようなもの。

五行伝…　洪範五行伝。書経緯書の一。尚書家の秦の博士伏生が伝えた尚書大伝の一篇で、その学系に属する欧陽や夏侯らが誦習したところを述べたもの。佚書であるが、漢書、五行志(災異説)に「伝曰」として引かれているのでその名が知られ、古微書巻五に尚書五行伝として輯佚されている。敦光の勘申に徴引する五行伝の文章は断章取義のもので、漢書、五行志の「伝曰」とほぼ合致する。↓補

皇の極ならざる…　皇極は洪範の九疇で最も重んぜられた治世の要道。ここは王法が中正でないこと。↓補

眊　名義抄「メクラシ、メホノカシ」。

礼記…　礼記、月令にいう禁忌の令から疾疫に関する部分だけを抄出する。↓補

瘧疾　和名抄「説文云、瘧〈音瘧、俗云衣夜美、一云和良波夜美〉熱寒並作、二日一発之病也」。

疥瘻　和名抄「疥癩〈介頼二音、波太介〉」

春の令を行ふときは、国に固《かた》き疾《やまひ》多しといへり。

*周礼《しゆらい》に曰く、司救《しきう》は、凡そ歳時《さいじ》に天《てん》の患《うれへ》民の病《やまひ》あるときは、*節《せつ》をもて国の中及び郊《かう》野《や》を巡《めぐ》り、王命《わうめい》をもて恵《めぐみ》を施《ほどこ》すことを掌《つかさど》るといへり〈天の患は災害《さいがい》を謂ふ、恵を施すとは賑《しん》恤《じゆつ》なり〉。

*六韜《りくたう》に曰く、大公《たいこう》曰く、主動作《どうさ》して事を挙《あ》ぐるに、悪しきときは天応《こた》ふるに刑をもてし、善きときは地応ふるに徳をもてし、逆《さか》ふるときは人備《そな》ふるに力をもてし、順《したが》ふときは神授《さづ》くるに職《しよく》をもてす。故《かるがゆゑ》に人主賦斂《じんしゆふれん》を好み、宮室を大《おほき》にし、遊台《いうだい》を多くするときは、民*病温《びやううん》多く、霜露《さうろ》*五穀を殺し、*糸麻《しま》成らずといへり。

漢書《かんじよ》に曰く、宣帝《せんてい》の本始《ほんし》元年夏四月庚午《かうご》に、地震《ふる》ひき。*内郡国《ないぐんこく》に詔《せう》して、*文学《ぶんがく》の高《かう》第《だい》各一人を挙げしめつといへり。

*後漢書《ごかんじよ》に曰く、光武《くわうぶ》の建武《けんぶ》廿二年九月戊辰《ぼしん》に、地震ひ裂く。詔して曰く、日者《このころ》地震ひて、*南陽《なんやう》尤も甚し。それ地は物を任《まか》せて至りて重く、静《しづか》にして動《はたら》かざるものなり。しかるに今震ひ裂くるは、咎《とが》*君上《くんじやう》にあり、それ南陽をして今年《ことし》の田租《でんそ》*芻藁《すうかう》を輸《いだ》すことなからしめよといへり。

*また曰く、安帝《あんてい》の延光《えんくわう》四年に、京都《みやこ》大《おほき》に疫《えやみ》す。*張衡《ちやうかう》明《あく》る年《とし》*封事《ふうじ》を上《たてまつ》りつ。臣窃《ひそか》に見るに、京師《けいし》害《がい》せられて、民病《やまひ》に死するもの多く、戸《こ》を減ずることあり。人々

「癘、説文云、癘〈音例、阿之岐夜万比〉悪疾也」。
周礼… 群書治要巻八、周礼、地官による。司救は周官の名で、万民の過失を防ぎ禁ずることを掌る。↓補
節 はたじるし。符節。君命を受けた使者に賜わるしるし。↓補
六韜… 周の文王・武王の師太公望呂尚に仮託した兵書で、戦国・秦漢のことを記録しているので魏晋時代の作とされる。この文は今の六韜にはなく、群書治要所引の六韜に見える。↓補
病温 はやりやまいに罹ること。
五穀 字類抄「コ、ク、黍キヒ稷アハ菽マメ麦ムキ稲也。又云稷キヒ摩豆麦禾也」。
糸麻 絹糸と麻糸。↓補
内郡国 漢代中国の中央部の郡と諸侯の国。漢書の韋昭注「中国為二内郡一、縁辺有二夷狄障塞一者為二外郡一」。
文学の高第 文学の科の成績優秀な者。漢代に郡国より賢良方正等の資格のある者を中央に報告させて抜擢した。↓補
後漢書… 後漢書、光武紀。↓補
南陽 河南省旧南陽府。南山の南。漢水の北。
君上 君主。韓非子、難三「民有二倍心一者、君上之明有レ所レ不レ及也」。
芻藁 牧草。わら。↓補
また曰く… 後漢書、五行志五に見える。
張衡 後漢の学者。南陽西鄂の人。↓補
封事 自分の意見を書き、密封して天子に差出す文書。↓補

恐《おそ》懼れ、朝廷心を焦《こが》して、もて至憂《しいう》と為《な》せり。臣が官《つかさ》は変《へん》を考へ災《わざはひ》を攘《はら》ふにあり。思《おもひ》は防《ふせ》ぎ救はむことにあれども、由《よ》るところを知らずして、*夙夜《しくや》に征営《せいえい》せり。臣聞《き》かく、国の大事《だいじ》は祀《まつり》にあり。祀は*郊天奉祖《かうてんほうそ》より大なるはなしときけりといへり。唐《たう》の*貞観《ぢやうぐわん》八年に魏徴《ぐゐちようまう》曰さく、臣聞かく、古より帝王災変《さいへん》なきことあらず。ただ能《よ》く徳を修《をさ》むるときは、災変自《おのづか》らに消えぬときく。陛下天変《てんへん》あるによりて、遂に能く慽《つつし》み懼《おそ》れ、反覆思量《はんふくしりやう》して、深く自《みづか》ら剋《つと》め責めば、変《へん》ありといへども、また災《わざはひ》を為《な》さずとまうせり。

右天変地妖《てんへんちえう》は、人主《じんしゆ》を警戒《いまし》むる所以《ゆゑ》なり。凡そその*咎咎《きうきう》の象《しやう》は、*司天《してん》これを奏す。そもそも*古人言ひしことありて曰く、それ日月《じつぐゑつ》の食《しよく》ある、風雨の時《とき》ならざる、怪星《くわいせい》の儻《たまたま》見《あらは》るるは、これ世《よ》として嘗《むかし》よりあらざることなし。上明《あきら》かにして政平《たひら》かなるときは、*並世《へいせい》にして起《おこ》るといへども傷《やぶ》ることなしといへり。ただし*後漢の永元年中《えいぐゑんねんぢう》に日《につ》蝕《しよく》の異《い》ありき。*公卿大夫《こうけいたいふ》皆封事《ふうじ》を言《まう》せり。詔して*郎官《らうくわん》の*寛博《くわんはく》にして謀才《ぼうさい》あり、城を典《つかさど》るに任《たへ》たる者三十人を選びて、悉《ことごと》くに選べるところの郎をもて*長相《ちやうさう》に補《ほ》せり。我《わが》朝弘仁《てうこうにん》の聖代《せいだい》に、*稽古に憲章《けんしやう》して、賢才《けんさい》を*登用《とうりよう》し、抽《ぬき》でて*侍中《じちう》と為《な》し、選びて郎官と為せり。その*新叙《しんじよ》の日に当りて、かの*専城《せんじやう》の任を授けたり。その後代《よ》を歴《ふ》ること二十四代、年を計《かぞ》ふるに三百余年なり。*車書軌《しやしよあと》を同じくして、異る路あることなし。しか

夙夜に…　朝早くから夜遅くまで畏れ慎んだ。後漢書、鍾離意伝「不㆑勝㆓愚戇征営㆒、罪当㆓万死㆒〈注、征営、不㆓自安㆒也〉」。

郊天奉祖　天を郊外で祀り、祖先を祭ること。

貞観八年…　貞観政要巻一〇、災異。↓補

咎咎　吉凶。↓補

司天　天文暦日を掌る役。史記、太史公自序「昔在顓頊命㆓南正重㆒以司㆑天、北正黎以司㆑地」。

古人言ひしことあり…　荀子、天論。↓補

並世にして起る　一代のうちに引続いて起こる。楊倞注「並世起謂㆓一世之中並起㆒也」。

後漢の永元年中…　後漢書、和帝紀。↓補

公卿大夫　公と卿と大夫で、高位の者及び官についている者。礼記、王制「天子三公、九卿、二十七大夫、八十一元士」。

郎官　漢代の官名。宿営を掌り、時には地方官を兼ねることもあった。↓補

寛博　度量の広いこと。

長相　地方の長官。後漢書、和帝紀「長相〈長、県長、相、侯相也。十三州志云、県為㆓侯邑㆒、則令長為㆑相、秩随㆓令長本秩㆒〉」。

稽古に憲章して…　古いしきたりにのっとる。文選、東都賦「憲㆓章稽古㆒、封㆑岱勒㆑成儀炳㆓乎世宗㆒〈呂向注、憲、法也。言法㆓其旧章㆒考㆓其古事㆒封㆓岱山㆒也〉」。

登用　字類抄「公事部、トウリヨウ、撰択分」。

侍中　蔵人。↓補

るに近年より以来《このかた》、その風《ふう》*澆醨《げうり》にして、その恩*斑駁《はんばく》なり。もしくは往代《わうだい》の*聖猷《せいいう》を墜《お》ちざれば、自《おのづか》らに明時《めいじ》の皇化《くわうくわ》を助くべきか。

かつそれ疾疫《しつえき》の起《おこ》るは、政《まつりごと》*時令《じれい》に違《たが》ふことの致すところなり。*天平《てんぴやう》十三年二月十四日に勅して曰く、頃者《このころ》*年穀《ねんこく》豊《ゆたか》ならず、疫癘《えきれい》頻《しきり》に至りぬ。ここをもて普《あまね》く天下《てんが》をして釈迦牟尼仏《しやかむにぶつ》高さ一丈六尺 各《をのをの》*一鋪《いちふ》を造り、并《ならび》に大般若経《だいはんにやきやう》各一部を写さしむ。風雨節《せつ》に順《したが》ひて、五穀豊穣《ゆたか》なりてへれば、格制《きやくせい》に遵《したが》ひて重《かさ》ねて普《あまね》く告げしむべしといへり。また*弘仁《こうにん》四年六月一日の格《きやく》に偁《い》はく、京畿《けいき》の百姓《おほむたから》病《や》める人を出し弃《す》つることを*禁断すべきこと。天下の人、各僕隷《ぼくれい》あり。平生《へいぜい》の日、すでにその力を役《えき》すれども、病《びやう》患《くわん》の時即ち路の辺《ほとり》に出す。人の看《かへり》み養ふものなく、遂に餓死《がし》を致しぬといへり。この格に因《よ》り循《したが》ふに、自《おのづか》らに*周文《しうぶん》の骸《かばね》を掩《おほ》ひし義に叶《かな》へるか。伏して惟《おもひ》みれば、倭漢《わかん》の間、災異《さいい》あるごとに、或は賢良《けんりやう》を挙げ、老いたる人を優《うれ》ひ、貧しき民を贍《ゆたか》にし、或は租穀《そこく》を免《ゆる》し、調庸《てうよう》を減《おと》し、徭役《えうやく》を省けり。彼等の例によりて、量《はか》り行《おこな》はるべきか。

一、*去年風水難《ふうすいなん》あり、今年《ことし》の春夏飢饉《ききん》のこと

五行伝《ごぎやうでん》に曰く、*宗廟《そうべう》禱《い》祠《の》らず、祭祀《まつり》を廃し、天の時に逆《さか》ふときは、水潤《うる》ひ下《くだ》らず。水その性《せい》を失ひて災《わざはひ》を為《な》すを謂ふといへり。

新叙の日に… 未詳。職原鈔に「権守者多是遙授之官也。参議二三位中将少納言等必兼㆑之。又殿上六位蔵人、叙位之時預㆑爵者、即任㆓権守㆒、又例也」と見える。

専城 国司。拾芥抄、官位唐名部「受領、専城」。文粋、平兼盛奏状「父子同並㆓専城之任㆒、兄弟倶居㆓分憂之職㆒」。

車書軌を同じくし… 天下が統一されて。同じ軌幅の車を用い、同じ文字を用いるからいう。中庸「今天下、車同㆑軌、書同㆑文、行同㆑倫」。

澆醨 義理人情などが軽薄なこと。字類抄「ケウリ、淡也」。文粋、未旦求衣賦「顧㆓澆醨㆒以明㆑目、雖㆑休勿㆑休」。

斑駁 色がまじっていることから不統一の意。字類抄「マタラカニフチナリ。ハンハク、雑部」。楚辞後語、九歎惜賢「雑㆓斑駮㆒与㆓闒茸㆒〈注、斑駮、雑色也。…言已君不㆓明智㆒、斥㆓逐忠良㆒、而任㆓用佞諛㆒〉」。

聖猷 天子のはかりごと。

時令 年中行事。礼記、月令「天子乃与㆓公大夫㆒、共飭㆓国典㆒、論㆓時令㆒、以待㆓来歳之宜㆒」。

天平十三年…・弘仁四年… ↓補

年穀 字類抄「田舎分、ネンコク」。

一鋪 拡げて一枚に数うべきものをいう。

禁断 字類抄「法家部、キンダン」。

周文の骸を… 呂氏春秋、異用。↓補

去年風水難…今年の春夏飢饉 長承三・四年のこと。百錬抄・中右記に詳述。↓補

宗廟禱祠らず… 漢書、五行志。↓補

また曰く、*民の農《のう》の時を奪《ば》ふときは、木曲直《きよくちよく》せず。木その性を失ひて災《わざはひ》を為《な》すなり。その罰《ばつ》恒に雨ふるといへり。

また曰く、*宮室を治《をさ》め、台榭《だいしや》を飾るときは、稼穡《かしよく》成らず。その罰恒に風ふく。その災は大に風ふきて樹木《き》を抜くといへり。

礼記《らいき》に曰く、*孟春《まうしゆん》の月、天子すなはち元日《ぐわんじつ》をもて、穀《こく》を上帝《じやうてい》に祈るといへり。*鄭《ぢやう》玄《ぐゑん》の曰く、*上辛《じやうしん》をもて天を*郊祭《かうさい》するを謂ふ。それ*后稷《こうしよく》を郊祀《かうし》するは、農を祈る所以《ゆゑ》なり。*上帝は大微《たいび》の帝《てい》なりといへり。

また曰く、*歳凶《としあ》しくして年穀登《ねんこくみの》らざるときは、君の膳《かしはで》に*肺《へい》を祭らず、馬に穀《いね》を食《は》ませず、*馳《ち》道《だう》は除《をさ》めず、祭事に*懸《か》けず、大夫は*粱《あは》を食《くら》はず、士は酒を飲むときに*楽《がく》せずといへり。

また曰く、*国に九年の蓄《たくはへ》なきを不足《ふそく》と曰《い》ひ、六年の蓄なきを急《きう》と曰ひ、三年の蓄なきを国その国に非ずと曰ふ。三年耕すときは必ずしも一年の食《し》あり、九年耕すときは必ずしも三年の食あり。*三十年の通《つう》をもてするときは、凶旱水溢《きようかんすいいつ》といへども、民に*菜色《さいそく》なし。しかうして後に天子食《じき》するときは、日に挙ぐるに楽《がく》をもてすといへり。

*周書《しうしよ》に曰く、天に四《よつ》の殃《わざはひ》あり。水旱饑荒《すいかんききくわう》、その至ること時なし。積聚《ししゆ》を務《つと》むるに非

民の農の時…・宮室を治め…　漢書、五行志。↓補

孟春の月…　礼記、月令に見える。↓補

鄭玄　後漢の学者。高密の人、馬融に学び、門弟千数百人、大司農となる。著わすところ百余万言、漢代の経学を集大成す。隋書、経籍志に「礼記二十巻〈漢九江太守戴聖撰、鄭玄注〉」とある。

上辛　正月の第一の辛(かのと)の日。辛は斎戒自新の新と音通するから、この日に祭る。↓補

郊祭　郊祀。天子が郊外で天地を祀る祭。礼記、郊特牲「郊之祭也、迎㆓長日之至㆒也」。

后稷　周の始祖。堯の時農師となり、舜の時后稷(農事を掌る長官)につく。↓補

上帝は大微の帝　本文にいう上帝とは大微(天帝の居所の名)の諸帝である。↓補

歳凶しくして…　礼記、曲礼下に見え、鄭玄注「皆自為㆓貶損㆒憂㆑民也」とある。

肺　肺臓。鄭玄注「礼食有㆑殺㆑牲、則祭㆑先。有虞氏以㆑首、夏后氏以㆑心、殷人以㆑肝、周人以㆑肺。不㆑祭㆑肺、則不㆑殺也」。

馳道は…　字類抄「チタウ、天子所㆑行之道也」。鄭玄注「除、治也。不㆑治㆑道、為㆑妨㆓民取㆓蔬食㆒也」。

懸けず　廟の庭に鐘と磬とを懸けて奏楽しない。鄭玄注「県楽器、鐘磬之属也」。

粱　字類抄「リヤウ、アハ、米也」。

楽せず　鄭玄注「不㆑楽、去㆓琴瑟㆒」。

国に九年の蓄…　礼記、王制に見える。

三十年の通　三〇年の収入を通算して毎

ざるときは、何をもてか備へむ。*夏箴《かしむ》に曰く、小人兼年《せうじんけむねん》の食《し》なくして天饑《てんき》に遇《あ》ふときは、臣妾輿馬《しんせふよば》はその有《いう》に非ず。国に兼年の食なく、天饑に遇ふときは、百姓《はくせい》はその百姓に非ず。戒《いまし》めむやといへり。

*春秋繁露《しゆんじうはんろ》に曰く、木*彫栄《てうあい》を変《へん》ずることあり。*秋氷《こほ》り春雨多し。これ徭役衆《えうやくおほ》く、賦《ふ》斂《れん》厚く、百姓*貧窮《ひんく》して、道に飢うる人多し。救ふ者は徭役を省《はぶ》き、賦斂を薄《うす》くし、倉穀《さうこく》を出して、困窮《こんきう》を賑《すく》ふといへり。

*孔子家語《こうしけご》に曰く、*哀公《あいこう》 政《まつりごと》を孔子に問ふ。政の急なるは、民をして富みて*寿《いのちなが》からしむるより大なるはなしとまうす。公の曰く、これを為《な》すこと奈何《いかが》すといふ。孔子の曰く、*力役《りきやく》を省《はぶ》き、賦斂を薄くするときは、民富まむ。礼教《れいけう》を敷き、*罪戻《ざいれい》に遠ざかるときは、民 寿《いのちなが》からむとまうせり。

*管子《くわんし》に曰く、斉《せい》の桓公《くわんこう》*位《くらゐ》にあり。管仲《くわんちう》の曰く、斉の国の百姓《はくせい》は公《きみ》の本《もと》なり。民甚だ飢《うゑ》を憂ひて、税斂《ぜいれん》重《おも》く、民甚だ死を懼《おそ》りて、刑政《けいせい》険《さか》し。民甚だ傷《いた》み労《つか》れて、上《かみ》事を挙ぐるに時ならず。その税斂を軽くするときは、民飢を憂へず。その刑政を緩《ゆる》ぶときは、民死を懼りず。事を挙ぐるに時をもてするときは、民傷み労れずとまうす。桓公曰く、*寡人《くわじん》命《をしへ》を聞きつといへり。

*墨子《ぼくし》に曰く、古の民飲食を知らざりしとき、聖人耕稼《かうか》して、それ食《し》を為《つく》りき。もて

歳の支出を定め、その余を貯蓄すること。↓補

菜色 飢えて青白い顔になること。礼記の鄭玄注「菜色、食㆑菜之飢色㆒、天子乃日挙㆑楽以食」。民無㆓食㆑菜之飢色㆒、天子乃日挙㆑楽以食」。

周書… 以下の引用は群書治要巻八、周書に最も近い。↓補

夏箴 周書に徴引している古書。孔晁注「夏禹之箴戒書也」。なお墨子七患に「故周書曰、国無㆓三年之食㆒者、国非㆓其国㆒也。家無㆓三年之食㆒者、子非㆓其子㆒也。此之謂㆓国備㆒」と見える。

春秋繁露… ↓補

彫栄 草木が凋むことと花咲くこと。彫は凋と同じ。

秋氷り春雨多し… ↓補

貧窮 春秋繁露の凌曙注「月令疏、蔡氏云、無㆑財曰㆑貧、無㆑親曰㆑窮。皇氏云、長無㆓謂之貧窮㆒」。

孔子家語… 群書治要巻一〇、孔子家語、賢君に見える。

哀公 春秋時代の魯君。三桓(魯の大夫)に攻められて衛に奔る。在位二十七年。

寿からしむ 寿命を全うさせる。

力役 政府から課せられた労働。↓補

罪戻に遠ざかる 民を罪に近づけない。

管子… ↓補

位 天子が朝政を聴く場所。

寡人 王侯自称の謙辞。礼記、曲礼下「諸公見㆓天子㆒、曰㆓臣某侯某㆒、其与㆑民言、自称曰㆓寡人㆒〈鄭玄注、謙也。於㆑臣亦然〉」。

墨子… ↓補

気を増し*虚《きよ》を充《み》てり。今は厚く百姓を歛《をさ》む。孤寡《こくわ》は*凍餒《とうたい》せり。乱《らん》なからむと欲すとも得べからずといへり。

漢書《かんじよ》に曰く、*文帝詔《ぶんていせう》して曰く、民を導《みちび》くの路《みち》は、*本《もと》を務《つと》むるにあり。朕親《われみづか》ら天下《てんが》の農を率《みちび》くこと、今に十年なれども、野《の》に*辟《へき》を加へず、歳《とし》に一たび*登《みの》らざれば、民飢ゑたる色あり。それ農民《のうみん》に今年《ことし》租税の半《なかば》を賜《たま》へ。それ*謁者《えつしや》を遣《つかは》して、*三老《さんらう》・孝《かう》なる者に*帛《はくのきぬ》を人ごとに五疋《ひき》、悌《てい》なる者・*田を力《つと》めたるものに二疋を労《いたは》り賜はしめよといへり。

また曰く、*武帝《ぶてい》の元鼎《ぐゑんてい》二年春、*柏梁台《はくりやうだい》を起《た》つ。夏大《おほき》に水あり、*関東の餓ゑ死せる者千をもて数へつ。吏民《りみん》の民を振救《すく》ひてその厄《やく》を免れしむる者あれば、具《つぶさ》に挙げてもて聞えよといへり。

後漢書に曰く、*光武《くわうぶ》の建武《けんぶ》六年正月辛酉《しんいう》に、詔して曰く、往歳水旱《いんじとしすいかん》ありて蝗虫《おほねむし》災《わざはひ》を為せり。穀《もみ》の価《あたひ》*騰躍《とうやく》して、人もて困乏《こんぼう》せり。それ郡国《ぐんこく》の穀ある者に命じて、高《かう》年《ねん》・*鰥寡《くわんくわ》、孤独《こどく》及び篤癃《とくりう》にして、家属《かぞく》なく貧しくして自《みづか》ら存すること能《あた》はざる者に*給稟《きふりん》せしめよといへり。

*唐の太宗《たいそう》位《くらゐ》に即《つ》きし始め、霜旱《しもひでり》災《わざはひ》を為して、米粟《よねあは》*踊貴《ようくゐ》せり。帝の志《こころざし》は人を憂《うれ》ふるにあり、精《たましひ》を鋭《と》くして政を為し、節倹《せつけん》を崇尚《たふと》びて、大に恩徳を布《し》きたまひぬ。こ

虚を充てり　飢をみたした。
凍餒　こごえうえる。畢沅注「説文云、餒、饑也」。
文帝詔して…　漢書、文帝紀。→補
本を務むる　漢書、文帝紀「(十三年)六月、詔曰、農、天下之本、務莫レ大レ焉」。
辟　開墾。顔師古注「辟読曰レ闢。闢、開也」。
登らざれば…　顔師古注「登、成也。言五穀一歳不レ成則衆庶飢餒。是無二蓄積一故也」。
謁者　四方に使する官。
三老　一郷の教化を掌る長老。→補
帛　字類抄「ハク、ハクノキヌ。薄繒也」。
田を力めたるもの　農耕に精励する人。篤農家。
武帝の元鼎二年春…　→補
柏梁台　漢の武帝が建てた台。服虔注「用二百頭梁一作レ台、因名焉」。顔師古注「三輔旧事云、以二香柏一為レ之。今書字皆作レ柏。服説非」。
関東　函谷関の東。
光武の建武六年…　→補
騰躍　字類抄「アカリヲトル、トウヤク」。
鰥寡孤独及び篤癃　→補
給稟　食物を与えること。李賢注「説文、稟、賜レ穀也」。
唐の太宗…　貞観政要巻一、政体に見える。
踊貴　物価があがること。諺解「米穀ノアタヒ甚タカシ」。
河南　唐の貞観の初に置かれた道名。河南・山東の黄河以南、江蘇・安徽の淮水

以北の地。
隴右　道名。隴山の右(西)にあるからいい、現在の甘粛・新疆・青海三省に亘る。
関内　道名。函谷関の内にあるからいう。
孜々として…　諺解「勤メテ善人ヲモトメ専ラ人ヲエランデ官ヲ授ク」。
四年詔して…　↓補
乾元殿　隋の時に建てられた宮殿。
給事中　もと天子の左右に侍し宮中の奏事を掌ったが、唐代は門下省に属し制勅や省事の誤を糾断する権限を有した。
張玄素　隋に仕えて景城県の戸曹となり、後に太宗に擢んでられ給事中太子詹事となった。東宮が廃された時に罪で民となり、後に刺史を授かる。麟徳初年に卒す。
八政　諸事業を充実させるための八つの要務をいう。↓補
食その先と為す　書経の蔡伝に「食者、民之所㆑急」とあり、礼記の鄭玄注にも「飲食為㆑上」と見える。
古人言ひしこと…　↓補
短褐　短いあらぬのの着物で賤者が着る。
祈年祭・月次祭・神今食　↓補
神嘗祭・新嘗会　↓補

中和院・大極殿　↓補
威儀　字類抄「カシツク、ヰキ」。
棣々として…　威儀のあるさま。詩経、邶風、柏舟「威儀棣棣、不㆑可㆑選也〈毛伝、君子望㆑之、儼然可㆑畏。礼容俯仰、各有㆓威儀㆒耳。棣棣富而閑習也〉」。
告朔の餼羊　告朔に供えるいけにえの羊。

の時京師《けいし》より*河南《かなん》・*隴右《ろういう》に及ぶまで、飢饉尤《もつと》も甚しくして、一疋《ひき》の絹に纔《わづか》に一斗の米を得たるのみなりき。百姓《はくせい》東西に食《し》を逐《お》ふといへども、嘗《むかし》より嗟《なげ》き怨《うら》まず、自《みづか》ら安むぜざることなし。貞観《ぢやうぐわん》三年に至りて、*関内豊《くわんだいゆたか》に熟《みの》れば、咸《ことごと》くに自《おのづか》ら郷《さと》に帰りて、竟《つひ》に一人《ひとり》の逃散《てうさん》するものなかりき。その人の心を得たまへりしことかくのごとし。しかのみならず諫《いさめ》に従ひたまふこと流るるがごとく、雅《もと》より儒学を好みたまふ。*孜々《しし》として士を求め、務《つとめ》は官を択《えら》ぶにあり。*四年詔《せう》して、洛陽宮《らくやう》の*乾元殿《けんぐゑんでん》を修《をさ》めたまひつ。*給事《きふじ》中　*張玄素《ちやうぐゑんそ》諫《いさ》めて曰《まう》さく、ただ倹約を弘め賦斂《ふれん》を薄くすべし。しかるに今不急の務《いとなみ》を事《こと》として、虚費《きよひ》の労《らう》を成せり。国に兼年《けんねん》の積《たくはへ》なし。五六年の間、旧《きう》に復《ふく》すること能はじ。奈何《いか》にしてか更に疲れたる人の力を奪《ば》はむや。深く願はくは陛下《へいか》これを思へとまうせり。太宗停《や》めたまひつ。

右王者《わうしや》の*八政《はちせい》は、*食その先と為す。*古人言ひしことありて曰く、寒《こ》いたる者は尺玉《せきぎよく》を貪《むさぼ》らずして*短褐《たんかち》を思ひ、飢ゑたる者は千金《せんきん》を顧みずして一食《いつしよく》を美《あまし》とすといへり。兼《けん》年《ねん》の食に非ざるよりは、何ぞ荒飢《くわうき》の愁《うれへ》を免れむや。それ衰弊《すいへい》の漸《はじめ》は、その来《きた》ること区《まちまち》に分れたり。

一は廟社《べうしや》の祀《まつ》らざるに依《よ》る。二月の*祈年祭《としごひのまつり》、六月・十二月の月*次祭《つきなみのまつり》・*神今食《じんごんじき》、九月の*神嘗祭《かむにへのまつり》、十一月の*新嘗会《にひなめのまつり》は、朝《みかど》の重事《ちようじ》なり。その祀は纔に存して、その礼は

漸《やうやく》に薄し。就中《なかについて》天皇神今食には*中和院《ちうくわゐん》に幸《かう》し、神嘗祭には*大極殿《だいこくでん》に幸し、*威儀《ゐぎ》*棣《たい》々《たい》として、自《おのづか》らに神の心を感ぜしむ。昔*告朔《こくさく》の餼羊《きやう》は、仲尼《ちうじ》礼《れい》を愛しき。小をもて大に喩《たと》ふれば、何ぞ恒規《こうき》を失はむ。事々《ことごと》*式に任せて行はるべし。*諸国あるところの大小の神社は、破壊ありといへども、修理《しゆり》を加へがたく、顚倒《てんたう》ありといへども、*基趾《きし》を復することなし。*国宰《こくさい》は祭祀《まつり》の場《には》に参らず、社司《しやし》は修治《しゆぢ》を致すことなし。いはむや*家《け》譜《ふう》の輩《ともがら》・社務《しやむ》を知るの人に非ずは、誰《たれ》か能く謹慎の誠を竭《つく》さむや、誰か能く斉粛《せいしゆく》の礼を整へむや。

二は仏事《ぶつじ》信ぜざるに依る。招福《せうふく》の謀《はかりこと》は、教法《げうほう》をもて本《もと》と為し、帰仏《くゐぶつ》の志は、清浄《しやうじやう》をもて先と為す。ここをもて*宝亀《ほうくゐ》三年十一月丙戌《へいじゆつ》に詔《せう》して曰く、頃者《このころ》風雨調《ととの》はず、頻《ひん》年飢荒《ねんきくわう》せり。この禍《わざはひ》を救はむと欲するに、唯《ひとり》*冥助《みやうじよ》を憑《たの》むらくのみ。天下《てんが》諸国の国分《こくぶ》寺《じ》において、毎年《としごと》に正月一七日の間、*吉祥悔過《きちじやうけくわ》を行《おこな》ひて、もて恒例《ごうれい》と為せといへり。*明堂《めいだう》より始めて、諸国に至りぬ。先づ*初年《しよねん》の祈願《きぐわん》、久しく我朝《わがみかど》の*勝躅《しようちよく》を遺《のこ》せり。しかるに廟堂《べうだう》の中、威儀を備ふといへども、州閭《しうりよ》の間、恐らくは疎略を致さむ。その故は国分寺にその実《じつ》なきの聞《もん》あり、*講読師《かうどくし》にその智《ち》あるの侶《りよ》なくして、感応《かんおう》を相待つは、宛《あたか》も*芙蓉《ふよう》を木末《こずゑ》に求むるがごときものか。かくのごとき恒例《ごうれい》の斎会《さいゑ》、臨時《りむじ》の仏事は、*叡念《えいねん》深しといへども、施与《せよ》疎《おろそか》なるがごとし。これ諸司《しよし》懈怠《けだい》し、諸国*難渋《なんじふ》せる

虚礼であっても害がなければ廃すべきでないことの譬。告朔は諸侯が天子から翌年の暦を受けて祖廟に収めて置き、毎月朔日に羊を供え、その日が朔日であることを祖廟に告げる儀式。↓補

式　弘仁・貞観・延喜儀式や内裏儀式・新儀式(何れも散逸)などを指すか。

諸国あるところの大小の神社　↓補

基趾　字類抄「モトノアナ、工匠分、キシ、旧跡也」。

国宰　拾芥抄、官位唐名部「受領、国宰」。

家譜　家の系譜。↓補。なおこの文は、「況非下□三家譜一之輩知二社務一之人上」とあるのが正しい。

宝亀三年…　続紀に見える。

冥助　眼に見えない神仏の助け。

吉祥悔過　毎年正月に吉祥天を本尊として罪悪を懺悔し災禍を払い福徳を祈る儀式で、最勝王経を誦す。↓補

明堂　周代天子が先祖を祀り諸侯を会して政治を行なった堂。↓補

初年の祈願…　誤脱あり、意味不明。「先□三初年之祈願一久遺二我朝之勝躅一」とあるのが正しい。

勝躅　すぐれた事績。文粋、唯以レ詩為レ友詩序「嫌二俗客一而会二仙郎一、擬二勝躅于句曲一」。

講読師　↓六三頁注

芙蓉を木末に求む　蓮の花を木の梢に求めることで不可能の譬。↓補

叡念　天子の御心。

難渋　字類抄「人情部、ナンシフ。不遜

が故なり。また*往古《わうご》の寺塔《じたふ》、遍《あまね》く国土に満てり。*三綱等《さんがうら》ただ*田園《でんをん》の地利《ちり》を貪《むさぼ》りて、*土《と》木《ぼく》の堂構《だうこう》を忘れたるがごとし。*官符《くわんふ》の載《の》するところ、諸国の塔は、公家慥《おほやけたしか》に勤惰《きんだ》を尋ねずして、*牧宰各勧賞《ぼくさいをのをのくわんしやう》に預りしところなり。これを*物議《ぶつぎ》に論ずるに、*冥鑑《みやうかん》を奈何《いかに》せむ。

三は民の農の時を奪《ば》ふに依る。中古より以来《このかた》、*高堂大廈《かうだうたいか》、造営寔《まこと》に繁し。山を築《つ》き池を鑿《うが》ちて、課役《くわやく》絶えず。人は踵《くびす》を旋《めぐら》さず、民は肩を息《いこ》ふことなし。昔*衛《ゑい》の霊公宛《れいこうゑん》春《しゅん》が諫《いさめ》によりて、厳寒《げんかん》の役《やく》を罷《や》めたりき。いはむや時に非ずして民を使へば、必ずしも農事を傷《やぶ》らむ。*土功《どこう》を休むべし。農の時を奪ふことなかれ。

四は賦斂《ふれん》を重くするに依る。*田畝《でんほ》加ふることなくして、賦斂増すことあるは、古も傷《やぶ》り今も傷る。*魏《ぐゐ》の文侯《ぶんこう》の時、租税歳《とし》ごとに倍《ま》せり。人ありて賀《が》を致す。文侯の曰く、今戸口《ここう》加へずして、租税歳ごとに倍す。これ課斂《くわれん》の多きに由るなり。賀すべからずといへり。これによりて魏の国大《おほき》に理《をさ》まりき。聞くがごとくは、近来《このごろ》*田数《でんすう》の増減を検《けみ》することなく、農民の貧富を尋ねず、利田《りでん》と推《を》し称《い》ひて、租税を徴《め》し納《をさ》めつ。地広く民富める者は、自《おのづか》らにその心に叶《かな》へり。地狭《せば》く民貧しき者は、暗にその心を奪《ば》ひぬ。また田《でん》富める者は寡《すくな》く貧しき者は衆《おほ》し。*旁魄《ばうはく》して論ずれば、*苛酷《かこく》なりと謂《い》ひつべし。また田《でん》数《すう》を検《けみ》すといへども、*率法《りつぱふ》*差《しな》に過ぎたり。興亡《こうばう》の間、世自《おのづか》らに知りぬ。早く国の

分、所渋分」。
往古　字類抄「古今部、ワウゴ」。
三綱　寺院内の事を管理統率する三人の役僧。上座(寺衆を領する)寺主(寺の事務を掌る)維那(寺規を正す)。↓補
田園の地利…　↓補
土木　字類抄「伎芸部、トボク、工匠分、又造作名也」。
官符…　↓補
牧宰　↓一五九頁注
物議　世間の批評。うわさ。↓補
冥鑑　目に見えぬ神仏が衆生を照らし見ること。
高堂大廈…　豪壮な建物。↓補
衛の霊公…　霊公は春秋、衛の君で襄公の子、在位四十二年。この話は呂氏春秋、似順論、分職による。↓補
土功　土木工事。
田畝…　意見十二箇条「賦斂年増、徭役代倍、戸口月減、田畝日荒」(六七頁)。
魏の文侯…　戦国、魏の君。賢にして諸侯に名声を得た。在位三十八年。この逸話は新序、雑事による。↓補
田数　田地面積。
旁魄　みちひろがる。敷衍。↓補
苛酷　字類抄「カコク、カラシ」。
率法　率分の法。率分は分数のことで、もと租調の未納から起り、旧吏交替の欠を毎年公廨十分の一で塡めさせたさいの割合をさす。↓補
差に過ぎたり　規定を超えている。

治否《ちひ》に随ひて、吏《り》の褒貶《ほうへん》あるべきか。

五は*奢僭《しやせん》を禁《きむ》ぜざるに依る。かの*漆器画罇《しつきぐわそん》は、猶しその奢《しや》を*褊《さみ》し、*葛衣菲食《かついひしよく》は、長くその倹《けん》を伝へたり。*漢の文帝《ぶんてい》の露台《ろだい》を罷《や》め、*斉《せい》の桓公《くわんこう》の紫衣《しい》を却《しりぞ》けしは、*治世《ちせい》の盛《さかり》にして、後代の美談なり。方《まさ》に今《いま》天下諸人の屋宅衣服《をくたくいふく》は、すでに制度に踰《こ》え、*軒騎《けんき》*僮《とう》僕《ぼく》は、多く規模に過ぎたり。頻《しきり》に*禁遏《きむあつ》を加ふれども、猶し悔い改めず。*鄙語《ひご》に曰く、城の中大なる袖を好めば、四方は*疋帛《ひつはく》を用ゐ、城の中広き眉を好めば、四方は額を半《なかば》にせむとすといへり。世の好むところは、ただ時俗に従はくのみ。いはむやまた金銀の珍《ちん》、*彫鏤《てうろう》一に匪《あら》ず、*紅紫《こうし》の色、着用甚だ多し。度々《どど》の*綸言《りんげむ》に任せて、もて色々《いろいろ》の華《くわ》麗《れい》を停《とど》むべし。

六は学校の廃《すた》れたるに依る。天下の貴《たふと》ぶところはただ賢《けん》のみにして、宝《たから》とするところはただ穀《こく》ならくのみ。よりて我朝《わがみかど》宮城《くじやう》の南、左には*大学寮を置きてもて聖師《せいし》を崇《たふと》び、右には*穀倉院《こくさうゐん》を置きてもて米穀《べいこく》を蓄《たくは》へたり。しかるに*黌舎《くわうしや》頽《くづ》れ弊《やぶ》れ、*鞠《きはま》りて茂《も》草《さう》と為りぬ。*蘋蘩薀藻《ひんはんうんさう》の*奠《てん》、その供《くゐよう》を備ふるに煩《わづらひ》あり。*縉紳青襟《しんしんせいきん》の徒《ともがら》、その身を容《い》るに処《ところ》なし。伏して*貞観政要《ちやうぐわんせいえう》を案ずるに、太宗《たいそう》位に即《つ》きし初め、京師《けいし》飢饉《ききん》す。孜々《しし》として士《し》を求めて、務《つとめ》は才《さい》を択ぶにありき。政《まつりごと》は旧弊《きうへい》を革《あらた》めて、頻《しきり》に豊稔《ほうねん》を致せり。*聖代《せいだい》の旧風《きうふう》によりて、早く*明時《めいじ》の新化《しんくわ》を施《ほどこ》すべきか。

奢僭　弾正台式「凡喪葬盛飭奢僭、及淫祀之類、左右京職若不レ禁者弾レ之」。

漆器画罇　漆塗りの器や彩色を施した樽で贅沢品をいう。

褊し　雅言集覧「あなどる心也」。

葛衣菲食　葛の繊維で織った粗末な着物や粗末な食物。

漢の文帝…・斉の桓公…　↓補

治世の盛にして…　「盛」の下一字脱か。

軒騎　車と馬。文粋、河原院賦「軒騎聚レ門、綺羅照レ地」。

僮僕　少年の召使。

禁遏を加ふれども・鄙語に曰く…　↓補

疋帛　四丈の布帛。漢書、食貨志下「布帛広二尺二寸為レ幅、長四丈為レ匹」。

彫鏤　彫刻して飾ること。象眼。字類抄「テウロウ、エリスル」。

紅紫の色…　↓補

綸言　字類抄「政理分、リンゲム」。

大学寮　拾芥抄、百官部「大学寮、二条南。朱雀大路東、神泉苑西」。

穀倉院・黌舎　↓補

鞠　名義抄「キハム、ツクス」。↓補

蘋蘩薀藻　食用となる菜。浮草・白よもぎ・水草・藻で粗末であるが神への供物。↓補

奠　供物。説文「奠、置祭也」。

縉紳青襟　儒者と学生。↓補

貞観政要…　↓一七二頁注「貞観八年…」

聖代の旧風　聖天子のすぐれた治世におけるよき風習。

明時の新化　太平の世の新しい天子の徳

七は府庫《ふこ》の空虚《むな》しきに依る。*大府《たいふ》の食廩《しょくりん》は、久しく空虚《むな》しきをもてし、諸国の租税は、すでに塡《み》ち納《をさ》むること少し。いはむや*納官封家《なふくわんふけ》は、名ありて実《じち》なし。*列位《れつゐ》の臣は、*月俸《ぐはつほう》に預《あづか》らず、*奉公の士は、歳寒《さいかん》を禦《ふせ》ぎがたし。所謂衣食《いはゆるいしよく》家に闕《か》くれば、父母《ぶも》といへどもその子を制すること能はず、*凍餒《とうたい》身に切《せつ》なれば、*巣由《さういう》といへどもその節《せつ》を固《かた》むずること能はず。また諸国の*大粮《たいらう》は、充《み》たし行はるることこれ稀なり。*台隷《たいれい》の輩《ともがら》は、衣粮《きぬかて》支へがたし。

かくのごとき七事は、一を廃《はい》するも可《よ》うもあらず。そもそも*諸国の土民《どみん》は、課役《くわやく》を逃れむがために、或は*神人《じにん》と称し、或は悪僧《あくそう》と為りて、部《こほり》の内を横行《わうかう》し、国の務に対《たい》捍《かん》せり。しかのみならず京《みやこ》の中に住むところの*浮食《ふしよく》の大賈《たいこ》の人、或は*近都《きんと》にして一物《いちもつ》を借り、遠国《おんこく》に向ひて三倍を貪《むさぼ》る。或は春の時に当りて少分《せうぶん》を与へ、秋の節《せつ》に及びて大利《だいり》を取る。もし数廻《すくわい》の*寒燠《かんいく》を送るときは、殆《ほとほと》に終身《しうしん》の貯資《たくはへ》を傾けむ。窮民《きうみん》はその力に堪《た》へずして、家を挙げて逃亡《てうまう》し、また永く妻子を売りて、かの奴婢《ぬび》と為らむ。天下の凋《やぶ》れ残《そこな》はるるは、*職《しよく》としてこれに由《よ》れり。伏《ふ》して惟《おも》みるに、延喜年中、式部大輔《しきぶのたいふ》三善清行朝臣が封事《ふうじ》の中に、天下の費《ひ》は往《むかし》の世の十分の一だにも非ずといへり。かの一分をもて今の時に比《くら》ぶるに、また延喜の十分の一だにも非ず。国の衰耗《すいかう》は、*掌《たなごころ》を指して知りぬべし。*戸令《こりやう》に云はく、凡そ水旱災蝗《すいかんさいわう》に遭《あ》ひて、不熟《ふずく》ならむ処は、粮《かて》を少く

化。
大府　拾芥抄、官位唐名部「大蔵省、大府或大府寺」。
納官封家　国家に納める官物や封家(封戸を与えられた者)に納める封物。尾張国解文「一条、制二止納官封家幷王臣家巳下庶人巳上不レ用二銭貨一事」(二六六頁)。
列位の臣　官位を授った臣下。
月俸　親王や大臣以下の官人に支給された毎月の食料。↓補
奉公　字類抄「公卿部、ホウコウ、又仕官部」。
凍餒　こごえうえること。意見十二箇条「大学是迍邅坎壈之府、窮困凍餒之郷」(八七頁)。
巣由　巣父と許由で堯の時の高士。↓補
大粮　公粮。官人給与の総称だが、通常は諸司諸寮の番上(交替勤務)の者に給する米塩や布帛を指し、ここはそれに宛てるための諸国の上納米。↓補
台隷　召使。後漢書、西南安王康伝「出入進止、宜レ有二期度一、輿馬台隷、応レ為二科品一〈台隷、賤職也〉」。
諸国の土民は…・神人・近都に…　↓補
浮食の大賈の人　行商に従事しながら暮している大商人。↓補
寒燠　字類抄「時節分、カンイク」。
職としてこれに由れり　もっぱらこれに基く。左伝、襄十四「蓋言語漏洩、則職女之由〈杜預注、職、主也〉」。意見十二箇条「邦国殄瘁、職此之由」(九六頁)。
掌を指して…・戸令に…　↓補

して賑給《しんごふ》すべしといふ。*賦役令《ふやくりやう》に云はく、凡そ田に水旱虫霜《ちうさう》あらむ、不熟ならむ処は、国司実《じち》を検《かむが》へて、具《つぶさ》に録《ろく》して官に申し、租《そ》調課役《でうくわやく》を免《ゆる》せてへれば、早く*令条《りやうでう》に任せて、徳政を施し人民《おほむたから》を安《やす》むぜらるべきか。

一、*陸地海路に盗賊旁《かたがた》起ること

尚書《じやうじよ》の舜典《しゆんてん》に曰く、帝曰く、*皐陶《かうえう》、*蛮夷夏《ばんいか》を猾《みだ》り、*寇賊姦宄《こうぞくかんき》あり。汝《なんぢ》*士《し》と作《な》り、*五刑服《ごけいふく》あり、五服三就《ごふくさんしう》せしめよ。五流宅《ごりうたく》あり、五宅三居《ごたくさんきよ》せしめよ。これ明《あきら》かにして克《よ》く允《あ》てよといへり。

*礼記《らいき》に曰く、季秋《きしう》に冬の令《れい》を行ふときは、その国盗賊多く、辺境寧《やす》からずといへり。

*呂氏春秋《りよししゆんじう》に曰く、凡そ奸邪《かんじや》の心は、飢寒よりして起る。*彫文刻鏤《てうぶんこくろう》は、農事を害《そこな》ふものなり。*文繡纂組《ぶんしうさんそ》は、*女功《ぢよこう》を傷《やぶ》るものなり。農事の害はるるときは飢《うゑ》の本なり、女功の傷るるときは寒《こい》の原《もと》なり。飢寒並び至りて、能く奸邪を為《な》さざる者は、いまだあらざるなりといへり。

*後漢書に曰く、光武《くわうぶ》の建武《けんぶ》六年十月に詔して曰く、吾徳《われとく》薄くして明かならず。寇賊《こうぞく》害を為《な》し、強弱相凌《しの》ぎて、*元元所《ぐゑんぐゑんところ》を失へり。それ公卿《こうけい》に勅して、*賢良方正《けんりやうはうせい》各《をのをの》一人《ひとり》を挙げしめよといへり。

賦役令に…　↓補

令条　字類抄「法家分、リヤウデウ」。

陸地海路に盗賊旁起る　↓補

皐陶　↓六四頁注

蛮夷夏を猾り…　野蛮な者達が中国を乱して。孔伝「猾、乱也。夏、華夏」。

寇賊姦宄あり　他人のものをかすめとったり、他人を傷つけたり殺したりしている。孔伝「群行攻劫曰レ寇、殺レ人曰レ賊。在レ外曰レ姦、在レ内曰レ宄。言下無レ教所上レ致」。

士　検察や裁判を掌る役人。集伝「士、理官也」。

五刑服あり…　犯罪の程度によって五等の刑のいずれかにつける。↓補

礼記…・**呂氏春秋**…　↓補

彫文刻鏤　彫り飾った模様と金や木への彫刻。

文繡纂組　美しい刺繡やくみひも。漢書、景帝紀「錦繡纂組〈応劭注、纂、今五采属綷是也。組者、今綬紛絛是也〉」。

女功　女工。女の仕事で紡織のこと。周礼、天官、曲婦功「授二嬪婦及内人女功之事齎一〈鄭司農云、…女功事齎、謂二女功糸枲之事一〉」。

後漢書…　↓補

元元　人民。後漢書、光武帝紀「上当二天地之心一、下為二元元所一レ帰〈注、元元謂二黎庶一也。元元由レ言二喁喁一。可二矜怜一之辞也〉」。

賢良方正　漢以後官吏の資格を表わす名称で、また官吏登用試験の科目名でもある。文帝に始まる。漢書、文帝紀「二年十

一月癸卯晦、日食有レ之。詔曰…及挙二賢良方正能直言極諫者一、以匡二朕之不逮一」。
延暦五年四月十九日の格… 国司の良否の規準を細かく定めたもの。↓補
良吏 字類抄「刺史分、リヤウリ」。
姦濫 悪がしこく秩序を乱す者。字類抄「姧濫分、カンラン」。
典刑 一定した刑罰。↓補
一面の網羅 一方面に網を張り鳥獣を捕えた殷の湯王の故事。↓補
寛猛 字類抄「ユタカニヲホキナリ、長者分、クワンモウ」、寛大と厳格。文粋、陳徳行「猶和二時俗一、可レ用二寛猛之方一」。
承平六年… ↓補
藤原純友 大宰少弐良範の二男。従五位下伊予掾。承平年間海賊の首となり南海山陽に猛威を振ったが、天慶三年十一月に捕えられ獄中にて死す。
党 ↓一五八頁補
紀朝臣淑人 長谷雄の二男。延喜九年左近将監・蔵人となり、左衛門権佐を経て、承平六年伊予守として南海道の海賊を追捕す。後に丹波守・河内守となる。古今集歌人。
伊予守 略記には「勅以二従四位下紀朝臣淑仁一補二賊地伊与国大介一、令レ兼二行海賊追捕事一」とある。
魁帥 字類抄「クワイスイ、云二軍兵一也」。
籌策 字類抄「ハカリコト、チウシヤク」。
蕃客 渡来する外国人。職員令、大宰府条集解「帥一人、掌二祠社・戸口…蕃客・帰化・饗讌事一〈朱云、蕃客者蕃国使也〉」。

右奸邪の心は、飢寒《きかん》よりして起る。所謂《いはゆる》渇《かつ》したる馬の水を守《まも》り、餓《う》ゑたる犬の肉《しし》を護《まも》るときは、刑罰を用ゐるといへども、粛清《しくせい》を致しがたし。戸《こ》口《こう》饒《ゆたか》に衣食足《た》るときは、辺境安寧《やす》くして、寇賊《こうぞく》消え散《さん》ず。*延暦《えんりやく》五年四月十九日の格《きやく》の文に任せて、*良吏《りやうり》を簡択《えら》び、*姦濫《かんらん》を攘除《のぞ》くべし。ただし国に*典刑《てんけい》あるときは、誰《たれ》か懲誡《ちようかい》を免《まぬか》れむ。定めて*一面の網羅《まうら》に触《ふ》れて、早く四海の静謐《せいひつ》を致さむか。ただし俗を馭《をさ》むる道は、*寛猛《くわんもう》相済《あひすく》へ。

去《い》にし*承平《じようへい》六年、南海の賊徒の首《かしら》*藤原純友《ふぢはらのすみとも》、*党《たう》を結びて屯聚《あつま》りき。かの時*紀朝臣《きのあそん》淑人《よしひと》をもて*伊予守《いよのかみ》に任じ、追捕《ついふく》のことを兼ね行はしめつ。賊徒その寛仁《くわんじん》なるを聞きて、二千五百余人、過《あやまち》を悔いて刑に就き、*魁帥《くわいすい》三十余人、手を束《つか》ねて降《がう》に帰《くゐ》せり。即ち衣食田地《でんち》を給りて、農業を勤めしめつ。しかるときは循良《じゆんりやう》の吏《り》、各《をのをの》任国《にんこく》に赴きて、党類《たうるい》を捜《さが》し求め、もし降に帰する輩《ともがら》あるときは、田を班《あか》ちて物を給《きふ》すること、前によりて行はば、国富みて刑清《きよ》らならむ。*籌策《ちうしやく》のその一なり。

そもそも大宰府《だざいふ》は、*蕃客往反《ばんかくわうばん》の地《ところ》なり。鎮守府《ちんじゆふ》は、*遠夷《ゑんい》交接《けうせい》の境《さかひ》なり。もし*霜威《さうゐ》の外土《ぐわいど》に振ふことなきときんば、恐らくは風聞《ふぶん》の*殊方《しゆはう》に及ぶことあらむ。たとひ*無為《むゐ》の代《よ》に属《しよく》すといへども、何ぞ不虞《ふぐ》の備《そなへ》を抛《なげう》つべけむ。*安くして危《あやふ》きを忘れざるは、古《いにしへ》の*炯誡《けいかい》なり。

以前《さき》の参箇条、史籍《しせき》に拠《よ》り*愚管《ぐくわん》を課《おほ》せて、勘《かむが》へ申すこと件《くだむ》のごとし。

保延《ほうえん》元年七月廿七日

正四位下行式部大輔《しきぶのたいふ》藤原朝臣《のあそん》敦光《あつみつ》

遠夷 遠方の未開人。雲州消息、中末「遠夷以㆓貧薄㆒為㆓竜洞㆒」。
霜威 威光。権威。文粋、沙門敬公集序「居㆑職歳余、台務粛清。霜威弥厳、風誉益遠」。
殊方 外国。
無為の代 平穏無事の世。
安くして… 易経、繋辞下「是故君子安而不㆑忘㆑危」。
炯誡 明らかな戒め。

愚管 愚者の管見。自分の見解を謙遜していう。延喜格序「冲旨既邈、愚管難㆑覃」。

将門記

十世紀の日本は、政治的には律令体制から摂関体制へ、公田体制から荘園体制へ転換する時期であり、その軸として、承平天慶の乱は大きく位置づけられている。本書は、東国に起った平将門の乱の、その発端から終焉に至るまで、凡そ十年間の将門の戦闘的行動を、詳細に叙述したものである。しかしその作者は諸説あって未確定である。その作成年代も一応、本文末尾にある「天慶三年云々」の文を採る説もあるが、これも議論の余地がないでもない。にもかかわらず、「将門合戦状」の別名もある如く、後世の戦記物語の先駆をなすものであることは、疑いない。叙述は、豊富な仏教的知識と漢籍の教養を感じさせ、将門への共感をもちながらも、体制側に属する人物であるためか、前後に記述の矛盾を含む。当時の東国の兵（つわもの）の心情を描き、また唐・渤海・新羅の相つぐ滅亡の影響をうけていることもうかがわれる貴重な文献である。底本には、真福寺宝生院蔵本を用い、訓みについて楊守敬旧蔵本を参考にした。

〈竹内理三　校注〉

将門記

*それ聞《き》かく、かの将門《まさかど》は、*天国押撥御宇柏原《あめくにおしはるきあめのしたしろしめすかしはばら》天皇*五代の苗裔《べうえい》、三世*高望王《たかもちのおほきみ》の孫《むまご》なり。その父は、陸奥《むつの》*鎮守府《ちんじゆふ》将軍平朝臣《あそん》*良持《よしもち》なり。舎弟《しやてい》*下総介《しもふさのすけ》平*良兼《よしかね》朝臣は、将門が伯父《をぢ》なり。しかるに良兼は、去《い》ぬる*延長九年をもて、聊《いささ》か*女《をむな》の論《あげつらひ》によて、*舅甥《をぢをひ》の中すでに相違へり。

*裏等*野本□*扶《たすくら》等、陣を張り、将門を相待てり。遙にかの軍《いくさ》の体《てい》を見るに、所謂《いはゆる》*纛崛《たうくつ》の神に向ひて、旗を靡《なび》かせ*鉦を撃《う》つ〈纛崛は兵具なり。獣《けもの》の毛をもてこれを作る。鉦は兵鼓なり。諺に云はく、*フリツ、ミなりといへり〉。ここに将門、罷《や》めんと欲《ほり》すれど能はず、進まんと擬《す》るに由なし。然れども身を励まして*勧《すす》め拠《よ》り、刃《やきは》を交へて合戦《かふせん》す。将門、幸《さいはひ》に順風を得て、矢を射《い》ること流るるがごとく、中《あた》る所案《あん》のごとし。扶等《たすく》励むといへども、終《つひ》にもて負けつ。よて亡《し》する者数多く、存《い》くる者すでに少し。

*その四日をもて、野本・*石田・大串・取木等の宅《いへ》より始めて、与力《よりき》の人々の小*さき

それ聞かく…相違へり　諸本いずれもこの部分欠失。蓬左文庫蔵「将門略記」により補う。↓補

天国押撥御宇柏原天皇　桓武天皇。↓補

五代の苗裔　五代目の子孫。↓補

高望王・良持・良兼　↓補

鎮守府将軍　↓二三一頁注

下総介　下総は千葉県北部と茨城県西南部にまたがる坂東八ヶ国の一。介は律令制国司四等官の次官。国司の長官守不在の時は、受領となって国政にあたる。但し桓武平氏系図では良兼は上総介。↓一八九頁補「上総国に…」

延長九年　九三一年。正月から四月二十五日までの間(四月二十六日承平と改元)。

女の論　女性をめぐる紛争。内容は不明。今昔は「聊ニ不レ吉事」。↓補

舅甥　ここの舅は妻の父の意とするのが適当であろう。↓補

裏等　裏を人名とする説(赤城宗徳)もあるが意味不明。

野本　地名。但しその比定に諸説ある。またその下の欠字は或いは地名か。↓補

扶　源扶。前常陸大掾源護の子。一字名から、嵯峨源氏か。

纛崛の神　旗矛に宿る神の意か。↓補

鉦　かね、どら。↓補

フリツ、ミ　振鼓。鉦ではない。本書の撰者は兵事には余り通ぜぬ者であったか。

勧め拠り　指揮してふみとどまらせる。

その四日　承平五年(九三五)二月四日。

石田・大串・取木　石田の国香館をはじめ、将門の敵方の拠点。↓補

宅に至るまで、皆悉《ことごと》くに焼き巡《めぐ》りぬ。*屋に蟄《かく》れて焼かるる者は、烟《けぶり》に迷《まと》ひて去《さ》らず、火を遁《のが》れて出づる者は、矢に驚きて火の中に還り入る。*叫喚《けうくわん》□。□の中、*千年の貯《たくはへ》、一時の炎《ほのほ》に伴《あ》ふ。また*筑破《つくば》・*真壁《まかべ》・*新治《にひはり》三箇郡の*伴類《ばんるい》の舎宅五百余家、*員《かず》のごとくに焼き掃《はら》ふ。哀《かな》しきかな、男女《なむによ》は火のために薪《たきぎ》となり、珍財《ちんざい》は他《ほか》のために分つところと成りぬ。*三界火宅《さんがいくわたく》の*財《たから》に五主《ごしゆ》あり、*去来不定《きよらいふぢやう》なりといふは、もしくはこれを謂《い》ふか。

その日の火の声は、雷《いかづち》を論じて響を施し、その時の煙《けぶり》の色は、雲と争ひて空を覆《おほ》ふ。*山王は煙に交りて、巌《いはほ》の後に隠る。人宅は灰のごとくして、風の前に散ず。*国吏《こくり》万姓《ばんせい》は、これを視て哀慟《あいどう》す。遠近《おんごん》の親疎《しんそ》は、これを聞きて歎息す。箭《や》に中《あた》りて死せる者は、不意に父子の中を別《わか》ち、楯を弃てて遁るる者は、図《はか》らざるに夫婦の間を離れぬ。

就中《なかんづく》に*貞盛は、身までを公《おほやけ》に進めて、事発《おこ》る以前《さき》に*花の城に参上し、経廻《けいくわい》の程に、具《つぶさ》に由を京都《みやこ》にして聞く。よて*かの君、*物の情《こころ》を案《かむが》ふらく、貞盛、寔《まこと》にかの*前《さき》の大掾《だいぜう》源護《みなもとのまもる》と并にその*諸子等とは、皆同党なる者なり。然れども躬《みづか》ら与力せざるも、偏《ひとへ》にその*縁坐《えんざ》に編《あ》まる。*厳父国香《くにか》が舎宅は、皆悉《ことごと》くに殄《ほろ》び滅しぬ。その身も死去しぬ

小さき宅　宅は居処。国香の居館など部将級を示し、小宅は下兵クラスの居処。
屋に蟄れ…去らず　この句底本・諸本欠。扶桑略記により補う。↓補
叫喚　わめくこと。但しここでは仏語叫喚地獄より採ったものであろう。↓補
千年の貯　一時の対句。仏典に拠るか。
筑破・真壁・新治　↓補
伴類　友人・協力者あるいは従属的なものの意。↓補
員のごとく　あるもの全て。天治本字鏡「員、数也、衆也、加須」。
三界火宅・財に五主・去来不定　↓補
山王　地名とも使猿ともいう。↓補
国吏万姓　国吏は国衙の役人。万姓は百姓をさらに広くした言葉。万民に同じ。
貞盛　国香の長子。↓補
花の城　花洛。京都のこと。↓補
かの君　貞盛。君という敬語を用いていることは将門記撰者の立場を暗示する。
物の情　世間の有様。↓補
前の大掾源護　大掾は国司四等官のうち三等官。嵯峨源氏であろうが、高望王の子孫と異なり東国に子孫を残した形跡がない。将門の乱に際しその平定に殆ど参加していないのは何故であろうか。
その諸子　扶・隆・繁。
縁坐　↓補
厳父国香　厳父は自分の父を敬っていう言葉。国香は高望王の長子。現存将門記ではここが初見。平家「其(高望王)の子鎮守府将軍良望、後には国香と改む」。

る者なりとかむがふ。迥《はるか》にこの由を聆《き》きて、心の中に嗟嘆《さたん》す。*財においては五主あれば、何《な》ぞ憂へ吟《によ》はん。ただし哀《かな》しきは、亡父は空しく泉路《せんろ》の別《わかれ》を告げ、*存母は独り山野の迷《まよひ》を伝ふ。朝《あした》には居てこれを聞き、涙をもて面《おもて》を洗ふ。夕《ゆふべ》には臥してこれを思ひ、愁《うれへ》もて胸を焼きつ。

貞盛、哀慕《あいぼ》の至《いたり》に任《た》へずして、*暇《いとま》を公に申して*旧郷《ふるさと》に帰る。*僅かに*私門に着きて、亡父を煙の中に求め、遺母を*巌《いはほ》の隈《くま》に問ふ。幸に*司《し》馬《ば》の級《しな》に預るといへども、還《かへ》りて*別鶴《べつかく》の伝に吟《によ》ふ。方《まさ》に今、人の口をもて*偕老《かいらう》の友を尋ね得たり。伝言をもて*連理《れんり》の徒を問ひ取れり。嗚《あ》呼哀しきかな、*布の冠《かうぶり》を緑の髪に着けて、*菅《すげ》の帯を*藤の衣に結《ゆ》ふ。*冬去り春来り、漸《やうや》く*定省《ていせい》の日を失へり。歳《とし》変じ節改まりて、僅かに*周忌《しうき》の願《ぐわん》を遂ぐ。

貞盛、倩《つらつら》*案内《あんない》を検《けみ》するに、凡そ将門は本意《ほんい》の敵《かたき》に非ず。これ源氏の縁坐《えんざ》なり〈*諺に曰く、賤しき者は貴きに随ひ、弱き者は強きに資《よ》るといへり。しかじ敬順せんには〉。苟《いやし》くも貞盛、*守《しゅ》器《き》の職《つかさ》にあり。すべからく*官都に帰りて、*官勇を増すべし。しかるに*孀母《さうぼ》*堂にあり、子に非ずは誰か養はむ。田地数《あまた》あり、我に非ずは誰か領《をさ》めむ。将門に睦《むつ》びて、*芳操《はうさう》を*花夷《くわい》に通《かよは》し、*比《ひ》翼《よく》を国家に*流《つた》へむと。よて具《つぶさ》にこの由を挙*ぐるに、慇《ねむごろ》にせむことこれ可ならむてへり。

財においては…吟はん　上文「財に五主…去来不定」の句をうける。父の舎宅が焼かれたことは憂うるに足らない。
存母　貞盛の母。弟繁盛の母は分脈に「母家女房」とあるが同人かどうか不明。
暇を公に申して　休日を申請する。↓補
旧郷　故郷。常陸国真壁郡石田をさす。
僅かに　かろうじて、やっとのことで。
私門　己れの一族。続紀、霊亀元年五月辛巳条「身在㆓公庭㆒、心顧㆓私門㆒」。
巌の隈　岩の陰。隋煬帝秦孝王誄「扈㆓駕仁寿㆒、撫㆓席巌隈㆒」。
司馬の級・別鶴の伝　↓補
偕老の友・連理の徒　↓補
布の冠・菅の帯・藤の衣　↓補
冬去り　承平五年の冬か。
定省　朝夕親に孝養をつくすこと。↓補
周忌の願　回忌・年忌。ここでは一周忌の仏事をいう。死後一定の年を経た忌日。
案内　官庁で保存のため文書を書き写したものを案といい、その内容・中味のこと。転じて内々の事情、物事の実情。
諺に曰く…　長いものには巻かれよ、の意。出典未詳。↓補
守器の職　ここでは器は兵甲の意。兵甲を守る職即ち武官としての左馬允のこと。
官都　官庁のある都。京都のこと。
官勇　官途に勇気を出すこと。栄達を目標に勤務に勇みはげむこと。
孀母　和名抄「孀、夜無女」、名義抄「孀、ヤモメ」。
堂　仏堂。尼となったことを示すものか。
芳操　操は志。芳志・芳情に同じ。

乃《すなは》ち対面せむと擬《す》るの間、故上総介高望王《たかもちのおほきみ》の*妾《をうなめ》の子平良正《よしまさ》は、また将門の次の伯《を》父《ぢ》なり。しかうして介良兼朝臣と良正とは、兄弟の上に、両《ふたり》ながらかの常陸前掾《ひたちのさきのぜう》源護《みなもとのまもる》が*因縁なり。護常《つね》に息子扶《たすく》・隆《たかし》・繁《しげる》等が将門のために害《ころ》さるるの由を嘆く。然れども介良兼は、*上総国に居り、いまだにこの事を*執《と》らず。良正独《ひと》り因縁を追慕して、車のごとくに常陸の地《ところ》に舞ひ廻《めぐ》る。

ここに良正、偏《ひとへ》に*外縁の愁《うれへ》に就きて、卒《にはか》に*内親の道を忘れぬ。よて*干戈《かんくわ》の計《はかりこと》を企て、将門の身を誅《ちう》せむとす。時に*良正の因縁、その*威《ゐ》猛《まう》の励《はげみ》を見て、勝負の由を知らずといへども、兼ねて*莞爾《くわんじ》とほほゑみ*熙怡《きい》とよろこぶらくのみ〈*字書に曰く、莞爾は倭に言はく、ツハヱムなり。上の音は官の反、下の音は志の反。熙怡は倭に言はく、ヨロコフなり。上の音は伎、下の音は伊の反といふ〉。*理《ことわり》に任せて楯を負ひ、実《まこと》によて立ち出でつ。

将門、伝《つたへ》にこの言を聞きて、*承平五年十月廿一日をもて、忽《たちま》ちかの国新治郡《にひはりのこほり》*川《かは》曲《わの》村に向ふ。*良将声を揚げて、案のごとく*討ち合ひ、命を弃てて各《をのをの》合戦《かふせん》す。然れども将門は運ありて、すでに勝ちぬ。良正は運なくして、遂に負けつ。射取りし者六十余人、逃げ隠れし者その数を知らず。然うしてその廿二日をもて、将門は*本郷に帰る。

花夷　都と地方。

比翼　比翼の鳥の略。↓補

流　底本訓「ツタヘム」。

挙ぐる　将門に申上げる。

妾の子平良正　分脈は良茂の子とする。↓一八六頁補「高望王」

因縁　縁故者。本来は仏教語。

上総国に…　↓補

執　執心。深い関心をもつこと。

外縁・内親　母方と父方の親戚。儀制令、元日条義解「謂、親者内親也、戚者外戚也」。

干戈　兵器。↓補

良正の因縁　源護一家を指す。

威猛の励　勢い猛々しい振舞。尾張国解文「或施二威猛一、責而又責」。

莞爾　底本訓、右「クワンシト」、左「ホヽヱミ」。

熙怡　嬉怡。底本訓、右「キイト」、左「ヨロコフラク」。尾張国解文「仍奉公之始、開二熙怡之靨一、任限之中、弾二謂然之爪一」。

字書　ここに引用したものは、倭訓があるので、日本人の手に成るものであろう。

理　物事の道理。↓補

承平五年…　九三五年。↓補

川曲村　茨城県結城郡八千代町川西町附近。↓補

良将　上文・下文は良正。借訓か。

討　辞を奉じて罪を伐つ意。前文の誅に対応する。

本郷　将門の本拠。下総国豊田郡鎌輪とする説が有力である(赤城宗徳説)。

ここに良正幷に因縁《いんねん》・伴類《ばんるい》は、*兵《つはもの》の恥を*他堺に下《をと》し、敵《かたき》の名を自然《じねん》に上げ、*慧《あぢきな》く寂雲《じやくうん》の心を動《はたら》かし、暗《そら》に*疾風の影を追へり〈書に曰く、慧はアチキナクといふ〉。然れども*会稽《くわいけい》の深きにより、尚《なほ》敵対の心を発《おこ》す。よて*不足の由を勒《しる》し、*大兄の介《すけ》に挙ぐ。その状に云はく、*雷電の響を起すこと、これ風雨の助による。*鴻鶴《こうかく》の雲を凌《しの》ぐこと、ただ羽翔《うしやう》の用に資《よ》るなり。羨《ねがは》くは合力を被《かうぶ》りて、将門の乱悪《らんあく》を鎮めむ。然るときんば国内の騒ぎ自《おのづか》ら停まり、上下の動き必ず鎮まらむてへり。

かの介良兼朝臣、*吻《さきら》を開きて云はく、昔の*悪王は、尚《なほ》し父を害するの罪を犯しき。今の世俗、*何ぞ甥《をひ》を強《つよ》むるの過《あやまち》を忍ばむ。舎弟《しやてい》の陳《の》ぶるところ、*尤《もつと》も然るべからず。その由何とならば、因縁の護《まもる》の掾《ぜう》、頃年《としごろ》*㑹《ふ》れ愁《うれ》ふるところあり。苟《いやし》くも良兼、かの*姻《いん》娅《あ》の長と為《な》りたり。あに*与力の心なからむや。早く*戎具《じうぐ》を整へて、密《ひそか》に相待つべして へり。良正は水を得たる竜の心を励まし、*李陵《りりよう》の昔の励《はげみ》を成す。これを聞きて、*先に軍《いくさ》に射られし者は、痕《きず》を治《いや》して向ひ来る。その戦《いくさ》に遁れし者は、楯を繕《つくろ》ひて会《あ》ひ集まる。

しかる間、介良兼は*兵を調《ととの》へ陣を張り、承平六年六月廿六日をもて、常陸国《ひたちの》を指して*雲のごとくに涌き出でつ。*上下の国〈上総《かみつふさ》・下総《しもつふさ》を言ふなり〉、*禁遏《きんかつ》を加ふといへども、

兵の恥　字類抄「兵、ツハモノ」。↓補

他堺　良正の勢力圏外の国々。

慧　国字。運歩色葉集「慧、アジキナシ」。

疾風の影　寂雲の如き滅入った良正に対し、疾風の如く敏速な動きを示す将門を指す。

会稽の深きにより　中国の故事。↓補

不足　兵力の不足をいう。

大兄　長兄。良兼を指す。良兼は、良正の動に対し当初は「執ラズ」とあった。

雷電の響…・鴻鶴の雲…　↓補

吻　底本訓「サキラ」。くちびるの両端。転じて口のこと。↓補

悪王は…　↓補

何ぞ甥を…・尤も然るべからず　↓補

㑹　触の古字。

姻娅の長　姻娅は、結婚によって生じた縁者、身うちをいう。良兼は、その中の最年長者という意味で、高望王平氏の長者という意味ではない。↓補

与力　加勢。合力よりは関係が深い。

戎具　戎は戦の略字体。甲(よろい)と戈(ほこ)の合体字で、兵具。

李陵　漢の武将。李広の孫。↓補

先に軍に…　承平五年十月二十一日川曲村の合戦。「軍」の意味↓補

兵を調へ…・雲のごとくに湧き…　↓補

上下の国　良兼は上総介として上総国府に居を構えていたので、常陸国に向うためにはこの両国を通過する。

禁遏を加ふ　底本訓「キンカツ」。一般にはキンアツ。常陸国に向う介良兼の軍兵を、国が食い止めようとした。

*因縁を問ふことを称して、*遁るるがごとくに飛び去りぬ。所々の*関に就《つ》かずして、上《かみつ》総《ふさの》国《の》*武射《むさの》郡の少道より、下《しもつ》総《ふさの》国《の》*香取《かとりの》郡の神前《かむざき》に到り着く。その*渡《わたり》より、常陸国*信《し》太《だの》郡の*蒋《え》前《さき》の津に着く。その明日《あす》の早朝をもて、同国*水《み》守《もり》の*営所に着く。

この*鶏鳴《けいめい》に、*良正参向《さんかう》して不審を述ぶ。その次《ついで》に、貞盛疇昔《むかし》の志あるにより、*かの介に対面す。介、相語りて云はく、聞くがごときは、*我が寄人《よりうど》と将門等は懇懃《ねむごろ》なりてへり。これその兵《つはもの》に非ずてへれば、*兵は名をもて尤《もつと》も先と為《な》す。何ぞ若干《そこばく》の財物を虜領せしめ、若干の*親類《しんるい》を殺害《せつがい》せしめて、その敵に媚《こ》ぶべき。今すべからく与《とも》に合力《がふりよく》せらるべし。*是非を定めむとすと云ふ。貞盛*人口の甘きにより、本意に非ずといへども、暗《そら》に同類と為りて、*下毛野国《しもつけぬの》を指して、地動《とどろか》し草靡《なび》け、*一列に発《おこ》り向ふ。

ここに将門、*機急《ききふ》あるにより、実否《じつぷ》を見むがために、ただ百余騎を率《ひき》ゐ、*同年十月廿六日をもて、下毛野国の堺に打ち向へり。実《まこと》によて、件《くだむ》の敵は数千許《ばかり》あり。略《ほぼ》気色《けしき》を見るに、あへて敵対すべからず。その由何とならば、かの介は*合戦の遑《いとま》に費《つひ》えずして、人馬膏《あぶら》つき肥《こ》えて、干戈《かんくわ》皆具せり。将門は度々《どど》の敵に摺《とりひし》がれて、兵《つはもの》の具《ぐ》すでに乏《とも》し。人勢厚からず。敵これを見て、垣のごとくに楯を築《つ》き、切るがごとくに攻め向ひぬ。将門は到らざるに、先づ歩《かち》の兵《つはもの》を寄せて、略《あらあら》して合戦せしめ、且つ*射取る人馬八

因縁を問ふ・遁るるがごとくに… ↓補
関に就かず・武射郡の少道 ↓補
香取郡の神前 ↓補
渡 ワタリと訓む。海・川などで、人や物を対岸へ渡す施設のある場所。↓補
信太郡 和名抄「信太、信多」。
蒋前の津・水守 ↓補
営所 営は軍営。豪族の館のある所とする従来の解は説明不十分。↓補
鶏鳴 鶏の鳴く時刻の意から、夜明け・早朝をいう。斉明紀七年五月丁巳条「鶏鳴之時」にアカトキと訓。
良正参向して不審を述ぶ 不審は御機嫌伺の意。↓補
かの介 良兼のこと。
我が寄人 貞盛を指す。↓補
兵は名… 兵は、兵たるの名にふさわしいことを第一とする。名を名誉とする通説は説明不足。
親類 縁者が婚姻によって生じた関係者であるのに対し、親類は父方の血族。
是非 この場合、力の勝負で、勝が是、負が非。
人口の甘きにより 人の甘言にのせられやすい性質のために。
下毛野国 下野国(栃木県)。↓補
一列に 一斉に。
機急… 機(危)急の知らせがあったので。
同年十月廿六日 ↓補
合戦の遑に費えず 合戦と合戦との絶え間にあって合戦に参加せず、消耗していない。伊呂波「遑、イトマ」。
射取る人馬… 承平五年十月二十一日の

十余人なり。*かの介大《おほき》に驚き怖《を》ぢて、皆楯を挽《ひ》きて逃げ還る。将門鞭《むち》を揚げ名を称《の》りて追討する時に、敵は為方《せむかた》を失ひて、*府下に*偪仄《いりこま》る〈伝に曰く、偪仄は倭に言はく、イリコマルなりといふ〉。

ここに将門*思惟《しゆい》すらく、允《まこと》に*常夜の敵にあらずといへども、*脈《ちのみち》を尋ぬれば疎《うと》からず、氏《うぢ》を建つれば骨肉《こつにく》なりてへり。所云《いはゆる》*夫婦は親しけれども瓦《かはら》に等し、親戚は疎けれども葦《あし》に喩《たと》ふ。もし終《つひ》に殺害《せつがい》を致さば、もしくは物の譏《そし》り遠近《をちこち》にあらむかとおもへり。よてかの介独《ひと》りの身を逃《にが》さむと欲《おも》ひて、便《すなは》ち*国庁の西方の*陣を開き、かの介を出ださしむるの次《ついで》に、千余人の兵《つはもの》、皆*鷹《たか》の前の雉《きじ》の命を免れて、急《たちまち》に籠《こ》を出でたる鳥の歓《よろこび》を成す。その日に、件《くだむ》の介無道《むだう》の合戦の由を、*在地の国に触れて、日記しすでに了《をは》んぬ。その明日をもて本堵《ほんど》に帰りぬ。これより以来《このかた》、更に殊《こと》なることなし。

然る間、前《さき》の大掾《だいぜう》源《みなもとの》護《まもる》が*告状《こくじやう》によりて、件《くだむ》の護并に犯人平将門及び*真樹《まさき》等を召し進《たてまつ》るべき由の*官符、去《い》ぬる*承平五年十二月廿九日の符、同六年九月七日に到来、*左《さ》近衛《こんゑ》の番 長《つがひのをさ》正六位上《の》*英保《あほの》純行《ともゆき》、同姓氏立《うぢたち》、*宇自加《うじかの》友興《ともおき》等を*差《さ》して、常陸・下毛《しもつけ》・下総等の国に下されたり。よて将門は、*告人《こくにん》の以前《さき》に、同年十月十七日、火急《くわきふ》に*上道して、便《すなは》ち*公庭《くてい》に参じて、具《つぶさ》に事の由を奏す。幸に*天判《てんはん》を蒙《かうぶ》りて、*検非違使所《けんびゐしどころ》にして

合戦も射取る者六十余人で将門側の大勝となった。白兵戦よりも歩射戦にすぐれていたことがわかる。

かの介　良兼。

府下　府は下野国府。→補

偪仄る　イリコモルの転訛で、入籠るの意とすべきであろう。逃げ込む意。

思惟す　考えをめぐらす。もと仏語。

常夜の敵　宿敵。「雖不在」の不は将門略記にはない。略記に従うべきであろう。

脈　底本訓「チノミチ」。血統。

夫婦は親しけれども瓦に等し…　→補

国庁　下野国府の庁舎。良兼等は国府ではなく国庁にイリコマっていた。

陣を開く　陣を解く。撤去すること。下野国府の西側に逃げ道を開けば、常陸国とは益々遠ざかることになる。

鷹の前の雉の命を免れて　→補

在地の国　下野国。

告状　告訴状。→補

真樹　本書では初見。→補

官符　太政官符のこと。

承平五年…同六年九月七日に到来　→補

左近衛の番長　→補

英保純行・宇自加友興　→補

差して　派遣するために任命すること。転じて、ある役目を定めて派遣すること。竹取物語「勅使少将高野の大国といふ人をさして、六衛のつかさ合せて二千人の人を竹取が家につかはす」。

告人の以前に…　官符に応じ、告人護に先んじて将門が召喚に応じたわけである。

略問せらるるに、允《まこと》に*理務《りむ》に堪へずといへども、仏神の感ありて、相論ずるに理のごとし。何ぞいはむや、*一天の恤《めぐみ》の上に*百官の顧《かへりみ》ありて、*犯《をか》しところ軽きに准《なぞら》へて、罪過重からず。兵《つはもの》の名を*畿内に振ひ、面目《めんぼく》を京中に施す。経廻《けいくわい》の程に、*乾徳詔《けんとくせう》を降し、*鳳暦《ほうれき》すでに改まる〈言ふこころは、*帝王の御冠服の年、承平八年をもて、天慶元年に改まる。故にこの句あり〉。

故に*松の色は千年の緑を含《ふふ》み、*蓮《はちす》の糸は十善《じふぜん》の蔓《くずかづら》を結ぶ。方《まさ》に今、万姓《ばんせい》の重き荷《か》は大赦《たいしや》に軽《かろ》む。*八虐《はちげき》の大《おほき》なる*過《くわ》は犯人に浅くなりぬ。将門幸にこの仁風に遇《あ》ひて、*承平七年四月七日の恩詔《おんせう》によて、罪に軽重《けいちやう》なく、悦《よろこび》の靨《あくぼ》を春花に含み、*還向《くわんかう》を*仲夏《ちうか》に賜《たま》ふ。忝《かたじけな》く*燕丹《えんたん》の遑《いとま》を辞して、終《つひ》に*嶋子《たうし》が*墟《さかひ》に帰る〈*伝に言はく、昔燕丹、秦皇に事《つかうまつ》て遙に久しき年を経、然して後に、燕丹暇《いとま》を請ひて、古郷に帰らむとす。即ち秦皇仰せて曰く、たとひ烏の首《かしら》白くなり、馬の角《つの》生ひむ時に、汝の還ることを聴《ゆる》さむてへり。燕丹歎きて天を仰ぎしかば、烏これがために首白くなり、地に俯ししかば、馬これがために角生ひたり。秦皇大に驚き、乃ち帰ることを許す。また嶋子は、幸に*常楽の国に入れりといへども、更に本郷の墟《さかひ》に還るといふ。故にこの句あり。子細は本文に見ゆるなり〉。所謂《いはゆる》*馬に北風の愁《うれへ》あり、鳥に南枝《なんし》の悲《かなしび》あり。何ぞいはむや、人倫思ひにおいて何か懐土《くわいど》の情《こころ》なからむ。よて同年五月十一日をもて、早《つと》に都洛《とらく》を辞して、*弊宅《へいたく》に着き

上道　旅に出発すること。
公庭　朝廷。楊本訓「クテイ」。
天判を蒙り　天皇の判定をうけて。
検非違使所　検非違使庁の誤り。↓補
理務に堪へず…理のごとし　↓補
一天　一天の君の略。天皇のこと。
百官の顧　後文、将門の関白忠平宛の書状によるに、将門に恩顧を与えた百官の主役は忠平自身である。
犯ししところ軽きに…・畿内　↓補
乾徳　乾(天)の徳を具えた者、即ち天子。伊呂波「乾坤、ケンコン、天也地也」。
鳳暦　天子の定めるものであるところから、年号を寿いでいう言葉。菅家文草四、尭譲章「鳳暦何無レ主、竜飛欲二早還一」。
帝王の御冠服の年　朱雀天皇の元服は承平七年正月四日で、改元は翌八年五月二十二日。天慶改元は厄運地震兵革の慎みのためであった。
松の色は…・蓮の糸は…・八虐　↓補
過　罪過。
承平七年四月七日の恩詔　↓補
還向　こちらへ向って還ること。
仲夏　陰暦五月の異称。中夏。四・五・六月が夏で、五月はその中にあたる。
燕丹　春秋戦国時代の燕の皇太子。↓補
嶋子　浦島太郎のこと。書紀・丹後国風土記・万葉集などに見える。
墟　楊本訓「フルイヘ」。名義抄「墟、サカヒ」、字鏡集「墟、フルヤ」。
伝に言はく…・常楽の国　↓補
馬に北風の愁…　出典は文選。↓補
弊宅に…　弊宅は自宅の謙称。↓補

ぬ。

旅の脚《あし》を休めずして、*旬月を歴ざるに、件《くだむ》の介良兼、本意の怨《うらみ》を忘れずして、尚《なほ》し*会稽《くわいけい》の心を遂げむと欲《おも》ふ。頃年《としごろ》構へたるところの兵革《ひやうかく》、その勢《いきおひ》常よりは殊《こと》なり。便《すなは》ち八月六日をもて、常陸・下総両国の堺《さかひ》、*子《こ》飼《がひ》の渡《わたり》に囲み来る。その日の儀式*、霊*像を請《こ》ひて前《さき》の陣に張れり〈霊像と言ふは、故上総介*高茂王《たかもちのおほきみ》の形、幷に故陸奥将軍平良茂*の形なり〉。*精兵を整へて将門を襲ひ攻む。その日*明神忿《みやうじんいかり》ありて、慥《たしか》に事を行ふに非《あ》し。随兵《ずいひやう》少きが上、用意皆下《くだ》りて、ただ楯*を負ひて還りぬ。

ここにかの介、下*総国豊田郡栗栖院常羽《くるすのゐんいくは》の御廐《みまや》、及び百*姓の舎宅を焼き掃ふ。時に昼は人の宅《いへ》の*橎《こしき》を収めて、しかも奇《あや》しき灰、門ごとに満てり。夜は民の*烟《かまど》に煙を絶ちて、*漆《うるし》の柱、家ごとに峙《そばだ》てり。煙は遐《はるか》に空を掩《おほ》へる雲のごとし。*炬《ひ》は邇《ちか》く地に散る星に似たり。同*七日をもて、所謂《いはゆる》敵は猛《たけ》き名を奪《ば》ひて、しかも早く去り、将門は酷《から》き怨を懐《いだ》きて暫く隠る。

将門偏《ひとへ》に*兵《つはもの》の名を後代に揚《あ》げむと欲《おも》ひ、また合*戦を一両日の間に変じて、構へたるところの*鉾《ほこ》・楯《たて》三百七十枚、兵士一*倍なり。同月十七日をもて、同郡の*下大方郷堀《しもおほかたのさとほり》越《こし》の渡《わたり》に、陣を固めて相待つ。件の敵は、期に叶ひて雲のごとく立ち出で、電《いかづち》のごと

旬月 ↓補

会嵆の心 ↓一九〇頁補

子飼の渡 利根川の支流小貝川の渡。下妻市の東北方にある子飼大橋附近。

儀式 儀式ばった陣容の意。

霊像… ↓補

高茂王・平良茂 ↓一八六頁補

精兵 せいへい。よりぬきのすぐれた兵士。「せいびやう」と訓むと強弓の兵をいう。ここは前者であろう。

明神 神を尊崇して神名につける神号。ここは高望王らの霊像をさすか。↓補

楯を負ひて… 戦わずして逃げかえる。楊本「乍㆑立負而還㆓於本土㆒」。

下総国豊田郡栗栖院常羽の御廐 ↓補

百姓の舎宅を焼き掃ふ 将門の乱を通じて、相手方の本拠地および麾下の百姓の家を悉く焼き掃う焦土戦法がとられた。これがやがて百姓に厭戦気分をおこさせることになる。

橎 底本・楊本訓「コシキ」。↓補

烟 底本・楊本訓「カマド」。

漆の柱 黒焦げになった柱。

炬 諸説、良兼方の夜営のかがり火とするが、前文の煙が焼かれた舎宅の煙とすれば、これはその残り火であろう。

同七日 承平七年(九三七)八月七日。

兵の名 武名。前文の「猛き名」とは同一でない。↓一九〇頁補「兵の恥」

合戦…変じて 楊本「欲㆑致㆓合戦於生前㆒」。

鉾 ↓補

一倍 今日の二倍に同じ。雑令「凡公私以㆓財物㆒出挙者、…雖㆑過㆓四百八十日㆒、

く響を致す。その日、将門、急《にはか》に*脚病《かくびやう》を労《いたは》りて、事ごとに朦朦《もうもう》たり。合戦幾《いくばく》ならざるに、伴類《ばんるい》*算《さん》のごとくに打ち散りぬ。遺《のこ》るところの民家、仇《あた》のために皆悉《ことごと》く焼亡《ぜうまう》しぬ。*郡の中の*稼穡《かしよく》・人馬、共に損害せられぬ。所謂《いはゆる》*千人屯《むらが》れぬ処には草木倶《さうもくとも》に彫《しぼ》むとは、ただこれを云ふか。

*登時《そのかみ》に、将門身の病《やまひ》を労《いたは》らむがために、*妻子を隠して、共に*幸嶋《さしまの》郡葦津《あしづ》の江の辺《ほとり》に宿る。非常の疑《うたがひ》あるによりて、妻子を船に載せて広河《ひろかは》の江に泛《うか》べたり。将門は*山を帯《たい》して、陸閑の岸に居り、一両日を経たる間に、件の敵、十八日をもて各《をのをの》分散しぬ。十九日をもて、敵の介*幸嶋の道を取りて、上総国へ渡る。

その日、*将門が婦《め》、船に乗りて彼方《かなた》の岸に寄す。時にかの敵等、*媒人《ばいじん》の約を得て、件《くだむ》の船を尋ね取れり。七八艘が内に、*虜掠《りよりやく》せられしところの*雑物資具《しぐ》、三千余端《たん》なり。妻子同じく共に*討ち取られぬ。廿日をもて、上総国に渡る。ここに将門が妻《め》は去り、夫は留まりて、忿《いか》り怨《はらだ》つこと少からず。その身生きながら、その魂《たましひ》死にたるがごとし。*旅の宿に習はずといへども、慷慨《かうがい》して仮に寐《ねぶ》る、あに何の益かあらむや。

妾《をうなめ》は恒《つね》に*真婦《しんふ》の心を存して、*幹朋《かんほう》に与《とも》ひて死なむと欲《おも》ふ。夫は*漢王の励《はげみ》を成して、将《まさ》に楊家《やうか》を尋ねむと欲ふ。謀《はかりこと》を廻《めぐ》らすの間に、数旬相隔たりぬ。尚し懐恋《くわいれん》のところ

不レ得レ過二一倍一」。

下大方郷堀越の渡・脚病・算 ↓補

郡の中の… 郡は豊田郡。これにより豊田一郡が将門の勢力下にあることが分る。

稼穡 楊本「稼穡」。農事の成果。

千人屯れぬ処… 当時の諺であろう。屯の底本訓「ムラカレヌ」、下二段活用。

登時 楊本「トウシ」「ソノカミニ」と両訓。即刻、すぐさまの意。

妻子 妻は良兼の女であろう。

幸嶋郡葦津の江 ↓補

山を帯して陸閑の岸… 陸閑を地名とし諸説あるが、上文の広河の江に対応するもので、山を背後にした陸上閑所の岸と解すべきであろう。

幸嶋の道 鬼怒川に沿い猿島郡を南北に縦走した道。将門の本拠地を縦断し、良兼が完勝の威勢を示したもの。

将門が婦… 将門が婦を船に乗せて、と読む説もあるが、とらない。

媒人の… かねて注進すべき約束をしていて。将門の妻、或は媒人(↓一九八頁注「注」)のもとに身を寄せんとしたか。

虜掠 人を捕え財物を掠めとる。東寺百合文書、延長三年八月二十五日伊勢太神宮司牒「今俄号二東寺使一、猥令下虜中掠以前相博田上」。

雑物資具三千余端なり ↓補

討ち取られぬ 捕えられた。

旅の宿に習はず… これは妻の心情。楊本「雖不習」を「妾」とし「彼妻」と傍書。

真婦 貞婦。楊本「貞婦」。

幹朋に与ひて…・漢王の励を… ↓補

に、相逢ふの期《ご》なし。然る間、妾《め》が舎弟等謀を成して、九月十日をもて、窃《ひそか》に豊田郡に還《かへ》り向はしむ。すでに*同気《どうき》の中《なか》を背きて、本夫《ほんぷ》の家に属《つ》く。譬《たとへ》ば*遼東《れうとう》の女の、夫に随ひて、父が国を討たしむるがごとし。*件の妻《め》は、同気の中を背き、夫の家に逃げ帰る。

然れども将門は、尚《なほ》伯父と*宿世《すくせ》の讎《かたき》として、彼此《かれこれ》*相揖《いふ》す。時に介良兼、因縁あるによりて、常陸国に到り着く。将門僅かにこの由を聞きて、また*征伐《せいばつ》せむと欲《おも》ふ。備《かま》へたるところの兵士千八百余人、草木共に靡く。十九日をもて、*常陸国真壁《まかべの》郡に発向す。乃《すなは》ちかの介の*服織《はとり》の宿より始めて、与力《よりき》の伴類《ばんるい》の舎宅、員《かず》のごとく掃《はら》ひ焼く。一両日の間に件《くだむ》の敵を追ひ尋ぬるに、皆*高き山に隠れて、ありながら相《あ》はず。逗留《とうりう》の程に、筑波《つくば》山にありと聞く。

廿三日をもて、員《かず》のごとく立ち出づ。実《まこと》によて、件の敵、*弓袋《ゆぶくろ》の山の南の谿《たに》より、遙に千余人の声聞ゆ。山響き草動きて、*軿諊《へいきく》とののしり諠譁《くゑんくわ》とかまびすし。将門陣を固め*楯を築《つ》きて、且《か》つは*簡牒《かんてふ》を送り且つは兵士を寄す。時に、*律《りつ》の中《なか》に*孟冬《まうとう》の日黄《くわう》昏《こん》に臨めり。これによて各各楯を挽《ひ》きて陣々に身を守る。昔より今に迄《いた》るまで、敵の人の苦しぶところは、昼は則ち箭《や》を掛《かけは》けて、もて人の矢の中《あた》るところを眄《み》る。夜は則

同気　字類抄「同気、兄弟名、トウキ」。太平記二九「親にも超てむつましきは同気兄弟の愛也」。
遼東の女…　出典未詳。
件の妻は…　上文とほぼ同文。衍か。楊本、この句なし。
宿世　仏教語。前世からの因縁。
相揖す　互ににらみあう。揖は会釈すること。
征伐・常陸国真壁郡　→補
服織の宿　服織(真壁郡真壁町羽鳥)におかれた良兼の営所。筑波山麓に形成された小扇状地の最も山よりにある。宿→一九一頁補「営所」
高き山　筑波山(八七六メートル)・加波山(七〇九メートル)・足尾山(六二八メートル)など。
弓袋の山　筑波山の東麓につづく峠。新治郡八郷町小幡湯袋。
軿諊と…諠譁と…　→補
楯を築く　楯を地面につきたてて防御の設けをする。三宝絵詞中「兵をおこしてたてをついてふせぎたたかふ」。
簡牒を送り　当時、合戦を開始する前に挑戦状を送るのが作法。→補
律　律暦のこと。暦法。
孟冬　陰暦十月の異称。孟は初。
草露の身には　野営する身にとっては。
軍の行く　底本訓「軍ノキミヲヌキテ」。楊本訓による。

ち弓を枕として、もて敵の心の励むところを危ぶむ。風雨の節には、簑笠《みのかさ》を家と為し、*草露《さうろ》の身には、蚊虻《かあぶ》を仇《とも》と為す。然れども各《をのをの》敵を恨みむがために、寒温《かんうん》を憚《はばか》らずして合戦すらくのみ。

その度の*軍《いくさ》の行くに、頗《すこぶ》る秋の遺《のこり》あり。*稲穀《たうこく》を深き泥《こひぢ》に敷きて、人馬を自然《じねん》に渉《わた》す。*秣《まぐさ》に飽《あ》きて斃《たふ》れたる牛は十頭、酒に酔《ゑ》ひて討たれたる者は七人〈真樹が陣の人はその命死せず〉。これを謂《おも》ふに口惜し、幾千の舎宅を焼きし。これを想ふに哀《あは》れぶべし、何万の稲穀を滅す。終《つひ》にその敵に逢はずして、空しく本邑《ほんいう》に帰りぬ。

その後、同年十一月五日をもて、介良兼・掾源護幷に*掾平貞盛・公雅《きむまさ》・公連《きむつら》・*秦清文《はたのきよふん》、凡そ*常陸国の敵等、将門に*追捕《ついふく》すべき官符を、武蔵《むさし》・安房《あは》・上総・常陸・下毛《しもつけ》野《ぬ》等の国に下されぬ。ここに将門、頗《すこぶ》る*気《いき》を述べて力に附く。しかるを諸国の*宰《つかさ》、官符を抱《にぎ》りながら、慥《たしか》に*張り行はず、好みて*掘り求めず。しかるを介良兼、尚忿怒《なほふんぬ》の毒を銜《ふふ》んで、いまだ殺害《せつがい》の意《こころ》を停《や》めず、便《たより》を求め隙《ひま》を伺ひて、終に将門を討たむと欲《ほり》す。

時に、将門が*駈使《くし》丈部子春丸《はせつかべのこはるまる》、*因縁《いんねん》あるによりて、屢《しばしば》常陸国の*石田の庄辺の*田屋《たや》に融《かよ》ふ。時にかの介、心中に*以為《おむみらく》〈字書に曰く、以為はオムミラクといふ〉、*讒剣《ざむけん》は巌《いはほ》を破《わ》り、

稲穀を… 稲にもみのついたまま泥田に敷いて、人馬をとどこおりなくわたすことができた。農民にやがて反戦気分をおこす一因となる。
秣に飽きて斃れたる牛 合戦の場に馬でなく牛が出るのは意味不明。
掾平貞盛・公雅・公連 ↓補
秦清文 伝未詳。
常陸国の敵等…官符 底本「敵」なし。楊本により補う。↓補
追捕 官から役人を遣して罪人を捕えること。
気を述べ 気は、古事記下「霊異之威、有二超レ倫之気一」の用例と同じく、気力・意気の意。意気があがること。
宰 ↓補
張り行はず 強行しない。文明本節用集「張行、チヤウギヤウ」。尾張国解文「就中検田使等一郡二人、其所二張行(ハリおこなフ)一、无二可レ為レ喩之物一」。ここは下文と対句なので、「張り行はず」とよむべきであろう。
掘り求めず 穿鑿し追求しない。愚管抄七「ほりもとめば、三四人などいでくる人もありなんものを」。
駈使丈部子春丸 ↓補
因縁 ここも母方の縁者の意であろう。
石田の庄 ↓一八六頁注
田屋 居宅から離れた所にある田畑を泊り込みで耕作するための出小屋。↓補
以為 名義抄「以為、オモヘラク」。↓補
讒剣 底本訓「サウケム」。讒言は人を傷つけること剣の如しの意。

*属請《しよくせい》は山を傾《かたぶ》く。盍《いか》んぞ子春丸が注《ちう》*を得て、あに将門等が身を殺害《せつがい》せざらむとおもへり。子春丸を召し取りて*、案内《あんない》を問ふに、申して云はく、甚だもて可なり。今すべからく此方《こなた》の田夫《でんぶ》*一人を賜はらむ。将《ゐ》て罷《かへ》りて、漸々《やうやう》彼方《かなた》の気色を見せしめむと云々といへり。

かの介、愛興《あいきよう》すること余りありて、*東絹《あづまのきぬ》一疋を恵み賜《た》びて、語りて云はく、もし汝、実《まこと》によて将門を謀《はか》りて害せしめたらば、汝が荷夫《かふ》*の苦しき役《やく》を省きて、必ず乗馬*の郎頭《らうどう》とせむ。何ぞいはむや、穀米《こくまい》を積みてもて勇《いさみ》を増し、これに衣服を分ちて、もて賞《たまひもの》と擬《せ》むてへり。子春丸忽に*駿馬《しゆんめ》の宍《しし》を食《くら》ひて、いまだ彼の死なむことを知らず。偏に*鴆毒《ちむどく》の甘きに随ひて、喜悦《きえつ》極《きはま》りなし。件《くだむ》の田夫を率《ゐ》て、私宅の豊田郡*岡崎《をかざきの》村に帰る。

その明日《あす》の早朝をもて、子春丸とかの使者と、各《をのをの》炭*を荷《にな》ひて、将門が*石井《いはゐ》の営所に到る。一両日*宿衛《しゆくゑい》するの間、使者を麾《まね》き率《ゐ》て、その兵具の置き所、将門が夜の遁《のが》れ所、及び東西の*馬打《うまうち》、南北の出入《いでいり》を、悉く見せ知らしめつ。ここに使者還り参じて、具《つぶさ》にこの由を挙ぐ*。

かの介良兼、兼ねて夜討の兵《つはもの》を構《かま》へて、同年十二月十四日の夕《ゆふべ》、石井の営所に発遣《はつけむ》

属請　属託(たのむこと)と請託(権力ある人に私事をたのみ入ること)の二語を合せた語。
注　内通。内応。広雅釈言「注、媒也」。字類抄「媒、ナカタチ」、釈日本紀一八「内応、ナカタチス」。
召し取りて　召し寄せて。竹取物語「かぢたくみ六人を召しとりて」。
田夫　農夫。今昔二〇ノ四一「今農業ノ盛也、田夫ノ愁ヘ多カルベシ」。
東絹　東国産の絹。あしぎぬといわれ、平織の絹布で、絹より質が劣るという。
荷夫　荷物を背負って運ぶ人夫。古くは運脚という。
乗馬の郎頭　乗馬を以て一人前の武士に数える。郎頭は、郎等・郎党。従者。後、武将に従う重立った従者をいう。
駿馬の宍を食ひて…　馬肉を食えば死ぬが、酒を解毒剤として飲めば助かると考えられていた。↓補
鴆毒　鴆の羽毛から作った毒薬。↓補
豊田郡岡崎村　茨城県結城郡八千代町尾崎。
炭・宿衛　↓補
石井の営所　いまの茨城県岩井市にあった将門の営所。将門の本拠であったらしい。営所→一九一頁注
馬打　馬に乗って行くこと、またその場所。
挙ぐ　申し上げる。

す。その兵類は、所謂《いはゆる》*一人当千《いちにんたうぜん》の限り*八十余騎、すでに*養由《やういう》が弓を張り〈漢書に曰く、養由は、弓を執《と》れば空の鳥自ら落ち、百たび射るに百たび中《あた》るといふ〉、弥《いよいよ》解烏《かいう》の靫《つぼやなぐひ》を負へり〈淮《ゑ》南子《なんじ》に曰く、弓の師あり、名は*夷羿《いげい》と曰ふと。堯皇《ぎやうくわう》の時の人なり。時に十介《かい》の日あり。この人即ち九介の日を射しかば、地に射落ちき。その日に金烏《きんう》あり。故に解烏《かいう》と名《なづ》くといふ。よて*上兵《じやうひやう》を喩ふるものなり〉。駿馬《しゆんめ》の蹄《ひづめ》を催し〈*郭璞《くわくはく》が曰く、駿馬は生れて三日あてその母を超ゆ。よて一日に百里を行くなりといふ。故に駿馬に喩ふらくのみ〉。*李陵《りりよう》の鞭《むち》を揚《あ》げて、風のごとく徹《とほ》り征《ゆ》き、鳥のごとく飛び着く。

即ち*亥《ゐ》の剋《こく》をもて、*結城《ゆふきの》郡法城寺《ほうじやうじ》の*当《あたり》の路に出でて、打ち着くが程に、将門が一人《いちにん》当千《たうぜん》の兵《つはもの》ありて、暗《そら》に夜討の気色《けしき》を知り、後陣の従類に交りて、徐《やうや》くに行くに、更に誰《たれ》の人と知らず。便《すなは》ち*鵝鴨《かも》の橋の上より、窃《ひそか》に前に打ちて立ちて、石井《いはゐ》の宿に馳《は》せ来りて、具《つぶさ》に事の由を陳《の》ぶ。主従は惚忙《そうばう》とあはてて、男女共に囂《さわ》ぐ。ここに敵等、*卯《う》の剋《こく》をもて押し囲む。

ここに将門が兵《つはもの》十人に足らず。声を揚《あ》げて告げて云はく、昔聞きしかば、*由《ゆ》弓《きう》〈人名〉といひしひとは*爪《つめ》を楯《たて》として、もて数万の軍《いくさ》に勝ちき。*子《し》柱《ちう》〈人名〉といひしひとは針を立てて、もて千交《せんかう》の鉾《ほこ》を奪《ば》ひき。いはむや*李陵《りりよう》王の心あり。慎みて汝等、*面《おもて》を帰《かへ》

一人当千　涅槃経二「人王有㆓大力士㆒、其力当レ千、更無レ有㆘能降㆓伏之㆒者㆖、故称㆓此士一人当千㆒」。

八十余騎…　上文「東西の馬打」に対応するか。騎射戦を行おうとしたことがうかがわれる。しかし夜襲に騎射戦を用意するのは戦術すでに誤るというべきである。

養由が弓…解烏の靫…　↓補

夷羿　中国古代の伝説的弓の名手。

上兵　腕ききの上級の兵士。ここは射術にすぐれた兵。

郭璞　晋の人。晋の元帝に仕えたが、後、王敦に殺された。博学多才で多くの注釈書や著書がある。但しここに引用された句の出典は未詳。

李陵の鞭を揚げて　李陵が騎都尉として匈奴討伐のため、騎兵の精兵を率いて出撃する勇ましい姿で。李陵↓一九〇頁注

亥の剋　午後十時ごろ。

結城郡法城寺　↓補

当　当るの意でなく、辺の借訓。

鵝鴨の橋　比定に二説ある。↓補

卯の剋　午前六時ごろ。

由弓・子柱　出典未詳。

爪を楯として　徒手空拳の意か。

李陵王の心　上文の李陵の鞭に対応するが、但し上文は良兼方、ここは将門方の記述。

面を帰す　敵にうしろをみせること。

すことなかれといへり。将門は眼《まなこ》を張り歯を嚼《か》みて、進みてもて撃ち合ひぬ。時に件《くだむ》の敵等、楯を弃《す》てて雲のごとく逃げ散る。将門馬に羅《かか》りて風のごとく追ひ攻む。

これを遁《のが》るる者は、宛《あたか》も*猫に遇《あ》へる鼠《ねずみ》の穴を失へるがごとし。これを追ふ者は、譬ば雉《きじ》を攻むる鷹《たか》の*鞲《たかだぬき》を離るるがごとし。*第一の箭《や》に*上兵《じやうひやう》*多治良利《たぢのよしとし》を射取る。その遺《のこ》れる者は、*九牛の一毛だにも当らず。その日戮害《りくがい》せられたる者四十余人、猶《なほ》し遺れる者は、*天命を存してもて遁《に》げ散りぬ〈ただし注人の子春丸は、天罰《てんばつ》ありて事顕《あら》はれぬ。承平八年正月三日をもて、捕へられて殺さることすでに了《をは》りぬ〉。

この後、掾貞盛*三たび己《おのれ》が身を顧《かへり》みらく、*身を立て徳を修むるには、*忠行より過ぎたるはなし。*名を損ひ利を失ふは、邪悪より甚しきはなし。*清廉《せいれん》の比《ころをひ》なれども、*蚫室《はうしつ》に宿りぬれば、羶羍《せんけい》の名を同烈《どうれつ》に取れり。然も*本文に云はく、前生の*貧報《ひんほう》を憂へずして、ただ悪名の後流を吟《なげ》くてへり。遂に*濫悪《らんあく》の地に巡《めぐ》らば、必ず不善の名あるべし。しかじ、*花門《くわもん》に出でてもて遂に花城《くわじやう》に上り、もて*身を達せむには。しかのみならず、*一生はただ隙《ひま》のごとし、千歳《せんざい》誰か栄えむ。猶し*直生《ぢきせい》を争ひて、*盗跡《たうせき》を辞すべし。苟《いやし》くも貞盛は、身を公《おほやけ》に奉《つか》へて、幸に*司馬《しば》の烈《れつ》に預れり。いはむや労を朝家に積みて、弥《いよいよ》*朱紫《しゆし》の衣を拝すべし。その次《ついで》に*快く身の愁《うれへ》等を奏し畢《をは》らむとおもへり。承平八年春

猫に遇へる鼠…雉を攻むる鷹…　↓一九二頁補「鷹の前の雉の命を免れて」
鞲　↓補
第一の箭　最初の矢。一の矢。
上兵　弓矢に達した精兵。
多治良利　伝未詳。常羽御厩別当多治経明(二一四頁)の同族で、良兼方に加わったものか。
九牛の一毛　多数の中のとるに足らぬ僅かなもののたとえ。
天命を存して　命からがら。
三たび己が身を…　論語、学而「曾子曰、吾日三省㆓吾身㆒、為㆑人謀而不㆑忠乎、与㆓朋友㆒交而不㆑信乎、伝㆑不㆑習乎」。
身を立て…　孝経、開宗明義章「立㆑身行㆑道、揚㆓名於後世㆒」。
忠行　上文三省の最初「為㆑人謀而不㆑忠乎」の忠にあたる。正しい心を行うこと。下の邪悪に対応する。
名を損ひ利を失ふ　↓補
清廉　私利私欲をはかる心のないこと。↓補
蚫室に宿りぬれば…　↓補
本文…　未詳。
貧報　仏教語。前生の所業で現世にうける貧苦の報い。↓補
濫悪の地に…　もし将門が濫悪であれば、濫悪を伐つのであるから、この言はあり得ない。良兼側の貞盛にしてこの言あるのは、非が良兼側にあることを示すものであろう。
花門　↓補
身を達す　立身出世する。栄達する。

二月中旬をもて、*山道《せんだう》より京に上る。

将門は具《つぶさ》にこの言《こと》を聞き、伴類《ばんるい》に告げて云はく、*讒人《ざむじん》の行《おこなひ》は、忠人《ちうじん》の己《おのれ》が上にあることを憎《そね》む。邪悪の心は、富貴の我身に先《さきだ》たむことを*嫐《なや》む。所謂《いはゆる》*蘭花《らんくわ》は茂《も》からむと欲すれども、秋風これを敗《やぶ》る、賢人は明かならむと欲すれども、讒人これを隠す。今件《くだむ》の貞盛は、将門が会嵇《くわいけい》いまだ遂げず。報《むく》いむと欲《おも》ふらむこと忘れがたし。もし官都に上りなば、将門が身を讒せむか。しかじ、貞盛を追ひ停《とど》めて*蹂躙《じうりん》せむにはといふ。啻《ただ》に百余騎の兵《つはもの》を率《そつ》して、火急《くわきふ》に追ひ征《ゆ》かしむ。

二月廿九日をもて、*信濃《しなのの》国小県《ちひさがたの》郡の国分寺の辺に追ひ着きぬ。便《すなは》ち*千阿川《ちくま》を帯して彼此合戦《かれこれかふせん》する間に、勝負あることなし。その内に、彼方《かなた》の上兵《じやうひやう》*他田真樹《をさだのまさき》は、矢に中《あた》りて死ぬ。此方《こなた》の上兵*文室好立《ふんやのよしたち》は、*矢に中るも生きたり。貞盛幸に天命ありて、*呂布《りよふ》の*鏑《やさき》を免《まぬか》れて、山の中に遁れ隠れぬ。将門は*千般《ちたび》首を掻《か》いて、空しく*堵邑《という》に還りぬ。

ここに貞盛、*千里の粮《かて》を一時に奪はれて、*旅の空の涙を草の目に灑《そそ》く。疲れたる馬は薄雪を舐《ねぶ》りて堺《さかひ》を越え、飢ゑたる従《とも》は寒風を*含みて憂へ上る。然れども*生分天《せいぶん》にありて、僅かに京洛に届《いた》る。便《すなは》ち*度々《どど》の愁《うれへ》の由を録《しる》して、太政官《だいじやうくわん》に奏す。糺《ただ》し行ふべき

一生はただ隙のごとし 人生の短いことをいう。史記、留侯世家「人生一世間、如二白駒過レ隙」。
直生 楊本訓「ウルワシクイキテ」。まっすぐな正しい生き方。
盗跡 人の物を盗む行い。盗跖の誤りかとする説は、直生の対句としては不適当。
司馬 掾の唐名。
朱紫の衣を拝す ↓補
快く 気のむくまま。気のすむまで。
山道 東山道のこと。
讒人の行ひは…・嫐む・蘭花は… ↓補
蹂躙 字類抄「シウリン、フミニシル」、底本裏書「シウリムセ、フミニシテ」。
信濃国小県郡の国分寺・千阿川 ↓補
他田真樹・文室好立 ↓補
矢に中るも生きたり 将門勢と貞盛勢の弓勢の対比。将門勢の弓勢はここでも優勢を示した。
呂布 中国後漢末の武将。↓補
鏑 字類抄「鏑、ヤサキ、ヤシリ」。
千般 ↓補
堵邑 居村のこと。↓補
千里の粮 千里を旅するための糧秣。和名抄「粮、考声切韻云、糧〈音涼、字亦作レ粮、加天〉、行所レ賷米也、又云二儲食一也」。
旅の空の涙を… ↓補
含む 左伝、宣公十五「国君含レ垢〈忍二垢恥一也〉」。
生分天にありて 天運があっての意。
度々 字類抄「度々、ト、」。

の*天判を、*在地の国に賜ふ。去《い》ぬる*天慶元年六月中旬をもて、京を下るの後、官符を懐《いだ》きて相糺《あひただ》すといへども、しかも件《くだむ》の将門は、弥《いよいよ》*逆心を施して、倍《ますます》暴《ぼ》悪《あく》を為《な》す。

その内に、介良兼朝臣《の》は、*六月上旬をもて逝去《せいきよ》す。*沈吟《ちんぎん》するの間に、陸奥守*平維扶《たひらのこれすけの》朝臣、*同年冬十月をもて、任国に就《つ》かむと擬《す》るの次《ついで》に、山道《せんだう》より下野《しもつけ》の府に到り着く。貞盛はかの*太守《たいしゆ》と、*知音《ちいん》の心あるにより、相共にかの奥州に入らむと欲して、事の由を聞こえしむるに、甚だもて可なりといふ。乃《すなは》ち首途《かどで》せむと擬《す》るの間、また将門隙《ひま》を伺ひて追ひ来りて、前後の陣を固めて、山を狩《か》りて身を尋ね、野を踏んで蹤《あと》を求む。貞盛は*天力《てんりよく》ありて、風のごとく徹《とほ》り雲のごとく隠る。太守は思ひ煩ひて、弃《す》てて任国に入りぬ。

その後、朝《あした》には山をもて家と為し、夕《ゆふべ》には石をもて枕と為す。兇賊《きようぞく》の恐れ尚《なほ》し深く、非常の疑ひ弥《いよいよ》倍《ま》す。*縈々《えいえい》として*国の輪《わ》を離れず。*匿々《ちよくぢよく》として山の懐《ふところ》を避《さ》らず。天を仰ぎては世間の安からざることを*観じ、地に伏しては一身の保ちがたきことを吟《なげ》く。一は哀《かな》しび二は傷《いた》む。*身を猒《いと》ふも廃《すた》れがたし。それ鳥の喧《かまびす》しきを聞けるときは、例の敵の*嘯《うそぶ》くかと疑ひ、草の動くを見ては、*注人《ちうじん》の来るかと驚く。嗟《なげ》きながら多月を運び、憂へながら数日を送る。然れども頃日《このごろ》合戦の音なくして、漸く*旦暮《たんぼ》の心を慰《やす》む。

天判　天皇の裁定。↓補
在地の国　現地の国。↓補
天慶元年六月…　二月に上京して太政官に上申し、六月には官符を得て下国する。当時としてはかなり早い。
逆心を施して…・六月上旬…　↓補
沈吟　思いしずむこと。主語は貞盛。
平維扶　分脈に見えない。↓補
同年　天慶二年であることは、維扶が同二年九月末日になお京にいたことから明らかである(前項補注所掲、貞信公記抄)。
太守・知音の心　↓補
天力ありて　上文「生分天にありて」と同意。蘇軾、周氏挽詞「微生真草木、無㆑処㆑謝㆓天力㆒」。
縈々　決断がつかず、ぐずぐずしていること。
国　貞盛の本拠常陸国。
匿々　底本訓「チヨクチヨク」。
観じ　心に思いうかべてさとること。上句とともに仏教語。
身を猒ふも…　身を厭わしく思っても廃棄することもできぬ。仏教語か。猒は字類抄「エン、イトフ、又作厭」。
嘯く　口をすぼめて息を吐き音をたてる。素問「嘯、謂㆓声濁悪㆒也」に従えば、がやがやと話す濁み声となる。楊本訓「シハフク」。
注人　注進人の略。密告者。
旦暮の心　今か今かとさしせまった不安の心。旦暮は朝夕、目前の短い時間。
武蔵権守・興世王・源経基　↓補
足立郡司　↓補

然る間に、去《い》ぬる承平八年春二月中をもて、*武蔵権守*興世王《おきよのおほきみ》・介源*経基と、*足立《あだちの》郡司《こほりのつかさ》*判官代《はうぐわんだい》*武蔵武芝《むさしのたけしば》と、共に各《をのをの》*不治《ふち》の由を争ふ。聞くがごとくんば、*国司は無道《ぶだう》を宗《むね》と為し、*郡司は正理《しやうり》を力と為す。その由何《いかん》となならば、たとへば郡司武芝、年《とし》来《ごろ》公務に*恪懃《かくごん》して、誉《ほまれ》ありて謗《そしり》なし。苟《いやし》くも武芝、治郡の名頗《すこぶ》る国内に聴こえ、*撫育《ぶいく》の方普《みちあまね》く民家にあり。

代々の国宰《こくさい》は、郡中の*欠負《けつぶ》を求めず。往々の*刺史《しし》は、更に*違期《ゐご》の譴責《けんせき》なし。しかるに件《くだむ》の権守《ごんのかみ》、*正任《しやうにん》到らざるの間に、*推して入部せむと擬《す》てへり。武芝は案内を検するに、この国*承前《しようぜん》の例として、正任より以前《さき》に、輙《たはやす》く入部するの*色《しき》あらずてへり。国司偏《ひとへ》に郡司の無礼《むらい》を称して、恣《ほしいまま》に*兵仗《ひやうぢやう》を発し、押して入部す。武芝*公事《くじ》を恐るるがために、暫く*山野に匿《かく》る。案のごとく、武芝が所々の舎宅・*縁辺《えんぺん》の民家に襲ひ来りて、*底を掃《はら》ひて捜《さが》し取り、遺《のこ》るところの舎宅は*検封《けんぷう》して弃《す》て去りぬ。

凡そ件の守・介の行へることを見るに、主は則ち*仲和《ちゆうわ》の行《おこなひ》を挟《わきはさ》む〈花陽国志《くわやうこくし》に曰く、仲和は太守として、賦《ふ》を重くし財《たから》を貪《むさぼ》りて、国内に*漁《すなど》るものなりといふ〉。従は則ち*草窃《さうせつ》の心を懐《いだ》けり。*箸《はし》のごとくある主は、*眼を合はせて、*骨を破りて膏《あぶら》を出すの計《はかりこと》を成す。*蟻《あり》のごとくある従は、手を分けて、財を盗み隠し運ぶの思ひを励む。粗《あらあら》国内の*彫《しぼ》み弊《つか》れたる

判官代　判官は令制四等官の第三等官。↓二三〇頁注
武蔵武芝　↓補
不治の由を争ふ　不治は、政治がうまく行われないこと。非政。↓補
国司は無道を…・郡司は正理を…　↓補
恪懃　職務に忠実なこと。懃は勤と通字、楊本傍記「勤」。続紀、和銅四年七月甲戌条「良由下諸司怠慢、不上存二恪勤一」。
撫育　いつくしみそだてること。尾張国解文「更忘二万民之撫育一、只存二一身之利潤一」。
欠負　所定の数量に不足すること。↓補
刺史　国司の唐名。
違期の譴責　違期は調庸租の納期に背くこと。↓補
正任　権官に対する正官。
推して入部…　↓補
承前の例　前例。旧例。↓補
色　仏語。ここでは種類・たぐいの意。
兵仗　武器、転じて軍兵。↓補
公事　裁判沙汰。↓補
山野に匿る　当時国司からの調庸の追求に対して山野に身をかくすのが農民側の対抗手段であった。↓補
縁辺　ゆかりのある人。縁家。
底を掃ひて…　徹底的に掠奪すること。兵範記、保延七年三月八日条「公卿・朝臣、掃レ底供奉」。
検封　法律用語。犯罪人の財産を差押え、手を触れぬよう封印をすること。↓補
仲和　後漢桓帝頃の人。河南地方の郡守として暴政を恣にした。↓補

ことを見るに、*平民《へいみん》損ふべし。よて国の*書生等《しよしやうら》*越後国の風を尋ねて、新たに*不治の悔過《けくわ》一巻を造りて、*庁の前に落す。事は皆この国郡に分明《ふんみやう》なり。

武芝は、すでに郡司の職を帯ぶといへども、本《もと》より*公損《こうそん》の聆《きこえ》なし。虜掠《りよりやく》せられしところの私物、返し請ふべきの由、屢《しばしば》*覧挙《らんきよ》せしむ。しかれども曾《かつ》て*弁糺《べんきう》の政《まつりごと》なく、頻《しきり》に合戦の構《かまへ》を致す。時に将門は、急《にはか》にこの由を聞きて、従類に告げて云はく、かの武芝等、我が*近親の中に非ず。またかの守・介は我が兄弟の胤《たね》に非ず。然れども彼此《かれこれ》が乱を鎮めむがために、武蔵国に向ひ相《み》むと欲《おも》ふてへり。即ち*自分の兵仗を率《そつ》して、*武芝が当《あたり》の野に就《つ》く。

武芝申して云はく、件《くだむ》の権守《ごんのかみ》并に介等、一向《いつかう》に*兵革《ひやうかく》を整へて、皆妻子を率して、比《ひ》企郡《きのこほり》*狭服山《さやきの》に登るてへれば、将門と武芝と相共に、府を指して発向す。時に権守興《おき》世王《よのおほきみ》、先立ちて*府衙《ふが》に出づ。介経基は山の陰を離れず。将門且《また》、興世王と武芝と、この事を和せしむるの間に、各《をのをの》数杯を傾《かたぶ》けて、迭《たがひ》に*栄花《えいぐわ》を披《ひら》く。

しかる間に、武芝が*後陣等、*故なくしてかの経基が営所を囲む。介経基はいまだ*兵《つはもの》の道に練《ね》れずして、驚き愕《さわ》いで分散すと云ふこと、忽に府下に聞ゆ。時に将門、*濫悪《らんあく》を鎮むるの本意、すでにもて相違《さうゐ》しぬ。興世王は国衙《こくが》に留まり、将門等は本郷に

漁る　あさる。片端からとる。
草窃　草野の盗人。小泥棒。
箸のごとくある主　興世王と経基の二人を箸の二本にたとえたもの。
眼を合はせて　目くばせをする。尾張国解文「郎従之者、合レ眼恪勤」。
骨を破り…　膏血をしぼる計画を立てる。
蟻のごとくある従　従者を蟻が餌にたかる様にたとえていう。
彫み弊れ…　凋弊。衰え疲れること。

平民　楊本訓「ヘイミン」。↓補
書生・越後国の風・不治の悔過　↓補
庁の前に落す　庁は国庁。↓補
公損の聆　公職を利用して公物を損耗したという噂。意見十二箇条「非二唯公損之深一、亦成二吏治之妨一」(八五頁)。
覧挙　文書を提出すること。
弁糺の政なし　↓補
近親　僧尼令、取童子条集解「釈云、近親者、三等以上也」。
自分の兵仗　将門の私兵。
武芝が当の野　足立郡であろう。↓補
兵革　兵は武器、革は革製の甲・冑。
狭服山　比定の諸説ある。↓補
府衙　武蔵国衙のこと。↓補
栄花を披く　款を結び相手の心をはなやかにする。
後陣　あと備え。単なる後方部隊ではなく、後方からの敵襲に備える戦闘部隊である。ここの一句で、武芝も亦私兵をひきいていたことがわかる。
故なくして…営所を囲む　↓補

帰りぬ。ここに経基が懐《いだ》くところは、権守と将門とは、郡司武芝に催《もよほ》されて、経基を誅《う》たむと擬《す》るかとの疑ひを抱きて、乍《にはか》に深き恨《うらみ》を含《ふふ》みて、京都《みやこ》に遁れ上る。よて興世王・将門等が会稽《くわいけい》を報いむがために、虚言《そらごと》を心中に*巧《かま》へて、*謀叛《むほん》の由を太政官に奏す。これによて京中大《おほき》に驚き、*城邑《じやういう》併《しかしなが》ら囂《かまびす》し。

ここに、将門が*私《わたくし》の君《きみ》*太政大臣家に実否を挙ぐべき由の*御教書《みけうじよ》、天慶二年三月廿五日をもて、*中宮少進《の》*多治真人《たぢのまひと》助真《すけまさ》が所に寄せて、*下さるるの状、*同月廿八日に到来すと云々。よて将門、*常陸・下総・下毛野《しもつけぬ》・武蔵・上毛野五箇国の解文《げぶみ》を取りて、謀叛無実《むじち》の由を、同年五月二日をもて言上す。しかる間に*介良兼朝臣、六月上旬をもて、病《やまひ》の床に臥しながら、鬢髪《びんはつ》を剃《そ》り除きて卒去《そつきよ》すでに了《をは》んぬ。それより後、更に殊《こと》なることなし。

しかる比《ころほひ》に、武蔵権守興世王と新司*百済貞連《くだらのさだつら》とは、彼此《かれこれ》不和なり。*姻娅《いんあ》の中にありながら、更に*庁坐《ちやうざ》せしめず。興世王、世を恨みて*下総国に寄宿す。そもそも諸国の*善状によて、将門がために*功課あるべきの由、宮中に議《たばか》る。幸に恩沢《おんたく》を海内《かいだい》に沐《あ》みて、すべからく威勢を外国《げこく》に満たすべし。

しかる間、常陸国に居住する*藤原玄明《はるあき》等、素《もと》より国のための乱人《らんじん》たり、民のための

兵の道　戦いの方法の意。

濫悪を…相違しぬ　↓補

巧へて　底本訓「カマヘテ」。伊呂波「構、カマフ、架、巧、術」。上手につくりごとをすること。

謀叛の由を…　↓補

城邑併ら囂し　宮中も市内もともに大騒ぎする。「併ら」は、そのまま全部、すべて、の意。字類抄「併、シカシナガラ、必野必姓二反、皆也」。↓補

私の君　私的な主君。下文、藤原忠平に宛てた将門の書状にある名簿の提出は、臣従の意志表示である。

太政大臣家　藤原忠平。↓補

御教書・中宮少進・多治真人助真　↓補

下さるるの状　↓二一一頁

同月廿八日　御教書の日付が二十五日で、到来が二十八日では早すぎる。いずれかの日付に誤りがあろう。↓補

常陸…五箇国の解文　↓補

介良兼…了りぬ・百済貞連　↓補

姻娅　楊本訓「アヒムコ」。↓一九〇頁注

庁坐せしめず　国庁に座席を与えない。国務に関与させない。

下総国に…　下文によれば、将門のもとにである。

善状・功課・藤原玄明　↓補

毒害なり。*農節に望んでは*町満《ちやうまん》の歩数を貪《むさぼ》り、*官物に至りては束把《そくは》の弁済《べんさい》なし。動《やや》むずれば、*国の使の来り責むるを*凌轢《りようれき》して、兼ねて*庸民《ようみん》の弱き身を*劫略《こふりやく》す。その行《おこなひ》を見るに、則ち*夷狄《いてき》よりも甚し。その操《さう》を聞けば、則ち盗賊に*伴《ともな》へり。時に*長官藤原維幾《のこれちかの》朝臣、官物を弁済せしめむがために、度々《どど》の*移牒《うつしてふ》を送るといへども、*対捍《たいかん》を宗《むね》と為して、あへて*府に向はず。公《おほやけ》を背きて、しかも恣《ほしいまま》に猛悪を施す。*私《わたくし》に居《きよ》して、しかも強《あながち》に*部内を寃《しへだ》く。

長官稍《やうや》く度々の*過《くわ》を集めて、官符の旨によて*追捕《ついふく》せむと擬《す》るの間に、急《たちまち》に妻子を*提《ひさ》げて、下総国豊田郡に遁れ渡るの次《ついで》に、盗み渡るところの*行方《なめかた》・河内《かうち》両郡の*不動倉《ふどうさう》の*穀糒《もみほしいひら》等、その数、郡司が進《たてまつ》るところの*日記にあり。よて捕へ送るべき由の移牒《うつしてふ》を、下総国并に将門に送る。しかるに常に逃亡《てうまう》の由を称して、曾《かつ》て*捕へ渡すべきの心なし。凡そ*国のために宿世《すくせ》の敵《かたき》となり、*郡のために暴悪《ぼあく》の行《おこなひ》を張る。*鎮《とこしなへ》に往還《わうぐゑん》の物を奪《ば》ひて、*妻子の稔《にぎはひ》と為し、恒《つね》に人民の財《たから》を掠《かす》めて、従類の栄《さかえ》とするなり。

将門は素《もと》より、*侘人《わびびと》を済《たす》けて*気を述べ、便《たより》なき者を顧《かへり》みて力を*託《つ》く。時に玄明《はるあき》等、かの守維幾《これちか》朝臣のために、常に*狼戻《らうれい》の心を懐《いだ》きて、深く蛇飲《じやいむ》の毒を含めり。或る時は身を隠して誅戮《ちうりく》せむと欲《おも》ふ。或る時は力を出だして合戦せむと欲ふ。玄明、試みにこ

農節　農作の期節。春の終りから秋に至る間、農作の一番大切な時期。↓補

町満の歩数を貪り・官物　↓補

国の使の来り責むる…　国衙の使が未納の官物の弁済をきびしく催促する。↓補

凌轢　あなどってふみにじる。三代格、貞観八年正月二十三日官符「若期約相違、終至二凌轢一」。

庸民　庶民。庸は恒、並の意。

劫略　おびやかし掠めとる。↓補

夷狄　↓補

伴へり　匹敵する。

長官藤原維幾朝臣・移牒　↓補

対捍　逆らいこばむこと。↓補

府に向はず　国府に出頭しない。

私に居して　私宅に居て。

部内　管轄区域内。国内。尾張国解文「抑勘益出田之使、長官与禄田五六町、因レ之弥誇二無道一、更寃二部内一」。

過　罪過。

追捕　官人が罪人を捕えること。↓補

提げて　ひきつれて。字類抄「提、ヒサク、ヒキサク」。

行方・河内両郡　↓補

不動倉・穀糒　↓補

日記　ここは事発日記。↓補

捕へ渡す…　↓補

国のために…　以下は玄明の行動。束把の官物をも弁済せざる行為を指す。

郡のために…　行方・河内両郡の不動倉を破って穀糒を盗んだことを指す。

鎮に　金光明最勝王経音義「鎮、ツネニ、止己之奈」。下文の恒と同意。

の由を将門に聞ゆ。乃《すなは》ち合力《がふりよく》せらるべきの様あり。弥《いよいよ》*跋扈《ばつこ》の猛《たけ》みを成して、悉《ことごと》く合戦の方《みち》を構へて、内*議すでに訖《をは》んぬ。

部内《くにのうち》の干戈《かんくわ》を集めて、*堺外《さかひのそと》の兵類を発《をこ》して、天慶二年十一月廿一日をもて、常陸国に渉《わた》る。国は兼ねて警固《けいご》を備へて、将門を相待つ。将門陳《の》べて云はく、件《くだむ》の玄明等を国*土に住ましめて、追捕《ついふく》すべからざるの牒《てふ》を国に奉るといふ。しかるに承引《しようゐん》せずして、合戦すべきの由、返事を示し送る。よて彼此《かれこれ》合戦の程に、国の軍《いくさ》三千人、員《かず》のごとく討ち取られたり。

将門が随兵《ずいひやう》僅かに千余人、府下《ふか》を押し*塘《つつ》んで、便《すなは》ち東西せしめず。長*官すでに*過契《くわけい》に伏し、*詔使《せうし》また*伏弁《ふくべん》*敬屈《けいくつ》しぬ。世間の*綾羅《りようら》は雲*のごとくに下《くだ》し施し、*微妙《みめう》の珍財は算のごとくに分《わか》ち散《さん》じぬ。万*五千の絹布は、*五主《ごしゆ》の客に奪《ば》はれぬ。三*百余の宅烟《いへかまど》は、一旦《いつたん》の煙に滅しぬ。屏*風の西施《せいし》は、急《たちまち》に形を裸《あらは》にするの媿《はぢ》を取る。府中の道*俗も、酷《から》く害せらるるの危《あやぶ》みに当る。金*銀を彫《ゑ》れる鞍、*瑠璃《るり》を塵《ちり》ばめたる匣《はこ》、幾千幾万ぞ。若干《そこばく》の家の貯へ、若干の珍財、誰か採《と》り誰か領せむ。

*定額《ぢやうがく》の僧尼は、*頓命《とんめい》を夫兵に請ひ、僅かに遺《のこ》れる士*女は、酷《から》き媿《はぢ》を生前に見る。憐《あはれ》むべし、*別駕《べつが》は*紅《くれなゐ》の涙を緋《あけ》の襟《ころも》に揩《のご》ふ。悲しぶべし、国吏は二の膝を泥《こひぢ》の上に跪《ひざまづ》

妻子の稔…　↓補
侘人　世に容れられず失意の状態にある人。
気を述ぶ　意気を示す。↓一九七頁注
託く　寄せる。伊呂波「附、ツク、託」。
狼戻　狼の如く凶暴で、道理に戻ること。↓補
跋扈　大きい魚が籠に入らないで跳びはねる意から、上を無視して勝手なふるまいをすること。続文粋一、西府作、江大府卿「寺僧懲二跋扈一、神応責二睢盱一」。
内議　内々の評議。江談抄一「不レ知二内議一被レ参二会御出立所一」。
堺外　部内に対する。玄明・興世王の旧地常陸国・武蔵国などを指すか。将門の勢力が下総国以外に広がったことを示す。
国土　本国の土地。
塘　堤のこと。ツツムの借訓。
長官　藤原維幾。
過契　過状に同じ。↓二一二頁補
詔使・伏弁・敬屈　↓補
綾羅　高級な絹織物。↓補
雲のごとくに　人や物が多いことをいう。
微妙の　いうにいわれぬ見事な。字類抄「微妙、ミメウ」。
万五千　抄本「万千」。莫大な数量の意。
五主の客　↓一八七頁補「財に五主」
三百余　常陸国府の戸数で、実数を示すものであろう。
屏風の西施　↓補
道俗　僧尼と俗人。続紀、養老元年四月壬辰条「道俗擾乱、四民棄レ業」。
金銀を彫れる鞍　金銀象嵌の立派な鞍。

瑠璃　梵語 Vaidūrya の音訳。和名抄「瑠璃、俗云㆓留利㆒、青色而如㆑玉者也」。
定額の僧尼　↓補
頓命　一時の命。
士女　身分のある男女。続紀、天平六年二月癸巳条「天皇御㆓朱雀門㆒、覧㆓歌垣㆒…令㆓都中士女縦観㆒」。
別駕　介の唐名。藤原維幾をさす。
紅の涙を緋の襟に搵ふ　襟は、底本訓「クビ」、楊本による。↓補

烏景　太陽の中に三本足の烏が住むという中国古来の伝説から、太陽の日ざし。
放逸　字類抄「放逸、ホシママ、人情部、ハウイツ、放逸分」。
印鎰　↓補
庁衆　国庁の下級官人。
豊田郡鎌輪の宿　茨城県結城郡千代川村鎌庭。上文栗栖院常羽御厩の東。新治・真壁方面への通路にあたる。
議りて　楊本訓「タハカテ」。↓補
一国を討ちたり…・坂東　↓補
気色を聞く　様子をうかがう。
斑足王子　↓補
或る太子は…　阿闍世太子のこと。↓補
刹帝　刹帝利。梵語 Kṣatriya の音訳。王種。
三世の末葉　高望王から三世の意か。今昔は「柏原天皇ノ五世ノ孫」とする。
八国　坂東八国。
一向に　ひたすら。専ら。
受領　平安中期以降、遙任国司に対し、任国に赴き政務をとる国司をいう。↓補

く。当今《たうぎん》、濫悪《らんあく》の日に*烏景《うけい》西に傾き、*放逸《はういつ》の朝《あした》に、*印鎰《いんやく》を領掌《りやうじやう》せらる。よて長官・詔使を追ひ立てて、随身せしむることすでに畢《をは》んぬ。*庁《の》衆は哀慟《あいどう》して館《たち》の後に留り、伴《ばん》類《るい》は俳個《はいくわい》して道の前に迷ふ。廿九日をもて*豊田郡鎌輪《かまわ》の宿に還る。長官・詔使を一家に任《ぢう》せしむるに、愍労《めぐみいたはり》を加ふといへども、寝食《しむしよく》穏《やす》からず。

時に武蔵《むさしの》権守《ごんのかみ》興世王《おきよのおほきみ》、窃《ひそか》に将門に*議《たばか》りて云はく、案内を検《けみ》せしむるに、*一国を討ちたりといへども、公《おほやけ》の責め軽からじ。同じくは*坂東《ばんどう》を虜掠《りよりやく》して、暫く*気色を聞かむてへり。将門報答して云はく、将門が念《おも》ふところも啻《ただ》これのみ。その由何となれば、昔の*斑足《はんそく》王子は、天の位に登らむと欲して、先づ千の王の頸《くび》を殺《と》る。或る*太子は、父が位を奪はむと欲して、その父を七重の獄《ひとや》に降せり。苟《いやし》くも将門、*刹帝《せつたい》の苗裔《べうえい》、*三世の末葉《ばちえふ》なり。同じくは*八国より始めて、兼ねて王城を虜領《りよりやう》せむと欲《おも》ふ。今すべからく先づ諸国の印鎰《いんやく》を奪ひ、*一向《いつかう》に*受領《ずりやう》の限りを*官堵《くわんと》に追ひ上げてむ。然れば且つは掌《たなごころ》に八国を入れ、且つは腰に万民を附けむてへり。大議すでに訖《をは》んぬ。

また数千の兵《つはもの》を帯《たい》して、天慶二年十*二月十一日をもて、先づ下野国《しもつけの》に渡る。各《をのをの》*竜の
ごとかる馬に騎《の》りて、皆雲のごとかる従を率《ひき》ゐつ。鞭《むち》を揚《あ》げ蹄《ひづめ》を催《もよほ》して、万里の山を越えむとす。各心勇《いさ》み*神《たましひ》奢《おご》りて、十万の軍《いくさ》に勝たむと欲《おも》ふ。すでに国庁に*就《つ》きて、

その儀式を張る。時に*新司藤原公雅《きんまさ》・前司大中臣《おほなかとみの》全行《またゆきの》朝臣等、兼ねて国を奪はむと欲するの気色を見て、先づ将門を*再拝して、便《すなは》ち印鎰《いんやく》を擎《ささ》げて、地に跪《ひざまづ》きて授け奉る。かくのごときの騒動の間に、館の内及び府の辺《あたり》、悉く虜領せられぬ。*幹了《かんれう》の使を差《さ》して、長官を官堵《くわんと》に追はしむ。長官、唱《とな》へて云はく、*天には五衰あり、人には八苦あり。今日苦に遭《あ》ふこと、大底何為《たいていいかがせ》むや〈字書、イカ、セムなり〉。時改まり世変じて、天地道を失ふ。善伏し悪起りて、仏神験《しるし》なし。嗚呼《あ》哀《かな》しいかな、*鶏儀《けいぎ》いまだ旧《ふ》りざるに西朝に飛び、*亀甲新《きつかふあたら》しながら東岸に耗《ほろ》びぬ〈言ふこころは、任中にこの愁《うれへ》あり。故に云ふところなり〉といふ。

*簾《すだれ》の内の児女は、車の轅《ながえ》を弃《す》ててしかも霜の旅を歩み、門の外の従類は、*馬の鞍を離れてしかも*雪の坂に向ふ。治政《ちせい》の初めには*金蘭《きんらん》の靨《あくぼ》を開き、任中の盛りには*歎息《たんそく》の爪《つめ》を弾《はじ》く。*四度の公文《くもん》を取られて、空しく*公家に帰る。*一任の公廨《くがい》を奪はれて、徒《いたづら》に旅の*暗《そら》に疲る。国の内の吏民《りみん》は、眉《まゆ》を嚬《ひそ》めて涕涙《ているい》す。堺《さかひ》の外の士女は、声を挙げて哀憐《あいれむ》す。*昨日は他の上の愁《うれへ》と聞き、今日は自《をの》が下の媿《はぢ》を取る。略《ほぼ》気色を見るに、天下の騒動、世上の彫弊《てうへい》、これより過ぎたるはなし。*吟々《ぎんぎん》の間、終《つひ》に山道《せんだう》より追ひ上ぐることすでに了《をは》んぬ。

官堵　堵は垣、垣をめぐらした官庁の意。上文の官都と同義語。王城と対語。
十二月　楊本により訂。↓補
竜のごとかる馬　竜馬。↓補
神　字類抄「魂、タマシイ、魄、同、神、同、人―」。
就きて　赴いて。その場所に身をおく意。
新司藤原公雅・前司大中臣全行　↓補
再拝　二度くりかえして拝礼する。↓補
幹了の使・天には五衰…　↓補
鶏儀いまだ…・亀甲新しながら…　↓補
簾の内の児女　邸の御簾の内にかしずかれている深窓の児女。上文の「屛風の西施」と同巧。下野国司等の妻子を指す。
馬の鞍を離れて　常には騎馬で従うのに、歩行で、の意。
雪の坂　坂は碓氷峠のこと。
金蘭の靨…・歎息の爪…　↓補
四度の公文…　国司の国務報告書の最も重要なもの。これを奪われることは任期中の業績を失うことになる。↓補
公家に帰る　公家はおおやけ、朝廷。国司は中央から派遣された官人であるので、京都にかえることをかくいう。
一任の公廨　一任期中に支給される公廨稲。↓補
暗　空の借訓とされるが、暗路の意をも含めての意と解すべきか。
昨日は…　尾張国解文「然則昨聞二他州之愁一、今当二我上之責一」と同巧。
吟々の間　歎き悲しんでいる間に。吟は、名義抄「吟、ニヨフ、ナゲク」。

将門、同月十五日をもて上毛野《かみつけぬ》に遷《うつ》る次《ついで》に、*上毛野介*藤原尚範《ひさのり》朝臣、印鎰《いんやく》を奪はれ、十九日をもて、兼ねて*使を付けて官堵《くわんと》に追ふ。その後、*府を領し庁に入り、*四門の陣を固めて、且つ*諸国の除目《ぢもく》を放つ。時に一《ひとり》の*昌伎《かむなぎ》あり、云へらく、*八幡大菩薩《はつまんだいぼさつ》の使《つかひ》と儧《くちばし》る。*朕《ちむ》が位を*蔭子《おんし》平将門に授け奉る。その*位記《ゐき》は、*左大臣正二位菅原朝臣の《の》霊魂《れいこん》*表《へう》すらく、右八幡大菩薩、*八万の軍《いくさ》を起して、朕が位を授け奉らむ。今すべからく*卅二相の音楽をもて、早く*これを迎へ奉るべしといへり。

ここに将門、*頂《いただき》に捧げて再拝す。いはむや四の陣を挙《こぞ》りて立ちて歓《よろこ》び、数千併《しかしなが》ら伏し拝す。また*武蔵権守幷に*常陸掾藤原玄茂《はるもち》等、その時の*宰人《さいじん》として、喜悦すること、譬《たとへ》ば貧人《ひんじん》の富を得たるがごとし。*美咲《びせう》すること、宛《さなが》ら蓮花《れんぐゑ》の開き敷くがごとし。ここに自ら製《せい》して諡号《いみな》を奏す。将門を名《なづ》けて*新皇《しんわう》と曰ふ。よて*公家に、且つは事《こと》の由を奏する状に云はく、

将門謹みて言《まう》さく、貴誨《きくわい》を蒙《かうぶ》らずして、*星霜《せいさう》多く改まれり。*謁望《えつばう》の至り、*造次《ざうじ》に何をか言《まう》さむや。伏して高察を賜はば、恩々幸々なり。然るに*先年の源護等が愁《しう》状《じやう》により、将門を召さる。*官符を恐るるによて、急然《たちまち》に上道祗候《じやうだうしこう》の間、仰せを奉《うけたまは》りて云はく、将門がこと、すでに*恩沢《おんたく》に霑《うるほ》へり。よて早く返し遣《つか》はすてへれ

上毛野介　底本「下毛野介」。楊本に従う。上野国も親王任国であるので介が受領。印鎰を領する。

藤原尚範朝臣　分脈によれば冬嗣の裔。従四位上右大弁藤原遠経の子に「尚範、従五位下、修理亮、上野・下野介」とあり、純友の叔父にあたる。

使を付けて官堵に追ふ　↓補

府を領し…・四門の陣…　↓補

諸国の除目を放つ　国の除目は国司を任命する行事。県召除目。朝廷では春に行い春の除目ともいう。京官の任命は秋に行い司召除目とも秋の除目ともいう。官職の任命は天皇の大権に属し、肆にこれを行うのは天皇の大権を侵犯する私僣の行為である。よって「放つ」という。

昌伎　倡伎または娼妓。巫女。楊本訓、右「カナキスルテモノ」、左「カムナキ」。

八幡大菩薩　↓補

朕が位　天皇の位。朕は天子の自称。

蔭子・位記　↓補

左大臣正二位菅原朝臣　菅原道真。↓補

表すらく　将門に上表しますことは。

八万の軍を起す・卅二相の音楽　↓補

これ　八幡大菩薩。

頂に捧げて再拝す　頂礼する意。↓補

武蔵権守　興世王。

常陸掾藤原玄茂　伝未詳。藤原玄明に近い同族と推測される。とすると常陸掾でありながら在地性が強く、介藤原維幾に離反して将門側に加わったものか。

宰人　宰はきりもりする意。宰人が権守や掾などの国司であることに注目したい。

将門の東国が律令国家の縮刷版にとどまった原因である。
美咲…蓮花の開き敷く… →補
新皇 下文で京都の天皇を本天皇・本皇とよび、新しい天皇と称するのは、上皇が二人存在するとき、本院・新院とよびわける如きものである。本天皇を否定したわけではない。なお即位の記事について坂口勉に説がある。→補
公家 朝廷。
星霜 歳月。→補
謁望 面謁したい望み。
造次 論語、里仁「君子無㆓終㆑食之間違㆒㆑仁、造次必於㆑是、顛沛必於㆑是」、集解「馬融曰、造次、急遽」。
先年の…愁状 承平五年二月の告状。
官符 承平五年十二月二十九日の官符。
恩沢・安居 →補
数千の兵を興して… 承平七年八月六日の子飼渡の戦(一九四頁)。
更に将門等を召す… このこと、上文に見えず、将門記著者の書き落しか。
国司 常陸国司。即ち介藤原維幾。
貞盛は… 貞盛追捕の官符は承平七年十一月五日。
蹐 字類抄「蹐、ヌキアシ、軽足行也」。
理を得る・矯飾 →補
右少弁・源相職 →補
仰せの旨…書状 「天慶二年三月廿五日…下さるるの状」(二〇五頁)であろう。
武蔵介経基の告状によて… →補
維幾朝臣の息男為憲 →二〇六頁補「長官藤原維幾朝臣」

ば、旧堵《きうと》に帰り着くことすでに了《をは》んぬ。然して後に兵《つはもの》のことを忘れ却《しりぞ》けて後、絃《ゆみつる》を緩《ゆる》べて*安居《あんきよ》しぬ。

しかる間に、前《さき》の下総国の介平良兼、*数千《すせん》の兵を興《おこ》して、将門を襲ひ攻む。背《そむ》き走るに能はずして、相防ぐの間に、良兼がために人物《ひともの》を殺し損し奪ひ掠《と》られたるの由、具《つぶさ》に下総国の解文《げぶみ》に注《しる》して官に言上す。ここに朝家《てうか》諸国合勢して良兼等を追捕《ついふく》すべきの官符を下されたること、また了んぬ。しかるに*更に将門等を召すの使を給へり。然れども心安からざるによりて、遂に上道せずして、官使英保純行《あほのともゆき》に付けて具《つばびらか》なる由を言上すること、また了んぬ。

いまだ報裁《ほうさい》を蒙《かうぶ》らずして欝悒《うついふ》の際《あひだ》に、今年の夏、同じき平貞盛、将門を召すの官符を捧《にぎ》つて、常陸国に到れり。よて*国司、頻《しき》りに牒《てふ》を将門に送る。件《くだむ》の*貞盛は、追捕を脱《まぬか》れて、*蹐《ぬきあし》に上道《じやうだう》する者なり。公家《こうけ》すべからく捕へてその由を糺《ただ》さるべし。しかるに還《かへ》りて*理を得るの官符を給ふ。これ尤《もつと》も*矯飾《けうしよく》せられたり。また*右少弁源*相職《すけもと》朝臣、*仰せの旨を引きて書状を送る詞に云はく、*武蔵介経基の告状によて、将門を推問《すいもん》すべき後の符を定《さだ》むることすでに了んぬてへり。

詔使《せうし》の到来を待つの比《ころをひ》、常陸介藤原*維幾《これちか》朝臣の息男為憲《ためのり》、偏《ひとへ》に公《おほやけ》の威を仮《か》りて、

ただ*寃枉《あんわう》を好む。ここに将門が従兵藤原玄明《はるあき》が愁《うれへ》によて、将門、その事を聞かむがために、かの国に発向《はつかう》す。しかるに為憲と貞盛等とは同心して、三千余の精兵を率ゐて、恣《ほしいまま》に*兵庫《ひやうご》の*器仗《きぢやう》・戎具《じうぐ》并に楯《たて》等を下《おろ》して*挑《いど》み戦ふ。ここに将門は士卒を励まし意気を起して、為憲が軍兵を討ち伏すことすでに了んぬ。

時に*州を領するの間に、滅亡せる者その数幾許《いくばくばかり》なるを知らず。いはむや存命せる*黎庶《れいしよ》、尽《ことごと》く将門がために虜獲《りよくわく》せられたり。介維幾《これちか》、息男為憲《ためのり》を教へずして兵乱に及ばしめたるの由、*伏弁《ふくべん》の*過状《くわじやう》すでに了んぬ。将門本意に非ずといへども、一国を討ち滅《ほろぼ》せり。罪科軽からず、*百県に及ぶべし。これによて朝議《てうぎ》を候《ま》つの間に、且つ坂東の諸国を虜掠《りよりやく》すること了んぬ。

伏して*昭穆《せうぼく》を案《かむが》ふるに、将門すでに柏原《かしはばらの》帝王の五代の孫なり。たとひ永く*半国を領せむに、あに*非運と謂《い》はんや。昔は兵威を振ひて天下を取る者、皆史書に見えたるところなり。将門天の与へたるところすでに武芸にあり。思ひ惟《はか》るに、*等輩《とうばい》誰か将門に比《なら》ばむ。しかるに公家《こうけ》、*褒賞《ほうしやう》の由なくして、屢《しばしば》*譴責《けんせき》の符を下されたるは、身を省《かへり》みるに恥多し。面目《めんぼく》何ぞ施さむ。推《を》してこれを察したまはば、甚だもて幸《さいはひ》なり。

寃枉　無実の罪に陥れること。↓補

兵庫　↓補

器仗・戎具　↓補

挑み戦ふ　戦いをしかける。将門の常陸国府襲撃が藤原為憲の挑戦によったものであることを強調する。

州を領する…　州は国。常陸一国を占領するその間に。これによると、常陸国府のみでなく国全体を制圧したことになる。

黎庶　民衆。庶民。続紀、慶雲二年四月壬子条「託二于王公之上一、不レ能下徳感二上天一、仁及中黎庶上」。

伏弁　↓二〇七頁補

過状　↓補

百県　百の国の意。中国風の表現。

昭穆・永く半国を領せむに　↓補

非運　運に非ず。但し運が悪いの意ではない。

等輩　同輩。字類抄「等輩、朋友部、トウバイ」。

褒賞の由・譴責の符　↓補

少年　戸令「凡男女三歳以下為レ黄、十六以下為レ少、廿以下為レ中、其男廿一為レ丁、六十一為レ老、六十六為レ耆」。

名簿　↓補

太政の大殿　太政大臣の殿。大殿は大臣に対する敬称。

相国　太政大臣の唐名。三代実録、元慶八年五月二十九日条「本朝太政大臣、可レ当二漢家相国等一」。忠平は、承平六年(九三六)太政大臣。

歎念　伊呂波「歎息、タンソク、ナケク、々念」。

そもそも将門少年の日に、*名簿《みやうぶ》を*太政《だいじやう》の大殿《おほとの》に奉りて数十年、今に至りぬ。*相国《しやうこく》摂政《せつしやう》の世に生きて、不意《ふい》にこの事を挙《あ》ぐ。*歎念《たんねん》の至り、勝《あ》げて言ふべからず。将門*国を傾くるの謀《はかりこと》を萌《きざ》せりといへども、何ぞ旧主《きうしゆ》の*貴閣《きかく》を忘れむ。且つこれを察し賜はば甚だ幸なり。*一をもて万を貫く。将門謹言。

*天慶二年十二月十五日

*謹々上、*太政大殿の少将*閣賀《かくか》*恩下

時に、新皇の舎弟*将平《まさひら》等、窃《ひそか》に新皇に挙《あ》げて云はく、それ*帝王の業は、智をもて競《きほ》ふべきに非ず。また力をもて争ふべきに非ず。昔より今に至るまで、*天を経《たて》とし地を緯《ぬき》とするの君、業を纂《つ》ぎ基《もとゐ》を承《う》くるの王、これ尤《もつと》も*蒼天《さうてん》の与ふるところなり。何ぞ慥《たしか》に*権議《けんぎ》せざらむ。恐らくは物の譏《そし》り後代にあらむか。*努力《ゆめゆめ》云々といふ。

時に新皇、勅して云《のたま》はく、武弓《ぶきう》の術はすでに*両朝を助く。*還箭《くわんせん》の功はまた短命を救ふ。将門苟《いやし》くも兵《つはもの》の名を坂東《ばんどう》に揚《あ》げて、合戦を花夷《くわい》に振ふ。今の世の人は、必ず撃ちて勝てるをもて君と為す。たとひ我が朝に非ずとも、僉《みな》人の国にあり。去《い》ぬる*延長年中の*大赦契王《たいしやけい》のごときは、正月一日をもて*渤海《ぼつかい》の国を討ち取りて、*東丹《とうたん》の国に改めて領掌《りやうじやう》せり。盍《いか》んぞ力をもて*虜領《りよりやう》せざらむや。しかのみならず*衆力の上に、戦ひ討つ

国を傾くるの謀　↓補
貴閣　相手を敬うよびかけ。愚管抄「今ハ貴閣ノ昇進、ワガ心ニマカセタリ」。
一をもて万を貫く　「以㆑一察㆑万」と書くべきところ、すぐ上に「これを察し賜はば」とあって重複するので、便宜「以㆑一知㆑之」と「以㆑一貫㆑之」を合成した句を用いたものであろう。祈雨日記、万寿五年四月十二日後一条天皇綸旨「綸旨如㆑此、以㆑一察㆑万如㆑件」。
天慶二年十二月十五日　将門が上野国庁に進出した日にあたる。
謹々上　書状宛名書の上所（あげどころ）。↓補
太政大殿の少将　忠平の男、師氏であろう。承平四年閏正月より天慶四年三月まで左近衛少将。
閣賀　閣下の誤記か、或は音借か。
恩下　書状宛名書の脇付。恩下とする例は他に所見がない。
将平・帝王の業は…　↓補
天を経とし…　帝範序「経㆑天緯㆑地之君、纂㆑業承㆑基之王、興亡治乱、其道煥焉」。
蒼天・権議　↓補
努力云々　伊呂波「努力、ユメユメ」。強く禁止する意などに用いる語。
両朝　本朝と異朝。日本と中国。
還箭の功は…　↓補
延長年中　醍醐天皇治世(九二三—三一)。
大赦契王・渤海・東丹の国…　↓補
虜領　武力制圧し統治下におく。↓補
衆力の…　将門が多くの人の合力を得ていることを示す。将門個人の野望でないことを力説している点に注意。

こと功を経たり。*山を越えむと欲するの心憚《はばか》らず、巌《いはほ》を破らむと欲するの力弱からず。闘《たたかひ》に勝たむとするの念は、*高祖の軍《いくさ》をも凌《しの》ぐべし。凡そ八国を領せむ程に、*一朝の軍攻め来らば、*足柄《あしがら》・碓氷《うすひ》二関を固めて、当《まさ》に坂東を禦《ふせ》がむ。然るときは、*汝曹《なむだち》が申すところ、甚だ*迂《う》誕《たん》なりてへれば、各《をのをの》叱《いさめ》を蒙《かうぶ》りて罷《まか》り去りぬ。

且つ*縦容《しようよう》の次《ついで》に、*内竪伊和員経《ないじゆいわのかずつね》、謹みて言《まう》さく、*争ふ臣あるときは君*不義に落ちず。もしこの事を遂げられずは、*国家の危《あやぶ》みあり。所謂《いはゆる》天に違《たが》へば則ち殃《わざはひ》あり、王《みかど》に背《そむ》けば則ち嘖《いさひ》を蒙る。願くは*新天《しんてん》、*耆婆《ぎば》の諫《いさみ》を信じて、全く*推悉《すいしつ》の*天裁《てんのことわり》を賜へてへれば、新皇勅して曰く、能才《のうさい》は人によって愆《とが》を為《な》し、人に就いて喜《よろこび》と為す。*口にこの言を出だせば、駟馬《しば》だにも及ばず。所以《ゆゑ》に言を出だして遂ぐることなからむや。略して議を敗《やぶ》るは汝曹《なむだち》が*無心の甚しきなりてへり。員経《かずつね》、*舌を巻き口を鉗《ふふ》んで、黙して閑《かん》居《きよ》しぬ。*昔秦皇《しんくわう》の書《ふみ》を焼き儒《はかせ》を埋むるがごときは、あへて諫《いさ》むべからず。

ただ武蔵権守興世王《むさしのごんのかみおきよのおほきみ》は時の宰人《さいじん》たり。玄茂《はるもち》等、*宣旨と為して且つ*諸国の除目《ぢもく》を放つ。下野守には、舎弟平朝臣*将頼《まさより》を叙す。上野守には、常羽《いくは》の*御廐《みまや》の別当多治経明《たぢのつねあきら》を叙す。常陸介には、藤原玄茂《はるもち》を叙す。上総介には、武蔵権守興世王を叙す。安房守には、文屋好立《ふんやのよしたち》を叙す。相模守には、平*将文《まさふみ》を叙す。伊豆守には、平*将武《まさたけ》を叙す。下総

山を越えむと…　出典未詳。或は具体的に碓氷峠を越えて京都を目ざすことか。
高祖　漢の高祖劉邦。楚の項羽と天下を争い、勝って天下を統一した。
一朝の軍　朝廷をあげての軍勢。
足柄・碓氷二関　→補
汝曹　字類抄「汝曹、ナムタチ、汝等同」。
迂誕　迂はまわり遠い、実情にあわぬの意。誕は妄りに大言すること。
縦容　気持をやわらげ、ゆったりと落ちついていること。→補
内竪伊和員経　→補
争ふ臣・不義・国家の危み…　→補
新天　新天皇。将門を指す。
耆婆の諫　→補
推悉　この二字諸説あるが、悉くを推しはかる、何から何まで十分に推しはかった上で、の意とすべきであろう。
天裁　天皇の裁断。勅裁。将門を天皇とみとめての用語である。
口にこの言を…　→補
無心　思慮分別がないこと。→補
舌を巻き　相手に言いこめられたり、威圧されて、黙ること。→補
昔秦皇の…　焚書坑儒。→補
宣旨　勅旨を宣して下達すること。後に、その下達の文書。→補
諸国の除目…　扶桑略記「固二四門陣一、且行二諸国除目一、賊主将門恣行、合戦章云」。
将頼・御廐の別当　→補
将文・将武・将為　→補
点定　指定すること。字類抄「点定、評定分、テムチャウ」。三代格、天長三年九

守には、平将為《*まさなり》を叙す。

且つ諸国の受領《ずりやう》を点定《*てむぢやう》し、且つ王*城を建つべきの議《たばかり》を成す。その記*文に云はく、王城は下*総国の亭南《ていなん》に建つべし。兼ねて檥橋《*うきはし》をもて、号《なづ》けて京*の山埼と為《な》し、相馬郡《*さうまの》大井の津をもて、号けて京の大津とせむといふ。便《すなは》ち左*右の大臣・納言《なうごん》・参議・文武百官・六*弁八史、皆もて点定し、内*印・外印、鋳《い》るべき寸法、古*文・正字《しやうじ》を定め了んぬ。ただし孤疑《こぎ》すらくは、暦*日博士のみ。

偏《ひとへ》にこの言を聞きて、諸国の長官は、魚のごとく驚き、鳥のごとく飛びて、早く京洛《きやうらく》に上る。然して後、武蔵・相模《*さがみ》等の国に迄《いた》るまで、新皇巡検《じゆんけん》して、皆印鎰《いんやく》を領掌す。公務を勤むべきの由を、留守《*るす》の国掌《こくしやう》に仰《おほ》す。乃《すなは》ち、天*位に預かるべきの状、太政官に奏し、相模国より下総に帰りぬ。よて京*官大《おほき》に驚き、宮中騒動《さうどう》す。時に本《*もと》の天皇、十*日の命を仏天に請ひ、その内に名*僧を七大寺に屈して、礼奠《*れいてん》を八大明神に祭りたまふ。

詔*して曰《のたまは》く、忝《かたじけな》くも天位を膺《う》けて、幸《さいはひ》に鴻基《*こうき》を纂《つ》げり。しかも将門が濫悪《らんあく》を力と為して、国の位を奪はむと欲すてへり。昨《きのふ》この奏を聞く、今《けふ》は必ず来らむと欲すらむ。早く名神《*めいしん》を饗《きこしめ》して、この邪*悪を停《とど》めたまへ。速《すみや》かに仏力を仰ぎて、かの賊難《*ぞくなん》を払

月六日太政官符「望請、点二定数国一、為二親王国一」。

王城　皇居あるいは帝都。ここは前者か。

記文　記録した文書。

下総国の亭南　位置に諸説ある。↓補

檥橋　所在諸説あるが未詳。

京の山埼　京都府乙訓郡大山崎町。京都から南への街道が、淀川北岸の山陽道と大橋を渡って南岸の南海道とに分れる、古代交通の要衝地。

相馬郡大井の津・六弁八史　↓補

左右の大臣・納言・参議　↓補

内印・外印　内印は「天皇御璽」の印、外印は「太政官印」の印。↓補

古文・正字　古文は隷書、正字は字画が六義に叶った文字。

暦日博士　暦博士。職員令義解「陰陽寮…暦博士一人、掌レ造レ暦及教二暦生等一」。扶桑略記はこの部分「但所レ闕暦博士耳」。

相模等の国…・留守の国掌　↓補

天位　天皇の位。家伝上「鞍作尽二滅王宗一、将レ傾二天位一、豈以二帝子一代二鞍作一哉」。

京官　内官。中央官庁の官人。公式令「凡在京諸司為二京官一、自余皆為二外官一」。

本の天皇　朱雀天皇を指す。

十日の命を…　十日間の猶予を仏にねがい。仏天は仏の尊称。

名僧を…・礼奠を…　↓補

詔して…　これは朱雀天皇の詔。

鴻基　帝王の業の基礎。文粋三、弁耆儒、大江挙周「周文王之養二耆老一、已拓二七百年之鴻基一」。

名神を饗して・邪悪・賊難　↓補

ひたまへとのたまふ。乃《すなは》ち*本皇《ほんくわう》*位を下りて、*二の掌《たなごころ》を額《ひたひ》の上に摂《と》りたまひ、百官は潔斎《けつさい》して、千たびの祈りを*仁祠《じんし》に請ふ。いはむやまた*山々の阿闍梨《あじやり》は、*邪滅《じやめつ》悪滅の法を修《しゆ》す。社々の神祇官《じんぎくわん》は、頓死《とんじ》頓滅《とんめつ》の*式を祭る。

*一七日の間に焼《た》くところの*芥子《けし》は、*七斛《こく》余りあり、供ふるところの*祭料《さいれう》は、*五色幾《いくばく》ぞ。悪鬼《あくき》の名号をば、*大壇の中に焼《た》き、賊人の*形像をば、棘楓《うばらあをぎり》の下に着《つ》く。*五大《ごだい》力《りき》の尊《そん》は*侍者《じしや》を東土に遣はし、*八大尊の官は*神の鏑《かぶら》を賊の方に放つ。しかる間に*天神は、*嚬蹙《ひんしく》とくちひそんで賊類非分《ひぶん》の望みを誇《そし》り、*地類《ぢるい》は、呵嘖《かしやく》して悪王*不便《ふべん》の念《おも》ひを憎《そね》む。

然るに新皇は、*井の底の浅き励《はげみ》を案じて、堺《さかひ》の外の広き謀《はかりこと》を存《とど》めず。即ち相模より*本邑《ほんいう》に帰りての後、いまだ馬の蹄《ひづめ》を休めざるに、天慶三年正月中旬をもて、*遺《のこ》りの敵等を討たんがために、五千の兵《つはもの》を帯して、常陸国に発向《はつかう》せり。時に*奈何《なか》・久慈《くじ》一両郡の藤氏《とうし》等《ら》、堺に相迎へて、美を*罄《つく》して大饗《だいきやう》す。新皇勅して曰く、藤氏等、*掾貞盛《ぜうさだもり》并に為憲《ためのり》等が所在を指し申すべしといふ。時に藤氏等奏して曰く、聞くがごとくは、その身浮雲《うきぐも》のごとし。*飛び去り飛び来りて、宿る処不定《ふぢやう》なりと奏し訖《をは》んぬ。

ここに猶《なほ》し相尋ぬるの間に、漸《やうや》く*一旬を隔つ。僅かに*吉田郡蒜間《ひるま》の江の辺《ほとり》に、掾貞

本皇　将門の新皇に対する語。朱雀天皇。
位　座居(いくら)で、玉座のこと。
二の掌を…　仏の礼拝のときの頂礼の姿。→一六頁注「稽首」
仁祠　寺の別称。伊呂波「仁祠、寺」。
山々の阿闍梨・邪滅悪滅の法　→補
式　式神、識神。陰陽師が使役する鬼神。
一七日　七日は仏教の修法・法会・祈禱の一単位期間。
芥子　→補
七斛　七は一七日に対応する。斛は石に同じ。修法壇では一日芥子一升宛が普通であるので、一日一斛は、百座にあたる。
祭料　ここは陰陽道の祈禱の祭祀料。
五色・大壇　→補
形像…　人形を棘や楓の木に吊すのは、陰陽道の呪詛の方法であろう。
五大力の尊・侍者　→補
八大尊の官・神の鏑　→補
天神　天つ神。但し下文の地類に対する語とすれば、天衆とあるべきところ。
嚬蹙　楊本訓による。
地類　地上の神々の部類眷属。平家四、山門牒状「天衆地類も影向をたれ、仏力神力も降伏をくはへましまます事…」。
不便の　不都合な。常軌に外れ不届きな。
井の底の…堺の外の…　→補
本邑　下総国猿島郡石井営所。
遺りの敵　残敵。貞盛・為憲等を指す。
奈何・久慈…　那珂・久慈両郡は常陸国北部地帯で、藤原氏が蔓延していたこと他に所見がない。→補
罄して　名義抄「ツキヌ、イタル」。

盛・源扶《たすく》が妻《め》を拘《とら》へ得たり。*陣頭*多治経明《たちのつねあきら》・*坂上遂高《さかのうへのかつたか》等が中に、かの女《め》を*追ひ領したり。新皇はこの事を聴きて、女人の媿《はぢ》を匿《かく》さむがために、勅命を下せりといへども、勅命より以前《さき》に、*夫兵《ふひやう》等のために悉く*虜領《りよりやう》せられたり。就中《なかんづく》に貞盛が妾《め》は、剝《は》ぎ取られて形を露《あらは》にして、更に為方《せむかた》なし。眉《まゆ》の下の涙は、面《おもて》の上の粉《はふに》を洗ひ、胸の上の炎《ほのほ》は、心の中の肝《きも》を焦《い》る。*内外の媿《はぢ》は、身内の媿と成る。会稽《くわいけい》の報《むくい》に会稽の敵に遭《あ》ひたり。何ぞ人を謂《い》はむや、何ぞ天を恨みむや。生前《しやうぜん》の慙《はぢ》は*稠人《ちうじん》にあらくのみ。

ここに傍《かたはら》の陣頭《ぢんとう》等、新皇に奏して曰く、件《くだむ》の貞盛が妾《め》は、容顔《ようがんいや》卑しからず。犯過《はんくわ》は妾《め》に非ず。願くは恩詔《おんぜう》を垂《た》れて、早く*本貫《ほんくわん》に遣はさむてへれば、新皇勅して曰く、女《によ》人《にん》の流浪《るらう》は*本属《ほんぞく》に返すてへり。*法式の例なり。また*鰥寡《くわんくわ》のやもめ、孤独のひとりひとに優恤《いうじゆつ》を加ふるは、*古帝の恒範《こうはん》なりといへり。便ち*一襲《ひとかさね》を賜ひて、かの女の本心を試みむがために、忽に勅歌ありて曰く、よそにても風の便《たより》に吾ぞ問ふ枝離れたる花の宿《やどり》を、といふ。妾《め》幸《さいはひ》に*恩余《おんよ》の頼りに遇《あ》ひて、これに和して曰く、よそにても花の匂ひの散り来れば我身わびしとおもほえぬかな、といふ。その次《ついで》に、源扶《たすく》が妾《め》も一身の不幸を恥ぢ、人に寄せて詠《うた》ひて曰く、花散りし我身も成らず吹く風は心もあはきものにざりける、といふ。この言を翫《もてあそ》ぶ間に、人々*和怡《わい》して逆心*御止《やす》みぬ〈*員銓《ゐんせん》に曰く、御止は暫

掾貞盛幷に為憲等が所在… ↓補

飛び去り… 将門が本拠石井に絶えず回帰しているのに対し、貞盛は将門に追われているとはいえ、自由に行動している。これが最後に貞盛が勝つ要因となった。

一旬を隔つ 一旬は十日間のこと。↓補

吉田郡蒜間の江 現在の東茨城郡涸沼。↓補

陣頭 軍陣の頭。部隊長のこと。陸奥話記「亦七陣々頭武道、支二要害之処一」(二四一頁)。

多治経明 ↓二一四頁

坂上遂高 伝未詳。

追ひ領す 追捕し支配下におく。

夫兵 雑兵。兵卒。

虜領 捕虜として支配すること。今昔は「兵等ノ為ニ被犯タリ」。

内外の媿 国の内外に聞いた媿の意。

稠人 衆人に同じ。

本貫・本属・法式の例 ↓補

鰥寡…孤独…古帝の恒範… ↓補

一襲 和名抄「襲、史記音義云、衣之単複相具、謂二之襲一、〈辞立反、加左祢〉爾雅注云、襲猶レ重也」。

恩余の頼り 恩余は恩恵の余波の意か。恩余の頼りとは恩頼をいいかえたもので、天皇から受ける恩徳・加護の意。↓補

和怡 気持がやわらぎたのしむこと。

御止 御は詩経、邶風、谷風「亦以御レ冬」の疏「御、即禦也、故訓為レ止也」、左伝、襄公四年「季孫不レ御」の注「御、止也」。

員銓 日本国見在書目録「韻詮十巻、武玄之撰」。

く息《やす》むといふ〉。

多日を歴《ふ》といへども、*件《くだむ》の敵を*聆《き》くことなし。よて皆*諸国の兵士等を返し遣はす。僅かに*遺《のこ》るところの兵《つはもの》は千人に足らず。この事を伝へ聞きて、貞盛幷に*押領使《あふりやうし》*藤原秀《ひで》郷《さと》等は、四千余人の兵を*驚かして、忽に合戦せむと欲す。新皇、大に驚きて、*二月一日をもて、随兵《ずいひやう》を率ゐ敵の*地下野《しもつけ》の方に超え向ふ。時に新皇将門が前の陣、もていまだ敵の所在を知らず。副将軍玄茂《はるもち》が陣頭、経明《つねあきら》・遂高《かつたか》等が後の陣に、もて敵の所在を訪《と》ひ得たり。実否《じつぷ》を見むがために、*高き山の頂《いただき》に登りて遥かに北の方を見れば、実《まこと》によて敵あり。略《ほぼ》気色《しき》は四千余人許《ばかり》なり。

ここに経明《つねあきら》等、すでに一人当千《いちにんたうぜん》の名を得て、件《くだむ》の敵を見過すべからず。今、新皇に奏せずして、迫《せま》りてもて押領使秀郷《あふりやうしひでさと》が陣に討ち合ふ。秀郷は素《もと》より*古き計《はかりこと》ありて、案のごとく玄茂《はるもち》が陣を討ち靡《なび》かす。その副将軍及び夫兵《ふひやう》等、*三兵《さんへい》の手を迷ひて、四方の野に散りぬ。道を知る者は、弦《つる》のごとくに徹《とほ》り出づ。知らざる者は、車のごとくに*旗《ま》ひ廻《めぐ》る。僅かに存せる者は少し、遂に亡ぶる者は多し。

時に貞盛《さだもり》・秀郷《ひでさと》等、*蹤《あと》に就《つ》きて征《ゆ》く程に、同日の*未申《ひつじさる》の剋許《ときばかり》に、*川口《の》村に襲ひ到る。新皇*声を揚《あ》げてすでに行き、剣《つるぎ》を振ひて自《みづか》ら戦ふ。貞盛は天を仰ぎて云はく、私《わたくし》の賊

件の敵　貞盛・為憲等のこと。将門の敵が姿を長期間にわたってかくしたことは、貞盛・為憲に意をよせる人々が多く、将門に意をよせる者少きを示す。
聆　字類抄「聞、キク、又キコユ、聆」。
諸国の兵士…　↓補
遺るところの兵…　これが将門の私兵。
押領使　十世紀以後国内治安維持のため諸国に常置された官。将門謀反に際して、天慶二年六月九日、相模権介橘是茂と武蔵権介小野諸興が任命されたのは(貞信公記抄)、追討のために任命される臨時の官。↓六五頁補
藤原秀郷　↓補
驚かして　俄かに動員して。
二月一日　天慶三年二月一日。
下野の方…　貞盛は下野にひそんで秀郷を已れの陣営に誘うことに成功したのであろう。
高き山の頂　栃木県都賀郡岩舟町西方一キロの三毳(みかも)山(赤城宗徳説)。
古き計　古くから百戦錬磨を重ねた軍略。
三兵の手　秀郷の全軍を三手に分つ戦法。三兵は三軍に同じ。↓補
旗　「旋」の誤りであろう。
蹤に就きて征く　追尾して攻めたてる。
未申の剋　午後三時頃。
川口村　水口の誤か。茨城県結城郡八千代町水口で、将門の石井営に近い。
声を揚げて…　喊声をあげて行き向う。
三千の兵類　ここでは全軍の意。
面を帰す　敵に背を向けることをいう。
未の剋　上文に未申剋とあり、ここに未

は雲の上の電《いかづち》のごとし。公《おほやけ》の従《じゆう》は厠《かはや》の底の虫のごとし。然れども私の方には法なし。公の方には天あり。*三千の兵類は、慎みて*面《おもて》を帰すことなかれてへり。日は漸《やうや》く*未《ひつじ》の剋《とき》に過ぎて、*黄昏《たそがれ》に臨みぬ。各《をのをの》*李陵王《りりようわう》の*臆《むね》を募《つの》り、皆*死生決《しせいけつ》の励《はげみ》を成す。*桑の弓は快《たの》しく挽《ひ》かれ〈快はタノシク、挽はヒカレ〉、*蓬《よもぎ》の矢は直《なほ》く中《あた》る。公の従は、常よりも強く、私の賊は、例《つね》よりも弱し。所謂《いはゆる》新皇は、*馬の口を後に折りて、楯の本《もと》を前に牽《ひ》く。*昨日の雄《をどり》は今日の雌《めどり》なり。故に*常陸国の軍《いくさ》は、哂《あざけ》り咲《わら》ひて宿に留りぬ。*下総国の兵《つはもの》は、忿《いか》り愧《は》ぢて早く去りぬ。

その後、貞盛・秀郷等、相語りて云はく、将門はすでに千歳《せんざい》の命に非ず。自他《じた》皆一生の身なり。しかるに将門は、独《ひと》り*人寰《じんくわん》に跋扈《ばつこ》とふみはだかりて、自然《じねん》に物の妨《さまた》げたり。出でては濫悪《らんあく》を朝夕に競ひ、入りては*勢利《せいり》を国邑《こくいう》に貪《むさぼ》る。坂東《ばんどう》の*宏蠹《おほいなるのむし》、*外土《ぐわいど》の毒蟒《どくのやまかがち》も、これより甚しきはなし。昔聞きしかば、*霊蛇《れいじや》を斬《き》りて九野《きうや》を鎮《しづ》め、*長鯢《ちやうげい》を剪《き》りて四海を清むと〈漢書に曰く、霊蛇は人の*蚩尤《しいふ》の名なりといふ。左伝に*楚子《そし》が曰く、*長鯢は大魚の名なりといふ。故に不義の人の少国を飲む者に喩《たと》ふ〉。方《まさ》に今、凶賊を殺害《せつがい》してその乱を鎮むるに非ずは、*私《わたくし》より公《おほやけ》に及びて、恐らくは鴻徳《こうとく》を損はむか。

尚書《じやうじよ》に云はく、*天下安《やす》しといへども戦はざるべからず、*甲兵《かふへい》強しといへども習はざ

剋とあるのは誤字か。

黄昏 日暮れ時。戌の刻(午後八時頃)。伊京集「黄昏、ユウグレ、クワウコン、戌時」。

李陵王 →一九〇頁注

臆 華厳音義私記「胸、臆、訓並牟禰」。

死生決の励 生死を賭けた戦闘の意。

桑の弓・蓬の矢 古代中国で男児が生れた時、桑の弓で蓬の矢を四方に射て悪魔を払い、その立身出世を祝った。平家三、御産「桑の弓・蓬の矢にて天地四方を射させらる」。

馬の口を後に… 馬首を後方にむけ、楯を前方に並べる。撤退の態勢をとること。

昨日の雄は… 雄は勝者、雌は敗者。→補

常陸国の軍 貞盛・為憲等の率いる兵。

下総国の兵 将門方の兵。

人寰に跋扈 世の中にのさばりはびこっての意。→補

勢利 権勢や利欲。平治物語、信頼信西不快の事「栄花を旦夕にあらそひ、勢利を市朝にきほふ」。

宏蠹・外土の毒蟒 →補

霊蛇を斬りて…・長鯢を剪りて… →補

蚩尤 蚩尤。黄帝の臣という。→補

楚子 春秋時代の楚の荘王。→補

長鯢は… 楚子の言とするは誤解。→補

私より公に… 個人的な争いから国家への叛逆となって、天皇の徳(鴻徳)を損うことになろう。

天下安しと… 治に居て乱を忘れずと同意。但し尚書にこの句見えず。→補

るべからずといへり。たとひこの度《たび》勝つといへども、何ぞ後の戦《たたかひ》を忘るべけむ。しかのみならず*武王の疾《やまひ》ありしかば、周公《しうこう》命に代る。*大分《おほむね》貞盛等は、命を公に奉《うけたまは》りて、将《まさ》に件《くだむ》の敵を撃たむとすといふ。*所以《そへに》、*群衆を集めて、甘き詞《ことば》を加へて兵類を調《ととの》へ、その数を倍《ま》して、同年二月十三日をもて、強賊《きやうぞく》の地下総の*堺《さかひ》に着く。

新皇は、弊《つか》れたる敵等を招かむと擬《し》て、兵使《へいし》を引率《ひきゐ》て*幸嶋《さしま》の広江《ひろえ》に隠る。ここに貞盛は、事を左右《さう》に行ひ、計《はかりこと》を東西に廻《めぐ》らして、且つ新皇の妙《うるは》しき屋より始めて、悉く*与力《よりき》の辺《ほとり》の家を焼き掃ふ。火の煙は昇りて天《そら》に余りあり、人の宅《いへ》は尽きて地に主《ぬし》なし。僅かに遺《のこ》れる*緇素《しそ》は、舎宅《やいへ》を弃《す》てて山に入る。適《たまたま》留《とどま》れる士女《しぢよ》は、道に迷ひて方《みち》を失ふ。*常陸国のすでに損はれぬることを恨みず、唯し将門等の*不治《ふぢ》なることを歎く。

今貞盛、件《くだむ》の仇《あた》を追ひ尋ぬ。その日尋ぬれども逢へず。その朝《あした》に、将門、*身に甲冑《かふちう》を擐《つらぬ》きて、*飄序《へうじよ》の遁《のが》れ処を案じ、心に逆悪《ぎやくあく》を懐《いだ》きて、*衛方《ゑはう》の乱行《らんぎやう》を存す〈*白居易《はくきよい》の曰く、飄序とは虚空に喩ふるなり。衛方は荆府《けいふ》の人なり。天性奸猾《かんくわつ》を好みて、追捕《ついふく》の時、天に上り地に入る者なりといふ〉。しかるに*恒例《ごうれい》の兵衆八千余人、いまだ来り集まらざるの間に、啻《ただ》に率ゐるところは四百余人なり。且《しばら》く*幸嶋《さしまの》郡の北山を帯して、陣を張りて相待つ。貞盛・秀郷等は、子反《しなん》の鋭衛《えいゑい》を翫《もてあそ》んで、*梨老《りらう》の剣功《けんこう》を練《ね》りぬ〈*白居易の曰く、子反《しはん》・養由《やういう》の両人は、昔漢裴舜岱《はいしゆんたい》の

甲兵　鎧をつけた兵士。続紀、天平宝字八年七月甲寅条「海賊寔繁、是以徴二発甲兵一、防二守縁辺一」。

武王の疾…周公命に代る　↓補

大分　底本訓「オホムネ」。

所以　底本訓「ソヘニ」。名義抄「故、ユヘ、カルカユヘニ、ソヘニ」。

群衆を集めて　将門の孤立状況がうかがえる。わが国における群衆概念の初見か。

堺　猿島郡境(現在境町)とも同郡逆井村(猿島町逆井)ともいわれる。いずれも猿島郡内で、石井営の西北(境)、或いは北(逆井)約八キロの地点にある。

幸嶋の広江　幸島は猿島、広江は広河の江。扶桑略記は「将門率レ兵隠二嶋広山一」。

与力の辺の…　扶桑略記「貞盛等始レ自二将門之館一、至二于士卒之宅一、皆悉焼廻」。

緇素　緇は黒衣で僧服、素は白衣で俗人の服。僧俗。

常陸国　この下「軍」脱か。

不治　政治のよくないこと。やり方のうまくないこと。ここにも将門が民衆の心を失ったことが指摘されている。

身に甲冑を擐きて　甲冑を身につけて。宋書、倭国伝「順帝昇明二年、遣使上表曰、封国偏遠、作二藩于外一、自二昔祖禰一、躬擐二甲冑一、跋二渉山川一、不レ遑二寧処一」。

飄序の…・衛方の…　下に注あるも未詳。

白居易の曰く…　白氏文集にみえない。将門記著者の誤か。

恒例の兵衆　召集のときにはいつも集まることになっている兵士。

人なり。子反は年始めて四十、鉾《ほこ》を十五里に投ぐ。養由は年始めて七十、剣を三千里に奪ふといふ。故にこの句あり〉。十四日未申《ひつじさる》の剋《とき》をもて、彼此《かれこれ》合ひ戦ふ。

時に新皇順風を得て、貞盛・秀郷等不幸にして*咲下に立つ。その日、*暴風《はやち》枝を鳴らして、*地籟塊《ちらいっちくれ》を運ぶ。新皇の南の楯は前を払ひて自《おのづか》ら倒れ、貞盛の北の楯は面《おもて》を覆ふ。これにより、彼此楯を離れて各《をのをの》合ひ戦ふ時に、貞盛が中の陣は撃ち変へて、新皇の従兵は馬に羅《かか》りて討ちつ。且つ討ち取れる兵類は八十余人、皆*追ひ靡《なび》かすところなり。ここに新皇の陣、跡に就きて追ひ来る時、貞盛・秀郷・為憲《ためのり》等が伴類《ばんるい》二千九百人、皆遁《のが》れ去りぬ。ただ遺《のこ》るところの精兵三百余人なり。これ等方《みち》を失ひて立ち巡《めぐ》る間、*還《かへ》りて順風を得つ。

時に新皇、本陣に帰るの間、咲下に立つ。貞盛・秀郷等、身命を弃てて力の限り合ひ戦ふ。ここに新皇は、甲冑《かふちう》を着て、駿馬《しゆんめ》を疾《と》くして、躬《みづか》ら相戦ふ。時に現《うつつ》に天罰《てんばつ》ありて、馬は風のごとく飛ぶ歩みを忘れ、人は梨老《りらう》が術《みち》を失へり。新皇は*暗《そら》に神鏑《しんてき》に中《あた》りて、終《つひ》に*託鹿《たくろく》の野に戦ひて、独《ひと》り蚩尤《しいふ》の地に滅びぬ。天下にいまだ将軍の自《みづか》ら戦ひ自ら死ぬることはあらず。誰か図《はか》らむ、少過《せうくわ》を糺《ただ》さずして大害に及ぶとは。*私《わたくし》に勢を施して将《まさ》に公《おほやけ》の徳を奪はむとすとは。よて*朱雲《しゆうん》の人を寄せて*長鯢《ちやうげい》の頸《くび》を剣《き》る〈漢

幸嶋郡の北山　前掲扶桑略記に嶋広山とあるのは、典拠があるのであろう。『平将門故蹟考』(織田完之)に「島広山、岩井の古井より西に上りたる左りの高燥地、竹林喬木中に祠宇あり。一言明神を祀る。此の処を島広山と云ふ。今は字中根と称す。将門の居館ありし跡是なりと伝ふ」。

梨老　肌が垢じみている老人。転じて老人のこと。注によれば養由を指す。

白居易の曰く…　出典不明。

咲下　吹下の誤字か。風下の意。

暴風　字類抄「暴風、ハヤチ、又ノワキ」。↓補

地籟塊を運ぶ　烈風が地鳴りをおこして土をふきとばす。地籟は大地の発する音響。天籟に対する。性霊集二、大和州益田池碑銘「地籟天籟、如レ筑如レ箏」。

追ひ靡かす　追撃して圧倒する。

還りて順風を得つ　突然風向きが変って追風をうけることになった。

暗に神鏑に中り　神明によって誅戮されたと当時から信ぜられていた。↓補

託鹿の野　↓補

私に勢を施して…　他人のために私的に勢力をひろげて、それが天皇の徳を奪うことになろうとは。

朱雲　中国漢代平陵の人。字は游。槐里令。成帝のとき、権勢を振っていた安昌侯張禹を斬って佞臣を除こうとし、上書して斬馬の剣を借りんことを願い出、帝の怒りをかったという。朱雲の如き人に託しての意。↓補

長鯢　↓二一九頁補

書に曰く、*朱雲は悪人なり。昔朱雲、*尚方の剣を請ひ、人の頸を殺《き》るなりといふ〉。便《すなは》ち*下野国より解《げ》文《ぶみ》を副《そ》へて、*同年四月廿五日をもて、その頸を言上《ごんじやう》す。ただし*常陸介維幾《これちか》朝臣幷に交《けう》替使《たいし》は、幸《さいはひ》に*理運《りうん》の遺風に遇《あ》ひて、便《すなは》ち*十五日をもて任国の館《やかた》に帰ること、譬《たとへ》ば*鷹《たか》の前の雉《きじ》の野原に遺《のこ》り、*俎《まないた》の上の魚の海浦《かいほ》に帰るがごとし。昨日は暫く*凶叟《くゐようそう》の恨みを含み、今《けふ》は新たに*亜将《あしやう》の恩を蒙《かうぶ》れり。

凡そ新皇名を失ひ身を滅ぼすこと、允《まこと》にこれ武蔵権守興世王《おきよのおほきみ》・常陸介藤原玄茂《はるもち》等が謀《はかりこと》の為すところなり。哀《かな》しいかな、新皇の*敗徳《はいとく》の悲《かなしび》、滅身《めつしん》の歎《なげき》は、譬《たと》へば開かむと欲する*嘉禾《かくわ》の早く萎《しぼ》み、耀かむとする*桂月《けいげつ》の兼ねて隠るるがごとし〈春節にあるが故に、嘉禾等のごとく云ふ。二月十四日をもて*逝過《せいくわ》せるが故に、桂月兼ねて隠ると言ふなり〉。

*左伝《さでん》に云はく、徳を貪《むさぼ》りて公《おほやけ》を背《そむ》くは、宛《あたか》も*威を馮《たの》みて鉾《ほこ》を践《ふ》む虎のごとしといへり。故に*書に云はく、*少人《せうじん》は才を得て用《もち》ゐがたし、悪人は徳を貪りて護《まも》り巨《がた》しといふ。所謂《いはゆる》*遠き慮《おもばかり》なきは近き憂《うれへ》ありといふは、もしくはこれを謂《い》へるか。ここに将門、頗《すこぶ》る功課《こうくわ》を官都に積みて、忠信を永代《えいだい》に流《つた》ふ。しかるに一生の*一業《いちごふ》は猛濫《まうらん》を宗《むね》と為し、毎年毎月に合戦を事と為す。故に学業《がくげふ》の輩《ともがら》を*屑《もののかず》とせず、これただ武芸《ぶげい》の類を翫《もてあそ》べり。ここをもて、楯に対《むか》ひては親を問ひ、*悪を好みては過《とが》を被《かうぶ》る。然る間、邪悪の積り一

朱雲は悪人なり　著者の誤解。
尚方　中国漢代の官名。漢書、百官公卿表「師古曰、尚方主レ作二禁器物一」。
下野国より…・同年四月廿五日…　↓補
常陸介維幾朝臣幷に交替使…　維幾・定遠が将門に軟禁されたこと、上文にある。
理運　道理にかなったためぐりあわせ。転じて、よいめぐりあわせ。小右記、天元五年二月四日条「維敏可レ有二追捕一者、為二貞盛子一、頗揚レ名、其理運相当」。
十五日　将門討死の翌日である。
鷹の前の雉　↓一九二頁補
俎の上の魚の…　尾張国解文「猶若三俎上之魚移二於江海一、鎮似三刀下之鳥翻二於林阿一」。
凶叟　不運な目にあった翁。
亜将　次将。常陸掾である貞盛を指す。
敗徳　悖徳・背徳と同義。懐風藻、河島皇子伝「背二君親一而厚レ交者、悖徳之流耳」。
嘉禾　穂のたくさんついためでたい稲。↓補
桂月　月の異称。↓補
逝過　逝去に同じ。ゆきすぎるの意で死を過ぎるというのは仏教語。
左伝に云はく…　現行の左伝に見えず。
威を馮みて…　典拠未詳。
書に云はく…　未詳。
少人　小人に同じ。
遠き慮…　論語、衛霊公「子曰、人無二遠慮一、必有二近憂一」。
一業　一つだけの業因。業は、仏教で身口意によって行う未来の善悪の果のもと

身に覃《およ》び、不善の謗《そし》り*八邦《はつはう》に聞えて、終《つひ》に*阪泉《はんせん》の地に殞《ほろ》びて、永く謀叛《むほん》の名を遺《のこ》せり〈漢書に曰く、阪泉は昔高祖の合戦の地なりといふ〉。

時に賊首《ぞくしゆ》の兄弟及び伴類《ばんるい》等*追捕《ついふく》すべきの官符を、去《い》ぬる正月十一日をもて、東海《とうかい》・東山《とうせん》両道の諸国に下さる。その官符に云はく、もし*魁帥《くわいすい》を殺《き》らむ者は、募《つの》るに*朱紫《しゆし》の品をもてし、また次の将軍を斬《き》らむ者は、その勲功《くんこう》に随ひて、将《まさ》に*官爵《くわんしやく》を賜はむとすてへり。よて*詔使《せうし》左大将軍参議兼修理大夫《しゆりのだいぶ》右衛門督《うゑもんのかみ》*藤原朝臣忠文《ただぶん》・副将軍刑部大輔《ぎやうぶのだいふ》*藤原朝臣忠舒《ただのぶ》等を八国に遣《つか》はすの次《ついで》に、賊首将門が大兄《このかみ》将頼《まさより》幷に玄茂《はるもち》等、相模国に到りて殺害《せつがい》せられたり。次に、*興世王《おきよのおほきみ》は上総国に到りて誅戮《ちうりく》せられたり。坂上遂高《かつたか》・藤原玄明《はるあき》等は、皆常陸国にして斬《き》らる。

相次ぎて、海道の*撃手《うつて》の将軍兼刑部大輔藤原忠舒、下総権少掾《ごんのせうぜう》平公連《きみつら》を押領使《あふりやうし》と為して、四月八日をもて入部して、即ち謀叛《むほん》の類《たぐひ》を尋ね撃つ。その内に賊首将門が舎弟七八人、或は鬢髪《びんばつ》を剃除《ていぢよ》して深山に入り、或は妻子を捐捨《えんしや》して各《をのをの》山野に迷ふ。猶《なほ》し遺《のこ》れるものは、恐れを成して去る。また*正月十一日の官符各四方に散る。或は*二月十六日の詔使《せうし》の恩符《おんふ》を憑《たの》んで、稍《やうや》く公庭《くてい》に行く。

然る間、武蔵介源経基・常陸大掾平貞盛・下野押領使藤原秀郷等は、勲功の勇《いさみ》なき

となる所業をいう。平治物語、頼朝遠流に宥めらるる事「御菩提をも弔ひ奉り、一業をもうかび給ふかと思ふにこそ」。

屑　伊呂波「屑、モノ、カス、不―」。

問ひ　詰問の意。

八邦　関東八箇国。

阪泉　中国河北省涿鹿県の東にある泉。黄帝と炎帝とが戦った地。史記、五帝紀「以与ニ炎帝一戦ニ于阪泉之野一〈集解曰、皇甫謐云、在ニ上谷一、正義曰、晋太康地理志云、涿鹿城東一里、有ニ阪泉一、上有ニ黄帝祠一〉」。注に高祖の合戦の地とするは誤り。

追捕すべきの官符　↓補

魁帥　賊の首領。

朱紫の品　五位以上。↓二〇〇頁補

官爵　文明本節用集「官爵、クワンシヤク、官は司也、爵は位也」。

詔使…八国に遣はす　↓補

藤原朝臣忠文・藤原朝臣忠舒　↓補

興世王は…　↓補

撃手の将軍…　将門が殺されたので、征東副将軍忠舒を残敵掃蕩のために押領使に切りかえたのである。平公連は↓一九七頁補「掾平貞盛・公雅・公連」

正月十一日の官符…　正月十一日の官符を恐れて各々四方に離散したの意であろう。

二月十六日の詔使の恩符　他に所伝なく、発行者も内容も不明。詔使は大将軍藤原忠文で、十四日将門伏誅の報を聞き、自首する者は恩情ある扱いをすべき旨の符を発したのであろう。

に非ず、褒賞《ほうしやう》の験《しるし》あり。よて去《い》ぬる*三月九日の奏《そう》に、中務《なかつかさ》、軍《いくさきみ》の謀《はかりこと》克《よ》く忠節を宣《の》ぶ。ここに賊首の*戎陣《じうぢん》に着きて、武功を*三庭《さんてい》に到すてへり。今介経基ならむや、始めは虚言を奏すといへども、終りに実事《じつじ》によりて、従五位下に叙す。掾貞盛、頃年《としごろ》合戦を歴《ふ》といへども、いまだ勝負を定めず。しかるを秀郷、合力《がふりよく》して謀叛の首を斬《き》り討つ。これ秀郷が*古き計《はかりこと》の*厳《いかめ》しきところなりてへり。従四位下に叙す。また貞盛はすでに多年の険難《けんなん》を歴て、今*兇怒《きようど》の類を誅《ちう》せり。尤《もつと》も貞盛が励《はげみ》の致すところなり。故に正五位上に叙することすでに了《をは》んぬ。

これをもてこれを謂《い》ふに、将門が謬《あやま》りて過分の望みを負ひて、*逝水《せいすい》の涯《はて》に従ひたりといへども、*人のために官を施せり。その心を怨《うら》まず。何とならば、*虎はもて皮を遺《のこ》し、人はもて名を遺《のこ》すといふ。憐《あはれ》むべし、先《ま》づ己が身を滅ぼして後に他の名を揚《あ》ぐることを。今案内を検するに、昔者《むかし》は*六王の逆心により、七国の災難ありき。今は一士の謀叛《むほん》に就き、八国の騒動を起せり。この*覬覦《きゆ》の謀《はかりこと》を縦《ほしいまま》にするは、古今にも希《まれ》なるところなり。いはむや本朝、神代より以来《このかた》、いまだこの事あらじ。然らば則ち妻子は道に迷ひて、*臍《ほそ》を噬《くら》ふの媿《はぢ》を取り、兄弟は所を失ひて、身を隠すの地なし。雲のごとくある従《とも》は暗《そら》に霞の外に散り、影のごとくある類《たぐひ》は空しく途《みち》の中に亡ぶ。

三月九日の奏　↓補
戎陣　陣屋。将門の本陣に攻めこんだことをいう。
三庭　王庭の誤か。朝廷のために武功をたてたの意。
古き計　↓二一八頁注
厳しき　厳重で手抜りがないこと。
兇怒　兇奴の誤字か。
逝水　流れ行く川の水。人の死にたとえる。田氏家集、同二高少史一傷二紀秀才一「逝水争レ流不二再廻一、文華凋落豈重開、為レ君泣送千行涙、莫レ恨泉逢作二両来一」。
人のために…　将門の死により貞盛・秀郷等が恩賞の官位を得たことをいう。
虎はもて皮を…　五代史、王彦章伝「豹死留レ皮、人死留レ名」。十訓抄四、行基菩薩遺言誡二多言一事「虎は死して皮をのこす、人は死して名をのこす」。
六王の逆心により七国の災難…　漢景帝の時の呉楚七国の乱。↓補
覬覦　分不相応のことを望みねがうこと。本書にもその一部を引用する(二二三頁)天慶三年正月十一日太政官符の「将門不レ顧二微分一、還忘二朝憲一、遂恣二逆乱之意一、更夾二窺窬之謀一」(文粋二)によるか。
臍を噬ふ　後悔してもとり返しのつかない思いをいう。三教指帰注下「噬レ臍者、ヘソハクハントスレドモ不レ叶、己所作ノ事業ヲバ悔トモ不レ叶也」。
四鳥の別れ・三荊の悲　ともに生別の悲しみをいう故事。↓補
薫蕕を同畔に…・涇渭を一流に…　↓補
百里の内　東国をいう。

或は生きながら親子を迷ひて、山に求め川に問ふ。或は惜しみながら夫婦を離れて、内に訪《と》ひ外に尋ぬ。鳥に非ずして暗《そら》に*四鳥《してう》の別れを成し、山に非ずして徒《いたづら》に*三荊《さんけい》の悲《かなしび》を懐《いだ》く。犯《をかし》あるも犯なきも、*薫蕕《くんいう》を同畔《どうはん》に乱す。濁《にごり》あるも濁なきも、*涇渭《けいゐ》を一流に混《ひた》く。方《まさ》に今、雷電《らいでん》の声は尤《もつと》も*百里の内に響く。将門の悪はすでに*千里の外に通れり。将門は常に*大康《たいかう》の業を好みて、終《つひ》に*宣王《せんわう》の*道に迷ふ〈尚書に曰く、大康は道なくして*田猟《かり》を好み、*東都にて死すといふ。*車攻に曰く、宣王といふは古を戴くといふ。故にこの句あるなり〉。よて不善を一心に作《な》して、天位を*九重《きうちよう》に競ふ。過分の辜《つみ》則ち生前の名を失ひ、放逸《はういつ》の報《むくい》則ち死後の媿《はぢ》を示す。

*諺《ことわざ》に曰く、将門は昔の宿世《すくせ》によて、東海道下総国*豊田郡に住す。然れども、殺生《せつしやう》の暇《いとま》に羈《つな》がれて、曾《かつ》て一善の心なし。しかる間、生死《しやうじ》限りありて、終にもて滅び没《し》す。何《どこ》にか往《ゆ》き何にか来りて、誰が家にか宿るといふ。

*田舎《ゐなか》の人、報じて云はく、今、*三界《さんがい》の国六道《ろくだう》の郡《こほり》五趣《ごしゆ》の郷《さと》八難《はちなん》の村に住む。ただし*中有《ちゆうう》の使に寄せて、消息《せうそく》を告げて云はく、

予《われ》、在世の時に一善を修せず。この業報《ごふほう》によて*悪趣《あくしゆ》に廻《めぐ》る。我を訴ふるの者は、只今万五千人。痛ましきかな、将門*悪を造《な》しし時は、伴類《ばんるい》を催してもて犯《をか》しき。

千里の外…　京都まで通じたの意。文粋四、貞信公辞摂政准三宮等表に、将門誅滅に言及して「幽顕合レ契、身殞二於一箭之前一、遐邇同レ歎、首伝二於千里之外一」。
大康　夏王啓の子。↓補
宣王　周第十一代の王。厲王の子。名は静。父王の暴逆のため国人に追われたが、十余年後、王位につき国政をととのえ、治績大いに上る。周室中興の祖と称さる。
道に迷ふ　道を見失ってしまう。
田猟　畋猟。野に出て狩をすること。続紀、天平十三年二月戊午条「又聞、国郡司等非レ縁二公事一聚レ人田猟」。
東都　中国の都洛陽。西安に対していう。
車攻…古を戴く　詩経、小雅、車攻に「宣王復レ古也」。
九重　宮中。中国で王城の門を九重にしたことから出た語。続後紀、嘉祥二年三月庚辰条「乱糸の乱て有れど九重の御垣の下に常世鴈」。
諺　巷説の意。
豊田郡に住す　将門の本拠は、本文によれば猿島郡にあったと推測されるが、ここでは豊田郡となっていることに注意。
田舎の人　下文によれば霊媒者。都をはなれた田舎で修行している仏教的霊媒か。
三界の国…・中有の使　↓補
悪趣　生前に悪業を行った者が死後に墜ちる苦悩の世界。地獄・餓鬼・畜生を三悪趣という。
悪を造す　仏教語。作善に対する。雑談集四「只身ニ随フ物ハ造悪ノ業、実ニ眼ニミテル物ハ後悔涙ナリ」。

報を受くる日は、諸《もろもろ》の罪を蒙《かうぶ》りてもて独り苦しぶ。身を受苦《じゆく》の*剣林《けんりん》に置きて、肝《きも》を*鉄囲《てつゐ》の煨燼《くわいじん》に焼く。*楚毒《そどく》至りて痛きは、あへて言ふべからず。

ただし一月の内にただ一時《ひととき》の休みあり。その由何とならば、*獄吏《ごくり》の言はく、汝《なんぢ》在世の時に*誓願《せいぐわん》せしところの金光明経《こんくわうみやうきやう》一部の助《たすけ》なりてへり。*冥官《みやうくわん》暦に云はく、十二年をもて一年と為し、十二月をもて一月と為し、卅日をもて一日と為すといふ。これをもてこれを謂《い》ふに、我が日本国の暦には九十二年*に当り、かの本願をもてこの苦を脱《のが》るべしてへり。そもそも*閻浮《えんぶ》の兄弟、娑婆《しやば》の妻子、他のために慈《うつくしび》を施し、悪のために善を造《な》せ。口に甘しといへども、恐れて生類《しやうるい》を食《じき》すべからず。心に惜しむといへども、好みて仏僧に施し供《くやう》すべしてへり。

亡魂《ばうこん》の消息右のごとしといふ。

*天慶三年六月中記す、文。

*或る本に云はく、我が日本国の暦に曰く、九十三年の内にその一時《ひととき》の休みあるべし。今すべからく我が兄弟等、この本願を遂げてこの苦を脱《まぬか》るべしといふ。*然らば則ち聞くがごとくは、生前の勇《いさみ》死後の面目《めんぼく》と成らず。*傲々《がうがう》たる報《むくい》に、憂々《いういう》たる苦を受く。一

剣林・鉄囲・楚毒　↓補

獄吏　地獄で亡者を呵責する獄卒。往生要集、大文一「或獄卒、手執二鉄杖・鉄棒一、従レ頭至レ足、遍皆打築」。

誓願せし…　宝物集所引の将門合戦状に「タタカヒニ勝ガタメニ金光明経ヲカキ供養スベキ願ヲ立タリケリ」とある。

冥官暦　冥官が日時をはかるに用いる暦。↓補

九十二年に当る　俗界の暦九十二年を冥界の暦にあてると七年余。その数字は或は将門記の著作の年時と関係あるか。

閻浮　閻浮提の略。閻浮樹という大樹の生えている大州の意で須弥山の南方にあるとされ、南閻浮提または南瞻部洲ともいわれる。人間世界或は現世を指す。

天慶三年六月中　中は、月の中、即ち十五日。将門の没後四ケ月である。現在多くの説は将門記著述年時を示すとするが、これを疑う説もある。

或る本…　将門記の一異本で、書写の間に追書されたものとする説が有力。上文「我が日本国の暦には」以下の異説である。

然らば則ち　以下は著者の論。

傲々　傲々。おごりたかぶること。

角牙のごとし　角と牙を突き合せてはげしく戦う意か。

強きは勝ち弱きは負く　今、底本の訓に従うが、「強きに勝ち弱きに負く」とよみ、はじめ弱勢であった貞盛等が、強勢であった将門に最後には勝ったことをいったとも解される。

代の讎敵《しうてき》あり、これと戦ふに*角牙《つのきば》のごとし。然れども、*強きは勝ち弱きは負く。天下に謀叛《むほん》ありて、これと競ふに日月のごとし。然れども、公《おほやけ》は増し私《わたくし》は滅ぜり。凡そ世間の理《ことわり》、*痛んで死すとも戦ふべからず。現在に生きて恥あらば、死後に誉《ほまれ》なし。ただし*世は闘諍堅固《とうじやうけんご》、尚《なほ》し濫悪《らんあく》盛んなり。人々心々に、*戦《たたかひ》ありて戦はず。*もし非常の疑《うたがひ》あらば、後々の達者《たつしや》且つ記《しる》さくのみ。よて*里の*無名、謹みて表すといへり。

痛んで死すとも　「死を痛んで」ともよめるが、それでは上文の文意と合わない。死しても戦うなの意。

世は闘諍堅固　仏説による末法思想。大方等大集月蔵経、分布閻浮提品第十七の説、仏滅後五百年は解脱堅固、第二の五百年は禅定堅固、第三の五百年は多聞堅固、第四の五百年は造寺堅固、第五の五百年は闘諍堅固。第一は正法、第二・第三は像法、第四・第五は末法の世とする。わが国では永承七年(一〇五二)に闘諍堅固の世に入ったと信ぜられた。将門滅亡より百十二年後になる。

戦ありて戦はず　闘諍心を抱いているが、現実には戦をしていない。

もし非常の疑あらば…　もし非常事態(闘諍)が起る疑いがあれば、後々の達識者が取敢えず記録しおくべきである。陸奥話記巻末に「定多二紕謬一、知レ実者、正之而已」(二五一頁)とあるが、達者はこの「知レ実者」と同意である。

里　都に対して地方をいう。上文の田舎人の田舎と同意。上文の田舎人はこの著者自身であろう。

無名　名もなき者。懐風藻の最後の作者も無名とあり、扶桑略記、延喜八年五月十二日条にも「栖鶴洞居士無名謹状」とある。

陸奥話記

安倍頼時一族の叛乱を源頼義・義家が平定した、いわゆる前九年の役(一〇五一―六二)の顛末を記したもので、「将門記」とともに戦記物語の先駆をなすものである。作者は不明であるが、末尾に「今抄二国解之文一、拾二衆口之話一、注二之一巻一。以二少生但千里之外一、定多二紕繆一」とあることから、在京のおそらくは官人であろうと察せられ、執筆時期も平定後あまり時をおかず書かれたものと推定される。扶桑略記には国解及び奥州合戦記が引用されているが、陸奥話記とほぼ同文の箇所が多い。本書はこれらを資料に種々の説話や文章の修飾を加えて軍記文学としてまとめたものであろう。なお前九年の役を研究する上での根本史料であるが、文学史的にみても、「将門記」と異なって個人の合戦譚の端緒がみられることに大きな特徴があり、後の「保元物語」「平治物語」さらに「平家物語」と続く一連の戦記物を準備したものとして、注目されるものである。底本には、尊経閣文庫蔵本(貞享元年写)を用い、群書類従本を参照した。

〈大曾根章介 校注〉

陸奥話記

*六箇郡の司《つかさ》に、*安倍頼良《あべのよりよし》といふ者ありき。これ同忠良《ただよし》が子なり。父祖倶《とも》に果敢にして、自《みづか》ら*酋長《をさ》を称し、威権甚しくして、村落をして皆服《したが》へしめ、六郡に横行して、庶士を囚俘《とりこ》にし、驕暴*滋蔓にして、漸くに*衣川の外に出づ。賦貢を輸《いた》さず、徭役《えうやく》を勤《つと》むることなかりき。代々《よよ》己を恣《ほしいまま》にし蔑《ないがしろ》にすといへども、上制《せい》すること能《あた》はず。永承の比《ころをひ》、大守*藤原朝臣登任《のあそんなりたふ》数千の兵《つはもの》を発《おこ》して攻む。出羽の*秋田城介《のの》*平朝臣重成前鋒なり。大守夫士《をとこ》を率ゐて後《しりへ》を為す。頼良諸《もろもろ》の部《ぶ》の囚俘《とりこ》をもて拒《こば》み、大《おほき》に*鬼切部《おにきるべ》に戦ひぬ。大守の軍《いくさ》敗績し、死せる者甚だ多かりき。

ここに朝廷議《てうていはかりこと》ありて、*追討将軍《ついたう》を択びぬ。衆議《しうぎ》の帰《よ》りしところは、独り*源朝臣頼《より》義《よし》にあり。頼義は河内守*頼信朝臣《よりのぶの》の子なり。性《ひととなり》*沈毅にして武略に多《まさ》り、最も将帥《しやうすい》の器《うつはもの》なり。長元の間、*平忠常《のただつね》は*坂東《ばんどう》の*奸雄《かんゆう》として、暴逆を事と為《な》しぬ。頼信朝臣*追討使と為《な》りて、忠常を平らぐ。頼義*軍旅《ぐんりよ》にあるの間《あひだ》、勇決は群《ともがら》を抜き、才気は世に被《かうぶ》りぬ。坂東の武《たけ》き士《をのこ》、属《つ》かむことを楽《ねが》ふ者多し。*小一条院の*判官代《はふぐわんだい》に為されぬ。院*敢《か》

六箇郡… 北上平野の中央部。↓補

安倍頼良 安藤系図に陸奥大掾忠良の子で、「改㆓頼時㆒号㆓安大夫㆒。奥州合戦二日目討死」とある。藤崎系図は頻良の子。

酋長 ↓補

滋蔓 文粋、勅符「具知㆓其凶徒滋蔓、殺㆓略良民㆒」。

衣川 奥六郡の南限。↓補

藤原朝臣登任 師長の子。↓補

秋田城介 ↓六四頁補「秋田城」

平朝臣重成 維茂の子。従五位下、出羽城介(分脈は繁成)。↓補

鬼切部 今の宮城県玉造郡鳴子町鬼首か。

追討将軍 ↓補

源朝臣頼義 頼信の子。↓補

頼信朝臣 満仲三男。↓補

沈毅 落着いていて物事に動じないこと。

平忠常 忠恒。忠頼の子。上総介、従五位下(分脈)。長元元年六月叛し、四年頼信に降り六月に美濃にて死す(左経記)。

坂東 関東地方をいう。↓二〇八頁補

奸雄 姦智にたけた者。文明本節用集「カンユウ、相称障㆓蔽主明㆒」。

追討使… 朝廷派遣の反乱鎮定責任者。↓補

軍旅 軍隊。↓補

小一条院 三条天皇第一皇子。↓補

判官代 院・女院庁などの役職のひとつ。令制の三等官相当なので判官代と呼んだ。↓補

猟《り》を好みたまへり。野の中に赴《はし》るところ、麋《おほじか》鹿狐兎は、常に頼義のために獲《と》られぬ。たとひ猛《たけ》き好みて弱き弓を持てども、発《はな》ちしところの矢は*飲羽《いむう》せずといふことなし。たとひ猛《たけ》き獣《けもの》なりといへども、弦《ゆみづる》に応《こた》へて必ず斃《たふ》れぬ。その射芸の功《たくみ》、人に軼《す》ぎたることかくのごとし。

上野《の》守*平《の》直方朝臣、かの*騎射《うまゆみ》を視て、窃《ひそか》に相語りて曰く、僕《やつかれ》*不肖《ふせう》なりといへども、苟《いやし》くも*名将の後胤として、偏に武芸《ぶげい》を貴《たふと》べり。しかれどもいまだ曽《むかし》より弦《ゆみづる》を控《ひ》くの功《たくみ》、卿《きみ》のごとく能くする者を見ず。請《こ》はくは一《ひとり》の女《むすめ》をもて*箕箒《くゐしう》の妾《をうなめ》とせむといへり。かの女を納《い》れて妻《め》と為《な》し、*三《みたり》の男と二《ふたり》の女を生ましめつ。長子の*義家《よしいへ》、仲子の*義綱《よしつな》等なり。判官代の労《らう》によりて、相模《の》守と為《な》る。俗《ならひ》武勇《ぶよう》を好みて、民多く帰服せり。頼義の政教威風大《おほき》に行はれ、*拒捍《こかん》の類《ともがら》皆奴僕《つかひびと》のごとし。しかれども*士《ひと》を愛し施《ほどこし》を好みしかば、会坂《あふさか》より東《ひむがし》のかたの弓馬の士《をのこ》、大半は門客《もんかく》と為れり。任終りて上洛《しやうらく》せり。

数《あまた》の年の間を経て、忽に朝《みかど》の選《えらび》に応《こた》へて、征伐将帥《しやうすい》の任《じむ》を専《もはら》にす。拝《ぬ》きて陸奥守として、*鎮守府《ちんじゆふの》将軍を兼ねて、頼良を討たしむ。天下《てんが》素《もと》より才能を知りて、その採択《さいたく》に服《したが》へり。境《さかひ》に入りて任に着くの初めに、俄《にはか》に天下*大赦《たいしや》あり。頼良大に喜びて、*名を改めて頼時と称《なづ》けつ〈*大守《たいしゆ》の名に同じなるは*禁《い》むことあるが故なり〉。身を委《まか》せて帰《つ》き服《したが》ひぬ。境の内両《ふたたび》清《しづか》にして、*一任事《こと》なかりき。任終ふるの年、府《ふ》の務を行はむがために、*鎮守

畋猟　狩詞記「かりと云は鹿がりの事なり。其外は或は鷹狩などと、それぐ\の名をあらはするなり」。

飲羽　字類抄「イムウ、射名」。矢が深く入って矢の羽を没するに至ること。↓補

平直方　維時男。↓補

騎射・不肖　↓補

名将の後胤　貞盛の曾孫で北条氏の祖維将の孫に当る。

箕箒の妾　塵取と箒を持つ下婢の意で、親が女をいう謙遜。漢書、高帝紀「臣有二息女一、願為二箕箒妾一」。

三の男…　義家・義綱・義光・藤原説方母(分脈)。一女は不明。中外抄に「義家母者直方娘也」とある。

義家　八幡太郎と号す(分脈)。↓補

義綱　賀茂二郎と号す(分脈)。↓補

拒捍　字類抄「不遜分、コカン」。↓補

士を…　後漢書、馬援伝「王磐…為レ人尚二気節一而愛レ士好レ施、有二名江淮間一」。

鎮守府将軍・大赦　↓補

名を改めて…　頼良改名のこと吾妻鏡、文治五年九月廿七日条及び安藤系図に見える(↓前頁注「安部頼良」)。

大守　拾芥抄、官位唐名部「国守〈刺史、使君、今号二大守一〉」。

禁む　天子の諱を避けることは続紀、延暦四年五月丁酉の詔にあり、大臣の名を避けた例は吾妻鏡、文治二年閏七月十日条に源義経が藤原良経と同名ゆえに義行と改めた例がある。

一任　国司の任期中四年間。

府に入りぬ。数十日経廻《けいくわい》する間、頼時首《かうべ》を傾《かたぶ》けて給仕し、駿《と》き馬・金の宝の類《たぐひ》、悉《ことごと》くに幕下に献《たてまつ》り、兼ねて士卒に給ひつ。

しかるに国府に帰るの道、*阿久利河の辺《ほとり》に、夜《よる》人ありて窃《ひそか》に語《かた》らはく、権《の》守*藤原《の》朝臣説貞《ときさだ》が子光貞《みつさだ》・元貞等《もとさだら》、野宿して人馬を殺し傷《きずつ》けられぬとまうせり。将軍、光貞を召して*嫌疑人《けんぎにん》を問ふ。答へて曰く、頼時が*長男貞任《さだたふ》、先の年に光貞が妹を娉《めと》らむと欲すれども、その家族《いへやから》を賤《いやし》むじて許さざりつるをもて、貞任深く恥とせり。これを権《はか》るに貞任がせしところならむ。この外に他の仇《かたき》なしとまうせり。ここに将軍怒りて、貞任を召して罪せむと欲するに、頼時*その子・姪《をひ》に語りて曰く、人倫《じんりん》の世にあるは、皆妻子のためなり。貞任愚《おろか》なりといへども、父子の愛は弃《す》て忘るること能《あた》はず。一旦誅《いったんちう》に伏《したが》へば、吾何ぞ忍びむや。しかじ関を閉ぢて耳に、来りて吾を攻むるを聴かざらむには。*いはむや吾《わ》が衆また拒《ふせ》ぎ戦ふに足れり。いまだもて憂と為さず。たとひ戦《たたかひ》利あらずして、頼時等死すともまた可《か》ならざらむやといふ。その左右《さう》のもの皆曰く、公《きみ》の言是《ことよ》し。請《こ》はくは*一丸の泥《つちくれ》をもて衣川の関を封《かた》むれば、誰かあへて破らむといへり。遂に道を閉ぢて通《とほ》さず。将軍弥《いよいよいか》嗔り、大に軍兵を発《おこ》せり。坂東の猛《たけ》き士《をのこ》、雲のごとくに集り雨のごとくに来る。歩騎《かちのりもの》数万、輜人《しじん》戦具重《かさ》なりて野を蔽《おほ》へり。国の内震《ふる》ひ懼《おそ》りて、響のごとくに応《こた》へずといふことなし。

鎮守府　蝦夷鎮圧のために奥州に設置された軍政府。和名抄「陸奥国〈鎮守府在二胆沢郡一〉」。坂上田村麿が多賀城から移し、現在の水沢市佐倉。↓補

阿久利河　未詳。

藤原朝臣説貞　未詳。光貞・元貞も未詳。

嫌疑人　下手人。

長男貞任　頼良男、厨川次郎。康平五年九月討たる(二四八頁・安藤系図)。安藤系図は兄官照〈井殿、盲目〉、藤崎系図は兄井殿〈盲目〉・良宗〈安東太郎、早世〉があり、吾妻鏡、文治五年九月廿七日条にも兄として井殿盲目の名が見える。

その子…　吾妻鏡同右に「男子者、井殿盲目、厨川次郎貞任、鳥海三郎宗任、境講師官照、黒沢尻五郎正任、白鳥八郎行任等也」とある。

いはむや…　今昔巻二五ノ一三には「何況ヤ、守任既ニ満タリ、上ラム日近シ。其ノ心嗔ルトモ、身来リ責メム事不能。我レ亦防キ戦ハムニ足レリ」とある。

一丸の泥　後漢書、隗囂伝「元請以二一丸泥一、為二大王一東討二函谷関一、此万世一時也」。

散位　位があって職についていない者。散官。公式令「凡内外諸司、有二執掌一者、為二職事官一。無二執掌一者、為二散官一」。

藤原朝臣経清　秀郷流頼遠の子。亘権守、亘理(渡)権大夫(分脈・奥州御館系図)。安藤系図は頼良の女子に「修理大夫経清

時に頼時が*聟《むこ》散位*藤原《の》朝臣経清《つねきよ》・*平永衡《のながひら》等皆舅《しうと》に叛《そむ》きて、私の兵《つはもの》をもて将軍に従ひ、軍を引きて漸《やうや》くに進みぬ。衣川に到らむとするの間、永衡銀《しろがね》の*冑《かぶと》を被《かうぶ》りつ。人あり将軍に説きて曰く、永衡は前司《さきのつかさ》登任朝臣が*郎従《らうじう》と為《な》りて、当国に下向し、厚く養顧を被《かうぶ》りて、勢《いきおひ》*一郡を領せり。しかるに頼時が女《めと》を娉りてより以後《のち》、大守に弐《ふたごころ》あり。*合《かふ》戦《せん》の時、頼時に与《くみ》して、旧《もと》の主《あるじ》に属《つ》かざるは、不忠不義なる者なり。今外には帰服を示すといへども、内には奸謀を挾《さしはさ》めり。恐《おそ》らくは陰《ひそか》に使を通《かよ》はして、軍《いくさ》の士《をのこ》の動静、謀略の出づるところを告げ示さむか。また着たるところの冑群《かぶとともがら》と同じからず。これ必ず合戦の時、頼時が軍兵をして己《をのれ》を射ざらしめむことを欲するなり。*黄巾・*赤眉はあに軍《いくさ》を別《わか》つの故《ゆゑ》にあらずや。しかじ早くこれを斬りてその内に応《こた》ふるものを断《た》たむにはとまうせり。将軍以為《おも》へらく、然なりとおもへり。*兵《つはもの》を勒《ろく》して永衡及びその随へる兵の中《うち》腹心を委《まか》せる者四人を取《と》らへて、責《せ》むるにその罪をもてして立《たちどころ》に斬りつ。

ここに経清等怖《おそ》りて自《みづか》ら安《やす》むぜず。窃にその客に語りて曰く、*前《さき》の車の覆《くつがへ》るは後《のち》の車の鑑《かがみ》なり。*韓彭誅《かんはうちう》せられて黥布《げいふ》*寒心《かんじむ》せり。今十郎すでに殺《し》せり〈永衡字《あざな》は伊具《の》十郎なり〉。吾《われ》また何れの日か死なむことを知らず。これを為《な》さむこと如何《いかん》ぞといへり。客の曰く、公《きみ》赤き心を露《あら》はして、将軍に事《つか》へむと欲すとも、将軍必ず公に意《こころ》あらむ。しかじ讒口いまだ開かざる前《さき》に、叛き走りて*安大夫《あんだいふ》に従はむには。独り軍功を為す時、*臍《ほそ》を噬《くら》ふ

妻」と記す。後三年記に「清衡はわたりの権大夫経清が子なり」とある。

平永衡　未詳。安藤系図に頼良女子が平永衡妻とある。

冑　和名抄「説文云、冑〈音宙、賀布度〉首鎧也」。↓補

郎従　字類抄「ラウシウ」。

一郡　永衡は伊具十郎と称したので、伊具郡を指すか。和名抄に「陸奥国伊具郡〈以久〉」とあり、今もその館址が残る。

合戦　字類抄「闘乱部、カフセン」。

黄巾　後漢の末に張角とその一派が太平道を説き内乱を起こしたが、皆黄巾を着けたのでこの名がある。↓補

赤眉　前漢の末に瑯琊の樊崇が兵を起こしたが、王莽の兵と混乱するのを恐れて眉に朱を塗って区別した。↓補

兵を勒して　兵の隊伍を整えて。

前の車の覆る…　前人の失敗したのを見て後人が誡とする譬。↓補

韓彭誅せられて…　漢の創業に功績のあった韓信・彭越が、猜疑心の強い高祖のために謀叛を起こして誅されたので、将軍黥布が恐れ遂に叛して殺された。↓補

寒心　字類抄「カンジム、賀恐極也」。寒さにおののくと怖れにおののくとが通ずるのでいう。

安大夫　五位の安倍氏の意。頼良をさす。

臍を噬ふ　返らないことを後悔する。左伝、荘六「亡二鄧国一者、必此人也。若不二早図一、後君噬レ斉（臍）〈杜預注、若嚙二腹斉一、喩レ不レ可レ及〉」。

とも何の益《やく》かあらむといへり。経清曰く、善しといへり。流《うか》べる言《こと》を構《かま》へて軍の中を驚かして曰く、頼時軽《かろ》き騎《のりもの》を遣して*間道《かくれみち》より出でて、*国府を攻めて将軍の妻子を取らむとす云々といへり。将軍の*麾下《きか》*内客、皆妻子は国府にありつ。多くのひと将軍を勧めて、国府を救はしめつ。将軍衆《もろもろ》の勧《すすめ》によりて、自《みづか》ら鋭《と》き騎《のりもの》数千人を将《ゐ》て、日夕に馳《はし》り還りぬ。しかして*気仙郡司《けせのぐんし》*金《こがねの》為時等《ら》を遣して頼時を攻めしむ。頼時舎弟《しやてい》の*僧良昭等をもて拒《ふせ》がしむ。為時頗《すこぶ》る利ありといへども、後の援《たすけ》なきによりて、一たび戦ひて退きぬ。ここに経清等大軍《おほいくさ》の擾乱《みだ》れたる間に属《をよ》びて、私の兵《つはもの》八百余人を将《ゐ》て、頼時に走りぬ。

今年《ことし》朝廷《てうてい》*新司《しんじ》を補《ぶ》すといへども、合戦《かふせん》の告《つげ》を聞きて、辞退して任に赴《おもぶ》かず。これによりて更に重《かさ》ねて頼義朝臣を任じて、猶し征伐を遂げしむ。年凶《あ》しくして、国の内飢《き》饉《きん》し、粮食給《たま》はらず。大衆《たいしう》一たび散じて、忽に再び会《あ》ひがたし。謀《はかりこと》を出すの間、漸《やうや》くに年序《ねんじょ》を送りぬ。天喜五年秋九月、*国解《こくげ》を進《たてまつ》りて頼時を誅伐《う》つの状《じやう》を言《まう》し上《たてまつ》りて偁《い》はく、臣《しん》金《の》為時・*下毛野興重《しもつけののおきしげ》等をして、奥の地の*俘囚《ふしう》を甘《ねむごろ》に説きて、*官《おほやけ》の軍《いくさ》を興さしめつ。ここに*鉇屋《かなや》・仁土呂志《にとろし》・宇曾利《うそり》、三部の夷人《えびすびと》を合はせて、*安倍富忠《のとみただ》を首《かしら》として兵《つはもの》を発《おこ》し、為時に従はむとせり。しかるに頼時その計《はかりこと》を聞きて、自《みづか》ら往きて利害を陳《の》べき。衆《しう》二千人に過ぎず。富忠伏兵を設けて、*嶮岨《けむそ》に撃《う》ち、大に戦ふこと二日、*頼

間道　近道。和名抄「日本紀私記云、間道〈賀久礼美知〉」。

国府　奈良時代以来、宮城郡多賀に置かれた。和名抄「陸奥国〈国府在二宮城郡一〉」。台記、康治二年五月十四日条に「第九巻奥、以レ朱書云、寛平六年二月二日、一勘了。于レ時謫在二陸奥多賀国府一」とある。

麾下　将軍直属の士。史記、項羽本紀「麾下壮士騎従者八百余人」。

内客　内々の客。

気仙郡　和名抄「陸奥国気仙郡〈介世〉」。後紀、弘仁元年十月廿七日条に「陸奥国言、渡嶋狄二百余人来二着部下気仙郡一」とある。

金為時　未詳。十訓抄巻六には貞任の舅とある。↓補

僧良昭　安藤系図は頼良の兄に「則任〈法名良昭〉」と見える。↓補

新司を補す…　↓補

国解　国守が太政官に出す解文。↓補

下毛野興重　未詳。今昔「下野守興重」。下毛野氏は崇神記に「次豊木入日子命者、上毛野、下毛野君等之祖也」とあり崇神天皇の後裔とされる。和名抄に「陸奥国胆沢郡下野」とある。ここに移住したか。

俘囚　朝廷に帰順した蝦夷の称。↓補

鉇屋・仁土呂志・宇曾利　未詳。

安倍富忠　未詳。

嶮岨　字類抄「ケハシクサカ也、山岳部、ケムソ」。

時流矢《ながれや》のために中《あ》てられ、*鳥海《とりのみ》の柵《たて》に還りて死につ。ただし余《のこり》の*党《たう》いまだ服《したが》はず。請《こ》はくは官符を賜はりて、諸《もろもろ》の国の兵士を徴《め》し発《おこ》し、兼ねて兵の粮《かて》を納《い》れて、悉《ことごと》くに余の類《ともがら》を誅《ころ》さむことをとまうせり。随《したが》ひて官符を賜はりて、兵の粮を召し軍《いくさ》の兵を発せり。

ただし群《もろもろ》の卿《きみ》の議《はかりこと》同じからずして、いまだ勲賞を行はざるの間、*同年十一月、将軍兵《つはもの》千八百余人を率ゐて、貞任等を討たむと欲せり。貞任等精兵《せいひやう》四千余人を率ゐて、金為行《の》の*河崎の柵《たて》をもて営《まもり》と為し、*黄海《きのみ》に拒《ふせ》ぎ戦ひぬ。時に風雪《かぜゆき》甚だ励《はげ》しくして、道路艱難《かんなん》し、官軍食《じき》なくして、人馬共に疲れたり。賊の類《ともがら》は新《あらた》なる*羈《おもつら》の馬を馳《は》せて、疲れたる足の軍《いくさ》を敵《う》つ。ただ*客主《かくしゅ》の勢《いきおひ》異《こと》にするのみにあらず。また寡《すくな》きと衆《おほ》きの力別《わか》ちたることあり。官軍大に敗れて、死する者数百人なりき。*将軍の長男義家、驍《いさ》み勇《たけ》きこと倫《ともがら》に絶《す》ぐれ、騎射《うまゆみ》は神のごとし。白き刃《やきは》を冒《をか》して重《かさ》ぬる囲《かくみ》を突き、賊の左右《さう》に出でて、大なる鏃箭《やじりや》をもて頻《しきり》に賊《あた》の帥《いくさきみ》を射たり。矢空しく発《ゆみはな》たず、中《あた》るところ必ず斃《たふ》れぬ。雷《いかづち》のごとくに奔《はし》り風のごとくに飛びて、*神武命世なり。夷人《えびすびと》靡《なび》き走りて、あへて当る者なし。夷人立《たちどころ》に号《なづ》けて*八幡太郎と曰《い》ひつ。*漢の飛将軍の号《な》、年を同じくして語るべからず。将軍の従兵、或はもて散じ走り、或はもて死し傷きぬ。*残るところ纔《わづか》に六騎あり。長男義家・修理少進《しゆりのせうぜう》藤原景通《のかげみち》・大宅光任《おほやけのみつたふ》・清原貞広《のさだひろ》・藤原範季《ののりすゑ》・

頼時流矢のために… 以下、略記に同じ記事がある。↓補

鳥海の柵 安倍宗任の居城。康平七年三月廿九日官符に「抑宗任破㆓衣河関㆒之日、去㆓鳥海之楯㆒籠㆓兄貞任嫗戸之楯㆒」。現在の岩手県胆沢郡金ケ崎町にある。

党 ↓一五八頁補

同年十一月… ↓補

河崎の柵 岩手県東磐井郡川崎村か。

黄海 同県東磐井郡藤沢町黄海か。

羈 ↓補

客主 敵味方。文選、答㆓蘇武㆒書「客主之形、既不㆓相如㆒、歩馬之勢、又甚懸絶」。

将軍の長男… 今昔「守ノ男義家、猛キ事人ニ勝レ、射ル箭不空」。分脈に「勇威武略、通㆓神人㆒也、弓馬達者」とある。

神武命世 神のごとき武道の徳は世に名高い。文選、陳太丘碑文「赫矣陳君、命世是生〈李善注、広雅曰、命、名也〉」。

八幡太郎 十訓抄巻六には「貞任これを感じて八幡太郎と名づく」とあるが、分脈に「仍七歳春於㆓祖神社壇㆒依㆑加㆓首服㆒号㆓八幡太郎㆒」とあるのが正しい命名か。梁塵秘抄巻二に「鷹の棲む深山には、概ての鳥は棲むものか、同じき源氏と申せども、八幡太郎は恐ろしや」と見える。

漢の飛将軍 漢の将軍李広が行動迅速で武徳があったので匈奴が名づけた。史記、李将軍列伝「李広居㆓右北平㆒。匈奴聞㆑之、号曰㆓漢之飛将軍㆒避㆑之」。

残るところ纔に六騎… ↓補

同則明《おなじきのりあきら》等なり。賊《あた》の衆二百余騎、*左右《さう》の翼を張りて囲み攻め、飛ぶ矢雨のごとし。*将軍の馬流矢《ながれや》に中《あた》りて斃れぬ。景通馬を得て授く。*義家が馬また矢に中りて死せり。しかるに義則明賊《あた》の馬を奪《ば》ひて授く。かくのごときの間、殆《ほとほと》に脱《のが》れむこと得がたし。しかるに義家頻《しきり》に*魁帥《くわいすい》を射殺せり。また光任等数騎*殊死《しゆし》して戦ふ。賊の類《ともがら》神と為《な》して漸くに引き退きぬ。

*この時官軍の中に散位*佐伯経範《さへきのつねのり》といふ者あり。相模《の》国の人なり。将軍厚くこれを遇《かへり》みたり。軍敗《やぶ》れたる時囲《かくみ》すでに解けて、纔に出でて将軍の処《ところ》を知らず。散《ち》れる卒《いくさ》に問ふに、散れる卒答へて曰く、将軍賊《あた》のために囲まれて、従兵《ともつはもの》は数騎に過ぎず。これを推《おしはか》るに脱れむこと難《かた》しとまうす。経範が曰く、我《われ》将軍に事《つか》へて、すでに卅年を経て、老《おい》の僕《やつかれ》年すでに*耳順《じじゆん》に及べり。将軍歯《よはひ》また*懸車《くゑんしや》に逼《せま》る。今*覆歿《ふくぼつ》の日に当りて、何ぞ命を同じくせざらむや。地下に相従ふは、これ吾が志なりといへり。還《かへ》りて賊の囲《かくみ》の中に入りつ。その随兵《ずいひやう》両三騎また曰く、公《きみ》すでに将軍と命を同じくして節《せつ》に死せむとす。吾等あに独り生くることを得むや。*陪臣と云ふといへども、節を慕《ねが》ふことはこれ一《ひとつ》なりといへり。共に賊の陣《ぢん》に入りて戦ふこと甚だ狡《と》し。十余人を殺しつ。*集ること尤も林のごとくにして、皆賊の前に歿《し》せり。

*藤原景季《のかげすゑ》は景通が長子なり。年廿余にして、性《ひととなり》言語少く騎射《うまゆみ》を善くせり。合戦《かふせん》の

左右の翼　史記、廉頗藺相如列伝「李牧多為㆓奇陳㆒、張㆓左右翼㆒撃㆑之、大破殺㆓匈奴十余万騎㆒」。
将軍の馬…・義家が馬…　↓補
魁帥　字類抄「クワイスイ、云㆓軍兵㆒也」。賊の首。源義家受領吏申文（群載巻二二）に「討㆓撃醜虜㆒、平㆓定蛮貊㆒、斬㆓魁帥之首㆒、驚㆓衆庶之眼㆒」とある。
殊死して戦ふ　生命をなげうって戦う。漢書、韓信伝「軍皆殊死戦、不㆑可㆑敗〈顔師古注、殊、絶也。謂㆓決㆑意必㆑死〉」。
この時…　源威集は以下の逸話に代って、七騎が山中で老翁から道を教えられた話を載せる。
佐伯経範　相模守藤原公光男。母佐伯氏。右馬介・兵庫介、従五位下。後冷泉天皇の時勲功あり、天喜五年十一月安倍貞任の陣に入りて死す（分脈）。秀郷流系図（結城）に「本名公俊、姓佐伯、天喜元年十一月任㆓軍監㆒」、荒木系図にも見える。
耳順　六十歳。↓補
懸車　官職を引退することで七十歳をいう。↓補
覆歿　全軍が潰滅すること。
陪臣　またげらい。論語、季氏「陪臣執㆓国命㆒、三世希㆑不㆑失矣〈馬融注、陪、重也。謂㆓家臣㆒〉」。
集ること…　晋書、愍帝紀「秦川驍勇、其会如㆑林」。
藤原景季　景通の子、景清の兄（分脈）。

時、*死を視ること帰《くゐ》するがごとし。賊の陣に馳《は》せ入りて、*梟帥《けうすい》を殺して出でつ。かくのごとくにすること七八度にして、馬蹶《つまづ》いて賊のために得られぬ。賊の徒《ともがら》その*武勇《ぶよう》を惜むといへども、将軍の*親兵たることを悪《にく》みて遂に斬りつ。散位*和気致輔《のむねすけ》・紀為清《のためきよ》等、皆*万死に入りて一生を顧みず、悉くに将軍のために命を弃《す》てつ。その*士《をのこ》の死力を得たること、皆この類《たぐひ》なりき。

また*藤原茂頼《のしげより》は将軍の腹心なり。驍《いさ》み勇《たけ》くして善く戦ひぬ。軍敗れたるの後、数日《すじつ》将軍の往きし所を知らず。謂《おも》へらく、すでに賊《あた》に殁《し》せりとおもへり。悲しび泣きて曰く、吾《われ》彼の骸骨を求めて、方《まさ》に葬《はうぶ》り斂《をさ》めむ。ただし*兵革《ひやうかく》の衝《つ》くところ、僧侶《そうりよ》にあらざるよりは、入りて求むること能《あた》はず。方に鬢髪を剃《そ》りて遺《のこ》れる骸《かばね》を拾はむのみといへり。出家して忽に僧と為り、戦《たたかひ》の場《には》を指して行くに、道に将軍に遇ひぬ。且《か》つは悦び且つは悲しび、相従ひて還《かへ》り来りぬ。出家は劇《はなはだ》しきに似たりといへども、忠節は猶し感《ほ》むるに足れり。また散位*平《の》国妙は出羽《の》国の人なり。驍み勇くして善く戦ひぬ。常に*寡《すくな》きをもて衆《おほ》きを敗《やぶ》り、いまだ曽《むかし》より敗れ北《に》げたることあらず。俗《よ》号《なづ》けて云ひて平《へい》不《ふ》負《ふ》と曰へり〈字《あざな》を*平大夫と曰へり。故《かるがゆゑ》に能を加へて不負と云へり〉。将軍招きて前の帥《いくさきみ》たらしめつ。しかるに馬仆《たふ》れて賊のために擒《とら》へられぬ。賊の帥《いくさきみ》経清は国妙が*外甥《ははかたのをひ》なり。故《ゆゑ》をもて免るることを得たり。武《たけ》き士《をのこ》猶しもて恥と為せり。

死を視ること…　死に臨んで家に帰るがごとく落着いていて少しも怖れないこと。呂氏春秋、士節「臨㆑患忘㆑利、遺㆑生行㆑義、視㆑死如㆑帰」。

梟帥　夷賊の将。文選、答蘇武書「滅㆑跡掃㆑塵、斬㆓其梟帥㆒、使㆔三軍之士視㆑死如㆑帰〈劉良注、梟帥謂賊之勇将而李陵軍逐㆑之〉」。

武勇　字類抄「武芸部、フヨウ」。

親兵　側近く仕える兵。

和気致輔・紀為清　伝未詳。

万死に入りて　必ず戦死を覚悟すること。史記、張耳陳余列伝「将軍瞋㆑目張㆑胆、出㆘万死不㆑顧㆓一生㆒之計㆖、為㆓天下㆒除㆑残也」。

士の死力を…　漢書、李陵伝「遇㆓陵将率得㆓士死力㆒」。

藤原茂頼・平国妙　伝未詳。

兵革の衝く　戦争。兵革は武器と甲冑。

寡きをもて…　宋書、武帝紀上「劉諱以㆑寡制㆑衆、屢摧㆓妖鋒㆒」。白氏文集巻四六、漢将李陵論「能以㆑寡撃㆑衆、以㆑労破㆑逸」。

平大夫　タイフ(五位)とフフ(負けたことがない)と音が似ているのでいう。

外甥　字類抄「ハ、カタノヲヒ」。

同年の…・朝家…　↓補

源朝臣兼長　本名重成。道成男。備前・讃岐守、右兵衛佐。後拾遺集作者(分脈)。出羽国司越勘解文・主計寮越勘続文(群載巻二六)によると天喜五年出羽守の任期終了。

同*年の十二月国解に曰く、諸《もろもろ》の国の兵粮兵士、徴発の名ありといへども、到来《たうらい》の実《まこと》なし。当国の人民悉くに他《ほか》の国に越えて、兵の役《やく》に従はず。先づ出羽《の》国に移し送りたるところ、守《かみ》*源《の》朝臣兼長あへて越ゆるを糺《ただ》す心なし。裁許を蒙《かうぶ》るに非ずは、何ぞ討撃を遂《と》げむ云々といへり。ここに朝*家《てうか》、兼長朝臣の任を止め、*源《の》朝臣斉頼《ただより》をもて出羽守と為《な》し、共に貞任を撃たしむ。しかるに斉頼不*次の恩賞を蒙りながら、全《また》く征伐の心なし。諸《もろもろ》の国の軍兵兵粮またもて来らず。かくのごときの間、重ねて攻むること能はず。

貞任等益《ますます》諸の郡に横行し、人民を劫略《こふりやく》せり。経清は数百の甲士を率ゐて、衣川の関に出で、使《つかひ》を諸の郡に放ちて、*官物《くわんもつ》を*徴《はた》り納め、命《をし》へて曰く、白き符《しるし》を用ゐるべし、赤き符を用ゐるべからずといへり〈白き符は経清が私に徴る符なり。印を捺《お》さざるが故に、白き符と云ふ。赤き符は国*符なり。国*の印あるが故に、赤き符と云ふなり〉。将軍制《せい》すること能はずして、常に甘《あま》き言をもて、出*羽の山北の俘囚《ふしゆ》の主《あるじ》、清*原真人《のまふと》光頼、舎弟《しやてい》武*則等に説きて、官*の軍に*与力《よりき》せしむ。光頼等*猶予《いうよ》して決《さだ》めず。将軍常に贈るに奇珍《めづら》しきものをもてせり。光頼・武則等漸くにもて許諾《きよだく》しつ。

康*平五年の春、頼義朝臣の任終りしによりて、更に高*階《の》朝臣経重を拝《はい》して陸奥国《の》の守と為《な》せり。鞭《むち》を揚げて進発《しんはつ》し、境に入りて着任《ちやくにん》せる後、無何《いくばくもな》くして洛《みやこ》に帰りぬ。

源朝臣斉頼　満政孫、忠隆男。母は藤原景斉女。出羽・出雲守、左兵衛尉、左衛門尉、従五位下。康平元年(天喜六)四月二十五日源頼義下向の時出羽守。鷹飼を好んだことが古事談巻四に見える。彼の受領年次を略記は天喜五年十二月二十五日、百錬抄は翌年四月二十五日とする。群載巻二六には任期を康平元年から五年とす。

不次の　順序によらぬ特別の。↓補

官物　官に納めるもの、特に米や稲。

徴り　訓は字類抄・名義抄による。↓補

国符　国司が郡司等に下した公文書。通例紙面全体に朱をもって当該国の印を捺す。

国の印…　↓補

出羽の山北　三代実録、元慶四年二月廿五日条に「先レ是出羽国言、管諸郡中、山北雄勝平鹿山本三郡、遠去二国府一、近接二賊地一」とある。

清原真人光頼　清原系図一本に兵部大輔光方の子と見える。

武則　康平六年二月安倍貞任追討の功により従五位下鎮守府将軍となる。↓補

官の軍に…　↓補

与力　加勢すること。将門記「且始レ自二新皇之妙屋一、悉焼二掃与力之辺家一」(二二〇頁)。

猶予　字類抄「ウラオモフ、イウヨ」。

康平五年の春…・武則同年の…　↓補

高階朝臣経重　明順男。↓補

栗原郡　紀略、神護景雲元年十月廿九日

これ国の内の人民、皆前の司《つかさ》の指撝《さしまねき》に随ふが故なり。朝議紛紜《ふんうん》せる間、頼義朝臣頻《しきり》に兵《つはもの》を光頼幷《ならび》に舎弟武則等に求めつ。ここに*武則同年の秋七月をもて、子弟と万余人の兵を率ゐて、陸奥国に越え来りぬ。将軍大に喜びて、三千余人を率ゐ、七月廿六日をもて発《おこ》しぬ。八月九日に、*栗原《の》郡の*営崗《たむろがをか》に到る〈昔*田村麿将軍*蝦夷《えぞ》を征《う》つの日、ここに軍《いくさ》の士《をのこ》を支《ささ》へ整へき。それより以来《このかた》号《なづ》けて営《たむろ》の*塹《ほりき》と曰ふ。迹《あと》猶し存せり〉。武則真人先づこの処に軍《いくさだち》せり。*邂逅《たまさか》に相遇《あ》ひて、互に心の懐《おもひ》を陳《の》べて、各《をのをの》もて涙を拭《のご》ふ。悲喜交《こもごも》至りぬ。

同十六日、諸の陣の*押領使《あふりやうし》を定めたり。*清原《の》武貞一陣と為《な》す〈武則が子なり〉。*橘《の》貞頼二陣と為す〈武則が甥《をひ》なり。字は志万《しまの》太郎〉。*吉彦《きみこの》秀武三陣と為す〈武則が甥、字は荒川《の》太郎、また聟なり〉。*橘《の》頼貞四陣と為す〈貞頼が弟なり。字は新方《にひかたの》次郎〉。頼義朝臣五陣と為す。五陣の中また三の陣を分つ〈一の陣は将軍、一の陣は武則真人、一の陣は国の内の官人《つかさひと》等なり〉。*吉美侯《きみこの》武忠六陣と為す〈字は班目《まだらめの》四郎〉。*清原《の》武道七陣と為す〈字は貝沢《の》三郎〉。

ここに武則遥《はるか》に皇城を拝して、天地に誓ひて言はく、臣《おむ》既に子弟を発《おこ》して、将軍の命《めい》に応《こた》へつ。志は節を立つるにあり、身を殺すことを顧みず。*もし苟《いやし》くも死せずは、必ずしも空しく生きじ。*八幡三所《はつまんさんしょ》、臣が*中丹を照したまへ。もし身命を惜み、死力を致さずは、必ずしも神の鏑《かぶらや》に中《あた》りて先づ死なむといへり。軍を合はせて*臂《ひぢ》を攘《はら》ひ、一時に激《はげ》み怒りぬ。今日《けふ》*鳩あり、軍《いくさ》の上に翔《かけ》る。将軍以下《いげ》悉くにこれを拝せり。

「置二陸奥国栗原郡一。本是伊治城也」。

営崗　宮城県栗原郡栗駒町営岡。もと伊治公呰麻呂の本拠があった伊治城の北方の防塁。字類抄「営〈タムロ、軍集所也〉」。

田村麿将軍　苅田麻呂の子。↓補

蝦夷　字類抄「カイ、東エヒス」。下学集に「蝦夷島エゾガシマ」とある。

塹　和名抄「四声字苑元、塹〈和名保利岐〉遶レ城長水坑也」。

邂逅　字類抄「タ(カ)イコウ、タマサカ」。

押領使　↓六五頁注

清原武貞　武則の子、荒河太郎。真衡の父〈清原系図・奥州後三年記・吾妻鏡〉。

橘貞頼　伝未詳。志万は吾妻鏡、文治六年正月六日条に「仍維平馳二向于小鹿島・大社山・毛々左田之辺一」とある小(男)鹿島のことで八郎潟付近。

吉彦秀武　武則の婿〈清原系図〉、また母方の甥ともいう。なお荒川は秋田県仙北郡協和町荒川か。↓補

橘頼貞　伝未詳。新方は鶴岡市付近か。

吉美侯武忠　伝未詳。班目は横手市か。

清原武道　伝未詳。清原系図に見えず。貝沢は秋田県雄勝郡羽後町貝沢か。

もし苟くも死せずは…　白氏文集巻四六、漢将李陵論「設使下陵不レ苟二其生一、能継以レ死、則必賞延二於世一、刑不レ加レ親」。

八幡三所　↓補

中丹　真心。

臂を攘ふ　腕まくりしてりきむ。↓補

鳩あり　鳩は武神八幡の化身と考えられていた。二四七頁にも見える。↓補

*松山の道に赴きて、磐井《いはゐ》の郡*中山の大風沢に次《やど》りぬ。翌日《あくるひ》同じき郡の*萩の馬場《ばば》に到りぬ。*小松柵《のたて》を去ること五町有余《あまり》なり。件《くだむ》の柵はこれ*宗任が叔父の僧良昭が柵なり。日次《ひなみ》宜しからず、幷《ならび》に*晩景《ばむげい》に及《いた》るによりて、攻め撃たむの心なし。しかるに武貞・頼貞等、先づ地勢《ちせい》を見むがために近く到るの間、歩の兵《かちつはもの》火を放ちて、柵の外の宿廬を焼きぬ。ここに城の内奮《ふる》ひ呼《よば》ひて、矢石乱れ発《おこ》る。官軍《いくさ》合はせ応《こた》へ、頻《しきり》に先に登《すす》まむことを求めつ。将軍、武則に命じて曰く、明日《あす》の儀俄《よそをひにはか》に乖《そむ》きて、当時《そのかみ》の戦すでに発《おこ》りぬ。ただし*兵は機《き》を待ちて発る。必ずしも*日時を撰ばず。故《かるがゆゑ》に*宋の武帝は*往亡《わうばう》を避けずして功《くう》ありき。好く*兵機を見て、*早晩《さうばん》に随ふべしといふ。武則曰く、官軍の怒《いかり》は猶し*水火のごとし。*その鋒《ほこのさき》は当るべからず。兵を用ゐるの機はこの時に過ぎじとまうせり。騎《のりもの》の兵《つはもの》をもて要害を囲み、歩卒《ほそつ》をもて城柵を攻めつ。

件の柵《たて》の東南は深き流《ながれ》の*碧潭を帯び、西北は壁のごとく立てる青巌を負《お》ふ。歩騎《かちのりもの》共に泥《なづ》みつ。しかれども兵士*深江是則《ふかえのこれのり》・*大伴員季《のかずすゑ》等、敢死の者廿余人を引率《いんそつ》して、剣《つるぎ》をもて岸を鑿《うが》ち、鉾《ほこ》を杖《つ》きて巌に登る。柵の下を斬《き》り壊《こぼ》ちて、城の内に乱れ入り、刃を合はせて攻め撃つ。城の中*擾乱《えうらん》して、賊の衆《しゆつ》潰え敗れぬ。宗任八百余騎を将《ゐ》て、城の外に攻め戦へり。前の陣頗《すこぶ》る疲れて、敗《やぶ》ること能はず。これによりて五陣の軍《いくさ》の士《をのこ》*平真平《のさねひら》・菅原行基《ゆきもと》・源真清《さねきよ》・刑部千《をさかべのち》富《とみ》・大原信助・清原貞廉・*藤原兼成・橘孝

松山の道　宮城県玉造郡葛岡（岩出山町）から栗原郡栗原（栗駒町）を経て岩手県磐井郡に至る道。↓補
中山の大風沢　未詳。栗原郡金成町の西北部から西磐井郡の南偏に当る場所か。
萩の馬場　一関市萩荘馬場。
小松柵　一関市の上黒沢の地か。↓補
宗任　頼良男。↓補
晩景　字類抄「ユフカケ、バムゲイ」。
兵は…　戦争というものは好機が来るのを待って行なわれる。
日時を撰ばず…　事文類聚巻一二「鄭鮮之上二啓宋武帝一云、伏承、明旦見二南蛮一。是四廃日。来月朔好。不レ審可レ従否。答曰、労二足下勤仕一。吾初不レ択レ日」。
宋の武帝は…　事文類聚巻一二「晋武帝攻二慕容起（超ヵ）一。諸将曰、往亡之日、兵家所レ忌。帝曰、我往彼亡。吉孰大レ焉。遂平二広因一」。
往亡　陰陽道で移徙・出行・嫁娶等の忌日（拾芥抄）。↓補
兵機　戦争の機会。文粋、新羅賊勅符「且警二兵機一、且勤二耕織一」。
早晩　字類抄「イッカ」「サウハン、遅速分」。
水火のごとし　怒の甚しい譬。左伝、昭十三「衆怒如二水火一焉。不レ可レ為レ謀」。
その鋒は…　史記、淮陰侯列伝「此乗レ勝而去レ国遠闘。其鋒不レ可レ当」。
碧潭　文粋、山水策「山復山、何工鑿二成青巌之石一。水復水、誰家染二出碧潭之波一」。
深江是則　伝未詳。深江氏は続後紀、承

和五年三月十九日条に「深江枚子」、三代実録、元慶三年正月十三日条に「出羽国俘囚外正六位下深江三門」と見える。

大伴員季　今昔「員秀」。伝未詳。大伴氏は紀略、延暦十一年十月一日条に「陸奥国俘囚大伴部宿奈麻呂」、後紀、弘仁二年九月一日条に「出羽国人少初位下大伴部右勝」とあるのと関係あるか。

擾乱　字類抄「闘乱、エウラン、賊乱分」。

平真平…　以下伝未詳。

藤原兼成　分脈に鎮守府将軍頼行の孫、兼助男(一説、頼行弟兼助男)とあるのを指すか。

藤原朝臣時経　参議兼経男、従五位下伊勢守(分脈)を指すか。

遊兵　遊軍の兵。史記、彭越列伝「彭越常往来為二漢游兵一撃レ楚、絶二其後糧於梁地一」。

射斃れたる…　↓補

霖雨　字類抄「霖、リン、ナカメ、雨也」。

仲村　和名抄「陸奥国磐井郡仲村〈奈加無良〉」。岩手県西磐井郡花泉町中村。

風に　名義抄「ホノカナリ」、字類抄「風聞、ホノギ」。

忠・源親季・*藤原朝臣時経・丸子《まりこの》宿禰弘政・藤原光貞・佐伯元方・平経貞・紀季武・安陪師方等《ら》を召し、合はせ加へて攻めつ。皆これ将軍の麾下の坂東の精兵《せいひやう》なり。万死に入りて一生を忘れ、遂に宗任が軍を敗りつ。また七陣の陣頭《ぢんとう》武道《たけみち》要害の処に支《ささ》へたり。宗任が精兵卅余騎*遊兵として襲ひ来りつ。武道迎へ戦ひ、殺し傷《きずつ》けて殆《ほとほと》に尽きぬ。賊の衆は城を捨てて逃げ走りぬれば、火を放ちてその柵を焼き了《をは》りぬ。*射斃《たふ》れたるところの賊の徒《ともがら》は六十余人、疵《きず》を被《かうぶ》りて逃れたる者はその員《かず》を知らず。官軍の死せる者は十三人、疵を被れる者は百五十人なり。士卒を休め干戈《かんくわ》を整へて、追ひ攻撃《う》たず。

また*霖雨《ながめ》に遭ひて徒らに数日《すじつ》を送りぬ。粮《かて》尽き食《じき》尽きて、軍《いくさ》の中飢ゑ乏《とぼ》し。磐井より南の郡《こほり》々は、宗任が誨《をしへ》によりて、官軍の輜重、往反《わうばん》の人物《ひともの》を遮り奪《さいぎ》ひつ。件《くだむ》の奸《かたま》しき類《たぐひ》を追捕《ついふく》せむがために、兵の士千余人を分ちて、栗原《の》郡に遣《つかは》しぬ。また磐井郡*仲村の地は、陣を去ること四十余里なり。田畠を耕作《かうさく》して、民戸頗《すこぶ》る饒《ゆたか》なり。兵の士三千余人を遣して、稲禾《いねあはら》等を刈らしめ、軍の糧《かて》に給《そな》へむとせり。かくのごときの間、十八箇日を経《へ》たり。営《たむろ》の中に留れる者は六千五百余人なり。貞任等*風《ほのか》にこの由を聞きて語《かた》らく、それ前《さき》の日に聞きしごときは、官軍食《じき》乏しくして、四《よ》の方に糧を求めて、兵士四《よも》に散《さん》じ、営の中は数千に過ぎずと云々。吾大衆《われたいしう》をもて襲《をそ》ひ撃《う》たば必ずしも敗らむといへり。

*九月五日をもて、精兵八千余人を率ゐて、地《ち》を動《はたら》かして襲ひ来《きた》りつ。*玄《くろ》き甲《よろひ》は雲のごとく、白き刃《やきは》は日を耀《かかや》かせり。ここに武則真人、進みて将軍を賀して曰く、貞任謀《はかりこと》を失へり。将《まさ》に賊の首《かしら》を*梟《けう》せむとすとまうす。将軍の曰く、かの官軍分散《ぶんさん》して、孤営に兵《つはもの》少し。忽に大衆《たいしう》を将《ゐ》て来り襲ふは、これ必ずしも勝つことを謀《はか》るならむ。しかるに子《きみ》謀を失へりと云へり。その意如何《こころいかに》ぞといふ。武則が曰く、官軍客兵として、粮《かて》常に乏し。一旦鋒《ほこのさき》を争ひて、雄雌を決《くわつ》せむと欲すれども、賊衆もし嶮《けむ》を守りて進み戦はずは、客兵常に疲れて、*久しく攻むること能《あた》はじ。或は逃散《てうさん》する者ありて、還《かへ》て彼がために討たれなむ。僕《やつかれ》常にこれをもて恐《おそ》れとなす。しかるに今貞任等進み来りて戦はむと欲す。これ天の、将軍に福《さいはひ》するなり。また*賊の気《けはひ》黒くして楼《たかどの》のごとし。これ軍《いくさ》敗るるの兆《きざし》なり。官軍必ずしも勝つことを得むとまうす。将軍また曰く、子《きみ》が言《ことよ》是し。吾またこれを知るといへり。時に将軍、武則に命じて曰く、昔*勾践范蠡《こうせんはんれい》が謀を用ゐて、会稽《くわいけい》の恥を雪《すす》くことを得たりき。今老臣武則が忠《まこと》によりて、朝威の厳《いつく》しきことを露《あらは》さむと欲す。今日の戦に身命を惜むことなかれといふ。武則が曰く、今将軍のために命を弃《す》つるは、*軽きこと鴻毛のごとし。むしろ賊《あた》に向ひて死すといへども、敵《かたき》に背《そむ》きて生きむことを得ずとまうす。

九月五日を…　↓補

玄き甲　漢書、霍去病伝「去病元狩六年薨。上悼レ之、発二属国玄甲一〈顔師古注、玄甲、謂二甲之黒色一也〉」。後漢書、竇融伝「玄甲耀レ日、朱旗絳レ天〈注、玄甲、鉄甲也〉」。

梟せむ　後漢書、孝桓帝紀「延熹二年八月壬午…漏刻之間、桀逆梟夷〈注、梟、懸二首於木一也〉」。

久しく攻むる　漢書、陳湯伝「郅支已出、復還曰、不レ如二堅守一。漢兵遠来、不レ能二久攻一」。

賊の気黒くして…　↓補

勾践范蠡が謀を…　史記、貨殖列伝「昔者越王勾践、困二於会稽之上一。乃用二范蠡計然一。…修レ之十年、国富厚賂二戦士一。士赴二矢石一、如二渇得レ飲。遂報二強呉一、観二兵中国一、称号二五覇一。范蠡既雪二会稽之恥一」。

軽きこと…　↓補

常山の蛇の勢　敵の襲来に応じて互に援護し軍隊が一体になって戦う陣法。↓補

虎のごとくに…　文粋、新羅賊勅符「安不レ忘レ危、況虎視方久」。

鷹のごとくに　文選、為二袁紹一檄二予州一文「幕府董統、鷹揚掃二除凶逆一〈呂向注、鷹鷙鳥也。言紹督二理鷙鳥一掃二除閹官一也〉」。

磐井河　栗駒山の北に発し東流して一関を過ぎて北上川に注ぐ。

暴虎憑河の類　虎を素手でうち河を徒渉

ここに将軍陣を置くこと、*常山の蛇《くちなは》の勢《いきおひ》のごとし。士卒奮《ふる》ひ呼《よば》ひて、声天地を動《おご》かせり。両《ふたつ》の陣相対《むか》ひて、鋒《ほこのさき》を交へて大《おほき》に戦ひ、午《むま》より酉《とり》に至りぬ。義家・義綱等、*虎のごとくに視《み》*鷹のごとくに揚《あ》げて、将を斬り旗を抜く。貞任等遂にもて敗れ北《に》ぐ。官軍勝《かち》に乗りて北ぐるを追ふ。賊衆磐*井河に到り、迷ひて或は津《つ》を失ひ、或は高き岸より墜《お》ち、或は深き淵《ふち》に溺《おぼほ》る。*暴虎《ぼうこ》憑河《ひようか》の類《たぐひ》は、襲ひ撃ちて殺せり。戦の場《には》より河の辺《ほとり》に至るまで、射殺せしところの賊衆は百余人、奪《ば》ひ取りしところの馬は三百余匹なり。将軍、武則に語りて曰く、*深夜《しむやう》暗しといへども、賊の気《けはひ》を慰《やす》めず、必ずしも追ひ攻むべし。今夜賊を縦《ゆる》うせば、明日《あす》必ずしも振《ふる》はむといへり。武則精兵《せいひやう》八百余人をもて、暗き夜《よは》に尋ね追ひつ。将軍営《たむろ》に還りて、且《か》つは士卒を*饗《あへ》し、且つは兵甲を整へて、親《みづか》ら軍の中を廻り、疵傷《きずつ》ける者を療《いや》せり。戦の士《をのこ》感激して皆言はく、*意《こころ》は恩《おん》のために使はれ、命は義《ぎ》によりて軽《かろ》し。今将軍のために死すといへども恨みず。かの*鬚《ひげ》を焼き*膿《うみ》を唼《す》ひしも、何ぞこれに加ふることを得むといへり。武則*籌策《はかりこと》を運《めぐら》し、敢死の者五十人を分《わか》ちて、偸《ひそか》に西の山より貞任が軍《いくさ》の中に入り、俄《にはか》に火を挙《あ》げしめつ。その火の光を見て、三の方《かた》より声を揚げて攻め撃つ。貞任等*不意《ふい》に出でて、営《たむろ》の中擾乱《えうらん》しぬ。賊の衆駭《おどろ》き騒ぎて、自《みづか》ら互に撃ち戦へり。死し傷《きずつ》くるもの甚だ多し。遂に*高梨《たかなしの》宿幷《ならび》に*石坂《いしさかの》柵を弃《す》て、逃げて衣河関《の》に入りぬ。歩騎《かちのりもの》迷ひて或は巌に殺《う》たれ谷に墜ち

するような無謀の者。↓補

深夜　字類抄「シムヤウ」。

饗し　字類抄「アルシ大将饗、又アヘス、又アフ食也」。

意は恩のために…　恩をうけた人のために心を使い、義のために喜んで命を捨てる。後漢書、朱穆伝「又専諸・荆卿之感激、侯生・予子之投ㇾ身、情為ㇾ恩使、命縁ㇾ義軽」。

鬚を焼き…　白氏文集巻三、七徳舞「太宗十八挙二義兵一、白旄黄鉞定二両京一…剪ㇾ鬚焼ㇾ薬賜二功臣一、李勣嗚咽思ㇾ殺ㇾ身、含ㇾ血吮ㇾ瘡撫二戦士一、思摩奮呼乞ㇾ効ㇾ死。不二独善戦善乗ㇾ時、以ㇾ心感ㇾ人人心帰」。↓補

膿を唼ひし…　史記、呉起列伝「呉起之為ㇾ将、与二士卒最下者一同二衣食一。臥不ㇾ設ㇾ席、行不二騎乗一。親裹二贏糧一、与二士卒一分二労苦一。卒有二病ㇾ疽者一。起為吮ㇾ之。卒母聞而哭ㇾ之。人曰、子卒也。而将軍自吮二其疽一。何哭為。母曰、非ㇾ然也。往年呉公吮二其父一。其父戦不ㇾ旋ㇾ踵、遂死二於敵一。呉公今又吮二其子一。妾不ㇾ知二其死所一矣。是以哭ㇾ之」。

籌策　字類抄「ハカリコト、チウシヤク」。史記、高祖本紀「夫運二籌策帷帳之中一、決二勝於千里之外一、吾不ㇾ如二子房一」。続文粋、源頼義奏状「運二籌於氈帳之中一、決二勝於鳥塞之外一」。

不意　字類抄「闘乱部、フイ、非常分」。

高梨宿　一関市赤荻にあった。

石坂柵　未詳。磐井川の北岸で高梨宿の近くか。

たり。卅余町の程《ほど》斃《たふ》れ亡《し》ぬる人馬は、宛《あたか》も*乱れたる麻のごとし。*肝胆《かんたむ》は地に塗《まみ》れ、*膏《かう》腴《ゆ》は野を潤《うるほ》せり。

*同六日の午の時、将軍高梨宿《の》に到り、即日衣河関《の》を攻めむと欲す。件の関は素《もと》より隘《せば》き路の嶮岨《けむそ》なること、*崤函《かうかむ》の固《かため》にも過ぎたり。*一人嶮に拒《ふせ》がば、万夫も進むこと能はず。樹《うへき》を斬りて蹊《みち》を塞《ふた》ぎ、岸を崩《くづ》して路《みち》を断てり。しかのみならず霖雨《ながめ》晴るることなく、河水《かはみづ》洪《おほき》に溢《あぶ》れたり。しかれども三人の押領使《あふりやうし》これを攻む。武貞は*関《の》上道を攻め、頼貞は*上津衣川道を攻め、武則は*関《の》下道を攻めつ。未《ひつじ》の時より戌《いぬ》の時に迄《いた》るまで、攻め戦ひし間、官軍死せし者九人、疵《きず》を被《かうぶ》りし者八十余人なり。武則馬より下りて岸の辺《ほとり》を廻《めぐ》り見て、兵《つはもの》の士《をのこ》*久清《ひさきよ》といふものを召して命じて曰く、両《ふたつ》の岸に曲《まが》りたる木あり。枝条《えだ》は河の面《おもて》に覆へり。汝軽捷にして飛び超ゆることを好む。かの岸に伝《つた》ひ渡りて、偸《ひそか》に賊の営《たむろ》に入り、方《まさ》にその*塁《そこ》を焼け。賊《あた》その営の火の起るを見ば、合軍《こぞり》て驚き走らむ。吾必ず関を破らむといふ。久清が云はく、死生《ししやう》は命《めい》に随はむといへり。猿猴《さる》の跳梁《てうりやう》するがごとくにして、かの岸の曲れる木に着き、縄《なは》を牽《ひ》き葛《かつら》を纏《まと》ひて、卅余人の兵士を牽き、同じく越え渡ることを得たり。偸《ひそか》に*藤原業近《のなりちか》が柵に到りて、俄に火を放ちて焼く〈業近字《あざな》は大藤内、宗任が腹心なり〉。*貞任業近が柵の焼亡《ぜうまう》するを見て、大《おほき》に駭《おどろ》きて遁れ奔り、遂に関を拒《ふさ》がず。鳥海柵《とりのみの》を保《まも》りつ。久清等がために殺し傷《きずつ》けられし者

乱れたる麻　漢書、武五子伝「秦始皇即位三十九年、内平㆓六国㆒、外攘㆓四夷㆒、死人如㆓乱麻㆒」。

肝胆は地に塗れ…　戦場でむごたらしく殺される形容。字類抄「肝胆、ヲロソカナリ、カンタム」。史記、淮陰侯列伝「今楚漢分争、使㆔天下無㆑罪之人、肝胆塗㆑地、父子暴㆓骸骨於中野㆒」。

膏腴は野を潤せり　文選、喩㆓巴蜀㆒檄「肝脳塗㆓中原㆒、膏液潤㆓野草㆒〈李善注、春秋考異郵曰、枯骸収㆑胲、血膏潤㆑草〉」。

同六日…　↓補

崤函の固　崤山と函谷関の険要。↓補

一人嶮に拒がば…　文選、蜀都賦「一人守㆑隘、万夫莫㆑向〈李善注、淮南子曰、一人守㆑隘、千夫莫㆑向。劉良注、言路隘険〉」。

関上道　昔の官道。玉造郡から栗原郡を経て、一関市の萩荘・赤荻より平泉に出て中尊寺から衣川に達する道。

上津衣川道　平泉の西方を過ぎて衣川に達する間道か。

関下道　未詳。一関市山目から平泉の東北を過ぎて官道に通じた道か。

久清　伝未詳。

塁　訓みは字類抄・名義抄。左伝、文十二「請深㆑塁固㆑軍以待㆑之〈会箋注、塁、壁也。軍営所㆑処、築㆑土自衛、謂㆓之塁㆒〉」。

藤原業近　伝未詳。今昔「業道」。

貞任…　古今著聞集巻九に「源義家衣川にて安倍貞任と連歌の事」の説話あり。

白鳥村　和名抄「胆沢郡白鳥」。兵部省式、駅伝に「陸奥国駅馬〈白鳥各五疋〉」、

七十余人なり。

　同七日関を破りて、胆沢郡《いさはの》*白鳥《しらとり》村に到り、*大麻生野《おほあさふの》及び瀬原*の二《ふたつ》の柵を攻めて抜き、生虜《いけどり》一人を得たり。申して云はく、度々《どど》の合戦《かふせん》の場《には》に、賊の帥《いくさきみ》の死せる者数十人なり。所謂《いはゆる》散位*平《たひらの》孝忠《たかただ》・金《こがねの》師道《もろみち》・安倍《あべの》時任《ときたふ》・同《じきさだゆき》貞行・金《こがねのよりかた》依方等なり。皆これ貞任・宗任が一族《いつぞく》にして、驍勇《げうよう》*驃悍《へうかん》の精兵《せいひやう》なり云々といへり。同*十一日の*鶏鳴《あかつき》、鳥海柵《の》を襲《おそ》へり。行《みち》の程十余里なり。官軍いまだ到らざる前に、宗任・経清等城を弃《す》てて走り、*厨川柵《くりやがはの》を保《まも》りつ。将軍鳥海柵《の》に入りて、暫く士卒を休ましむ。柵の中の一《ひとつ》の屋に、*醇酒《かたざけ》数十甑《こしき》あり。士卒争ひて飲まむと欲す。*将軍制止《せいし》せり。恐らくは賊の類《たぐひ》毒の酒を設けて、疲れ頓《やぶ》れたる軍《いくさ》を欺かむことをといへり。しかるに雑人《ざふにん》の中の一両《ひとりふたり》の人、これを飲むに害なし。しかうして後に合軍《こぞり》て飲みつ。皆万歳《ばんぜい》と呼《よば》ひぬ。将軍武則に語りて曰く、頃年《としころ》鳥海柵《の》名を聞きて、その躰《すがた》を見ること能はざりき。今日《けふ》卿《きみ》が*忠節《ちうせち》によりて、初めて入ることを得たり。卿予《わ》が顔色《がんそく》を見ること如何《いかん》といふ。武則が曰く、足《そく》下《か》多く宜《よろ》しく王室のために節《せつ》を立つべし。*風に櫛《けづ》り雨に沐《あら》ひ、*甲冑《かふちう》に蟣虱《きしち》を生み、軍旅の役《やく》に苦しぶことすでに十余年なり。天地その忠《まこと》を助けて、軍の士その志を感《かん》じつ。ここをもて賊の衆潰《つ》え走ること*積れる水を決《やぶ》るがごとし。愚臣鞭《むち》を擁《と》りて相従ひつ。何の殊《こと》なる功《こう》あらむや。ただし将軍の形容を見るに、*白髪《しらが》返《かへ》て半《なかば》は黒し。もし厨川柵《の》

後三年記巻上に「伊沢の郡白鳥の村の在家四百余家をかつかつ焼はらふ」と見える。胆沢郡前沢町。
大麻生野　前沢町上麻生。
瀬原　胆沢郡衣川村瀬原。保延六年三月廿八日の経蔵別当手次案文(中尊寺経蔵文書)に「免田七段燈油料畠一所〈瀬原村在之〉」と見える。
平孝忠　以下伝未詳。孝忠は十二月十七日国解にいう斬獲賊徒の中に見える。
驃捍　驍勇と同じでたけく勇めること。
同十一日…　↓補
鶏鳴　字類抄「アカツキ、晨夜分、ケイメイ」。
厨川柵　吾妻鏡、文治五年九月二日条に「出㆓平泉㆒、令㆑赴㆓岩井(手ヵ)郡厨河辺㆒給」と見える。盛岡市厨川にあった。
醇酒　訓みは名義抄による。和名抄「唐韻云、醇〈音淳、日本紀私記云、醇酒加太佐介〉厚酒也」。
将軍制止せり　↓補
忠節　字類抄「勤節詞、チウセチ」。
風に櫛り雨に沐ひ…　風雨に曝されて苦労すること。晋書、文帝紀「櫛㆑風沐㆑雨、周旋征伐、劬㆓労王室㆒、二十有余載」。
甲冑に蟣虱を生み　漢書、厳安伝「合従連衡、馳車轂撃、介冑生㆓蟣蝨㆒、民無㆑所㆑告㆑愬」。蟣虱→一四五頁補
積れる水を決る…　勢の迅速猛烈な譬。↓補
白髪返て…　↓補

を破りて、貞任が首を得ば、鬢髪悉くに黒く、形容肥《こ》え満たむとまうす。将軍の曰く、卿《きみ》子姪を率ゐて大なる軍《いくさ》を発《おこ》し、*堅きを被《かうぶ》り鋭《と》きを執《と》り、自《みづか》ら*矢石《しせき》に当りて、陣を破り城を抜くこと、宛《あたか》も*円《まろ》なる石を転《まろば》すがごとし。これによりて予《わ》が節を遂《と》ぐることを得たり。卿《きみ》功を譲ることなかれ。ただし白髪返《かへ》て黒きことは、予が意《こころ》もしかなりといへり。武則*拝謝《はいしゃ》せり。*正任《まさたふ》が知りたるところの*和賀《わがの》郡*黒沢尻《の》柵を襲ひて抜きつ。射殺されし賊の徒《ともがら》は卅二人、疵を被りて逃げし者はその員《かず》を知らず。また*鶴脛《つるはぎ》・*比与鳥《ひよどり》の二《ふたつ》の柵同じく破りぬ。

同じき十四日厨川柵《くりやがはの》に向ふ。*十五日酉《とり》の剋《とき》に到着して、厨川・*嫗戸《うばと》の二の柵を囲みつ。相去ること七八町ばかりなり。陣を結《ゆ》ひ*翼《よく》を張りて、終夜《よもすがら》守る。件の柵の西北は大なる沢ありて、二の面《おもて》は河を阻《へだ》つ。河の岸は三丈有余なり。壁のごとく立ちて途《みち》なし。その内に柵を築きて自《みづか》ら固《かた》むず。柵の上に*楼櫓《たかどのやぐら》を構へて、鋭《と》き卒《いくさ》居りぬ。河と柵との間にまた隍《みぞ》を掘る。隍の底に倒《さかさま》に刃《やきは》を立て、地の上に鉄《くろがね》の刃を蒔《う》ふ。遠き者は弩《おほゆみ》を発《おこ》して射、近き者は石を投げて打てり。適《たまたま》柵の下に到る者は、沸《たぎ》りたる湯を建《こぼ》して沃《そそ》き、利《と》き刀を振ひて殺しつ。官軍到着せし時、*楼《たかどの》の上の兵《つはもの》官軍を招きて曰く、戦ひ来れといへり。雑女《ざふめ》数十人、楼に登りて歌を唱《うた》ひぬ。将軍悪《にく》みて、*十六日の卯《う》の時より攻め戦へり。終日通夜《ひねもすによもすがら》、積《あつ》めたる弩乱れ発《はつ》し、*矢石雨のごとし。城の中固

堅きを被り…　甲をつけ武器を取る。漢書、高帝紀「朕親被レ堅執レ鋭、自帥二士卒一、犯二危難一平二暴乱一〈顔師古注、被堅謂二甲冑一也。執鋭謂二利兵一也〉」。

矢石　矢と弩の石。後漢書、堅鐔伝「与二士卒一共二労苦一、毎レ急輒先当二矢石一〈注、石謂二発レ石以投レ人也。墨子曰、備レ城者積石百枚、重十鈞已上者〉」。↓補

円なる石を…　勢の急速な譬。孫子、勢篇「善戦レ人之勢、如レ転二円石於千仞之山一者、勢也」。

拝謝　字類抄「ハイシヤ、対面詞」。

正任　頼良の子、黒沢尻五郎と称した（藤崎・安藤系図、吾妻鏡）。

和賀郡　神名式・和名抄には見えないが、紀略、弘仁二年正月十一日条に「於二陸奥国一、置二和我・薭縫・斯波三郡一」、吾妻鏡、文治五年十一月八日条にも「和賀・部貫両郡分者、自二秋田郡一可レ被レ下二行種子等一也」と見える。

黒沢尻　北上市黒沢尻町。

鶴脛　未詳。花巻市鳥谷ケ崎の付近か。

比与鳥　未詳。昔の徳丹城（紫波郡矢巾町西徳田）の付近か。

十五日…　略記「（九月）十五日酉剋、到二着厨川柵一」。

嫗戸　厨川柵の西方にあったか。官符（群載巻一一）に「籠二兄貞任嫗戸之楯一」とあり、貞任の柵であった。

翼を張り　漢書、李広伝「広令三其騎張二左右翼一〈顔師古注、旁引二其騎一、若二鳥翼之為一〉」。

く守りて抜かれず。官の軍死せる者数百人なり。

*十七日未《ひつじ》の時に、将軍士卒に命じて曰く、各《をのをの》村落に入りて、屋舎《や》を壊《こほ》ち運び、城の隍《みぞ》に塡《うづ》みよ。また人ごとに萱草《かや》を刈りて、河の岸に積めといへり。ここに壊ち運び刈り積むこと、*須臾《しゆ》にして山のごとし。*将軍馬より下り、遥に皇城を拝して誓ひて言はく、昔漢徳いまだ衰へざりし、飛泉忽に*校尉《かうゐ》が節に応《おう》ず、今天威これ新《あらた》なり、大風老臣が忠を助くべし。伏して乞はく、八幡三所《はつまんさんしよ》風を出《いだ》し火を吹きて、かの柵《たて》を焼かむことをといへり。自《みづか》ら火を把《と》りて神火と称《い》ひて投ぐ。*この時に鳩あり、軍の陣の上に翔《かけ》る。将軍再び拝せり。暴《あら》き風忽に起り、烟焰《けぶりほのほ》飛ぶがごとし。これより先官軍が射たるところの矢、柵の面《おもて》楼の頭《ほとり》に立てること、猶《なほ》し蓑毛《みのけ》のごとし。飛ぶ焰は風に随ひて矢の羽に着きぬ。楼櫓《たかどのやぐら》屋舎《や》一時に火起りぬ。城の中の男女《なんによ》数千人、音《こゑ》を同じくして悲しび泣く。賊徒潰《つ》え乱れて、或は身を碧潭に投げ、或は首《かうべ》を白き刃《やきは》に刎《は》ねつ。官軍水を渡りて攻め戦ふ。この時賊の中の敢死の者数百人、甲《よろひ》を被《き》刃を振ひ、囲《かくみ》を突きて出づ。*必ず死せむとして生きむといふ心なし。官軍傷《きずつ》き死する者多し。武則軍の士に告げて曰く、道を開きて賊の衆を出すべしといへり。軍の士囲を開く。賊徒忽に逃ぐる心を起して、戦はずして走る。官軍横《ほしいまま》に撃ちて悉くに殺しつ。ここに経清を生虜《いけどり》にす。将軍召し見《まみ》えて責めて曰く、汝が先祖《さきつおや》相伝へて、予《わ》が家の僕《ぼく》たり。しかるに年《とし》

楼櫓　和名抄「楼、四声字苑云、今謂ニ台上構屋一為レ楼〈音婁、弁色立成云、太賀度乃〉。櫓、唐韻云、櫓〈音魯、夜久良〉城上守禦楼也」。

楼の上の兵…　漢書、陳湯伝「城上人更招ニ漢軍一曰、闘来」。

十六日…　略記「十六日卯時攻戦。終日通夜、積弩乱発、矢石如レ雨。官軍死者数百人」。

矢石雨のごとし　旧唐書、忠義列伝下「薛愿、河東汾陰人…雲梯衝棚、四面雲合、鼓譟如レ雷、矢石如レ雨」。

十七日…　略記は「十七日、将軍…或刎ニ首於白刃一」までほぼ同文。以下はない。

須臾　字類抄「シハラク、シユ」。

将軍馬より下り…　源威集「右ノ手ニ大成松明ヲ持テ河中ニ鞍ツボ越程ニ打ヒタシ、遥ニ王城ノ方ニ向テ祈念シテ云、日本国中大小霊神、別シテ祖神八幡大菩薩擁護ヲ垂、頼義ガ身ニ入替給。…神火也トテ火ヲ投グ。忽ニ風起テ吹越シ、飛火散事如レ螢ノ。城ノ内矢倉家屋ニ吹付、大火焰ヲナス」。

校尉　戊己校尉。漢の元帝の時西域鎮撫のため置かれた官名で、後漢の耿恭を指す。→補

この時に鳩あり…　→補

必ず死せむとして…　漢書、朱博伝「尚方禁且喜且懼、対曰、必死〈言レ尽ニ死力一也〉」。

忽緒　字類抄「イルカセ、イルカセニス、無礼分」。

来朝《こゝみかど》の威を*忽緒《いるかせ》にし、旧《もと》の主《あるじ》を*蔑如《ないがしろ》にするは、*大逆無道《たいぎやくむだう》なり。今日《けふ》白き符《しるし》を用ゐることを得むや否やといへり。経清首《かうべ》を伏して言ふこと能はず。将軍深く悪《にく》めり。故《かるがゆゑ》に鈍《にぶ》き刀をもて漸《やうやく》にその首を斬りつ。これ経清が痛み苦しぶことの久しからむと欲すればなり。

*貞任は剣《つるぎ》を抜きて官軍を斬る。官軍鉾《ほこ》をもて刺《さ》しつ。大なる楯《たて》に載《の》せて、六人将軍の前に舁《か》きつ。その長《たけ》六尺有余、腰の囲《めぐり》七尺四寸、*容貌魁偉《ようばうくわいゐ》にして、皮膚《ひふこ》肥え白し。将軍罪を責めつ。貞任一たび面《むか》ひて死せり。また弟*重任《しげたふ》を斬りつ〈字は北浦六郎〉。ただし*宗任は自《みづか》ら深き泥《こひぢ》に投《おもぶ》きて、逃げ脱《のが》れ了《をは》りぬ。貞任が子の童《わらは》は年十三歳、名は*千世《ちよ》童子《どうじ》と曰ふ。容貟美麗《びれい》なり。甲を被《き》て柵の外に出でて能く戦ひつ。驍《いさ》み勇《たけ》きこと祖《おほぢ》の風《ふう》あり。将軍哀憐《あいれむ》して宥《ゆる》さむと欲す。武則進みて曰く、将軍*小さき義を思ひて後《のち》の害を忘るることなかれとまうせり。将軍頷《うなづ》きて遂に斬りつ〈貞任*年卅四にして死去《し》せり〉。城の中の美女数十人、皆*綾羅《りようら》を衣《き》、悉くに*金翠《きんすい》を粧《よそ》ひて、煙に交《まじは》りて悲しび泣けり。出して各《をのをの》軍の士《をのこ》に賜ひつ。ただし柵の破るる時、*則任《のりたふ》が妻《め》独《ひと》り三歳の男を抱き、夫に語りて言はく、君まさに歿《し》なむとす。妾《をうなめ》独り生くることを得ず。請はくは君の前に先づ死せむことをといへり。児《ちご》を抱きながら自《みづか》ら深き淵に投げて死につ。*烈女なりと謂ひつべし。その後幾《いくばく》ならずして、貞任が伯父《をぢ》*安倍為元〈字《あざな》は赤村介〉、貞任が弟*家任《いへたふ》帰降《くゐがう》

蔑如　字類抄「ナイカヲ(シ)ロニス」。

大逆無道　漢書、高帝紀「今項羽放㆓殺義帝江南㆒、大逆無道」。

貞任は…　↓補

容貌魁偉　後漢書、郭太伝「身長八尺、容貌魁偉」。

重任　頼時の子、字は北浦六郎(藤崎・安藤系図)。北浦は秋田県横手地方。

宗任は…　康平七年三月廿九日の官符(群載巻一一)に「宗任破㆓衣河関㆒之日、去㆓鳥海之楯㆒籠㆓兄貞任嫗戸之楯㆒、相共合戦。然而貞任等被㆓誅戮㆒間、被㆑疵逃脱、其後棄㆓抛兵仗㆒、合掌請㆑降、即跪㆓陣前㆒悔㆓前悪㆒」と見える。

千世童子　貞任男、十三歳で父と一所で戦死(藤崎・安藤系図)。

小さき義を…　孟子、告子上「為㆓其養㆑小以失㆑大也」。

年卅四　今昔「年四十四也」。

綾羅　字類抄「リョウラ」。あやぎぬとうすぎぬ。美しい装をいう。

金翠　金と翡翠で作った首飾り。江都督願文集巻五、女三位善勝寺「金翠連㆑裙、綺羅列㆑座」。

則任　頼時の子。↓補

烈女　↓補

安倍為元　頼時弟、赤村介(安藤系図)。

家任　頼時の子。↓補

十二月十七日…　略記、康平五年「十二月十七日、国解言、斬獲賊安倍貞任等十人、帰降者安倍宗任等十一人。此外貞任家族無㆑有㆓遺類㆒」。

しつ。また数日《すじつ》を経て宗任等九人帰降せり。

同*十二月十七日の国解《こくげ》に云はく、斬り獲たる賊の徒《ともがら》、安倍貞任・同重任・藤原経清・散位平孝忠・*藤原重久・散位物部維正・藤原経光・同正綱・同正元なり。*帰降せし者、安倍宗任・弟家任・則任〈出家して帰降せり〉・散位安倍為元・金為行・同*則行・同経永・藤原業近・同頼久・同遠久等なり。この外貞任が家の族《やから》遺類あることなし。ただし*正任一人《ひとり》出で来らず云々といへり。*僧良昭すでに出羽国に至りて、守《かみ》源斉頼がために擒《とりこ》にせられぬ。正任初めに出羽の光頼が子、字《あざな》は大鳥山太郎*頼遠が許《もと》に隠れつ。後に宗任が帰降せし由を聞きて、また出で来り了《をは》りぬ。

*合戦《かふせん》の際《あひだ》、義家が甲《よろひ》の士を射るごとに、皆*絃《ゆみづる》に応じて死せり。後日武則、義家に語りて曰く、僕《やつかれ》君の弓の勢を試みむと欲するは如何とまうす。義家の曰く、善しといへり。ここに武則堅き甲三領《りやう》を重ねて、樹《うへき》の枝に懸けつ。義家をして一たび発《やはな》たしめば、*甲三領を貫けり。武則大《おほき》に驚きて曰く、これ*神明《しんめい》の変化《へんぐゑ》なり。あに凡人《ぼんにん》の堪《た》ふるところならむや。宜しく武《たけ》き士《をのこ》のために帰伏せらるることかくのごとくなるべしとまうせり。義綱が驍勇騎射《うまゆみ》は、またその兄に亜《つ》ぎたり。

*同六年二月十六日、貞任・経清・重任が首《かしら》*三級《きう》を献ず。京都《みやこ》のひと壮《さかり》なる観《みもの》のために、*車は轂《こしき》を撃《う》ち人は肩を摩《す》りぬ〈子細《しさい》は別の紙に注《しる》せり〉。*これより先首を献ぜし使の者

藤原重久…正元・則行…　以下伝未詳。

帰降せし者…　→補

正任　官符〈群載巻一一〉に「正任被ㇾ落㆓衣川関㆒、逃㆓小松柵㆒之刻、相㆓具伯父僧良昭㆒、逃走㆓出羽国㆒。守源朝臣斉頼、聞㆓此由㆒囲㆓在所㆒之間、逃㆓入狄地㆒。去年五月称ㇾ奉㆓命於公家㆒、所㆓出来㆒也。貞任合戦之間、依ㇾ有㆓身病㆒、不ㇾ与㆓今度之軍㆒云々。然而被ㇾ落㆓所々楯㆒之由、依ㇾ無ㇾ所ㇾ遁ㇾ身、請ㇾ降出来」と記す。

僧良昭　同右官符に「沙弥良増俗名則任、従㆓最初戦之庭㆒、被㆓追散㆒之後、為ㇾ助㆓身命㆒忽出家、即以ㇾ母為ㇾ先、合掌出来」。

頼遠　清原系図に見えず。大鳥山は横手市東北の山。

合戦の際…　略記には以下「豈凡夫之所ㇾ堪乎」までを十二月十七日の国解の前に九月十七日の記事につづけて載せる。

絃に応じて　漢書、李広伝「其射、見ㇾ敵、非ㇾ在㆓数十歩之内㆒、度不ㇾ中不ㇾ発。発即応ㇾ弦而倒」。

甲三領を貫けり…　白氏六帖、矢「徹札之勁〈養由基蹲ㇾ甲而射ㇾ之、徹㆓七札㆒焉〉」。

神明の変化　神が姿を変えて現れたもの。

同六年二月十六日…　→補

三級…　漢書、衛青伝「斬㆓軽鋭之卒㆒、捕㆓伏聴者㆒、三千一十七級〈顔師古注、本以ㇾ斬㆓敵一首㆒拝㆓爵一級㆒。故謂㆓一首㆒為㆓一級㆒。因復名㆓生獲一人㆒為㆓一級㆒也〉」。

車は轂を撃ち…　車が沢山集まり人が大勢群る様子をいう。→補

これより先…　→補

は、貞任が従《とも》の者の降人《がうにん》なり。*担夫《たんふ》櫛なき由を称《い》ふ。使*の者曰く、汝等私に用ゐる櫛あらむ。それをもて梳《けづ》るべしといへり。担夫櫛を出して梳りぬ。涙を垂れて嗚咽《むせ》びて曰く、吾が主存生《あるじぞんじやう》の時、仰ぐこと高き天のごとかりき。あに図《はか》らむや吾が垢《あか》の櫛をもて忝《かたじけな》くもその髪を梳らむことをといへり。悲哀《かな》しびて忍びず、衆《もろもろ》の人皆涙を落しぬ。担夫といへども忠はまた人を感ぜしむるに足るものなり。

同*廿五日、除目《ぢもく》の間、勲功を賞せらる。頼義朝臣を拝して正四位下伊予守と為《な》す。太郎義家は従五位下出羽守と為す。次郎義綱は左衛門尉《のぜう》と為す。武則は従五位下鎮守府《の》将軍と為す。首《かうべ》を献ぜし使の者藤*原季俊は左馬允《のぜう》と為す。物*部長頼は陸奥大目《のさくはん》と為す。勲賞の新《あらた》なること、天下のひと栄《よし》と為せり。*夷狄《えびす》強く大《おほき》くして、中国制《せい》すること能はず。故《かるがゆゑ》に*漢高平城の囲《かくみ》に困《くる》しび、*呂后不遜《ふそん》の詞《ことば》を忍びき。*我が朝《みかど》上古のとき屢《しばしば》大なる軍《いくさ》を発《おこ》し、国用多く費《つひや》すといへども、戎《えびす》大なる敗《やぶ》れなかりき。*坂面伝母《の》礼麻呂*降《がう》を請《う》けて、普《あまね》く六郡の諸の夷《えびす》を服《ふく》し、独り万代の嘉《よ》き名を施しぬ。これ*北天の化現《くゑげん》にして、希《き》代《たい》の名将《めいしやう》なり。その後二百余歳、*或は猛将一戦の功《く》を立て、*或は謀臣六奇の計を吐けり。しかるにただ一部一落を服せしのみにて、いまだ曾《むかし》より兵《つはもの》の威を耀《かかや》かし、遍く諸《もろもろ》の夷《えびす》を誅せしことあらざりき。頼義朝臣自《みづか》ら矢石に当《あた》り、夷人の鋒《ほこのさき》を摧《くだ》きつ。あに*名世《めいせい》の殊功《しゆこう》に非ずや。かの*郅支単于《しつしぜんう》を斬り、*南越王の首《かうべ》を梟《けう》す

担夫　字類抄「モチフ、下賤部、カチモチ、タンフ」。
使の者　傔仗季俊(水左記・略記)。
同廿五日…　↓補
藤原季俊　伝未詳。
物部長頼　伝未詳。↓補
夷狄　↓六六頁補
漢高平城の囲に…　漢の高祖が匈奴を討ち平城で包囲された故事。↓補
呂后不遜の詞を…　匈奴の無礼な手紙に呂后が立腹した故事。↓補
我が朝…　斉明天皇の時阿倍比羅夫が遠征、奈良時代には和銅二・養老四・神亀元年に出兵、天平九年に大野東人が蝦夷を征討経営。宝亀十一年伊治公呰麻呂が反乱を起こし征討の成果なく、延暦年中胆沢の賊帥大墓公阿弖流為が跋扈し坂上田村麿が延暦二十一年に平定した。
坂面伝母礼麻呂　坂上田村麿か。喜田貞吉はこの記事により「坂上田村麻呂は夷人なりとの説」(歴史地理二一ノ四、大正二年)を唱えた。
降を請け…　紀略、延暦廿一年四月「造陸奥国胆沢城使田村麿等言、夷大墓公阿弖流為、盤具公母礼等率二種類五百余人一降」。
北天　毘沙門天。四天王の随一として夜叉・羅刹を率いて北方を守護する天神で、我が国では北方にあって王城を守る武神とされた。
或は猛将…　文選、答二蘇武一書「当二此之時一、猛将如レ雲、謀臣如レ雨」。弘仁二年文室綿麻呂の征討をいうか。後紀、弘仁

といへども、何をもてこれに加へむや。今国解《こくげ》の文《もん》を抄《せう》し、衆口《しゆこう》の話を拾ひて、一巻に注《しる》せり。*少生《せうせい》ただ千里の外なるをもて、定めて*紕繆《ひびう》多からむ。実《じち》を知れる者正さむのみ。

二年閏十二月十一日条に「文室朝臣綿麻呂奏言、今官軍一挙、寇賊無レ遺」と記す。
或は謀臣… 漢書、陳平伝「凡六出二奇計一、輒益二邑封一。奇計或頗秘、世莫レ得レ聞也」。元慶二年藤原保則の征伐をいうか。三代実録、元慶二年七月十日条に「若有二危急一、駅伝上奏。随即差発、赴救非レ晩。務運二奇策一、繫二其狂心一」と記す。
名世の殊功 世に顕れた抜群の功績。
郅支単于を斬り… 郅支は匈奴の単于(君主の総称)の名号。漢の宣帝の時、呼韓邪の兄が自立して郅支骨都于となり、呼韓邪を攻めたが、漢に攻められて西進して呼偈・堅昆・丁令三国を破り、更に康居国と婚を結び烏孫を討ち郅支域に拠ったが、元帝の時滅ぼさる。↓補
南越王の首を梟す… 南越は広東・広西省で、秦が桂林・南海・象三郡を置き、のち趙佗が統一して南越王となり漢に臣属した。五代百年続いたが、元帝の時漢に滅ぼされた。↓補
少生 小生。自己の謙称。↓補
紕繆 字類抄「失誤分、ヒビウ」。史記集解叙「雖二時有二紕繆一、実勒成二一家一〈索隠曰、紕音匹之反、紕、猶レ錯也。亦作レ悂。字書云、織者両糸同レ歯曰レ悂。紕亦与レ謬同〉」。

〔参　考〕

尾張国郡司百姓等解

この解文は、永延二年(九八八)尾張国郡司百姓等が、尾張守藤原元命(もとなが)の苛政を三十一か条にわたって弾劾したものである。差出者は郡司百姓等であるが、その本文作者については不明である。間々、将門記と同じ故事や用語がみうけられることは注目される。仏典・漢籍の故事の引用は少ないが、律令格式に関しては、実に豊富な知識をもち、具体的な数字をあげている。これは、この筆者が、国の民政に具体的に携っているものにしてはじめて可能であるので、国庁の書生あたりが関係しているとも想像される。中央の官人文人のみのよくし得るところではあるまい。この弾劾の結果、守元命は解任され、後任に藤原文信が任命された。尾張国の百姓等は、凡そ十年前の天延二年(九七四)にも守藤原連貞の不了を訴えて、その交迭に成功している。この前後、諸国の百姓が、その国守を訴えた例が多い。しかしその解文がのこっているのは、本例だけである。その作者が京都の文人ではないかとの推測があるほどの名文であるためであろうか。約三十年後にかかれた藤原公任の北山抄巻十吏途指南にも元命の非政が言及されている。本書では早稲田大学所蔵弘安四年本を底本とし、欠失部を東大史料編纂所蔵本(「尾張国申文」)で補った。

〈竹内理三　校訂〉

尾張国郡司百姓等解　申請　官裁事

請《フ》レ被《ムト》二裁断一当国《ノ》守藤原《ノ》朝臣元命三箇年《ノ》内《ニ》責取非法官物并濫《ラム》行横法三十一箇条□

1 一、請《フ》レ被《ムト》二裁断《セ》一、例挙《レイコノ》外《ニ》、三箇年《ノ》収納暗《ソラニ》以加《カチ》□正税《サイ》卌三万千二百卌八束息利《カソクリ》十二万九千三百七十四束四把一分《カ》事

右、正税《ノ》本穎《エイノ》式《シキ》数《ハ》卌七万千四百束《ナリ》、除《テ》二減省《ケムシヤウ》之遺《ヲ》一定挙《シ》廿四万六千百十束明《ハニ》録《ロクセリ》二税帳《サイニ》一、是則一朝《ノ》之輔弼《フヒツ》[1]、百姓之依怙《コ》也、然而《トモ》凋弊《ノ》之民《ハ》、負《テ》二正税《ヲ》一、不レ耕二田疇《ヲ》一、富勢之烟《ハ》領《テ》二能田《ヲ》一、以不レ請二正税《ヲ》一、仍為レ存二公平《ヲ》一、同以二息利七万三千八百六十三束一率《スル》二国内《ノ》力田《ニ》一之間、当任《ノ》守元命朝臣三箇年《ノ》収納、既以繁多也、輙《タヤスク》不レ可二勝計一、所以者何《ナレハ》、窮民之身《ハ》纔《ニ》将《ニ》雖レ致二究《キウ》進之勤《ヲ》一、或号二見納《ト》一、或称《シテ》二未進《ト》一、虜掠《リヨリヤウス》数多之財物《ヲ》一、依《テ》二此《ノ》苛責《ニ》一、人民逃散《シ》、累《ワツラツテ》二彼騒動一、立浪不レ静、加之、郎従之徒如レ雲《ノ》散二満部内《シ》一、屠[2]膾《トクワイノ》之類《タクイハ》如レ蜂移二住府《ス》辺一、此等寔《マコトニ》雖レ隔二山川之境程《ケイテイ》一、為レ思二京洛之故郷一、猶貪《ムテ》二当国之土産一、因レ之郡司迷《ハヒ》二心神《ヲ》一、百姓《ハ》無二為方一、更忘《ニ》二万民之撫《フ》育《イクヲ》一、只存二一身之利潤一、経《フル》愁如レ此之間《タ》、専無二判断之心一、彼《ノ》憚《カテ》二権公《クエムコウ》之威《ニ》一、巻《マキ》レ舌《ヲ》呑《ノムテ》レ音《ヲ》、不二敢言《テモノイワ》一、終無レ拠《ヨトコロ》二於容身《ヨウニ》一、将《ニ》三流二冗《スト》於他国《ニ》一、是以吏《リ》富《トヒ》国貧《クシテ》、物尽《ツキ》民失《ウス》、夭蘖《エウケキノ》之起《リ》、莫《シ》レ不レ由レ於《ニ》レ斯、望請、停《シテ》二止件元命朝臣《ヲ》一、被三拝二任良吏《ヲ》一、将《ニ》レ留二人民浮跡《フセキヲ》一矣、

2 一、請レ被下任《テ》二官符旨《ニ》一裁下《セ》上、不《ル》レ別《ワケ》二租税地子田《ヲ》一、偏《ヘニ》准《シテ》二租田《ニ》一加徴官物《ノ》事

右、両種田《ノハ》、須《ヘシ》下任《テ》二省符《ノ》之旨《ニ》一勘中徴之《スヲ》上、而為《ニ》二横法一准《テ》二租税田《ニ》一加徴者《スレハ》、為二田堵百姓等《ト》一莫《カ》レ不二愁痛一、仍《テ》吏《リ》富《ミ》民貧《テ》、薫《クン》蕕《イウ》異《コトニシ》レ畝《ウネ》、政濁《リ》涙《タ》澄《テ》、涇渭《ケイヰ》堺《サカヘリ》レ流《ニ》、望請、被二裁定一以《テ》将《ニ》レ任二例《セムトノ》所《トコロ》レ輸《イタス》矣、

3 一、請レ被二裁断一、官法《ノ》外《ニ》、任レ意《ニ》加徴《スル》租穀《コク》段別《ニ》三斗六升《カ》

事

右、租穀官法《ハ》有《リ》レ限、是則代々之吏、雖三愁《ヘ》二陳《ノフト》於例損之由《ヲ》一、猶《ヲ》乍《ラ》二本数一勘納《スルニ》、或《ル》国宰者徴二納《ス》一斗五升《ヲ》一、或国吏《ハ》徴二下《ス》二斗以上一、而《ヲ》当任守元命朝臣《ノ》加徴《スル》三斗六升《ヲ》、更《ニ》不二承前《セウセン》之例《ニ》一、抑為《スル》レ政《ヲ》之道《チ》、猶《ヲ》若《ニス》レ烹《ニルカ》レ魚《ウヲ》、優《イウスル》レ民《ヲ》之心、豈《ニナンソ》盍《ナラササラム》レ馴レ鴆《ヲ》、而専《ラ》絶《テ》二東作之業《ヲ》一、更《ニ》成《ス》二北民《ホクミンノ》之計《ヲ》一、専城之吏《センノセイノリ》、曷《ナムソ》以可レ然哉、就中州県之牧宰、偏《ニ》有《リ》二勧農《クワンノウ》之励《ミ》一、若勧《シル》二[3]東沢《ヲ》一之間、催《モヨヲス》二[4]南畝《ホヲ》一之日、遊《アスハイテ》レ手《ヲ》嬾《ニハ》レ農《ニ》、懲《コロスニ》以二劉寛《リウカ》之鞭《ムチヲ》一、肆《ノヘテ》レ力《ヲ》誇《コルニハ》レ業《ニ》、賞《ウスルニ》以《ス》二王舟《カ》之酒《ケヲ》一、而毎年四五両月農時《ノ》、令《ム》三入《ニ》二部《セ》雑使《サウシ》等《ヲ》一、其勘責《ノ》云《セキニク》、先給《サキニタヒヲ》二例交易《レイケウヤクノ》雑物直《ノタヒニ》一、稲穀早可《クシト》二春進《ツキ》一者《ヘリ》、郡司百姓忽失《ニテ》二為方《セムヲ》一、難《シ》レ堪《タヘ》二弁済《セイニ》一、仍春《テキ》二運《テ》於濡《カシ》種《ネヲ》一弁《ス》二済官庫《コニ》一、其間《ノ》農夫拖《ハナケウテ》レ鋤《スキヲ》嬾《モノウク》二耕作之事《トニ》一、[5]蚕婦《サウフハ》妄《テ》レ桑《クワヲ》倦《ウメリ》二[6]蠒糸《ケンシ》之業《ニ》一、豈非《ヤ》二百姓《ノ》之歎《キ》一、還闕《テクク》二貢朝之備《ナヘヲ》一、望請、官裁将丁停二止《シテ》元命《ノ》朝臣《ヲ》一被丙拝《ムト》乙任良吏《ヲ》甲、

事

4 一、請レ被二裁断一、守元命朝臣正税利稲《ノ》外率《ニソツシハタル》徴《キ》無レ由《ヨシ》稲《ノ》事

右、率《ソツ》稲正税利稲之外《カ》段別《ニ》一束八把《ヲ》加徴《ス》、国内通計《スレハ》其積《リ》尤多《シ》、抑件率稲者《ハ》、不レ経《スヘ》二臨時《ノ》之公用《クヲ》一、只宛《アツ》二私謀《ハウ》之用途《ニ》一、或《ハ》入二満《ミテ》於交易《ケウヤクニ》一、或《ハ》春《キ》二運《コフ》於京宅一、如レ此《ノ》間、致《シテ》二人民之費《ヲ》一、更《ニ》不レ見二官納《ナフ》之由《ヲ》一、然則《ハ》昨《フハ》聞《ク》二他州《ノ》之愁《ト》一、今《フハ》当《レリ》二我上《カウヘ》之責《メニ》一、倩《ツラツラ》見《ミルニ》二気《ケ》色《ヲ》一、[7]国内《ノ》之荒《クワウフ》蕪人民之侘傺《タクサイシ》莫《タル》レ過《ヨリ》レ於斯、望請、官裁被三召二紏《メシタヽサレ》其旨一、且省《ハハフキ》二非巡《ヒシユン》加徴之煩《ワツラヒヲ》一、且知《ン》二朝家憲《ケン》法《ハウ》之貴《タツトキヲ》一矣、

5 一、請レ被二裁断一、例数《シユノ》官法外《ノニ》加徴《スル》段別《ノ》租税地子准穎《エイ》十三束事《カ》

右、謹《テ》案《スルニ》二物情《ノ》一、例数率分《ツハ》官法有《リ》レ限、而《ヲ》代々《ノ》国宰、正税息利租籾《ソチウ》率稲地子等、所《トコロ》レ徴《ルハ》或八九束、或十束也、爰当任守元命朝臣所《ノハ》レ徴《ル》、一年《カ》料段別《ニ》十三束二把也、則通二計《スレハ》一国《ニ》一以積《テツモリ》及《ヘリ》二百万束《ニ》一、方今《ニイマ》正税官物与《ト》二私用《ト》一相並《アイルニ》、百分之一也、抑件《ノ》率分加徴物《ツ》、或令《シメ》三春《ツキハコハ》二運米色《ノニ》一、或宛《アテヲホス》二負交易絹布糸綿《ノキヌヽノイトワタ》油等《アフララニ》一、宛《レハ》二直絹《ノニ》一者疋別《ハ》四五十束、手作《テリノ》布《ノハ》八束以上、信濃《ノ》布麻布《アサヌノハ》五六束以下《ナリ》、[8]糸油漆苧《シヲ》等直不《ヒス》レ幾、随則徴使《テチリヒ》、面々《ニ》

所《ノ》二責取一土毛《モウ》供給料《ノ》物《ノ》、過《スキタルコト》二於本物《ニ》一有《アリ》二於五六倍《ハイニ》一、仍有《アル》レ堪《タヘ》之輩《カラハ》、乍《ラ》レ歎《ナケキ》弁済《シ》、不《サル》レ堪《タヘ》之民《ハ》、削《ケツテ》レ跡《ヲ》逃亡《シ》、亦《タ》進二納《スル》於国庫《コニ》一之日《ハ》、目代等《ラ》号《テ》二副物《ト》一、疋別《ニ》絹二尺二寸、即《チ》所《ナリ》二補《フシ》取一、絹《ノ》直《ヒハ》、上品《ハ》卌束以下卅束以上、致《テ》二中下品《ニ》一者《ハ》尤《モ》甚《タシ》、所《ノ》二返《シ》負《ワホスル》一減直、既《ニ》以巨多《コタ》也、是唯《タ、》非《ス》二一年《ノミニ》一、三箇年所為如レ是、方今《ニイマ》無《ク》二郡司一者《ハ》、国宰有《アル》レ誰《タレニカ》、無《ク》二民烟《エム》一者《ハ》、郡司何奉《ソラム》レ公《ニ》、仍《テ》拾《ヒロテ》二離散之烟《カマトヲ》一、准《レハ》二留跡《リウセキ》之烟《トニ》一、僅《ニ》万之一也、凡一国之衰《スイ》弊《ヘイ》、百姓之逃散、職《モト、シテ》而由《レリ》レ之、望請、官裁任《テ》二旧例《ニ》一被《レテ》二裁下一、以《テ》将《ニ》レ慰《ヤスメン》二愁吟之意《ヲ》一矣、

6 一、請レ被二裁断一、所進《ノ》調《テウノ》絹《キヌノ》減直并《ヒニ》精好《セイカウノ》生糸《ス、シノ》事

右、両種《ノ》貢《ク》進《ノ》官物《ノ》定数《ハ》、具《ニ》録《シルセリ》二官帳《ニ》一、但《シ》疋別所《ロ》レ当《ル》料田《ハ》、先例二町四段代《ロノ》米《ネ》四石八斗也、然《トモ》而絹《ノ》実《ニ》所レ進之日《ハ》、所二定《メ》納《ムル》一絹《キヌ》疋別一町余也、亦至《テ》二精好之糸《イトニ》一者《ハ》、責《セメ》二取《トテハ》当国之美《ヒ》糸《シヲ》一、織《リ》二私用之《ノ》綾羅《レウラ》一、挙《アケ》二買《カウテ》他国之麁糸《ソシヲ》一、備《ソナフ》二貢《ク》官之例進《ニ》一、抑蚕養《コカイ》之業進退更《ニ》不《ス》レ任《セ》レ心、或国吏《ハ》令《メ》レ得《エ》二蚕養《ヲ》一、而不レ登《ノセシメ》二□□年穀《ヲ》一、或国吏《ハ》令《シメテ》レ登《セ》二年穀《ヲ》一、以不レ宜《ヨロシカラ》二蚕養《ニ》一、而《ヲ》当任守元命朝臣者《ハ》、着任以降《ヨリコノカタ》蚕養業不可也、9 是只絹《ノ》減直糸《ノ》精好所《ロ》レ致《ス》歟《カ》、専城之吏《リ》、忠節已《ニ》空《シク》、分憂《イウ》之職《シヨク》、牧《ホク》掌永《ク》絶《タリ》、所謂傾《フクル》レ国之讎《アタ》害《スル》レ人之蠹《ノムシ》、豈過《ニ》二於斯《ニ》一哉、望請、蒙《テ》二裁糺《キウヲ》一被《テ》三召《シ》二問《トハ》其旨《ヲ》一、兼《テハ》亦《タ》被三改《カイ》二任《ニン》良吏《ヲ》一矣、

7 一、請レ被二裁断一、号《シテ》二交易《ト》一誣取《シキトル》絹手作《リノ》布信濃布麻布《アサ》油苧《カラムシ》茜《アカネ》綿等《ラノ》事

右交易雑物《ノ》等、於《テ》レ絹者《ハ》、納《ナウ》官《ニ》年料有《リ》レ限《リ》、而《ヲ》国内《ニ》所《ロ》二加徴《スル》一雑物等、漸及《ヘリ》二数千疋一也、即《チ》始《テ》レ自《リ》二五月上中旬一、以《テ》二九月之内《チヲ》一、令二究《キウ》進《セ》一、爰《ニ》所レ取絹《ノ》直《ニハ》四五十束、手作《リ》布《ノ》直《ニハ》八束已上、信濃麻布《ノ》直《ニハ》五六束也、自余《ノ》雑物《ノ》等直《ヒハ》更《ニ》以不レ幾、以《テハ》二減《ケムシ》収《メタル》残《ノコリヲ》一、号《シテ》二減直《ト》一如《ク》レ本《ノ》宛《テ》二結《フ》絹布直《ノ》一、加《ス》之、勘徴之使引二率《ツ》数多之従類《ヲ》一、所レ責《メル》取一土毛疋別《ニハ》米一石五六斗、布端別《ハタムニ》四五斗《ナリ》、自余《ノ》雑物、准《スルニ》二本物一、過《キタリ》二五六倍《ニ》一也、何況《ニヤ》供給装束不レ可二敢《テ》計《ウ》一、弁二済《スル》如《ク》レ此非法《ノ》物《ヲ》一之間、沽二却《シテ》先祖之永財《ヲ》一、滅《ホロホス》二子孫之存命《ヲ》一、売《ウリ》二代《カヘテ》夫妻之衣裳《シヤウヲ》一者、失二愛《アイ》子之寒温《ウンヲ》一、凡依《ソテ》二一身之貪利《ニ》一、遂《ニ》絶《タツ》二百姓之世途《ヲ》一、于レ時天朝人

民《ハ》嚬《ヒソメテ》レ眉《マユヲ》泣歎《ナキナゲキ》、部内《ノ》浪人敧《ソバタテ》レ踵《ヲ》悲《シミ》愁《フ》、既《ニ》見《ルニ》二此由一、不レ足二国宰《ニ》一者也、望請、被二裁断一以早《ク》被《ム》レ免《ユルサ》二非法之強責《キヤウセキ》一矣、

8 一、請レ被二裁断一、代々《ノ》国宰分附《フセル》新古《ノ》絹布幷《ニ》米准頴等自二

郡司百姓烟一責取《メル》事

右古物等、寔《ニ》雖三録《シルシノセタリト》二載帳面《ノニ》一、有名無実也、仍代々之国吏更《ニ》無《シ》二責徴《コト》一、其由何者《ナレハ》、或負《フ》名《ハ》死去及《ヒ》二四五十年一、或負《ル》名《ハ》逃散《シテ》已《ニ》数千余人也、而《ヲ》当任守元命朝臣以《テ》二去年三月中《ヲ》一、撰《エラヒ》二幹了《カンレウ》之使一、差《シテ》二暴悪《ホ》之人一、令《コト》二勘責《セ》一如《シ》二切焼《キリヤク》一、往古《コ》旧代所《ロ》レ不《ル》レ然《シカラ》也、而自《リ》二郡司之身《ミ》一、号《シテ》二部内負累《ノフルイト》一、皆悉《ナ》捜取《クサクリトリ》、従《リ》二人民之烟《ト》一、称《シテ》三所由差法《シヤト》一、暗以冤凌《テエムレウ》、乱《スル》二入一二家《ケニ》之間、致《シ》二騒動於十廿所《ニ》一、済《サイ》二進一両種《ヲ》一之日、取《ル》二費《ヲ》於二三倍《ハイニ》一、国土彫《ノテウ》弊職《ヘイモトトシテ》而依《レリ》レ是、爰郡司百姓等雖《ラトモ》三経《ヘ》二愁《ウレウ》不《ヤスカ》レ安之由《ヲ》一、於二国底《テイニ》一弥《イヨイヨ》施《シテ》二梟悪《ケウ》之政《ヲ》一、曾《テ》無二裁報《ノ》之心《ロ》一、責使還《メハカヘテ》成《リ》二得《タル》レ水之竜《ト》一、弱《ヨワキ》民《ハマスマス》倍《セリ》類《クツカヘス》二覆《スヲ》レ栖之鳥《トリニ》一、望請、官裁且《ハ》被《レ》二召糺《タヽサ》一、且扶《タスケン》二亡民《ヲ》一矣、

9 一、請レ被二裁断一、守元命朝臣《ノ》三箇年間毎月号《ニ》二借絹《シテリキヌト》一誣《シキ》二取《トル》諸郡《ニ》一絹千二百十二疋幷使《ノ》副《ソヘル》取土毛《ノ》事

右、絹等八箇郡之内、三箇年之間、或号二借絹《ト》一、或称《ハ》二交易《ト》一、所二責取《メトル》一也、但件絹或月《ニハ》一二度、或月二三度、毎月計《ニ》二其《レハ》数《ヲ》一如二上件《カミ》一、其直《ノ》准《ヒ》頴《エイ》疋別冊《ニ》束以下三十束以上、僅《ナリ》有《カニ》二判《ルハ》定之返抄二三分之一也、然而《トモ》其直《ヒ》于レ今未《スタ》二下行《セ》一、抑件絹更《ニ》以難《シ》レ堪《タヘ》、因レ之買《カイ》二求《ル》隣国《ニ》一之間、直米上品者《ハ》六石以下、中下品者五石以上、乍《ラ》レ知《リ》二其弊《ノエヲ》一、推而《ワシテ》所二減収《スル》一也、進納之日《ハ》不《スシテ》レ放二返抄《ヲ》一、立用《ノ》之時還《ハテ》致《ス》二覆勘《フクヲ》一、加以責使《ス》多《ヲホクシテレン》連日《ニ》勘納《ス》、又不《ス》レ隔《テ》レ月《ヲ》、面々色々《イロイロニ》所レ取土毛過《タリ》二絹直《ノニ》一、故何者《ユヘナレハ》、徴《ハタル》二一疋《ヲ》一処《ニハ》重《ネテ》取二一疋《ヲ》一、何況《ニヤ》供給装束之費《ツイヘヲ》乎、各《ヲノヲノ》為レ蒙《メニ》二褒賞《ホウシヤウ》之誉《ホマレヲ》一、互《タカヒニ》好《ノム》二非法之責一、凡破《ソリ》レ郡破《ル》レ国之謀《コト》、却《シリソケ》レ物却《クル》レ民《ヲ》機《ハタモノ》尤《モ》有《リ》二於此《レニ》一、望請、蒙《テ》二裁許《ヲ》一、早被《ク》二召替《レテ》一猶被《ヲ》レ拝二任良吏《ヲ》一矣、

10 一、請レ被二裁《フラムト》恤《シユツヲ》一、毎年不《シテ》三下二行物実《ノヲ》一、立二用《スル》官帳《ニ》一在

路《ロ》救《キウ》民三箇年《ノ》料《ノ》籾百五十石事《カ》

右、謹案《テ》二物情《ルニノコヽロヲ》一、為《タル》二人之父《ノ》一者《モノ》、不《シテ》レ明《アカサ》二父子之義《ヲ》一、以教《テルニ》二

其《ソノ》子《ヲ》一、則《チ》子不《シテ》レ知《ツラ》二為《タルコト》レ子之道一、以《テ》不レ事《ツカヘス》二其《ノ》父《ニ》一、為《タル》二国《ノ》之吏《リ》二者《モノ》、不《スシテ》レ竭《ツクサス》二国吏《ノ》之職《ヲ》一、以《テ》治二其《ノ》国《ヲ》一、則《チ》国不レ知二為《タルコト》レ国之理《コトハリヲ》一、以《テ》不《ス》レ肯《ウナカヘンセ》二其《ノ》吏《ヲ》一、所謂《ユル》上《ミ》致《セハ》レ敬《ケイヲ》、則《チ》下《モ》不《ス》レ慢《アナツラ》、上《ミ》好《メハ》レ譲《ヲ》、則《チ》下《モ》不《ス》レ乱、上之化《クワスルコト》レ下《ヲ》譬《ヘハ》如《シ》三大風《ノ》靡《ナヒカスカ》二小枝《ヲ》一、是以《テ》公家為《メニ》二在路救民《ノ》一、故《コトサラニ》配《アテ》二置《イテ》租籾《ヲ》一、所《ロ》二恩救《キウシタフ》給一也、仍《テ》流冗《リウショウ》之民、跉跰《リヤウヒヤウノ》之輩《ラ》、不《セレトモ》レ招《マネカ》而如《クニ》レ子《ノ》来《リ》、不《トモ》レ呼《ヨハ》而如《クニ》レ鳩《トノ》聚《ル》、来《テハ》則《チ》如《シ》二飢魚《ウヘタルウヲノ》覓《モトムルカ》レ餌《エヲ》、聚《マテハ》則《チ》不《ス》レ異二疲《ツカレタル》馬《ノ》立《ツニ》レ旅《タヒニ》、然《トモ》而守元命朝臣偏《ニ》思《テ》二京洛之貯《タクワヘヲ》一、于レ今未《ス》三下二行其料籾《ヲ》一、忝《クウケテ》二稟国宰之名《ヲ》一、何奪《ウハム》二飢《ケ》類之粮《テヲ》一、是以《テ》嫘寡《テクワンクハコトクハ》孤独半《ナカハシニ》死半生《ハテ》、蓬叟嬬嫗《ホウソウサウハ》若《シ》二存亡《シセルカ》一、望請、被二裁恤《シツ》一将《ニ》レ令《メン》レ知《シラ》二堅固鄙悋《ケムコヒリン》之甚《キコトヲ》一矣、

11 一、請レ被二裁断一、不二宛行《テナハ》一諸駅《エキ》伝食料幷《ヒニ》駅子口《ノク》分田百五十六町直米事

右、国内雖《ニ》レ有《ト》二重役《ト》一、莫《ナシ》レ過《スキタルハ》二於駅《ヤク》伝之徭《エウニ》一、自《ヨリ》レ古于《マ》レ今、以《テ》二伝食料《ヲ》一者供《シ》二給上下之官使《ニ》一、以《テハ》二田直米《ノヲ》一立《スヤク》二用駅子之功粮《クラウニ》一、但一駅《ヘキノ》料田十二町、伝馬料四十六町、都《スヘテ》年料田五十二町也、而当任守元命朝臣三箇年《ノ》両収納曾《ニツテ》無《ナシ》三下符《スルコト》一、国土《ノ》経営豈《アニ》莫《ナシ》レ過《タルハ》二於斯《ニ》一、所謂御馬逓送《タイソウ》之日、検牧上下之使《ヒ》、強《アナカチニ》銜《フクンテ》二貢御《コ》之威《ヲ》一、未《スタ》レ知《ラ》二役民之弱《ヨハキヲ》一、或号《シテ》二供給等閑《アリト》一、吹《フイテ》レ毛覓《モトメ》レ疵《キスヲ》、或称《シテ》二厨備疎略《クリヤノソナヘナリト》一、截《キテ》レ皮《カワヲ》出《スチヲ》レ血、飽《アクマテ》為《ニ》レ得《エンカ》二賄賂《ヲ》一、貢馬秣飼徘徊《メニマクサヲカウテハイクワイシ》、恣《ホシママニ》令《シメ》レ得二土産《ヲ》一、走馬《ルニ》負《ヲホセテ》レ鞭《ムチヲ》馳《ハセ》去《ヌ》、若有《シテ》二国宰之《ノ》良吏《タル》一、以《テ》不《スカヽヘヲシマ》三拘二惜其《ノ》伝食料《ヲ》一者《ハ》、何為《ソ》二郡司百姓《ノ》一致《ニ》レ煩《ヒヲ》哉、望請、裁断早成《サン》二駅子《ノ》依怙《ヲ》一矣、

12 一、請レ被二裁断一、不《ル》二下行《セ》一三箇所駅家《ノヤクケノ》雑用《ノ》准穎《エイ》六千七百九十五束《カ》事

右、彼《ノ》国所《ニロ》レ在《ル》馬卅疋《ナリ》、直籾《モミ》百五十石、秣《□クサノ》籾廿四石《ナリ》、伝馬十五疋内斃損《カチヘイソンニカヒカウル》買替《ノ》直籾五十二石五斗、幷《アハセテ》一年料《カノ》籾二百廿六石五斗、惣計《テニ》三箇年之料《ヲ》一准穎《エイ》六千七百九十五束余也、是則《レチ》依《テ》レ式《シキニ》立《セリ》二用税帳《ニ》一、而当任守元命朝臣悉《ク》私用《シテス》不レ宛《アテ》二把分《ハヲ》一、愁《ウレヘカ》之中為《タル》レ愁《ヘ》、莫《ナシ》レ過《タルハ》二於斯《ニ》一、就中使到《タウノ》着之時《キハ》、費《ツイエ》在《リ》二於郡司《ニ》一、経《ケイノ》日之煩《ヒ》、不レ可二勝計《フ》一、適《タマ〳〵》以二私馬《ノヲ》一逓送《タイ》者《レハ》、致《コトハ》二一度之斃《ツイヘヲ》一、及《フ》二数疋之駄《ニ》一、部内漸《ニクエヌレハ》絶失、隣国《ニ》重《ネテ》求《メル》借、

恐《クハ》将来《ノ》国宰豈積《ニミ》二習《ソヲ》之《ヲ》一哉、仍為《テメニハ》二人民一多《ク》有レ損《ソン》無レ益《シク》、為《メニハ》二国吏《ノ》一独《リ》無《シテ》レ損《ソン》有《リ》レ益、望請、被《レテ》二裁断一、以省《カヘリミム》二愁苦《コヲ》一矣、

13 一、請レ被二裁断一、不《サル》三宛《アテ》二行《ハ》三箇年池溝《チコウ》并救急《キウキウ》料稲万二千余束《ヲ》一事

右、麁民《ソミン》之業《ケウハ》、[11]稼穡《カシヨクヲ》為レ宗《ト》、田疇《チウ》之道、池溝《チコウヲ》為レ先《スキト》、而《ヲ》不レ下《シテサ》二束把一、只如《シ》二知《シテ》不レ知《サルカシラ》、仍以《テテ》二郡司之私物《ヲ》一、纔堤《ツキ》二防《フセキ》千流《リウノ》之池溝《ヲ》一、以《テ》二百姓之貯《タクワヘヲ》一、僅築《ニツキカタム》二固万河之広深《ヲ》一、今検《ルニ》二案内一、池溝料田全《ハクノセテ》載二税帳《ニ》一言二上《スレトモ》於官《ニ》一、偏有《ニ》二用途之名《ナノミ》一、専《ラ》無二宛《ル》物之実一、為《メニ》二妻子之衣食《ノ》一、絶《タツ》二国土之農業《ヲ》一、就中旱《カン》魃《ハツ》之時《トキハ》、可レ治《ヘキヲ》不レ治《ハルセス》、霖雨《リンウ》之節《セチニ》、可レ塞《ヘキヲ》不レ塞《フサクフサカ》、如《キ》レ此之間《タ》、農業損害《セリ》、此則池溝破壊《エ》之所レ致《ロ》也、望請、裁断以早令《シメン》レ懲《コロサシ》二矯飭《ケウシヨクノ》之政《コトヲ》一矣、

14 一、請レ被二裁断一、不レ放二調《ツキノ》絹旬《ヌシユン》法符《ノフヲ》一、隔《チ》二五六日《ヲ》一面々《ノ》使《ヒヲ》放《テ》二入部内一、令二徴勘《テウカン》一事

右、御調《ツキノ》絹進《ヌツル》国例、定《メテ》自《ヨリ》二六月上旬一迄《イタルマテ》二九月《ノ》下旬《ニ》一、令《ム》二究進一、是則承前例也、而《ヲ》不レ放二旬法之《ノ》符《ヲ》一、忽入《チテ》二不善之使《ヲ》一、始《メテ》レ従《ヨリ》二五月中旬一、未《サル》三儲《タ》二備《ヘ》経機《ケイキヲ》一之間、勘責尤甚《シ》、今須《マク》下任《セテ》二旧例一、放《テ》レ符徴《ヲル》之《ヲ》、而為《メニ》下背《イテ》二官符《ヲ》一貪《ムサホラン》中私利《ノリヲ》上、以《テ》二非理《ヲ》一為レ理、加以《ス》入部之使《ヒ》、苛責之間、為《メニ》レ施《サンカ》二面目《ヲ》一、擅《ホシキマヽニ》抽《ヌク》二人《ノ》眼《ヲ》一、致《テハ》二民烟《ノトニ》一者、自《ヨリ》レ馬不レ下《スヲリ》、不レ着《ツカ》二手座《サニ》一、乍《ノリ》レ騎二於馬《ニ》一、以二郎等従者《ヲ》一破《テ》レ戸放レ蔀《シトミヲ》、令《ム》三捜《サクリトラ》二取雑物等《ヲ》一、僅訴《ニウタフ》二理非《ヲ》一人《ニハ》還与《アタウ》二刑罰《キヤウチヲ》一、強《アナカチニ》差《サス》二賄賂一之時《キハ》、偸《ヒソカニ》致二阿容《ヲ》一、一国《ノ》凋瘵《ハイハンセイノサンカイ》万姓残害、当任務《マツリコト》有レ之《コレニ》

（早稲田大学蔵本は、ここより以下二六六頁上段五行まで欠脱、東大史料編纂所蔵本により補う）

「望請、停二止件元命朝臣一、宜レ被レ遣二修良之吏一矣、

15 一、請レ被二裁断一、守元命朝臣号《テ》二田直代《テムチキト》一所部《シヨフニ》徴納《ル》麦事

右、謹《テウケタマハルニ》承二旧記《キウキヲ》一、猶《ナヲ》撫《ナテ》レ弱《キヲ》矜《アハレフコト》レ貧《マツシキヲ》分憂之職《フンイウノシヨク》、招《マネキ》レ逃《ニケタルヲ》扶《タスクルコト》レ亡《ホロヒタルヲ》良吏計《ノハカリコトナリ》也、至《ハ》レ如《リ》二奉レ公顧《ニル》レ私、未无《シ》レ過《ハ》二於牧宰《ホク》一、莅《ムテニ》レ境問レ風、猶《ヲ》莫《マサレルハ》レ尚二分頭一、而元命朝臣所《ソ》レ行《キヤウ》不レ似《シムニ》二例人一、所以者何《ユヘイカムトナレハ》、要月者《ノハ》居《テ》二京宅《ケイニ》一不レ聞二人民之訴《ウタヘヲ》一、農時者着《ツイテ》二於任国《ニ》一妨《タク》二所部之業《シヨフノヲ》一、奪《テ》二郡司之例作《サクヲ》一為二

郎従之給作《ト》一、掠《カスメテハ》二百姓之財物《ヲ》一成《ス》二府辺之饒《ト》一、加以春莪《ハヤナ》秋
菓《コノミ》無レ不二召乞一、夏麦冬菽《□ハ》莫レ不二徴収一、取二集《テハ》如レ此物《ヲ》一以
致《ス》二運送之煩《ヲ》一、量二納彼麦《ノ》一而号二任後《ニムコ》之食《ト》一、豈《ニ》以為《ナシテ》二幾許《イクハカリノ》
之政《マツリコトヲ》一 謂《イハム》二国宰之端《ハシト》一哉、望請、蒙二天裁一被三停二止此由一、
将《ニ》レ知二貪欲之甚一矣、

16 一、請レ被二裁断一、令二雑使等《ヲ》入部一所二責取一雑物事
右、使等毎《ニ》レ郡巨多也、所レ取土毛供給、正物《ノ》之外《ニ》已《テニ》以《テ》三
四倍《セリ》也、或《ハ》論《シテ》二貪欲《ヲ》一取而又取《ル》、或施《コシテ》二威猛《マウヲ》一責而又責、就
中検田之政、以二任用国司一勘二注之《ヲ》一、而或郡《リニハ》 放《ハナテ》二濫悪之子
弟郎等一、或郡《ニハ》 入《ル》二不調之有官《ウクワン》散位《ヲ》一者《テヘレハ》、爰《ニ》不レ論二町段歩数一、
不レ弁《タヽサ》二条里阡陌《ヲ》一、只己任《テ》二狂心《ワウニ》一以《テ》二一段見地《ヲ》一注二付《ク》二三段《ニ》一、
乃至町満《マム》損害皆付《ナテ》二熟田《ニ》一勘益《ス》、是則為レ思《カ》二段米之利《ヲ》一、不
レ知二公田之損《ヲ》一所二勘注一也、亦供給調備《ヒムノ》之外《ニ》、一日料《ニ》所二徴《ハタリ》
取一黒米白米、或郡六七十石、或郡絹二疋米六七石、思二此
利潤一可《シ》レ勘《ウ》二一日一之郷、已《ニ》廻《ス》二数日《ヲ》一、計《ハ》二其積《ヲ》一及二数千石一
也、此外亦号《テ》二国定《ト》一一段《ヲ》所二勘納《スル》一段米一升二合、以二不法

斗升《ヲ》一収二件米《ノ》一、如《ノ》レ此費都《ツヘスヘテ》有二於田堵百姓《ニ》一、抑勘益出田《クスツ》之
使《ヒ》、長官与禄《トシルセルハ》田五六町《ナリ》、因《テ》レ之弥《イヨ〳〵》誇《リ》二無道《ニ》一更《ニ》寛《シヘタク》二部内《ヲ》一、
又段米収納使等之子姪郎等有官散位、受《テ》二配符《ヲ》一入部之日、
先《マツ》所行有様《アリサマ》已背《ニ》二以《テ》往例《ヲ》一、自二郡司之手一、号《テ》二郷分之絹《ト》一所レ取、
一郷五六疋也、但《シ》一郡《ニ》所レ在六七郷《ナリ》、漸《ク》計二其所得一、動《スレハ》及二
四五十疋一、亦自二田堵五六人之手一所レ取絹、三四疋又一二
疋、一郷《ニ》所レ注《シルス》田堵僅《ニ》四五十人也、各計《ハロリ》二其所輸数《スヲ》一及《フ》二百
疋一也、人民流沈尤依二此事一、今検二案内一、国宰須知《クシルヘシ》、巡察
依《テ》二格勤《カクコムニ》一行《ナフモノ》者也、而為《ニハ》レ宥《カシテツ》二子姪伴類《ヲ》一、不レ知二法条《ホフテウノ》所《ヲ》一レ差《サス》、
只任《マテ》二貪欲催《ノヨシニ》一、無レ顧《シ》二狂心之輩《ルヲ》一、以《テ》レ是謂《ヲモフニ》レ之、元命朝臣所
レ行《フ》、為レ吏不レ能《タハ》者也、望請、且被《カレ》二召糺一、且慰《ハメム》二愁吟之
甚《コトヲ》一矣、

17 一、請レ被二裁断一、以《テ》二旧年用残稲穀《ヨウサムタウコクヲ》一令レ舂二運京《ヘ》宅《ニ》一事
右、用残官物非《ス》二当時所納《ノニ》一、已旧代分附《ニフ》之者也、須《ク》下以二如
レ是物《モヲ》一下《シテ》二符《フシテ》賃貸之所《タイニ》一宛《アテ》中下《ヲロス》農料《ニ》上、而猶思《シテナヲテ》二生活《セイクワツノ》之便《タヨリヲ》一、
及《ヘリ》二五六月之比《トキニ》一、令レ舂二郡司百姓等一、所二舂得《ツキエタル》一米束別《ハヘツニ》三四

合、所ニ納填《ミツル》一米全《マタク》五六升之法《ホウナリ》也、然則貧弊之人民、无頼《ムライ》之
郡司、懐《イタイテ》レ愁《ヘヲ》為《ス》レ枕《ト》、費《ツヤス》レ国《ヲ》之吏、煩《ハス》レ民之謀《コト》、无《シ》レ過ニ於斯《ニ》一、
望請、裁断以将《ニ》レ令レ知ニ貪《トム》利之恥一矣、

18 一、請レ被ニ停止《シ》一号《テ》レ有《ト》ニ蔵人所召《ノシ》一例貢《ク》進《シムノ》外《ニ》加徴漆《ルウルシ》十

余斛事

右、漆《ハ》丹羽郡土産也、即例貢進蔵人所召三斗四升也、然而
所レ徴《ル》已巨多也者《レハ》、所《ハ》ニ弁進一以ニ一升一納《ム》ニ四五合《ニ》一、以《テ》ニ一斗《ヲ》一
咸《ス》ニ四五升《ニ》一、弁《ヘ》レ之《コレヲ》填《ミツル》レ之《コレヲ》間、非《ス》レ無《キニ》ニ欠失《カムシツ》一、就中以《テ》ニ去年三
月十三日《ヲ》一、号レ有ニ未進一、放《テ》ニ幹《カム》了之使《ヲ》一、苛責不レ令レ旋《メクラサ》レ踵《クヒスヲ》、
仍《テ》有レ漆民《ハ》以レ漆弁《ヘ》、無レ漆民以レ絹弁《ヘ》、漆一二斗《ヲハ》減《ケム》ニ収《シユス》四
五升《ニ》一、絹五六疋《ヲハ》補《フシ》ニ取《トル》一二斗之代《ロニ》一、一樹之出《タル》汁《ル》僅《ニ》夕撮《ナリ》也、
爰自レ木所レ出者已以少、自レ国所レ責者甚以多《シ》、如レ此之間、
人去《サリ》薗《ノ》荒《レテ》為ニ野火一焼亡《ス》、本倒《モトタフレ》枝枯《エタカレテ》為ニ国土一之大損《ナリ》、纔《ニ》
見《シハ》レ立《タテシ》如ニ塗《ヌレル》レ漆《ヲ》之柱《ハシラノ》一、適《タマ〳〵》搔残《カキノコセルハ》則乏《トホシ》ニ絃《クエンノ》露之滴《シタ、リヨリモ》一、而
守元命朝臣不レ知ニ其枯朽《ソノコキウヲ》一、以強勘徴《ス》、望請、裁断以将《ニ》レ省《ハフカン》ニ
例貢進之《ノ》外責《ノセメヲ》一矣、

19 一、請レ被ニ裁定一、依《テ》レ無《ニ》ニ馬津渡《ノリニ》船一以ニ所部《ノ》小船《ヲ》一并《ニ》津辺《ノ》
人《ヲ》令《シムル》ニ渡《シ》煩□一事

右、従《ヨリ》レ船放《レテ》死者《ルハ》、其誤《ノアヤマリ》誰有《カアラム》、溺《ヲホレテ》レ水《ニ》以泥《ナツムモノ》者、其《ノ》憂《ヘ》何《ソ》
帰《カヘラム》、国内《ノ》之事厄《ノアヤフミニ》、当任《ノ》刺史《シ》猶《ヲ》難《シ》レ遁《ノカレ》、因《テ》レ之近《ニ》則《ハ》泥《チナツミ》レ途《ミチニ》、
遠《クハ》亦津辺《ニ》可《キ》レ置《ヲク》ニ渡船《シ》等《ヲ》一也、就中馬津渡《ハツノ》海道《ハカイ》第一《ノ》難所《ナリ》也、
官使上下之留連《ルレンノ》之処也、爰大勢之船被《ヲレハ》ニ買渡《カイワタサ》一者、為《ニ》ニ郡司《ノ》一
何煩《ソヒアラムヤ》有哉、而乍《ヲ》ニ立《ラ》ニ用官帳《シ》一、都《スヘテ》无《シ》ニ其心《ニ》一、兼《テ》不《スハ》レ蒙ニ官裁《ヲ》一
者、若致《シム》ニ不意之恐《ノ》一歟《ヲ》、其由《ユヘ》何者、編《アムテ》ニ少船《ヲ》一渡《ス》ニ官使《ヲ》一之間《タ》、
輟《トテ》ニ細梶《キカチヲ》一以漕《コク》ニ海路《ヲ》一之日、或黒風吹《ハ》レ枝《キ》白浪《ヲ》忽起《ニヲコル》、任《テ》ニ身《ヲ》於
鯨鯢《ケイシノ》之脣《クチヒルニ》一、曝《サラサム》ニ骸《カハネヲ》於鰐鯆《フ、ホノ》之鰓《アキトニ》一者歟《ノカ》、当任守元命朝臣
不《ス》レ知《ラ》ニ其《ノ》浮沈《ヲ》一、何以《ソテ》謂《ト》ニ国吏一哉、望請、官裁且渡《ハシ》ニ舟沈《センヲ》一、
且越《ハ》ニ江《コエン》海《ヲ》一矣、

20 一、請レ被ニ裁定一、[12]三分以下品《ホム》官以上国司等《ラノ》公廨《ケ》俸料稲《ホウレウタウヲ》
不《ル》ニ下行《セ》一事

右、任用《ニムヨウノ》国司等《ラ》、或附《ケテ》ニ芸業《ケイケフニ》一而拝除《シ》、或運《ハテ》ニ労贖《ラウソクヲ》一以《テ》補任《ス》、
然《トモ》而不レ宛《アテ》ニ月俸《ホウヲ》一、空過《クス》ニ日限《ヲ》一、旋《メクラス》レ踵《ヲ》之謀《コト》易《ク》レ絶《ヘ》、留《ル》レ身《ヲ》之

思《ヒ》難《シ》レ期《シ》、衣食《シヨク》之禄《ロク》、進退惟谷《コレキハマレリ》、飢《キ》寒《ノ》之甚《コト》、世路如《シ》レ山《ノ》、咸《コト〳〵ク》帰《テ》レ城《ニ》則《チ》把《トツテ》レ笏《ヲ》尤《モ》貴《シ》、忽《ニ》巡《クテハ》レ国《ニ》則《チ》公廨《ケヲ》不レ顧《ミ》、仍奉公《ノ》之始《ニハ》開《キ》二熙怡《キイノ》之靨《エクホヲ》一、任限《ケムノ》之中《ニハ》弾《ハシク》二嘲然《キゼンノ》之爪《ツメヲ》一、天下《ノ》之恐懼《ク》国内之亡残《サム》、只依《ヨレリ》二此事《ノ》一《ニ》、望請、被二裁断《ニ》一将下召《シ》二問《テ》其旨《ヲ》一令《ム》上償《ツクノハ》二数年《ノ》之公廨《ケヲ》一矣、

21 一、請レ被二裁断一、不《ル》三下二行《セ》書生《シヨセイ》幷《ヒニ》雑色人等《ノ》毎日《ノ》食料《ヲ》一事

右、書生雑色人等《ラ》、或儒轍《ハジユテツノ》之人弃《ステテ》レ私《ヲ》奉《リ》レ公《ニ》、或継《ハツク》レ跡《ヲ》之者《ノ》離《テ》レ宅《ヲ》順《フ》レ国《ニ》、是中《コノニ》書生《ハ》是勾勘《レコウカンノ》之職《ク》、凌《イテ》二寒燠《アウヲ》一以畳《ム》レ老《ヲ》、雑人《ハ》亦遐《タカ》[13]邇《シノ》之役、走《テ》二[14]都鄙《ニ》一以積《ム》レ年《ヲ》、禦《フセクコトハ》二如《ノ》レ此之飢寒《キヲ》一、唯懸《タ、レリ》二於酒食《ニ》一、而元命朝臣奪《ヒ》二留其飲食《テノヲ》一、以顧《テル》二己之郎従《カヲ》一、能治《ノ》之化《ヲキテ》无《ク》レ始无《メ》レ終《シリ》、兇濫《クエウラムノ》之政《マツリコト》継《ツキ》レ日継《ヲクヲ》レ夜一、仍部内《フノ》窮民悦《ハヒ》二任限《ノ》之早往《クユカンコトヲ》一、府辺《ノ》雑人愁《ハフ》二秩満《チツノ》之晩《ヲソク》来《ルヲ》一、望請、裁定将レ知二皇恩之貴《コトヲ》一矣、

22 一、請レ被二裁断一、以二不法賃《ノチンヲ》一令《ル》二京宅《ニ》運上《ニ》一白糯《マイ》黒米幷《ニ》雑物等事

右、当国之例運賃《ウンチムハ》轆轤《ロクロノ》之法也《ハウナリ》、而略《シテ》下《ス》二符石別《ニ》三斗九升《ヲ》一、所レ残《ル》六斗一升余更《ハニ》不《ス》三下宛《シアテ》一、於レ是《コヽニ》納所目代等《ラ》責《メ》取《ル》白米百石者《ヘリ》、絹二疋乃至四五石者随《ハフ》二其程《ニ》一、抑国《ノ》之興衰《キヨウスイ》只有《リ》二吏情《セイニ》一、正《タ、シクスレハ》レ政《コトヲ》則鳩《チシナレ》馴《ニ》レ庭、乱《ル、トキハ》レ政則犬《チヌホユ》吠《ニ》レ門、而当任守元命朝臣《ノ》之時《キハ》、国土騒動《サウトウシ》、人民不《ナラ》レ静、加以担夫《ナラスタンフハ》痛《テ》レ踵《ヲ》泥《ナツミ》二都鄙之中間《ニ》一、負駄《ハヌイテ》抽《モ、ヲ》レ股、蹇《ナヘク》二遼遠《リヨウエンノ》路頭《ロトウニ》一、此外子姪《ノニテツ》郎従面々借取《カリル》所々費《ノツヘ》、甚以巨《タ》多也、雖《トモ》レ愁二不安之由《ノヲ》一、曾無《テシ》二寛宥《イウノ》之心《ロ》一、動《ヤヤモスレハ》科《ヲ、セテ》二笞杖《タウチヤウノ》之罪《ヲ》一、更弃《ニスツ》二[15]蒲鞭《ホヘンノ》之政《ヲ》一、専依《ラテ》二一身之栄耀《ニ》一、将《ス》レ殄《ニホロホサムト》二百皇黎元《ノレイクエンヲ》一、以レ彼《カレヲ》謂《イフニ》レ之、不《ス》レ当《アタラ》二於国宰《ニ》一、望請、裁断《レテ》早《ク》以《テ》被二停止一矣、

23 一、請レ被二裁断一、非《ル》二旧例《ニ》一国《ノ》雑色人幷部内人民等《ニクム》差《ニ》二負《サシヲホセテ》夫駄《フタヲ》二京都朝妻《ケイトノアサツマ》両所《ニ》令《ル》三運二送雑物等《ラヲ》一事

右、夫馬《フマノ》之用途《トウ》国例有《リ》レ限、而或《ヲ》寒月或農時《モ》、不《ス》レ隔レ月無《シ》レ欠《カムスルコトヲ》レ旬、鎮《トコシナヘニ》以運上《テス》、但向《ムカフ》二経京《ケイケイニ》一之程《ト》、郵亭《カウテイ》過《スキタリ》二於十舍《ヲ》一、帰国《クキ》之間、雲巌《ウムカム》阻《ヘタテタリ》二於千里《ヲ》一、是以担夫《ヲテタムフハ》爛《タ、ラカシテ》レ肩《ヲ》、置《ヲキ》二悲《カナシミヲ》於杤《アフコノ》下《ニ》一、役駄《ヤクタハ》傷《イタムテ》レ蹄《ヒツメヲ》挙《アク》二痛《イタミヲ》於鞍《クラノウヘニ》上一、絶《タヘ》レ粮《カテ》屈《クツスル》

レ力《ヲ》日《ヒハ》、本国難《ニ》レ帰《シリ》、枯《カレ》レ草凍《ル》レ水之節《トキニハ》、途《ト》中易《ニ》レ辟《タフレ》、于レ時
一国之内担夫《ニタムフ》悉尽《クキ》、百姓之烟《ニ》負駄《フタ》无《シ》レ遺《ノコルコト》、所輸《シユノチムマイ》賃米、夫《ニ》
者《ハ》一斛二斗、駄者《ニハ》二石余也、人煩《ノワツラヒ》獣《ケタモノ、ツエ》弊、不レ可二勝計《ス》一、
望請、裁断以将《テ》三官物運《ウン》送之外《ノ》遁《カレ》二非巡夫駄等之責《メヲ》一矣、

24 一、請レ被二裁断一、不三下二行《セ》国分尼寺《ノ》修理料稲万八千束《ヲ》一
事

右、国分尼寺此《ハレ》為《ニ》二朝家鎮護吏民快楽《ノ》一所《ロ》二建立《スル》一也、而為《ニ》二神
火《ノ》一焼亡《シヨウマウ》已了《ニヌ》、仏像成《ハテ》レ灰《ハイト》示《シ》二寂滅理《ノヲ》一、堂塔遺《ハノコシテ》レ燼《モヘクヒヲ》飛《トハス》二
閣維之煙《ノヲ》一、所《ノ》レ修《スル》御願已失《ニフ》二其便《ノヲ》一、所《ノ》レ供《スル》香花亦无《ハタシ》二其儲《ノケ》一、
爰《ニ》講師玄好須《ク》二国宰相共《トアヒトモニ》早建立《ク》一者《スル》也、而国宰件修理料稲《ヲ》
拘惜《カヽヘヲシンテス》不二下宛《ヲロシアテ》一、因《テ》レ之雖《ニモ》レ企《クワタツト》二草創之計《ノ》一、更无《リコトヲ》二建立之
期《コ》一、自《ヲノツカラ》送《テ》二年月《ヲ》一空積《クム》二観念《ヲ》一、然間《ルタ》四天護法時々致《ス》二示現《シケンヲ》一、
十八善神度々為《ナス》二夢想《ヲ》一、于レ時守元命朝臣乍《ナカラ》レ驚《キ》、纔始《ニム》二建立《ノ》
之事《ヲ》一、然而《トモ》致《シテ》二百姓之煩《ノヲ》一无《シ》二一堂之構《ノカマヘ》一、斎会之時《ノ》造《ニハテ》二借屋《カリヲ》一
以修《テシ》二御願《ヲ》一、講演之程《カウノ》機《ハサシテ》二片庇《カタヒサシヲ》一而為《モナス》二読経《ヲ》一、仍廿口之僧侶《ハ》
尋《テ》レ便企《ヲツ》二六時之忩《ノヲ》一、四部之衆居《ノハテ》レ私成《ニ》二三輪之勤《ノヲ》一、如《ノ》レ是之間《ノタ》、
国土亡弊《シ》人民逃去《ス》、災難之発《ノヲコリ》職《シテ》而依《レリ》レ是《ニ》、望請、裁断被《レテ》三
召《ニ》二問国宰《ヲ》一、令《メハ》三下《ニ》二行件修理料《ノヲ》一、将《ニ》丁造《シテ》二立国分寺《ヲ》一奉《リ》レ祈《イノリ》二聖
朝《ヲ》一、令《メム》丙興《コウ》乙複《フク》国土《ヲ》甲矣、

25 一、請レ被二裁断一、不《ル》三下二行講読師衣供《カウトクシノエク》并僧尼等《ラノ》毎年施稲《セタウ》
万三千百束《ヲ》一事

右、攘《ハラヒ》レ災《ヲ》招《マネク》レ福《ヲ》之計、懸《レリ》二於仏法之威験《ノニ》一、護《リ》レ国利《ヲ》レ民《コトヲ》之勤《メ》、
縁《ヨレリ》二於賢哲之祈禱《ケムテツノタウニ》一、就中講読師《ハ》是練行座禅之人《ノト》、衆僧尼彼御《ウハ》
願勤修之侶《ノトモカラナリ》、朝《ニハ》嘗《テ》二白露《ヲ》一而伝《ヘ》二仏法王法之教《ノヲ》一、暮《ニハ》湌《サンシテ》二
丹霞《タムカヲ》一以励《ハケマス》二真諦俗諦之観《ノヲ》一、初後入堂朝夕礼拝《ノノ》、五輪着《ヲツケテ》
レ地《ニ》二羽結《ウニフ》レ花《ヲ》、懈怠之僧見《ノテ》レ之発心《ヲシ》、不信之俗感《ノハシテ》レ之讃歎《ヲス》、
然《シカウシテ》後奉《ニル》レ祈《イノリ》二帝皇於億代《ヲイクタイニ》一、誓《ス》二願黎元於遐年《レイクエムヲカニ》一、而撰《ヲヒテ》二其《ノ》
才行《キヤウヲ》一所《ロル、》レ被《セ》二補任《セ》一也、而守元命朝臣、悋《セキノエヲ》二惜彼衣供《ヲ》一、既《ニ》
成《ナス》二自《ラ》酒食《ト》一、因《テ》レ之《ニ》六年六夏之間《ノタ》、持鉢底空《ソコシク》、三宝三衣之資《ノタスケ》、
補綴《ホテツ》永絶《クタヘタリ》、昔聞《ハク》、五月之宵霜雪白露滴《キノヨヒサウセツタリトイフコトヲ》、今伝《ハフ》、三年之
旱《ヒテリ》雲霞赤霏《ヒタリ》、是尤孀嫗之独所《レトモサウヲウノリロク》レ歎也、況《ヤ》僧尼之共歎《ノニキヲヤ》乎、
望請、裁断以将《ム》レ令《サ》レ下二其料稲《ヲ》一矣、

26 一、請レ被二裁定一、守元命朝臣《ノ》依《テ》レ無《ニ》二庁《ノ》務《コト》一難《ヤ》レ通《ツウシ》二郡司百姓《ノ》愁《ヲ》一事

右、国宰《ノ》之吏《リ》是《レ》既《ニ》分憂《イフノ》之職《ク》、屢《シハ〳〵》巡二検《シテ》部内《ニ》一、常《ニ》須《ラク》レ問《トフヘシ》二風俗《ヲ》一、然《レトモ》而守元命《ノ》朝臣、専《ハラ》営《ムテ》二京洛《ノ》之世途《ヲ》一、无《シ》レ優《イフスルコト》二黎元《ノ》之愁苦《シウコヲ》一、忝《ナクテ》有《テ》二国宰《ノ》之階《シナノミヲ》一、猶不レ異《ナラ》二夷狄《テキ》讎敵《ニ》一、為《ナス》レ政《ヲ》之日《ハ》庁《ノ》頭《リニ》不《ス》レ挺《サンタサ》二首《ヘヲ》一、致《ス》レ愁《ヲ》之朝《ニハ》館《ノ》後《ロニ》猶《ヲ》秘《カクセリ》レ身《ヲ》、参集《サンシフノ》之人暗《ハソニ》聞《テ》レ音《ヲ》罷《リ》還《ヘル》、郎従之者合《ハテ》レ眼《ヲ》恪《カク》勤《ス》、窓《マトノ》内《ニ》蔵《カクシテ》レ形《ヲ》常《ニ》称《シ》二在京《ト》一、門《ノ》外《ニ》立《テ、》レ札《ヲ》頻《リニ》号《ス》二物忌《ト》一、因《テ》レ之《ニ》郡司百姓朝《ニハ》擎《サ、ケテ》レ簡《フタヲ》来《リ》、夕《ニハ》懐レ愁《ヲ》還《カヘル》、通夜《スカラ》終日《スニ》積《テ》レ歎《キヲ》為《セリ》レ枕《ト》、昔《シ》作《テカ》二何《ナル》罪報《ヲ》一、今会《アヘル》二此国宰《ニ》一、嗚《ア》呼《、》将来《ノ》之吏《リ》積《ミ》二習《ハムヤ》之《ヲ》一哉、望請、被二裁断一以早《ク》慰《メム》二腸意《チヤウイノ》之愁吟《ヲ》一矣、

27 一、請レ被二裁断一、元命朝臣子弟郎《テイ》等自《リ》二郡司百姓《ノ》手《テ》一乞《ヒ》二取《ル》雑物等《ヲ》一事

右、子弟郎等《ノ》為《タラク》レ躰《テイ》、不レ異《コトナラ》二夷狄一、猶《ナヲ》如《シ》二犲狼《サイラウノ》一、屠《ホフテハ》二人肉《ヲ》一則《チ》為《ナス》二身躰《ノ》之粧《カサリト》一、奪《ウハテハ》二民物《ヲ》一運《ハコフ》二京洛《ノ》之宅《ニ》一、見《ル》レ目《ニ》之好物《ヨキモノヲハ》莫《ナシ》レ不《ストイフコト》二乞取《コヒトラ》一、聞《キク》レ耳《ニ》之珍財《ヲハ》放《テ》レ使《ヲ》誣取《シキトル》、抑元命朝臣《ノ》息男頼方《ヨリカタ》、其《ソノ》所《ソ》為《ヰ》不レ似《ニ》二例人《ニ》一、召二集《テハ》美《ヒ》酒《ヲ》一日《ニ》所《ノム》レ飲五六斗也、是只非《ス》二独身《トクノ》之飲用《ノミヨウスルノミニ》一、還《テ》成《ス》二諸人《ノ》之泥酔《テイスイト》一、朝《ニハ》歌《ヒ》暮《ニハマフ》舞之輩《トモカラ》、是《レ》酒狂《クキヤウノ》上《ヘニ》非《ス》二尋常《ノ》之心《ニ》一、不《スシテ》レ知二父《ノ》乱国《ヲ》一、只《タヽ》任《テ》二己《カ》之無道《ニ》一、為《ニ》二府中《ノ》官人《ノ》一已《ニ》成《ナス》二恥辱《チシヨクヲ》一、為《ニハ》二部内《ノ》之郡司《カ》一亦《タ》及《ス》二乱罰《ヲ》一、未《タ》レ見《ス》二古今如《ノ》レ此《ノ》之人《ヲハ》一、就中件《ノ》頼方所為、郡司百姓等所《ノ》レ貯《フル》馬牛、称《シテ》レ有《ト》二要毛一随《テ》レ宜《ヨロシキニ》乞取《コヒトル》、隔《テ、》二一日《ヲ》一之後、即《チ》沽《ウリ》二付《ツク》所部《ノ》之人《ニ》一、絹一二疋《ニ》所《ノ》レ当《ル》馬者《ヲハ》、定《ム》二五六疋《ニ》一、至《テハ》二于牛《ニ》一者、任《セテ》レ意《ニ》野《ニ》乍《ラ》レ立《タテ》取領《ス》、只存《シテ》二市夫《シフノ》之衒《クエン》心《ヲ》一、曾《テ》忘《タリ》二大友《タイイウノ》之行操《カウサウヲ》一、望請、裁断早《ク》被《レテ》二禁制《キンセイ》一懲《コラシメム》二後代《ヲ》一矣、

28 一、請レ被二裁定一、守元命朝臣息男頼方国内宛《ユテ》二負《セテ》数疋夫駄《ヲ》一、其功料以《テ》二絹色《ノヲ》一強《アナカチニ》責取《メル》事

右、頼方須《ク》下入《ヘキ》二部《シテ》領郡《ニ》一借《カリ》中用《スルノ》件夫駄《ヲ》上者也、然而号《シテ》二家子《ノコト》一、国内《ノ》諸郡《ニ》宛《テ》負《テシム》令二誣取《シキトラ》一、爰《ニ》人民之烟《ニ》无《シ》レ有《コト》二夫駄一、纔《カニ》所《ノ》レ遺《ノコル》馬《ハ》、依《テ》二年々不《ウヘナハサルニ》レ諾二新古交易《シンコノケウ》絹之《ノ》責《ヲ》一、沽《スル》二却隣国他堺《ノケイニ》也、雖《トモ》レ陳《ノフト》二不堪《ノ》之由《ヲ》一、放《テ》二入不善《ノ》之使《ヲ》一、殴縛蹂躙《ヲウハクシフリンヲ》為《ス》レ宗《ト》、因《テ》レ之《ニ》為《ニ》レ脱《ノカレンカ》二身恥《ノヲ》一、旧領《ノ》田地《ヲ》沽《ウリ》二成《ナシテ》絹色《ノニ》一弁進《スレハチテ》、即以《テ》二絹一

二疋《ヲ》二者、補《フシ》二納《ム》駄一二疋之功料《ニ》一、計《レハ》二三箇年之《ノ》積《リヲ》一、難《シ》レ知《リ》二其《ノ》数《ヲ》一、亦責《ル》レ駄《ヲ》使《ハ》者、疋別号《ニ》二土《シテ》毛《ト》一米一石以下五六斗以上、各従者等《ラ》人別《ニ》随分《スイフンニ》悉《ク》乞取《レリ》、是《レ》則《チ》父元命朝臣之《ノ》取遺《リノコセル》物《ハ》、子《コノ》頼方払《テ》レ底《ヲ》捜《サクリ》取《ル》、終為《ニ》二一《シテ》任之《ノ》吏《ト》一、永《ク》失《ウ》二五家之《ノ》財《タカラヲ》一、望請、裁断早《ク》被《レム》二制判一矣、

29 一、請レ被《ク》二永停止《シ》一、守元命朝臣子弟郎等、毎《ニ》二郡司百姓一令《シムル》二誣作《シキツクラ》一佃《タ》数《ス》百町料 獲《クキヤク》稲等事

右、子弟郎等到着《タウチヤクノ》之初《メ》交贅《ケウタイノ》之日《ヒ》、不《ス》レ漏《モラサ》二一烟《エンヲ》一令《シムル》二預《ケラ》作《ツクタ》一佃、満《テリ》二国内《ニ》一、就中息男《ソクナン》頼方《カ》之佃、或郡《ルニハ》四五町、或郷《ニハ》七八町、惣《テ》八ケ郡《ニ》令《メム》二宛負作《セラ》一佃、其数《ソノカス》巨多也《ナリ》、出挙之《ノ》日《ハ》、不《シテ》レ宛《アテ》二[16]営料《ヲ》一以《テ》令《メム》三誂《アツラヘラ》二作佃《ヲ》一、収納之《ノ》期《ニハ》、不《シテ》レ聞《キカ》二承諾《ウヘナウルコトヲ》一 以徴《タル》レ頻《シキリニ》、即奪《チテ》二所《ノ》レ弁《ル》之官物《ヲ》一、為《ス》下所《ノ》二誣取《シキトル》一之獲稲《クキヤクト》上、況乎《ヤ》徴使《ルノ》土毛段別《ノ》米《ネ》四斗也《ナリ》、計《レハ》二如《ノ》レ此積《リヲ》一、已《ニ》倍《セリ》二正官物《ニ》一、暫《ラク》経《フル》二一秩《チツヲ》一之間《タ》、各成《ス》二久年之《ノ》貯《ヘヲ》一、是《コレ》只摧《クタイテハ》二人之《ノ》骨骸《コツカイヲ》一、為《ス》二己永《カナカキ》財《タカラト》一、随分之《ノ》楽《シミ》已《ニ》以《テ》足《レリキ》レ之《ニ》、无道之《ノ》甚《コト》歎《テ》而《モ》有《リ》レ余《リ》、望請、裁断早《ク》被《レム》二停止一矣、

30 一、請レ被二裁断一、守元命朝臣自レ京《キヤウ》下向《スル》毎《ニ》レ度《タヒ》、引二率《スル》有官散位従類同《キ》不善《ノ》輩《ヲ》一事

五位一人 天文権博士《ハカセ》 惟《コレ》宗《ノ》是郡《コレクニ》 内舎人《ヲホトネリ》二人 橘理信《マサノフ》

藤原重章《シケノリ》 同孝廉《タカカト》 同朝佐《トモスケ》 大原弘春《ヒロハル》 良峯松村《ヨシミネノマツムラ》 伴

兼正《カネマサ》 縫殿《ヌイトノ、》允《セウ》二人 前滝口二人

右、五位以下諸司官人已上 輙《タヤスク》出《ルコト》二畿外《ヲ》一禁遏《キンカツ》已重《ニシ》、而嗜《タシンテ》二今日之《ノ》温潤《ウンシユンヲ》一、窃《カニ》属《ツク》二当任之《ノ》国吏《ニ》一、各無《シテ》二帰《キ》京之《ノ》心《ロ》一、而皆有《ナリ》二留国《ニ》一、在京之日《ハ》揚《アケ》二名《ヲ》於上官《ニ》一、追承之《ノ》時《ニハ》交《マシヘテ》二情《ヲ》於下烈《ニ》一、乱入如《コトシ》レ雲、騒動同《コトシ》レ風、暗《ニ》求《テ》二方術《ホウシユツヲ》一、地《ニ》捜《ル》二土産《ヲ》一、如レ此間、人物共《ニ》失《テ》猶《ヲ》難《シ》レ期二将来《ヲ》一、就中検《ノ》田使等《ラ》一郡《ニハ》二人、其《ノ》所《ロ》二張《ハリ》行《フ》一、无《シ》二可《キ》レ為《ス》レ喩《タトヒト》之物《ノ》一、所以者何《ナレハ》、一段之《ノ》田者《ヲハ》勘《シ》二注二三段《ト》一、五六段者《ヲハ》付《ク》二帳《ニ》七八段《ト》一、何況《ヤ》四五十町者《ヲハ》及《ス》二七八十町《ニ》一也、但《シ》一日《ニ》可レ勘《カフ》之田者《ヲハ》、三四日《ニ》巡検《シ》、三四日《ニ》可レ注《ス》之田者《ヲハ》、七八日経廻《ス》、即《チ》供給之《ノ》内《チ》、垸《ワウ》飯之《ノ》外《ニ》、一度之《ノ》料《ニ》白米八九斗黒米五六石《ナリ》、毎《ニ》レ郷絹《カウ》十疋、其外《ノ》号《ニシテ》二段米《ト》一町別《ニ》一斗二升《ナリ》、況《ヤ》乎一宿《シユクノ》借屋《カリヤニハ》、鋪設《フセツ》不《ス》レ遺《ノコサ》二塵芥《チンカイヲ》一、然則《ハチ》耕《カヘス》レ田《ヲ》之《ノ》民《ト》皆悉《ク》

逃亡《ス》、作《ル》レ畠民《ヲ》纔《ハ》以《ニテ》留《ル》レ跡《ヲ》者也、内《ニハ》雖《トモ》レ有《ト》二此《ノ》愁《ヘ》一、外《カニ》難《シ》レ表《アラハシ》二
其《ノ》由《ヲ》一、望請、被二裁断一以《テ》将《ニ》レ休《メム》二愁吟《ヲ》一矣、
31 一、請レ被二裁糺一、去《シ》寛和《ワ》三年ム月ム諸国《ニ》被《ル、》二下《シ》給《ハ》一九ケ条《ノ》
官符《ノ》内三ケ条《ヲ》令《メ》二放知《ハウチ》一、今六ケ条《ヲ》不二下知《ヤ》一事
下符三ケ条」
一条《ハ》制下止《スル》檀《ホシイマ、》帯《シテ》二兵杖一横二行《スル》所部《ニ》一輩《ヲ》上事
一条《ハ》追罰《ツイタウスル》二陸海《ノ》盗賊《ソクヲ》一事
一条《ハ》制下止《スル》王臣家《ノ》設《マウケテ》二庄薗田地一国《ノ》致《スコトヲ》中国郡《ノ》妨《ヲ》上事
未《タ》《サル》二下符《セ》一六箇条
一条《ハ》調庸《テウヨウ》雑物合期《ニ》見《ラル》レ上《アケ》事
一条《ハ》調庸雑物違期《キコシテ》未進《スル》国司任《マカセテ》レ格《キヤクニ》見任《ヲ》解却《キヤクス》事
一条《ハ》停三止《スル》叙用《シヨノ》諸国《ノ》受領吏《ノリ》殄二滅《スルコトヲ》任国輩《ツ》一事
一条《ハ》禁下制《スル》諸国受領《ノ》吏《ノクシテ》多率《シテ》二五位六位有官散位雑賓《ヒムヲ》一
趣《ヲモムクヲ》上任《ニ》事
一条《ハ》全《ク》付《ツケル》二公帳《ニ》一前司、塡《ミテ》二納《イレ》已分《ワノレカヲ》一、差《タカフル》二官物《ヲ》一事
一条《ハ》制二止《スル》納官封家《フケ》幷《ニ》王臣家已下庶《シヨ》人已上《ノ》不《サルコトヲ》レ用《キ》二

銭貨《ノクワヲ》一事
右、官符以《ハテ》二永延《エイエム》元年七月八日《ヲ》一諸郡《ニ》下符《セリ》、其旨《ノ》俾《ニハク》、応《コトク》下重
制中止《シス》兵杖《ヲモテ》横二行《スルコト》陸海《ニ》一盗賊《スルコトヒ》及院宮王臣家《ノ》庄薗《エム》田
地《ヲ》上、放《テ》二三箇条《ヲ》一、則今《マ》六箇条《ヲハ》未《ス》レ放、是只為《レタ、メニ》二横法非行《ノ》一所《ロ》二
拘《カ、》惜《ヘス》一也、雖レ然依二勅宣之厳《イツクシキニ》一往《ワウ》々《ニ》普《ネク》散《チレリ》、僅案《ニルニ》二其《ノ》九ケ
条内《ヲ》一、応《ヘキコト》三制二止諸国《ノ》受領《ノ》任国残滅《メツ》幷《ニ》五位六位有官散位雑賓《ノ》
率来《キタルヲ》一、禁制重厳《クツクシテ》、背《テ》二如レ此官符《ヲ》一、猥《ミタリカワシク》成二私乱之計《コトヲ》一、就
中牧《ホク》宰之職《シヨク》朝威已重《ニシ》、撫《ナテ》レ民興《ス》レ国《ヲ》、非《ス》レ無《キニ》二賞《シヨウ》進《ヲ》一、而当任
守元命朝臣、不《ス》レ顧二国土之凋弊《ヲ》一、无《シ》レ思《コト》二人民之散亡《ヲ》一、一任
之間《タ》、忽《マチニ》貯《タクヘ》二永代之財産《ヲ》一、三年之程《ホトニ》、俄《ニワカニ》買二数所之家薗《エムヲ》一、
国亡《ヒ》民散《ルコトモト、シテ》、職而此由《レニヨレリ》、何況《ニヤ》有官散位諸司《ノ》官人職宰《シキシヤウニ》已異《ナル》、
而《ワ》妄《ミタリニ》忘《テ》二把笏《ハシヤク》之厳《イツクシキコトヲ》一、只《タ、》好《ム》二執鞭《シウヘン》之営《ナミヲ》一、為《メニ》レ隠《クサムカ》二如レ此
等之厳制《イヲ》一、所レ不《サル》レ令二放知《チラ》一也、若触《フレ》二愁《ヘムニ》国司《ニ》一、无《シ》レ心《ロ》二優《イウ》
免《ニ》一、具勅《ニシテ》二訴訟旨一言上如レ件、望請、被二裁断一将《ニ》レ令レ懲《コロサ》二違
勅《ノ》之心《ヲ》一矣、
以前条《ノ》事、為《メニ》レ知《カ》二憲法《ケムハウ》之貴《コトヲ》一言上如レ件、抑良吏莅《ノソム》レ境《ヒニ》之

日、《ハ》虎《トラ》負《オフテ》レ児《コヲ》却、《シリソキ》蠹《リ》務《ム》忘《ル》レ風《ヲ》之時、《ニハ》蝗《クワウ》振《フルツテ》レ羽《ハネヲ》集、《ル》而当任《ヲ》
守元命朝臣魚《キヨ》奪《タツ》在《テ》レ心、《ニ》不レ知《シラ》二窮《キウ》民之[17]菜《サイ》色一、屠膾《クワイ》銘《メイシテ》レ肝、《ニ》
猶失《ヘリ》二分憂之蒲鞭《ヘムヲ》一、昔《シハ》依《テ》二六《リク》王《ノ》之誅戮《チウリクニ》一、熾《サカリニセリ》二七国之災蘖《サイケキヲ》一、
今繋《ハカ、テ》二一守之濫糸《ラムシニ》一、致《ス》二八郡之騒動《ヲ》一、因レ茲棄《ステ、》レ国欲《スレハ》レ避、《サラムト》
是如レ背《シ》二皇《ソムクカ》命《ヲ》一、越《コヘテ》レ堺擬《スレハ》レ退、《ソカムトリ》似レ闕《カクニ》二課役《クワヲ》一、僅過《ニキ》二三年《ヲ》一、
不レ異レ歩《ニ》二虎《ノ》首《ヘヲ》一、若遂《トケハ》二一任《ヲ》一者、盍《ナムソ》《サラム》レ被《カムラ》二害蠹《カイトヲ》一哉、仍累《ツ、ムテ》二
愁於腹《ハラノ》内《ニ》一、還儲《テマウケ》二逃亡之粮《ヲ》一、聞《ハ》二責《ヲ》於慮外《リヨクワイニ》一、則忙《イソク》二離散之
餞《マノハナムケヲ》一、今須《マクハ》《ヘキ》下郡司百姓、早録《クシテ》二守元命朝臣不治之由《ヲ》一、蒙中官
裁上者也、而郡司之職不レ遑《イトマアラ》二公事《ニ》一、百姓之身被《ハレタリ》レ絆《ホタサ》二国役《ニ》一、
為《メニ》レ劇《イソカムケ》二外国四度之務《ヲ》一、難《シ》レ侍《ヘリ》二中花万機《キノ》之底《モトニ》一、爰《ニ》纔《ニ》離《レテ》二亡国《ヲ》一、
倍《ハムヘルコト》二官底《ニ》一、猶若《ヲトシソ》三俎上之魚移《ルカ》二於江海《ニ》一、鎮《ヒニ》似《タリ》三刀下之鳥《ノ》
翫《ヒルカヘルニ》二於林阿《リンアニ》一、望請、被下停《テ》二止《シテ》件《ノ》元命朝臣《ヲ》一改中任《セ》良吏《ヲ》上、以
将《ニ》レ令《シテ》《スシメムト》下二他国之牧宰一知《シラ》中治国優民之褒賞《ホウヲ》上、方今《ニマ》不レ勝《タヘ》二馬風
鳥枝之《シノ》愁歎《ニ》一、宜《ク》《ヘシ》レ銜《フクム》二竜《リヨウ》門鳳闕之綸旨《シヲ》一、仍具《サニ》勒《シテ》二三十一箇
条《ノ》事状《ヲ》一、謹解《テ》、

永延二年十一月八日　郡司百姓等

（早大本奥書）

弘安四年八月五日於大和国辰市、誂或人書写畢、

同十一月六日読終之、　中臣祐仲

（異筆）「伝領了、　祐建之」

（史料本奥書）

応長元年十一月十七日刁刻所書継也、

祐𦤶□

〔注〕翻刻にあたって、底本での訂正・補入とみられるものは、それを本文に採り、その他の異本注記・左訓は省いたが、左注のうち参考になるものを、本文の左傍に番号を付し、以下に注記する。

1輔弼—タスケナリ　2屠膾—ソテモノ　3東沢—ナハシロナリ　4南畝—ハタケ也　5蚕婦—コカヒメナリ　6蠒糸—カヒコノイト　7荒蕪—アル丶也　8苧—カラムシ　9不可也—ココロヨカラス　10徭—役也　11稼穡—ウヘヲサムル也　12三分—諸国司名也　13遐邇—トヲキ也近也　14都鄙—京田舎　15蒲鞭—受領也　16営料—殖色也　17菜色—飢也

原文

遷都平城詔

朕祗奉上玄、君臨宇内、以菲薄之徳、処紫宮之尊、常以為、作之者労、居之者逸、遷都之事、必未遑也、而王公大臣咸言、往古已降、至于近代、揆日瞻星、起宮室之基、卜世相土、建帝皇之邑、定鼏之基永固、無窮之業斯在、衆議難忍、詞情深切、然則京師者、百官之府、四海所帰、唯朕一人、豈独逸予、苟利於物、其可遠乎、昔殷王五遷受中興之号、周后三定致太平之称、安以遷其久安宅、方今平城之地、四禽叶図、三山作鎮、亀筮並従、宜建都邑、其営構資、須随事条奏、亦待秋収後、令造路橋、子来之義勿致労擾、制度之宜、令後不加、

造立盧舎那仏詔

詔曰、朕以薄徳恭承大位、志存兼済、勤撫人物、雖率土之浜、已霑仁恕、而普天之下未浴法恩、誠欲頼三宝之威霊乾坤相泰、修万代之福業動植咸栄、粤以天平十五年歳次癸未十月十五日、発菩薩大願、奉造盧舎那仏金銅像一軀、尽国銅而鎔象、削大山以構堂、広及法界為朕知識、遂使同蒙利益、共致菩提、

夫有天下之富者朕也、有天下之勢者朕也、以此富勢、造此尊像、事也易成、心也難至、但恐徒有労人、無能感聖、或生誹謗、反堕罪辜、是故預知識者、懇発至誠、各招介福、宜毎日三拝盧舎那仏、自当存念、各造盧舎那仏也、如更有人情願持一枝草一把土、助造像者、恣聴之、国郡等司、莫因此事侵擾百姓、強令収斂、布告遐邇、知朕意矣、

法成寺金堂供養願文

菩薩戒弟子某、稽首和南、十方諸仏、無量尊法、一切賢聖、夫顕密二道不可定辺際、真俗両端孰能判同異、所以□周沙界、引無始於無生、功済□労、□有為於有結、我身非我有、天地同指馬者也、是以弟子雖遁摂籙万機之重寄、早入帰依三宝之境界、戴恩徳猶如往日、致□謝未及□□、

繇是遠不尋南山之陽、便只卜東邦之地、為滅罪生善往生極楽之故、建立一□精舎、庶幾九品蓮台、及以法華常行、昼夜時日、種々所作、一々有之、彼皆供養先畢、未起者金堂也、即企大厦之結構、新請朝家之殊私、応置六口阿闍梨、修万代之御願矣、雖有寺不置其法者、何法能守、雖□□不定其人者、誰人全弘、已□□容、我願満足、況仏聖燈油満寺、大小事無内外、随只多焉、不及封第之旧賜、猶□伽藍之新貯、推其善根、莫不皇恩、

方今、帝王儲皇之祖雖貴、若不勤其奈菩提何、三后二府之父雖厳、若不懺其奈罪業何、縦雖仮人力於万民、何有忘仏事於一時、大凡地有勝境、因人而後開、人有心匠、逐物而後知、建立道場号法成寺、境心相固有時耳、瓦葺金堂、草創已成、配天而連金璫、土地而鋪玉甃、毎柱図両界曼陀羅、毎扉書八相成道変、其内安置仏・菩薩・六天像、華高三丈二尺金色大日如来、坐中央百葉蓮花座、荘厳微妙也、一々蓮華葉上、百躰釈迦又現、同金色二丈釈迦如来・同薬師如来・文殊師利菩薩・弥勒菩薩、相好円満、左右囲繞、金色九尺梵天・帝釈及四大天王、為住持仏法、鎮護国家也、以丹素金碧而形容、以香火花菓而厳浄、加以虹幡畳□・雲蓋□綵・□羅束帛之類誠在□、竜糸鵁縷之文営是、楚忽簡倹之器靡不備焉、五大尊堂同以造之、安置彩色二丈不動尊・一丈六尺四大尊、為降家門成怨之怨霊也、為専弟子臨終之正念也、彫飾奇□□於古今矣、

亦奉書写金色妙法蓮華経一部、無量義経・観普賢経・般若心経各一巻、墨字同経百五十部、開結二経各一巻、釈迦如来説曰、若有人彩画仏像、書写経典、建立伽藍、供養衆僧、当知、是人永離生死、成無上道、側聞所服膺也、仍新設一会、令驚十方、屈請百五十口之僧侶、施于百五十具之法衣、諸部大乗次第諷読、以梵唄讃嘆而恭敬、以管磬歌舞而供養、斯皆遺迹之教力也、不其感哉、

抑弟子偏求菩提、不求栄耀、朝廷不得已、百官以卒由、椒□亦儲闈併忝其尊威、事非旧式、議出新恩、彼陳文帝之講妙法、運信力於台岳之雲、唐懿宗之帰釈尊、迎真身於長安之□、豈若聖上廻鑾輿於露□、厳儀衛於法門者乎、既受帝□、寧非孫謀、重請、十方三世之仏陀、随喜影向之聖衆、誠於中形於外、以善根之上分、先奉資於震儀、金輪久転、我法可久弘、玉燭長明、我寺可長興、長秋共其徳、少陽重其明、准后之家、摂籙之寄、及□相納言男女子

孫、氏族繁昌、其麗不億、亦合契之尊卑、同志之緇素、各発声華之栄、共詣菩提之縁、乃至四生六趣、百界千如、忽入抜苦解脱之門、日遊極楽功徳之界、一念所企、三宝知見、稽首和南、敬白、

治安二年七月十四日、菩薩戒弟子、敬白、

貞恵伝

貞恵性聡明好学、大臣異之以為、雖有堅鉄、而非鍛冶、何得干将之利、雖有勁箭而非羽括、詎成会稽之美、仍割膝下之恩、遥求席上之珍、故以白鳳五年歳次甲寅、随聘唐使到于長安、住懐徳坊恵日道場、依神泰法師作和上、則唐主永徽四年、時年十有一歳矣、始鑽聖道、日夜不怠、従師遊学十有余年、既通内経、亦解外典、文章則可観、稟隷則可法、以白鳳十六年歳次乙丑秋九月、経自百済来京師也、其在百済之日、誦詩一韻、其辞曰、帝郷千里隔、辺城四望秋、此句警絶、当時才人不得続末、百済士人、窃妬其能毒之、則以其年十二月廿三日、終〔於〕大原之第、春秋廿三、道俗揮涕、朝野傷心、高麗僧道賢作誄曰、

夫豫計運推、著自前経、明鑑古今、有国恒典、糸綸紫闕者、以薦賢為本、緝熙宗室者、以挙忠為先、故以、周公於禽躬行三笞、仲尼於鯉問用二学、斯並遠理国家、而非私者明矣、由此観之、凡英雄処世、立名栄位、献可替否、知无不為、或有寛猛相済、文質互変、是則聖人之所務也、唯君子哉若人、景徳行之、高山仰之、有一於此、理固善、乃使法師遣唐学問、有教相近、莫不研習、七略在心、五車韜胸、思甄否泰、深精去就、鬼谷再涙、恐分人士、韋

編一絶、陶鋳造化、是以席上智嚢策才堪例、而忽承天勅、荷節命駕、又詔廓武宗・劉徳高等、旦夕撫養、奉送倭朝、仍逕海路至於旧京、聖上錫命、幸蒙就舎、居未幾何、寝疾纊微、咨嗟奈何、維白鳳十六年歳次乙丑十二月廿三日、春秋若干、卒於大原殿下、嗚呼哀哉、

乃作誄曰、

於穆丕基、経綸光宅、懿矣依仁、翼修軌格、免軒冕藉甚、謨宣廟略、惟岳惟海、如城如墎、諫魚諫鼎、乃僖乃伯、積善余慶、貽厥哲人、問道西唐、諫業泗浜、席間函丈、覃思秀神、荊山抱玉、弁氏申規、漢水蔵珠、竜子報随、賓于王庭、上国揚輝、爰受朝命、建節来儀、臂歯方新、橋文猶煥、近署多士、紫微壮観、四門廓硌、三端雅亮、王事靡盬、将酬国宝、世路芭蕉、人間闉城、鼠藤易絶、虵篋難停、蘭芝春萎、松竹夏零、鳳遭繳射、鸞掛網刑、嗚呼哀哉、顔回不幸、謂天喪予、延陵葬子、称其礼与、書筆猶存、身精何処、覩物思人、堂下莫釵、嗚呼哀哉、車珠去魏、城璧辞趙、才云可惜、日還当暮、嗚呼哀哉、

武智麻呂伝

僧　延　慶

藤原左大臣、諱武智麻呂、左京人也、太政大臣史之長子、其母宗我蔵大臣之女也、天武天皇即位九年歳次庚辰四月十五日、誕於大原之第、義取茂栄故為名焉、

幼喪其母、血泣摧残、漿不入口、幾将滅性、自玆尫弱、進趣饒病、年及長大、不繋小節、形容条暢、辞気重遅、其性温良、其心貞固、非礼弗履、非義弗領、毎好恬淡、遠謝憒閙、或時手談而移日、或時披覧而徹夜、不愛財色、不形喜怒、忠信為主、仁義為行、言善无反於己、言悪无及於人、廉而不汙、直而不枉、

究百家之旨帰、三玄之意趣、尤重釈教、兼好服餌、尊有道而敬有徳、矜貧窮而憐孤独、毎年夏三月請十大徳、聴説法花、薫習心府、於諫主同於引裾、以宅在宮南、世号曰南卿、

嘗年少時、穂積親王遇宴会、顧謂群英曰、遍見藤氏之子、此児懐奇殊人、吾聞、虎豹之駒雖未成文、而有食羊之意、鴻鵠之雛雖未翼備、而有四海之心、此児必至台鼎之位歟、大宝元年選良家子為内舎人、以三公之子別勅叙正六位上、徴為内舎人、年廿二、詔曰、爾家光済帝室、勲載策書、今錫此爵未足為栄、間者新制律令、斉整国人、縁有条章、且錫此爵耳、大臣家令小治田志毘大息曰、嗟

呼此家嫡子、何有此爵乎、心内不喜、面有媿色、或人告大臣、々々命家令曰、今国家新制法令、故依例錫爵此児、何須羞恥、且休浪語、公為内舎人出入禁中、見者欣其徽猷、交者尚其温雅、時人相語曰、人須有如大臣長子、其為時人所称如斯也、

二年正月遷中判事、公莅官聴事、公平无私、察言観色、不失其実、決疑平獄、必加審慎、雖有大小判事、其官方无准式、文案錯乱、問弁不允、於是讞事前後、奏定条式、大宝元年已前為法外、已後為法内、自玆已後諸訴訟者、内決已事、不敢公庭、

三年四月以疾而罷、四年三月拜為大学助、先従浄御原天皇晏駕、〔国〕家繁事、百姓多促、兼属車駕移藤原京、人皆忩忙、代不好学、由此学校淩遅、生徒流散、雖有其職、无可奈何、公入学校、視其空寂以為、夫学校者賢才之所聚、王化之所宗也、理国理家、皆頼聖教、尽忠尽孝、率由玆道、今学者散亡、儒風不扇、此非所以抑揚聖道翼賛王化也、即共長官良虞王陳請、遂招碩学、講説経史、浹辰之間、庠序鬱起、遠近学者、雲集星列、諷誦之声、洋々盈耳、

至慶雲二年仲春釈奠、公謂宿儒刀利康嗣曰、伝聞、三年不為礼、々必廃、三年不為楽、々必亡、今釈奠日逼、願作文祭先師之霊、垂後生之則、於是康嗣作釈奠文、其詞曰、雖某年月日朔丁、大学寮某姓名等、以清酌蘋菜、敬祭故魯司寇孔宣父之霊、惟公尼山降彩、誕斯将聖、抱千載之奇姿、値百王之弊運、主昏時乱、〔礼〕廃楽崩、帰斉去魯、含歎於衰周、厄陳囲〔匡〕、懐傷於下蔡、門徒三千、達者七十、敷洙泗兮忠孝、探唐虞兮徳義、雅頌得所、衣冠従正、豈謂頽山難維、梁歌早吟、逝水不停、楹奠奄設、嗚呼哀哉、今聖朝魏々、学校洋々、褒揚芳徳、鑽仰至道、神而霊化、惟尚饗、其十二月叙従五位下、時年廿六、三年七月徙為大学頭、公屢入学官、聚集儒生、吟詠詩書、披玩礼易、揄揚学校、訓導子衿、文学之徒各勤其業、

和銅元年三月遷図書頭、兼侍従、公朝侍内裏、祗候綸言、爰以其間検校図書経籍、先従壬申年乱離已来、官書或巻軸零落、或部帙欠少、公爰奏請、尋訪民間、写取満足、由此官書髣髴得備、

公為官克勤不敢怠息、体仁足以長人、貞固足以幹事、是以四月叙従五位上、五年六月徙為近江守、近江国者宇宙有名之地也、地広人衆、国富家給、東交不破、北接鶴鹿、南通山背、至此京邑、水海清而広、山木繁而長、其壌黒壚、其田上々、雖有水旱之災、曾無不穫之恤、故昔聖主賢臣、遷都此地、郷童野老、共称无為、携手巡行、遊歌大路、時人咸曰、太平之代、此公私往来之道、東西二陸之喉也、其治急則奸偽而逋竄、其治緩則嫚侮而侵凌、公導之以徳、斉之以礼、赦小過而演化、行寛政而容衆、入于閭閻敬訪父老、蠲百姓之所苦、改国内之悪政、勧催農桑、之使之以時、至有差課、先富饒与多丁、後貧窶与単弱、貴老恵小、令得其所、国人悦曰、貴人臨境、百姓得蘇、其被人貴仰、大略如斯也、

六年正月叙従四位下、時年卅四、公従少時貴重三宝、貪聴妙法、

願求仏果、終食之間、不敢有忘、雖有公務、常礼精舎、忽入一寺、々内荒涼、堂宇頽落、房廊空静、顧問国人、々々答曰、寺檀越等統領寺家財物田園、不令僧尼勾当、不得自由、所以有此損壊、非独此寺、余亦皆然、公以為、如来出世、演説諸法、教化衆生、令樹善業、其教深妙、従天竺国、流転震檀、延及此地、得其門者出離蓋纏、失其路者輪廻生死、何肯白衣檀越輙統僧物、不供法侶、損壊精舎、此非所以益国家之福田、損衆生之悪業也、仍奏曰、臣幸浴大化、奇守一国、因公事而巡民間、就余隟而礼精舎、部内人民不知因果、檀越子孫不懼罪業、統領僧物専養妻子、僧尼空載名於寺籍、分散餬口於村里、未嘗修理寺家破壊、但能致有牛馬蹋損、此非所以国家度僧尼演仏化也、若非糺挙、恐滅正法、伏請明裁、勅曰、崇飾法蔵、粛敬為本、修営仏廟、清浄為先、今聞諸国寺、多不如法、或草堂始闢、争求題額、幡幢纔施、即訴田薗、或房舎不修、牛馬蹋損、庭荒涼、荊棘旅生、遂使无上尊像永蒙塵埃、甚深法蔵不免風雨、多歴年代、絶無称成、捐事而論、極違崇敬、宜諸国兼幷数寺、合成一区、庶幾同力共造、更興頽法、明告国師衆僧及檀越等、具修部内寺家便宜幷財物、附使奏上、待後進止、従此已後、国人怕罪、不敢浸用寺家之物也、孔氏所言君子之徳如風者、其在於茲乎、

於是因按行、至坂田郡、寓目山川曰、吾欲上伊福山頂瞻望、土人曰、入此山、疾風雷雨、雲霧晦暝、群蜂飛螫、昔倭武皇子、調伏東国麁悪鬼神、帰到此界、仍即登也、登欲半、為神所害、変為白鳥、飛空而去也、公曰、吾従少至今、不敢軽慢鬼神、々々若有知者、豈其害我、若无知者、安能害人、即滲洗清斉、率五六人披蒙籠而登、行将至頂之間、忽有両蜂、飛来欲螫、公揚袂而掃、随手退帰、従者皆曰、徳行感神、敢無被害者、終日優遊、俳佪瞻望、風雨共静、天気清晴、此公勢力之所致也、

後就余閑、詣滋賀山寺、礼尊容而発願、刻身心而懺罪、受戒長斎、令造神剣、附使進之、帝大悦勅曰、朕聞、剣者君子武備、所以衛身、朕間者動息不安、精神如失、得此〔神〕剣、夜眠極穏、此誠近江国守武智麻呂所献神剣、衛身之験矣、先哲有言曰、徳無不報、言无〔不〕酬、宜給田十町、以報忠効、

公施政公平、嘉声日益、故至八年正月、叙従四位上、於是国中省事、百姓多閑、公故欽仰無為之道、咀嚼虚玄之味、優遊自足、託心物外、遂登比叡山、淹留弥日、爰栽柳樹一株、謂従者曰、嗟乎君等令後人知吾遊息之処焉、

此年左京人得瑞亀、改和銅八年為霊亀元年、公嘗夢遇一奇人、容貌非常、語曰、公愛慕仏法、人神共知、幸為吾造寺、助済吾願、吾因宿業、為神固久、今欲帰依仏道修行福業、不得因縁、故来告之、公疑是気比神、欲答不能而覚也、乃祈曰、神人道別、隠顕不同、未知昨夜夢中奇人是誰者、神若示験、必為樹寺、於是神取優婆塞久米勝足置高木末、因称其験、公乃知実、遂樹一寺、今在越

前国神宮寺是也、

霊亀二年十月、徵為式部大輔、養老二年九月、徙為卿、式部者天下考選之所輻湊、群公百僚之所儀刑也、公力用公正、綜管選事、考迹功能、審知殿最、由其称否、察其黜陟、由是国郡考文、奸濫永絶、

三年正月叙正四位下、於是儲后始加元服、血気漸壮、師傅之重、其人為善、故其七月拝為東宮傅、公出入春宮、賛衛副君、勧之以文学、匡之以淳風、太子廃田猟之遊、終趣文教之善、由是即位已後、常施善政、矜愍百姓、崇重仏法也、

五年正月叙従三位、遷中納言、其九月兼造宮卿、時〔年〕卌二、公将工匠等、案行宮内、仍旧改作、由是宮室厳麗、人知帝尊、神亀元年二月叙正三位、知造宮事如故、五年七月遷播磨守、兼按察使、六〔年三〕月遷大納言、

公為人温雅、備於諸事、既為喉舌賛揚帝猷、出則奉乗輿、入則掌枢機、至有朝議、持平合和、朝廷上下安静、国無怨讟、

当是時、舎人親王知太政官事・新田部親王知惣管事・二弟北卿知機要事、其間参議高卿有中納言丹比県守・三弟式部卿宇合・四弟兵部卿麻呂・大蔵卿鈴鹿王・左大弁葛木王、風流侍従有六人部王・長田王・門部王・狭井王・桜井王・石川朝臣君子・阿倍朝臣安麻呂・置始工等十余人、宿儒有守部連大隅・越智直広江・背奈行文・箭集宿禰虫麻呂・塩屋連吉麻呂・楢原造東人等、文雅有紀朝臣清人・山田史御方・葛井連広成・高丘連河内・百済公倭麻呂・大倭忌寸小東人等、方士有吉田連宜・御立連呉明・城上連真立・張福子等、陰陽有津守連通・余真人・王仲文・大津連首・谷那康受等、暦算有山口忌寸田主・志紀連大道・私石村・志斐連三田次等、呪禁有余仁軍・韓国連広足等、僧綱有少僧都神叡・律師道慈、並順天休命、共補時政、由是国家殷賑、倉庫盈溢、天下太平、街衢之上、朱紫輝々奕々、鞍乗駱々紛々、囹圄幽寂、嘉石苔生、仍営飾京邑及諸駅家、許人瓦屋赭堊渥飾、至于季秋、毎与文人才子、集習宜之別業、申文会也、時之学者、競欲預座、名曰竜門点額也、

天平三年九月兼筑紫大宰帥、筑紫是国家要害之地、縁海防賊之府也、公秉其大綱、屢施寛政、身雖在帝闕、人望同来蘇、於是帝春秋大富、視事不怠、心在仁愛、志務善政、台鼎之任、未有其人、以公行甚整備、含章可貞、叙従二位、陟為右大臣、是年天平六年也、時年五十五、

公居詮衡、終日乾々、鎮安国家、存恤黎庶、爵位雖尊、節操愈謙、分家所有、収贍貧孤、散糸綿等、常施三宝、屢省朝政、恒懼闕治、公家之事、知无不為、恩沢之令、聞无不施、由是天災弥滅、鬼神不譴、百姓家給人足、朝廷垂拱无為、

至九年七月、遘疾弥留、朝廷惜之、其廿四日皇后親臨、称勅問患、叙正一位、徙為左大臣、其翌日薨于左京私第、春秋五十有八矣、

帝聞公薨、永慟于懐、輟朝三日、遂給羽葆鼓吹、八月五日火葬于

佐保山、礼也、
公有嫡夫人、阿倍大臣外孫、育子二人、其長子曰豊成、其弟曰仲満、使学博士門下、屢奉絹帛、労遺其師、由此二子皆有才学、名聞蓋衆、豊成仕至左大臣、爵入正二位、後坐変事知而不奏、降為大宰員外帥、仲満改名曰押勝、仕至大師、爵入従一位、為帝羽翼、鎮撫天下、賛曰、積善之後、余慶鬱郁、冠蓋相尋、翼賛輦轂、孫々子々、恒為耳目、上安下泰、鬼神和睦、乃国乃家、爰労爰戮、忠貞籍甚、其人如玉、

乞骸骨表

側聞、力不任而強者則廃、心不逮而極者必惛、真備自観信足為験、
去天平宝字八年、真備生年数満七十、其年正月、進致事表於大宰府訖、未奏之間、即有官符、補造東大寺長官、因此入京、以病帰家、息仕進之心、忽有兵動、急召入内、参謀軍務、事畢校功、因此微労、累登貴職、不聴辞譲、已過数年、即今老病纏身、療治難損、天官劇務、不可暫空、何可抱疾残体、久辱端揆、兼帯数職、闕佐万機、自顧微躬、靦顔已甚、慚天愧地、无処容身、
伏乞、致事以避賢路、上希聖朝養老之徳、下遂庸愚知足之心、特望殊恩、祈於矜済、不任懇歎之至、謹詣春宮路左、奉啓陳乞、以聞、

革命勘文

文章博士三善宿禰清行謹言

請改元応天道之状

合証拠四条

一、今年当大変革命年事

易緯云、辛酉為革命、甲子為革令、鄭玄曰、天道不遠、三五而反、六甲為一元、四六二六交相乗、七元有三変、三七相乗、廿一元為一蔀、合千三百廿年、春秋緯云、天道不遠、三五而反、宋均注云、三五、王者改代之際会也、能於此源自新如初、則道无窮也、詩緯云、十周参聚、気生神明、戊午革運、辛酉革命、甲子革政、注云、天道卅六歳而周也、十周名曰王命大節、一冬一夏、凡三百六十歳一畢、無有余節、三推終則復始、更定綱紀、必有聖人、改世統理者如此、十周名曰大剛、則〔復〕乃三基会聚、乃生神明、神明乃聖人改世者也、周文王、戊午年決虞芮訟、辛酉年青竜銜図出河、甲子年赤雀銜丹書、而聖武〔王〕伐紂、戊午日軍渡孟津、辛酉日作泰誓、甲子日入商郊、

謹案、易緯以辛酉為蔀首、詩緯以戊午為蔀首、依主上以戊午年為昌泰元年、其年又有朔旦冬至、故論者或以為、応以戊午為受命之年、然而本朝自神武天皇以来、皆以辛酉為一蔀大変之首、此事在〔文書〕未出之前、天道〔神事〕自然符契、然則雖有両説、猶可〔依〕易緯也、又詩緯以十周三百六十年為大変、易緯以四六〔二六〕為大変、二説雖異、年数亦同、

今依緯説、勘合倭漢旧記、神倭磐余彦天皇従筑紫日向宮、親帥船師東征、誅滅諸賊、初営帝宅於畝火山東南地橿原宮、辛酉春正月即位、是為元年〈当於周僖王三年、〔是年〕斉桓公始覇、王会諸侯於鄄、事見史記表〉、四年甲子春二月詔曰、諸虜已平、海内無事、可以郊祀、即立霊畤於鳥見山中、其処号曰上小野榛原・下小野榛原云〈是年周恵王即位元年、斉桓公帥諸侯伐蔡、々潰遂伐楚至召陵、責苞茅、此即桓公兵車第一之会也〉。

謹案日本記、神武天皇此本朝人皇之首也、然則此辛酉、可為〔一蔀〕革命之首、又本朝立時、下詔之初、又在同天皇四年甲子之年、宜為革令之証也、

四六〈自神武天皇辛酉即位、至孝昭五十六年辛酉、二百四十一年也〉

孝昭天皇五十六年辛酉、日本記闕〈秦懐公元年、又三晋分晋地、如小侯朝於晋、又楚簡王取莒〉、五十九年甲子〈周威烈王元年、又趙〔桓〕子元年〉、

二六〈自孝昭五十六年辛酉、至于孝安三十三年辛酉、六十年〉

孝安天皇卅三年辛酉、日本記闕〈秦孝公始覇、天子致胙〉、卅六年

甲子〈斉威王強、取諸侯〉、

四六〈自孝安三十三年辛酉、至于孝元卅五年辛酉、百八十年〉

孝元天皇卅五年辛酉、日本記闕〈漢呂太后崩、大臣誅諸呂、迎立文帝〉、

二六〈自孝元卅五年辛酉、至于崇神卅八年辛酉、百廿年〉

崇神天皇卅八年辛酉〈漢宣帝神爵元年〉、四十一年甲子〈宣帝五鳳元年〉、

四六〈自崇神卅八年辛酉、至于景行六十一年辛酉、百八十年〉

景行天皇五十一年辛酉、秋八月立稚足彦尊為皇太子、是月以武内宿禰為棟梁之臣也、摂行万機〈当於後漢安帝建元々年〉、五十四年甲子秋九月、自伊勢国綺宮上京、〔居〕纒向〔宮〕、

二六〈自景行五十一年辛酉、至于誉田卅二年辛酉、百八十年〉

誉田天皇卅二年辛酉〈前涼張軌自立為王〉、卅五年甲子〈前趙劉天海、自立為王〉、

四六〈自誉田天皇卅二年辛酉、至于允恭天皇元年辛酉、百廿年〉

允恭天皇即位元年辛酉〈宋高祖武帝劉裕即位、為永初元年〉、四年甲子〈後魏大祖大武皇帝即位〉、

謹案史漢、雖一元之終、必皆有変事、而本朝古記、大変之年、或無異事、蓋以文書記事之起、始于養老之間、上古之事、皆出口伝、故代之事変、応有遺漏、又允恭天皇以後、古記頗備、故小変之年、事亦詳矣、案稚日本根子天皇二年辛酉春正月、天皇愁無継嗣、詔大伴室屋大連、冀垂遺跡、於是室屋大連、於播磨国伊奈東自小楯宅、得億計・弘計二主、而馳駅聞奏、天皇愕然、悦曰、懿哉、天垂博愛、賜以二児、即使小楯持節喚上、五年甲子、天皇崩、弘計即位、推古天皇九年辛酉春二月、上徳太子初造宮於班鳩村、事無大小皆決太子、是年有伐新羅救任那之事、十二年甲子春正月、始賜冠位各有差、有徳仁義礼智信、大小合十二階、夏四月、皇太子肇制憲法十七条云云〈是年隋文帝崩〉然則本朝制冠位法令、始于推古天皇甲子之年、豈非甲子革令之験乎、

已上一蔀、自神倭盤余彦天皇即位辛酉年、至于天豊財重日足姫天皇七年庚申年、合千三百廿年已畢、

一蔀之首

天智天皇者、息長足日広額天皇之太子也、譲位於母天豊財重日足姫天皇、及舅天万豊日天皇十一年間、猶為太子摂万機、爰与内臣中臣鎌子連、誅賊臣蘇我入鹿并入鹿父大臣蝦夷臣、又伐新羅救百済、存高麗服粛慎、天豊財重日足姫天皇七年辛酉秋七月崩、天智天皇即位〈当大唐高宗竜朔元年〉、三年甲子春二月、詔換冠位階、更為廿六階、織縫紫各有大小、綿山乙亦有大小、大小中有上中下、建亦有大小、是為廿六階、其大氏上者賜大刀、小氏上者賜小刀、伴造等氏上者賜干楯弓矢、亦定民部・家部、夏五月、大唐鎮百済将軍劉仁願、使朝散大夫郭務悰等、来進表并献物〈当於大唐高宗麟徳元年〉、

已上、革命革令之徴、倭漢毫詳、不更具載、

四六

今年辛酉〈昌泰四年也〉、

謹案、自天智天皇即位辛酉之年、至于去年庚申、合二百卌年、此所謂四六相乗之数已畢、今年辛酉当於大変革命之年也、又天智天皇以来二百卌年之内、小変六甲、凡三度也、〔案〕自天智天皇即位辛酉、至于日本根子高瑞浄足姫天皇養老五年辛酉、合六十年、其年五月、日本根子高瑞浄足姫太上天皇崩、然猶文武天皇不改元、至于七年甲子、初改元為神亀元年、其後六十年、天応元年辛酉夏四月、白壁天皇不豫也、桓武天皇天応元年四月三日受禅、同日即位、十二月廿日太上天皇崩、其後承和八年辛酉無異事、但承和七年庚申、淳和太上天皇崩、九年壬戌、嵯峨太上天皇崩、又廃皇太子、以文徳天皇為皇太子、其後六十年、至于今年辛酉也、但唐暦以後無唐家之史書、仍不得勘合近代之事変、清行去年以来、陳明年当革命之年、至于今年徴験已発、初有知天道有信、聖運有期而已、

一、去年秋彗星見事

謹案漢晋天文志、皆云、彗躰無光、傅日而為光、故夕見則東指、晨見則西指、皆随日光而指之、此除旧布新之象也、

一、去年秋以来老人星見事

謹案、顧野王符瑞図云、老人星〈瑞星〉也、直孤星北地、有一大

星〈晋灼曰、〔比〕〔地〕〔近〕〔地〕也〉、是為老人星、見則治平主寿、常以秋分候之南郊〈見春秋元命苞〉、春秋運斗枢曰、機星得和平合、万民寿則老人星臨国〈宋均曰、斗徳応於人者也〉、文耀鉤曰、老人星見則主安、不見則兵起、熊氏瑞応図曰、王者承天得理則臨国、晋武帝時、老人星見、太史令孟雄以言、元帝大興三年、老人星見、四年又見、合如此文者、老人星、聖主長寿、万民安和之瑞也、而今先有除旧之象、後有福寿之瑞、首尾相待、事験易知、

一、高野天皇改天平宝字九年為天平神護元年之例

謹案国史、高野天皇天平宝字九年、誅逆臣藤原仲麿、即改元為天平神護、然則非唯天道之符運、又有先代之恒典也、当今之事、豈不仍旧貫乎、

臣伏以、聖人与二儀合其徳、与五行同其序、故天道不疾而速、聖人雖静而不後之、天道不遠而反、聖人雖動而不先之、況君之得臣、臣之遇君、皆是天授、曾非人事、義会風雲、契同魚水、故周文之遇呂尚、兆出玄亀、漢祖之用張良、神憑黄石、方今天時開革命之運、玄象垂推始之符、聖主動其神機、賢臣決其広勝、論此冥会、理如自然、若更存謙退、必成稽疑、欝此改元之制、抑彼創統之談、則恐違天意、還致咎徴、伏望、周循三五之運、咸会四六之変、遠履大祖神武之遺蹤、近襲中宗天智之基業、当創此更始、期彼中興、建元号於鳳暦、施作解於雷散、清行機祥難弁、霊憲易迷、献其丹欵、雖望飲於白虎之槽、験其玉英、恐負責於黄竜之瑞、清行臣誠

恐誠惶頓首謹言、

昌泰四年二月廿二日

従五位上行文章博士兼伊勢権介　三善宿禰清行上、

藤原保則伝

（闕　文）

旱、田畝尽荒、百姓飢饉、□相望、群盗公行、邑里空虚、英賀哲多両郡、在山谷間、去府稍遠、郡中百姓、或劫掠相殺、或逋租逃散、境内丘墟、無有単丁、前守朝野貞吉以苛酷而治之、郡司有小罪者皆着鉗鈦、人民犯纖毫者捕案殺之、囚徒満獄、仆骸塞路、公到任之初、施以仁政、宥其小過、存其大体、放散徒隷、遍加賑俄、勧督農桑、禁止遊費、於是百姓襁負来附如帰、田園尽闢、戸口殷盛、門不夜扃、邑無吠狗、府蔵多蓄、賦税倍入、遂受租税返抄卅四箇年、受調庸返抄十一箇年、自古以来、未嘗有此類也、十三年叙従五位上、即遷備前介、十六年転権守、公在備前、徳化仁政、一如在備中時、凡厥僚下、若有奸賊者、曾無所発明其咎、即窃於間処相語云、君久疲学官、初得此官、必当立其廉節、勉取栄誉、豈可思滞一州小吏乎、然而上資父母之供養、下給妻子之飢寒、撓性屈心、受此濁穢、斯皆貧窶之憂羈累善人、僕有薄俸、冀随君所用、以資給之、勿犯官物而已、即分賜其俸、不限多少、於是恥格之化、如風靡草、吏民畏愛、号曰父母、

備前備中両国界上、有吉備津彦神、若国有水旱、公即祈禱、必致

感応、速於影響、若境中有奸者、立降冥罰、嘗此神形見、語公云、感公徳化、深以欣服、冀也助公為治、終此善績、由是治化両国、前後年歳頻豊穣、百姓和楽、

時安芸国偸児遮険、劫盗備後国調絹卌疋、逃走入草、道宿備前国石梨郡旅舎、盗語主人翁云、此国太守化跡何似、主翁語云、府君化民、専用仁義、一国之人尽為伯夷、恩信之感、自通神明、故国有奸濫者、吉備津彦神立降誅罰、及具語其治化本末、皆如実事、盗顔色大変、似有所恥畏、終夜歎息、展転不寝、向暁馳詣府門、叩頭自首云、小民無状、略奪備後国官絹卌疋、改過服罪、願賜生命、公召盗語云、汝知向善、遂非悪人、即賜米糧、封賊絹、付盗移備後国、僚下皆云、此奸盗之人也、恐不達彼国、公云、此人已改心帰誠、豈更有変其志乎、不聴、於是盗得移文、令送備後国、時備後守小野喬木、且怪且悦、即放遣盗人、自詣備前、拝謝庭中、凡厥徳化、感服人神、皆此類也、

十七年秋解帰京、両備之民、悲号遮路、里老村嫗、頭戴白髪者、各捧酒肴、拝伏道辺、公謂、老人之心不可違失、為之留連数日、相次競到不可遏止、公以為、若常如此、必引日月、仍窃艤小船、軽棹解纜、時与従者相期、有未到者、仍暫泊和気郡方上津、於是備前郡司等、聞公無糧儲艤船、白米二百石、奉進泊処、公謝云、無甘棠之遺愛、忝故人之厚贈、雖然篤志深密、何不嘉納、即受之無所辞、郡司等初思、公性過廉、必不受此贈、及聞此報、大悦帰去、頃之公遺国講師書云、自次此泊、舟中頻有怪異、風浪難測、憂念誠深、望率僧徒、来会津頭、相共祈念海行之穏焉、於是講読師率国分僧等、馳詣泊処、公語云、願諸僧各読誦般若心経一遍、功徳足矣、諸僧承旨、即読心経畢、即以此米二百石、悉充誦経布施、夜中飛帆、出去不顧、

十八年正月任右衛門権佐、兼検非違使、公語所親云、昔者帝堯之民、皆可比屋而封之、時皐陶以大賢為獄官、若有疑罪則令獬豸決之、豈有枉濫之罰乎、亦所用者象刑也、無惨毒之科焉、豈有怨酷之人乎、然而論者以為、英六之封不継者、此皐陶治獄之咎、況今末代澆薄、人多阿、誅罰之間、動失両造、縦有惻隠之情、必成子孫(□□)、再三辞譲、不就職、無幾遷民部大輔、民部省例、以商布貴、貸諸国米、以充官人厨用、名為交易、実是箕斂、諸国百姓為之愁苦、公在職一年、遂無一飯、

元慶元年、任在右中弁、二年二月、出羽国蝦夷反乱、攻秋田城、々司介良岑近者、不能城守、脱身伏竄於草莽之間、賊放火焼城、軍資器械一時蕩尽、逆徒蟻聚、分兵囲諸城戍、国守藤原興世弃府城逃走、時太政大臣昭宣公摂政、乃勅陸奥国、発兵三千人、赴援出羽国、於是陸奥守須大発国中、得精騎千人歩兵二千人、其送鎧甲糧儲者、将万人、以大掾藤原梶長為押領使、令与出羽軍討撃賊虜、出羽掾藤原宗行、文室有房、小野春泉等、亦発国中歩騎二千余人、相共屯秋田河辺、時賊徒千余人乗軽舡舸、随流俄至、梶長

等率兵対戦、天時大霧、四面昏暗、於是賊衆数百人、持兵欻至官軍後、同声大叫、奔突官軍、々々大駭、狼狽散走、賊徒乗勢、前後奮撃焉、官軍大潰、遂斬出羽国弩師神服真雄及両国偏裨数十人、軍士被殺虜数百千人、軍実甲冑、悉被鹵獲、道相蹈藉、死者不可勝数、文室有房被創殆死、小野春泉潜伏死人之中、纔得免害、藤原梶長深竄草間、五日不食、賊去之後、歩逃至陸奥国、

五月二日、両国飛駅忽至、於是昭宣公大驚、与公謀事、語云、東方之将累長者、公辞謝云、身旧文吏、未嘗知跨馬引弓、非敢愛惜微軀、恐成朝廷之恥、昭宣公曰、自天智天皇時、藤氏代立勲績、朝所倚頼、方今身非伊周、忝摂冢宰、遭此寇乱、内慙外(□)、瓜葛之義、君亦可悉、願尽智謀、勿為餝譲、公曰、必不得已、可用愚計者、冀露肝胆、無有所隠、恐殿下不得能用之、昭宣公云、専意安付、遂無他腸、公曰、蝦夷内附以来、欲漸二百年、畏服朝威、無有寇逆、如聞、秋田城司良岑近者、聚斂無厭、徴求万端、故畳怨積怒致叛逆、夷種衆多、逓相合従、賊徒数万、窮寇死戦、一以当百、難与争鋒、如今之事者、雖坂将軍再生、不能蕩定、若教以義方、示以威信、播我徳音、変彼野心、不用尺兵、大寇自平、昭宣公曰、善、公亦曰、今当以恩信化服夷狄、若群醜之中、猶有不馴服者、必可以兵威而臨之、前左近衛将監小野春風、累代将家、驍勇超人、前年頻遭讒謗、免官家居、願先令春風率精衆、示以朝廷之威信、然後以徳招致、未歴数月、自応銷散、昭宣公大悦、其月四日、叙公為正五位下、即以右中弁兼出羽権守、擢春風為鎮守将軍従五位下、及与陸奥介従五位下坂上好蔭受公節度、公奉詔以後、数日進発、昼夜兼行、々跡之間、飛駅継途、奏賊虜強盛、官軍頻敗、及城或失守群隊陥没之状、時従騎十余人、皆無不褫魂奪気、而公容色不変、曾無畏憚之意、既至出羽国、命春風好蔭、各将陸奥国精騎五百人、直入虜境、召其酋豪、宣以国家之威信、

先是賊聞王師来討、率衆万余人、遮守険隘、春風少遊辺塞、能暁夷語、即脱甲冑弃弓竿、独入虜軍、具宣朝命、皆如公意、於是夷虜叩頭拝謝云、異時秋田城司、貪慾暴獷、谿壑難填、若毫毛不協其求者、楚毒立施、故不堪苛政、遂作叛逆、今将軍幸以天子恩命而詔之、願改迷途帰命幕府、於是競以酒食饗官軍、其豪長数十人、相率随春風、至出羽国府、公即召見慰撫、賊亦尽返献先所虜略生口之及軍器、時有渠帥二人、不肯帰附、公語諸豪長云、二虜不来、於汝心如何、豪長等倶陳云、殊自有謀、願暫垂寛仮、後数日、遂斬両夷首以献之、公即発使者、撫佃余種、自津軽至渡嶋、雑種夷人、前代未曾帰附者、皆尽内属、於是公復立秋田城、凡厥塁柵楼塹、皆倍旧制、

三年、改権守為正守、右中弁如故、有勅、暫留鎮撫之、此国、民夷雑居、田地膏腴、土産所出、珍貨多端、豪吏幷兼、無有紀極、私増租税、恣加徭賦、又権門子年来求善馬良鷹者、猥聚如雲、辺

民愚朴、無知告訴、唯随其求、不言煩費、由是隴畝之民、皆若貧窮、奸猾之輩多致富溢、公施以朝典、教示百姓、厳張憲法、勿令侵犯、若更有不法者、捕而案之、由是百姓安堵、夷道清平、時陸奥国夷狄有訴訟者、皆到出羽国而取決、公初在両備、専以仁恵而化之、及治出羽、更以威厳以理之、吏民有罪、無有所宥、当論者不能測其深浅、

四年四月、依官符入京、時在朝卿相、皆賀公勲績、公辞謝云、此皆朝威之所致、非愚略之有施也、是時天下皆以為、公不労一卒、平定大寇、朝廷必当疏高爵答其殊勲、而偏用公辞譲、遂無優崇之制、又良岑近者、貪叨贓穢、致此寇乱、而亦無懲悪之典、由是衆議多譏昭宣公失賞罰之柄、公性楽静黙、不好劇務、屢対昭宣公、固辞弁官、七月任播磨守、辞不赴任、

六年正月、叙従四位下、公曰、年既老矣、盍修功徳為冥路之資、伝聞、讃岐国多倫紙及能書者、当赴彼国書写修多羅阿毘曇等諸蔵、二月出為讃岐守、此国庶民皆学法律、執論各異、邑里疆畔、動成諍訟、自公入境、人人相譲、如虞芮之有恥心焉、秩満帰京、隠居西山別墅、無復出仕之志、

仁和三年二月、任伊豫守、辞不赴職、八月除為大宰大弐、十二月叙従四位上、公頻称病、不肯就職、朝廷屢加慰喩、強以発遣、公在鎮府、専以清静而施化、故吏民感服、政化大行、元是姦猾之輩、猥聚鎮西境内、其筑前筑後肥前三国、尤為群盗之藪沢焉、郷閭騒擾、道路隔絶、人民有蓄積者、皆被殺略、行旅有資儲者、無有令治、前年府官及国司、発兵捕殺、凶党弥熾、不能禁止、公初莅領、衆人皆云、宜多発軍士悉加鉏誅、公曰、吾聞、此盗渠帥、率非編戸之民、皆是流浪之輩也、或良家子弟逐衣食之利、或旧吏僕従取婚姻之便、寓居辺城、猶如桑梓、而比年不稔、生産失利、無頼之輩、同悪相済、争尋干戈、赴為賊徒之、国之民大半為盗、今悉捕而教之、則里落之内、闃而無人、縦令有隣国之警、誰人城戍乎、此輩未必懐凶狡之心、多是為飢寒被逼迫而已、若施以恩賑、自応食椹改音、即以其俸米、遍賑贍三国、深加慰撫、各存生業、於是盗徒大悦相語云、府君以父母之情遇我、々豈不尽孝子之志乎、相率帰他、莫不為守剣之夫、

寛平三年四月、辟為左大弁、公被召入京之後、未歴数月、大宰府上奏云、有新

（闕　文）

天性廉潔、以身化物、僚下有貪穢者、推誠教訓、若遂不悛者、不与之接言語、見其有一善、則悦動顔色、常称誉推挙、賛成其美、又択士採才、有知人之鑑、昔在備中時、小野葛絃、年少為掾、公称曰、君必当為天下循良之吏、又在讃岐時、菅原朝臣代公為守、公窃語云、新太守当今碩儒、非吾所測知也、但見其内志、誠是危殆之士也、後皆如其語、凡厥奨鑑、皆多此類也、

公年漸五十、不近婦人、唯帰心内典、尤熟空観、常談誦金剛（般）

若経、未嘗退倦、即撰集此経諸家義疏以為一部、究討其義、莫不該通、公清節沖虚、心無廻□、蓋是練般若空無相之故也、公未寝疾時、忽語云、死期非□、何可終身於塵労□中乎、於□営一室於叡山東坂、翌日夙興促駕、赴投山廬、落髪入道、昼夜念仏、其後数月、俄随逝水、啓体之日、身無病痛、属纊之時、心不顚倒、唯向西方、念阿弥陀仏而已、□時賢驚公知天命、僧徒感公得善報、

余初為起居郎、依元慶注記、見東征之謀略、為備中介、聞故老風謡、詳西州之政績、粗述所知、成此実餘、但世称公徳美、老人之談不容口、然而転語浮詞、不敢論著、恐有□餝之疑、損相公之美也、昔者司馬遷著晏子伝、遙羨執鞭、蔡伯諧作郭泰碑、遂無慙徳、故叙此草、行貞立志、

延喜七年季春一日、文章博士善清行記之、

意見十二箇条

臣清行言、伏読去二月十五日詔、遍令公卿大夫方伯牧宰、進讜議尽謇謀、改百王之澆醨、拯万民之塗炭、雖陶唐之置諫鼓、隆周之制官箴、徳政之美、不能過之、臣清行誠惶誠恐頓首死罪、

臣伏案旧記、我朝家神明伝統、天険開疆、土壌膏腴、人民庶富、故東平粛慎、北降高麗、西虜新羅、南臣呉会、三韓入朝、百済内属、大唐使訳、於焉納賧、天竺沙門、為之帰化、其所以爾者何也、国俗敦厖、民風忠厚、軽賦税之科、疎徴発之役、上垂仁而牧下、下尽誠以戴上、一国之政、猶一身之治、故范史謂之君子之国、唐帝推其倭皇之尊、

自後風化漸薄、法令滋彰、賦斂年増、徭役代倍、戸口月減、田畝日荒、既而欽明天皇之代、仏法初伝本朝、推古天皇以後、此教盛行、上自郡公卿士、下至諸国黎民、無建立寺塔者、不列人数、故傾尽資産、興造浮図、競捨田園以為仏地、多買良人以為寺奴、降及天平、弥以尊重、遂傾田園、多建大寺、堂宇之崇、仏像之大、工巧之妙、荘厳之奇、有如鬼神之製、似非人力之為、又令七道諸国建国分二寺、造作之費、各用其国正税、於是天下之費、十分而五、

至于桓武天皇、遷都長岡、製作既畢、更営上都、再造大極殿、新構豊楽院、又其宮殿楼閣、百官曹庁、親王公主之第宅、后妃嬪御之宮館、皆究土木之功、尽賦調庸之用、於是天下之費、五分而三、仁明天皇即位、尤好奢靡、雕文刻鏤、錦繍綺組、傷農事害女功者、朝製夕改、日変月悛、後房内寝之餝、飫宴歌楽之儲、麗靡煥爛、冠絶古今、府帑由是空虚、賦斂為之滋起、於是天下之費、二分而一、

貞観年中、応天門及大極殿、頻有災火、儻依太政大臣昭宣公匪躬之誠、具瞻之力、庶民子来、万邦麗至、修復此宇、期年而成、然而天下之費、亦失一分之半、然則当今之時、曾非往世十分之一也、臣去寛平五年任備中介、彼国下道郡、有邇磨郷、爰見彼国風土記、皇極天皇六年、大唐将軍蘇定方、率新羅軍伐百済、々々遣使乞救、天皇行幸筑紫、将出救兵、時天智天皇為太子摂政、従行路宿下道郡、見一郷戸邑甚盛、天皇下詔、誠徴此郷軍士、即得勝兵二万人、天皇大悦、名此邑曰二万郷、後改曰邇磨郷、

其後天皇崩於筑紫行宮、終不遣此軍、然則二万兵士、弥可蕃息、而天平神護年中、右大臣吉備朝臣、以大臣兼本郡大領、試計此郷戸口、纔有課丁千九百余人、貞観初、故民部卿藤原保則朝臣、為彼国介時、見旧記此郷有二万兵士之文、計大帳之次、閲其課丁、有七十余人、清行到任、又閲此郷戸口、有老丁二人、正丁四人、中男三人、去延喜十一年、彼国介藤原公利、任満帰都、清行問、邇磨郷戸口当今幾何、公利答云、無有一人、謹計年記、自皇極天皇六年庚申、至延喜十一年辛未、纔二百五十二年、衰弊之速、亦既如此、以一郷而推之、天下虚耗、指掌可知、

方今陛下鍾千年之期運、照万古之興衰、降惻隠於逃庶、施恵愛於四方、宵衣旰食、夜念朝行、遍頒綸綍、広訪蒭蕘、昔者虞舜之居、三年成都、仲尼之政、期月自理、然則民之繁孳、不待必代之後、国之興複、応期浹日之間、不任抃躍、敢陳狂愚、猶如管中見豹、纔知一斑、井底望天、不過数尺、謹録如右、伏待天裁、

一、応消水旱求豊穣事

右臣伏以、国以民為天、民以食為天、無民何拠、無食何資、然則安民之道、足食之要、唯在水旱無沴年穀有登也、故朝家毎年二月四日、六月十一日、十二月十一日、於神祇官、立祈年月次之祭、厳加斎粛、遍禱神祇官、乞其豊熟、致其報賽、其儀、公卿率弁官及百官参神祇官、々々々、毎社設幣帛一裹、清酒一瓮、鉄鉾一枝、陳列棚上、又社或有奉馬者焉〈祈年祭小一疋、月次祭二疋〉、亦左右馬寮、牽列神馬、爰神祇官読祭文畢、以件祭物、頒諸社祝部、令奉本社、

祝部須潔斎捧持、各以奉進、而皆於上卿前、即以幣絹、插着懐中、抜弃鉾柄、唯取其鋒、傾其瓮酒、一挙飲尽、曾無一人全持出神祇官之門者、況其神馬、則市人於郁芳門外、皆買取而去、然則所祭之神、豈有歆饗乎、若不歆饗者、何求豊穣、伏望、申勅諸国、差

史生以上一人、率祝部、令受取此祭物、慥致本社、以存如在之礼、又朝家、毎年正月、始自大極殿前、至于七道諸国、修吉祥悔過、又聖代、毎年修仁王会、遍為百姓、祈禱豊年、消伏疾疫、由是人天慶頼、兆庶歓娯、然猶所以水旱不伏、災沴屢発者何也、僧徒修之者、多非其人也、臣窺漢国之史籍、閲本朝之文記、凡厥禅徒、未必皆修学倶備、禅智兼高者也、然而或固守律儀、至死不犯、或遍行菩薩、忘身利他、故帝皇之誠、依禅僧而易感、禅僧之念、与如来而必通、而今、上自僧綱、下至諸寺次第請僧、及法用小僧沙弥等、持戒者少、違律者多、如此薫修者、三尊豈可感応乎、感応之来、非敢所望、妖咎之至、還亦可懼、伏望、衆僧濫行有聞者、一切不預請用、

又諸国司等、公務忽忙、事多不遑、故国中法務、皆委附講読師、而講読師多非持律之人、又或有贖労之輩、況其国分僧廿人、皆是無儀之徒也、蓄妻子、労室家、力耕田、行商価、而今国司依例、令致祈念、望其感応、譬猶縁木求魚、向竈採花也、重望、諸国講読師、雖成階業、非精進練行者、不得擬補、又国分僧、若有濫穢、而講読師不糺者、解却講読師、如此則聖主之祈感速影響、公田之税蓄如京坂、十旬之雨随節、千箱之詠満衢

一、請禁奢侈事

右臣伏以、先聖明王之御世也、崇節倹、禁奢盈、服澣濯之衣、嘗蔬糲之食、此則往古之所称美、明時之所規模也、而今澆風漸扇、王化不行、百官庶寮、嬪御媵妾、及権貴子弟、京洛浮食之輩、衣服飲食之奢、賓客饗宴之費、日以侈靡、無知紀極、今略挙一端、指陳事実、

臣伏見貞観元慶之代、親王公卿、皆以生筑紫絹為夏汗衫、曝絁為表袴、東絁為襪、染絁為履裏、而今諸司史生、皆以白練為汗衫、白絹為表袴、白綾為襪、莵褐為履裏、其婦女、則下至侍婢、裳非斉紈不服、衣非越綾不裁、染紅袖者、費其万銭之価、擣練衣者、裂於一砧之間、自余奢靡、不能具陳、

昔者、季路縕袍不恥狐狢之麗服、原憲藜戸猶蔑駟蓋之栄暉、此賢哲之高規、非庸人之克念、故見其僭差、則競相放効、観其倹約、則遁以嘲嗤、富者誇其逞志、貧者恥其不及、於是、製一領之衣、破終身之産、設一朝之饌、尽数年之資、田畝為之荒蕪、盗徒由是滋起、如此不禁、恐損聖化、伏望、随人品秩、立衣服之制、令検非違使糺其越溢、又飲宴之制、頻張格式、而此法常自上破之、令下効之、重望、令検非違使張行此制、

又王臣以下、至于庶人、追福之制、飾終之資、随其階品皆立式法、而比年諸喪家、其七々日講筵、周闋法会、競傾家産、盛設斎供、一机之饌、堆過方丈、一僧之儲、費累千金、或乞貸他家、或斥売居宅、孝子遂為逃債之逋人、幼孤自成流冗之餓殍、

夫以、蒙顧復拯育愛者、誰無追遠報恩之志焉、然而修此功徳、宜有程章、豈可必待子孫之破産、以期父祖之得果乎、況此修斎之家、

更設弔客之饗、献酬交錯、宛如飫宴、初有匍匐之悲、俄成酣酔之興、孔子食於有喪者之側、未嘗飽也。豈其如此乎、但郊畿之内、道場非一、故検非違使、不遑禁止、伏望、申勅公卿大夫百官諸牧、各慎此僭濫、令天下庶民知其節制、

又維摩最勝竪義僧等、皆貧道修学之輩也、一鉢之外、亦無他資、而比年、令之盛儲僧綱幷聴衆之斎供、非唯積饌成山、猶亦有酒如淮、已乖仏律、亦害聖化、伏望、申誡僧綱、早立此禁、伏以上不率正、下自差忒、若卿相守法、僧統随制、則源澄而流自清、表正而影必直、

一、請勅諸国随見口数授口分田事

右臣伏見諸国大帳、所載百姓、大半以上、此無身者也、爰国司偏随計帳、宛給口分田、即班給正税、徴納調庸、於是、有其身者、纔耕作件田、頗進租調、無其身者、戸口一人、私沽件田、曾不自耕、至租税調庸、遂無輸納之心、謹検案内、公家所以班口分田者、為収調庸挙正税也、而今已奸其田、終闕厥貢、牧宰空懐無用之田籍、豪富弥収幷兼之地利、非唯公損之深、亦成吏治之妨、今須令諸国閲実見口、班給其口分田、其遺田者、国司収為公田、任以沽却、若納地子、以充無身之民調庸租税也、猶所遺之稲、委納不動、今略計其応輸之数、三倍於百姓所進之調庸也、為公有利、為民無煩、此皆国宰専行、応無殊妨、然而事乖旧例、恐有民愁、伏望、申勅諸国、試令施行、

一、請加給大学生徒食料事

右臣伏以、治国之道、賢能為源、得賢之方、学校為本、是以古者明王、必設庠序、以教徳義、習経芸、而叙彝倫、周礼、卿大夫献賢能之書于王、々拝而受之、所以尊道而貴士也、

伏見古記、朝家之立大学也、始起於大宝年中、至天平之代、右大臣吉備朝臣、恢弘道芸、親自伝授、即令学生四百人、習五経・三史・明法・算術・音韻・籀篆等六道、其後代々下勅、給罪人伴家持越前国加賀郡没官田一百余町、山城国久世郡公田卅余町、河内国茨田渋川両郡田五十五町、以充生徒食料、号曰勧学田、亦毎日給大炊寮百度飯一石五斗〈人別三升、五十人料〉、以補照読之疲也、又有勅、令常陸国、毎年挙稲九万四千束、以其利稲充寮中雑用料、又挙丹波国稲八百束、以其利稲充学生口味料、

而年代漸久、事皆睽違、承和年中、伴善男、訴家持無罪、返給加賀国勧学田、又有勅、分山城国久世郡田卅町為四分、其三分給典薬左右馬三寮、纔留其一分、充学生料、又河内国両郡治田、頻遭洪水、皆成大河、又常陸丹後両国出挙稲、依度々交替欠、本稲皆失無有利稲、当今所遺者、唯大炊寮飯料米六斗、山城国久世郡遺田七町而已、以此小儲、充数百生徒、雖作薄粥、亦不周、

然而学生等、成立之望猶深、飢寒之苦自忘、各勤鑽仰、共住学館、於是性有利鈍、才異愚智、或有捍格而難用者、或有穎脱而出嚢者、通計而論之、中才以上者、曾無十分之三四也、由是才士者已超擢

挙用、不才者衰老空帰、亦其旧郷凋落、無所帰託者、頭載白雪之堆、飢臥甕水之渓、於是後進者、偏見此輩成群、即以為、大学是迍邅坎壈之府、窮困凍餒之郷、遂至父母相誡、勿令子孫歯学館者也、由是南北講堂、鞠為茂草、東西曹局、闃而無人、

於是博士等、毎至貢挙之時、唯以歴名薦士、曾不問才之高下、人之労逸、請託由是間起、濫吹為之繁生、潤権門之余唾者、生羽翼而入青雲、蹈闕里之遺蹤者、詠子衿而辞黌舎、如此陵遅、無由興復、先王庠序、遂成丘墟、

臣伏以、萃人之道、以食為本、望請、常陸・丹後両国出挙本穎九万四千八百束之利稲、二万八千四百卌束之代、遍以諸国田租穀充給之〈縁海国半分、坂東国半分〉、以充給学生等食、又罪人伴善男所返給加賀郡田、重亦没官、令給穀倉院、充給造道橋料、重望、依旧返給件田、以為勧学田、又式云、学生不住寮家者、不得薦挙者、比年雖有此式、不能張行者、依学生之無食也、今須厳勅博士及寮頭等、諸道学生、雖有才芸、不直寮家者、不得貢挙、如此挑兮之徒、帰我国冑、皇矣之士、列彼周行、

一、請減五節妓員事

右臣伏見朝家五節舞妓、大嘗会時五人、即皆預叙位、其後年々新嘗会時四人、無預叙位之例、由是至于大嘗会之時、権貴之家、競進其女、以充此妓、尋常之年、人皆辞遁、可闕神事、爰有新制、令諸公卿及女御、輪転進之、其費甚多、不能堪任、伏案故実、弘仁承和二代、尤好内寵、故遍令諸家択進此妓、即以為選納之便也、諸家僥倖天恩、不顧糜費、尽財破産、競以貢進、方今聖朝、修其帷薄、立其防門、此等妓女、舞了帰家、無預燕寝、然則此妓人数、遂有何用、重案旧記、昔者神女来舞、未必有定数四五人、伏望、択良家女子未嫁者二人置為五節妓、其時服月料、稍令饒給、節日衣装、亦給公物、若貞節不嫁、経十箇年者、即預女叙、聴令出嫁、若願留侍者、預之於蔵人之列、即択置其替人、亦如前年、

一、請依旧増置判事員事

右臣伏案職員令、大判事二人、中判事二人、少判事二人、皆掌決断人罪也、然而近古以来、大判事一員、常用律学之人、其外五人、未必任明法之輩焉、故去寛平四年有詔、省件大判事一人、中判事二人、少判事一人、唯置大少判事各一人、然猶大判事独用法家、少判事亦非其人、

今案事意、此詔之旨、窃有疑惑、何者聖王之政刑法為大、昔者皐陶以大賢為理官、帝舜猶試云、欽哉々々、惟刑之静、光武以明察詳刑獄、桓譚亦奏云、法吏愛憎、刑開二門、然則疑獄之断、古今所難、而今総万民之死生、繋之於一人之脣吻、括五刑之軽重、決之於独見之讞書、已乖閲実之理、恐貽濫罰之科、

近曾安芸守高橋良成之罪、大判事惟宗善経処之遠流、以禦螭魅、奏可已畢、官符亦下、儻依刑部大録粟田豊門之駮議、良成之身、

幸蒙赦免、朽骨再肉、遊魂更帰、然則法律出入、難可取信、天下喁々莫不危懼、伏望依旧置判事六人、皆択明通法律者、補任之、使之倶議科比、詳定条章、各慥其意、然後奏聞、如此則怨獄永絶、罪人自甘、不待扶南之鰐魚、豈用堯時之獬豸、

一、請平均充給百官季禄事

右謹案式条、二月廿二日、八月廿二日、於大蔵省、可給百官春夏秋冬季禄、而比年依官庫之乏物、不得遍賜、由是公卿及出納諸司、毎年充給、自余庶官、則五六年内、難給一季料、伏案事意、上下分階、故禄之多少各異、閑忙殊務、故物之精麤不同、至于頒賜、宜無差別、豈可倶勤王事、別置偏煦之官、同列周行、式比鼷国之俗乎、伏望若可給季禄者、先計物多少、公卿百官、一日遍給、一如式文、若官庫無物者、同亦不賜、無有偏頗、如此則鳲鳩在桑、均哺養於七子、単醪投流、期酣酔於三軍、

一、請停止依諸国少吏幷百姓告言訴訟差遣朝使事

右臣伏以、牧宰者分万乗之憂、受一方之寄、惣六条之紀綱、為兆民之領袖、故漢宣帝云、与朕共理者、其唯良二千石乎、必須択用其才、尊崇其職、重官威而厭民心、捨小瑕而責大成、而比年任用之吏、或結私怨以誣告官長、所部之民、或矯王事以愁訴国宰、或陳犯用官物之状、或訴政理違法之由、此等条類、千緒万端、

於是朝家収其告状、発遣使人、々々到国、未問事之虚実、不弁理之是非、偏依使式、毎年准擬、領其印鎰、鎖其禁錮、即以官長之貴、与小吏賤民皆肩連口、受其推鞫、若辞対之間、纖芥有違、則立加縲紲、便塡牢狴、若亦雖告訴之旨、事皆不実、而威権而已廃、政令不行、爰隣境百姓、転相見聞、即各軽侮其官長、不肯服従其政教、傷化之源、無甚於此、

況亦理劇之任、庶務多端、晩夕僶俛、猶有不遑、而今朝使推問之間、被停釐務、多歴旬月、空廃治政、縦雖免贓吏之名、而猶成任中之怠、秩満之日、遂拘解由、如此則多致公損、徒滅良吏、助此訴人、報彼私怨也、

前年阿波守橘秘樹、粛清所部、底慎厥貢、勤王誠、当時第一也、如須殊加奨擢以励循良、而依小民之誣告、降朝使之廉問、雖事皆虚詐、告人逃亡、而秘樹之身、亦為廃人、如此則知恥之士、誰冀為吏乎、

方今時代澆季、公事難済、故国宰之治、不能事々拘牽正法、故或有枉尺而直尋者、或有失始而全終者、昔者龔遂為渤海守、奏曰、請勅丞相御史、且勿拘臣以文法、令得便宜従事、又本朝格云、国宰反経制宜、動不為己者、将従寛恕、無拘文法者、伏望此等告言訴訟、除謀反大逆之外、一切停止朝使、専附新司、若実有犯過者、具載不与解由状、勘判之後、即下刑官、論其罪科、

或難云、凡厥貪吏之盗官物、宜速加糺察也、若待其任終、恐倉庫無余、答云、仮令有人、告申吏盗賊、爰太政官即馳軽騎、昼夜兼行、禁遏其奸者、事若可爾、而今訴人告状、歴三審之程、待奏下

之比、択定使人之間、装束行程之限、事自弥留、度歴年紀、其間若有心盗犯者、豈遑遺一粒乎、然則与彼附後司、有何分別、況此牧宰等、身出帝簡、志報朝恩、非唯求立績於明時、亦皆念垂名於後代者也、故比年陥此罪者、皆為公謀功、未成之間、俄被告言而已、未曾有自犯入已之人焉、静尋其意、誠是公罪也、伏望暫褰天旒、照其可否、

一、請置諸国勘籍人定数事

右謹検案内、三宮舎人、及諸親王帳内資人、諸大夫命婦位分資人、諸司勘籍人、諸衛府舎人、式兵二省載季符者、一年四季之内、稍及三千人、又略計本朝課丁、除五畿内、陸奥・出羽両国、及大宰九箇国之外、不満卌万人、就中大半、是無有其身、然則見課丁、纔有十余万人、今十余万人之中、毎年除三千人之課役、傍薄而論之、未盈卌年、天下之人、皆可為不課之民、然則国宰令何人備進調庸乎、由是国宰奉行蠲符、即除富豪見丁之課役、更以無実課丁、括出計帳、故例進調庸、自然無可徴之門、然則調庸難備、曾非国宰之怠也、都是蠲符猥濫之所致也、而今依此怠、遂為未得解由、豈不悲乎、

或難云、三宮舎人、帳内、位分資人等、古来所充給也、然而累代蠲符、無有此妨、今至当時、何生異論、答云、凡諸勘籍人等符損符益通計可載蠲符、具在式条、而今比年所下蠲符之損、百人之中、無符益一人、又近古諸家、一得資人、無復改補、而比年補資人後、即遷転三宮及諸司内考、重復改請、於是三省史生書生等、因縁為奸、或不触本主、不依国解、偽称勘籍、猥載季符、其尤甚者、本主未補一人、省底已盈其数、如此奸濫、日以加倍、公損之甚、無過於此、伏望件等勘籍人、随国大小、毎年立其定数、大国一年十人、上国七人、中国五人、小国二人、以載蠲符、此外不得加増一人、又旧例、近江国一年免百人、丹波国免五十人、両国凋残、職此之由、今須因准此例、近江国減定十人、丹波国減定七人、又其勘籍解文、必二通進官、其一通留官底、一通加外題、即下式部省、省進季符之日、与官底解文勘合、然後請印、又蠲符所載、多符損少符益者勘返、不得請印、但京戸五畿内、不拘此制、冀也調庸易納、牧宰無煩、

一、請停以贖労人補任諸国検非違使及弩師事

右諸国検非違使、掌糺境内之奸濫、禁民間之凶邪、然則国宰之爪牙、兆庶之銜策也、必須明習法律、兼詳決断、而今任此職者、皆是当国百姓、納贖労料者也、徒費公俸、不堪差役、空帯其名、曾非其器、亦猶如画餅不可食、木吏不能言也、伏望監試明法学生、宛任此職、其試法一如明経国学之試、国中追補及断罪、一向委此検非違使、猶如京下有判事及検非違使也、

又縁辺諸国、各置弩師者、為防寇賊之来犯也、臣伏見本朝戎器、強弩為神、其為用也、短於逐撃、長於守禦、古語相伝云、此器神功皇后奇巧妙思、別所製作也、故大唐雖有弩名、曾不如此器之勁

利也、臣伏見陸奥・出羽両国、動有蝦夷之乱、大宰管内九国、常〔有〕新羅之警、自余北陸・山陰・南海三道浜海之国、亦皆可備隣寇者也、

而今件弩師、皆充年給、許令斥売、唯論価直之高下、不問才伎之長短、故所充任者、未知軍器之有弩、況暁機弦之所用乎、縦令天下太平、四方無虞、猶宜安不忘危、日慎一日、況万分之一、若有隣寇挑死者、空懐此器、孰人施用乎、伏望令六衛府宿衛等、練習弩射之術、試其才伎、随其功労、充任件等国弩師、然則人才適名、城戍易守、

一、請禁諸国僧徒濫悪及宿衛舎人凶暴事

右臣伏見去延喜元年官符、已禁権貴之規錮山川、勢家之侵奪田地、芟州郡之枳棘、除兆庶之蝥蠈、吏治易施、民居得安、但猶凶暴邪悪者、悪僧与宿衛也、

伏以諸寺年分及臨時得度者、一年之内、或及二三百人也、就中半分以上、皆是邪濫之輩也、又諸国百姓逃課役逋租調者、私自落髪、猥着法服、如此之輩、積年漸多、天下之人民、三分之二皆是禿首者也、此皆家蓄妻子、口啖腥膻、形似沙門、心如屠児、況其尤甚者、聚為群盗、窃鋳銭貨、不畏天刑、不顧仏律、若国司依法勘糺、則霧合雲集、競為暴逆、前年攻囲安芸守藤原時善、劫略紀伊守橘公廉者、皆是濫悪之僧、為其魁帥也、縦使官符遅発、朝使緩行者、時善・公廉、皆為魚肉也、若無禁懲之制、恐乖防衛之方、伏望諸

僧徒有凶濫者、登時追補、令返進度縁戒牒、即着俗服、返附本役、又私度沙弥、為其凶党者、即着鉗釱、駈役其身、

又六衛府舎人、皆須毎月結番、暁夕警備、当番陪侍兵欄、他番休寧京洛（東西帯刀町、此其住所也）、若有機急者、又須当番他番倶勤防衛、而今件等舎人、皆散落諸国、或在千里郵駅之外、百日行程之境、豈得門籍編名、宿衛分番乎、此皆部内強豪、民間凶暴者也、国司依法、勘糺其辜、則駿奔入洛、即納銭貨、買為宿衛、或帥徒党、而劫囲国府、或奪老拳、以凌辱官長、凡厥蠹害非唯疥癬、

夫以選置衛卒者、為備警急也、而今遠在甸服、不居京畿、縦令皇都無虞、則此輩何用、若其有急者、奔赴無及、然則徒為諸国之豺狼、曾非六軍之貔虎、望請諸衛府舎人、充補之後、不得帰住本国、若有寧帰者、各限假日、取本府牒、附送国衙、不得限外留連、若猶懈緩不還者、国宰且解其職、且録事状、牒送本府、如此則猨臂比肩於門欄、狗吠休驚於州壌、

一、重請修復播磨国魚住泊事

右臣伏見山陽・西海・南海三道舟船海行之程、自檉生泊至韓泊一日行、自韓泊至魚住泊一日行、自魚住泊至大輪田泊一日行、自大輪田泊至河尻一日行、此皆行基菩薩、計程所建置也、而今公家唯修造韓泊・輪田泊、長廃魚住泊、由是公私舟船、一日一夜之内、兼行自韓泊指輪田泊、至于冬月風急暗夜星稀、不知舳艫之前後、無弁浜岸之遠近、落帆弃檝、居然漂没、由是毎年舟之蕩覆者、漸

過百艘、人之没死者、非唯千人、昔者夏禹之仁、罪人猶泣、況此等百姓、皆赴王役乎、伏惟聖念必応降哀矜者也、

臣伏勘旧記、此泊天平年中所建立也、其後至于延暦之末、五十余年、人得其便、弘仁之代、風浪侵齧、石頽沙漂、天長年中、右大臣清原真人、奏議起請、遂以修復、承和之末、復已毀壊、至于貞観初、東大寺僧賢和、修菩薩行、起利他心、負石荷鍤、尽力底功、単独之誠、雖未畢其業、年紀之間、莫不蒙其利、賢和入滅、稍及卌年、人民漂没、不可勝数、官物損失、亦累巨万、伏望差諸司判官幹了有巧思者、令修造件泊、其料物充給播磨・備前両国正税、冀也、早降聖朝援手之仁、令脱天民為魚之歎、凡厥便宜、具載去延喜元年所献意見之中、不更重陳、

延喜十四年四月廿八日　従四位上式部大輔三善朝臣清行上、

寛平御遺誡

供朝膳、申時□　□〔衛府舎人〕、以上、陣直超倫、声誉遍聞者、昇転叙位、及兼国貢物、勿拘常例、唯忌婦人之口小人之挙耳、

諸国諸家等所申季禄大粮衣服月料等、或入官奏、或就内給、申不動正税等、雖令勘申国中帳遺、或遠年帳難為実、今須不動者一切禁断、正税者随状処分、若必用不動者、即後年全令委塡、不可忘、此事当時執政所可進止也、雖然存於内心、補万分一、努力々々、

斎宮者、出在外国、用途雖繁、料物不足、随其申請、量宜進止、唯寮司能々可選任之、斎院者、種々雑物蔵例雖具、其於用度不足十分之一、特加相労、不可忘之、大略仰菅原朝臣季長朝臣〔畢〕、可令彼両人検〔校之〕、

諸国権講師権検非違使等、朕一両許之、不可為例、□読師随孟冬簡定、可任諸階業僧等、□　□事妨之、二三度朕失之、新君慎之、

内供奉十禅師、□寺定額僧等之闕、必用本寺選挙、不可輙許前人之譲、妄（□）他所之嘱、若有知徳普聞、戒律令□問許之、不可失之、

外蕃之人必可召見者、在簾中見〔之、不可〕直対耳、李環朕已失之、〔新君〕慎之、

諸国新任官長、請〔申〕任用者、或掾或目、医師博士等、惣不可許之、唯諸司諸所有労之中、為他人被遍知堪其用者、量状許〔之、若〕不分明者亦忌之、莫忘莫怠、

有憲不可昇殿之状、去年引神明附定国、申遂已了、莫忘之、

莫淫万事、責〔躬〕節之、可明賞罰、莫迷愛憎、用意平均、莫由好悪、能慎喜怒、莫形于色、

左右近衛将監叙位之事、追昔例、左右逓隔年叙之、而今叙位之事不必毎年、宿衛之勤殊倍他府、始自舎人至判官者、積四五十年、殆難待其運、今須復近代之例、毎有儀式之叙位、左右共叙之、将励宿衛之人、新君慎之、

内侍所者、有司已存、唯宮中之至難者、是後庭之事、今須其方雑事、御匣殿収殿糸所等事者、定国朝臣姉妹近親之中、可堪其事者一両人、一向行事、日給之物等第之類、惣可処分、洽子朝臣自昔知糸所之事、□之間、猶令兼知之、息所菅氏宣旨滋野等者、日々出居女房之侍所、行蔵人等日給之事、兼正進退礼儀、至有更衣之時、又加教正礼節、其更衣蔵人、随事給賞物、依功授官爵之事、皆悉可執奏申行也、菅氏是好省煩事之人也、宣旨又寛緩和柔之人也、激励各身、令勤仕之、新君慎之、

中重北西廊、采女々孺等、各為曹司、居住如家、代々常有失火之畏、雖然遂不得追却、今須毎夜蔵人殿上人、可堪其事者一人、差加蔵人所人一両令巡検、不可怠之、又宮中人々曹司坪々等、凡下之人、常致破壊、須五日一度、同遣殿上人、令巡検警誡、新君慎之、

左大将藤原朝臣者、功臣之後、其年雖少、已熟政理、先年於女事有所失、朕早忘却、不置於心、朕自去春加激励、令勤公事、又已為第一之臣、能備顧問、而従其輔道、新君慎之、

右大将菅原朝臣、是鴻儒也、又深知政事、朕選為博士、多受諫正、仍不次登用、以答其功、加以朕前年立東宮之日、只与菅原朝臣一人論定此事〈女知尚侍居之〉、其時無共相議者一人、又東宮初立之後、未経二年、朕有譲位之意、朕以此意、密々語菅原朝臣、而菅原朝臣申云、如是大事、自有天時、不可忽、不可早云々、仍或上封事、或吐直言、不順朕言、又又正論也、至于今年、告菅原朝臣以朕志必可果之状、菅原朝臣更無所申、事々奉行、至于七月可行之議・人口云々、殆至於欲延引其事、菅原朝臣申云、大事不再挙、事留則変生云々、遂令朕意如石不転、惣而言之、菅原朝臣非朕之忠臣、新君之功臣乎、人功不可忘、新君慎之云々、

季長朝臣深熟公事、長谷雄博渉経典、共大器也、莫憚昇進、新君慎之、

朕聞、未旦求衣之勤、毎日整服、盥嗽拝神、又近喚公卿、有議洽、訪治術、夕還本座、招召侍臣、求六経疑、聖哲之君、必依輔佐以

治事、華夷寡小之人、何無賢士、以感救徹、事有持疑、必可推量以決之、新君慎之、
諸司諸所、々言奏見参、有先例者、可下諸司令勘旧跡、唯有旧遠、能推量可行、新君慎之、
延暦帝王、毎日御南殿帳中、政務之後、解脱衣冠、臥起飲食、又喚鷹司御鷹、於庭前令呼餌、或時御手作觜爪等可好、又至苦熱、朝政後、幸神泉苑納涼、行幸之時、先令問左右近中少将、即喚手輿御之、行路之次、若有御興、令近衛等相撲、是為好相撲也、造羅城門、巡幸覧之、即仰工匠曰、此門高可減五寸云々、後又幸覧之、即喚工匠何如、工匠云、既減、帝歎曰、悔不加五寸、工匠聞之、伏地絶息、帝奇問、工匠良久蘇息、即云、実不減、然而為有煩詐言耳、帝宥其罪、帝王平生昼臥帳中、令遊小児諸親王、或召采女、時令洒掃、其時人夏冬服綿袴、其采女袴躰如今表袴、欲便御也、是等語故太政大臣旧説也、雖不可追習、為存旧事附状末耳、又弘仁御時、諸堂殿門額初書、宮城東面帝親書耳、又初製唐服云々、
以前数事之誡、朕若忘却、而有所嘱者、引此書可誓、□以此為孝、不可違失耳、
本云、
承安二年十一月七日以納言殿御本書取了、
日向守定長
寛元三年四月十一日加一校了、以中宮権大進俊兼本書写之、
春宮権大進光国

遺　誡

九条右丞相

遺誡幷日中行事〈造次可張座右〉

先起称属星名字〔七遍〕〈徴音、其七星、貪狼者子年、巨門者丑亥年、禄存者寅戌年、文曲者卯酉年、廉貞者辰申〔年〕、武曲者巳未年、破軍者午年〉、次取鏡見面、見暦知日吉凶、次取楊枝向西洗手、次誦仏名及可念尋常所尊重神社、次記昨日事〈事多日々中可記〔之〕〉、

次服粥、次梳頭〈三ヶ日一度可梳之、日々不梳〉、次除手足甲〈丑日除手甲、寅日除足甲〉、

次択日沐浴〈五ヶ日一度〉、沐浴吉凶〈黄帝伝曰、凡毎月一日沐浴短命、八日沐浴命長、十一日目明、十八日逢盗賊、午日失愛敬、亥日見恥云々、悪日不可浴、其悪日寅辰午戌下食日等也〉、

次有可出仕事、即服衣冠不可懈緩、会人言語莫多語、又莫言人之行事、唯陳其所思兼触事、不可言世人事也、人之災出自口、努々慎之々々、又付公事可見文書、必留情可見、

次朝暮膳、如常勿多飡、勿多飲、又不待時剋不可食之、詩云、戦々慄々、日慎一日、如臨深淵、如履薄氷、長久之謀能保天年、

凡成長頗知物情之時、朝読書伝、次学手跡、其後許諸遊戯、但鷹犬博奕、重所禁遏矣、元服之後、未趨官途之前、其所為亦如此、

但早定本尊、盥洗手唱宝号、若誦真言、至于多少、可随人之機根、不信之輩、非常夭命、前鑑已近、

貞信公語云、延長八年六月廿六日、霹靂清涼殿之時、侍臣失色、吾心中帰依三宝、殊無所懼、大納言清貫、右中弁希世、尋常不敬仏法、此両人已当其妖、以是謂之、帰真之力尤逃災殃、又信心貞潔智行之僧、多少随堪相語之、非唯現世之助、則是後生之因也、

頗知書記、便留心於我朝書伝、

夙興照鏡、先窺形躰変、次見暦書、可知日之吉凶、年中行事、略注付件暦、毎日視之次先知其事、兼以用意、又昨日公事、若私不得止事等、為備忽忘、又聊可注付件暦、但其中要枢公事、及君父所在事等、別以記之可備後鑑、

凡為君必尽忠貞之心、為親必竭孝敬之誠、恭兄如父、愛弟如子、公私大小之事、必以一心同志、繊芥勿隔、若有不安心之事、常語述其旨、不可結恨、況至于無頼姉妹、慇懃扶持、又所見所聞之事、朝謁夕謁必曰於親、縦為我有芳情、為親有悪心、早以絶之、若雖疎於我、有懇於親、必以相親之、

凡非有病患、日々必可謁於親、若有故障者、早以消息可問夜来之寧否、文王之為世子也、尤足欣慕、

凡為人常致恭敬之儀、勿生慢逸之心、交衆之間、用其心也、或有為公家及王卿、雖非殊謗、而言不善事之輩、如然之間必避座而却去、若無便避座、守口隔心勿預其事、縦人之善不可言之、況乎其

悪哉、古人云、使口如鼻、此之謂也、
非公私無止事之外、輙不〔可〕到他処、又妄勿交契於衆人、交之難
也、古賢所誡也、縦有人、甲与乙有隟、若好件乙則甲結其怨、如
此之類重可慎也、
又莫伴高声悪狂之人、其所言事輙不可聞驚、三度反覆与人交言、
又不可行輙軽事、常知聖人之行事、不可為無跡之事、
又以我身富貧之由、曾勿談説、凡身中家内之事、不可輙披談之、
始自衣冠及于車馬、随有用之、勿求美麗、不量己力好美物、則必
招嗜欲之謗、徳至力堪何事之有哉、
不可輙借用他人之物、若公事有限必可借者、用畢之後、不可移時
日、早以返送之、
故老及知公事之者、相遇之時、必問其所知、〔聞〕賢者之行、則雖
難及必企庶幾之志、多聞多見、知往知来之備也、
若有官之者、催行僚下、為一所長之者、整役其下、各全所職以招
幹事之誉、若有故障之時、早奉仮文可申障之由、不申故障闕公事、
慎之誡之、努力々々、其謗尤重、節会若公事之日、欲整衣冠早参
入、為殿上侍臣若諸衛督佐之者、当直日早参入必可宿直、但至于
文官非劇務者、随有公事而殊能勤之、緩怠之聞重可畏者也、
凡採用之時、雖有才行、不恪勤之者、無薦挙之力、縦非殊賢、僶
俛之輩、尤堪挙達之、
大風疾雨雷鳴地震水火之変、非常之時、早訪親、次参朝、随其所
職之官、廻消災之慮、在朝也欲珍重矜荘、在私也欲雍容仁愛、以
小事輙不可見慍色、若有成過之者、暫雖勘責、亦以寛恕、
凡不可大怒、勘人之事、心中雖怒、心思勿出口、常以恭温可為例
事、喜怒之心無過余、以一日之行事、為万年之鑑誡、
凡在宅之間、若道若俗所来之客、縦在梳頭飲食之間、必早可相遇
之、捉髪吐哺之誡、古賢所重也、
家中所得物、各必先割十分一、以宛功徳用、没後之事、豫為格制、
慥令勤行、
若不為此事之時、妻子従僕多招事累、或乞不可乞之人、或失不可
失之物、非一家之害、必招諸人之謗、仍所得之物、必以割置、始
〔自〕葬料、尽于諸七追福之備、但清貧之人、此事尤難、然用意与
不用意、何無差別、
以前雑事書記如右、予十分未得其一端、然而常蒙先公之教、又
訪古賢、今粗知事要、依万一之勤、雖非才智、已登崇班、吾後
之者、熟存此由、縦非如法、必以用意可勤公私之事、

菅　家　遺　誡

菅家遺誡　巻第一

凡仁君之要政者、以撫民為本、民者神明賚也、本朝之綱孝者、以敬神明為最上、神徳之微妙豈有他哉、

凡本朝者、天照太神之裔国、而天孫瓊瓊杵之尊臨位之地也、嘗禘祀祭之法、無可因漢土之法、斎卜両家之氏人、以之預有司之員、

凡神事之枢機者、以正直之道心事之、則神照降于此、玄至遊于此、故中臣鎌子神照之表曰、神明如水精、神徳如池水、神明与神徳、分一而無分一之理云云、

凡治世之道、以神国之玄妙欲治之、其法密而其用難充之、故夏殷周三代之正経、魯聖之約書、平素簪之冠之、服膺而当至其堺界細塵、

凡神器政器者、尋繹於有司之精、令掌其法規、仮令雖有新古之班、更莫厭之、大鹿嶋之命、為祭主之時者、神器及闕弊、則以真榊之連葉為平敷、以膳手之葉為葉椀、令足其便、中大兄之皇子者、新冠不有其頭、則以真木之群鬘為冠、向拝於天皇焉、彼者神臣、是者儲王也、古蹟之影照万世之子臣、最以神而入玄者也、

凡治天之君者、因準於先王之法、則太古之溥、和而治之者、民無妖災夭殤之苦、上無水旱蝗蛀之辛、矧又神孫之皇国、与堯舜治天之徳、其貴有其天孫、其楽有八十河原之神燎之神楽、

凡入租貢税之法者、大概法先王之道、監寮蕃国、神風之奥撰合格吏幹之刺史、無甲乙左右之民役、専烹鮮省槐之愛、治之正之、則神明夜守日護、護幸給、国土与高天原之無窮、可同尊趣焉、

凡臨期之朝儀者、随古老有職之臣、正重祖歴代之土材、而宜無朝家緩懈之公事、

凡有楽之会式者、有因漢楽、有〔因〕印楽、雖然三家五子之調楽、本朝之眉目也、然則令神遊于幽玄微妙之域、使民帰于淡水澗戸之屋、但蕃楽催馬楽朗詠之御遊、又是異楽之一調、清暑露台之逸興也、尤至其奥旨、使感鬼神之一助也、

凡詩賦之興、其旨趣与歌楽一般也、加之詩者直五倫十等之列、純敵国旧讎癖、賦者述長舌短手之便、通不備麁様之何、尤以諸賦之二什、其徳用与歌楽至一至二、三事合理之便能也、当家素生、馳走履急鞋之浪、插繩綬木冠之星、則二事兼学之才用、宜為規模者也乎焉、

凡歌什詠吟之弄者、鬼神交遊之梯階、夫婦偶和之基也、鬼神交遊万品生育之、則挙国純一、千物繁栄焉、夫婦偶和之、則民生淳質、旱水各趣也、故持黄門者述鵲霜之情、柿三品者賦諸山之霙、挙一之麗趣也、

凡営神社修仏閣之旨意、雖未可有来格照降之実、敬之有此敬、疎

之有此疎、眼底情機之所到、通徹至妙之要底也、

凡主上着御元服乗輿之具、調度殿階之差別、雖有級階、省草服穴居之往時、則以外物飾粧之具当貴、非有威徳色様之別、然者以疎麁不遠之物、可備御便也、

凡外蕃下裔之賓客、来朝于鴻臚之寓者、仮令雖有朝家益便之儀、至王卿等、非可持於謁見之輿、矧亦於陛下乎、所謂藤仲卿者汙紳帯於臚館之塵、田淋者黙什尾於蕃筵之拙、皆以蕃客会語之乏通訳也、

凡市店朝夕之交買者、待有司之処分、曾以非可定於他言、雖然輙王卿槐流之徒、為市中之歴遊、剰間行微服之遊、酷不器之至也、

〔凡〕鷹犬者、便田猟幸民望、但遙越民望耽鷹、骨非守門養狡犬之利、不可思議之至也、

凡山海川沢之利、為口沢莫求之、仮令雖為田家、不可及細細戟繫之猟、

凡宮中私闈之侍女之数、大概宜減家丁之五等、但有病之婦家者、随家禄之多少、置外妾箒婦之儀、各用之法也、

凡詳刑之便故者、随笞杖徒流死之五等、族類五等之親別、更以不可混也、以薄賞者重賞物、以重罪者薄罪科之事、古今大略無為其過、罪科者如外面之塵、身命如宝鏡之光、罪科使至無之者、身命有明鏡之光、刃傷之音、君子賤之、大理諫議之官事者、天下之枢職也、

凡武備之芸事、府官之所試也、雖然疎文道、則其武庸拙、而備便皆古典、故四道之将帥賜節鉞之時、侍儒取経火之要含之、令学其急之事律条之所定也、仮使〔雖〕有暴虎掠熊之器、無文物之麗節、如赤子取雄剣、最上之勇士、将帥之量者、有文備之両条者也、

菅家遺誡　巻第二

凡放鷹猟獣之遠遊者、王者臨国之機、不可過、雖然逸興与珍猟之二遊、違王者之望者、令民至荒蕪之田、令物落不慈之役、嗟呼放鷹猟獣之差別、無遠慮之、難宜尽成功焉、

凡僧尼之新徒者、為牧宰所令之臣、計戸口人民之多少、考水旱病災之用、待礼部之処分、待木官主省之下知、考住遊之可否、而可請省之度縁、令至自行之器也、

凡冠婚葬祭之式条、守自鬼之官秩与譜第之歴名、不可越其分様、但其分秩歴職雖叶宜、従薄式、仮莫用美麗重器之飾、矧也於越其分乎、

凡服忌者、別五等之親属、弁期祥之年月、令親属不可為不備之鬼神、令神馳異姓、令鬼降不遜之祭之語者、禓礼部之常所守也、最順親常孫之亀鑑不可過之也、

凡公家官用之新領者、受領改補之節毎例有之、以格勤仕官之鑑可正之也、

凡朝市班列之官戸商戸、輙犯公堺両市之令司、剰耽軽情、失本省

之条、豈有他矣、弾正之急責可及此、仮令雖及楚忽之刑事、毫釐不可為刑官之恥也、

及極官之長上者、雖為則闕之任、其器酢政而下乱者、歟一章三難之、則朝佞臣走、野讒夫馳焉之故言、豈不疑乎、法家之儒門、吾家之紀流、重之勘之、以徳治妖者、尭舜之臣民也、常思之案之、則市言流吾、及消尽如日下之霜、炳徹無毫髪之災害者也、

凡朝野之格勤、諸蕃辺要之武器、任其撰挙随声誉、令居其官之儀、宰官之重路也、

凡良家之子、及十有五等之学田、但庶流者、有三等之学田、故其用有使其道到出身、不好之則嫡家者宛百日之徒罪、庶流者及五十日之徒罪、此専非責其人、一向令進学林也、思之憶此、

凡街路巷保之中、妖霊神荘奇仏、先規之極制、以治部省之令牒、不及其牒結之則、以定額之寺院、宛三年之徒罪、以治部省、宛百日之徒罪也、

凡揚名之官職者、取大間職事宛其用、如搧関将帥之職者、以揚名之名、為比興之義、国政及虞氏之法、民用至周家之富、争有揚名之名矣、尤以可為管轄之規模也、

凡京畿及急火之、則二京之所司、急当火之宅、可止其災、弾正之所司者、可戒非常之班民非礼之諸士、神祇之所司者、枕急職可候三種之神官之条、不可思議之国法也、

凡震雷、有朝家者、左右之侍臣近席之侍女、以火炉之香煙、可供主上之尊耳也、公家之以其分限、亦可如此也、

右弐巻之遺誡者、自菅給事庸安朝臣伝写之畢、

開府儀同藤原実純

右之遺誡者、依青門主之恩眄拝写之、尤儒門之秘文也、

嘉吉二年十月廿二日

翰林学士藤原定常

新猿楽記

予廿余年以還、歴観東西二京、今夜〔猿楽〕見物許之見事者、於古今未有、就中呪師・侏儒舞・田楽・傀儡子・唐術・品玉・輪鼓・八玉・独相撲・独双六・無骨・有骨、延動大領之腰支・蝦漉舎人之足仕、氷上之専当之取袴・山背大御之指扇、琵琶法師之物語・千秋万歳之酒禱、飽腹鼓之胸骨・蟷螂舞之頸筋、福広聖之袈裟求・妙高尼之繦緥乞、形勾当之面現・早職事之皮笛、目舞之翁体・巫遊之気装白、京童之虚左礼・東人之初京上、況拍子男共之気色・事敢大徳之形勢、都猿楽之態、嗚呼之詞莫不断腹解頤者也、

抑上下不同、論以可弁矣、百大高振神妙之思、独歩古今之間、仁南帝出猨楽之庭、必被衆人之寵、定縁者嗚呼之神也、先見其形、断一端之腹、形能者猨楽之仙也、未出其詞、解万人之頤、県井戸先生、雖得其体骨、詞甚鄙而時々致言失、世尊寺堂達、雖受其天性、詞余多而人々為吹咲、坂上菊正、初冷而終増興宴、還橋徳高、先膽而末無秀句、大原菊武、此道已不覚也、己独栄而敢無人間愛敬、小野福丸、其体甚以非人也、偏乞丐而不可衆中一列、近代驚耳目者、纔四五人而已、以玆或道俗男女貴賤上下被物禄物、如雨如雲、仍百之九裸〔而〕帰、万之八犬而去、其明朝天陰雨降、結藁為蓑、割薦為笠、或褰袴猨踵、或被袙鶴脛、或戴畳麨臥深泥、或着筵落入堀川、見之嘲咲之人、敢不可勝計之、〔就〕中西京有右衛門尉者、一家相挙来集、所謂妻三人娘十六人男九人、各善悪相頒、一一所能不同云云、

第一本妻者齢既六十、而紅顔漸衰、夫年僅及五八、而好色甚盛矣、蓋弱冠奉公之昔、偏耽舅姑之勢徳、長成顧私之今、只悔年齢懸隔、見首髪皤々如朝霜、向面皺畳々如暮波、上下歯欠落若飼猨顔、左右乳下垂似夏牛閪、雖致気装、敢無愛人、宛如極寒之月夜、雖為媚親、更多厭者、猶若盛熱之陽炎、不知吾身老衰、常恨夫心等閑、歟本尊聖天供如无験、持物道祖祭似少応、野干坂伊賀専之男祭、叩蚫苦本舞、稲荷山阿小町之愛法、甑鰹破前喜、五条道祖奉粢餅千葉手、東寺夜叉祀飯餌百籮子、叩千社躍、捧百幣走、嫉妬瞼如毒蛇之繞乱、忿怨面似悪鬼之睚眦、恋慕之涙洗面上粉、愁歎之炎焦肝中朱、須剃除雪髪速成比丘尼之形、而猶愛着露命、乍生作大毒蛇之身、但雖有諸過失、既為数子之母、為如何之乎、

次妻夫婦同年也、雖非勝西施、又無指過失、心操調和如水随器、剛柔進退如雲聳風、剱乎裁縫・染張・経織・績紡之道、吏桿・典販・家治・能治之条、嘆而猶有余、朝夕厨膳叶心、夏冬装束若時、烏帽子・狩衣・袴・袷衣・袙・褂・衾・単衣・差貫・水干〈已上宿装束〉、冠・袍・半臂・下襲・大口・表袴・帯・太刀・爵・扇・沓・襪〈已上昼装束〉、馬鞍・弓・胡籙・従者・眷属皆放此女房之

徳也、

第三妻者有所之女扇強縁之同僚也、年十八、容顔美麗放逸豊顔也、一偏立妖艶之道、未曾知世間上、雖然養沈淪窮屈之性、罷世路喧囂之思、縦雖奉公衛官之営、談之日已彼忘、縦雖仕仏事神之務、交之時更此重、摂眉対之〔自開、怒面会之自和、所痛触之〕忽喩、所苦課之速安、夜専夜愛、昼随昼翫、挑眼不痛、投財不惜、不論水火、不憚風雨、於万人嘲哢振頭、於両妻嫉妬塞耳、長生不死之薬、遐齢延年之方、莫過斯若妻乎、

大君夫者高名博打也、筒父擢傍、𡑮目任意、語条尽詞、謀計究術、五四尚利目・四三小切目・錐徹・一六難呉流・叩子・平𡑮・鉄𡑮・要筒・金頭・定筒・入破・康居・樋垂・品態・𡑮論、猶勝宴丸道弘、即四三一六豊藤太、五四衝四竹藤掾之子孫也、字尾藤太、名傳治、目細鼻匾、宛如物核、一心二物三手四勢五力六論七盗八害、無所欠之、

中君夫天下第一武者也、合戦・夜討・馳射・待射・照射・歩射・騎射・笠懸・流鏑馬・八的・三々九・手挾等上手也、或被甲冑、帯弓箭、受干戈、用太刀、靡旌築楯、張陣従兵之計、寔与天之道也、手聞心猛、毎臨合戦之庭常得勝負之名、至于会稽之時、未取属降之思、具楊由之弓能、有解烏之靭徳、寔可謂一人当千、不知姓名、字元名勲藤次云云、

三君夫出羽権介田中豊益、偏耕農為業、更無他計、数町戸主大名田堵也、兼想水旱之年調鋤鍬、暗度腴迫之地繕馬杷犁、或於堰塞・堤防・構渠・畔畷之圯、育田夫農人、或於種蒔・苗代・耕作・播殖之営、労五月男女之上手也、所作稙稑・粳糯・苅穎、勝他人、春法増毎年、加之、薗畠所蒔麦・大豆・大角〔豆〕・小豆・粟・黍・薭・蕎麦・胡麻、員尽登熟、春以一粒雖散地面、秋以万倍納蔵内、凡始自東作至于西収、聊無違誤、常懐五穀成熟稼穡豊贍之悦、未会旱魃・洪水・蝗虫・不熟之損、検田収納之厨、官使逓送之饗、更無所遁避、況地子・官物・租米・調庸・代稲・段米・使粁・供給・土毛・酒直・種蒔・営料・交易・佃・出挙・班給等之間、未致束把合夕之未進、抑雖拙為輸税贖課之民烟、遮莫未若困詇乞索之貧家、

四御許者覡女也、卜占・神遊・寄絃、由寄之上手也、〔舞袖〕飄颻如仙人遊、歌声和雅如頻鳥鳴、非調子琴音、地祇垂影向、無拍子鼓声、野干必傾耳、仍天下男女継踵来、遠近貴賤成市挙、熊米積無所納、幣紙集不遑数、尋其夫、則右馬寮史生、七条以南保長也、姓金集名百成、鍛冶鋳物師幷銀金細工也、一佩・小刀・太刀・伏突・鉾・剣・髪剃・矢尻、鍔如寒氷、様似茅葉、或鐙・銜・鎰・鋸・鉇・釿・鐇・鎌・斧・鋤・鍬・釘・鍉・錐・鑷・鋏・金物等〈已上造物〉、或鍋・鑵・釜・鍑・鼎・鉢・鋺・熨斗・鏡・水瓶・花瓶・閼伽器・匳・火舎・錫杖・錫鈸・香炉・独鈷・三鈷・五鈷・鈴・大鐘・金鼓等〈已上鋳物〉上手也、進退鉄動同揚州莫邪、

錬沸銅応疑呉山百錬乎、
五君夫紀伝・明法・明経・算道等之学生也、姓菅原名匡文字菅綾三、文選・文集・史記・漢書・論語・孝経・毛詩・左伝・令律・格式尽部読了、仍詩賦・序表・詔・宣旨・宣命・位記・奏状・願文・呪願・符牒・告書・教書・日記・申文・消息・往来・請文〔等〕上手也、了々分明而憲法不違於格式、風月心工而詩賦不背於韻題、豈異以言・匡衡・文時・直幹等哉、況大算剰除・九々・竹束八面蔵・開〔平〕方除・開立方除・町段歩数積募・算術・算経〔等〕無所暗、凡近代給料・得業・進士・秀才・成業・大業者、誰人有比肩之者乎、
六君夫高名相撲人也、伯耆権介名曰丹治筋男、父旁即丹治文佐之子孫也、母方則薩摩氏長〔之〕曾孫也、気体長大而形皃雄爾也、強力勇悍而取手無競者、内搦・外搦・亙蹶・小頸・小脇・逆手等上手也、浴衣腰支・理髪髪際、庭翔心地・手合気色、腕力筋・股肉、支成・骨連、外見当迷惑、況相敵忽憶病、雖佐伯希雄・品治是男・丹治是平・紀勝岡・近江薑・伊賀枯丸等、狭間内取・大庭抜手、未有蹶之汚之者、況自余最手占手、諸国貢御、皁合之皆不敵、譬如鼠会猫雉相鷹、若非金剛力士之化現、是可紀八法師之生来也、仍蒙最手之宣旨、賜八十町免田云云、
七御許者貪飯愛酒女也、所好何物、鶉目之飯・蕪眼之粥、鯖粉切・鰯酢煎・鯛中骨・鯉丸焼、精進物者腐水葱・香疾大根舂・塩辛納豆・油濃茹物・面穢松茸、菓物者無核温餅・勝粉団子、熟梅和・胡瓜黄、酒醪・肴煎豆、眄夫順嬌、猶如蔵猫爪、望食進悶、宛如舐狗牙、仍雖形皃端正、願為馬借車借之妻、件夫字越方部津五郎、名津守持守行云云、東馳大津・三津、西走淀渡・山崎、雖牛頸爛一日無休、雖馬脊穿片時不治、常論駄賃之多少、鎮諍車力之不足、等閑而不屈腰、蔑如而不〔斂〕紐、足無脱藁履之時、手无捨楉鞭之日、踵皹如山城茄子相霜、脛瘃如大和瓜向日、只以牛馬之血肉、将助妻子之身命而已、寔伏一家之面、只在七娘之処云云、
八御許夫飛驒国人也、位大夫大工、名檜前杉光、伝八省豊楽院之本図、鑑造殿・造宮等之式法、或造寺者、講堂・金堂・経蔵・鐘楼・宝塔・僧房・大門・中門・二蓋・四阿・重榱・間榜・並科桿・寝造也、或人家作者、対・寝殿・廊・渡殿・曹司町・大炊殿・車宿・御廐・叉倉・甲蔵等之上手也、凡桁・梁・垂木・木舞・梲・豕杈首・枓・栱・柱・鴨柄・長押・板敷・蔀・隔子・妻戸・遣戸・高欄・日隠・破風・開板之様体、飛檐・角木・曾利丈尺寸法如懸鏡、抑廛目而縄於曲直也、鋸歯而営於切角也、手斧頸而為工之棟梁也、椶槌頭而為道之首長也、指者墨芯、臂者曲尺、肩〔者〕鋲柄、足者鉄槌也、都始身体得天骨工也、
九御方夫右近衛医師和気明治也、毒薬之道分別、術方之計無極、看病療疾之仏也、遣針灸治之神也、知六府五蔵之診脈、探四百四病之根原、順方治病、任術療疾、擣蓰合薬・搗抹文輿之上手也、

不異於耆婆・医王、相同〔於〕神農・鶣鵲、彼雪山童子之日々採草、蓬萊方士之年々拾薬、只聴名無益乎、

十君夫陰陽先生賀茂道世、金匱経・枢機経・神枢霊轄等之無所不審、四課三伝明々多々也、占覆物〔者〕如見目、推物怪者如指掌、進退十二神将、前後三十六禽、仕式神、造符法、開閉鬼神之目、出入男女之魂、凡覲覧反閉究術、祭礼解除致験、地鎮・謝罪・呪術・厭法等之上手也、吉備大臣七佐法王之道習伝者也、加之法暦天文図・宿耀地判経、又以了々分明也、所以形雖稟人体、心通達鬼神、身雖住世間、神経緯天地矣、

十一君気装人者一宮先生柿本恒之、管絃并和歌上手也、有穴者吹、有絃者弾、箏・琴・琵琶・和琴・方磬・尺八・囲碁・双六・将碁・弾碁・鞠・小弓・包丁・料理・和歌・古歌、天下無双者也、就中至于和歌、所抜能〔者〕也、扇難波津〔之〕古風、汲富緒河之末流、長歌・短歌・旋頭・混本・連歌・隠題・恋・禱等、聊無所沈滞、凡素盞烏尊・聖徳太子御世代、定三十一字以降、古万葉集・新万葉集・古今・後撰・拾遺抄・諸家集等尽以見了、不恥於猿丸大夫・衣通姫等、不在所〔愧〕於躬恒・貫之・小野小町等、花山僧正之長此道、猶有画女之動人情之難、在原中将雖得其名、自招買人着鮮衣之誹、況其以外好此道者、於古今幾千万乎、雖然纔存古風、此公一人而已、温其氏、廼柿本人丸〔之〕末孫、問其家、又山辺赤人之前跡也、卅一箇字備六義、五七五七七句句避八病、花実兼備、首尾相調、其詞滑五尺鬘如沃水、其情縟如一流縷貫珠、故蒙公臣之寵愛、有貴賤之饗応、彼藤六主者、以之為活計之媒、此先生君者、以之為出世之橋云云、

十二君仮借人者侍従宰相・頭中将・上判官・蔵人少将・左衛門佐等也、或文付梅枝、以随身小舎人被賜、或歌書桜花、以帯刀・滝口等被送、艶書来如鋪波、貴使集似雲霞、遥砕心肝、未有得意、抑其女形皃言者、翡翠之釵滑、嬋娟之粧靚、廻芙蓉之瞼一咲、成百媚、開青黛之眉半面、集万愛、不着粉自白、不施經自赭、潤唇如丹菓、膏膚似白雪、腕論玉、歯含貝、詞少顕旨、音和通事、綾羅纏身、蘭麝薫衣、擎鸞鏡為伴、習鳥跡為師、養在深窓、艶自風聞於天下、尊有幽閨、〔色〕嬲嫋於遠近、皆云、昔〔唐〕玄宗之代、必為猜楊貴妃、漢武帝之時、自為替李夫人乎、

十三君者娘中之糟糠也、醜陋不可見人、頑鄙不可仕主、其為体蓬頭額短、齞唇頤長、攣耳顱太、顋高頬窄、歴歯蹕跣、牖腸塞鼻、傴僂鴿胸、膸脹蛙腹、傍行戻脚、疥癩歴易、短頸而襟有余、長大而裾不足、身薫胡臭、衣集蟣虱、手如鉄爪、足如鍬形、施粉似狐面、着經猶猨尻、娙姣〔而〕不択上下、嫉妬而不修心操、織紝裁縫甚以〔手〕筒也、家治営世頗以无跡形也、凡六行永離、七出完具女也、但近来有夜這人云云、大原居住老翁壱岐大掾、姓山口名炭武、常願天之寒、鎮悪気之暖、十指黒両鬢白、出苦官使之奢、入憂弊衣之破、身常交灰煙、命僅係炭薪、

十四御許夫不調白物之第一也、高事喚嘆自身、短弱謗他上、高声則放逸、多言則豊顔、食歎嗜味、貪欲要物、好笑常歯露、愛戯早面暴、所好謀計横法、所立博奕窃盗、於父母不孝、於兄弟不和、但有一屎、謂閑大而如横虹梁、雁高而似戴藺笠、長八寸大四伏、紐結附贅如蜘蛛咋付、帯縛筋脈如〔蚳〕蚓跂行、剛如束株、堅如鉄槌、晩発暁萎、敢無被嫁女、但十四御許一人翫之、愛之聊無所憚、件女見姿、頂平口甚広、侏儒跗頗小、面色常青眉黛以赤、陰相互和合、神所媒夫妻也、但昔道鏡院雖有法王之賞、今白太郎主雷振貧窮之名、

十五女者孀也、道心堅固日夜帰依仏法、精進勇猛旦暮参詣道場、已断夫種、永求仏果、只歎受女身、偏欣生浄土、見春花則観世間之無常、臨秋月曾悟諸法之寂滅、念仏読経不懈、貪欲瞋恚遠離、脱櫛鬠代烏瑟之髻、投匳鏡誂月輪之皃、彼八歳竜女〔者〕、速唱南方之八相、此十五娘者、偏期西方之九品矣、

十六女者遊女夜発之長者、江口河尻之好色、所慣者河上遊蕩之業、所伝坂下無面之風也、昼荷簦任身上下之倫、夜叩舷懸心往還之客、様淫奔徵嬖之行、偃仰養風之態、琴〔絃〕麦之歯徳、竜飛虎歩之用無不具、加之、声如頻伽皃如天女、雖宮木小鳥之歌薬師鳴戸之声、准之不執、喩之不屑、故孰人不迷眼、誰類不融心、於戯年弱之間、自雖過売身、色衰之後、以何送余命哉、

太郎主者能書也、古文・正文・住信行草・真字・仮字・蘆手・水手等之上手也、筆勢如浮雲、字行若流水、羲之之垂露点、道風之貫花文、和尚之五筆跡、佐理之一墨様、悉皆莫不習伝、額・手本・御書・草紙、屏風・障子之色紙形、経書外題等、或蒙宣旨、或得属請者也、銘半紙消息、為万代之宝、点一字反故、当千両之金、縦云腐骨骸於土下、猶以留手跡於世上乎、

次郎者一生不犯之大験者、三業相応之真言師也、久修練行年深、持戒精進日積、両界懸鏡、別尊瑑玉、五部真言雲晴、三密観行月煽、梵語悉曇舌和、立印加持指嫋、唱礼九方便無滞、修法芥子焼有験、護摩天供為阿闍梨、許可灌頂為弟子、凡真言之道究底、苦行之功抜傍、遂十安居、満一落叉度々、通大峰・葛木、踏辺道年々、熊野・金峰・越中立山・伊豆走湯・根本中堂・伯耆大山・富士御山・越前白山・高野・粉河・箕尾・葛川等之間、無不競行挑験、山臥修行者、昔雖役行者・浄蔵貴所、只一陀羅尼之験者也、今於右衛門尉次郎君者、已智行具足生仏也、

三郎主者細工幷木道〔長〕者也、手筺・硯箱・枕筥・櫛筺・厨子・唐櫃・基帳足・屏風骨・燈台・仏台・花机・経机・高座・礼盤・大盤・高器・脇息〈已上木造〉、鞍橋・扇骨・簾・太刀装束・唐笠・造花・藤巻之上手也、総風流曲節無所可喩人、故因十指撖営、致一家稔、持三寸小刀、資五尺大身乎、

四郎君受領郎等判史執鞭之図也、於五畿七道無所不届、於六十余国無所不見、乗船則測風波之時、騎馬廼達山野之道、於弓箭不拙、

於算筆無暗、入境者着府之作法、神拝着任之儀式、治国良吏之支度、交替分付之沙汰、不与状之文、勘公文之条、雖有等者、更莫過之者、是以凡庁目代、若済所・案主・健児所・検非違所・田所・出納所・調所・細工所・修理等、若御厩・小舎人所・膳所・政所或目代或別当、況検田使・収納・交易・佃・臨時雑役等之使、不望自所懸預、但民不弊済公事、君無損自有利上手也、仍得万民追従、宅常贍、集諸国土産、貯甚豊也、所謂阿波絹・越前綿・美濃八丈〈又柿〉・常陸綾・紀伊国絲・甲斐班布・石見紬・但馬紙・淡路墨・和泉櫛・播磨針・備中刀・伊豫手筥〈又砥又簾又鰯〉・出雲筵・讃岐円座・上総鞦・武蔵鐙・能登釜・河内鍋〈又味噌〉・安芸榑・備後鉄・長門牛・陸奥駒〈又紙〉・信濃梨子・丹波栗・尾張粔・近江鮒・若狭椎子〈又餅〉・越後鮭〈又漆〉・備前海糠・周防鯖・伊勢鯛・隠岐鮑・山城茄子・大和瓜・丹後和布・飛騨餅・鎮西米等、如此贄菓子轆々継踵、済々成市云云、故除目之朝、不云親疎、先被尋求者也、

五郎者天台宗学生大名僧也、因明内明通達、内教外典兼学、倶舎唯識懸舌端、止観玄義収臆中、三十講提婆品、内論議第一番、宏才博覧、而論議決択之吻、破満座惑、当弁利口、而説経教化之声、驚衆会睡、大意釈名不朦、入文判釈分明、梵音錫杖之匂如花、題名諷誦之詞似蝶、表白神分形情、六種廻向法事、袈裟係肩田々、裳腰斜、念珠挈指繊々、袍頸鮮、捧如意香炉姿蕩々、履鼻広草鞋勢巍々、謂其〔容〕貌、忝等阿難・羅睺、論其智弁者、同身子・富楼那、一音二辯三形四徳五愛敬既以具足、仍南北二京揚名、公私請用不遑、但〔所〕歴〔者〕堂行堂衆、所期者天台座主了、

六郎冠者絵師長者也、墨絵・彩色・淡作絵・丹調・山水・野水・屋形・木額・海部・立石・屏風・障子・軟障・扇絵等上手也、〔手〕早筆軽、寔与天之業也、若金岡・弘高之再生来歟、

七郎者大仏師也、丈六・等身・一攦手半・柔愜・忿怒・王相・人形・金色・彩色・白檀造・面相開眼・衣文等之上手也、何況天蓋瓔珞蓮花形、座光荘厳唐草様、更不見人間所作、三十二相造膺、八十種好刻成、是即解聞恵・解宿爾之玄孫也、昔毘首羯摩斧声、聴至于三十三天之上、今恵頭仏師之力巧、名挙一天四海之中云云、

八郎真人〔者〕商人主領也、重利不知妻子、念身不顧他人、持一成万、搏壌成金、以言誑他心、以謀抜人目一物也、東臻于浮囚之地、西渡於貴賀之嶋、交易之物売買之種不可称数、唐物沈・麝香・衣比・丁子・甘松・薫陸・青木・竜脳・牛頭・雞舌・白檀・赤木・紫檀・蘇芳・陶砂・紅雪・紫雪・金益単・銀益単・紫金膏・巴豆・雄黄・可梨勒・檳榔子・銅黄・緑青・燕脂・空青・丹・朱砂・胡粉・豹虎皮・藤茶埦・籠子・犀生角・水牛如意・瑪瑙帯・瑠璃壺・綾・錦・羅・縠・呉竹・甘竹・吹玉等也、本朝物緋襟・象眼・繧繝・高麗軟錦・東京錦・浮線綾・金・銀・阿古夜玉・夜久貝・水精・虎珀・水銀・流黄・白鑞・銅・鉄・絲・蝉羽・絹・布・

糸・綿・纐纈・紺布・紅・紫・茜・鷲羽・色革等也、若於泊浦送年月無定宿、若於村邑過日夜無住所、財宝貯於波濤之上、浮沈任於風前、運命交於街衢之間、死生懸於路頭、賓客之清談甚繁、妻子之対面已稀焉、

九郎小童者為雅楽寮人之養子、高麗・大唐・新羅・大和之儛楽尽習畢、生年十五而既達此道、笙笛・篳栗・簫・横笛・太鼓・壱鼓・羯鼓・鼗〔鼓〕・摺鼓・鉦鼓・銅鈸子等之上手也、言調子者双調・平調・盤渉調・黄鐘調・大食調・壱越調之上〔無〕調子等也、〔舞者〕陵王・散手・延喜楽・皇麞・甘州・万歳楽・想夫恋・青海波・壱徳塩・安楽塩・蘇合・弄槍・五常楽・地久・納曾利・埴破・覩曾・胡飲酒・崑崙八仙等也、凡百廿条尽以学了、其姿美麗衆人愛敬、其白端正見者歓喜、就中睿岳諸僧辺山住侶、見之問之、或迷目飛着裳、或砕肝振紙衣、総洛陽貴賤田舎道俗、無不寵之、無不愛之者云云、抑見物上下雖有其数、右衛門尉一家今夜為棟梁、仍記之如何、

弘安九年正月下旬書写之畢、

上醍醐寺、求法沙門一阿書、

正応六年卯月十八日重以多本点之了、

快賢

遊女記

自山城国与渡津、浮巨川西行一日、謂之河陽、往返於山陽西海南海三道之者、莫不遵此路、江河南北、邑々処々分流、向河内国、謂之江口、蓋典薬寮味原牧、掃部寮大庭庄也、

到摂津国、有神崎蟹島等地、比門連戸、人家無絶、倡女成群、棹扁舟着旅舶、以薦枕席、声遏渓雲、韻飄水風、経廻之人、莫不忘家、洲蘆浪花、釣翁商客、舳艫相連、殆如無水、蓋天下第一之楽地也、

江口則観音為祖、中君、□□、小馬、白女、主殿、蟹島則宮城為宗、如意、香炉、孔雀、立枚、神崎則河菰姫為長者、孤蘇、宮子、力命、小児之属、皆是倶尸羅之再誕、衣通姫之後身也、上自卿相、下及黎庶、莫不接牀第施慈愛、又為人妻妾、歿身被寵、雖賢人君子、不免此行、南則住吉、西則広田、以之為祈徼嬖之処、殊事百大夫、道祖神之一名也、人別剋之、数及百千、能蕩人心、亦古風而已、

長保年中、東三条院参詣住吉社天王寺、此時禅定大相国被寵小観音、長元年中、上東門院又有御行、此時宇治大相国被賞中君、延久年中、後三条院同幸此寺社、狛犬犢等之類、並舟而来、人謂神

仙、近代之勝事也、
相伝曰、雲客風人、為賞遊女、自京洛〔向〕河陽之時、愛江口人、刺史以下、自西国入河之輩、愛神崎人、皆以始見為事之故也、所得之物、謂之団手、及均分之時、廉恥之心去、忿厲之〔色〕興、大小諍論、不異闘乱、或切絁絹尺寸、或分〔粳〕米斗升、蓋亦有陳平分肉之法、其豪家之侍女、宿上下船之者、謂之湍繕、亦称出遊、得少分之贈、為一日之資、爰有髻俵絧絹之名、舳取登指、皆出九分之物、習俗之法也、
雖見江翰林序、今亦記其余而已、

傀儡子記

傀儡子者、無定居、無当家、穹廬氈帳、逐水草以移徙、頗類北狄之俗、男則皆使弓馬、以狩猟為事、或跳双剣弄七九、或舞木人闘桃梗、能生人之態、殆近魚竜曼蜒之戯、変沙石為金銭、化草木為鳥獣、能□人目、女則為愁眉、啼粧、折腰歩、齲歯咲、施朱傅粉、倡歌淫楽、以求妖媚、父母夫智不誡□、亟雖逢行人旅客、不嫌一宵之佳会、徴嬖之余、自献千金繡服錦衣、金釵鈿匣之具、莫不異有之、不耕一畝田、不採一枝桑、故不属県官、皆非土民、自限浪人、上不知王公、傍不怕牧宰、以無課役、為一生之楽、夜則祭百神、鼓舞喧嘩、以祈福助、
東国美濃、参川、遠江等党、為豪貴、山陽播州、山陰馬州等党次之、西海党為下、其名儡、則小三、日百、三千載、万歳、小君、孫君等也、動韓娥之塵、余音繞梁、聞者霑纓、不能自休、今様、古川様、足柄、片下、催馬楽、黒鳥子、田歌、神歌、棹歌、辻歌、満固、風俗、咒師、別法等之類、不可勝計、即是天下之一物也、誰不哀憐者哉、

暮年記

江大府卿

予四歳始読書、八歳通史漢、十一賦詩、世謂之神童、源大相国、風月之主、社稷之臣也、試賜雪裏看松貞之題、此日時棟朝臣在座、筆不停滞、文不加点、相府深賞歎之、幸賜汲引之恩、宇治前大相国、又為被賦詩、忝有徴辟、雖予参不賦之、依当相府之忌月〔也〕〈十二月〉、此日相予曰、履地踰人、必至大位、故肥前守長国朝臣、予先祖李部大卿之門人也、長於文章、時在任国、見予詩草、送書〔相〕賀之、

十六作秋日閑居賦、故大学頭明衡朝臣、深以許焉、常曰、其鋒森然、定少敵者、後作落葉埋泉石詩、感曰、已到佳境、予後日見之、未尽其美、然而感先達名儒如此、故文章博士定義朝臣、謂予師右大弁定親朝臣曰、定義始不許江茂才文、近日製作可謂日新、故都督源亜相、久好鑽仰、兼知文章、見予文章、必加褒美、馬嘶呉坂之風、亀抃廬江之浪、予昇進之間、必加吹嘘之力、前肥後守時綱朝臣、深得詩心、見予前大相国表幷源右相府室〔家〕源二位願文曰、殆近江吏部之文章、故伊賀守孝言朝臣、掃部頭佐国、提携於文、浮沈於道、蓋後進之領袖也、見予円徳院願文幷前〔大〕相〔国〕関白第三表、深感歎、故式部大輔実綱朝臣、雖不深文章、猶非無感激、見予高麗返牒而心伏、中右弁有信朝臣、頗得詩心、見予文章、泣而感之、

爰頃年以来、如此之人、皆以物故、識文之人、無一人存焉、司馬遷有謂曰、為誰為之、令誰聞之、蓋聞、匠石輟斧於郢人、伯牙絶絃於鍾子、何況風騒之道、識者鮮焉、巧心拙目、古人所傷、寛治以後、文章不敢深思、唯避翰墨之責而已、若夫心動於内、言形於外、独吟偶詠、聊成巻軸、仍記由緒貽於来葉、

狐　媚　記

江　大　府　卿

康和三年、洛陽大有狐媚之妖、其異非一、初於朱雀門前、儲羞饌礼、以馬通為飯、以牛骨為菜、次設於式部省後、及王公卿士門前、世謂之狐大饗、

図書助源隆康、参賀茂斎院、車在門外、入夜少年雲客両三、推駕其車、兼有偶女、乗月行々、経鴨川、到七条川原、右兵衛尉中原家季、相逢於途中、見其車中、紅衣皎然、入夜有色、独恠之、牛童不堪其苦、平伏道間、雲客給一張紅扇、倏忽而去、車前軾上、有狐脚迹、牛童帰家、明日見之、扇是繭栗骨也、其後受病、数日而死、其主大恐、欲焚其車、夢有神人来曰、請莫焚之、将以有報、明年除書、任図書助、

主上依造御願寺、不満卌五夜、有避方忌之行幸、忽有何人騎馬扈従、挙左右袖、自掩其面、其後有垂纓小舎人、蔵人大学助藤原重隆恠而問之、不答子細、馳入於朱雀門、瞥爾不見、

増珍律師、説法宗匠也、有一老嫗、来曰、無頼婦人、欲修法会、忝垂光臨、律師許諾、臨其日夕、嫗重来屈、律師赴請、到於六条朱雀大路、人家堂、荘厳如常、雖設僧供、無役送人、簾中拍手、偶出酒盃、律師恠之、敢不就饌、先登講座、打鐘一声、燈色忽青、所儲之饌、亦是糞穢之類也、事々違例、心神迷惑、半死遁去、後日尋之、掃地無宅、有人買七条京極宅、其後壊此屋、到鳥部野、為葬斂之具、其所渡与之直、本是金銀糸絹也、後日見之、皆是弊鞋旧履、瓦礫骨角也、

嗟呼、狐媚変異、多載史籍、殷之妲己、為九尾狐、任氏為人妻、到於馬嵬、為犬被獲、或破鄭生業、或読古冢書、或為紫衣公到県、許其女屍、事在倜儻、未必信伏、今於我朝、正見其妖、雖及季葉、恠異如古、偉哉、

江都督作

勘申

変異疾疫飢饉盗賊等事

敦光朝臣

一　天地変異人民疾疫事

天文志曰、天文図籍、昭々可知、陰陽之精、其本在地、而上発于天者也、故政失於此、則変見於彼、猶景之象形、響之応声、是以明君覩之寤、飭身正事、思其咎謝、則禍除而福至、自然之符也、

五行伝曰、皇之不極、是謂之不建、厥咎眊、厥罰恒陰、其災大疫、

礼記曰、孟春行秋令、則其民大疫、季春行夏令、則民多疾疫、仲夏行秋令、則民殃於疫、孟秋行夏令、則民多瘧疾、仲冬行春令、則民多疥癘、季冬行春令、則国多固疾、

周礼曰、司救掌九歳時有天患民病、則以節巡国中及郊野、而以王命施恵也（天患謂災害也、施恵賑恤也）、

六韜曰、大公曰、主動作挙事、悪則天応之以刑、善則地応之以徳、逆則人備之以力、順則神授之以職、故人主好賦斂、大宮室、多遊台、則民多病温、霜露殺五穀、糸麻不成、

漢書曰、宣帝大始元年夏四月庚午、地震、詔内群国、挙文学高第各一人、

後漢書曰、光武建武廿二年九月戊辰、地震裂、詔曰、日者地震、南陽尤甚、夫地者任物不動、静而不動者也、而今震裂、咎在君上、其令南陽勿輸今年田租蒭藁、

又曰、安帝延光四年、京都大疫、張衡明年上封事、臣窃見、京師為害、民多病死、有減戸、人々恐懼、朝廷燋心、以為至憂、臣官在於考変攘災、思在防救、未知所由、夙夜征営、臣聞、国之大事在祀、々莫大於郊天奉祖、

唐貞観八年魏徴曰、臣聞、自古帝王未有無災変、但能修徳、則災変自消、陛下因有天変、遂能械懼、反覆思量、深自剋責、雖有変、亦不為災、

右天変地秡者、所以警戒人主也、凡厥灾咎之象、司天奏之、抑古人有言曰、夫日月之有食、風雨之不時、佐星之儻見、是無世而不嘗有之也、上明而政平、則雖並世而起無傷也、但後漢永元年中有日蝕之異、公卿大夫皆言封事、詔選郎官寛博有謀才、任典城者三十人、悉以所選郎補長相、我朝弘仁聖代、憲章稽古、登用賢才、抽為侍中、選為郎官、当其新叙之日、授彼専城之任、其後歴代二十四代、計年三百余年、車書同軌、無有異路、而近年以来、其風澆醨、其恩斑駮、若不墜往代之聖猷、自可助明時之皇化歟、

且夫疾疫之起、政違時令之所致也、天平十三年二月十四日勅曰、頃者年穀不豊、疾癘頻至、是以普令天下造釈迦牟尼仏高一丈六尺

各一鋪、幷写大般若経各一部、風雨順節、五穀豊稔者、宜遵格制重令普告、又弘仁四年六月一日格偁、応禁断京畿百姓出弃病人事、天下之人、各有僕隷、平生之日、既役其力、病患之時、即出路辺、無人看養、遂致餓死、因循此格、自叶周文掩骼之義歟、伏惟、倭漢之間、毎有災異、或挙賢良、優老人、贍貧民、或免租穀、減調庸、省徭役、依彼等例、可被量行歟、

一　去年風水有難、今年春夏飢饉事

五行伝曰、宗廟不禱祠、廃祭祀、逆天時、則水不潤下、謂水失其性而為災也、

又曰、奪民農時、則木不曲直、木失其性而為災也、厥罰恒雨、

又曰、治宮室、飾台榭、則稼穡不成、厥罰恒風、其災大風抜樹木、

礼記曰、孟春之月、天子乃以元日、祈穀于上帝、鄭玄曰、謂以上帝郊祭天也、夫郊祀后稷、所以祈農也、上帝大微之帝也、

又曰、歳凶年穀不登、君膳不祭肺、而不食穀、馳道不除、祭事不懸、大夫不食粱、士飲酒不楽、

又曰、国無九年之蓄曰不足、無六年之蓄曰急、無三年之蓄曰国非其国也、三年耕必有一年之食、九年耕必有三年之食、以三十年之通、雖凶旱水溢、民無菜色、然後天子食、日挙以楽、

周書曰、天有四殃、水旱饑荒、其至無時、非務積聚、何以備之、

夏箴曰、小人無兼年之食、遇天饑、臣妾輿馬非其有也。国無兼年之食、遇天饑、百姓非其百姓也、戒之哉。

春秋繁露曰、木有変彫栄、秋氷春多雨、此徭役衆、賦斂厚、百姓貧窮、道多飢人、救者省徭役、薄賦斂、出倉穀、賑困窮、

孔子家語曰、哀公問政於孔子、政之急者、莫大乎使民富且寿也、公曰、為之奈何、孔子曰、省力役、薄賦斂、則民富矣、敷礼教、遠罪戻、則民寿矣、

管子曰、斉桓公在位、管仲曰、斉国百姓公之本也、民甚憂飢、而税斂重、民其懼死、而刑政険、民甚傷労、而上挙事不時、軽其税斂、則民不憂飢、緩其刑政、則民不懼死、挙事以時、則民不傷労、桓公曰、寡人聞命矣、

墨子曰、古之民未知飲食、聖人耕稼、其為食也、以増気充虚、今則厚斂百姓、孤寡凍餒、欲無乱不可得也、

漢書曰、文帝詔曰、導民之路、在於務本、朕親率天下農、十年于今、而野不加辟、歳一不登、民有飢色、其賜農民今年租税之半、其遣謁者、労賜三老孝者帛人五疋、悌者力田二疋、

又曰、武帝元鼎二年春、起柏梁台、夏大水、関東餓死者以千数、吏民有振救民免其厄者、具挙以聞、

後漢書曰、光武建武六年正月辛酉、詔曰、往歳水旱蝗虫為災、穀価騰躍、人用困乏、其命群国有穀者、給稟高年鰥寡孤独及篤癃、無家属貧不能自存者、

唐太宗即位之始、霜旱為災、米粟踊貴、帝志在憂人、鋭精為政、

崇尚節倹、大布恩徳、是時自京師及河南隴右、飢饉尤甚、一疋絹纔得一斗米、百姓雖東西逐食、未嘗嗟怨、莫不自安、至貞観三年、関内豊熟、咸自帰郷、竟無一人逃散、其得人心如此、加以従諫如流、雅好儒学、孜々求士、務在択官、四年詔、修洛陽宮之乾元殿、給事中張玄素諫曰、唯当弘倹約薄賦斂、而今事不急之務、成虚費之労、国無兼年之積、五六年間、未能復旧、奈何更奪疲人之力、深願陛下思之、太宗停之、

右王者八政、食為其先、古人有言曰、寒者不貪尺玉而思短褐、飢者不顧千金而美一食、自非兼年之食、何免荒飢之愁、夫衰弊之漸、其来区分、一者依廟社不祀也、而二月祈年祭、六月十二月月次祭神今食、九月神嘗祭、十一月新嘗会者、朝之重事也、其祀纔存、其礼漸薄、就中天皇神今食幸中和院、神嘗祭幸大極殿、威儀棣々、自感神心、昔告朔餼羊、仲尼愛礼、以小喩大、何失恒規、事々任式可被行之、諸国所在大小神社、雖有破壊、難加修理、雖有顚倒、無復基趾、国宰不参祭祀之場、社司無致修治之事、況非家譜之輩知社務之人、誰能竭謹慎之誠乎、誰能整斉粛之礼乎、二者依仏事不信也、招福之謀、以教法為本、帰仏之志、以清浄為先矣、是以宝亀三年十一月丙戌詔曰、頃者風雨不調、頻年飢荒、欲救此禍、唯憑冥助、於天下諸国々分寺、毎年正月一七日之間、行吉祥悔過、以為恒例、始自明堂、至于諸国、先初年之祈願、久遺我朝之勝躅、而廟堂之中、雖備威儀、州閭之間、恐致疎略、其故者国分寺有其無実之聞、講読師無其有智之侶、相待感応、宛如求芙蓉於木末者歟、如此恒例斎会、臨時仏事、叡念雖深、施与如疎、是則諸司懈怠、諸国難渋之故也、又往古寺塔遍満国土、三綱等唯貪田園之地利、如忘土木之堂構、官符所載、諸国之塔、公家慥不尋勤惰、牧宰各所預勧賞也、論之物議、奈冥鑑何、三者依奪民農時也、中古以来、高堂大廈、造営寔繁、築山鑿池、課役未絶、人不旋踵、民無息肩、昔衛霊公依宛春之諫、罷厳寒之役、矧乎非時使民、必傷農事、須休土功、勿奪農時、四者依重賦斂也、田畝無加、賦斂有増者、古傷之今傷之、魏文侯時、租税歳倍、有人致賀、文侯曰、今戸口不加、而租税歳倍、此由課斂多也、不可賀焉、由是魏国大理、如聞、近来無検田数之増減、不尋農民之貧富、推称利田、徴納租税、地広民富者、自叶其心、地狭民貧者、暗奪其心、富者寡貧者衆、旁魄論之、可謂苛酷、又雖検田数、率法過差、興亡之間、世自知之、早随国之治否、可有吏之褒貶歟、五者依不禁奢僭也、彼漆器画罇、猶編其奢、葛衣菲食、長伝其倹、漢文帝之罷露台、斉桓公之却紫衣、治世之盛、後代美談也、方今天下諸人屋宅衣服、既踰制度、軒騎僮僕、多過規模、頻加禁遏、猶不悔改、鄙語曰、城中好大袖、四方用疋帛、城中好広眉、四方且半額、世之所好、只従時俗、況復金銀之珍、彫鏤匪一、紅紫之色、着用甚多、宜任度々之綸言、以停色々之華麗、六者依学校廃也、天下之所貴唯賢、所宝惟穀、仍我朝宮城之南、左則置大学寮以崇聖師、右則置穀倉

院以蓄米穀、而黌舎頽弊、鞠為茂草、蘋蘩薀藻之奠、有煩于備其供、縉紳青襟之徒、無処于容其身、伏案貞観政要、太宗即位之初、京師飢饉、孜々求士、務在択才、政革旧弊、頻致豊稔、宜依聖代之旧風、早施明時之新化歟、七者依府庫空虚也、大府之食廩、久以空虚、諸国之租税、已少塡納、況納官封家、有名無実、列位之臣、不預月俸、奉公之士、難禦歳寒、所謂衣食闕於家、雖父母不能制其子、凍餒切於身、雖巣由不能固其節、又諸国大粮、充行惟稀、台隷之輩、衣粮難支、

如此七事、廃一不可、抑諸国土民、為逃課役、或称神人、或為悪僧、横行部内、対捍国務、加以京中所住浮食大賈之人、或於近都借一物、向遠国責三倍、或当春時与少分、及秋節取大利、若送数廻之寒燠、殆傾終身之貯資、窮民不堪其力、挙家逃亡、又永売妻子、為彼奴婢、天下凋残、職而之由、伏惟、延喜年中、式部大輔三善清行朝臣封事之中、天下費非往世十分之一者、以彼一分比之今時、復非延喜十分之一、国之衰耗、指掌可知、戸令云、凡遭水旱災蝗、不熟之処、少粮応須賑給、賦役令云、凡田有水旱虫霜、不熟之処、国司検実、具録申官、免租調課役者、早任令条、可被施徳政安人民歟、

一　陸地海路盗賊旁起事

尚書舜典曰、帝曰、皐陶、蛮夷猾夏、寇賊姦宄、汝作士、五刑有服、五服三就、五流有宅、五宅三居、惟明克允、

礼記曰、季秋行冬令、則其国多盗賊、辺境不寧、

呂氏春秋曰、凡姧耶之心、飢寒而起、彫文刻鏤、害農事者也、文繡纂組、傷女功者也、農事害則飢之本也、女功傷則寒之原也、飢寒並至、而能不為姧耶者、未有之者也、

後漢書曰、光武建武六年十月詔曰、吾徳薄不明、寇賊為害、強弱相凌、元元失所、其勅公卿、挙賢良方正各一人、

右姧耶之心、飢寒而起、所謂渇馬守水、餓犬護肉、則雖用刑罰、難致粛清、戸口饒衣食足、則辺境安寧、寇賊消散、宜任延暦五年四月十九日格文、簡択良吏、攘除姦濫、但国有典刑、誰免懲誡、定触一面之網羅、早致四海之静謐歟、但馭俗之道、寛猛相済、去承平六年、南海賊徒首藤原純友、結党屯聚、彼時以紀朝臣淑人任伊豫守、令兼行追捕事、賊徒聞其寛仁、二千五百余人、悔過就刑、魁帥三十余人、束手帰降、即給衣食田地、令勤農業、然則循良之吏、各赴任国、捜求党類、若有帰降之輩者、班田給物、依前行之、国富刑清、籌策之其一也、

抑大宰府者、蕃客往反之地也、鎮守府者、遠夷交接之境也、若無霜威之振外土、恐有風聞之及殊方、縦雖属無為之代、何可抛不虞之備、安不忘危、古之炯誡也、

以前参箇条、抛史籍課愚管、勘申如件、

保延元年七月廿七日　正四位下行式部大輔藤原朝臣敦光

将門記

〔夫聞、彼将門昔、天国押撥御宇柏原天皇五代之苗裔、三世高望王之孫也、其父陸奥鎮守府将軍平朝臣良持也、舎弟下総介平良兼朝臣、将門之伯父也、而良兼以去延長九年、聊依女論、舅甥之中既相違、〕

裏等野本□扶等張陣、相待将門、遙見彼軍之体、所謂向纛崛之神、靡旗撃鉦〈纛崛者兵具也、以獣毛作之、鉦者兵鼓也、諺云、布利豆々美也〉、爰将門欲罷不能、擬進無由、然而励身勧拠、交刃合戦矣、将門幸得順風、射矢如流、所中如案、扶等雖励、終以負也、仍亡者数多、存者已少、

以其四日、始自野本石田大串取木等之宅、迄至与力人々之小宅、皆悉焼巡、（蟄屋焼者、迷烟不去、）遁火出者、驚矢而還入火中、叫喚□於、□之中、千年之貯、伴於一時炎、又筑破・真壁・新治三箇郡伴類之舎宅五百余家、如員焼掃、哀哉、男女為火成薪、珍財為他成分、三界火宅財有五主、去来不定、若謂之歟、

其日火声、論雷施響、其時煙色、争雲覆空、山王交煙、隠於巌後、人宅如灰、散於風前、国吏万姓、視之哀慟、遠近親疎、聞之歎息、中箭死者、不意別父子之中、弃楯遁者、不図離夫婦之間、就中貞盛、進身於公事発以前、参上於花城経廻之程、具由聞於京都、仍彼君案物情、貞盛寔与彼前大掾源護并其諸子等、皆同党之者也、然而未躬与力、偏被編其縁坐、厳父国香之舎宅、皆悉殄滅、其身死去者、迥聆此由、心中嗟嘆、於財有五主者、何憂吟之、但哀、亡父空告泉路之別、存母独伝山野之迷、朝居聞之、涙以洗面、夕臥思之、愁以焼胸、

貞盛不任哀慕之至、申暇於公帰於旧郷、僅着私門求亡父於煙中、問遺母於巌隈、幸雖預司馬之級、還吟別鶴之傅、方今以人口尋得偕老之友、以伝言問取連理之徒、烏呼哀哉、着布冠於緑髪、結菅帯於藤衣、冬去春来、漸失定省之日、歳変節改、僅遂周忌之願、貞盛倩検案内、凡将門非本意敵、斯源氏之縁坐也〈諺曰、賤者随貴、弱者資強、不如敬順〉、苟貞盛在守器之職、須帰官都、可増官勇、而孀母在堂、非子誰養、田地有数、非我誰領、睦於将門、通芳操於花夷、流比翼於国家、仍具挙此由、愍斯可者、

乃擬対面之間、故上総介高望王之妾子平良正、亦将門次之伯父也、而介良兼朝臣与良正、兄弟之上、乍両彼常陸前掾源護之因縁也、護常嘆息子扶・隆・繁等為将門被害之由、然而介良兼居於上総国、未執此事、良正独追慕因縁、如車舞廻於常陸地、

爰良正偏就外縁〔之〕愁、卒忘内親之道、仍企干戈之計、誅将門之身、于時良正之因縁、見其威猛之励、雖未知勝負之由、兼莞爾煕怡而已〈字書曰、莞爾者倭言、都波恵牟也、上音官反、下音志反、煕怡者

倭言、与呂古布也、上音伎、下音伊反〉、任理負楯、依実立出、
将門伝聞此言、以承平五年十月廿一日、忽向彼国新治郡川曲村、則良将揚声、如案討合、弃命各合戦、然而将門有運、既勝、良正無運、遂負也、射取者六十余人、逃隠者不知其数、然以其廿二日、将門帰於本郷、
爰良正幷因縁伴類、下兵恥於他堺、上敵名於自然、懟動寂雲之心、暗追疾風之影〈書曰、懟者阿知支奈久〉、然而依於会稽之深、尚発敵対之心、仍勒不足之由、挙於大兄之介、其状云、雷電起響、是由風雨之助、鴻鶴凌雲、只資羽翔之用也、羨被合力、鎮将門之乱悪、然則国内之騒自停、上下之動必鎮者、
彼介良兼朝臣、開吻云、昔之悪王、尚犯害父之罪、今之世俗、何忍強甥之過、舎弟所陳、尤不可然也、其由何者、因縁護掾、頃年有所觖愁、苟良兼為彼姻婭之長、豈无与力之心哉、早整戎具、密可相待者、良正励得水之竜心、成李凌之昔励、聞之、先軍被射者、治痕而向来、其戦遁者、繕楯会集、
而間介良兼調兵張陣、以承平六年六月廿六日、指常陸国如雲涌出、上下之国〈言上総下総也〉、雖加禁遏、称問因縁、如遁飛者、不就所々関、自上総国武射郡之少道、到着於下総国香取郡之神前、自厩渡、着常陸国信太郡𦺈前津、以其明日早朝、着於同国水守営所、斯鶏鳴、良正参向述不審、其次、貞盛依有疇昔之志、対面於彼介、之相語云、如聞、我寄人与将門等慇懃也者、斯非其兵者、兵以名尤為先、何令虜領若干之財物、令殺害若干之親類、可媚其敵哉、今須与被合力、将定是非云、貞盛依人口之甘、雖非本意、暗為同類、指下毛野国、地動草靡、一列発向、
爰将門依在機急、為見実否、只率百余騎、以同年十月廿六日、打向於下毛野国之堺、依実、件敵有数千許、略見気色、敢不可敵対、其由何者、彼介未費合戦之遑、人馬膏肥、干戈皆具、将門被摺度々之敵、兵具已乏、人勢不厚、敵見之、如垣築楯、如切攻向矣、将門未到、先寄歩兵、略令合戦、且射取人馬八十余人也、彼介大驚怖、皆挽楯逃還、将門揚鞭称名追討之時、敵失為方、偪仄府下〈伝曰、偪仄者倭言伊利古万留也〉、
於斯将門思惟、允雖不在常夜之敵、尋脈不疎、建氏骨肉者、所云夫婦者親而等瓦、親戚者疎而喩葦、若終致殺害者、若物譏在遠近歟、仍欲逃彼介独之身、便開国庁西方之陣、令出彼介之次、千余人之兵、皆免鷹前之鴙命、急成出籠之鳥羽、厥日、件介無道合戦之由触於在地国、日記已了、以其明日帰於本堵、自玆以来、更无殊事、
然間、依前大掾源護之告状、件護幷犯人平将門及真樹等可召進之由官府、去承平五年十二月廿九日府、同六年九月七日到来、差左近衛番長正六位上英保純行、同姓氏立、宇自加友興等、被下常陸下毛・下総之等国、仍将門告人以前、同年十月十七日、火急上道、便参公庭、具奏事由、幸蒙天判、〔於〕検非違使所被略問、允雖不

堪理務、仏神有感相論如理、何況、一天恤上有百官顧、所犯准軽、罪過不重、振兵名於畿内、施面目於京中、経廻之程、乾徳降詔、鳳暦已改〈言帝王御冠服之年、以承平八年、改天慶元年、故有此句也〉、故松色含千年之緑、蓮糸結十善之蔓、方今、万姓重荷軽於大赦、八虐大過浅於犯人、将門幸遇此仁風、依承平七年四月七日恩詔、罪无軽量、含悦靨於春花、賜還向於仲夏、忝辞燕丹之遑、終帰嶋子之墟〈伝言、昔燕丹事於秦皇遙経久年、然後、燕丹請暇帰古郷、即秦皇仰曰、縦烏首白、馬生角時、汝聴還者、燕丹歎仰天、烏為之首白、俯地、馬為之生角、秦皇大驚、乃許帰、又嶋子者、幸雖入常楽之国、更還本郷之墟、故有此句也、子細見本文也〉、所謂馬有北風之愁、鳥有南枝之悲、何況、人倫於思何無懐土之情哉、仍以同年五月十一日、早辞都洛着弊宅、

未休旅脚、未歴旬月、件介良兼、不忘本意之怨、尚欲遂会稽之心、頃年所構兵革、其勢殊自常、便以八月六日、囲来於常陸・下総両国之堺、子飼之渡也、其日儀式、請霊像而前陣張〈言霊像者、故上総介高茂王形、幷故陸奥将軍平良茂形也〉、整精兵而襲政将門、其日明神有忿、慥非行時、随兵少上、用意皆下、只負楯還、

爰彼介、焼掃下総国豊田郡栗栖院常羽御厩、及百姓舎宅、于時昼人宅櫓収、而奇灰満於毎門、夜民烟絶煙、漆柱峙於毎家、煙遐如掩空之雲、炬邇似散地之星、以同七日、所謂敵者奪猛名而早去、将門懐酷怨而暫隠矣、

将門偏欲揚兵名於後代、亦変合戦於一両日之間、所構鉾楯三百七十枚、兵士一倍、以同月十七日、同郡下大方郷崛越渡、固陣相待、件敵叶期如雲立出、如電響致、其日、将門急労脚病、毎事朦朦、未幾合戦、伴類如算打散、所遺民家、為仇皆悉焼亡、郡中稼穡人馬、共被損害、所謂千人屯処草木倶彫者、只於斯云矣、

以登時、将門為労身病、隠妻子共宿於辛嶋郡葦津江辺、依有非常之疑、戴妻子於船泛於広河之江、将門帯山、居於陸閑岸、経一両日間、件敵以十八日各分散、以十九日、敵介取辛嶋道、渡於上総国、

其日、将門之婦乗船寄彼方岸之、于時彼敵等、得媒人之約、尋取件船、七八艘内、所被虜掠雑物資具、三千余端、妻子同共討取、即以廿日、渡於上総国、爰将門妻去夫留、忿怨不少、其身乍生、其魂如死、雖不習旅宿、慷慨仮寐、豈有何益哉、

妾恒存真婦之心、与幹明欲死、夫則成漢王之励、将欲尋楊家、廻謀之間、数旬相隔、尚懐恋処、無相逢之期、然間、妾之舎弟等成謀、以九月十日、窃令還向於豊田郡、既背同気之中、属本夫家、譬若遼東之女、随夫令討父国、件妻背同気之中、逃帰於夫家、

然而将門、尚与伯父為宿世之讎、彼此相揖、〔于〕時介良兼、依有因縁、到着於常陸国也、将門僅聞此由、亦欲征伐、所備兵士千八百余人、草木共靡、以十九日、発向常陸国真壁郡、乃始自彼介服織之宿、与力伴類舎宅、如員掃焼、一両日之間追尋件敵、皆隠高山、乍有不相、逗留之程、聞有筑波山、

以廿三日、如員立出、依実、件敵従弓袋之山南谿、遙聞千余人之声、山響草動、軯諊諠譁、将門固陣築楯、且送簡牒、且寄兵士、于時津中孟冬日臨黄昏、因玆各各挽楯陣々守身、自昔迄今、敵人所苦、昼則掛箭、以眄人矢所中、夜則枕弓、以危敵心所励、風雨之節、簑笠為家、草露之身、蚊虻為仇、然而各為恨敵、不憚寒温合戦而已、

其度軍行、頗有秋遺、敷稲穀於深泥、渉人馬於自然、飽秣斃牛者十頭、酔酒被討者七人〈真樹陣人其命不死〉、謂之口惜哉、焼幾千之舎宅、想之可哀、滅何万之稲穀、終不逢其敵、空帰於本邑、

厥後、以同年十一月五日、介良兼、掾源護并掾平貞盛・公雅・公連、秦清文、凡常陸国〔敵〕等、可追捕将門官府、被下武蔵・安房・上総・常陸・下毛野等之国也、於是将門頗述気附力、而諸国之宰、乍抱官符慥不張行、好不堀求、而介良兼尚銜忿怒之毒、未停殺害之意、求便伺隙、終欲討将門、

于時、将門之駈使丈部子春丸、依有因縁、屢融於常陸国石田庄辺之田屋、于時彼介心中以為〈字書曰、以為者於牟美良久〉、讒剣破巌、属請傾山、盍得子春丸之注、豈殺害将門等之身、即召取子春丸問案内、申云甚以可也、今須賜此方之田夫一人、将罷漸々令見彼方之気色云々、

彼介愛興有余、恵賜東絹一疋、語云、若汝依実令謀害将門者、汝省荷夫之苦役、必為乗馬之郎頭、何況積穀米以増勇、分之衣服以

擬賞者、子春丸忽食駿馬之宍、未知彼死、偏随鴆毒之甘、喜悦罔極、率件田夫、帰於私宅豊田郡岡崎之村、

以其明日早朝、子春丸彼使者各荷炭、而到於将門石井之営所、一両日宿衛之間、麾率使者、其兵具置所、将門夜遁所、及東西之馬打、南北之出入、悉令見知、爰使者還参、具挙此由、

彼介良兼、々構夜討之兵、同年十二月十四日夕、発遣於石井営所、其兵類、所謂一人当千之限八十余騎、既張養由之弓〈漢書曰、養由者、執弓則空鳥自落、百射百中也〉、弥負解烏之靫〈淮南子曰、有弓師、名曰夷羿、堯皇時人也、時十介〔之〕日、此人即射九介之日、射落地、其日有金烏、故名解烏、仍喩於上兵者也〉、催駿馬之蹄〈郭璞曰、駿馬生三日而超其母、仍一日行百里也、故喩於駿馬而已〉、揚李陵之鞭、如風徹征、如鳥飛着、

即以亥剋、出結城郡法城寺之当路、打着之程、有将門一人当千之兵、暗知夜討之気色、交於後陣之従類徐行、更不知誰人、便自鵝鴨橋上、窃打前立、而馳来於石井之宿、具陳事由、主従惚忙、男女共囂、爰敵等、以卯剋押囲也、

於斯将門之兵十人不足、揚声告云、昔聞者、由弓〈人名〉楯爪、以勝於数万之軍、子柱〈人名〉立針、〔以〕奪千交之鉾、況有李陵王之心、慎汝等而勿面帰、将門張眼嚼歯、進以撃合、于時件敵等、弃楯如雲逃散、将門羅馬而如風追攻矣、

遁之者、宛如遇猫之鼠失穴、追之者、譬如攻雉之鷹離韝、第一之

箭射取上兵多治良利、其遺者、不当九牛一毛、其日被戮害者四十余人、猶遺者、存天命以遁散〈但注人子春丸、有天罰事顕、以承平八年正月三日、被捕殺已了〉、

此後掾貞盛、三顧己身、立身修徳、莫過於忠行、損名失利、無甚於邪悪、清廉之比、宿於蚫室、羶奎之名取於同烈、然本文云、不憂前生貧報、但吟悪名之後流者、遂巡濫悪之地、必可有不善之名、不如、出花門以遂上花城、以達身、加之、一生只如隙、千歳誰栄、猶争直生、可辞盗跡、苟貞盛奉身於公、幸預於司馬烈、況積労於朝家、弥可拝朱紫之衣、其次快奏身愁等畢、以承平八年春二月中旬、〔自〕山道京上、

将門具聞此言、告伴類云、讒人之行、憎忠人之在己上、耶悪之心、嫐富貴之先我身、所謂蘭花欲茂、秋風敗之、賢人欲明、讒人隠之、今件貞盛、将門会稽未遂、欲報難忘、若上官都、讒将門身歟、不如、追停貞盛蹂躙之、啻率百余騎之兵、火急追征、

以二月廿九日、追着於信濃国少縣郡国分寺之辺、便帯千阿川彼此合戦間、無有勝負、厥内、彼方上兵他田真樹、中矢而死、此方上兵文室好立、中矢生也、貞盛幸有天命、免呂布之鏑、遁隠山中、将門千般搔首、空還堵邑、

爰貞盛、千里之粮被奪一時、旅空之涙灑於草目、疲馬舐薄雪而越堺、飢従含寒風而憂上、然而生分有天、僅届京洛、便録度々愁由、奏大政官、可糺行之天判、賜於在地国、以去天慶元年六月中旬、京下之後、懐官符雖相糺、而件将門、弥施逆心、倍為暴悪、

厥内、介良兼朝臣、以六月上旬逝去、沈吟之間、陸奥守平維扶朝臣、以同年冬十月、擬就任国之次、自山道到着於下野之府、貞盛与彼太守、依有知音之心、相共欲入於彼奥州、令聞事由、甚以可也、乃擬首途之間、亦将門伺隙追来、固前後之陣、狩山而尋身、踏野而求蹤、貞盛有天力、而如風徹如雲隠、太守思煩弃而入任国也、

厥後朝以山為家、夕以石為枕、兇賊之恐尚深、非常之疑弥倍、縈々不離国輪、匿々不避山懐、仰天観世間〔之〕不安、伏地吟一身之難保、一哀二傷、猒身難廃、厥聞鳥喧、則疑例敵之囀、見草動、則驚注人之来、乍嗟運多月、乍憂送数日、然而頃日无合戦之音、漸慰旦慕之心、

然間以去承平八年春二月中、武蔵〔権〕守興世王、介源経基、与足立郡司判官代武蔵武芝、共各争不治之由、如聞、国司者无道為宗、郡司者正理為力、其由何者、縦郡司武芝、年来恪懂公務、有誉无謗、苟武芝治郡之名頗聴国内、撫育之方普在民家、代々国宰、不求郡中之欠負、往々刺吏、更无違期之譴責、而件権守、正任未到之間、推擬入部者、武芝検案内、此国為承前之例、正任以前、輙不入部之色者、国司偏称郡司之无礼、恣発兵仗、押而入部矣、武芝為恐公事、暫匿山野、如案、襲来武芝之所々舎宅縁辺之民家、掃底捜取、所遺之舎宅検封弃去也、

凡見件守介行事、主則挟仲和之行〈花陽国志曰、仲和者為太守、重賦

貪財、漁国内之也〉、従則懐草窃之心、如箸之主、合眼、而成破骨出膏之計、如蟻之従、分手、而励盗財隠運之思、粗見国内彫弊、平民可損、仍国書生等、尋越後国之風、新造不治悔過一巻、落於庁前、事皆分明於此国郡也、

武芝已雖帯郡司之職、本自無公損之聆、所被虜掠之私物、可返請之由、屢令覧挙、而曾无弁糺之政、頻致合戦之構、于時将門、急聞此由、告従類云、彼武芝等、非我近親之中、又彼守介非我兄弟之胤、然而為鎮彼此之乱、欲向相武蔵国者、即率自分之兵杖、就武芝当野、

武芝申云、件権守并介等、一向整兵革、皆率妻子、登於比企郡狭服山者、将門武芝相共、指府発向、于時権守興世王、先立而出於府衙、介経基未離山陰、将門且興世王与武芝、令和此事之間、各傾数杯、迭披栄花、

而間武芝之後陣等、无故而囲彼経基之営所、介経基未練兵道、驚愕分散云、忽聞於府下、于時将門、鎮監悪之本意、既以相違、興世王留於国衙、将門等帰於本郷、爰経基所懐者、権守〔与〕将門、被催郡司武芝、抱擬誅経基之疑、即乍含深恨、遁上京都、仍為報興世王・将門等之会嵆、巧虚言於心中、奏謀叛之由於太〔政〕官、因之京中大驚、城邑併囂、

爰将門之私君大政大臣家可挙実否之由御教書、以天慶二年三月廿五日、寄於中宮少進多治真人助真所、被下之状、同月廿八日到来云々、仍将門取常陸・下総・下毛野・武蔵・上毛野五箇国之解文、謀叛无実之由、以同年五月二日言上、而間介良兼朝臣、以六月上旬、乍臥病床、剃除鬢髪卒去已了、自爾之後、更无殊事、

而比、武蔵権守興世王与新司百済貞連、彼此不知、乍有姻娅之中、更不令庁坐矣、興世王恨世寄宿於下総国、抑依諸国之善状、為将門可有功課之由、被議於宮中、幸沐恩沢於海内、須満威勢於外国、

而間、常陸国居住藤原玄明等、素為国〔之〕乱人、為民之毒害也、望農節則貪町満之歩数、至官物則无束把之弁済、動凌轢国使之来責、兼劫略庸民之弱身、見其行、則甚於夷狄、聞其操、則伴於盗賊、于時長官藤原維幾朝臣、為令弁済官物、雖送度々移牒、対捍為宗、敢不府向、背公、〔而〕恣施猛悪、居私、而強寃部内也、長官稍集度々過、依官符之旨擬追捕之間、急提妻子、遁渡於下総国豊田郡之次、所盗渡行方・河内両郡不動倉穀糒等、其数在郡司所進之日記也、仍可捕送之由移牒、送於下総国并将門、而常称逃亡之由、曾无捕渡之心、凡為国成宿世之敵、為郡張暴悪之行、鎮奪往還之物、為妻子之稔、恒掠人民之財、為従類之栄也、

将門素済佗人而述気、顧无便者而託力、于時玄明等、為彼守維幾朝臣、常懐狼戻之心、深含虵飲之毒、或時隠身欲誅戮、或時出力欲合戦、玄明試聞此由於将門、乃有可被合力之様、弥成跋扈之猛、悉構合戦之方、内議已訖、

集部内之千戈、発堺外之兵類、以天慶二年十一月廿一日、渉於常

陸国、々兼備驚固、相待将門、々々陳云、件玄明等令住国土、不可追捕之牒奉国、而不承引、可合戦之由、示送返事、仍彼此合戦之程、国軍三千人、如員被討取也、

将門随兵僅千余人、押塘符下、便不令東西、長官既伏於過契、詔使復伏弁敬屈、世間綾羅如雲下施、微妙珍財如算分散、万五千之絹布、被奪五主之客、三百余之宅烟、滅作於一旦之煙、屏風之西施、急取裸形之媿、府中之道俗、酷当為害之危、金銀彫鞍、瑠璃塵匣、幾千幾万、若干家貯、若干珍財、誰採誰領矣、

定額僧尼、請頓命於夫兵、僅遺士女、見酷媿於生前、可憐、別賀捫紅涙於緋襟、可悲、国吏跪二膝於泥上、当今、濫悪之日烏景西傾、放逸之朝、領掌印鎰、仍追立長官詔使、令随身既畢、庁衆哀慟留於館後、伴類俳佪迷於道前、以廿九日還於豊田郡鎌輪之宿、長官詔使令住一家、雖加愍労、寝食不穏、

于時武蔵権守興世王、窃議於将門云、令検案内、雖討一国、公責不軽、同虜掠坂東、暫聞気色者、将門報答云、将門所念啻斯而已、其由何者、昔斑足王子、欲登天位、先殺千王頸、或太子欲奪父位、降其父於七重之獄、苟将門、刹帝苗裔、三世之末葉也、同者始自八国、兼欲虜領王城、今須先奪諸国印鎰、一向受領之限追上於官堵、然則且掌入八国、且腰附万民者、大議已訖、

又帯数千兵、以天慶二季〔十〕二月十一日、先渡於下野国、各騎如竜之馬、皆率如雲〔之〕従也、揚鞭催蹄、将越万里之山、各心勇神奢、欲勝十万之軍、既就於国庁、張其儀式、于時新司藤原公雅・前司大中臣全行朝臣等、兼見欲奪国気色、先再拝将門、便擎印鎰、跪地奉授、

如斯騒動之間、館内及府辺、悉被虜領、令差幹了使、追長官於官堵、長官唱云、天有五衰、人有八苦、今日遭苦、大底何為〈字書、伊加々世牟也〉、時改世変、天地失道、善伏悪起、仏神無験、嗚呼哀哉、鶏儀未旧飛於西朝、亀甲乍新耗於東岸〈言任中有此愁、故所云也〉、簾内之児女、弃車轅而歩於霜旅、門外〔之〕従類、離馬鞍而向於雪坂、治政之初開金蘭之匱、任中之盛弾歎息之爪、被取四度之公文、空帰於公家、被奪一任之公廨、徒疲於旅暗、国内吏民、嚬眉而涕涙、堺外士女、挙声而哀憐、昨日聞他上之愁、今日取自下之媿、略見気色、天下騒動、世上彫弊、莫過於斯、吟々之間、終従山道追上已了、

将門以同月十五日遷於上毛野之次、下毛野介藤原尚範朝臣、被奪印鎰、以十九日、兼付使追於官堵、其後領府入庁、固四門之陣、且放諸国之除目、于時有一昌伎、云者、憒八幡大菩薩使、奉授朕位於蔭子平将門、其位記、左大臣正二位管原朝臣霊魂表者、右八幡大菩薩、起八万軍、奉授朕位、今須以卅二相音楽、早可奉迎之、爰将門、捧頂再拝、況四陣挙而立歓、数千併伏拝、又武蔵権守并常陸掾藤原玄茂等、為其時宰人、喜悦、譬若貧人之得富、美咲、宛如蓮花之開敷、於斯自製奏謚号、将門名曰新皇、仍於公家、且

奏事由状云、
将門謹言、不蒙貴誨、星霜多改、謁望之至、造次何言、伏賜高察、恩々幸々、然先年〔依〕源護等愁状、被召将門、依恐官符、急然上道祗候之間、奉仰云、将門之事、既霑恩沢、仍早返遣者、帰着旧堵已了、然後忘刧兵事後、緩絃安居、
而間、前下総国介平良兼、興数千兵、襲攻将門、不能背走、相防之間、為良兼被殺損奪掠人物之由、具注下総国之解文言上於官、爰朝家被下諸国合勢可追捕良兼等官府、又了、而更給召将門等之使、然而依心不安、遂不上道、付官使英保純行具由言上、又了、
未蒙報裁欝邑之際、今年之夏、同平貞盛、拳召将門之官符、到常陸国、仍国司頻牒送将門、件貞盛、脱追捕、蹐上道者也、公家須捕糺其由、而還給得理之官符、是尤被矯飾也、又右少弁源相職朝臣、引仰旨送書状詞云、依武蔵介経基之告状、定可推問将門之後符已了者、
待詔使到来之比、常陸介藤原維幾朝臣息男為憲、偏仮公威、只好寃枉、爰依将門従兵藤原玄明之愁、将門、為聞其事、発向彼国、而為憲与貞盛等同心、率三千余之精兵、恣下兵庫器仗戎具幷楯等挑戦、於是将門励士卒起意気、討伏為憲軍兵已了、
于時領州之間、滅亡者不知其数幾許、況乎存命黎庶、尽為将門虜獲也、介維幾、不教息男為憲令及兵乱之由、伏弁過状已了、
将門雖非本意、討滅一国、罪科不軽、可及百県、因之候朝議之間、且虜掠坂東諸国了、
伏案昭穆、将門已柏原帝王五代之孫也、縦永領半国、豈謂非運、昔振兵威取天下者、皆史書所見也、将門天之所与既在武芸、思惟、等輩誰比将門、而公家無褒賞之由、屢被下譴責之符者、省身多恥、面目何施、推而察之、甚以幸也、
抑将門少年之日、奉名簿於太政大殿数十年、至于今矣、〔生〕相国摂政之世、不意挙此事、歎念之至、不可勝言、将門雖萌傾国之謀、何忘旧主貴閣、且賜察之甚幸、以一貫万、将門謹言、

天慶二年十二月十五日

謹々上、太政大殿少将閣賀恩下

于時新皇舎弟将平等、窃挙新皇云、夫帝王之業、非可以智競、復非可以力争、自昔至今、経天緯地之君、纂業承基之王、此尤蒼天之所与也、何慥不権議、恐有物譏於後代、努力云々、
于時新皇勅云、武弓之術既助両朝、還箭之功且救短命、将門苟揚兵名於坂東、振合戦於花夷、今世之人、必以撃勝為君、縦非我朝、僉在人国、如去延長年中大赦契王、以正月一日討取渤海国、改東丹国領掌也、盍以力虜領哉、加以衆力之上、戦討経功也、欲越山之心不憚、欲破巌之力不弱、勝闘之念、可凌高祖之軍、凡領八国之程、一朝之軍攻来者、足柄・碓氷固二関、当禦坂東、然則汝曹所申、甚迂誕也者、各蒙叱罷去也、

且縦容之次、内竪伊和員経謹言、有争臣則君不落不義、若不被遂此事者、有国家之危、所謂違天則有殃、背王則蒙嘖、願新天信耆婆之諫、全賜推悉之天裁者、新皇勅曰、能才依人為憖、就人為喜、口出此言、不及駟馬、所以出言无遂哉、略〔而〕敗議汝曹无心甚也者、員経巻舌鉗口、黙而閑居、昔如秦皇焼書埋儒、敢不可諫矣、

唯武蔵権守興世王為時宰人、玄茂等、為宣旨且放諸国之除目、下野守叙舎弟平朝臣将頼、上野守叙常羽御厩別当多治経明、常陸介叙藤原玄茂、上総介叙武蔵権守興世王、安房守叙文屋好立、相模守叙平将文、伊豆守叙平将武、下総守叙平将為、

且諸国受領点定、且成可建王城議、其記文云、王城可建下総国之亭南、兼以檥橋、号為京山埼、以相馬郡大井津、号為京大津、便左右大臣・納言・参議・文武百官・六弁八吏、皆以点定、内印外印、可鋳寸法、古文正字定了、但孤疑者、暦日博士而已、

偏聞此言、諸国長官、如魚驚、如鳥飛、早上京洛、然後、迄武蔵相模等之国、新皇巡検、皆領掌印鎰、可勤公務之由、仰留守之国掌、乃可預天位之状奏於大政官、自相模国帰於下総、仍京官大驚、宮中騒動、于時本天皇、請十日之命於仏天、厥内屈名僧於七大寺、祭礼奠於八大明神、

詔曰、忝膺天位、幸纂鴻基、而将門監悪為力、欲奪国位者、昨聞此奏、今必欲来、早饗名神、停此耶悪、速仰仏力、払彼賊難、乃本皇下位、摂二掌於額上、百官潔斉、〔請〕千祈於仁祠、況復山々阿闍梨、修邪滅悪滅之法、社々神祇官、祭頓死頓滅之式、

一七日之間所焼之芥子、七斛有余、所供之祭料、五色幾也、悪鬼名号焼於大壇之中、賊人形像着於棘楓之下、五大力尊遣侍者於東土、八大尊官放神鏑於賊方、而間天神、嚬嘁而謗賊類非分之望、地類、呵嘖而憎悪王不便之念、

然新皇、案井底〔之〕浅励、不存堺外之広謀、即自相模帰本邑之後、未休馬蹄、以天慶三年正月中旬、為討遺敵等、帯五千之兵、発向於常陸国也、于時奈何久並一両郡之藤氏等、相迎於堺、罄美而大饗、新皇勅曰、藤氏等、可指申掾貞盛并為憲等之所在、于時藤氏等奏曰、如聞、其身如浮雲、飛去飛来、宿処不定也奏訖、

爰猶相尋之間、漸隔一旬、僅吉田郡蒜間之江辺、拘得掾貞盛源扶之妻、陣頭多治経明・坂上遂高等之中、追領彼女、新皇聴此事、為匿女人媿、雖下勅命、々々以前、為夫兵等悉被虜領也、就中貞盛之妾、被剝取露形、更无為方矣、眉下之涙洗面上之粉、胸上之炎焦心中之肝、内外之媿成身内媿、会嵇之報遭会嵇之敵、何謂人哉、何恨天哉、生前之慙有稠人而已、

爰傍陣頭等、奏新皇曰、件貞盛之妾、容顔不卑、犯過非妾、願垂恩詔、早遣本貫者、新皇勅曰、女人流浪返本属者、法式之例、又鰥寡孤独加優恤者、古帝之恒範也、便賜一襲、為試彼女本心、忽有勅歌曰〈冊爾手毛風之便丹吾〔曾〕問枝離垂花之宿緒〉、妾幸遇恩余之頼、和之曰〈冊爾手毛花之匂散来者我身和比志止於毛保江奴鉇〉、其次、源扶

之妾恥一身之不幸、寄人詠曰〈花散之我身牟不成吹風波心牟遭杵物爾佐利計留〉、翫此言間、人々和怡逆心御止〈員銓曰、御止者暫息〉、雖歴多日、无聆件敵、仍皆返遣諸国兵士等、僅所遺之兵不足千人、伝聞此事、貞盛并押領使藤原秀郷等、驚四千余人兵、忽欲合戦、新皇大驚、以二月一日、率随兵超向於敵地下野之方、于時新皇将門前陣、以未知敵之所在、副将軍春茂陣頭、経明・遂高等後陣、以訪得敵之所在、為見実否、登高山之頂遙見北方、依実有敵、略気色四千余人許也、

爰経明等、得既一人当千之名、不可見過件敵、今不奏新皇、迫以討合於押領使秀郷之陣、秀郷素有古計、如案討靡玄茂之陣、其副将軍及夫兵等、迷〔於〕三兵之手、散於四方之野、知道之者如弦徹出、未知之者如車旗廻、僅存者少、遂亡者多、

于時貞盛・秀郷等、就蹤征之程、同日未申剋許、襲到於川口村、新皇揚声已行、振剣自戦、貞盛仰天云、私之賊則如雲上之電、公之従則如厠底之虫、然而私方无法、公方有天、三千兵類、慎而勿帰面者、日漸過於未剋、臨於黄昏、各募李陵王之臆、皆成死生決之励矣、桑弓快挽〈快多乃之久、挽比加礼〉、蓬矢直中、公従者自常強、私賊者自例弱、所謂新皇、折馬口於後、牽楯本於前、昨日之雄今日之雌也、故常陸国軍哂咲留宿、下総国兵忿愧早去、

厥後貞盛・秀郷等相語云、将門既非千歳之命、自他皆一生之身也、而将門独跋扈於人寰、自然為物防也、出則競監悪於朝夕、入則貪勢利於国邑、坂東之宏蠹、外土之毒蟒、莫甚於之、昔聞、斬霊虵而鎮九野、剪長鯢而清四海〈漢書曰、霊虵者人蚩尤之名、左伝楚子曰、長鯢者大魚之名、故喩不義之人飲少国者也〉、方今、殺害凶賊非鎮其乱、自私及公、恐損鴻徳歟、尚書云、天下雖安不可不戦、甲兵雖強不可不習、縦此度雖勝、何後戦可忘、加以武王有疾、周公代命、大分貞盛等、奉命於公、将撃件敵、所以集群衆、而加甘詞調兵類、而倍其数、以同年二月十三日、着強賊地下総之堺、

新皇擬招弊敵等、引率兵使隠於辛嶋之広江、爰貞盛行事於左右、廻計於東西、且始自新皇之妙屋、悉焼掃与力之辺家、火煙昇而有余於天、人宅尽而无主於地、僅遺緇素弃舎宅而入山、適留士女迷道而失方、不恨常陸国之已損、唯歎将門等之不治、

今貞盛追尋件仇、其日尋不逢、厥朝、将門身擐甲冑、案飄序之遁処、心懐逆悪、存衛方之乱行〈白居〔易〕曰、飄序者喩於虚空也、衛方者荆府之人也、天性好奸猾、追捕之時、上天入地者也〉、而恒例兵衆八千余人、未来集之間、啻所率四百余人也、且帯辛嶋郡之北山、張陣相待矣、貞盛・秀郷等、翫子反之鋭衛、練梨老之剣功〈白居易曰、子反・養由両人、昔漢斐舜岱之人也、子反年始卌、投鉾十五里、養由年始七十、奪剣於三千里、故有此句也〉、以十四日未申剋、彼此合戦、于時新皇得順風、貞盛・秀郷等不幸立於咲下、其日、暴風鳴枝、地籟運塊、新皇之南楯払前自例、貞盛之北楯覆面、因之、彼此離

楯各合戦之時、貞盛之中陣撃変、新皇之従兵羅馬討、且討取之兵類八十余人、皆所追靡也、爰新皇之陣、就跡追来之時、貞盛・秀郷・為憲等之伴類二千九百人皆遁去、只所遺精兵三百余人也、此等失方立巡之間、還得順風、

于時新皇、帰本陣之間、立於咲下、貞盛・秀郷等、弃身命而力限合戦、爰新皇、着甲冑、疾駿馬、而躬自相戦、于時現有天罰、馬忘風飛之歩、人失梨老之術、新皇暗中神鏑、終戦於託鹿之野、独滅蚩尤之地、天下未有将軍自戦自死、誰図、不糺少過及於大害、私施勢而将奪公徳、仍寄朱雲之人刎長鯢之頸〈漢書曰、朱雲者悪人也、昔朱雲請尚方之剣、殺人之頸也〉、便自下野国副解文、以同年四月廿五日、其頸言上、但常陸介維幾朝臣并交替使、幸遇理運之遺風、便以十五日帰任国館、譬若鷹前之雉遺於野原、俎上之魚帰於海浦、昨日暫含凶叟之恨、今新蒙亜将之恩、

凡新皇失名滅身、允斯武蔵権守興世王・常陸介藤原玄茂等謀之所為也、哀哉、新皇敗徳之悲、滅身之歎、譬若欲開之嘉禾早萎、将耀之桂月兼隠〈有春節故、云嘉禾等也、以二月十四日逝過故、言桂月兼隠也〉、

左伝云、貪徳背公、宛如馮威践鉾之虎、故書云、少人得才而難用、悪人貪徳而叵護、所謂无遠慮有近憂、若謂之歟、爰将門頗積功課於官都、流忠信於永代、而一生一業猛監為宗、毎年毎月合戦為事、故不屑学業之輩、此只翫武芸之類、是以、対楯問親、好悪被過、

然間、邪悪之積覃於一身、不善之謗聞於八邦、終殞阪泉之地、永遺謀叛之名矣〈漢書曰、阪泉者昔高祖之合戦之地也〉、

于時、賊首兄弟及伴類等可追捕之官符、以去正月十一日、下於東海東山両道諸国、其官符云、若殺魁帥者、募以朱紫之品、又斬次将軍者、随其勲功、将賜官爵者、仍詔使左大将軍参議兼修理大夫右衛門督藤原朝臣忠文・副将軍形部大輔藤原朝臣忠舒等遣八国之次、賊首将門之大兄将頼幷玄茂等、到於相模国被殺害也、次興世王到於上総国被誅戮也、坂上遂高・藤原玄明等、皆斬於常陸国、

相次海道撃手将軍兼形部大補藤原忠舒、下総権少掾平公連為押領使、以四月八日入部、即尋撃謀叛之類、厥内賊首将門舎弟七八人、或剃除鬢髪入於深山、或捐捨妻子各迷山野、猶於遺成恐去、又正月十一日官符各散四方、或馮二月十六日詔使恩符、行稍公庭、

然間、武蔵介源経基・常陸大掾平貞盛・下野押領使藤原秀郷等、非无勲功之勇、有褒賞験、仍去三月九日奏、中務軍謀克宣忠節、爰着賊首戎陣、到武功於三庭者、今介恒基也、始雖奏虚言、終依実事、叙従五位下、掾貞盛、頃年雖歴合戦、未定勝負、而秀郷合力斬討謀叛之首、是秀郷古計之所厳者、叙従四位下、又貞盛既歴多年之険難、今誅兇怒之類、尤貞盛励之所致也、故叙正五位上已了、

以之謂之、将門謬負過分之望、雖従逝水之涯、為人施官、不忍其心、何者、虎以遺皮、人以遺名也、可憐、先滅己身後揚他名、今

検案内、昔者依六王之逆心、有七国之災難、今者就一士之謀叛、起八国之騒動、縦此覬覦之謀、古今所希也、況本朝神代以来、未有此事、然則妻子迷道、取噬臍之媿、兄弟失所、无隠身之地、如雲之従暗散於霞外、如影之類空亡於途中、或乍生迷親子、而求山問川、或乍惜離夫婦、而内訪外尋、非鳥暗成四鳥之別、非山徒懐三荆之悲、有犯无犯、薫蕕乱於同畔、有濁无濁、混涇渭於一流、方今、雷電之声尤響百里之内、将門之悪既通於千里之外、将門常好大康之業、終迷宣王之道（尚書曰、大康者无道而好田猟、於東都死也、車改曰、宣王古戴、故有此句也）、仍作不善於一心、競天位於九重、過分之辜則失生前之名、放逸之報則示死後之媿、

諺曰、将門依昔宿世、住於東海道下総国豊田郡、然而被羈殺生之暇、曾无一善之心、而間生死有限、終以滅没、何往何来、宿於誰家、

田舎人報云、今住三界国六道郡五趣郷八難村、但寄中有之使、告消息云、予在世之時、不修一善、依此業報廻於悪趣、訴我之者、只今万五千人、痛哉、将門造悪之時、催伴類以犯、受報之日、蒙諸罪以独苦也、置身於受苦之剣林、焼肝於鉄囲之煨燼、楚毒至痛、不可敢言、但一月之内只有一時之休、其由何者、獄吏言、汝在世之時所誓願之金光明経一部之助者、冥官暦云、以十二年為一年、以十二月為一月、以卅日為一日、以之謂之、我日本国暦当九十二年、彼本願可脱此苦者、抑閻浮兄弟、娑婆妻子、為他施慈、為悪造善、雖口甘、恐不可食生類、雖心惜而好可施供仏僧者、亡魂消息如右、

天慶三年六月中記文、

或本云、我日本国暦曰、九十三年内可有其一時之休、今須我兄弟等、遂此本願可脱此苦、然則如聞、生前之勇不成死後之面目、傲々之報、受憂々之苦、一代有讎敵、戦之如角牙、然而勝強負弱、天下有謀叛、競之如日月、然而公増私滅、凡世間之理、痛死而不可戦、生現在有恥、死後无誉、但世闘諍堅固、尚監悪盛也、人々心々、有戦不戦、若有非常之疑、後々達者且記而已矣、仍里无名謹表、

陸奥話記

六箇郡内、有安倍頼良者、是同忠良子也、父祖倶果敢、而自称酋長、威権甚、使村落皆服、横行六郡、囚俘于庶士、驕暴滋蔓、漸出衣川外、不輸賦貢、無勤徭役、代々恣己雖蔑、上不能制之、永承之比、大守藤原朝臣登任発数千兵攻之、出羽秋田城介平朝臣重成為前鋒、大守率夫士為後、頼良以諸部囚俘拒之、大戦于鬼切部、大守軍敗績、死者甚多、

於是朝廷有議、択追討将軍、衆議所帰、独在源朝臣頼義、頼義者河内守頼信朝臣子也、性沈毅多武略、最為将帥之器、長元之間、平忠常為坂東奸雄、暴逆為事、頼信朝臣為追討使、平忠常、頼義在軍旅間、勇決抜群、才気被世、坂東武士、多楽属者、被為小一条院判官代、院好畋猟、野中所赴、麋鹿狐兎、常為頼義所獲、好持弱弓、而所発矢莫不飲羽、縦雖猛獣、応絃各斃、其射芸功、軼人如斯、

上野守平直方朝臣、視彼騎射、窃相語曰、僕雖不肖、苟為名将後胤、偏貴武芸、而未曾見控絃之功、如志能者、請以一女為箕箒妾、則納彼女為妻、令生三男二女、長子義家、仲子義綱等也、因判官代労、為相模守、俗好武勇、民多〔帰服〕、頼義政教威風大行、拒捍之類皆如奴僕、而愛士好施、会坂以東弓馬之士、大半為門客、任終上洛、

経数年間、忽応朝選、専征伐将帥之犯、拝為陸奥守、兼鎮守府将軍、令討頼良、天下素知才能、服其採梓、入境着任之初、俄有天下大赦、頼良大喜、改名称頼時〈同大守名有禁之故也〉、委身帰服、境内両爾清、一任無事、任終之年、為行府務、入鎮守府、数十日経廻之間、頼時傾首給仕、駿馬金宝之類、悉献幕下、兼給士卒、而帰国府之道、阿久利河辺、夜有人窃窺来、権守藤原朝臣説貞之子光貞元貞等、野宿殺傷人馬、将軍召光負、問嫌疑人、答曰、頼時長男貞任、以先年欲嫂光貞妹、而賤其家族不許之、貞任深為恥、権之貞任所為矣、此外無他仇、爰将軍怒、召貞任欲之罪、頼時語其子姪曰、人倫在世、皆為妻子也、貞任雖愚、父子之愛不能弃忘、一旦伏誅、吾何忍哉、不如閉関不聴耳来攻吾、況乎吾衆亦足拒戦、未以為憂、縦戦不利、頼時等死不亦可哉、其左右皆曰、公言是也、請以一丸泥封衣川関、誰敢破者、遂閉道不通、将軍弥嗔、大発軍兵、坂東猛士、雲集雨来、歩騎数万、輜人戦具重蘋野、国内震懼、莫不響応、

于時頼時聟散位藤原朝臣経清平永衡等皆叛舅、以私兵従将軍、引軍漸進、将到衣川之間、永衡被銀冑、有人説将軍曰、永衡為前司登任朝臣郎従、下向当国、厚被養顧、勢領一郡、而嫂頼時女以後、弐于大守、合戦之時、与于頼時、永衡旧主、不忠不義者也、今雖

外示帰服、而内挾奸謀、恐陰通使、告示軍士動静、謀略所出敗、又所着冑与群不同、是必欲合戦時、使頼時軍兵不射已也、黄巾赤眉豈不別軍之故乎、不如早斬之断其内応矣、将軍以為然、則勒兵取永衡及其随兵中委腹心者四人、責以其罪立斬之、

於是経清等師不自安、窃語其客曰、前車覆者後車鑑也、韓彭被誅黥布寒心、今十郎已歿〈永衡字伊具十郎〉、吾又不知何日死、為之如何、客曰、公露赤心、欲事将軍、将軍必意公、不若讒口速開之前、叛走従于安大夫、独為軍〔功〕之時、噬臍何益焉、経清曰善、則構流言驚軍中曰、頼時遣軽騎出於間道、将攻国府取将軍妻子云々、将軍之麾下内客、皆妻子在国府、多勧将軍、令攻国府、将軍因衆勧、自将鋭騎数千人、日夕馳還、而遣気仙郡司令為時等攻頼時、頼時以舎弟僧良昭等令拒之、為時雖頗有利、而依無後援、一戦退矣

於是経清等属大軍擾乱之間、将私兵八百余人、走于頼時矣、

今年朝廷雖補新司、聞合戦告、辞退不赴任、因之更重任頼義朝臣、猶令遂征伐、年凶而国内飢饉、粮食不給、大衆一散、忽難再会、出謀之間、漸送年序、天喜五年秋九月、進国解言之誅伐頼時之状佞、臣使金為時下毛野興重等、甘説奥地俘囚、令興官軍、於是鉇屋仁土呂志宇曾利、合三部夷人、安倍富忠為首発兵、将従為時、而頼時聞其計、自往陳利害、衆不過二千人、富忠設伏兵、撃之嶮岨、大戦二日、頼時為流矢所中、還鳥海柵死、但余党未服、請賜官符、徴発諸国兵士、兼納兵粮、悉誅余類焉、随賜官符、召兵粮発軍兵、

但群卿之議不同、未行勲賞之間、同年十一月、将軍率兵千〔八〕百余人、欲討貞任等、貞任等率精兵四千余人、以金為行之河崎柵為営、拒戦黄海、于時風雪甚励、道路艱難、官軍無食、人馬共疲、賊類馳新羈之馬、敵疲足之軍、非唯客主之勢異、又有寡衆之力別、官軍大敗、死者数百人、将軍長男義家、驍勇絶倫、騎射如神、冒白刃突重囲、出賊左右、以大鏃箭頻射賊帥、矢不空発、所中必斃、雷奔風飛、神武惜命世、夷人靡走、敢無当者、夷人立号曰八幡太郎、漢飛将軍之号、不可同年語矣、将軍従兵、或以散走、或以死傷、所残纔有六騎、長男義家、修理少進藤原景通、大宅光任、清原貞広、藤原範季、同則明等也、賊衆二百余騎、張左右翼囲攻、飛矢如雨、将軍之馬中流矢斃、景通得馬授之、義家馬又中矢死、則明奪賊馬授之、如此之間、殆難得脱、而義家頻射殺魁帥、又光任等数騎誅死而戦、賊類為神漸引退矣、

是時官軍中有散位佐伯経範者、相模国人也、将軍厚遇之、軍敗之時囲満涯、纔出不知将軍処、問散率、散率答曰、将軍為賊所囲、従兵不過数騎、推之難脱矣、経範曰、我事将軍、已経卅年、老僕年已及可順、将軍焉又逼懸車、今当覆歿之日、何不同命乎、地下相従、是吾志也、還入賊囲中、其随兵両三騎又曰、公既与将軍同命死節、吾等豈得独生乎、雖云陪臣、慕節是一也、共入賊陣戦甚狡、則殺十余人、而集尤如林、皆歿賊前、

藤原景季者景通長子也、年廿余、性少言語、善騎射、合戦之時、視死如帰、馳入賊陣、殺梟帥出、如此七八度、而馬蹶為賊所得、賊徒雖惜其武勇、而悪為将軍之親兵遂斬之、散位和気致輔、殑殖為清等、皆入万死不顧一生、悉為将軍弃命、其〔得〕士死力、皆此類也、

又藤原茂頼者将軍腹心也、驍勇善戦、軍敗之後、数日不知将軍所往、謂已歿賊、悲泣曰、吾求彼骸骨、方葬斂之、但兵革所衝、自非僧侶、不能入求、方剃鬢髪捨遺骸可、則出家忽為僧、指戦場行、道遇将軍、且悦且悲、相〔従〕還来、出家雖似劇、忠節猶不足感、

又散位平国妙者出羽国人也、驍勇善戦、常以寡敗衆、未曾敗北、俗号云曰平不負〈字曰平大夫、故加能云不負〉、将軍招之令為前帥、而馬仆為賊所擒、賊帥経清者国妙之外甥也、以故得敗、武士猶以為恥矣、

同年十二月国解曰、諸国兵粮兵士、雖有徴発之名、無到来之実、当国人民悉越他国、不従兵役、先移送出羽国之処、守源朝臣兼長敢無乱越心、非蒙裁許者、何遂討撃云々、於是朝家止兼長朝臣之任、以源朝臣斉頼為出羽守、令共撃貞任、而斉頼乍蒙不次恩賞、全無征伐之心、諸国軍兵々粮又以不来、如此之間、不能重攻、貞任等益横行諸郡、劫略人民、経清率数百甲士出衣川関、放使諸郡、徴納官物、命曰、可用白符、不可用赤符〈白符者経清私徴符也、不捺印故云白符、赤符者国符也、有国印故云赤符也〉、将軍不能制之、而常以甘言、説出羽山北俘囚主清原真人光頼、舎弟武則等、令与力官軍、光頼等猶豫未決、将軍常贈以奇珍、光頼武則等漸以許諾、

康平五年春、依頼義朝臣任終、更拝高階朝臣経重為陸奥国守、揚鞭進発、入境着任之後、無何帰洛、是国内人民、皆随前司指偽故也、朝議紛紜之間、頼義朝臣頻求兵於光頼幷舎弟武則等、於是武則以同年秋七月、率子弟万余人兵、越来於陸奥国、将軍大喜、率三千余人、以七月廿六日発、八月九日致栗原郡営崗〈昔田村麿将軍征蝦夷之日、於此支勤正軍士、自其以来号曰営塹、遠猶存〉、武則真人先軍此処、邂逅相遇、互陳心懐、各以拭涙、悲喜交至、

同十六日定諸陣押領使、清原武貞為一陣〈武則子也〉、橘貞頼為二陣〈武則甥也、字逆志方太郎〉、吉彦秀武為三陣〈武則甥、字荒川太郎、甥又聟也〉、橘頼貞為四陣〈貞頼弟也、字新方次郎太郎〉、頼義朝臣為五陣、五陣中又分三陣〈一陣将軍、一陣武則真人、一陣国内官人等也〉、吉美津武忠為六陣〈字班目四郎〉、清原武道為七陣〈字貝沢三郎〉、

於是武則遙拝皇城、誓天地言、臣既発子弟、応将軍命、志在立節、不顧殺身、若不苟死、女不空生、八幡三所照臣中丹、若惜身命、不致死力者、女中神鏑先死矣、合軍攘辟、一時擻怒、今日有鳩翔軍上、将軍以下悉拝之、

則赴松山道、次磐井郡中山大風沢、翌日到同郡萩馬場、去小松柵五町有余也、件柵者是宗任叔父僧良昭柵也、依日次不宜幷及晩景、無攻撃心、而武貞頼貞等、先為見地勢近到之間、歩兵放火、焼柵

外宿廬、於是城内奪呼、矢石乱発、官軍合応、頻求先登、将軍命武則曰、明日之儀俄乖、当時之戦已発、但兵待機〔発〕、不如撰日時、故宋武帝不避往亡而功、好見兵機、可随早晩矣、武則曰、官軍之怒猶如水火、其鋒不可当、用兵之機不過此時、則以騎兵囲要害、以歩卒〔攻〕城柵、

件柵東南帯深流之碧潭、西北負壁立之青巌、歩騎共泥、然而兵士深江是則大伴員季等、引率敢死者廿余人、以剣鑿岸、杖鉾登巌、斬壊柵下、乱入城内、合刃攻撃、城中擾乱、賊衆潰敗、宗任将八百余騎、城外校戦、前陣頗疲、不能敗之、因玆召五陣軍士平真平、菅原行基、源真清、刑部千富、大原信助、清原貞廉、藤原兼成、橘孝忠、源親季、藤原朝臣時経、丸子宿禰弘政、藤原光貞、佐伯元方、平経貞、紀季武、安部師方等、合加攻之、皆是将軍麾下坂東精兵也、入万死忘一生、遂敗宗任軍、又七陣々頭武道父要害処、宗任精兵卅余騎為遊兵襲来、武道迎戦、殺傷殆尽、賊衆捨城逃走、則放火焼其柵了、所射斃賊徒六十余人、被疵逃者不知其員、官軍死者十三人、被疵者百五十人也、休士率整干戈、不追攻撃、

又遭霖雨徒送数日、粮尽食尽、軍中飢乏、磐井以南郡々、依宗任之誨、遮奪官軍之輜重往反之人物、為追捕件奸類、分兵士千余人、遣栗原郡、又磐井郡仲村地、去陣四十余里也、耕作田畠、民戸頗饒、則遣兵士三千余人、令刈稲禾等、将給軍糧、如此之間、経十八箇日、留営中者六千五百余人也、貞任等風聞此由語、其前日如聞者、官軍食乏、四方求糧、兵士四散、営中不過数千云々、吾以大衆襲撃必敗之、

則以九月五日、率精兵八千余人、動地襲来、玄甲如雲、白刃耀日、於是武則真人進賀将軍曰、貞任失謀、将梟賊首、将軍曰、彼官軍分散、孤営少兵、忽将大衆来襲、是必謀勝矣、而子云失謀、其意如何、武則曰、官軍為客兵、粮常乏、一旦争鋒、欲決雄雌、而賊衆若守嶮不進戦者、客兵常疲不能久攻、或有逃散者、還為彼所討矣、僕常以之為恐、而今貞任等進来欲戦、是天福将軍也、又賊気黒如楼、是軍敗之地也、官軍必得勝矣、将軍也曰、子言是也、吾又知之、于時将軍命武則曰、昔勾践用范蠡之謀、得雪会稽之恥、今老臣因武則之忠、欲露朝威之厳、於今日戦莫惜身命、武則曰、今為将軍弃命、軽如鴻毛、寧雖向賊死、不得背敵生、

於是将軍量陣、如常山蛇勢、士卒奮呼、声動天地、両陣相対、交鋒大戦、自午至酉、義家義綱等虎視鷹揚、斬将抜旗、貞任等遂以敗北、官軍乗勝追北、賊衆到磐井河、迷或失津、或墜高岸、或溺深淵、暴虎憑河之類、襲撃殺之、自戦場至河辺、所射殺賊衆百余人、所奪取馬三百余匹也、将軍語武則曰、深夜雖暗、不慰賊気、必可追攻、今夜縦賊者、明日必振矣、武則以精兵八百余人、暗夜尋追、将軍還営、且饗士卒、且整兵甲、親廻軍中、療疵傷者、戦士感激皆言、意為恩使、命依義軽、今為将軍雖死不恨、彼焼鬚唼膿、何得加之、而武則運籌策、分敢〔死者〕五十人、偸従西山入貞

任軍中、俄令挙火、見其火光、自三方揚声攻撃、貞任等出于不意、営中擾乱、賊衆駭騒、自互撃戦、死傷甚多、遂弃高梨宿并石坂柵、逃入衣河関、歩騎迷或殺巌墜谷、卅余町之程斃亡人馬、宛如乱麻、肝胆塗地、膏腴潤野、

同六日午時将軍到高梨宿、即日欲攻長河関、件関素隘路嶮岨、過崤函之固、一人拒嶮、万夫不能進、斬樹塞蹊、崩岸断路、加以霖雨無晴、河水洪溢、然而三人押領使攻之、武貞攻関上道、頼貞攻上津衣川道、武則攻関下道、自未時迄戌時、攻戦之間、官軍死者九人、被疵者八十余人也、武則下馬廻見岸辺、召兵士久清命曰、両岸有曲木、枝条覆河面、浮軽捷好飛超、伝渡彼岸、偸入賊営、方焼其塁、賊見其営火起、合軍驚走、吾必破関矣、久清云、死生随命、則如猿猴之跳梁、着彼岸之曲木、牽縄纏葛、牽卅余人兵士、同得越渡、即偸到藤原業近柵、俄放火焼〈業近字大藤田、宗任腹口也〉、貞任見業近柵焼亡、大駭遁奔、遂不拒関、保鳥海柵、而為久清等所殺傷者七十余人也、

同七日破関、到胆沢郡白鳥村、攻大麻生野及瀬原二柵抜之、得生虜一人、申云、度々合戦之場、賊帥死者数十人、所謂散位平孝忠、金師道、安倍時任、同貞行、金依方等也、皆是貞任宗任之一族、驍勇驃捍之精兵也云々、同十一日鶏鳴、襲鳥海柵、行程十余里也、官軍未到之前、宗任経清等弃城走、保厨川柵、将軍入鳥海柵、暫休士率、柵中一屋、醇酒数十甑、士率争欲飲之、将軍制止之、恐賊類設毒酒、欺疲頓軍矣、而雑人中一両人、飲之無害、而後合軍飲之、皆呼万歳、将軍語武則曰、頃年聞鳥海柵名、不能見其躰、今日因卿忠節、初得入之、卿見予顔色如何、武則曰、足下多宜為王室立節、櫛風沐雨、甲冑生蟣虱、苦軍旅役已十余年、天地助其忠、軍士感其志、是以賊衆潰走如決積水、愚臣擁鞭相従、有何殊功乎、但見将軍形容、白髪返半黒、若破厨川柵、得貞任首者、鬢髪悉黒、形容肥満矣、将軍曰、卿率子姪発大軍、破堅執鋭、自当〔矢〕石、破陣抜城、宛如転円石、因之得遂予節、卿無譲功、但白髪返黒者、予意然之、武則拝謝、即襲正任所知和賀郡黒沢尻柵抜之、所射殺賊徒卅二人、被疵逃者不知其員、亦鶴脛比与鳥二柵同破之、

同十四日向厨川柵、十五日酉剋到着、囲厨川嫗戸二柵、相去七八町許也、結陣張翼、終夜守之、件柵西北大沢、二面阻河、々岸三丈有余、壁立無途、其内築柵自固、柵之上構楼櫓、鋭卒居之、河与柵間亦掘隍、々底倒立刃、地上蒔鉄刃、遠者発弩射之、近者投石打之、適到柵下者、建沸湯沃之、振利刀殺之、官軍到着時、楼上兵招官軍曰、戦来焉、雑女数十人、登楼唱歌、将軍悪之、自十六日卯時攻戦、終日通夜、積弩乱発、矢石如雨、城中固守不被抜之、官軍死者数百人、

十七日未時、将軍命士卒曰、各入村落、壊運屋舎、塡之城隍、又毎人刈萱草、積之河岸、於是壊軍刈積、須臾如山、将軍下馬、遥

拝皇城誓言、昔漢徳未衰、飛泉忽応校尉之節、今〔天〕威惟新、大風可助老臣之忠、伏乞、八幡三所出風吹火、焼彼柵、則自把火称神火投之、是時有鳩、翔軍陣上、将軍再拝、暴風忽起、烟焰如飛、先是官軍所射之矢、立柵面楼頭、猶如蓑毛、飛焰随風着矢羽、楼櫓屋舎一時火起、城中男女数千人、同音悲泣、賊徒潰乱、或投身於碧潭、或刎首於白刃、官軍渡水攻戦、是時賊中敢死者数百人、被甲振刃、突囲而出、必死莫生心、官軍多傷死者、武則告軍士曰、開道可出賊衆、軍士開囲、賊徒忽起逃心、不戦而走、官軍横撃悉殺之、於是生虜経清、将軍召見責曰、汝先祖相伝、為予家僕、而年来忽緒朝威、蔑如旧主、大逆無道也、今日得用白符否、経清伏首不能言、将軍深悪之、故以鈍刀漸斬其首、是欲経清痛苦久也、

貞任抜剣斬官軍、官軍以鉾刺之、載於大楯、六人舁之将軍之前、其長六尺有余、腰囲七尺四寸、容貌魁膊、皮膚肥白也、将軍責罪、貞任一面死矣、又斬弟重任〈字北浦六郎〉、但宗任自投深泥、逃脱了、

貞任子童年十三歳、名曰千世童子、容貞美麗、被甲出柵外能戦、驍勇有祖風、将軍哀憐欲宥之、武則進曰、将軍莫思小義忘後害、将軍頷遂斬之〈貞任年卅四死去〉、城中美女数十人、皆衣綾羅、悉粧金翠、交煙悲泣、出之各賜軍士、但柵破之時、則任妻独抱三歳男、語夫言、君将歿、妾不得独生、請君前先死、則乍抱児自投深淵死、可謂烈女矣、其後不幾、貞任伯父安倍為元〈字赤村介〉、貞任弟家任帰降、又経数日宗任等九人帰降、

同十二月十七日国解云、斬獲賊徒安倍貞任、同重任、藤原経清、散位平孝忠、藤原重久、散位物部維正、藤原経光、同正綱、同正元、帰降者安倍宗任、弟家任、則任〈出家帰降〉、散位安倍為元、金為行、同則行、同経永、藤原業近、同頼久、同遠久等也、此外貞任家族無有貴類、但正任一人未出来云々、僧良昭已至出羽国、為守源斉頼所擒、正任初隠出羽光頼子字大鳥山太郎頼遠許、後聞宗任帰降由、又出来了、

合戦之際、義家毎射甲士、皆応絃死矣、後日武則語義家曰、僕欲試君弓勢如何、義家曰善矣、於是武則重堅甲三領、懸之樹枝、令義家一発、貫甲三領、武則大驚曰、是神明之変化也、豈凡人之所堪乎、宜為武士所帰伏如此、義綱驍勇騎射、又亜其兄、

同六年二月十六日、献貞任経清重任首三級、京都為壮観、車撃轂人摩肩〈字細注別紙〉、先是献首使者、貞任従者降人也、担夫称無櫛由、使者曰、汝等有私用櫛、以其可梳之、担夫則出櫛梳之、垂涙嗚烟曰、吾主存生之時、仰之如高天、豈苟以吾垢櫛忝梳其髪乎、悲哀不忍、衆人皆落涙、雖担夫忠又足令感人者也、

同廿五日除目之間、賞勲功、拝頼義朝臣為正四位下伊豫守、太郎義家為従五位下出羽守、次郎義綱為左衛門尉、武則為従五位下鎮守府将軍、献首使者藤原季俊為左馬允、物部長頼為陸奥大目、勲賞之新、天下為栄矣、夷狄強大、中国不能制、故漢高困平城之囲、呂后忍不遜詞、我朝上古屢発大軍、雖国用多費、戎無大敗、坂面

伝母礼麻呂請降、普服六郡之諸夷、独施万代之嘉名、即是北天之化現、希代之名将也、其後二百余歳、或猛将立一戦之功、或謀臣吐六奇之計、而唯服一部一落、未曾有耀兵威、遍誅諸夷、而頼義朝臣自当矢石、摧夷人鋒、豈非名世之殊功乎、彼斬郅支単于、梟南越王首、何以如之哉、今抄国解之文、拾衆口之話、注之一巻、以少生但千里之外、定多紕繆、知実者正之而已、

補注

見出し項目の下の（　）内の数字は、本文の頁と行数を示す。
例えば、（一〇1）は一〇頁一行であることを表わす。

遷都平城詔

遷都平城詔（一〇1）　大和盆地の南部に造営された飛鳥藤原の都を去って、同じ大和の北端、奈良山の南に壮大な新都を建設しようとした。続紀に見える平城京の記録をたどってみると、次の如くである。

〔文武天皇慶雲四年〕春二月戊子（九日）詔二諸王臣五位已上一、議二遷都事一也。

〔元明天皇和銅元年〕二月戊寅（十五日）詔（遷都平城詔）。

九月戊子（三十日）以二正四位上阿倍朝臣宿奈麻呂・従四位下多治比真人池守一、為二造平城京司長官一。従五位下中臣朝臣人足・小野朝臣広人・小野朝臣馬養等為二次官一、従五位下坂上忌寸忍熊為二大匠一、判官七人、主典四人。

冬十月庚寅（二日）遣二宮内卿正四位下犬上王一、奉二幣帛于伊勢太神宮一、以告下営二平城宮一之状上也。

十二月癸巳（五日）鎮二祭平城宮地一。

〔和銅二年〕八月辛亥（廿八日）車駕幸二平城宮一。免二従レ駕京畿兵衛戸雑徭一。

九月乙卯（二日）車駕巡二撫新京百姓一焉。丁巳（四日）賜二造宮将領已上物一、有レ差。

冬十月癸巳（十一日）勅二造平城京司一、若彼墳隴、見二発堀一者、随即埋斂、勿レ使二露棄一。普加二祭酹一、以慰二幽魂一。

十二月丁亥（五日）車駕幸二平城宮一。

〔和銅三年〕三月辛酉（十日）始遷二都于平城一。以二左大臣正二位石上朝臣麿一為二留守一。

右によれば平城宮の造営は、慶雲四年（七〇七）二月に遷都のことを議し、和銅三年（七一〇）三月に遷都しているので、前後四年を要したことになる。平城宮は造営されても、まだ平城京の建設は終らず、諸国から雇役された役民の強制労働は苛烈であったと見え、役民の逃亡や帰郷について次の如き記載が続いている。

〔和銅四年〕九月丙子（四日）勅、頃聞、諸国役民、労二於造都一、奔亡猶多、雖レ禁不レ止。今宮垣未レ成、防守不レ備。宜下権立二軍営一、禁中守兵庫上。因以二従四位下石上朝臣豊庭・従五位下紀朝臣男人・粟田朝臣必登等一為二将軍一。

〔和銅五年〕正月乙酉（十六日）詔曰、諸国役民、還レ郷之日、食糧絶乏、多饉二道路一、転二塡溝壑一、其類不レ少。国司等宜下勤加二撫養一、量中賑恤上。如有二死者一、且加二埋葬一、録二其姓名一、報二本属一也。

冬十月乙丑（廿九日）詔曰、諸国役夫及運脚者、還レ郷之日、粮食乏少、無レ由レ得レ達。宜下割二郡稲一、別貯二便地一、随二役夫到一、任中令二交易一。又令下行旅人、必齎レ銭為レ資、因息二重担之労一、亦知中用レ銭之便上。

朕祇みて…（一〇2）　参照に資するため隋書、高祖紀二年の新都創建の詔文を左に録しておく。

景（丙）申、詔曰、朕祇奉二上玄一、君二臨万国一、属二生人之敝一、処二前代之宮一。常以為作レ之者労、居レ之者逸。改創之事、心未レ遑也。而王公大臣、陳レ謀献レ策、咸云、羲農以降、至二于姫劉一、有二当代而屢遷一、無二革命而不レ徙。曹馬之後、時見二因循一。乃末代之宴安、非二往聖之宏義一。此城従レ漢、彫残日久、屢為二戦場一、旧経二喪乱一。今之宮室、事近二権宜一、又非二謀レ筮従レ亀、瞻レ星揆レ日、不レ足下建二皇王之邑一、合中大衆所上レ聚。論二変通之数一、具二幽顕之情一、同心固請、詞情深切。然則京師百官之府、四海帰向、非二朕一人之所二独有一。苟利二於物一、其可レ違乎。且殷之五遷、恐人尽死。是則以二吉凶之土一、制二長短之命一、謀レ新去レ故、如二農望一レ秋。雖二暫劬労一、其究安宅。今区宇寧一、陰陽順序、安安以遷、勿レ懐二胥怨一。竜首山、川原秀麗、卉物滋阜。卜食相レ土、宜レ建二都邑一。定鼎之基永固、無窮之業在レ斯。公私府宅、規模遠近、営構資費、随レ事条奏。仍詔二左僕射高熲・将作大匠劉竜・鉅鹿郡公賀婁子幹・太府少卿高竜叉等一、創二造新都一。

日を揆り星を瞻て（一〇5）　詩、鄘風定之方中疏に「是揆レ日瞻レ星、以正二東西南北一之事也」とある。「定之方中」は衛の文公が楚丘に新都を創設したことを称美した詩である。

「定之方中、作二于楚宮一」

（鄭箋）楚宮謂二宗廟一也。定星、昏中而正。於レ是可三以営二制宮室一、故謂二之営室一。定星昏中而正、謂二小雪時一、其体与二東壁一連、正二四方一。

「揆レ之以レ日、作二于楚室一」

（毛伝）揆、度也。度二日出日入一、以知二東西一。南視レ定、北準レ極、以正二南北一。室猶レ宮也。

とあり、日出日入時の影の長さで東西を決定し、定星・北極星によって南北を決定する。その方法については、右の詩句の孔疏に詳細である。

殷王五たび…（一〇9）　史記、殷本紀によると始祖成湯以前にもたびたび遷都しているが、湯王が亳（河南省曹県付近）に都してから、(19)盤庚に至るまで国都を五遷し、殷王に五興五衰が説かれている。(4)太宗太甲が一興、(8)雍己が一衰、(9)中宗太戊が二興、(12)河亶甲が二衰、(13)祖乙が三興、(18)陽甲が三衰、(19)盤庚が四興、(20)小辛が四衰、(22)高宗武丁が五興、(27)武乙が五衰である。(10)仲丁が隞（河南省栄陽県付近）、(12)河亶甲が相（安徽省宿県付近）、(13)祖乙が邢（河南省沁陽県付近）、(19)盤庚が亳（河南省安陽市）に遷都し成湯を加えて五遷とするが、ほぼ中興の時代に当っている。

四禽図…（一〇10）　四禽は東は青竜、西は白虎、南は朱雀、北は玄武の四神獣を言い、これに相応じた最もよい地相を「四神相応」「四地相応」の地という。後代のものであるが、安倍清明撰と伝えられる簠簋内伝巻四に四神相応地として「東有二流水一曰二清竜一、南有二沢畔一曰二朱雀一、西有二大道一曰二白虎一、北有二高山一曰二玄武一」とあり「右此四物具足、則謂二四神相応地一。尤大吉也」とみえる。天子南面の理想的地形である。

法成寺金堂供養願文

供養先づ畢りぬ（一六10）　法成寺の造立はまず阿弥陀堂の建立から始まった。寛仁三年七月着工、四年二月に九体阿弥陀仏像が完成し、三月二十二日に落慶供養を行なった。「九品蓮台」とあるはこれを指す。同年四月十斎堂・三昧堂の工を起し、閏十二月二十七日十斎堂の落慶供養を行なった。三昧堂の竣工年月は不明。「法華」とあるから、法華三昧堂であったことがわかる。治安元年十二月二日、道長の妻源倫子発願の西北院の落慶供養が行なわれた。権記に「常行堂」とあるから、常行三昧堂であったことがわかる。「法華」に続く「常行」はこれを指す。このようにして、金堂・五大堂の落成に先だち、これらの諸堂の落慶供養が終っていた。

金堂（一六11）　栄花物語巻一七、おむがくに金堂内の光景につき、「この御堂を御覧ずれば、七宝所成の宮殿なり。宝楼の真珠の瓦青く葺き、瑠璃の壁白く塗り、瓦光りて空の影見え、大象のつめいし、紫金銀の棟、金色の扉、水精の基、種々の雑宝をもて荘厳し厳飾せり。色々交り輝けり。扉押し開きたるを御覧ずれば、八相成道をかゝせ給へり。釈迦仏の摩耶の右脇より生れさせ給て、難陀・跋難陀、二つの竜の空にて湯あむし奉りたるより始めて…沙羅双樹の涅槃の夕までのかたを書き現させ給へり。柱には菩薩の願成就のかたを書き、上を見れば諸天雲に乗りて遊戯し、下を見れば紺瑠璃を地に敷けり。やう／＼仏を見奉らせ給へば、中台尊高く厳しくまし／＼て、大日如来おはします。…極楽世界これにつけても、いとゞいかにとゆかしく思ひやり奉る。毘首羯磨もいとかくはえや作り奉らざりけんと見えさせ給。仏の御前に螺鈿の花机、同じく螺鈿の高坏ども、黄金の仏器どもを据ゑつゝ奉らせ給へり。七宝をもて花を作り、仏供同じく七宝をもて飾り奉らせ給へり。火舎どもに色々の宝の香どもをたかせ給へれば、香燻じたり。所々に宝幢・幡蓋懸け連ねたり。皆これ七宝をもて合成せり」と詳述している。

五大尊の堂（一八1）　栄花物語巻一八、たまのうてなに五大堂につき、「仏を見奉れば、降三世・軍陀利は立ち給へり。大威徳・金剛夜叉・不動尊は、奥の方に居させ給へり。金剛夜叉は尺迦仏ときゝ奉るに、第十六我尺迦牟尼仏と宣はせたる御有様にはあらで、いと恐しげに見えさせ給。一時に降伏せさせ給にやと見えさせ給。不動尊はされど少しみづかせ給へる心地す。それも金剛夜叉智恵の剣を持たせ給へれば、一時秘密呪、生々而加護の御心ばへもいとあはれにて、見我心者、発菩提心、聞我名者、断悪修善なども、疎ならず覚えさせ給」と描写している。

明を重ぬ（一九3）　明徳の君が相次いで重ねて光を放つ。芸文類聚、儲宮「梁劉孝綽、奉和簡文帝太子詩曰、太子天下本、元良万国貞、周朝推二上嗣一、漢世顒二重明一」。

その麗億のみならず（一九4）　数の極めて多いこと。詩経、大雅、文王「商之孫子、其麗不レ億〈毛伝、麗数也〉」。

貞　恵　伝

干将（二三一3）　荀子、性悪に「闔閭之干将莫邪、鉅闕辟閭、此皆古之良剣也」とあり、文選、子虚賦に「建二干将之雄戟一〈張揖注、干将、韓王剣師也〉」と見える。

羽括（二三一3）　孔子家語、子路初見「子路曰、南山有レ竹、不レ揉自直。斬而用レ之、達二于犀革一。以レ此言レ之、何学之有。孔子曰、括而羽レ之、鏃而礪レ之、其入之不二亦深一乎」。

会稽の美（二三一4）　爾雅「東南之美者、会稽竹箭焉」。呉志、虞翻伝「虞翻字仲翔、会稽余姚人也。…翻与二少府孔融書一、幷示以二所レ著易注一。融答書曰、聞二延陵之理レ楽、覩二吾子之治レ易、乃知東南之美者、非二徒会稽之竹箭一也」。

膝下の恩（二三一4）　親の幼い子に対するめぐみ。御註孝経、聖治章「夫聖人之徳、又何以加二於孝一乎。故親生二之膝下一、以養二父母一日厳〈注、膝下謂二孩幼之時一也。言親愛之心、生二於孩幼一、比レ及二年長一、漸識二義方一、則日加二尊厳一能致二敬於父母一也〉」。

席上の珍（二三一4）　碩学のすぐれた学徳を喩える。また上古の聖人の道を並べ陳ねる。礼記、儒行「儒有二席上之珍以待レ聘、夙夜強学以待レ問〈鄭玄注、序猶二鋪陳一也。珍善也。鋪二陳往古堯舜之善道一、以待レ見レ問也〉」。なお多武峰縁起に「請二沙門恵隠一為二出家師一」と見える。

白鳳五年（二三一5）　白鳳五年甲寅は白雉五年。孝徳天皇の年号の白雉は、奈良時代を通じて白鳳とも称された（坂本太郎『日本古代史の基礎的研究』制度篇）。孝徳紀、白雉四年五月壬戌条に「発二遣大唐一大使小山上吉士長丹、副使小乙上吉士駒、学問僧道厳…定恵〈定恵内大臣之長子也〉…幷一百廿一人、倶乗二一船一」とある。恐らく白雉四年に日本を出発、唐都長安には翌五年に到着したのであろう。

歳次（二三一5）　年まわりの意。歳星（木星）が十二年で天を一周するところから天を十二次（宿）に分け、その一次を移行する期間を一年とし、その年に木星の所在する宿を歳次といったが、転じて年まわりの意に用う。箋注和名抄「按二説文一、歳、木星也。越二歴二十八宿一、宣二徧陰陽一。十二月一次。漢書天文志載二五星一云、歳星曰二東方春木一。晋灼曰、大歳在二四仲一、則歳行三宿。大歳在二四孟四季一、則歳行二宿。二八十六、三四十二、而行二二十八宿一。十、十二歳而周レ天」。

恵日道場（二三一5）　長安志巻一〇に「次南懐徳坊…東門之北慧日寺〈開皇六年立〉」とあり、唐両京城坊攷巻四に「開皇六年所レ立。本富商張通宅、捨而立レ寺。通妻陶氏常于二西市一鬻レ飯、精而価賤。時人呼為二陶寺一。寺内有二九層浮図一、一百五十尺。貞観三年沙門道口所レ立。李儼道因法師碑、法師終二于長安慧日之寺一」と記す。なお宋高僧伝によると、中印度人無極高が永徽四年に慧日寺で金剛大道場の要をとり訳して陀羅尼集経と名づけ、道因は慧日寺で経典の講義をして顕慶三年に寂している（横田健一『白鳳天平の世界』）。

神泰法師（二三一6）　初め蒲州普救寺に住し、貞観十九年玄奘が長安の弘福寺で翻経を始めた時、他の十一人の僧と共に訳場に列し証義に任ぜられた（大慈恩寺三蔵法師伝）。顕慶二年西明寺建立に際して寺主となった（仏祖統紀）。倶舎論疏・因明論疏等の著述をなす（東域伝燈目録）。

白鳳十六年（二三一8）　孝徳紀、白雉五年二月条に「定恵以二乙丑年一、付二劉高徳等船一帰」とあり、天智四年に当る。なお多武峰縁起は、天智八年鎌足の薨後に帰国すという。

大原（二三一12）　万葉集巻二に「わが里に大雪降れり大原の古りにし里に落らまくは後」（一〇三）とあり、続紀、天平神護元年十月壬申条に「車駕巡二歴大原長岡一、臨二明日香川一而還」と見える。

糸綸（二三二2）　礼記、緇衣「子曰、王言如レ糸、其出如レ綸、王言如レ綸、其出如レ綍〈鄭注、言二言出弥大一也。綸今有秩嗇夫所レ佩也〉」。文選、斉竟陵文宣王行状「献二納枢機一、糸綸允緝〈李周翰注、糸綸天子之言也〉」。

周公は…（二三三3）　説苑、建本「伯禽与二康叔封一、朝二于成王一見二周公一、三見而三笞。康叔有二駭色一、謂二伯禽一曰、有二商子者一、賢人也。与レ子見レ之。康叔封与二伯禽一見二商子一曰、某某也。曰吾二子者、朝二乎成王一見二周公一、三見而三笞。其説何也。商子曰、二子盍三相与観二乎南山之陽一。有レ木焉、名曰レ橋。二子者往観二乎南山之陽一見レ橋、竦焉実而仰。反以告二乎商子一。商子曰、橋者父道也。商子曰、二子盍三相与観二乎南山之陰一。有レ木焉、名曰レ梓。二子者往観二乎南山之陰一見レ梓、勃焉実而俯。反以告二商子一。商子曰、梓者子道也。二子者明日見二乎周公一。入レ門而趨、登レ堂而跪。周公払二其首一、労而食レ之曰、安見二君子一。二子対曰、見二商子一。周公曰、君子哉、商子也」。

仲尼は…（二三3）　論語、季氏「陳亢問二於伯魚一曰、子亦有二異聞一乎。対曰、未也。嘗独立。鯉趨而過レ庭。曰、学レ詩乎。対曰、未也。不レ学レ詩、無二以言一。鯉退而学レ詩。他日又独立。鯉趨而過レ庭。曰、学レ礼乎。対曰、未也。不レ学レ礼、無二以立一。鯉退而学レ礼。聞二斯二者一矣。陳亢退而喜曰、問レ一得レ三。聞レ詩聞レ礼、又聞三君子之遠二其子一也」。

可を献じて…（二三5）　左伝、昭二十「君所レ謂レ可而有レ否焉、臣献二其否一、以成二其可一、君所レ謂レ否而有レ可焉、臣献二其可一、以去二其否一。是以政平而不レ干、民無二争心一」。

寛猛相済ひ（二三6）　ゆるやかさときびしさを合わせ用いて両者よろしきようにする。左伝、昭二十「仲尼曰、善哉。政寛則民慢、慢則糾レ之以レ猛。猛則民残、残則施レ之以レ寛。寛以済レ猛、猛以済レ寛、政是以和」。

文質互に変ず（二三6）　王朝の交替により文化制度がかわること。論語、為政「子曰、殷因二於夏礼一。所二損益一可レ知也。周因二於殷礼一。所二損益一可レ知也〈馬融曰、所レ因謂二三綱五常一。所二損益一謂二文質三統一〉」。漢書、杜欽伝「殷因二於夏一尚レ質、周因二於殷一尚レ文。今漢家承二周秦之敝一、宜三抑レ文尚レ質、廃レ奢長レ倹、表レ実去レ偽」。

君子なるかな（二三7）　論語、憲問「南宮适出。子曰、君子哉若人。尚レ徳哉若人〈孔安国曰、賤二不義一、而貴レ有レ徳、故曰二君子一。皇侃云、若人如レ此人也〉」。

景徳は行き…（二三7）　詩経、小雅、車舝「高山仰止、景行行止〈毛伝、景大也〉〈疏、以二山之高一比二人徳之高一。故云、古人有二高徳者一、則仰二慕之一也。且仰是心慕之辞、故為二高徳一。徳者在レ内未レ見之言、行者已見二施行一之語。徳則慕仰、多レ行則法行、故仰之行之、異二其文一也〉」。

ここに一あり（二三8）　書経、夏書、五子之歌「其二曰、訓有レ之。内作二色荒一、外作二禽荒一、甘レ酒嗜レ音、峻レ宇雕レ牆。有レ一二于此一、未レ或レ不レ亡〈集伝、此六者、棄レ徳之君、必有二其一一。有レ一必亡。況兼有乎〉」。

七略（二三9）　漢書、芸文志「至二成帝時一、以二書頗散亡一、使三謁者陳農求二遺書於天下一。詔二光禄大夫劉向一校二経伝諸子詩賦一、歩兵校尉任宏校二兵書一、太史令尹咸校二数術一、侍医李柱国校二方技一。毎二一書已一、向輒条二其篇目一、撮二其指意一、録而奏レ之。会二向卒一、哀帝復使三向子侍中奉車都尉歆卒二父業一。歆於レ是総二群書一而奏二七略一。故有二輯略一、有二六芸略一、有二諸子略一、有二詩賦略一、有二兵書略一、有二術数略一、有二方伎略一。今刪二其要一、以備二篇籍一」。

五車（二三9）　荘子、天下「恵施多方、其書五車」。文選、鮑照擬古詩「両説窮二舌端一、五車摧二筆鋒一〈劉良注、恵子多方其書五車、言其博聞舌端能摧二折文士之筆端一〉」。

否泰（二三9）　否は陰陽の気が塞れて万物の通じないかたち、泰はその逆。不運と幸運。易経、雑卦「否泰反二其類一也」。文選、呉都賦「否泰之相背也、亦猶ニ帝之懸解、而与三夫桎二梏疏属一也〈張銑注、否、天地不レ交、万物不レ通。泰、天地交、万物通。故相背也〉」。

鬼谷再び涙して（二三10）　論衡、答佞「蘇秦張儀、従横習二之鬼谷先生一。掘レ地為レ坑、曰、下レ説令二我泣出一、則耐レ分二人君之地一。蘇秦下レ説、鬼谷先生泣下沾レ襟」。

韋編一たび絶ち（二三10）　書籍（竹簡）を綴じたなめしがわがきれることから、読書に勉むることをいう。史記、孔子世家「孔子晩而喜レ易、序二彖・繋・象・説卦・文言一。読レ易韋編三絶」。

節を荷ひ…（二三12）　説苑、立節「吾因二隣国之使一而刺レ之、則使二後世之使不一レ信。荷レ節之信不レ用、皆曰三趙使二之然一也」。左伝、哀公十一「退命レ駕而行」。

郭武宗（二三12）　郭務悰。唐の官人。官は朝散大夫。天智三年五月百済の故地に置かれた熊津都督府より我国に遣されて表函と献物を進め、十月に天皇の勅を受けて十二月に帰国す。同四年九月に唐朝の使として再び来日し、十年十一月には千人を率いて比智島に来り、翌天武元年三月天智天皇の喪を聞き筑紫で挙哀し、五月に帰国す(書紀)。なお天智紀八年条にも、二千人を率いて来日という記事があるが、これは同十年十一月条の重出である可能性が強い。善隣国宝記所引の海外国記にも見える。

劉徳高(二三12)　唐国使。官は朝散大夫沂州司馬上柱国。天智四年九月に来朝し、筑紫で表函を進め、十一月饗を賜り、十二月に物を賜り帰国した(書紀)。大友皇子を見て、風骨世間の人に似ず、実にこの国の分に非ずと述べたという(懐風藻)。

纊微(二三14)　礼記、喪大記「疾病…廃レ牀、徹二褻衣一、加二新衣一、体一人、男女改レ服、属レ纊以俟二絶気一〈鄭注、纊今之新綿。易二動揺一、置二口鼻之上一、以為レ候〉」。文選、広絶交論「衡重二錙銖一、纊微二剽撇一〈劉良注、剽撇、纊飛貌、喩下微有二気勢一之人上〉」。

誄(二三16〜二四12)

於穆しき　詩経、周頌、清廟「於穆清廟、粛雝顕相〈毛伝、於、歎辞也。穆、美〉」。

丕基　天子が国家を統治するという大きな事業の基。書経、周書、大誥「嗚呼天明畏、弼二我丕丕基一〈集伝、歎二天之明徳可レ畏、輔二成我大大之基業一〉」。

経綸　天下を営み治めること。中庸三二章「唯天下至誠、為下能経二綸天下之大経一、立二天下之大本一、知中天地之化育上〈章句、経綸、皆治レ糸之事。経者理二其緒一而分レ之、綸者比二其類一而合レ之也〉」。

光宅　聖徳が高くまで及ぶこと。書経、虞書、堯典序「昔在帝堯、聡明文思、光二宅天下一〈集伝、言二聖徳之遠著一〉」。

懿しきかな　初学記巻二〇「張衡綬笥銘曰、懿矣玆笥、爰蔵二宝紳一」。

依仁　仁を守って違わないこと。論語、述而「子曰、志二於道一、拠二於徳一、依二於仁一、游二於芸一〈集解、何晏曰、依、倚也。仁者功施二於人一、故可レ倚〉」。

軌格を翼修す　天下の法度を助け整える。

軒冕　軒は大夫の乗る車、冕は大夫以上の用いる冠で、高位高官をいう。ここは藤原鎌足を指す。文選、羽猟賦「鴻生鉅儒、俄二軒冕一雑二衣裳一〈韋昭注、車有レ蕃曰レ軒。冕、大冠也〉」。

藉甚　籍甚に同じ。名声の盛んなこと。文選、広絶交論「公卿貴二其籍甚一、搢紳羨二其登仙一〈呂向注、籍甚猶二名声一也〉」。

廟略を謨宣す　朝廷のはかりごとを考える。字類抄「ベウリヤク、計詞」。

それ岳　以下鎌足の偉大さの形容。

魚を諫め　僖伯が隠公の漁者を見ようとした時諫めた故事。鼎を諫むは鳥獣は品の低いものであるから祭器に盛るに足らぬので君は射てはならぬと諫めたことをいう(小島憲之『上代日本文学と中国文学』下)。鎌足を僖伯に譬えた。左伝、隠五「五年春、公将三如レ棠観二漁者一。臧僖伯諫曰、凡物不レ足三以講二大事一、其材不レ足三以備二器用一、則君不レ挙焉。君将レ納二民於軌物一者也。故講レ事以量レ軌、量謂二之軌一。取レ材以章レ物、采謂二之物一。不レ軌不レ物、謂二之乱政一。乱政亟行、所二以敗一也。故春蒐、夏苗、秋獮、冬狩、皆於二農隙一以講レ事也。三年而治兵、入而振旅、帰而飲至、以数二軍実一、昭二文章一、明二貴賤一、弁二等列一、順二少長一、留二威儀一也。鳥獣之肉、不レ登二於俎一。皮革歯牙骨角毛羽、不レ登二於器一、則公不レ射、古之制也。若夫山林川沢之実、器用之資、皁隷之事、官司之守、非二君所レ及也」。

積善の余慶　善行を積み重ねた家には思いがけぬ幸福が子孫に及ぶ。易経、坤卦「文言曰、積善之家、必有二余慶一。積不善之家、必有二余殃一」。天智紀八年十月条に、天皇が鎌足の家に行幸して「天道輔レ仁、何乃虚説。積レ善余慶、猶是無レ徴」と詔したとある。また正倉院宝物中の伝光明皇后筆杜家立成雑書要略には、藤原氏の家印かと思われる「積善藤家」の朱方印が押されている。

その哲人に　知徳の秀れた人で貞恵をさす。詩経、大雅、抑「哲人之愚、亦維斯戻〈集伝、哲、知〉」、書経、夏書、五子之歌「有レ典有レ則、貽二厥子孫一〈集伝、貽、遺也〉」。

業を泗浜に練り　孔子の生れた泗水のほとりで学を収めた意で、儒教を学んだこと。史記、孔子世家「孔子葬二魯城北泗上一、弟子皆服三年」。晋書、桓彜伝論「首陽高節、求レ仁而得レ仁、泗上微言、朝聞而夕死」。

席間に丈を函れ　師に対して一丈余を隔てて坐ること。礼記、曲礼上「若非二飲食之客一、則布レ席、席間函レ丈〈鄭注、謂二講問之客一也。函猶レ容也。講

問宜二相対一。容レ丈足二以指画一也〉」。

思を覃め神に秀づ　深く思索して心の働きが秀れている。古文尚書序「研レ精覃レ思、博考二経籍一、採二摭群言一、以立二訓伝一」。

荊山玉を抱きて　以下貞恵がすぐれた才能を持っている形容。文選、曹植与二楊徳祖一書「人人自謂、握二霊蛇之珠一。家家自謂、抱二荊山之玉一〈李善注、淮南子曰、随侯之珠。高琇曰、随侯見二大蛇傷断一、以レ薬傅而塗レ之。後蛇於二大江中一銜レ珠以報レ之。因曰二随侯之珠一。韓子曰、楚人和氏得二玉璞於楚山之中一、奉而献レ之。文王使三玉人治二其璞一而得レ宝〉」。弁氏は卞和（和氏）、竜子は竜に同じ。「申規」は未詳。

王庭に賓ひて…　唐国に来て名を揚げたことをいう。

節を建てて来儀す　使者として来唐したことをいう。書経、虞書、益稷「簫韶九成、鳳皇来儀〈集伝、儀有二容儀一〉」。

臂歯方に…　以下近江朝廷の盛大なさまを述べるが未詳。臂歯は唇歯肘臂で君臣の間の親密なことをいうか。

橋父　未詳。父道をいうか。文選、王文憲集序に「孝友之性、豈伊橋梓〈李善注、尚書大伝曰…橋者父道也〉」とある（小島憲之、前掲書）。

近署多士にして　朝廷は人材が多い。

紫微壮観なり　宮城の眺めはすばらしい。文選、薦補衡表「足下以昭二近署之多士一増中四門之穆穆上〈李善注、両都賦序曰、内設二金馬石渠之署一〉」。文選、弁命論「駆二貔虎一奮二尺剣一、入二紫微一升二帝道一〈李周翰注、紫微、帝宮也〉」。

四門廓硌として　四方の門から来る客は度量が広く。晋書、姚萇載記「少聡哲多二権略一、廓落任率、不レ脩二行業一」。

三端雅亮なり　文武の道において秀れている。韓詩外伝巻七「君子避二三端一。避二文士之筆端一、避二武士之鋒端一、避二弁士之舌端一」。

王事盬きことなく　王室のことはすべて堅固でなければならず、それ故に王事に力を尽くす。詩経、小雅、四牡「王事無レ盬、我心傷悲〈集伝、盬、不二堅固一也、…夫君之使レ臣、臣之事レ君、礼也。故為レ臣者、奔二走於王事一、特以尽二其職分之所レ当レ為而已。何敢自以為レ労哉〉」。

世路は芭蕉のごとく　この世は破れ易い芭蕉のようにはかない。

人間は闉城のごとし　人間があの世に逝くのは城の門を通り抜けるようなものだ。後漢書、張歩伝「即帯レ剣至二宣徳後闉一、挙レ手叱レ賢〈注、闉、宮中門也〉」。

鼠藤絶え易く　以下人生は絶えやすい譬。鼠（二鼠）は日月で生命の意に用い、蛇（四蛇）は地水火風の四大から形成された人間をいう。翻訳名義集巻五、増数譬喩「四蛇。金光明云、猶如三四蛇同処二一篋一。四大蚖蛇、其性各異。天台釈云、二上升是陽、二下沈是陰。何故相違、猶二其性別一。性別那能和合成レ身。故大集云、昔有二一人一、避二二酔象〈生死〉一、縁レ藤〈命根〉入レ井〈無常〉。有二黒白二鼠〈日月〉一齧レ藤将レ断。旁有二四蛇一欲レ螫〈四大〉。下有二三竜一、吐レ火張レ爪拒レ之〈三毒〉。其人仰三望二象已臨二井上一、憂悩無レ託。忽有レ蜂過二遺蜜滴一入レ口〈五欲〉。是人嗜レ蜜、全亡二危懼一」。芸文類聚巻七七「梁王僧孺中寺碑曰、…篋蛇争赴、藤鼠無レ息、情塵莫レ捨、心火方赫」。

蘭芝春に萎み　以下生命の留りがたいことを香草や常緑の凋むのに譬える。淮南子、説林訓に「蘭芝以レ芳、未二嘗見一レ霜」とあり、文粋、松竹策に「送レ歳送レ日、不レ改者松林之心、侵レ雪侵レ霜、無レ移者竹蘂之色」とある。

鳳は繳射に遭ひ　以下有徳の人が死んだことを鳳や鸞がいぐるみや網で捕えられたことに譬える。楚辞、離騒序王逸注「虬竜鸞鳳、以託二君子一」。

顔回不幸にして…　孔子が望みを托した弟子の顔回が死んだ時に再三歎息した故事をもって貞恵の死を悼む。論語、先進「顔淵死。子曰、噫、天喪レ予。天喪レ予〈集解、天喪レ予者、若レ喪レ己也。再言レ之者、痛二惜之一甚〉」。

延陵子を葬りて…　呉の季札が長子を葬った時、礼に適っているのを孔子が感心した話を引いて貞恵の死を悲しむ。礼記、檀弓下「延陵季子適レ斉。於二其反一也、其長子死、葬二於嬴博之間一。孔子曰、延陵季子、呉之習二於礼一者也。往而観二其葬一焉。其坎深不レ至二於泉一、其斂以二時服一。既葬而封、広輪揜レ坎、其高可レ隠也。既封、左袒右二還其封一、且号者三、曰、骨肉帰二復于土一命也。若二魂気一則無レ不レ之也。無レ不レ之也。而遂行。孔子曰、延陵季子之於レ礼也、其合矣乎」。

車珠魏を去り　張儀が生国の魏を去り楚で璧が紛失した嫌疑をかけられてから遊説して連衡を説いた故事。以下貞恵を名玉に比してその死を悼んだ。

史記、張儀伝「張儀者魏人也。…嘗従二楚相一飲。已而楚相亡レ璧。門下意二張儀一曰、儀貧無レ行。必盗二相君之璧一。共執二張儀一、掠笞数百不レ服。醳レ之。…張儀既相レ秦」。

城璧趙を辞りぬ　秦の昭王が十五城をもって和氏の玉に換えようとし、趙の藺相如がこれを守った故事。史記、藺相如伝「趙恵文王時、得二楚和氏璧一。秦昭王聞レ之、使三人遺二趙王書一、願以二十五城一請レ易レ璧。…藺相如奉レ璧奏二秦王一。秦王大喜、伝以示二美人及左右一。左右皆呼二万歳一。相如視二秦王無一レ意レ償二趙城一、乃前曰、璧有レ瑕。請指二示王一。王授二璧相如一。因持レ璧、卻立倚レ柱、怒髪上衝レ冠。謂二秦王一曰、…趙王送レ璧時、斎戒五日。今大王亦宜三斎戒五日、設二九賓於廷一。臣乃敢上レ璧。秦王度レ之、終不レ可二彊奪一。遂許二斎五日、舎二相如広成伝舎一。相如度二秦王雖レ斎、決負レ約不一レ償レ城、乃使下其従者衣レ褐、懐二其玉一、従二径道一亡、帰中璧于趙上」。

武智麻呂伝

延慶（二六2）　勝宝五年十二月鑑真が薩摩国に到着した時に大宰府に導き（唐大和上東征伝）、次いで入京の際に訳語として活躍す（東大寺要録四所引大和尚伝）。同七八年頃正倉院文書の写経関係史料に二度現れており、宝字二年八月に僧形の故に爵位を辞したが、位禄位田は勅により収公されなかった（続紀）。伴信友の「松の藤靡」に「知逢が便蒙に、延慶は大安寺僧也と注へり」という。

史（二六3）　不比等は大宝律令の撰定に参画し、山階寺の維摩会を興し、平城遷都に伴い興福寺を建立、養老律令を撰定す。右大臣正二位に至り、養老四年八月三日薨ず。六十三歳か。同年十月に太政大臣正一位を贈らる。その女宮子は文武天皇の夫人となって首皇子（聖武天皇）を生み、また県犬養三千代との間に生まれた女安宿媛（光明子）は聖武天皇の皇后となり、藤原氏の発展の基礎を築いた。

義は…（二六4）　釈日本紀、秘訓一に「大日孁貴〈ヲホヒルメノムチ〉私記曰、問、読二貴字一云二武智一、其意如何。答、蓋古者謂二尊貴者一為二武智一歟。自余諸神或謂二之尊一、或謂二之命一。今天照大神是諸神之最貴也。故云二武智一」とあるのと関係あろうか。松の藤靡に「武智は字音のまゝに、牟智と唱へて茂しといふと同言なり。…かくて公の名には、ムシと云ふシを、チに通はして武智と唱へるにて、人の名の字に、茂また蔚をモチと訓るも、モシのシを、チに通はし云へると同じ例にて、もとのねざしのたゞならぬ、藤原氏の末葉かけて茂栄ゆべき嘉言もて、名づけ給へるにぞあるべき」とある。

服餌（二六13）　僧尼令、禅行条集解「凡僧尼有二禅行修道一、意楽二寂静一、不レ交二於俗一、欲下求二山居一服餌上者〈釈云、服餌、謂避レ穀却レ粒、欲レ服二仙薬一也〉」。

裾を引く（二七1）　魏志、辛毗伝「文帝欲下徙二冀州士家十万戸一実中河南上。時連蝗民饑、郡司以二為不可一、而帝意甚盛。毗与二朝臣一倶求レ見、帝知二其欲レ諫、作レ色以見レ之。皆莫二敢言一。毗曰、陛下欲レ徙二士家一、其計安出。帝曰、卿謂㆓我徒之非㆒邪。毗曰、誠以為㆑非也。帝曰、吾不㆓与㆑卿共議㆒也。毗曰、陛下不㆓以㆑臣不肖㆒、置㆓之左右㆒。厠㆓之謀議之官㆒、安得㆑不㆓与㆑臣議㆒邪。臣所㆑言非㆑私也。乃社稷之慮也。安得㆑怒㆑臣。帝不㆑答、起入㆑内。毗随而引㆓其裾㆒。帝遂奮㆑衣不㆑還。良久乃出、曰、佐治、卿持㆑我何太急邪。毗曰、今徙既失㆓民心㆒、又無㆓以食㆒也。帝遂徙㆓其半㆒」。

穂積親王(二七3)　母は蘇我大蕤娘。慶雲二年知太政官事、同三年右大臣、霊亀元年一品に昇ったが、同年七月薨ず。万葉歌人。

良家(二七6)　文粋巻二、応㆘補㆓文章生幷得業生㆒復㆗旧例㆖事「案㆓唐式㆒、照文崇文両館学生、取㆓三品已上子孫㆒、不㆑選㆓凡流㆒。今須㆘文章生者取㆓良家子弟㆒、寮試㆓詩若賦㆒補㆖之」。

内舎人(二七6)　職員令、中務省条「内舎人九十人〈掌、帯㆑刀宿衛、供㆓奉雑使㆒、若駕行分㆓衛前後㆒〉」。軍防令、五位子孫条に「凡五位以上子孫、年廿一以上、見無㆓役任㆒者、毎㆑年京国官司、勘検知㆑実。限㆓十二月一日㆒、并身送㆓式部㆒、申㆓太政官㆒、検㆓簡性識聡敏、儀容可㆑取、充㆓内舎人㆒〈三位以上子、不㆑在㆓簡限㆒〉。以外式部随㆑状充㆓大舎人及東宮舎人㆒」とある。

三公…(二七7)　職原鈔「太政大臣、左大臣、右大臣、已上謂㆓三公㆒。異朝三公者、皆則闕之官也。為㆓師傅保職㆒、棟㆓梁于諸官㆒、塩㆓梅于帝道㆒者也。…三公者象㆓天之三台星㆒也」。当時父不比等は大臣でなく大納言に任ぜられたばかりで正三位であるので、その嫡子の蔭位は従六位上である。祖父鎌足の孫の蔭位で正六位上となったか(横田健一「家伝、武智麻呂伝研究序説」『白鳳天平の世界』所収)。

策書(二七8)　官吏を任命する辞令書。独断巻上「其命令一曰㆓策書㆒、二曰㆓制書㆒、三曰㆓詔書㆒、四曰㆓戒書㆒」、同「策書、策者簡也。礼曰、不㆑満㆓百丈㆒、不㆑書㆓於策㆒。其制長二尺、短者半㆑之。其次一長一短、両編下附㆓篆書㆒。起㆓年月日㆒、称㆓皇帝曰㆒、以命㆓諸侯王三公㆒。其諸王三公之薨㆓于位㆒者、亦以㆓策書㆒、誄㆓謚其行㆒而賜㆑之、如㆓諸侯之策㆒。三公以㆑罪免、亦賜㆑策。文体如㆑上、策而隷書。以㆓一尺木㆒両行。唯此為㆑異者也」。

新に律令を…(二七9)　続紀、文武四年三月甲子条に「詔㆓諸王臣㆒読㆓習令文㆒、又撰㆓成律条㆒」とあり、同年六月甲午条に「勅㆓浄大参刑部親王…等㆒、撰㆓定律令㆒、賜㆑禄各有㆑差」とあるので、この時に大宝令が完成し、大宝元年三月甲午条に「始依㆓新令㆒、改㆓制官名位号㆒」とあるのが施行の始めである。

言を察り…(二八1)　論語、顔淵「夫達也者、質直而好㆑義、察㆑言而観㆑色。慮以下㆑人〈集解、馬融曰、常有㆓謙退之志㆒、察㆓言語㆒観㆓顔色㆒、知㆓其所㆒㆑欲〉」。

疑を決め…(二八2)　疑惑を解明し裁判を明らかに正しくして、十分慎重にする。漢書、賈山伝「平㆑獄緩㆑刑、天下莫㆑不㆓説喜㆒」。漢書、于定国伝「其決㆑疑平㆑法、務在㆑哀㆓鰥寡㆒、罪疑従㆑軽、加㆓審慎之心㆒」。

讞事(二八3)　後漢書、襄楷伝「州郡翫習、又欲㆑避㆓請讞之煩㆒〈注、爾雅曰、讞、疑也。謂罪有㆑疑者讞㆓於廷尉㆒也〉」。

学校(二八9)　孟子、滕文公上「設㆓為庠序学校㆒以教㆑之。庠者養也。校者教也。序者射也。夏曰㆑校、殷曰㆑序、周曰㆑庠。学則三代共㆑之。皆所㆔以明㆓人倫㆒也」。

洋々(二八15)　論語、泰伯「子曰、師摯之始、関雎之乱、洋洋乎盈㆑耳哉〈集解、鄭玄曰…洋洋盈㆑耳、聴而美㆑之〉」。

釈奠(二九1)　二月と八月の上丁日に大学寮で孔子及び孔門十哲の像を掲げて祭る儀式。我国では続紀の大宝元年二月条が初見。学令、釈奠条「凡大学国学、毎㆑年春秋二仲之月上丁、釈㆓奠於先聖孔宣父㆒。其饌酒明衣所㆑須、並用㆓官物㆒」。

刀利康嗣(二九1)　和銅三年正月に従五位下に叙せられ、懐風藻には「大学博士従五位下、年八十一」とある。

三年礼を…(二九1)　論語、陽貨「君子三年不㆑為㆑礼、礼必壊。三年不㆑為㆑楽、楽必崩」。

先師(二九3)　礼記、文王世子「凡学、春官釈㆓奠于其先師㆒、秋冬亦如㆑之。凡始立㆑学者、必釈㆓奠于先聖先師㆒。及㆑行㆑事必以㆑幣」。唐書、礼楽志五によると、唐の貞観二年に孔子を先聖とし顔回を先師として配したが、永徽年中に周公を先聖、孔子を先師、顔回等を合わせ祀った。顕慶二年に再び孔子を先聖とする。

後生(二九3)　論語、子罕「子曰、後生可㆑畏。焉知㆓来者之不㆒㆑如㆑今也」。

詞に曰く…(二九4〜11)

朔丁　上丁。

清酌　神に捧げる清い酒。礼記、曲礼下「凡祭二宗廟一之礼、…酒曰二清酌一」。

蘋菜　食用になる水草。芸文類聚、礼部上、釈奠「礼記曰、釈奠即舎菜。舎菜即祭菜。然則国子入レ学、以二蘋蘩一告レ誠、祀二其師一、以示レ敬レ道也。菜芹之属」。

司寇　古の六卿の一で刑罰警察を掌る。書経、周官「司寇掌二邦禁一、詰二姦慝一、刑二暴乱一〈集伝、秋官卿。主二寇賊法禁一、治二姦悪一、刑二強暴作レ乱者一〉」。史記、孔子世家に「由二中都宰一為二司空一、由二司空一為二大司寇一」とあり、孟子、告子下にも「孔子為二魯司寇一」と見える。

孔宣父　孔子。学令、釈奠条集解に「古記云、孔宣父。哀公作レ誄、且諡曰二尼父一。至二漢高祖一曰二宣父一」とある。

尼山…　史記、孔子世家「伯夏生二叔梁紇一、紇与二顔氏女一野合而生二孔子一。禱二於尼丘一得二孔子一」。

将聖　大聖。聖人の域に達せんとする人。論語、子罕「子貢曰、固天縦レ之将レ聖、又多能也〈集解、孔安国曰、言天因縦二大聖之徳一、又使二多能一也〉」。なお、この「惟公尼山降彩誕斯将聖」の「彩」は二十一字前の「以清酌蘋菜」の「以」の上にあった(「彩ニ…以テ」)のが書写の際一行ずれて移行したもので「惟ルニ公ハ尼山ニ降誕シタマヒ斯チ将聖タリ」と解する(植垣節也「校訂・家伝下」続日本紀研究一三六号)。

礼廃れて…　史記、儒林伝「今礼廃楽崩、朕甚愍焉」。

斉に帰き魯を去り…　史記、孔子世家「其後頃之魯乱、孔子適レ斉、為二高昭子家臣一欲三以通二乎景公一」。

歎を衰周に含み…　論語、述而「子曰、甚矣吾衰也、久矣吾不三復夢見二周公一」。史記、太史公自序「周室既衰、諸侯恣レ行。仲尼悼二礼廃楽崩一」。なお藤原万里の仲秋釈奠詩(懐風藻)に「運冷時窮レ蔡、吾衰久歎レ周、悲哉図不レ出、逝矣水難レ留、玉俎風蘋薦、金罍月桂浮、天縦神化遠、万代仰二芳猷一」と賦す。

陳に厄ひ…　史記、孔子世家「将レ適レ陳過レ匡。顔刻為レ僕。以二其策一指レ之曰、昔吾入レ此、由二彼欠一也。匡人聞レ之、以二為魯之陽虎一。陽虎嘗暴二匡人一。匡人於レ是遂止二孔子一。孔子状類二陽虎一。拘レ焉五日」、同「孔子居レ陳三歳、会晋・楚争レ彊、更伐レ陳。及呉侵レ陳、陳常被レ寇。…於レ是孔子去レ陳過レ蒲。会公叔氏以レ蒲畔。蒲人止二孔子一。弟子有二公良孺者一、以二私車五乗一従二孔子一。其為レ人長、賢有二勇力一。謂曰、吾昔従二夫子一、遇二難於匡一。今又遇二難於此一。命也已。吾与二夫子一再罹レ難。寧闘而死。闘甚疾」。

傷を下蔡に…　同右「聞三孔子在二陳・蔡之間一、楚使三人聘二孔子一。孔子将二往拝レ礼。陳・蔡大夫謀曰、孔子賢者。所レ刺譏一皆中二諸侯之疾一。今者久留二陳・蔡之間一。諸大夫所二設行一、皆非二仲尼之意一。今楚大国也、来聘二孔子一。孔子用二於楚一、則陳・蔡用レ事大夫危矣。於レ是乃相与発二徒役一、囲二孔子於野一、不レ得レ行。絶レ糧。従者病、莫二能興一。孔子講誦弦歌不レ衰。…孔子曰、回、詩云、匪レ兕匪レ虎、率二彼曠野一。吾道非邪。吾何為於レ此」。

門徒三千　同右「孔子以二詩書礼楽一教二弟子一。蓋三千焉。身通二六芸一者、七十有二人」。呂氏春秋、遇合にも「孔子周二流海内一、再干二世主一、如レ斉至レ衛、所レ見八十余君。委レ質為二弟子一者三千人、達徒七十人。七十人者、万乗之主、得二一人一用可レ為レ師」と見える。

洙泗　山東省曲阜県にある洙水と泗水で、孔子の生地があり、孔子の教をいう。礼記、檀弓上「曾子怒曰、商、女何無レ罪也。吾与レ女事二夫子於洙泗之間一」。

唐虞　帝堯・帝舜二代の治績をいう。論語、泰伯「孔子曰、才難。不二其然一乎。唐虞之際、於レ斯為レ盛〈集解、孔安国曰、唐者堯号、虞者舜号〉」。

雅頌　詩経の雅(正楽の歌)と頌(祖先の功績を讃える歌)。論語、子罕「子曰、吾自レ衛反レ魯、然後楽正、雅頌各得二其所一」。

衣冠正しきに…　威厳を保つこと。論語、堯曰「君子正二其衣冠一、尊二其瞻視一、儼然人望而畏レ之〈集疏、皇侃云、正二其衣冠一者、衣無レ撥、冠無レ免也〉」。

頽山…**梁歌**…　孔子の死をいう。礼記、檀弓上「孔子蚤作、負レ手曳レ杖、消二揺於門一。歌曰、泰山其頽乎。梁木其壊乎。哲人其萎乎。既歌而入、当レ戸而坐。子貢聞レ之曰、泰山其頽、則吾将安仰。梁木其壊、哲人其萎、則吾将安放。夫子殆将レ病也。遂趨而入」。なお「梁歌」には更に楽府の相和歌辞の一で死人を梁甫の山に葬る挽歌梁甫吟を下に伏せている(小島憲之

『国風暗黒時代の文学』上)。

逝水　流れ行く水で孔子の死をいう。論語、子罕「子在二川上一曰、逝者如レ斯夫。不レ舎二昼夜一」。

楹奠　堂上の二本の柱の間で物を供えて祀ること。孔子が両楹の間に殯した夢を見た故事による。礼記、檀弓上「夫子曰、賜、爾来何遅也。…殷人殯二於両楹之間一、則与二賓主一夾レ之也。…而丘也殷人也。予疇昔之夜、夢三坐二奠於両楹之間一」。

魏々　字類抄「クヰ〳〵、高大㒵也」。論語、泰伯「子曰、巍巍乎、舜禹之有二天下一也、而不レ与焉〈集解、何晏曰、…巍巍、高大之称〉」。

鑽仰　字類抄「ホメアフク、文章部、サンギヤウ」。論語、子罕「顔淵喟然歎曰、仰レ之弥高、鑽レ之弥堅」。

尚くは…　字類抄「尚饗、コヒネカハクハウケタマヘ、シヤウキヤウ」。

その十二月(二九11)　続紀、慶雲二年十二月癸酉条「正六位上…藤原朝臣武智麻呂、…並従五位下」。

図書頭(二九15)　職員令、図書寮条「頭一人〈掌、経籍図書、修二撰国史一、内典、仏像、宮内礼仏、校写、装潢、功程、給二紙筆墨一事〉」。続紀、和銅元年三月丙午条に内外諸司の任官のことが見えるから、この時の任命か。

侍従(二九15)　職員令、中務省条「侍従八人〈掌、常侍、規諫、拾レ遺補レ闕〉」。同条集解「釈云、…孝経曰、仲尼間居、曾子侍坐。説文云、侍、承也。…広雅云、従、行也、使也。讃云、案之祗承之意也」。

綸言(二九15)　天子のおおせ。礼記、緇衣「王言如レ糸、其出如レ綸、王言如レ綸、其出如レ綍〈鄭玄注、言二言出弥大一也。綸、今有秩嗇夫所レ佩也〉」。なお「祗候綸言」の「祗」は「夕」の誤写という(植垣節也「校訂・家伝下」)。

図書経籍(二九16)　職員令、図書寮条集解「謂、五経六籍河図洛書之類、其諸史百家亦兼掌也。釈云、経謂二五経一。周礼・楽・周易・尚書・毛詩。籍謂二六籍一。上五経加二春秋之経一、謂二之六籍一也。…凡所レ載之言謂レ経、々常也。所レ記之策謂レ籍、々長也。…文釈云、…尚書河図在二東序一。…河図八卦也。竜馬、河図曰、昔伏羲氏王二天下一。有二神竜一、負レ図出二於黄河一、法而効レ之。始以画二八卦一、推二陰陽之道一、知二吉凶所一レ在。謂二之河図一也。…職制律云、河出レ図、洛出レ書。然則図与レ書二也」。

壬申の年(二九16)　懐風藻、序に「及三至淡海先帝之受レ命也、恢二開帝業一、弘二闡皇猷一。…当二此之際一、宸翰垂レ文、賢臣献レ頌。雕章麗筆、非二唯百篇一。但時経二乱離一、悉従二煨燼一。言念二湮滅一、軫悼傷レ懐」とある。

四月…(三〇4)　続紀、和銅四年四月丙子朔壬午条に「従五位下藤原朝臣武智麿…並従五位上」とあるので、上に和銅四年がぬけているか。

不破(三〇6)　畿内から東国に向う要路の一。和名抄「美濃国、不破〈不波、国府〉」。天武紀元年六月丙戌条「発二美濃師三千人一、得レ塞二不破道一」。

鶴鹿(三〇6)　和名抄「越前国、敦賀〈都留我〉」。古く垂仁紀二年の注に「御間城天皇之世、額有レ角人、乗二一船一、泊二于越国笥飯浦一。故号二其処一曰二角鹿一也」とある。

山背(三〇6)　崇神紀十年九月条「未二幾時一、武埴安彦与二妻吾田媛一、謀反逆、興レ師忽至。各分レ道、而夫従二山背一、婦従二大坂一、共入欲レ襲二帝京一」。

閭閻(三〇12)　漢書、異姓諸侯王表「適戍彊二於五伯一、閭閻偪二於戎狄一〈顔師古注、閭、里門也。閻、里中門也〉」。

差し課す(三〇14)　賦役令、水旱条の「損二八分以上一、課役俱免」の義解に「謂、課者、調及副物。田租之類也」とあり、差科条の集解に「穴云、差科、謂輸二調庸一差二遣其身一、皆約二正役雇夫等之類一」とある。

六年正月…(三一2)　続紀、和銅六年正月丁亥条「授二…正五位上…藤原朝臣武智麻呂並従四位下一」。

天竺国(三一9)　東大寺献物帳「崇二三宝一而遏レ悪、統二四摂一而揚休。声籠二天竺一、菩提僧正渉二流沙一而遠到、化及二振旦一」。

昔倭武皇子…(三二16)　景行紀四十年是歳条に「日本武尊、更還二於尾張一、即娶二尾張氏之女宮簀媛一、而淹留踰レ月。於レ是、聞三近江五十葺山有二荒神一、即解レ剣置二於宮簀媛家一、而徒行之。至二胆吹山一、山神化二大蛇一当レ道。爰日本武尊、不レ知三主神化二レ蛇之謂、是大蛇必荒神之使也。既得レ殺二主神一、其使者豈足レ求乎。因跨レ蛇猶行。時山神之興レ雲零レ氷。峯霧谷曀、無二復可レ行之路一。乃捿遑不レ知三其所二跋渉一。然凌レ霧強行。方僅得レ出。猶失意如レ酔。因居二山下之泉側一、乃飲二其水一而醒之。故号二其泉一、曰二居醒井一也。日本武尊、於レ是始有二痛身一。…既而崩二于能褒野一。時年卅。…仍葬二於伊勢国能褒野陵一。時日本武尊化二白鳥一、従レ陵出之、指二倭国一而飛之」とある。

蒙籠を…（三三5）　「披蒙籠」の「披」は二十三字後の「揚袂而掃」の「掃」の上にあったのが書写の際行移りしたもので、「蒙籠」を漢書、鼂錯伝の「草木蒙籠〈顔師古注、覆蔽之貌〉」の意と取り、「蒙籠トシテ」と読み、蜂の害を避けるため頭からすっぽり布をかぶって登山したと解する（植垣節也「校訂・家伝下」）。

徳として…（三三15）　詩経、大雅、抑「無二言不一レ讎、無二徳不一レ報。恵二于朋友一、庶民小子〈集伝、言不レ可レ軽二易其言一。蓋無下人為レ我執二持其舌一者上。故言語由レ己、易レ致二差失一。常当二執持不一レ可二放去一也。且天下之理、無二有レ言而不一レ讎、無下有レ徳而不レ報者上〉」。なおこれは芸文類聚、人部、報恩所収の毛詩を引く。

柳の樹（三四4）　懐風藻、麻田連陽春の「和下藤江守（仲麻呂）詠二裨叡山先考之旧禅処柳樹一之作上」に「近江惟帝里、裨叡寔神山。山静俗塵寂、谷間真理専。於穆我先考、独悟闡二芳縁一。宝殿臨レ空構、梵鐘入レ風伝。烟雲万古色、松柏九冬堅。日月荏苒去、慈範独依依。寂寞精禅処、俄為二積草墀一。古樹三秋落、寒花九月衰。唯余両楊樹、孝鳥朝夕悲」。

この年…（三四6）　続紀、霊亀元年九月庚辰「受レ禅、即二位于大極殿一。詔曰、朕欽承二禅命一、不二敢推譲一。履レ祚登レ極、欲レ保二社稷一。粤得二左京職所レ貢瑞亀一。臨レ位之初、天表二嘉瑞一。天地貺施、不レ可レ不レ酬。其改二和銅八年一、為二霊亀元年一」。

気比の神（三四10）　神功皇后紀摂政十三年春二月丁巳朔甲子条に「命二武内宿禰一、従二太子一令レ拝二角鹿笥飯大神一」とあり、応神即位前紀に「一云、初天皇為二太子一、行二于越国一、拝二祭角鹿笥飯大神一。時大神与二太子一名相易。故号二大神一曰二去来紗別神一。太子名二誉田別尊一」とある。神名式に「敦賀郡、気比神社七座」という。

神宮寺（三四15）　確実な史料としては文徳実録、斉衡二年五月壬子条に「詔二越前国気比大神宮寺・御子神宮寺一、置二常住僧一、聴二度五人一。心願住者亦五人、凡一十僧、永々不レ絶」とあり、天安二年四月戊戌条に「充二越前国気比神宮寺稲一万束一、為下造二仏像一之料上」と見える。気比神が朝廷の尊崇あつい神であったことは持統紀六年九月戊午条によっても知られ、近江守として武智麻呂が隣国越前の事情に明るかったと思われるので、己の崇仏の念に気比神の信仰を加えたと見られる（横田健一「家伝、武智麻呂伝研究序説」）。神が前世の宿縁によってこの世に神の身をうけ、荒ぶるものとして恐れられていることを恥じ、仏の力によってその苦悩をまぬかれることを求めているのだと考える思想を神身離脱の思想といい、このほか延暦七年の多度神宮寺伽藍縁起幷資財帳などにも見える。

考選（三五1）　職員令、式部省条義解「考課〈謂、考者、考校也。課者、諸司職掌所レ課之庶事也。言考二校一年功過一者、必先拠二所レ職之修不一。故曰二考課一〉。選叙〈謂、選者、選レ官也。叙者、叙レ位也〉」。

殿最（三五2）　功労成績を調べて上功を最といい下功を殿という。考課令には「神祇祭祀、不レ違二常典一、為二神祇官之最一」のごとく、諸官について最とすべき事項が記されており、この最と善（四善。徳義・清慎・公平・恪勤）との数によって成績が評価される。漢書、宣帝紀「其令下郡国歳上中繫囚以二掠笞若瘦死者一所レ坐名県爵里上、丞相御史課二殿最一以聞〈顔師古注、凡言二殿最一者、殿、後也。課居レ後也。最、凡要之首也。課居レ先也〉」。

黜陟（三五3）　書経、舜典「三載考レ績、三考黜二陟幽明一〈蔡伝、三考、九載也。九載則人之賢否、事之得失可レ見。於レ是陟二其明一而黜二其幽一。賞罰明信、人人力二於事功一。此所二以庶績咸熙一也〉」。

考文（三五3）　考課令、内外官条「凡内外文武官初位以上、毎レ年当司長官、考二其属官一。応レ考者、皆具録二一年功過行能一、並集対読。議二其優劣一、定二九等第一。八月卅日以前校定、京官畿内、十月一日、考文申二送太政官一。外国、十一月一日、附二朝集使一申送。考後功過、並入二来年一」。

三年正月…（三五5）　続紀、養老三年春正月庚寅朔壬寅「授二従四位上藤原朝臣武智麻呂…並正四位下一」。

儲后始めて…（三五5）　聖武天皇の元服は続紀、和銅七年六月庚辰条に「皇太子加二元服一」とあり十四歳の時で、養老三年正月辛卯条に「従四位上藤原朝臣武智麻呂、従四位下多治比真人県守二人、賛二引皇太子一也」とあるのを指すか。同年六月丁卯条に「皇太子始聴二朝政一焉」とあり、皇太子が一人前になったことを取違えたか（横田健一「家伝、武智麻呂伝研究序説」）。

五年正月…（三五11）　続紀、養老五年春正月戊申朔壬子条に「正四位下藤原朝臣武智麻呂為二中納言一」。

臣武智麻呂…並従三位。…従三位藤原朝臣武智麻呂為二中納言一」。

造宮卿（三五11）　続紀、大宝元年七月戊戌条に「太政官処分、造レ宮官准レ職」とあり、和銅元年三月丙午条に「正五位上大伴宿禰手拍為二造宮卿一」とあり省に昇格したことが知られる。延暦十五年七月癸丑に再び造宮職が置かれたが、後紀、同廿四年十二月乙巳条に「廃二造宮職一」とある。

工匠（三五12）　和名抄「四声字苑云、工〈和名太久美〉、匠也。匠、巧人也」。律令制では宮内省の木工寮に工部廿人があり、また飛驒国から毎里十人の匠丁が点ぜられる定めであった（賦役令、斐陀国条）。中務式では大工一人・少工一人・長上工十三人・工部五十人・飛驒工三十七人が木工寮に所属するとする。

按察使（三五14）　続紀、養老三年七月庚子条に「始置二按察使一」とあり三代格巻七に詳しい。後に陸奥出羽だけになり、納言以上が兼帯して名目だけとなる。播磨国は続紀、養老五年六月辛丑条に「従四位上百済王南典為二播磨按察使一」と見える。

六年三月…（三五14）　続紀、天平元年三月甲午「以二中納言正三位藤原朝臣武智麻呂一為二大納言一」。

この時に当りて…（三六2～11）　以下の人物について、続紀、養老五年正月庚午条の「退レ朝之後、令レ侍二東宮一焉」た人々十六人、同月甲戌条の「優二遊学業一、堪レ為二師範一者」三十九人と共通する者が多いが、大伴旅人等天平初年に大宰府にいた人が抜けており、その背後に長屋王の変を不可避にした政情が考えられることから推して、武智麻呂に対立する立場の人が意識的に省かれている（川崎庸之「『武智麻呂伝』についての一つの疑問」人物叢書二四号附録・横田健一前掲論文）。

舎人親王　天武天皇の第三皇子。母は天智天皇皇女新田部皇女。養老二年一品に叙せられ、同三年新田部親王と皇太子の輔翼となる。同四年、日本書紀完成を奏上。同年藤原不比等歿により知太政官事となる。知太政官事は奈良時代におかれ、太政大臣もしくは左右大臣に準ずる地位で、皇族を任じた。長屋王の変にあたっては新田部親王とともに王を窮問し自尽せしめた。崇道尽敬皇帝を追号され、死に際して太政大臣が贈られた。

新田部親王　天武天皇の第七皇子。養老四年知五衛・授刀舎人事。神亀元年一品に叙せられる。天平三年畿内大惣管。知惣管事とはこれをさすか。道祖王・塩焼王は子。

北卿　藤原房前。不比等の次男。北家の祖。養老元年より朝政に参議し、同五年太上天皇の不予にあたり、右大臣長屋王とともに遺詔を承く。同年に「詔曰、凡家有二沈痼一、大小不レ安、卒発二事故一者。汝卿房前、当下作二内臣一計二会内外一、准レ勅施行、輔二翼帝業一、永寧中国家上」（続紀、養老五年十月戊戌条）との詔をうけるが、これが「知機要事」にあたるか。中務卿・中衛大将・民部卿を歴任。正三位。

〔参議の高卿〕　国政に参与した高官。

丹比県守　多治比県守。左大臣嶋の子。養老元年遣唐押使として渡唐し翌年帰朝、その後武蔵守・按察使。養老四年の蝦夷叛乱には征夷将軍に任じられる。中務卿・権参議・大宰大弐・民部卿・参議を歴任、中納言となる。正三位。大宰府を離れる時、大伴旅人が贈った歌がのこる（万葉五五五）。

宇合　藤原宇合。不比等の第三男。式家の祖。馬養。霊亀二年遣唐副使、のち常陸守・按察使を歴て、式部卿・参議・大宰帥。正三位。神亀元年蝦夷叛乱には持節大将軍となって遠征し、同三年難波宮造営にあたって知造難波宮事に任ぜられる。懐風藻に漢詩六首、万葉に歌六首がみえる（七二・三一二・一五三五・一七二九～一七三一）

麻呂　藤原麻呂。不比等の第四男。京家の祖。美濃守・左京大夫などを歴て、参議・兵部卿。従三位。天平九年には持節大使として、鎮守府将軍大野東人とともに出羽国雄勝村を征し、多賀柵からの道を開いた。懐風藻に詩があり、また万葉に「大伴郎女に贈る歌」三首が見える（五二二～五二四）。

鈴鹿王　高市親王の子、長屋王の弟。和銅三年従四位下。天平元年長屋王の変に連坐したが勅により赦除、以後参議・知太政官事・式部卿とすすみ、従二位まで昇った。

葛木王　葛城王。栗隈王の孫、美努王の子。天平八年以後、橘宿禰姓を賜り橘宿禰諸兄と称した。天平元年左大弁、同三年参議、同十年右大臣、同十五年左大臣となり、同二十年には正一位を授けられる。天平九年には当時右大臣の藤原武智麻呂に左大臣・正一位を授ける勅使として、武智麻呂の第に赴いている。乱を企て誅殺される奈良麻呂は子。

〔**風流なる侍従**〕　風流を解する側近の者。侍従→二九頁補

六人部王　身人部王（万葉）。笠縫女王の父。和銅三年従四位下。神亀三年播磨印南野行幸の装束司をつとめ、後、正四位上。万葉に歌がみえる（六八）。

長田王　近江守・摂津大夫などを歴任、正四位下。続紀、天平六年二月条に「天皇御二朱雀門一覧二歌垣一。男女二百卌余人、五品已上有二風流一者皆交二雑其中一、正四位下長田王、従四位下栗栖王、門部王、従五位下野中王等為レ頭、以二本末一唱和」とあり、その風流ぶりが偲ばれる。万葉に歌三首あり（二四五・二四六・二四八）、また擬せられている歌三首（八一〜八三）がある。

門部王　長親王の孫、高安王の弟。川内王の子という（紹運録）。養老年間に出雲守であったらしく在任中の歌が万葉にみえる（三七一・五三六）。天平六年の歌垣のときには長田王らとその頭をつとめた。同十一年には高安王・桜井王とともに大原真人姓を賜わり、十四年には従四位上となっている。万葉にはほかに三首見える（三一〇・三二六・一〇一三）。

狭井王　佐為王と同一人か。佐為王は美努王の子、葛城王（橘諸兄）の弟。和銅七年従五位下、神亀元年正五位下、天平九年正四位下に叙せられ、内匠寮長官などを経て右兵衛督、中宮大夫となった。

桜井王　長親王の孫、高安王の弟。和銅七年従五位下、天平十六年従四位下。天平年間に遠江守となりその時の歌が万葉に見える（一六一四）。天平十一年高安王らとともに大原真人姓を賜わる。

石川朝臣君子　若子とも吉美侯ともつくる。和銅六年従五位下、神亀三年従四位下。神亀年中に大宰少弐に任ぜられたと思われ、大宰府在任中に詠んだと推定される歌が万葉に見える（二四七・二七八・二七四二）。

阿倍朝臣安麻呂　慶雲二年従五位下、霊亀元年従五位下、但馬守。同二年に遣唐大使となったが大伴山守がこれにかわった。神亀五年従四位下。

置始工　置始多久美と同一人か。置始多久美は小鯛王の臣籍降下後の氏姓。万葉に歌が二首みえる（三八一九・三八二〇）。また多久美は、白雉五年遣唐判官となり斉明元年帰朝した置始連大伯（多久）と同一人であるという説がある。

〔**宿儒**〕　経験を積み名望のある学者。

守部連大隅　鍛師造大隅（大角）。神亀五年に守部連姓を賜わる。文武四年、律令撰定の功により禄をうけ、養老四年刑部少輔となり、養老五年には明経第一博士として賞賜をうけたことが養老五年正月詔にみえる。神亀三年正五位下。続紀、神亀五年八月条に「正五位下守部連大隅上書乞二骸骨一。優詔不レ許。仍賜二絹一十疋、絁一十疋、綿一百屯、布卌端一」とある。養老五年正月詔「詔曰、文人武士、国家所レ重、医卜方術、古今斯崇。宜レ擢下於百僚之内、優二遊学業一、堪レ為二師範一者上、特加二賞賜一、勧乙励後生甲。因賜二明経第一博士、従五位上鍛冶造大隅、正六位上越智直広江、各絁廿疋、糸廿絇、布卅端、鍬廿口一、第二博士、正七位上背奈公行文、…明法、正六位上箭集宿禰虫万呂、従七位下塩屋連吉麻呂、文章、従五位上山田史御方、従五位下紀朝臣清人、…正六位下楽浪河内、各絁十五疋、糸十五絇、布卅端、鍬廿口。算術、正六位上山口忌寸田主、正八位上悉斐連三田次、正八位下私部首石村、陰陽、…津守連通、王仲文…、医術、従五位上吉宜、従五位下呉粛胡明…、各絁十疋、糸十絇、布廿端、鍬廿口。和琴師…、唱歌師…、武芸…」。

越智直広江　越知にもつくる。養老四年に大学明法博士とみえ（令集解）、従五位下まで昇った。養老五年には、守部連大隅とともに明経第一博士として賞賜をうけている。なお懐風藻にその詩が見える。

背奈行文　消奈（万葉）、背奈王（懐風藻）にもつくる。福信の伯父。養老五年正月詔に明経第二博士として見え、後従五位下に叙せられた。万葉に歌があり（三八三六）、懐風藻に詩三首をのこす。

箭集宿禰虫麻呂　矢集にもつくる。養老五年正月詔に名が見え、同六年には律令撰定の功により田五町を賜っている。天平三年外従五位下、同四年大判事・大学頭。懐風藻に詩二首をのこす。

塩屋連吉麻呂　塩屋連古麻呂。養老五年正月詔に明法家として賞賜にあずかったことが見え、同六年二月に律令撰定の功により田五町を賜わってい

る。その後、大学頭・外従五位下。懐風藻に詩一首をのこす。また令集解に見える「明法博士外従五下」「塩屋判事」は吉麻呂であろう。

楢原造東人　近江大掾、大宰大典などを歴て、駿河守在任中の勝宝二年に部内より黄金を得て献じ、勤臣の姓を賜わった。またその親族に伊蘇志臣姓を賜わる。曾孫にあたる滋野朝臣貞主の卒伝に「曾祖父大学頭兼博士正五位下楢原東人、該二通九経一、号為二名儒一」(文徳実録、仁寿二年二月条)とある。

〔**文雅**〕　詩に巧みな人。

紀朝臣清人　国益の子。和銅七年詔によれば三宅藤麻呂とともに国史を撰することが命ぜられている。続紀、霊亀元年七月条に「賜二従五位下紀朝臣浄人数人穀百斛一、優二学士一也」とあり、養老元年七月にも同様な記事がある。また同五年に第二博士として背奈公行文らとともに賞賜にあずかっている。天平十三年治部大輔兼文章博士、同十六年平城留守司、同十八年武蔵守。従四位下。万葉に歌が見える(三九二三)。

山田史御方　名を三方にもつくる。続紀、慶雲四年四月条に「賜二正六位下山田史御方布鍬塩穀一、優二学士一也」とあり、養老五年正月詔にも名が見える。また同六年四月条に「詔曰、周防国前守従五位上山田史御方、監臨犯レ盗、理合二除免一。先経二恩降一、赦レ罪已訖。然依レ法備レ贓、家無二尺布一。朕念、御方負二笈遠方一、遊二学蕃国一、帰朝之後、伝二授生徒一、而文館学士、頗解二属文一。誠以不レ矜二若人一、蓋堕二斯道一歟。宜下特加二恩寵一、勿上レ使レ徴レ贓焉」とある。懐風藻に詩三首をのこす。

葛井連広成　もと白猪史広成。養老三年遣新羅使。天平三年頃改姓し葛井連となる。備後守・中務少輔などを歴任、正五位上。懐風藻に詩二首が見え、経国集に対策文二文がある。万葉にも歌がある(一七九)。

高丘連河内　楽浪河内。百済帰化人。続紀、和銅五年七月条に「播磨国大目従八位上楽浪河内、勤造二正倉一、能効二功績一、進二位一階一、賜二絁十疋、布卅端一」とあり、養老五年正月詔にも文章家として名が見える。神亀元年高丘連姓を賜わる。その子比良麻呂の卒伝によれば、正五位下、大学頭となっている(続紀、神護景雲二年六月条)。万葉に歌二首が見える(一〇三八・一〇三九)。

百済公倭麻呂　和麻呂にもつくる。左大臣長屋王の宅において詠んだ詩三首が懐風藻にみえ、また慶雲四年の対策文二首が経国集にのこされている。

大倭忌寸小東人　養老六年二月詔に「賜二…従七位上大倭忌寸小東人四町…一、並以下撰二律令一功上也」とある。

〔**方士**〕　神仙の術を行うもの。

吉田連宜　百済人。吉宜。神亀五年吉田姓を賜わる。もと僧侶で還俗ののち医博士・図書頭・典薬頭などを歴任し、医術をよくした。続紀、文武四年八月条「勅二僧通徳、恵俊一並還俗。…賜二恵俊姓吉、名宜一。授二務広肆一。為レ用二其芸一也」。また天平二年三月条に「太政官奏偁…陰陽医術及七曜頒暦等類、国家要道、不レ得二廃闕一。但見二諸博士一、年歯衰老。若不二教授一、恐致レ絶レ業。望仰、吉田連宜・大津連首・御立連清道・難波連吉成・山口忌寸田主・私部首石村・志斐連三田次等七人、各取二弟子一、将令レ習レ業」とある。懐風藻に詩二首があり、万葉に歌四首が見える(八六四〜八六七)。

御立連呉明　呉粛胡明。神亀元年御立連姓を賜わる。当時従五位下。養老五年正月詔に見える。

城上連真立　大和国大掾兼侍医、正六位上勲十二等(天平二年大倭国正税帳)。のち外従五位下に叙せられた。

張福子　天平二年、大伴旅人邸で梅花の宴が張られ、その詠人中に「薬師張子福子」の名があり、おそらくは同一人とみられる(万葉八二九)。尾張氏とも帰化人ともいうが未詳。

〔**陰陽**〕　筮卜の大家。職員令、陰陽寮条に「陰陽師六人〈掌、占筮相レ地〉、陰陽博士一人〈掌、教二陰陽生等一〉」とある。

津守連通　和銅七年従五位下、美作守。養老五年正月詔に陰陽師として名が見える。のち従五位上。大津皇子と石川郎女の密会を卜い露したという逸話が万葉に見える。「大津皇子、竊二婚石川女郎一時、津守連通占二露其事一、皇子御作歌一首。大船の津守の占に告らむとはまさしに知りてわが二人宿し」(一〇九)。

余真人　養老元年従五位下。

王仲文　王中文。高麗国人。出家していたが大宝元年に還俗、養老二年従五位下。養老五年正月詔に名が見える。養老二年以前の官人考試帳に「従六位下天文博士王中文、年卅五、右京、能（太一、遁甲、天文、六壬式、算術、相地）、日二百七十、恪勤匪懈善、占卜効験多者最」とある。

大津連首　もと僧侶。続紀、和銅七年三月条に「沙門義法還俗。姓大津連、名意毗登。授二従五位下一。為レ用二占術一也」。

谷那康受　名を庚受とも（続紀）。神亀元年難波連の姓を賜わる。当時従六位下。

〔**暦算**〕　暦学と算術だが、造暦の大家をいう。職員令、陰陽寮条「暦博士一人〈掌、造レ暦、及教二暦生等一〉」。

山口忌寸田主　養老五年正月詔及び天平二年三月太政官奏に名がみえる。

志紀連大道　大宰算師であり、大伴旅人の家で歌を詠じた志氏大道は同一人か（万葉八三七）。

私石村　私部首石村。養老五年正月詔及び天平二年三月太政官奏に見える。

志斐連三田次　養老五年正月詔に「正八位上悉斐連三田次」として見え、また天平二年三月太政官奏にも見える。

〔**咒禁**〕　まじないにより他人の邪気を払う人。要略巻九五「医疾令云、…咒禁生学二咒禁解忤持禁之法一〈謂、持禁者、持二杖刀一読二咒文一、作レ法禁レ気、為二猛獣虎狼毒虫精魅賊盗五兵一不レ被二侵害一。又以二咒禁一固二身体一、不レ傷二湯火刀刃一。故曰二持禁一也〉」。

余人軍　養老七年従五位下。

韓国連広足　天平三年以降、物部韓国連とも称する。文武三年役小角の配流以前にこれに師事し、天平三年外従五位下となり、同四年典薬頭に任ぜられている。

〔**僧綱**〕　僧正・僧都・律師からなり、僧侶中の徳行すぐれた者をこれに任じて、僧尼の得度・受戒をはじめ、寺陀僧尼の統制にあたらせる。僧尼令、任僧綱条「僧綱〈謂、律師以上〉」。

神叡　養老元年律師、天平元年少僧都。道慈と並び称された学問僧。その学識の故に養老三年詔により、道慈とともに、食封五十戸を賜っている。延暦僧録・元亨釈書・本朝高僧伝などでは唐の人という。今昔一一ノ五に、神叡が虚空蔵菩薩の利益で智恵を得た、という説話がある。

道慈　道慈、大宝元年入唐し留学すること十六年余、三論宗に精通し、養老二年帰朝した。同三年に神叡とともに食封を賜っている。天平元年律師。続紀、天平十六年条、卒伝に「法師…性聡悟為二衆所一レ推。大宝元年随レ使入唐、渉二覧経典一、尤精二三論一。養老二年帰朝。是時釈門之秀者唯法師及神叡法師二人而已」とあり、日本の僧尼の修行のありかたを批判して、愚志一巻を著わしたという。懐風藻に詩が二首見える。

囹圄…（三六14）　和名抄「四声字苑云、獄〈比度夜〉、牢、罪人所也。唐韻云、囹圄〈霊語二音〉、獄名也」。

嘉石…（三六14）　昔犯罪が軽くて法に触れぬ者を文理ある石に坐せしめ改悛させた。周礼、秋官、大司寇「以二嘉石一平二罷民一〈鄭玄注、嘉石、文石也。樹二之外朝門左一〉、凡万民之有二罪過一而未レ麗二於法一、而害二於州里一者、桎梏而坐二諸嘉石一」。

習宜の別業（三六15）　法隆寺伽藍縁起并流記資財帳に「山林岳嶋等弐拾陸地、大倭国参地〈…添下郡菅原郷深川栗林一地、東限道、南限百姓家習宜池、西北限百姓田〉」とある。永仁六年十二月の西大寺三宝料田園目録（『西大寺叡尊伝記集成』所収）に「添下郡右京西大寺西山内一段〈字スケノ池、但池ハ今田也。石塔院ノ西谷也〉」と見える（岸俊男「習宜の別業」『日本古代政治史研究』所収）。

竜門点額（三七1）　竜門に集った鯉が上れば竜となり、上れなければ額を打って引き返すことからいう。水経注、河水四「又南過二河東北屈県西一〈…河水又南得二鯉魚澗一。歴レ澗東入、窮二渓首一便其源也。爾雅曰、鱣、鮪也。出二鞏穴一三月則上渡二竜門一。得レ渡為レ竜矣。否則点レ額而還。非二夫往還之会一、何能便有二茲称一乎〉」。

天平三年九月…（三七2）　続紀、天平三年九月癸酉条に「大納言正三位藤原朝臣武智麻呂為二兼大宰帥一」。

来蘇（三七4）　書経、仲虺之誥「曰、奚独後レ予。攸レ徂之民、室家相慶、曰、徯二予后一。后来其蘇〈集伝、湯所レ往之民、皆喜曰、待二我君一。君来其可二蘇息一〉、民之戴レ商、厥惟旧哉」。

春秋大に…（三七4）　史記、斉悼恵王世家「今高后崩、皇帝春秋富〈索隠、小顔云、年幼也。比二之於財一、方未二匱竭一。故謂二之富一也〉」。

章を含みて…（三七6）　易経、坤「六三、含レ章可レ貞。或従二王事一、無レ成有レ終〈王弼注、不レ為二事始一、須レ唱乃応、待レ命乃発、含レ美而可レ正者也。故曰含レ章可レ貞也〉」。

従二位に…（三七6）　続紀、天平六年正月己卯条に「授二正三位藤原朝臣武智麻呂従二位一、…以二従二位藤原朝臣武智麻呂一為二右大臣一」。

垂拱き…（三七13）　字類抄「人体部、スイクヰヨウ、タウタク」、名義抄「タムタク」。書経、武成「惇レ信明レ義、崇レ徳報レ功。垂拱而天下治〈蔡伝、武王於レ此復何為哉。垂レ衣拱レ手、而天下自治矣〉」。

その廿四日…（三七14）　続紀、天平九年七月乙未（廿三日）条に「詔曰、比来、縁レ有二疫気多発一、祈二祭神祇一、猶未レ得レ可。而今右大臣、身体有レ労、寝膳不レ穏。朕以惻隠。可下大二赦天下一救中此病苦上」と見える。

正一位に…（三七15）　続紀、天平九年七月丁酉（廿五日）条に「勅遣二左大弁従三位橘宿禰諸兄、右大弁正四位下紀朝臣男人一、就二右大臣第一、授二正一位一拝二左大臣一。即日薨。遣二従四位下中臣朝臣名代等一、監二護葬事一。所レ須官給」とある。

羽葆鼓吹（三八1）　鳥の羽で作った車の華蓋と鼓や笛で、葬送のために用いる。文選、王文憲集序「加二羽葆鼓吹一、増二斑剣一為二六十人一。諡曰二文憲一礼也〈張銑注、羽葆斑剣、幷葬之儀衛〉」、喪葬令、親王一品条に「二品、鼓八十面、大角四十口、小角八十口、幡三百五十竿。…諸臣一位、及左右大臣、皆准二二品一」とある。

佐保山（三八1）　奈良市佐保山町北西部の丘陵。ここが火葬場となったことは続紀、養老五年十月丁亥条の元明太上天皇の遺詔に「朕崩之後、宜下於二大和国添上郡蔵宝山雍良岑一造レ竈火葬、莫レ改二他処一。諡号称二其国其郡朝庭馭宇天皇一、流中伝後世上」とある。

阿倍大臣（三八3）　右大臣従二位阿倍朝臣御主人か。布勢麻呂古臣の子。持統元年正月納言として殯宮に誄し、同五年正月には直大壱、同十年十月には大納言正広肆とある。文武四年正月正広参、大宝元年三月従二位右大臣となり、同三年閏四月薨ず。嫡夫人は補任に「従五位下安倍朝臣貞吉女、貞媛娘也」とあり、分脈は「従五位下安陪真虎女、イ本云、従五位下真若吉女云々」と記す。

豊成（三八3）　養老七年内舎人・兵部大丞となり、顕官を歴要して天平十四年に従三位中務卿兼中衛大将、同廿年大納言、勝宝元年右大臣となる。宝字元年正二位に叙せられたが、橘奈良麻呂の変に譏によって大宰権帥に左降、弟仲麻呂の失脚とともに本に復し従一位に叙せられた。神護元年十一月、六十二歳で薨ず。

仲満（三八4）　内舎人・大学少丞より顕達して勝宝元年に正三位大納言兼紫微令となり政権を掌握し、次いで大納言となり翌年従二位に叙せられ、宝字元年紫微内相、同二年大保に任ぜられ恵美押勝の名を賜る。同四年大師従一位となり、同六年正一位に昇叙。同八年九月道鏡を除かんとして兵を起し、近江に走ったが、妻子と共に斬られた。

博士の門下に…（三八4）　続紀、宝字八年九月壬子条の仲麻呂の薨伝に「率性聡敏、略渉二書記一、従二大納言阿部少麻呂一、学レ算尤精二其術一」と見える。漢書、王莽伝「莽兄永為二諸曹一、蚤死、有二子光一。莽使レ学二博士門下一。莽休沐出、振二車騎一、奉二羊酒一、労二遺其師一」。

左大臣　（三八5）　続紀、勝宝元年四月丁未条に「以二大納言従二位藤原朝臣豊成一拝二右大臣一」、宝字元年五月丁卯条に「授二従二位藤原朝臣豊成正二位一」とある。

変事…（三八6）　続紀、宝字元年七月乙卯条に「遣二中納言藤原朝臣永手、左衛士督坂上忌寸犬養等一、就二右大臣藤原朝臣豊成第一、宣レ勅曰、汝男乙縄関二兇逆之事一。宜二禁進一者、即加二肱禁一、寄二勅使一進」とあり、同月戊午条に「勅曰、右大臣豊成者、事レ君不忠、為レ臣不義。私附二賊党一、潜忌二内相一。知レ構二大乱一、無二敢奏上一。及二事発覚一、亦不二肯究一。若怠延レ日、殆滅二天宗一。嗚呼宰輔之任、豈合レ如レ此。宜下停二右大臣任一、左中降大宰員外帥上」と見える。

押勝…大師に至り（三八7）　続紀、宝字二年八月甲子条に「勅曰、…其藤原朝臣仲麻呂者、晨昏不レ怠、恪勤守レ職、事レ君忠赤。…因レ此論レ之、准レ古無レ匹。汎恵之美、莫レ美二於斯一。自今以後、宜三姓中加二恵美二字一。禁レ暴勝レ強、止レ戈静レ乱、故名曰二押勝一。朕舅之中、汝卿良尚、故字称二尚舅一」とある。大師は太政大臣のこと。同「奉レ勅改二易官号一…太政大臣曰二大師一」とある。宝字四年正月丙寅条に「授二大保従二位藤原恵美朝臣押勝従一位一」とあり、同日の高野天皇（孝謙上皇）口勅に「今此藤原恵美朝臣能大保乎大師乃官仁仕奉止授賜夫天皇御命、衆聞食宣」。

忠貞籍甚し（三八10）　書経、君牙「惟乃祖乃父、世篤二忠貞一、服二労王家一」。文選、広絶交論「公卿貴二其籍甚一、搢紳羨二其登仙一」（李善注、音義曰、狼籍甚盛也。呂向注、籍甚猶二名声一也）」。

その人…（三八10）　詩経、小雅、白駒「皎皎白駒、在二彼空谷一。生芻一束、其人如レ玉（集伝、其人之徳美如レ玉也）」。

乞　骸　骨　表

乞骸骨表（四〇1）　この時、真備は年齢七十六歳であり、致仕を許される七十歳をすでに過ぎていた。官位は右大臣従二位勲二等であった。この上表文に対して十月八日に詔が出され、中衛大将の任は解かれたが右大臣の職はなお解かれなかった。続紀、宝亀元年十月条「昨省二来表一、即知レ告レ帰。聖忌未レ周、懸車何早。悲驚交緒、卒無二答言一。通夜思レ労、坐而達レ旦。不レ依レ所レ請、似レ逆二謙光一。欲レ遂二来情一、弥思二賢佐一。宜下解二中衛一、猶帯中大臣上。坐藝之閑、勿レ空二朝右一。時涼想和適也、指不二多及一」。しかし賢佐の大中臣清麻呂が翌年右大臣に任ぜられるに及んで、真備は解任され、すべて政界から引退した。右の詔報中、「坐藝之閑、勿レ空二朝右一（右大臣の職責）」に関しては、ほぼこの時期、つまり解任された頃から、日本最古の庭訓の書「私教類聚」を撰している。この書が真備の真作であることについては、既に滝川政次郎「私教類聚の構成とその思想」（『史学雑誌』四一ノ六、昭5）に詳細である。

「乞骸骨」の典拠については、漢書に「充国乞二骸骨一。賜二安車駟馬・黄金六十斤一、罷就レ第。朝廷毎レ有二四夷大議一、常与二参兵謀一、問二籌策一焉」（巻六九、趙充国伝）、「広遂称レ篤、上疏乞二骸骨一。上以二其年篤老一皆許レ之、加二賜黄金二十斤一。皇太子贈以二五十斤一、公卿大夫、故人邑子、設二祖道一供二張東都門外一」（巻七一、疏広伝）などとある。また致仕（致事・致禄）については、礼記、曲礼上に「大夫七十而致事〈注、致二其所掌之事於君一而告レ老〉。若不レ得レ謝、則必賜二之几杖一、行レ役以二婦人一、適二四方一乗二安車一、自称曰二老夫一」とある。

心逮ばずして…（四〇2）　易、繋辞下に「子曰、徳薄而位尊、知小而謀大、力小而任重、鮮レ不レ及矣。易曰、鼎折レ足、覆二公餗一。其形渥、凶。言レ不レ勝二其任一也」、荘子、則陽に「夫力不レ足則偽、知不レ足則欺、財不レ足則盗」などとある。

真備（四〇3）　真備の略歴を簡明に示す資料として、続紀、宝亀六年十月のいわゆる「薨伝」を左に録しておく。

〔宝亀六年冬十月壬戌〕　前右大臣正二位勲二等吉備朝臣真備薨。右衛士少尉下道朝臣国勝之子也。霊亀二年、年廿二、従レ使入唐、留学受レ業、研二覧経史一、該二渉衆芸一。我朝学生播二名唐国一者、唯大臣（及）朝衡二人而已。天平七年帰朝、授二正六位下一、拝二大学助一。高野天皇師レ之、受二礼記及漢書一。恩寵甚渥、賜二姓吉備朝臣一。累遷、七歳中、至二従四位上右京大夫（兼）右衛士督一。十一年、式部少輔従五位下藤原朝臣広嗣、与二玄昉法師一有レ隙。出為二大宰少弐一。到レ任即起レ兵反。以レ討二玄昉及真備一為レ名。雖二兵敗伏レ誅、逆魂未レ息。勝宝二年、左二降筑前守一、俄遷二肥前守一。勝宝四年、為二入唐副使一、廻日授二正四位下一、拝二大宰大弐一。建議創作二筑前国怡土城一。宝字七年、功夫略畢、遷二造東大寺長官一。八年仲満謀反、大臣計二其必走一、分レ兵遮レ之。指麾部分甚有二籌略一、賊遂陥二謀中一、旬日悉平。以レ功授二従三位勲二等一、為二参議中衛大将一。神護二年、任二中納言一、俄転二大納言一、拝二右大臣一、授二従二位一。先レ是、大学釈奠、其儀未レ備。大臣依二稽礼典一、器物始修、礼容可レ観。又大蔵省双倉被レ焼、大臣私更営構、于レ今存焉。宝亀元年、上啓致仕。優詔不レ許、唯罷二中衛大将一。二年累抗レ啓乞二骸骨一、許レ之。薨時年八十三、遣レ使弔二賻之一。

兵の動くこと（四〇6）　藤原仲麻呂の乱については続紀、天平宝字八年九月条に詳細である。九月十一日（乙巳）に始まり十八日（壬子）、軍士石村村主石楯が押勝以下を斬って終る。この戦で押勝等が所領の越前国に逃亡することを予知し、その通路、勢多橋を焼いて賊軍を分断する計を立てたのは真備であった。同年九月、乱が平定されて後に次の勅が発せられた。

癸亥（廿九日）勅、逆賊恵美仲麻呂、為レ性凶悖、威福日久。然猶含容、冀二其自悛一。而寵極勢淩、遂窺二非望一。乃以二今月十一日一、起レ兵作レ逆、掠二奪鈴印一、窃立二氷上塩焼一為二今皇一、造二偽乾政官符一、発二兵三関諸国一、奔二拠近江国一、亡二入越前関一。官軍賁赫、分レ道追討。同月十八日、既斬二仲麻呂幷子孫、同悪相従氷上塩焼・恵美巨勢麻呂・仲石伴・石川氏人・大伴古薩・阿倍小路等一。剪二除逆賊一、天人同レ慶。宜下布二告遐邇一、咸令中聞知上。

春宮（四一2）　皇太子の住む宮殿を春宮・東宮と称し、その宮殿の意から皇太子その人を指すようになった。これらにつき、東宮職員令集解に「穴云、御子宮、在二御所東一、故云二東宮一也。伴云、四時気自レ東発、即春准レ此故、為二東宮・春宮一、其義无レ別也」とある。

革命勘文

三善宿禰清行（五〇2）　承和十四年（八四七）、淡路守従五位下氏吉の三男として生れた。菅原道真・紀長谷雄より二歳の後輩である。巨勢文雄に師事して文章道を志し、貞観十五年（八七三）、二十七歳にして始めて文章生となり、翌年文章得業生となる。その後、七年の研鑽を経て方略試を受験し、問者道真によって一旦不第とされ、二年後に改判丁第した。元慶八年（八八四）大学少允、仁和二年（八八六）少内記、翌三年従五位下、大内記に進む。翌四年、藤原佐世・紀長谷雄らと連署で「阿衡勘文」を上った。寛平三年（八九一）肥後介、ついで五年備中介に任じ、つぶさに地方官吏としての辛酸を嘗めたが、任満ちて寛平九年に帰京した。その後、昌泰三年（九〇〇）に至り刑部大輔に任じ、ついで文章博士に補せられたが、時に清行五十四歳であった。同年十月十一日、右大臣道真に「奉㆓菅右相府㆒書」（文粋巻七）を送り、明年辛酉二月干戈を通告し、辞職勧告を行い、朝廷に対しても十月二十一日「預論㆓革命㆒議」を上奏した。翌昌泰四年の正月二十五日、道真が大宰権帥に左遷されるが、二月九日に左大臣時平に「奉㆓左丞相㆒書」（文粋巻七）を上っている。更に二月二十一日、この「請㆔改元応㆓天道㆒之状」を上奏した。辛酉革命を説いた今に残る勘文としては最も古いもので、この議が容れられて、七月十五日、延喜と改元された。同年三月大学頭を兼ね、翌延喜二年（九〇二）正五位下、延喜三年式部少輔を兼ね、三儒職を兼任するに至る。同年二月道真薨ず。翌延喜四年従四位下、五年式部権大輔、備中権守（遙任）を兼ねた。延喜格式の編纂員にも選ばれたが、延喜九年四月時平病死。同十二年紀長谷雄没。身辺並びに身心の寂寥を自伝的な「詰眼文」（文粋巻一二）に托して同十三年六十七歳の冬に述べている。同十四年四月式部大輔に任じ、徴召に応じて「意見十二箇条」を上奏した。同十七年の正月参議に任じ、五月宮内卿を兼ねた。同十八年の四月播磨権守（遙任）を兼ね、十二月七十二歳の生涯を終る。家集に善家集一巻（佚）があった。尚、清行は宮内庁図書寮本元亨釈書巻一〇、浄蔵伝の傍訓により、「きよつら」と訓む。

易緯（五〇6）　代表的なものは、古経解彙函の武英殿聚珍版本易緯八種十一巻（乾坤鑿度上下・乾鑿度上下・稽覧図上下・弁終備・通卦験上下・乾元序制記・是類謀・坤霊図）であるが、ここには単に易緯と称し、いずれの緯書であるかを明示していない。また清行と親交のあった藤原佐世（―八九七没）が寛平三年（八九一）ごろ奉勅撰したといわれる日本国見在書目録にも「易緯十巻鄭玄注」と七緯の一としての「易緯」を挙げているにすぎない。その辛酉革命甲子革令の一文は、右の易緯八種のいずれにも発見されない。然し易の緯書はこの八種の外にも数多くあったことが古書や諸注に徴引されているものによって知られる。このことは春秋緯や詩緯その他についても同様であるが、これらの断片隻句を併せて緯書の集成を行う努力が、明清以来、諸家によってなされている。その主要なものは、明杜士棻輯、緯書十巻・**同孫瑴輯**、古微書三十六巻・同陶宗儀・陶珽等輯、重校説郛・清乾隆勅撰、武英殿聚珍版本（玲瓏山館叢書・古経解彙函転載）・同趙在翰輯、七緯三十八巻・同喬樅年輯、緯攟十四巻・同馬国翰輯、玉翰山房輯佚書経編緯書類・同黄奭輯、漢学堂叢書通緯逸書考等であり、近時、安居・中村両氏により「緯書集成六巻八冊」の蒐集がある。然しこれらによっても辛酉革命・甲子革令の一文は発見されていない。既に我が平安朝末期において、藤原頼長（一一二〇―五六）の台記十二巻中、康治三年（一一四四）の二月六日丁亥の条に「自㆓一昨日㆒、引㆓勘春秋緯㆒。然而古人勘文、所㆑引之文外、革命革令等事不㆑見。先日列㆓侍詩文㆒、同至㆓易伝㆒者、古人所㆑引之文、為㆑奇々々」とある。また中原師緒の元応三年辛酉（一三二一）の勘奏に「易緯十巻之中、無㆓件文㆒。此外有㆓他緯㆒哉否、曾以㆓愚管㆒所㆑不㆓窺見㆒也」とある。これらによると早く佚亡したものと見られる。

四六・二六…（五〇7）　易緯の四六は二四〇年、二六は一二〇年であるが、勘文の四六・二六はこれと一致していない。これにつき文応二年、直講清原教隆の革暦勘文に「彼清行朝臣勘文、或以㆓一六㆒為㆓二六㆒、或以㆓三六㆒為㆓四六㆒、亦以㆓三六㆒為㆓二六㆒、亦以㆓二六㆒為㆓四六㆒。是則協㆓卦体進退年数㆒

之故也」とあり、また延宝九年、清原宣幸の辛酉革命考に「是善家清行秘説、以二二六四六之災一入二勘元数一、延縮之義、就二順越逆越之進退一、持二前後消長之法一」（所功「三善清行の辛酉革命論」所引）とあり、卦体進退の年数とか、善家清行秘説などと称している。然しこれはそのように大層なものではなく、七元四二〇年の間に三変（大変）ありという易緯鄭注の説に基く清行の作為の結果である。後文の四六・二六の項に例証しているように、

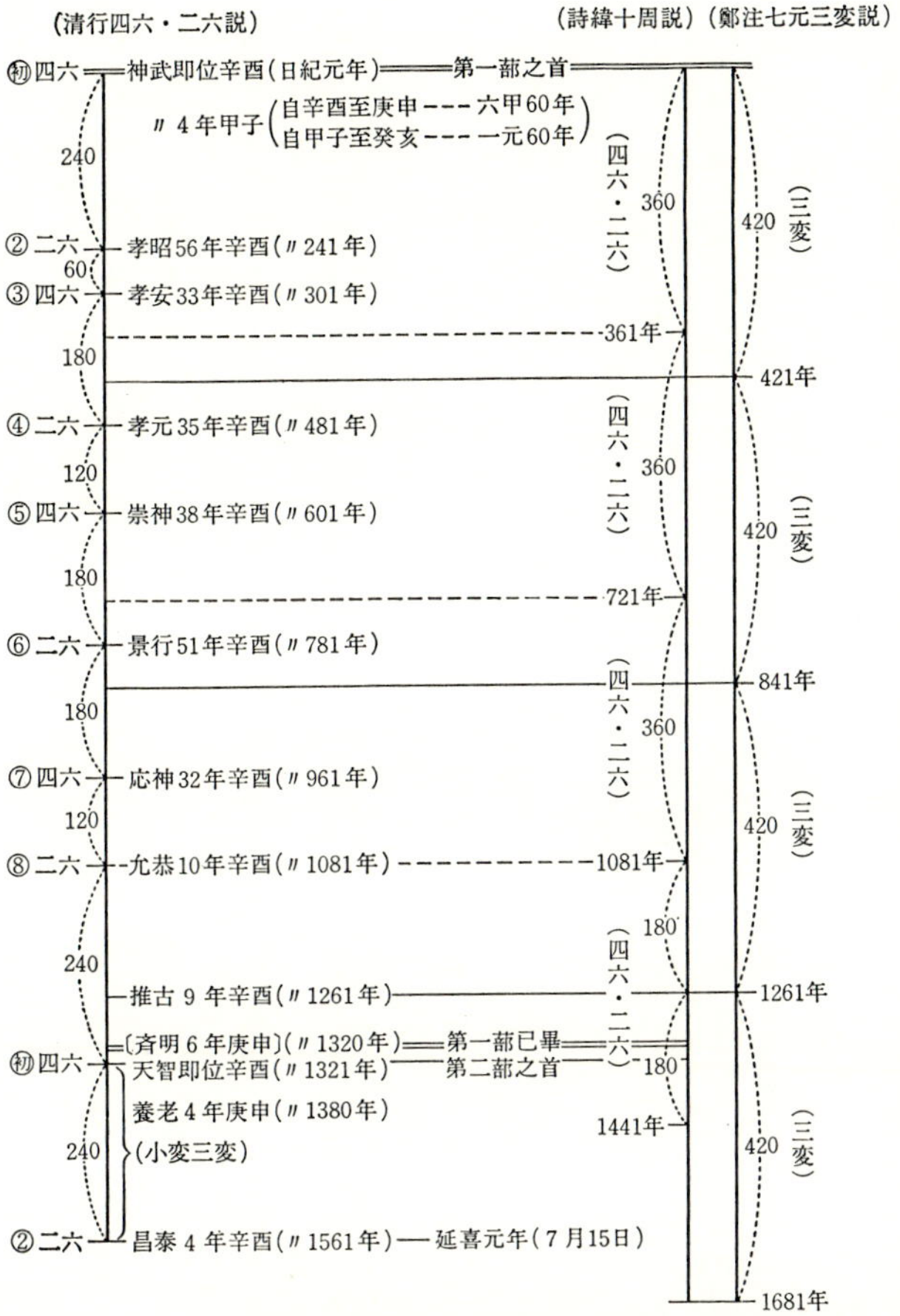

四六・二六の年数を一元六〇年を基本年数として延縮しなければ、七元四二〇年間に三変を説くのに不都合であるからである。後文四六・二六の項に挙例している年次を辛酉だけで一覧すると表の通りである。辛酉を主とすることは、四六の孝元三十五年の項に甲子の挙例を闕くことによって知られる。もし易緯鄭注に従って四六・二六の順次に称し、その年数を二四〇・一二〇とすれば、第一の三六〇年間に神武元年・孝昭五十六年・孝安三十三年の三変を説きうるが、第二の三六〇年間には孝元三十五年・崇神三十八年の二変、第三の三六〇年間には景行五十一年・応神三十二年・允恭十年の三変、第四の三六〇年間には清寧二年・推古九年の二変となる。即ち三変・二変・三変・二変となって不整合を生ずる。これを易緯の七元四二〇年に三変するとすると、第一の四二〇年間に、神武即位・孝昭五十六年・孝安三十三年の三変、第二の四二〇年間に孝元三十五年・崇神三十八年・景行五十一年の三変、第三の四二〇年間に応神三十二年・允恭十年・推古九年の三変を説きえて甚だ整斉である。これは一蔀の合一三二〇年の間に、七元四二〇年間に、三変の大変革命年を挙例した清行説であるが、その四六・二六の年数延縮は全く清行の作為によるものである。

一蔀（五〇8）　後漢の讖緯家に支持された後漢四分暦では、一年を三六五日四分の一、一月を二九日九四〇分の四九九とし、一九年七閏月の一章を基本として、四章一蔀で七六年、二〇蔀一紀で一五二〇年、三紀一元で四五六〇年というものであった（藪内清『隋唐暦法史之研究』）。清行の採用した一蔀一三二〇年という年数は、これと異なり革命の周期として必要不可欠なものとされたものである。この年数を設定することによって、神武即位紀元の辛酉を起点として一三二〇年めの斉明六年庚申までを第一蔀とし、翌七年辛酉から第二蔀が始まる。四六・二六を重視する清行にとって、第二蔀の四六の二四〇年後、二六の初年に今年昌泰四年辛酉が当たり、大変革命の年と説くことができるからである。

なお一蔀を一三二〇年とする清行説と一二六〇年とする那珂説との二説があり、古来、聚訟の存するところである（原島礼二『神武天皇の誕生』参照）。然しここには書紀の神武即位紀元辛酉を所与のものとし、これを起点とする清行説による。清行説によって「廿一元為二一蔀一、合千三百廿年」を理解すると、一蔀というのは辛酉に始まり庚申に終る六十年を六甲一元とする起算方式である。従って神武元年辛酉から神武三年癸亥までの三年と、推古十二年甲子から斉明六年庚申に至る五十七年との合計六十年が廿一元に加えられる。清行の一元は甲子に始まり癸亥に終るもので、神武四年甲子から起算した廿一元に右の六十年を加えて「合千三百二十年」と称したものである。兼良公三革説に説く「元は壬戌に始まり辛酉に終る」というのは、清行の「蔀は辛酉に始まり癸亥に終る」という説に牽強附会したものである。清行が一蔀の年数を一三二〇年としなければならなかったのは、「今年当二大変革命年一事」を実証しなければならなかったからである。一蔀を一三二〇年とすると、第二蔀の四六の次、二六の初めの辛酉に昌泰四年が当ることになるからである。

春秋緯（五〇8）　後漢書、郎顗伝には「臣聞、天道不レ遠、三五復反」とあり、章懐太子注に「春秋合誠図曰、至道不レ遠、三五而反。宋均注云、三、三正也。五、五行也。三正五行、王者改代之際会也。能於二此際一、自新如レ初、則通二無窮一也」と見える。宋均は魏博士（隋書、経籍志）で、詩緯・礼緯・楽緯・春秋緯・孝経緯等の多くの緯書に注しているが、正史にその伝を見ない。馬融鄭玄に先立つ宋均（後漢書巻七一）は別人。右の宋均注によれば、三五は明らかに三正五行である。

三正は夏・殷・周の三正で、夏正は建寅の月を正月（孟春）、殷正は建丑の月を正月（季冬）、周正は建子の月を正月（仲冬）とする。従って殷正は夏正の十二月を正月、周正は夏正の十一月を正月とする。周正を天正・天統・赤統、殷正を地正・地統・白統、夏正を人正・人統・黒統とも称する。三正が王朝の交替と共に循環し、窮まればまた本に反るとされる。史記、歴書に「夏正以二正月一、殷正以二十二月一、周正以二十一月一。蓋三王之正、若二循環一、窮則反レ本」とある。また前漢末劉歆（漢書巻三六）が、三正によって三統歴を完成した。一章十九年を基本として、二十七章一会（五一三年）、三会一統（一五三九年）、三統一元（四六一七年）とし、天統・地統・人統の三統で一元に合し、太極上元に復して無窮に循環するという。

五行は五徳終始を説く。後漢書、郎顗伝に「孔子曰、漢三百載、計歴改レ憲。三百四歳為二一徳一、五徳千五百二十歳、五行更用」とあり、章懐太子注に「易乾鑿度、孔子曰、立レ徳之数、先立二木金水火土一。徳各三百四歳、五徳備。凡千五百二十歳、大終復初、故曰五行更用。更猶二変改一也」と見える。帝徳を五行の五徳で表し、各々三百四歳にして交替し、計一五二〇歳で終ってまた始まる。三〇四歳は、四分暦で一章十九年を基本とし、四章一蔀で七十六年であり四蔀の年数である。趙在翰の七緯に載せる春秋合誠図の右の一文に、風俗通皇覇第一（五伯）の文を引いて、「在翰按、緯文残闕。据二風俗通皇覇一云、三統者天地人之始、道之大綱也。五行者品物之宗也。道以レ三興、徳以レ五成。故三皇五帝、三王五伯。至道不レ遠、三五復反。譬若下循二連鐶一順中鼎耳上、窮則反レ本、終則復始也」と注している。

詩緯（五〇11）　隋書、経籍志に「詩緯十八巻。魏博士宋均注、梁十巻」とあり、日本国見在書目録に「詩緯十巻。魏博士宋均注」と見える。諸家の輯佚緯書も推度災・氾歴枢・含神霧の三篇に限られ、外に詩緯と称して十数条を緯攟・開元占経等に輯佚しているに過ぎない。これらをすべて検覈しても勘文所引の一文を発見することができない。然しわが国の革命革令の勘文にその後も「詩緯推度災曰」として同文を徴引している。永享十三年辛酉(一四四一)の革命勘文、嘉吉四年甲子(一四四四)・文亀四年甲子(一五〇四)の革令勘文に徴引するものであるが、或は清行の革命勘文をそのままに徴引したものかも知れない。いずれにしても中国資料の輯佚緯書類には見えない。しかして革命・革政の語が詩緯に見えるものが二条ある。詩緯推度災に「建二四始五際一而三節通。卯酉之際為二革政一、午亥之際為二革命一、神在二天門一、出入候聴」(初学記巻二一・御覧六〇九引上三句)があり、詩緯汎歴枢にほぼ同文で「午亥之際為二革命一、卯酉之際為二改正一。辰在二天門一、出入候聴。卯、天保也、酉、祈父也、午、采芑也、亥、大明也。然則亥為二革命一一際一也。亥又為二天門出入候聴一二際一也。卯為二陰陽交際一三際一也。午為二陽謝陰興一四際一也。酉為二陰盛陽微一五際一也」(詩、周南、関雎正義)とあり、後漢書、郎顗伝に挙げるものは「詩汎歴枢曰、卯酉為二革政一、午亥為二革命一。神在二天門一、出入候聴。言下神在二戌亥一、司中候帝王興衰得失上」とある。これらによれば卯酉革政・午亥革命を説くが、これは斉詩の四始五際説によって述べたもので、革政・革命の周期を説いたものではない。そのことは後漢書、郎顗伝の四始五際の注に「四始、謂下関雎為二国風之始一、鹿鳴為二小雅之始一、文王為二大雅之始一、清廟為中頌之始上。翼奉伝曰、易有二陰陽五際一。孟康曰、韓詩外伝云、五際、卯酉午戌亥也。陰陽終始、際会之歳、於此則有二変改之政一」。

戊午の年…(五一4)　文王西伯の初年、虞芮二国が田を争い久しく決せず、周に行き文王の徳化に感じて自から争いをやめたこと。史記、周本紀に「西伯陰行レ善、諸侯皆来決レ平。於レ是虞・芮之人、有レ獄不レ能レ決、乃如レ周。入レ界、耕者皆譲レ畔、民俗皆譲レ長。虞・芮之人、未レ見二西伯一、皆慙相謂曰、吾所レ争、周人所レ恥、何往為、秪取レ辱耳。遂還、倶譲而去。諸侯聞レ之曰、西伯蓋受命之君也。明年伐二犬戎一、明年伐二密須一、…詩人道、西伯蓋受命之年称レ王、而断二虞・芮之訟一。後十年而崩、諡為二文王一」とある。虞芮の訟を決したのは西伯が受命称王の後であると詩人は言うが、この受命称王については異論が多いが、西伯を称した初年であることについては異論がない。この初年を戊午の年としたについては何の資料的根拠もなく、清行の創作である。戊午革運、辛酉革命、甲子革令を説くためにする仮説である。文王武王の西周時代には、干支は紀日に用いられ紀年に用いられることはなかった。次文の武王の条で戊午・辛酉・甲子がすべて紀日であるのがその証である。文王の条で紀年で示し、武王の条で紀日として示さねばならなかったのは、尚書の泰誓・牧誓に紀日として戊午と甲子を明示してあるからであろう。なお尚書・史記、周本紀にも右の辛酉の紀日はない。次々項参照。

辛酉の年…(五一5)　諸家輯佚書に見えない。河図伝説は伏羲八卦と結んで説かれるのが普通で、尚書中候「伏羲氏有二天下一、竜馬負レ図出二于河一。遂法レ之以画二八卦一」とあり諸書に徴引されている。同じく尚書中候に「青竜臨レ壇、銜二元甲之図一、吐レ之而去」の一文が見えるが、これは「武王観二于河一」に繋けて説かれ、文王のことに関しない。文王に関する符瑞は専ら赤雀丹書で諸緯に見える。

甲子の年(五一5)　尚書帝命験「季秋之月甲子、赤雀銜二丹書一、入二于酆一止二于昌戸一」とあり、尚書中候にも同文があるが、甲子の日であって甲子の年ではない。

戊午の日…(五一6)　偽孔伝尚書の泰誓の書序に「惟十有一年、武王伐レ殷。一月戊午、師渡二孟津一。作二泰誓三篇一」とあり、泰誓上「惟十有三年、春大会二于孟津一」、同中「惟戊午、王次二于河朔一、群后以レ師畢会」とある。また牧誓「時甲子昧爽、王朝至二于商郊牧野一、乃誓」、武成「既戊午、師逾二孟津一。癸亥、陳二于商郊一、俟二天休命一。甲子昧爽、受(紂王)率二其旅一若レ林、会二于牧野一。罔レ有レ敵二于我師一」とある。戊午と甲子の両日は泰誓・牧誓に述べるところを襲っているが、辛酉の日に泰誓を作ったことは二誓に述べていない。ここに、戊午革運・辛酉革命・甲子革令を説かんがために、泰誓を作る日を辛酉と仮定したものである。右の泰誓・牧誓・武成の文に明らかなように、戊午・甲子は紀日を示し、紀年を示すものではない。

【中国故事との異同一覧】(五二1〜五五7)

周の僖王…(五二1)　史記、諸侯年表では周の僖王三年壬寅(前六七九)、斉の桓公が始めて覇者の実力を得るが、神武元年辛酉に当っていない。史記の世表は十表、この条は十二諸侯年表により種々の錯誤を犯している。まず周の僖(釐)王三年は壬寅で、神武天皇元年辛酉に先立つこと十九年で相当らない。次に年表はこの僖王三年に斉の桓公が「始めて覇たり」を繋けているが、これは覇者たる実力を得たことを云い、実際に覇者の資格を得たものではないことである。年表には「始覇、会㆓諸侯于甄㆒」とあるが、斉太公世家には此の条の前に曹沫が三たび敗れて亡った土地を桓公が魯に返させたので、これを聞いた諸侯が斉を信じて依付したいと欲した話があって、「七年、諸侯会㆓桓公於甄㆒。而桓公於㆑是始覇焉」となっている。この世家の文によれば、年表の諸侯を甄(衛の邑)に会したのは桓公であって王ではない。従って勘文の双注に「王会㆓諸侯於甄㆒」という主語の王は重大な誤記である。何となれば、覇者(諸侯の旗がしら)たることは周王から与えられるもので、諸侯を会合する場で任命される。会の主催者は周王であり、その会合に参加した諸侯は任命された覇者を旗がしらとして、王に忠誠を誓うので、会盟の形式を取るのである。この桓公七年では王は参加していないで、主催者は桓公である。従って覇者としての実力を持ったことを意味するもので、覇者に任命されたのではない。桓公が実際に覇者に任命されたのは、これより二十八年後の桓公三十五年、葵丘の会に於てであった。ここには会盟を通じて王より任命されたことが左伝や穀梁伝に詳細である。

この年は周の恵王…(五二4)　史記、諸侯年表によれば周の恵王元年乙巳(前六七六)は、神武天皇四年甲子(前六五七)に先立つこと十九年で相当らない。

斉の桓公…(五二4)　桓公夫人の蔡姫の事件から蔡を伐つに至る。蔡姫の事件は桓公二十九年甲子(前六五七)に繋年されているが、諸侯を率いて蔡を伐ったのは翌三十年乙丑の春である。史記の斉太公世家に「(桓公)二十九年(甲子)、桓公与㆓夫人蔡姫㆒戯㆓船中㆒。蔡姫習㆑水蕩㆑公。公懼止㆑之、不㆑止。出㆑船怒、帰㆓蔡姫㆒。弗㆑絶。蔡亦怒、嫁㆓其女㆒。桓公聞而怒、興㆑師往伐。三十年(乙丑)春、斉桓公率㆓諸侯㆒伐㆑蔡、蔡潰。遂伐㆑楚」とあり、左伝の僖公三年・四年にも見える。桓公が蔡を伐ったのは単なる私怨からであるが、蔡が離縁もされていないその女を他に嫁せしめたのは、背後の楚を頼みとしてであった。この時、蔡は楚に付属していた。そこで楚を伐つに至った。風馬牛の譬があり左伝中でも有名な話。

秦の懐公元年…(五二10)　此の条は殊に錯誤が多い。史記の六国年表によると、秦の懐公元年癸丑(前四二八)は周の考王十三年、日本の孝昭天皇四十八年に当り、五十六年辛酉に先立つこと八年で相当らない。また三晋とは晋の三卿であり、晋の哀公四年(前四五三)、韓康子・魏桓子・趙襄子が残る一卿知伯を殺しその地を分割してから、これら三卿の勢力がますます強大となり、公室はいよいよ衰弱した。次の幽公は三卿の実力を懼れ、反って三卿の君に朝し、ただ絳(都)と曲沃(宗廟の地)の二邑を保有するに過ぎず、他は皆、三卿に分割された。これにつき六国年表では「晋幽公柳元年(前四三八)、服㆓韓魏趙㆒」とあり、晋世家では「幽公之時、晋畏、反朝㆓韓趙魏之君㆒、独有㆓絳・曲沃㆒、余皆入㆓三晋㆒」とある。従って三卿が三晋と称せられたのは幽公の時代からである。本文の双注の文は、三晋が晋の大部分の地を分割保有したので公室の晋は小侯の如くなり、反対に三晋が晋の幽公を朝貢させたの意。この年次を六国年表によって幽公元年癸卯(前四三八)に設定すると、日本の孝昭天皇三十八年に当り、同天皇五十六年に先立つこと十八年となり、相当らない。因に三晋が諸侯としての王命を受けたのは、後年、周の威烈王二十三年戊寅(前四〇三)であった。「威烈王二十三年九鼎震。命㆓韓魏趙㆒為㆓諸侯㆒」(周本紀)。また楚の簡王が莒を滅したのは元年庚戌(前四三一)である。これについては楚世家に「(恵王)四十二年楚滅㆑蔡。四十四年楚滅㆑杞。…五十七年恵王卒、子簡王中立。簡王元年北伐滅㆑莒」とあり、六国年表にも「楚簡王仲元年滅㆑莒」を周の考王十年庚戌に繋年している。楚の簡王元年は日本の孝昭天皇四十五年に当り、同天皇五十六年辛酉に先立つこと十一年で、これまた相当らない。

周の威烈王元年…(五二11)　周の威烈王元年丙辰(前四二五)・趙桓子元年丁巳(前四二四)は、孝昭天皇五十九年甲子(前四一七)に先立つこと七、八年で相当らない。

秦の孝公…天子胙を致す…(五二13)　天子が文王武王の廟に祭った胙(ひもろぎ)を孝公に賜った。顕王九年辛酉(前三六〇)で孝公二年、孝安天皇三十三年に当る。秦本紀に「(孝公)二年天子致㆑胙」とあり、六国年表にも孝公二年に繋けている。周本紀に「顕王五年(献公二十一年)賀㆓秦献公㆒。献公称㆑伯。

九年(孝公二年)致二文武胙於秦孝公一。十五年(孝公八年)秦会二諸侯於周一。二十六年(孝公十九年)周致二伯於秦孝公一」とある。これによると、顕王五年丁巳(前三六四)に伯(覇)となったのは秦の献公であり、九年辛酉(前三六〇)に孝公に文武の胙を賜っているが、これは覇者の実力を持ったことを意味し、実際に覇者として王命を受けたのは、孝公十九年戊寅(前三四三)である。従って孝安天皇三十三年辛酉は孝公二年、文武の胙を賜った年に当たるが、孝公が王命を受けて覇者となったのは十七年後である。

斉の威王(五二14)　威王二十六年戊辰(前三五三)に見え、孝安天皇四十年。同天皇三十六年甲子に後れること四年であり、相当らない。斉の威王二十六年は周の顕王十六年であり、この条は周本紀に見えない。然し六国年表の田斉の項に「敗二魏桂陵一」とあり、田敬仲完世家に「(威王)二十六年魏恵王囲二邯鄲一、趙求二救於斉一。…十月邯鄲抜。斉因起レ兵撃レ魏、大敗二之桂陵一。於レ是斉最彊二於諸侯一、自称為レ王、以令二天下一」とある。この桂陵の大勝によって威王は諸侯に最強であることを示し、天下に号令したとある。

漢の呂太后…(五二16)　呂太后は八年辛酉(前一八〇)に崩じ、大臣陳平・周勃らが、呂産・呂禄以下の諸呂を誅して、高祖の薄夫人の子恒(代王)を迎え文帝とした。辛酉九月に即位したので孝元天皇三十五年に相当っている。

漢の宣帝…(五三2)　前漢宣帝の神爵元年庚申(前六一)は辛酉の前年、崇神天皇三十七年で、一年ずれている。

宣帝五鳳元年(五三2)　宣帝五鳳元年(前五七)は甲子で相当っている。

後漢の安帝…(五三5)　後漢の安帝建光元年辛酉(一二一)は景行天皇五十一年に相当る。

前涼の張軌…(五三8)　張軌(二五五—三一四)が涼州刺史となったのは西晋恵帝の永寧元年辛酉(三〇一)で(晋書巻八六)、応神天皇百一年に相当る。然し張軌は終生、晋の正朔を奉じ自立して王を称したことはない。その孫張駿以後涼王を称した。

前趙の劉元海…(五三8)　劉淵(字は元海)が自立して王を称したのは恵帝永興元年甲子(三〇四)で、応神天皇百四年に相当る。晋書、巻一〇一「永興元年、元海乃為二壇於南郊一、僭即二王位一」。

宋の高祖…(五三11)　宋の高祖劉裕が帝位に即いたのは永初元年庚申(四二〇)で(宋書巻三)、辛酉(四二一)の前年である。

後魏の太祖…(五三11)　後魏(北魏)の太祖道武帝が自立して帝を称したのは登国元年丙戌(三八六)で(魏書巻二)、允恭十三年甲子に先立つこと三十八年である。この允恭天皇の挙例には錯誤が殊に多い。

是の年隋の文帝…(五四8)　隋の高祖文帝は仁寿四年甲子(六〇四)の七月に没しているので(隋書巻二)、この条は相当っている。

大唐の高宗竜朔…(五五2)　斉明七年辛酉は唐高宗の竜朔元年に当る(唐書巻三)。

大唐の高宗麟徳…(五五7)　高宗麟徳元年甲子(六六四)は天智三年に相当っている。然し使者郭務悰のことは唐書、高宗紀・東夷列伝・通鑑巻二〇一等に見当らない。

郊祀(五二3)　史記の封禅書に「周官曰、冬日至、祀二天於南郊一、迎二長日之至一。夏日至、祭二地祇一。皆用二楽舞一、而神乃可二得而礼一也」とある。冬至の日、天子自から城南の郊に至って天を祭り、夏至には城北の郊に至って地を祀る。郊での祭であるから、郊祭・郊祀という。

庚申の年…合して…(五四12)　ここに二十一元一蔀を神武即位元年辛酉から斉明天皇六年庚申までとし、「合千三百二十年」と述べている。前文の四六・二六の年数、及びその挙例には、すべて辛酉年を挙げているので、六〇年一元の基本年数は、辛酉から次の辛酉までとしていると見られる。従って二十一元は第一元の初めの辛酉から第二十二元めの辛酉までである。その第二十二元めの辛酉を加えることは、その辛酉から庚申までの六〇年を加算することであると考えたものであろう。その故に特に「合」と称したものと考えられる。

冠位の階…(五五2)　天智紀「三年春二月己卯朔丁亥、天皇命二大皇弟一(大海人皇子)、宣下増二換冠位階名一、及氏上・民部・家部等事上。其冠有二廿六階一。大織・小織、大縫・小縫、大紫・小紫、大錦上・大錦中・大錦下、小錦上・小錦中・小錦下、大山上・大山中・大山下、小山上・小山中・小山下、大乙上・大乙中・大乙下、小乙上・小乙中・小乙下、大建・小建、是為二廿六階二焉。改二前花一曰レ錦、従レ錦至レ乙加二十階一。又加二換前初位一階一、為二大建・小建二階一。以レ此為レ異、余並依レ前。其大氏之氏上賜二大刀一、小氏之氏上賜二小刀一。其伴造等之氏上賜二干楯・弓矢一、亦定二其民部・家部一」とある。

劉仁願…（五五6）　天智紀「(三年甲子)夏五月戊申朔甲子、百済鎮将劉仁願、遣二朝散大夫郭務悰等一、進二表函与二献物一。冬十月乙亥朔、宣下発二遣郭務悰等一勅上。是日、中臣内臣、遣二沙門智祥一、賜二物於郭務悰一。戊寅、饗二賜郭務悰等一。十二月甲戌朔乙酉、郭務悰等罷帰」。

小変の六甲（五五13）　小変は六甲六〇年毎の辛酉年で、四六、二四〇年間に三変ありとし、次に養老五年（七二一）・天応元年（七八一）・承和八年（八四一）のいずれも辛酉年を挙例している。これに対し大変は第二蔀の首、斉明七年（六六一）の天智即位辛酉と今年の昌泰四年（九〇一）辛酉の二変を挙例している。然し七元四二〇年間に三変（大変）を説くので、残る一二〇年間の辛酉年に更に一変の大変があることになる。

白壁天皇…（五六1）　続紀の光仁紀によると、天応元年辛酉の正月、伊勢斎宮に美雲の瑞祥が現れたとして改元した。そして「夏四月己丑朔、左右兵庫兵器自鳴、其声如下以二大石一投上レ地也。遣二散位従五位下多治比真人三上於伊勢、…於美濃、…於越前一、以固レ関焉。以二天皇不予一也」とあり、更に「(同月)辛卯(三日)、…是日皇太子(桓武天皇)受レ禅即レ位。(同年)十二月甲辰(二十日)…太上天皇聖体不予。…丁未(二十三日)太上天皇崩。春秋七十有三」とある。

承和七年庚申（五六2）　続後紀、承和七年庚申（八四〇）「(五月)癸未、後太上天皇、崩二于淳和院一。春秋五十五」。

九年壬戌（五六3）　続後紀、承和九年壬戌（八四二）「七月丁未、太上天皇、崩二于嵯峨院一。春秋五十七」。

唐暦（五六4）　日本国見在書目録（正史家）に唐家の史書として「唐実録九十巻」「高宗実録六十巻」「唐暦四十巻」（柳芳撰）を著録し、終っている。唐書巻二三二の柳芳伝に「唐書四十巻」について述べ「柳芳、字仲敷、蒲州河東人。開元（七一三—四一）末、擢二進士第一、由二永寧尉一、直二史館一。粛宗（在位七五六—六二）詔レ芳与二韋述一、綴二輯呉兢所レ次国史一。会二述死一、芳緒二成之一。興二高祖一、訖二乾元（七五八—六〇）一凡百三十篇。叙二天宝（七四二—五六）後事一、棄取不レ倫、史官病レ之。上元中（七六〇—六二）坐レ事、徙二黔中一。後歴二左金吾衛騎曹参軍史館脩撰一。然芳篤二志論著一、不二少選忘厭一。承二寇乱一、史籍淪欠。芳始謫時、高力士亦貶二巫州一。因従二力士一、質二開元天宝及禁中事一、具識二本末一。時国史已送レ官、不レ可二追刊一。乃推二衍義類一、倣二編年法一、為二唐暦四十篇一、頗有二異聞一。然不レ立二褒貶義例一、為二諸儒一譏訕。改二右司郎中集賢殿学士一卒」と。

漢晋の天文志…（五六9）　晋書、天文志中に「図緯旧説、及二漢末一劉表為二荊州牧一、命二武陵太守劉叡一、集二天文衆占一、名二荊州占一」とあり、清行の徴引したものは、この荊州占に拠ったものであろう。日本国見在書目録の天文家に「荊洲（州の誤記か）占廿二巻」を著録している。この荊州占により晋書に説くところの方がより明快である。晋書、天文志中「妖星、一曰彗星。所謂掃星、本類レ星、末類レ彗。小者数寸、長或竟レ天。見則兵起、大水。主二掃除一、除レ旧布レ新。有二五色一、各依二五行本精所一レ主。史臣按、彗体無レ光、傅レ日而為レ光。故夕見則東指、晨見則西指。在二日南北一、皆随二日光一而指。頓二挫其芒一、或長或短、光芒所レ及則為レ災」。

顧野王（五六13）　字は希馮、玉篇の著者（五一九—八一）。符瑞図十巻を撰し（陳書巻三〇）、日本国見在書目録にも符瑞図十（顧野王撰）を録している。

弧星の比地…（五六13）　史記、天官書・漢書、天文志の西宮咸池に「其東有二大星一曰レ狼。狼角変レ色、多二盗賊一。下有二四星一曰レ弧、直レ狼。比地有二大星一、曰二南極老人一〈晋灼曰、比地、近地也〉、老人見、治安、不レ見、兵起。常以二秋分時一、候二之于南郊一」とあり、史記集解に「晋灼曰」を引くは同文の漢書顔師古注引によるものである。また晋書、天文志上にも「弧九星在二狼東南一、天弓也。主レ備二盗賊一、常向二於狼一。弧矢動移、不レ如レ常者、多二盗賊一、胡兵大起。狼弧張、害及レ胡、天下乖乱。…老人一星在二弧南一、一曰二南極一。常以二秋分之旦一、見二于景(丙)一、春分之夕而没二于丁一。見則治平、主寿昌。常以二秋分一候二之南郊一」とある。これらによると、東にある大星を狼といい、狼の下に弧星があって狼に向っている。弧星の南、近地に南極星、つまり老人星がある。老人星が現れると、政治は和平で君主は寿命が長く昌えるということになる。「主寿」は、ここでは寿命を主る意味でなく、君主は寿長しの意味である。このことは「春秋元命苞」の文によって明らかである。次々項参照。

晋灼曰く…(五六14)　晋灼注について、漢書、顔師古叙例に「班固漢書、旧無二注解一、唯服虔・応劭等、各著二音義一、自名二其家一。至二西晋晋灼一、集為二一部一、凡十四巻。又頗以レ意増益、時弁二学当否一、号曰二漢書集注一」とある。漢書、天文志のこの条に注して「晋灼曰、比地、近地也」とあるを師古注に徴引している。この晋灼注を史記集解に引用したものである。

春秋元命苞(五六15)　老人星のことを説く春秋元命苞の文は、諸書に引かれている。芸文類聚巻一と太平御覧巻五にはほぼ同文で徴引し、「春秋元命苞曰、直弧北有二一大星一、為二老人星一。見則治平主寿。亡則君危主亡。常以二秋分一候レ之」とあり、御覧巻八七二には「春秋元命苞曰、老人星者、治平則見、見則主寿。帝(常の誤り)以二秋分一候二之南郊一」と南郊の二字を加えている。更に開元占経巻六八には「直二弧比地一有二大星一、曰二南極老人一。見則主安、不レ見則兵革起。常以二秋分一候二之南郊一、以慶三主令二天下一」と南郊以下、八字を加えている。これらによれば、老人星は瑞星であり、これが現れないと君主は危亡に陥るという。

機星…(五六16)　「春秋運斗枢曰」として諸書に徴引するものの内、以下の緯文に関係あるものを列挙すると、「機星得、則狐九尾」(芸文類聚巻九九)、「機星得二其所一、則麒麟生、和平合二万民一」(同巻九八)、「機星得、則麟生」(太平御覧巻八八九)、「王政和平、則老人星臨レ国、万民以歌」(同巻八七二)、「王政和平、則老人星臨二其国一、万民寿」(開元占経巻六八・八六)の五条が見える。これらによると、以下の緯文は「機星がその所を得ておれば、王政は和平を得て万民を統合し、万民が寿であれば、瑞星の老人星もその国に臨む」と。これ北斗の徳と人の世とは相関の関係にあるとの意。

熊氏瑞応図…(五七2)　瑞応図に熊氏の名を冠するものゝ隋書、経籍志・日本国見在書目録に見えず。太平御覧巻七に「孫氏瑞応図曰」として景星を説く条に続いて、「又曰、王者承レ天、則老人星臨二其国一」の文を著録し、「得レ理」の二字を欠くのみ。思うに熊氏は孫氏の書写の誤りであろう。隋志、五行家類に「瑞応図二巻、瑞図讃二巻」を挙げ「梁有二孫柔之瑞応図記・孫氏瑞図賛各三巻一、亡」とあり、梁の孫柔に「瑞応図」の撰があったことを記している。また芸文類聚所引の瑞応図で撰者名を付したものは、すべて孫氏瑞応図であり、十一条にのぼる。尚、見在書目録に「瑞応図十五」を録しているが撰者の名を挙げていない。

晋の武帝の時…(五七3)　本文の「晋武帝時」以下「四年又見」に至る二条は所属不明である。「熊氏瑞応図曰」の文中にあったとすれば、前文の顧野王以下、春秋の緯書の文に実例を挙げていないものと類せず。清行の挙例とすれば、後文の「合二如レ此文一」の文意に相応じないからである。暫く「熊氏瑞応図曰」の文中にあったものとするが、この挙例は史実の上からも著しく妥当性を欠いでいる。西晋武帝(二六六—九〇)の時代は内外多事で、咸寧四年(二七九)平呉の後、一応の平静を見たが、後年には八王の乱が起る。また東晋元帝(三一七—三二)の時代も、外には五胡十六国の興亡があり、内には王敦・蘇峻の叛があって政情不安が続いている。加えるに地震・蝗災・洪水等の災荒があり、とても王政和平とは称することができない。従って瑞星老人星の見えた記事もない。殊に武帝紀の泰始三年(二六七)には「十二月、禁二星気讖緯之学一」とあり、老人星の占候の如きは禁止されていたと考えられるからである。尚、太史令は天文のことを司る。孟雄の名は二十五史人名索引によっても検出することができない。

高野天皇…(五七7)　藤原仲麻呂(七〇六—六四)は南家武智麻呂の第二子。孝謙天皇の寵を受け、橘奈良麻呂の乱を平らげてからは、淳仁天皇を擁立して、太保(右大臣)に任じ、恵美押勝の姓名を賜り、権威を専らにした。孝謙上皇が道鏡を寵愛するに至り、道鏡を除かんとして、天平宝字八年(七六四)叛乱を起し、近江に拠ったが、討伐軍によって平定された。続紀の高野天皇の条に、賊臣仲麻呂を誅して、改元した詔勅を載せている。天平神護元年正月己亥(七日)の条に「己亥、改二元天平神護一。勅曰、朕以二眇身一、忝承二宝祚一。無レ聞二徳化一、屢見二奸曲一。又疫癘荐臻、頃年不レ稔。傷レ物失レ所、如レ納二深隍一。其賊臣仲麻呂、外戚近臣、先朝所レ用、得レ堪二委寄一、更不二猜疑一。何期包二蔵禍逆之意一、而鴆毒潜二行於天下一、犯二怒人神之心一、而怨気感二動於上玄一。幸頼二神霊護レ国風雨助レ軍、不レ盈二旬日一、咸伏二誅戮一。今元悪已除、同帰二遷善一、洗二滌旧穢一、与レ物更新。宜下改二年号一、以二天平宝字九年一、為中天平神護元年上」とある。清行は、逆臣を誅し、人心一新のために改元した実例として採り上げ、菅原道真の左遷（昌泰四年辛酉正月廿五日）と関係付けようとしたものである。

天道は疾からずして速し（五七11）　以下の発想は易、乾卦文言の「夫大人者、与二天地一合二其徳一、与二日月一合二其明一、与二四時一合二其序一、与二鬼神一合二其吉凶一。先レ天而天弗レ違、後レ天而奉二天時一。天且弗レ違、而況於レ人乎、況於二鬼神一乎」という文意に拠れるものか。

風雲に…（五七14）　竜虎が風雲に乗じて勢いを得て天に昇る。英雄が時変に際会し明君を得て才能を十二分に発揮するにたとえる。易、乾卦文言「雲従レ竜、風従レ虎、聖人作而万物覩」。

魚水に…（五七14）　魚の水あるたとえ。蜀の劉備と諸葛孔明の関係。蜀志、諸葛亮伝「与レ亮情好日密、関羽・張飛等不レ悦。先主解レ之曰、孤之有二孔明一、猶二魚之有一レ水也」。

周文の呂尚に遇ふ（五七14）　史記の斉太公世家に「呂尚、蓋嘗窮困年老矣。以二漁釣一、奸二周西伯一。西伯将二出猟一、卜レ之曰、所レ獲非レ竜非レ彲、非レ虎非レ羆。所レ獲覇王之輔。於レ是周西伯猟、果遇二太公於渭之陽一。与語大説曰、自二吾先君太公一、曰レ当下有二聖人一適レ周、周以興上。子真是邪。吾太公望レ子久矣。故号レ之曰二太公望一、載与倶帰、立為レ師」とあるによる。

黄石（五七15）　史記の留侯世家に「良嘗閒従容歩、游二下邳圯上一。有二一老父一、衣レ褐。至二良所一、直堕二其履圯下一、顧謂レ良曰、孺子下取レ履。良愕然、欲レ殴レ之、為二其老一彊忍、下取レ履。父曰、履レ我。良業為取レ履、因長跪履レ之。父以レ足受、笑而去。良殊大驚、随目レ之。父去里所、復還曰、孺子可レ教矣。後五日平明、与レ我会レ此。良因怪レ之、跪曰諾。五日平明、良往。父已先在、怒曰、与二老人一期、後何也、去。曰二後五日早会一。五日鶏鳴、良往。父又先在、復怒曰、後何也、去。曰二後五日復早来一。五日、良夜未レ半往。有レ頃、父亦来、喜曰、当レ如レ是。出二一編書一曰、読レ此則為二王者師一矣、後十年興、十三年孺子見レ我、済北穀城山下黄石、即我矣。遂去無二他言一、不二復見一。旦日視二其書一、乃太公兵法也。良因異レ之、常習二誦読之一。…景駒自立、為二楚仮王一在レ留。良欲二往従一レ之、道遇二沛公一。沛公将二数千人一、略二地下邳西一。遂属焉。沛公拝レ良為二廐将一。良数以二太公兵法一、説二沛公一。沛公善レ之、常用二其策一。良為二他人一言、皆不レ省。良曰、沛公殆天授。故遂従レ之」とあるによる。

鳳暦（五八5）　左伝、昭公十七年の条に「我高祖少皥摯之立也、鳳鳥適至。故紀二于鳥一、為二鳥師一而鳥名。鳳鳥氏、歴正也」とあり、杜預注に「鳳鳥知二天時一、故以名二歴正之官一」と。

飲を白虎の樽に望む（五八6）　はばからずに直言することをいう。「白虎の樽」は白虎の形をした酒樽。宋書、礼志一「正旦元会、設二白虎樽於殿庭一、樽蓋上施二白虎一。若有下能献二直言一者上、則発二此樽一飲レ酒。…白虎樽、蓋杜挙之遺式也。画為レ虎、宜二是後代所一レ加。欲レ令下言者猛如レ虎、無中所二忌憚一也」。

責を黄竜の湍に負ふ（五八7）　晋の介子推の故事によると思われる。史記の晋世家に「是以賞レ従レ亡、未レ至二隠者介子推一。推亦不レ言レ禄、禄亦不レ及。推曰、献公子九人、唯君在矣。恵・懐無レ親、外内棄レ之。天未レ絶レ晋、必将レ有レ主。主二晋祀一者、非レ君而誰。天実開レ之、二三子以為二己力一、不二亦誣一乎。窃二人之財一、猶曰二是盗一。況貪二天之功一以為二己力一乎。下冒二其罪一、上賞二其姦一、上下相蒙、難二与処一矣。其母曰、盍二亦求一レ之。以死誰懟。推曰、尤而效レ之、罪有レ甚焉。且出二怨言一、不レ食二其禄一。母曰、亦使レ知レ之、若何。対曰、言、身之文也。身欲レ隠、安用レ文レ之。文レ之、是求レ顕也。其母曰、能如レ此乎、与レ女偕隠、至レ死不二復見一。介子推従者憐レ之、乃懸二書宮門一曰、竜欲レ上レ天、五蛇為レ輔。竜已升レ雲、四蛇各入二其宇一。一蛇独怨、終不レ見二処所一。文公出見二其書一曰、此介子推也。吾方憂二王室一、未レ図二其功一。使二人召一レ之則亡。遂求レ所レ在、聞三其入二緜上山中一。於レ是文公環二緜上山中一而封レ之、以為二介推田一。号曰二介山一、以記二吾過一、且旌二善人一」とある。文公の昇竜のかげに、一人だけ介子推が犠牲になったという故事。黄竜の黄は白虎の白に対する添え字。

藤原保則伝

丁（六〇5）　戸令「凡男女…廿以下為レ中。其男廿一為レ丁。六十一為レ老」。義解に「凡服レ役之道、老壮異レ科。故随二年秩一、制二三等法一」。天平勝宝九年四月四日の勅で二十二歳を正丁となし、天平宝字二年七月三日の勅で六十歳を老丁となした。なお意見十二箇条に備中国邇磨郷の課丁について「貞観初、故民部卿藤原保則朝臣、為二彼国介一時、見二旧記一此郷有二二万兵士之文一。計二大帳一之次、閲二其課丁一、有二七十余人一」（七八頁）と記す。

朝野貞吉（六〇6）　承和六年従五位下美作介、九年承和の変の功により中務少輔となり（続後紀）、天安元年八月備中介（文徳実録）、貞観二年正月備中守、四年正月従五位上、十二年正月加賀守となる（三代実録）。

鉗鈦（六〇7）　和名抄「漢書注云、鉗〈奇炎反、加奈岐〉、以レ鉄束レ頸也。野王案鈦〈点蓋反、和名同上〉、脛沓也」。

纖毫を犯せば…（六〇7）　隋書、酷吏伝趙仲卿「法令厳猛、纖微之失、無レ所二容捨一」。

捕へ案へ　北斉書、循吏伝世軌「洛州民聚結欲レ劫二河橋一、吏捕案レ之」。

仆れし骸…　後漢書、酷吏伝「故乃積骸満レ穽、漂血十里」。

任に到る（六〇9）　三代実録、貞観八年正月十三日条「従五位下行式部少丞藤原朝臣保則為二備中権介一」。

仁政（六〇9）　薫仲舒詣二丞相公孫弘記室一書（全漢文巻二四）「或曰、発レ号出レ令利二天下之民一者、謂二之仁政一」。

小過を…（六〇9）　論語、子路「仲弓為二季氏宰一、問レ政。子曰、先二有司一。赦二小過一挙二賢才一〈集注、過失誤也、大者於レ事或有レ所レ害、不レ得レ不レ懲。小者赦レ之、則刑不レ濫而人心悦矣〉」。

徒隷（六〇10）　梁書、良吏伝孫謙「及二掠得二生口一、皆放還レ家」。

賑貸（六〇10）　晋中興書（太平御覧巻二六一）「王蘊為二呉興太守一。時郡荒民飢…於レ是以レ米賑貸。頼レ蘊活者十室而八」。

農桑を勧督め（六〇10）　後漢書、樊準伝「準課二督農桑一、広施二方略一、期年間、穀粟豊賤数十倍」。

遊費…（六〇10）　梁書、范雲伝「在レ任潔レ己、省二煩苛一去二游費一、百姓安レ之」。

襁負（六〇11）　論語、子路「夫如レ是則四方之民、襁二負其子一而至矣〈集注、襁織レ縷為レ之、以約二小児於背一者〉」。魏書、良吏伝裴佗「辺民懐レ之、襁負而至者千余家」。

田園尽くに闢け…（六〇11）　孔子家語、弁政「子路治レ蒲三年。孔子過レ之、入二其境一曰、善哉由也…吾見二其政一矣。入二其境一田疇尽易、草萊甚辟、溝洫深治」。

戸口殷盛なり（六〇11）　宋書、良吏伝「漢世戸口殷盛、刑務簡闊」。

門は夜の扃…（六〇11）　白氏六帖、窃盗「外戸不レ閉〈謂レ無レ盗也〉」。史記、循吏伝子産「三年、門不二夜関一、道不レ拾レ遺」。

邑は吠ゆる狗なし（六〇12）　後漢書、循吏伝劉寵「自二明府下レ車以来、狗不二夜吠一、民不レ見レ吏」。南斉書、良政伝「永明之世、十許年中、百姓無二雞鳴犬吠之警一」。

賦税倍入りぬ（六〇12）　孟子、離婁上「孟子曰、求也為二季氏宰一、無三能改二於其徳一。而賦粟倍二他日一」。

返抄（六〇12）　主計式、調庸帳「凡調庸雑物納レ官訖、即与二使国司一共勘会、収二帳及神寺諸家封物返抄一、訖具録二事状一送二主税寮一。即拠二勘租帳一、便録二状尾一、返二送主計一即申レ省」。主税式によると、備中国の出挙稲は、正税・公廨各三十万束、その他十四万三千束、合計七十四万三千束。この三割にあたる二十二万二千余束が毎年の出挙利稲となる。また、備中国の調は、絹・鍬・鉄・塩のほか縹帛・緋糸・緑糸・縹糸・黄糸・皂糸・練糸、庸は米・鉄のほか白木韓櫃と定められている。

僚下（六一3）　左伝、昭七「人有二十等一、…隷臣僚、僚臣僕〈会箋、隷隷二属于吏一也。僚労也、供二労事一也〉」。

奸賊（六一3）　隋書、循吏伝公孫景茂「如有二過悪一、随即訓導而不レ彰也」。

君は久しく…（六一4）　世説、政事「王安期作二東海郡一、吏録二一犯レ夜人一来。王問、何処来。云、従二師家一受レ書還、不レ覚日晩。王曰、鞭二撻甯越一以立二威名一、恐非二致レ理之本一。使二吏送一令レ帰レ家〈呂氏春秋曰、甯越者、中牟鄙人也。苦二耕稼之労一謂二其友一曰、何為可三以免二此苦一也。其友曰、莫レ如レ学也。学三十歳則可二以達一矣。甯越曰、講以二十五歳一。人将レ休、吾不二敢休一。人将レ臥、吾不二敢臥一。学十五歳而為二周成公之師一也〉」。

学官（六一5）　漢書、循吏伝文翁「又修二起学官於成都市中一、招二下県子弟一以為二学官弟子一〈顔師古注、学官、学之官舎也〉」。字類抄「学館、文章部、ガク、ワン」。

俸（六一8）　国司の収入には、官位に応じて支給される位封・位禄・位田のほか、在外諸司職分田が大国守二町六段以下、史生六段にいたるまで、国の等級と職階とに応じて支給される。さらに天平十七年（七四五）、諸国に公廨稲が設定されてその利稲を官物の欠負・未納の充塡にあてる制度が成立すると、その残余を守六―四分、介四分、掾三分、目二分、史生一分の割で国司の収入とすることが認められるようになり、国司の大きな収入源となった。

恥格（六一10）　論語、為政「斉レ之以レ礼、有レ恥且格〈集注、格至也、…又有二礼以一レ之、則民恥二於不善一、而又有三以至二於善一也。一説、格正也。書曰、格二其非心一〉」。

風の草を靡く（六一10）　論語、顔淵「君子之徳風也。小人之徳草也。草尚二之風一必偃〈孔安国曰、…偃仆也。加レ草以レ風、無二不レ仆者一。猶二民之化二於上一也〉」。

父母（六一10）　十六国春秋、北涼録「張譚…為二和寧令一、政以二徳化一為レ本不レ務二威刑一。…百姓愛レ之如二父母一、号曰二慈君一」。

吉備津彦神（六一11）　神名式「備中国賀夜郡、吉備津彦神社〈名神大〉」。神名帳の頭註に「吉備津彦、人皇第七孝霊天皇御子彦五十狭芹彦命、亦名吉備津彦命、此説非也。孝霊三世皇子吉備武彦命也」とある。仁寿二年に官社に列し、斉衡二年に神庫の鈴鏡が一夜に三鳴したので奉幣使が遣され（文徳実録）、貞観元年二品を授けられた（三代実録）。後世釜鳴によって有名である。

石梨郡（六二2）　続紀、延暦七年六月七日条「備前国和気郡河西百姓一百七十余人款曰、…請河東依レ旧為二和気郡一、河西建二磐梨郡一」。

この国の太守の…（六二2）　世説、政事に「王東亭与二張冠軍一善。王既作二呉郡一。問二小令一曰、東亭作レ郡。風政何似。答曰、不レ知二治化何如一。唯与二張祖希一情好日隆耳」とある説話と関係あるか。

伯夷（六二4）　孟子、万章下「故聞二伯夷之風一者、頑夫廉、儒夫有レ立レ志」。史記、蘇秦伝「廉如二伯夷一、義不レ為二孤竹君之嗣一、不三肯為二武王臣一、不レ受二封侯一而餓二死首陽山下一」。

恩信（六二4）　漢書、韓延寿伝「延寿恩信周二徧二十四県一、莫下復以二辞訟一自言者上。推二其至誠一、吏民不レ忍二欺紿一」。

神明に通ず（六二4）　荀子、勧学「積レ善成レ徳而神明自得、聖心循焉〈楊倞注、神明自得、謂三自通二於神明一〉」。

悲しび号きて…（六三1）　例えば後漢書、第五倫伝「永平五年坐レ法徴。老小攀レ車叩レ馬、嗁呼相随、日裁行数里、不レ得レ前。倫乃偽止二亭舎一、陰乗レ船去」。同、循吏伝孟嘗「被レ徴当レ還、吏民攀レ車請レ之。嘗既不レ得レ進、乃載二郷民船一夜遁去」。晋書、良吏伝鄧攸「為二中興良守一、後称レ疾去レ職…百姓数千人留二牽攸船一、不レ得レ進。攸乃小停、夜中発去」などが知られる。

酒肴を捧げて…（六三2）　漢書、韓延寿伝「吏民数千人送至二渭城一、老小扶二持車轂一、争奏二酒炙一。延寿不レ忍二距逆一、人人為レ飲、計飲レ酒石余」。

甘棠の遺愛（六三8）　詩経、召南、甘棠「甘棠、美二召伯一也。召伯之教、明二南国一。蔽芾甘棠、勿レ剪勿レ伐、召伯所レ茇〈集伝、召伯循二行南国一、以布二文王之政一、或舎二甘棠之下一。其後人思二其徳一、故愛二其樹一、而不レ忍レ傷也〉」。

必ずしも…（六三10）　晋書、良吏伝鄧攸「為二中興良守一、後称レ疾去レ職。郡常有二送迎銭数百万一。攸去レ郡、不レ受二一銭一」。

講師（六三11）　三代格、延暦廿四年十二月廿五日太政官符「案二太政官去延暦十四年八月十三日符一偁。右大臣宣、奉レ勅如聞、諸国々師任限二六年一、兼預二他事一煩以二解由一。自今以後宜下改二国師一曰二講師一、毎レ国置中一人上。挙下才堪二講説一為レ衆推譲者上。申レ官奏聞、然後聴レ補。一任之後不レ得二輙替一。但読師者国分寺僧依レ次請レ之者。今検二諸国講師一、或身期二老死一、或情無レ知レ足。則自倦二講席一、何堪二誨導一、遂使二汚レ法堕レ罪、背レ師棄レ資、加以当国司等検二掌伽藍一、諸寺綱維趨二走府庁一。此非下道俗異レ形、魚鳥殊レ性之意上。其伏望、簡二大智一而任二講師一、挙二少識一而補二読師一、限以二六年一為二秩満期一。其部内寺寄二附件師一」。

般若心経（六三15）　宝亀十年閏五月一日大般若波羅蜜多経一七六奥書（寧楽遺文所収）に「夫以、般若大乗者、斯乃三世諸仏之肝心、十地菩薩之宝蔵。然則、帰依者誰不二消レ災納一レ福、随順者豈無二断レ惑証一レ真」と見える。

帝堯の民は…（六四3）　論衡、率性「堯舜為レ政、民無二狂愚一。伝曰、堯舜之民、可二比屋而封一、桀紂之民、可二比屋而誅一」。漢書、王莽伝「明聖之世、国多二賢人一。故唐虞之時、可二比屋而封一。至二功成事就一、則加レ賞焉」。

皐陶（六四3）　詩経、魯頌、泮水「淑問如二皐陶一、在レ泮献レ囚〈鄭箋、又使下善聴レ獄之吏、如二皐陶一者献上レ囚〉」。書経、虞書、大禹謨「帝曰、皐陶、惟茲臣庶、罔レ或レ干二予正一。汝作レ士、明二于五刑一、以弼二五教一、期二于予治一。刑期二于無一レ刑、民協二于中一。時乃功懋哉。皐陶曰、帝徳罔レ愆。臨レ下以レ簡。御レ衆以レ寛。罪弗レ及レ嗣、賞延二于世一。宥レ過無レ大、刑レ故無レ小。罪疑惟軽、功疑惟重。与二其殺二不辜一、寧失二不経一。好レ生之徳、洽二于民心一、兹用不レ犯二于有司一」。なお意見十二箇条に「昔者皐陶以二大賢一為二理官一。帝舜猶誡云、欽哉欽哉。惟刑之恤」（九〇頁）と見える。

獬豸（六四4）　文選、上林賦「椎二蜚廉一弄二獬豸一〈張揖注、獬豸、似レ鹿而一角。人君刑罰得レ中、則生二於朝廷一、主レ触二不直者一〉」。論衡、是応「儒者説云、觟䚦者、一角之羊也。性知二有罪一。皐陶治レ獄、其罪疑者令二羊触一レ之。有レ罪則触、無レ罪則不レ触。斯蓋天生二一角聖獣一、助レ獄為レ験。故皐陶敬レ羊、起坐事レ之。此則神奇瑞応之類也」。なお意見十二箇条に「不レ待二扶南之鰐魚一、豈用二堯時之獬豸一」（九〇頁）とある。

枉濫（六四4）　後漢書、左雄伝「故使二姦猾枉濫、軽忽去就一、拝除如レ流、欠動百数」。

象刑（六四5）　書経、虞書、益稷「皐陶方祗二厥叙一、方施二象刑一惟明」。荀子、正論「世俗之為レ説者曰、治古無二肉刑一而有二象刑一〈楊倞注、象刑、異二章服一、恥二辱其形象一。故謂二之象刑一也〉」。

惨毒（六四5）　漢書、陳湯伝「郅支単于惨毒行二於民一、大悪通二于天一」。

英六の封（六四6）　史記、夏本紀「皐陶卒。封二皐陶之後於英六一〈正義曰、英蓋蓼也。括地志云、光州固始県、本春秋時蓼国。偃姓、皐陶之後也〉」。左伝、文五「秋楚成大心仲帰、帥レ師滅レ六。冬楚公子燮滅レ蓼。臧文仲聞二六与レ蓼滅一、曰、皐陶庭堅不レ祀忽諸。徳之不レ建、民之無レ援、哀哉〈集解云、蓼与レ六皆皐陶後也。傷下二国之君不レ能三建レ徳結二援大国一、忽然而亡上〉」。

治獄の咎（六四6）　魏書、高允伝「允以獄者民之命也。常歎曰、皐陶至徳也。其後英蓼先亡、劉項之際、英布黥而王。経レ世雖レ久、猶有二刑之余釁一。況凡人能無レ咎乎」。

澆薄（六四7）　文選、広絶交論「馳騖之俗、澆薄之倫、無レ不下操二権衡一秉中纖纊上〈李善注、淮南子曰、澆二天下之淳一。許慎曰、澆、薄也〉」。

両造（六四7）　書経、周書呂刑「両造具備、師聴二五辞一〈集伝云、両謂二囚証一。造至也。両至具備〉」。

惻隠の情（六四7）　孟子、公孫丑上「惻隠之心仁之端也〈集注、惻傷之切也。隠痛之深也〉」。

民部省の例（六四9）　ここは法典としての和気清麻呂撰「民部省例」（延暦交替式に一条見える）ではなく、民部省の慣例の意味の一般的名辞か（虎尾俊哉「例の研究」『日本古代史論集』下所収）。

商布（六四9）　民間の交易用の布。ここは諸国の米を民間の商布と交易し、その商布を中央に送らせて民部省の官人の食料の費用にあてていたの意か。和名抄「本朝式云、商布〈多邇〉」。東雅、器用「タニといふは、タは手也、ニは即布也。猶手作布といふが如し。調と庸との布の如きは、公に輸す所なり。其余は自らの服用ども也。また商物にもしつべければ、かくは云ひし也」。大蔵式に「凡諸国所レ進交易商布者、其端別注二其国郡、年月日、色直稲若干束一、外端捺二国印二処一、外端一処」と見える。

箕斂（六四10）　漢書、張耳陳余伝「頭会箕斂、以供二軍事一〈服虔注、吏到二其家一、人人頭数出レ穀、以レ箕斂レ之〉」。

一飯だにもなかりき（六四11）　後漢書、賈琮伝「百姓以安、巷路為レ之歌曰、賈父来晩、使二我先反一、今見二清平一、吏不二敢飯一」。

出羽国の蝦夷…（六四13）　三代実録、元慶二年三月廿九日条に「出羽国守正五位下藤原朝臣興世飛駅上奏、夷俘叛乱、今月十五日焼二損秋田城幷郡院屋舎城辺民家一」とあり、同年四月四日条にも「秋田郡城邑官舎民家、為三凶賊所二焼亡一之状、去月十七日上奏」と見える。

秋田城（六四13）　後紀、延暦廿三年十一月廿二日条に「秋田城建置以来卌余年」とあり、逆算して天平宝字年間に造られたことになる。その場所は続紀、天平五年十二月廿六日条に「出羽柵遷二置於秋田村高清水岡一」とある出羽柵を拡充造築したものと考えられ、現在秋田市寺内の丘陵地帯という。ただ高橋富雄は南秋田郡五城目町石崎の城柵遺跡が該当するという（「秋田城をめぐる諸問題」『日本歴史』昭46・10）。秋田城司は続紀、宝亀十一年八月廿三日条に「夫秋田城者、前代将相、僉議所レ建也。禦レ敵保レ民、久経二歳序一。一旦挙而棄レ之、甚非二善計一也。宜下且遣二多少軍士一、為中之鎮守上。勿レ令レ衂二彼帰服之情一。仍即差二使若国司一人一、以為二専当一」とあるのが最初で、職言鈔下に「秋田城〈在二出羽一〉介為二出羽介一者兼レ之」と記す。

良岑近（六四14）　良岑近は良峰氏系図に見えず伝未詳だが、三代実録、元慶元年正月三日条に「良岑朝臣行」と見え、近親か、同一人か。また同二年正月十一日条に「外従五位下行大外記忠宗朝臣是行為二出羽介一」、同年二月十五日条に「散位従五位下藤原朝臣統行為二出羽権介一」と見えるのは、近が失政によって解任されたものと思われる（高橋富雄「藤原保則伝における元慶の乱」『秋田地方史の研究』）。

賊火を放ちて…（六四15）　三代実録、元慶二年四月四日条に「厥後差二権掾正六位上小野朝臣春泉、文室真人有房等一、授以二精兵一、入レ城合戦。夷党日加、彼衆我寡。城北郡南公私舎宅、皆悉焼残、殺二虜人物一、不レ可二勝計一。此国器仗、多在二彼城一。挙レ城焼尽、一無レ所レ取」とある。

蟻のごとくに…（六四15）　世説新語、識鑒「於レ是寇盗処々蟻合、郡国多以レ無レ備不レ能二制服一、遂漸熾盛」。続紀、延暦二年六月六日条に「勅曰、夷虜乱レ常、為レ梗未レ已。追則鳥散、捨則蟻結」とある。

城戍（六四16）　衛禁律、縁辺城戍条に「凡縁辺之城戍、有二外姦内入、内姦外出一云々〈国境縁辺、皆有二城戍一。式二遏寇盗一、預備二不虞一〉」とある。

藤原興世（六四16）　讃岐守村田の男。一説村田嫡子富士麿の子（分脈）、嘉祥三年従五位下右衛門権佐、仁寿元年陸奥守兼常陸権介（文徳実録）、貞観二年但馬介、因幡守、四年阿波権守、十年刑部大輔、十一年安芸守、紀伊守、元慶元年正五位下出羽守、七年従四位伊勢守（三代実録）、寛平三年七月十四日卒（分脈）。興世が府城を棄てて逃亡したことも三代実録には見えず、本書の誇張であろう。

府の城（六四16）　出羽国府は、和名抄に「出羽郡〈国府〉」とあり、三代実録、仁和三年五月廿日条に「先レ是、出羽守従五位下坂上大宿禰茂樹上言、国府在二出羽郡井口地一。即是去延暦年中、陸奥守従五位上小野朝臣岑守、拠二大将軍従三位坂上大宿禰田村麻呂論奏二所レ建也。去嘉祥三年、地大震動、形勢変改、既成二窪泥一。加之海水漲移、迫二府六里所一」と見える。現在の山形県酒田市広野に該当するという。動乱は雄物川以北と考えられるので国府に及んでおらず、恐らく秋田城を指しているものと思われる。

昭宣公（六五1）　紀略、寛平三年正月十五日条「謚曰二昭宣一」、三代実録、貞観十八年十一月廿九日条「是日、天皇（清和）譲二位於皇太子（陽成）一。勅二右大臣従二位兼行左近衛大将藤原朝臣基経一、保二輔幼主一、摂二行天子之政一、如二忠仁公故事一」。補任、貞観六年条「参議従四位下藤基経〈二十九〉、正月十六日任、元蔵人頭・左中将、中将如レ元、家伝云、年十八、於二東宮内寝殿上一加冠、天皇覧、生年承和三年丙辰、摂政太政大臣（良房）男〈実贈太政大臣長良三男、母贈太政大臣綱継女、贈正一位大夫人乙春也〉」、同、寛平三年条「太政大臣従一位藤基経〈五十六〉、正月十三日薨〈年五十六〉、詔贈二正一位階一、封二越前国一、謚曰二昭宣公一、号二堀川太政大臣一、生年承和三年丙辰、葬二於山城宇治郡一〈摂政八年、関白十一年〉」。

陸奥国に勅して…（六五1）　三代実録、元慶二年四月四日条に「今重勅二陸奥国一、発二兵二千一、宜下首尾合戦、及早禽獲、務尽二上策一定中我下士上」とあり、四月廿八日条に「今勅二上野下野等国一、各発二兵一千一。亦重勅二陸奥国一、責以二緩救一、宜下合二三国兵一、一時擒滅上」と見える。

陸奥守…（六五2）　三代実録、元慶二年五月五日条「是日、陸奥国守正五位下源朝臣恭飛駅奏言、発二兵二千人一、差二遣出羽国一既畢。更依二彼国請一、亦発二五百人一」。

藤原梶長（六五３）　大舎人頭諸貞の男、出雲守（分脈）。三代実録、元慶二年六月七日条に「陸奥押領大掾藤原梶長等」、六月十六日条に「賊鋒強盛、日増二暴慢一、囲二守営所一、視無二去意一。官軍畏懦、只事二逃散一。陸奥軍士二千人、押領掾藤原梶長等、竄二求山道一、皆悉逃亡」とある。

押領使（六五３）　三代実録、元慶二年四月四日条に「又下二勅符於陸奥国一曰、…仍須下差二国司掾目各一人一押中領其事上」とある。梶長が押領使の初見。古く平安初期のころから、防人兵士の統率や蝦夷反乱を鎮定する兵士指揮官として史料上に見られる。しかし中期以降には必要に応じて政府の認可を経て国ごとに設置されるようになり、その役割も拡大され、右の系譜を直接ひいた戦時下における諸隊（陣）の指揮官＝諸陣押領使（本書所見のもの）の他に、群盗追捕警固などに当る者（群載巻二二、天暦六年十一月九日官符「以二清滝静平一、為二押領使一、令レ追二捕部内奸盗輩一」）や、京上官物の護送に当る運上物押領使（高山寺本古往来「被レ差二定京上官米押領使一之由、只今従二税所判官代許一申来」）などのタイプをも派生するようになった。

藤原宗行（六五４）　統行。越後掾安城の男、母は陸奥の人（分脈）。元慶二年二月従五位下出羽権介、四年五月武蔵介に任ぜられたが父を推薦し辞退した（三代実録）。

文室有房（六五４）　実際には賊を相手に奮戦し、その功により元慶二年六月八日に従五位下出羽権掾を授けられ、三年六月雄勝城司（三代実録）。蝦夷征討に功のあった文室綿麻呂や承和七年出羽守となった有真、仁寿四年・貞観七年に陸奥鎮守将軍の道世・甘楽麻呂など文室氏と奥州は関係が深い。

小野春泉（六五４）　小野氏系図に見えず。元慶二年四月正六位上出羽権掾（三代実録）。

国の中の歩騎…（六五４）　以下の記述は三代実録、元慶二年六月七日条に次のごとく見える。「是日、重飛駅言曰、権介藤原朝臣統行、権掾小野春泉、文室有房等、進至二秋田旧城一、蓄レ甲積レ粮。陸奥押領使大掾藤原梶長等所レ将援兵、与二本国兵卒一合五千余人、聚在二城中一。賊出二不意一、四方攻囲、官軍力戦、賊勢転盛。権介統行等戦敗而帰。権掾有房殊死而戦、殺二賊数人一、賊矢中二左脚一。被レ瘡逾厲、軍無二後継一、挺レ身逃帰。権介統行男、従レ軍在レ戦、及権弩師神服直雄、並戦而死。甲冑三百領、米糒七百碩、衾一千条、馬一千五百疋、尽為二賊所一レ取。自余軍実、器仗什物、一無二在存者一」。

狼狽…（六五８）　文選、西征賦「抛二天位一其若レ玆、亦狼狽而可レ愍〈李善注、荀悦漢紀論曰、周勃狼狽失レ抛〉」。なお三代実録、元慶二年六月八日条に「官軍戦者、人無二固志一、望レ敵奔竄、唯生是求」と記されている。

弩師（六五９）　元慶二年二月三日官符に「撿二案内一、弩師之興始レ自二辺要一。陸奥出羽大宰府及壱岐対馬嶋皆准二史生一限二五年一、伯耆隠岐二国亦准二史生一限二四年一。而因幡出雲長門等国偏依二国解一徒限二六年一」とあり、意見十二箇条にも「又縁辺諸国、各置二弩師一者、為レ防二寇賊之来犯一也」（九六頁）と見える。天平宝字六年四月に大宰府弩師が置かれたのが初め。三代実録、元慶五年四月二十五日条によると、この元慶二年の乱で弩二十九具・手弩百具が失われたという。

偏裨（六五10）　文選、奏二弾曹景宗一文「其軍佐職僚、偏裨将帥、絓二諸応レ及レ咎者一、別摂治書〈張銑注、偏裨皆小将也〉」。

軍実（六五10）　左伝、宣十二「在レ軍無丁日不丙討二軍実一而申乙儆之甲〈集解云、軍実、軍器〉」。

踏み藉かれて…（六五11）　文選、上林賦「歩騎之所二蹂若一、人臣之所二蹈藉一〈劉良注、藉謂三禽獣死布二於地一也〉」。

五月二日（六五15）　三代実録によると月日に誤りがあり、前記の官軍の敗北は六月七日と十六日の出羽国飛駅の奏言の内容に相当する。↓六七頁補「それの月の四日…」

飛駅（六五15）　公式令に飛駅式があり、また国有急速条に「凡国有二急速大事一〈謂、急速者、盗賊劫略、転入二比界一之類也。大事者、指二斥乗輿一、情理切害、究二其徒党一、亦分入二傍界一之類也〉、遣レ使、馳駅向二諸処一相報告者」とある。

身旧文吏にして…（六五16）　王隠晋書（世説新語方正注）「杜預字元凱、京兆杜陵人…預無二伎芸之能一、身不レ跨レ馬、射不レ穿レ札。而毎レ有二大事一、輒在二将帥之限一」。

天智天皇の時…（六六２）　続紀、宝亀二年二月己酉の詔に「掛母畏近江大津

宮御宇天皇御代尓八、大臣之曾祖藤原内大臣明浄心以弖、天皇朝乎助奉仕奉伎」とある。

伊周（六六3）　文選、到二大司馬記室一牋「将レ使二伊周奉一レ轡、桓文扶レ轂〈李周翰注、伊尹周公輔二佐殷周一也〉」。なお清行の文粋、大極殿成命レ宴詩序にも「即運二伊周之宏図一、更命二班爾之妙匠一」とある。

冢宰（六六4）　書経、周書、周官「冢宰掌二邦治一、統二百官一均二四海一」。拾芥抄、官位唐名部「摂政、冢宰」。三代実録、元慶二年七月廿三日条に「右大臣正二位藤原朝臣基経抗レ表曰、…職在二冢宰一、稽二周官一而当二逡巡一者也」とある。

寇乱（六六4）　周礼、春官、大宗伯「以二恤礼一哀二寇乱一〈鄭玄注、兵作二於外一為レ寇、作二於内一為レ乱〉」。

瓜葛の義（六六4）　魏明帝種瓜篇（全三国詩巻一）「種レ瓜東井上、冉冉自踰レ垣、与レ君新為レ婚、瓜葛相結連」。

餝譲（六六5）　宋書、王華伝「宋世、王華与二南陽劉湛一、不レ為二飾譲一」。

肝胆を露して…（六六6）　字類抄「ヲロソカナリ、カンタム」。後漢書、竇融伝「書不レ足三以深達二至誠一、故遣二劉鈞一口陳二肝胆一」。

内附き…（六六8）　後漢書、和帝紀「北狄破滅、名王仍降、西域諸国、納レ質内附」。和銅二年の征夷、同五年の出羽国設置、天平五年の秋田城・雄勝郡設置などを指すか。清寧紀四年八月条「是月蝦夷隼人並内附」。皇極紀元年九月条「越辺蝦夷数千内附」。

寇逆（六六9）　後漢書、臧洪伝「受任之初、志同二大事一、掃二清寇逆一、共尊二王室一」。

聚め斂むる（六六10）　論語、先進「季氏富二於周公一。而求也為レ之聚斂而附二益之一〈孔安国注、冉求為二季氏宰一、為レ之急二賦税一也〉」。賦役令、辺遠国条に「凡辺遠国、有二夷人雑類一之所、応レ輸二調役一者、随レ事斟量。不三必同二華夏一」と決められている。

徴り求むる（六六10）　漢書、万石君伝「惟吏多私、徴求無レ已、去者便、居者擾」。

万端（六六10）　史記、信陵君伝「公子患レ之、数請二魏王一、及賓客弁士説レ王万端」。

夷の種（六六11）　斉明紀五年七月条伊吉連博徳書中に都加留・麁蝦夷・熟蝦夷などの名が見える。

合従す（六六11）　文選、過秦論「諸侯恐懼、会盟而謀レ弱レ秦、不レ受二珍器重宝肥饒之地一、以致二天下之士一、合従締交、相与為レ一」。

窮寇死戦せば…（六六11）　六韜、虎韜略地「陰為二約誓一、相与密謀、夜出二窮寇一死戦、其車騎鋭士、或衝二我内一、或撃二我外一」。

一もて百に当り…（六六11）　後漢書、光武紀「諸将既経二累捷一、胆気益壮、無レ不二一当一レ百」。

与に鋒を…（六六12）　史記、呉王濞伝「呉兵鋭甚、難二与争一レ鋒、楚兵軽、不レ能レ久」。三代実録、元慶二年七月十日条に「津軽夷俘、其党多レ種、不レ知二幾千人一。天性勇壮、常事二習戦一、若速二逆賊一、其鋒難レ当」とある。

蕩定する（六六13）　後漢書、賈琮伝「簡二選良吏一試守二諸県一、歳間蕩定、百姓以安」。

義方（六六13）　左伝、隠三「石碏諫曰、臣聞愛レ子教レ之以二義方一、弗レ納二於邪一〈会箋曰、義方義之所レ在也〉」。

徳音（六六13）　漢書、匡衡伝「臣衡材駑、無下以輔二相善義一、宣中揚徳音上」。

尺兵（六六14）　文苑英華六八二、徐陵武皇帝作レ相時与二嶺南酋豪一書「聞道、獲二傅泰一不レ労二于一箭一、擒二欧陽一無レ待二于尺兵一」。

夷狄（六六15）　礼記、王制に「中国戎夷五方之民、皆有レ性、…不レ可二推移一。東方曰レ夷。被レ髪文レ身、有下不二火食一者上矣。…北方曰レ狄。衣二羽毛一穴居、有下不二粒食一者上矣」とある。我国では西の熊襲や隼人には西戎の観念を適用せず、南蛮の観念は全くなかった（高橋富雄『古代蝦夷』）。

小野春風（六七1）　仁寿四年右衛門少尉、天安二年右近将監、貞観六年武蔵介、十二年正月従五位下対馬守、三月肥前権介兼任、元慶二年六月鎮守将軍、六年正月従五位上、仁和三年五月大膳大夫、六月摂津権守、四年三月左衛門権佐、寛平二年正月右近衛少将、閏九月陸奥権守、三年正月讃岐権守兼任、昌泰元年正五位下に叙す。古今集歌人（三代実録・古今和歌集目録）。

それの月の四日…（六七5）　三代実録、元慶二年五月四日条「詔授二従五位上守右中弁藤原朝臣保則正五位下一、即拝二出羽権守一。右中弁如レ故」。なお三代実録によると前記の官軍秋田河辺の大敗は六月七日到着の奏状によるもので、本書は時間的前後関係を無視している。また本書では、春風・好蔭が保則の指揮下にあったと記すが、三代実録によれば、春風は五月四日の保則の出羽守任命時に同時に任命されたのではなく、六月七日の官軍大敗の報告到着後、翌八日に任命されたのであり、春風・好蔭はまず陸奥に入り、兵を整えた後、出羽に入るべしと命じられている。保則がひきいたのは上野・下野両国の兵及び陸奥国の残兵であり（三代実録、元慶二年七月十日・同三年三月二日条）、七月初めに出羽国に到着した。好蔭は陸奥国から流霞通（岩手県北地方か）の賊地を征服して八月二十九日に出羽国に到着、春風も上津野（秋田県鹿角郡）から九月二十五日に到着した。従って春風・好蔭は最初から保則とは別行動をとっており、本書のいうように、出羽到着後、春風・好蔭に兵を授けて奥地に入らしめたものではない。本書で春風等が保則の進言によって任命され、保則の命のままに行動しているように記すのは、春風等の戦功を保則に帰し、保則の功績を高めようとした清行の作為である。

春風を擢で…（六七6）　三代実録、元慶二年六月八日条「散位従五位下小野朝臣春風為二鎮守将軍一」。

節度（六七7）　後漢書、皇甫規伝「実頼二兗州刺史牽顥之清猛、中郎将宗資之信義一、得レ承二節度一、幸無二咎誉一」。

昼夜兼行す（六七7）　呉志、呂蒙伝「使二白衣揺レ櫓、作二商賈人服一、昼夜兼行、至二羽所一レ置江辺屯候一、尽収二縛之一」。

春風・好蔭に…（六七10）　三代実録、元慶二年十月十二日条の秋田営申牒に「是日（八月二十九日）陸奥権介従五位下坂上大宿禰好蔭、率二兵二千人一、自二流霞道一到二秋田営一。賊乞レ降之日、好蔭鼓躁而来、盛建二旗幟一、亦威二賊虜一。論二之当時一、似レ有二遠略一。又鎮守将軍従五位下小野朝臣春風、九月廿五日、率二軍四百七十人一、来二着秋田営以北一。即言曰、春風含レ詔、先入二上津野一、教二喩賊類一、皆令二降伏一。賊首七人、相従同来」とある。

王師…（六七13）　詩経、周頌、酌「於鑠王師、遵養二時晦一（鄭箋云、於美乎、王之用レ師、率二殷之叛国一以事レ紂）」。保則伝では王師来討を聞いて賊はたちまち帰順したように記すが、現実には秋田地方の蝦夷は独立性がつよく、秋田河以北をおのが地となすことを要求し、保則も不動穀を賑給したり饗宴を催したりして妥協策をとり（三代実録、元慶二年七月・同三年正月条）、また兵力の不足から常陸・武蔵に兵二千の援助をこい（二年七月十日条）、結局俘囚に対する硬軟両論の対立を来たし（二年十月十三日条）、軍備維持しがたく解兵に追いこまれている（三年三月二日・六月廿六日条）。保則のやむをえずとった宥和政策がここでは儒教的な仁慈政策にすりかえられている。

辺塞（六七14）　字類抄「ヘンサイ、北名」。続紀、養老五年六月乙酉条に「又陸奥筑紫辺塞之民、数遇二煙塵一、疚二労戎役一」とある。

能く夷の語を…（六七14）　類聚国史巻八七に「延暦十八年二月乙未、流二陸奥国新田郡百姓弓削部虎麻呂、妻丈部小広刀自女等於日向国一。久住二賊地一、能習二夷語一、屢以二謾語一騒二動夷俘心一也」と見える。

独り虜の軍に入り…（六七15）　三代実録、元慶二年十月十二日条に「今春風自入二賊地一、取二其降書一。亦其酋豪、随而共来。以レ此見レ之、知レ有二降心一」とある。

異時（六七16）　漢書、食貨志「異時算二軺車賈人之緡銭一皆有レ差、請レ算如レ故〈顔師古注、異時、言二往時一也〉」。

谿壑塡みがたし（六七16）　国語、晋語八「谿壑可レ盈、是不レ可レ饜也。必以レ賄死」。貞観十七年五月十五日官符に「今以二有レ定之禄一、給二無レ限之徒一、人衆物寡、渓壑難レ塡」とある。

苛政に堪へずして…（六八1）　三代実録、元慶三年三月二日の保則の奏状に「於レ是賊徒進二愁状十余条一、陳二怨叛之由一。詞旨深切、甚有二理致一」とあり、同じく春風の言にも「国内黎民、苦二于苛政一、三分之一、逃二入奥地一、所レ遺之民、承二数年之弊一、無二自存之方一」と見える。

幕府（六八2）　漢書、李広伝「不下撃二刁斗一自衛上、莫府省二文書一、然亦遠二斥候一、未二嘗遇一レ害〈晋灼注、将軍職在二征行一、無二常処一、所レ在為レ治。故言二莫府一也。莫、大也。或曰、衛青征二匈奴一、絶二大莫一、大克獲。帝就拝二大将軍於幕中府一。故曰二莫府一。莫府之名始二於此一也。顔師古注、二説皆非也。莫府者、以二軍幕一為レ義。古字通単用耳。軍旅無二常居止一、故以二帳幕一言レ之〉」。

虜略（六八5）　漢書、韓安国伝「匈奴虜二略千余人及畜産一去」。三代実録、元慶三年正月十一日条に「是日、出羽国飛駅奏言、去年十二月十日、凶賊悔二返噬之過一、致二束手之請一、便返下進所二掠奪一之甲廿二領上」とあり、三月二日の保則の奏状にも「厥後賊類、亦来請レ降、返二進官物一」と見える。

渠帥（六八5）　史記、司馬相如伝「郡又多為発転漕万余人、用二興法一誅二其渠帥一」（漢書、同伝は「用二軍興法一誅二其渠率一〈顔師古注、渠、大也〉」）。なお以下の記述は、紀略、延喜廿一年八月丁酉条に「斬二夷大墓公阿弖利為、盤具公母礼等一。此二虜者、並奥地之賊首也」とあるのを念頭にしたものか。ただし三代実録には、蝦夷がみずから渠帥を斬って帰服したというような記事はないが、元慶二年九月五日条にいう「以レ夷撃レ夷、古之上計」が政府の政策であった。

津軽より…（六八9）　三代実録、元慶三年正月十一日条に「又渡嶋夷首百三人、率二種類三千人一、詣二秋田城一、与二津軽俘囚不レ連レ賊者百余人一、同共帰二慕聖化一」とある。

秋田城を…（六八10）　三代実録、元慶三年三月二日の保則の奏状に「臣等用二古老之言一、選二諸国当土之軍一、…其中国下兵担夫、役二立柵之事一、還二向本国一」とある。

民夷雑居して…（六八13）　三代実録、元慶四年二月廿五日条に「先レ是出羽国言、…昔時叛夷之種、与レ民雑居、動乗二間隙一、成二腹心病一」とある。

田地膏腴に…（六八13）　続紀、霊亀二年九月乙未条に「従三位中納言巨勢朝臣万呂言、建二出羽国一、已経二数年一、吏民少稀、狄徒未レ馴。其地膏腴、田野広寛」とある。

紀極（六八14）　広韻「紀、極也」。後漢書、循吏伝孟嘗「先時宰守並多貪穢、詭レ人採求、不レ知二紀極一」。

傜賦（六八14）　賦役令、雑傜条に「凡令条外雑傜者、毎レ人均使。摠不レ得レ過二六十日一」とあり、延暦十四年閏七月十五日官符に「自今以後、宜下以二卅日一為レ限、均使之法一如中令条上」と見える。

善き馬（六八15）　延暦六年正月廿一日官符に「王臣及国司等争買二狄馬及俘奴婢一。所以弘羊之徒苟貪二利潤一略レ良窃レ馬、相賊日深」とあり、後紀、弘仁六年三月辛卯条にも「今聞、権貴之家、富豪之輩、通二使於辺邑一、求二馬於夷狄一。部内由レ其不レ粛、兵馬所以闕乏」とあり、貞観三年三月廿五日官符にも「軍団之用莫レ先二於馬一。而権貴之使、豪富之民、互相往来、捜求無レ絶。遂則託二煩吏民一、犯二強夷獠一、国内不レ粛大略由レ之。非二唯馬直踊貴一、兼復兵馬難レ得」と見える。

良き鷹（六八15）　奥州が良鷹の産地であったことは古事談巻四に「西国之鷹モ賢クハ敢テ信乃鷹、奥鷹ニ不レ劣之物也」とあることによっても知らる。

奸猾（六九1）　文選、張衡四愁詩序「奸猾行二巧劫一、皆密知レ名、下レ吏収捕尽服レ擒〈張銑注、猾、乱也〉」。

憲法（六九2）　字類抄「法家部、ケンハウ」。続後紀、承和十二年正月壬申条に「使等偏仮二威勢一、不レ憚二憲法一」とある。

百姓安堵し…（六九3）　文選、檄二呉将校部曲一文「百姓安堵、四民反レ業〈呂延済注、堵、牆也。安二於牆堵一不レ失二家業一也〉」。

論に当る（六九6）　後漢書、魯丕伝「七年坐レ事下二獄司寇一論〈注、決レ罪曰レ論。言奏而論二決之一〉」。

これ皆朝威の…（六九8）　漢書、循吏伝龔遂「王生曰、天子即問三君何以治二渤海一、君不レ可レ有レ所二陳対一、宜レ曰三皆聖主之徳、非二小臣之力一也二」。

貪叨（六九11）　後漢書、梁冀伝「皆貪叨凶淫、各遣二私客一籍二属県富人一、被以二它罪一、閉レ獄掠拷」。

静黙（六九13）　晋書、江統伝「統静黙有二遠志一。時人為レ之語曰、嶷然稀レ言江応元」。

倫紙（六九16）　民部式、諸国年料雑物条に「讃岐国〈紙麻百五十斤、斐紙麻一百斤〉」とあり、庭訓往来に「讃岐円座、同檀紙」と見える。

諍訟（七〇2）　隋書、循吏伝梁彦光「有下好二諍訟一惰レ業無レ成者上、坐二之庭中一、設以二草具一」。

虞芮の恥心（七〇3）　史記、周本紀「虞芮之人、有レ獄不レ能レ決〈集解云、地理志、虞在二河東大陽県一。芮在二馮翊臨晋県一乃如レ周。入レ界、耕者皆譲レ畔、民俗皆譲レ長。虞芮之人、未レ見二西伯一、皆慙相謂曰、吾所レ争、周人所レ恥。何往為。祇取レ辱耳。遂還、倶譲而去」。これは漢書、循吏伝黄覇に「耕者譲レ畔、男女異レ路、道不レ拾レ遺」とあるのに同じ。

秩満…（七〇3） 保則の任期は元慶六年から仁和二年までで交替として菅原道真が任ぜられた。保則の讃岐守としての治績について路遇二白頭翁一詩（菅家文草巻三）に「更得二使君保在レ名〈今之予州刺史〉、臥聴如レ流境内清、春不レ行レ春々遍達、秋不レ省レ秋々大成、二天五袴康衢頌、多黍両岐道路声」と詠まれている。

除されて…（七〇5） 漢書、景帝紀「列侯薨及諸侯太傅初除之レ官、大行奏二謚誄策一〈如淳注、凡言レ除者、除二故官一就二新官一也〉」。

十二月…（七〇6） 補任「仁和三年十一月十七日従四位上」。

鎮府（七〇7） 当時の大宰府管内の状況については、三代格、斉衡二年六月廿五日太政官符に引く延暦十六年四月廿九日の大宰府に下す符に「今聞、秩満解任之人、王臣子孫之徒、結レ党群臣、同悪相済、侫二媚官人一、威二陵百姓一、妨レ農奪レ業…」、同寛平三年九月十一日の符に「頃年京貫人庶王臣子孫、或就二婚姻一或遂二農商一、居二住外国一、業同二士民一既而凶党相招横二行村里一、対二捍宰吏一、威二脅細民一…」とあり、続後紀、承和九年八月庚寅条に、前豊後介中井王が私宅・私営田を設け、人民を侵害したために本郷に還されたことが見える。

清静（七〇7） 魏志、吉茂伝「除二臨汾令一、居レ官清静、吏民不レ忍レ欺」。

政化（七〇8） 魏志、張範伝「魏国初建、張承以二丞相参軍祭酒一領二趙軍太守一、政化大行」。

藪沢（七〇9） 字類抄「ヤフサワ、地部、ソウトウ（ク）」。三代実録、貞観九年十月十日条「当時飛レ鷹従レ禽之事、一切禁止、山川藪沢之利、不レ妨二民業一」。

府官（七〇10） 弘仁十三年三月廿六日官符「右得二大宰府解一偁、…宜下仰二府官一、重加二約束一、勤令二医療一、酬中彼労効上」。大宰府には帥・大弐・少弐以下の四等官のほかに、祭祀・裁判・学術・医術・工事・軍事等に関する数多くの官人が所属していた（職員令、大宰府条）。一〇世紀以降、九州に土着した貴族や在地の土豪などが少弐以下の府官の地位につき、府の実権を掌握するようになる。

公曰く…（七〇13） 以下の内容は漢書、循吏伝龔遂に「謂レ遂曰、渤海廃乱、朕甚憂レ之。君欲下何以息二其盗賊一、以称中朕意上。遂対曰、海瀕遐遠、不レ霑二聖化一、其民困二於飢寒一而吏不レ恤。故使三陛下赤子盗二弄陛下之兵於潢池中一耳。今欲レ使二臣勝レ之邪、将安レ之也。…臣聞治レ乱猶レ治二乱縄一、不レ可レ急也。唯緩レ之、然後可レ治。臣願丞相御史且無三拘レ臣以二文法一、得二一切便宜従レ事」とあるのと主旨を同じくし、名吏の常套手段と思われる。

編戸の民（七〇13） 類聚国史巻一九〇「弘仁十三年九月癸丑常陸国言、…伏望為二編戸民一、永従二課役一者」。

良家の子弟…（七〇14） 文粋、応下補二文章生并得業生一復中旧例上事「案二唐式一、昭文崇文両館学生、取二三品已上子孫一、不レ選二凡流一。今須下文章生者取二良家子弟一、寮試二詩若賦一補レ之…上」。

僕従（七〇14） 字類抄「下賤部、ボクジュ、僮僕分」。地方官として赴任して来た者の従者が現地の有力者と婚姻を結び土着する。

婚姻（七〇14） 字類抄「コンイン、人事部婚姻分、聟之父為レ姻、婦之父為レ婚。婦之父母聟之父母謂二婚姻一」。

辺城（七〇14） 三代格、貞観十八年六月十九日符「夫辺城為レ体、依レ養二夷俘一常事二殺生一」（陸奥）、同天長七年閏十二月廿六日符「干戈不レ動辺城静謐」（出羽）、同承和十一年九月八日符「辺城之吏、事在二勤王一」（陸奥）、軍防令「辺城門」。

桑梓（七〇15） 詩経、小雅、小弁「維桑与レ梓、必恭敬止。靡二瞻匪レ父、靡二依匪レ母〈集伝云、桑梓二木、古者五畝之宅、樹二之牆下一、以遺二子孫一、給二蚕食一具二器用一者也〉」。顕宗紀「二年秋九月、置目老困、乞レ還曰…願帰二桑梓一、以送二厥終一」。

闃として…（七一1） 玉篇「闃、静無レ人也」。意見十二箇条「南北講堂、鞠二為茂草一、東西曹局、闃而無レ人」（八七頁）。

凶狡（七一2） 後漢書、朱穆伝「凶狡無行之徒、媚以求レ官、恃執怙寵之輩、漁二食百姓一、窮二破天下一」。

飢寒（七一3）　字類抄「貧賤部、キカン」。漢書、魏相伝「飢寒在レ身、則亡二廉恥一、寇賊姦宄所二繇生一也」。

椹を食ひ（七一3）　詩経、魯頌、泮水「翩彼飛鴞、集二于泮林一、食二我桑黮一、懐二我好音一（鄭箋云、言鴞恒悪鳴、今来止二於泮水之木上一、食二其桑黮一、為レ此之故。故改二其鳴一、帰二就我一以二善音一。喩下人感二於恩恵一則化上レ之）」。

父母の情（七一5）　三代実録、貞観十六年十月廿三日の詔に「夫国宰者、民之父母也。豈有下児子既罹二其憂一、父母為不二流涕一者上乎」と見える。

新…（七一9）　時期がずれるが紀略、寛平五年五月廿二日条に「大宰府飛駅使来。奏状偁、今月十一日、新羅賊来、指二肥前国松浦郡一云々」とあるのを指すか。

闕文（七一10）　晩年の官歴に関する記事があったと思われる（所功「藤原保則伝の基礎的考察」『芸林』二一ノ三）。

小野葛絃（七一14）　筑前・備前守、大宰大弐、正四位下（小野氏系図）。元慶元年十一月式部大丞従五位下、同二年正月加賀介（三代実録）。寛平八年越前守（菅家文草巻九）、延喜元年大宰大弐（略記）。

循良の吏（七一15）　史記、太史公自序「奉レ法循レ理之吏、不二伐レ功矜一レ能、百姓無レ称、亦無二過行一。作二循吏列伝一」。請レ令三議者反二覆撿税使可否一状（菅家文草巻九）に「其間一両治国、能知二政術一者、乍聞二此事一、無レ不二愁悶一。越前守小野朝臣葛絃等是也」とある。

奨鑑（七二2）　後漢書、左周黄伝「論曰、…朱穆・劉陶献レ替匡レ時、郭有道奨二鑑人倫一」。これは同、郭太伝に「其奨二抜士人一、皆如レ所レ鑑（謝承書曰、泰之所レ名、人品乃定、先言後験、衆皆服レ之）」とあるのに基くか。

逝水（七二9）　論語、子罕「子在二川上一曰、逝者如レ斯夫。不レ舎二昼夜一」。なお保則の死は紀略、寛平七年四月廿一日条に「参議従四位上民部卿藤原保則卒」と見える。

啓体の日（七二10）　論語、泰伯「曾子有レ疾。召二門弟子一曰、啓二予足一、啓二予手一（鄭玄注、啓、開也。曾子以為受二身体於父母一、不二敢毀傷一。故使二弟子開レ衾而視上レ之也）」。

起居郎（七二13）　職員令、中務省条に「大内記二人（掌下造二詔勅一凡御所記録上）、中内記二人、少内記二人」とある。

元慶注記（七二13）　出羽の俘囚叛乱平定に関する軍中記録で、三代実録、元慶二年四月廿八日条に「凡軍陣之法、必有二注記一、…必須下事無二巨細一、委曲記録、令上レ可二知見一」とあるように、朝廷に報告されたもので、三代実録の編纂史料に使用されたと思われる。

備中介（七二13）　善家秘記（略記、寛平八年九月廿二日条）に「余寛平五年、出為二備中介一」とあり、補任に「寛平五年正月十一日備中介（受領）」と見える。なお彼の備中時代の見聞は意見十二箇条・善家秘記にも見える。

口を容れず（七二15）　漢書、爰盎伝「梁王以レ此怨レ盎、使二人刺一レ盎。刺者至二関中一、問レ盎、称レ之皆不レ容レ口（顔師古注、称二美其徳一、口不レ能レ容也）。乃見レ盎曰、臣受二梁王金一刺レ君、君長者、不レ忍レ刺レ君」。

司馬遷…（七三1）　史記、管晏伝「太史公曰…、方下晏子伏二荘公尸一、哭レ之成レ礼、然後去上、豈所謂見レ義不レ為、無レ勇者邪。至三其諫説犯二君之顔一、此所謂進思レ尽レ忠、退思レ補レ過者哉。仮令二晏子而在一、余雖二為レ之執一レ鞭、所二忻慕一焉」。晏嬰は春秋時代の斉の賢相。なお「著晏子伝」以下の文が浄土寺念仏縁起（大日本史料一ノ三、延喜七年年末雑載）に混入す（川口久雄『平安朝日本漢文学史の研究』）。

蔡伯諧…（七三1）　後漢書、郭太伝「明年春卒二于家一、…同志者乃共刻レ石立レ碑、蔡邕為二其文一。既而謂二涿郡盧植一曰、吾為二碑銘一多矣。皆有レ慙レ徳。唯郭有道無二愧色一耳」。蔡邕は後漢の文人。郭太（泰）は後漢の高士。なお蔡邕の郭泰碑文は文選巻五八に載せる。

意見十二箇条

粛慎…（七六7）　斉明紀四年是歳条「越国守阿倍引田臣比羅夫、討二粛慎一、献二生羆二一・羆皮七十枚一」、五年三月条「或本云、阿倍引田臣比羅夫与二粛慎一戦而帰、献二虜卅九人一」、六年三月条「遣二阿倍臣一、率二船師二百艘一、伐二粛慎国一」。

高麗…（七六7）　神功摂政前紀元年十月条「於是高麗百済二国王、聞下新羅収二図籍一、降中於日本国上、密令レ伺二其軍勢一、則知レ不レ可レ勝、自来二于営外一、叩頭而款曰、従レ今以後、永称二西蕃一、不レ絶二朝貢一」。

新羅…（七六7）　神功摂政前紀元年十月条「（新羅王）素旆而自服、素組以面縛。封二図籍一、降二於王船之前一」。

呉会…（七六8）　会は中国会稽の地。呉会で呉国を指す。応神紀三十七年二月条「遣二阿知使主・都加使主於呉一、令レ求二縫工女一。…呉王、於是、与二工女兄媛・弟媛、呉織、穴織、四婦女一」、仁徳紀五十八年十月条「呉国・高麗国並朝貢」、雄略紀六年四月条「呉国遣レ使貢献」。

大唐の使訳…（七六8）　舒明紀四年八月条「大唐遣二高表仁一、送二三田耜一共泊二于対馬一」、天智紀四年九月壬辰条「唐国遣二朝散大夫沂州司馬上柱国劉徳高等一」。

天竺の沙門…（七六9）　続紀、天平八年十月戊申条「施二唐僧道璿・波羅門僧菩提等時服一」。

范史…（七六12）　後漢書、東夷伝「王制云、東方曰レ夷、夷者柢也。言仁而好レ生、万物柢レ地而出、故天性柔順、易二以レ道御一、至レ有二君子不死之国一焉」、続紀、慶雲元年七月甲申朔条「正四位下粟田朝臣真人自二唐国一至、初至レ唐時、…唐人謂二我使一曰、承聞、海東有二大倭国一、謂二之君子国一、人民豊楽、礼義敦行、今看二使人一、儀容大浄、豈不レ信乎」。

唐帝その倭皇の…（七六12）　推古紀十六年八月壬子条「召二唐客於朝庭一、…時使主裴世清親持レ書、両度再拝、言二上使旨一而立之、其書曰、皇帝問二倭皇一、使人長吏大礼蘇因高等至具レ懐、朕欽二承宝命一、臨二仰区宇一、思下弘二徳化一覃中被含霊上、愛育之情、無レ隔二遐邇一、知下皇介二居海表一、撫二寧民庶一、境内安楽、風俗融和、深気至誠、遠修中朝貢上、丹款之美、朕有レ嘉焉」とあるを指すか。ただしこの唐客とあるは隋使であり、皇帝は隋の煬帝である。

推古天皇より以後…（七七2）　推古紀二年二月丙寅朔条「詔二皇太子及大臣一、令レ興二隆三宝一、是時諸臣連等、各為二君親之恩一、競造二仏舎一、即是謂レ寺焉」。

群公卿士（七七2）　群公は群侯、卿士は卿大夫、士。中国では天子及び諸侯の家臣に、大夫と士があり、大夫のうち上大夫を卿という。太平記二四、依山門嗷訴公卿僉議事「天子、諸侯、卿大夫、百寮、万民、悉金色の光に映ぜしかば」。

良人（七七4）　書紀、大化元年八月条「男女之法者、良男良女共所レ生子、配二其父一、若良男娶レ婢所レ生子配二其母一、若良女嫁レ奴所レ生子配二其父一、若両家奴婢所レ生子配二其母一、若寺家仕丁之子者、如二良人法一、若別入二奴婢一者如二奴婢法一」。

寺奴（七七4）　東南院文書、宝亀三年東大寺奴婢籍帳案に、

東大寺三綱可信牒上
　中上宝亀三年奴婢籍帳事
　　合奴婢二百二人
　　　奴九十七人　婢一百五人
　　官納奴婢一百五十八人
　　　奴七十七人　婢八十一人
　　諸国買貢上奴婢三人
　　　奴二人　婢一人
　　寺家買奴婢廿三人
　　　奴九人　婢十四人
　　大宅朝臣可是麻呂貢上奴婢十八人
　　　奴九人　婢九人
　　逃亡奴婢十四人
　　　奴九人　婢五人

見定奴婢一百八十八人
　奴八十九人　婢九十九人

国分二寺を建てしむ（七七7）　続紀、天平十三年三月乙巳条「毎レ国僧寺、施二封五十戸・水田十町一、尼寺水田十町、僧寺必令レ有二廿僧一、其寺名為二金光明四天王護国之寺一、尼寺一十尼、其寺名為二法華滅罪之寺一」。

天下の費十分にして五（七七8）　続紀、宝亀元年八月丙午条「天皇尤崇二仏道一、務恤二刑獄一、勝宝之際政称二倹約一、自二太師被レ誅、道鏡擅レ権、軽興二力役一、務繕二伽藍一、公私彫喪、国用不レ足」。

都を長岡に…（七七9）　続紀、延暦三年六月己酉条「経二始都城一、営二作宮殿一」、同壬子条「今年調庸幷造宮工夫用度物、仰二下諸国一、令レ進二於長岡宮一」、同十一月戊申条「天皇移二幸長岡宮一」。

上都（七七9）　文選、西都賦「寔用西遷、作二我上都一」。吾妻鏡、文治四年十月二十五日条「前伊予守源義経、忽插二姧心一、早出二上都一」。紀略、延暦十二年正月甲午条「遣二大納言藤原小黒麿・左大弁紀古佐美等一、相二山背国葛野郡宇太村之地一、為レ遷レ都也」、同三月庚寅条「令下五位已上及諸司主典已上、進二役夫一、築中新京宮城上」、同十三年十月辛酉条「車駕遷二于新京一」。

大極殿（七七10）　拾芥抄、宮城部諸院「八省院〈天子臨朝即位、諸司告朔所、朝堂院正殿、又謂二之中台一、大極殿最大殿也、葺二鴛鴦瓦一、多金瑞玉礎〉」、紀略、延暦十四年正月庚午朔条「廃朝、以二大極殿未一レ成也」、同十五年正月甲午条「皇帝御二大極殿一、受二朝賀一」。

豊楽院（七七10）　西宮記、臨時五「豊楽院〈天子宴会所〉」、拾芥抄、宮城部、諸院「豊楽院〈天子宴会所、謂二之馬場殿一〉」、紀略、延暦十八年正月壬子条「豊楽院未レ成レ功、大極殿前竜尾道上、構二作借殿一、葺以二彩帛一、天皇臨御、蕃客仰望、以為二壮麗一」。

親王（七七10）　隋書、百官志下「皇伯叔昆弟皇子為二親王一」、継嗣令「凡皇兄弟皇子皆為二親王一〈女帝子亦同〉、以外並為二諸王一」。

公主（七七10）　皇女。親王に対して内親王。後漢書、皇后紀賛「漢制、皇女皆封二県公主一、儀服同二列侯一」、元和本下学集「公主、コウシユ、帝之女也」、文華秀麗集、奉和春閨怨、朝野鹿取「十五能歌公主第、二十工舞季倫家」。

后妃嬪御（七七11）　後宮職員令「妃二員、右四品以上、夫人三員、右三位以上、嬪四員、右五位以上」。御は女御のこと。令制になく、桓武女御紀乙魚が初見。皇后の下、更衣の上に位する。続後紀、承和三年八月丁巳条「正五位上紀朝臣乙魚授二従四位下一、柏原天皇女御也」。

宮館（七七11）　拾芥抄、宮城部、殿舎事「麗景殿〈七間四面〉、宣耀殿〈麗景殿北、七間三面〉、弘徽殿〈七間四面〉、登花殿〈弘徽殿北、七間四面〉、昭陽舎〈東一、梨子壺、麗景殿東、南北舎、各五間四面〉、淑景舎〈東二、桐壺、或南北舎、各五間四面〉、飛香舎〈西一、藤壺、弘徽殿西、或五間四面〉、凝花舎〈西二、梅壺、飛香舎北、五間四面〉」など、女御・更衣の居所に用いられる殿舎を指す。

調庸の用を賦す（七七11）　後紀、延暦十六年三月癸卯条「令下遠江・駿河・信濃・出雲等国、進二雇夫二万卅人一、以供中造宮役上」、同二十四年十二月壬寅条「公卿奏議曰、伏奉二綸旨一、営造未レ已、黎民或レ弊、念二彼勤労一、事須二矜恤一、…宜二量レ事優矜、令レ得二存済一者、臣等商量、伏望所二点加一仕丁一千二百八十一人、依レ数停却、…又伊賀・伊勢・尾張・近江・美濃・若狭・越前・越中・丹波・丹後・但馬・因幡・播磨・美作・備前・備中・備後・紀伊・阿波・讃岐・伊予等国殊免二当年庸一、許レ之、是日中納言近衛大将従三位藤原朝臣内麻呂侍二殿上一、有レ勅、令下参議右衛士督従四位下藤原朝臣緒嗣与二参議左大弁正四位下菅野朝臣真道一、相中論天下徳政上、于レ時緒嗣議云、方今天下所レ苦、軍事与二造作一也、停二此両事一、百姓安レ之、真道確二執異議一、不二肯聴一焉、帝善二緒嗣議一、即従二停廃一、有識聞レ之、莫レ不二感歎一」同乙巳条「廃二造宮職一」。

仁明天皇（七七13）　神皇正統記「第五十四代、第三十世、仁明天皇、諱は正良〈是よりさき御諱たしかならず、多は乳母の姓などを諱に用られき、是より二字たゞしくましませば、のせたてまつる〉、深草の帝とも申、嵯峨第二の子、御母は皇太后橘の嘉智子、贈太政大臣清友女也、癸丑年（天長十）即位」。

麗靡煥爛…（七七15）　続後紀、嘉祥三年三月癸卯条「奉レ葬二天皇（仁明）於山城国紀伊郡深草山陵一、遺制薄葬、綾羅錦繡之類、並以二帛布一代レ之、鼓吹

方相之儀、悉従二停止一、帝叡哲聡明、苞二綜衆芸一、最耽二経史一、講誦不レ倦、能練二漢音一、弁二其清濁一、柱下漆園之説、群書治要之流、凡厥百家莫レ不二通覧一、兼愛二文藻一、善二書法一、学二淳和天皇之草書一、人不レ能レ別也、亦工二弓射一、屢御二射場一、至二鼓琴吹管一、古之虞舜、漢成両帝不二之過一也、留二意医術一、尽諳二方経一」とあり、清行が本条に述べたる如き史料がみえる。

応天門及び大極殿…（七八1）　三代実録、貞観八年閏三月十日条「夜、応天門火、延二焼棲鳳・翔鸞両楼一」、同十八年四月十日条「是夜子時、大極殿災、延二焼小安殿・蒼竜白虎両楼、延休堂及北門、北東西三面廊百余間一、火数日不レ滅」。

期年にして成せり（七八3）　三代実録、元慶元年四月八日条「欲下以二今月九日一始中作大極殿上、仍遣下二使柏原山陵一告以中事由上」、同二年二月廿四日条「遣下二神祇大副従五位上大中臣朝臣有本於大極殿壇上一、祈中請百神上、縁三初造二大極殿一也」。

蘇定方…（七八6）　斉明紀六年九月癸卯条「百済遣二達率〈闕二姓名一〉・沙弥覚従等一、来奏云〈或本云、逃来告レ難〉、今年七月、新羅恃レ力作レ勢、不レ親二於隣一、引二構唐人一、傾二覆百済一、君臣摠俘、略無二噍類一〈或本云、今年七月十日大唐蘇定方率二船師一、軍二于尾資之津一、新羅王春秋智率二兵馬一、軍二于怒受利之山一、夾二撃百済一、相戦三日、陥二我王城一、同月十三日、始破二王城一、怒受利山百済之東堺也〉」、同七月乙卯条注「高麗沙門道顕日本世記曰、七月云々、春秋智借二大将軍蘇定方之手一、挟二撃百済一亡レ之」。なお唐書、東夷伝にその詳細な記事がある。

筑紫に行幸…（七八7）　斉明紀六年十二月庚寅条「天皇幸二于難波宮一、天皇方随二福信所レ乞之意一、思下幸二筑紫一、将上遣二救軍一而初幸レ斯、備二諸軍器一」、同七年正月丙寅「御船西征、始就二于海路一」。

大帳（七八16）　計帳は毎年諸国で国内戸口の全員の年齢・男女の別を書き出した戸口簿で、調庸賦課の台帳となるもの。大計帳は国毎にこれを集計した帳簿。主計式に大帳の書式がある。

某国司解申預計某年大帳事

国府〈在二某郡一、去レ京若干里〉

合管郡若干〈郷若干〉

合管戸若干〈欠二乗去年一若干〉

戸若干不課〈欠二乗去年一若干〉

戸若干八位已上・戸若干大舎人・戸若干伴部・戸若干使部〈更有二余色一、准レ此各為二一項一〉・戸若干耆老・戸若干篤疾・戸若干小子・戸若干寡婦

戸若干課〈欠二乗去年一若干〉

戸若干不合差科、戸若干駅長・戸若干烽長・戸若干衛士・戸若干仕丁〈更有二余色一、准レ此各為二一項一〉、戸若干合差科

管口若干〈欠二乗去年一若干〉

口若干不課〈欠二乗去年一若干〉

口若干課〈欠二乗去年一若干〉

口若干見不輸

口若干見輸

口若干半輸

口若干全輸

某郡　（以下郡別に上項目を列記、中略）

都合今年計帳調絹絁布若干疋端、庸布若干段、某物若干斤、以前某年大帳、依レ例勘造、具レ状如レ前、仍録二事状一、差二官位姓名一、申上謹解。

管中に豹を見る（七九11）　世説新語、方正「王子敬数歳年、嘗看二諸門生樗蒲一、見レ有二勝負一、因曰、南風不レ競、門生輩軽二其小児一、廼曰、此郎亦管中窺レ豹、時見二一班一、子敬瞋レ目曰、遠慙二荀奉倩一、近愧二劉真長一、遂払レ衣而去」、故事成語考下、人事「管中窺レ豹、所レ見不レ多、坐レ井観レ天、識不レ広」。

階業（八一16）　三代格三、斉衡二年八月廿三日官符「応下定二試業之階一、補中任諸国講読師上事、講師五階〈試業、複、維摩立義、夏講、供講〉、読師三階〈試業、複、維摩立義〉」。

七七日の講筵（八三12）　瑜伽論一「此中有若未レ得二生縁一、極二七日一住、若極二七日一未レ得二生縁一、死而復生、極二七日一住、如レ是展転未レ得二生縁一、乃至七

七日住、自レ此已後、定得二生縁一。類聚名物考、凶事部「人の死ては七日ごとに仏事をいとなみて、追福をいのる事習ひなり、その日数七七四十九日、百ケ日、一周忌、三回忌など、それよりはまた年忌の数有る事なり」。

維摩・最勝…（八四8）　要略二五、興福寺維摩会始「右、先正一位太政大臣（鎌足）、奉二為聖朝安穏社稷无レ傾、謹発二弘誓一、始開二斯会一、…中間已絶、此会不レ行、慶雲二年歳次乙巳秋七月、後太政大臣（不比等）臥レ病不予、是日誓願、劣臣怠緩、不レ継二先志一、自今以後、躬為二膳夫一、帰二敬三宝一、供二養衆僧一、転二維摩於万代一、伝二正教於千年一、遙捧二芳因一、永資二先慈一、至二於養老四年一大臣薨、但事稍荏苒転読、天平五年春三月、皇后（光明子）重願、如レ旧興復、講説七日。…従レ彼已来至二于今一、相承不レ絶乎」、玄蕃寮式「凡興福寺維摩会、十月十日始、十六日終」、三代格二、天長七年九月十四日官符「応レ令三薬師寺毎年修二最勝王経講会一事、…件寺、浄御原天皇（天武）為二皇后一所二建立一也、…而斯寺学衆稍多、説法猶少、伏請、設二件斎筵一、護レ国隆レ法、招二彼耆宿一、立レ義弘レ道、…庶扇二彼覚風一、奉レ翊二先霊一、飛二此慈雲一、将レ延二聖寿一者、左近衛大将従三位兼守大納言行民部卿清原真人夏野宣、奉レ勅、依レ請、夫立義者、議二其優劣一、便為二諸国講読師之試一」、玄蕃寮式「凡薬師寺最勝会、毎年三月七日始十三日終」。

正税を班ち給ひて…（八五1）　三代格一四、寛平六年二月二十三日官符「応下准二耕田数一、班二挙正税一、并有二対捍輩一、即科中其罪上事、右得二紀伊国解一偁、…伏尋二由緒一、惣依下民不レ堪二躬耕一、沽中却口分田上也、方今良田多帰二富豪之門一、出挙徒給二貧弊之民一、収納難レ済、官物自失、因レ斯承前国吏等、准二量田疇之数一、班二挙買耕之人一、而或諸司官任雑任、并良家子弟、内外散位以下、及諸院諸宮、王臣、勢家人等、多接二部内一、領二作田地一、至三于班二挙正税一、偏恃二官位及本主一、対二捍国司一、曾無二承引一、望請二官裁一、不レ論二土浪貴賤一、准二耕田数一、段別五束以上、班二挙正税一、若有二対捍輩一者、勘二収所レ営之獲稲一、塡二補不足之官稲一、以為二懲粛一、曾不二寛縦一、謹請二官裁一者、中納言兼右近衛大将従三位行春宮大夫藤原朝臣時平宣、奉レ勅依レ請」。

五経（八六6）　拾芥抄上、経史部二三「毛詩・尚書・礼記・周易・左伝〈已上謂二之五経一〉」、学令、経周易尚書条「凡経、周易・尚書・周礼・儀礼・礼記・毛詩・春秋左氏伝、各為二一経一、孝経・論語、学者兼習之」。

三史（八六6）　拾芥抄上、経史部二三「史記…前漢書…後漢書…已上謂二之三史一〈或説、史記・漢書・東観記、謂二三史一、見二史記発題一也、吉備大臣三史櫃入二此三史一云云〉」。史書が大学教科に入るのは、紀伝道成立後である。

越前国加賀郡…（八六7）　三代格一五、延暦十三年十一月七日官符「越前国水田一百二町五段百六十九歩、勅、古之王者教学為レ先、訓レ世垂レ風莫レ不レ由レ此、…而経籍之道于レ今未レ隆、好学之徒無レ聞焉、今蓋簞食瓢飲非二性所レ安、鼓篋横経中途而止、永言二其弊一、情深二興復一、其去天平宝字元年所レ置大学寮田卅町、生徒稍衆不レ足レ供レ費、宜下更加二置前件水田一通レ前一百卅余町、名曰二勧学田一、贍二給生徒一、令上レ遂二其業一」。

山城国久世郡の公田…（八六7）　類聚国史一〇七、大学寮「天長元年十一月辛酉、賜二山城国地五町九段大学寮一、…四年三月甲戌、河内国荒閑地五十町、給二大学寮一」。

常陸国をして…（八六10）　大学寮式「凡常陸国租稲五万四千束、近江越中備前伊予等国各一万束、預二国司一出挙、以二其息利一舂米并交二易軽物一、毎年附二貢調使一送納、充二於寮家雑用一、…凡丹後国稲八百束、預二国司一毎年出挙、以二其息利一交二易味物一、送レ寮充二学生等菜料一」。

三分は典薬左右馬の三寮に給ふ（八六15）　このこと三代格一五、延暦十七年九月八日官符に「一、返収田十三町〈元大学寮勧学田〉、大和国七町〈十市郡〉、近江国六町〈栗太郡〉、右為レ充二二寮一収レ之、一、充二二寮一田十三町〈即同二勧学田一〉、典薬寮勧学田八町〈大和国四町、近江国四町〉、主馬寮公廨田五町〈大和国二町、近江国三町〉、右更加二置之一、以前、被二右大臣宣一偁、奉レ勅如レ右」とあるを言うか。

山城国久世郡の遺田七町（八七2）　大学寮式「凡越中国礪波郡墾田地壱拾捌町肆段弐佰歩、…播磨国印南郡墾田地壱拾柒町佰捌拾歩、…山城国久世郡七町、右田准二郷価賃租一、以充二学生食一」。

学館（八七6）　弘文院（延暦年間和気広世創設）・勧学院（弘仁十二年藤原冬嗣創設）・学館院（嵯峨天皇皇后橘嘉智子創設）・奨学院（元慶五年在原行平創設）・文章院（菅原清公の創設）などがあり、それぞれの氏族の子弟を収容した。

貢挙（八七14）　学令、通二経条義解「凡学生、通二二経以上一、求二出仕一者、聴二挙送一、其応レ挙者、試二問大義十条一、得二八以上一、送二太政官一、若国学生、雖レ通二二経一、猶情願レ学者、申二送式部一、考練得レ第者、進補二大学生一〈謂、若補二大学生一後、更被二挙試一不第者、即退還二本貫一也〉」。

穀倉院（八八7）　西宮記、臨時諸院「穀倉院〈在二大学西一、納二諸国調銭・諸国無主位職田、及没官田・大宰府稲等諸庄物一、勤二年中饗一、有二公卿及四位五位別当預蔵人等一〉、或抄云、大同年中、始置二此院一、弘仁十三年公卿奏云云、准二拠旧例一、運二近江縁江諸郡穀十万斛一、収二穀倉院一、尋運二越前国物一、使レ塡二其代一」。

式に云はく…（八八8）　大学寮式「凡擬文章生、以二廿人一為レ限、補二其闕一者、待二博士挙一、即寮博士共試二一史文五条一、以下通二三以上一者上補レ之、其不レ住二寮家一者、不レ得二貢挙一」。

大嘗会（八八14）　大新嘗会の略。天皇践祚の最初に行う新嘗会をいう。太政官式「凡践祚之初有二大嘗祭一、七月以前即レ位者、当年行レ事、八月以後明年行レ事」。

その費甚だ多く（八九3）　要略二六、安和二年二月十四日宣旨「右大臣宣、…藤原朝臣文範等去年十一月三日奏状偁、…就中、五節之事、所レ費不レ少、彼茅土高貴之家、猶傾二資産一而多レ労、華戸閑素之輩、還損二公威一而有レ恥、方今雖レ募二二分之年給一、曾無二一人之企望一、僅要二判官一、更辞二主典一、世俗所レ変、人心難レ奪、然則年官月俸有名无実、望請、殊蒙二天恩一、早降二二合之宣旨一、将レ支二五節之用途一者、奏請之旨尤可二許容一、抑奉二五節舞姫一、非二宰相之職一、納言以上同営二此事一、自レ今而後、大臣已下参議已上、今年献二五節舞姫一者、其明年給殊許二二合一、但納言以上若当二二合年一、廻充二他年一、立為二恒例一者」。

律学（九〇1）　春林本下学集「明法律学リツガク　法定」、三代格四、神亀五年七月廿一日勅「勅、大学寮、律学博士二人、直講三人、文章学士一人、生廿人、以前一事已上同二助博士一」、職原抄上「明法博士二人、相当正七位下、唐名律学博士」、選叙令、秀才進士条「凡秀才取二博学高才者一、…明法取下通二達律令一者上」。

寛平四年詔あり（九〇2）　三代格四、寛平八年九月七日官符「応下併二置諸司一幷省中官員上事、…刑部判事、大判事一人、令員二人、今省二一人一、中判事四人、令員、今皆省除、小判事二人、令員四人、今省二二人一、大属一人、令員二人、今省二一人一、少属一人、令員二人、今省二一人一」。

桓譚…（九〇7）　後漢書、桓譚伝「桓譚、字君山、沛国相人也、…拝二議郎給事中一、因上疏陳二時政所レ宜曰、…見二法令決レ事、軽重不レ斉、或一事殊レ法、同レ罪異レ論、姦吏得二因縁為レ市、所レ欲レ活則出二生議一、所レ欲レ陥則与二死比一、是為三刑開二二門一也、今可丙令下通二義理一、明習二法律一者、校中定科比上、一二其法度一、班二下郡国一、蠲乙除故条甲、如レ此天下知レ方而獄無二怨濫一矣」。

螭魅を禦ぐ（九〇12）　史記、五帝紀「舜賓二於四門一、乃流二四凶族一、遷二于四裔一、以御二螭魅一〈服虔曰、螭魅、人面獣身四足、好惑レ人、山林異気所レ生、以為二人害一、正義曰、按御二螭魅一、恐更有二邪諂之人一、故流二放四凶一、以禦レ之也、故下云レ無二凶人一也〉」。

刑部大録（九〇13）　刑部省四等官の中第四等官（主典）。職員令、神祇官条義解「大史一人、掌下受レ事上抄〈謂、上者載也、抄者録也、言、受二判官以上処分一而載録也〉、勘二署文案一〈謂、勘二造文案一而署之也〉、検二出稽失一〈謂、依レ律、同司犯二公坐一者、主典以上節級連坐、故知判官以上稽失、主典皆得二検出一〉、読中申公文上、余主典准レ此」。

扶南の鰐魚（九一2）　梁書、諸夷扶南国伝「於二城溝中一養二鰐魚一、門外圏二猛獣一、有レ罪者、輒以餵二猛獣及鰐魚一、魚獣不レ食、為二無罪一、三日乃放之」、捜神記二「扶南王范尋、養二虎於山一、…又養二鰐魚十頭一、若犯レ罪者、投二与鰐魚一、不レ噬乃赦之、無レ罪者皆不レ噬、故有二鰐魚池一」。

堯時の獬豸（九一3）　続博物志一〇「堯緝二獬豸之皮一、為二帝帳一」、述異記上「獬豸者、一角之羊也、性知二人有レ罪、皐陶治レ獄、其罪疑者、令レ羊触レ之」。

出納諸司（九一7）　職員令によるに、大蔵省・中務省・主計寮・主税寮の二省二寮。太政官式「凡応三出二納官物一者、本司当日申二弁官一、弁官及中務監物民部主計等、与二本司一共検二出納一、其大蔵絹綿糸布等物、五位以上臨検案記同署、自余雑物及余司物者、史幷主典以上出納」。

鳲鳩（九一13）　かっこうどり。詩経、曹風、鳲鳩「鳲鳩在レ桑、其子七兮、淑人君子、其儀一兮、其儀一兮、心如レ結兮〈集伝、鳲鳩秸鞠也、亦名二戴勝一、今之布穀也、飼レ子朝従レ上下、暮従レ下上、平均如レ一也〉」。

単醪（九一14）　醪は濁り酒。黄石公記「昔者良将用レ兵、人有下饋二一単醪一者上、使レ投二之於河一、令三将士迎レ流而飲レ之、夫単醪不レ能レ味二一河水一、三軍思三為レ之死一、非二滋味及レ之也」（芸文類聚七二、酒）。

漢の宣帝…（九二4）　漢書、循吏伝序「及レ至二孝宣一、繇二仄陋一而登二至尊一、…常称曰、庶民所下以安二其田里一、而亡中歎息愁恨之心上者、政平訟理也、与レ我共レ此者、其唯良二千石乎〈師古曰、謂二郡守諸侯相一〉」、同、百官公卿表「郡守秦官、掌レ治二其郡一、秩二千石」。

使の人を発遣（九二9）　三代格一二、天長二年五月十日官符「定二詔使官使一事、右、頃年之間、為レ推二民訴一、遣二使四方一、或国司等対二捍使者一、不レ承二勘問一、捍侮之辞触レ類多端、遂乃使旨不レ展、徒然引帰、寃屈之民累レ年懐レ愁、路次之駅空疲二送迎一、稍尋二其由一、縁レ無二使威一、詔使臨レ界、豈如レ此乎、左大臣宣、奉レ勅、度レ時立レ制、古今攸レ貴、宜下定二使色一、以粛中将来上、其巡察覆囚検税交替畿内校班田問民苦幷訴等使、並准二詔使之例一、賑給検損田池溝疫死等使、猶為二官使一、但遣使之旨出二於事語一、即是等所謂詔使而已、不レ可三更限二事之軽重一」。

解由に拘はる（九三3）　令制で任期満了して新任者と交替の事務引継をすること。解由を完了しないと次の官にうつれない。続紀、天平五年四月辛丑条「制、諸国司等相代向レ京、或替人未レ到以前上道、或雖二交替訖一、不レ付二解由一、因レ玆、去天平三年告二知朝集使等一已訖、然国司寛縦、不レ肯二遵行一、仍遷任之人不レ得レ居レ官、無職之徒、不レ許レ直レ寮、空延二日月一、豈合二道理一、国宜下知レ状、遷替之人必付二解由一、申中送於官上、今日以後永為二恒例一」。

本朝格に云はく…（九三13）　三代格七、天長元年八月廿日官符「一択二良吏一事、右、検二右大臣奏状一偁、臣聞、登レ賢委レ任、為レ化之大方、審レ官授レ才、経国之要務、今諸国牧宰、或欲下崇二修治化一、樹中之風声上、則拘二於法律一、不レ得二馳騖一、郡国殄瘁、職此之由、伏望、妙簡二清公美才一、以任二諸国守介一、其新除守介則特賜二引見一、勧二喩治方一、因加二賞物一、既而政績有レ著、加二増寵爵一、公卿有レ闕、随即擢用、又反レ経制レ宜、勤不レ為レ己者、将従二寛恕一無レ拘二文法一者、依レ奏」。

不与解由の状…（九三16）　勘解由使式「凡勘下内外諸司所レ進不与前司解由状、令任用分付実録帳・検交替使帳等上者、弁官外題、下二於使局一、即率二解文紙数一、令三本司本国進二料紙一、諸国七通、諸司五通、先書二其草案一、而随二解文所レ載事条一、召二縁事所司一、令レ勘二申之一、主典已上次官已下次第勘判、其後長官閲二彼此之所レ執、定二勘判之得失一、即書二熟紙一、長官已下共署進、検校覆勘、既訖捺二使印一、為二長案一、更書二奏文幷内案及解文等一、次官已下相共校読、竟則加署、大臣奏聞之後、録二奏了状一、副二解文一進レ官、其奏文踏レ印訖、副二之官符一、更下二使局一、使局受取須レ行」。

三宮の舎人（九四13）　太皇太后・皇太后・皇后の三宮。舎人（とねり）は原義未詳。式部式「凡補二諸宮舎人一者、中宮入色一百五十人、外位一百人、白丁一百五十人、東宮入色四百人、外位一百人、白丁一百人、斎宮入色白丁各十人」。以上で千二十人となる。

帳内の資人（九四13）　略して帳内という。親王内親王に奉仕するための資人。管子、法法「資二有天下一、制在二一人一〈資、用也〉」、軍防令、帳内条「凡帳内、取二六位以下子及庶人一為レ之」、同、給帳内条「凡給二帳内一、一品一百六十人、二品一百卌人、三品一百廿人、四品一百人」。

諸大夫（九四13）　公式令、授位任官条「於二太政官一、三位以上称二大夫一、…其於二寮以上一、四位称二大夫一、…司及中国以下五位称二大夫一」。一般には、四位・五位の官人をいう。

命婦（九四13）　職員令、中務省条義解「女王・内外命婦〈謂、婦人帯二五位以上一、曰二内命婦一也、五位以上妻、謂二外命婦一也〉」。儀礼、喪服、命婦注「命者、加二爵服一之名」。

位分の資人（九四14）　令抄、選叙令「一位至二五位一給之、謂二之位分資人一」、軍防令、給帳内条「資人、一位一百人、二位八十人、三位六十人、正四位卌人、従四位卅五人、正五位廿五人、従五位廿人、女減レ半」。外に大臣・大納言の職分資人がある。

諸衛府の舎人（九四14）　三代格四、寛平三年十二月十五日太政官符「応レ定二諸衛府員外舎人数一事、左近衛府二百人〈右近衛府准レ此〉、左衛門府一百人〈右衛門府准レ此〉、左兵衛府二百人〈右兵衛府准レ此〉、右、左大臣宣、奉レ勅、件府、近衛門部兵衛等数、載二在格条一、而頃年之間、拠二異能供節要籍駈使等事一、毎レ府申請、補任之漸、殆倍二本数一、論二之政途一、理不レ可レ然、自今以後、宜二依レ件定一レ之」。

式兵二省の季符（九四14）　式部式「凡四季徴二免課役一帳、毎レ季造二三通一」、民部式「凡式部治部兵部等入色之徒、応レ徴二免課役一季帳者、四孟月十六日各申レ官」。

符損符益（九五11）　主計式「依レ符所レ免、為二符損一〈八位蔭子・四位孫・大舎人・三宮舎人・諸司史生・事業・薬生・歌儛琴鼓吹生・諸司雑部・番上工・左右近衛・兵衛・門部・主政帳・軍毅・帯刀・帳内資人・神主・禰宜・祝部・陵戸・太宰厨戸・吉野国栖・得度、並為二不課一、朝集税帳雑掌・衛士・仕丁・事力・軍士・鎮兵・采女守廬・採廬・復人・流人・徒人・美濃国坂本駅戸・信濃国阿知駅戸・太宰陸奥漏刻守辰丁、為二見不輸一、初位位子・学生・典薬生・佰長・坊郷牧長帳・駅長・駅子・烽長・渡子・兵士、為二半輸之類一、其選二就畿内一不レ復〉、依レ符所レ進為二符益一〈符損等人依レ符還レ本之類〉」。

内考（九五14）　諸司で行う勤務評定。続後紀、承和六年八月庚戌朔条「左近衛府言、補二近衛一事、春宮坊皇后宮中宮舎人・内匠・木工・雅楽寮考人等、並是内考、至レ有二才能一、府自試補、而今兵部省勘送云、大同元年格偁、蔭子孫・式部兵部散位・位子・留省・勲位等之類、聴二本府試補一、外考白丁者、勅使覆試、然後補レ之、件人等非二格所レ指、須下准二外考白丁一、勅使覆試上者、其三宮舎人幷雑勘籍人、已預二内考一、何准二白丁一、又格挙二大例一、不レ労二細色一、而兵部省偏執二格文一、還乖二旧貫一、太政官処分、便二弓馬一者、因二循旧例一本府試二補之一」。

三省（九五14）　式部省は文官、兵部省は武官、治部省は出家者の勘籍手続を行う。民部式「凡雑色人等、応二勘籍一者、式部・治部・兵部、各注二交名一申レ官、官下レ省訖、三省先遣二史生一、告下可二勘籍一之状上、即丞録各一人相共対勘、訖更造二解文一、同署申レ官」。

旧例に…（九六5）　三代格一七、貞観九年五月八日太政官符「応三毎年立レ限載二蠲符雑色人数一事、近江国一百人〈式部省七十四人、治部省六人、兵部省廿人〉、丹波国五十人〈式部省卅四人、治部省三人、兵部省十三人〉、右、得二民部省解一偁、主計寮解偁、式云、勘二大帳損益一者、皆須下相二折損進一、検中其損益上、若損進同数無レ所二損益一者、即申二官省一、返二却其帳一者、今案二式意一、相二折去今年調庸丁一、為レ令二有レ益無レ損、所レ立之文、但至二于符損一不レ責二其代一、而件等国依二蠲符一入二不課一雑色、近江国或年三百卅七、丹波国或年一百卅六、自二貞観元年一迄二于今年一所レ損調庸丁三千八百六十四、就中、近江国二千七百七十六、丹波国一千八十八。加以、承和年中、近江国大帳定二一万四千一百卅三一、丹波国定二七千五十八一、以二彼年帳一、相二折今年帳一、所レ欠調庸丁九千廿八、就中、近江国五千一百六十四、丹波国三千八百六十四、是則依二蠲符一入二不課一丁数多、例進丁数少之所レ致也」。

明経国学の試（九七3）　選叙令、秀才出身条「凡秀才出身、上々第正八位上、上々中正八位下、明経上々第正八位下、上中従八位上、進士甲第従八位下、乙第及明法甲第大初位上、乙第大初位下」、同、秀才進士条「凡…明経取下学通二二経以上一者上、…明法、取下通二達律令一者上」、考課令、明経条「凡明経、試周礼・左伝・礼記・毛詩各四条、余経各三条、孝経・論語共三条、皆挙二経文及注一為レ問、其答者、皆須下弁二明義理一、然後為上レ通、通レ十為二上々一、通二八以上一為二上中一、通レ七為二上下一、通レ六為二中上一、通二五及一経一、若論語・孝経全不レ通者皆為二不第一、通二二経一以外、別更通レ経者、毎レ経問二大義七条一、通二五以上一為レ通」、同、貢人条「凡貢人、皆本部長官、貢二送太政官一、…其大学挙人、具レ状申二太政官一、与二諸国貢人一同試」。

強弩を神…（九七7）　三代格五、承和四年二月八日官符「弓馬戦闘夷狄所レ長、平民数十不レ敵二其一一、但至二于弩戦一、雖レ有二万々之獷賊一、不レ当二一箭之機発一、尤是威レ狄之至要者也」。

六衛府の宿衛（九八2）　六衛府は、左右近衛府・左右兵衛府・左右衛門府。宿衛は、宿直して警衛に当る者。衛禁律、宿衛兵仗条「凡宿衛者、兵仗不レ得レ遠レ身、違者笞五十、若輙離二職掌一、加二一等一、別処宿者又加二一等一」、

軍防令、衛士上下条「凡衛士者、中分一日上、一日下、毎㆓下日㆒、即令㆘於㆓当府㆒、教㆓習弓馬㆒、用㆑刀弄㆑槍、及発㆑弩抛㆖石、至㆓午時㆒各放還」。

延喜元年の官符（九八5）　三代格一六、延喜二年三月十三日官符「応㆑禁㆔制諸院諸宮及王臣家占㆓固山川藪沢㆒事、右、延暦三年十二月十九日騰勅符偁、山川藪沢之利、公私共㆑之、比来王臣及諸司寺家等包㆓幷山林㆒、経㆓略藪沢㆒、宜㆘加㆓下知㆒勿㆖使㆓更然㆒、其所㆑占之地、不㆑論㆓先後㆒、皆悉還㆑公」。また同一九、同日官符「応㆑停㆘止勅旨開田幷諸院諸宮及五位以上買㆓取百姓田地舎宅㆒、占㆗請閑地荒田㆖事」。

枳棘・蟊蝥（九八6）　後漢書、岑彭伝「（岑熙）遷㆓魏郡太守㆒、招㆓聘隠逸㆒、与㆓参政事㆒、無為而化、視㆑事二年、輿人歌㆑之曰、我有㆓枳棘㆒、岑君伐㆑之、我有㆓蟊賊㆒、岑君遏㆑之〈枳棘多㆓榛梗㆒、以喩㆓寇盗充斥㆒也、蟊賊食㆓禾稼㆒虫名、以喩㆓姦吏侵漁㆒也〉」。

魚肉（九九1）　史記、項羽紀「沛公曰、今者出未㆑辞也、為㆑之奈何、樊噲曰、大行不㆑顧㆓細謹㆒、大礼不㆑辞㆓小譲㆒、如今人方為㆓刀俎㆒、我為㆓魚肉㆒、何辞為、於㆑是遂去」。

戒牒（九九3）　受戒者に与える証書。これにより得度者（沙弥）は大僧となる。玄蕃寮式「凡授戒者、毎年三月十一日始行㆑之、月内令㆑畢、其応㆑行㆑事之省寮綱所三司交名、当月五日進㆑官」、同「凡受戒時、省丞録寮允属各一人、率㆓史生各一人㆒、与㆓威従㆒共向㆓戒壇院㆒、子細勘㆓会官符度縁㆒、便収㆓取受戒者戒牒㆒、具注㆓後紙㆒、以㆓其本籍姓名㆒、即省寮相共押署、捺以㆓省印㆒、五月以前下㆓於僧綱㆒、僧綱六月一日頒給、若有㆘持㆓白紙戒牒㆒者㆖、科㆓違勅罪㆒」。

月ごとに番…（九九6）　毎月当番を結成し。左近衛府式「凡毎月一日十六日、具録㆓当番近衛歴名㆒次官已上奏進、其宿衛者、日別録㆓見宿数㆒次官以上一人署名、申送、闈司総取奏㆑之、余府准㆑此」。

暁夕に警め…（九九6）　宮衛令、開閉門条「諸衛按㆓検所部及諸門㆒、持㆑時行夜者、皆須㆓執㆑仗巡行、分明相識㆒、毎㆑旦色別一人、詣㆓在直官長㆒、通㆓平安㆒」。また左近衛府式に詳しい規定がある。

門籍…（九九9）　門籍は宮門・閤門に備えた出入官人の名簿。宮衛令、宮閤門条義解「凡応㆑入㆓宮閤門㆒者〈謂、衛門所㆑守、謂㆓之宮門㆒、兵衛所㆑守、謂㆓之閤門㆒〉、本司具注㆓官位姓名㆒〈謂、本司者、在京諸司皆是也、具注㆓官位姓名㆒者、此為㆓主典以上㆒立㆑文、其雑任准㆑此也〉、送㆓中務省㆒付㆓衛府㆒、各従㆓便門㆒、著㆑籍〈謂、宮門・閤門、当㆓人出入㆒、各有㆓要便㆒者、是為㆓便門㆒也〉、…皆非㆓著㆑籍之門㆒者、並不㆑得㆑出、若改㆑任行㆑使之類〈謂、改㆑任者、出㆓任外官㆒、若在㆑京遷㆑官者、至㆓一日十六日㆒須㆑換㆓其籍㆒、其未㆑換之間、尚依㆓旧籍㆒也、之類者、仮患等類亦約㆓此中㆒也〉者、本司当日牒㆑省除㆑籍、毎月一日十六日各一換㆑籍、宿衛人准㆑此」。

宿衛…（九九9）　宮衛令、上番条義解「凡宿衛人〈謂、兵衛、其門部亦准㆑此也〉、応㆓当上番㆒、而有㆑故不㆑得㆑赴〈謂、赴至也、言、不㆑得㆑至㆓本府㆒也〉、及下番、須㆓一日程以上行㆒者〈謂、其計㆑程者、従㆓私家㆒計、不㆑従㆓本府㆒、故云㆓下番㆒也〉、皆於㆓本府㆒申牒、具注㆓所㆑行之処㆒、若不㆑満㆓一日程㆒者、聴㆓暫往還㆒」。

天長年中に…（一〇一4）　三代格一六、天長九年五月十一日官符「応㆔早造㆓魚住船瀬㆒事、右、太政官今月十日下㆓播磨国㆒符偁、大納言正三位兼行左近衛大将民部卿清原真人夏野奏状偁、魚住地在㆓明石郡海崖㆒、諸国舟船入㆑京要路、而東西无㆑嶋、南海闊遠、微風動吹、波濤山起、経過之輩、能存者鮮、因㆑玆、私以㆓封物㆒、草㆓創舟泊㆒、加㆑功稍半、頗免㆓艱難㆒、而事非㆑縁㆑公、成㆑功難㆑究、伏望、頼㆓公力㆒、以楽㆓其成㆒者、被㆓中納言従三位兼行中務卿直世王宣㆒偁、奉㆑勅、益㆑国利㆑民、其要当㆑然、宜㆑使㆘国司次官已上一人専㆓当彼事㆒、早勤㆗造作㆖者、但其新物用㆓正税㆒、毎㆓年季㆒、進㆓功帳㆒」。

賢和（一〇一5）　三代格一六、貞観九年三月二十七日官符「応㆑令㆓播磨国聴㆑造㆓魚住船瀬㆒事、右、得㆓元興寺僧伝燈法師位賢和牒㆒偁、夫起㆓長途㆒者、次㆓客舎㆒而得㆑息、渡㆓巨海㆒者、入㆓隈泊㆒而免㆑危、則知、海路之有㆓船瀬㆒、猶㆓陸道之有㆓逆旅㆒、伏見㆓明石郡魚住船瀬㆒、損廃已久、未㆑能㆓作治㆒、往還舟船、動多漂没、匪㆔唯物損㆓於公私㆒、深悲㆔人墜㆓於非命㆒、繕修之可㆑務、尤急㆓於道橋㆒者也、望請、与㆓講師賢養㆒、共同心勠力、試加㆓営造㆒、以遂㆓宿情㆒者、右大臣宣、件泊頽壊之後、年祀稍積、将㆑造之議、公家不㆑忘、而今二僧慷慨、一向輸㆑誠、念㆓彼志慮㆒、何不㆓助嘉㆒、宜㆘下㆓知国司㆒、令㆖得㆓成功㆒」。

衛府の舎人（一〇四3）　左右近衛府の近衛、左右衛門府の門部、左右兵衛府の兵衛。意見十二箇条「又六衛府舎人、皆須下毎レ月結レ番、暁夕警備、当番陪二侍兵欄一、他番休中寧京洛上」（九九頁）。

陣直（一〇四3）　続紀、神亀四年三月甲午条に「阿倍朝臣広庭宣レ勅云、衛府人等、日夜宿二衛闕庭一、不レ得下輙離二其府一散中使他処上」とあり、左近衛府式、番奏条に「凡毎月一日・十六日、具録二当番近衛歴名一、次官已上奏進〈若無者判官亦奏〉。其宿衛者、日別録二見宿数一、次官以上一人署名申送、闈司惣取奏之」と見える。

兼国（一〇四3）　実例では平安初期に舎人の兼国の例は見られないが、近衛将監で諸国の権掾を兼ねる例が三代実録、貞観元年十一月十九日条の紀正守の例以下しばしば見える。

季禄（一〇四5）　京官及び大宰府・壱岐・対馬の官人などに官位に応じて支給する禄。禄令、給季禄条「凡在京文武職事、及大宰、壱岐、対馬、皆依二官位一給レ禄。自二八月一至二正月一、上日一百廿日以上者、給二春夏禄一。…秋冬亦如之」、季禄条「凡禄、春夏二季、二月上旬給〈以二糸一絇一代二綿一屯一〉。秋冬二季、八月上旬給〈以二鉄二廷一代二鍫五口一〉」。

大粮（一〇四5）　官人給与の総称だが、番上に米や塩などを支給することをいう。太政官式「凡親王以下月料并諸司要劇及大粮等、毎月申レ官出充。…大粮者毎月十六日申二太政官一、廿日官符下二民部一、廿二日出給。若逢二雪雨一、臨時改レ日」。

衣服（一〇四5）　時服のことか。臣下の者に夏冬に賜わる禄。太政官式に「凡諸司時服者、起二十二月一尽二五月一。計二上日一百廿以上、及番上八十以上一、各給二春夏料一。中務省録二人物数一、六月七日申二太政官一、九日奏聞、廿日官符下二大蔵一、廿二日出二給之一。…秋冬准レ此」とある。

月料（一〇四5）　親王や官人に毎月支給される食料。太政官式に「凡親王以下月料并諸司要劇及大粮等、毎月申レ官出充。其月料物者、録二来月数一、毎月十日申二太政官一、十七日官符下二宮内省一、廿五日出給」とある。

官奏（一〇四5）　当時の重要な朝儀であったが、次第に衰廃し、吉書奏・不堪佃田奏・諸国司減省奏及び講読師交替奏等に限定された。新儀式第五「官奏事。天皇御二南殿一之儀、具見二旬日一。但御二中殿一、大臣或大納言有レ奏者、内已其、則大臣奏請。若有二被レ聴□状一、直下二外記一、令レ仰二事由其人并大弁等一、先令三殿上弁召二蔵人一、奏下聞候二奏文一之由上。聞食訖、立二御甚帳於母屋一、敷二円座於孫廂御座間一、令レ喚二奏者一。奏者插二奏文於書杖一〈插二笏于腰一〉従二侍方一参上。暫居二南廊小板敷一、候二気色一。天皇目レ之、随経二簀子敷一着二円座一。献レ書、覧訖返給。一々結申、訖以レ書取二加於書杖一而退下。明日官史書二奏封一付二蔵人一奏レ之」。

内給（一〇四6）　除目抄、内給以下外国年給事「内給。掾二人、目三人、一分廿人。掾ヲバ称二三分一、目ヲバ称二二分一、一分ト云者、史生郡司等之類也」。

正税（一〇四6）　字類抄「正税稲〈毎国置二本穎一、春班下給作二公田一輩上、十束加二三把利一返納宛二公用一。雑稲在二此中一。毎国有二式数一。本穎利穀近代多減〉」。農民に出挙し、その利稲を地方国衙の運営費にあてた。平安時代になって中央の財政が苦しくなると、諸国の正税を中央に貢進させ、官人の給与などにあてることが多くなった。

帳遺（一〇四6）　寛平六年九月廿九日の官符に「右得二民部省解一称、主税寮解称。謹検レ式称、進二正税帳一者、諸国二月卅日、大宰管内国島五月卅日以前者。此誡所下以弁二去年雑用一知中国内官物上者也。今諸国遠者廿年以下、近者五年以上、或点而不レ進、或進而不レ勘。因レ玆載二結解帳一、毎年申送、而依レ無二科責一猶致二緩怠一、吏替時移之後、纔勘二去年帳一。雖二勘出物其数千万一、而謂レ非二当時一只事二規避一。徒有二勾勘之煩一、曾無二塡納之労一。遂使下後任之吏慣二其如レ此、寄二言前司一無中心二勤勘一。…今須下件帳一任之内或過レ時不レ進、或雖レ進不レ勘之輩、遷替之日雖レ進二解由一返却不レ収以懲中後人上。唯依二旧年欠猶未二塡納一、且請二取返却帳一之国、論レ実是勘二済公文一也。雖レ無二返抄一理非レ可レ責。仮令未レ及レ勘二当時之帳一、而勘二済前司公文一八年以上者、従レ政匪レ懈勤公可レ称。若有下弁済塡納請二取返抄一四年以上上者、擢二於等倫一特加二褒奨一」とある。

執政（一〇四9）　式部式上「凡非二執政一二位者、列二中納言之下、三位参議之上一」。

進止（一〇四9）　弾正台式「凡遣二台官人於五畿内一之儀、預定二忠一人一、然後尹若弼一人、忠一人、参二太政官一請二進止一」。

寮の司（一〇四12）　斎宮寮の官人。神亀五年七月廿一日の格（令集解巻一）に斎宮寮は頭一人、助一人、大允二人、小允一人、大属一人、少属一人があり、外に主神・舎人・蔵部・膳部・酒部・水部・釆部・殿部・薬部・掃部等の司がある。斎宮式にはさらに馬部・門部の名が見える。

式の例（一〇四13）　斎院式に「斎王定畢所レ請雑物」として、膳器、行具、人給料、時服料、元日節料、冬料鋪設、三年一請雑物について料物を挙げる。

菅原朝臣（一〇五1）　道真は寛平五年二月に参議となり、七年十月に従三位中納言となって十一月に春宮権大夫を兼ね、九年六月に権大納言兼右大将に任ぜらる。

季長朝臣（一〇五1）　高棟王の男平季長。陸奥守・上野権介などを経て寛平三年右少弁、八年四月右中弁、九年五月右大弁、七月五日蔵人頭となり二十二日に卒す。請レ令三議者反二覆検税使可否一状（菅家文草巻八）に「又今所二点使一者、在京七人之中、左中弁平季長者、宮中要須之人也。聖主所レ照、不二更具陳一」と見える。

権講師（一〇五3）　諸国国分寺の住僧で寺務を管理し部内を教化する役の講師の権官だが、何時置かれたか不明。寛平七年七月一日の官符に「応下依二階業次第一簡中定諸国講読師上事」とあるのと何か関係あるか。

権検非違使（一〇五3）　諸国に検非違使が置かれたことは寛平六年九月十八日の官符に「応下諸国検非違使立二秩限一幷停中補二無位人一事」とあることにより知られる。諸国検非違使は文徳実録、斉衡二年三月乙巳条の大和国の例を初見とする。諸国の検非違使が国内の百姓の贖労（労料を納めて官途を維持すること）の対象となってその実を失っていたことは、意見十二箇条により知られる。権官は三代実録、仁和元年七月十九日条に「近江国検非違使権主典」が見え、別聚符宣抄に承平年間の大和・大宰府の権検非違使のことが見える。

孟冬の簡定（一〇五4）　玄蕃寮式「凡諸国講読師者、寮与二僧綱一倶孟冬一日簡定牒二送省一。但其牒不レ留二寮家一、副二寮解一送レ省。省亦加二解文一共進レ官。即経二奏聞一、明年二月以前下二任符一」。字類抄「簡定、ヱラヒ、評定部、カンチヤウ」。

内供奉十禅師（一〇五6）　内供奉は天皇の御持僧で宮中の内道場に勤仕して読師等の役を勤め、十禅師の兼職であった。十禅師は続紀の宝亀三年三月丁亥条に「禅師秀南・広達…或持戒足レ称、或看病著レ声、詔充二供養一、並終二其身一。当時称二十禅師一」とあるのが最初で、内供奉の初めは塵添壒囊抄に「宝亀三年ニ、普ク勅二諸国一、智行ヲ択テ、此官ニ任ズ」とある。

外蕃の人（一〇五9）　公式令、遠方殊俗条に「凡遠方殊俗人、来入レ朝者、所在官司、各造レ図。画二其容状衣服一、具序二名号処所幷風俗一。随レ訖奏聞」とあり、源氏物語、桐壺に「みやのうちにめさむことは宇多の御かどの御いましめあれば」とあるのに、河海抄は遺誡を引いて「案レ之如二遺誡一者、蕃客に直に対し給まじきよしを載らるゝといへども、宮中にめす事は不レ被レ誡歟。而いまの詞本文に違する歟。若又此外に有二別勅制一歟如何。倩思レ之、此文指召覧すべき故なくば輙不レ可レ召二宮中一といふ心を含歟」と記す。

定国（一〇五15）　蔵人・侍従を経て寛平四年五月右衛門佐、九年七月蔵人頭、九月権中将、昌泰二年二月参議、十二月従三位中納言、延喜二年大納言を歴任して右大将・春宮大夫、陸奥出羽按察使等を兼ね、六年七月三日に四十歳で薨ず。泉大将と号す。

賞罰を明かにす（一〇六1）　帝範、賞罰篇「顕レ罰以威之、明レ賞以化之。威立則悪者懼、化行則善者勧」。

愛憎（一〇六1）　文選、王文憲集序「無三己之心事隔二於容諂一、罕三愛憎之情理絶二於毀誉一〈劉良注、…人無二愛憎一均平如レ一則毀誉従レ何而生也〉」。

好悪（一〇六2）　顔氏家訓、勉学「生民之成敗好悪、固不レ足レ論」。

喜怒（一〇六2）　蜀志、先主伝「少二語言一、善二下人一、喜怒不レ形二於色一」。

宿衛の勤（一〇六5）　都氏文集巻四、為二左近衛官人一上二大将一表「宿衛官人等、星夜不レ眠、霜暁□起、比二彼二省（式兵両省）之劇一、已非二一日之論一」。

舎人…（一〇六5）　官職秘抄巻下に「将監、良家子任レ之。無官者不レ任レ之。但大臣子孫并大将請必不レ然。又自二分一不レ任レ之。但有下如二舞人楽人近衛舎人一自二将曹一転任之例上」と見える。舎人から府生・将曹等をへて将監にまで昇任するのは、現実にはかなり困難であった。この前後の事例では、延喜十一年に舎人であった宇治部当茂（北山抄巻八）が、天慶元年に将監として見える（本朝世紀）例があり、この間二十七年である。

儀式の叙位（一〇六7）　太政官式に「凡正月七日、賜二宴於五位已上一。若有レ叙二五位以上一者、前二日大臣及参議以上於二御所一択下定応二叙位一人上、即令レ書二位記一仰之〈事見二儀式一〉」とある。

御匣殿（一〇六10）　拾芥抄、宮城部に「在二貞観殿中一、以二上臈女房一為二別当一。有二女蔵人一」とあり、禁秘抄上に「御匣殿別当。是ハ非二女御更衣之儀一、只御所中沙汰人也。上古不レ絶有レ之。内蔵寮外御服ナド裁縫所也」と見える。

収殿（一〇六10）　納殿。拾芥抄、宮城部「累代御物納レ之、在二宜陽殿一、恒例御物ヲ納、蔵人所綾綺殿。紙ノ御屏風在二仁寿殿一」。

糸所（一〇六10）　内蔵寮式にも見える。同右「在二采女町北一、献二薬玉一之時、依レ請給二料物等一。縫所別所也」。

日給（一〇六11）　字類抄「ニツキフ、帝王部政理分」。毎日一定の時刻に出勤し、清涼殿や台盤所などに官位姓名を録した日給簡に上日を録すること。

等第（一〇六11）　蔵人や女官などの上日数を算定して等級づけ禄を給すること。侍中群要巻六、等第文事「夏六月、上等五疋、中等三疋、下等二疋。冬十二月、上等六疋、中等四疋、下等三疋。但蔵人所下等三疋三丈云々。殿上蔵人所内侍所等上日等第也。奏了男女房料下二内蔵寮一、進二疋絹一分給」。

息所菅氏（一〇六13）　道真の女衍子（紀略は淑子）。宇多天皇女御。北野天神御伝に「長女従四位下衍子、為二寛平女御一、太上天皇出家之後、落髪為レ尼」、紀略、寛平八年十一月廿六日条に「正五位下菅原淑子為二女御一」と記す。

宣旨滋野（一〇六13）　伝未詳。宣旨は宮中の上臈の女房の呼称。八雲御抄巻二、撰集に「宣旨…東宮・中宮ナラデモ摂関家モ同」と見える。

執奏（一〇六16）　公式令、奉詔勅条「凡奉二詔勅一、及事経二奏聞一、雖二已施行一、験レ理灼然不便者、所在官司、随レ事執奏〈釈云、執奏、謂奏二意所レ執也。古記云、執奏、謂奏也〉」。

中重（一〇七3）　中隔とも書く。内裏を囲む築地で御垣、宮垣といい、南の正門が建礼門、西が宜秋門、東が建春門、北が朔平門であり、衛門府が警備に当たる。

采女（一〇七3）　宮中女官の一で、地方郡司の姉妹または女が採用される。後宮職員令、氏女采女条に「凡諸氏氏別貢レ女。…其貢二采女一者、郡少領以上姉妹及女、形容端正者、皆申二中務省一奏聞」とあり、宮内省采女司が管轄し、後宮十二司のうち、水司・膳司に配属された。宿所は延喜式、采女司条に「凡采女四十七人、賜下近二宮城一地上」とあり、拾芥抄、宮城部に「宿所、采女町〈在二内膳東一〉」と見える。

女孺（一〇七3）　字類抄「ニヨシウ、女官也」。宮中に仕える下級の女官で、禁秘抄巻上に「御所中掃除指油等役、女嬬所レ知也」とある。令集解に「伴問、女孺者本従二何処一来女也。答、以二采女并氏女等一補也」と記す。

曹司（一〇七3）　官人の勤務する舎屋。伊呂波「サウシ、曹局也」。貞丈雑記「曹司と云ふは家を長くつゞけていくしきりにもしきるなり。曹の字はカギルとよむ、司の字はツカサトルとよむ、役所をしきる心也」。禁秘抄上、女嬬に「占二便所一為レ家、是寛平遺誡其一也。尤可レ止可レ止」とある。

左大将藤原朝臣（一〇七9）　藤原時平。関白太政大臣基経の嫡男。寛平三年参議、五年中納言、九年六月十九日に大納言左大将となる。延喜九年四月四日、正二位左大臣左大将にて薨ず。三十九歳。

政理に熟し（一〇七9）　大鏡巻二に「やまとだましひなどはいみじくおはしましたるものを」とあり、古事談巻六に「延喜御時、相二人相一者参来、…依レ勅令レ相云、第一人〈先坊〉容貌過レ国、第二〈時平〉賢慮過レ国、第三〈菅家〉才能過レ国。各不レ叶二此国一、不レ可レ久歟云々」と見える。

能く顧問に備へて…（一〇七11）　以下三条について古今著聞集巻三に「延喜聖主、位につかせおはしまして後、本院右大臣・菅家・定国朝臣・季長朝臣・長谷雄朝臣、此五人其心をしれり。顧問にそなはりぬべしとて、寛平法皇注申させ給ひける。かくおぼしめしとらせ給ひける、やんごとなき事也」と記す。

鴻儒（一〇七13）　論衡、超奇「能精思著レ文、連三結篇章一者、為二鴻儒一、…故夫鴻儒、所謂超而又超者也」。

博士（一〇七13）　要略巻三〇に宇多天皇が侍読橘広相のことを「朕博士」と述べており、新儀式第四、御読書事に「若有二御読書事一、預定二其書幷博士尚復一」とあるのに該当す。道真は寛平四年に群書治要と礼記を侍講した（北野天神御伝）。

多く諫正を受けたり（一〇七14）　花園天皇宸記、正和二年十月四日条に「今日寛平御記十巻一見了〈但第二巻欠〉。菅丞相等之臣下、多レ納レ諫。毎レ見二此御記一、只恨当時無二忠臣一、不忠不直之臣満レ朝多」と見える。

尚侍（一〇七15）　藤原長良の女淑子は、貞観二年従五位下、元慶三年従三位、六年正三位、八年四月尚侍となる。寛平八年十月に宇多天皇その邸に幸し、延喜六年五月廿八日に六十九歳で薨じ、正一位を贈らる。紀略、仁和三年十一月廿一日条に「尚侍正三位藤原淑子叙二従一位一。天皇以二神筆一染二黄紙一。因二竜潜之時有レ功也」とあり、西宮記巻三、除目に「寛平九年六月十九日、尚侍藤原朝臣、於レ朕為二養母之勤一」とあり、奉昭宣公書（要略巻三〇）に「尚侍殿下者、今上（宇多）之所二母事一、其労之為レ重、雖二中宮一而不レ得、其功之為レ深、雖二大府（基経）一而不レ得」と見える。

旦ならざるに…（一〇八12）　漢書、鄒陽伝「始孝文皇帝拠レ関入立、寒レ心銷レ志、不レ明求レ衣〈臣瓚注、文帝入レ関而立、以二天下多難一、故乃寒心戦慄、未明而起〉」。紀略、寛平二年閏九月十二日条に「召二儒士於禁中一、令レ賦二未旦求衣賦、霜菊詩等一」と見える。

政務の後に…（一〇九3）　以下、古今著聞集巻二〇に「桓武御門、御まつりごとの後は衣冠をぬがせおはしまして、御膳まいりて鷹司の御鷹を庭にめして、餌をかはせさせ給ひけり。ある時は又御手づから觜爪などをつくらせ給ひけり」と記す。天皇が鷹を愛したことは紀略、延暦十七年閏五月癸酉条に「主鷹司於二北山一造レ巣、放二二鶬子一、即生二三雛一。於二御前一養二長之一。天皇甚愛翫、詔曰、云々。授レ位」とある。嵯峨野物語にも見える。

羅城門（一〇九8）　字類抄「在二朱雀南極一。今四塚是也」。三代実録、貞観十三年十月廿一日条に「又朱雀羅城等門、名義如何。従五位上行大学頭兼文章博士巨勢文雄議曰、…又称二羅城門一者、是周之国門。唐之京城門。西都謂二之明徳門一、東都謂二之定鼎門一。今謂二之羅城門一、其義未レ詳。但大唐六典注云、自二大明宮一、夾二東羅城複道一、経二通化門磴道一、而入二興宮一焉。今案二其文勢一、蓋此羅列之意乎」とある。

工匠…（一〇九9）　世継物語「今は昔、柏原の御門の御時に…らいせい門のへんにて、御輿をとめてたくみをめして、仰られけるやう、いとよく門はたてたり。但たけなん今一尺きるべき。風はやき所に、ひとつ屋にてたてたれば、風のためにあやうき也。風はたけいますこしまさりおとるに随ひて、ふせがるゝ事なれば、所の地のていにしたがひて、たけの程はたつるを、此比のたくみはそれをえしらで屋をたつれば、この門いま一尺きれ。さらばよかりなん…。此門のたけは本の門の様にたてあはせさぶらふを、一尺きれと仰られしが、仰のまゝにきりては、むげにひきくまかり成なん。とをく見あぐるに、たかやかにてさぶらふこそきらきら敷さぶらへ。かゝるはなれ屋のひらに見えば、みぐるしくさぶらひぬべしと思ひさぶらひて、五寸をきりてさぶらふ也。それに今五寸と仰さぶらへば、はじめ御覧じそこなひたるにはさぶらはず。五寸かたみてきりさぶらはずと申。御門かしこく見てけり。こぼちきらば、宮こうつりの日近く成てえあはせじ。さらばせであるばかりたゞし。風にやともすれば吹たうされんと仰事ありければ、たくみの申やう、いみじくつよく作てさぶらふ物也。たけ五寸きりさぶらひぬれば、更にあやうき事さぶらはじとなん申けり。さて都うつりの後、末の世にいたるまで、三度ばかり吹たをされたりければ、御門の御覧じたる事かなひにたり。いみじうおはしましけり。物の上手となん申伝たる」。

造次（一一六3）　論語、里仁「君子無二終レ食之間違一レ仁。造次必於レ是、顛沛必於レ是〈集疏、邢昺云、造次猶レ言二草次一。鄭玄云、倉卒也。皆迫促不レ暇之意、故云、急遽〉」。

座右（一一六3）　文選「崔子玉、座右銘〈呂延済注、范曄後漢書云、崔瑗字子玉、涿郡人也、…兄璋為レ人所レ殺、瑗遂手刄二其仇一亡命。蒙レ赦而出、作二此銘一以自戒。常置二座右一。故曰二座右銘一也〉」。

属星（一一六4）　拾芥抄、属星部「本命属星。子年人貪狼星、丑亥年人巨門星、寅戌年人禄存星、卯酉年人文曲星、辰申年人廉貞星、巳未年人武曲星、午年人破軍星」。塵添壒嚢鈔「人本命星幷縁木縁穀事、生年当星不レ替。故ニ本命星ト云也。略頌云〈貪巨禄文廉武破〉」。四方拝に当年の星の属星が唱えられたことは口遊、時節門に見え、江家次第巻一に「次皇上於下拝二属星一座上端レ笏、北向称二御属星名字一〈七遍、是北斗七星也〉」とある。なお台記別記、久安三年三月廿八日条に「疇昔禅閤（藤原忠実）従容語レ余曰、吾白月八日、誦二不空羂索経一、祈二子孫繁昌一。黒月七日、拝二北斗七星一、祈二寿考一。今二事具得、寔是三宝之加護、七星之冥助也。九条大臣遺戒、初章説。可レ信二仏法一之事、宜哉此言矣」とある。

鏡を取りて…暦を見て…（一一六6）　芸文類聚巻七〇「漢李尤鏡銘曰、鋳レ銅為レ鑑、整二飾容顔一、修二爾法服一、正二爾衣冠一」、同巻五「漢書曰、…故聖王必正レ暦、以探二知五星日月之会、凶阨之患一。其術皆出レ焉」。

神社を念ず（一一六7）　寛平御遺誡に「毎レ日整レ服、盥漱拝レ神」（一〇八頁）と見え、吏部王記（西宮記所収）延長八年九月廿六日条に「太上皇命二我五事一。朕屈レ指数レ之、唯忘二一事一、其四分明〈敬二神祇一云々〉」とある。

昨日のことを記せ（一一六7）　今鏡巻七、堀河の流れに「唐土の書物し給へる事は、兄には劣りけれど、日記など量りなく書きつめ給ひて、この世にさばかり多く記せる人なくぞ侍る」と見える。

甲（一一六9）　吉日考秘伝に「一除甲吉日第卅六、丑日〈手甲〉、寅日〈足甲〉、六日、十六日、晦日〈已上三ヶ日除二手足甲一〉。甲午〈手足甲〉無病也。庚日〈足甲〉、壬日〈手足〉両月上弦日除二足甲一、終身無病大吉。月晦日寅時除二手足甲一、令二人長生無病一也。庚申経云、寅申日去二手爪一、午日吉二足爪一、三尸即去。又治二三尸一、常以二七月十六日一去二手足爪一、除二腹中三尸一」。土左日記に「つめのいとながくなりたるをみて、ひをかぞふれば、けふは子日なりければきらず」と見える。

沐浴の吉凶（一一六11）　延寿類要に「養生要集曰、常用二陰日一沐浴、増レ寿三百年也。陰日者乙丁己辛癸也。又云、正月二日、二月三日、三月六日、四月八日、五月一日、六月廿一日、七月七日、八月八日、九月廿日、十月八日、十一月廿日、十二月卅日。常以二此月此日一取二枸杞一、煮レ湯沐浴、益二人顔色一。駐レ顔之道也」、吉日考秘伝に「一沐浴吉日第卅四、申酉亥子日。子日〈令三人宜二酒肉一〉、丑日〈令二人長命得一レ財〉、寅日〈令下人為二虎狼一被中殺害上〉、卯日〈令二人頭白一、王侯貴大吉〉、辰日〈令二人害死一、又令レ被レ辱〉、巳日〈令二人多一レ憂、遠行凶〉、午日〈令レ宜二六畜一、作二史遷一云頭創一〉、未日〈令レ宜二髪長一〉、申日〈令レ宜二子孫一、吉〉、酉日〈令二人避一レ兵、宜二六畜一〉、戌日〈令二人喪一レ生〉、亥日〈令レ宜二六畜一〉、…忌日、丁日、建日、十五日、立秋、三伏、二社、四殺日。病後沐浴吉日、子卯辰午戌。又云、寅申丑大吉。忌。丑寅巳未申亥。又云、子日不レ洗レ手、酉日病更発」。

一日に…（一一六11）　権記、寛弘六年五月一日条に「今朝沐浴。或人云、五月不レ沐レ髪、又月一日忌レ浴云。仍見二暦林一、五月一日沐レ髪良。此日沐令二人明目長令富貴一。又云、五月一日日出沐浴、除二過三百一、令二人無一レ病。五月一日沐浴、延レ年除レ禍。一云、朔日沐浴、不レ出二三月一、有二大喜一。依レ有二此等文一沐浴也」。

八日に…（一一六12）　帝王編年記に「長和二年七月六日、妍子女御有二御産事一、降二誕皇女一、可レ有二御浴殿事一。而七日不レ宜。陰陽師吉平勘二申八日一。左大臣被レ仰云、世俗此日不レ浴如何。吉平申云、此事無二所見一。七月八日沐浴之由見二于尚書暦一。仍有二御浴殿事一」、殿暦、天永三年四月八日条に「世俗云、今日不二沐浴一。但主上今日必有二御沐浴一。然世俗忌不二得心一。可レ尋」。

下食の日（一一六13）　暦林問答集下に「或問、歳下食者何也。答曰、尚書暦云、歳下食者、有二天狗星一、其精也。是以云二天狗出食日一、又号二深悪神日一。六十日一出食、一歳六食也。但軽凶也。支干吉幷者、用レ之無レ咎也」とあり、拾芥抄、諸頌部に「下食日沐浴誦。妙善王、金著女、追杖鬼、参尾王、波羅羅鬼」と見える。また禁秘抄巻上、神事次第に「歳下食沐浴不レ忌。是白川院仰不レ憚レ之云々」と記す。

多く飡ふこと…（一一七5）　太平御覧巻八四九「慎子曰、飲過レ度者生レ水、食過レ度者生レ貧」、同七二〇「老子養生要訣曰、不レ飢強食則脾労、不レ渇強飲則胃脹。体欲レ少レ労、食欲二常少一。労則勿レ過、少勿レ令レ虚」。

詩に云はく…（一一七6）　詩経、小雅、小旻「不二敢暴虎一、不二敢馮河一、人知二其一一、戦戦兢兢、如レ臨二深淵一、如レ履二薄氷一〈毛伝、戦戦恐也。如レ臨二深淵一、恐レ墜也。如レ履二薄氷一、恐レ陥也〉」。なお以下の文は後漢書、光武帝紀に「宜下如レ臨二深淵一、如レ履二薄氷一、戦戦慄慄、日慎中一日上〈太公金匱曰、黄帝居二人上一、惴惴若レ臨二深淵一。舜居二人上一、矜矜如レ履二薄氷一。禹居二人上一、慄慄如レ不レ満レ日。敬勝レ怠則吉、義勝レ欲則昌、日慎二一日一、長終無レ殃〉」とあるによる。

鷹犬（一一七9）　弾正台式に「凡私養二鷹鶻一、台加二禁弾一」とあり、台記、康治元年十二月卅日条に「将レ遺二誡訓於家中一焉。…於二鷹犬牛馬酒色等之類一者、深以禁レ之」と見える。

博奕（一一七9）　和名抄「兼名苑云、双六一名六采〈今案簙奕是也。簙音博、俗云須久呂久〉」。伊呂波「ハクエキ、一心、二物、三手、四勢、五力、六論、七盗、八害、謂二之博奕一」。捕亡令に「凡博戯賭財、在レ席所レ有之物、及句合出九得レ物、為レ人糺告、其物悉賞二糺人一」とあり、弾正台式にも「凡双六者、無レ論二高下一、一切禁断」と見え、また右記に「囲碁双六等諸遊芸鞠小弓等事、強不レ可レ好レ之、…就中於二双六一者、曾以不レ可レ操レ之。大師御制誡其一也」と記す。

宝号（一一七11）　右記に「黎明早起、先可二盥漱一。然後奉二為当所鎮守及氏生神明等一所作、毎日不レ闕為レ之。所謂般若心経、寿命経、普門品等也。又五字文殊真言、虚空蔵聞持咒等、数遍任レ心、日々不レ懈、孜々令レ読。次奉二為大師法楽一、孔雀明王真言幷宝号遍照金剛可レ奉レ唱二誦之一」。

貞信公（一一七13）　紀略、天暦三年八月十八日条に「葬二太政大臣於法性寺外艮地一。詔贈二正一位一、謚二貞信公一」。なおこの話は古事談巻二に引用される。紀略、延長八年六月廿六日条に「午三刻、従二愛宕山一黒雲起、急有二陰沢一。俄而雷声大鳴、堕二清涼殿坤第一柱上一。有二霹靂神火一。侍二殿上一之者、大納言正三位兼行民部卿藤原朝臣清貫衣焼胸裂夭亡〈年六十四〉。又従四位下行右中弁兼内蔵頭平朝臣希世顔焼而臥。又登二紫宸殿一者、右兵衛佐美努忠包髪焼死亡、紀蔭連腹燔悶乱、安曇宗仁膝焼而臥。民部卿朝臣載二半蔀一至二陽明門外一載レ車。希世朝臣載二半蔀一、至二修明門外一載レ車。時両家之人悉乱二入侍一、哭泣之声、禁止不レ休」。また十訓抄巻六に「延長八年六月廿六日、かみなりおそろしかりけるとき、清涼殿の坤の柱の上に神火出来てもえけるに、大納言清貫卿上の衣に火付て臥まろび、おめきさけべども消ず。右中弁希世朝臣顔やけて柱のもとにたふれ臥。此二人はよのつねに仏法を軽じける故に、此火にあたるよし貞信公かたり給けり。…これかぎりある天のわざはひなりけれど、仏法を信じ奉る程の人は、その所に有ながら事故なかりけり。貞信公は時平の弟にておはしけれど、兄に同意し給はず、天神の御事を歎給ひけり。其故にや当座に候給ひけれども、いさゝかの煩おはせざりけり」と記す。

君のために…（一一八8）　呂氏春秋、勧学「先王之教、莫レ栄二於孝一、莫レ顕二於忠一。忠孝、人君人親之所二甚欲一也」。文粋、座右銘「以レ忠事二其君一、以レ孝事二其親一」。

忠貞（一一八8）　左伝、僖九「臣竭二其股肱之力一、加レ之以二忠貞一。其済君之霊也。不レ済則以レ死継レ之。公曰、何謂二忠貞一。対曰、公家之利、知無レ不レ為、忠也。送レ往事レ居、耦倶無レ猜、貞也」。

文王の世子（一一九1）　礼記、文王世子「文王之為二世子一、朝二於王季一（文王の父）日三。雞初鳴而衣レ服、至二於寝門外一、問二内豎之御者一曰、今日安否何如。内豎曰、安。文王乃喜。及二日中一又至。亦如レ之。及レ莫又至。亦如レ之。其有レ不レ安レ節、則内豎以告二文王一。文王色憂、行不レ能二正履一。王季復レ膳、然後亦復レ初」。

假文（一二〇13） 仮寧令、給休仮条に「凡在京諸司、毎二六日一、並給二休仮一日一云々」、同請仮条に「凡請レ仮、五衛府五位以上、給二三日一。京官三位以上、給二五日一。五位以上、給二十日一。以外、及欲レ出二畿外一奏聞。其非レ応レ奏、及六位以下、皆本司判給。応二須奏一者、並官申聞」、監物式に「凡官人請暇文、有二見直五人以上一者、得二互判許一。若不レ満二此数一、請二省処分一」。

直の日（一二〇15） 公式令、百官宿直条に「凡内外百官、司別量二事閑繁一、各於二本司一、分番宿直。大納言以上、及八省卿、不レ在二此例一〈謂、尋常時〉」、太政官式に「凡諸司毎日作レ番宿直。各録二名簿一進二弁官一」。

髪を捉へ哺を吐くの誡（一二一12） 史記、魯世家「周公戒二伯禽一曰、我文王之子、武王之弟、成王之叔父。我於二天下一亦不レ賤矣。然我一沐三捉レ髪、一飯三吐レ哺、起以待レ士。猶恐レ失二天下之賢人一。子之レ魯、慎無二以レ国驕一レ人」。

諸七追福（一二二2） 釈氏要覧、雑紀「累七斎。人亡毎レ至二七日一、必営斎追薦。謂二之累七一、又云二斎七一。瑜伽論云、人死中有身、若未レ得二生縁一、極二七日一住。若有二生縁即不一レ定、若極二七日一、必死而復生。如レ是展転生死、乃至七七日住。自レ此已後決定得レ生。…如二世七日七日斎福一、是中有身、死生之際、以レ善追助、令二中有種子不一レ転二生悪趣一故、由レ是此日之福、不レ可二闕怠一也」。

十分に…（一二二5） 文選、西都賦「若レ臣者、徒観二迹於旧墟一、聞二之乎故老一。十分未レ得二其一端一。故不レ能二徧挙一也〈呂延済注、言我但観二故居之迹一、聞二故老之言一。十分之中、未レ能レ知二其一端一〉」。

菅家遺誡

凡そ（一二四3） 園の池水に「此は遺誡の巻首に標挙し給へる一章にて、総て此遺誡の文格、毎章凡字を篇首に冠らせて記させ給ひたる中に、今此巻首なる凡の字は、他章なるとは意異也。其は他章なるは唯其一章にの給む事物の上のみをおほよそに采総ての給へるにて、其意狭く浅きを、此所なるは異にて、凡とは百国を采総ての給ふ語にて」と説く。

仁君の…（一二四3） 日本書紀通証巻一、彙言に「敏達紀曰、天皇所二以治一天下一政、要須護二養黎民一」と注し、やまとごころ一に「三略には庶民者国之本とあり。菅家遺誡には以レ撫レ民為レ本とかかせ給へり。ただちに民を本とすといふと、撫するを本とするとは、その意味たがへり」と記す。園の池水は本章について次のようにいう。「仁君とは彼漢国の堯舜禹湯文武等をさしての給へり。其は彼等の人牧とり〳〵に仁慈を宗として、世人を取撫つゝ、能其を懐従へて世を治めつる故に、且く与て仁君とはの給ひたれど、次に本朝綱教者と簡別給へるにて、潜に撫民の二字にて彼等を貶め給ひし御意みへたり。其は撫民を宗と勤るは、衆に善人と思はせて、さて懐従へんとの心巧より出る事にて、実は天地の自然なる真情にあらず。故勤て善事の極を為して人を懐け、他の国を奪取て、又他に奪はれじと強てもて行ふ異国のさた也。故れさる異国の撫民の術は、本朝にては最々末の末道にて、唯神明を崇敬ふ事を道の本とし給へりと論定し給へる、菅神の大和魂長に仰ぎまつりて、上なき本朝の綱教ぞと貴び重ずべし」。

民は神明の賓（一二四3） 日本書紀通証に「鎮座伝記曰、人乃天下之神物。須レ掌二静謐一。○左氏伝曰、民、神之主也。古事記序曰、覚レ夢而敬二神祇一、所以称二賢后一。望レ煙而撫二黎元一、於レ今伝二聖帝一」と注す。

斎卜両家（一二四6） 斎部氏は神代記に「布刀玉命者〈忌部首等之祖〉」、姓氏録、右京神別上に「斎部宿禰、高皇産霊尊子天太玉命之後也」とあり、三代実録、貞観十一年十月廿九日条に「神祇大祐正六位上忌部宿禰高善改二忌

部二為二斎部一。其先出レ自二高御魂命一也」と見える。斎部氏が祭祀を掌ったことは古語拾遺に詳述され、神祇令、践祚条にも「凡践祚之日…忌部上二神璽之鏡剣一」と記す。卜部氏は職員令、神祇官条に「卜部廿人〈謂、案二考課令一、占候医卜、効験多者、為二方術之最一〉」とあり、神祇式、臨時祭に「凡宮主取二卜部堪レ事者一任レ之。其卜部取二三国卜術優長者一。若取二在レ都之人一者、自レ非二卜術絶レ群、不レ得二輙充一」と見える。三代実録、貞観十四年四月廿四日条に「宮主従五位下兼行丹波権掾伊伎宿禰是雄卒。是雄者壱伎嶋人也。本姓卜部、改為二伊伎一。始祖忍見足尼命、始レ自二神代一、供二亀卜事一。厥後子孫伝二習祖業一、備二於卜部一」と記す。

有司（一二四6）　碩鼠漫筆に「如此見えたる斎卜両家は、斎部卜部ならむことしるし。抑祀祭の有司といはむは、中臣斎部の両氏にして、卜部は所役の神部なる事、凡て神典に見えたるが如し。されば中斎両家と云べけれど、斎卜と対揚せる例は、曾て旧記に見しらぬ事なり。さるを所以なく中臣をば除きて、斎卜としるしたるは、自家を尊くすべき設けに、偽作しけむ事今見るが如し。かかればト部家より出けむといへるも、違ふまじき事をおもふべし。又卜部家の偽作ならむ事を、おろ〳〵心得たらむ上は、かの塩尻、辨卜鈔、巫学譚弊等に聞え高き、兼倶卿の仕業かとも、いはまほしきこゝちするを、いかゞあらむ猶考ふべし。とにもかくにも此御遺誡の、世間の本は信がてなる物なり。学者よくおもふべし」。これに対して園の池水はこの条につき「神祇を敬ふ事を皇国の大道として、殊に重じ給ひし程著く、万漢国の末道に泥み給はざりし程も明に知れて、実に愛痛き万世の亀鑑也。此遺誡の頃、専漢学に踏迷て、万に漢国を貴ぶ世の風俗なりしかど、猶神祭のみは露ばかりも可レ穢漢国風は交へ給はざりし也」。

枢機（一二四8）　易、繋辞上「言行君子之枢機、枢機之発、栄辱之主也〈通解、枢戸軸也。開闔之所レ由。機弩牙也。説文主レ発謂二之機一。言行感召之大者、故以レ此言レ之也〉」。

道心（一二四8）　書経、虞書、大禹謨「人心惟危、道心惟微〈蔡伝、心者、人之知覚、主二於中一而応二於外一者也。指下其発二於形気一者上而言、則謂二之人心一。指下其発二於義理一者上而言、則謂二之道心一〉」。

凡そ世を治むる…（一二四11）　日本書紀通証の注にこの条を引き「今案中古以来之治レ世也、兼二取周孔之教一以為二之羽翼一。是故国学所レ要、雖レ亡レ論下渉二古今一究中天人上、其自レ非二倭魂漢才一、不レ能レ闞二其閫奥一矣」と記す。これに対し碩鼠漫筆は「以二神国玄妙一其用難レ充といひ、漢書どもを服膺して、其堺に至るべしなどいへる、いともかしこき臆断なるに非ずや。いかで菅廟のかくは宣ふべき」と評している。

大鹿嶋之命（一二五2）　垂仁紀、廿五年春二月甲子条に「中臣連遠祖大鹿嶋」と見え、皇太神宮儀式帳に垂仁天皇の代倭姫内親王の大神奉祀の祭の御送駅使の一人として「中臣大鹿嶋命」とある。職原鈔に「垂仁天皇御宇、天照太神鎮二坐伊勢国度会郡五十鈴川上一之時、命二中臣祖大鹿嶋命一為二祭主一。其後代々為二祭主一」と記す。なお日本書紀通証に本条を掲げ「大鹿島見二垂仁紀一、中大兄見二舒明紀一、以レ葉為レ盤出二神代紀一、以レ木為レ甕出二神代紀一」と注す。

真榊（一二五3）　和名抄に「坂樹、日本紀私記云、天香山之真坂樹〈佐加木、漢語抄榊字、本朝式用二賢木二字一〉」とあり、広く神事に用いる木をいった。

平敷（一二五3）　平敷の座で、兀子や床子などを用いる高座に対して、床に畳を敷いて着する座。禁秘鈔巻上、清涼殿に「平敷〈畳二帖繧繝南上、中央茵一枚、中唐綾、端錦裏打云々」。

膳手の葉（一二五3）　祭祀具や飲食器として用いた木の葉。応神記「天皇聞二看豊明一之日、於二髪長比売一令レ握二大御酒柏一、賜二其太子一」。

葉椀（一二五3）　和名抄「本朝式云、十一月辰日宴会、其飯器、参議以上朱漆椀、五位以上葉椀〈久保天〉」。倭訓栞「延喜式に葉椀をよめり。窪手の義也。柏葉を竹の針して破子の如くに作る物也といへり」。相模集に「神山の柏のくぼてさしながらおひなをるみなさかへともがな」とある。

妖災夭殤（一二五7）　左伝、宣十五「天反レ時為レ災、地反レ物為レ妖」。列子、黄帝「不レ知レ楽レ生、不レ知レ悪レ死、故無二夭殤一」。

八十河原（一二五9）　神代紀上に「于時、八十万神、会二於天安河原辺一、計二其可レ禱之方一」とあり、日本紀私記に「阿万能耶須乃可也良尓」とよむ。古語拾遺「天八湍河原」。

神燎の神楽（一二五9）　天照大神が天岩戸に隠れた時神々が篝火をたいて舞楽を捧げたこと。古語拾遺「又令下天鈿女命以二真辟葛一為レ鬘…於二石窟戸前一覆誓槽、挙二庭燎一巧二作俳優一、相与歌舞上。当二此之時一、上天初晴衆倶相見面皆明白。伸レ手歌舞相与称曰、阿波礼、阿那於茂志呂、阿那多能志、阿那佐夜憩、飫憩」。

格に合ふ吏幹の刺史（一二五11）　職原鈔に「凡国司之撰、和漢重レ之…誠是当二一方之重寄一。察二百姓之寒苦一、非二庸才之所一レ可二企望一。故昔時固設二格制一以勘二治否一。合レ格者蒙レ賞、違レ格者被レ黜。是所三以択二良吏一也」。

烹鮮（一二五12）　老子、六〇「治二大国一若レ烹二小鮮一。以レ道莅二天下一者其鬼不レ神〈河上公注、鮮魚也。烹二小魚一不レ去レ腸、不レ去レ鱗、不二敢撓一、恐二其糜一也。治レ国煩則下乱、治レ身煩則精気散去也〉」。職原鈔に「凡国司之撰、和漢重レ之。此云二烹鮮之職一」。

幸へ（一二五13）　幸あらしめる。祝詞、出雲国造神賀詞「堅石尓常石尓伊波比奉、伊賀志乃御世尓佐伎波閉奉登仰賜志」。なお篤乃玉籤に「漢文の方にとりても、神明夜守日護護幸給、とあるなどは論にも足らぬ怯き書様にはあらずや。尚此外にも寛平延喜頃には符はざる事ども多かれば、菅公の書にはあらざる事は疑無けれど」と偽作説の論拠としている。

高天原（一二五13）　神代紀上「伊弉諾尊、勅二任三子一曰、天照大神者、可三以御二高天之原一也」。

朗詠（一二六3）　字類抄「逍遥分、ラウエイ」。和漢の秀れた詩句長句に曲節を施し、楽器に合わせて吟唱したもので、貴族を始め遊女も宴席で詠じ、朝廷の御遊にも用いられた。

五倫十等（一二六6）　孟子、滕文公上「聖人有レ憂レ之、使三契為二司徒一、教以二人倫一。父子有レ親、君臣有レ義、夫婦有レ別、長幼有レ叙、朋友有レ信〈趙注、司徒主レ人、教以二人事一。父父、子子、君君、臣臣、夫夫、婦婦、兄兄、弟弟、朋友貴レ信。是為二契之教一也〉」。十等は人倫の道を十の等差に分けていったか。

伴黄門…（一二六13）　篤乃玉籤にはこの条を偽作の論拠として次のようにいう。「伴黄門者述二鵲霜之情一、柿三品者賦二諸山之霖一、とある伴黄門とは、大伴家持ぬしの彼かさゝぎの渡せる橋（に置く霜の白きを見れば夜ぞ深けにける）、といふの歌をさしたるものなるを、此歌はいはゆる家持集といふものより採て、新古今に撰集せられし歌なるを、新古今撰集の後にこそ人の口にも会炙しつれ。撰集ならざりし以前に取別て引出らるべき歌にもあらず。本より彼主の歌にはあらざるをや。また人麻呂の諸山の霖といへるは、古今集の竜田川紅葉流る神南備の三諸（みむ）の山に時雨降らし、とある歌の左注に、此歌不レ注二人丸歌一とある左注を頼て、人麻呂の歌と推定て挙つる強説なるのみにあらず、人麻呂を三品といへるも、古今序の後の纔（マ）入本に拠て書るものなる事云も更なり。菅公頃人麻呂と云ることとある事無し。本朝文粋にところ〳〵出たるは更なり、後の古今真名序にすら大夫としるせるをや」。しかるに園の池水ではこの条を引き「所謂挙国純一にして、千物の繁栄するも、民生淳質にして、卑（マ）水の宜しきに適ふも、悉く師木島の道の得益也。しか得益の有なるも、げに然も有べき理にて、其は神随の大道を尚び、深く神祇をもて敬つゝ、身も心も清々之ければなり」。

柿三品…（一二六13）　古今和歌集目録に「古今金玉集序云、及二奈良御宇一、和歌大興、彼天皇知二食和歌趣一歟。同御時有二正三位柿本人丸者一、和歌仙也。…正三位之条、又以不審」。

外蕃下裔の賓客（一二七4）　外国や夷狄の使臣。方言、一二「裔、夷狄之総号〈郭璞注、辺地為レ裔、亦四夷通以為レ号也〉」。

鴻臚の寓（一二七4）　鴻臚館。下学集「又云二鴻臚寺一。異国使者居レ之。又呼二異国使者一曰二鴻臚卿一也」。河海抄、桐壺「此館延暦遷都之始、東西の大宮ニ被レ置レ之、而弘仁ニ以二東鴻臚館一為二東寺一賜二弘法大師一。以二西鴻臚館一為二西寺一賜二修因僧都一。其後七条朱雀ニ鴻臚館ヲ立て置二三韓館舎於其中一云々」。

王卿（一二七5）　皇族や公卿。なお玄蕃寮式に「凡諸蕃使人、将二国信物一応二入京一者…停宿之処、勿レ聴二客浪出入一」。

紳帯（一二七6）　孔子家語、五儀解「然則章甫約履、紳帯搢笏者、皆賢人也〈王粛注、紳、大帯〉」。

什尾（一二七6）　什は文選、宋書謝霊運伝論に「升二降謳謡一、紛二披風什一〈李善注、毛詩題曰、鹿鳴之什。説者云、詩毎二十篇一同レ巻。故曰レ什也〉」とあり詩篇を意味する。

狡犬（一二七13）　逸周書、王会弟に「匈奴狡犬。狡犬者巨身四足果〈注、匈奴地有二狡犬一。巨口而黒身〉」とある。

族類五等の親別（一二八2）　儀制令、五等親条「凡五等親者、父母、養父母、夫、子為二一等一。祖父母、嫡母、継母、伯叔父姑、兄弟姉妹、夫之父母、妻妾、姪、孫、子婦為二二等一。曾祖父母、伯叔婦、夫姪、従父兄弟姉妹、異父兄弟姉妹、夫之祖父母、夫之伯叔姑、姪婦、継父同居、夫前妻妾子為二三等一。高祖父母、従祖々父姑、従祖伯叔父姑、夫兄弟姉妹、兄弟妻妾、再従兄弟姉妹、外祖父母、舅、姨、兄弟孫、従父兄弟子、外甥、曾孫、孫婦、妻妾前夫子為二四等一。妻妾父母、姑子、舅子、姨子、玄孫、外孫、女聟為二五等一」。なお名例律、減条に「凡七位勲六等以上、及官位勲位得レ請者之祖父々母々、妻子孫〈此孫不レ及二曾玄一〉、犯二流罪以下一、各従レ減二一等一之例上」。

四道の将帥（一二八8）　崇神紀に「十年秋七月丙戌朔己酉、詔二群卿一曰、導レ民之本、在二於教化一也。今既礼二神祇一、災害皆耗。然遠荒人等、猶不レ受二正朔一。是未レ習二王化一耳。其選二群卿一、遣二于四方一、令レ知二朕憲一。九月丙戌朔甲午、以二大彦命一遣二北陸一。武渟川別遣二東海一。吉備津彦遣二西道一。丹波道主命遣二丹波一。因以詔之曰、若有二不レ受レ教者一、乃挙レ兵伐之。既而共授二印綬一為二将軍一」。

節鉞（一二八8）　節は旄牛（長い毛のある牛）の尾の毛で飾った旗じるし、鉞は大斧。昔征討の際に威信を示すため天子が将軍に賜った。職原鈔「又将帥有下賜二節鉞一之制上。節度者所三以示二其信一也。斧鉞者所三以専二刑戮一」。

文備の両条（一二八11）　史記、孔子世家「孔子摂二相事一曰、臣聞有二文事一者必有二武備一、有二武事一者必有二文備一」。

〔**参考**〕（一二八頁）　諸本により左の一章ないし二章を加える。

凡神国一世無窮之玄妙者、不レ可二敢而窺知一。雖レ学二漢土三代周孔之聖経一、革命之国風、深可レ加二思慮一也。

凡国学所レ要、雖レ欲下論二渉古今一究中天人上、其自レ非二和魂漢才一、不レ能レ闞二其閫奥一矣。

この二章は本書の眼目ともてはやされたことがあるが、後世の竄入なることは明らかであり、既に篶乃玉籤や碩鼠漫筆に詳述されている。

度縁（一二九8）　玄蕃寮式に見える度縁式は、

沙弥某甲年若干〈某京国郡郷戸主某戸口黒子某処某邑〉

右太政官某年月日符偁右大臣宣奉勅云云若干人例得度省寮僧綱共授二度縁一如レ件

　　　　　　　　　　　　　　師主某寺僧位名

　　年　月　日

僧綱

僧正位名〈若無者律師以上一人署〉　　威儀師位名

　　　　　　　　　　　　　　威儀師位名

玄蕃寮

頭位姓名　　　　　　　　　　　允位姓名

　　　　　　　　　　　　　　属位姓名

治部省

輔位姓名　　　　　　　　　　　丞位姓名

　　　　　　　　　　　　　　録位姓名

の形式を持ち、治部省式に「凡度縁請印者、不レ経二弁官一、直申二太政官一」とある。度縁の実例としては、最澄（来迎院文書）・円珍（円城寺文書）等がある。

服忌…（一二九12）　喪葬令、服紀条に「凡服紀者、為二君、父母、及夫、本主一、一年。祖父母、養父母、五月。曾祖父母、外祖父母、伯叔姑、妻、兄弟姉妹、夫之父母、嫡子、三月。高祖父母、舅姨、嫡母、継母、継父同居、異父兄弟姉妹、衆子、嫡孫、一月。衆孫、従父兄弟姉妹、兄弟子、七日」。

公家官用の新領（一三〇1）　篶乃玉籤に「また公卿をさして公家といふ事は、五百年ばかり以往より唱初つることとなるを、公家官用之新領、また公家者以二其分限一、などやうに記せるも五百年以来に記つる正しき徴なり」と偽書の論拠にしている。

公堺両市の令司（一三〇3）　職員令に「東市司〈西市司准レ之〉正一人〈掌下財貨交易、器物真偽、度量軽重、売買估価、禁二察非違一事上〉、佑一人、令史一人、価長五人、物部廿人、使部十人、直丁一人」。

弾正（一三〇4）　職員令に「弾正台。尹一人〈掌下粛二清風俗一弾二奏内外非違一事上〉、弼一人、大忠一人〈掌下巡二察内外一糺中弾非違上〉、少忠二人〈掌同二大忠一〉、大疏一人、少疏一人、巡察弾正十人〈掌下巡二察内外一糺中弾非違上〉、史生六人、使部卅人、直丁二人」、弾正台式に「凡市人集時、入レ市召二市司一、令二市鄽静定一。毎レ肆巡行糺二弾非違一云々」。

則闕の任（一三〇6）　職原鈔に「太政大臣一人。師二範一人一儀二刑四海一。無二其人一則闕云々。故曰二則闕之官一。有徳之撰也。故非二其人一者常不レ任レ之。又無二職掌一之官也。太政大臣行二公事一希例也」。

良家（一三〇13）　文粋、応下補二文章生并得業生一復中旧例上事「今須下文章生者取二良家子弟一、寮試二詩若賦一補レ之、選二生中稍進者一省更覆試、号為二俊士一、取二俊士翹楚者一為中秀才生上者。今謂二良家一、偏拠二符文一、似レ謂二三位已上一」。

学田（一三〇13）　意見十二箇条に「其後代々下レ勅、給二罪人伴家持、越前国加賀郡没官田一百余町、…河内国茨田渋川両郡田五十五町一、以充二生徒食料一、号曰二勧学田一」（八六頁）。なおこの記事は何に基くか不明。

徒罪（一三〇14）　獄令、犯徒応配居役者条に「凡犯レ徒応レ配二居役一者、畿内送二京師一。在外供二当処官役一」、流徒罪条に「凡流徒罪居作者、皆着二鈦若盤枷一」とあり、囚獄司式に「凡徒役人者、令下作二路橋一及役中雑事上。又司毎二六日一将二四人等一、使下掃二除宮城四面一、其雨後且亦掃中清宮内穢汚并厠溝等上」。

先規の極制（一三一1）　宝亀十一年十二月十四日官符に「勅、比来無知百姓構二合巫覡一妄崇二淫祀一、蒭狗之設符書之類、百方作レ怪、塡二溢街路一…自今以後、宜二厳禁断一。如有二違犯一者、五位已上録レ名奏聞、六位已下所司科決」とあり、大同二年九月廿八日官符にも「巫覡之徒好託二禍福一、庶民之愚仰信二妖言一、淫祀斯繁、厭咒亦多…宜二自今已後一切禁断一。若深崇二此術一猶不二懲革一、事覚之日移二配遠国一。所司知レ之不レ糺、隣保匿而相容並維レ法科レ罪」。

定額の寺院（一三一2）　続紀、延暦二年六月乙卯条に「勅曰、京畿定額諸寺、其数有レ限。私自営作、先既立レ制。比来所司寛縦、曾不二糺察一。如経二年代一、無レ地不レ寺。宜三厳加二禁断一」。

百日の徒罪（一三一3）　小中村清矩の「我国の古書を学習する説」（陽春廬雑考巻八）にこの条を引き「徒罪は一年より、三年までなるを、百日とあるは、法律の大要をも、知らざる者の所為にして、以治部省云々の文も、更に通ぜず。此他にも、かゝる拙陋の条あれば、菅公に仮託したる者と定むる也」と述べる。

揚名（一三一4）　源語秘訣に「今案、揚名の二字は諸国の介に限べからず。故に揚名関白と清慎公はのたまへり。又揚名掾揚名目ともいへり。揚名は只名ばかりといふ心也。たとへば其官になりたれども、職掌もなく得分もなきを云り」。

虞氏の法（一三一5）　史記、五帝本紀「舜曰、天也夫。而後之二中国一、践二天子位一焉。是為二帝舜一。虞舜者、名曰二重華一」。

二京の所司（一三一7）　職員令に「左京職〈右京職准レ此、管二司一〉大夫一人〈掌下左京戸口、名籍、字二養百姓一、糺二察所部一、貢挙、孝義、田宅、雑傜、良賤、訴訟、市廛、度量、倉廩、租調、兵士、器仗、道橋、過所、闌遺雑物、僧尼名籍事上〉、亮一人、大進一人、少進二人、大属一人、少属二人、坊令十二人、使部卅人、直丁二人」。

神祇の所司（一三一8）　職員令に「神祇官。伯一人〈掌三神祇祭祀、祝部神戸名籍、大嘗、御巫、卜兆、惣二判官事一〉、大副一人、少副一人、大祐一人〈掌下糺二判官内一、審二署文案一、勾二稽失一、知中宿直上〉、少祐一人、大史一人〈掌下受レ事上抄、勘二署文案一、検二出稽失一、読中申公文上〉、少史一人、神部卅人、卜部廿人、使部卅人、直丁二人」。

火炉（一三一10）　図書寮式に「正月最勝王経斎会堂装束…白銅火炉三口〈一口仏前料、二口行香料〉」。家屋雑考に「焚火之間。貴人の御座近く焚火の間を設くる事あり…大道寺反山が雷鳴論といふものに、甚雷の時、火を多くたけば、雷火の災を免るゝ故なりといへり」とあるのと何か関係あるか。

新猿楽記

猿楽（一三四2）　職員令、雅楽寮集解に「別記云…大属尾張浄足説、今有㆑寮儛曲等如㆑左…散楽師一人」とあり、続紀、延暦元年七月壬辰条に「廃㆓餅戸、散楽戸㆒」と見える。三代実録によると、貞観三年以降相撲節会に必ず散楽が奏されるようになった。猿楽の名は、紀略、康保二年八月二日条に「於㆓清涼殿前㆒召㆓猿楽㆒御㆓覧之㆒」とあるのが嚆矢であるが、次第に貴族や庶民の間に歓迎支持され、自ら演ずる者も多くなった。三代実録、元慶四年七月廿九日条に「右近衛内蔵富継、長尾米継伎善㆓散楽㆒、令㆓人大咲㆒。所謂嗚滸人近㆑之矣」と見えるが、散楽に滑稽の要素が加わったことが知られ、枕草子や源氏物語などでは猿楽を滑稽の意味に用いている。散楽のジャンルとして物真似芸・歌舞・曲芸・奇術幻術・人形まわしなどがあったが、文粋巻三「弁散楽」では技術も進歩してかなり日本化されたことがわかるし、本書によると一つの筋を持った喜劇にまで発展しつつあることが想像される。

呪師（一三四3）　雑芸の一。左経記、万寿二年正月十日条に「初夜之後、呪師、次骨無、其曲取不㆑可㆓言尽㆒」とあり、江家次第第八、相撲召仰に「猶犬散更之中〈有㆓一足・高足・輪鼓・独楽・呪師・侏儒舞等㆒〉」と見える。起源については古代陰陽や医術に関係した呪禁師から生れた説、修正会の役僧である法呪師の行法に求める説、原始散楽や舞楽の中に見出す説などがある。呪師の芸には宗教的な悪魔払いをする修正会の追儺式と、散楽化したものとがあり、中右記、長治二年正月十二日条の「丹波呪師、剣手誠神妙、已驚㆓耳目㆒」や吉記、承安四年二月七日条の「今日於㆓北壺㆒、有㆓呪師十手、散楽等㆒。医王丸依㆑仰走武者手、主上有㆓叡覧㆒」のごとく剣を手玉にして軽快に舞台を走り廻ったのであろう。その装束は大鏡、太政大臣道長上に「太宮は二重織物をりかさねられて侍し。皇大后宮は、そうじてから装束。かんのとのゝは、殿こそせさせたまへりしか。こと御方々のも、ゐかきなどせられたりときかせたまて、にはかに薄をしなどせられたりければ、入道殿御らんじて「よき呪師の装束かな」とて、わらひ申させ給けり」とか、玉葉、建久六年正月十二日条に「資実進㆓基家卿呪師装束㆒〈大、赤袍押㆓金薄文㆒、小、黒袍押㆓銀文㆒、是模㆓陵王・納蘇利㆒也。未㆑見事也〉」とあるように華麗で舞楽系のものであった（浜一衛『日本芸能の源流』）。

侏儒舞　平安時代猿楽の一で小人が舞う芸。蟾舞。侏儒は字類抄「ヒキヒト、短人也」。孔子家語、相魯に「斉奏㆓宮中之楽㆒。俳優侏儒戯㆓於前㆒〈何孟春補注、侏儒、短人〉」とあり、我国でも武烈紀八年三月条に「大進㆓侏儒倡優㆒、為㆓爛漫之楽㆒、設㆓奇偉之戯㆒、縦㆓靡々之声㆒」、天武紀四年二月癸未条に「勅㆓大倭…尾張等国㆒曰、選㆓所部百姓之能歌男女、及侏儒伎人㆒而貢上」と見える。相撲節会の散楽の中に侏儒（蟾）舞が見えることは江家次第第八や兵範記、保元三年六月廿八日条によって知られる。台記、久安三年十月六日条に「侏儒僧来、其長三尺二寸八分〈勾全〉年二十八。命㆓侍男共九人㆒、令㆓纏頭㆒、…伝聞、公春与㆓衣於佐康㆒曰、賜㆓侏儒㆒。佐康得㆑之、賜㆓雁衣㆒、非人之心也」とあるので僧形をしていたと思われる。

田楽　平安時代の芸能。もと田植の時に田の神を祭るために行なった田儛と関係あるといわれる。栄花、御裳ぎに「さて御覧ずれば、若うきたなげもなき女ども五六十人ばかりに、裳袴といふ物いと白くて着せて、白き笠ども着せて、歯ぐろめ黒らかに、赤う厳粧ぜさせて続けたてたり。田主といふ翁、いと怪しききは衣着せて、破れたる大傘さゝせて、紐解きて、足駄穿かせたり。あやしの女に黒掻練着せて、はうにといふ物むらはけ厳粧じて、それも傘さゝせて足駄穿かせたり。又田楽といひて、怪しきやうなる鼓腰に結いつけて笛吹き、さゝらといふ物突き、さま〳〵の舞して、あやしの男ども歌うたひ、心地よげに誇りて十人ばかりゆく。そが中にもこの田鼓といふ物は、例の鼓にも似ぬ音して、ごほ〳〵とぞ鳴らしゆくめる」とあり、今昔二八ノ七に「或ハヒタ黒ナル田楽ヲ腹ニ結付テ、程ヨリ肱ヲ取出シテ、左右ノ手ニ桴ヲ持タリ。或ハ笛ヲ吹キ、高拍子ヲ突キ、□ヲ突キ、杁ヲ差テ、様々ノ田楽ヲ、二ツ物・三ツ物ニ儲テ、打喤リ吹キ乙ツ、、狂フ事无限シ」と見え、楽器を演奏して踊った。田楽が神社に奉仕したことは紀略、長徳四年四月十日条に「是日、松尾祭也。依レ為二恒例一、山崎津人田楽之間、雑人等合戦」と見え、洛陽田楽記により永長年間に大流行したことが知られる。長秋記、大治四年五月十日条に「於二八条殿一有二種田事一、…其後有二田楽者一。着二白張布狩衣袴・浅黄目結帷一、懸レ鼓攪二左々良一吹レ笛、振二指之類一、双立唱歌、又相二投苗軍一。又散楽弘延、着二大鳥帽一立二田畝一行レ事。持二破唐笠一之者一人相従。田楽法師等十余人、着二当色一進二出御前一一廻了」と職業的な田楽法師が活躍している（能勢朝次『能楽源流考』・河竹繁俊『日本演劇全史』）。

傀儡子　→一五八頁注

唐術　幻術や外術の類で唐から来た目くらましの意。傀儡子記に「変二沙石一為二金銭一、化二草木一為二鳥獣一、能□二人目一」（一五八頁）とあるのがこれに当たる。

品玉　八玉の系統。品物を玉のかわりに飛ばすもの。柳亭筆記巻一「和名抄、弄玉・弄鈴、新猿楽記、品玉・八ツ玉、文安申楽記、刀玉、などあるは田楽、放家師の類の者が刀にもあれ鈴にもあれうちあげて手玉にとりしなり」。

輪鼓　雑芸の一。中くびれの細腰の鼓形のものを二本の棒の先端を結んだ糸の上に輪転させた。和名抄「本朝相撲記云、輪鼓二人〈謂雑芸之中弄二輪鼓一者二人也。今案此物所レ出未レ詳。但其形如二細腰鼓一而輪二転於糸上一。故以名レ之〉」。西宮記、相撲召合に「応和二年八月十六日有二相撲事一、…次散楽〈侍臣五位六位童部相交走、幷弄玉輪鼓〉」とある。また野守鏡上に「輪子をまはすと風情をめぐらすとは、其義おなじき事にて侍り。りうごはよくまはせば心と縄のうへにうかれたちて、なげあぐれどもおちず。いまだよくもまはらぬさきになげあぐれば、ふり〳〵としておつるがごとく、歌も未だいたらざる心をまはさむとすれば詞のなはにかゝらずして風情のりうごおつる事にて侍り」と記す（金関丈夫『木馬と石牛』）。

八玉　弄玉、弄丸のこと。和名抄「梁武帝千字文注云、宜遼者楚人也。能弄レ丸〈此間云多末斗利〉、八在二空中一、一在二手中一。今人之弄鈴是也〈楊氏漢語抄云、弄鈴、須々止利〉」。続後紀、承和四年七月丙戌条に「天皇御二後庭一、命二左近衛府一、奏二音声一、令レ弄二玉及刀子一」とあり、三代実録、貞観三年六月廿八日条に「九番相撲後、有二勅命一停。左右互奏二音楽一、種々雑伎、散楽、透橦、呪擲、弄玉等之戯、皆如二相撲節儀一」と見える。

独相撲・独双六　日本において考案した猿楽伎で、いずれも二人で行うべきものを、一人で両方を兼ねて演じて見せる所に滑稽な所作が生まれたと想像される（能勢朝次、前掲書）。また独双六は人形を使って双六をする芸能という（滝川政次郎『遊女の歴史』）。

無骨　雑芸の一。世紀、長保元年五月十四日条に「自二去年一京中有二雑芸者一。是則法師形也。世号謂二无骨一。実名者〈頼信、世間交仁安〉等者」とあり散楽法師の名とする説もあるが（能勢朝次、前掲書）、左経記、万寿二年正月十日条に「初夜之後、呪師、次骨無、其曲取不レ可二言尽一」とあり、看聞御記、応永卅年二月十六日条の「帰路師子舞参会。則御所ニ参。抜二大刀刀一骨無無尽々狂。其体神変也」の記事や、三十二番職人歌合に「この骨なしといふ事は、かならず師子舞の兼帯する能にて、骨なしを、すなはち師子相撲とも申とかや」とあることから、獅子舞の兼帯するもので師子相撲と呼ばれるものという（井浦芳信『日本演劇史』）。嬉遊笑覧巻七、祭会に「無骨とは字義の如く骨なきやうに軽はざなどするものにや。田楽の種類とみゆ」というのが穏当か。

有骨　無骨の対に並べたもので、荘重にしてかどある舞いぶりをいう（井浦芳信、前掲書）。また東京夢華録巻五、京瓦伎芸に「張臻妙・温奴奇・真箇強・没勃臍、小掉刀・筋骨・上索・雑手伎」とある「筋骨」がこれに当たり、隆々たる筋骨を見せ怪力を見せるものであろうか（浜一衛、前掲書）。

延動大領が腰支（一三四4）　大領は職員令に「大郡、大領一人〈掌、撫二養所部一、検二察郡事一、余領准レ之〉」とあり、郡の長。腰支は和名抄に「遊仙窟云、細々腰支〈師説、古之波勢〉」とあり、腰つき。勿体ぶった大領の歩みぶりを真似たもの。

蝦漉舎人が足仕　川に入ってえびを掬い取る舎人のこせこせした足つかいを真似たもの。梁塵秘抄巻二に「海老漉舎人は何処へぞ、似鯉漉舎人許行くぞかし、此の江に海老無し下りられよ、彼の江に雑魚の散らぬ間に」。

氷上専当が取袴　氷上は和名抄に「丹波国氷上郡氷上〈比加美〉」とある。専当は驪驢嘶余に「下法師、若輩タリト云ヘドモ杖ヲツクナリ」とあり、寺院の事務係。その事務係が袴の股立を取って太股を出す仕種を指す。

山背大御が指扇　大御は女性を示す御に大をつけたもので大姐の意。山城の大姐がそれを見て檜扇をかざして恥しげな様子を見せること。

琵琶法師が物語　琵琶法師は源氏、明石に「入道琵琶の法師になりて、いとをかしうめづらしき手一つ二つ弾きたり」とあり、花鳥余情に「琵琶ひきてありく法師也。当時の盲目のごとし。小右記云、召二琵琶法師一令レ尽二才芸一給二小禄一云々〈寛和元年七月十八日〉」と注す。また兼盛集に「びはのほうし、よつの緒に思ふ心を調べつつひきあるけどもしる人もなし」とあり、散木奇歌集第六に「あしやといふ所にてびは法師のびはをひきけるをほのかにきゝて、むかし思ひいでらるゝ事有て、流れくる程の雫にびはのをとをひきあはせてもぬるゝ袖かな」と見える。ここは琵琶法師の様を滑稽に真似ること。

千秋万歳が酒禱　千秋万歳は新春に寿詞をのべて各戸を廻り物を貰った雑芸者で、続古事談巻五に「錦ノボウシキタルモノ手ヲムナシクシテアユミケレバ、人々千秋万歳ノイルハ何事ゾトワラヒケリ」、古今著聞集巻一六に「知足院殿、大殿とておはしましける時、侍を御勘当ありけるには、千秋万歳をもちてはやさせて、その侍をまはせられけり」とあり、臥雲日件録、文安四年正月二日条に「一種乞食輩、歳首到二人家一歌二祝言一。世号二千秋万歳一。前后相逐来、各与二百銭一」と記す。酒禱は神功皇后摂政紀十三年二月丁巳朔癸酉条に「皇太后挙レ觴寿（さかほかひ）二于太子一」とあり、酒宴で互に祝言することをいうが、ここは新酒を醸し出す際の祝い囃しをする様を真似たものであろう。

飽腹鼓の胸骨　満腹して腹鼓を打つ時の胸骨の動きを胸や腹を出して面白く見せたものであろう。

蟷蜋舞の頸筋　かまきりが鎌をもたげ細首を伸ばしたりふりたてたりする様を真似たもの。梁塵秘抄巻二に「をかしく舞ふものは…囃せば舞ひ出づる**蟷螂・蝸牛**」とある。

福広聖が袈裟求め　福広という名の僧が袈裟を求めるというもので、その筋書は後の狂言「布施無経」のごときものであろう（浜一衛、前掲書）。また福広聖が大切な袈裟を失って探し歩くような滑稽をいう（林屋辰三郎『中世芸能史の研究』）。

妙高尼が繦緥乞ひ　妙高という尼が戒律を破って出産の用意に孩児のむつきを乞い歩く様を真似たもので、共に僧尼堕落の諷刺的な演技であろう。

形勾当が面現　形はかたちよし、勾当は勾当内侍の略で故実拾要二に「掌侍四人の中、第一の女房を勾当内侍といふ」とある。美しい顔の勾当が檜扇なども翳さず顔をむき出しにしている様を真似たものか。

早職事が皮笛　早は仕事が早く気がきくこと。職事は蔵人。皮笛は源氏、紅梅に「皮笛、ふつつかに馴れたる声して」とあり、河海抄に「皮笛、嘯也。文選嘯賦云、動レ唇有レ曲発レ口成レ音。注曰、善曰、鄭玄毛詩箋曰、嘯蹙レ口而出声也」といい、口笛のこと。気のきいた蔵人が口笛を吹き、それに勾当が気付くという仕種であろうか。

目舞の翁体　宮中の楽人は尉または志の格で取扱われ老楽師が任ぜられたが、それが神祭の余興に正規な舞楽を離れ滑稽な業をして舞った（高野辰之『日本歌謡史』）。その舞を猿楽の徒が真似したものであろう。

巫遊の気装貌　巫遊は巫女で、梁塵秘抄巻二に「よく〱めでたく舞ふものは巫」「をかしく舞ふものは巫」とあるように、神意を伝える者でありながら、実際には歌舞をし遊女のようになりつつあった。ここでは化粧をして男待ち顔の姿でいる様子を真似ることで巫女としての堕落を風刺したものであろう。

京童の虚左礼　口さがない京童が大いに町の人々に洒落を飛ばすこと。虚左礼は河海抄、帚木に「案之左礼は左道儀也。人のざれたるとはまことしからざる躰也。…新猿楽記に虚左礼とあり。左礼右礼の義也」とある。

東人の初京上り　田舎者の東人が初めて上京した時の様子で、京童が東人をからかう漫才式のやりとりであろう。

事取大徳（一三四7）　これを舞台に引込まれ夢中になって盛んに声をかけ囃すような男共と、そうした浮薄な人間にあえて説教しようとするすまし込んだ有徳人を真似たものという(近江昌司「新猿楽記小考」『日本史籍論集上巻』所収)。

腸を断ち頤を解く(一三四8)　山槐記、仁平二年三月一日条「次地久。此間各於二庭中一肩脱。而少将俊通脱二半臂一、只襴許垂レ之。此興無双、衆人断腸」。漢書、匡衡伝「諸儒為レ之語曰、無レ説レ詩、匡衡来。匡説レ詩、解二人頤一〈如淳注、使二人笑不一レ能レ止也〉」。なお雲州消息、上本に「又有二散楽之態一、仮成二夫婦之体一。学二衰翁一為レ夫、模二妖女一為レ婦。始発二艶言一後及二交接一。都人士女之見者莫レ不二解レ頤断一レ腸。軽々之甚也」とある。

百太(一三四9)　二中歴、散楽の「白太〈丸〉」及び雲州消息、上本の「白藤太之猿楽」と同じか(井浦芳信、前掲書)。次の仁南と二人が最高。衆人が窺い知りがたいような滑稽的意匠を指すのであろう。

高く神妙の思を…　古今集真名序「有二先師柿本大夫者一。高振二神妙之思一、独二歩古今之間一」。

仁南(一三四10)　世紀、長保元年六月十四日条に「世号謂二無骨一。実名者〈頼信、世間交仁安〉等者」とある仁安、二中歴、散楽の「仁難」と同一人物か。

県井戸の先生(一三四12)　未詳。県井戸は地名で拾芥抄に「井戸殿、又県井戸。一条北東洞院西角」とあり、大和物語一一一段に「大膳の大夫公平のむすめども、県の井戸といふ所に住みけり」と見える。先生は職原鈔下に「又帯刀者撰二重代侍一補レ之。自二公家一被レ補レ之。昔源平重代武士補レ之。長二人、近来一人、先生是也」とあり、先生に扮する芸で有名だからそういった(井浦芳信、前掲書)。

体骨を得たり　姿体それ自体に滑稽味があることをいう。なお以下小野福丸まで、人名の上に彼等が居住していた地名と思しきものが附せられており、それが京都もしくは近郊の地名であるから、これらの所に職業的賤民猿楽者が聚落を成していたものか(能勢朝次、前掲書)。

世尊寺の堂達(一三四13)　未詳。世尊寺は拾芥抄に「一条北、大宮西、本小路東無レ路、南伊尹摂政家、本主貞純親王云云」とあり、大鏡巻三、伊尹に「御いへは、いまの世尊寺ぞかし。御ぞうの氏寺にてをかれたるを」と見える。堂達は法会の時の役僧で会行事の下につき、堂内のことを指揮し、また願文などを導師に捧げる。ここは堂達の物真似で名を得た猿楽者をいう。

坂上菊正(一三五1)　未詳。坂上は東山鳥辺野の傍。菊正は初め秀句が少なかったが、後に多くなった。

還橋徳高(一三五2)　未詳。還橋は撰集抄七ノ五に「さて、その一条の橋をば戻り橋といへる、宰相のよみがへる故に名づけて侍り。源氏の宇治の巻に行くは帰るの橋なりと申たるは、是なりとぞ、行信は申されしか」。

秀句　大鏡巻三、伊尹に「いみじき秀句のたまへる人なり」とあると同じで洒落のこと。

大原菊武(一三五2)　未詳。菊武の芸は自己満足するだけで衆人の愛敬を得ていないからこの道に通じていない。

鶴脛(一三五7)　うつほ物語、楼上上「有りし君、掻練の小袿ばかり着給ひて鶴脛にて、いとちひさくをかしげなる琵琶をかき抱きて前にゐ給へば」。北辺随筆「衣のすそみじかくて、脛の出でたるを云ふ」。

【第一本妻】(一三五12～一三六10)

閻　和名抄「針灸経云、陰嚢〈俗云布久利〉、太素経云、天有二十日一、人手有二十指一、辰有二十二一、足有二十指、茎垂之二一以応レ之」。

極寒の月夜…　二中歴、十列歴「冷物、十二月々夜…老女仮借」、紫明抄巻四、朝顔「清少納言枕草子云、すさまじき物しはすの月よ、おうなのけしやう〈としよりたる女也〉」。

聖天…　大自在天の子、韋駄天の兄弟とされ、形像には象頭人身の単身と双身があり、後者には夫婦の抱く像があって財宝・和合の神とされた。嬉遊笑覧巻七、祭会「淫像。蕈卿贅筆、遼陽城中一古刹、巍煥壮麗、守衛厳粛。百姓瞻礼者、倶於二門外一焚レ香叩頭而去。有二范生者一遊二其地一、欲レ入不レ可レ得。請二一顧者一乃入見レ内、塑二巨人二一。長各数丈、一男子向レ北立、一女南面抱二其頸一、赤体交接、備二極淫褻状一。土人呼為二公仏母仏一、崇奉甚謹。嘗閲二留青日札一、載嘉靖十五年、大善殿有二鋳像一。極二其淫穢一鉅細不レ下二千百一。夏文愍公言建論焚レ之、以清二宮禁一、尽付二諸火一。其像号二歓喜仏一」。梁塵秘抄巻二に「如何に祭れば百大夫、験なくて、花の都へ帰すらん」とある。

野干坂　稲荷神社考に「山城愛宕郡松が崎の西にて北岩倉に越る路なり」

とある。散木奇歌集巻一〇に「北山の辺にまかりけるにみちしるべに人くべしと聞きけれど見えざりけるにきつねさかといふ所に馬にのりてはしらせていできたるをみて、中宮亮仲実、わづかにきつねさかにきたれり。つく、こう〳〵といひけるしるべはしらせて」とある。

伊賀専　神として祭られた狐。源氏、東屋に「今更に、伊賀たうめにやと、つつましくてなむ」とあり、河海抄に「伊賀部女〈中媒事也、狐にそへていへる也〉、又云伊賀刀女〈釈云、女孀云々、刀女は狐也〉、斎宮寮部女〈是狐事也〉、一説伊賀伊勢国には白狐をたうめの御前といふ云々」と注す。三宝絵序にも「伊賀ノ太平女」という物語名が見える。

男祭　喜多村信節の筠庭雑録に「女に逢はんとて祭るなるべし」とあるが、伊勢貞丈の安斎随筆巻六は「男に逢はんとて祭るなり」という。

蚫苦本　筠庭雑録「あはびの介のくぼきを女陰にたとへしなり」。安斎随筆「陰門なり。和名抄には以二開字一為二女陰一とあるに依りて、開の子音を以て貝の字訓に借り転じて蚫といへるか。陰門は蚫の肉の如く平扁にして窪き所なる故、蚫苦本と異名を付けたるか」。

稲荷山　京都深草の稲荷神社。拾遺集巻一九「いなり山やしろの数を人とはばつれなき人をみつと答へむ」。

阿小町　稲荷神社に祀られている狐。稲荷鎮座由来「命婦事。或記云、昔洛陽城ノ北船岡山ノ辺ニ老狐有二夫婦一。夫ハ身ノ毛白クシテ銀ノ針ヲナラベ立タルガ如シ。尻ノ端アガリテ秘密ノ五古ヲサシハサメタルニ似タリ。婦ハ鹿ノ首狐ノ身アリ。又五ノ子ヲタナビク。各異相セリ。弘仁年中ノ比、両狐五ノ子ヲ伴テ、稲荷山ニ参テ、各神前ニ跪テ、詞ヲ顕テ申サク、我等畜類ノ身ヲ得リト雖ドモ、天然トシテ聖智ヲ備フ。世ヲ守リ物ヲ利スル願深シ。然而我等ガ身ニテハ、此望ヲトゲガタシ。仰願ハ今日ヨリ当社御眷属トナリテ、神威ヲカリテ此ノ願ヲハタサント。時ニ神壇忽ニ感動シテ、明神宣勅シテ曰ハク、我和光同塵ノ善巧ヲ顕テ、化度利生方便ヲ廻ス。汝等ガ本誓又不可思議也。今ヨリ長ク当社仕者トナリテ、参詣ノ人信仰ノ輩ヲ扶ケ憐ベシ。夫ハ上ノ宮ニ仕マツルベシ。其ノ名ヲ小芋トツクベキナリ。婦ハ下宮ニ候スベシ。其名ヲバ阿古町トイハントノタマフ。是依テ各十種ノ誓約ヲ立テ、万人ノ願望ヲミツ。然バ当社ヲ信ゼム人、夢ニモウツヽニモ其姿ヲ見ルヲバ、是ヲ告狐ト云也」。なお稲荷神社考には「さて此稲荷山の三の狐神の中阿小町の事は、藤原明衡朝臣の新猿楽記にも、稲荷山阿小町、野干坂伊賀専と並称て、阿小町は勝て威力ありしかば、社に名て命婦社とも専社とも云るならむか。牝狐なる故是を主として〈女の家を主として先其方に婿となるは往古の旧習なり〉其社に名たるにはあらざるなるべし」と記す。

愛法　筠庭雑録「愛染の法などにて、男におもはれむとて祈る也」。安斎随筆「女に愛せられん事を祈る修法なり」。なお、稲荷の神は愛法神と自称したといい、稲荷記に愛法神は「フカク敬神ヲイタス人ハ、皆敬愛寿福ノトミニホコル」ことをいたさしめる「日本無双ノ霊神」だという（近藤喜博『稲荷信仰』）。

鰹破前　筠庭雑録「かつをぶし、破前とはその状なり。和名抄に、玉茎を破前ともいへり」。安斎随筆「鰹はカツヲなり。古代カツヲを生にて食ふ事なし。乾しかためて用ふる故古書に堅魚とあり、カタウヲを略してカツヲと云ふ。今のカツヲブシと云ふ是れなり。破前は陰茎なり。和名抄に房内経云玉茎〈男の陰也〉楊氏漢語抄云屭〈破前一云麻良〉とあり。甗二鰹破前一と云ふは陰茎起張してカツヲブシの如く堅くなり、陰頭を空ざまへむけて甗のアフノキたる如くなるをいふ」。

五条の道祖　山城名勝志「或京程ノ図、在二五条ノ南西ノ洞院ノ東一。南半町。一本巽角四分一云々。〇今案新町ノ西、五条面ノ民家ノ後園。近世迄有二小社一。土人称二首途ノ神一。于レ今有二社ノ跡一。是道祖神歟、可レ尋」。今昔二〇ノ三に「今ハ昔、延喜ノ天皇ノ御代ニ、五条ノ道祖神ノ在マス所ニ、大キナル不成ヌ柿ノ木有ケリ」とあり、宇治拾遺一ノ一に「道命於二和泉式部許一読経五条道祖神聴聞事」の話がある。

粢餅　神様に供える餅。和名抄「陸詞切韻云、粢〈漢語抄云、粢餅、之度岐〉祭餅也」。貞丈雑記に「日本のしとぎは神道類聚名目抄に云く、餅米ヲ蒸シ熟シテワヅカニ舂キ、鶏子ノ形ノ長キガ如ク造ルナリ」という。法華験記巻下、比丘尼願西に「山鳥啄二菓蓏一、飛往献レ之、野狐持二粢餅一、窃来志レ之」。

千葉手　葉手は大嘗会などの時に茶菓などを盛って神に供えた器。和名抄に「漢語抄云、葉手〈比良天〉」とあり、大嘗祭式に「覆以二笠形葉盤一〈比良弖、似二笠形一〉」とある。梁塵愚案鈔巻上に「愚案八ひらては八枚の平盤なり、柏の葉にてさして神供をもる物なり（真淵注、柏の葉を集て竹串を器形に作りて神の御食物をもる也）」と見える。

東寺の夜叉　東宝記、第一中門に「一夜叉神。古老伝云、東雄夜叉、本地文殊、西雌夜叉、本地虚空蔵、二夜叉倶大師御作也。或云、根本安二大門左右一、旅行人不レ存レ礼之時、忽有二其罰一。故中門左右安レ之云々」とあり、北院御室拾葉集に「一東寺夜叉神事。大師御入定後、於二西御堂一授二檜尾僧都一給、条々有レ之。摩多羅神其一也。大師云、此寺有二奇神一、名二夜叉神一。摩多羅則是也。持者告二吉凶一神也。其形三面六臂云々。彼三面者三天也。中面金色、左面白色、右面赤色也。中聖天、左吒吉尼、右弁才也。毎月十五日可レ供レ之。此神具二大慈悲一不レ生二怨害一、除レ災与レ福。天長御記云、東寺有二守護天等一、稲荷明神使者也。名二大菩提心使者神一云々」と記す。

飯餌　雑炊の類。和名抄「唐韻云、餁〈加之岐可天〉、雑飯也」。法華験記巻上、持法持金「食時施飯、餁飯・糯糅・白飯・薯蕷、味与二蘇蜜一同」。

百籮子　籮子は竹や藁などで編んだ籠や笊の一種。和名抄「方言注云、篙形小而高。江東呼為レ篙〈漢語抄云、阿自賀、今案又用二簣字一、見二史記一〉」。倭訓栞に「網代籠の義成べし」という。

【次妻】（一三六11〜16）

西施　管子、小称「毛嬙・西施、天下之美人也、盛二怨気於面一、不レ能二以為一レ可レ好〈纂詁、西施、呉王夫差寵姫〉」。琱玉集巻一四、美人に「西施、周時越之美女也。越王勾践以献二呉王一。呉王夫差甚愛二幸之一。西施曽在レ市、人欲レ見者、乃輸二金銭一文一、方始得二見出一。呉越春秋及史説」とある。

水の器に随ふ　荀子、君道「君者槃也。槃円而水円〈注、槃与レ盤同、沐浴器也〉、君者盂也。盂方而水方〈注、盂浴器也〉」。童子教「心不レ同如レ面、譬如二水随一レ器」。

興販　盛に売り買いすること。弾正台式「又問乙有下皇親及五位以上、遣二帳内資人若家人奴婢等一、興販与二百姓一倶争レ利者上耶甲」。

能治　物事をよく取りしきること。保安三年三月十一日伊勢国大国荘専当解（平安遺文）「以前三ヶ条訴状、為レ蒙二能治御裁下一、勒二在状一言上如レ件」。

厨膳　文選、南都賦「若其厨膳、則有二華薌重秬、滍皐香秔一」。

烏帽子　冠に対し日常着用する帽子。黒帽。和名抄「兼名苑云、帽一名頭衣〈烏帽子、俗訛レ烏作レ焉。今案烏焉或通〉、唐式云、庶人帽子、皆寛大露レ面、不レ得レ有二掩蔽一」。

狩衣　もと狩猟に用いたのでこの名が起ったという。平安時代以降、貴族・庶民を問わず広く用いられた日常服。元来麻などで作られたが、のちには絹製のものもあらわれた。和名抄「文選云、振二布衣一〈此間云、獦衣、加利岐奴〉、〈箋注、按加利岐奴、猟衣也。謂二畋猟可一レ服レ之。猟衣袖端及袴踦有二可レ括之條一。当二射猟放鷹之際一、曳レ條括二袖袴一、以取二軽捷一也。本以レ布作レ之、後為二納言以下常服一。以二有レ文織物一制レ之。袴亦用二指貫一。六位以下以二無レ文絹一製レ之〉」。

袴　和名抄「蔣魴切韻云、袴〈八賀万〉、脛上衣名也」。

袷衣　裏地のある衣。和名抄「文選秋興賦云、御袷衣〈阿波世乃岐奴〉、李善曰、袷衣無レ絮也」。

袙　表衣と下着との間に着る衣。和名抄「唐韻云、衵〈漢語抄云、阿古女岐沼〉女人近レ身衣也」。三条家装束抄「一衣事…或は袙とも称レ之。但当家存知之分、束帯の下などに重用るは、纔着、以レ是為レ袙。直衣幷に狩衣の下に用レ之は莫大也。以レ是為二差別一」。

褂　表衣の内に着る衣。貞丈雑記巻五「褂と云ふは装束の下に着する衣の事なり」。

衾　長方形の袷で寝る時夜具として用う。和名抄「説文云、衾〈布須万〉、大被也。四声字苑云、衾、被、別レ名也」。満佐須計装束抄巻一「御衾は紅の打ちたるにてくびなし。長さ八尺、又八のか五のの物なり。くびのかたに紅の練糸を太らかによりて二筋ならべて横ざまに三針差縫ふなり。それをくびと知るべし、表小葵の綾、裏単文なり」。

単衣　和名抄「釈名云、衣無レ裏曰レ単〈単衣、比止閇岐奴〉」。

差貫　裾に紐を指し、着用のさいそれを引き貫いてくるぶしに括りつけ、裾がふくらむようにして穿いた袴。和名抄「楊氏漢語抄云、袴奴〈左師奴岐乃波賀万、或俗語抄云絹狩袴、或云岐奴乃加利八可万〉」。貞丈雑記「さしぬきに奴袴と書く事は、奴は奴僕とて賤しきめしつかひ者なり。すそを高くくゝり上げて、奴僕の走り廻りに便り宜き故、奴僕の着すべき袴といふ心なり。是れも後には公卿の服に成りて、綾織物等を用ふる事になれり」。

水干　狩衣の短小なもので水ぼしにしてもよい粗末な衣の意。裾を袴の中におしこめて着け、官服でないので上下を問わず自由に用いた。貞丈雑記「水干の事仕立様狩衣のごとし。袴は直垂の如し。地は紗、精好、練、平絹等定なし。色も多くは白を用ふるなり。菊とぢは総をおしひらめて菊の花のごとく平くして、一所に二つづゝ付くる。前に一所、後に四所付くる。紐は丸組の緒也。きくとぢも紐の色も不定。前の紐はえりの上かどに付くる、後の紐はえりの後の真中に付くるなり。前紐短く後紐長し…水干官服にあらず、官位なき人も着る物なり」。

宿装束　日常用の服のこと。

冠　和名抄「兼名苑注云、冠、黄帝造也。弁色立成云、幞頭〈賀宇布利〉」。

袍　束帯・衣冠・直衣などの上衣の総称。ここでは束帯の上衣。和名抄「楊氏漢語抄云、袍〈宇倍乃岐沼、一云朝服〉、着レ襴之袷衣也」。

半臂　半袖の衣で下襲に重ねて袍の下に着す。和名抄「蔣魴切韻云、半臂〈此間名如レ字、但下音比〉、衣名也」。名目鈔「束帯之時、略レ襴〈凡縫腋之法也〉、欠腋之時付レ襴。公卿小忌時如レ此」。

下襲　半臂の下に着け裾を長く引く。連阿口伝抄「前ノ長、ムネノヲリメヨリ袍ノ襴ノツケギハマデ也。後ハ裾別ナラバ帯ニハヅレヌホド也。裾ツヾカバ其長サ仁ニヨリテ長短アルベシ…広サハ身ハ袍ニ同。袖ハ袍ニ一寸ニテモ五分ニテモマサルベシ」。

大口　大口袴。表袴の下に穿くもので、表裏ともに紅の平絹を用う。和名抄「唐令云、慶善楽舞四人、白糸布大口袴〈於保久知乃八賀万、一云表袴〉」。名目鈔「生平絹。幼年日白、長年紅指貫」。枕草子一三四段に「大口、また長さよりは口広ければ、さもありなん」とある。

表袴　束帯の時用いる礼装用の袴。名目鈔「礼服束帯小忌皆用レ之」。連阿口伝抄「長サ一ノ骨ヨリキビスマデノ寸法ヲ三ニヲリテ二分ニ猶二寸ナガシ。是ハ殿上人ナドノニヨシ、御所サマ大臣ナドハ今一寸五分長クスベシ。マタ人ノ腰ノ高下ニモヨルベシ。広サハ長サノ三分一」。

太刀　和名抄「四声字苑云、似レ剣而一刃曰レ刀〈大刀太知、小刀賀太奈〉」。

笏　笏。和名抄「四声字苑云、笏〈音忽、俗云レ尺〉、手板長一尺六寸、闊三寸、厚五分也〈唐笏品、天子玉、諸侯象、大夫魚鬚文、士竹木〉」。

扇　和名抄「四声字苑云、扇〈阿布岐〉、所ニ以取レ風也」。

沓　和名抄「唐韻云、草曰レ扉、麻曰レ屨、革曰レ履〈久豆〉。黄帝臣於則造也」。

襪　したぐつの意。指の割目のない足袋の類。和名抄「説文云、襪〈之太久豆〉、足衣也」。名目鈔「錦、礼服之時用レ之。練貫、上﨟及顕職之人用レ之。平絹、下﨟及老者用レ之」。

昼装束　儀礼用の服のこと。当時の男子の昼装束は束帯に代表される。冠以下襪までは束帯用衣服・装身具名。

馬鞍　和名抄「説文云、鞍〈久良、俗云有ニ唐鞍移鞍結鞍等名一〉、馬鞁也。蔣魴切韻云、鞁〈楊氏漢語抄云、鞁鞍、久良於久〉、以レ鞍駕レ馬也」。

弓　和名抄「四声字苑云、弓〈由美〉、所ニ以遣レ箭之器也」。

胡簶　矢をおさめる具。和名抄「周礼注云、箙〈夜奈久比、唐令用ニ胡簶二字一〉、盛レ矢器也」。

眷属　字類抄「下賤部、クワンソク、僕従分」。

【第三妻】（一三七1～10）

沈淪窮屈の性…　貧乏を苦にしない性格を助長させて。字類抄「沈淪、人情部、チムリム」、「窮屈、貧賤分、キウクツ・キウクヰツ」。

世路喧囂の思…　世間のうるさい中に立ち交ろうと思わない。字類抄「世路、郷里分、セイロ、路名」。

眼を挑る　古今著聞集巻一六「この馬のしわざにやとて、壁にかきたる馬の目をほりくじりてけり」。

水火を論ぜず　危険を顧みない譬。兵部式、異能「凡武芸優長、性志耿介、不レ問ニ水火一、必達レ所レ向、勿レ顧ニ死生一」。

風雨も憚らず　漢書、朱博伝「稍遷為ニ功曹一、伉俠好レ交。随ニ従士大夫一、不

㆑避㆓風雨㆒。

【大君夫】(一三七11〜16)

博打　うつほ物語、忠こそに「世の中に、かしこき博打のせまりまどひたるを召して」とあり、二阿鈔に「明阿曰…著聞集にばくちの聟入せしことなど書り博打の意なり。賽をば打なぐるもの故いふなるべし」とある。↓一一七頁補「博奕」

筒　双六の賽を入れて振り出す竹の筒。字類抄「ドウ、双六筒」。源氏、常夏「御返しや〳〵と、筒をひねりて、とみにも打ち出でず」。

簺　和名抄「楊氏漢語抄云、頭子〈双六乃佐以、今案見㆓雑題双六詩㆒〉」。

五四の尚利目　五四は双六の二つの賽の目が五と四をいう。後奈良院御撰何曾「きとうちかへすさいのめ九ッ。ときぐし」。尚利目は未詳。

四三の小切目　四三は双六の二つの賽の目が四と三をいう。梁塵秘抄巻一「博打の好むもの…四三骰子」。小切目は未詳。

錐徹　切通。盤に切目を入れた細工のことか。催馬楽、大芹「両面、かすめ浮けたる切りとほし、金はめ盤木」。

一六難の呉流・叩子　未詳。

平簺　賽の一種だがどのようなものか不明。催馬楽、大芹「犀角の賽、平賽頭賽」。

鉄簺　賽の一種。鉄製のものか。梁塵秘抄巻一「博打の好むもの、平骰子鉄骰子四三骰子」。

要筒…　以下双六の名称だが未詳。塵添壒嚢鈔巻二に「双六ノ名目、相見・品態・扣子・平鬢・乞出・入破・採居・立入・袖隠・透筒・要筒・定筒」とある。

五四衝四の竹藤掾　下学集に「夫毎㆓采目㆒過半用㆓重字㆒。呼㆑之云㆓重一重二朱三朱四重五重六㆒。然至㆓四三目㆒云㆑朱何哉。其義云、後一条院与㆑臣打㆓双六㆒。採㆑簺急呼㆓四三目㆒心中祈念。若四三目出来、則使㆓其目㆒為㆓五位㆒。時采之目転躍而成㆓四三㆒。院大悦与㆓簺五位㆒而賜㆓朱衣㆒。由㆑之呼㆓四三目㆒曰㆓朱三朱四㆒也。朱色五位之衣也。又唐玄宗皇帝与㆓楊貴妃㆒采戦之時将㆑負。心欲㆓重四㆒、連呼叱。骰子転成㆓重四㆒。帝大悦賜㆓四緋衣㆒云々。和漢共有㆓此故事㆒。可㆑記」とあり、平治物語巻上、叡山物語の事に説明あり。竹藤掾は未詳。

字は…　尾藤太は単に豊藤太の子孫を意味するか。或は梁塵秘抄巻二に「法師博打の様かるは…尾張や伊勢のみゝつ新発意」という尾張を意味するか。傅治の命名は不明。

目細く鼻腷にして…　一般に博打が醜いことを形容したものか。宇治拾遺九ノ八に「昔、博打の子の年わかきが、目鼻一所にとりよせたるやうにて、世の人にも似ぬありけり」とある。

一心二物…　伊呂波「博奕、ハクエキ、一心・二物・三手・四勢・五力・六論・七盗・八害、謂㆓之博奕㆒」。新井白峨の牛馬問巻四、博奕に「いにしへ所謂博奕とは、今卑俗のいふものに非ず。今下賤のなす所のものは、益々変じて益々いやし。心あらん人の可㆑愧可㆑恐の事なり。或草紙を見れば曰、博奕一心、二物、三上、四性、五力、六論、七盗、八害といふ事有。一心とは心を押柄に持なり。二物とは金銭を沢山に持て、一両負ば弐両はり、五両負ば十両はる事なり。三上とは上手になる事、四性とはおもひ入をつよく、気性を丈夫にする事、五力とは余りまけたる時は、無理をいひて力立にて勝事、六論とは口論していひまくり、向を駭せて競ひ取にする事、七盗とは人の目をくらましぬく事、八害とは前の七ッを以てすれども、負たる時は相手を切殺して取より外の仕方なしと書たり。おもふに、人を害せざれば己を害す。害なき事あたはず。非道の欲を貪るもの甚しきかな」とある。

【中君夫】(一三八1〜6)

馳射　和名抄「後漢書云、馳射〈今案俗云、於無毛乃以流〉」、貞丈雑記巻一二「馳引と云ふ事、馳は馬をはするを云ひ、引は弓を引く事なり」、平治物語巻上、信頼信西不快の事「馳引、逸物の馬の上にて敵に押並引組て落る様、武芸のみちをぞ習ける」。

待射　敵の来るのを迎え討って射ること。

照射　和名抄「続捜神記云、聶友、少時家貧、常照射。見㆓一白鹿㆒、射㆑中之。明晨尋㆓蹤血㆒〈今案此間云照射、止毛之〉」。八雲御抄巻四「夏山など

に入て、矢に火を指具して、ししをちかくよせている也」。

歩射　和名抄「李太尉歩射法云、夫歩射、以レ目先領二其特心一射レ之〈歩射、和名加知由美、今案特心者的異名乎〉」。貞丈雑記「歩射と云ふは騎射に対して云ふなり。すべてかち立にて射る大的・小的・草鹿・円物などの総名なり」。

騎射　和名抄「漢書云、甘延寿、以二良家子一善二騎射一。楊子漢語抄云、馬射〈宇末由美、今案馬射即騎射也〉」。貞丈雑記「騎射と云ふは歩射に対して云ふなり。すべて馬上にて射る流鏑馬・笠掛・小笠懸・犬追物などの総名なり。何にても馬上にて射るを云ふなり」。

笠懸　下学集「最初懸レ笠射レ之。後用二皮的一也」。後二条師通記、寛治六年二月六日条「郎等一人兼貞於二紙幡河原一、令レ射二笠懸一〈中レ的〉、供奉人々神妙々々也」。

流鏑馬　貞丈雑記「やぶさめと云ふ名はやばせむまの略語なり。やとは矢なり。はせは馳なり。馬をはしらする也。馬を馳せながら矢をはなつ故やばせむまと云ふなり。やばせむまといふ事を略してやぶさめと云ふなり…やぶさめと云ふ字は流鏑馬と書き来たれり。文選の中に張衡が作りし西京賦に流鏑擉𢶒とあり。流鏑の二字右の西京賦に出でたり。西京賦の流鏑はやぶさめの事を云ふにあらず、たゞ鏑矢の飛ぶ事を流鏑といひたるなり…やぶさめは馬を馳せながら鏑矢を飛ばする故流鏑馬と書きてやぶさめとよませたるなり」。今鏡巻六、雁がね「鳥羽にて白河の院、流鏑馬といふこと御覧じけるに」。

八的　的を八箇所に設けて射ること。小右記、寛弘二年五月十四日条「左右近騎射各三人、又三兵。次令レ馳二厩馬一、次令レ射二八的一」。

三々九　的串（的をかける柱）の高さが三尺のもの。貞丈雑記「三尺と同じ事なり。三尺もサンザクなり、三三九もサンザクなり」。吾妻鏡、建久元年八月十六日条に「然者猶可レ令レ射二三流作物一。於レ有二失礼一者、忽可レ行二其咎一者。義秀又施二其芸一、始終敢無二相違一。三尺・手挟・八的等也」とあり、流鏑馬次第にも「流鏑馬可レ仕由仰出されば、三的を先可レ射也、さて作物の事、三々九・八的・たばさみ、こいたれわきほうなり。是等は皆作物也」。

手挟　挟物の的の一種だが未詳。

【三君夫】（一三八7〜一三九3）

出羽権介　出羽国（秋田・山形両県）の次官の権官（定員外の官）。相当位は、従六位上。出羽国は十一郡、平安初期は耕地約二万六千町、人口約二万一千人。人口あたりの耕地面積の広い地方である。

数町の戸主　一町は約一二〇〇〇平方メートル弱。戸主は家長、恐らく数十人の家族を抱える戸の長であろう。

田堵　尾張国解文「為二横法一准二租税田一加徴者、為二田堵百姓等一、莫レ不二愁痛一」（二五四頁）。

馬杷・犂　農具。馬把（馬鍬）は水田をならすため、犂（牛鍬）は水田を掘り起こすため。馬、牛に引かせたのでその名がある。和名抄「唐韻云、杷〈弁色立成云、馬杷、宇麻久波、一云二馬歯一〉、作レ田具也」、「唐韻云、犂〈音黎、加良須岐〉、墾レ田器也」。今昔二六ノ一〇「土佐国幡多郡ニ住ケル下衆有ケリ、…可レ殖程ニ成ヌレバ、…食物ヨリ始テ、馬歯・辛鋤…ニ至ルマデ、家ノ具ヲ船ニ取入テ渡ケルニヤ」。

堰塞　水流を変えるため、河の中に置いた石や木の柵。田畑に水を引くためであるが、必ずしも水流を塞ぎ止めない。和名抄「唐韻云、堰〈和名井勢岐〉、堰埭壅レ水也。埭、以レ土遏レ水也」。

堤防　和名抄「陂堤、礼記注云、蓄レ水曰レ陂〈和名都々美、下同〉、纂要云、築レ土遏レ水曰レ塘、亦謂二之堤一」。

溝渠　溝。ほりけは堀池・隍とも書く。和名抄「四声字苑云、塹〈和名保利岐〉、遶レ城長水坑也。釈名云、田間之水曰レ溝〈和名美曽、又用二渠字一〉」。

畔畷　田の間のあぜ道。和名抄「四声字苑云、畷〈漢語抄云、奈波天〉、田間道也」。二十巻本和名抄「陸詞曰、畔、音半、田界也〈和名久呂、一云二阿世一〉」。

種蒔　上代の稲作も直播きではなく、苗代に種籾を蒔く農法だった。神社の年中行事がほとんど田植神事で、僅かに皇太神宮儀式帳（八〇四年）のみに直播き神事がみられるだけ。

苗代　種籾を蒔き稲の苗を生育させる地。今昔二六ノ一〇「己ガ住凚ニ種ヲ蒔テ、苗代ト云事ヲシテ、可㆑殖程ニ成ヌレバ」。

播殖　種子を蒔いてふやす。三代格、延暦九年四月十六日官符「貧窮之輩、僅弁㆓蔬食㆒、還憂㆓播殖之難㆑成」。

稙穜　早稲と晩稲。早稲は旧の七—八月、晩稲は旧十月に刈取られる。平安時代には、中稲もあったという。名義抄「稙、ワセノタネ、穜、ヲクテ」。二十巻本和名抄「広志云、有㆓紫芒稲赤穬稲㆒〈今案稲熟有㆓早晩㆒取㆓其名㆒、早稲和勢、晩稲於久天、或又処々有㆑之〉」。

粳糯　うるち米ともち米。和名抄「本草云、秔米〈上音庚、字亦作㆑粳〉、一名粃米〈上音匕、宇流之禰〉。蒼頡篇云、糯〈糯米、毛知乃与禰〉、米之黏也」。

苅穎　稲の穂首を刈ること。古代の農法では、穂を摘み取って貯蔵。種籾としては、一粒一粒にした穀稲よりも、この穎稲の方が適しているからともいう。和名抄「唐韻云、穎〈訓㆓加尾㆒〉、穂也。穂、禾穀末也」。

麦　和名抄「陶隠居曰、麦〈莫革反〉、五穀之長也」。

大豆　内膳司式の園耕作記事によれば、小豆とともに三月種播きとなっているから、夏大豆か。麦畑と大豆畑が当時の畠地のなかでいちばん多い。和名抄「本草云、大豆、一名菽〈末米〉」。

大角豆　白角豆ともいう。和名抄「崔禹食経云、大角豆、一名白角豆〈佐々介〉、色如㆓牙角㆒、故以名㆑之。其一殻含㆓数十粒㆒、離々結㆑房〈離々読㆓布佐奈流㆒、見㆓文選㆒〉」。

小豆　和名抄「本草云、赤小豆〈阿加安豆岐〉、崔禹経云、黒小豆、紫小豆、黄小豆、緑小豆皆同類也」。

粟　和名抄「唐韻云、粟〈阿波〉、禾子也」。

黍　和名抄「本草云、丹黍、一名赤黍、一名黄黍〈阿賀岐々比〉」。

稗　和名抄「左伝注云、稗〈比衣〉、草之似㆑穀者也」。

蕎麦　和名抄「孟詵食経云、蕎麦〈曾波牟岐、一云久呂無木〉、性寒者也」。

胡麻　和名抄「陶隠居曰、胡麻〈此間音五末、訛云㆓宇古万㆒〉、本出㆓大宛㆒、故以名㆑之」。

東作より…　書経、堯典「寅賓㆓平日㆒、平㆓秩東作㆒、…寅餞㆓納日㆒、平㆓秩西成㆒〈集伝、歳起㆓於東㆒、而始就㆑耕。謂㆓之東作㆒。…秋西方万物成〉」。

地子　口分田を班給した残りの官田を、五分の一の地代（地子）で農民に賃貸。うつほ物語、嵯峨院「許多の年頃、地子を待ち使ひつる近江の荘も、この君の御時にこそ売りつれ」。以下、「班給」までは、国司・在庁官人に関する事柄。

官物　起源は国造の貢献物のなごりである郡稲に発するといい、正税の一部を割いて出挙や新任国司への奉仕品購入の財源などに用いたものをいう。平安中期以降は、雑役以外の租税一般の総称ともなった。大鏡、左大臣師尹「公家にもしろしめして、官物のはつをさきたてまつらせ給めり」。

租米　口分田から租税として納入される稲籾は、もっぱら地方の備蓄に充てられ、そのごく一部分が舂かれた租米となって、都へ送られた。三代実録、貞観十八年十一月九日条「近江国言、…請㆔宮及諸封家庸租米、各遣㆓使於大津院㆒受㆑之」。

代稲　未詳。

段米　臨時課税の一。行事などの費用を田畑の段別に賦課したもの。

供給　国司が現地で必要とする品物を提供することか。新任国司着任後、または国司入部の際の禁止事項にこの語がみえる。群載二二、国務条々事書に、

一、停㆓止調備供給㆒事

新任之吏、着㆑国之日、以後三箇日之間、必有㆓調備供給㆒。如㆑此之間、非㆑無㆓所部之煩㆒。若可㆓停止㆒者、着㆑国以前、通㆓消息㆒進㆓止之㆒。但随㆑国有㆑例、若無㆓指煩㆒者、依㆑例令㆑行㆑之。

一、国司入部、供給従㆓倹約㆒事

国司入部之間、非㆑無㆓事煩㆒。仍可㆑従㆓倹約㆒。

土毛　土毛交易物。郡稲貸付の利稲で購入し、朝廷へ献上する特産物。臨時の献上物とも、かつての国造貢献物のなごりともいう。字類抄「田舎分、ドモ」。賦役令、土毛条義解「凡土毛臨時応㆑用者、並准㆓当国時価㆒〈謂、土地之所㆑生皆為㆑毛也〉」。

酒直　酒代。所定の支払のほかに渡す金品。

営料　宮内省の直営田、収穫を貴族の位禄などに充てる田などで、耕作経

営に要した費用。収穫から控除。九世紀後半からは、地子方式となり、例えば、町別、三二〇束を国に納め、営料一二〇束が控除される。延喜式によれば、山城・河内・摂津・和泉に計六〇町の田があった。尾張国解文「出挙之日不レ宛二営料一、以レ令レ誂レ佃」（二六五頁）。

交易　国衙で特産物を調達すること。諸国の正税を用いて購入され、民部省へ送られた。神祇式、臨時祭「凡伊豆・紀伊両国以二神税一交易所レ進祭料雑皮八十五張」。

佃　農民に種子・農具を貸与えて官田を耕作させ、全収穫を官がとる。のちには荘園領主の直営田経営法となる。尾張国解文「就中息男頼方之佃、或郡四五町、或郷七八町、惣八箇郡令二宛作一佃、其数甚多」（二六五頁）。

出挙　国司が官稲を貸付け、収穫時に利稲三—五割をとる。本来は勧農・貧救が目的だったが、強制的に貸付けるため雑税の一つとみなされた。個人的な営利事業としての出挙もある。雑令「凡以二稲粟一出挙者、任依二私契一。官不レ為レ理。仍以二一年一為レ断。不レ得レ過二一倍一。其官半倍」。→八七頁注

班給　口分田ほか位田・職分田などを班ち与える。字類抄「刺史部、バンギフ」。続紀、神亀二年七月壬寅「以二伊勢・尾張二国田一、始班二給志摩国百姓口分一」。

束把合夕　束把は束ねたものを量る単位。合夕は桝で量る下位の単位。平安中期以前は束把で計量されていたが、鎌倉時代からは畠地以外は桝で収穫を計ったという。字類抄「束、ソク、十把為レ束也。合夕、ガフシヤク」。

遮莫　詩轍巻六「遮莫ハ、唐人ノ俗語、鶴林玉露、俗語儘教是也、トアリテ、遮莫隣雞下二五更一。雞ガ鳴テ夜アケニナルナラバ、ヨシ鳴セテ置ケ也。遮音析也。是字義ニテ求難シ」。

【四御許】（一三九4〜14）

御許　倭訓栞「女子を指てもいひ、女の名につけていふ事源氏物語・枕草紙などに見えたり」。

覡女　みこ。神楽の舞姫や神下ろしをする女性。和名抄「説文云、巫〈和名加無奈岐〉、祝女也。文字集略云、覡〈乎乃古加牟奈岐〉、男祝也」。

卜占　易を立ててトうこと。三代実録、貞観十三年九月廿八日条「卜占者曰、至貴之祥、其慶不レ可レ言焉」。

神遊　神前で歌舞を奏して神の心を慰めること。神楽。宮中の神楽歌については中右記、天仁元年十一月廿三日条に「旧神楽譜云、昔貞観御時神宴之日、被レ選二定神楽歌一者、若是此御神楽之事歟」とあり、神楽歌百余首及び古今集に神あそびの歌が残っている。

寄絃　巫女が口寄せの時に梓弓の絃を鳴らして神降しをすること。類聚名物考六「巫女の梓弓を引きならして、死人の口をよするといふことする、唐に見えしも、そのさまやゝ同じ。王充が論衡にも見えたり」。

口寄　倭訓栞「亡者の魂を招き己が口をかりて其意を述る事也」。栄花、後くゐの大将「又神のまことそら事をも聞かむとて、左近の乳母泣く〳〵御口寄に出でたつに…この巫女たゞ泣きに泣きて、うつゝぞ。など隠れ給ぞといひて」。

舞の袖飄颻…　舞の袖がひるがえり上って。文選、七啓「然後姣人乃被二文縠之華袿一、振二軽綺之飄颻一」。年中行事秘抄五、節舞姫参入并帳台試事「本朝月令云…日暮弾レ琴有レ興。試楽之間、前岫之下、雲気忽起、疑如二高唐神女一。髣髴応レ曲而舞、独入二天瞻一。他人無レ見、挙レ袖五変」。

歌の声和雅…　歌う声は神や仏のようにやわらかで奥ゆかしく。往生要集、大文第四観察門「十六、如来咽喉如二瑠璃筒一、状如レ累二蓮華一。所レ出音声、詞韻和雅、無レ不二等聞一。其声洪震、猶如二天鼓一、所レ発言婉約、如二伽陵頻音一」。

頻鳥　極楽にいる鳥で声が殊に微妙といわれ、源氏、紅葉賀にも「これや、仏の御迦陵頻伽の声ならむと聞ゆ」とある。

地祇影向　神祇令、天神地祇条義解「凡天神地祇者、神祇官皆依二常典一祭之〈謂、…地祇者、大神・大倭・葛木鴨・出雲大汝神等類是也〉」。大鏡、昔物語「今日この御堂に影向し給らん神明冥道達もきこしめせとうちいひて」。

踵を継いで…　史記、天官書「近世十二諸侯、七国相王、言二従衡一者継レ踵」。

市を成して…　兵範記、仁安四年三月十三日条「午剋御幸、見物人々連レ車置並、道路成レ市」。

熊米　和名抄「離騒経注云、糈〈久万之爾〉、精米所二以享一レ神也」。陰陽寮式「庭火并平野竈神祭…糈米〈クマシネ、白米散米也黒米散米也〉、馬穀各

二斗」。

幣の紙 文粋、北野天神供二御幣并種々物一文「献上〈御幣上紙百帖〉」。

右馬寮の史生 史生は下級書記官。大同四年三月十四日太政官符「応三新置并加二置諸司史生員事、左馬寮四員〈元二員、今加二二員一〉、右馬寮四員〈元二員、今加二二員一〉」。

保長 律令制で五戸を保として、一人の長を置いた。戸令、五家条「凡戸、皆五家相保。一人為レ長、以相検察。勿レ造二非違一」。

鍛冶 和名抄「段野二音。四声字苑云、鍛、打二金鉄一為レ器也。冶、焼レ鉄銷鑠也」。内匠式、屏風「五尺屏風四帖料、…単功一百四十九人〈木工十六人、漆工五人、鍛冶十七人、細工五十六人、鋳工三人〉」。

鋳物師 宇治拾遺一ノ五「あれは七条まちに江冠者が家の、おほ東にある鋳物師が妻を、みそか〳〵に入ふし入ふしせし程に」。

銀金の細工 源氏、宿木「沈・紫檀・白銀・黄金など、道々の細工ども、いと多くさぶらはせ給へば」。

一佩 未詳。佩大刀をいうか。

伏突 太刀の異称。新撰字鏡「与己波支」。

鉾 和名抄「釈名云、手戟曰レ矛〈音謀、字亦作レ鉾、天保古〉、人所レ持也」。

剣 和名抄「四声字苑云、似レ刀而両刃曰レ剣」。

髪剃 和名抄「玄奘三蔵表云、鉄剃刀一口〈加美曽利〉」。

矢尻 和名抄「釈名云、笶〈音矢、夜〉、其体曰レ幹〈夜賀良〉、其旁曰レ羽、其足曰レ鏑、或謂二之鏃一〈訓二夜佐岐一、俗云二夜之利一〉」。

寒の氷 文選、七命「楚之陽剣、欧冶所レ営…霜鍔水凝、氷刃露潔〈李善注、声類曰、鍔、刀刃也。字書曰、凝、氷之潔也〉」。

茅の葉 和名抄「大清経云、茅、一名白羽草〈知〉」。枕草子六六段「草は…茅花もをかし」。

鐙 和名抄「蔣魴切韻云、鐙〈阿布美〉、鞍両辺承レ脚具也」。

銜 名義抄「クツハミ、クツハ」。和名抄「説文云、鑣〈訓二久都波美一、一云二久々美一〉、馬銜也。兼名苑云、鑣一名勒。野王案、勒、馬口中鈌也」。

鎰 和名抄「四声字苑云、鑰〈今案俗人印鑰之処用二鎰字一非也〉、関具也。楊氏漢語抄云、鑰匙〈門乃加岐〉」。鎰は鑰の俗字。

鋸 和名抄「四声字苑云、鋸〈能保木利〉、似レ刀有レ歯者也」。

鉇 和名抄「唐韻云、鐁〈加奈、弁色立成用二曲刀二字一、新撰万葉集用二鉇字一。今案鉇字所レ出未レ詳〉、平レ木器也。釈名云、釿有二高下之跡一、鉇以レ此平二其上一也」。

釿 和名抄「釈名云、釿〈天乎乃〉、所三以平二滅斧迹一也」。

鐇 和名抄「唐韻云、鐇〈漢語抄云、多都岐〉、広刃斧也」。古今著聞集一一「又男のかたぬぎて、たつきふりかたげて大木を切たるあり」。

鎌 和名抄「兼名苑云、鎌一名鍥〈賀末〉、方言云、刈鉤〈箋注、按説文云、銍、穫レ禾短鎌也。釈レ銍言二短鎌一、則単言レ鎌之長可レ知〉」。

斧 和名抄「兼名苑注云、斧〈乎能、一云二与岐一〉、神農造也」。

鋤 和名抄「唐韻云、鎡錤、鋤別名也。釈名云、鋤〈須岐〉、去レ穢助レ苗也。鍤、插レ地起レ土也」。

鍬 和名抄「兼名苑云、鍫〈久波〉、一名鏵。説文云、钁〈和名同上〉、大鋤也」。

釘 和名抄「陸詞切韻云、釘〈久岐〉、鉄杙也」。

鎹 和名抄「功程式云、挙鎹〈阿介賀須加比、今案鎹字本文未レ詳〉」。催馬楽、東屋「鎹も、錠もあらばこそ、その殿戸、我鎖さめ」。

錐 和名抄「毛詩云、童子佩レ錐〈岐利〉」。

鑷 和名抄「釈名云、鑷〈楊氏漢語抄云、波奈介沼岐、俗云二計沼岐一〉、摂也。抜二取毛髪一也」。枕草子七五段「ありがたきもの…毛のよく抜くるしろがねの毛抜」。

鋏 和名抄「楊氏漢語抄云、鉸刀〈波佐美〉、所三以切二銅鉄一也」。容飾具にもあり。

鍋 和名抄「唐式云、鉄鍋食単各一〈鉄鍋、加奈々倍〉」。

鑊 和名抄「周礼注云、鑊〈方言要目云、比良賀奈倍、今案無二和名一。此間鑊子以為二煖レ酒之器一〉、煮レ肉器也」。

釜 和名抄「古史考云、釜〈賀奈倍、一云二末路賀奈倍一〉、黄帝造也」。

鍑 和名抄「四声字苑云、鍑〈漢語抄云、佐加利、俗用二懸釜二字一〉、釜而大口。一云小釜也」。

鼎　和名抄「説文云、鼎〈阿之加奈倍〉、三足両耳、和二五味一宝器也」。拾遺集、物名「あしかなへ、つのくにの難波わたりにつくる田はあしかなへかとえこそ見わかね」。

鉢　和名抄「四声字苑云、鉢〈俗云波知〉、学二仏道一者食器也。胡人謂二之盂一也」。

鋺　和名抄「日本霊異記云、其器皆鋺〈俗云二加奈万利一、今案鋺字未レ詳。古語謂レ椀為二末利一。宜レ用二金椀二字一〉」。枕草子一四八段「きよしと見ゆるもの、土器、あたらしきかなまり」。

熨斗　和名抄「蔣魴切韻云、熨〈熨斗、乃之〉、熨斗所三以熨二衣裳一也」。

鏡　和名抄「孫愐切韻云、鏡〈加々美〉、照二人面一者也」。

水瓶　和名抄「因果経云、善慧仙人被二鹿皮一執二水瓶一〈美豆賀米〉」。法華験記巻上、吉野奥山持経者某「即取二水瓶一置二前簀上一。水瓶踊下、漸々進去」。

花瓶　古今集、春上「染殿の后のおまへに花瓶にさくらの花をさゝせ給へるを見てよめる」。

閼伽器　金属製または土器製の皿で、水を入れて仏に奉る。源氏、鈴虫「若き尼君たち二三人、花たてまつるとて、ならす閼伽坏のおと、水のけはひなど聞ゆる」。

匳　奩と同じ。字類抄「奩、レム、ハコ、盛レ香器也」。二中歴、仏具歴「行香具、香奩、火舎、箸、匕盤」。続本朝往生伝、沙門能円「講筵已巻、香奩又掩」。

火舎　香炉の一種。和名抄「内典云、火舎〈俗音化赭〉」。続文粋、藤原明衡、施二入金銅火舎於天台山法華堂一状。

錫杖　和名抄「錫杖経云、錫杖亦名二智杖一。彰二顕聖智一也。亦名二徳杖一、行二功徳一本故也」。

鐃鈸　鐃と鈸のことだが、混じて銅鈸の意に用う。法要の時の楽器で、円型の銅板の中央部を丸く隆起させ、その頂に小孔を開けて紐を通し、二個を摩擊して用いる。鐃は残夜抄に「これは真言供養にうつねうばちといふ物のある、その文字と同様なれどさにはあらず。鈴の舌なきがごとしとあり。つゞみを打やませんとて、是をならしけるにや。いまにつたはらず」とある。栄花、とりのまひに「楽の声、せう・ちやく・きむ・くご・びは・鐃・銅鈸を調べ合せたり」と見える。

香炉　和名抄「小品経云、以二白銀香炉一、焼二黒沈水一、供二養般若一」。

独鈷・三鈷・五鈷　密教の修法に用いる金剛杵。鈷は股の借字で、先端が分れていないもの・三股のもの・五股のものをいい、それぞれ一真如・三密三身・五智五仏を表わすという。和名抄「大日経疏云、独鈷・三鈷・五鈷〈音古、俗云上声之軽〉」。

鈴　密教で用いる法具の一。柄と舌とがあり振って鳴らす。鈴杵。法華験記巻下、長円法師「夢有二八大金剛童子一。身着二三鈷・五鈷・鈴杵・剣等法具一、以為二衣服一」。

大鐘　釣鐘。和名抄「虞世南禅林寺鐘銘序云、乃与二清信有縁道俗四衆一、共造二洪鐘一口一〈洪鐘俗云二於保加禰一〉」。栄花、後くゐの大将に「そこらの僧俗数知らぬ人、御堂にて額をつき、大鐘をつきて中のゝしりたり」。

金鼓　金属製の鼓をいい、衆人を召集する時に打ち鳴らした。和名抄「最勝王経云、妙幢菩薩、於二夜夢中一見二大金鼓一〈比良加禰〉」。枕草子一二〇段「花など折らせて、侍めきてほそやかなる者など具して、金鼓うつこそをかしけれ」。

揚州の莫耶　揚州は昔の呉の地方。莫耶は春秋時代呉の剣匠干将の妻。呉越春秋、闔閭内伝「請二干将一鋳作二名剣二枚一。干将者呉人也。莫耶、干将之妻也。干将作レ剣、金鉄之精不レ流。於レ是干将夫妻、乃断レ髪剪レ爪投二於炉中一。金鉄乃濡、遂以成レ剣。陽曰二干将一、陰曰二莫耶一」。文粋、月影満秋池詩序に「懸二鸞鏡於波心一、似二揚州之鋳出一」とある。

呉山の百錬　呉山は未詳。百錬は幾度も金属を練り鍛えること。白氏文集巻四、百錬鏡に「百錬鏡、鎔範非二常規一、…乃知天子別有レ鏡、不二是揚州百錬銅一」とある。

【五君夫】（一三九15〜一四〇6）

紀伝…　職原鈔上「大学寮者、四道儒士出身之処、和漢最為二重職一。紀伝・明経・明法・算道謂二之四道一。又当寮安二置先聖先師九哲一、春秋二中釈奠。

有二東西二曹一、菅江二家為二其曹主一。諸氏出身之儒訪二道於此二家一。

字は… 花鳥余情、乙女に「学生の入学の時、文章院の堂監がかきくだす名簿にあざなをかく也。聖廟御字は菅三、三善清行があざなは三耀といへり」とある。

文選 日本国見在書目録「文選卅〈昭明太子撰〉、文選六十巻〈李善注〉」。選叙令、秀才進士条に「進士、取下明閑二時務一并読二文選・爾雅一者上」、枕草子二一一段に「書は、文集・文選・新賦・史記・五帝本紀」と見える。

文集 白氏文集。日本国見在書目録に「白氏文集七十」、江吏部集巻中にも「近日蒙二綸命一、点二文集七十巻一。夫江家之為二江家一、白楽天之恩也」とある。

史記 隋書、経籍志「史記一百三十巻〈目録一巻、漢中書令司馬遷撰〉」。漢書・後漢書と共に三史と称されて大学で学習され、宮中でもしばしば講経・竟宴が行われた。

漢書 隋書、経籍志「漢書一百一十五巻〈漢護軍班固撰、太山太守応劭集解〉」。

論語 日本国見在書目録「論語十巻〈鄭玄注〉、同〈何晏集注〉」。応神記に論語渡来の記述あり、当時は読書始めとして幼童の時読まれた。なお学令、経周易尚書条に「凡経、周易・尚書・周礼・儀礼・礼記・毛詩・春秋左氏伝、各為二一経一。孝経・論語、学者兼習レ之」とあり、同教授正業条に「論語鄭玄・何晏注」と見える。

孝経 日本国見在書目録「孝経一巻〈孔安国注、梁末亡逸今疑非二古文一〉、同〈鄭玄注〉、同〈唐玄宗皇帝注〉」。学令、教授正業条に「孝経孔安国、鄭玄注」とあるが、三代実録、貞観二年十月十六日条に玄宗の御注孝経に改める制が見える。

毛詩 日本国見在書目録「毛詩二十巻〈漢河間大守毛萇伝、鄭氏箋〉」。学令に「毛詩鄭玄注」とある。

左伝 日本国見在書目録「春秋左氏伝解誼卅巻〈漢九江太守服虔注〉、同集解卅巻〈晋杜預注〉」。学令に「左伝服虔、杜預注」とある。

令律 大宝律令と養老律令があり、令の注釈書として義解と集解が現存する。選叙令、秀才進士条に「明法、取下通二達律令一者上」とある。

格式 弘仁・貞観・延喜の三代格式があり、三代の格を併せ分類した類聚三代格と延喜式が現存する。

詩賦 ともに韻文体の一種。文心雕竜に「大舜云、詩言レ志、歌永レ言、…是以在レ心為レ志、発レ言為レ詩」「賦者鋪也。鋪レ采摛レ文、体レ物、写レ志也、…班固称二古詩之流一也」とある。

序表 以下散文体の一種。序は文体明弁に「按二爾雅一云、序緒也、…言其善叙二事理次第一有レ序若二糸之緒一也」とあり、当時書序・詩序・和歌序の三種があった。表は文体明弁に「按二字書一、表者、標也、明也。標二著事緒一使二之明白一以告二乎上一也」とあり、天子に慶事を祝し官職を辞するために奉る文書で、当時は辞表が中心を成す。

詔 公式令、詔書式条義解に「詔書勅旨、同是綸言。但臨時大事為レ詔、尋常小事為レ勅也」とある。

宣旨 勅旨を伝える文書の中で簡単な手続きによって作られたもの。内侍から蔵人を経て太政官から出された。式部式、歴名「凡五位已上歴名及補任、除目、并年中宣旨、並毎レ色抄二写熟紙一、以為二長案一」。→二一四頁補

宣命 詔の中宣命体の文章で書かれたものをいう。

位記 位階を授けるために出す文書。公式令に勅授（五位以上）・奏授（六位以下）・判授（下八位及び内外初位）の三種の書式を挙げる。

奏状 事を奏聞して勅裁を仰ぐために奉る文書。

願文 仏事を修して祈願の意を敬白するために作る文書。

呪願 法会の時などにそれに関する願意を述べて加護を祈る文書で、すべて四字句より成る。

符牒 符は直属関係にある官司で上から下に下される公文書。牒は官司から諸所に出す文書。

告書 未詳。

教書 公卿の家司が主人の仰せを承って出す書札体の文書。本来私的性格のものだが、内容において公的性格を持つ。→二〇五頁補「御教書」

日記 日々見聞したことを記録するものだが、注進状の役割を果すものがあり、また中外抄によると摂政関白の日記の代作をしたことが知られる。

申文　任官や叙爵を申請するための文書。また平安中期以降直属関係にある下位の役所から上位の役所に奉る文書の解の書式を取るものも広くいうようになった。

消息　書状。公文書に倣って差出人受取人の相互関係により、種々の作法や細かい技術に基いて書かれたものをいう。

往来　書札の形式を具えていないもの。

請文　返書として出す文書、及び事を発意して請け合う意志を表す文書をいう。

了々分明　明らかである。観無量寿経「見二像坐一已、心眼得レ開、了了分明、見二極楽国七宝荘厳宝地宝池宝樹行列一」。

以言　大江以言。大江仲宣の子で始め弓削姓となり後本姓に復した。藤原篤茂に師事し正暦三年に対策に及第、文章博士・式部権大輔となり従四位下に至る。寛弘七年七月十四日五十六歳で歿。以言集八巻があったが伝わらず、本朝文粋・本朝麗藻などに作品が多い。

匡衡　大江匡衡。→一六二頁補「李部大卿」

文時　菅原文時。道真の孫、高視の子。天慶五年対策に及第し、大内記・式部大輔・文章博士を歴任、従三位に昇る。天元四年九月八日、八十三歳で薨ず。文芥集の著あり、本朝文粋などに作品あり。

直幹　橘直幹。長盛の子。橘公統に師事し、承平年間対策に及第す。大内記・大学頭・文章博士・式部大輔などを歴任す。本朝文粋に文章がある。

大算乗除　大きな数の乗除をいうか。

九々　口遊（くちすさび）に九々八十一から一々一まで記し「謂二之九々一」と注している。

竹束八面蔵　竹を束ねた時の周囲の数から総数を出す計算法を竹束という。口遊に「竹束篇。今有二竹束一、周員廿一、問惣数幾。曰卌八。術曰、置レ周員加二三算一、自乗得二五百七十六一。以二十二一除得二卌八一。口伝曰、不尽法半已上者取三一従二惣数一、以レ六為二法半一」とある。ただしその場合六面であるので（六角形になる）、六面蔵とあるべきか。或は竹束・八面蔵の意か。蔵は匿に通ずるので、八面蔵という語は他の文献にはみえないが、八人の盗人を隠すという盗人匿（隠）を意味したものか。

開平方除　平方根を求める計算法。

開立方除　立方根を求める計算法。

町段歩数積冪　不定形の田畠の面積を出す計算法か。

算術　和名抄に「説文云、算〈蘇貫反、俗音残〉、長六寸、以計二暦数一也」とあり、算木を用いて行なった計算法。あるいは数学書の書名に「九章算術」など算術と称するものが多いので、算術・算経と併称してともに数学書をさしたものか。

算経　古代の数学書。学令、算経条「凡算経、孫子・五曹・九章・海嶋・六章・綴術・三開重差・周髀・九司、各為二一経一。学生分レ経習レ業」。

給料　学問料を支給された学生。名目抄に「給料、キウレウ、儒業」とあり、桂林遺芳抄、給学問料事に「号二給料一。給料後号二学生一也。位署等書二学生一也。此事儒門継塵之初道也。学黌之燈燭料申賜宣旨、自二穀倉院一配分也」とある。群載一三、文章穀倉院学問料申文に「右為兼、謹検二案内一、給二学問料一者、所下以抽二勧学之士一、勧中属文之徒上。因レ茲謂二重代一謂二起家一、携二螢雪一者、先応二其挙一、疎二典籍一者、不レ当二其選一」と見える。

得業　古代の学制で四道の学生の中成績優秀なごく少数の者に与えられた身分。職員令集解「大学寮〈釈云、天平二年三月二十七日奏、…得業生十人。明経四人、文章生二人、明法生二人、算生二人、並取二生内人性識聡慧業優長者一。賜二夏人別絁一疋・布一端、冬絁二疋・綿四屯・布二端一。食料米日二升、堅魚海藻雑魚各二両、塩二夕〉」。桂林遺芳抄、補文章得業生事に「此事学生賜二一官一之儀也。宣下後云二文章得業生一也〈或号二秀才一或称二茂才一也〉、上古者通二一経一之時、被二登用一補二秀才一也。今者翰林学士以二簡試一分二欵状一、文章博士之挙也。仍云二儒挙一也。献上宣旨也」とある。

進士　字類抄「シンシ、文章生」、拾芥抄、官位唐名部「文章生〈進士〉」とあり、文章生のこと。もとは官吏登用のため国家試験の科目の一で、選叙令、秀才進士条に「進士取下明閑二時務一、幷読二文選・爾雅一者上」とあり、また考課令、進士条に「凡進士、試時務策二条。帖所レ読、文選上帙七帖・爾雅三帖。其策文詞順序、義理慥当、幷帖過者、為レ通」とある。平安時代になると大学入学後、寮試を合格して擬文章生となり、相当の学習期間を経て後に省試に合格して文章生になるのが通例である。

秀才 選叙令、秀才進士条に「凡秀才、取二博学高才者一」、考課令、秀才条に「凡秀才、試方略策二条。文理倶高者、為二上々一。文高理平、理高文平、為二上中一。文理倶平、為二上下一。文理粗通、為二中上一」とあり、官吏登用の試験の最高科目であった。ここは字類抄「シウサイ、文章得業生」、拾芥抄「文章得業生〈秀才〉」とある如く、文章得業生を指し、得業が諸道得業生であるのと区別している。

成業 大学において正規の課程を終えることをいう。例えば、紀伝道では文章生となりその年労によって任官する者を指す。文粋、藤原篤茂奏状に「謹尋二案内一、成業之輩、必被二優異一矣。篤茂早成二進士之名一、今忝二官長之職一」とある。

大業 得業生となり対策に及第して専門儒家の道を辿る者をいう。文粋、橘直幹奏状に「直幹不レ量二涯分一、謬窃二大業之名一、既非二器用一、自漏二明時之禄一」とあり、職原鈔上にも「紀伝儒者古来多有二登用之人一。大業儒任二大臣一、菅氏及粟田大臣在衡公等是也」と見える。

【六君夫】（一四〇7〜16）

相撲人 和名抄「漢武故事云、角觝、今之相撲也。王隠晋書云、相撲〈和名須末比、本朝相撲記有二占手・垂髪・総角・最手・助手等名一。別亦有二立合相撲長一〉、下伎也」。

強力勇悍 法華験記巻中、仏蓮上人「此二童子強力勇健、荷レ薪汲レ水沸レ湯」。

取手 相撲のわざ。今昔二三ノ二三「取手共賢カリケレバ、出来テ後、左ノ方ニモ右ノ方ニモ負クル事無カリケレバ」。

内搦 片足を相手の内股に掛け、体を反してひねり倒すかけぞりをいう。長秋記、天永二年八月廿一日条「五番左、紀重延、…右、藤井守次、…右男内搦而勝了」。

外搦 外掛け。源平盛衰記二一、小坪合戦事「小次郎はたらかず、大渡を曳直、外搦に懸、渚にむけて十四五度、曳々と推ども推どもまろばざりけり」。

亙繫 四つに組み相手の足に外掛け又は内掛けを掛け、手で相手の上体を押して倒すもの。源平盛衰記三二、維高維仁位論事「名虎は松の立るが如して、跋扈て動ざりけるを、能雄は藤の纏が如くして、身に縷附つゝ、小頸小脇を搔詰て、内搦外搦、大渡懸小渡懸、弓手に廻妻手に廻して逆手に入、様々にこそ揉たりけれ」。

小頸 相手の首に手を掛けて攻め倒すもの。曾我物語巻一、おなじく相撲の事「又かやうのひね物をば、わづらひなくのしよりて、小首ぜめにせめて、背をこゞめて、まはる所を、大さか手に入て、かいひねつて、けすて見よ」。

小脇 未詳。相手の両脇に手を掛けて倒すことか。

逆手 相手の手を逆に取り、自分の肩に引きながら背負うようにして投げるもの。

絡衣の腰支 絡衣はふんどし。和名抄「方言注云袴而無レ跨謂二之褌一〈須万之毛乃、一云知比佐岐毛能〉、史記云、司馬相如、着二犢鼻褌一。韋昭曰、今三尺布作レ之、形如二牛鼻一者也。唐韻云、松〈楊氏漢語抄云、松子、毛乃之太乃太不佐岐、一云水子〉、小褌也」。今昔二三ノ二五「成村ハ前ノ俗衣ト嵜ノ俗衣ノカハトヲ取テ、恒世ガ胸ヲ差テ只絡ニ絡バ」。腰支は→一三四頁補

理髪の髪際 理髪は髪を梳り調えること。字類抄「衣裳部、リハツ」。髪際は髪のはえぎわ。和名抄「針灸経云、耳以上入二髪際一二寸半、有二二穴一、応レ嚼而動。謂二之蟀谷一〈和名古米賀美、髪際、加美岐波〉」。

手合 相撲の勝負。古事談巻六、相撲伊成弘光力競事「加様手合ハ、サノミゾ候。不レ依二此事一候也。一差仕テ見候ハン」。

腕の力筋… 以下源平盛衰記三二、維高維仁位論事に「名虎元来大力なれば、腕の力筋太、股の村肉籠たり、枝の成附、骨の連様、肩の渡広、足の跋扈、外見に可二迷惑一之処に」と見える。

佐伯希雄… 源平盛衰記同右に「是や此品治北男、丹治是平、佐伯希雄、紀勝岡、近江藚、伊賀枯丸と聞えし、貢御白丁も是には争か可レ勝とぞ、見人興を増たりける」と見える。なお古今著聞集一〇「勝岳重茂相撲事」の勝岳は江家次第によると真上勝岡で別人。また伊賀枯丸と二中歴の角丸との関係も不明。

狭間の内取　内取は相撲の儀式の一で、相撲節会の前に行われ、左右近衛府の相撲所で行われる府の内取と、節会の二日前に宮庭に召し左方と右方をそれぞれ互に相撲せしめて御覧に供する御前内取があった。西宮記、相撲召仰「内取〈先於二本府一有二内取一。仁寿殿壇上立二御倚子、若大床子一、御後立二五尺屏風一。御座巽角、敷二上卿座一、東庭北曳レ幕、次将候二御剣一。入レ夜者各本府舎人秉燭。又於二本殿御前一有二此事一。左相撲犢鼻上着二狩衣一、経レ陣向レ幕。右犢鼻上着二狩衣袴一入レ幕。近代不二分別一〉、天皇出御、次将向レ陣召二上卿一。相撲人出レ列経二御覧一。相撲経二御覧一、帰入一々出取。左近取了退出、右近参進、同二左儀一。最手参着者、次将奏聞」。江家次第、相撲召仰「裏書云…内取之習礼也、故左与レ左、右与レ右相撲也。召合抜出者、左右相撲相合也」。

大庭の抜手　抜手は相撲節会の翌日、相撲人の中から優秀な者を選び、または勝負の決しない者をさらに取組みさせたこと。江家次第、相撲召仰「相撲抜出〈裏書云、昨日相撲人中、抜二出之一令レ取二相撲一也。又白丁陣直有二追相撲事一〉」。

最手・占手　玉かつま巻八「相撲の最手といふもの、三代実録四十九の巻に見えたり。うつほ物語としかげの巻にも、すまひのほてとあり。今の世にいはゆる関なり」。古今著聞集巻一〇「相撲は最手、占手、或は左、或は右、皆強力之致所也といへども、又取手の相遮事あるにや」。

金剛力士　塵添壒嚢鈔巻一六に「註梵網経疏云、昔シ有レ王、千人子ヲ持ツ。発心シテ仏道ヲ願。或時ニ有二二兄一成二神主一護二千仏法一。大兄ヲ云二金剛一、次ヲ云二力士一。今諸寺ノ門ニ金剛力士ノ二神ヲ立テル是也ト。又或ハ左右共ニ金剛力士ト云歟ト云云。其標示ヲ云ハ、秘蔵記ニ云、問所三以諸寺門造二立金剛形像一如何ニト。答金剛ハ智也。此智摧二滅煩悩一。譬ヘハ如三金剛強力摧二破諸物一。其開二発心実相門一以二智恵一故ニ、先ツ門トニ立二金剛一内置二仏身一。仏身者本来自性ノ理也。以レ智所レ照得二顕現一故ヘナリト云云」とある。古今著聞集巻一〇に「形体抜群、勇力軼人、鬼王のかたちをあらはして、力士のたちまちに来るかとおぼえたり」と見える。

最手の宣旨　小野宮年中行事、七月に「物部棟業。件棟業以二寛平八年八月廿日一給二最手官符一。延喜十二年八月七日任二番長一云々」と見える。

免田　荘園内の租税を免ぜられた田。山槐記、保元三年八月二日条に「応レ被下早任二先例一宛中給相撲近衛海利守免田弐拾町、浪人弐拾人上状」と見える。

【七御許】（一四一 1～13）

鶉目・蟇眼　未詳。或は論衡、無形に「歳月推移、気変二物類一、蝦蟇為レ鶉、雀為二蜄蛤一」とあるのから連想したもので、あまり意味はないか。

粥　和名抄「唐韻云、饘〈加太賀由〉、厚粥也。四声字苑云、周人呼レ粥也。粥〈之留加由〉、薄糜也」。

鯖　和名抄「崔禹食経云、鯖〈阿乎佐波〉、味鹹無レ毒、ロ尖背蒼」。

粉切　字類抄「細切、コキリ」。

鰯　和名抄「楊氏漢語抄云、鰯〈伊和之、今案本文未詳〉」。

鯛　和名抄「崔禹食経云、鯛〈多比〉、味甘冷無毒、貌似レ鯽而紅鰭者也」。

鯉　和名抄「七巻食経云、鯉魚〈古比〉、野王案、鮖、説文云、鯠、広雅云、鯁、皆鯉魚也」。

水葱　和名抄「唐韻云、藙〈揚氏抄云、水葱、奈岐、一云藙菜〉、水菜可レ食」。

香疾き　骨董集上編中之巻三「鰻鱺の樺焼は、其焼たる色紅黒にして樺の皮に似たるゆゑの名なりと、諸書にいへるは不稽の説なり。新猿楽記に、香疾大根といふ名見えたり。こはかうばしき香の疾く他の鼻に入るの謂なるべければ、鰻鱺の香疾はよく相当したる名なり。鰻鱺を焼るほど香疾きものは又あるべからず。香疾の訓に、樺焼の字を当てて、さて樺の皮に似たりといふ説をばまうけたるべし。はふりに羽織の字を当てて、さまぐ不稽の説をいへるたぐひならん」。

大根　和名抄「爾雅注云、葍〈音福、於保爾、俗用二大根二字一〉、根正白而可レ食レ之。兼名苑云、萊菔、本草云、蘆菔、孟詵食経云、蘿菔」。

塩辛き納豆　和名抄箋注「豉、今俗呼二納豆一者近レ之」。倭玉篇「豉、マメ、シホマメ」。寺院の食物として作られた乾燥した納豆。庭訓往来「酢菜者、胡瓜、甘漬、納豆、煎豆」。

茹物　和名抄「文選傅玄詩云、厨人進二藿茹一、有レ酒不レ盈坏〈茹音人恕反、由天毛乃、藿音霍、葵藿也〉」。字類抄「ユテモノ、又ニラキ」。

松茸　拾遺集、物名、まつたけ「足びきの山下水に濡れにけり、其の火まつたけ衣あぶらん」。吉記、承安四年九月廿二日条「又送二松茸一」。

温餅　字類抄「温餅、アタ、ケ」。

粉　和名抄「胡餅、以二胡麻一着レ之〈今案麵麦粉也。此間餅粉、阿礼、是也〉」。

胡瓜　和名抄「孟詵食経云、胡瓜〈曾波宇利、俗云二岐宇利一〉、寒、不レ可二多食一、動二寒熱一発二瘧病一」。

醪　和名抄「玉篇云、醪〈漢語抄云、濁醪、毛呂美〉、汁滓酒也」。

煎豆　和名抄「玉篇云、臑〈以利毛乃〉、少汁臛也」。

大津　大津市。京都東方の門戸に当る。木工式に「凡近江国大津雑材直并桴功銭者…自二同津一至二宇治津一、榑一材桴功一文銭」と見える。

三津　大津市下坂本一帯の古名。

淀の渡・山崎　→一五四頁注「与渡津・河陽」

駄賃…　字類抄「資用部、タチン、運漕分」。主税式「諸国運二漕雑物一功賃、山陽道…美作国〈廿一束、但従レ国運二備前国方上津一駄賃五束〉」。

車力　荷車。

【八御許夫】（一四一14〜一四二6）

講堂　経典を講じたり、法を説いたりする建物。和名抄「金光明経云、大講堂衆会之中」。法華験記巻下、加賀前司兼隆第一女「我入二寺門一。此寺講堂・金堂・経蔵・鐘楼・宝塔・宝幢・僧房・門楼、極多造重、周匝荘厳、甚深微妙」。

金堂　本堂。伽藍の中心で本尊を安置してある堂舎。和名抄「梁元帝、入二仏日殿一礼拝詩云、玳瑁金堂柱、檀欒紺篠叢〈楊氏云、仏殿金堂也。礼堂金堂前名〉」。

経蔵　一切経を安置してある堂舎。和名抄「後周王褒、有二経蔵願文一〈白氏文集云、東林寺経蔵〉」。

鐘楼　鐘つき堂。和名抄「褚亮鐘楼銘云、庵園宝地、李苑珠台、形如二涌出一、勢似二飛来一」。

宝塔　宝玉で造られた塔をいうが、ここは塔の美称。

僧房　教団の房舎。和名抄「法華経云、起二塔寺一及造二僧坊一〈他経等或云二僧房一〉、供二養衆僧一、其徳最勝、無量無辺」。

大門　家屋雑考「総門は、総構の大門なり。故に大門ともいふ。其造りさまざまあり。たとへ冠木門を以て総構の門とし、平門造を以て外門とする類なり」。枕草子一七九段「大御門はさしつやなど問ふなれば、いま、まだ人のおはすればなどいふものの、なまふせがしげに思ひていらふるにも」。

中門　家屋雑考「中門の事は、沿革の条にいへる如く、正殿の東西にある長廊下の内へ、開きたる往来にて、屋根あり扉なし。俗にいはゆる切通なり」。源氏、藤裏葉「山の紅葉、いづかたも劣らねど、西のおまへは、心殊なるを、中の廊の壁をくづし、中門を開きて、霧のへだてなくて、御覧ぜさせたまふ」。

二蓋　二階造りか。

四阿　屋根を四方に葺き下した御所造の造り。和名抄「唐令云、宮殿皆四阿〈弁色立成云、四阿安都末夜〉」とあり、家屋雑考に「阿は簷の事にて、四隅へ角木を互し、榑風をいれず、檜皮を葺き卸にしたる造方なり。是を東屋造といふ。然るに、古代は内裏の諸殿をはじめ、高貴の家々、此家造なれば、此屋をさして宮殿造とも、又は御所造などもいへり」とある。催馬楽、東屋に「東屋の、真屋のあまりの、その、雨そそぎ、我立ち濡れぬ、殿戸開かせ」と見える。

重榱　榱は屋根の裏板や木舞を支えるため棟から軒に渡す材。重榱は榱を密接に並べた建築。和名抄「釈名云、榱〈太流岐、楊氏云、波閉岐〉、在二旁一下垂也。兼名苑云、一名橑、一名椽、榱也」。栄花、たまのうてな「御堂に参りて見奉れば…十余間の瓦葺の御堂あり。榱の端々は黄金の色なり」とある。

間椽　榱の間隔を開けて並べた建築。

並料棏　斗形を並べた建物をいうか。料は柱の上にある方形の木で、和名抄に「唐韻云、料〈度賀多〉、柱上方木也」とある。

寝造　寝室。和名抄「四声字苑云、寝〈禰夜、方言要目云、与止乃〉、寝室也。一曰、寝殿」。

対　寝殿造の対の屋。三内口訣「対ノ屋二〈東ヲ号二一対一、西ヲ号二二対一。主殿ノ北方東西行ニ如二鳥翼一作之。対ト云ハ主殿ニ対スル儀也〉」。家屋雑考に「さてその寝殿造といふは、一家一構の内、中央に正殿あり、南面。其東西もしくは北に対屋といふものあり。正殿は主人常住のところ対屋は家内眷属の居るところなり」と見える。

寝殿　寝殿造の主殿。家屋雑考に「寝殿の名は、皇朝の古称にあらず。西土に倣ひて、一家の正殿をいふなり。…寝殿の造り方は、大抵七間四面を常法とす。或は五間、或は十二間などもなきにあらず」とある。

廊　廊下。和名抄「唐韻云、廊〈音郎、漢語抄云、保曾度能〉、殿下外屋也」。家屋雑考に「廊の字ホソドノと読みて、今時の廊下なること、…廊下渡廊・廻廊・橋廊等の名あり」。

渡殿　渡り廊下。庭訓往来諸抄大成扶翼「貞云、コレモ廊下ノ事也。是ハ中門ノ廊ニハアラズ、家ヨリ家ヘ渡リ行ク廊ナリ」。

曹司町　宮中や貴族の邸宅で曹司を多く立て連ねた所。曹司は貞丈雑記に「曹司と云ふは家を長くつゞけていくしきりにもしきるなり。曹の字はカギルとよむ、司の字はツカサドルとよむ、役所をしきる心也」とある。源氏、乙女に「女房の曹司ども、あて〳〵のこまげぞ、大方の事よりもめでたかりける」と見える。

大炊殿　食物を調理する建物。家屋雑考に「炊屋は、飯を炊き出だす場所の事なれども、諸臣の家々には、なにゝよらず、煮焼をもする事にて、今時の下台所なり。中昔の双紙どもに、オホヒヅカサ、オホヒドノなどともかけり」とある。源氏、明石に「うしろの方なる、大炊殿とおぼしき屋に、うつしたてまつりて」と見える。

車宿　車庫。家屋雑考「車舎は、中門の外にあり、車にて来る客人あれば、牛をはづして、車を引き入れ置く所也。此方の車をも、常にひきおく所なりといふ」。大鏡、太政大臣伊尹「御車やどりには、板敷をおくは高く、はしはさがりて、大きなるつまどをせさせ給へる」。

御廐　馬小屋。和名抄「四声字苑云、廐〈無万夜〉、牛馬舎也」。三内口訣「禁中ニハ被レ置二左右馬寮一、被レ繋二御馬一候。是ヲ号二寮ノ御馬一候。以レ此准拠、諸家ニ於二面向一不レ立レ廐候。…二間三間者、諸人通法也。五間七間已上者、依二分国之多少一有二其員一」。

叉倉　三角形の材を重ね上げて造った古代の倉庫。和名抄「倉廩、…釈名云、倉〈久良、一云甲倉古不久良、校倉阿世久良、俗用レ之、今案本文並未レ詳〉、蔵也。蔵二穀物一也」。倭訓栞「あぜは交の義なるべし。方なる木を打違へて井楼の如くにくみあげて、木の角を外へあらはす、よて下学集には叉庫と書り」。今昔二七ノ七「其ノ家ノ内ニ大ナルアゼ倉有ケリ、片戸ハ倒レテナム有ケル」。

甲蔵　叉倉の類か。前項参照。法隆寺縁起資財帳「合倉漆口〈四口蓋瓦之中、二口双倉、一口土倉、一口甲倉、三口葺草〉」。

桁　家の柱の上に渡して上に乗せる梁を支える材。和名抄「考声切韻云、桁〈計太〉、屋欂也。欂、屋桁也」。木工寮式「凡諸節及公会処応レ設二幄幔一者、寮依レ例預樹二柱桁一」。

梁　柱と柱の上に渡し、棟の重みを受けて屋根を支えるもの。和名抄「唐韻云、梁〈宇都波利〉、棟梁也」。略記、天徳五年二月十六日条「始立二内裡殿舎門廊柱一、并上レ梁」。

垂木　↓補「重榱」（四〇九頁）

木舞　檐の垂木に渡す細長い材。嬉遊笑覧巻一「下学集梠〈木舞〉とあり。和名抄居宅具に文選に鏤檻文梍とあるを引て加佐礼留乃岐須介と出たり。字書をみるに梍は連レ檐在二椽之端一とあるによれば、今いふ軒づけと広小舞にあたれり」。宇治拾遺一五ノ四「かくするほどに、ふき板みなうせぬ。はてには、たる木・こまいを、わりたきつ」。

梲　梁の上に立てて棟木を支える小さい柱。和名抄「爾雅云、梁上柱謂二之梲一〈宇太知、楊氏云、蜀柱〉、孫炎曰、梁上柱侏儒也」。

豕杈首　切妻や入母屋の造りで梁の上に合掌形に材を組み、中央に束を立てたもの。和名抄「楊氏漢語抄云、杈首〈佐須〉」。治承三年六月東寺損色検注帳〈平安遺文八〉「北板葺長屋一宇…猪子差二子〈長六尺、方四五寸〉、宇立三支」。

料　→補「並料栱」（四〇九頁）

枡　上からの荷重を支える用をなす横木。肱木。和名抄「唐韻云、枅〈音鶏、漢語抄云、比知岐、功程式云肱木〉、承レ衡木也」。名義抄「柱上方木、ヒチキ」。

柱　和名抄「説文云、柱〈波之良、功程式云、束柱、豆賀波師良〉、楹也。唐韻云、楹、柱也」。

鴨柄　鴨居。和名抄「功程式云、鴨柄〈賀毛江、今案本文未レ詳〉」。神祇式、伊勢太神宮「修ニ飾神宮調度一、…高欄・鴨居・丸桁・端金・十管〈各径三寸三分、長四寸、穴四口〉」。

長押　柱と柱の間を横に打ちつけた材木。和名抄「功程式云、長押〈奈計之〉」。松の落葉巻三に「なげしは母屋と庇との中のへだてのうへしたにあるものにて、したなるはは〻ひろくぞあり」、源氏、夕顔に「例ならぬ事にて、御前近くも、え参らぬつゝましさに、長押にも、えのぼらず」と見える。

板敷　建物の外にある板ばりの縁。伊勢物語四段「うち泣きて、あばらなる板敷に月のかたぶくまでふせりて」。

蔀　板の両面又は片面に格子を組み、長押から吊って上にはね上げて開くようにしたもの。和名抄「周礼注云、蔀〈之度美〉、覆曖障レ光也」。貞丈雑記に「蔀の事風雨をよける物なり。是れも主殿などに有り。格子ある所には必蔀もあり。是れは板戸の如くにして板をはりて横にしげくさんを打ちたる物なり。是れも一間に二枚ヅヽ横に入れてかけがねにてとめ置くなり。格子の外にあつるなり」とあり、枕草子七六段に「上の蔀あげたれば、風いみじう吹き入りて、夏もいみじうすずし」と見える。

隔子　格子。和名抄「通俗文云、篱子〈篱音隔、字亦作レ格〉、竹障名也」。貞丈雑記に「御格子の事細く木を削りて碁盤の目のごとく組みて黒くぬるなり。御主殿の広縁の端にある物なり。一間毎に上に一枚下に一枚横にならべて入るゝなり。上のかうしは上へひらき上げて、細きかなものにて棚のごとくに上へつり上げて置くなり。下はかけがねをしてはづして取置くやうにするなり」とあり、源氏、空蟬に「東の妻戸にたてたてまつりて、我は南の隅の間より、格子叩きのゝしりて入りぬ」と見える。

妻戸　寝殿造の四隅にある両開の戸。貞丈雑記に「妻戸の事是れも主殿にある戸なり。両方へひらく舞戸也。外の方へひらくなり。縁につぼかねを打ちてひらきたる、妻戸の下の方にあるかけかねをかけ置くなり。これを猿つなぎと云ふ」とあり、枕草子一九八段に「暁に格子・妻戸をおしあけたれば、嵐のさと顔にしみたるこそ、いみじくをかしけれ」と見える。

遣戸　引戸。貞丈雑記に「鋪居鴨居に入れて引く戸を今は引戸と云ふ。本名はやり戸といふなり」とあり、枕草子二八段に「遣戸をあらくたてあくるもいとあやし」と見える。

高欄　欄干。和名抄「漢書注云、軒、檻上板也。檻〈文選檻読、師説於波之万〉、殿上欄也。唐韻云、欄〈漢語抄云欄檻〉、階際木、勾欄亦」。貞丈雑記に「かうらんは高欄と書く。縁のまはりにあるらんかんの事なり」とあり、源氏、若菜上に「人々花のうへも忘れて、心を入れたるを、おとども宮も、すみの勾欄にいでて御覧ず」と見える。

日隠　階の上へ張り出したひさし。海人藻芥に「名家以下月卿雲客ノ亭ノ事…寝殿ニモ日蔵不レ可レ有レ之」とある。

破風　屋根の切妻についている合掌形の装飾板。和名抄「弁色立成云、榑風板〈比宜、上音布悪反、楊氏漢語抄同〉」。家屋雑考に「屋背の両端山形をなす所をさして、榑風といふ。彫物などあるをから榑風といふ」とあり、今昔一三ノ一に「其ノ中ニ一ノ僧房有リ、微妙ニ造タリ。破風・懸居…天井、皆吉ク造タリ」と見える。

関板　屋根の葺板の粗末なもの。家屋雑考「又関板とて、常ざまの一間板の如きを雌羽に重ねて、横に桟を打ちたるあり。又横竪に竹をうちつけて、石など載せおくあり。こは板屋の最麁なるものなり。高貴の家の雑舎下屋の類平侍の家などにも用ふる事なり」。太平記巻二六、執事兄弟奢侈事に「常ノ法ニハ、四品以下ノ平侍武士ナンドハ、関板打ヌ舒葺ノ家ニダニ居ヌ事ニテコソアルニ」と見える。

飛檐　仏寺建築などで地垂木の先につけた垂木で上方に反りのあるもの。和名抄「文選注云、飛檐〈此間音比衣無〉、棟頭似ニ鳥翅舒将レ飛之状一也」。

和漢三才図会、家宅之用に「按飛檐、堂殿之屋、二重椽而上延下縮、四隅彎起、状如二鳥翅一」とあり、木工式、葺工に「葺檜皮七丈屋一宇料、…葺工七十人〈無二飛檐一者減二七人一〉」と見える。

角木　屋根の隅棟の下に取付けて垂木の上端を受ける木。和名抄「爾雅注云、桷〈須美岐〉、屋四阿大榱也」。家屋雑考に「四方葺卸の屋に、梁より四方の隅々へ渡す木なり」と見え、仁徳紀元年春正月丁丑朔己卯条に「桷梁柱楹弗二藻飾一也」と見える。

曾利　筆の御霊、後篇一三「曾利とは、よき屋の角木など、垂木の末などの上ざまにそりたる其分量を云なり」。

廛目　すみつぼのような大きな目の意か。廛は名義抄に「地連反、イチグラ」とあるが、墨に广で墨の居るべき所の意に用いたか。和名抄「楊氏漢語抄云、墨斗〈須美都保〉」。

曲直を縄し　淮南子、修務訓「無二準縄一、雖二魯般一不レ能三以定二曲直一」。名義抄「縄、タダス」。

鋸歯　和名抄に「四声字苑云、鋸〈能保木利〉、似レ刀有レ歯者也」とある。

切角を営む　正方形や長方形の角を切り落として仕上げすることをいうか。

手斧頸　ちょうなのように曲った首の意か。和名抄「釈名云、釿〈天乎乃〉、所三以平二滅斧迹一也」。大鏡、太政大臣頼忠に「よの中にてをのの音する所は、東大寺とこの宮とこそはべるなれ」とある。

桵槌頭　木槌のように額と後頭部が突き出ていること。和名抄「纂文云、方槌〈直追反、字亦作レ槌〉、謂二之柊桵一〈漢語抄云、散伊都遅〉」。

墨⿱⺮心　木材に印をつけ字を書くのに用いる竹筆。和名抄「蔣魴切韻云、以レ篾為レ筆曰レ⿱⺮心〈須美佐之〉、周赧王時史臣公田檀造也。時人以二竹⿱⺮心一画二文字一。今工匠墨⿱⺮心是」。

曲尺　直角に曲った物指。和名抄「弁色立成云、曲尺〈麻賀利賀禰〉」。

鋘柄　鋘錐の柄のように丁字形になっていること。鋘は和名抄に「考声切韻云、鋘〈漢語抄云、鋘、毛遅〉、鑽也」とあり、和漢三才図会、百工具に「按鋘大鑽也。柄横二於頭一如二丁字様一、先以二三稜錐一、次敲二入之一、以レ柄縿捩」とある。

鉄槌　堅い形容。和名抄「広雅云、鎚〈加奈都知〉、鉄槌也」。

【九御方夫】（一四二7～11）

右近衛医師和気明治　六衛府に医師が置かれたことは三代格、仁和元年十二月廿九日太政官符に「応三六衛府医師預二奏任一事」と見える。和名抄「説文云、医〈和名久須之〉、治レ病工也」。尺素往来に「和・丹両流之医師等、雖レ為二末代一其術新播二効験一候哉」とあり、続本朝往生伝、一条天皇条に「医方則丹波重雅、和気正世」と見える。

遺針灸治　針や灸によって治療すること。医心方巻一、治病大体「針灸経云、十歳小児、七十老人、不レ得レ針、宜二灸及甘薬一」。

六府五蔵　和名抄「中黄子云、六府、大腸・小腸・胆・胃・三膲・膀胱也」「中黄子云、五蔵、肝・心・脾・肺・腎也」。下学集「先論二五蔵一者、左心肝腎、右肺脾命門也、命門与レ腎同位也。五蔵有二六府一。心小腸腑、肝胆腑、腎膀胱腑、肺大腸腑、脾胃腑、命門三焦腑也」。

診脈　職員令、内薬司条義解に「侍医四人、掌レ供二奉診候一〈謂、診験也、候望也、言診二験血脈一、候二望顔色一也〉」とあり、史記、扁鵲伝に「尽見二五蔵癥結一、特以二診脈一為レ名耳」と見える。或は沈脈で筋骨の間にあって分かりにくい脈をいうか。

四百四病　人体は地水火風の四大から構成されており、この四大が不調であると四大おのおのに百一の病を生じ、合わせて四百四病となる。それらは風・水から起こる二百二の冷病と、地・火から生ずる二百二の熱病とに分けられる。往生要集、大文第一に「四百四病、具足常有。長久受レ苦、無レ有二年歳一」とみえる。

擣簁　すりつぶしてふるい分けること。字類抄「擣、ツキ敷、簁、ウチフルフ、タウシ」。簁は篩に同じ。至道要抄に「皆悉具足、擣〈ワリクダク〉、簁〈ツキフルフ〉、和合」とあり、長生療養法巻一、断穀方に「酒溲曝干更擣篩、以レ酒飲以レ水服」と見える。

合薬　数種の薬を調合すること。字類抄「医方部、ガウヤク」。玉葉、養和元年七月廿五日条に「今日於二家中一有二合薬事一。今案方也。為レ治二宿病一也」とある。

搗抹　ついてすり粉末にすること。搗は擣に同じ。遐年要抄、服薬木「二月上卯日搗末服レ之」。

㕮咀　薬を歯でかみくだくこと。本草綱目、序例上、陶隠居名医別録合薬分剤法則「凡湯酒膏薬、云二㕮咀一者、謂、秤畢擣レ之如二大豆一。又吹二去細末一。薬有二易レ砕難レ砕、多レ末少レ末。今皆細切如二㕮咀一也〈李杲注、㕮咀、古制也。古無二鉄刃一、以レ口咬細、令レ如二麻豆一、煎レ之。今人以レ刀剉細爾〉」。長生療養法巻一、延齢服薬法に「右一物㕮咀口酒三斗漬レ之」とある。

耆婆　仏弟子で古代インドの名医。塵添壒囊鈔一七に「彼耆婆ト申ハ、生ル、時、左ニ瑠璃ノ薬壺ヲ持シ、右ノ手ニ針ヲ提サケ生レシ間、針位童子ト云ケリ。薬師仏ノ化身ナルベシ。五天竺ニ病ニ有ン者ハ、多アルベシ、我ハ一人也。平等ニ利益セントテ、四百四病ノ薬ヲ収集テ、十二三ノ童子ヲ作テ、道ノ辺ニ堂ヲ立テ、、彼ヲ薬童子ト号シ、本尊トシ、国々ニ札ヲ立テ、病ヒ有ン者ハ此前ニ参テ、南無帰命頂礼無量寿覚ト唱ヨト云云。目盲耳聾モ忽ニ平愈ス」とあり、平家巻三、医師問答に「彼耆婆が医術及ばずして、大覚世尊滅度を抜提河の辺に唱ふ」と見える。

医王　医王善逝で薬師如来のこと。菩薩の時十二の大願を発し、衆生の病気を除き六根を完備させて解脱へ導いたという。太平記巻二一、先帝崩御事「医王善逝ノ誓約モ、祈ニ其験ナク、耆婆・扁鵲ガ霊薬モ、施スニ其験ヲハシマサズ」とある。

神農　中国上古三皇の一。日に百草を嘗め製薬の法を始めたという。史記、三皇紀「始嘗二百草一、始有二医薬一」。淮南子、修務訓「時多二疾病毒傷之害一。於レ是神農乃始教レ民、播二種五穀一、相二土地之宜、燥湿肥墝高下一、嘗二百草之滋味、水泉之甘苦一、令二民知レ所二避就一。当二此之時一、一日而遇二七十毒一」。澄憲作文集一二、医師に「携二医療之道一、遙続二神農化他旧跡一」と見える。

扁鵲　中国古代の名医。戦国時代、鄭の人。姓は秦、名は越人。長桑君よりその術を受けたという。史記、太史公自序「扁鵲言レ医、為二方者宗一。守レ数精明、後世修序、弗レ能レ易也」。雲州消息、中末に「須下用二扁鵲之方一、持中松子之齢上也」と見える。

雪山童子　釈尊が過去の世で菩薩行を修していた時の名。三宝絵巻上「昔独ノ人有テ雪山ニ住ミキ。名付テ雪山童子ト云フ。薬ヲ食ヒ菓ノ子ヲ取テ心ヲ閑カニシ道ヲ行フ」。源氏、総角に「恋ひわびて死ぬる薬のゆかしきに雪の山にや跡をけなまし。なかばなる偈、教へけん鬼もがな。ことつけて投げん」と見える。

蓬萊方士　蓬萊（仙境）に住む道士。漢書、郊祀志上「此三神山〈蓬萊・方丈・瀛洲〉者、其伝在二勃海中一、去レ人不レ遠。蓋嘗有二至者一、諸仙人及不死之薬皆在焉」。

【十君夫】（一四二12～一四三3）

賀茂道世　職原鈔上「陰陽寮、掌二天文暦数事一。昔一家兼二両道一。而賀茂保憲以二暦道一、伝二其子光栄一、以二天文道一、伝二弟子安部晴明一。自レ此両道相分」。

金匱経　黄帝金匱。日本国見在書目録「黄帝注金匱経十巻」。なお三代実録、貞観十六年五月廿七日条に「滋岳朝臣川人作二…金匱新注三巻一」とあるのは本書に基く撰であろう。続紀、天平宝字元年十一月癸未条に「陰陽生者周易・新撰陰陽書・黄帝金匱、五行大義…並応二任用一」とあり、群載巻八、中務省補陰陽得業生解に「読書、黄帝金匱経一部、周易一部」と見える。

枢機経　本朝書籍目録に「枢機経、陰陽寮従八位下暦志悲連猪養撰」と見えるが、日本国見在書目録に「六壬式枢機経二巻」とあるのを指すか。

神枢霊轄　日本国見在書目録「神枢霊鎋十巻」。旧唐書、経籍志に「神枢霊轄十巻〈楽産撰〉」とある。

四課三伝　占事略決、四課三伝法第一に「常以二月将一加レ時、視二日辰陰陽一、以立二四課一、日上神為二日之陽一〈是謂一課〉、日上神本位所レ得之神為二日之陰一〈是謂二課〉、辰上神為二辰之陽一〈是謂三課〉、辰上神本位所レ得之神為二辰之陰一〈是謂四課〉、甲乙丙丁戊己庚辛壬癸是為レ日、子丑寅卯辰巳午未申酉戌亥是為レ辰也、四課之中察二其五行一、取二相剋者一以為レ用、発用神為二一伝一、用神之本位所レ得神為二二伝一、二伝之神本位所レ得神為二三伝一也」。

覆物を占ふ　物を覆い隠してそれが何であるか当てること。射覆。今昔二四「保憲晴明共占覆物事第十七」。長秋記、大治四年五月廿日条に「新院御方有二覆物御占一、覆以二将棊馬一、其数十二也。新院如レ指令レ占給。依二前生戒力一受二人主位一給。依レ是諸事如レ此歟。主典代通景進二一帖一、号二霊棊経一、以㆑管占㆑之。唐人自筆也。兄通国朝臣於㆓鎮西㆒伝学云々」とある。

目に見るがごとし　源平盛衰記巻一二、一院鳥羽籠居事「彼泰親は晴明六代の跡を伝て天文の淵源を尽し、占文の秘枢を極めたり。推条は掌をさすが如く、卜巫は眼に見に似たり」。

物怪を推する　不思議な出来事から吉凶を占うこと。天智紀元年四月条に「鼠産㆓於馬尾㆒。釈道顕占曰、北国之人、将㆑附㆓南国㆒。蓋高麗破、而属㆓日本㆒乎」とあり、平家巻五、物怪之沙汰に「朝夕ひまなくなでかはれける馬の尾に、一夜のうちに鼠巣をくひ、子をぞうんだりける。これたゞ事にあらずとて、七人の陰陽師にうらなはせられければ、おもき御つゝしみとぞ申ける」と見える。

掌を指すがごとし　権記、寛弘八年五月九日条「光栄之占如㆑指㆑掌、可㆑謂㆑神也」。

十二神将　伊呂波「十二神将、宮毗羅大将・伐折羅大将・迷企羅大将・安底羅大将・安儞羅大将・珊底羅大将・因達羅大将・波夷羅大将・摩虎羅大将・真達羅大将・招杜羅大将・毗羯羅大将」。略記、万寿元年六月廿六日条に「入道大相国供㆓養法成寺内薬師堂㆒。結㆓構十五間之梵宇㆒、奉㆑安㆓置…并彩色八尺十二神将等像㆒」とある。

三十六禽　寂照堂谷響集巻七、三十六禽「客問、三十六禽何物也。所出何典耶。答、一昼夜十二辰之神。一辰各有㆑三、成㆓三十六㆒。大集経、但説㆓三十六中正十二獣㆒。天台止観、開明㆓三十六㆒。此有㆓二類㆒、実類悩㆓行者㆒、権類益㆓衆生㆒。密教中、列㆓於星曼荼羅㆒。俗書中亦有㆓三十六禽説㆒。先列㆓其名㆒者、寅有㆑三。狸・豹・虎。卯有㆑三、狐・兎・狢。辰有㆑三、竜・蛟・魚。巳有㆑三、蛆・鱓・蛇。午有㆑三、鹿・馬・麞。未有㆑三、羊・雁・鷹。申有㆑三、狖・猿・猴。酉有㆑三、鳥・雞・雉。戌有㆑三、狗・狼・豺。亥有㆑三、豕・㺄・猪。子有㆑三、鷀・鼠・伏翼。丑有㆑三、牛・蟹・鼈」。同書、外書三十六禽「瑯邪代酔云、用修云、古者術数又有㆓三十六禽㆒。蓋毎辰而三。世少㆑知㆑之」。源平盛衰記巻一二、一院鳥羽籠居事「十二神将をも進退し、三十六禽をも相従けり。いか様にも正身の神歟仏歟、非㆓真人㆒とぞ申ける」。

式神　識神とも。玉かつま巻一二に「宇治拾遺物語に、式神をつかふといふこと有。今のいづなのごとくなるわざと聞えたり。此わざをもて、たちまちに人を殺すよしなどあり」といい、倭訓栞に「実は人形の識神にて巫蠱の妖術なりといへり」と記す。今昔二四ノ一六「此晴明ハ、家ノ内ニ人无キ時ハ識神ヲ仕ケルニヤ有ケム、人モ无キニ、蔀上ゲ下ス事ナム有ケル。亦、門モ差ス人モ无カリケルニ、被差ナムドナム有ケル」。

符法　符は陰陽師が加持する時に用いる札をいう。吾妻鏡、建長五年五月四日条に「今年端午良辰当㆓于壬午㆒。必依㆑可㆑有㆓御謹慎㆒、御勘文〈故諸陵頭賀茂時定撰〉一通、并三種神符御護等、自㆓仙洞㆒密々被㆑進。是則黄帝秘術也云々。…勘文云、五月五日丙午壬午ニ当年端午の神符御護をつくりてかくれば命百年をたもつ事」とある。

鬼神　荒ぶる神。死霊。和名抄「周易云、人神曰㆑鬼〈居偉反、和名於邇、或説云、於邇者、隠音之訛也。鬼物隠而不㆑欲㆑顕㆑形、故以称也〉、唐韻云、呉人曰㆑鬼、越人曰㆑𩴾。四声字苑云、鬼人死神魂也」。今昔一九ノ一二「道祖神有ケリ、此ノ僧、其ノ道祖神ノ祠ノ辺ニ宿リニケリ、…僧此ヲ聞テ、此ハ早ウ鬼神ノ云フ事也ケリト心得テ」。

覩覧　未詳。

反閉　陰陽家が天子の出御の時などに邪気を封じ込め安泰を祈願する秘法。下学集「天子出御時、陰陽家所㆑行也。又謂㆓之禹歩㆒也」。貞丈雑記巻一六「反閉と云ふは神拝の時する事なり。陰陽師の法なり。三足の反閉、五足のへんばい、九足の反閉などゝてあり。陰陽師に尋学ぶべし。又閉配とも書くなり。古代貴人出御の前に、必陰陽師をして反閉を行はしむる事旧記に見えたり。…閉坏八座と云ふは、悪しき方角と見えたり。其の悪しき方角をふみ破る呪禁の方術を行ふ事を反閉をふむと云ふなるべきか」。小右記、寛弘二年三月八日条に「今日中宮参㆓給大原野社㆒。権中納言隆家来。同車卯刻参㆓入後宮㆒、同刻寄㆓御輿㆒。晴明奉㆓反閉㆒、乗㆑輿出㆓西門㆒」とあり、行幸反閉作法図に説明あり。

祭祀　陰陽道の祭。禁秘抄巻下、御祈「陰陽師御祭祓、属星・玄宮北極・太一、或三万六千神・老人星等、不㆑可㆓勝計㆒。或遣㆓御衣或御鏡㆒、精進魚味皆依㆑祭。蔵人多為㆓勅使㆒。或殿上人有㆑例。斉籠ナドニ女房向㆓其所㆒、為㆓

代官一例也」。簾中抄巻下、神事に「陰陽師のする祭ども、属星・天地天変・玄宮北極・泰山府君・三万六千神・地震・太一・百怪・夢・火災・代厄・招魂・呪咀・宅鎮・土公・鬼気」とある。

解除 詛いを祓い清めること。小右記、万寿四年十二月二日条に「聊有二夢想一、見二呪咀気一。仍以二恒盛一令二解除一」とあり、枕草子三一段に「こころゆくもの…物よくいふ陰陽師して、河原にいでて呪咀のはらへしたる」。

地鎮 家を建てる時陰陽道で地神即ち土公神を祭ること。小右記、長保元年十月十一日条に「地鎮・釘貫等事如レ期令二奉仕一了者」とあり、吾妻鏡、文暦二年二月三日条に「於二五大尊堂地一、被レ始二行土公祭一、陰陽道相替連日可二奉仕一之由云々」と見える。

謝罪 未詳。

呪術 まじないの術。続紀、文武三年五月丁丑条に「初小角住二於葛木山一、以二呪術一称」とある。

厭法 呪咀の法。要略巻七〇、蠱毒厭魅及巫覡等事「爰奉レ呪二咀皇后一之事、寛弘六年二月発覚。拷二訊陰陽師一、断二定罪名一等、…又有験之寺社及可レ然之所々尓成二此厭法一乎」。

吉備大臣 略記、天平七年四月辛亥条に「入唐留学生従八位下々道朝臣真備献二唐礼一百卅巻…種々書跡、要物等一。不レ能二具載一。留学之間経二十九年一、凡所二伝学一、三史五経、名刑算術、陰陽暦道、天文漏刻、漢音書道、秘術雑占、一十三道。夫所レ受業、渉二窮衆芸一。由レ是太唐留惜、不レ許二帰朝一。或記云、爰吉備窃封二日月一、十箇日間天下令レ闇怪動。令レ占之処、日本国留学人不レ能二帰朝一、以二秘術一封二日月一。勅令二免宥一、遂帰二本朝一」とある。なお→四〇頁補「真備」

注暦天文図 暦学や天文学に関する書物をいう。日本国見在書目録に「天文録図一巻」や「暦注二巻」などの書名が見える。

宿耀地判経 宿曜（耀は曜と同じ）や地判に関する書物。宿曜はインドの天文法で二十八宿・十二宮・七曜を総称したもので、日月運行の位置と星座との関係で暦日を定め人生の禍福を占うに用いた。空海経論目録注進状に「文殊師利菩薩及諸仙所説吉凶時日善悪宿曜経二巻」の名が見える。地判は地相と同じく土地の吉凶を卜うこと。日本国見在書目録に「地判経一巻」の名が見える。

【十一君気装人】（一四三4～一四四3）

気装人 河海抄、玉鬘「仮借人〈貞観政要ニハナツカシウストヨメリ〉、気装人〈新猿楽記〉、又仮相人〈同〉、夜這人〈同〉」。

箏 十三絃の琴。和名抄「風俗通云、神農造レ箏。或曰、蒙恬所レ造、秦声也。蒼頡篇云、箏〈俗云二象乃古度一〉、形似レ瑟而短、有二十三絃一。阮禹箏譜云、柱高三寸、謂二天地人一也」。

琴 七絃の楽器。和名抄「唐韻云、琴、楽器、神農作レ之。本五絃、周文王加二二絃一。帝王世記云、炎帝作二五絃琴一。世本云、神農作レ之。琴操云、伏犧作レ之、以具二宮商角徴羽一。至二周文王一増二二絃一。一説云、文王武王各加二一絃一」。

琵琶 和名抄「兼名苑云、琵琶〈毘婆二音、俗云微波二音〉、本出二於胡一也、馬上鼓レ之。一云、魏武造也。今之所レ用是」。

和琴 日本古来の六絃の琴。和名抄「万葉集云、日本琴〈天平元年十月七日大伴淡等附使監贈二中将衛督房前卿一之書所レ記也。体似レ箏而短小、有二六絃一。俗用二倭琴二字一。夜万度古度〉」。

方磬 打楽器の一。上下二段の架に長方形の鉄板をおのおの八枚ずつ懸け二本の槌で打ち鳴らす。二十巻本和名抄に「律書楽図云、磬〈苦定反、方磬、俗云二奉強一〉、懸二二十四一。唐令云、玉磬方響各一架〈今案、磬与二方響一似而非也〉」とあるが、隋書、音楽志下に「金之属二…二曰編鐘、小鐘也。各応二律呂一、大小以レ次編而懸レ之。上下皆八、合十六鐘懸二於一簨簴一。石之属一曰磬。用二玉若石一為レ之。懸如二編鐘之法一」と記す。

尺八 和名抄「律書楽図云、尺八為二短笛一。縦向吹者也」。

囲碁 和名抄「博物志云、堯造二囲碁一〈音期、字亦作レ棊、此間云レ五〉、一云、舜之所レ造也。晋中興書云、囲碁、堯舜以教二愚子一也」。正倉院御物中にも碁局・碁子があり、奈良時代いらい伝来している。今昔二四ノ六「碁擲寛蓮、値碁擲女語」などにより、平安中期以降は民間にもかなり普及していたことが知られる。

双六 和名抄「兼名苑云、双六一名六采〈今案簙奕是也。簙音博、俗云須久呂久〉」。

将碁　字類抄「象戯、シヤウキ」。明月記、建仁三年十二月十日条に「其傍置二囲碁・双六・将騎等盤一」とあり、二中歴、博碁歴に説明がある。

弾碁　石はじきともいう。和名抄に「世説云、弾棊、始レ自二魏宮一、文帝於二此伎一亦好矣」とあり、後漢書、梁冀伝に「性嗜レ酒、能二挽満・弾棊〈注、芸経曰、両人対局、白黒棊各六枚、先列レ棊相当、更先弾也。其局以レ石為レ之〉・格五・六博・蹴鞠・意銭之戯一」とある。源氏、須磨に「碁・双六の盤、調度、弾碁の具など、田舎わざにしなして」と見える。

鞠　蹴鞠。和名抄「考声切韻云、鞠〈万利〉、以二韋嚢一盛レ糠而蹴レ之。孫愐云、今通謂二之毬子一」。

小弓　貞丈雑記巻一〇「小弓と云ふ物は武器にはあらず、楊弓などの如くたはぶれのもてあそび物なり」。紀略、延長五年四月十日「於二清涼殿前一令二王卿射二小弓一。有二賭物一」。

包丁　魚鳥を料理すること。二十巻本和名抄「厨…料二理魚鳥一者謂二之包丁一、俗云〈抱長二反〉、食厨也」。うつほ物語、蔵開上に「この鯉は生きたるやうなるものかな。ほと〳〵庖丁望まむとぞ思へる」と見える。

料理　貞丈雑記巻六「料理の二字ははかりおさむるとよみて、食物を調ふる事ばかりに限らず、何事にても取りはからひ調ふることを云ふなり。食物を調ふるを料理すと云ふも右の心なり」。内膳式に「年料…案十脚〈四脚料二理雑菓子一料〉」と見える。

和歌　名義抄「倭歌、ヤマトウタ」。歌の実作をいう。

古歌　古い歌についての知識をいう。

難波津の古風　手習歌。古今集仮名序「そのむくさのひとつには、そへうた、おほさゝぎのみかどを、そへたてまつれるうた、なにはづにさくやこのはな冬ごもりいまははるべとさくやこの花、といへるなるべし」。枕草子二三段に「とくとく、ただ思ひまはさで、難波津もなにも、ふとおぼえんことを」とあり、雲州消息、上本に「難波津古風一篇事」とある。

富緒河の末流　古今集真名序に「至レ如下難波津之什献二天皇一、富緒川之篇報中太子上、或事関二神異一、或興入二幽玄一」とあり、拾遺集巻二〇に飢人が聖徳太子の和歌に返し「いかるがやとみのを川のたえばこそわが大君の御名はわすれめ」と詠んだという。この歌は霊異記巻上四・今昔一一ノ一などに見え、和漢朗詠集巻下、親王や袋草紙巻上などは作者を達磨和尚とする。

長歌　和歌の一体。歌経標式に「以二一句一為二一韻一、如レ是展転相望」とある。しかるに和歌童蒙抄巻一〇には「たゞ文選文集の長歌行短歌行の心を尋ねて、愚なる心に思ひみるに、是は歌と云はうたふと云事なれば、三十一字の作は字すくなく、句のつゞきながめよければ、その詠のこゑながし。長句の歌は句の多くつゞける故に、詠のこゑ長くはあるべからず。仍て短歌と云ふ也。若し依二此義一三十一字を長歌といひ、長句歌を短歌と云ふは、かくやすきさまには心得ぬにより、難儀になりたるにやとぞ心えられ侍る」と短歌の意に解しており、八雲御抄巻一では「短歌〈或称二長歌一。両説子細多レ之。又俊成古語抄に巨細いへり。いづれも有レ謂。只所詮長歌短歌皆が歌の名なり〉」と長歌・短歌何れも長歌の意に解している。

短歌　和歌の一体。歌経標式に「以二五句一為二一終一。三句為二一韻一、五句為二二韻一」とあり、万葉集でも三十一音形式のものを指しているが、俊頼髄脳ではこの形式を反歌といい、短歌は「五文字、七文字とつゞけて、わがいはまほしき事のある限りはいくらとも定めずいひつゞけて、はてに七文字を例の歌のやうに二つつゞくるなり」と長歌の意に解している。古来風躰抄巻上に詳しい説明がある。

旋頭　五七七、五七七の六句の歌。歌経標式に双本といい「以二六句一為二一終一。三句為二一韻一、六句為二二韻一」と説き、八雲御抄巻一に「三十一字に今一句をそへたる也。普通歌は五句、是は六句也。初五七五はなべての歌の様にて、其後七字句或五字句をそへたるもあり。又五七七〈上句〉、五七々〈下句〉なるもあり。さて七々はなべての歌にかはる事なし」とある。

混本　歌体の一種。古今集真名序に「長歌・短歌・旋頭・混本之類、雑体非レ一」とあり、孫姫式に和歌八病の一として「第八後悔、混本之詠音韻不レ諧、或謂二之和解鐙一」と記すが正体不明。八雲御抄巻一には「三十一字の内一句なき也。又有二五句字不レ足。是一体にてあれど普通の事にあらず。よみたる事もすくなし」と見える。

連歌　和歌の上下二句を二人で詠む短連歌から、後に長短長と続ける鎖連歌に発展した。八雲御抄巻一「昔は五十韻百韻とつゞくる事なし。たゞ上句にても下句にてもいひかけつれば、いまなからをつけゝるなり。今の様にくさる事は中比よりの事也。賦物なども中比よりの事歟」。

隠題　和歌の一体。物名。八雲御抄巻一「物名、是はかくし題なり。物の名をかくしてよむ歌也」。

恋　和歌の部類の一。男女の恋愛に関する歌で、勅撰集の大きな部分を成している。

禱　和歌の部類の一で、祝の歌。長者に対する祝福の意を表わす歌で、勅撰集では賀歌の部立に属す。

素盞烏尊　古事記上巻「玆大神、初作㆓須賀宮㆒之時、自㆓其地㆒雲立騰。爾作㆓御歌㆒。其歌曰、夜久毛多都　伊豆毛夜幣賀岐都麻碁微爾　夜幣賀岐都久流　曾能夜幣賀岐袁」。古今集仮名序に「このうた、あめつちの、ひらけはじまりける時より、いできにけり。しかあれども、世につたはることは…あらがねのつちにしては、すさのをのみことよりぞおこりける」とあり、俊頼髄脳に「これなむ句をとゝのへ、文字の数をさだめ給へる歌のはじめなる」という。

聖徳太子　拾遺集巻二〇「聖徳太子高岡の山辺道人の家におはしけるに飢たる人みちのほとりにふせり。太子ののり給へる馬とゞまりてゆかず、ぶちをあげてうち給へど、しりへしりぞきてとゞまる。太子すなはち馬よりおりて、うゑたる人のもとにあゆみすゝみ給ひて、むらさきのうへの御ぞをぬぎて、うゑ人のうへにおほひ給ふ。うたをよみてのたまはく、しなてるやかたをか山のいひにうゑてふせるたび人あはれおやなし。うゑ人のかしらをもたげて御返しを奉る、いかるがやとのみのを川のたえばこそわがおほきみのみなをわすれめ」と見え、今昔一一ノ一にも類話をのせる。推古紀・伝暦・往生極楽記などでは太子の歌は長歌形式のものである。

古万葉集　万葉集。枕草子六八段に「集は、古万葉集、古今」とあり、袋草紙巻上、故撰集子細に「万葉集、和歌四千三百十三首、…此集末代之人称㆓古万葉集㆒。源順集モ古万葉集中にと云事あり。是有㆓新撰万葉集、若菅家万葉集等㆒之故歟」とある。

新万葉集　新撰万葉集。紀略、寛平五年九月廿五日条「菅原朝臣撰㆓進新撰万葉集二巻㆒」。

古今　古今和歌集。紀略、延喜五年四月十五日条「今日御書所預紀貫之撰㆓進古今和歌集一部廿巻㆒」。古今集仮名序「延喜五年四月十八日に、大内記きのとものり、御書のところあづかり、きのつらゆき、さきのかひのさう官、おふしかうちのみつね、右衛門の府生、みぶのたゞみねにおほせられて、万えうしふにいらぬふるきうた、みづからのをも、たてまつらしめたまひてなん。…すべて千うた、はたまき、なづけてこきんわかしふといふ」。

後撰　後撰和歌集。栄花、月の宴「此御時(村上)には、その古今に入らぬ歌を、昔も今のも撰ぜさせ給て、後に撰ずとて後撰集といふ名をつけさせ給ひて、又廿巻撰ぜさせ給へるぞかし」。袋草紙巻上「後撰集、和歌千三百九十六首。天暦五年十月日詔㆓坂上望城、源順、紀時文、大中臣能宣、清原元輔等㆒、於㆓昭陽舎㆒令㆑読㆓解万葉集㆒之次令㆑撰㆑之」。

拾遺抄　藤原公任撰、十巻。八雲御抄巻二、撰集に「拾遺、長徳比公任卿撰㆑之歟。抄者花山法皇撰。此事有㆓説々㆒未㆑決。異説、集花山、抄公任云々」とあり、拾芥抄巻上に「拾遺抄云、所㆓書伝㆒華山院御自撰云々。若又長保寛弘五年以前之比事歟。其年月不㆑知云々。公任卿抄出為㆓十巻㆒。破㆓勅撰㆒而自由抄出、有㆑恐歟。多用㆑抄云々」と見える。井蛙抄巻六に「時の人集をさし置て、抄をもてなしけり」という。

猿丸大夫　三十六人歌仙伝「不㆑知㆓何代人㆒。但古今和歌集序云、大伴黒主歌之処、注㆓古猿丸大夫次㆒也。付㆓件文㆒案、黒主、仁和初献㆓大嘗会和歌㆒之由見㆓彼集㆒。抑雖㆑尋㆓件人於万葉集㆒無㆑所㆑見。若是異名歟。得㆑仮㆓他名㆒入㆓彼集㆒歟。往代事暗以難㆑決。而臨㆓延喜御宇被㆑撰㆓古今集㆒之日、件大夫多載㆓彼集㆒。是以廻㆓私案㆒、件大夫若万葉集之後元慶比人歟」。古今和歌集目録には「或人云、猿丸大夫者、弓削王歌、在㆓猿丸大夫集㆒云々〈在㆓万葉集㆒〉」とある。

衣通姫　允恭紀七年冬十二月壬戌朔条に「弟姫容姿絶妙無㆑比。其艶色徹㆑衣而晃之。是以、時人号曰㆓衣通郎姫㆒也」とあり、同八年春二月条に「幸㆓

于藤原一。密ニ察衣通郎姫之消息一。是夕、衣通郎姫、恋ニ天皇一而独居。其不レ知ニ天皇之臨一、而歌曰、和餓勢故餓、勾倍枳予臂奈利、佐瑳餓泥能、区茂能於虚奈比、虚予比辞流辞毛。天皇聆ニ是歌一、則有ニ感情一」と見え、この歌は古今集巻一四、墨滅歌に収められて後世名高い。雲州消息、中本に「返歌之体衣通姫之流也」とある。

躬恒　凡河内躬恒。古今集撰者の一人。寛平六年甲斐少目、延喜七年丹波権目、十一年和泉権掾（三十六人歌仙伝・古今集目録）。本朝小序集、藤原明衡極楽和歌序に「凡河内躬恒、紀貫之、唯誇ニ一旦之歌席一、傾レ盞都ニ」。

貫之　紀貫之。古今集撰者の一人。延喜六年越前権少掾、七年内膳典膳、十年少内記、十三年大内記、十七年従五位下加賀介、延長元年大監物、七年右京亮、八年土佐守、天慶三年玄番頭、六年従五位上、八年木工権頭、九年卒（同右）。

小野小町　六歌仙の一人。生歿年未詳。古今集目録に「出羽国郡司女。或云、母衣通姫云々、号ニ比右姫一云々」とあり、三十六人歌仙伝は「承和比人歟」という。

花山僧正　俗名良峰宗貞。大納言安世の男。承和十二年従五位左兵衛佐、十三年少将、嘉承三年正月従五位上（続後紀）、同年三月仁明天皇の崩御を悲しんで出家す（文徳実録）。貞観十一年法眼和尚位、元慶三年権僧正、仁和元年僧正（三代実録）、寛平二年正月十九日、七十五歳で遷化す（紀略）。

画女の人の情を動かす　古今集真名序「華山僧正、尤得ニ歌体一。然其詞華而少レ実、如ニ図画好女徒動ニ人情一」。雲州消息、上本にも「花山僧正之長ニ此道一、猶悲ニ画女之動ニ人情一」とある。

在原中将　嘉承二年従五位下（続後紀）、貞観四年従五位上、五年左兵衛権佐、六年近衛権少将、七年右馬頭、十一年正五位下、十七年右近権中将、元慶元年従四位上、二年相模権守。後美濃権守に遷り元慶四年五月廿八日に五十六歳で卒す（三代実録）。

賈人の鮮なる衣を着たる　古今集真名序「在原中将之歌、其情有レ余、其詞不レ足。如下萎花雖レ少ニ彩色一、而有中薫香上。文琳巧詠レ物、然其体近レ俗。如ニ賈人之着ニ鮮衣一」。

纔かに古風を存する　古今集真名序「近代存ニ古風一者、纔ニ二三人一」。

柿本人丸・山辺赤人　万葉歌人。古今集真名序に「然猶有ニ先師柿本大夫者一。高振ニ神妙之思一、独ニ歩古今之間一」、「有ニ山辺赤人者一。並和歌之仙也」とある。

六義　毛詩大序に「詩有ニ六義一焉。一曰風、二曰賦、三曰比、四曰興、五曰雅、六曰頌」とあり、風・雅・頌は詩の素材や種類による区別、賦・比・興は詩の表現法による区別と解されている。それに基き古今集真名序に「和歌有ニ六義一。一曰風、二曰賦、三曰比、四曰興、五曰雅、六曰頌」というが、仮名序では「そへうた、かぞへうた、なずらへうた、たとへうた、たゞことうた、いはひうた」とあり、いはひうたを除いて表現上の分類になっている。

八病　孫姫式に「第一同心、一篇之内再用ニ同詞一、或謂ニ之和褰聯一。第二乱思、義不レ優猶レ文而造次難レ読、或謂ニ之和形迹一。第三欄蝶、欲レ労ニ句首一疎ニ義於末一、謂ニ之和平頭一。第四渚鴻、偏拘ニ於韻一不レ労ニ其始一、或謂ニ之和上尾一。第五花橘、諷レ物綴レ詞直用ニ其本名一、或謂ニ之和飜語一。第六老楓、一篇終一章上四下三用也、或謂ニ之和齟齬一。第七中飽、一篇之内或有ニ三十六言一、或謂ニ之和結腰一。第八後悔、混本之詠音韻不レ諧、或謂ニ之和解鐙一」。

鬘　和名抄「釈名云、髲〈音被、加都良、俗用ニ鬘字一非也。鬘者花鬘〉、髲少者、所ニ以被ニ助其髪一也」。和歌色葉巻上に「五尺のかづらに水をいてゆうくとよみながし」とある。

縷　和名抄「文字集略云、糸〈音司、伊度〉、蚕所レ吐也。説文云、線〈字亦作レ綫、訓与レ縷同、以度須知〉、糸縷也」。

【十二君仮借人】（一四四 4～15）

侍従宰相　参議で侍従を兼ねたもの。宰相は参議の唐名。職原鈔上に「侍従八人…又大中納言参議以上有ニ兼任之例一」とある。

頭中将　蔵人頭で近衛中将。職原鈔下に「蔵人頭二人、四位殿上人中、清撰之職也。弁方一人、近衛司方一人補レ之、常例也」とある。

上判官　検非違使の第三等官の中で蔵人に任ぜられた者。今昔二九ノ一「上ノ判官一人ハ留リテ日ヲ暮シテ」。

蔵人少将　職原鈔下「五位蔵人三人、…文公達為二中少将侍従一之輩、有二稽古一之人望二補此職一。是為レ表二其才一也」。

左衛門佐　職原鈔下「左右衛門府…佐一人〈相当従五位上〉、五位殿上人任レ之」。

随身　桃花蘂葉に「随身人数事、自二羽林一至二中納言中将一、衛府長一人、小随身四人、或二人、大納言時衛府長一人、小雑色四人云々」とある。

小舎人　栄花、みはてぬゆめ「とのゝ内には、侍も夜昼もつゆの隙なく、世界の四位・五位・殿ばらまでおはしましこみ候ふ。御随身所・小舎人所は酒を飲みのゝしりてうちあげのゝしる」。

翡翠の釵　かわせみの羽のようにつややかで美しい髪。釵はかむざし（髪のかたちの意）の宛字か。字類抄「翹、ケウ、ヒスイ。鳥尾上長毛也。俗云翡翠是也」。

嬋娟の粧　あでやかで美しい様子。経国集、嵯峨天皇鞦韆篇「嬋娟嬌態今欲レ休」。

芙蓉の瞼　蓮の花のように涼しげで美しいまぶた。瞼はあるいは臉(かお)か。白氏文集巻三、上陽白髪人に「瞼似二芙蓉一胸似レ玉」とある。源平盛衰記巻一九、文覚発心事「青黛の眉渡たんくわの口付愛々敷、桃李の粧芙蓉の眸最気高して、緑の簪雪の膚、楊貴妃、李夫人は見ねば不レ知、愛敬百の媚一も闕ず」。

一たび咲めば　長恨歌「廻レ眸一笑百媚生」。琱玉集、美人篇にも「妲己美麗、一咲有二百廿種媚一」と見える。

青黛の眉　青いまゆずみをひいた眉で美女の形容。和名抄「説文云、黛〈万由須美〉、画眉墨也」。上陽白髪人「青黛画レ眉眉細長」。

半面れば　半身隠れると。名義抄「半面、ハタガクル」。蜻蛉日記巻中「わびて几帳ばかりひきよせて、はたかくるれど、なにのかひなし」。

粉…　和名抄「開元式云、白粉卅斤〈白粉、俗云二波布邇一〉」。好色賦「着レ粉則太白、施レ朱則太赤」。琱玉集、美人篇に「何晏字叔平、魏時南陽宛人也。面恒似レ粧。文帝常疑二之搏レ粉一」と見える。

赬…　和名抄「釈名云、赬粉〈今案赬即赬字也。赬粉、閉邇〉、赬赤也。染レ粉使レ赤、所三以着レ頬也」。

潤へる唇…　濡れた唇は赤い果実のように美しい。往生要集、大文第二見仏聞法楽「青蓮之眼、果菓之唇」。玉造小町壮衰書「唇胗朱無レ潤、面皺粉不レ涓」。

膚つける膚…　つやのある肌は雪のように白い。好色賦「眉如二翠羽一、肌如二白雪一〈李善注、荘子曰、藐姑射之山、有二神人一居焉。肌膚若二氷雪一〉」。玉造小町壮衰書「腕肥玉釧狭、膚脂錦服窄」。

腕は玉を論じ　全梁詩巻二、簡文帝詠二内人昼眠一「簟文生二玉腕一、香汗浸二紅紗一」。

歯は貝を含む　好色賦「腰如レ束レ素、歯如レ含レ貝〈李善注、荘子、孔子謂二盗跖一曰、将軍歯如レ斉レ貝。貝、海螺、其色白〉」。

音和にして　法華験記巻上、春朝法師「言音和雅、巧誦二法華一」。

綾羅　あやぎぬとうすぎぬ。和名抄「野王案、綾〈音陵、阿夜〉、似レ綺而細者也。唐韻云、羅〈魯何反、此間云レ良〉、綺羅亦網羅也」。今昔三ノ一五「諸ノ婦共、衣裳ノ袖、ロヲ調テ、綾羅ノ錦、身ヲ纏フ」。

蘭麝　蘭の花と麝香のかおり。玉造小町壮衰書「気香薫馥之貌、不レ異二蘭麝散レ風之匂一」。

鸞鏡　鸞（鳳凰）を背面に刻みこんだ鏡。極楽和歌序「見二鸞鏡変レ昨之影一、則悲二壮年之徒過一」。

鳥跡　文字。呂氏春秋巻一七、君守「蒼頡作レ書〈高誘注、蒼頡生而知レ書、写二倣鳥跡一以造二文章一〉」。大納言経信集「人の草子書かせたまひける奥に書かれける、難波潟けさふみつくる鳥のあとを波し消たずはしるしとや見む」。

養はれて　長恨歌「養在二深閨一人未レ識」。

幽閨　奥深い女子の寝室。凌雲集、奉和聖製春女怨「幽閨独寝花魂魘、単枕夢啼粉顔穿」。

楊貴妃　初め寿王の妃で太真と号したが、玄宗に召されて寵愛をうけ貴妃に進冊さる。絶世の美人といわれ歌舞音律に通じ才智にすぐる。安禄山の変に帝と共に出奔し、馬嵬にて縊殺さる（唐書、后妃伝上）。我国では玄宗との悲恋が白楽天の長恨歌によって有名である。上陽白髪人に「未レ容二君王得一レ見レ面、已被二楊妃遥側一レ目」とある。

李夫人　李延年の妹で始めは楽人。妙麗にして舞をよくし、武帝に寵愛されたが早く卒す（漢書、外戚伝上）。和漢朗詠集、八月十五夜に「楊貴妃帰唐帝思、李夫人云漢皇情」と見える。

【十三君】（一四四16～一四五12）

醜陋　容貌が醜く心がいやしいこと。

頑鄙　かたくなでいやしい。老子二〇章「衆人皆有レ以、我独頑似レ鄙」。

蓬頭　蓬のように乱れた髪。字類抄「醜女分、ハウトウ」。好色賦「蓬頭〈李善注、荘子曰、蓬頭突鬢〉」。

齞唇　唇が開いて歯が現れるさま。和名抄「説文云、齞〈文選云、齞唇、師説阿以久知〉、口張歯見也」。好色賦「齞唇〈劉良注、齞唇謂語而露レ歯也〉」。

攣耳　みみだれ。和名抄「病源論云、聤耳〈上音亭、美々太利〉、風熱耳生二濃汁一也」。好色賦「攣耳〈李善注、爾雅曰、攣、病也。力専切〉」。

𩓐　頬骨からおとがいにかけての骨格。和名抄「文字集略云、𩓐〈加波知〉、𩓐車也」。塵添壒嚢鈔に「ツラガマチトハ、別所歟、同所歟。常頭カマチトハイフニヤ頭ウツヲバ、カマチハルト云ヘリ。但左伝顔高子鉏イコロス事云射二子鉏一中レ頬云ヘリ。是頬字カマチトヨマセタレバ、頬カマチ但同事歟ヲボユル也。輔車カキテ、カマチトヨメル事アリ」とある。

頣　名義抄「頣、ツラ、アタマ、アギト。顴顬、タカツラ」。盛り上っている頬をいうか。宇治拾遺一一ノ八「みればたかづらひげにて、おとがひ反り、鼻さがりたり」。

頬窅　頬がこけていること。和名抄「野王案、頬〈都良、一云保々〉、面旁目下也」。

歴歯　歯の間がすいていること。和名抄「文選好色賦云、歴歯〈師説波和加礼〉」。好色賦「歴歯〈李善注、歴猶レ疎也。劉良注、歴歯謂歯稀疎〉」。

䑙𦧲　舌の動きがもたつくこと。和名抄「張揖曰、䑙𦧲〈灘天二音、之多都岐〉、舌不レ正也」。今昔一六ノ二一「其ノ後、物ヲ云事舌付ナル人ノ如シ」。

𦝫胇　鼻が低く平らなこと。𦝫は𪖐の誤りか。胇は名義抄「ヒラム」。

塞鼻　鼻づまり。和名抄「釈名云、鼻塞曰齆〈波奈比世〉、洟久不レ通、遂至二窒塞一也」。

傴僂　せむし。字類抄「傴僂、ククセナリ」。好色賦「踽僂〈李善注、踽僂、傴僂也。広雅曰、傴僂、曲貌〉」。霊異記巻下二〇「誹下受二持此経一者上…盲聾背傴」。

鴿胸　胸が高く突き出ていること。名義抄「骨前、ハトムネ」。琱玉集、醜人に「豆胸」とあるのはこれに当るか。

膖脹　腹がふくれていること。膖は胮と同じで広韻に「胮、胮肛、張大貌」とあり、脹は名義抄「ハラフクル」とある。

蛙腹　腹の大きい譬。

傍行　歩き方が片方によること。好色賦「旁行〈李周翰注、旁行、行不レ正也〉」。

戻脚　歩く時に足の向きが斜になること。増補下学集「戻脚、ワニアシ」。琱玉集、醜人「無塩…極醜。為レ人長肘戻股」。

疥癩　顔や頬などにできる皮膚病の一種。和名抄「内典云、疥癩〈介頼二音、波太介〉」。文徳実録、天安元年六月壬午条に「加之自二去春末一、疥瘡纏レ身、五月以来、更亦殊劇」と見える。

歴易　皮膚病に犯されている膚。和名抄「病源論云、歴易〈奈末豆波太〉、人頸及胸前掖下自然斑点相連不レ痛不レ癢者也」。下学集「歴瘍、ナマヅ、医書作二癧風一」。台記、康治元年七月十日条に「自二今日一療二治鯰膚一。仍不二出仕一」とある。

襟　和名抄「釈名云、衿〈古呂毛乃久比〉、頸也。所二以擁レ頸也。襟、禁也。交二於前一、所三以禁二禦風寒一也」。

裾　和名抄「陸詞曰、裾〈古呂毛乃須曾、一云岐沼乃之利〉、衣下也」。

胡臭　わきが。和名抄「病源論云、胡臭〈和岐久曾〉、人腋下臭如二葱豉之気一也。亦謂二之狐臭一、如二狐狸之気一也」。金関丈夫「わきくさ物語」（『木馬と石牛』所収）参照。

蟣虱　しらみ。和名抄「説文云、蟣〈音幾、岐佐々〉、虱子也。虱〈之良美〉、齧人虫也」。韓非子、喩老「甲冑生二蟣虱一、鷰雀処二帷幄一、而兵不レ帰」。

鉄鈀　農具の一。金熊手。和名抄「麻果切韻云、鈀〈漢語抄云、加奈賀岐、一云㆓久之路㆒〉、鈎鈀也」。字類抄「カナヤキ、又クシロ、農具也」。

鍬枚　鍬の柄をのぞいた鉄の部分。

狐の面　目がつりあがり口のとがった顔をいうか。

猿の尻　赤色の譬か。

婬泆　男女関係のみだらなこと。戸令、七出条義解「婬泆〈謂、婬者蕩也。泆者過也。須㆓其奸訖㆒、乃為㆓婬泆㆒也〉」。霊異記巻下一六「天骨婬泆、濫嫁為㆑宗」。

心操　心ばせ。名義抄「心操、コヽロハセ」。今昔五ノ九「形貌端正ニシテ心操正直也」。

織紝裁縫　法華験記巻下、奈良京女「蚕養織婦、永棄㆓其業㆒、裁綴染色、更忘㆓其営㆒」。

手筒　不器用。倭訓栞「手筒のごとくはたらかぬ意也」。栄花、みはてぬゆめ「何の暫の摂政、あな手づゝ。関白の人笑はれなる事を、何れの児かはおぼし知らざらん」。

営世　世の中のいとなみ。なりわい。

跡形なし　筋道が通らない。でたらめである。

大原　梁塵秘抄巻二に「公達朱雀はきの市、大原・静原・長谷・岩倉・八瀬の人集まりて、木や召す炭や召す盥船」とあり、無題詩巻二、見売炭婦に「売㆑炭婦人今聞取、家郷遙在㆓大原山㆒」と見える。

【十四御許夫】（一四五13〜一四六8）

不調　今昔一七ノ四「本性不調ニシテ主ノ心ヲ破テ動ス」。

白物　字類抄「白痴、シレモノ、又下字物」。大鏡、左大臣師尹「御貌などはきよげにおはしけれど、御心きはめたる白物とぞきゝたてまつりし」。

高事くして　言高くしての意か。声高で。

短弱　他人に劣っていること。文選、盧諶贈劉琨幷書「諶稟㆑性短弱、当㆑世罕㆑任〈張銑注、短弱、尫劣〉」。

放逸・豊顔　→一三七頁注

食歎　字類抄「ショクタン」。酒井憲二は食歎は普通「食啖・食淡」と書かれる語で、極めて粗末な物を食する義として、桃源瑞仙の史記抄を引く、「呂后ハ久ク陛下トツレアルイテ、辛苦シテ、ワルイ物ヲウチ食テ」（「新猿楽記の語彙序説」山梨県立女子短期大学紀要第八号）。

面暴し　顔付が荒々しい。好忠集「よそに見しおも荒の駒も草馴れてなづくばかりに野はなりにけり」。

謀計　相手をだますはかりごと。字類抄「ボウケイ、資用部、謀計詞、方略分」。地蔵菩薩霊験記六ノ一二「其性ニシテ立居ニ謀計ヲ巧、出入ニ奇怪ヲ執行、主人ノ心緒ヲ乱事数度ニ及ベリ」。

横法　不当な行為。尾張国解文「右両種田須㆘任㆓省符之旨㆒勘㆗徴之㆖。而為㆓横法㆒、准㆓租税田㆒加徴者、為㆓田堵百姓等㆒莫㆑不㆓愁痛㆒」（二五四頁）。

窃盗　賊盗律、略奴婢条「凡略㆓奴婢㆒者、以㆓強盗㆒論。和誘者、以㆓窃盗㆒論」。

屎　字類抄「トリトコロ、取所也。見㆓猿楽記㆒」。名義抄「トリエ」。

閑　和名抄に「食療経云、食㆓蓼及生魚㆒、或令㆓陰核疼㆒〈陰核俗云篇乃古〉、刑徳放云、丈夫淫乱割㆓其勢㆒〈勢即陰核也〉」とあるが、これは陰茎をいう。

虹梁　虹のように上に反っている梁。小右記、寛仁二年閏四月廿七日条「就中紫宸殿不㆑足㆑言。虹梁打附木、敷政門内有㆑無㆓例之鴨柯㆒。大見苦々」

雁高　陰茎の亀頭の部分が高いこと。鉄槌伝「至㆓于彼犢鼻夜湿、雁頭気衝㆒、此是淫奔、誰称㆓矩歩㆒」。

藺笠　男陰をたとえた。鉄槌伝「鉄槌、字藺笠、袴下毛中人也」。

長さは八寸　鉄槌伝「身長七寸」。

四伏　伏は矢の長さの単位で、一束（親指を除いた指四本の幅）に足りぬものに用い、一本の指の幅をいう。

附贅　いぼ。和名抄「荘子云、附贅懸疣〈贅音制、俗云布須倍〉」。鉄槌伝「大口尖頭、頸下有㆓附贅㆒」。

筋脈　血管。皮膚の表面に浮き出たものをいう。和名抄「脈〈知乃美知〉、肉中血理也」。

剛きこと　鉄槌伝「鉄子、木強能剛、老而不㆑死」。

鉄槌　大型の金槌。鉄槌伝「夫以生㆓育我㆒者父母、導㆓引我㆒者鉄槌」。医心方、房内に「屎縦広各百八十銖、強如㆓鉄槌㆒、長大三寸」とある。

晩に発ひて暁に萎ゆ　鉄槌伝「観夫一剛一柔、体二陰陽之気候一」。続文粋巻一一、陰車讃「故載二痿躄質一、忽表二剛強心一」。

陰相　源平盛衰記巻七、笠島道祖神事「上下男女所願ある時は、隠相を造て神前に懸荘り奉りて、是を祈申すに叶はずと云事なし」。

道鏡院…　弓削氏。孝謙天皇の寵を得て内道場の禅師となり、称徳天皇（重祚）の時太政大臣禅師から法王の位を賜って権勢を振い、神託によってさらに帝位を望んだ。天皇の崩御とともに失脚して下野国薬師寺別当に左遷、宝亀三年に死去した。「院」は法王の位を賜ったので付したか。道鏡が称徳の寵愛をうけたことは霊異記巻下三八に「帝姫阿倍天皇御代之天平神護元年歳次乙巳年始、弓削氏僧道鏡法師、与二皇后一同枕交通、天下政相摂」とあり、古事談巻一には「称徳天皇、道鏡之陰、猶不足ニ被二思召一テ、以二暑預一作二陰形一、令レ用レ之給之間、折籠云云」と記す。

法王の賞　続紀、天平神護二年十月壬寅の詔に「太政大臣朕太師尓法王乃位授末都良久止勅天皇御命乎、諸聞食止宣」とある。法王の名は仏教でいう正しい法に従って統治する国王の意に基くか、ただ法師の王の意か未詳であるが、臣下の者に王号を授けたのは先例がない。

【十五女】（一四六9〜14）

道心堅固　法華験記巻中、覚念法師「怖レ罪悔レ過、道心堅固、読二誦法華経一」。

仏法に帰依す　法華験記巻下、越智益躬「道心極深、帰二依仏法一」。

精進勇猛　熱心に修行に励むこと。

道場　仏道を修行する場所で寺のこと。往生極楽記「天慶以往、道場聚落修二念仏三昧一希有也」。

夫の種を断つ　夫と同衾しない意。往生極楽記「春秋三十有余、以レ姪妻レ之、不レ同二牀第一」。

仏果を求む　悟りを開きたいと願う。全隋文巻七、隋煬帝天台設斎願文「菩提心者即是仏心。下度二衆生一、上求二仏果一」。

女身を受く　女には仏の五種の者にはなれない障害があるという。法華経、提婆達多品「又女人身、猶有二五障一。一者不レ得レ作二梵天王一、二者帝釈、三者魔王、四者転輪聖王、五者仏身。云何女身、速得二成仏一」。梁塵秘抄巻二に「女人五つの障あり、無垢の浄土は疎けれど、蓮花し濁りに開くれば、竜女も仏に成りにけり」とある。

浄土に生れむことを　法華験記巻中、永慶法師「以二今生善一遙期二菩提一、願下不レ還二三途一、必生中浄土上矣」。

世間の無常　この世のありとあらゆるものは変転して少しもとどまらないということ。

諸法の寂滅　ありとあらゆるものは、その本性上もともと悟りの境地にいるものであるということ。法華経、方便品「諸法従レ本来、常自寂滅相」。

念仏読経　続本朝往生伝、高明「三衣一鉢之外、更無二余資一、念仏読経以レ之為レ業」。

貪欲瞋恚　自分の欲するものを貪り求めることと、自分の心に違う者を恨み憎むことで三毒の一。法華経、薬王品「不下復為二貪欲一所上レ悩、亦復不下為二瞋恚愚痴一所上レ悩」。今昔一ノ五「五大ヨリ貪欲・瞋恚等ノ諸ノ煩悩ヲ生ズ」。

櫛鬘　櫛や髪飾り。櫛は和名抄に「櫛〈久之〉、梳枇惣名也」とある。

烏瑟の髻　仏に具っている三十二相の一で、仏頂や肉髻といい、仏の頂骨が隆起して髻の形をしていることをいう。字類抄「烏瑟、仏法部、ウシュツ」。梁塵秘抄巻二に「烏瑟翠の元結は、髪筋毎にぞ光るなる、竜女が妙なる声引きは、聞けども聞けども飽く期なし」とある。

月輪の貌　月の円い形。月輪観を修めることに譬える。月輪に蓮華と阿字を画いた図に向い、大日如来の内証と冥合する密教の観法を月輪観という。法華験記巻中、実因大僧都「況五智水澄、浮二月輪之影一」。

八歳の竜女　法華経、提婆達多品「文殊師利言、有二娑竭羅竜王女、年始八歳一。智慧利根、善知二衆生諸根行業一、得二陀羅尼一、諸仏所レ説甚深秘蔵、悉能受持、深入二禅定一、了二達諸法一、於二刹那頃一、発二菩提心一、得二不退転一、…爾時舎利弗、語二竜女一言、汝謂三不レ久得二無上道一、是事難レ信。所以者何、女身垢穢、非二是法器一。云何能得二無上菩提一、…爾時竜女、有二一宝珠一、価直三千大千世界。持以上レ仏、仏即受レ之。竜女謂二智積菩薩・尊者舎利弗一言、我献二宝珠一、世尊納受。是事疾不。答言、甚疾。女言、以二汝神力一、観二我成仏一、復速二於此一。当時衆会、皆見下竜女、忽然之間、変成二男子一、具二菩薩行一、

即往二南方無垢世界一、坐二宝蓮華一、成二等正覚一、三十二相・八十種好、普為二十方一切衆生一、演中説妙法上」。梁塵秘抄巻二に「娑竭羅王の女だに、生まれて八歳といひし時、一乗妙法聞き初めて、仏の道には近づきし」とある。

南方の八相 八相は一降兜率、二托胎、三出胎、四出家、五降魔、六成道、七転法輪、八入滅。栄花、おむがく「扉押し開きたるを御覧ずれば、八相成道をかゝせ給へり」。

西方の九品 和漢朗詠集巻下、仏事「十方仏土之中、以二西方一為レ望、九品蓮台之間、雖二下品一応レ足」。

【十六女】(一四六15〜一四七6)

好色 字類抄「人情部、艶詞、カウソク」。

河上遊蕩が業 舟の上の遊びをいう。文粋巻九、見遊女詩序に「舟中浪上、一生之歓会是同」と見える。

坂下の無面が風 峠のふもとで遊女があつかましく旅人の袖を引くことをいう。無題詩巻二、傀儡子に「旅客来時心窃悦、行人過処眼相窺」。

簦を荷うて 和名抄「史記音義云、簦〈音登、俗云大笠、於保賀佐〉、笠有レ柄也」。見遊女詩序に「老者担レ簦擁レ棹、以為二己任一」とあり、更級日記に「あそび三人、いづくよりともなく出で来たり。…庵の前にからかさをさゝせてすゑたり」。

舷 字類抄「舷、クワン、フナタナ、和名フナハタ」。

淫奔徴嬖が行 みだらで男に喜ばれる行為。見遊女詩序に「有二夫聟一者、□責以三其少二淫奔之行一、有二父母一者、只願以三其多二徴嬖之幸一」とある。淫奔は字類抄に「夫婦分、インボン」、徴嬖は→一五五頁注

偃仰養風の態 房事の時の姿態をいうか。

琴絃麦歯の徳 女陰の長所。鉄槌伝に「琴絃麦歯之奥、無レ不二究通一〈琴絃・麦歯、賦枢篇名〉」とあり、医心方、房内、治傷に「陰陽之和、在二於琴絃麦歯之間一」と見える。

竜飛虎歩の用 房事の技術で、房事九法の一。鉄槌伝に「初就二彭祖一、学二竜飛虎歩之術一」とあり、医心方、房内、九法に「玄女曰、九法第一曰二竜飜一…第二曰二虎歩一」と見える。

頻伽 伽陵頻伽。極楽にいる鳥。→一三九頁補「歌の声和雅…」

天女 欲界中の女性の天人。

宮木・小鳥・薬師・鳴戸 二中歴、一能、遊女「宮城」(→一五四頁補)「小鳥」「薬師」「鳴渡」。

【太郎主】(一四七7〜12)

能書 天徳三年闘詩行事略記「木工頭小野道風者、能書之絶妙也」。

古文 古い文字。先秦の鐘鼎文・蝌蚪文・碑碣の大篆・亀甲文字などを指す。桂林遺芳抄、古文字事「上古者、皆以二古文一書也。近代者、或置字或詞字等之類計書也。…大略古文者、尚書孝経之類也。隷字鳥篆之類不レ用也」。

正文 古文に対して今文即ち隷書をいうか。

真行草 漢字書体の楷書・行書・草書。菅家後集、傷野大夫に「況復真行草書勢、絶而不レ継痛哉乎」とあり、性霊集巻四、春宮献筆啓に「字有二篆隷八分之異、真行草藁之別一」と見える。

真字 漢字。玉かつま巻八「仮名をかんなとはいふべし、真字をまんなといへるは、ひがごとなり。かなは、もとかりなゝれば、そのりを、音便にんといひて、かんなとはいふなるを、真字は、まんなといふべきことわりなし。そはかんなにならひて、ゆくりなく、同じさまにんをそへたるものなり」。紫式部日記「さばかりさかしだち、真字書きちらして侍るほども、よく見れば、まだいとたへぬことおほかり」。

仮字 平がな。堤中納言物語、虫めづる姫君「かなはまだ書き給はざりければ、片かんなに」。

蘆手 書体の一種。非常に絵画化された字体を点在したもので、葦の生い茂る水辺に文字化された岩や水鳥などの景観を配し、和歌を散らし書きにした形式をとる。源氏、梅枝「葦手の冊子どもぞ、心〱に、はかなうをかしき。宰相中将のは、水のいきほひ、ゆたかに書きなし、そゝけたる葦の生ひざまなど、難波の浦にかよひて、こなたかなた、いきまじりて、いたうすみたる所あり。又いといかめしう、ひきかへて、文字やう石などのたゝずまひ、好み書き給へる枚もあめり」。

水手 書体の一種。文字の尾を長く引いて水の流れのように書くもの。皇

太后詮子瞿麦合「織女彦星雲の上にあり。また釣りしたる形などあり。洲浜の洲崎に水手にて」。

筆勢　晋書、王羲之伝「論者称㆓其筆勢㆒以為、飄若㆓浮雲㆒、矯若㆓驚竜㆒」。入木抄「広くこれを申候ば、浮雲滝泉の勢、竜蛇の宛転たる姿」。

羲之　晋の会稽の人、司徒王導の従弟。官は右軍将軍・会稽内史となり、世に王右軍と称さる。書に長じ草隷は古今に冠絶す。子の献之と共に二王と称さる。

垂露の点　垂れる露のような美しい点。垂露は書体の一。漢の中郎曹喜が始めたもので、終筆で力を入れて強く止める法。白氏六帖巻九、書「古今篆隷曰、垂露書、漢中郎曹喜所㆑作也。以㆓書章奏㆒謂㆓点綴軽露於垂条㆒也」。性霊集巻三、勅賜屏風書了即献表「垂露懸針之体」。

道風　葛絃の子で少内記・木工頭・内蔵権頭などを経て正四位下に至り、康保三年十二月廿七日に七十一歳で卒す。三蹟の一で野跡と称され、後代を風靡すると共にその名は唐にまで伝えられた。

貫花の文　形体が美しいことをいう。類聚名物考二七五「道風卿の書法は、貫花の体とて、一流の書ざまなり、くせにはあらず。思ふに、その貫花とは、称美たるはもとよりなれども、古へ人のたはぶれに、花ぶさを糸に貫きて長くして、念珠のさまつくりて翫しと見ゆ。万葉集の歌に、花を玉にぬきたること多く見えたり。今も小児のかくする事有り。椿花、躑躅の花などを糸に長くつらぬきてもたるなり。そのさまに似たるをいふなるべし」。

和尚　讃岐の人、俗姓佐伯氏。大学に学んだが山岳で修行した後出家得度す。延暦二十三年に渡唐して恵果に密教の大法を伝授され、帰国後嵯峨天皇の親任を得て高野山に金剛峰寺を建立し、また東寺を賜る。天長四年大僧都に任ぜられ、承和二年三月廿一日六十三歳で入滅す。百家の学に該通し、書に巧みで三筆の一、草聖と称された。

五筆の跡　書風が多種多様なものをいうか。本朝神仙伝「大師兼善㆓草書法㆒。昔左右手足及口秉㆑筆成㆑書。故唐朝謂㆓之五筆和尚㆒」。弘法大師の伝を始めとして今昔物語・古今著聞集などに見えるが、上田秋成は春雨物語、天津処女に「空海は手よく書て、五筆和上といひしは、書体さま〴〵に書わかちけんかし」と解している。

佐理　実頼の孫、敦敏の男。貞元二年参議となり、勘解由長官・兵部卿・大宰大弐・皇后宮権大夫を歴任、正三位に至り、長徳四年七月に五十五歳で薨ず。三蹟の一、佐跡と称さる。

一墨の様　数字を一字のように一筆で書き流していることをいうか（春名好重『藤原佐理』）。

額　字類抄「ガク、題額也」。文粋巻一三「為㆓員外藤納言㆒請㆑修㆓飾美福門額字㆒告㆓弘法大師㆒文」。夜鶴庭訓抄に「額は第一大事也。されどおほく古本を見て書。額にとりて大内額、書かふる所どものある也」とある。

手本　権記、寛弘七年三月廿日条に「東宮于㆑時御㆑庭、召㆑予給㆓続紙一巻㆒。可㆑奉㆑書㆓手本㆒也」とあり、才葉抄に「手本を習にはまづ本の筆づかひを可㆓心得㆒也」と見える。

御書　貴人の消息などをいうか。

草紙　巻子に対して紙を綴じた本。冊子。字類抄「草子、サウシ、書名也」。源氏、梅枝「まだ書かぬ冊子ども、つくり加へて、表紙紐など、いみじくせさせ給ふ」。才葉抄に「物語草子書等は、能書のいとせざる事也」と見える。

屏風・障子の色紙形　屏風や障子などに色紙（方形のいろ紙）の形に切った紙を貼ったり、色紙の形を描いて彩色を施して、詩や歌を書いたもの。大鏡、太政大臣実頼に「故中関白殿東三条をつくらせ給て、御障子に歌・絵ども書かせ給し色紙形を、この大弐にかゝせまし給けるを」、小右記、長保元年十月卅日条に「右大弁行成書㆓屏風色紙形㆒」とある。才葉抄に「色紙形に物書には、よく〳〵文字つゞきを草案して可㆑書也」と記す。

経書の外題　経巻の表紙に貼った短冊形の紙に書かれた表題。宇治拾遺四ノ一二「鳳輦の中に、金泥の経一巻おはしましたり。その外題に、一称南無仏、皆已成仏道とかゝれたり」。

反故　書き損じて不用になったもの。和名抄「斉春秋云、沈麟士字雲禎、少清貧無㆑紙、以㆓穌故㆒書写数千巻」。源氏、浮舟「むつかしき反故など破りて…燈台の火に焼き、水になげいれさせなど、やう〳〵失ふ」。

千両の金　晋書、王羲之伝に「又嘗在㆓蕺山㆒、見㆘一老姥持㆓六角竹扇㆒売㆖之。

羲之書二其扇一、各為二五字一。姥初有二慍色一。因謂レ姥曰、但言二是王右軍書一。以求二百銭一邪。姥如二其言一。人競買レ之。他日姥又持レ扇来。羲之笑而不レ答。其書為レ世所レ重、皆此類也」とある。

【次郎】（一四七13～一四八6）

一生不犯の大験者　宇治拾遺一ノ一一「仏前にて僧に鐘を打せて、一生不犯なるをえらびて、講を行はれけるに」。

三業相応　往生要集、大文第一〇「若仏声聞弟子、住レ法順レ法、三業相応、而修行者、我等皆共護持養育、供二給所須一、令レ無レ所レ乏」。

久修練行　長期間行法を修練すること。山槐記、治承三年十月廿五日条「於二久修練行之輩一者如レ本可二帰住一」。

両界鏡を懸け　金剛界と胎蔵界の修法に熟達通暁することあたかも鏡をかけて形を写しだすが如くの意。両界とは真言秘密教の金剛・胎蔵両曼荼羅を供養する法、あるいは両界の灌頂を行なうための作法の習練。今昔一四ノ四四「人ヲ利益セムガ為ニ来テ両界ノ法ヲ行ヒテ大疫ヲ止ケル也」。

別尊玉を琢く　別尊とは別尊法。両部（界）の修法に対して、いずれかの一仏・一菩薩・一明王・一天等を本尊として、特別の目的を以て供養する修法。一尊法あるいは諸尊法ともいう。別尊法の修法に習熟して、験者としての力量を加える。源平盛衰記巻八、法皇三井灌頂事「別尊法鈴杵を廿五壇に建たる帝王も未レ聞と思侍て、子に臥し寅に起る行法、帝王の中には未レ聞と思侍りき」。

五部の真言雲晴れて　五部とは胎蔵界でもいわれなくはないが、一般には金剛界五仏の五智を表示した区別で、仏部（大日）・金剛部（阿閦）・宝部（宝生）・蓮華部（無量寿）・羯磨部（不空成就）の五部。その用うるところがどの部であっても、その真言（陀羅尼）を唱えるのに暗劣なところがなく、習練によって流暢である。性霊集巻二、恵果和尚之碑「三蔵教海波二濤唇吻一、五部観鏡照二曜霊台一」。

三密の観行月熇なり　真言の行法は手に印を結び（身）、口に陀羅尼を唱え（口）、心中に阿字等を観ずる（意）が、その三業は仏の三業と合一するのが修法であり、非常に深奥で目に見ることの出来ないものであるから三密の観行という。五部の真言に習熟するのを雲の晴れるに譬えたので、三密の観行成熟するのを月熇なるに譬えていう。表白集、謂下以二大法師乗継一補中蓮花王院寄加阿闍梨職上状「爰乗継早学二両部之教法一、久凝二三密之観行一」。

梵語悉曇　梵語はサンスクリット語。インドの古典語。悉曇 Siddham は梵字。インドの個々の文字で、母韻（摩多）に十二字、子音（体文）に三十五字、別摩多に四字がある。性霊集巻四、献二梵字幷雑文一表「況復悉曇之妙章、梵書之字母、体凝二先仏一、理含二種智一」。

立印加持指嫋なり　立印とは行者が念誦次第を伝授する時の作法であり、加持は手に印を結び、陀羅尼を唱え、心に仏を観じて仏の加護を祈り、祈願を達成することであるが、今の場合は立印と加持とは手に印を結び加持をする一連の祈禱の作法であろう。祈禱中印を結ぶ指がしなやかで美しいの意。妻鏡「立印加持・護摩灌頂なんどこそ、無二左右一不レ授共、教相を経て当体成仏の謂れを明、光明真言等の法はあながちに可レ憚あらず」。

唱礼　密教法要に表白終って後唱礼師が仏名を唱えること。胎蔵界では「南無清浄法身毘盧遮那仏」等、金剛界では「南無常住三世浄妙法身金剛界大悲毘盧遮那」等法会によって異る。

九方便　唱礼に次いで唱礼師が唱える文。作礼・出罪・帰依・施身・発菩提心・随喜・勧請・奉請・廻向の九方便。九方便は秘法に先立ち、それを修し得る自らの身器を整えるために、身心の垢穢を浄除するためであり、胎蔵界には九方便であるが、金剛界では五悔が用いられる。

芥子焼く　芥子（からしの実）を火中に投じて祈禱する。堅く辛いので、降伏の目的で焼かれる。七仏所説神呪経にあり、護摩には常に行う。→二一六頁補

護摩　Homa. 炉中に乳木を燃やし、穀物・芥子等を焼き本尊を供養し、除災・増益等を祈る行法。従って護摩供ともいう。バラモン教の作法を仏教中にとり入れたもの。智恵の火で煩悩の薪を焼き、真理の火で魔を亡すと説明されている。栄花、とりべ野「滅罪生善のためにとて、護摩をぞ行はせ給」。

天供　毘沙門天供、聖天供の如く諸天に香水・塗香・華鬘等を供えて供養し、祈禱する作法。巻数集に「毘沙門天護摩所、奉供、大壇供六七ヶ度、護摩供〈同〉諸神供六ヶ度」「吉祥天供御祈願所、奉供、供養法二十一ヶ度」「聖天供御祈願所、奉供、供養法十四ヶ度」などと見える。

許可灌頂　受明灌頂、学法灌頂、受法灌頂または入壇灌頂等ともいう。秘法を許可し授与する灌頂。これは弟子位の灌頂で、師位の灌頂即ち伝法灌頂を受けるためのもの。灌頂は密教において、如来の五智を象徴する水を、弟子の頂にそそぐ作法によって、仏の位を継承させる儀式。空海和上伝記「六月上旬、入二学法灌頂壇一、始受二胎蔵法一。七月上旬、更受二金剛界法一」。

十安居　和漢朗詠集巻下、仏事「昔忉利天之安居九十日、刻二赤栴檀一而模二尊容一」。

一落叉…　法華験記巻上、相応和尚「尋二入葛河一久住修行、立二深水中一満二洛叉一、遍往二十九滝一、布二十九字一、凝二十九観一、始見二明王一」。

大峰　古くより山岳修行の場として開け、その高峰山上ヶ岳に金峰神社があり、これが金峰山にあたるとされる。後の修験の天台宗の聖護院流によれば、熊野―大峰―金峰の順路を順峰といい、逆を逆峰と称した。法華験記に大峰修行のことがみえる（巻上、吉野奥山の持経者某・巻下、長円法師）。

葛木　修験道の霊地。古くは雄略紀に天皇が狩して葛城一言主神に会う話があり、また斉明紀に竜に乗る者が葛城山より胆駒山に飛行した説話がある。本朝神仙伝、役優婆塞「常遊二葛木山一、好二其嶮岨一」。法華験記巻下、長円法師「入二葛木山一経二七日一、断レ食誦レ経」。

熊野…葛川　以上は霊異記や法華験記・往生伝などの仏教説話の舞台となっている。宇治拾遺三ノ四「山ぶしあり。けいたう坊といふ僧なりけり。熊野、御岳はいふに及ばず、白山、伯耆の大山、出雲の鰐淵、大かた修行し残したる所なかりけり」。平家巻五、文覚荒行「熊野へまいり…那智に千日こもり、大峰三度、葛城二度、高野・粉河・金峰山・白山・立山・富士の嵩、信濃戸隠、出羽羽黒、すべて日本国のこる所なくおこなひまはつて…やいばの験者とぞきこえし」。

熊野　山林修行のことは、役小角開山の伝承があり（熊野年代記）、霊異記（巻下二・一〇）、法華験記（巻上、応照上人・同、宍背山死骸・巻下、牟婁郡女）などに熊野修行のことがみえる。また浄蔵は延喜十八年（九一八）に熊野詣でを行なったという（略記）。

金峰　伊呂波「金峰山、大和国吉野郡、七高山其一也」。僧尼令、禅行条義解に「山居在二金嶺一者…」とあり、古くから山林修行の地として有名であった。霊異記（巻上二八・巻中二六・巻下一）や法華験記など、金峰山修行の説話は枚挙に暇がない。平安期以後、金峰山参詣が一般に定着し、その詣でのための精進潔斎を「みたけさうじ」と称した。

越中の立山　万葉に「立山賦」など七首がのこる（四〇〇〇―五・四〇二四）。その峻険なさまに加え、地獄谷、勝妙（称名）滝などにより、ここに地獄があって、ここにおもむけば亡者にあえるなどの民間信仰が発達していた。法華験記巻下、越中国立山女人「有二修行者一。…往二詣霊験所一、難行苦行。往二越中立山一。彼山有二地獄原一、遙広山谷中、有二百千出湯一。…其地獄原谷末有二大滝一。高数百丈、名二勝妙滝一、如レ張二白布一。従レ昔伝言、日本国人造レ罪、多堕二在立山地獄一云々」。

伊豆の走湯　伊豆山神社（走湯山権現）があり、神明帳の火牟須比命神社かという。続本朝往生伝、権大僧都桓舜「延暦寺碩学也。…触レ縁到二伊豆国一、於二温泉権現一説法。…其後帰二住本山一」。

根本中堂　一乗止観院。天台法華宗年分学生式「凡大乗類者…令レ住二叡山一、一十二年、不レ出二山門一、修二学両業一」。法華験記巻上、頼信法師「参二登叡山根本中堂一、逕二七日夜一、祈二念令レ知二先生果報一」。

伯耆の大山　元亨釈書巻一四、釈蓮入伝「居二伯耆大山寺一、勤精修、寛弘中人也」。法華験記巻中、明蓮法師「明神告言、我亦不レ知。可レ申二伯耆大山一。沙門参二詣伯耆大山一、一夏精進、大智明菩薩夢告言、我説二汝本縁一。勿レ疑、当二信受一」。

富士の御山　都良香の富士山記に「富士山者、在二駿河国一、峰如二削成一、直聳属レ天、其高不レ可レ測」。役小角を開山の祖とする。霊異記巻上二八「即流二之於伊図之島一。…昼随二皇命一居レ島而行、夜往二駿河富岻嶺一而修」。

越前の白山　諸書、加賀の白山というが、越前の白山と称した例は後の八雲御抄・拾芥抄などにみえる。伊呂波「白山社…養老年中有二一聖一、泰澄大師是也。初占二霊崛一、奉レ栄二権現一以降、効験被二于遐邇一、利益及二于幽顕一」。泰澄については、法華験記巻上(越後国神融法師)・本朝神仙伝・泰澄和尚伝記(元亨釈書はこれによる)などにその内容を異にする伝がある。法華験記巻下、越中国海蓮法師「参二向立山白山及余霊験一」。

高野　真言宗の霊場。性霊集補闕抄九、於二紀伊国伊都郡高野峰一被レ請二乞入定処一表「空海少年日、好渉二覧山水一、従二吉野一南行一日、更向レ西去両日程、有二平原幽地一。名曰二高野一。…四面高嶺、人蹤絶レ蹊」。拾遺往生伝巻上、教懐上人「其後亦籠二於高野山一、巳送二十余年一」。

粉河　和歌山県那賀郡。宝亀元年大伴孔子古草創と伝えられる粉河寺(施音寺)がある。正暦二年官符に「于レ時大伴孔子古、奉二為公家一、以二去宝亀年中一所レ奉レ造也」とみえ、粉河寺縁起一巻に霊験譚がのこされている。また枕草子に「寺は石山粉河滋賀」とある。

箕尾　箕面。大阪府豊能郡。往生極楽記に、箕面滝で修行する僧の往生譚がみえる(箕面滝樹下修行僧)。略記、永観二年八月二十七日条、千観伝に「千観内供蟄二居摂津国箕面山観音寺一…天下旱魃、仍公家為レ祈レ雨…千観与二勅使一相共登二向箕面之滝一…千公啓白、致レ誠請レ雨…法既成就、出レ山帰レ房、途中値レ雨、自レ滝至レ室、…時人随喜」とその霊験譚がみえる。

葛川　滋賀県高島郡。相応の建立という明王院葛川寺がある。相応和尚伝「絶二粒飧一食二蕨類一、安二居於比羅山西阿都河之滝一」、法華験記巻上、相応和尚「相応和尚…尋二入葛河一久住修行」。

役行者　役小角。続紀、文武三年条に、葛木山に住んで呪術を行い、讒によって伊豆嶋に流されたとある。霊異記巻上二八に「役優婆塞者、賀茂役公、今高賀茂朝臣也」とあり、本朝神仙伝に見える。山伏の開祖といわれ、各地霊山の開基にされている。

浄蔵貴所　拾遺往生伝巻中「大法師浄蔵、俗姓三善氏、右京人也。父参議宮内卿兼播磨権守三善清行卿第八子也」。元亨釈書巻一〇「我国霊感之者十人、浄蔵第三也」。比叡山で受戒、験徳をもってしられ、平将門の乱にあたっては大威徳法を修した。略記・日本高僧伝要文抄にその伝の逸文がある。貴所は尊称。

【三郎主】(一四八7〜11)

細工・木の道の長者　細工は下学集「サイク、把レ刀者」。今昔二四ノ二「極タル物ノ上手ノ細工ニナム有ケル」。源氏、帚木「木の道の工匠の、万の物を心に任せて作り出だすも…うるはしき人の調度の、かざりとする、定まれるやうあるものを、難なくし出づる事、猶まことの物の上手は、さまことに見え分れ侍り」。

手篋　手まわりの小道具を入れて置く箱。貞丈雑記巻八「手箱はすみあかの形のごとし。せい高し、かけごあり。角々を丸みを付けて、ふたの上もかうもり高なり。梨子地蒔絵などする也」。古事談巻一「一条院崩御之後、御手習ノ反故ドモノ御手筥ニ入テアリケルヲ」。

硯箱　大鏡、太政大臣伊尹「六宮のたえいりたまへりし御誦経にせられたりし御硯のはこ、みたまへき。海賦に蓬萊山・手長・足長、金してまかせたまへりし、かばかりのはこのうるしつき・まきゑのさま・くちをかれたりしやうなどの、いとめでたかりしなり」。

枕筥　箱形の木枕。拾遺集、雑賀「成房朝臣法師にならむとて飯室にまかりて、京の家に枕箱を取に遣したりければ」。

櫛篋　和名抄「魏武疏云、黍厳器〈俗用二唐櫛匣三字一云二賀良玖師介一〉」。源氏、絵合「たゞ御櫛の箱の片つ方を見給ふに、つきせず細かになまめきて、珍しきさまなり」。

厨子　調度や書籍・食物などを載せる置き棚。和名抄「弁色立成云、竪櫃〈竪、立也〉、厨子別名也」。枕草子一四九段「いやしげなるもの…遣戸厨子」。

唐櫃　六本足のついた櫃。和名抄「蔣魴切韻云、櫃〈音貴、比豆、俗有二長櫃韓櫃明櫃折櫃小櫃等名一〉、似レ厨向レ上開闔器也」。竹取物語「御心地もたがひて、唐櫃の入れられ給べくもあらず、御腰はおれにけり」。

基帳の足　几帳は木の台の上に丁字形の枝柱を立て、それに帷を垂れた移動用の屏障具であるが、その脚部を足という。和名抄「釈名云、帳〈今案帳属有二几帳之名一、所レ出未レ詳〉」。

屏風の骨　屏風の外枠及びしんとなる材料。内匠式「屏風一帖〈高五尺、

画二雁幷草木一之類〉、骨料、相榑二村半、檜榑一村〈長五尺二寸、方二寸〉」。

燈台　室内用の燭台。和名抄「本朝式云、主殿寮燈台」。貞丈雑記巻八「燈台は木にて作りうるしにてぬる、白木にもするなり。形は燭台の如く也。但油盞を置く所と下の台は、もつかう形にしてこうもり高にするなり」。枕草子二三四段に「短くてありぬべきもの…燈台」とある。

仏台　仏像を安置する台をいうか。

花机　仏前に据えて経や仏具などを載せる机で、上部の縁に花の形など彫刻してある。源氏、賢木「仏の御飾り、花机のおほひなどまで、まことの極楽思ひやらる」。

経机　仏前で読経する時に経文を載せる机。古事談巻三「所レ持ノ鯖置二経机之上一、魚変為二八十花厳経一。魚数八十隻云々」。

高座　説法する僧が坐る一段高い座席。栄花、もとのしづく「仏の御前、高座左右に立て礼盤立てさせ給へり」。

礼盤　本尊の前にあり仏を礼拝するためにのぼる座で、前に経机がある。今昔一四ノ三九「此テ礼盤ニ登テ、先ヅ見廻シテ、仏ノ御方ニ向テ、貴ク振タル音ヲ以テ云ク」。

大盤　台盤。食器類を載せる足付きの台。和名抄「唐式云、大盤〈本朝式云、朱漆台盤、黒漆台盤〉」。殿暦、康和元年十月六日条「戌時許惟信朝臣持二来朱器幷大盤、唐櫃二一」。

高器　食物を盛る器。貞丈雑記巻七「たかつきと云は、食物をもるかはらけの下にわげ物の輪を置たるを云也。…木にて作りて高坏と云も、かはらけの下にわげ物の輪を置て、高くしたる形をまなびて作り出したるなり」。今昔一七ノ三三「清気ナル女ノ、袙袴着タル、高坏ニ食物ヲ居ヘテ持テ来タリ」。

脇息　和名抄「西京雑記云、漢制、天子玉几、公侯皆以二竹木一為レ几〈於之万都岐、今案几属、又有二脇息之名一、所レ出未レ詳〉」。下学集「ケウソク、靠レ身机也」。蜻蛉日記巻中「脇息にをしかゝりて、書きけることは」。

鞍橋　馬の鞍の前後に円く高く造りつけた部分。和名抄「楊氏漢語抄云、鞍橋〈久良保禰〉、一云鞍瓦」。うつほ物語、吹上上「引出物は…蒔絵の鞍橋、豹の皮の下鞍」。

扇骨　大鏡、太政大臣伊尹「又殿上人あふぎどもしてまいらするに、こと人人は、ほねにまきゑをし、あるは金・銀・沈・紫檀のほねになん筋を入れ、ほり物をし、…例のこの殿は、ほねのうるしばかりおかしげにぬりて」。

箙　餝抄巻中、箭「箙、打任天所レ用、公卿蒔絵〈或螺鈿〉、非参議次将木地螺鈿、而近代多用二木地蒔絵一」。

大刀の装束　貴族が儀仗の時に用いる飾剣の装飾を指す。名目鈔、衣服「飾太刀〈節会及御禊行幸供奉公卿、臨時祭使等着レ之〉、木地螺鈿剣、蒔絵螺鈿太刀、樋螺鈿太刀、…沃懸地太刀、墨塗太刀。剣装束有二紫革一又有二藍革一」。

唐笠　長い柄のついたさしがさ。下学集「傘、サシカサ、持レ手謂二之傘一也。墨傘・唐傘是也。以二字形一可レ知レ之」。枕草子二四七段「からかさをさしたるに、風のいたう吹きて横さまに雪を吹きかくれば」。

造花　栄花、月の宴「造物所の方には、おもしろき洲浜を彫りて、潮みちたるかたをつくりて、色〳〵の造花を植へ、松竹などを彫り付けて、いとおもしろし」。

藤巻　藤は籐の誤りか。籐蔓を巻いて作るものをいうか。

【四郎君】（一四八12〜一四九12）

郎等　国司の心得べき条々には、郎等が知っておかねばならぬ事項が多い。一一世紀ごろの国衙行政の手引書ともいうべき群載二二、国務条々事書では、国守赴任途上の宿所の点定などは郎等の仕事として扱われている。

一、前使レ立二吏幹勇堪郎等一両人一、令レ点二定夕宿所一事

進二前途一之間、自経二日月一。若無二支度一、至二晩景一、則自有二不レ合事一。仍前立二件郎等一両人一、可レ令レ点二定夕宿一。若有二不レ合事一者、一人還来可レ申二事由一。即有二途中用意一也。但点所之間、不レ可レ致二隣里之愁一。又随レ乱進止耳。

弓箭に…算筆に…　国務条々事書には、国司が随行すべき者として次のような者が挙げられている。

一、可レ随二身能書者二三人一事

能書之者、為二受領要須一也。其用太多、不レ得二忘却一。

一、可レ随二身堪能武者一両人一事
時勢之体、弓箭不覚之者、皆号二新武者一。暫雖レ張二武威一、遂有二何益一乎。抑良吏之法、雖レ不レ可レ用二武者一、人心如二虎狼一。自非常之事、必以要須也。可レ尚二優国人一、又无レ憚者也。
一、可レ随二身験者幷智僧侶一両人一事
人之在レ世、不レ能二無為一。為レ国致二祈禱一、為レ我作二護持一。

境に入る　国守が任国の境域内に入ること。国務条々事書に次のように見える。

一、択二吉日時一入レ境事
在京之間、未レ及二吉日時一者、逗二留辺下一。其間官人雑仕等、慮外来着、令レ申二事由一者。随レ礼召上、可レ問二国風一。但可レ随レ礼、専不レ可レ云二無益事一。外国之者、境迎之日、必推二量官長之賢愚一。
一、境迎事
官人雑仕等、任レ例来向、或国随二身印鎰一参向、或国引二卒官人雑仕等一参会。其儀式随二土風一而已。参着之間、若当二悪日一者、暫返二国庁一、吉日領レ之。
一、受二領印鎰一事
択二定吉日一、可レ領二印鎰一。但領二印鎰一之日、即令三前司奉二行任符一、乃後領レ之。又着レ館日儀式、前司差二官人一、分二付印鎰一。其儀前司差二次官以下目以上一両人一、令レ賚二印鎰一、令レ参二新司館一。即官人就レ座之後、鎰取書生、以二御鎰一置二新司前一〈其詞云、御鎰進ル〉。新司無レ答〈或云、答云、与之〉。

着府　国守が国府に到着するさいの儀礼。国務条々事書には左のように見える。

一、択二吉日時一入レ館事
着館日時、在京之間、於二陰陽家一、令二撰定一。若卒去交替之時、或改二居所一可也。
一、着館日、先令レ奉二行任符一事
着レ国之日、先有二此事一。其儀式、先新司以二任符一授レ目、々召二史生一、令二庁覧一。々畢長官以下登時奉行。
一、着館日所々雑人等、申二見参一事
此日所々雑色人等者進二見参一、然後一々申レ之〈所謂、税所・大帳所・朝集所・健児所・国掌所等也〉、其儀、政所之部卒書生等、列二立庭中一、一々申二其職其位姓名一、申訖皆再拝。拝訖長官命云、与之。是古説也。今不レ有二此事一云々。
一、停二止調備供給一事
新任之吏、着レ国之日、以後三箇日之間、必有二調備使給一。如レ此之間、非レ無二所部之煩一。若可二停止一者、着レ国以前、通二消息一進二止之一。但随レ国有レ例。若無二指煩一者、依レ例令レ行レ之。

神拝　国司が任国の主な神社に参拝する。赴任後、まず吉日時を撰んで神拝をする。一宮・二宮以下に参拝するが、もし本人が赴任できない場合は、代官を遣して参拝を果す。「高山寺本古往来」所収の一一世紀初頭ごろの国衙行政関係の模範例文と思われる一文に、国司の文として次のような一句が見える。「抑明後日是吉日也。仍諸群検田使等皆悉入部云々。弊身同以二彼日一欲二神拝一、借馬未レ明、可レ被二催送一」。

着座　国司が国府到着後、正殿の座に着する儀式。国務条々事書には次のように見える。

一、撰二吉日一着座事
到レ国之後、択二吉日良辰一着座。此日不レ登レ高、不レ臨レ深、不レ聞二凶言一、不レ語二害事一、不レ会二衆人一。着座之間、尤制二諠譁一。是尤三个日之間、可レ成二其慎一也。着座之後、非レ有二急速一、宜レ用二吉日一。諺曰、入レ境問レ風云々。非レ有二公損一、勿レ改二旧跡一。
一、尋常庁事例儀式事
長官着座之後、庶官着訖。但出入之時、各有二例道一。鎰取御鎰置二案上一、申云、御鎰進上申す。長官无レ答、次又鎰取申下開二御鎰封一由上〈其詞云、御鎰封開〉。長官喚二史生一、々々動座称唯。長官命云、令レ出レ印与。称唯罷出。其後鎰取以二印櫃一、居二印鎰盤之外一〈上下随レ便。又有二国例一〉。即申下開二印封一之由上〈其詞云、印乃封開久〉。長官命云、開介。

鎰取出レ印、置二印盤之上一退去。其後随レ判捺レ印。捺レ印之時、以二判書帖一、置二印盤之上一、申二捺レ印之由一〈其詞云、某書若干枚印佐須〉。長官命云捺レ印〈其詞云、佐世〉。鎰取称唯、一々捺レ之。尋常之儀、大略如レ此。納レ印之時、其儀亦同。

交替分付　国守交替のさいの事務引継ぎ。国務条々事書には次のように記されている。

一、交替程限事

外官任訖、給レ仮装束。近国廿日、中国卅日、遠国四十日。除二装束行程一之外、百廿日為レ限。分為二六分一、四分付レ領之期、一分所レ執之程、一分為二繕写署印之限一。分二付受領一、過二其定限一、解二却見任一、幷奪二俸料一云。

不与状　後任者が、前任者の任期中の職務に違失があったときに発給する文書。国務条々事書には左の記述がある。↓九三頁補「不与解由の状…」

一、随二身不与状幷勘畢税帳一事

不与状者、語二勘解由主典一、清二書之一。勘畢税帳者、就二主税寮一得レ意、判官属書二写之一。是皆密々所二写取一也。但以二件帳等一、為二後任勘済公文一也。

一、択二吉日一、可レ度二雑公文一由、牒二送前司一事

所レ謂前々司任終、年四度公文土代、交替廻日記。前司任中、四度公文土代・僧尼度縁・戒牒・国印・倉印・文印・駅鈴・鈎匙・鉄尺・田図・戸籍・詔書・勅符・官符・省符・譜第図・風俗記文・代々勘判・封符・代々不与状・実録帳案・交替日記〈税帳・大帳・租帳・出挙帳・調帳・官符帳案・地子帳等合文、諸郡収納帳案等也〉。自余公帳、随二国例一耳。次巡二検諸郡糒塩穀穎、及雑官舎、五行器等一、若有二不動穀一者、依二丈尺一商二勘之一。其動用穀者、簸二棄土石一、以レ実受領、次勘二官舎一〈神社・学校・孔子廟堂、幷祭器・国庁院・共郡庫院・駅館・厨家、及諸郡院・別院・駅家・仏像・国分二寺堂塔・経論等〉。

一、可レ造二国内官物相折帳一事

国司到レ任之日、勘二定公文官物一之後、必先勘下知官帳之物与二国内物一之欠剰上。若国内有レ剰、放二還前司一。

庁の目代　群載二二、定二遣国目代源清基一庁宣「庁宣　在庁官人等、散位源朝臣清基　右件人、為レ令レ執二行国務一、補二目代職一、発遣如レ件。在庁官人等、宜二承知一。一事已上、可レ従二所勘一、不レ可二違失一。故宣」。

済所　正税官物の収納勘会の任がある。税所。国務条々事書に見える。

案主　文書記録作成保管にあたる書記役。字類抄「安主、アンシュ」。雑筆要集、庁宣二五「庁宣　留守所。応レ令下早任二先例一引中募左近衛相撲人県凴免田浪人上事、…月日　安主ゝゝ守藤原朝臣ム判」。

健児所　国内兵士（健児）を統括する所。国務条々事書に見える。

検非違所　国内検察を司る所。↓一〇五頁補「権検非違使」

田所　国内田地（公田）の実態を掌握する所。平安遺文二、大和国栄山寺牒「判、件寺愁郡々所領田畠、須レ下二勘田所一。而前有二勘文一之由、度々官符顕然也。使二郡司書生等承知一之」。

出納所　租税・財源の出納を司る所。

調所　調の徴納を司る所。

細工所　国衙所用または朝廷献納用の手工業製品作製に携る所。

修理　国衙土木事業等を司る所。

御廐　国衙所用の馬を司る所。

小舎人所　国司の護衛人を統率する所。

膳所　国衙関係の食事を預る所。今昔二五ノ四「其後膳所ノ方ニ行テ、腰刀ノ崎ヲ返々能々鋭」。

政所　日常政務を処理する所。

検田使　平安遺文三、伊賀守藤原公則請文案「又検田使入検事、更候二何煩一哉。今年許遣二検田使於彼郡一候」。

臨時雑役　雲州消息、中末「郡司里長雖レ知二先例一、依レ無二免判一或切二宛重色一、或課二臨時雑役一」。

諸国の土産　参考として、豊田武氏作成の諸国物産表（『体系日本史叢書10産業史Ｉ』所収）を掲げる。但し、新猿楽記としてあげてあるものについては本書底本に従った。＊は底本にはないが他本に見えるもの。

〔諸国物産表〕

国名	新猿楽記	庭訓往来	新撰類聚往来	その他
山城	茄子	布(宇治)等		
大和	瓜	刀(奈良)		法論味噌・簀簾(乙木)
河内	鍋・味噌	鍋		
和泉	櫛	酢	醬醢	
摂津				莚(田島)・酒(西宮)
伊賀			草木竹蕩	材木
伊勢	鯯	切付		水銀(丹生)・白粉
志摩				鮑
尾張	粔	八丈		
三河				木綿
遠江				茜・唐納豆
駿河				鯛(興津)
甲斐	斑布	駒	牛馬	金
伊豆				鰹・紙(修善寺)
相模		誂物(鎌倉)		刀
武蔵	鐙	鐙		
安房			魚貝	
上総	鞦	鞦	絹布・布・鐙鞦	
下総				
常陸	綾	紬	牛馬・蚕多・綿繞	
近江	鮒・餅*	練貫(大津)		陶器(信楽)
美濃	八丈・柿	上品(絹)	紙帛豊	
飛驒	餅			
信濃	梨子・木*賊	布	桑・麻厚・綿多	
上野		綿	桑・麻・綿多	

国名	新猿楽記	庭訓往来	新撰類聚往来	その他
下野				鋳物(天命)
陸奥	駒・紙・漆*	金		
出羽				材木
若狭	椎子・餅	椎		
越前	綿		桑・麻多	紙(奉書)・絹
加賀		絹	桑・綿・絹・酢醢酒漿	酒(宮腰)
能登	釜	釜(中居)	利鉄多	
越中			利鉄多鎔大器・桑	
越後	鮭・漆	塩引	桑・麻多	蠟燭(米山寺)
佐渡		沓		
丹波	栗		桑・麻	
丹後	和布	精好	精好	
但馬	紙			紙
因幡			材木・海草・絹布	
伯耆				砂鉄
出雲	筵	鍬	利鉄・絹布	
石見	紬		鮑	
隠岐	鮑		鮑	
播磨	針	杉原紙	絹布・紙帛	鋳物(野里)
美作				
備前	海糠	刀(長船)	利刀・帛麻	陶器(伊部)
備中	刀	鉄		
備後	鉄	酒	酒醢	御庄筵
安芸	榑	榑	材木・塩	
周防	鯖	鯖	鯖	墨
長門	牛	牛		
紀伊	縑	剃刀(高野)		材木・墨(藤代)
淡路	墨		良材	
阿波	絹		魚	材木・塩

讃岐	円座	円座・檀紙	魚	塩
伊予	手筥・砥・簾・鰯	簾	桑・麻・塩	塩（弓削島）
土佐		材木	良材	砥・厚紙
筑前	米（鎮西）	宰府栗	珍宝器	墨・酒・釜（葦屋）
筑後			珍宝器械	
豊前			唐薬種重器・布・帛	硫黄
豊後			唐物	
肥前			桑拓豊衣厚	
肥後			材木・柴薪・紙・綿	
日向				
大隅			紙・綿	
薩摩			器用之具	墨

阿波絹　和銅五年（七一二）高級絹製品（綾錦）を織らせることとした二十一ヵ国の一。既にこれ以前、基礎技術があったものであろう。主計式では中国四国地方で唯一つの絹四十疋貢進国である（他は十疋か貢進零疋）。

越前綿　越前国中名物出所之部に「肱綿」がみえる。坪江上郷では年貢公事に「呉服綿」があった。

美濃八丈　平織の絹布。古く特殊な織物技術をもつ長幡部が止住していたため、美濃国の絹織物は高級品とされていた。宇治拾遺巻一四ノ六「唐綾一をば、唐には美濃五疋が程にぞ用ゐるなる」。

常陸綾　庭訓往来には常陸紬がみえるが、綾はない。賦役令、調絹絁条には常陸曝布。

紀伊国縑　縑、堅織（かたおり）。高級絹織物の一。

甲斐班布・石見紬　未詳。

但馬紙　民部式に同国の年料雑物として紙麻七十斤が見え、群載巻五、蔵人所牒に「但馬国〈上紙卅帖〉」とある。

淡路墨・和泉櫛　未詳。

播磨針　赤染衛門集「播磨より来る人の針をおこせていひたる」。

備中刀　主計式には、調庸として鍬鉄がみえる。刀鍛冶は水田・青江地方が古来有名であったが、中世以降、備前吉井川下流の刀鍛冶が有名となる。庭訓往来では「備前刀」と載せている。

伊予手筥…　手筥―堤中納言物語、よしなしごとに「伊予手箱・筑紫皮籠もほしく侍」とある。砥―民部式に砥百八十顆（交易雑物）。奈良時代、東大寺大仏造営にあたり伊予砥三果を用いた記事もある。簾―庶民の家で用いられた粗い篠で編んだ太めの簾。枕草子二八段「伊予簾などかけたるにうちかづきて、さらさらと鳴らしたるも、いとにくし」。また、うつほ物語や源氏物語に散見。建久二年（一一九一）長講堂領目録には、長門国阿武の所領から伊予簾十枚が納められる定めとしてあるので、他国でも同じものが作られていたものであろう。鰯―未詳。

出雲筵　目の粗い筵。畳の料。民部式にも、席（筵）三百枚とみえる。枕草子一四九段「まことの出雲筵の畳」。保安三年（一一二二）に出雲国弁済所から御封代として筵百四十枚を納めた記事がある。

讃岐円座　民部式に同国の菅円座四十枚がみえる。香川郡の円座保を中心地に、蒲や菅の茎葉で編んだ敷物。長秋記、天承元年三月廿二日「南庭池上置ニ讃岐円座七枚ニ」。

上総鞦　馬具。源平盛衰記巻二三、落書事「又上総守といへば、其国の器によそへても読たり。忠清はにげの馬にや乗つらん懸ぬに落かづさしりがい」。民部式に同国の鑣（くつわ）二十具がみえる。吾妻鏡によれば、上総国住人の内記兵庫允が染鞦に詳しいので幕府はこれに故実を注進させたという。

武蔵鐙　馬具。鞍の両脇に垂らし、足をかける金具。伊勢物語などに、かける・かかるの懸詞として使われている。

能登釜　堤中納言物語、よしなしごとに、名釜の一として「けぶりが崎（未詳）に鋳るなる能登がなへ」とある。

河内鍋　堤中納言物語、よしなしごとに「楠葉の御牧につくるなる河内鍋」、梁塵秘抄巻二に「くすはの御牧の土器づくり」とあるから、土器の鍋か。

安芸榑　皮のついたままの材木。壁柱などに用いられる。推古朝に、遣隋使用船を安芸で作って以来、良材の産地として有名。

備後鉄　三原の鍛冶、御調郡宇津戸の鋳物師が知られる。主計式には同国の調庸として鍬・鉄などがみえる。

長門牛　兵部式には、同国の宇養馬牧と角島牛牧がみえる。毎年、五歳ものの牛を左右馬寮に送る。駿牛絵図によれば、中世以降、筑紫・肥前・淡路・但馬・丹波・大和・河内の牛が有名になった。

陸奥駒　陸奥は金と馬とが名産。左大臣藤原頼長の日記（台記）によれば、摂関家領の陸奥・出羽両国の荘園から金・馬・漆・布などが年貢として納入されている。紙については、枕草子二七六段に「みちのくに紙、ただのも、よき得たる」とある。

信濃梨子　堤中納言物語、よしなしごとに「めうこくかみし（未詳）信濃梨」、うつほ物語、蔵開中に「銀の結袋に信濃梨・干棗など入れて」。

丹波栗　大膳式、貢進菓子条に、同国につき「甘栗子二棒、搗栗子二石一斗、平栗子・椎子・菱子二棒」、また主計式、中男作物条の同国につき「平栗子・搗栗子」とみえる。堤中納言物語、よしなしごとに「いかるが山（丹波国何鹿郡）の枝栗」。

尾張粔　粔は蒸した糯米を乾かし炒ったもの。おこしごめ。拾遺集「おはりこめ　池をはりこめたる水の多ければいひの口より余るなるべし」。契沖雑考巻三に考証あり。

近江鮒　近江鮒のなますは珍味として賞味された（狂言、勧進聖）。賦役令、調絹絁条「近江鮒五斗」。なお底本では本項末尾に「本ノマ、」として掲げるが、他本によってここに入れた。

若狭椎子　椎子は堤中納言物語、よしなしごとに「三方の郡の若狭椎」。

越後鮭　主計式に同国の中男作物として、鮭内子（こごもり）并子・氷頭・背腸（せわた）とみえている。

備前海糠　山家集下に「備前国に…糠蝦（あみ）と申物採る所は…」。

周防鯖　主計式に同国の中男作物としてみえる。また節用集にも同国の名物としている。

伊勢鯯　未詳。

隠岐鮑　主計式では、同国の調として、御取鰒・短鰒をあげる。節用集も名産としている。

山城茄子　梁塵秘抄巻二に「山城茄子は老いにけり、採らで久しくなりにけり」と見える。

大和瓜　今昔二八ノ四〇「七月許ニ大和ノ国ヨリ、多ノ馬共ニ瓜ゾ負セ烈テ、下衆共多ク京ヘ上ケルニ」、古今著聞集巻七「御堂関白殿御物忌に…五月一日、南都より早瓜をたてまつりたるに」。

丹後和布　主計式に、同国の中男作物として海藻（め）がみえる。堤中納言物語、よしなしごとに「天の橋立の丹後和布（たごめ）」。

飛驒餅　未詳。

鎮西米　主計式では、庸の代納として、筑前・筑後・肥前・肥後・豊前・豊後の諸国に米がみえている。

轆々　車の走る音。字類抄「ロク、、、不絶義也」。

済々　多く盛なさま。字類抄「セイ〳〵、多威儀貌多也集也」。

【五郎】（一四九13～一五〇7）

因明・内明　因明は論理学に当る。玄奘がシャンカラ・スヴァーミンの因明入正理論を漢訳してからその学が中国に栄え、日本にも早く伝えられて、興福寺を中心に研究された。比叡山でも仏教の基礎学として重んじられ、広学竪義においても論義されていた。恵心僧都源信は因明論疏四相違略註釈三巻を著して大宋に送り、その批評を請うたと伝える。源信の因明における系統は東大寺系であり、同門覚運の系統は興福寺系といわれている。内明は自己の専門とする学。一般には仏教者の側から、仏教の哲理を指していう。大智度論に「内明は五乗の因果の妙理を究暢す」とある因明・内明の二明は、次の内典外典、倶舎唯識等と二句ずつ並べられて、あらゆる学問に通達している意を表わしている。源平盛衰記巻二四、南都合戦同焼失事「瑜伽唯識両部の法門、因明内明一巻も不ㇾ免、三論花厳の経釈、大乗小乗の聖教悉く焼にけり」。

内教・外典　法華験記巻中、慶日聖人「顕教密教、懸ㇾ鏡明々。内教外典、貫ㇾ玉了々」。

倶舎・唯識　倶舎論は阿毘達磨倶舎論の略称。世親(Vasbandha. 旧訳では天親)の著。唐の玄奘訳。三十巻。あらゆる存在の本体、因果の道理を説き、諸法無我の道理によって転迷開悟することを教える、仏教の最も基礎的な小乗論。早く日本に伝えられ、東大寺を中心に学習された。この論を専攻するものを倶舎宗と名づけたが、延暦十三年以後には法相宗に付属した宗(寓宗)として扱われた。

唯識論は成唯識論(じょうゆいしきろん)の略称。世親の唯識三十頌を護法らが詳釈したもの。玄奘訳、十巻。八識縁起を説く大乗論。世親は初め小乗教を学んで倶舎論を作り、のち小乗は真実でないことを知り、改めて唯識論等の大乗論を作ってこれを弘宣した。法相宗は唯識論によって万法唯識の理を説くので、また唯識宗とも名づける。一口に倶舎唯識と並称して法相教学を指し、あるいは仏教の基礎学とする。比叡山でも梁塵秘抄巻二が「天台宗の畏さは、般若や華厳摩訶止観、玄義や釈籤倶舎頌疏、法華八巻が其の論義」という如く、倶舎論・倶舎頌疏が盛んに学ばれ、また唯識についても、恵心僧都に唯識論疏三巻が見在する如く研讃されていた。続本朝往生伝、源信「常曰、倶舎因明者於二穢土一極レ之、唯識期二浄土一、宗義待二仏果一」。

止観・玄義　両者とも隋天台大師智顗の説、弟子の章安が記録。各十巻。法華文句(ほっけもんぐ)と共に天台三大部といわれる。摩訶止観は観法を説き、妙法蓮華経玄義は法華経の題名により、経の哲理を説く。唐の荊渓大師湛然がこれを詳釈し、摩訶止観には輔行伝弘決(ふぎょうでんぐけつ)、法華玄義には釈籤、法華文句には記各十巻を著したので、これらを「天台六十巻」の書と呼ぶ。

三十講には提婆品　三十講は法華三十講の略称。法華経二十八品、開経の無量義経一巻、結経の観普賢経一巻を合わせて三十とし、これを一日一品にあて三十日に論義する法会。提婆品は法華経第五巻第十四品目に当るが、法華八講においては五巻の日とし、薪の行道が行われる最も花やかな日とされる。従って三十講においても提婆品に出仕するのを名誉としたのであろう。栄花、はつはな「かくて四月の祭とまりつる年なれば、卅余日の程より、例の卅講行はせ給。五月五日にぞ五巻の日に当りたりければ、ことさらめきおかしうて、捧物の用意かねてより心ことなるべし」。

内論議には第一の番　正しくは内論義。大極殿における御斎会(みさいえ)の後、殿上で天皇のご前にて行われた論義。弘仁四年正月十四日に行われたのが起源であるという。御斎会に参列の僧綱、当会の講師、凡僧の中から十一人を選んで修せられたが、出仕者の選出法は漸次改変された模様である。内論義の形式は番論義(つがいろんぎ)で、講師と第一問者との問答、次に講師と第二問者との問答があって第一番が終り、第二番に移る。次第に十人五番十題の問答がなされた。今昔七ノ三三「内論議・卅講ナド云フ事ニ出ル度ビ毎ニ、人ニ勝レテ被讃ル、事无限シ」。

論議決択　論義法会の場で、講師(答者)が問者の様々な疑難に対し、道理文証をあげ明瞭な決答を与えること。続本朝往生伝、寛印「就二決択之道一、誠絶二傍輩一〈常曰、一生之間、論義之答不レ過二一度一。自余付レ失反詰云々〉」。

当弁利口　弁舌鮮かなこと。今昔二八ノ四「和君行テ利口ニ云ヒ聞カセヨ」。

説経教化　経文の意義を説いて人々を善に導くこと。

大意・釈名…入文判釈分明なり　経の大意を述べ題名が経の内容をどう表わしているかを説き、その経の文について序正流通等を明瞭に分判して教授すること。経文を講ずる初めに一部始終の綱要を述べる際、大意・釈名・入文判釈の三段の順を追って説くのを通例とする。従って大般若経転読の法会でも、その法則に経釈段があり、大般若波羅蜜多経初分縁起品第一について三門を挙げて「一経略釈大概如斯」と読み、論義法則の経釈では妙法蓮華経序品第一について三門略釈を唱える。説経に当って大意・釈名・入文判釈の順を追った説き方が誠に明了で巧みであるの意。栄花、もとのしづく「高座に上りて、啓白うちして、事の趣申て、願文少しうち読みて、事の有様、経のうちの心ばへ、大意・釈名・入文判釈よりして」。

梵音錫杖　仏教儀式の一、四箇法要の内、梵唄、散華に次ぐ梵音と錫杖。梵音とは「十方所有勝妙華」などの偈を唱え、錫杖は「手執錫杖当願衆生云々」と頌文を唱えながら錫杖を振ること。表白集に「舎利講表白、先惣礼〈諸僧皆礼〉、次着座、次前方便〈金二丁〉、次法用〈唄・散花・梵音・錫杖〉、次金一丁、啓白」とある。

題名　経の題目を読み上げる。法会では導師や講師以下七僧のほかの衆僧から選んで経の題目を読み上げさせた。

諷誦　経典に節をつけて読むこと。

表白　法会・修法の初めにその趣旨を三宝及び会衆に告げること。

神分　行法・法事の初めにその座に勧請され、もしくは降臨した諸天・竜王・国中の神祇の擁護を願い、諸天神祇が法を聴いて歓喜し、威光を培増させるため般若心経一巻を誦すること。大鏡、太政大臣道長「先は神分の心経・表白のたうびて、かねうち給へりしに、そこばくあつまりたりし万人、さとこそなきて侍りしか」。

六種廻向　法会の終りに誦する廻向文の名。「供養浄陀羅尼一切誦。敬礼常住三宝。敬礼一切三宝。我今帰依釈迦弥陀。願於生生以一切種。浄妙供具。供養無量無辺三宝。自他同証無上菩提」の文を六種廻向という。六種とは閼伽・塗香等の六種供具を本尊に献ずるをいい、その功徳を一切の無上菩提に廻向する意味である。今昔一五ノ二四「聖人、弟子ヲ遣シテ、講ハ畢ヌルカト令問ルニ、只今畢ナムトスト云返シツ。亦弟子来テ云ク、速ニ六種廻向シ給ヘト。然レバ講師云フニ随テ廻向シツ」。

袈裟　和名抄「東宮切韻云、釈氏曰二袈裟一〈加佐二音、俗云二介佐一〉、天竺語也。此云二無垢衣一、又云二功徳衣一。孫愐曰、伝法衣、即沙門之服也」。

田々　倒れようとするさま。礼記、問喪「故発レ胸撃レ心爵踊。殷殷田田、如二壊牆一然。悲哀痛疾之至也」。

念珠　和名抄「内典有二念珠経一〈今案念珠一云数珠、見二千手経一〉」。

繊々　ほっそりしているさま。三教指帰巻下「峨峨漆髪、縦横而為二藪上之流芥一、繊繊素手、沈淪而作二草中之腐敗一」。

如意・香炉　↓一五一頁補・一三九頁補

蕩々　穏やかな様子をいう。論語、述而「子曰、君子坦蕩蕩、小人長戚戚〈集疏、皇侃云、坦蕩蕩、心貌寛広、無レ所二憂患一也〉」。

鼻広　僧侶が法会の時に履く革のくつ。和名抄「楊子漢語抄云、突子。今僧侶所レ着鼻広履是歟〈今案鼻高履也〉」。

草鞋　草で編んだくつでわらじのこと。字類抄「靸鞋、サウカイ」。下学集「サウアイ、ワランヂ」。深窓秘抄に「草鞋〈鞋ヲカイト云習也〉、天子之外不レ用レ之。僧道又用レ之」と見える。

巍々　雄大でおごそかな様。字類抄「巍巍、語寿反、クキ〳〵、高大貌也」。論語、泰伯「大哉堯之為レ君也、巍巍乎。唯天為レ大。唯堯則レ之〈集疏、邢昺云…其徳高大巍巍然〉」。

阿難　阿難陀 Ānanda の略。釈迦牟尼の従弟で仏の十大弟子の一人。多聞第一といわれ、仏の滅後仏の説法を復演して経蔵結集した。性霊集巻一〇、答二叡山澄法師求二理趣釈経一書「阿難多聞不レ足レ為レ是。釈迦精勤伐柯不レ遠。挙レ代皆然」。

羅睺　羅睺羅 Rāhula の略。釈迦牟尼の嫡子。仏の十大弟子の一人。密行第一という。密行とは精密に戒を持つこと。また忍辱(にんにく)第一ともされる。

身子　舎利弗。仏の弟子中、第一の智者。口遊、内典門「智慧第一舎利弗」。

富楼那　富楼那弥多羅尼子 Pūrṇamaitrāyaṇī-putra の略。釈迦十大弟子の一人。説法第一といわれる。雲州消息、上末「卅講之間、説法之体不レ恥二古昔一。富楼那之弁説殆不レ及歟」。

【六郎冠者】（一五〇8〜10）

墨画　一本「墨書」、底本「墨絵」。彩色を加える以前の下絵と、仕上げにおける描き起しを含むもので、主任的な位置にある画家が担当した。さらにそうした地位にある画家の称呼ともなった（秋山光和『平安時代世俗画の研究』）。源氏、帚木「又絵所に上手多かれど、墨がきに選ばれ、つぎ〳〵に、さらに劣り勝るけぢめ、ふとしも見えわかれず」。河海抄「したゑをまづ墨にてかくは上手のわざ也。朽木書ともいふ也。色どりはそれよりもつぎのわざ也。一説墨絵の事也。色どりゑはとかくまぎらはしてもありぬべし。すみ絵は上手ならではかきえぬものなり」。

彩色　字類抄「綵色、イロトル、サイシキ」。今昔一七ノ五「寿久聖、此ノ地蔵ノ本縁ヲ聞テ、悲ビ貴ムデ、更ニ綵色ヲ改メ奉テ、房ニ安置シテ、朝暮ニ恭敬供養シ奉ケリ」。

淡作絵　淡（薄く彩色を施す）と作絵（墨書に彩色を施す）の二種類の彩色画法。山槐記、元暦元年八月廿二日条に「於二行事所一勘二日時等一、定二所々預幷絵師雑工一。今日不レ覧レ之、…大嘗会悠紀所、定絵師幷雑工事。絵所、墨画、修理進藤原有宗。淡、内匠少丞中原光永。作絵、中原吉久」とある。源氏、須磨「この頃の上手にすめる千枝・常則などを召して、作り絵仕うまつらせばや」。河海抄「作絵〈新猿楽記〉、つくり絵とはすみがきのうへを采するを云也。源氏のかゝれたる画を彼輩に色どらせばやと也。綵色は画師の口伝ある也云々」。

丹調　顔料の調合をいう。小右記、治安三年八月八日条に「左兵衛志良親給二紬一段一、採(彩ヵ)色者光安給二太平(手ヵ)作三段一、丹調童布一段」。

山水　画題の一。江談抄巻二「諸御屏風等有二其員一事、又云…賢聖・山水等御屏風之類是也」。

野水　画題の一。野や里の風景の意か。増円撰の山水并野形図第一段の終りに「山形並野筋ノ様ハ上ノコトシ」とあり、野形を野筋の意に用いている。「野スチト云ハ只山ノ風情也。是ニハ石ヲサシテ不立、只木草ヲ植テ野山ノ風情ニムネトスヘシ」。

屋形　画題の一。邸宅の中を画いたもの。

木額　底本訓「コツラ」、異本訓「コタチ」「モツカウ」。コタチは木立の宛字で画題であり、モツカウまたはモカウは帽額の宛字で御帳や御簾の上辺に縁としてつけた布をいい、窠文に染めるのを常とする。次の海部とともに工芸的図案をいう。或は「木立帽額」とあったのが脱落したか。

海部　海辺の景色を図案化した模様。海賦。源氏、玉鬘「あさ縹の海賦の文、おりざまなまめきたれど、匂ひやかならぬに」。

立石　庭に飾りとして置く石をいうが、ここは造園の設計を指す。画家が立石の妙手でもあったことは百済河成(今昔二四ノ五)・巨勢弘高・延円(作庭記)などが知られる(家永三郎『上代倭絵全史』)。

屏風　屏風絵。以下画面の形式を挙げる。枕草子一六三段に「むかしおぼえて不用なるもの…唐絵の屏風の黒み、おもてそこなはれたる」とあり、永昌記、天治元年六月六日条に「三位経忠、予等起座〈公卿座如二夜々儀一但撤二白屏風一、立二倭画屏風一〉」と記す。

軟障　生絹の幔幕。和名抄「本朝式云、軟障一条」。満佐須計装束抄巻一、もやひさしのてうどたつる事に「たかまつのぜんざうをかく。東三条にありしは、さが野にかりせし少将をぞかゝれたりし。これをたつることまれの事なり」とあり、大饗雑事に「面ハ生絹ニ唐絵ヲカク。縦様ハ三尺七寸、横ヘハ六幅ナリ。上下左右ニ綾ヲ紫ニ染テ縁ニ付ク。其広ハ六寸八分、白練ノ絹ヲ裏ニ付ク。縁ノ裏ハ紫ノ練絹也」と見える。源氏、須磨「いとおろそかに、軟障ばかりを引きめぐらして」、河海抄「軟障有レ画二図松一也。謂二高松軟障一。堂上立二軟障一、堂下引レ幔。又堂下有下立二軟障一事上」。

扇絵　枕草子二四〇段「賜はする扇どもの中に、片つかたは日いとうらかにさしたる田舎の館などおほくして、いま片つかたは京のさるべき所にて、雨いみじう降りたるに」。

金岡　采女正、従五位下。元隼人正(巨勢氏系図)。二中歴、絵師に見え、宇多朝の代表的画家。仁和元年藤原基経五十賀屏風(菅家文草巻二)、同四年御所南庇の障子に詩人の形状を画き(紀略)、寛平七年源能有五十賀屏風(菅家文草巻五)、また仁和寺御室及び内裏に馬形障子を画く(古今著聞集巻一一)。

弘高　金岡の曾孫で深江の子。采女正や木工権少丞となる(巨勢氏系図)。続往生伝に一条朝の画工として見える。長保元年彰子入内の時歌絵を画き(栄花、かゝやく藤壺)、同四年八月性空の像を画く(権記)。その他楽府屏風(大鏡巻三)や長楽寺の地獄変(今昔三一ノ四)、千体不動尊(古今著聞集)など画いたことが知られる。

【七郎】(一五〇11〜15)

丈六　一丈六尺のことで、普通の化身仏の身長。二中歴、造仏歴「仏出世、人長八尺、是表二仏尊特相一、故一倍謂二之丈六一也」。欽明紀六年秋九月条「是月、百済造二丈六仏像一、製二願文一曰、蓋聞、造二丈六仏一、功徳甚大」。

等身　自分の身体の大きさと等しい仏像。二中歴「八尺者仏出世時丈夫等身、謂二之半丈六一也。五尺者弘法伝二漢土一時人長也。近代謂二之等身一也」。更級日記「いみじく心もとなきまゝに、とうしんに薬師仏をつくりて…祈り申すほどに」。

一搩手半　約一尺二寸。仏が手の親指と中指を一ぱいに伸した長さに、その半分を加えた長さであるという。二中歴「一搩者従二母肘節一至二于其腕節一也。手半者其手之半分量也。所謂人在二母胎一時、至二于第廿七箇之七日一、人相皆備、以レ手掩レ面、蹲踞而坐。其時身長。与二母一搩手半一斉等也」。今昔一七ノ二八「衣ヲ脱テ仏師ニ与ヘテ、一搩手半ノ地蔵ヲ造リ奉テケリ」。

柔懦　やさしくおだやかなこと。柔軟。菩薩像などをさす。字類抄「柔軟、ニウナン、僧侶分、又慈悲分」。往生極楽記「女弟子藤原氏、心意柔軟、慈悲甚深」。

忿怒　いかり。不動明王のような像をさす。三教指帰巻下「若其雑類、則有二憍慢忿怒、罵詈嫉妬…闘閲之族一」。

王相　閻魔王・摩醯首羅王など大王・天王の相か。

人形　王相に対して舎利弗などの声聞や三国の祖師たちの像か。

金色　法華験記巻下、仏師感生法師「得二造仏請一、往二丹波国桑田郡一、奉レ造二金色観世音菩薩一」。

彩色　権記、長保二年七月十六日条「召二仏師康尚一、仰下霊厳妙見像可レ奉二綵色一之由上」。

白檀造　和名抄「内典云、栴檀白者謂二之白檀一」。小右記、寛仁三年十月廿六日「巳時奉レ造二塔内釈迦・多宝二体尊像一〈三寸、以二白檀一奉レ造也。其上可レ押レ金。先日行円聖云、猶造貴木可レ押レ金者。仍以二白檀一所レ奉レ造也。仏師幔空〉」。

面相開眼　新たに造った仏像に仏師が眼を入れて供養し、その神霊を迎える儀式。為房卿記、応徳二年八月廿九日「今日公家被レ供二養法勝寺内常行堂一、…今朝於二仏師法印長勢房一、被レ開二眼丈六阿弥陀仏一。是九体之中尊」。

衣文　肉体の屈伸によって生ずる線。仏像のひだ。

天蓋　仏像などの上にかざすかさ。きぬがさ。参天台五台山記第二、熙寧五年六月十日条「次礼二方等懺堂一。八角天蓋内外有二廿四幡一。三重〈二丈六尺〉懸、未レ得二其意一。天蓋荘厳、彩色甚妙」。

瓔珞　珠玉と花型の金属を編み合わせて垂らした飾りで、仏像や天蓋の装飾に用いる。栄花、おむがく「無量荘厳具足し、宝鐸・宝鈴・諸々の瓔珞、上下四方種々光明照し耀けり」。

蓮花の形　仏像の台座の蓮弁や蓮肉のこと。今昔一七ノ六「但シ地蔵ハ蓮華座ニ不立給ズ、毘沙門ハ鬼形ヲ不踏給ズ」。

座光荘厳　仏像の台座と光背の飾り。康平記、二年十月十二日「供二養無量寿院并五大堂一、…寅刻奉レ移二御仏一〈以二院円堂御仏一曰二中尊一。座光先日移了。諸家人々勤レ之〉」。

唐草の様　宝相華唐草。中国から輸入された文様で、つる草図案の一種。ここは仏像の光背で、二重円光の周囲を宝相華の文様で包んだもの。長秋記、長承三年四月十日条「以二伊与国司一、御[ ]菩薩廿六体、并堂中長押上廿五菩薩居像絵献覧。日来以二仏師応源一所レ令レ図也。又申云、御仏光化仏可レ被レ用レ何哉。飛天歟、又唐草歟。定朝仏多飛天光也。可レ然歟」。

三十二相　仏の身体に具える三十二のすぐれた身体的特徴。法華経、五百弟子受記品「普皆金色、三十二相、而自荘厳」。今昔一ノ二「御身ハ金ノ色ニシテ、三十二ノ相在マス」。

八十種好　仏の身体に具わる八十の小さな特徴。法華経、譬喩品「八十種妙好、十八不共法、如レ是等功徳、而我皆已失」。凌雲集、小野岑守、砂土印仏応製「四八霊相省二工巧一、八十妙好廃二丹青一」。

解聞恵・解宿爾　黒川春村の歴代大仏師譜に「春按、解聞恵・開宿爾ハ、稽文会・稽主勲に同じ。勲音クニ又稽の呉音カイなり」とある。長谷寺縁起文「神亀元年甲子歳正月一日上二解状一。依二房前之奏状一、同年二月廿三日勅…仍同六年己巳歳四月八日辰時、以二吉日良時一加二持御衣木一。其役道慈律師同時始。三箇日之間奉レ造二十一面観自在菩薩像一、高二丈六尺。其巧匠者稽文会・稽主勲也。造二始仏像一当二第二日一、樵夫吉躬津麻呂入レ山欲レ取レ薪之。因向二仏所一遙見二稽文会一、六臂地蔵菩薩毎レ手削二刻仏像一。又見二稽主勲一、不空羂索観自在菩薩、六臂或取レ鑿或取レ刀同時向レ仏。成二奇特思一行二聖人所一而語。則遙見如レ言。相共近二行仏所一而見常人也。是地蔵観音之応化、神明尊崇之権跡。其具記有レ別矣」。

毘首羯摩　寂照堂谷響集第五「客問、毘首羯磨何天。翻名如何。答、帝釈之臣、工巧天也。此云二種種工巧一。西土工巧者、毎祭二此天一。起世因本経云、時釈天王欲レ得二瓔珞一、即念二毘守羯磨天子一。彼天子即便化二作衆宝瓔珞一、奉二上天王一。若三十三天諸眷属等、須二瓔珞一者、毘守羯磨亦皆化出而供二給

之二」。栄花、おむがく「毘首羯磨もいとかくはえや作り奉らざりけんと見えさせ給」。

三十三天　天智紀十年十一月甲午朔丙辰条「臣等五人、随二於殿下一、奉二天皇詔一。若有レ違者、四天王打。天神地祇、亦復誅罰。卅三天、証二知此事一」。

浮囚の地　天元五年、朝廷購入の唐物代金に充てるべき奥州の砂金が献上されぬため、支払を受けられぬ宋商人が餓死するなど悲惨な事態を招いたという（小右記、天元五年三月二十五日条等）。

【八郎真人】（一五〇16〜一五一12）

唐物　宋の商人が宗像大宮司を介して右大臣藤原実資に贈った唐物に、翠紋花錦・小紋緑殊錦・大紋白綾・麝香・丁香・沈香・薫陸香・可梨勒・石金青・光明朱砂・色々銭紙・糸鞋がある（小右記、長元二年三月二日条）。また入宋僧成尋が宋の皇帝に対して、日本の重要輸入品として挙げたものに、香薬・茶碗・錦・蘇芳がある（参天台五台山記）。このほか書籍や異鳥珍獣も輸入品として珍重されている。なお唐物は遣唐使帰朝の際、伊勢神宮以下の諸社や山陵に捧献されていた（類聚国史、大同二年正月丙辰条）。

沈　沈香。ジンコウ（ジンチョウゲ科の常緑喬木）の生木を土中に埋め腐敗させて作る香料。以下、胡粉まで香料・薬料・顔料として珍重された。宋朝はこれらを貿易品に用いて国庫を富ませている。わが国では仏教儀式に香料は不可欠だったため、多量に輸入している。和名抄「本草云、沈香〈沈俗音女林反〉、節堅而沈レ水者也。兼名苑云、一名堅黒」。御堂関白記、長和元年五月十七日条「御捧物金百両、丁字両（マヽ）、各入二瑠璃壺一、亮二人取二立公御前一。又沈香・蘇芳也」。

麝香　ジャコウ鹿から取った香料。和名抄「爾雅注云、麝〈食夜反〉、脚似レ麞而有レ香」。

衣比　各種の香料を調合して作った薫物の一種。空薫（そらだき）香。室内や衣裳に薫き込める。和名抄「文字集略云、裛〈於業反、又於及反〉、裛衣香〈俗云二衣比一〉」。香薬抄に「或説云、採二栴檀樹葉皮一、舂篩為レ香。故云二葉皮一」とあり、花鳥余情、初音に「衣被香とかけるは衣裳をにをはす心也。裛衣香とかくは衣につく心也」という。

丁子　テンニン科の熱帯常緑喬木の蕾を乾燥したもの。香料。黄色の染料としても用いられた。和名抄「内典云、丁子鬱金婆律膏」。香要抄、本「図経曰、丁香出二交広南蕃一。今惟広州有レ之。木類。桂高丈余、葉似レ櫟、凌レ冬不レ凋。花円細黄色、其子出二枝蘂上如二釘子一。長三四分、紫色、其中有下粗大如二山茱萸一者上。謂二之母丁香一。二月八月採二子及根一」。

甘松　中国四川省産の香草。香料・薬用。本草和名「甘松香」。香要抄、末「或抄云、甘松香甘体種々也。或如二純苅安草一、又如二蒿筋一。是等甘香猶劣。此中似二畝筆一、尤微時皮有二茎立物一長一寸以下也。其皮中有二土塵一、干二乾打三掃之一舂レ之。此茎立、其香尤優也云々」。

薫陸　インド産の樹脂。香料・薬用。和名抄「兼名苑注云、薫陸香〈俗音君禄〉、出二中天竺一也」。香要抄、本「南方草木状云、薫陸香出二大秦一。在二海辺一、自大樹生二於沙中一。盛夏樹膠流二出沙土一。夷人採取売二与之一。…用二薫陸一法、皮幷白物不レ用レ之。有レ光用レ之」。

青木　青木香。薬用。和名抄「南州異物志云、青木香〈俗音象目〉、出二天竺一、是草根状似二甘草一」。香要抄、本「陶隠居云、即青木香也。根寔大類二茄子一、葉似二羊蹄一而長大、花如レ菊、実黄黒。亦有レ葉如二山芋一而開二紫花一者不レ物。時月採二根芽一為レ薬。以下其形如二枯骨一者上良」。

竜脳　フタバガキ科の常緑大喬木。南インドシナ産。心材の割れ目に生じる結晶が薬剤となる。和名抄「蘇敬本草注云、竜脳香者、樹根中乾脂也」。香要抄、本「慈恩伝云、南印度境国南浜海有二株頼耶山一。崕谷崇深中有二羯布羅香樹一。松身異レ葉、花菓亦殊、湿時無レ香。採乾レ之後折レ之、中有二香状類一。雲母色如二氷雪一。此所謂竜脳香也」。

牛頭　牛頭香。薬用。麝香に似た香料。栴檀香をいうとも。和名抄「兼名苑注云、牛頭香〈俗音五豆〉、出二大秦国一、気似二麝香一」。香要抄、本「法華音義〈中等〉云、牛頭栴檀者赤栴檀也。出二離垢山一、若用レ塗レ身、火不レ能レ焼也。一名四等出二大秦国一。気似二麝香一也」。梁塵秘抄巻二「摩穉山に生ふと言ふ、牛頭や栴檀得てしがな」。

雞舌　丁子の一種で、形が鶏の舌に似ているため、この名称がある。薫香。和名抄「南州異物志云、鶏舌香是草花、可二含香レ口」。香要抄、本「本草図

経曰、鶏舌香出㆓崑崙及交広以南㆒。枝葉及皮並似㆑栗、花如㆓梅花㆒。子似㆓棗核㆒此雌者也。雄者着㆑花不㆑実。採㆑花醸㆑之、以成㆑香」。

白檀 ビャクダン科の常緑喬木。インドネシア産。樹皮は薫物、材は彫刻に用いた。和名抄「内典云、梅檀白者謂㆓之白檀㆒」。香要抄、本「西域記第十云、株羅矩吒国南浜海有㆓株刺耶山㆒。崇崖峻嶺洞谷深澗、其中則有㆓白檀香樹㆒」。

赤木 東南アジア産のトウダイグサ科の喬木。赤色の材で紫檀の代りに細工物に用いた。梁塵秘抄巻二「小磯の浜にこそ、紫檀赤木は寄らずして、流れ来で、胡竹の竹のみ吹かれ来て、たんなたりやの波ぞ立つ」。

紫檀 マメ科の常緑喬木。インド、セイロン原産。調度用材。和名抄「内典云、梅檀、黒者謂㆓之紫檀㆒。兼名苑云、一名紫栴」。

蘇芳…マメ科の小灌木。赤色の染料。和名抄「蘇敬本草注云、蘇枋〈唐韻作㆑芳。音与㆑方同。此間音須房〉、人用㆓染色㆒者也」。

陶砂 明礬のこと。康頼本草「本草玉石之下品集、礬石〈味辛甘平熱温有㆑毒、和タウサ、無㆑時採㆑之〉」。

紅雪 薬品の名。九暦抄、天暦三年三月廿一日「寅刻服㆓紫雪二分・紅雪四両三分㆒。六度拾、似㆑快」。類聚雑要抄巻四「治㆓一切病㆒。随㆑疾和㆑水服㆑之。或和㆑酒服㆑之。但有㆓孕面㆒之時、不㆑得㆑服㆑之。其形以㆑名可㆑知㆑之。譬如㆓砂糖㆒、若如㆑雪之様物也。但又和延喜以後無㆓薬種㆒。上人不㆑合㆑之。合タルハ自在云々。砂糖ト云ハ能甘葛之径堅ル下ニ砂之様物之タマリタルヲ云」。

紫雪 薬品の名。類聚雑要抄巻四「治㆓一切病㆒。和㆑水服㆑之。但人随㆓強弱老少㆒有㆓服之法㆒。其形以㆑名可㆑知。譬如㆓紅雪㆒也」。

金益丹 金液丹。丹薬の名。廿巻本和名抄「丹薬、大唐延年経云…金液丹〈一名玉液丹、一名霊花丹、一名霊景丹、一名神化丹、一名玄塵丹、一名不老不死丹〉」。続後紀、嘉祥三年三月癸卯条「勅曰、予昔亦得㆓此病㆒、衆方不㆑効。欲㆑服㆓金液丹幷白石英㆒、衆医禁㆑之不㆑許」。

銀益丹 丹薬の名。未詳。

紫金膏 切り傷用の膏薬。字類抄「紫金、シコム、唐物」。増補俚言集覧の「紫金錠。薬の名、香気ある薄くのべたるねり薬なり」と関係あるか。

巴豆 トウダイグサ科の常緑喬木。種子の油で軟膏薬や下剤を作る。字類抄「巴頭、ハツ、薬名」。香薬抄「陶隠居云、生㆓巴郡㆒、似㆓大豆㆒最能写㆑人。新者佳。用㆑之皆去㆓心皮㆒、乃秤又熬。今薫黒別搗如㆑膏。乃和㆓丸薬㆒」。

雄黄 天然産の砒素の硫化物。黄色の顔料。本草和名「一名黄食石、一名石黄…雄黄者地精也〈出范注方〉、雄黄者金之精也。和名岐尓。出㆓伊勢国㆒」。続紀、文武二年九月乙酉条「令㆔近江国献㆓金青㆒、伊勢国朱沙・雄黄㆒」。

可梨勒 シクンシ科の喬木。インド、インドシナ産。調度用材。果実は薬用。字類抄「カリロク、薬名」。香薬抄「唐本注云、樹似㆓木槵㆒花白、子形似㆓梔子㆒青黄色、皮肉相着。水摩或散服之」。

檳榔子 檳榔樹。ヤシ科の常緑喬木。インドネシア、マレー地方産。果実が薬用・染料。字類抄「ヒンラウシ、薬名」。和名抄「兼名苑注云、檳榔〈賓郎二音、此間音旻朗〉、葉聚㆓樹端㆒、有㆓十余房㆒。一房数百子者也。本草云、檳榔子、一名納子」。

銅黄 以下顔料の名。和名抄「漢語抄云、同黄」。法隆寺縁起資財帳「合綵色物壱拾三種〈同黄九両、丹四両〉」。

緑青 緑色の顔料。緑色の銅の錆。和名抄「本草云、緑青一名碧青〈緑青俗云㆓緑省㆒〉」。栄花、もとのしづく「綾に薄物重ねたる紫の末濃の御木丁ども…紺上・緑上・泥などして絵書きたり」。

燕脂 臙脂虫〈カイガラ虫〉の粉末。濃い紅色の染料。和名抄「西河旧事云、焉支山出㆑丹〈今案以㆓所㆑出山名㆒為㆑名也。焉支・煙支・燕支・燕脂、皆通用㆑之〉」。法隆寺縁起資財帳「合綵色物壱拾三種…塔分陸種〈朱砂六十二両一分…烟子一百四十八枚〉」。

空青 銅鉱中に産する鉱石。薬用。和名抄「丹口決云、空青一名曾青」。大安寺伽藍縁起流記資財帳「合空青壱拾壱両〈通分〉」。

丹 硫黄と水銀の化合した赤土。顔料。和名抄「考声切韻云、丹砂〈丹音都寒反、𨒱〉、似㆓朱砂㆒而不㆓鮮明㆒者也」。大安寺流記資財帳「合丹参斤柒両〈仏物二斤四両、之中六両唐、通物一斤三両〉」。

朱砂 辰砂。深紅色の鉱石。赤色の染料のほか、水銀製造に用いられる。

和名抄「本草云、朱砂最上者謂二之光明沙一」。大安寺流記資財帳「合朱沙壱佰参拾弐斤壱分」。

胡粉　鉛白。白色の顔料。和名抄「張華博物志云、焼レ錫成二胡粉一」。枕草子一四九段「いやしげなるもの…胡粉、朱砂など色どりたる絵どもかきたる」。

豹虎皮　敷物。うつほ物語、吹上上「引出物は、侍従に様々の斑馬の…豹の皮の下鞍」、同上、俊蔭「栴檀のかげに、虎の皮をしきて、三人の人ならびゐて」。

藤茶垸　青色の絵具で藤などを描いた茶垸。青磁。

篦子　竹製の四角な筥。字類抄「篦子・籠子・楼子、ロウジ」。主鈴式「凡行幸従レ駕内印、幷駅鈴伝符等、皆納二漆篦子一」。

犀生角　犀の角は魔除けや飾りに用いられた。九暦逸文、天暦四年五月廿四日「寅刻男皇子誕育…降誕之後、即野剱一柄・犀角一株・虎首一頭、置二枕上一為レ護」。

水牛如意　水牛の角で作った如意。和名抄「梁劉孺有二如意銘一」。釈氏要覧巻中、道具「梵云二阿那律一。秦言二如意一、指帰云、古之爪杖也。或骨角竹木、刻作二人手指爪一。柄可二長三尺許一。或背有レ痒、手所レ不レ到、用以掻抓。如二人之意一、故曰二如意一」。

瑪瑙帯　瑪瑙で飾った石帯。和名抄「広雅云、馬脳〈俗音女奈宇〉、石之次レ玉也」。西宮記、臨時八「帯…馬脳四位五位着レ之。内匠式為二御帯飾一」。

瑠璃壺　仏骨などを入れる。和名抄「野王案、瑠璃〈流離二音、俗云留利〉、青色而如レ玉者也」。枕草子一五一段「うつくしきもの…かりのこ、瑠璃の壺」。

綾　以下、羅縠まで絹織物。中国製の絹織物は、高級輸入品として重宝がられ、わが国の上製品であった美濃絹に較べ、遙かに高い価格であった。宇治拾遺一四ノ七では、美濃絹は五分の一の価値しか有せず、東寺百合文書り之部久安四年四月廿二日四禅師職任料進上状では、上品の唐綾が家綾（=和綾か）の約三十八倍の価値があったという。唐綾一段=家綾百五十疋。和名抄「野王案、綾〈音陵、阿夜〉、似レ綺而細者也」。

錦　和名抄「釈名云、錦〈居飲反、邇之岐〉、金也。作レ之用レ功重、其価如レ金。故製二其字一帛与レ金也」。

羅　薄く織った絹織物。和名抄「唐韻云、羅〈魯何反、此間云レ良、一名蟬翼〉、綺羅亦網羅也」。

縠　絹織物の一。縮緬。和名抄「釈名云、縠〈胡谷反、古女〉、其形縐々視レ之如レ粟也」。

呉竹　胡竹。中国産の竹は横笛の材料として珍重されている。梁塵秘抄巻二「胡竹の竹のみ吹かれ来て、たんなたりやの波ぞ立つ」。

甘竹　寒竹。台記、久安六年五月十六日条「法親王、被レ奉二新甘竹笛於禅閤一云々。曰真甘竹也。近代宋人不レ持二来此竹一。今有二此笛一、驚歎不レ少。愛賞無レ他」。

吹玉　ガラスを吹いて作った中空の玉。神祇式、臨時祭「凡出雲国所レ進御富岐玉六十連〈三時大殿祭料卅六連、臨時廿四連〉、毎年十月以前令二意宇郡神戸玉作氏造備一、差レ使進上」。

本朝の物…緋襟　あか色のねり絹（緋）で作った衣。

象眼　蜀の時、十種の錦を織ったことが『佩楚軒客談』（元、戚輔之作）にみえるが、その一。わが国では、蜀錦として物語その他に見える。雲州消息、下末「象眼送二数稔一、其色梨黒。紫羅紅錦少所レ候也」。

繧繝　暈繝とも書く。赤・藍・あさぎ色など、菱形や花形を織り出した錦。字類抄「ウンケン、錦名也」。枕草子一六三段「むかしおぼえて不用なるもの。繧繝縁の畳のふし出で来たる」。

高麗軟錦　狛錦。紐や剣を入れる袋、畳の縁に用いる。織部式「雑織…黒緑地軟錦一疋。料糸八斤十二両、織手一人、共作一人、長功二尺七寸、中功二尺四寸、短功二尺一寸」。

東京錦　インドシナ半島トンキン地方産の錦。赤白の碁盤目の地に赤糸で鳥の模様などを織り出した錦。台記、仁平二年正月廿六日条「今日於二東三条一再行二大饗一、…地下五位三人、敷二勅使主人座於弘廂一〈以長取二高麗端畳一、敷二南第三間南頭東西妻一、逼レ西敷レ之。重範取二東京錦茵一加二其上一〉」。

浮線綾　菊や蝶などを形どった文様の浮織の絹織物。源氏、橋姫「この袋を見給へば、唐の浮線綾を縫ひて、上といふ文字を、うへに書きたり」。

金・銀　金は陸奥国、銀は対馬国が産地として有名だった(宋史、日本伝)。室町末期に来朝した鄭舜功の日本一鑑では、金は陸奥、銀は陸奥・但馬・石見から出るとしている。

阿古夜玉　アコヤガイから出る珠、真珠。宇治拾遺一四ノ六「袴の腰より、あこやの玉の、大なる豆斗ありけるを取出して」。

夜久貝　螺鈿に用いる光沢のある巻貝。和名抄「弁色立成云、錦貝〈夜久乃斑貝。今案俗説云紅螺杯出二西海益救島一。故俗呼為二益救貝一〉」。枕草子一四二段「かはりがはり盃とりて、はてには屋久貝といふ物して飲みて立つ」。

水精　水晶。印材や装飾用。和名抄「兼名苑云、水玉、一名月珠〈美豆止留太万〉、水精也」。

虎珀　樹脂の化石。装飾用。和名抄「兼名苑云、琥珀〈虎伯二音、俗音久波久〉、一名江珠」。

水銀　薬料。中国貿易に際して銭貨として代用されてもいる。伊勢国が産地。今昔一七ノ一三に「伊勢ノ国飯高ノ郡…ニハ、水銀ヲ堀テ公ニ奉ル事ナム有ケル」と見える。入宋僧成尋を乗せた宋船は、硫黄・水銀買付のため来航した船である(参天台五台山記)。和名抄「蔣魴切韻云、汞〈美豆加禰〉、水銀別名也」。

流黄　主に薩南南方の硫黄島の産出。中国では炬火や薬剤として用いられる。中国への流出については、前項の参天台五台山記の他、続資治通鑑長編、元豊七年(応徳元年)条にも見られる。字類抄「石流黄、ユワウ、或無二石字一」。

白鑞　白鑞。古くは錫を指す。梁塵秘抄巻二「筑紫なんなるや、唐の金、白鑞といふ金もあんなるは」。

銅　和名抄「説文云、銅〈音同、阿加々禰〉、赤金也」。

鉄　和名抄「説文云、鉄〈他結反、久路加禰、此間一訓二禰利一〉、黒金也」。

縑　かとりぎぬ。高級絹織物の一。和名抄「毛詩注云、絹〈加止利〉、縑也。釈名云、縑、其糸細緻、数兼二於絹一也」。

蟬羽　蟬の羽のように薄い絹織物。九暦逸文、天暦四年閏五月五日条「此日自二中宮一給二産餉一。息所前衝重廿枚、面幷打敷等用二蟬翼一」。蟬翼を河海抄、宿木「セミノハ」と訓む。

絹　和名抄「陸詞切韻云、絹〈岐沼〉、繒帛也」。

布　和名抄「四声字苑云、布〈沼能〉、織二麻及紵一為レ帛也」。

糸　和名抄「文字集略云、糸〈伊度〉、蚕所レ吐也」。

綿　和名抄「唐韻云、綿〈和多〉、絮也。四声字苑云、絮、似レ綿而麁悪也」。

纐纈　絞り染めの布地。和名抄「夾纈、東宮切韻云、釈氏曰、纈〈胡結反、夾纈、此間云二加宇介知一〉、結レ帛為二文綵一也。孫愐曰、繒之有二夾花一」。内蔵式「奉二諸陵一幣、錦綾各二丈八尺、両面二丈、夾纈・﨟纈帛各二疋二丈」。

紺　以下染色具をいう。字類抄「コム、紺布紙等也」。

紅　和名抄「弁色立成云、紅藍〈久礼乃阿井〉、呉藍〈同上〉、本朝式云、紅花〈俗用レ之〉」。

紫　和名抄「本草云、紫草〈无良佐岐〉、兼名苑云、一名茈莨〈紫戻二音、今案玉篇等、茈即古紫字也〉」。

茜　和名抄「兼名苑注云、茜〈阿加禰〉、可二以染レ緋者也」。

鷲羽　藤原基衡が毛越寺本尊製作を雲慶に依頼した際、引き物として賜ったなかに鷲羽百尻がみえる(吾妻鏡、文治五年九月十七日条)。また基衡が摂関家へ送る年貢のなかにもみられる。台記、仁平三年九月十四日条「禅閤…仰二基衡一曰、可レ増…遊佐、金十両、鷲羽十、尻馬二疋〈本数、金五両、鷲羽三、尻馬一疋〉、基衡不レ聴」。

色革　後白河法皇が宋の皇帝に贈った品に、色革三十枚を納めた蒔絵厨子一脚があった(玉葉、承安三年三月二十二日条)。

【九郎小童】(一五一13〜一五二7)

雅楽寮　令制では、歌師・舞師・笛師などのほかに、唐楽師・高麗楽師・百済楽師・新羅楽師がいて、それぞれ楽生に教授していた。平安後期には神楽歌・催馬楽などは大歌所に、唐楽などは楽所で調習した。楽所で実技に携ったのは、雅楽寮や近衛・衛門・兵衛府などの官人である。

高麗　楽家録所引日記には、推古天皇の時代に舞師が高句麗から渡来したとみえる。主要楽器は臥箜篌・莫目（縦笛）・笛（横笛）。

大唐　六―九世紀に中国から伝えられた音楽（これを真似て日本人の作曲したものもある）。古来の芸術的音楽である俗楽（儒教的祭礼の雅楽に対する語）と胡楽（西域の音楽）とが融合したもの。

新羅　五世紀ごろ伝えられた半島の音楽。允恭紀、四十二年条に「新羅王…貢二上調船八十艘及種々楽人八十一…張二種々楽器一、自二難波一至二于京一、或哭泣或儛歌」とみえる。主要楽器は、新羅琴である。

大和　神楽歌・催馬楽など日本古来の歌舞。主要楽器は笛。一般には「雑楽」と呼ばれた。

笙　中国系の管楽器。三管の一。和名抄「釈名云、笙〈音生、俗云二象乃布江一〉、竹之母曰レ匏〈薄交反、俗云二都保一〉、以レ瓢為レ之、竽亦是〈竽音于〉其中受レ簧〈音黄、俗云二之太一〉、於二管頭一横施二於其中一也」。

篳篥　西域系の管楽器。三管の一。和名抄「律書楽図云、大篳篥、小篳篥〈篳栗二音、俗云二比知利岐一〉」。

簫　中国系の管楽器。和名抄「蔡邕月令章句云、簫〈音蕭、俗云去声〉、編レ竹吹レ之、長則濁、短則清。以二蜜蠟一実二其底一、而増減則和レ之。風俗通云、舜作レ簫〈和名世宇乃布江〉其形参差、象二鳳翼一也。一云籟、一云筊〈簫者編レ管而吹也。但其長短不レ同参差之義是歟。一云、簫十六管、今案数諸説不レ同。五経通義云、大者二十三管、小者十三管、一云、舜所レ造十四管也〉」。

横笛　中国系の管楽器。三管の一。竜笛ともいう。和名抄「律書楽図云、横笛〈音敵、与古不江。今人唐楽所レ用、謂二之横笛一、伎一部横笛腰鼓各一、則不レ論二唐狛一、是横吹之総名也〉、本出二於羌一也。漢張騫使二西域一、首伝二一曲一。李延年造二新声二十八曲一」。

太鼓　舞楽用の大太鼓（直径一メートル前後）と管絃用の楽太鼓（同六〇センチ前後）とがある。和名抄「律書楽図云、爾雅云、大鼓〈今案俗或謂二之四鼓一。又小鼓有二一二三之名一。皆以二応節次第一取レ名也〉、謂二之鼖一〈音墳〉、即建鼓也」。

壱鼓　古楽鼓の一鼓・二鼓・三鼓の一。呉楽に用いたので、細腰鼓（くれつづみ）ともいう。和名抄「唐令云、高麗伎一部、横笛腰鼓各一〈腰鼓俗云二三鼓一〉、本朝令云腰鼓師一人〈腰鼓読二久礼豆々美一。今呉楽所レ用是也〉」。字類抄「壱腰鼓、イチエウコ」。

羯鼓　西域系の打楽器。和名抄「律書楽図云、答臘鼓者今之羯侯提鼓〈羯音曷、俗用二楬字一、未レ詳〉、即羯鼓也」。

鼗鼓　二つの小鼓を交互に重ねて柄に貫き、左右に振ると、紐に結んだ玉が皮を打つ仕組み。和名抄「周礼注云、鼗〈徒刀反、字亦作レ鞉、不利豆々美〉、如レ鼓而小、持二其柄一揺レ之、則旁耳還自撃レ之」。

摺鼓　摺は揩。皮面一尺二寸。左手で肩に持ち、右手で摺摩して音を出すもの。和名抄「律書楽図云、揩鼓〈揩、摩也。俗云二須利都々美一〉」。

鉦鼓　青銅製。皿状のものを紐で釣り、これを打つ。和名抄「後漢書云、鉦鼓之声〈鉦音征、俗云二常古一〉、兼名苑云、鉦一名鐃、金鼓也。越王勾践造也」。

銅鈸子　銅鈸（どうばち）。現在、手平金などがそれにあたる。両手に持った小型の銅製円形の鈸を打ち合わせて音を出す。和名抄「律書楽図云、銅鈸子〈今案鈸即鉢字也〉出レ自二西域一無レ柄、以レ皮為レ紐、相撃以応レ節。今夷楽多用レ之」。

調子　竜鳴抄上「おほよそ心得べきことは、時のこゑといふ事あり。春は双調、夏は黄鍾調、秋は平調、冬は盤渉調、壱越調は中央なり。土の声といふ。おほやうこれを時の声といふべし。また一日一夜にとりてもときの声あり。…又五音といふは、先にいひつるいつゝのこゑなり。六てうしといふことあり。いはゆる大食調をくはへたる也。声は平調におなじけれども、呂律のたがひなり。平調は律なり、大食調は呂なり。律の声三、平調・ばんじきてう・わうじき調なり。呂三、一こつでう・そう調・大じきてうなり」。

双調　唐楽六調子の一。ト調。教訓抄巻六には、柳花薗・渡物鳥・嘉殿・春鶯囀・故飲酒・竜王・廻坏楽・北庭楽・酒清司・酒胡子・武徳楽・新羅陵王をあげる。竜鳴抄・夜鶴庭訓抄・拾芥抄・口遊・二十巻本和名抄には異同あり。以下同じ。

平調　唐楽六調子の一。ホ調。教訓抄巻六には、慶雲楽・永隆楽・相夫恋・越天楽・勇勝・春楊柳・夜半楽・廻忽・扶南・老君子・慶徳・古老子をあげる。

盤渉調　唐楽六調子の一。ロ調。教訓抄巻六には、鳥向楽・宗明楽・鶏鳴楽・感秋楽・承秋楽・剣気褌脱・白柱・遊子女・竹林楽・千秋楽・長元楽をあげる。

黄鐘調　唐楽六調子の一。イ調。教訓抄巻六には、安城楽・応天楽・聖明楽・蓮花楽・重光楽・平蛮楽・海青楽・拾翠楽をあげる。

大食調　唐楽六調子の一。教訓抄巻六には、天人楽・飲酒楽・仙遊霞・庶人三台・感恩多・輪鼓褌脱・王昭君・長慶子をあげる。和名抄は大食調がない。

壱越調　唐楽六調子の一。ニ調。教訓抄巻六には、安楽塩・壱徳塩・渋河鳥・十天楽・弄槍楽・河水楽・詔応楽・廻坏楽・壱弄楽・壱金楽・河曲子・最凉州・武徳楽・新羅陵王・酒清司・酒胡子・壱団橋をあげる。庭訓抄・拾芥抄は壱越調内から沙陁調を別に立てて曲名をあげる。

上無調子　五律(壱越・平・双・黄鐘・盤渉)についで日本で作られた下無調(嬰ヘ)と上無調(嬰ハ)の後者を指すか。未詳。

舞は陵王　公事曲の一。唐楽の古楽。双調・壱越調。教訓抄「羅陵王…此曲ノ由来ハ、通典ト中文ニ申タルハ、大国北斉ニ、蘭陵王〈長恭〉ト申ケル人、国シヅメンガタメニ、軍ニ出給フニ、件王ナラビナキ才智武勇ニシテ形ウツクシクヲハシケレバ、軍ヲバセズシテ、偏ニ将軍ヲミタテマツラム、トノミシケレバ、其様ヲ心得給テ、仮面ヲ着シテ後ニシテ、周師金墉城下ニウツ。サテ世コゾリテ勇、三軍ニカブラシメテ、此舞ヲ作」。体源鈔にも見える。

散手　唐楽の新楽。大食調。教訓抄「散手破陣楽…一名主皇破陣楽、常散手ト云。或説云、釈迦誕生之時、師子喎王此曲作舞レ之。…此曲、誰人ノツクリタルト云事、勘イダサヾル所ニ、古老伝曰、率川明神、平二新羅軍一、抃悦之余、向二新羅国一、指麾而舞。時人見二此姿一模レ之〈見二船舳一〉。今ノ宝冠散手、是ナリ」。体源鈔にも見える。

延喜楽　高麗曲。壱越調。一名、花栄舞。教訓抄「此曲、延喜御門御時作レ之。作者忠房歟。楽者笛師逖部逆麿所レ作也」。

皇麞　唐楽の新楽。平調。一名、海老葛。教訓抄「此曲者、黄麞〈谷名ナリ〉於二件谷一作二此曲一云々〈作者不レ見〉」。体源鈔にも見える。

甘州　唐楽の新楽。平調。教訓抄「甘州楽…是ハ、唐玄宗皇帝ノ御作也。天宝後、多以二辺地一名レ曲。泔州、涼州、是ナリ。…甘州ハ国名ナリ。彼国ニ海アリ。竹多クオヒタリ〈甘竹云〉。件ノ竹ノ根ゴトニ、毒蛇毒蚖毒虫多ミチテ、切ユルニアタハズ。毒虫ノタメニ人多ク死ス。而奏二此曲一、乗レ船来テ此竹ヲ切レバ、彼虫人ヲ不レ害。金翅鳥ノ音ニ似ユヘニ、毒虫ヲソレヲナシテ、人ヲ害センノ心ナシ。其時ニ、此竹ヲ船ニ切入テトルト申タリ〈不レ慥、可レ尋〉」。体源鈔にも見える。

万歳楽　唐楽の新楽。平調。公事曲の一。教訓抄「是ハモロコシニ、隋陽帝ト申御門ノ御作セ給タル也。唐国ニハ、賢王ノ世ヲヲサメサセ給時ニ、鳳凰ト云鳥カナラズ出来テ、賢王万歳々々ト囀ナルヲ、囀詞ヲ楽ニ作リ、振舞姿舞ニツクラセ給テ侍也。此朝ヘハ誰人ノワタシタルトイフ事ミエズ」。体源鈔にも見える。

相夫恋　唐楽の新楽。平調。相府蓮。教訓抄「又想夫憐。…元慎集春詞云、即同向来弾了曲、差人不道相夫憐。又云、執レ翬(可)レ奏二此曲一」。体源鈔にも見える。

青海波　唐楽の新楽。盤渉調。輪台と連続して奏される。教訓抄「輪台…大唐楽云々。作者酒醇作レ之云。ツマビラカナラズ〈可レ尋〉。古老伝云、輪台(ハ)国名也。其国ノ人、蒼海波ノ衣ヲ着シテ、舞タリシユヘニ、ヤガテ付二其国之名一云々。青海波ハ竜宮ノ楽也。昔天竺ニ被レ舞儀、青波ノ浪ノ上ニウカム。浪下ニ楽音アリ。羅路波羅門聞レ之、伝レ之。漢ノ帝都見レ之伝二舞曲一云々。此曲、昔シ者平調楽也。而承和天皇御時、此朝ニシテ依レ勅被レ遷二盤渉調曲一。舞者、大納言良峯安世卿作。楽者、和爾部大田麿作〈幷乙魚、清上等也〉。詠者、小野篁所レ作也。有二二説一」。

壱徳塩　唐楽の古楽。壱越調。教訓抄「此楽モ(安楽塩と)同ジコト也」。体源鈔にも見える。

安楽塩　唐楽の古楽。壱越調。教訓抄「此楽クハシク申タル者ナシ。近来法用之時用レ之」。体源鈔にも見える。

蘇合　唐楽の新楽。盤渉調。蘇合香。教訓抄「蘇合香…此曲ハ、陳後主所レ作歟〈一名古唐急〉。或書ニ曰、中印度ノ楽也。而モ中天竺ヨリ出タルカ。抑、阿育大王病ニワヅライ給タリケルニ、蘇合香ト云草ヲ、薬ニエ給ハズハ存命カタカルベシト申ケレバ、一国ノ大事ニテ、モトメケレドモ、オホカタモアリガタキ草ナレバ、モトメエズ、経二一七日一、此草ヲエタリ。即病イヘ給ケレバ、ヨロコビ給テ作給ト云。…以二此草名一、為二楽名一。又云、蘇合香出二蘇合国一。諸香草煎汁名也。此朝ヘ渡ス人、柏原天皇御時、和邇部嶋継ト見エタリ」。体源鈔にも見える。

弄槍　唐楽の古楽。壱越調。教訓抄「弄槍楽…昔ハ有レ舞。狛桙ノ棹ノヤウナル棹ヲモチテ、如二太平楽躰一舞ト云〈光時説〉。古ハ供華ノ楽ニシケリ」。体源鈔にも見える。

五常楽　唐楽の新楽。平調。教訓抄「唐太宗朝、貞観末天観初、帝製二五常楽曲図一〈五常作レ之〉。仁義礼智信、謂二之五常一。常トハ人ノ可二常行一也。五常ハ即配二五音一。此曲能備二五音之和一云々」。体源鈔にも見える。

地久　高麗曲。双調。一名、円地楽。教訓抄「先欲レ奏二此曲一時、吹二𪘚取之詞一〈如二常説一〉。准二大曲一時ハ、吹二狛調子一〈品玄也。或人謂二之大調子一云。是秘事也。当世不レ用レ之〉。肩祖手アリ。此舞ノ秘事ノ内也」。

納會利　高麗曲。壱越調。一名、双竜舞。一人で舞うときは、落蹲という。教訓抄「落蹲、謂レ之。先欲二此曲吹一時、吹二小乱声一。但、競馬相撲之時者、頗ル長吹ク〈如二陵王一〉。カクハ申タレドモ、近来不レ吹。如何〈タヅヌベシ〉。次ニ破吹。有二口伝一。…双竜舞有二異名一。可レ謂二一人舞時一云々。双竜王故也。入道左大臣説ニ、納蘇利三文字ヲ落尊（ラクソム）トヨムベシ。其外ノ異名ハ不レ可レ然也」。

埴破　垣破。高麗曲。一名、金玉舞・登玉舞。教訓抄「コレガユラヒモミヘタル事ナシ。トモ絵ヲ五ツ所ニ付タリ。左右ノヒヂ、左右ノ膝、マツ向トニツクナリ。ハニノ玉ノ五フトコロニモチテ、舞ノ間ニトリイダシテ、トモ絵ニアツルナリ。玉ヲ吹披ト申メリ」。

覩會　未詳。教訓抄巻五の高麗曲物語にある「鳥蘇」か「都志」のことか。

胡飲酒　唐楽の古楽。壱越調。教訓抄「班蠡所レ作之。胡国人飲酒酔テ、奏二此曲一。模二其姿一乙二舞曲一。…或書云、承和年中奉レ勅、舞者大戸真縄作レ之。楽者大戸清上作レ之。然者如二青海波一、此朝ニシテ作改タルカ。又、新作歟〈不レ詳。可レ尋〉。又、児女子牛飼童、酒酔郷之姿作レ舞」。体源鈔にも見える。

崑崙八仙　高麗曲。壱越調。一名、八仙・鶴舞。教訓抄に見える。

遊　女　記

遊女（一五四1）　和名抄「楊氏漢語抄云、遊行女児〈字加礼女、一云阿曾比、今案又有二夜発之名一。俗云二也保知一。本文未レ詳。但或説、白昼遊行謂二之遊女一、待レ夜而発二其淫奔一謂二之夜発一也〉」。名義抄「遊行女児 ウカレメ、一云アソビ、一云ヤホケ」。字類抄「河海部、イウヂョ、舟職分、又夫婦分」「遊女、遊行女児、アソヒ、ウカラメ、ウカレメ」。

与渡津（一五四2）　主税式、諸国運漕雑物功賃に「播磨国…海路〈自レ国漕二与等津一船賃、石別稲一束、…自二与等津一運レ京車賃、石別米五升云々〉」、明衡往来、中末、御封米事に「右伊与国所レ進米、到二来淀津一」とあって、平安時代以来京と地方を結ぶ淀川水運の河港として重要な位置を占めていた。

河陽（一五四2）　凌雲集に「河陽駅経宿有レ懐二京邑一」、文華秀麗集巻下に「河陽十詠」の詩がある。見遊女（文粋巻九）に「春行二南海一、路次二河陽一。河陽則介二山河摂三州之間一、而天下之要津也。自レ東自レ西、自レ南自レ北。往反之者、莫レ不レ率二由此路一矣」とある。

味原の牧（一五四4）　和名抄「摂津国東生郡味原」。孝徳紀「白雉元年春正月辛丑朔、車駕幸二味経宮一観二賀正礼一」、万葉集（九二八）に「沖つ鳥味経の原にもののふの八十伴の男は廬して都なしたり」とあるので、もと「アヂフ」といった。典薬式に「凡味原牧為二寮牛牧一」「凡味原牛牧死牛皮者、売用二寮修理料一」と見える。

大庭の庄（一五四5）　河内志の茨田（まむた）郡村里に「一番〈一名佐太〉、二番…、南十番〈以上十一村呼曰二大庭荘一〉」とあるのが該当するか。掃部式に「蔣沼一百九十町〈在二河内国茨田郡一〉、刈得蔣一千囲、菅二百囲〈並刈運夫以二当国正税一雇役〉、莞五百囲〈摂津国傜夫刈運〉」と見える。

神崎（一五四6）　摂津国風土記逸文に「昔息長帯比売天皇、幸二于筑紫国一時、集二諸神祇於川辺郡内神前松原一、以求二礼福一」とある。長秋記の元永二年九月三日条に「付レ船漸下過二神崎一之間、金寿〈長者〉小最、弟黒鶴四艘参会」、古事談巻三に「書写上人可レ奉レ見二生身普賢一之由祈請給、…仍乍レ悦行二向神崎一相二尋長者家一之処云々」とあり、遊里として名高い。

蟹嶋（一五四6）　散木奇歌集巻六に「かしまを過けるにあそびどもあまたまうできて歌うたひけれども云々」と見える。

扁舟…（一五四7）　和漢朗詠集、述懐「范蠡収レ責、棹二扁舟一而逃レ名」、梁塵秘抄巻二「遊女の好むもの、雑芸鼓小端舟」。

枕席（一五四7）　字類抄「シムセキ」。文選、高唐賦「聞君遊二高唐一。願薦二枕席一〈李善注、薦、進也。欲下親進二於枕席一求中親昵上之意也〉」。

舳艫（一五四8）　漢書、武帝紀「舳艫千里薄二樅陽一而出〈李斐注、舳、船後持レ柂処也。艫、船前頭刺レ櫂処也〉」。

宮城（一五四10）　新猿楽記（一四七頁）や後拾遺集は「宮木」に作り、相場長昭の遊女考に「木作レ城はおなじ人なるべし」という。吉野吉水院楽書・郢曲相承次第に今様の名人「宮姫」とあるは別人。

長者（一五四11）　長者の語義は多様であるが、戸令、応分条集解に「或云、継嗣令云、氏宗聴勅、仮令、諸氏々別以二其中長者一、勅定為二氏宗一故」と見えるので、古くは氏族の長一般を指す語であったと考えられる。平安時代以降、富豪・福徳者・芸道者の長・宿駅の長などを意味する用例が多くなるが、遊女の長が長者と呼ばれているのは、本書のように、遊女が芸道や交通と深くかかわる存在だったからと考えられる。その例は他に長秋記、元永二年九月六日条に「召二遊君六人一纏頭、長者金寿三領、単衣。熊乃〈江口〉伊世三領、比和〈江口〉輪鶴各一領。此外伊与守給レ米」、古事談巻三に「欲レ奉レ見二生身普賢一者可レ見二神崎之遊女之長者一」とある。

倶尸羅（一五四12）　好声鳥。インドの黒ほととぎすで、形は醜いが美声という。玄応音義巻一〇に「拘耆羅、或作二拘翅羅一。梵音転也。訳云二好声鳥一。此鳥声好而形醜。従レ声為レ名也」、栄花物語、玉のうてなに「威光猶如千日月、声如天鼓倶尸羅」とあり、ここは遊女の美声を形容する。あるいは王子年拾遺記（太平広記巻二八四）に「燕昭王七年、沐骨之国来朝。別申毒国之一名也。有二道術人一名二尸羅一」とある幻術の名人尸羅を指せば、遊芸をよくすることか、あるいは手練手管を弄して客を騙すことの形容か。

衣通姫（一五四12）　允恭紀に「七年冬十二月壬戌朔、讌二于新室一。…皇后不レ獲レ已而奏言、妾弟、名弟姫焉。弟姫容姿絶妙無レ比。其艶色徹レ衣而晃之。是以時人号曰二衣通郎姫一也」と見える伝説上の絶世の美女。古今集序にも「小野小町歌、古衣通姫之流也。然艶而無二気力一」とあり、衣通姫伝説は平安時代以降も広く語り伝えられていた。

妻妾と為り（一五四13）　千載集巻一三に「藤原仲実朝臣備中守に罷れりける時、具して下りたりけるを、…遊女戸々」と見え、公卿補任の嘉禎三年の条に「従三位藤兼高〈故権中納言長方卿四男、母江口遊女木姫〉」とある。

賢人君子と…（一五五1）　雲州消息、中末「抑明月之比、江口御会、尤宜歟。古今之賢人未レ弁二此事一」。

住吉（一五五1）　和名抄「摂津国住吉郡〈須美与之〉」、神名帳に「住吉坐神社四座〈並名神大、月次相嘗新嘗〉」と見え、伊呂波に「日本記云、天武天皇十四年乙酉、天皇行二幸摂津国住吉社一給。即田三十町御酒料奉給。称徳天皇御宇天平神護元年始造宮云々」とある。

広田（一五五2）　和名抄「摂津国武庫郡広田〈比呂多〉」、神名帳に「広田神社〈名神大、月次相嘗新嘗〉」と見え、伊呂波には「五所大明神、在二摂津国一。本身阿弥陀。矢州大明神〈観音〉、南宮〈阿弥陀〉、夷〈毗沙門、エビス〉、児宮〈地蔵〉、三郎殿〈不動明王〉、一童〈普賢〉、内王子〈観音〉、松原〈大日〉、百大夫〈文殊〉、竈殿二所」とある。

徴嬖（一五五2）　見遊女「只願以三其多二徴嬖之幸一」、新猿楽記「十六女者遊女夜発之長者、…抑淫奔徴嬖之行」（一四六頁）。

百大夫（一五五2）　梁塵秘抄巻二に「遊女の好むもの、…男の愛祈る百大夫」「京より下りしとけのほる、…如何に祭れば百大夫、験なくて花の都へ帰すらん」とある。傀儡子記に「夜則祭二百神一、鼓舞喧嘩、以祈二福助一」（一五八頁）とある百神も同じ。滝川政次郎博士は遊女が百大夫なる兕物を用いて客を招き寄せる呪法を行なったとされ、百大夫は陰陽道の式神に類するものと考えている（『遊女の歴史』）。喜多村信節の画証録に「百太夫はおのれ文化八年の春、津の国西宮にまうでしに、御本社に向ひて、左のかた半町余り奥に小き祠ありて戸びら開きたり。その内にいと古き雛のやうなる人形あり。冠衣にて坐する形、面は新たに紅白粉をきたなげに塗たり。これ百太夫の神像なり」とある。なお百大夫の語は、今鏡、花のあるじに「百太夫と世にはつけて、影法師などのごとく朝夕馴れ仕うまつるが、吹物弾物せぬは少くて、外より参らねど、内の人にて、御み遊び絶ゆる事なく、伊賀太夫、六条太夫などいふ優れたる人どもあり」と見え、画証録はこれに基いて、「これは何くれの太夫といふがおほくあるを、百太夫といへるなめれど、世に吹もの弾ものする傀儡師と祭る傀儡神の名とをもて、しか呼たるもしるべからず」と解する。

道祖神（一五五2）　和名抄に「風俗通云、共工氏之子好二遠遊一。故其死後、祀以為二祖神一〈漢語抄云、道祖、佐部乃加美〉」とあり、また「岐神、日本紀云、岐神〈和名布奈止乃加美〉」とあり、さへの神・ふ（く）などの神・八衢(やちまた)ひこ・八衢ひめなどと呼ばれた。この神を祭る道饗祭の祝詞（延喜式巻八）の「八衢比古・八衢比売・久那斗止、御名者申弖、辞竟奉久波、根国・底国与里、麁備(あらひ)疎備(うとひ)来物爾、相率相口会事無弖、下行者下乎守理、上往者上乎守理、夜之守日之守爾守奉齋奉礼止」から見て、この神は元来道路や村境に祀って悪霊疫病の侵入を防ぐものであった。しかし世紀、天慶元年九月二日の条の「近日、東西両京大小路衢、刻レ木作レ神、相対安置。厥体像髣二髴丈夫一。頭上加レ冠、鬢辺垂レ纓、以レ丹塗レ身、成二緋衫色一。起居不レ同、逓各異レ貞。或所又作二女形一、対二丈夫一而立レ之。臍下腰底刻二給陰陽一。構二几案於其前一、置二坏器於其上一、児童猥雑、拝礼慇懃。或捧二幣帛一、或供二香花一。号曰二岐神一、又称二御霊一。未レ知二何祥一、時人奇レ之」や、法華験記巻下、紀伊国道祖神の「巡二見樹下一、有二道祖神像一、朽故逕二多年歳一。雖レ有二男形一、無レ有二女形一」などから見て、この神が男根・女陰を形どった、男女関係を司る神でもあったことが知られ、そこから新猿楽記に「…不レ知二吾身老衰一、常恨二夫心等閑一。故本尊聖天供如レ無レ験、持物道祖祭似レ少レ応」（一三六頁）とあるように、女が男の愛を祈請する神ともなった。本書で道祖神が遊女の守り神としてあらわれるのは、漂泊と売笑という遊女の二特徴が道祖神のもつ二側面と深く結びついているからと考えられる。

長保年中…（一五五5）　紀略「長保二年三月廿日…東三条院（詮子）参二詣住吉

社㆒。先参㆓詣石清水八幡宮・四天王寺㆒」「同廿六日…東三条院遷㆓御淀河㆒之間、遊女群参。給㆓米百石㆒。殿上人及女房有㆓纏頭事㆒。又左大臣（道長）給㆓米五十石㆒」。御堂関白記の同年三月二十五日条にも「還㆑院、子時、此日遊女等被物給。米同㆑之」とある。

天王寺（一五五5）　伊呂波に「法号荒陵寺。荒陵郷荒陵東建立、故以㆓処村㆒字㆓寺名㆒。発㆓願四天王㆒故名曰㆓四天王寺㆒」とある。

小観音（一五五6）　古事談巻二に「御堂召㆓遊女小観童（音）㆒〈観童弟也〉。御出家之後被㆑参㆓七大寺㆒之時、帰洛経㆓河尻㆒。其間小観童参入。々道殿聞㆑之頗赭面、給㆓御衣㆒被㆑返㆓遣之㆒」とある。二中歴にも見える。

長元年中…（一五五6）　小右記「長元四年九月廿五日、今日女院（上東門院彰子）参㆓給八幡住吉天王寺㆒。多為㆓遊楽㆒歟。万人経営、世以為㆑奇」、栄花物語、殿上の花見「かくて長元四年九月廿五日、女院、住吉・石清水に詣でさせ給。…下らせ給程に、江口といふ所になりて、遊女ども、傘に月を出し、螺鈿・蒔絵、さま〴〵に劣らじ負けじとして参りたり。声ども、蘆辺うち寄する浪の声も、江口のいふべき方なくこそ見えしか」。

延久年中…（一五五7）　略記「延久五年二月廿日、太上天皇・陽明門院・一品内親王有㆓御住吉詣事㆒。其次詣㆓天王寺・八幡宮㆒。関白前大相国同以供奉。縦観之者路頭架㆑肩」、栄花物語、松のしづえ「かくて三（二）月卅（廿）日、天王寺に詣させ給。この院をば、一院とぞ人々申ける。後三条院とも申めり。…廿二日の辰の時ばかりに、御船出して下らせ給程に、江口の遊女二船ばかり参りあひたり。禄などをぞ給はせける。物などはぬがせ給はず」。

麁絹（一五五12）　海人藻芥「凡絹有㆓四種㆒。謂ユル長絹、平絹、細絹、麁絹是也。而麁絹袈裟ノ事ハ不㆑足㆑言也」。なお遊女の纏頭として絹布や米を与えたことは、高野山御参詣記に「江口神崎遊女等連㆑笠争㆑楫各以率参。…過㆓御山崎橋下㆒之間、分㆓給桑糸二百疋〈納殿〉、米二百斛〈播磨、伊予〉㆒、所㆓返遣㆒也〈上下各同数〉」と見える。長秋記の記述は→一五四頁補「長者」

陳平が肉を分つ（一五五13）　史記、陳丞相世家「里中社、平為㆑宰。分㆑肉食甚均。父老曰、善、陳孺子之為㆑宰。平曰、嗟乎、使㆓平得㆑宰㆓天下㆒、亦如㆓是肉㆒矣」。

豪家（一五五13）　河海抄、薄雲「豪家〈有㆓千人卿㆒謂㆑豪〉、又高家。史記註楊冠子曰、徳万人者謂㆓之俊徳㆒、千人者謂㆓之豪徳㆒、百人者謂㆓之英㆒也」。

登指（一五五14）　「登」は名義抄に「タカシ」とあり、「指」は「栺」の誤りで、集韻に「栺栭謂㆓之柱㆒」とあるので、高い柱を意味するか。或は「簦楫」の誤りで、大笠と棹を意味するか。

江翰林（一五六1）　以言は仲宣の子で、始め弓削姓となり後本姓に復した。文章博士・式部権大輔などを歴任し、寛弘七年七月十四日五十六歳で没。翰林は職原鈔に「文章博士〈唐名翰林学士、又云㆓翰林主人㆒〉」とある。

傀儡子記

傀儡子（一五八2）　傀儡子の由来については、国内説・大陸伝来説・両者の融合説がある。以下の記述にみられる生活形態・風俗の中国・北狄との類似や、朝鮮白丁についての「素無㆓貫籍・賦役㆒、好逐㆓水草㆒、遷徙無㆑常、唯事㆓狩猟㆒」という高麗史、崔忠献伝の記述などは、大陸との関係を予測させる。しかし日本にも古来類似の風俗があったと見ることもでき、又両者が融合して本書のような傀儡子が成立したと考えることも可能であろう。

定まれる居（一五八2）　傀儡子の生態を賦した詩が本朝無題詩巻二に見え、「万里之間居尚新」「棲類胡中無㆓定地㆒」「郊外移㆑居無㆓定処㆒」などとある。

穹廬氈帳（一五八2）　漢書、蘇武伝「賜㆓武馬畜㆒服㆓匿穹廬㆒〈孟康注、穹廬、氈帳也〉」。南斉書、芮芮虜伝「土気早寒、所㆑居為㆓穹廬氈帳㆒」。漢書、匈奴伝「逐㆓水草㆒遷徙」。無題詩にも「穹廬蓄㆑妓各容㆑身」「其奈穹廬年暮没」とある。ただ中原広俊の同詩に「茅簷是近㆓山林㆒構、竹戸屢追㆓水草㆒移」とあり、実際は竹や茅の廬であったと思われる。

北狄（一五八3）　書経、仲虺之誥「東征西夷怨、南征北狄怨」。

弓馬を使へ…（一五八3）　漢書、匈奴伝「士力能彎㆑弓、尽為㆓甲騎㆒。其俗寛則随㆑畜田㆓猟禽獣㆒為㆓生業㆒」。なお、この記述が、日本の傀儡子の実態を伝えているとすると、この類の芸能者が、農民からではなく、狩猟民の系譜から発生したことを考えさせる重要な史料となる。

双剣を…（一五八3）　白氏文集巻三、立部伎「舞㆓双剣㆒、跳㆓七丸㆒」。中国で古くから行なわれたことは、荘子、徐無鬼篇に「市南宜僚弄㆑丸、而両家之難解〈循本云、市南宜僚弄㆓丸鈴㆒、常八箇在㆓空中㆒、一箇在㆑手。楚与㆑宋戦、宜僚披㆑胸受㆑刃、於㆓軍前㆒弄㆓丸鈴㆒。一軍停㆑戦、遂勝㆑之〉」と見え、漢の張衡の西京賦（文選）に「跳㆓丸剣之揮霍㆒、走㆓索上㆒而相逢〈張銑注、跳、弄也。丸、鈴也。揮霍、鈴剣上下貌〉」とあることにより知られる。我国では三代実録、貞観三年六月二十八日条に「天皇御㆓前殿㆒、観㆓童相撲㆒。…左右互奏㆓音楽㆒。種々雑伎、散楽、透撞、咒擲、弄玉等之戯、皆如㆓相撲節儀㆒」、和名抄に「弄丸、梁武帝千字文注云、宜遼者楚人也。能弄㆑丸〈此間云多末斗利〉、八在㆓空中㆒、一在㆓手中㆒。今人之弄鈴是也〈楊氏漢語抄云、弄鈴、須々止利〉」とある。

木人（一五八4）　戦国策、燕策「宋主無道、為㆓木人㆒以写㆓寡人㆒射㆓其面㆒」。唐の玄宗の傀儡吟（全唐詩巻三）に「刻㆑木牽㆑糸作㆓老翁㆒。雞皮鶴髪与㆑真同、須臾弄罷寂無㆑事、還似人生一夢中」とあり、林滋の木人賦（全唐文巻七六六）には「動必従㆑縄、結㆑舌而語言」とか、「既手舞而足踊、必左旋而右抽。蔵㆓機関㆒以中動、仮㆓丹粉㆒而外周」とあり、糸繰りやからくりの人形があった。宋代になると、東京夢華録の京瓦伎芸に、杖頭傀儡（棒使い人形）・懸糸傀儡（糸繰り人形）・薬発傀儡（煙火の中で人形を放射する花火人形）の名が見え、都城紀勝の瓦会衆伎には、懸糸傀儡・杖頭傀儡・水傀儡（水力を応用した人形操りで水芸のごときもの）・肉傀儡（人形の代りに子供を使う。一説に指人形）の名が見える。

桃梗…（一五八4）　戦国策、斉策「今者臣来、過㆓於淄上㆒。有㆓土偶人㆒、与㆓桃梗㆒相与語〈呉師道注云、梗、枝梗也。趙策、蘇秦説、李兌作㆓土梗木梗㆒。謂㆓木梗㆒曰、汝非㆓木之根㆒、則木之枝。是枝根皆可㆑言㆑梗。此謂㆘刻㆓桃木㆒為㆖人也〉」。

魚竜曼蜒（一五八5）　漢書、西域伝賛「作㆓巴兪都盧、海中碭極、漫衍魚竜、角抵之戯㆒以観㆓視之㆒〈顔師古注、漫衍者、即張衡西京賦所㆑云、巨獣百尋、是為㆓漫延㆒者也。魚竜者、為㆓舎利之獣㆒。先戯㆓於庭極㆒、畢乃入㆓殿前激水㆒、化成㆓比目魚㆒、跳躍漱㆑水、作㆑霧障㆑日。畢、化成㆓黄竜八丈㆒、出㆑水敖㆓戯於庭㆒、炫㆓燿日光㆒。西京賦云、海鱗変而成㆑竜、即為㆓此色㆒也〉」、文選、西京賦「巨獣百尋、是為㆓蔓延㆒、神山崔巍〈薛綜注、作㆓大獣㆒長八十丈、所謂蛇竜蔓延也。…偽所㆑作也。獣従㆑東来、当㆓観楼前㆒、背上忽然出㆓神山㆒崔嵬也。皆偽所㆑作也〉」「海鱗変而成㆑竜、状蜿蜿以蝹蝹〈薛綜注、海鱗、大魚也。初作㆓大魚㆒従㆓東方㆒来、当㆓観前㆒而変作㆑竜。蜿蜿蝹蝹、竜形貌也〉」。

沙石を…（一五八6）　皇極紀、夏四月戊戌朔条に「高麗学問僧等言、同学鞍作得志、以㆑虎為㆑友、学㆓取其術㆒。或使㆓枯山㆒変為㆓青山㆒。或使㆓黄地㆒変為㆓

白水一。種々奇術、不レ可ニ殫究一」の話が見える。

愁眉（一五八6）　後漢書、五行志「桓帝元嘉中、京都婦女作ニ愁眉・啼粧・堕馬髻・折要歩・齲歯笑一」（以上同、梁統列伝・琱玉集巻一四等にも見える）、「所謂愁眉者、細而曲折。…始自ニ大将軍梁冀家一所レ為、京都翕然、諸夏皆放効。此近服妖也」。

啼粧（一五八6）　後漢書、五行志「啼粧者、薄ニ拭目下一、若ニ啼処一」。

折腰歩（一五八6）　同右「折要歩者、足不レ在ニ体下一」、後漢書、梁統列伝「折要歩〈風俗通曰、…足不レ任レ体〉」。

齲歯咲（一五八6）　同右「齲歯笑者、若ニ歯痛、楽不ニ忻忻一」。

朱を施し…（一五八6）　新猿楽記「不レ着レ粉自白、不レ施レ赧自赭」（一四四頁）、無題詩、中原広俊詩「施レ朱傅レ粉偏求レ媚」。

倡歌淫楽（一五八6）　無題詩に「倡歌数曲取ニ生計一」「郢歌楚舞惑ニ人情一」「売レ色丹州容忘レ醜」などとある。

父母夫聟は…（一五八7）　見遊女「有ニ夫聟一者、責以ニ其少ニ淫奔之行一、有ニ父母一者、只願ニ以其多ニ徽嬖之幸一」。

行人旅客…（一五八7）　無題詩、中原広俊詩「旅客来時心窃悦、行人過処眼相窺」、同右、藤原茂明詩「徽嬖一宵蕩ニ客腸一」。

徽嬖…（一五八8）　同右、中原広俊詩「徽嬖幾祈神与レ祇」。画証録に「徽嬖の余、千金の贈り物ありといふ条、自他のけぢめ弁へがたきやうなれど、是は女共かたへうくる也。文意は身を売て富める故に、珍異の服飾等、たらはぬものなしと也」とある。

金の釵（一五八8）　和漢朗詠集、妓女「鳳釵還悔鎖ニ香匳一」。

一畝の田も…（一五八9）　文粋、大江匡衡請兼任尾張守状「匡衡不レ種ニ一頃之田一、積ニ学稼一為ニ口中之食一。不レ採ニ一枝之桑一、織ニ文章一為ニ身上之衣一」。中原広俊の詩に「歌応レ折レ柳是家産、業不レ採レ桑何土宜」とある。

土民（一五八10）　字類抄「民俗分、トミム」。文粋、官符「猶尽ニ土民之力役一、妨ニ国内之農業一」。

浪人（一五八10）　字類抄「行旅部、ラウニン」。三代格、延暦十六年八月三日官符「応レ徴下寄ニ住親王及王臣庄一浪人調庸上事、右浮宕之徒集ニ於諸庄一、仮ニ勢其主一、全免ニ調庸一」。

美濃（一五八13）　青墓と野上・墨俣などが知られる。青墓は、無題詩の藤原敦光詩に「青冢草疎馬待レ春〈濃州傀儡子所レ居謂ニ之青冢一〉」とあり、梁塵秘抄口伝集巻一〇に「さはのあこまろとて、青墓の者、歌数多知りたる上手、このほど上りたり」「修理大夫顕季、日詰めにて、墨俣・青墓の君ども数多呼び集めて」とある。野上は、更級日記に「美濃の国になる境に、墨俣といふ渡りして、野がみといふ所に着きぬ。そこに遊女ども出で来て、夜ひとよ、うた〳〵ふにも」と見え、六百番歌合の寄傀儡恋にも藤原定家の「一夜かす野上の里の草枕結び捨てける人の契りを」、寂蓮の「恨むべきかたこそなけれ東路の野上の庵の暮方の空」が合わされている。

参川　赤坂が有名。中原広俊の詩に「得レ名赤坂口多レ髭〈参河国赤坂傀儡女中、有下多ニ口髭一之者上、号ニ口髭君一。故云〉」とあり、源平盛衰記、近江石塔寺事に「大江定基三河守に任じて、赤坂の遊君力寿に別て、道心出家して後云々」と見える。

遠江　橋本と池田が知られる。吾妻鏡、建久元年十月十八日条に「於ニ橋本駅一、遊女等群参、有ニ繁多贈物一云々。先レ之有ニ御連歌一、はしもとの君にはなにかわたすべきたゞそまかはのくれですぎばや　平景時」とあり、平家物語巻一〇、海道下に「…心をつくす夕まぐれ、池田の宿にも着き給ひぬ。彼宿の長者熊野がむすめ、侍従がもとに其夜は宿せられけり」と見える。

党（一五八13）　平安時代初めより、所与の社会組織や行政組織と異なる、比較的階層秩序のない共和的・共同体的な人間の集団を示すことが多くなった。「以レ駄運レ物…遂結ニ群党一、既成ニ凶賊一」といわれた「坂東諸国富豪之輩」からなる運送者集団「僦馬之党」（三代格、昌泰二年九月十九日太政官符）や、著名な武蔵国の武士団の連合体「武蔵七党」などはそのよい例である。本書の党にも類似の面があったと考えられる。

播州（一五八13）　撰集抄巻三ノ三に「もとは室の遊女にて侍りけるが、…室にかへりて後、又も遊女のふるまひなどし侍らざりけるとかや」と見え、厳島御幸記に「室の泊に御所造りたり。御舟寄せて降りさせ給。御湯など召して、この泊のあそびども、古き塚の狐の夕暮にばけたらんやうに、我もわれもと御所近くさし寄す」とある。

小三（一五九1）　定頼集に「八幡にまうで給ひて、木の本にとまり給ひて、こみと云くぐつまはし呼びにやりたまひけるが、遅かりければ」と見える。今様の濫觴では宮姫の実子、なびきの母という。

韓娥（一五九2）　列子、湯問「昔韓娥東之レ斉匱レ糧。過二雍門一鬻レ歌仮レ食。既去而余音繞二梁欐一、三日不レ絶。左右以二其人弗一レ去（注、韓娥、韓国善歌者也）」。

塵を動かして…（一五九2）　芸文類聚巻四三「劉向別録曰、…魯人虞公、発レ声清哀、蓋動二梁塵一」。無題詩にも「歌伝梁上有二遺塵一」「塵飛韻引画梁風」と見える。なお梁塵秘抄巻一に「虞公韓娥といひけり。声よく妙にして、他人の声及ばざりけり。聴く者賞で感じて涙おさへぬばかりなり。謡ひける声の響きに、梁の塵起ちて三日居ざりければ、梁の塵の秘抄とはいふなるべしと云々」とある。

纓（一五九2）　和名抄「唐韻云、纓〈於盈反、俗云二燕尾一〉、冠纓。礼記云、玄纓紫緌、自二魯桓公一始焉」。下学集「冠後糸巾也」。

今様（一五九3）　広義には平安中期に起った当世風の謡い物である雑芸全体を指すが、狭義にはある特定の曲風を持ち七五音四句より成る一定の歌謡（いわゆる今様）をいう。今様の管理伝播の中軸をなしたのは遊女や傀儡であり、それを後白河法皇が継承され、梁塵秘抄を編し、承安四年に今様合を行なっている。ここは狭義の今様を指し、梁塵秘抄巻一の目録には二六五首を収めるという。

古川様　風俗に似た曲節でうたう。梁塵秘抄口伝集巻一〇に「人々集りて様々の歌談議して大曲みな尽くして沙汰せし時、目井が旧川の様を謡ひしを聞きて、敦家・敦兼、又数多人々聞きて、旧河は風俗の様にてこそ皆謡ひ合ひためれ。これは珍しくてめでたき物かなとて、両三反謡はせて、此様常に無し。秘蔵して常には謡ふまじと人々言ひければ、此様をば後には謡はざりけり」と見える。

足柄　口伝集に「足柄など、今様も秘蔵の歌を知らむと思ひて」とあり、大曲の様の一で足柄十首といわれる。郢曲抄に「足柄は神歌にて、風俗といへども其しなかはることなり。駿河舞・東遊などいふも、是なん足柄の中なるべし」とあり、神歌から出たか。海道記に「昔青墓ノ宿ノ君女此山ヲ越ケル時、山神翁ニ化シテ歌ヲ教ヘタリ。足柄ト云ハ此ナリ」という。吉野吉水院楽書と口伝集によりその伝授の系譜が知られる。

片下　もとは歌曲の歌い方の一つで、一首の歌を本と末に分け一方の調子を下げて歌うことだが、そうした歌い方は曲の名として神楽歌や琴歌譜などに見え、後に雑芸の一つになった。口伝集巻一一に「片下は又今様に同じ」とある。

催馬楽　雅楽風に編曲された民謡。三代実録、貞観元年十月二十三日条の広井女王の卒伝に「以レ能レ歌見レ称、特善二催馬楽歌一、諸大夫及少年好事者、多競習レ之焉」とあるのが始まりという。奥義抄に源雅信が始めて律呂を定めたと記すが、楽曲としては延喜の頃に完成したらしい。伊呂波に四〇首、簾中抄に六七首を挙げるが、現存するのは諸本の重複を除いて律二五首、呂三六首である。

黒鳥子　足柄などと同じく風俗の流れを汲む歌謡で大曲の一。口伝集巻一〇に「足柄・黒鳥子・伊地古などやうの大曲の秘蔵の歌どもは、何れもいと変はらねど、少々は変はれる節も混じれり」とある。紫明抄、帚木に「黒鳥子三歌、みのゝくにのかみの宿の後達は〈俗云後付〉」と見える。

田歌　大嘗会の田歌（践祚大嘗祭式に「供二御膳一後奏二田舞一」と見える）、その他の田植歌の類。口伝集巻一に「神歌・物様・田歌に至るまで、習ひ多くしてその部広し」とある。

神歌　神楽歌や神遊びの歌など神事歌謡が今様歌謡になったもので、梁塵秘抄に四句神歌一七〇首、二句神歌一一八首を収める。無名抄に「富家の入道殿に俊頼朝臣候ひける日、かゞみの傀儡共参りて歌つかふまつりけるに、神歌になりて、世中は憂き身に添へる影なれや思ひ捨つれど離れざりけり」と見える。

棹歌　船頭が棹をさしながら謡う歌。舟歌。夫木抄巻三三「淡路舟きりがくれ漕ぐさほ歌の声ばかりこそ瀬戸渡りけり」。

辻歌　俗歌の一種であるが未詳。後世の辻謡のごときものか、或は拾芥抄にある辻占の時の問夕食歌のごときものか。

満固　未詳。馬子歌のごときものか。

風俗　風俗歌。広義には地方民謡のことであるが、狭義には地方民謡の中で著名なため貴族の間で愛唱された歌謡をいう。枕草子二八〇段に「歌は風俗、中にも杉立てる門」と見え、風俗歌二六曲が現存する（承徳本古謡集二六曲は一二曲が異る）。体源抄巻一〇下に「四条大納言又云、風俗ハ古人ハ戯言ノロズサミノヤウニゾ歌ヒシ」とあり、愛唱されたことが知られる。

咒師　咒師が芸能を演ずる時に謡う歌。玉葉、建久二年二月二日条に「此日於二内裏一有二昼咒師事一（法成寺咒師也）。…前庭敷二長筵五枚一、為二咒師遠場一、副二北屛一敷二紫端畳三枚一、為二唱人座一也」とあり、百錬抄、延応元年七月五日条に「今日法成寺咒師参二入吉田社一、施レ曲五手也」と見える。

別法　未詳。

暮年記

四歳のときに…（一六二3）　江談抄巻五「都督又云、取レ身自讃有二十余一。其中四歳読レ書、八歳通二史記一」、江吏部集巻中、述懐古調詩「七歳初読レ書」。

史漢（一六二3）　文粋、後漢書竟宴詩序「三年冬遂以三其有二史漢之癎一令レ続二其講一」。

十一のときに…（一六二3）　菅家文草巻一「月夜見二梅花一（于レ時年十一。厳君令二田進士試レ之、予始言レ詩）」。

源大相国（一六二4）　師房は村上天皇の孫、具平親王の子。藤原道長の養子となり、従一位右大臣に至る。承保四年二月十七日、七十歳で薨ず。土御門右大臣と号す。詩歌の才に秀れ、日記土右記がある。

風月の主（一六二4）　文粋、北野天神供二御幣并種々物一文「就レ中文道之大祖、風月之本主也」。

社稷の臣（一六二4）　論語、季子「是社稷之臣也。何以レ伐為」。なお匡房は続文粋、春来悦者多詩序「未レ若二我聖廟風月本主、社稷昔臣一」、同、神徳契遐年詩序「社稷之臣、政化雖レ高、朝闕万機未三必光二姫霍一。風月之主、才名雖レ富、夜台一掩未三必類二祖宗一」と記す。

雪の裏に松の…（一六二4）　続古事談巻二に「江帥歳十一ニテ、父成衡朝臣ニグシテ土御門大臣ノ御モトニ参テ、此春ヨリ詩ヲ作ルナリト申ケルヲ、猶ウタガヒテ、雪裏見二松貞一ト云題ヲイダシテ作ラセケルニ、抄物切韻モグセズ、筆ヲ染テヤガテカキ奉リケレバ、マコトニ優ノ事トテ、コノ詩ヲ内ニモチテ参テ御覧ゼサセラレケレバ、叡感アリテ学問料給ハリケリ。コレヨリ名誉サカリナリケリ」とある。

時棟（一六二5）　従五位上（大江氏系図）、寛弘元年権少外記、四年大外記、五年讃岐介、九年安房守（外記補任）、万寿元年出羽守（小右記）、四年五月御書所開闔（小右記）、永承三年河内守（群載）、長元七年大学頭（中右記紙背漢詩集）、長久二年三月御書所作文講師（春記）、頼通侍読（二中歴）。

徴辟（一六二7）　文粋、申弁官幷左右衛門幷佐状「蓬宮芸閣、賜レ宴之筵必蒙二其徴辟一」。

予参（一六二7）　和漢朗詠集巻上、落花「晩鶯声々、予二参講誦之座一」。

相府（一六二7）　小右記「万寿四年十二月四日、…禅閤昨日入滅。而臨レ夜有二揺動気一云々。今寅時已入滅」。

長国（一六二9）　五位肥前守。天喜二年十二月卒（作者部類）。寛弘二年七月弓馬殿の試に合格、長久五年八月但馬介（百錬抄）、御書所衆となる（権記）。新撰朗詠集・和漢兼作集等に詩あり、勅撰集に三首収む。大宰大弐資通歌合に肥前守中原長国の名が見え、源資通の任期中、永承五年九月から天喜二年十一月の頃と考えられる。

李部大卿（一六二9）　匡衡は文章博士・東宮学士・式部大輔等を歴任して正四位下に叙せられ、長和元年七月に六十歳で卒す。当時第一の儒者で江吏部集三巻が存す。文粋の北野天神供二御幣幷種々物一文は、弟子長国が匡衡の代作をつとめたもの。

秋日閑居の賦（一六二11）　江談抄巻五に「十六歳作二秋日閑居賦一。其一云、李広漢室飛将也、卜二宅於隴山一。范蠡越国之賢相也、避二禄於湖水一云々。明衡朝臣深以感レ之」とある。

明衡（一六二11）　九六九?―一〇六六。文章得業生。文章博士、大学頭を歴任。従四位下。詩文に秀れ、「本朝文粋」を編し、「明衡往来」など著す。「新猿楽記」も明衡作という。「勘申」を著した敦光は子。

その鋒は森然…（一六二12）　字類抄「イヨ、カナリ、文章部、リ（シ）ンゼン」。白氏文集巻六〇、劉白唱和集解「其鋒森然、少二敢当者一」、古今著聞集巻四「其鋒森然、少二敢当者一」。

佳境（一六二13）　文粋、延喜以後詩序「後之見者、莫レ咲レ不レ到二佳境一耳」、江談抄巻六「自余頗催二此序一、可レ到二佳境一」。

定義（一六三1）　更級日記作者の兄。式部少輔・大学頭・文章博士・大内記等を歴任し従四位上に至る。康平七年十二月二十六日、五十三歳で卒（尊卑分脈）。

定親（一六三1）　文章博士・東宮学士・摂津・伯耆守・式部大輔・右大弁等を歴任し正四位下に至る。後朱雀院侍読。康平六年三月に六十九歳で卒す（尊卑分脈・弁官補任）。

文を許さず…（一六三1）　文は文心雕竜、総術「無レ韻者筆也。有レ韻者文也」により、詩を指す。文章も同じ。延喜以後詩序「吾始不レ許二紀秀才文一。自二我不レ見四五年来、体製非レ昔。可レ謂二日新一」。「日に新し」は毎日旧い悪習を去り自ら新しくする意。

都督源亜相（一六三2）　経信は道方の男。蔵人頭・参議・右大弁を経て正二位大納言となり大宰権帥に遷り、永長二年閏正月六日、八十二歳で任地に薨ず。「兼二和漢之学一、長二詩歌之道一、加之管絃之芸、法令之事、能極二源底一」（中右記）という。

鑽仰（一六三3）　字類抄「ホメアフク、文章部、サンギヤウ」。論語、子罕「仰レ之弥高、鑽レ之弥堅」による。文粋、書斎記「此局名処也。鑽仰之間、為二汝宿廬一」。

馬は呉坂の風に嘶き…（一六三4）　呉坂は文選、答盧諶詩「昔騁驥倚二輈於呉坂一鳴二於良楽一」〈李善注、寰零坂在二呉城之北一、今謂二之呉坂一〉」と、江蘇省の呉城北にある地名。廬江は文選、招魂「路貫二廬江一兮左二長薄一」〈李善注、廬江長薄地名也〉」と記し、安徽省東南部にある。江吏部集巻上、秋日東閣林亭即事詩に「呉坂嘶レ風増レ価馬、廬江抃レ浪浴レ恩亀」とある。

時綱（一六三5）　長久四年文章生（略記）・延久二年大学権助・勘解由次官（魚魯愚抄）・承保二年丹波権介・肥後守、従五位上（尊卑分脈等）。寛治二年十一月罪を得て安房に流さる（中右記・略記）。間もなく没すか。無題詩・新撰朗詠等に詩あり、後拾遺集歌人。

孝言（一六三7）　大学頭・長門守・掃部頭・伊勢・伊賀守等を歴任し従四位下。師実・師通の侍読。続文粋・無題詩等に作品を収む。

佐国（一六三7）　従五位上掃部頭（尊卑分脈）、藤原宗忠侍読（中右記）。続文粋・無題詩等に作品を収む。

提携（一六三7）　字類抄「ナ（タ）ツサハル、テイタ（ケ）イ」。江吏部集巻中、閑伴唯琴酒「提二携蓮子一不二相争一」。

浮沈（一六三7）　字類抄「両合部、フチム」。江吏部集巻中、述懐古調詩「浮沈泗水底、昇降尼山顛」。

領袖（一六三7） 文選、為二蘭楊州一作二薦レ士表一「暉二映先達一、領二袖後進一（李善注、…後進領袖有二裴秀一。呂尚注、領袖可レ為二人之儀則一）」。

円徳院の願文（一六三8） 今鏡、所々の御寺に「比叡の麓に円徳院と聞ゆる御堂の御願文に、匡房中納言の七夕の深き契によりて、驪山の雲に悵望すること勿れとこそ書きて侍るなれ」とある。

前大相国関白の第三の表（一六三8） 承保三年六月七日の京極前大相国（藤原師実）辞関白第三表（続文粋巻四）をさす。

実綱（一六三8） 東宮学士・大学頭・文章博士・式部大輔及び但馬・美作・伊予・備中守等を歴任し、正四位下に至り、永保二年三月二十一日に七十一歳で卒す（分脈）。続文粋・無題詩等に作品を収む。

高麗の返牒（一六三9） 続文粋巻一一・群載巻二〇に収む。この牒の評価について江談抄巻五に「又云、自二高麗一申二医師一返牒云、双魚難レ達二鳳池之月一、扁鵲何入二鶏林之雲一。是則承暦四年事也。其後赴二鎮西一之曰、宋朝買人云、宋天子有二鍾愛賞翫之句一。以二百金一換二一篇之句一也」とあり、古今著聞集巻四・続古事談巻二・十訓抄巻一等にも見える。

有信（一六三10） 東宮学士・左衛門権佐・和泉守等を経て従四位下右中弁に至り、承徳三年七月十一日に六十歳で卒す。続文粋・無題詩等に作品を収む。

物故（一六三12） 漢書、蘇武伝「単于召二会武官属一。前以降及物故。凡随レ武還者九人（顔師古注、物故謂レ死也。言其同二於鬼物一而故也。一説不レ欲レ斥言一、但云下共所二服用一之物皆已故上耳）」。

司馬遷…（一六三13） 文選、司馬遷報二任少卿一書「諺曰、誰為為レ之、孰令レ聴レ之（李善注、誰為猶レ為レ誰也。言已仮欲レ為レ善、当二為レ誰為一レ之乎。復欲二誰聴一レ之乎）」。延喜以後詩序に引用される。

匠石…（一六三14） 荘子、徐無鬼「郢人堊二漫其鼻端一、若二蠅翼一。使二匠石斲一レ之。匠石運レ斤成レ風。聴而斲レ之。尽レ堊而鼻不レ傷。郢人立不レ失レ容」、文選、雑体詩、謝僕射遊覧「忘レ懐寄二匠郢一（劉良注、…此言忘二懐於相知一）」。

伯牙…（一六三14） 呂氏春秋、本味「伯牙鼓レ琴、鍾子期聴レ之。方レ鼓レ琴而志在二太山一。鍾子期曰、善哉乎鼓レ琴。巍巍乎若二太山一。少選之間而志在二流水一。鍾子期又曰、善哉乎鼓レ琴。湯湯乎若二流水一。鍾子期死。伯牙破レ琴絶レ絃、終身不二復鼓一レ琴。以為世無下足二復為鼓一レ琴者上」。

風騒の道（一六三15） 江談抄巻五「文々句々皆採二摭古詞一。故其躰有二風騒之躰一」。

巧心拙目（一六三15） 文選、文賦「雖三濬二発於巧心一、或受二欰於拙目一（李善注、言文之難レ不レ能レ無レ累。雖下復巧心濬発一或於二拙目一受上レ蚩。欰笑也）」。

翰墨（一六三16） 文粋、春日野遊序「志之所レ之、盍レ命二翰墨一」。

心内に動くときは…（一六四1） 詩経、大序「詩者志之所レ之也。在レ心為レ志、発レ言為レ詩。情動二於中一、而形二於言一」、群載巻三、詩境記「心動二於中一、言形二於外一。詠歌不レ足、故嗟嘆」。

狐媚記

大饗（一六六5）　大臣の催す大饗については、禁中方名目鈔校註上に「仕官大臣、翌年正月二日、舘節会日、上首尊者卿相雲客招請設二饗応一、是大臣大饗ト云」との説明がある。民間の大饗は、将門記の「新皇…発二向於常陸国一也、于レ時奈何久慈一両郡之藤氏等、相二迎於堺一、馨レ美而大饗」（二一六頁）などから、その存在が知られる。

繭栗（一六六11）　漢書、礼楽志、郊祀歌「牲二繭栗一、粢盛香〈顔師古注、繭栗、言三角之小如二繭及栗之形一也〉」、下学集「小牛異名也。言其牛角如二繭栗一」。

御願寺（一六七1）　建立の規準や段取りについては、新儀式第五に「御願寺事、近代之例、一代新有レ被レ修二造御願寺一。先点二勝地一、次定二預人一。或上卿奉レ仰、僧俗司相共勤二仕其事一。或只有二俗官一無二僧司一。随二其申請一充二其料物一。或不レ経二所司一、後院奉レ仰、勤二仕造作之事一」。

方忌を避く（一六七1）　簾中抄巻下「方違。大将軍方、三年ふたがり也。…此ふたがりの方には土をほり、屋をつくり、家わたり、むことり、こうみ、仏供養、はかをつくことなどみないむべし。…又人の家もしは我家なれど、本所にあらざる所にては四十五日に一夜たがふべき也」、為房卿記「長治元年二月十二日、…方違四十五日忌二宿九条一。乗レ船着二南廊一。大将軍在レ南。仍以二大炊御門宅一奉二馬頭一」。

先づ講座に登りて…（一六七9）　以下、袋草紙には「先登二高座一修二次第事一之間、重神分之時、御明之光黄ニ変ズ。簾中ニ有二物恐気一弥成レ怪テ不レ委シテ下ツ。布施又簾中ヨリ出。綾羅錦繍之類也。珍帰レ房見レ之、皆牛馬骨也。于レ玆知二野干所為一。後日令レ見二彼所一ニ無二人家一、空地ノ草深処也。仏経并仏具等又如二馬牛骨尿一也。増珍為二恥辱一秘レ之云々。但神分時燈光変、簾中物恐之条尊重也」とある。

九尾の狐（一六七15）　白虎通巻三に「徳至二鳥獣一、則鳳凰翔、…狐九尾」、郭璞の九尾狐賛（芸文類聚巻九五）に「青丘奇獣、九尾之狐、有レ道祥見、出則銜レ書、作二瑞於周一、以標二霊符一」、王褒の四子講徳論（文選）に「昔文王応二九尾狐一、而東夷帰レ周」、瑞応編（太平広記巻四四七）に「九尾狐者、神獣也。其状赤色、四足九尾、出二青丘之国一」とあり、治部省式の祥瑞に「九尾狐〈神獣也。其形赤色、或曰白色。音如二嬰児一〉」と見えるので、本来瑞獣であった。妲己と狐との結び付きは不明だが、千字文にある「周発殷湯」の五代後梁の李暹注に「一入二朝家一投二得紂一殺レ之、投二得妲妃一付二与召公一令レ殺。…太公謂レ召曰、紂之亡レ国喪レ家皆由二此女一。不レ殺レ之更待二何時一。乃以碓二剉之一。即変作二九尾狐狸一也」と見える。なお林羅山の本朝神社考巻六に「余嘗見二全相平話武王伐紂書一云、紂死時妲己化為二九尾狐一飛上レ天。太公望持レ符咒レ之、狐乃障」とある。

任氏（一六七15）　続古事談巻六に「白楽天ノ遺文ノ文集ニイラザルアリ。ソノ中ニ任子行ト云フモノアリ。カノ文ニハ狐ノ女、人トナリテ男ニアヒタリケルヲ、カノ男フカク愛念シテ、シバラクモハナレジトシケルホドニ、カリバヘイヅルトテ馬ノ前ニノセテケリ。ヨキ犬ヲグシタリケルガ、コノ女ノキツネナル事ヲ知テ、トビアガリテクヒヲトシテケリ。ソノ事ヲツクリタルフミナリ」と記す。内容は任氏伝と同じで、匡房の頃に流布していたと思われる。また僧円仁送本目録に「任氏怨歌行一帖白居易」と見え、千載佳句に「任氏行」から二首の詩が引かれる。

古冢の書（一六七16）　捜神記巻一八「呉中有二一書生一。皓首称二胡博士一、教二授諸生一。忽復不レ見。九月初九日、士人相与登レ山遊観、聞二講レ書声一。命レ僕尋レ之、見二空冢中群狐羅列一。見レ人即走、老狐独不レ去。乃是皓首書生」。類話が広異記（太平広記巻四五一）の孫甑生にある。

倜儻（一六八1）　文選、司馬遷報二任少卿一書「唯倜儻非常之人称焉〈李善注、広雅曰、倜儻卓異也〉」。

勘　申

勘申（一七〇1）　末尾にある差出しの日付は七月廿七日になっているが、中右記では同年八月廿日条に「諸道勘文八通、蔵人弁下給云、可㆓量申㆒者」とあり、廿四日条に「一日下給諸道勘文八通返㆓上之㆒。記伝四通〈儒者大弐卿実光、式部大輔敦光、両文章博士顕登（業カ）、時通（登カ）〉、明経一通、明法一通、算道一通、陰陽道一通。勘文八通謹返上。可㆑被㆑行㆓善政㆒之由、且各勘文也」と見える。

天地の変異（一七〇4）　中右記、長承三年十二月十六日条「卯時可㆑有㆓月蝕㆒由、司天台雖㆓勘申㆒、天陰不㆓正現㆒」、同年閏十二月一日条「天晴、今日々蝕十一分、巳午未時之由、司天台所㆑奏也。内以㆓山僧十二口㆒、於㆓御前㆒薬師経御読経。上卿源大納言、定海法印御修法日蝕御祈者。臨㆓未時㆒日蝕正現、如㆓天文奏㆒也。刻限度分如㆑奏」とある。

人民の疾疫（一七〇4）　中右記、長承三年閏十二月卅日条「今年風損水損。臨㆓秋末㆒天下大咳病、万人煩㆑之。可㆑云㆓凶年㆒也」。

天文志…（一七〇5）　漢書、天文志「凡天文在㆓図籍㆒昭昭可㆑知者、経星常宿中外官凡百一十八名、積数七百八十三星、皆有㆓州国官宮物類之象㆒。其伏見蚤晩、邪正存亡、虚実闊陿、及五星所行、合散犯守、陵歴闘食、彗孛飛流、日月薄食、暈適皆穴、抱珥虹蜺、迅雷風祅、怪雲変気、此皆陰陽之精、…自然之符也」。

五行伝…（一七〇10）　漢書、五行志七下之上「伝曰、皇之不㆑極、是謂㆓不建㆒、厥咎眊、厥罰恒陰、厥極弱。…皇之不㆑極、是謂㆓不建㆒。皇君也。極中也。建立也。人君貌言視聴思心五事皆失、不㆑得㆓其中㆒、則不㆑能㆑立㆓万事㆒、失在㆓眊悖㆒、故其咎眊也〈顔師古注、眊不明也。悖惑也〉。王者自㆑下承㆑天理㆑物。雲起㆓於山㆒、而弥㆓於天㆒〈顔師古注、弥満也〉、天気乱、故其罰常陰也」。

皇の極あらざる…（一七〇10）　書経、周書、洪範「次五曰、建用㆓皇極㆒〈集伝云、皇大、極中也。凡立㆑事、当㆑用㆓大中之道㆒〉」、漢書、外戚伝孝成許皇后「正月於㆓尚書㆒為㆓皇極㆒。皇極者、王気之極也」。

礼記…（一七〇12）

孟春に…　「孟春…行㆓秋令㆒則其民大疫、猋風暴雨総至、藜莠蓬蒿並興」。孟春には孟春の政令を行うべきで、秋の政令を行うときは、金気忽ちに来り木気と戦いこれを圧するから、その民は疾疫になやむ。字類抄「孟春、正月名、マウシユン」。

季春に…　「季春…行㆓夏令㆒則民多㆓疾疫㆒、時雨不㆑降、山陵不㆑収」。季春に夏の政令を行うときは、火気が来り応じて木気と戦いこれに勝つために、民に疾疫に罹る者が多い。

仲夏に…　「仲夏…行㆓秋令㆒則草木零落、果実早成、民殃㆓於疫㆒」。仲夏に秋の政令を行う時は、金気が来り応じて火気と戦って勝つために人民が疫の災に遭う。字類抄「仲夏、五月名、チウカ」。

孟秋に…　「孟秋…行㆓夏令㆒則国多㆓火災㆒、寒熱不㆑節、民多㆓瘧疾㆒」。孟秋に夏の政令を行う時は、火気来り応じて金気と戦って勝つために、民におこりの病に罹る者が多い。

仲冬に…　「仲冬…行㆓春令㆒則蝗虫為㆑敗、水泉咸竭、民多㆓疥癘㆒」。仲冬に春の政令を行う時は、木気来り応じて水気を戦って勝つために、民に皮膚病をやむ者が多い。字類抄「仲冬、十一月名、チウトウ」。

季冬に…　「季冬…行㆓春令㆒則胎夭多傷、国多㆓固疾㆒、命㆑之曰㆑逆」。季冬に春の政令を行う時は、木気が来り応じて水気に勝つために、国民で長期間の病に悩む者が多い。

周礼…（一七一2）　周礼、地官「司救、中士二人、史二人、徒二十人〈鄭玄注、救、猶㆑禁也。以㆑礼禁㆓人之過㆒者也〉」。

節（一七一2）　後漢書、光武紀「十月、持㆑節北度㆑河〈注、節、所㆓以為㆑信也。以㆑竹為㆑之、柄長八尺、以㆓旄牛尾㆒為㆓其眊㆒三重〉」。軍防令、節刀条「凡大将出㆑征、皆授㆓節刀㆒〈謂、凡節者、以㆓旄牛尾㆒為之。使者所㆑権也。今以㆓刀剣㆒代之〉」。

六韜…（一七一5）　隋書、経籍志の兵家に太公六韜五巻とあるが、唐以後序を加えて六巻とした。北宋の元豊年間に武経七書に加えられるに及んで内容に変更があり、兵書としての体裁を調えたらしい。群書治要巻三一、六韜、文韜「文王問二太公一曰、人主動作挙レ事善悪、有二福殃之応、鬼神之福一無。太公曰、有レ之。主動作挙レ事、…糸麻不レ成」。後漢書、五行志にも「延熹四年正月、大疫〈太公六韜曰、人主好重二賦役一、大二宮室一、多二台遊一、則民多二病温一也〉」と見える。

糸麻（一七一8）　周礼、考工記「治二糸麻一以成レ之、謂二之婦功一〈鄭玄注、布帛、婦官之事〉」。

文学の高第（一七一9）　漢書、東方朔伝「武帝初即位、徴二天下一挙二方正賢良、文学材力之士一、待以二不次之位一」。

後漢書…（一七一11）　後漢書、光武紀「建武二十二年九月戊辰、地震裂。制詔曰、…咎在二君上一。鬼神不レ順レ無レ徳、災殃将レ及二吏人一、朕甚懼焉。其令二南陽勿レ輸二今年田租芻藁一」。

芻藁（一七一13）　文選、天監三年策秀才文「毎下時入二芻藁一歳課中田租上、愀然疚レ懐、如レ憐二赤子一〈呂延済注、芻藁、草也。以供二廐馬之食一〉」。

張衡（一七一15）　若くして文を善くし、五経六芸に通じ、また天文暦算に詳しく渾天儀を作った。太史令・侍中を経て河間王の相となり永和四年に六十二歳で卒す。

封事（一七一15）　文体明弁、奏疏「按奏疏者、群臣論諫之総名也…又置二八儀、密奏、陰陽皂嚢封板一、以防二宣泄一、謂二之封事一」。

貞観八年…（一七二4）　貞観政要巻一〇、災異「貞観八年、有二彗星見二于南方一、…魏徴進曰、臣聞、自レ古帝王、…必不レ為レ災矣」。

烋咎（一七二8）　書経、周書、洪範「八庶徴…曰休徴〈叙二美行之験一〉…曰咎徴〈叙二悪行之験一〉」。

古人言ひしことあり…（一七二9）　荀子、天論「夫日月之有レ食、風雨之不レ時、怪星之党見、是無二世而不一レ常有レ之。上明而政平、則是雖二並世起一無レ傷也。上闇而政険、則是雖レ無二一至者一無レ益也」。

後漢の永元年中…（一七二11）　後漢書、和帝紀「(永元)七年夏四月辛亥朔、日有レ食之。帝引二見公卿一問二得失一、令下将・大夫・御史・謁者・博士・議郎・郎官会二廷中一、各言中封事上。詔曰、元首不明、化流無良、政失二於民一、謫見二于天一。深惟二庶事一、五教在レ寛。是以旧典因二孝廉之挙一、以求二其人一。有司詳選下郎官寛博有二謀才一、任レ典レ城者三十人上。既而悉以二所レ選郎一、出補二長相一」。

郎官（一七二12）　後漢書、明帝紀「館陶公主為レ子求レ郎、不レ許、而賜二銭千万一。謂二群臣一曰、郎官上応二列宿一、出宰二百里一。有レ非二其人一、則民受二其殃一。是以難レ之」。

侍中（一七二14）　拾芥抄、官位唐名部「蔵人、侍中」。皇年代略記、嵯峨「弘仁元年三月十日始置二殿上侍臣蔵人所一。蔵人頭二人。蔵人八人」。職言鈔に「蔵人所〈唐名侍中〉嵯峨天皇御宇弘仁年中初置レ之。模二異朝侍中内侍等職一歟」とある。

天平十三年…（一七三3）　三代格巻三、国分寺事「勅、朕以二薄徳一、忝承二重任一。未レ弘二政化一、寤寐多慚。古之明主、皆能二光業一、国泰人楽、災除福至。何修何務、能致二此道一。頃者年穀不レ豊、疫癘頻至、慙懼交集、唯労罪レ己。是以広為二蒼生一、遍求二景福一。故前年馳レ駅、増二飾天下神宮一、去歳普令下天下造二釈迦牟尼仏尊金像高一丈六尺者各一鋪一、并写中大般若経各一部上。自二今春一已来、至二于秋稼一、風雨順レ序、五穀豊穣。此乃徴レ誠啓レ願、霊貺如レ答。載惶載懼、無二以安寧一。…宜レ令下天下諸国各敬二造七重塔一区一、并写中金光明最勝王経、妙法蓮華経各十部上。朕又別擬写二金字金光明最勝王経一、毎レ塔各令レ置二一部一。所レ冀聖法之盛、与二天地一而永流、擁護之恩、被二幽明一而恒満。其造レ塔之寺、兼為二国華一、必択二好処一、実可二長久一。近人則不レ欲二薫臭所レ及、遠人則不レ欲二労レ衆帰集一。国司等各宜下務存二厳飾一兼尽中潔清上。近感二諸天一、庶幾臨護。布二告遐邇一、令レ知二朕意一。…天平十三年二月十四日」。本文は要点の部分引用である。なお続紀は三月乙巳(廿四日)、略記は三月十四日、要略は二月十四日になっている。

弘仁四年…（一七三7）　三代格巻一九、禁制事「応レ禁三断京畿百姓出二弃病人一事。右右大臣奏偁、念レ旧酬レ労、賢哲遺訓、重レ生愛レ命、貴賤無レ殊。今天下之人、各有二僕隷一。平生之日、既役二其身一、病患之時、即出二路辺一。無二人看養一、遂致二餓死一。此之為レ弊不レ可二勝言一。伏望、仰二告京畿一早従二停止一、庶令下路傍無二夭枉之鬼一、天下多中終命之人上者。…弘仁四年六月一日」。

周文の骸を…（一七三10）　呂氏春秋、異用「周文王使二人扣レ地、得二死人之骸一。

吏以聞二於文王一。文王曰、更葬レ之。吏曰、此無レ主矣。文王曰、有二天下一者、天下之主也。有二一国一者、一国之主也。今我非二其主一也。遂令下吏以二衣棺一更葬上レ之。天下聞レ之曰、文王賢矣。沢及二髊骨一。又況於レ人乎」。なお後漢書、桓帝紀に「今京師廝舎、死者相枕、郡県阡陌、処々有レ之、甚違二周文掩レ胔之義一」と見える。

去年風水難…今年の春夏飢饉（一七三13）　百錬抄に「長承三年五月、近日霖雨洪水。京中路頭、往反不レ通。七道五畿有二此愁一」「同年九月十二日、大風殊甚、抜レ樹顚レ屋。諸司官舎、京中人屋、一宇不レ全。今年風水火三災並置」「長承三年、今年以後、天下飢饉」「同四年（保延元）三月十七日、上皇於二法勝寺一、以二米千石一賑二飢饉貧賤之者一」「同年四月八日、…此間、上皇以二播磨国別進米三千石一、賑二東西両京貧窮一。依二天下飢饉一也。世以為二無遮之大会一」。

宗廟禱祠らず…（一七三14）　漢書、五行志七上「伝曰、簡二宗廟一、不二禱祠一、廃二祭祀一、逆二天時一、則水不二潤下一。説曰、…若乃不レ敬二鬼神一、政令逆レ時、則水失二其性一。霧水暴出、百川逆溢、壊二郷邑一、溺二人民一、及淫雨傷二稼穡一、是為三水不二潤下一」。

水潤ひ下らず…　同右「経曰、初一曰二五行一。五行、一曰水、二曰火、…水曰二潤下一火曰二炎上一〈顔師古注、皆水火自然之性也〉」。

民の農の時…（一七四1）　漢書、五行志七上「伝曰、田猟不レ宿、飲食不レ享、出入不レ節、奪二民農時一、及有二姦謀一、則木不二曲直一。説曰、…若乃田猟馳騁不レ反二宮室一、飲食沈湎不レ顧二法度一、妄興二繇役一以奪二民時一、作為二姦詐一以傷二民財一、則木失二其性一矣」。

木曲直せず…　同右「経曰、初一曰二五行一。五行…三曰木。…木曰二曲直一〈顔師古注、言可二揉而曲一、可二矯而直一〉」。

宮室を治め…（一七四3）　漢書、五行志七上「伝曰、治二宮室一、飾二台榭一〈顔師古注、台有レ室曰レ榭〉、内二淫乱一、犯二親戚一、侮二父兄一、則稼穡不レ成。説曰、…若乃奢淫驕慢、則土失二其性一。有二水旱之災一而草木百穀不レ孰、是為二稼穡不上レ成」。台榭はたかどの。

稼穡　穀物の植付けと取り入れ。同右「経曰、初一曰二五行一。五行…五曰土。…土爰稼穡〈顔師古注、種レ之曰レ稼、収聚曰レ穡〉」。

孟春の月…（一七四5）　礼記、月令「孟春之月…是月也、天子乃以二元日一、祈二穀于上帝一〈鄭玄注、謂下以二上辛一郊中祭天上也。春秋伝曰、夫郊二祀后稷一、所三以祈二農時一也。是故啓蟄而郊、郊而後耕。上帝大微之帝也〉」。

上辛（一七四6）　穀梁伝、哀元「郊自二正月一至二三月一。郊之時也、我以二十二月下辛一、卜二正月上辛一。如不レ従、則以二正月下辛一、卜二二月上辛一。如不レ従、則以二二月下辛一、卜二三月上辛一。如不レ従、則不レ郊矣〈范甯注、…郊必用二上辛一者、取二其新潔莫上レ先也〉」。礼記、郊特牲「郊之用レ辛也、周之始郊、日以至」。

后稷（一七四6）　左伝、襄七「夏四月三卜レ郊。…夫郊二祀后稷一、以祈二農事一也。是故啓蟄而郊、郊而後耕。今既耕而後卜レ郊、宜其不レ従也」。

上帝は大微の帝（一七四7）　孔穎達疏「云二上帝大微之帝一者、春秋緯文、紫微宮為二大帝一、大微為二天庭一。中有二五帝座一。是即霊威仰・赤熛怒・白招拒・汁光紀・含枢紐。祈穀郊天之時、各祭二所レ感之帝一。殷人則祭二汁光紀一、周人則祭二霊威仰一、以二其不上レ定、故総云二大微之帝一。若迎春之時、前帝後王、皆祭二霊威仰一。故前注云、迎レ春祭二蒼帝霊威仰一、特指二一帝一也。此郊雖二祈穀一、亦是報レ天。故郊特牲云、郊之祭也、大報レ天而主レ日也。元辰蓋郊、後吉辰也者、知用亥者、以陰陽式法、正月亥為二天倉一。以二其耕事一、故用二天倉一也」。

三十年の通（一七四13）　礼記、王制「以二三十年之通一制二国用一、量レ入以為レ出〈鄭玄注、通二三十年之率一、当レ有二九年之蓄一。出謂レ所レ当二給為一〉」。

周書…（一七四16）　汲冢周書ともいわれるのは、晋の咸寧・太康年間に汲郡の古い冢より多数の古書を得たためであるが、その中には周書は含まれていないので誤りとされる。しかし漢書、芸文志に周書七十一篇とあり、隋書、経籍志は汲冢書と注す。旧唐書、経籍志に周書八巻孔晁注とあり、新唐書、芸文志にはこれと共に汲冢周書十巻を載せる。今日では逸周書と称し、清の盧文弨の校訂本が用いられている。なお群書治要巻八、周書文伝解に「天有二四殃一。…夏箴曰…遇二天饑一、臣妾輿馬非二其有一也。…戒レ之哉」とある。

饑荒　爾雅「穀不レ熟為レ飢、蔬不レ熟為レ饉、菜不レ熟熱為レ荒、仍飢為レ荐」。

積聚　積み貯えること。孔晁注に「積二材用一聚二穀蔬一。古者国家三年、必有二一年之儲一」。

兼年の食　二年間の食料。魏志、胡質伝「広レ農積レ穀、有二兼年之儲一、置二東征台一、且佃且守」。

その有に非ず　逃げ去ること。孔晁注に「非二其有一、言二流亡一也」。

春秋繁露…（一七五4）　隋書、経籍志に「春秋繁露十七巻〈漢膠西相董仲舒撰〉」とあり、公羊伝に基いて立論するが、陰陽五行に触れることが多い。春秋繁露巻一四、五行変救「五行変至、当三救レ之以二徳。施二之天下一則咎除。不レ救以レ徳、不レ出二三年一、天当レ雨レ石。木有レ変春凋秋栄秋木氷、春多レ雨…」。

秋氷り春雨多し…（一七五4）　春秋、成十六「春王正月、雨、木氷〈集解、記寒過レ節、氷封著レ樹〉」。漢書、五行志七上「劉歆以為上陽施不二上達一、故雨、而木為レ之氷、雰気寒、木不二曲直一也。劉向以為氷者陰之盛而水滞者也、木者少陽、貴臣卿大夫之象也。此人将レ有レ害、則陰気脅レ木、木先寒、故得レ雨而氷也」。

力役（一七五9）　孟子、尽心下「孟子曰、有二布縷之征、粟米之征、力役之征一〈趙注、力役、民負荷斯養之役也。集疏、力役之征、周礼司徒属官掌レ之…即後世所レ謂庸也〉」。

管子…（一七五11）　群書治要巻三二、管子、覇形「桓公在レ位。管仲隰朋見。…桓公曰、敢問、何謂二其本一。管子対曰、斉国百姓、公之本也。…桓公曰、寡人聞二仲父之言一。此三者聞レ命矣。不二敢擅一也。将レ薦二之先君一」。

墨子…（一七五16）　群書治要巻三四、墨子、辞過「古之民未レ知レ為二飲食一。故聖人作誨二男耕稼樹芸一、以為二民食一也、足二以増レ気充レ虚、強レ体適レ腹而已矣。其用レ財節、其自養倹。故民富国治。今則不レ然。厚斂二百姓一、以為二美食芻豢蒸炙一。大国累二百器一、小国累二十器一。前方丈、目不レ能二徧視一、手不レ能二徧摻一、口不レ能二徧味一。冬則凍氷、夏則餕饐。人君為二飲食一如レ此。故左右象レ之。是以富貴者奢侈、孤寡者凍餒。欲レ無レ乱不レ可レ得也」。

文帝詔して…（一七六3）　漢書、文帝紀「十二年三月、除レ関無レ用レ伝。詔曰、道レ民之路、在レ於務レ本。朕親率二天下農一、十二年于今一、而野不レ加レ辟、歳一不レ登、民有二飢色一。是従二事焉一尚寡、而吏未レ加レ務也。…且吾農民甚苦、而吏莫二之省一。将何以勧焉。其賜二農民今年租税之半一。又曰、孝悌天下之大順也。力田為レ生之本也。三老衆民之師也。廉吏民之表也。…其遣二謁者一、労二賜三老孝者帛人五匹、悌者力田二匹、廉吏二百石以上率百石者三匹一、及問二民所レ不二便安一、而以二戸口一率置二三老孝悌力田常員一」。

三老（一七六5）　漢書、高帝紀「二年二月癸未、…挙下民年五十以上、有二脩行一、能帥レ衆為レ善、置以為二三老一、郷一人。択二郷三老一人一為二県三老一」。

武帝の元鼎二年春…（一七六8）　漢書、武帝紀「元鼎二年春、起二柏梁台一。三月大雨レ雪。夏大水、関東餓死者以レ千数。秋九月、詔曰、仁不レ異レ遠、義不レ辞レ難。今京師雖レ未レ為二豊年一、山林池沢之饒与レ民共レ之。今水潦移二於江南一、迫二隆冬至一。朕懼二其飢寒不レ活。江南之地、火耕水耨、方下二巴蜀之粟一致二之江陵一。遣二博士中等分循行一、諭二告所レ抵、無レ令二重困一。吏民有下振二救飢民一免二其厄一者上具挙以聞」。

光武の建武六年…（一七六11）　後漢書、光武帝紀「建武六年春正月辛酉、詔曰、往歳水旱蝗虫為レ災、穀価騰躍、人用困乏。朕惟百姓無二以自贍一、惻然愍レ之。其命二郡国有レ穀者一、給下…不レ能二自存一者上如レ律。二千石勉加二循撫一、無レ令レ失レ職」。

鰥寡孤独及び篤癃（一七六13）　後漢書の李賢注「大戴礼曰、六十無レ妻曰レ鰥、五十無レ夫曰レ寡。礼記曰、幼而無レ父曰レ孤、老而無レ子曰レ独。爾雅曰、篤、困也。蒼頡篇曰、癃、病也」。

四年詔して…（一七七6）　貞観政要巻二、納諫「貞観四年、詔発レ卒修二洛陽宮之乾元殿一、以備二巡狩一。給事中張元素上書諫曰、…是知天下不レ可二以レ力勝一、神祇不レ可二以レ親恃一。惟当下弘二倹約一薄二賦斂一、慎終如レ始、可二以永固一。…毎レ承二音旨一、未二即巡幸一。此即事二不急之務一、成二虚費之労一。国無二兼年之積一、何用二両都之好一。労役過レ度、怨讟将レ起。其不可三也。百姓承二乱離之後一、財力凋尽。天恩含育、粗見二存立一、飢寒猶切、生計未レ安。五六年間、未レ能レ復レ旧。奈何更奪二疲人之力一。其不可四也。…深願陛下思レ之。無下為二由余一所上レ笑、則天下幸甚。太宗…顧謂二房玄齢一曰、今得二玄素上表一。洛陽実亦未レ宜二修造一。後必事理須レ行、露坐亦復何苦。所レ有作役、宜レ停レ之」。

八政（一七七11）　書経、洪範「天乃錫二禹洪範九疇一。彝倫攸レ叙、初一曰、五行。次二曰、敬用二五事一。次三曰、農用二八政一…三八政。一曰、食。二曰、貨。

三日、祀。四日、司空。五日、司徒。六日、司寇。七日、賓。八日、師」。なお礼記、王制には「八政、飲食・衣服・事為・異別・度・量・数・制」とある。

古人言ひしこと…（一七七11）　芸文類聚巻五「陣王曹植表曰、臣聞寒者不レ貪二尺玉一而思二短褐一、飢者不レ願二千金一而美二一飡一。夫千金尺玉至貴、而不レ若二一飡短褐一者、物有レ所レ急也」。

祈年祭（一七七15）　神祇官でその年の豊作を天地の神々に祈請する祭。二月に行われ、後に四日が祭日となる。神祇令「仲春、祈年祭〈謂、祈猶レ禱也。欲レ令二歳災不レ作、時令順一レ度。即於二神祇官一祭之。故曰二祈年一〉」。年中行事秘抄「二月四日祈年祭事〈廃務、有二前後斎一〉周礼曰、祈年求二豊年一也。官吏記云、天武天皇四年二月甲申祈年祭」。

月次祭（一七七15）　月次は毎月の意であるが、六月十二月の二季に諸社に奉幣して国家の安泰を祈る祭で、十一日に行うのを例とした。神祇令「季夏、月次祭〈謂、於二神祇官一祭。与二祈年祭一同。即如二庶人宅神祭一也〉。季冬、月次祭」。年中行事秘抄「六月十一日月次祭事〈十六日、度会宮。十七日、大神宮〉廃務。昨日作二人簡一令レト云々。或於二中和院一行レ之。有二行事一」。

神今食（一七七15）　月次祭の夜から翌日にかけて、天皇が中和院で神饌を奉り、自らも食する行事。公事根源「六月十一日、この神今食の義は、年に二度なり。伊勢天照大神を勧請申されて、天子御自から神饌を供ぜさせ給ふにや」。本朝月令所引の高橋氏文に霊亀二年十二月を嚆矢とする。

神嘗祭（一七七16）　伊勢神宮で新穀を神に奉り豊年を感謝する祭で、朝廷より幣帛を奉る。神祇令「季秋、神嘗祭〈謂、神衣祭日、便即祭之〉」。公事根源「九月十一日。例幣とは伊勢大神宮へ御幣を奉らせ給ふ、毎年の御事なるによて、例幣とは申す也。昔は神祇官へ行幸なりて此の事行はる」。

新嘗会（一七七16）　天皇が新穀を神に供するとともに自ら食する祭儀。神祇式、四時祭「十一月祭、新嘗祭奠二幣案上一神三百四座、…右中卯日於二此官斎院一、官人行レ事〈諸司不二供奉一〉、但頒レ幣及造二供神物一料度、中臣祝詞料准二月次祭一」。

中和院（一七八1）　江次第抄巻七「中和院神今食、今案、中和院在二中重之西一。神嘉殿者中和院之殿名。中和門者東面門歟」。

大極殿（一七八1）　字類抄「朝堂院、タイコクテン、正殿名也」。神祇式、四時祭「九月祭、伊勢太神宮神嘗祭。…右当月十一日平旦天皇臨二大極殿一奉レ幣〈事見二儀式一〉」。

告朔の餼羊（一七八2）　論語、八佾「子貢欲レ去二告朔之餼羊一。子曰、賜也、爾愛二其羊一。我愛二其礼一〈集注、告朔之礼、古者天子、常以二季冬一頒二来歳十二月之朔于諸侯一。諸侯受而蔵二之祖廟一、月朔則以二特羊一告レ廟、請而行レ之。餼生牲也。魯自二文公一始不レ視レ朔。而有司猶供二此羊一。故子貢欲レ去レ之、…子貢蓋惜二其無レ実而妄費一。然礼雖レ廃羊存、猶得二以識一レ之而可レ復焉。若併去二其羊一、則此礼遂亡矣。孔子所二以惜一レ之〉」。

諸国あるところの大小の神社（一七八3）　以下諸国神社については、長保四年十月九日太政官符（類聚符宣抄巻一）により、そのころすでに同様の状態になっていたことが知られる。「近代以来、遠近諸社、或破壊損失、或顛倒無レ実、不レ事二祭祀一、如レ忘二憲法一、是則時及二澆季一、吏少二勤節一之所レ致也」。

家譜（一七八5）　文粋、供養浄妙寺願文「抑検二家譜一、万歳藤之栄、所三以卓二躒万姓一、其理可レ然」。

吉祥悔過（一七八11）　玄蕃寮式「凡諸国起二正月八日一、迄二十四日一、請二部内諸寺僧於国庁一、修二吉祥悔過一〈国分寺僧専読二最勝王経一、不レ預二此法一〉」。続紀、神護景雲元年正月己未条に「勅、畿内七道諸国、一七日間、各於二国分金光明寺一、行二吉祥悔過之法一。因二此功徳一、天下太平、風雨順レ時、五穀成熟、兆民快楽、十方有情、同霑二此福一」とあるのが最初。

明堂（一七八12）　周礼、考工記、匠人「周人明堂、度二九尺之筵一、東西九筵、南北七筵、堂崇一筵、五室凡室二筵〈鄭注、明堂者、明二政教一之堂、周度以レ筵〉」。文粋、大極殿成命レ宴詩序「修二復大極殿一、備二明堂一也」。

芙蓉を木末に求む（一七八15）　楚辞湘君「采二薜茘兮水中一、搴二芙蓉兮木末一〈王逸注、芙蓉、荷華也。…登レ山縁レ木而采二芙蓉一、固不レ可レ得〉」。

三綱（一七九1）　僧尼令、自還俗条「凡僧尼自還俗者、三綱録二其貫属一〈謂…三綱者、上座、寺主、都維那也〉」。

田園の地利…（一七九1）　要略、交替雑事、国分二寺事「定額寺不レ論二大中破一、以二田園地利一、与二講読師一共加二検校一修理荘厳」。

官符（一七九2）　たとえば要略、交替雑事、国分二寺事には「太政官符五畿内七道諸国司、雑事三箇条、一、応レ挙二塡式数一修理国分寺稲事、…伏検三言上不与解由状実録帳所二注載一、国分二寺堂塔雑舎仏像資財等、大破朽損、触レ色多レ数、不レ可二勝計一。…望請、件修理料稲全挙二塡式数一、永預二国司講読師一将レ令レ勤二行修治之事一。須下往年減省国々以二正税幷別納租穀例用遺及通三宝布施料等一漸加挙、令ム塡二本数一。…又有下顧二累年之損一、成二不日之功一者上、擢二之不次一、殊加二優賞一。然則先朝堂構致二修治於明時一、暴露尊容、期二興隆於後代一者。…天慶二年二月十五日」のような官符がおさめられている。

物議（一七九3）　天長元年九月三日太政官奏「守二無益之地一、損二有用之物一、求二之政典一、深迂二物議一」。

高堂大廈…（一七九5）　文粋、勧学会所欲レ建二立堂舎一状「古今有下造二高堂大館一者上、寧非二旅宿一乎」。

山を築き池を鑿ち　文粋、松竹策「築レ山穿レ池、道子封樹之功幾許」。

踵を旋さず　かかとを廻す程の僅かな時間もないこと。文粋、為二清慎公一辞表「悔吝者任重之所レ招也。其咎不レ暇レ旋レ踵」。

肩を息ふ　文粋、為三入道前太政大臣一辞二封戸幷准三宮一表「荷二君恵一而早老。欲三息レ肩過二一生一」。

衛の霊公…（一七九6）　群書治要巻三九、呂氏春秋、似順論、分職「衛霊公天寒鑿レ池。宛春諫曰、天寒起レ役、恐傷レ民。公曰、天寒乎哉。宛春曰、公衣二狐裘一、坐二熊席一、是以不レ寒。今民衣弊不レ補、履決不レ組。君則不レ寒。民則寒矣。公曰、善。令レ罷レ役」。

魏の文侯…（一七九10）　群書治要巻四二、新序、雑事「魏文侯出遊、見二路人反レ裘而負ｂ蒭。文侯曰、胡為反レ裘而負レ蒭。対曰、臣愛二其毛一。文侯曰、若不レ知二其裏尽而毛無ｂ所レ恃矣。明年東陽上レ計、銭布十倍。大夫畢賀。文侯曰、此非レ所二以賀ｂ我也。譬無レ異二夫路人反レ裘而負ｂ蒭也、将愛二其毛一、不レ知二其裏尽、毛無ｂ所レ恃也。今吾田地不レ加レ広、士民不レ加レ衆、而銭十倍、必取二之士大夫一也。吾聞レ之、下不レ安者、其上不レ可レ居、此非レ所二以賀ｂ我也」。

旁魄（一七九15）　文選、呉都賦「旁魄而論レ都、抑非二大人之壮観一（劉逵注、旁魄、取二寛大之意一。李善注、荘子曰、将下旁二礴万物一以為ｂ一。司馬彪曰、旁礴猶二混同一也。礴与レ魄同）」。

率法（一七九16）　当時は、公田から徴集される租税（官物・地子）の反当りの徴収率をいった。公田官物率法とも呼ばれ、当時諸国一律に反別三斗が基本額となっていた（坂本賞三『日本王朝国家体制論』）。

漢の文帝…（一八〇3）　漢書、文帝紀「賛曰、孝文帝即位二十三年、宮室苑囿車騎服御無レ所二増益一。有レ不レ便、輒弛以利レ民。嘗欲レ作二露台一、召レ匠計レ之、直百金。上曰、百金、中人十家之産也。吾奉二先帝宮室一、常恐レ羞レ之。何以レ台為」。

斉の桓公…（一八〇3）　韓非子、外儲説左上「斉桓公好レ服レ紫、一国尽服レ紫。当二是時一也、五素不レ得二一紫一。桓公患レ之、謂二管仲一曰、寡人好レ服レ紫。紫貴甚。一国百姓好レ服レ紫不レ已。寡人奈何。管仲曰、君何不二試勿ｂ衣レ紫也。謂二左右一曰、吾甚悪二紫之臭一。於レ是左右適有二衣レ紫而進者一、公必曰、少郤。吾悪二紫臭一。公曰、諾。於二是日一郎中莫レ衣レ紫、其明日国中莫レ衣レ紫、三日境内莫レ衣レ紫也」。

禁遏を加ふれども（一八〇5）　衣服・調度・儀仗等の奢僭を禁ずる法令は、水戸部正男『公家新制の研究』によると、天暦元年（九四七）ごろより当代まで度々出されており、時代を降るとともに華美を競う風が甚しくなったことを知りうる。近くは永久四年七月十二日太政官符（群載巻一一）でも過差の禁止が命ぜられている。「一、五節相撲両日間、不レ可レ改二着装束二具一事。一、紅紫二色除二昇殿者幷女房労一、不レ可二着用一事。一、錦繡二重織物衣服一切不レ可二着用一事。一、諸人衣服不レ可レ過二男参領女伍領一事。一、上下諸人不レ可二纏頭一事。…一、諸司諸衛官人以下、不レ可レ乗レ車事。…一、蔵人所小舎人・弁官使部・王臣家已下雑色幷使庁下部等、不レ可二騎馬一事」。

鄙語に曰く…（一八〇5）　後漢書、馬廖伝「長安語曰、城中好二高髻一、四方高一尺、城中好二広眉一、四方且二半額一、城中好二大袖一、四方全二匹帛一。斯言如レ戯有レ切二事実一」。

紅紫の色…(1八〇8)　長保元年七月廿七日太政官符(要略、糺弾雑事)に「一、応㆕重禁㆔制男女道俗着㆓美服㆒事。右衣服之制、明在㆓神護景雲四年格、天暦元年符㆒。而年紀推移、人心驕逸。不㆑弁㆓上下㆒、以㆓綾羅㆒為㆓身装㆒、不㆑論㆓公私㆒、以㆓紅紫㆒為㆓褻服㆒。繇㆑是十家之産、尽㆓於一襟之浮華㆒、数年之貯、糜㆓於半日之眩耀㆒。…美服過差、一切禁断」とあり、長保二年六月五日の官符(同前)にも見える。

穀倉院(一八〇12)　拾芥抄、宮城部「穀倉院、二条南朱雀西、在㆓大学西㆒。納㆓畿内諸国銅銭、無主位職田、及没官田、大宰稲等諸庄物㆒、勤㆓年中饗㆒。有㆓公卿及四位五位別当預蔵人等㆒。或云朱雀門前云々」。

黌舎(一八〇12)　学舎。文粋、為㆓大江成基㆒申㆓諸司助㆒状「自㆓幼日㆒至㆓丁年㆒、入趨㆓丹墀㆒、出遊㆓黌舎㆒」。

鞠(一八〇12)　意見十二箇条「由㆑是南北講堂、鞠為㆓茂草㆒、東西曹局、闃而無㆑人」(八七頁)。

蘋蘩薀藻(一八〇13)　左伝、隠三「苟有㆓明信㆒、澗谿沼時之毛、蘋蘩薀藻之菜〈集解云、蘋、大蓱也。蘩、皤蒿。薀藻、聚藻也〉筐筥錡釜之器、潢汙行潦之水、可㆑薦㆓於鬼神㆒、可㆑羞㆓於王公㆒」。

縉紳青襟(一八〇13)　文粋、学校如㆑林詩序「縉紳先生、飛㆓纓於鳳徳之下㆒、貴遊子弟、曳㆓裾於虎門之辺㆒」。同、弁㆓耆儒㆒策「率㆓青衿㆒而勧㆑学、編㆓柳牒於東岸之煙㆒」。

月俸(一八一3)　字類抄「位階分、クハツホウ」。太政官式「凡親王以下月料并諸司要劇及大粮等、毎月申㆑官出充。其月料物者、録㆓来月数㆒、毎月十日申㆓太政官㆒。十七日官符下㆓宮内省㆒、廿五日出給」。

巣由(一八一4)　文選、勧進表「願陛下存㆓舜禹至公之情㆒、狭㆓巣由抗矯之節㆒、以㆓社稷㆒為㆑務、不㆘以㆓小行㆒為㆖㆑先〈張銑注、巣父、許由、皆挙㆓高節㆒不㆑仕〉」。

大粮(一八一5)　略記、裏書延喜六年五月廿三日「播磨明石大領赤石貞根叙㆓外従五位下㆒。是進㆓私穀五千石㆒、依㆑充㆓諸司大粮㆒也」。

諸国の土民は…(一八一7)　すでに意見十二箇条に「又諸国百姓逃㆓課役㆒逋㆓租調㆒者、私自落㆑髪、猥着㆓法服㆒。如㆑此之輩、積㆑年漸多、天下之人民、三分之二、皆禿首者也」(九七頁)と見えるが、百姓が当時神人・悪僧を称し、本文に述べられた如き行動をとっていたことは、本書より少し後の保元元年新制(兵範記、保元元年閏九月十八日条)から窺われる。「往古神人員数有㆑限、而頃年以降、社司偏誇㆓神眷㆒、不㆑顧㆓皇猷㆒、恣耽㆓賄賂㆒、猥補㆓神人㆒。…蔑㆓尓国威㆒。…悪僧凶暴、…或号㆓僧供料㆒、加㆓増出挙利㆒、或称㆓会頭料㆒、掠㆓取公私物㆒。…国之損害、莫㆑大㆓於此㆒」。

神人(一八一8)　神道名目類聚抄巻五「下部ノ神役人ナリ。又神戸ナドニアル役人ヲモ神人ト云」。

浮食の大賈の人(一八一9)　塩鉄論、復古「浮食豪民、好欲㆘擅㆓山海之貨㆒以致㆓富業㆒役㆗利細民㆖」。当時の遠隔地間交易商人の姿は、新猿楽記に典型化されてえがかれている(一五〇頁)。

近都に…(一八一9)　賦役令、調庸物条「凡調庸物、毎㆑年八月中旬起輸。近国十月卅日、中国十一月卅日、遠国十二月卅日以前納訖〈古記云、問、遠近程若為。答、依㆓民部省式㆒、近国十七、…中国十四、…遠国十六〉」。

掌を指して…(一八一15)　論語、八佾「知㆓其説㆒者之於㆓天下㆒也、其如㆑示㆓諸斯㆒乎。指㆓其掌㆒〈集注、指㆓其掌㆒、弟子記㆔夫子言㆑此而自指㆓其掌㆒。言㆓其明且易㆒也〉」。

戸令…(一八一16)　戸令、遭水旱条「凡遭㆓水旱災蝗㆒、不熟之処、少㆑粮応㆓須賑給㆒者、国郡検㆑実、預申㆓太政官㆒奏聞」。

賦役令…(一八二2)　賦役令、水旱条「凡田、有㆓水旱虫霜㆒、不熟之処、国司検㆑実、具録申㆑官。十分損㆓五分以上㆒、免㆑租。損㆓七分㆒、免㆓租調㆒。損㆓八分以上㆒、課役倶免。若桑麻損尽者、各免㆑調。其已役已輸者、聴㆑折㆓来年㆒」。

陸地海路に盗賊旁起る(一八二4)　中右記、保延元年四月八日条に「殿下被㆑仰云、近日海賊競発、上下船不㆑通。仍可㆓追討㆒之由、雖㆑給㆓宣旨於国司等㆒、于㆑今不㆑叶。何様可㆑行哉…以㆓蔵人弁資信㆒被㆑奏㆑院。仰云、遣㆓(源)為義㆒者。路次国々自滅亡歟。(平)忠盛朝臣且為㆓備前国司㆒有㆓便宜㆒也。早可㆓追討㆒由被㆑仰㆓下忠盛朝臣㆒可㆑宜者。仍被㆑下㆓件旨宣旨㆒了」とあり、同年八月十九日条に「備前守忠盛朝臣搦㆓進海賊廿六人㆒。検非違使等於㆓河

原二受取云々一」と見える。なお長秋記・百錬抄にも記事あり。

五刑服あり…（一八二6） 書経の孔伝「五刑、墨・劓・剕・宮・大辟。服、従也。言レ得二軽重之中正一」。

五服三就せしめよ 五刑につけた者は三の場所で処分せよ。孔伝「既従二五刑一、謂レ服レ罪也。行レ刑当レ就二三処一。大罪於二原野一、大夫於レ朝、士於レ市」。蔡伝「大辟棄二之於市一、宮辟則下二蚕室一、余刑亦就二屏処一。蓋非二死刑一、不レ欲レ使下風中二其瘡一、誤而至上レ死。聖人之仁也」。

五流宅あり 五種の流罪にすべきものはそのどれかに置き。孔伝「謂下不レ忍レ加レ刑、則流二放之一、若二四凶一者上。五刑之流、各有レ所レ居」。

五宅三居せしめよ 五種の流罪に置く者はそれぞれ国外の三地方におらせるようにせよ。孔伝「五居之差、有二三等之居一。大罪、四裔、次九州之外、次千里之外」。

これ明かにして… 刑罰を行うには罪状を明らかにして、よくその刑が適合するようにせよ。蔡伝「又戒以下必当致二其明察一、乃能使中刑当二其罪一、而人無上レ不二信服一也」。

礼記…（一八二8） 礼記、月令「季秋之月、…行二冬令一、則国多二盗賊一、辺境不レ寧、土地分裂」。季秋に冬季の政令を行なう時は、水気が来り応じて金気と戦って勝つために、国に盗賊が多く国境が安寧でない。

呂氏春秋…（一八二9） 説苑の誤りか。群書治要巻四三、説苑、反質に「魏文侯問二李克一曰、刑罰之源、安生。対曰、生二於奸邪淫佚之行一也。凡奸邪之心、飢寒而起。淫佚者文飾之耗。雕文刻鏤、害二農事一者也。文繡纂組、傷二女功一者也。農事害則飢之本。女功傷則寒之源也。飢寒並至、而能不レ為二奸邪一者、未二之有一也」とある。なお淮南子、斉俗訓や漢書、景帝紀にも類似の文章が見え、意見十二箇条（七七頁）に引かれる。

後漢書…（一八二13） 後漢書、光武帝紀「建武六年冬十月丁丑、詔曰、吾徳薄不明、寇賊為レ害、彊弱相陵、元元失レ所。詩云、日月告レ凶、不レ用二其行一。永念二厥咎一、内疚二於心一。其勅二公卿一、挙二賢良方正各一人一、百僚並上二封事一、無レ有二隠諱一。有司修レ職、務遵二法度一」。

延暦五年四月十九日の格…（一八三3） 三代格巻七「太政官謹奏、一、撫育有レ方戸口増益、一、勧二課農桑一積二実倉庫一、一、貢二進雑物一依レ限送納、一、粛二清所部一盗賊不レ起、一、剖断合レ理獄訟無レ冤、一、在レ職公平立レ身清慎、一、且守且耕軍粮有レ儲、一、辺境清粛城隍修理。右国宰郡司鎮将辺要等官、到レ任三年之内、政治灼然。当二前件二条已上一者、伏望、五位已上者量レ事進レ階、六位已下者擢二之不次一授以二五位一。一、在レ官貪濁処レ事不平、一、肆行二姦猾一以求二名誉一、一、畋遊無レ度擾二乱百姓一、一、嗜レ酒沈湎廃二闕公務一、一、公節無レ聞私門日益、一、放二縦子弟一請託公行、一、逃失数多克獲数少、一、統摂失レ方戍卒違レ命。右同前群官不レ務二職掌一。仍当二前件一条已上一者、伏望、不レ限二年之遠近一解二却見任一。其違二乖撫育勧課等条一者、亦望准レ之。…延暦五年四月十九日」。

典刑（一八三4） 書経、舜典「象以二典刑一〈蔡伝、典者常也。示レ人以二常刑一。所謂墨劓剕宮大辟、五刑之正也〉」。

一面の網羅（一八三5） 史記、殷本紀「湯出、見丁野張二網四面一、祝曰丙自二天下四方一、皆入乙吾網甲。湯曰、嘻、尽レ之矣。乃去二其三面一祝曰、欲レ左左、欲レ右右、不レ用レ命乃入二吾網一。諸侯聞レ之曰、湯徳至矣、及二禽獣一」。

承平六年…（一八三7） 紀略「承平六年六月某日、南海賊徒首藤原純友結レ党、屯二聚伊予国日振嶋一、設二千余艘一、抄二劫官物私財一。爰以二紀淑人一任二伊予守一、…魁帥小野氏彦、紀秋茂、津時成等、合卅余人、束レ手進二交名一帰降。即給二衣食田畠一、行二種子一、令レ勧二農業一。号二之前海賊一」。

それ聞かく…相違へり（一八六2～5）　承徳三年の書写奥書のある底本また平安中期を下らぬとされる楊守敬旧蔵本（以下、楊本と略称）、ともに欠けていることは、その欠失の時期の古いことを示す。欠失の量については不明だが、群書類従本の底本となった寛政十一年の真福寺本模刻本には「巻首欠失十余行許」とし、或は紙数にして二～三枚から四枚程度とする説もあるが、いずれも確証があるわけではない。将門略記で補ってもなお不足分があって十分でない。

天国押撥御宇柏原天皇（一八六2）　第五〇代桓武天皇のこと。治世七八一～八〇六。山城国紀伊郡柏原（京都市伏見区桃山町）に葬られたので、柏原帝とよばれた（皇年代略記）。和風の諡号は日本根子皇統弥照天皇であり、従って天国押撥御宇は、尊称として冠したものであろう。普通は皇居の宮号を冠するが、第二九代欽明天皇に、天国排開広庭天皇（書紀）、第四五代聖武天皇に、天璽国押開豊桜彦天皇（続紀）の和風諡号があり、前者を「阿米久爾於志波留支広庭天皇」（上宮聖徳法王帝説）、或は「阿米久爾意斯波羅支比里爾波弥己等」（天寿国曼荼羅繡帳銘文）と訓み、「オシハルキ」「オシハラキ」と両種によまれている。八世紀以降では「オシハルキ」の方が多かったらしい。よって、ここではアメクニオシハルキと訓む。御宇については後妙華寺殿令聞書に「御ハ天子ヲ申詞也、宇ハ天地四方ヲ宇ト云、天下ヲ治給フニヨリテ御宇トハ云也、サテ大和詞ニハ、天ノ下シロシメスト読ル也」とある。

五代の苗裔（一八六2）　代は世代、苗裔は血筋の子孫。桓武天皇から五代目の子孫にあたるの意。この世代の数え方によれば、将門は桓武天皇五世王となる。継嗣令に「自二親王一五世、雖レ得二王名一不レ在二皇親之限一」。

高望王（一八六2）　分脈に、無位高見王の子とし、「上総介従五下、叙爵之後賜平朝臣」と注す。紹運録も同じ。系図纂要、平氏系図に、「正親正、常陸大掾、上総介、従五下、寛平元年叙爵、賜二平朝臣姓一、以下坂東諸流出二于下一」と注す。寛平元年のことは他に所見がないが、寛平元年十二月二十八日宇多天皇の七皇子の親王宣下のことがあり（紀略・紹運録）、或はこの時のことか。下文の参考のため、分脈により、その子をかかげる。

- 高望王
  - 国香　常陸大掾、鎮守府将軍
  - 良兼　下総介、従五上
  - 良将　従四下、鎮守府将軍
  - 良孫　従五下、上総介、鎮守府将軍
  - 良広
  - 良文　邑岡五郎、従五上
  - 良持　下総介
  - 良茂　常陸少掾

しかし分脈の系図には疑いがある。将門記と分脈の史料的価値からいえば、勿論将門記に従うべきであり、分脈が高望王の末子良茂の子に掲げる良正（一八九頁）は良兼と同腹の兄弟とすべきである。また分脈にいう良茂は、将門記にはみえず、しかも分脈では、良茂は三浦氏・大庭氏・長田氏等の祖となっているが、系図纂要、三浦氏系図は、高望王五男良文よりはじまっている。この点でも分脈には記載の錯簡があると考えざるを得ない。また源平闘諍録一、自桓武天皇平家之一胤事には「彼高望有二十二人子一、嫡男国香、常陸大掾、為二将門一被レ誅、次男良望、鎮守府将軍、是将門父也、三男良兼、上総介、与二将門一度々企二合戦一、終被レ討了、四男以下無レ子、不レ継二子孫一、第十二末子良文、村岡五郎、為二将門一雖レ為二伯父一、成二養子一、伝二其芸威一」とある。

良持（一八六3）　扶桑略記・今昔・帝王編年記の諸書は本書に同じであるが、分脈・諸家系図纂、相馬系図・尊卑分脈脱漏・吾妻鏡、治承四年九月十九日条等、何れも将門の父を良将とし、分脈等、別に良持を掲げる。よって、将門記略の諸抄本、いずれも良持は良将の誤と注する。今、恣に改めず、もとのままとする。

良兼（一八六3）　分脈では、国香の弟、良将の兄。子に、公雅、公連、公元の三子をかかげる。本文に、良持弟・将門伯父とあるが、伯父とは父の兄であるので、和名抄の「伯父、釈名云、父之兄曰世父、又曰伯父」と矛盾する。今昔には「初ハ将門ガ父良持ガ弟ニ下総介良兼ト云者有リ」（巻二五、平将門発謀反被誅語）とあって、これに当る文章がない。今昔は、弟だけで充足しているとし、重ねて将門伯父と説明する要なしとして省いたとも見られる。但し今昔の後文では、「伯父良兼」と書いている。この矛盾について渥美かをる氏は、相馬系図でも抄本の記述と同じく、良兼が良将の弟とされていることを指摘し、「良兼は年齢の上では将門の父の兄に当るが、官位は低く、多分庶出であろうから、一門の中では、将門の父の弟分として遇せられていた」と推測した（「将門記・将門記略についての一考察」）。本書の下文に、「高望王の妾の子平良正は、また将門の次の伯父なり。しかうして介良兼朝臣と良正とは兄弟の上に」（一八九頁）とあるのをみると、良兼は高望王の妾の子ということになる。但し源平闘諍録に高望王第十二子良文を将門伯父と書いている。伯・叔必ずしも厳格に書き分けたと考える必要はないのかもしれない。

女の論（一八六4）　今昔では「将門ガ父失テ後、其ノ伯父良兼ト聊ニ不レ吉事有テ中悪ク成ヌ、亦父故良持ガ田畠ノ諍ニ依テ、遂ニ合戦ニ及ト云ヘドモ」とある。「聊ニ不レ吉事」が女論にあたるのであろう。良持の田畠＝将門の父の遺領についての相論によって合戦に及んだことが、将門記略の欠けた部分にあったものであろう。

舅甥（一八六5）　舅は、母の兄弟・夫の父・妻の父・妻の兄弟の四義があるが父方の兄弟（伯父叔父）の意はない。ここの舅は妻の父の意とするが適当であろう。甥は、本義は姉妹の子、転じて兄弟の子をもいう。喪葬令、服紀条集解に「古記云、身兄之子、弟之子、案兄弟之女亦同、俗云ニ乎備、売比一也」とあり、我国では兄弟の子を意味して用いられた。従って良兼と将門とは、伯父（父の兄）・舅・甥の三種の関係が、この短い一句の中に示されていることになる。

野本（一八六6）　地名。但し、野本は野爪とし、茨城郡八千代村野爪とする説（大森金五郎『武家時代の研究』）、真壁郡の南辺、向・中・寺の三上野とする説（常陸誌料）、下文の石田とあわせて、上野村の別名ならんとの説（大日本地名辞書）などがあるが、梶原正昭は、上野説（現明野村）を妥当とする（東洋文庫本将門記）。野本を下の欠字と合せて野本を苗字とする人名とする説（渥美かをる、前掲論文）もあるが、従い難い。

纛崛の神（一八六7）　纛は旗矛。崛は山がそばたつの意。山のそばたつが如く立つ旗矛に宿る神の意か。伊呂波「纛、オホカシラ、御即位大嘗会之時大頭也、以ニ犛牛尾一為レ纛、或云纛幡二旒」。

鉦（一八六7）　軍防令に「凡私家、不レ得レ有ニ鼓・鉦・弩…及軍幡一」、同義解に「謂、鼓者皮鼓也、鉦者金鼓也、所ニ以静レ喧也、…幡者旌旗惣名也、将軍所レ載曰ニ纛幡一」。

石田・大串・取木（一八六12）　石田は茨城県真壁郡明野町東石田。和漢合図抜萃「承平五年二月二日於常州石田館、常陸大掾平国香、与相馬小次郎将門合戦、于時国香被射畢、国香桓武天皇五代後胤、平家元祖也」。将門記は国香戦死の記事を欠くが、下文に貞盛が父国香の讐をもって良兼方に加わることが見えるので、将門記の欠失の部分にあったものか。新編常陸国誌に「石田庄、伊之多、真壁郡ニ石田村、凡テ二村アリ、一ハ古ノ新治郡ニシテ蚕養川ノ西ニアリ、一ハ本郡ノ西辺ニアリテ、蚕養川ノ東ニアリ、古ノ石田庄、イマダ何レノ石田村タルヲ知ラズトイヘドモ、将門記ノ記ス所ヲ察スルニ、真壁郡ノ石田ナルベシ、和漢合運図ニ、承平五年二月、大掾国香、将門ニ戦ヒ負テ、石田館ニテ自害ノ由ヲノセタリ、コレ将門記ニテ記セルモノナレド、今ノ将門記ニ、コノ処逸シタレバ、其詳ヲ知ラズ、石田館址、真壁郡東石田村矢田ト筑波郡大島村糸川トノ間ニアリ、南北二町許、土畳断続シテ各所ニ存ス、其大島村ニ属スル地ハ陸田ニシテ、本村ノ部ハ水田タリ、北方残隍アリ、猶水ヲ潴ス、南方石橋アリ、真壁町ヨリ下妻町ニ通ズル里道ニ架ス」。大串は茨城県下妻市大串。取木は不明だが、茨城県真壁郡大和村本木に比定する説がある。

屋に蟄れ…去らず（一八七1）　この一句底本欠く。扶桑略記、天慶二年十一月廿一日条に「将門謀叛乱逆、率ニ千余人兵軍一、討ニ取於常陸国一合戦、舍宅皆悉焼廻、蟄レ屋焼者迷レ烟不レ去、遁レ火出者驚レ矢還入」とある。常陸国衙襲撃事件の将門記の記事には、舎宅以下に該当する記事がなく、扶桑略記はこの合戦の将門記の本文をここに借用したものと推測されるので、ここに補う説(東洋文庫本将門記)に従う。蟄は、虫が土中にかくれこもる意。屋の中にかくれた者は、放火されて烟のために逃げ場を失い、火をのがれて屋外に出た者も、将門軍の放つ矢におどろいて、再び屋中にとってかえす。放火して包囲している様子を示している。徹底的殲滅戦であり、将門記には言及していないが、国香の戦死もこの時であったのであろう。

叫喚(一八七2)　叫喚地獄は八熱地獄の第四で、衆生がこの地獄に堕ちると、熱湯たぎる大釜の中に投ぜられ、あるいは猛火の鉄室に入れられ、苦しみに堪えられず泣き叫ぶ、という。

筑破(一八七3)　筑波。和名抄、国郡部「筑波〈豆久波〉」。

真壁(一八七3)　和名抄、国郡部「真壁〈万加倍〉」。常陸風土記は白壁郡とする。延暦四年(七八五)白壁を真壁と改める。

新治(一八七3)　和名抄、国郡部「新治〈爾比波里〉」。古くは白壁郡と合せて新治国と称したが、孝徳朝に両郡に分けられ、新治郡は、東は那賀郡、南は白壁郡、西は毛野河(鬼怒河)、北は下野・常陸の国境という。文禄の検地に旧来の新治郡を廃止し、別に筑波山東南に新たに一郡を設けて新治郡とす(新編常陸国誌)。よって今日の新治郡は往時の郡とは全く位置を異にする。

伴類(一八七3)　伴類は、仏教語の伴党と同義で仲間、一味、同類。但し前の与力と異る点は、従属的な仲間、或は同類である。将門記には屢々伴類・与力の用語があらわれるが、それらを綜合すると、伴類とは在地の土豪的勢力が、その支配下にある従者をも含めて組織し、より有力な土豪の下に結集した武力(春田隆義「将門の乱における武力組織―とくに伴類について」、史元二ノ三四)というものであり、伴類の伴は仲間、さらに厳密にいえば同盟者である。ある種の指導と同盟の関係である(北山茂夫『王朝政治史論』)とする。字類抄「伴類、下賤部、バンルイ、僕従分」、平安遺文、永承五年七月廿二日太政官符「五位以下諸司官人以上多以来二住部内一伴類・眷属自成レ悪事」。吾妻鏡、治承四年十月三日条「伴類悉獲レ之」。

三界火宅(一八七5)　法華経、譬喩品の「三界無レ安、猶如二火宅一」を出典とする仏教語。燃え立っている家の如き三界、火宅の如き三界。三界とは、衆生が往来し止住する三つの世界で、欲界・色界・無色界。

財に五主(一八七5)　出典未詳、従って五主の意も不明。仲文章、礼法篇第六「五主之財猶如二積レ峯之雪一、一善之厳尤似レ孕レ花之風一」の例がある。或は淮南子、本経訓に「夫天地之生レ財也、本不レ過レ五」とあると同じ意味で、木・火・土・金・水の五元素を指すものか(東洋文庫本将門記)。大智度論一三に「求レ財五家所レ共」とあって、この五家を王・賊・火・水・不愛子とする説による見解もあるが(『将門記研究と資料』)、確かでない。

去来不定(一八七5)　行ったり来たりして、一定しないこと。財の五主が入れかわることをいう。但しこの句の出典未詳。

山王(一八七8)　茨城県真壁郡明野町赤浜の日吉神社跡がその地という(赤城宗徳)。山王は日吉社の使猿とする説もある(武者小路穣)。前説によれば、山王社が巌の後に隠れたように煙にまかれたことになり、後者では山王社にいた猿が煙にまかれて、筑波山の巌の後にかくれたことになる。

貞盛(一八七12)　将門には従兄弟に当る。分脈に、「鎮守府将軍、陸奥守、従四下、左馬助、号平将軍」とみえ、子に維叙、維将、維敏、維衡をかかげるが、これらの子は将門記にはあらわれない。維衡の子孫は伊勢平氏となる。また今昔に「貞盛、京ニ有テ公ニ仕テ左馬允ニテ有ケレドモ」とある。但し将門記には、貞盛が左馬允(左馬寮四等官中の三等官。七位相当官の武官)であったことを記さず。今昔のこの部分は将門記以外の史料によったものであろう。

花の城(一八七12)　李長吉歌詩巻一、河南府試十二月楽辞、三月「東方風来満眼春、花城柳暗愁二殺人一」。但しわが国では余り用例がない。

物の情(一八七13)　物事の有様。物の道理。転じて世間の有様。尾張国解文「謹案二物情一、為二人之父一者、不レ明二父子之義一」。文粋六、請叙従三位状、菅原文時「然而更披二家譜一、詳案二物情一」。

縁坐(一八七15)　法律用語。重罪について、それにかかわりのない親類縁者まで追求する刑罰。とくに国家への反逆罪に適用された東洋的な刑罰。罪九族に及ぶというのはこの縁坐法による。名例律「反逆縁坐者、謂、縁二謀反及大逆人一得レ罪者」。将門に対して戦をいどんだ罪のまきぞえをくって、という意味である。

暇を公に申して（一八八5）　仮寧令「凡職事官、遭二父母喪一、並解官、自余皆給レ仮」、喪葬令「凡服紀者、為二君父母及夫本主一一年」とある。

司馬の級（一八八6）　司馬は諸国の掾の唐名、級は列。貞盛は今昔に左馬允とあるので（前頁補「貞盛」参照）、この司馬は左馬允を指すとの説もあるが、後文にも、「この後、掾貞盛三たび己が身を顧みらく…幸に司馬の烈に預れり」（二〇〇頁）とある。或は父常陸大掾国香の死後、その地位を継承したものか、との説もあるが、諸系図には貞盛が常陸掾となったことを伝えていない。将門記の撰者が、貞盛の官左馬允の唐名を、同じ中国で将軍・都督の属官名である司馬にあててしまったものと考える方（撰者の誤り）が自然かもしれない。

別鶴の伝（一八八7）　楽府詩集、琴曲歌舞、別鶴操「崔豹古今注曰、別鶴操、商陵牧子所レ作也、娶レ妻五年而無レ子、父兄将二為レ之改娶一、妻聞レ之、中夜起倚レ戸而悲嘯、牧子聞レ之、愴然而悲、乃援レ琴而歌、後人因取為二楽章一焉、琴曲有二四大曲一、別鶴操其一也」。これは夫妻の別離を内容とした物語で、将門記の撰者も、下文にひきつづいて偕老・連理の語句を用いてこの句に対比させているので、この段は貞盛の妻も郷里に置いていて、それが母と同様に行方不明となり、それをさがし出したことをのべたものと考えられる。貞盛は京都に出仕中、妻を国もとにおいた単身勤務であったわけである。なお「伝」は傳にフと訓を付しているので「賦」の音通による宛字であろうとする説（林陸朗、新撰日本古典文庫本将門記）もある。文粋一、風中琴賦「曲無二常曲一、別鶴未レ知レ所レ依」、玉造小町子壮衰書「別鶴之声、叫二漢天一而聴幽」。

偕老の友（一八八7）　老を偕にする友。転じて仲睦じい夫婦。字類抄「偕老、カイラウ、夫妻契也、親詞」、三教指帰注上「偕老、ヲヒヲトモニストイフコト也、毛詩注曰、偕倶也」。出典は詩経、邶、撃鼓「死生契濶、与レ子成レ説、執二子之手一、与レ子偕老」。

連理の徒（一八八7）　理はすじめ。木目。一つの枝といま一つの枝とが相連って、木目が相通じるほど、契りの深い間柄にある仲間。男女の契りの深いこと。転じて仲睦じい夫婦。白居易、長恨歌「在レ天願作二比翼鳥一、在レ地願為二連理枝一」。偕老も連理も男女の間柄を示す言葉で、同性の間柄には用いられない。従ってこれは貞盛自身の妻妾を指すものと解すべきである。

布の冠（一八八8）　布製の冠。喪中に用いるもの。宋書、礼志「太古布冠、斉則緇レ之」。

菅の帯（一八八8）　菅はカヤツリグサ科の植物の総称。カサスゲの葉で笠、カンスゲで蓑、シオクグ、ショウジョウスゲなどで縄をなう。菅であんだ縄を帯にしたもの。凶事の際に用いる。譬喩尽三「縄帯は不レ為もの、但藁の縄也、是も斬罪の者、其の日帯之」、中内記、康治元年六月十三日条「仰云、重服帯は用レ藁、軽服時帯は用レ布なり」。

藤の衣（一八八8）　藤や葛などのつる性の植物の皮の繊維で織った布でつくった衣。織目があらく、肌ざわりが固く、丈夫ではあるが粗末なので、貧者の常服であったが、古代以来貴人も喪服として用い、後には麻で作ったものもいう。織ったままで染めぬものを素服、鈍色に染めたものを喪服という。和名抄「縗衣、唐韻云、縗、倉回反、与催同、不知古路毛、喪服也」、貞丈雑記、凶事「素服といふは、父母妻子等の死したる時、かなしみの時着る装束也、則喪の服也、是をふぢころもと云也、本は藤かづらを水にひたして打ひしぎ、その皮の糸にておりたる藤布を用る也、後に麻布を用る事になりたり、うすずみ色とて、うす黒く染る也」。

定省（一八八9）　「昏定晨省」の略。子が親に対して、夜は寝具をととのえ、朝にはその安否をたずねること。仮寧令義解「謂、定省者、孝子事レ親、昏定晨省是也」、仮寧令「凡文武官長上者、父母在二畿外一、三年一給二定省仮卅日一」とある。貞盛の場合では、父に対しては喪、母に対しては定省にあたる。父の喪は一年、母の定省の仮は三十日。父の喪による一年の服紀と三十日の仮の期を過ぎようとする意か。

諺に曰く…（一八八10）　この諺の賤者・弱者は将門に対する貞盛自身の立場を表わしたものであろう。つづく「しかじ敬順せんには」は将門に敬順するに超したことはない、という意味であろう。今昔に「平貞盛ハ、前ニ父国香ヲ将門ニ被レ罰ニケレバ、其家ノ怨ヲ報ゼムトテ、貞盛京ニ有テ公ニ仕テ、左馬允ニテ有ケレドモ、奉公ノ労ヲモ棄テ急ギ下テ有ケルニ、将門ガ威勢ニ可レ合クモ非ザレバ、本意ヲ否不遂デ隠レテ国ニ有ケリ」とあるのは、この部分を要約したものであろう。

比翼（一八八14）　字類抄「鶼、ヒヨク、比翼鳥也、似鳥一目一足一翼也」。名語記八「ひよくといへる鳥如何、答、この鳥は一目一足翼なるが、夫婦あひならびて、一鳥のごとくなりて飛行の用をおこすと申せり」。本来は男女の契りの深いことをあらわす言葉であるが、ここではただ二人の仲のよいことをいう。

上総国に…（一八九4）　上文（一八六頁）、将門略記には、下総介平良兼とあるので、この上総国は下総国の誤りか。或は桓武平氏系図には、良兼を上総介と注するので、将門略記の下総介が上総介の誤りか、ということになるが、妄に文字の改訂をすべきでないので、ここははじめは下総介であったがこのころは上総介となっていた、と考えるべきであろう（東洋文庫本将門記）。上総国は親王任国であるので介が受領であり、下総介より昇進にあたる。当時の上総国府は千葉県茂原市にあった。居は居館を構えて居ること。単に住むというのではない。

干戈（一八九6）　干は楯、戈は矛。転じて、兵器更には戦をいう。左伝、昭公元年「日尋二干戈一以相征討」、日葡「Canqua, Foco, tate, Lanca & rodela」。

理（一八九10）　字類抄「理、コトハリ」。但しここでいう理が何を指すかについては、戦の常法に従ってと解く梶原正昭説（将門記―研究と資料）、出兵の名分をつくりあげてとする赤城宗徳説（将門記真福寺本評釈）などがあり、あるいは、この理は下文の実に対するものと見れば、沙石集一〇ノ一「教の権に対して暫く実証の処を理といへる」、ささめこと末「句は教、意は理也、教権理実といへり」というような仏教語に出典がある句かも知れぬが、いずれにも決し難い。

承平五年十月廿一日（一八九10）　十月は大尽、二十一日は壬午。歴代皇紀「又承平五年十月廿一日伯父良将与将門合戦」。この書では良将としているが、将門記の良正であることは疑いない。また将門略記が「于時良兼同レ心調レ兵張レ陣、以二承平六年六月廿六日一指二常陸国一、如レ雲涌出、仍将門伝二聞此言一、忽向二於彼国新治郡川曲村一矣」とするのは錯簡である（一九〇頁参照）。

川曲村（一八九10）　続紀、神護景雲二年八月庚申条「下総国言、天平宝字二年本道問民苦使正六位下藤原朝臣浄弁等具注下応レ掘二防毛野川一之状上申レ官、聴許已訖、其後已経二七年一、得二常陸国移一曰、今被二官符一、方欲レ掘レ川、尋二其水道一、当レ決二神社一、加以、百姓宅所レ損不レ少、是以具レ状申レ官、宜レ莫レ掘者、此頻年洪水、損決日益、若不二早掘防一、恐渠川崩埋、一郡口分二千余田、長為二荒廃一、於レ是仰二両国一掘、自二下総国結城郡小塩郷小嶋村一、達二于常陸国新治郡川曲郷受津村一一千余丈、其両国郡堺、亦以二旧川一為レ定、不レ得二随レ水移改一」とみえ、この村が毛野川（鬼怒川）に沿い、常陸・下総両国の国境にあることがわかる。またこの地が交通上の要地であることは、同年三月朔条に「下総国井上・浮嶋・河曲三駅、武蔵国乗潴・豊嶋二駅、承二山海両路一使命繁多、乞准二中路一置二馬十疋一、奉レ勅依レ奏」とみえ、河曲駅が設けられ、しかも山（東山道）海（東海道）両道との交通があって、繁忙であると見える。交通上の要地は同時に軍事的要衝でもある。

兵の恥（一九〇1）　兵としての不名誉。では兵としては如何にすべきか。今昔二五ノ一一「守咲テ、理ニハ有レドモ、此ニテ可レ泣キ事カハ、鬼ニモ神ニモ取合ナドコソ可思ケレ、童泣ニ泣事ハ糸嗚呼ナル事ニハ非ズヤ、然許ノ小童一人ハ突殺サセヨカシ、然様ノ心有テコソ、兵ハ立ツレ、身ヲ思ヒ妻子ヲ思テハ、俸弊カリナム、物恐ヂ不為ト云ハ、身ヲ不思、妻子ヲ不思ヲ以テ云也」。

会稽の深きにより（一九〇3）　会稽は中国浙江省にある山の名。中国の春秋戦国時代に越王勾践がこの地で呉王夫差と戦って包囲され、屈辱的な講和を結んだが、その恥をそそぐため臥薪嘗胆の苦労を重ねて、遂にその復讐をとげたという故事から出た詞。伊呂波「会稽、クワイケイ、会稽雪二越王恥一之所也、見二于史記一、恥心也」、史記、越世家「苦レ身戮レ力、与二勾践一

深謀二十余年、竟滅レ呉、報二会稽之恥一。

雷電の響…（一九〇4）　下文が帝範上、求賢「舟航之絶レ海也、必仮二橈楫之功一、鴻鶴之凌レ雲也、必因二羽翮之用一」の下句を出典としているので、この帝範の前半の部分の舟航を雷電に、橈楫を風雨におきかえたものと考えられる。易経、繋辞上「鼓レ之以二雷霆一、潤レ之以二風雨一」。

鴻鶴の雲…（一九〇4）　鴻鶴は鴻（オオトリ）と鶴。古活字本平治物語上、信頼信西不快の事「かるがゆへに舟航のふね海をわたる、必橈楫の功をかり、鴻鶴のつる雲をしのぐ、かならず羽翮の用による」。

吻（一九〇7）　八十巻華厳経音義私記「吻、無粉反、謂、脣両角頭辺也、ロ佐岐良」、和名抄「脣吻、説文云脣吻、上音旬、久知比留、下音粉、久知佐岐良」、康頼宝物集「菩薩無虚妄ノサキラヲ開テ、ウケガヒ給ヌト申給ヒテ」。

悪王は…（一九〇7）　保元物語中、為義最後の事「観経の説相をみるに、毘陁論経を引て曰く、劫初より以来、国を貪らむ為に父を害する悪王一万八千人とみえて候、国を取、位を奪はんとて、父を殺す王だにも是ほどに多候ぞかし」とある。

何ぞ甥を…（一九〇8）　この句、「何忍二強甥之過一」とよむ説もあるが（茨城県史料古代編）、「今之世俗」が上文の「昔之悪王」に対句となっていると解すれば、この句も上文の「尚犯二害父之罪一」の対句と見ることができる。但しこの両句は一見対句的だが対句になっていないという見方もある（東洋文庫本将門記）。たしかに内容的にみれば、正確な対句とみられぬにしても、底本には「甥」の字の左下にレ点が施されているという林陸朗の指摘がある（新撰日本古典文庫本将門記）。

尤も然るべからず（一九〇8）　「尤不可然也」は諸説、このままでは文意通ぜずとし「不」を衍字とするが、これは良正の言葉をうけたと解するためで、良正の陳べあげた事柄すなわち将門の行動を指して言ったと解すれば、このままでよい。

姻娅の長（一九〇9）　伊呂波「姻娅、インア」。姻は壻の父。爾雅、釈親「壻之父為レ姻」。娅は相壻。爾雅、釈親「両壻相謂曰レ娅」、字類抄「娅、ア、アヒムコ、両聟相曰也」、易林本節用集「姻、アヒムコ」「娅、アヒヤケ」。

李陵（一九〇11）　武帝の時匈奴に転戦し、捕えられ匈奴の地にあること二十余年、塞北の地に病死した。史記、李将軍列伝「李陵既壮、選為二建章監一、監二諸騎一、善レ射、愛二士卒一、…嘗深入二匈奴二千余里、過二居延一視二地形一、無レ所レ見レ虜而還、拝為二騎都尉一、将二丹陽楚人五千人一、教二射酒泉・張掖一、以屯二衛故一数歳」。

先に軍に…（一九〇12）　名義抄「軍、イクサ」。イクサは上代語で的を意味する「いくは」、または射る意の「いくふ」と関係ある語。「さ」は「箭（サ）」の意の「さ」とも、接尾語とも考えられ、原義は「矢を射ること」、または「矢を射る人」の意か。転じて戦いの意は平安時代になってから現われるという。同義語として用いられる「たたかい（戦）」はタタキアウで刃を交えての戦。承平五年十月二十一日の合戦は弓矢合戦であった。

兵を調へ…（一九〇14）　兵を訓練し陣をひろげつくる。張るは、張行（強行すること）の張で威勢を示す意味をも含む。新猿楽記「中君夫天下第一武者也、…靡レ旄築レ楯、張レ陣従レ兵之計、寔与レ天之道也」（一三八頁）、平家、八室山「平家は陣を五つにはる」。

雲のごとくに涌き…（一九〇15）　このところ「雲のごとくに上下の国に涌き出づ」と読む説が有力で、真福寺本にも「上下之国」の左下に返点があり、この説の古いことを知るが、それでは下文の禁遏を加える主語がなくなる。それに常陸国へ指したものは介良兼の兵であり、良兼は上総介である。良兼の大軍が雲霞の如く常陸を目指して進軍した、と解すべきである。

因縁を問ふ（一九一1）　「雲のごとくに上下の国に涌き出づ」とよむ説では、両総から出現した兵どものそれぞれがその因縁を訪うと称して越境したことになるが、それは恣まな拡大解釈である。ここは良兼が常陸にいる因縁、即ち源護を訪う、と解せねばならぬ。

遁るるがごとくに…（一九一1）　従来「遁れ飛ぶがごとしてへり」とよまれているが、これでは意味不明瞭であるし、上文に「者」に対応する語句のないのも不審である。者は冒頭の将門略記の「者」を「昔」と誤った如き誤と考え、この「者」は「去」を誤ったと考えると、「如レ遁飛去」となり、上文の「如レ雲涌出」の対句ともなり、遁げるようにして大急ぎで去ったということで、意味もよく通ずる。

関に就かず（一九一1）　関は物事をささえとめる意から、そのための施設、或はその施設のある場所をいう。古代では軍事上・治安上の要所に国家の手で関を設け、そこで通行人の検問を行った。通行人は国の発行した「過所」と称する通行手形がなければ通行を許されず、「過所」なしに勝手に通過すれば「私度」の罪を問われた。就はその場所に赴くの意、従って「就かず」はそこを避けてとなる。当時下総から常陸に入るには、南は竜ヶ崎の東の大徳、北は関城町の関本関を通らねばならなかったという（赤城宗徳説）。良兼の軍はこれらの関を避けて北上したのである。

武射郡の少道（一九一2）　武射郡は、九十九里浜の側で下総国に接する、上総国最北端にある郡。和名抄、上総国に「武射」。明治十一年に南側の山辺郡と併せて山武郡となる。赤城宗徳は、良兼の館は武射郡屋形村（山武郡横芝町）にあったと推定する。少道は小路。大道に対する道路。厩牧令に「凡諸道置二駅馬一、大路廿疋、中路十疋、小路五疋、使稀之処、国司量置、不二必須一レ足」。上総より常陸に至る道は、上総国府から発して直ちに下総国に入り、井上・浮島・下総国府・茜津・於賦の各駅を経て常陸国に入るのが正規の道である。いずれも駅馬五疋で、小道にあたる。そのほかに下総の国府と香取神宮を結ぶ支線として、印旛郡の鳥取、埴生郡の山方、香取郡の真敷・荒海の四駅が設けられていたという（東洋文庫本将門記）。或は、この道を進軍したか。前文「不レ就二所々関一」とあるによれば、この少道は単に本道でない小道、従って間道であろう。しかしかなりの軍兵が進軍するのであるから小径ではあるまい。

香取郡の神前（一九一2）　和名抄、下総国「香取、加止里」。神前は千葉県香取郡神崎町。

渡（一九一2）　古事記中「知波夜比登、宇遅能和多理邇、和多理是邇」、枕草子「わたりは、しかすがのわたり、こりずまのわたり、水はしのわたり」。

蒋前の津（一九一3）　蒋（底本訓エ）は「葉」か。大日本史料、承平六年十月二十六日条所収の将門記は、葉前津としエと傍訓を施す。津は、船舶の停泊する施設のあるところ。和名抄「津、四声字苑云、津、将隣反、豆、渡水処也」。蒋前津は、常陸風土記、信太郡の条に「榎浦之津、便置二駅家一、東海大道、常陸路頭、所以伝駅使等、初将レ臨レ国、先洗二口手一、東面拝二香嶋之大神一、然後得レ入也」とある榎浦に当るとするのが通説である。但し榎浦については、茨城県稲敷郡江戸崎町とする説（常陸誌料）、同郡大須賀村市崎（江戸崎町内）とする説（大日本地名辞書）、同郡桜川村幸田附近とする説（赤城宗徳『将門地誌』）などがある。いずれにしても神崎から今日の霞ヶ浦の海を舟で渡り、常陸国に上陸したものである。

水守（一九一3）　和名抄「筑波郡、水守、美毛利」。筑波郡筑波町水守。常陸誌料「中世、あるいは三守（分脈）または水漏（大掾系図）につくる。後、平貞盛が子維幹居り、従五位下に叙し、水守大夫と称す。後、多気（現、筑波町北条）に移り、多気大夫という。嫡子為幹多気を継ぎ、二子為賢、水守氏たり（分脈系図・宇治拾遺物語）。いま古墟猶存す」。

営所（一九一3）　伊呂波「営、タムロ、軍集所也」、後漢書、种暠伝「暠到二営所一、先宣二恩信一」。従来、営所を豪族の館のある所と解するのは、説明不十分である。営所については、「営は古代の用語例では、軍営・砦を意味し、ふつうの舎宅とは異る。…軍事的拠点なのである。…営所には、舎宅的な部分があったであろう。またこれに田畠が附属していたとも考えられる。しかし農業経営はあくまでも副次的で、そこに力点をおくのは、まったくの誤解である」との北山茂夫説がある（同氏『王朝政治史論』）。営所を私営田領主の農業経営の拠点とする説（石母田正氏説）があるが、北山説に従うべきであろう。石井の営所は、石井の宿ともいわれたが、将門記の宿と営所の用例をあげると、下文㈠「かの介の服織の宿より始めて、与力の伴類の舎宅、員のごとく掃ひ焼く」（一九六頁）、㈡「便ち鵝鴨の橋の上より、窃に前に打ちて立ちて、石井の宿に馳せ来り」（一九九頁）、㈢「廿九日をもて豊田郡鎌輪の宿に還る」（二〇八頁）、㈣「故に常陸国の軍は、晒り咲ひて宿に留りぬ。下総国の兵は、忿り愧ぢて早く去りぬ」（二一九頁）、㈤「かの介良兼、兼ねて夜討の兵を構へて、同年十二月十四日の夕、石井の営所に発遣す」（一九八頁）、㈥「故なくしてかの経基が営所を囲む」。

㈠は、介良兼の常陸でのヤドリである。㈡は石井の営所であること疑いないから、営所は宿（ヤドリ）ともよばれたことになる。すると㈠の服織の宿は、服織の営所といいかえることもできる。すると㈢の鉄輪の宿も鉄輪の営所となる。㈣の宿も、営所とすれば、意味が明確になる。楊本で、営所に、ヤドリ・タチの両訓を施しているのは、上の考えを支持する。館を中心とした宿所の機能をもち、具体的に石井の営所の内容を将門記から抽出すると、㈠配下の者が常に宿衛している。㈡将門の兵とよばれる兵が常に営所内にいる。㈢主従・男女とよばれる多くの人がいる。㈣館内には、兵具の置き所、将門の夜の遁れ所などがある。㈤東西の馬打ち（馬場）・南北の出入り（門）などの施設　がある。これは当時の武士の館の様子である。

良正参向して不審を述ぶ（一九一4）　これにより良正は、水守とは別のところで、しかも水守に近い所に居たことがわかる。不審は、いぶかしい、疑問に思うこと、の意であるが、転じて、先方の御機嫌うかがいの言葉にも用いられる。将門の行動についての疑惑を語ったという解釈もあるが、今更良正が将門の行動についての疑惑をのべるのはおかしい。

我が寄人（一九一5）　寄人は、伊京集「寄人、ヨリウド」。身をよせる人。ただしこの言葉をもって貞盛が、父国香なきあと良兼に身をよせて保護をうけていたとするのは当らない。貞盛は昔のよしみで対面したと前文にある。

下毛野国（一九一9）　これまでは、常陸・上総・下総が舞台であったのに、良兼等の軍が下野国に向って進発した理由は明らかでないが、自己の勢力範囲内を戦場とすることを避けるためか。

同年十月廿六日（一九一10）　上文では、六月二十七日に良兼軍が水守営に到着し、良正・貞盛と合力して発向したのに、十月二十六日に将門が行動を起したのでは、機急とはいえない。抄本では、同月廿六日とある。廿六日は良兼が上総国から常陸国に入った日である。これでは少々早すぎるようであるが、常に機敏な行動をとる将門としては、この方がふさわしい。

府下（一九二2）　下野国府は、和名抄に「下野国、国府在㆓都加郡㆒」とある。現、栃木市内。その位置については諸説あるが、常陸・下総国境とはかなりの距離がある。良兼が、下総水守、或は源護の居る常陸国府に逃げ還らずに、上野国府に逃げ込んだのは、内乱が平氏一族の内訌にその性質をかえたことをうかがわせる。後文によると国府の庁舎に逃げ込んだのである。恐らく良兼が上総介で、国こそちがえ国衙の役人であるからであろう。また後の藤原秀郷の出現によって推測される如く、下野国内に良兼側と連繋のきざしが、すでにあったことも暗示する。

夫婦は親しけれども瓦に等し…（一九二5）　夫婦の仲は親しそうだが、瓦の如くこわれやすく、親戚は疎遠にみえても、根がつながっている葦のように深く結びついている。親戚は、父方と母方の縁者。儀制令、元日条集解「親戚、謂、親者内親也、戚者外戚也」。実語教（平安末）に「親族譬如㆑葦、夫婦猶如㆑瓦」とみえる。但し出典未詳。「夫婦は親しくして瓦に等し、親戚は疎にして葦に譬ふ」とよみ、瓦と葦は建物の瓦葺・葦葺を指すものとし、夫婦は瓦葺の屋根のように水ももらさぬ密接なものであり、親戚は葦葺の屋根の雨の漏り易いように疎であると解する説がある（東洋文庫本将門記）。上文に「ここに良正、偏に外縁の愁に就きて、卒に内親の道を忘れぬ」（一九八頁）とある文と対応すれば、前説に従うべきであろう。前説に従えば、この文につづく文意も生きてくる。

鷹の前の雉の命を免れて（一九二8）　鷹にねらわれた雉の如き必死の運命から免れる、雉は鷹狩の第一の獲物とされ、雉を鷹の鳥とも称した。実隆公記、大永六年三月三十日条「雉三、自身、鷹之取云々」、新猿楽記「六君夫高名相撲人也、…皆不㆑敵、譬如㆓鼠会㆑猫雉相㆑鷹」（一四〇頁）。

告状（一九二11）　唐律疏議、断獄律「諸鞫獄者、皆須依㆓所㆑告状㆒鞫之」、「疏議曰、鞫獄者、謂、推鞫之官、皆須依㆓所㆑告本状㆒推之、若於本状之外、傍更推問、…若因㆓其告状㆒、或応㆓掩捕捜検㆒、因而検㆓得別罪㆒者、亦得㆑推之、其監臨主司、於㆓所部㆒、告状之外、知㆑有㆓別罪㆒者、即須挙牒、別更科論、不㆑得㆘因㆓前告状㆒而輙推鞫㆖」。

真樹（一九二12）　歴代皇紀所載の将門合戦状には、承平五年二月、将門は平真樹に語らわれ、平国香・源護と合戦したとある。下文、弓袋山合戦の条にも見える（一九七頁）。将門方の有力な同党らしいが、伝は不詳。千曲川合戦の条で戦死した他田真樹（二〇一頁）とは別人であろう。承平五年二月の合戦で、将門と同等の犯人として告訴をうけたわけである。

承平五年…同六年九月七日に到来す（一九二12）　到来した国が不明であるが、下文によると、常陸・下野・下総の各国であろうか。しかし各国同日というわけにはいかぬから、所詮不明ということになる。延喜式では、京都との行程を、常陸国上三十日、下十五日、下野国上三十四日、下十七日、下総国上三十日、下十五日、とある。しかしこの場合、前年十二月二十九日付発行の太政官符が現地到着に九ヶ月を要していることになる。

左近衛の番長（一九二13）　近衛府は令外の官。天平神護元年（七六五）授刀衛を改称し、大同二年（八〇七）近衛府を左近衛府に、中衛府を右近衛府としたもの。大将・中将・少将・将監・将曹の四等官をおき、医師・府生・番長・近衛の各員が所属して宮中に宿侍し、兵仗を帯して禁中の警衛に当る。このうち番長六人（後八人）、近衛（舎人）四百人（後三百人）。番長は近衛のうちより選任する。番長は、「バンチヤウ」（名目抄）とも「ツカヒノオサ」（後撰集、春）ともよむ。貞丈雑記四、官位部「番長とは、近衛〈近衛ノ舎人トモ云、サレドモ近衛ト斗云フナリ〉と云役人、左右の近衛府にて六百人ほどある内八人、弓馬の達者なるをゑらんで番長とせらる、其中一人、随身の長にして、召具せらるる也、番長は随身の頭也、是を上﨟の随身と云なり」。

英保純行（一九二13）　英保は、拾芥抄、姓戸録部五「首、英保、アホ」、姓名録抄「首、英保、アホ」。英保をアナホとよみ、穴穂部・孔王部の末裔とする説があるが（東洋文庫本将門記・新撰日本古典文庫本将門記）、従い難い。続紀、宝亀二年十月己卯条・同三年四月庚午条・同五年九月己亥条に、英保首代作の名がみえ、八世紀にはすで存在した氏であり、むしろ阿保・安保と同じとみるべきである。中興系図に「英保、安保に同じ」（姓氏家系大辞典）。阿保氏は、続紀、延暦三年十一月戊午条に「武蔵介従五位上建部朝臣人上等言、臣等始祖息速別皇子、就二伊賀国阿保村一居焉、逮二於遠明日香朝廷一、詔二皇子四世孫須禰都斗王一、由レ地錫二阿保君之姓一、其胤子意保賀斯、武芸超レ倫、足レ示二後代一、是以長谷旦倉朝廷改賜二建部君一、是旌レ庸恩意、非二胙(ムクユル)一レ土彝倫一、望請、返レ本正レ名、蒙二賜阿保朝臣之姓一、詔許レ之、於レ是人上等賜二阿保朝臣一、建部君黒麻呂等阿保公一、天平十一年出雲国賑給歴名帳に「小田里戸主建部馬手ロ阿保臣石麻呂、年十一」とみえる（寧楽遺文上）。

宇自加友興（一九二13）　新撰姓氏録、右京皇別「宇自可臣、孝霊天皇皇子彦狭嶋命之後也」、姓氏家系大辞典に「宇自可氏、牛鹿臣の後なるべし、将門記に左近衛番長宇自可友興、小右記に、雑色番長宇自可春利、番長宇自可吉志等見ゆ」と。

検非違使所（一九二15）　検非違使は、弘仁年間におかれた令外官。はじめ左右二局に分れていたが、承和元年（八三四）左衛門府に庁舎を定めて一本化し、当初は専ら京中の治安維持を本務とし、犯人を逮捕して刑部省に送致したが、貞観二年（八六〇）、強窃二盗・殺害・闘乱・博戯・強姦などの処罰権を付与されて、次第に権限を拡大し、令制の衛府の追捕、弾正の糺弾、刑部の判断、京職の訴訟の職権は、検非違使に吸収された。平安中期以降になると、地方諸国に、ついで荘園などにもおかれた。中央の検非違使の役所を検非違使庁、地方の検非違使の役所を検非違使所という。従って、ここに検非違使所とあるは、検非違使庁の誤りである。恐らく撰者自身の思いあやまりであろう。

理務に堪へず…理のごとし（一九三1）　理論めいたことをするのに堪能でないが、仏神の感応のおかげで、陳述するところ道理に叶っている。後に将門は神のお告げによって新皇となる。将門の信仰の一面を示している。

犯しところ軽きに…（一九三2）　軽きは、軽罪。唐律疏議、名例律、断罪無正条「諸断罪而無二正条一、其応レ出レ罪者、則挙レ重以明レ軽、疏議曰、断罪無二正条一者、一部律内、犯無二罪名一、其応レ出レ罪者、依二賊盗律一、夜無レ故入二人家一、主人登時殺者勿論、仮有二折傷一、灼然不レ坐、又条、盗二緦麻以上財物一、節級減二凡盗之罪一、若犯二詐欺及坐贓之類一、在レ律雖レ無二減文一、盗罪尚得二減科一、余犯明従二減法一、此並挙レ重明レ軽之類」。

畿内（一九三3）　孝徳紀、大化二年正月条「凡畿内、東自二名墾横河一以来、南自二紀伊兄山一以来、西自二赤石櫛淵一以来、北自二近江狭々波合坂山一以来、為二畿内国一」。大宝令以後は大和・山背（山城）・摂津・河内・和泉の五ヶ国をいう。

松の色は…（一九三6）　和漢朗詠集、春、子日「倚二松根一摩レ腰、千年之翠満レ手」。松は寿命が長いことで松の千歳ということあり、それに准え、天皇の長寿を寿ぐ語。

蓮の糸は…（一九三6）　蓮の葉や茎からとった糸が、極楽往生の縁を結ぶとされ、袈裟や曼陀羅を織る風があった。蔓は、古代、青柳・アヤメ・ユリ・藻草・稲穂などを、髪に結んだり、巻きつけたり、からませたりして、植物の生命力を身に移そうとした感染呪術にもとづく民俗である。十善は、伊呂波に「十善、不殺生・不偸盗・不邪婬・不妄語・不悪口・不両舌・不綺語・不慳貪・不瞋恚・不邪見、十悪翻也」。前世でこの十善の戒を守った功徳によって、この世の帝王に生れると信ぜられた。法華経義疏一、方便品「経既云下五戒得二人身一。十善得中天身上」。

八虐（一九三7）　名例律「八虐、一曰謀反、謂、謀レ危二国家一、二曰、謀大逆、謂、謀レ毀二山陵及宮闕一、三曰、謀叛、謂、謀二背レ国従一レ偽、四曰、悪逆、謂、殴二及謀レ殺三祖父母父母一、殺二伯叔父姑兄姉外祖父母夫夫之父母一、五曰、不道、謂、殺下一家非二死罪一三人上、支二解人一、造二畜蠱毒厭魅一、若殴二告及謀レ殺三伯叔父姑兄姉外祖父母夫夫之父母一、殺二四等以上尊長及妻一、六曰、大不敬、謂、毀二大社一及盗二大祀神御之物、乗輿服御物一、盗二及偽三造神璽内印一、合二和御薬一、誤不レ如二本方一、及封題誤、若造二御膳一、誤犯二食禁一、御幸舟船、誤不二牢固一、指二斥乗輿一、情理切害、及対二捍詔使一、而無二人臣之礼一、七曰、不孝、謂、告二言詛三詈祖父母父母一、及祖父母父母在、別籍異財、居二父母喪一身自嫁娶、若作レ楽、釈レ服従レ吉、聞二祖父母父母喪一、匿不二挙哀一、詐称二祖父母父母死一、姦二父祖妾一、八曰、不義、謂、殺二本主本国守見受業師一、吏卒殺二本部五位以上官長一、及聞二夫喪一、匿不二挙哀一、若作レ楽、釈レ服従レ吉及改嫁」。この律文によれば、将門の罪は四乃至五の罪にあたる。

承平七年四月七日の恩詔（一九三8）　北山抄四、賀表事所引、承平七年正月七日日記に「此日宣命、有二赦免賑恤等事一」とみえ、狩野亨吉蒐集文書「御元服恩赦事」に、「承平七年正月七日宣命、状中同貞観例」とあるので、宣命は、正月七日に出で、将門に施行されたのが四月七日というのであろう。状中同じとされた貞観六年正月七日の宣命の状は「貞観六年正月七日午時以前大辟已下、罪無二軽重一、已発覚・未発覚・已結正・未結正及犯二八虐一、常赦所レ不レ免者、咸赦除之、其私鋳銭及強窃二盗並不レ在二赦限一」というのである。

燕丹（一九三9）　燕国第四十三代の王喜の子。秦に人質となっていたが、秦王政（後の始皇帝）に許されて帰国した。のち秦を亡ぼそうとして、ひそかに刺客荊軻を送ったが、荊軻は失敗し、やがて燕も亡ぼされた。遑を辞すは、暇乞いをする。

伝に言はく…（一九三9）　燕丹子については、先秦の書と推定されている「燕太子伝」があり、浦島子については、「浦島子伝」がある。前者のこの部分は「燕太子丹、為レ質二於秦一、秦王遇レ之無レ礼、不レ得レ意欲レ帰、秦王不レ聴、謬言曰、令二烏白レ頭、馬生レ角乃可、丹仰レ天歎、烏即白レ頭、馬為生レ角、秦王不レ得レ已而遣レ之」とあるが、平安初期と推定される浦嶋子伝、承平二年四月廿二日坂上家高注とある続浦嶋子伝には、本文の如き章句はない。従ってここは伝えに言うの意か。但し、下文常楽の句は、或は浦島子伝によるかともみられる（次項参看）。

常楽の国（一九三13）　常楽は仏教語。法華玄義四「破二二十五有煩悩一名レ浄、破二二十五有業一名レ我、不レ受二二十五有報一為レ楽、無二二十五有生死一名レ常、常楽我浄名為二仏性顕一」。常は常住永遠、楽はたのしみ。常楽は永遠のたのしみ、悟りの境地をいう。正倉院文書、天平勝宝八年六月二十一日献物帳「遂使下擾々群生、入二寂滅之域一、蠢々品類趣中常楽之庭上」。転じて永遠のよろこびのある至福の地。浦島子伝に、島子が帰心を生じて帰国の心をのべた言葉に「島子答云、暫侍二仙洞之霞筵一、常嘗二霊薬之露液一、非二是我幸一乎、久遊二蓬壺之蘭台一、恣甘二羽客之玉盃一、非二是我楽一哉」とあり、この常と楽とから、仏教語の常楽をひき出したとも思われる。

馬に北風の愁…（一九三14）　文選二九、雑詩上、古詩十九首「行行重行行、与レ君生別離、相去万余里、各在二天一涯一、道路阻且長、会面安可レ知、胡馬依二北風一、越鳥巣二南枝一」。北方の胡地に産する馬は、北風の吹くごとに故郷を慕っていななき、南方の越国から渡って来た鳥は、故郷をしたって南向きの枝に巣を作る習性がある。生あるもの皆故郷忘れがたいの意。尾張

国解文「方今不レ勝二馬風鳥枝之愁歎一」。

弊宅に…(一九三15)　常陸国―京都の行程は、民部式では上り三十日、下り十五日、下総国も同じである。従って五月十一日に京都を出た将門は五月末に自宅に着いたことになる。

旬月(一九四2)　十日あるいは一ヶ月の意、また一ヶ月あるいは月余の意もある。楊本は「幾程」につくる。意は同じだが、何れが原文かは、にわかに定め難い。

霊像…(一九四4)　梶原正昭氏は、「前年の下野国境の戦いの時には、将門側が、前面に歩兵を散開させて一斉に矢を射放ち、良兼方の騎兵隊を潰滅させたので、このたびは霊像を陣頭に立てて威圧するとともに、将門側の矢による一斉射撃の戦法を封じようとしたわけであろう」とする(東洋文庫本将門記)。下文、倡伎の託宣と共に、東国の呪術的風土がうかがわれる。

明神(一九四5)　左伝、荘公三十二年七月条に「有レ神、降二于莘一、恵王問二諸内史過一曰、是何故也、対曰、国之将レ興、明神降レ之、監二其徳一也、将レ亡神又降レ之、観二其悪一也」。一般に明神は名神の転訛とされるが、名神は神格で神号ではない。明神の本来の意味は、「神之明察者」(周礼、秋官、司盟注)。従って名神を明神と称することはあっても、明神を名神と称することはない。

下総国豊田郡栗栖院常羽の御厩(一九四7)　豊田郡は、九条本民部式の頭注に「延喜四年十二月十日改二岡田郡一、為二豊田郡一」とあり、岡田郡を改名した郡。和名抄に「豊田、止与太」。下総国西北部、東は鬼怒川・小貝川を堺として常陸国真壁郡及び筑波郡に接す。栗栖院の栗栖は、結城郡安静村(現、八千代町)栗山に比定されている。栗栖院はその地にあった寺院とされているが、この院は、寺院の院ではなくて、南九州に多い、行政区としての院であろう。栗栖院にある常羽御厩。楊本に「イクハノミマヤ」と訓む。御厩は、旧址は、八千代町城山に比定されている(赤城宗徳『将門地誌』)。御厩は、馬をつないでおく厩舎のあるところ。牧が放飼であるのに対し、厩は櫪飼(いたがい)をする。放牧は馬を生育させるを目的とし、櫪飼は成長した馬を飼って、軍馬・駄馬・車馬等にそなえる。従って厩は軍事力の拠点であり、その別当(長官)は有力な武力の把握者である。将門が新皇となったとき、常羽御厩別当多治経明を上野守に任じたことでもわかる。良兼がこの地を焼き払った理由である。

橧(一九四8)　コシキは、湯釜の上にのせ、下からのぼる水蒸気で、米を蒸すのに用いる道具。後世の蒸籠(せいろう)。東日本では、古墳時代から土製のものが用いられ、「甑」の字があてられた。曽は音声。のち木製を用いるようになり、〓(新撰字鏡)の字がつくられ、さらに木製のコシキを重ねて蒸すに至って、橧の字がつくられたものであろう。但し、この文字は古辞書に見えない。

鉾(一九四14)　鉾に二種あり、一は、軍防令に「牟者二丈矛也」とある長柄のもの、一は、両刃の剣に短い柄をつけた手鉾。和名抄に「手戟曰矛、人所レ持也、字亦作レ鉾、和名天保古」とあるもの。共に片手に楯を持って戦う。

下大方郷堀越渡(一九四14)　和名抄に、豊田郡に大方郷がある。現在結城郡千代川町大形に比定される。堀越渡は、楊本は「堀津渡」につくり、現在の結城郡西豊田村仁江戸から、対岸行田(なめた)に渡る行田の渡、通称堀戸の渡に比定される(赤城宗徳『将門地誌』)。

脚病(一九五1)　字類抄「脚病、カクヒヤウ、俗音」、和名抄「脚気、医家書有二脚気論一(脚気、一云脚病、俗云、阿之乃介)」。

算(一九五2)　算木。東アジアで使用された計算用具で、竹または木でつくった細い小さな棒。漢書、律歴志上「其算法用レ竹、径一分、長六寸、二百七十一枚而成」。算木を乱したようにちりぢりばらばらになること。平家一一、弓流「楯は算をちらしたる様に、さんざんにけちらさる」。

幸嶋郡葦津の江(一九五5)　和名抄に「猨島郡、塔陁・八俣・高根・石井・葦津・色益・余戸」とみえる。葦津郷は今日の猿島郡猿島町・結城郡八千代町あたりか。葦津の江は、飯沼が葦津郷あたりまで入りこんで出来た入江で、葦が生いしげっていたので、その名があるのであろう。下文に広河の江とあるのは、葦津の江を広い河の姿でいいかえたものである。

雑物資具三千余端なり(一九五10)　端は布帛の単位で、長五丈二尺、幅二尺四寸（賦役令）。雑物資具は布にして（准布）三千余端の意か。或は雑物と資具と布三千余端の意か。敵の焦土戦術をさけて、これらを船にかくしていたものであろう。三千余端にのぼる布乃至資財の貯えのある点、注目される。

幹朋に与ひて…（一九五14）　幹朋は韓朋の宛字。中国戦国時代宋の大夫韓憑のこと。康王に美貌の妻を奪われて自殺し、妻もまた台下に投じて死んだ。その墓上に常に鴛鴦の雌雄が棲んだという。この故事にならって夫将門とともに死にたいとねがう意。

漢王の励を…（一九五14）　漢王は唐の玄宗のこと。玄宗が楊貴妃の魂の行方をさがさせた故事（白楽天、長恨歌）にならって妻をさがそうとおもう意。

征伐（一九六6）　罪ある者や反逆するものを攻め討つこと。書言字考節用集「征伐、セイバツ」、孟子、尽心下「征者、上伐レ下也」。これまで、将門記では、良兼方を「敵の介」「件の敵」と表現している。ここに征伐の言葉を用いているのは、下文の良兼等を追討すべき官符が将門に下ったことに対応するものである。同族内部の私闘としての合戦が、この時点で、朝廷の介入がはじまったということであろう。

常陸国真壁郡（一九六7）　常陸国風土記は白壁郡に作る。延暦四年（七八五）五月三日、光仁天皇の諱をさけて白髪部を真壁部に改めたとき、郡名も改めたものであろう。北と西は新治郡、東は茨城郡、南は筑波郡に接し、中央を南北に桜川が流れる。良兼方の勢力範囲。

軯諷と…諠譁と…（一九六12）　軯は車馬の音、転じて車馬や鐘鼓のなりひびく音。諷は鞫の異体字、罪人をののしり調べること、またその声。諠譁は、伊呂波に「クヱンクワ、カマヒスシ、一作喧嘩」。底本、軯諷の左に「ノノシリ」、諠譁の左に「カマヒスシ」と訓あり。

簡牒を送り（一九六13）　今昔二五ノ三「一町計ヲ隔テ楯ヲ突キ渡シタリ。各兵ヲ出シテ牒ヲ通ハス。其兵ノ返ル時ニ、定レル事ニテ箭ヲ射懸ケル也」、同二五ノ五「然レバ既ニ各ノ軍ヲ儲テ可二合戦一義ニ成ヌ。其後ハ牒ヲ通ハシテ日ヲ定テ、其ノ野ニテ合ハムト契ル」。

掾平貞盛・公雅・公連（一九七8）　以前左馬允であった貞盛は、ここでは掾（常陸掾か）となっている。分脈には貞盛に掾を注せず。公雅・公連は、分脈に

良兼──公雅武蔵守従五上
　　└─公連字六平

貞信公記抄、天慶三年正月十四日条に「任二東国掾八人一畢、公雅等也」とある公雅も同一人である。

常陸国の敵等…官符（一九七9）　敵の字が無いと下文の常陸国と重複になる。漢文としては、上文の如くよむのは無理があるので「常陸国等に将門を追捕すべきの官符」とよまれて来たが、それでは下文の「将門頗る気を述ぶ」や、後文の、将門が旧主忠平に送った書状に「良兼がために人物を殺し損し奪ひ掠られたるの由、具に下総国の解文に注して官に言上す。ここに朝家諸国合勢して良兼等を追捕すべきの官符を下されたること、また了りぬ」（二二一頁）とのべていることと一致する文意に読むのが、定説となっている。

宰（一九七10）　応神紀三年十一月条「海人之宰」の古訓「アマノミコトモチ」、雄略紀七年是歳条「任那国司」の古訓「ミマナノクニノミコトモチ」。宰・司ともに古訓同じ。ここでは司の古訓と同字を用いて、この頃の司の訓「ツカサ」と訓ませたものである。

駈使丈部子春丸（一九七14）　駈使は、走り使い。職員令、木工寮条集解「駈使丁、謂、凡諸司駈使丁、皆有二定数一、特於二此寮一、不レ制二員数一者、分二配諸司一、其余多少、皆配二此寮一故、無二定員一也、…古記云、駈使丁、分二配諸司一、以外余仕丁、皆配二此寮一」。これは官庁の駈使であるが、民間でも、豪族・社寺などの雑役に使われるものをいう。

丈部は、伊呂波「丈部、ハセツカヘ」「丈部、ハセツカヒヘ」「丈部、ハセツカヘ、首宿禰」。続後紀、天長十年二月丙子条「常陸国筑波郡人散位正六位上丈部長道、一品式部卿親王家令外従五位下丈部氏道、下総少目従七位下丈部継道、左近衛大初位上丈部福道四人、賜二姓有道宿禰一」とあって、常陸筑波郡に有力な丈部氏が、古くからいたことがわかる。子春丸も、将門の駈使ではあったが、実質的には乗馬の郎等になることのできるほどのものであったと推測され

る。子春丸の丸は、古代の男子の童名につけられる。元服すれば、諱を名乗り、丸は麻呂となる。

田屋（一九七14） 伊賀国古文書、寛治二年六月十九日懸光国解「彼真遠為二当国猛者一、諸郡有二彼真遠之所領一、仍郡々令レ立二田屋一、所三宛二作佃一也、国内人民皆為二彼従者一、所二服仕一也」。

以為（一九七15） ここでわざわざ、字書に曰くとして「於牟美良久（おむみらく）」と注しているのは、保安三年十月移点妙法華経玄賛その他に「オモムミル」とあるので、「オモムミラク」がつまって「オムミラク」となったのであろう（岡田希雄『将門記の訓点』）。

駿馬の宍を食ひて…（一九八8） 漢書、轅固伝注「師古曰、馬肝有レ毒、食レ之憙殺レ之」、史記、封禅書「文成食二馬肝一死耳」、呂氏春秋、愛士篇「昔者、秦繆公乗レ馬而車為破、石服失而埜人取レ之、繆公自往求レ之、見二埜人方将レ食二之於岐山之陽一、繆公歎曰、食二駿馬之肉一、而不レ飲レ酒、余恐二其傷レ女也、於レ是徧飲而去」。太平記二六、四条縄手合戦事にも、この故事をひき「我レ聞ク、飢テ馬ヲ食セル人ハ必病ム事有トテ、其兵共ニ酒ヲ飲セ、薬ヲ与ヘテ、医療ヲ加ラレケル」とある。

鴆毒（一九八9） 塵添壒嚢抄に「鴆云フ毒鳥アリ、羽以酒カキテ、人飲スルニ、即時死ヌル程ノ毒有トモ、気味極甘キ物也」。淮南子「難レ受薬石苦レ喉也、易レ随鴆毒甘レ口也」。

炭（一九八11） 和名抄、燈火具「炭、蔣魴切韻云、〈他案反、和名須美〉樹木以レ火焼レ之、仙人厳青造也」、同、鍛冶具「和炭、漢語抄云、和炭〈邇古須美、今案、一云、加知須美〉」。古代の炭の用途は、炊事用ではなく、煖房及び鍛冶用である。ここに運び入れた炭も、営所における鍛冶用の炭であろう。

宿衛（一九八12） 武士の館に郎等が宿衛するさまを、今昔二五ノ四に「太郎介、物食ヒ畢テ、高枕シテ寝ヌ、枕上ニ打出ノ太刀置タリ、傍ニ弓・胡簶・鎧甲アリ、庭ニ郎等共調度ヲ負テ、所々ニ立チ廻リツ、主ヲ守ル、介ガ臥シタル所ニハ、布ノ大幕ヲ二重計引キ廻シタレバ、箭ナド可レ通クモ无シ、庭ニ立タル柱松共ノ光リ昼ノ様ニ明シ、郎等共不レ緩シテ廻レバ、露ノ怖レ可レ有クモ无シ」とある。

養由が弓…解烏の靫…（一九九1） 養由は、中国戦国時代楚の人、養由基。漢書、枚乗伝に「養由基、楚之善レ射者也、去二楊葉一百歩、百発百中、楊葉之大、加二百中一焉」とあるが、空飛ぶ鳥が落ちることは見えない。解烏のこと、現行の淮南子に見えず、楚辞、天問三、離騒一三「羿焉彃レ日、烏焉解レ羽」の王逸の注に引用の淮南子に「堯時十日並出、草木焦枯、堯令三羿仰二射十日一、中二其九日一、日中九烏皆死堕二其羽翼一」とある。なお、この一句、新猿楽記にも見える（一三八頁）。

結城郡法城寺（一九九8） 結城郡は、猿島郡の北。北は下野国都賀郡、東は常陸国新治郡に接す。法城寺は所在未詳。或は結城寺の誤写か。結城寺は現在は結城市山川町新宿にあるが、もとは上山川村矢畑にあって、石井の西北にあたる交通の要衝であったという（赤城宗徳『将門地誌』）。

鵝鴨の橋（一九九10） 二説ある。一は結城郡新宿村の小川にかかる釜橋（織田完之「国宝将門記伝」）。一は、結城寺のある矢畑から大木の聚落を過ぎたところにある八坂下橋（赤城宗徳『将門地誌』）。いずれも結城寺より石井に至る途中にある。

韝（二〇〇3） 訓は楊本による。鷹手貫で、鷹を使うときに鷹を腕にとまらせるための革製の籠手。和名抄「韝、文選西京賦云、青骹摯二於韝下一〈韝音溝、訓太加太沼岐、又見二射芸具一〉」、字類抄「韝、タカタヌキ、鷹具也、射具也」。

名を損ひ利を失ふ（二〇〇9） 万代に伝うべき名誉を傷つけ、目前に得べき利益をも失うこと。太平記七、先帝船上臨幸事「舎弟小太郎左衛門尉長重進出て申けるは、古より今に至迄、人の望所は、名と利との二也」、宗五大双紙「名と利との二つはいづれも人の願ふ事なれ共、利は一旦の利也、名は万代の名なり、武士一命を捨るも、名を思ふ故也」。これら用例によれば、名と利の二つであって、名によって得られる利のみではない。

清廉（二〇〇9） 続紀、和銅六年三月壬午条「任二郡司少領以上一者、性識清廉」、字類抄「清廉、忠信分、セイレン」、塵添壒嚢抄「清廉ト云フ本意ハイカン、楚辞注曰、不レ受曰レ廉ト云ヘリ、賄賂トラヌヲ云也」。

蚫室に宿りぬれば…（二〇〇9）　蚫はあわび、蚫室は干蚫を貯える室。宿るは、一時的でなく長時間とどまること。羶は羊の肉、転じて羊の肉の生臭いことをいう。奎は股のこと。羊の股肉か。清廉である者も、干魚の倉庫に久しく居れば、その臭いに染まって、羊の肉と同じように生臭いといわれるように。出典は孔子家語六本「与二善人一居、如レ入二芝蘭之室一、久而不レ聞二其香一、即与レ之化矣、与二不善人一居、如レ入二鮑魚之肆一、久而不レ聞二其臭一、亦与レ之化矣、丹之所レ蔵者赤、漆之所レ蔵者黒、是以君子慎下其所二与処一者上」。

貧報（二〇〇10）　霊異記中一四話「大恥二貧報一、至二于諸楽左京服部堂一、対二面吉祥天女像一、而哭之曰、我先世殖二貧窮之因一、今受二窮報一」。

花門（二〇〇12）　抄本は「華門」につくる。蓽門はいばらでつくった貧弱な門、上文「弊宅」と同意になり、文章としては、下文の花城に対する句として、「蓽門を出でて花城に上り」の方がよい。上文「早に都洛を辞して弊宅に着きぬ」（一九三頁）と同じ文脈であるべきである。恐らく蓽→華→花と三転したものであろう。

朱紫の衣を拝す（二〇〇15）　令制では、位階によって服色を規定し、一位は深紫衣、三位以上は浅紫衣、四位は深緋衣、五位は浅緋衣と定めた。このことから高位高官に任ぜられることをいう。文粋二、答諸公卿請減封禄表勅「内合二議於股肱一、外引二彙於朱紫一」、古事談一、公忠蘇生奏事幷延長改元事「堂上有下紆二朱紫一者三十余輩上」。

讒人の行は…（二〇一2）　以下、帝範、去讒「以二其諂諛之姿一、悪二忠賢之在二己上一、懐二其奸邪之志一、怨二富貴之不一レ我先一、故叢蘭欲レ茂、秋風敗レ之、王者欲レ明、讒人蔽レ之」にもとづくものであろう。

嫐む（二〇一3）　底本傍訓「ナヤム」、楊本傍訓「ネタム」。字類抄はウラヤムとし、名義抄はネタム・ナヤム・ウハナリとする。ネタムでは、上文の憎のソネムと同義になるので、底本の如くナヤムと訓む方がよい。

蘭花は…（二〇一3）　古事談・平家などにも見える。古事談一「一条院崩御之後、御手習ノ反古ドモノ御手筥ニ入テアリケルヲ、入道殿（道長）御覧ジケル中ニ、叢蘭欲レ茂秋風吹破、王事欲レ章讒臣乱レ国トアソバシタリケルヲ、吾事ヲ思食テ令レ書給タリケリトテ令レ破給ケリ」。

信濃国小県郡の国分寺（二〇一8）　現在、上田市に信濃国分寺址がある。国分寺は国府の近くにあるのが普通であるが、将門の頃の国府は、筑摩郡（松本市に遺構ありとされる）にあって（和名抄）、国府とは離れていた。常陸・下総国は東海道に属するのに、常陸国からの上京に、東山道を用いていることに注意すべきである。常陸から下野国府に至るには、良兼の第一回の将門襲撃の如く、多数が進軍可能な間道があり、貞盛の脱出もそれを用いたことと推測される。下野国府より、東山道を西上する街道は、三鴨・佐野・足利・田部（以上下野国）、新田・佐位・群馬・野後・碓氷（以上上野国）・長倉・清水の諸駅を経て、国分寺に至る。

千阿川（二〇一8）　現在は千曲川と書く。甲武信岳に源を発し、佐久平を北上し、国分寺の南を流れて、川中島で犀川と合流して信濃川となる。千阿川を帯してとは、千阿川を背にしての意か。貞盛の退路を絶つ布陣である。

他田真樹（二〇一9）　冒頭の将門合戦章にみえる平真樹とは別人である。霊異記下二二話「他田舎人蝦夷者、信濃国小県郡跡目里人也、多富二財宝一、銭稲出挙、蝦夷奉レ写二法花経二遍一」、三代実録、貞観四年三月二十日条「小県郡権少領外正八位下他田舎人藤雄等並授二借外従五位下一」とある、他田舎人の同族であろう。小県郡の豪族で、貞盛に誘われて、戦に加わったものであろう。

文室好立（二〇一10）　文室は、天武天皇第四皇子長王の子浄三が、天平勝宝四年、文室真人の姓を賜ったもの。浄三の孫綿麻呂は、薬子の乱に功を立て、陸奥出羽按察使として蝦夷地経営に当り、坂上田村麻呂と共に大和朝廷の蝦夷地征討の業をほぼ完了した。好立も、文室氏の東国に土着したものの後裔であろう。将門の自立後の除目で安房守に任ぜられた将門陣営中の有力者である。

呂布（二〇一11）　弓にすぐれ、馬術に長じ、勇猛奸悪をもって知られたが、屢々主将を裏切り、最後に曹操に捕えられ殺された。しかし裏切り者の鏑を免れるという意味の故事がここに用いられている作者の真意は不明である。或は他田真樹に呂布（裏切者）に比せられるものがあったとする説もあるが、この文章のままでは、将門の矢先を免れた意味にとるのが普通であろう。

千般（二〇一11）　般は、説文「般、辟也、象二舟之旋一、从レ舟从レ殳、殳令二舟旋一者也」。船が、何回もぐるぐるまわることから、転じて何度も何度ものの意。但し一般には、再転して、いろいろ、さまざまの意に用いる。ここでは前者の意。

堵邑（二〇一11）　堵は垣のこと。本来は垣の広さを示す語。二尺はばの板五枚を積んで造った高さ一丈の垣。但し、堵の長さについては、一丈・八尺・六尺の三説がある。転じて、垣をめぐらせた住宅。邑は人の集って出来た村。堵邑は居村のこと。これを都邑の意とするは誤り。

旅の空の涙を…（二〇一13）　時は二月の春である。草の芽の萌える頃である。涙にかけて草の芽を目といったもの。梁書、武帝紀に「涕涙所レ灑、松草変レ色」とあるを出典とするか。杜甫の春望にも「感レ時花濺レ涙」とあるが、出典としては前者がふさわしい。

天判（二〇二1）　勅裁といわぬところに、絶対的神的権威が含まれる。続紀、神亀元年十月丁亥条「不レ知二処分一、伏聴二天裁一」。

在地の国（二〇二1）　東寺文書、延喜二十年九月十一日右大臣家牒「以二去承和十二年一申二下官省府於在地国一」。

弥逆心を施して…（二〇二2）　逆心は、反逆の心。反逆は国や主人にそむきさからうこと。名例律「凡犯二八虐・故殺人・反逆縁坐一」。暴悪は乱暴非道。逆心といい暴悪というは、太政官符に従わない行為をいう。ここで将門に対する評価の変化によって将門記の撰者の立場が、天皇制擁護にあることがわかる。

六月上旬…（二〇二3）　抄本「天慶二年六月上旬」とす。下文にも「介良兼朝臣、六月上旬をもて、病の床に臥しながら、鬢髪を削り除きて卒去すでに了りぬ」（二〇五頁）とあり、死の直前出家した病死であることがわかる。二〇五頁補「介良兼…了りぬ」参照。

平維扶（二〇二3）　九条殿記、駒牽、天慶元年九月七日信濃駒牽日記に「参議顕忠朝臣・左馬頭惟扶朝臣…以上四人取手人々也」、世紀、同年九月八日条「今日上野・武蔵両国諸牧御馬共一度牽進也、…左馬頭惟扶朝臣行事」、貞信公記抄、天慶二年八月十七日条「往二白河家一、餞二陸奥守惟扶朝臣一、聊有二管絃之興一、又賜レ禄有レ差」、同、九月廿九日条「八月廿二日令三公宿禰臣仰二実利一云、惟扶朝臣在二宇治一、須下向二彼宅一、受二習庭立奏一、必奉中仕十月朔日上云々」など。梶原正昭は、維扶を以て、桓武平氏高棟王流の、惟範の一族ではないかと推定したが（東洋文庫本将門記）、高望王流の貞盛も馬寮の官人となっており、維を通字とする平氏は、貞盛の周辺にもいるので、単なる推論にとどまる。

太守（二〇二5）　正式には、上総・常陸・上野の親王任国の守に任ぜられた親王を太守というが、他の国でも、守の家人などが主人を尊称して、太守とよぶことがあった。陸奥話記にも「永承比、大守藤原朝臣登任」（二三〇頁）とみえる。将門記も陸奥話記も、陸奥守を指しているが、南北朝時代になると、陸奥国も親王任国として太守が正式の称となった。神皇正統記、後醍醐天皇条「カクテ親王元服シ給。直ニ三品ニ叙シ、陸奥太守ニ任ジマシマス。彼国ノ太守ハ始メタル事ナレド、便リアリトテゾ任ジ給」とある。

知音の心（二〇二5）　心の通じ合った親しい友。字類抄「知音、朋友部、親詞、チイン」。出典は、列子、湯問「伯牙善鼓レ琴、鍾子期善聴、伯牙鼓レ琴、志在レ登二高山一、鍾子期曰、善哉、峩々兮若二泰山一、志在二流水一、鍾子期曰、善哉、洋々兮若二江河一、伯牙所レ念、鍾子期必得レ之」。維扶は、陸奥守の前は左馬頭であり、貞盛は馬寮の官人であったことから、馬寮では上官下官の間柄であったばかりでなく、貞盛は、その子に維叙・維将・維敏・維衡など維の字を多く用いている。これは単なる官庁の上下の関係以上のものがあったことを示し、知音の心が単なる文飾でないことを推測させる。

武蔵権守（二〇三1）　武蔵は、民部式に大国とし、「管、久良・都筑・多麻・橘樹・荏原・豊嶋・足立・新座・入間・高麗・比企・横見・埼玉・大里・男衾・幡羅・榛沢・那珂・児玉・賀美・秩父」とあり、和名抄に「武蔵国〈国府在多磨郡、行程上二十九日下十五日〉、管二十一〈田三万五千五百七十四町七段九十六歩、正公各四十万束、本稲百一万三千七百五十束五把、…〉」とある。権守は、官職抄下「権守、中下国無二権守一、近江・越前・丹波・播磨・美作・備前・備中・備後・周防・伊予・讃岐為二参議兼国一、此

外或為㆓宿官㆒、為㆓他人兼国㆒、又以㆓別進成功者㆒以任㆑之」。有職問答二「一権守事、正守は在京にて在国の守護を可㆑称之由被㆓仰出㆒候畢」の勘注に「守護ハ国ノ守ヲ警固シ候武士分候、御説不審」とあるが、権守の説であるので、この在国の守護は、在国して国務を守護している権守と解すべきである。即ち、権守といえども、守不在の時は、国務を守護するという意に解せられる。

興世王（二〇三1）　皇孫は、六世まで王と称することができる。興世王は、桓武天皇の子伊予親王、その子継枝王、その子三隈王、その子村田王の子とする説があるが、典拠不明（織田完之『国宝将門記伝』）。系譜不明というべきである。但し、世紀、天慶二年六月二十七日条に、武蔵権守興世王とみえるので実在の人物であることは確かである。

源経基（二〇三1）　本朝皇胤紹運録・分脈、共に清和天皇皇子貞純親王の子経基王につくる。大鏡一にも、清和天皇の条に「この御すゑぞかし、いまのよに源氏の武者のぞうは。それもおほやけの御かためとこそはなるめれ」とあって、清和源氏の始祖であることが常識となっているが、永承元年（一〇四六）に誉田山陵に奉った源頼信の願文に「敬奉㆑㆑㆓先祖之本系㆒者、大菩薩之聖躰者、忝某廿二世之氏祖也、〈先人新発（源満仲）、其先経基、其先元平親王、其先陽成天皇、其先清和天皇、其先文徳天皇、其先深草天皇、其先嵯峨天皇、其先柏原天皇、其先白壁天皇、其先天智天皇、其先施基王子、其先舒明天皇、其先敏達天皇、其先欽明天皇、其先継躰天皇、其先彦主王子、八幡五世孫也〉」とのべ、更にその後文で「今某苟身体髪膚承㆓祖宗㆒、僅知㆓立身孝初㆒、所謂、曾祖陽成天皇者、権現之十八代孫也、頼信者彼天皇之四世孫也」といい、さらに先祖の勲功をのべて、「中比朱雀皇帝御宇承平七年平将門為㆓造意之張本㆒、企㆓謀反計略㆒之日、祖父経基孫王、奉㆓為公家㆒、特存㆓忠節㆒、不㆑屑㆓将門之好言㆒、忽然京上、告㆓奏禁省㆒、駭㆓其告言㆒、被㆑施㆓朝威㆒、天慶三年国家安鎮天下泰平〈已上先祖功也〉」とのべ、経基の将門記に伝える行動を裏書している。とすれば、この頼信の告文には、陽成天皇の末裔であることを二度もくり返しているので、告文の作者や書写の誤りとすることは出来ぬ。この告文によって、いわゆる清和源氏は陽成源氏であるとする説もある（星野恒博士）。（この際大鏡の記事が問題となるが、大鏡の「いまのよに源氏の武者のぞうは」云々の条は、源氏が「おほやけのかため」とみとめられた平安末以後のざん入ということになる。）その経歴も、分脈に、「式部丞・左衛門権佐・大宰大弐・正四位上・左馬頭・叙留・内蔵頭・兵部少輔、武蔵・筑前・下野介、信濃・伊与・美濃・但馬・武蔵等守、上野介・鎮守府将軍、天性達㆓弓馬㆒、長㆓武略㆒、歌人、拾遺作者、号㆓六孫王㆒、依㆑為㆓第六親王子㆒也、天徳五年六月十五日始而賜㆓源朝臣姓㆒、同年辛酉十一月四日卒、四十五歳、此王為㆓八尺竜㆒、住㆓西条池㆒云々、此所今為㆓律院㆒、母右大臣源能有公女」とあるが、このうち他の史料にもみられるのは、官歴の中の武蔵介（将門記・紀略）、大宰権少弐（世紀）、筑前守（今昔）位のものである。その賜姓が天徳五年六月十五日とあるのも、他に傍証はなく、「長㆓武略㆒」も後世の賞辞にすぎぬ。天徳五年の賜姓も、他の諸文献には早く源経基と出ているのと一致せぬ。源氏の始祖というので、武家時代には、六孫王と呼ばれてもてはやされたが、伝には不明の点が多い。

足立郡司（二〇三1）　和名抄に「足立郡、堀津・殖田〈宇戸太〉・稲直〈伊奈保〉・郡家・大里・余戸・発戸」と七郷を上げる。戸令に「凡郡以㆓廿里以下十六里以上㆒為㆓大郡㆒、十二里以上為㆓上郡㆒、八里以上為㆓中郡㆒、四里以上為㆓下郡㆒、二里以上為㆓小郡㆒」とあるから、その規模中郡にあたる。郡司は、職員令「大郡、大領一人、掌㆘撫㆓養所部㆒、検㆗察郡事㆖、余領准㆑此、少領一人、掌同㆓大領㆒、主政三人、掌㆘糺㆓判郡内㆒、審㆓署文案㆒、勾㆓稽失㆒、察㆗非違㆖、余主政准㆑此、主帳三人、掌㆘受㆑事上抄、勘㆓署文案㆒、検㆓出稽失㆒、読㆗申公文㆖、余主帳准㆑此、上郡、大領一人、少領一人、主政二人、主帳二人、中郡、大領一人、少領一人、主政一人、主帳一人、下郡、大領一人、少領一人、主帳一人、小郡、領一人、主帳一人」、考課令に「凡国郡司、撫育有㆑方、戸口増益者、各准㆓見戸㆒、為㆓十分㆒論、加㆓一分㆒、国郡司、謂、掾及少領以上、各進㆓考一等㆒、毎㆑加㆓一分㆒、進㆓一等㆒、増戸、謂、増㆓課丁㆒、率㆓二丁㆒、同㆓一戸法㆒、…若撫養乖㆑方、戸口減損者、各准㆓増戸法㆒、亦減㆓一分㆒、降㆓一等㆒、…其勧㆓課田農㆒、能使㆓豊殖㆒者、亦准㆓見地㆒、為㆓十分㆒論、加㆓

二分一、各進二考一等一、毎レ加二一分一、進二一等一、謂、熟田之外、別能墾発者、其有下不レ加二勧課一、以致中損減上者、謂、熟田之内、有二荒廃一者、損二一分一、降二考一等一、毎レ損二一分一、降二一等一、若数処有レ功、並応レ進レ考者、亦聴二累加一」、選叙令に「凡郡司、取下性識清廉、堪二時務一者上、為二大領少領一、強幹聡敏、工二書計一者、為二主政主帳一、其大領外従八位上、少領外従八位下叙レ之、其大領少領、才用同者、先取二国造一」、三代格、延暦十七年三月廿九日官符「昔者、国造郡領、職員有レ別、各守二其任一、不二敢違越一、慶雲三年以来、令三国造帯二郡領一、寄二言神事一、動廃二公務一、雖三則有二闕怠一、而不レ加二刑罰一、乃有二私門日益一、不レ利二公家一、民之父母還為二巨蠹一、自今以後、宜下改二旧例一、国造郡領分レ職任上レ之」。

武蔵武芝（二〇三2）　この武蔵姓は、もと丈部姓。神護景雲元年（七六七）丈部不破麻呂が、武蔵宿禰姓を賜わり、同年武蔵国造に任ぜられた。武蔵国造は、安閑紀元年条に「武蔵国造笠原直使主」がみえ、古事記に、天菩比命の子建比良鳥命を、「出雲国造、无邪志国造、上菟上国造、下菟上国造、伊自牟国造、津島県直、遠江国造等之祖」とする。書紀・国造本紀も、武蔵国造の祖を天穂日命とする。聖徳太子伝暦には、癸巳年、舎人物部連兄麻呂が武蔵国造を賜ったと見え、ついで奈良時代末に丈部氏が武蔵宿禰姓を得て、国造に任ぜられたとする。武蔵国一宮氷川神社書上所収の西角井従五位物部忠正家系では以上の古伝を一本に綜合したものとなっている。その正否は不明であるが、不破麻呂以降を参考としてかかげる。

不破麻呂 武蔵国造
　├家刀自 掌侍・典掃
　└弟総 足立郡司 ─ 武総 郡司大領
　　　└国雄 郡司少領 ─ 武沢 郡司擬大領 ─ 武成 郡司大領
　　　　　└武芝 郡司判官代
　　　　　　├女子 武蔵介菅原正好妻
　　　　　　└女子 秩父六郎平将恒妻

更級日記に、武蔵国から衛士として内裏に仕えていた男が、皇女と恋仲になり、二人して武蔵国へ逃亡した、天皇の使に対しても、皇女は都に帰る意志のない事をつげた。そこで天皇は「竹芝のをのこに、生らむ世のかぎり、武蔵国をあづけとらせて、おほやけごともさせじ、ただその国を預けとらせ給ふよしの宣旨くだりにければ、この家を内裏のごとく作りて住ませたまへりける家を、宮などうせ給ければ、寺になしたるを、竹芝寺といふなり、その宮のうみ給へる子供は、やがて武蔵といふ姓を得てなむありける」という伝承を記している。更級日記は、寛仁四年（一〇二〇）の旅の日記で、将門の乱とは僅か三十年ほどの後であるので、この竹芝と将門記の武芝とは、偶然の一致か、或は伝承の混乱かは、興味あるところである。武蔵国造姓を賜った奈良時代の不破麻呂の前姓が丈部であることは、内裏の駈仕丁たるにふさわしく、不破麻呂が、賜姓前後に外従五位下（天平宝字八年十月）、近衛員外少将、下総員外介（神護景雲元年八月）、上総員外介（同三年六月）、従五位上（同年八月）、左衛士員外佐（宝亀四年二月官符）と累進し、その同族（西角井系図では女）家刀自は、足立郡采女として正五位下（延暦二年二月）、正五位上（同四年正月）、従四位下（同五年正月）と累進し、掌侍兼典掃として延暦六年四月に歿している。異数の官位からみれば、更級日記の竹芝伝説の生れる可能性もあるし、それが将門時代に、都下りの官人興世王と源経基に対抗して屈しなかった足立郡司武蔵武芝と二重写しに伝えられる可能性もある。

不治の由を争ふ（二〇三2）　国政は伝統を重んじ、現地の慣行を重んずる国造系の郡司と、中央的な律令を先とする中央官僚と意見が分れるのは当然であるが、さらにこの頃は、中央から下向する官人の無責任態度が、一層拍車をかけた。尾張国解文「今須下郡司百姓早録二守元命朝臣不治之由一、蒙中官裁上者也」。

国司は無道を…（二〇三2）　国司は権守興世王と介源経基。無道は、人道にはずれた暴悪非道なこと。字類抄「無道、闘乱部、ムタウ、奸濫分」、天正本節用集「無道、ブダウ」。これより三ケ月後の五月二十三日、武蔵国で橘近安（近保）等の犯過の国解が中央に報告され、国解によって追捕すべき官符が、武蔵国及び隣国に下されている（貞信公記抄）。この事件も、この無道と関係があろう。

郡司は正理を…（二〇三3）　郡司は武蔵武芝。正理は、無道の反対。理に叶った正しいこと。正しいすじみち。平家一二、六代被斬「正理を先とせさせ給ひしかば」。

欠負（二〇三6）　律令制では、諸国正税の稲穀は、諸国の郡内に不動倉を設けて保管した。倉には、所納の数量が定められ、それに不足すれば、国郡司の責任とされた。倉庫令「凡欠二負官倉一、応レ徴者、若分付欠損之徒、未レ離レ任者、納二本倉一、已去レ任者、聴下於二後任及本貫一便納上」、続紀、天平宝字二年九月丁丑条「就中、欠二負官倉一、留連不レ付者、論レ実是罪人也」。故に国司は、欠負した郡に対して、欠負を充たすことを要求するわけである。しかしこの頃では、欠負の充塡が不可能であるので、この欠負を求めない方が却って良吏とされた（意見十二箇条、九三頁参照）。

違期の譴責（二〇三6）　三代格、大同二年十二月二十九日官符「戸婚律云、輸二課税之物一、違レ期不レ充者、以二十分一論、一分笞四十、一分加二一等一、国郡皆以二長官一為レ首、佐職節級連坐、注云、全違レ期不レ入者徒二年、是未進之罪也、被二右大臣宣一偁、奉レ勅貢調違レ期、輸物濫悪、法有二恒科一、理合二遵行一、而国郡怠慢、不レ憚二憲章一、仍承前立レ格、数施二厳制一、主典已上差二充専当一、如有二違闕一者、解レ任決罰」。

推して入部…（二〇三7）　前文によるに、この入部は、欠負・違期の譴責を目的としたものであることがわかる。興世王にしてみれば、国司の正当な職務執行であるが、正任到着以前に強行しようとする意図は、これが当時の国司の私腹を肥やす手段となっていたからである。戸令義解「凡国郡司須下向二所部一検校上者、不レ得下受二百姓迎送一、妨二廃産業一、及受二供給一〈謂、国司向二所部一、有レ所二検校一、郡司里長及百姓等不レ得三輙奔趣迎送至二於境上一、皆於二当所一、祗承而過之、即郡司入部、里長百姓、亦依二是例一也。…〉致レ令二煩擾一」。

承前の例（二〇三8）　尾張国解文「而当任守元命朝臣加二徴三斗六升一、非二承前之例一」。高野山文書、文永六年六月湯浅智眼申状案「令レ居二他人於相伝地一之輩、自然罷過者、承前之例也」。

兵仗（二〇三9）　武器、転じて武器を帯したもの、軍兵。とくに随身兵仗と称して、護衛のために朝廷から賜わる近衛・兵衛を指す。従って私的な軍兵となる。本来、国司が擅に軍兵を発するのは、律の禁ずるところである。擅興律逸文「凡擅発レ兵、二十人以上、杖一百、五十人徒一年、五十人加二一等一」。

公事（二〇三9）　今昔二ノ三三「賢シ人、出テ公事共定メ申シテ、日暮方ニ家ニ来タリ」。本来、公事はおおやけごと、公務の意味であるので、諸説、興世王らの入部が公務としてであるので、武芝はその公権力をはばかった、と解するが、今昔にすでに裁判の意味に公事が用いられており、ここでは、裁判沙汰、即ち相論沙汰となるのを恐れて、と解すべきであろう。若し諸説の如くんば、非は武芝にあることになる。

山野に匿る（二〇三10）　東大寺文書、天喜三年十月九日伊賀守小野守経請文「爰黒田・玉滝等村間作田見作去年所当官物二千余斛、都其弁不レ候、何者前別当律師依二黒田杣非理牓示之事一、被レ行二左道一之上、彼辺住人為二其習一、恣苅二取公田一、連夜籠レ杣、欲三射二害国使一、近則去年夏国司入部之日、称下可レ乱二入於杣内一之無実上、造二築新楯一、発二向数十軍兵一、是為下損二朝威一之基上、…有二民庶之野心一、弥遁避為レ宗、或去二隣国一、或隠二山林一、然弁済永絶、及二今年正月中旬之比一、先罷二赴柄田村一、令レ尋二負名輩一之処、各閉二柴戸一無二見来者一、須臾之際、国司随身牛馬三疋頭、従二山中一成二群党一已追取、又放二火於舎屋一、欲レ負二国司一、縦国司以二非横一、雖三其務不二尋常一、境内搦二一事已上籤符状一、当時非レ不二其謂一候、何況為レ宗之過不レ候之故也」（伊賀国黒田荘史料集一）は、本条の理解に参考になる。

検封（二〇三11）　三代格、貞観十二年五月二日太政官符「因レ玆、啻加二検封一、不レ得二計知一」、東大寺文書、大治元年十一月十九日東大寺三綱申文「又船差役遅参之輩二人検二封住宅一之処、自今以後不レ可レ致二懈怠一」、また、市島謙吉氏所蔵文書、承平二年九月二十二日丹波国牒「仍件絹弁進之間、各稲二百束許検封、今須弁二進彼絹一之後、可三開免二件稲一者」とあるように、未納分を納めれば封を解かれる。前文に、代々の国宰は郡中の欠負を求めず云々とあるのによれば、興世王等は、正にこの欠負を徴収することを口実とした武力発動であったのであり、武芝も、またそれに対応する行動であったのである。

仲和（二〇三12）　華陽国志、巴志「孝桓帝時、河南李盛仲和為二郡守一、貪レ財重レ賦、国人刺レ之曰、狗吠何諠諠、有レ吏来在レ門、披レ衣出レ門応、府記欲レ得レ銭、語レ窮乞二請期一、吏怒反見尤、旋レ歩顧二家中一、家中無レ可レ為、思レ往従二隣貸一、隣人已言レ匱、銭銭何難レ得、令二我独憔悴一」。華陽国志は晋の常璩の撰。十二巻、附録一巻。巴蜀の事を記す史書。

平民（二〇四1）　続紀、和銅元年七月乙巳条「勅曰、卿等情存二公平一、率二先百寮一…百官為レ本至二天下平民一、垂拱開レ衿、長久平好」、東大寺文書、嘉保三年七月二十三日黒田杣出作負名稲古解「抑御杣与二件村一、大河相隔、往反不レ輙、仍件村構二作田屋一、因レ之御庄田堵等、出二居彼畠一候也、依レ非二平民公田之負名一」。「平民公田之負名」とは、公郷田畠を負名として請作し、官物・雑公事等国衙の賦課をすべて負う、一般的な公民としての作人である（戸田芳実『日本領主制成立史の研究』）。

書生（二〇四1）　平安時代、中央地方の諸官庁の文書事務を掌った下級官人。令制官人の史生の仕事と同じであるが、考（官吏詮考）に預からないが、事務に堪能なものが採用された。ここでは武蔵国衙の書生。式部式上「凡五畿内、国別書生二人、預二勘籍一、但択二用京畿之人一、外国人不レ在二此限一」。尾張国解文「書生是勾勘之職、凌二寒燠一以畳レ老、雑人亦遐邇之使、走二都鄙一以積レ年」。

越後国の風（二〇四1）　風は、やり方。方法。但し、具体的に越後で行われた事柄は不明。世紀、天慶二年五月三日条に「被レ定下中越後国可レ賜二官使一之由上」とあることと関係のある事件であろう。

不治の悔過（二〇四1）　悔過は仏教語。三宝に対して犯した罪過を懺悔すること。転じて、一般に犯した罪を懺悔すること。在庁の下級官人が、中央から下向した上官の横暴に憤慨し、彼等の行動によって国内が衰弊した失政を指摘した文書をつくって、彼等に懺悔を促したのである。

庁の前に落す（二〇四2）　落書は、匿名で書かれ、人目にふれるよう人の集まるところへ落される。建武新政府を諷した二条河原の落書は有名であるが、この落書も、それに類した内容であろう。闘諍律、投匿名書条「凡投二匿名書一、告二人罪一者、徒二年、得レ書者、皆即焚レ之」とあって、之を禁止しているが、要略八四、糺弾雑事条には、藤原基経の庭中に投げ入れられた匿名の書を、基経が開封せずに焼却した故事がみえる。

弁糺の政なし（二〇四4）　武芝からかすめとったものを判別しただす行政的措置をしない。糺は、糺返の略で、事理をただして抑留した物を返すこと。東南院文書、延久四年九月二十二日美濃国牒「件雑物等、任二日記状之旨一、可二糺返一之由、使許雖二仰遣一、更以不二承引一者」。

武芝が当の野（二〇四8）　下総国猿島郡の本拠から国境を越えて、武蔵国に入ったのである。将門が背後に貞盛をひかえながら武蔵国の紛争に、自ら介入した理由については明らかでないが、強敵良兼は死亡し、貞盛も行方をくらましたために、将門の心ややおごれるに至ったのであろうか。

狭服山（二〇四10）　底本「サヤキ」、楊本「サフク」と訓む。現地比定には、埼玉県比企郡七郷村大字杉山（現在南山町）の城山城址であろうとする説（遠山荒次「将門記の比企郡狭服山」、埼玉史談昭8・9）、足立郡高室村（現在鴻巣市馬室）の常勝寺の附近一帯の通称サブ山に当てる説（金沢文麿「平将門と武蔵」、埼玉史談昭15・9）、所沢市の南の八国山将軍塚あたりとする説（赤城宗徳『将門地誌』）、比企郡根古屋説（吉田東伍『大日本地名辞書』）等があるが、何れも推定の域を出ない。

府衙（二〇四11）　興世王等が比企郡狭服山に居るに拘わらず、将門等がそちらに目をくれず、国府に向ったのをみて、興世王も急ぎ国衙に現われたのは、将門の本意は如何なるところにあったか、十分考慮すべき点である。或は、興世王等をおびき出すための行動か。

故なくして…営所を囲む（二〇四13）　経基は興世王と行動を共にせず狭服山の山陰を離れなかった態度が、武芝の後陣におそわれる原因となったのであろう。故なくして、というのは、表立った理由なく、という意味であろう。のちの前九年の役も、源頼義と安倍頼時と和解後に、頼義の後陣が夜襲をうけたことから和議が破れて、乱の勃発となった。将門の場合も単なる後陣の手違いと解すべきかは、軽々に判断できぬ。

濫悪を…相違しぬ（二〇四15）　将門の本意は、食いちがったとあるが、興世王と武芝との調停には成功したのに、なお調停の本意が達せられなかったというのは、濫悪の中心人物が経基であったことを、暗に示したものであろう。経基が、狭服山から出なかったのも、経基自身が、それを自覚していたからであろう。「兵の道に練れず」というのも、未だ未熟ではあるが本来、兵ではあることを示す。これに反し興世王は、兵であるとされていない。

謀叛の由を…（二〇五3）　名例律、八虐「三曰、謀叛、謂、謀二背レ国従レ偽、〈謂、有レ人、謀レ背二本朝一、将レ投二蕃国一、或欲二翻レ城従レ偽、或欲二以レ地外奔一〉」。貞信公記抄、天慶二年三月三日条「源経基、告二言武蔵事一」、六月廿八日条「又下二経基告状一」とみえ、世紀、天慶二年六月七日条に「近曾、武蔵介源経基、口上申云、武蔵権守興世王幷平将門有二謀反事一者」と。平貞盛も同様な行動をとろうとした。

城邑併ら嚚し（二〇五4）　紀略、天慶二年三月四日条「仰二祭主大中臣奥生一、祈二申坂東兵革事一、又仰下六府官可二祇候一之由上」。貞信公記抄、天慶二年三月九日条「祈二禱十一社一、又台山二壇法始、座主・義海等為二阿闍梨一、是縁二経基告言一也」。

太政大臣家（二〇五5）　忠平は、関白基経の第四子であったが、延喜九年（九〇九）兄時平の死後、氏長者となり、累進して右大臣・左大臣にすすみ、承平元年（九三一）朱雀天皇即位とともに摂政となり、同六年太政大臣となり、小一条太政大臣といわれた。人柄温厚で、「才能・心操・形容かたがた国に叶う」と、高麗の相人が相したという。流謫中の菅原道真にも音信を通わしたと伝える。天暦三年（九四九）七十歳で歿し、貞信公と諡された。日記を貞信公記抄といい、抄本ながら将門・純友の乱の記事が豊富である。

御教書（二〇五5）　平安時代にはじまる文書様式で、三位以上の公卿及びこれに准ずる諸大寺・諸社の長官の意を伝える文書で、その人の侍者（家司）が主人の命をうけて出す奉書形式をとる。摂関政治の開始とともに次第に公的性格をおび、その形は、綸旨・令旨・院宣などのもととなった。裁判手続として、告訴状が提出されると、被告人に対して、告訴状の事柄の実否について申立てをさせるのが、正式の裁判手続きである。これを問状という。問状に対して被告が出す申立てを陳状という。藤原忠平は、将門の私君であると同時に、摂政として、将門に問状の御教書を下したのである。

中宮少進（二〇五6）　中宮職の第三等官。職員令義解「中宮〈謂、皇后宮、其太皇大后、皇大后宮、亦自中宮也〉職、大夫一人、掌レ吐二納啓令一〈謂、納二啓於上一、吐二令於下一也〉、亮一人、大進一人、少進二人、大属一人、少属二人、舎人四百人〈謂、分番宿直等事、一准二大舎人一〉、使部卅人、直丁三人」。天慶初年の中宮は、皇太后藤原穏子（醍醐天皇皇后。承平元年皇太后となる）。

多治真人助真（二〇五6）　良兼の上兵に多治良利（二〇〇頁）、将門の上兵に多治経明（二一四頁）がみえる。忠平の御教書が彼に寄托されたのは、同族の因縁によるものであろうか。承平五年十二月二十五日の将門召喚状は、左近衛番長正六位上英保純行等が派遣されたが、今回の多治助真も、同じ任務をおびた者であろう。中宮少進の相当位は正六位下で、ほぼ身分的にも前回の使者に対応する。

同月廿八日（二〇五6）　貞信公記抄、天慶二年二月十二日条に、「大納言来、…可レ問二召将門一使事」とあるので、将門記の三月廿五日を二月廿五日、同月廿八日を三月廿八日とすれば、辻棲が合う。しかし、これでは、経基の密告が三月三日に到着した事と矛盾する。恐らく経基告訴以前から坂東の不穏な状況の報告があったのであろう。

常陸…五箇国の解文（二〇五7）　上総国が加わっていないのは、将門の敵方良兼がいるためか。反対に常陸の国衙には、紛争の根源となった源護一家がいる筈であるのに、これに加わっているのは、不思議である。或は源護一家は没落してしまったのであろうか。こうした不審な状況は、将門の乱が、ただに在地領主間の権力争いではなく、深く在地の農民層の動きに根づいているためであろう。解文は、公式令に、

解式

式部省解　中其事

其事云々、謹解、

　　　　年月日　大録位姓名
卿位姓名　　　大丞位姓名
大輔位姓名　　少丞位姓名
少輔位姓名　　少録位姓名

　右、八省以下内外諸司、上二太政官及所レ管、並為レ解、其非レ向二太政官一者、以レ々代レ識、

とある。また新任弁官抄に「於二諸国解一者、守・介・掾・目連署、称二之国解一」とある。国解は、太政官に宛てられる。この国解を副えた将門の陳状は、五月二日付であるが、その結果であろう、源経基は誣告罪を問われ、衛門府に禁獄された。貞信公記抄、天慶二年六月九日条に「大納言来、令レ見下可レ禁二告人一忠明勘文上、即示下可レ令レ禁二経基左衛門府一事上、諸興・最茂等可レ為二押領使一、但以二五位一充例可レ勘、又推問使官符可レ令二早仰一事」とみえ、今昔にこのくだりを「武蔵権守興世ノ王ト云フ者有リ。此レハ将門ガ一ツ心ノ者也。正キ国ノ司ニ不成シテ押テ入部ス。其国ノ郡司有テ、例无キ由ヲ云ヘドモ、興世王ハ不承引デ、郡司ニ誡ム。然バ郡司隠レヌ。而ル間、其国ノ介源経基ト云フ者ノ有テ、此ノ事ヲ見テ、密ニ京ニ馳上テ公ニ奏テ云ク、将門ハ既ニ武蔵権守興世王ト共ニシテ、謀反ヲ成サムトスト。公聞食シ驚カセ給テ、実否ヲ被尋ルニ、将門、無実ノ由ヲ申テ、常陸・下総・下野・武蔵・上総五箇国ノ証判ノ国解ヲ取テ上グ。公ケ此レヲ聞食シ直シテ、将門返テ御感有ケリ」。

介良兼…了りぬ（二〇五8）　良兼死去のこと、すでに上文にも出ており、記事の重出である。上文は、天慶元年に属し、本条は天慶二年に属する。この方の記事が具体的であるところからみると、この条の年時に従うべきであろう。上文の諸国解文に上総国が加わらぬのも、介良兼の生存中と考えれば、理解がつく。

百済貞連（二〇五11）　類聚符宣抄一〇、可賜上日人々に、

　　内舎人百済貞運
　右、右大臣宣、奉　勅、宜レ令レ侍二亭子院一者、
　　延長元年十二月十三日　大外記伴宿禰久永奉

とみえる百済貞連は、百済貞連の誤りとみられ、同様に、同八、任符に

　　前上総介従五位下百済王貞運在国
　右、中納言藤原朝臣実頼宣、奉レ勅、件人交替未レ終、任二武蔵守一、宜下不レ待二本任放還一、請中印任符上者、
　　天慶二年五月十七日　大外記三統宿禰公忠奉

とあるのも正に新司貞連の任符である。これによれば延長元年（九二三）には内舎人（相当位なし）であった彼は、十年ほど後には従五位下に叙爵し、親王任国である上総介（受領）として任国にあり、恐らく、坂東の情勢に通暁していたと思われる。坂東、とくに武蔵・相模には、古代に百済・新羅・高麗人の移住多い地域である。事態安定のためとくに百済王氏を任命したのであろう。

善状（二〇五12）　国司の政治よろしきを得ていること（能治）を、百姓等が朝廷に差し出した解状のことで、平安時代にその例少くない。御堂関白記、寛弘九年十二月九日条「又定、依二加賀国百姓愁一、召二上政職一問、其任用并郡司・書生相具参上、申二無実由一、仍召二愁人等一、暗路隠不レ参、欲二対問一無二愁者一、仍其由定申者、諸卿定申云、愁人不参、是以レ申二無実一也、国司可レ被レ免者也、彼愁者可レ被二召尋一者也者、以二此由一奏聞、件愁雖レ無二指重事一、国司所為又尚軽々由、云々多端、而定間、難二奏聞一、以二道理一定申也、而退出、又尾張国者、申二守知光善状一送レ日、仍令レ取二申文一」、小右記、万寿四年五月八日条「右少弁家経伝二関白御消息一云、〈以二師重一令二伝申一〉常陸国百姓参上申二善状一、重任、州民来二西門外一、家経以二官掌一令レ執二善状一、即以二師重一相伝見了、仰下可レ奉二関白一由上」、同、長元元年八月廿三日条「頭弁伝二関白御消息一云、備前国百姓立二公門一申二善状一、令レ進二彼状一、可レ令レ仰下可二罷帰一由上者、即仰二同弁一」。

功課（二〇五13）　職務上の成績を評定すること。考課に同じ。虚空蔵念誦次第裏文書、康保三年三月五日藤原公忠解「公忠成二四度功課一、可レ被レ預二温官一之由、雖レ愁二申公家一、于レ今未レ有二恩賞一」。考課令義解「謂、考者、考二校功過一也、課者、課二試才芸一也」。

藤原玄明（二〇五15）　玄明、底本ハルアキと訓む。系譜不明。下文に見える

藤原玄茂と同族かとする説もあるが、確かでない。その行動範囲から、常陸の東部、霞ケ浦あたりを根拠とする在地の富豪層の一人であると推定される。将門の運命の岐路を決定づけた人物として、将門記の中では、重要な位置を占める。等と複数で示して彼一人の行動でないことを示している点注意する必要がある。

農節(二〇六1)　権記、寛弘六年三月四日条「雖レ在二任終年一、農節以前也」。推古紀十二年四月戊辰条「皇太子親肇作二憲法十七条一、…十六曰、使レ民以レ時、古之良典、故冬月有レ間、以可レ使レ民、従レ春至レ秋、農桑之節、不レ可レ使レ民」。

町満の歩数を貪り(二〇六1)　町はまち、歩は六尺平方の地。一坪にあたる。田令「凡田、長卅歩、広十二歩為レ段、十段為レ町」。即ち十段の一区画が町であり、条里制の一里にあたる。一里の田地は、多くの農民に分割耕作されるのが常態であるが、玄明は、一里一杯を独占したのである。東大寺文書、応徳元年八月二十一日観世音寺牒に「謹案二本公験一、本数十九町六段、坪々之中十八町者満町也、残四箇坪并一丁六段也、但此中廿三坪一町者見地七段、陸畠三段也、仍為二不足一之上、満町之坪内、豈有二勘出田一乎」、尾張国解文に「以二一段之見地一注二三段一、乃至町満損害、皆付二熟田一勘益」とある。

官物…(二〇六1)　官に納入された物、租調物を指す。オホヤケモノ。中でも田租をいい、郡家の正倉に収納されるので、初めは郡稲ともよばれた。賦役令義解「凡土毛臨時応レ用者、並准二当国時価一、々用二郡稲一〈謂、割二置田租一、以充二雑用一、是為二郡稲一也、下条云、諸国貢献物者、皆以二官物一買充、亦是郡稲也、凡官稲之源、出レ自二田租一、即分為レ三、一曰二大税一、二曰二籾穀一、三曰二郡稲一也〉」。束把は、稲の量を示す単位。稲の穂一握を把とし、籾一升が得られる分量を一把、十把を一束とする。田令「段租稲二束二把、町租稲廿二束」。和銅六年段租一束五把に改められる。弁済は、租税や年貢・負債などを官や債権者に納めること。三国地志、天喜元年三月廿七日官宣旨「按察大納言家民部卿家等所領、去今年官物敢無二其弁済一」。

国の使の来り責むる…(二〇六2)　栄山寺文書、永祚二年十一月廿一日栄山寺牒「而改レ年移レ時、土人致レ妨、国使悩二凌之一、因レ玆、寺家愁二言公家一、賜下停二止妨論収公一之官符上已了也、…而当時悉以収公、勘二責所当地子官物一、即勘徴使及二数類一、以二国威一捜二取数質物一」。

劫略(二〇六2)　劫はおびやかす。略は略奪。文粋一三、天慶三年二月廿二日臨時仁王会呪願文「山東凶徒、結レ党構レ逆、海西狂竪、成レ群挟レ邪、凌二辱吏民一、劫二略州県一」。

夷狄(二〇六3)　中国で東方民族を夷といい、北方民族を狄とよび、中夏思想によって、此等の民族を禽獣虫魚にひとしいもの、礼儀を知らぬ貪欲のものとして蔑視した。尾張国解文「子弟郎等為レ躰、不レ異二夷狄一」。

長官藤原維幾朝臣(二〇六3)　長官は、令制四等官の第一位。ここでは常陸国の長官。国の長官は守であるが、常陸国は天長三年(八二六)以来、親王任国であるので、守には親王が任ぜられて大守と称して遥任され、国での実質的長官は介とされた。従ってここでは、常陸介である。藤原維幾の維は、字類抄「是、コレ、維」、幾は、同「近、チカ、幾」。分脈に、藤原乙麿卿(南家武智麻呂の子)孫に、

清夏 左少弁従四下上総介 母同有年(坂上関守女) ―維幾 従五上常陸介讃岐介 本名真衡、母弾正大弼正行王女
―為憲 遠江守従五下木工助、依任木工助号工藤、世号工藤大夫 工藤姓、母平高望王女、又二階堂等祖也

とあり、子孫には、工藤氏(伊豆)・二階堂氏(相模)のほか、狩野(伊豆)・河津(同上)・宇佐美(同上)等の諸氏が見える。維幾は、要略五六、交替雑事一六、定額寺の項に収められた承平六年(九三六)の勘解由使勘判に「武蔵、前司藤善万卒、使同茂実、新司同維幾」とみえて、承平六年には、武蔵守に任ぜられていたことがわかり、常陸介へは、武蔵守から転出したのである。さきの興世王等の足立郡入部は、維幾の常陸介転出の隙をねらったものであることがわかる。なお維幾は、武蔵・常陸在任中に、高望王の女、即ち将門の叔母を妻として為憲を生み、為憲の子孫が伊豆・相模の有力武家となっているのをみると、彼も高望王の先蹤を追って、東国に土着したのであろう。

移牒（二〇六4） 移は公式令に、

刑部省移式部省
其事云々、故移、
年月日 録位姓名
卿位姓

右、八省相移式、内外諸司非二相管隷一者、皆為レ移、若因レ事管隷者、以レ々代レ故、其長官署准レ卿、長官無則次官判官署、国司亦准レ此、

とある。即ち、移は、互に所管関係のない、対等の諸司相互に用いられる文書である。また諜は、同令に、

牒云々、謹牒、
年月日 其官位姓名牒

右、内外官人主典以上、縁レ事申二牒諸司一式、三位以上去レ名、若有二人物名数一者、件二人物於前一、

とある。即ち、中央地方の主典以上の官人が諸司に申牒する文書である。この移牒は、国司維幾から玄明に対して送ったものであることは、文脈からみて明らかである。国司から玄明宛とすれば、精々、符であるべきで、移牒でなされたとすれば、玄明の地位は、国司と対等に近いこととなる。

対捍（二〇六4） 字類抄「対捍、アヒコハム、不遜部、タイカン、所渋詞」。東大寺文書、正安二年七月廿一日黒田庄下司大江泰定請文「云二恒例臨時之課役一、云二惣別公私之年貢一、永以不レ可レ致二不法対捍一」。維幾と玄明が宿世の敵となった原因が、玄明の官物拒否と維幾の官物責徴にある以外には、将門記の記載からは考えられぬとすれば、当時の律令体制をゆるがす根源が、ここにあるということになり、注目すべき記事である。

追捕（二〇六7） 字類抄「追捕、法家部、ツイフク、ツイフ」。続紀、文武四年十一月乙未条「天下盗賊往々而在、遣レ使追捕」、捕亡令「凡追二捕罪人一、所レ発人兵、皆随レ事斟酌、使二多少堪一レ済、其当界有二軍団一、即与相知、随即討撲、若力不レ能レ制者、即告二比国比郡一、得レ告之処、審知二事実一、先須二発レ兵、相知除翦一、仍馳駅申奏、若其遅緩逗留、不レ赴二機急一、致レ使三賊得二逃亡一、及追討不レ獲者、当処録レ状奏聞、其得レ賊不レ得レ賊、国郡軍団、皆附レ考」「凡有二盗賊一及被二傷殺一者、即告二随近官司坊里一、聞レ告之処、率二随近兵及夫一、従二発処一尋レ蹤、登共追捕、若転入二比界一、須下共二比界一追捕上、若更入二他界一、与二所部官司一、対量二蹤跡一、付訖、然後聴二比界者還一、其本発之所レ使人、須レ待二蹤窮一、其蹤緒尽処官司、精加二推討一、若賊在二甲界一、而傷二盗乙界一、及屍在二両界之上一者、両界官司対共追捕、如不レ獲二状験一者、不レ得三即加二徴拷一」。律令官人である常陸長官藤原維幾は、この捕亡令によって行動を起したのであろう。官符によらねば、朝廷からは私闘と見られる。貞信公記抄、天慶二年五月五日の条に「民部卿来、便示下下二官符一可レ責三坂東諸国部内不二粛清一事、祈二禱諸社一、読二経諸寺一等事、可二定行一状上」とある。この官符は将門記のこの条の官符に当るか。

行方・河内郡（二〇六8） 行方郡は霞ケ浦東岸におかれた郡。河内郡は霞ケ浦西岸、現在の稲敷郡の西半部におかれた郡。明治二十九年、同じく霞ケ浦西岸の信太郡と合併して、稲敷郡となる。和名抄「河内〈甲知〉、行方〈奈女加多〉」。

不動倉（二〇六8） 不動穀を収納した倉。不動穀は、和銅元年（七〇八）国の収納する大税をさいて不動倉に納め、国の非常用貯備としたもの。倉は国府に集中せずに各郡にも分散設置し、その管理維持は国司の任としたが、太政官の許可なくして国司が勝手にその穀を出庫することを禁じた。そのためはじめは倉の鈎匙（カギ）は、太政官で保管したほどである。延暦交替式「太政官符、大税者、自今已後別定二不動之倉一、以為二国貯之物一、〈郡別造二鎰一勾二〉国郡司等各税文及倉案、注二其人時定倉一、〈後検下校欠徴所二連署一人上〉和銅元年閏八月十日」、続紀、天平宝字七年三月丁卯条「令三天下諸国進二不動倉鈎匙一、以二国司交替因レ玆多レ煩也、其随レ事修造、及似レ欲二湿損一、臨時請受」、類聚国史一七三、災異「弘仁八年十月癸亥、常陸国新治郡災、焼二不動倉十三宇、穀九千九百九十石一」。

糓糒（二〇六9） 糓はもみつきの米。字類抄「籾、モミ、糓、同」。糒はほしいい。米を蒸して乾燥させた保存食。湯水に浸せばすぐ食用となる。和名抄「糒、野王案糒〈平秘反、与備同、保之以比〉、乾飯也」。字類抄「糒、ホシイヒ、乾飯也」。正倉院文書、天平十年駿河国正税帳「志太郡天平九年定

穀参万伍仟伍佰参拾陸斛肆斗捌升〈振入三千二百卅斛五斗九升斛別入一斗〉、定参万弐阡参佰伍斛捌斗玖升、不動弐阡陸佰伍拾弐斛捌斗弐升、粟壱拾壱斛陸斗壱升〈振入一斛五升斛別入一斗〉、定壱拾斛伍斗陸升、穎稲伍万捌阡弐佰肆拾肆束、糒伍佰弐拾玖斛、酒肆斗伍升、…正倉弐拾肆間〈土倉一間瓦倉廿三間〉、新造壱間〈瓦倉〉、修理参間〈瓦倉〉、税屋壱間、借倉壱間、借屋弐間、都合定弐拾捌間〈不動穀倉一十三間、動穀倉二間、穎稲倉六間、糒倉一間、穎稲税屋一間、穎稲借屋一間、粟借倉一間、穀借屋一間、空倉二間〉、郡司少領外従七位下艳前舎人〈向京〉」、延暦交替式「倉庫令、凡倉貯積者、稲穀粟支二九年一、雑種支二二年一、糒支二廿年一、〈貯経二三年以上一、一斛聴二耗一升一、五年以上二升〉明法曹司解、官塩積年聴レ耗事、倉庫令云、（中略、上文に同じ）熟案二令意一、穀糒難レ損、尚聴二其耗一、塩之易レ消、理須レ聴レ耗」。

日記（二〇六9）　日々記した記録。また事件の事実調書。検非違使や郡司などの官人が注進したものをいう。後者はとくに事発日記という。本条はこれにあたる。御堂関白記、寛弘六年七月四日条「大和守輔尹進二国解并日記等一、是昨参二春日社初神拝一、参二率川一、令レ持二神宝一夫、山階寺人出来追取間、国夫領打二破頭数所一、已可レ及二死門一者」、同月六日条「下手人等氏使官人連遠・家業等賜レ之、勘問日記無レ所レ弁、仍令レ候二獄政所一」。この文の次に、楊本「即服二従於将門一」の六字がある。原本にこの六字の有無確かでない。やや説明的文章であるので、或は後の竄入とも思われる。

捕へ渡す…（二〇六10）　捕亡律逸文（国史大系）に「凡部内容二止他界逃亡浮浪者一、一人里長笞三十、謂、経二十五日以上一者」「凡知レ情蔵二匿罪人一、若過致資給、謂、事発被レ追及亡叛之類、令レ得二隠避一者、各減二罪人罪一等一」。将門は、国に対し、この罪人蔵匿の罪を犯したことになる。

妻子の稔…（二〇六12）　妻子をゆたかにする意。字類抄「優、ニキハシ、…稔、已上同、歳―」。稔が稲のみのりを示すのに対して、後文の栄は樹木の花咲く意。両者を対比しているが、文意は両者同じ。

狼戻（二〇六14）　漢書、厳助伝「今閩越王狼戻不仁、殺二其骨肉一、離二其親戚一、所レ為甚多二不義一〈師古曰、狼性貪戻、凡言二狼戻一者、謂二貪而戻一之〉」。中右記、承徳元年三月十日条「神祇官庫中所レ納二行幸神宝一也、慥差二宿直一令二守護一、末代狼戻者、人心有レ故之故也」。

詔使（二〇七9）　詔書を諸国に宣布するために派遣される使。名例律、八虐に「六曰、大不敬、謂、…及対二捍詔使一、而無二人臣之礼一〈謂、奉レ詔出レ使、宣二布四方一、有レ人対捍不レ恭二詔命一、而無二人臣之礼一者、詔使者、奉レ詔定レ名、及令二所司差遣一者是〉」。三代格一二、諸使并公文事、天長二年五月十日太政官符に「定二詔使官使一事、右頃年之間、為レ推二民訴一、遣二使四方一、或国司等対二捍使者一、不レ承二勘問一、捍侮之辞触レ類多端、遂乃使旨不レ展、徒然引帰、寃屈之民累レ年懐レ愁、路次之駅空疲二迎送一、稍尋二其由一、縁レ無二使威一、詔使臨レ界、豈如レ此乎、左大臣宣、奉レ勅、度レ時立レ制、古今攸レ貴、宜下定二使色一、以粛中将来上、其巡察・覆囚・検税・交替・畿内校班田・問民苦并訴等使、並准二詔使之例一、賑給・検損田・池溝・疫死等使、猶為二官使一、但遣レ使之旨出二於勅語一、即是等所謂詔使而已、不レ可三更限二事之軽重一」とあり、官使と詔使の別を示している。下文、将門の書状に「依二武蔵介経基之告状一、定下可レ推二問将門一之後符上已了者、待二詔使到来一之比、…」（二一一頁）とあるのは、世紀、天慶二年六月七日条「召二大外記公忠宿禰一、仰云、依二密告并群賊事一、遣二推問追捕使一例勘申者…延喜元年四月等例勘申了、即太政大臣参二式御曹司一、任二武蔵国密告使一、長官右衛門権佐源朝臣俊、判官主典等也、近曾武蔵介源経基言上申云、武蔵権守興世王并平将門有二謀反事一者」、貞信公記抄、天慶二年十月三日条「左中弁来云、昨日諸卿定申云、推問使申発レ兵事、不レ可レ然、又加二主典一事、止二前法家一、可レ任二後中人一、請二医師随二将帥一事、不レ可レ給者、令レ告二左閤一」、同十月二十二日条「俊朝臣等来申云、依二諸卿定申一、不レ発二軍士一事、甚有レ恐云々」、同十一月十二日条「宣旨十一事、仰二相弁一、推問使遅発事」、同十二月十九日条「推問使進二今月廿八日可レ発申文一」とある推問使源俊のことであり、将門発向の十一月二十一日には常陸国に到着していない。従ってこのとき維幾とともに国府にいた詔使は、世紀、天慶二年六月四日条に「上卿於二左衛門陣一、召二弾正疏惟方一、仰云、少忠藤原定遠為二常陸交替使一者」とある交替使藤原定遠であろうという。交替使は、天長二年の格で詔使と定められているからである。

伏弁(二〇七9)　服弁とも書く。法律用語。裁決に服すること。ここでは、玄明等が束把の官物も弁済しないことを、交替使が官物の欠負未納として摘発せぬよう要求した将門の決定に承服したものと解される。天武紀十一年十一月乙巳条「詔曰、親王諸王及諸臣至二于庶民一、悉可レ聴レ之、凡糺二弾犯レ法者一、或禁省之中、或朝庭之中、其於二過失発処一、即随見随聞、無二匿弊一而糺弾、其有二犯レ重者一、応レ請則請、当レ捕則捉、若対捍以不レ見レ捕者、起二当処兵一而捕レ之、当二杖色一、乃杖一百以下、節級決之、亦犯状灼然、欺言レ無レ罪、則不二伏弁一、以争訴者、累加二其本罪一」、断獄律逸文(国史大系)「凡獄結竟、徒以上各呼二囚及其家属一、具告二罪名一、仍取二囚服弁一、若不レ服者、聴二其自理一、更為二審詳一、違者笞四十、死罪杖一百」、獄令義解「凡国断罪…国断得二伏弁一(謂、結断已訖、得二囚服弁一)及贓状露験者即役」。伏弁したものは伏弁状を提出する。東南院文書にその例がある。

足羽郡司解　申伏弁人事

別鷹山　部下上家郷戸主

所訴田八段　西南四条七桑原西里八坊栗川庄所

右人申云、以二去天平勝宝元年八月十四日一郡司判二給大領外正位下生江臣安麻呂・擬主帳無位槻本公老等一、鷹山親父豊足已畢、以二同年五月一寺家野占寺使法師平栄・造寺司史生大初位上生江臣東人・国使医師外従八位下六人部東人・郡司擬主帳槻本老等寺家野占畢、而以二天平宝字二年二月廿二日一国司守従五位下佐伯宿禰美濃麻呂依二郡判一給畢、鷹山此乎寺田勘使佐官法師平栄・造寺司判官上毛野真人・国司史生紀朝臣真木等、充レ直買取而為二寺田一、件田事、以二天平宝字四年一、校田□(駅カ)使石上朝臣奥継授二己名治田一、又以二天平宝字五年一、班田国司介高丘連枚麻呂亦授二己名一、今国司検二勘図并券文一、寺地占事在レ前、今竹山所レ給在レ後、加以所レ給直而所レ進寺田、更己名付申事、竹山誤、無二更申述所一、仍注二伏弁状一、進如レ件、謹解、

天平神護二年九月十九日　　伏弁別鷹山

敬屈(二〇七9)　腰を屈しかしこまること。最敬礼。兵範記、仁平二年正月二十六日条「巻レ簾下レ車、入レ門、弁少納言敬屈、外記史平伏」。

綾羅(二〇九9)　和名抄「綾、野王案、綾(音陵、阿夜、有二熟線綾、長連綾、二足綾、花文綾、平綾等名一)似レ綺而細者也」「羅、唐韻云、羅(魯何反、此間云レ良、一名蟬翼)綺羅、亦網羅也」。尾張国解文に「亦至二于精好之生糸一者、責二取当国之美糸一、織二私用之綾羅一」とある如く、美糸すなわち上等の生糸で織った高級な絹織物。

屛風の西施(二〇七11)　抄本に「屛風の内の西施」とある。屛風の内にかくれていた西施のような美人の意となる。西施は、唐玄宗の寵姫楊貴妃と共に古くから美人の代表とされた女性。中国の春秋戦国時代、越国苧羅山の薪売り女であったが、呉との戦に敗れた越王勾践によって呉王夫差に献ぜられ、その寵を一身にうけ、呉国滅亡の原因となったという。浦嶋子伝に「容貌美麗而失レ魂、芳顔薫体克調、不レ異二楊妃西施一」、十二月往来「其後何事候乎、抑今年可レ献二五節一候也、童女下仕、傾城之属已以難レ得、先日倡女可レ然者、召給候畢、専有二西施之姿一、盍レ応二下仕之仁一哉、他事不具、謹言、十一月十四日、左衛門督、宰相中将殿」。

定額の僧尼(二〇七14)　国分寺・官寺・定額寺・勅願寺などに一定の数を定めて(定額)官から供料をうける僧尼。太政官式「凡諸寺別当鎮三綱幷定額僧等、依二官符一補任之者、宜下先令二所司勘二申年臈一、而後造上レ符」。ここでは、具体的に常陸国分寺の僧と、国分尼寺の尼を指す。常陸国分寺は、天平勝宝四年(七五二)の建立。その遺跡は、現在国衙跡の北方約五百メートル、同尼寺跡はそれよりおよそ五百メートルにある。三代格三、国分寺事、天平十三年二月十四日勅「一、毎レ国造二僧寺一、必令レ有二廿僧一、其寺名為二金光明四天王護国之寺一、尼寺一十尼、其寺名為二法華滅罪之寺一、両寺相共宜レ受二教戒一、若有レ闕者、即須二補満一」。

紅の涙を緋の襟に捫ふ(二〇七15)　紅の涙は、紅涙。血涙に同じ。悲嘆の涙。今昔物語二四ノ三〇「其ノ中文ニ此ノ句有リ、苦学寒夜紅涙霑レ襟、除目後朝蒼天在レ眼ト」。緋の襟は、緋色の服。衣服令「朝服、…六位深緑衣、七位浅緑衣、八位深縹衣、初位浅縹色、…正四位深緋、従四位深緑、正五位浅緋、従五位深縹」。緋色の服は、正四位か正五位の朝服にあたる。常

陸は大国であるのでその介の相当位は正六位で、服色は深緑色である。従ってここに緋の襟とするは、上文、紅涙に対する文飾であろう。捫は霊異記中ノ一訓釈に「捫、ノコヒテ」。

印鎰（二〇八1）　印と鎰。印は国印。公式令「諸国印、方二寸、上レ京公文及案、調物則印」。公式令では、京に上る公文や調物に印すとあるが、国司の公権力を象徴するものとして、国内に下す文書にも印し（赤符）、国印のない国の符（白符）は無効であった。従って、国印は国の政治を行うためには不可欠のものである。鎰は、かぎ。令抄、宮衛令に「鎰、所三以開二管鍵一、古文闔字也、古記云、鎰管之鏁也」。㔾形をなす。動倉・不動倉を開けるかぎで、これを握ることは、国の財政権を握ることになる。従ってこの両者は、国政を握る最も大切なものとして、平安後期には、国庁の外に神社を設けて保管した。この神社を印鎰社という。国司がこの鎰を保管する権限を与えられたのは、大宝令施行後のことである。続紀、大宝二年二月乙丑条「諸国司等始給レ鎰而罷、〈先レ是別有二税司主鎰一、至レ是始給二国司一焉〉」。印鎰を領掌することは、国衙の公権力をもつことを意味する。国司に非ずして国衙の公権力を握るのは、簒奪である。将門側の行動は、私人としての国司維幾との争いから、遂に公権力の侵犯に及んだことになる。

議りて（二〇八5）　議は、文字としては謀議の議であるが、国語としてのタバカルは、相手に誘いかけて自分の思うようにすること。宇津保物語、忠こそ「北方にも、この帯いできたりとも申し給はず、事なければ、北の方しわづらひて、又たばかるやう」。

一国を討ちたり…（二〇八5）　名例律「八虐、一曰、謀反、謂、謀レ危二国家一、〈謂、臣下将レ図二逆節一、而有二無レ君之心一、不三敢指二斥尊号一、故託云二国家一〉…三曰、謀叛、謂、謀二背レ国従レ偽、〈謂、有レ人、謀レ背二本朝一、将レ投二蕃国一、或欲二翻レ城従レ偽、或欲三以レ地外奔一〉」「凡六議者犯二死罪一、皆条二所レ坐及応レ議之状一、先奏請議、議定奏裁、…其犯二八虐一者、不レ用二此律一、〈…其犯二八虐一者、死罪不レ得二上議一、流罪以下不レ得二減罪一、故云レ不レ用二此律一〉」。一国を討ちたりとは、常陸国府を襲い、受領を捕え、印鎰を奪った行為をいう。

坂東（二〇八6）　公式令義解「凡朝集使、東海道坂東、〈謂、駿河与二相模一界坂也〉東山道山東、〈謂、信濃与二上野一界山也〉」。足柄峠より東をいう。帝王編年記「同（天慶）二年己亥十一月廿一日、平将門〈一品式部卿葛原親王五代孫、鎮守府将軍良持男〉謀反、先討二取常陸国一、武蔵守興世王又以同意、八箇国反云々」とある八ヶ国は、坂東八ヶ国と称する相模・武蔵・上総・下総・常陸・上野・下野・安房をいう。

斑足王子（二〇八8）　天羅国の王が牝獅子に生ませた子で、足に斑のあざがあったので斑足太子と呼ばれた。千人の王の首をとれば、大王になれるという外道の迷信を信じ、九百九十九人の王を殺したが、最後の王普明王の首をとろうとしたとき、王が一日の猶予をもとめて百人の僧を請じて仁王経を講読せしめ、生死を超越した悟りを得たと伝え聞き、その非をさとって仏教に帰依したという。宝物集・三国伝記・曾我物語などにも見える。

或る太子は…（二〇八8）　観無量寿経「爾時、王舎大城、有二一太子一、名二阿闍世一、随二順調達悪友之教一、収二執父王頻婆娑羅一、幽閉置二於七重室内一、制二諸群臣一、一不レ得レ往」。

受領（二〇八11）　続紀、天平宝字二年九月丁丑条「令条雖レ立二分付之文一、律内無レ科二淹滞之罪一、因レ玆、新任国司不レ勤二受領一」、延喜内外官交替式「凡遷任国司及新任之人、分付受領、過二百廿日一者、解二却見任一、幷奪二俸料一、其解任之人、及代之国司過レ限者、科二公事稽留之罪一、亦奪二俸料一」。

十二月（二〇八13）　底本、天慶二年二月十一日につくるが、将門の常陸国府襲撃が十一月二十一日、豊田郡の本拠に帰ったのが二十九日であるから、楊本の十二月が正しい。常陸国からの将門等の行動の報告は、十二月二日に京都に到着した。紀略、天慶二年十二月二日条「常陸国言下上平将門・興世王等損二害官私雑物等一状上」。

竜のごとかる馬（二〇八13）　周礼、夏官、廋人「馬八尺以上為レ竜、七尺以上為レ騋、六尺以上謂レ馬」。太平記一三、竜馬進奏事に「竜馬也トテ月毛ナル馬ノ三寸計ナルヲ引進ス、其相形ゲニモ尋常ノ馬ニ異也、骨挙リ筋太クシテ脂肉短シ、頸ハ鶏ノ如ニシテ、須弥ノ髪膝ヲ過ギ、背ハ竜ノ如ニシテ、四十二ノ辻毛ヲ巻テ背筋ニ連レリ、両ノ耳ハ竹ヲ剝デ直ニ天ヲ指シ、双ノ眼ハ鈴ヲ懸テ地ニ向フ如シ」。

新司藤原公雅・前司大中臣全行（二〇九1）　下野国も国司交替の時期である。藤原公雅は、楊本・紀略・世紀等、弘雅につくる。底本の公は弘の誤写であろう。分脈に藤原魚名流に、

春茂 従五位上内匠頭 中宮大進 ─┬─ 弘雅 従五位下 下野守
　　　　　　　　　　　　　　├─ 弘親
　　　　　　　　　　　　　　└─ 弘頼 従五位下若狭守 下野守

とみえる。大中臣全行は、楊本・世紀は、完行につくる。いずれも同訓である。類聚符宣抄八、任符に、

下野守従五位上大中臣朝臣定行元丹後守
丹波守従五位上伴宿禰忠茂元但馬守
右、大納言正三位藤原朝臣恒佐宣、奉勅、件等人宜下不レ待二本任放還一、且請中印任符上
承平五年三月七日　　少外記内蔵惟直奉

とある大中臣定行は、完行の誤りで、これにより承平五年丹後守から下野守に転任し、しかも丹後国での解由を得ずに赴任したことがわかる。天慶二年は、承平五年から五年目。任期満了の時期にあたる。中臣氏系図に、右大臣清万呂の系に、

安則 祭主従四位上神祇伯兼伊世権守 延長六年正月廿四日卒 ─ 完行 下野守従五上 勘解由次官伊世掾

再拝（二〇九2）　深く恭順の意をあらわす拝礼。続紀、宝亀十年四月辛卯条「又奏曰、往時遣唐使粟田朝臣真人等発レ従二楚州一、到二長楽駅一、五品舎人宣レ勅労問、此時未レ見二拝謝之礼一、又新羅朝貢使王子泰廉入京之日、官使宣命、賜以二迎馬一、客徒斂レ轡、馬上答謝、但渤海国使皆悉下馬、再拝舞踏、今領二唐客一、准二拠何例一者、進退之礼、行列之次、具載二別式一、今下二使所一、宜下拠二此式一勿中以違失上」。

幹了の使（二〇九3）　幹は強い、了は慧いの意。身体が強く、才智にすぐれた者。字類抄「了事、オサ〳〵シ、幹了、同」、考課令義解「凡分番者、毎レ年本司量二其行能功過一、立二三等考第一、小レ心謹卓、執当幹了〈謂、執当者、猶二執掌一也、幹了者、幹強也、了慧也、言強幹慧了、自能堪レ事也〉者、為レ上」。尾張国解文にも「当任守元命朝臣以二去年三月中旬之比一、撰二幹了之使一、差二暴悪之人一、令二勘責一如二切焼二」とある。紀略、天慶二年十二月二十九日条は「信濃国言下平将門附二兵士等一、追二上上野介藤原尚範・下野守藤原弘雅・前守大中臣定行等一由上」。

天には五衰…（二〇九4）　天は天上界で、六道の第一に位し、すぐれた果報をうけた者の住む世界で、清浄な幸福に満ちた世界とされる。ここに住む天人の死せんとする時は、五種の衰相を現わすという。涅槃経一九「釈提桓因、命将欲レ終、有二五相一現、一者衣裳垢膩、二者頭上花萎、三者身体臭穢、四者腋下汗出、五者不レ楽二本座二」、仏本行集経五「護明菩薩大士、天寿満已、自然而有二五衰相一現、何等為レ五、一者頭上花萎、二者腋下汗出、三者衣裳垢膩、四者身失二威光一、五者不レ楽二本座二」、倶舎論一〇「然諸天子、将二命終一時、先有二五種小衰相一現、…復有二五種大衰相一現」。宝物集に「天上と申すは、快楽無数也と云へども、終に五衰を免れず、五衰と云ふは、一には頭の華鬘萎む、二に腋の下より汗出づ、三に眼まじろく、四に天衣垢つき飛行心に任せず、五に天女眷属に捨てられて、独林の中に仰ぎ臥して悲む」。

人は、六道の第二、人間界のこと。八苦は、生老病死の四苦に愛別離苦・怨憎会苦・求不得苦・五陰盛苦の四苦を加えたもの。涅槃経一二「八相為レ苦、所謂、生苦、老苦、病苦、死苦、愛別離苦、怨憎会苦、求不得苦、五陰盛苦」。

鶏儀いまだ…（二〇九6）　鶏儀は、下文に亀甲とあるに対照すれば、鶏卜の儀具の意であろう。史記、孝武紀に「乃令三越巫立二越祝祠一、安レ台無レ壇、亦祠二天神上帝百鬼一、而以レ雞卜、上信レ之、越祠雞卜始用焉、〈正義曰、鶏卜法、用二雞一狗一生一、祝願訖、即殺二雞狗一煮熟、又祭、独取二雞両眼骨一、上自有二孔裂一、似二人物形一則吉、不レ足則凶、今嶺南猶行二此法一也〉」、漢書、郊祀志、王先謙補注「通鑑胡注引二范成大桂海虞衡志一曰、雞卜、南人占法、

以二雄雞雛一、執二其両足一、焚レ香禱レ所レ占、撲レ雞殺レ之、抜二両股骨一浄洗、線二束之一、以二竹筳一插二束処一、使三両骨相二背於筳端一、執レ竹再祝、左骨為レ儂、儂我也、右骨為レ人、人所レ占事也、視二両骨之側所レ有細竅一、以二細竹筳長寸余一、徧插レ之、斜直偏正、各随二竅之自然一、以定二吉凶一、其法有二十八双一、大抵直而正、或近レ骨者多吉、曲而斜、或遠レ骨者多凶、亦有下用二鶏卵一卜者上、握レ卵以卜、書二墨於殻一、記二其四維一、煮熟、横截視二当レ墨処一、弁二殻中白之厚薄一、以定二儂人之吉凶一」。西朝は、暁を告げる鶏に対して朝と称したもので、意味は、下文の東岸に対して西方をいう。飛ぶも鶏からでた言葉で、四散するの意。

亀甲新しながら…（二〇九7）　亀甲は亀卜に用いる亀の甲。亀骨ともいう。神祇式、臨時祭「凡年中所レ用亀甲惣五十枚為レ限、〈紀伊国中男作物十七枚、阿波国中男作物十三枚、交易六枚、土佐国中男作物十枚、交易四枚〉」。東岸は上文西朝の対語、こちらは水中の亀であるので、水に縁のある岸と称す。両者あわせて、国政の執行に当って吉凶を卜う道具が東西に散佚したことを言う。地方政治に未だ祭事が重要視されたことをうかがわせる記事である。

金蘭の醫…（二〇九10）　易経、繋辞上「二人同レ心、其利断レ金、同心之言、其臭如レ蘭」から出た語。金蘭の交という。懐風藻、長屋王、於二宝宅一宴二新羅客一「有レ愛二金蘭賞一、無レ疲二風月筳一」。国内の上下、金蘭の交わりを期待して自ら笑まれて醫を生ずる意。

歎息の爪…（二〇九10）　国司が余りに政務に忠実すぎて、却って国内の人々が爪はじきをして歎息するようになる。任中の盛りを、下野守藤原弘雅或は前司大中臣完行と見る説もあるが、いずれも当らぬ。従って歎息の爪を弾くのは、国司ではなくて、下野国民であろう。尾張国解文に「奉公之始開二煕怡之醫一、任限之中弾二喟然之瓜一」とあると同意であろう。

四度の公文…（二〇九11）　職員令、神祇官条集解「讃云、私案、公文者文案惣名也」、要略五七、雑公文事上「公文、四度使者、正税帳使、大帳使、貢調使、朝集使也、〈案レ之、件帳可レ称二四度公文一歟〉民部式云、義倉及官田地子等帳、並附二正税帳使一、〈義倉帳付二主計一、官田帳付二主税一〉出挙帳、郷戸課丁帳、並附二大帳使一、〈郷戸課丁帳留レ省、大帳付二主計一、出挙帳付二主税一云々〉田租帳附二貢調使一、〈但明年貢調国者、付二正税帳使一〉正倉官舎池溝桑漆等帳並附二朝集使一云云、以二摠帳一、称二四度公文一、頗似レ得二其意一、或云、主計四度公文、大帳・調帳・朝集帳・義倉帳、主税四度公文、税帳・租帳・出挙帳・朝集帳云云、先説、以二摠帳一称二四度公文一、後説、相二交枝帳一、相二分二寮一、称二四度公文一、未レ得二其意一、故両存レ之、〈但、朝集公文、相二分二寮一也、就二公文一、熟看餹可二尋知一、抑下列二大帳・朝集帳・調帳・税帳一、尚以レ之可レ為二四度公文一歟、是或公文私記所レ注也〉」。

一任の公廨（二〇九11）　雑式「凡国司一任之内、不レ得二所部交関一、但聴レ買二衣食一」。公廨は、公廨稲の略称。公廨は本来は官衙のことで、公廨稲は、官衙の費用に充てる稲のこと、転じて官人に供給する稲のことをいう。田令、公田条集解「古記云、…供二公廨料一、謂、供二給官人一也、…問、公廨正訓未レ知、何訓、答、供二給官人一之物、謂二之公廨物一也、此物所二安置一処、謂二之公廨院宇一也」、続紀、天平十七年十一月庚辰条「制、諸国公廨、大国四十万束、上国卅万束、中国廿万束、…其官物欠負」、同、天平宝字元年十月乙卯条「太政官処分、比年諸国司等交替之日、各貪二公廨一、競起争論、自失二上下之序一、既虧二清廉之風一、於レ理商量、不レ合レ如レ此、今故立レ式、凡国司処二分公廨一式者、惣二計当年所レ出公廨一、先塡二官物之欠負未納一、次割二国内之儲物一、後以二見残一、作レ差処分、其法者、長官六分、次官四分、判官三分、主典二分、史生一分」、主税式上「凡国司処二分公廨一差法者、大上国長官六分、次官四分、判官三分、主典二分、史生一分、中国無レ介、則長官五分、下国無レ掾、則長官四分」。八代国治博士の年給考に「例へば天平十七年十一月の制に随ひ、大国の残米を千石と見做し、（注略）天平宝字元年及び延喜式の分法により二十五分（注略）すれば、掾百二十石、目八十石、史生四十石を得るなり」（国史叢説）。この計算では、守は二百四十石、介は百六十石となる。

使を付けて官堵に追ふ（二一〇2）　紀略、天慶二年十二月二十九日条「信濃国言下平将門附二兵士等一、追二上上野介藤原尚範・下野守藤原弘雅・前守大中臣完行等一由上、同日、賜二勅符於信濃国一、応下徴二発軍兵一、備中守境内上事、警二固諸陣・三関国々、及東山・東海道諸国要害一、入レ夜、武蔵守貞連入レ京、召二殿上前一、被レ問二軍兵事起一云々」、世紀、同日条「辰剋、信濃飛駅使到来、仍太政大臣被レ参二式御曹司一、左大臣已下諸卿参入、大相国・左府候二殿上一、大納言実頼卿着二宜陽殿一、開二使奏状一奏聞、其状云、平将門等、囲二上野介藤尚範・下野前司大中臣完行・新司藤弘雅等館一、奪二取印鎰一、追二上其身一、仍尚範等越二来信乃国一者、爰事出二非常一、無レ不二騒動一、諸卿候二殿上一、被レ相二議三箇国固関使・左右馬兵庫寮等勅使・東西要害関々処々警固使事一、勅符官符等請二内外印一、又前伊与掾藤純友、年来住二彼国一、集レ党結レ群、行二暴悪一、去廿六日虜二備前介藤原子高一已了、与二平将門一合レ謀通レ心、似レ行二此事一、仍東西遣二警固使一、今夜、太政大臣以下諸卿宿侍」。

府を領し…(二一〇2)　府は上野国府。和名抄「上野国〈国府在二群馬郡一、行程上二十九日下十四日〉」。その遺跡は、現在の前橋市元総社町元総社神社の西側、方八町が国府の区域、その中央北端方二町が国衙跡と推定されている(前橋市教育委員会「昭和四一年度上野国府発掘調査概報」)。

四門の陣…(二一〇2)　国庁の東西南北の門の警固の陣を固める。代始和抄、御譲位事に「御国ゆづりは天下の重事、世の替りめたるによりて、非常をいましめんために、警固固関といふ事をまづ最前に行はるゝ也、警固といふは、或は兼日、或は当日に、上卿陣に着て、六府の将佐をめして、司々かためまもりまつれと仰すれば、将佐称唯してしりぞく、是を警固となづくる也」とあり、四門の陣を固むるは、すでに朝廷の儀になぞらえたか。単に敵方の妨害を防ぐための固陣ではあるまい。

八幡大菩薩(二一〇3)　宇佐・石清水宮の祭神、応神天皇のこと。八幡神はもと北九州宇佐地方の土俗信仰神であったが、東大寺大仏造立の際に中央に進出、天皇の信仰を得て、その神託は、道鏡事件をひきおこすほどの威力をもった。応神天皇がその祭神の一人に加わり菩薩号を称した時期は不明だが、平安時代の初めごろであろう。

蔭子(二一〇4)　戸令義解「凡戸主皆以二家長一、…無二課口一者為二不課戸一、不課、謂二皇親及八位以上、男年十六以下幷蔭子、〈謂、五位以上之子、其三位以上父祖兄弟、亦是不課、而特以レ子為レ文者、拠二其多者一也〉…一」。

位記(二一〇4)　位階の辞令。大宝令に始まる。続紀、大宝元年三月甲午条「始停レ賜レ冠、易以二位記一」。位は官と共にその授与は天皇の大権に属する。従って天皇自身の位記はあり得ない。然し、朕が位を授けるという、位を授けるという神託に対して、その具体的証明としての位記の必要を意識したところに、将門の律令体制へのコンプレックスのあらわれがあろう。

左大臣正二位菅原朝臣(二一〇4)　道真は、参議従三位式部大輔菅原是善の三男。元慶元年(八七七)文章博士。宇多天皇の信任により、昌泰二年(八九九)に右大臣に任ぜられたが、延喜元年(九〇一)左大臣藤原時平等の讒言により大宰権帥に左遷され、二年後大宰府で歿した。歿後、道真左遷をはかった人々の変死が相ついで、道真の怨霊のなすところとされた。歿時の極官は従二位右大臣であったが、延長元年(九二三)正二位をおくられ、正暦四年(九九三)五月左大臣、同閏十月正一位太政大臣をおくられた。従って天慶の際は、位は正二位であるが、官は右大臣である。底本が左大臣とするは、底本書写の年時の官を誤り記したもので、楊本の右大臣とするを、原本の姿とすべきである。

八万の軍を起す(二一〇5)　八万は八幡にかけた言葉。応神天皇は、大軍をおこして異国を征服した神とされている。後に源氏の氏神とされた所以である。応神天皇の武神としての信仰が、萌している。

卅二相の音楽(二一〇5)　仏の具えているという三十二のすぐれた相を列挙した七言の経典を、雅楽の合奏曲に合せて歌う音曲。三十二相は、三蔵法数四十八によれば、一に足安平相、足裏に凹処なきもの。二に千輻輪相、足下に輪形あるもの。三に手指繊長相、手指の細長きもの。四に手足柔軟相、手足の柔かなるもの。五に手足縵網相、手足共其の指と指の間に縵網の繊緯ありて交互連絡すること鵝鴨の如きもの。六に足跟満足相、踵の円満して凹処なきもの。七に足趺高好相、足背高超して円満なるもの。八に腨如鹿王相、股肉繊円なること鹿王の如きもの。九に手過膝相、手長く膝を過ぐるもの。十に馬陰蔵相、男根体内に密蔵すること馬陰の如きもの。十一に身縦広相、頭足の高さと両手を張る長さとがひとしいもの。十二に毛孔生青色相、一々の毛孔より青色の一毛を生じて、雑乱せざるもの。十三に身毛上靡相、身毛の頭右旋し上に向いて偃伏するもの。十四に身金色相、身体の色黄金の如きもの。十五に常光一丈相、身より光明を放つこと四面各一丈なるもの。十六に皮膚細滑相、皮膚の軟滑なるもの。十七に七処皆平満相、両足下両掌両肩并に頂中の七処皆平満にて欠陥なきもの。十八に両腋満相、腋下充満するもの。十九に身如獅子相、身体平正威儀厳粛なること獅子王の如きもの。二十に身端直相、身形端正にして偃曲せざるもの。二十一に肩円満相、両肩円満にして豊腴なるもの。二十二に四十歯相、四十歯を具足するもの。二十三に歯白斉密相、四十歯皆白浄にして堅密なるもの。二十四に四牙白浄相、四牙最も白くして大なるもの。二十五に頬車如獅子相、両頬隆満獅子の頬の如きもの。二十六に咽中津液得上味相、咽喉中に常に津液ありて、食する物これが為に上味を得るもの。二十七に広長舌相、舌広く長く柔軟にして細薄、これを展ぶれば面を覆いて髪際に至るもの。二十八に梵音深遠相、音声清浄にして遠く聞ゆるもの。二十九に眼色如紺青相、眼睛の色紺色の如きもの。三十に眼睫如牛玉相、眼毛の殊勝なること牛玉の如きもの。三十一に眉間白毫相、両眉の間に白毫あり、右旋して常に光を放つもの。三十二に頂成肉髻相、頂上に肉ありて隆起して髻の形をなすもの。玉葉、治承五年正月九日条「法成寺修正、被レ止二呪師・散楽并大導師昇楽・三十二相楽等一了云々」。

頂に捧げて再拝す(二一〇7)　位記を頭上に捧げてと解されているが、倡伎の神託でのべられたもので、現実に位記があらわれたわけではない。ここは、仏教語の頂礼をこのように表現したものであろう。頂礼は頂戴礼拝の略。天竺九儀といわれる礼法のうち、最高の敬意をあらわした礼法。仏や尊者の前にひれふし、頭を相手の足につけておがむ礼式。

美咲…蓮花の開き敷く…(二一〇9)　美咲は微咲に同じ。咲は集韻に「笑、喜也、古作咲」。四巻本金光明経巻三、鬼神品「放二大光明一、開二敷種種諸池蓮華一」、本朝新修往生伝、丹後国狐浜一行人「後日見二其処一、蓮花三茎、微妙開敷」。

新皇(二一〇10)　坂口勉は、将門即位の記事の出典を、王莽の行動をたたえた揚雄の劇奏美新論と法華経にありとする説を提唱した。前者は「至レ政、破レ縦擅レ衡、并二呑六国一、遂称二平始皇一、盛従二鞅儀韋斯之邪政一、馳二騖起翦恬賁之用兵一、剗二滅古文一、刮レ語焼レ書、…除二仲尼之篇籍一、自勒二功業一、改二制度軌量一、咸稽二之於秦紀一、是以耆儒碩老、抱二其書一而遠遜、礼言博士巻二其舌一而不レ談」。後者は、五百弟子授記品の「号曰二法明如来一、…其仏以二恒河沙等三千大千世界一、為二一仏土一、…諸天宮殿、近処二虚空一、人天交接、両得二相見一、…三十二相、而自荘厳、…其仏国土、有二如レ是等、無量功徳一、荘厳成就、劫名二宝明一、国名二善浄一、其仏寿名、…」「爾時五百阿羅漢、於二仏前一、得二受記一已、歓喜踊躍、即従レ座起、到二於仏前一、頭面礼足」などを想起させるという（「将門記における将門の即位について」『古代中世の社会と民俗文化』所収）。揚雄の劇奏美新論はとにかく、仏典に出典をもとめる説は首肯できる。

星霜(二一〇12)　性霊集七、葛木参軍設先考忌斎願文「星霜廻薄、祥禫忽戻」。塵袋一「歳ノツモルヲ星霜ヲヲクルト申ス、霜ハ年ゴトニクダルモノナレバ、シルシトモ云ヒツベシ、星ハ季節ヲワカズソラニイデ給フ、ケヂメシリガタシ、如何、星ハイツモ空ニ出給ヘドモ、天ヲメグリ玉フ故ニ、ソノ行度ヲカゾフル心ナルベシ、諸星ハ順ニメグルニ、羅睺星ハ逆行ノ星ニテ、サカサマニメグリ玉フトカヤ、又左伝ニハ十二年ヲ一星ノ終也ト云ヘリ」。

恩沢(二一〇15)　日葡「Vontacu, それによって元気を新たにし、喜ばしくなるが如き主人・貴人の恩恵・恵み(訳)」。

安居(二一一2)　心安らかに落ちついた生活をすること。仏教語の安居ではない。孟子、滕文公下「一怒而諸侯懼、安居而天下熄」。

理を得る(二一一12)　訴訟の際に、その主張に正当性が認められることをいう。権記、寛弘八年十月九日条「余申、林懐僧都令レ申二永照明年研学竪義事一、…抑今年所レ被二仰下一会生・妙玄等、共得レ理者也」。

矯飾(二一一12)　うわべをかざりいつわること。三代格一九、禁制事、延喜二年三月十三日官符「諸国姧濫百姓為レ遁二課役一、動赴二京師一好属二豪家一、或以二田地一詐称二寄進一、或以二舎宅一巧号二売与一、遂請レ使取レ牒加レ封立レ牓、国吏雖レ知二矯餝之計一、而憚二権貴之勢一、鉗レ口巻レ舌、不二敢禁制一」。

右少弁(二一一12)　職員令「太政官、…右大弁一人、掌、管二兵部刑部大蔵宮内一、余同二左大弁一、…右中弁一人、掌同二右大弁一、…右少弁一人、掌同二右中弁一、職原鈔「少弁二人、相当正五位下、唐名尚書左右司郎、名家譜第任レ之、多者先補二五位蔵人一、乃任レ弁也、蔵人帯レ之、頗清撰也、近衛中少将中有二才名一之人、遷二任弁官一、或兼レ之」。

源相職（二一一12）　分脈の文徳源氏、中納言当時の子に「相職、文、蔵頭、式、左少将、内蔵頭、従四下、右大弁、或相成、天慶六四九卒、四十三才、母」とある。

武蔵介経基の告状によて…（二一一13）　貞信公記抄、天慶二年六月七日条「呼二兼忠朝臣一、告二示左閤一、今日可レ定二問密告使一事、只可レ随レ例之状、参二職曹司一令レ候レ陣、公卿定二問密告使一」、世紀、同日条「即太政大臣参二式御曹司一、任二武蔵国密告使一、長官右衛門権佐源朝臣俊、判官主典等也、近曾武蔵介源経基言上申云、武蔵権守興世王幷平将門、有二謀反事一者、上卿於レ陣清二書召名一、召二式部一給レ之」、貞信公記抄、天慶二年十月二十二日条「俊朝臣等来申云、依二諸卿定申一、不レ発二軍士一事、甚有レ恐云々」、同十一月十二日条「宣旨十一事、仰二相弁一、推問使遅発事」、世紀、天慶五年閏三月一日条「有二除目召名事一、…又去天慶二年被レ差二充問東国密告使一致二逗留一之者、右衛門権佐源朝臣俊・左衛門少尉高階良臣・勘解由主典阿蘇広遠等、以二同三年正月一、被レ追二官位一、而件等人逢二去年十二月日恩赦一也、仍此度源俊拝二左衛門佐一、高階良臣拝二民部少丞一、阿蘇広遠拝二少判事一也」。以上の経過によれば、将門が待っていた詔使は、遂に下向しなかった。

寃枉（二一二1）　獄令「凡死罪、雖二已奏報一、猶訴二寃枉一、事有レ可レ疑、須二推覆一者、以レ状奏聞、遣レ使馳駅検校」、同集解逸文「朱説、問、凡諸罪皆取二罪人伏弁一所レ断、而何既奏報畢後、有二誰寃枉一乎何、答、依二官司屈勘一、雖レ奉二伏弁一、尚其情不レ知レ之等類、凡如レ此枉断為耳」。

兵庫（二一二3）　孝徳紀、大化元年八月庚子条「拝二東国等国司一、…又於二閑曠之所一、起二造兵庫一、収二聚国郡刀甲弓矢一、辺国近与二蝦夷一接レ境処者、可下尽レ数集二其兵一、而猶仮中授本主上」。書陵部所蔵文書、仁治二年六月筑後国交替実録帳に、

一、国庫諸郡戎具器仗無実破損事

無実

□甲卅三領　打鎌卅四柄　鉾卅八柄　□百八十四張　鎌桙廿柄　鉦□五柄　鉄甲廿二柄　手鉾六十柄　冑四領

見在破損

木桙廿八隻　弓九十枚　大刀八十腰　鉾四十八柄　鎌桙十四柄　呉鼓卅一面　箭三千三百五隻

とある。右は、筑後国の兵庫であるが、国の兵庫の一般を知ることができよう。中央に左右兵庫、内兵庫がある。職員令に「左兵庫、右兵庫准レ此、頭一人、掌、左兵庫儀仗兵器安置得レ所、出納、曝涼、及受レ事覆奏事、助一人、大允一人、少允一人、大属一人、少属一人、使部廿人、直丁二人、内兵庫、正一人、掌准二兵庫頭一、佑一人、令史一人、使部十人、直丁一人」。

器杖・戎具（二一二3）　武器・兵仗のこと。いくさ道具。続紀、霊亀元年五月甲午条「今六道諸国営造器仗、不二甚牢固一、臨レ事何用」、続紀、文武四年二月丁未条「累勅二王臣京畿一、令レ備二戎具一」。前項、筑後国交替実録帳のつづきに「右、使為氏勘云、件器仗戎具者、是警衛□不具之儲也、而皆悉無実、其由如何、前司同任行宣、陳云、件器仗戎具、已為二往代之無実一、専非二当任之損失一矣、具由注載二検交替使実録帳幷代代不与前司解由状一、言上頻畢」。

過状（二一二7）　法律用語。怠慢や手ぬかりをわびるあやまり状。西宮記、臨時一一、成勘文事「右三人、犯二窃盗一者也、勘二問其由一、承伏、進二過状一已畢」。正倉院文書に、

丈部新成解　申不参過状事

右、依宮仕不為、進上布一端、件物進上如前、以解

宝亀二年閏三月廿日　正八位上物部白麻呂

昭穆（二一二10）　中国の宗廟における霊位の席次を示す語。太祖の廟を中央とし、向って右を昭といい、太祖の子及び四世・六世の廟が並び、向って左を穆といい、太祖の孫及び五世・七世の廟が並ぶ順序をいう。転じて父子長幼の序列を指す。戸令義解「凡無レ子者、聴レ養下四等以上親、於二昭穆一合者上〈謂、昭者明也、為レ父、故曰レ明也、穆者敬也、子宜レ敬レ父也、…〉

即経㆓本属㆒、除附」、続紀、養老三年十月辛丑条「況及㆓舎人・新田部親王㆒、百世松桂本枝合㆓於昭穆㆓」、権記、寛弘八年十月三十日条「今案、華山院雖㆑有㆓太上尊号㆒、昭穆不㆓相合㆒、此固関警固者、依㆓御倚廬㆒為㆑警㆓非常㆒所㆑行也」。

永く半国を領せむに（二一二10）　ここの国は、日本国の意。この頃は、畿内五ヶ国、東海道十五ヶ国、東山道八ヶ国、山陰道八ヶ国、山陽道八ヶ国、南海道六ヶ国、西海道十一ヶ国、計六十八ヶ国であるので、その半国は三十四ヶ国。半国支配の思想は、平家一、我身栄花にも「日本秋津島は纔かに六十六ヶ国、平家知行の国三十余ヶ国、既に半国にこえたり」。

褒賞の由（二一二13）　褒賞の沙汰。褒賞は、ほめたたえ、その印として与える品物。続紀、天平七年閏十一月壬寅条「天皇臨㆑朝召㆓諸国朝集使等㆒、中納言多治比真人県守宣㆑勅曰、朕選㆓卿等㆒任㆓為国司㆒、奉㆓遵条章㆒、僅有㆓一両人㆒、而或人以㆓虚事㆒求㆓声誉㆒、或人背㆓公家㆒向㆓私業㆒、因㆑此比年国内弊損、百姓困乏、理不㆑合㆑然、自今以後、勤恪奉㆑法者、褒㆓賞之㆒、懈怠無㆑状者、貶㆓黜之㆒、宜㆘知㆓斯意㆒、各自努力㆖」、尾張国解文「各為㆑蒙㆓褒賞之誉㆒、互好㆓非法之責㆒」。

譴責の符（二一二13）　譴は、相手のあやまちをいいたてること。責はせめとがめること。続紀、養老五年二月甲午条「王者政令不㆑便㆑事、天地譴責、以示㆓咎徴㆒」、神祇式、斎宮「凡中重庭者、須㆑令㆓諸司毎㆑晦掃除㆒、寮官逓加㆓巡検㆒、若致㆓緩怠㆒、譴責同㆓上条㆒」。

名簿（二一三1）　古代・中世に、官についたり、弟子として入門したり、家人となる時などに、貴人・長上・師にその証として、自分の名の二字を書いて差出す名礼。古代では自分の名（いみな）を相手に知らせることは自分の人格を相手に引き渡すことを意味した。栄華物語、様々のよろこび「ただ権の北方にて、世中の人みやうぶし、さて司召の折は、ただこの局に集る」、今昔物語二四ノ一六「今ヨリ偏ニ御弟子ニテ候ハムト云テ、忽ニ名符ヲ書テナム取セタリケル」。

国を傾くるの謀（二一三3）　名例律、八虐「一曰、謀反、謂、謀㆑危㆓国家㆒、〈謂、臣下将㆑図㆓逆節㆒、而有㆓無㆑君之心㆒、不㆓敢指㆓斥尊号㆒、故託云㆓国家㆒〉」。紀略、天慶二年十二月二十七日条「下総国豊田郡武夫奉㆓於平将門幷武蔵権守従五位下興世王等㆒謀反、虜㆓掠東国㆒」、帝王編年記、朱雀院「同二年己亥十一月廿一日、平将門〈一品式部卿葛原親王五代孫、鎮守府将軍良持男〉謀反」。

謹々上（二一三6）　書札礼「上所事、進上・謹々上、恐礼也、謹上、等同之礼、謹奉、処㆓凡卑㆒之詞也」、消息耳底秘抄「謹上ハ等同ノ人ノ許、謹々上ハ今少立上テ可㆑敬人也」、貞丈雑記九、書札之部「上所と云ふは、状の宛所の人の名字の上に、或は謹々上或は謹上或は進上と書く事なり、…進上は上也、謹々上は中也、謹上は其次也、進上は上輩に書く、謹々上は等輩よりも少し敬ふなり、謹上は等輩に書くなり、下輩には上所無㆑之、貴人へは其家人之方へ披露状にする故、貴人へ奉るに、貴人の名に上所書く事なし」。以上の書札礼によれば、太政大臣宛の書状に、この上所を書いたのは将門の非礼というべきである。

将平（二一三7）　分脈、桓武平氏に、良将の子に、「将平、大葦原四郎」とみえる。大日本地名辞書に、「平氏相馬系図に、将門の舎弟将平を、大葦原四郎と称したり、けだし豊田郡大葦原に住したるをもつてならん、およそ石毛・豊田以南水海道までは、もっとも卑湿の地にして、その田土多く近世の新墾にかゝり、これを野原（やわら）と総名す」と。

帝王の業は…（二一三7）　出典、帝範序「丹鳥呈㆑祥、周開㆓七百之祚㆒、素霊表㆑慶、漢啓㆓重世之基㆒、由㆑此而観、帝王之業、非㆑可㆓以智競㆒、不㆑可㆓以㆑力争㆒者矣」。

蒼天（二一三9）　蒼天は青空、転じて天にいる神。中右記、嘉承元年十二月二十七日条「両大弁被㆑成㆓中納言㆒、誠是善政也、月来七弁之訴、自達㆓蒼天㆒歟」。

権議（二一三10）　権ははかり、事柄の軽重をはかって議論検討すること。石清水文書、延元四年九月五日太政官牒「今奉㆓為法楽荘厳㆒建㆓立三昧堂㆒、已限㆓永年㆒、勤㆓修行法㆒、仍為㆑充㆓件仏僧供料㆒、殊廻㆓権議㆒、可㆑奉㆑寄之状」。

還箭の功は…（二一三11）　敵の箭を射返す武技のたてる功によって、短い命を救うこともある。後三年役に、鎌倉権五郎景正が、敵に眼を射られながら箭を射返して敵を倒したごときことをいうか。

大赦契王（二一三14）　大契赧王の誤書である。契赧はキッタンと訓み、契丹に同じ。契丹は、四世紀以来、中国東北地区西拉木倫河上流地方にいた遊牧民族で、八世紀には渤海国に属していたが、十世紀のはじめ耶律阿保機が出て自立して皇帝と称し、都を熱河省の臨潢に定め、九二六年（延長四）渤海国を亡ぼし東丹国をたてた。のち中国北方地区に版図をひろげ、国号を遼と称して強勢をほこったが、十三世紀に金に滅ぼされた。ここにいう大契赧王は、耶律阿保機を指す。下の「正月一日」は、正月三日が正しい。

渤海（二一三14）　七世紀末、高句麗の同族靺鞨族の大祚栄が、中国東北地区に建国して震国と称したのが始。のち唐に帰属して渤海郡王に封ぜられ、渤海とよばれ、唐の制度文物を移入して国運盛んであった。朝鮮半島を統一した新羅国を牽制するため、わが国にもしばしば国使を通じた。類聚国史一九三、殊俗渤海の条に、「渤海国者、高麗之故地也、天命開別天皇七年、高麗王高氏為二唐所レ滅也、後以二天之真宗豊祖父天皇二年一、大祚栄始建二渤海国一、和銅六年受二唐冊一立二其国一、延袤二千里、無二州県館駅一、処々有二村里一、皆靺鞨部落、其百姓者靺鞨多土人少、皆以二土人一為二村長一、大村曰二都督一、次曰二刺史一、其下百姓皆曰二首領一、土地極寒、不レ宜二水田一、俗頗知レ書、自二高氏一以来、朝貢不レ絶」。

東丹の国…（二一三14）　遼史、太祖紀「天顕元年、改二渤海国一、為二東丹一」、扶桑略記、延長八年四月一日条「唐客称二東丹国使一、着二丹後国一、令レ問二子細一、件使、答状前後相違、重令三復二問東丹使人等一、本雖レ為二渤海人一、今降為二東丹之臣一、而対答中、多称二契丹王之罪悪一云々、一日為二人臣一者、豈其如レ此乎、須下挙二此旨一、先令中責問上、今須レ令レ進二過状一、仰二下丹後国一已了、東丹国失二礼儀一」。

虜領（二一三15）　小右記、長徳三年十月一日条「高麗国人虜二掠対馬・壱岐嶋一、又着二肥前国一、欲二虜領一」、吾妻鏡、治承四年九月十九日条「平朝臣良将男将門虜二領東国一」。

足柄・碓氷二関（二一四3）　足柄関は、神奈川県南足柄市足柄峠東坂下にあった関。碓氷関は、群馬県碓氷峠の東裾にあった関。三代格一八、関幷烽候事、昌泰二年九月十九日太政官符「応三相模国足柄坂・上野国碓氷坂置レ関勘過一事、右得二上野国解一偁、此国頃年強盗鋒起、侵害尤甚、静尋二由緒一、皆出二僦馬之党一也、何者、坂東諸国富豪之輩、啻以レ駄運レ物、其駄之所レ出、皆縁二掠奪一、盗二山道之駄一、以就二海道一、掠二海道之馬一、以赴二山道一、爰依二一疋之駑一、害二百姓之命一、遂結二群党一、既成二凶賊一、因レ玆、当国隣国共以追討、解散之類赴二件等堺一、仍碓氷坂本権置二邏邏一、令レ加二勘過一、兼移二送相模国一既畢、然而非レ蒙二官符一、難レ可二拠行一、望請、官裁、件両箇処特置二関門一、詳勘二公験一、慥加二勘過一者」。

縦容（二一四5）　小右記、万寿二年九月十九日条「宰相詣二関白第一…其次有二便宜一者、含三済政虚言、可二漏達一事、帰来言、依レ無二縦容一不二申出一、人多会合云々」、中右記、寛治八年十二月三日条「一日御物忌也、終日候二御前一、松容之次、万事有レ被レ仰事」。

内竪伊和員経（二一四5）　和名抄「内竪、知比佐和良波」。続紀、神護景雲元年七月丁巳条「是日、始置二内竪省一、以二正三位弓削御浄朝臣浄人一為レ卿」、類聚国史一〇七、職官「大同二年十月己巳、停二内竪一、隷二左右大舎人寮一、各一百人」、後紀、弘仁二年正月庚子条「制、上殿舎人一百廿人、復二旧名一為二内竪一」、歴朝詔詞解三「竪子卿、竪字、本に竪に誤、今改む、からふみ周礼に、内竪といふ官名有て、注に竪、未レ冠者之官名とあり、故皇朝にても、童にて仕奉る人を竪子といひて、ワラハと訓り、安閑紀に僮竪(シモベ ワラハ)なども有、和名抄に、内竪三百人、俗云、知比佐和良波と有。…大御許近く仕奉る者也、卿とは即竪子を詔給へる也、良家の子弟もあれば也、さるは此竪子といふものは、必しも童子のみにあらず、成長たる人の、なほ童の形にて仕奉るもある歟」。伊和員経は、伝未詳。

争ふ臣（二一四5）　君主の非行を諫争する臣。孝経、諫争章「昔者天子有二争臣七人一、雖レ亡レ道、不レ失二天下一」、臣軌上、臣諫「昔万乗之主、有二諍臣七人一、則主無二過挙一」。

不義（二一四5）　人の道にはずれること。名例律、八虐「八曰不義、謂、殺二本主・本国守・見受業師一、〈本主者、依レ令、親王及五位以上、得二帳内資人一、於二所レ事之主一、名為二本主一、見受業師、謂、見受二経業一大学国学者、私学亦同、若已成レ業者、雖二先去一レ学、並同三見受業師之例一〉吏卒殺二本部五位以上官長一、〈吏、謂、史生使部、卒、謂、防人衛士之類、其有レ殺二本部五位以上官長一、並入二此条一〉及聞二夫喪一、匿不二挙哀一、若作レ楽、釈レ服従レ吉、及改嫁、〈夫者、妻之天也、恩義既隆、聞レ喪、即須二号慟一、而有二匿レ哀不レ挙、居レ喪作レ楽、釈レ服従レ吉、改嫁忘レ憂、皆是背レ礼違レ義、故倶為二八虐一、其改嫁為レ妾者非〉」。

国家の危み…（二一四6）　この国家は、すでに将門のうちたてた国家を指す。出典は、臣軌上、臣諫「君有二過失一、而不二諫諍一、将下危二国家一殞中社稷上」。

耆婆の諫（二一四7）　耆婆は梵語 Jivaka の音訳。古代インドの名医。中インド、摩掲陀国王頻婆沙羅の子。阿闍世太子の庶兄。父王を殺して帝位についた阿闍世が全身の瘡に苦しんでいた時に、その治療をし、父王弑虐の非を説いて、仏陀のもとに赴いて懺悔することをすすめたという。

口にこの言を…（二一四8）　駟馬は四頭立ての速い馬車。出典、論語、顔淵「子貢曰、惜乎、夫子之説二君子一也、駟不レ及レ舌、文猶レ質也」、臣軌下、慎密「夫口者関也、舌者機也、出レ言不レ当、駟馬不レ能レ追也」。

無心（二一四10）　今昔一九ノ一八「此ノ宮ニハ銀ノ器共ヲ故ニ打セテ、其ノ僧都ノ時ノ僧供ヲ奉リ給ケレバ、僧都此レヲ見、余リニ見苦ト云テ、其ノ乞食ヲ止メテケリ、此ノ宮ニハ此様ニ信ノ御ケルニ、此レゾ少シ余リ事ニテ、無心ナル事ニテ有ケル」。

舌を巻き（二一四10）　高野山文書、平治元年五月二十八日後白河院庁下文「去比於二院庁一被レ召、対三決当御庄官等与二彼田仲庄住人等一之刻、彼庄住人等、全依レ無二其理一、巻レ舌無二陳方一」。

昔秦皇の…（二一四11）　史記、秦始皇本紀「三十四年、丞相李斯曰、臣請、史官非二秦記一、皆焼レ之、非二博士官所一レ職、天下敢有下蔵二詩書百家語一者上、悉詣二守尉一、雑焼レ之、…所レ不レ去者、医薬・卜筮・種樹之書、…制曰、可、三十五年、…使三御史悉案二問諸生一、諸生伝相告引、乃自除、犯レ禁者四百六十余人、皆阬二之咸陽一」。

宣旨（二一四12）　職員令、中務省条義解「卿一人、掌下侍従献替、…宣旨〈謂、侍従之宣命也、…〉…事上」、続紀、慶雲二年四月丙寅条「更置二中納言三人一、以補二大納言不足一、其職掌、敷二奏宣旨一、待二問参議一」。文書としての宣旨は、奉勅宣旨と上宣の二種あり、前者は勅旨を蔵人が上卿に伝え、上卿はその事柄によって外記又は弁官に伝え、弁官は史に伝えて文書を作成する。後者は蔵人の伝宣を経ないで、上卿が勅旨を承って下達するもの。中右記、大治四年七月一日条「昔官符〈上宣〉、或又只以二口宣一、仰二下其人一云々、今度仰二上卿源中納言〈顕雅〉一被レ下二右中弁師俊一給二宣旨一也、是近代説尋得也」。

将頼（二一四13）　分脈、桓武平氏に、良将の子、将門の弟に、「将頼、御厩三郎」とある。常陸大掾譜に、良将の子、将門の弟に「将貞（頼の誤）、御厨三郎、将門私授二下野守一」とある。分脈に御厩三郎とするは、御厨三郎の誤りであろう。

御厩の別当（二一四13）　吾妻鏡、養和元年七月二十日条「下総国御厩別当所、可三早免二除貢馬一」とあるのは、これに当るか。武用弁略に「厩別当、馬ヲ司人ナリ、元来別当職ト云ハ、一ノ人ト称スル執柄ノコトナリ、此意ニテ厩ノ第一ノ司ナリ、故ニ別当ト云、禁裏ノ御厩ニハ、別当ノ下ニ舎人・居飼・牛飼・車副ナドト云者アリ、但、武家ニハ取ガタシ」。

将文（二一四15）　分脈、桓武平氏に、将門の第三弟に、「将文、相模守、母」とあり、常陸大掾譜に、良将の子に「将文、将門私授二相模守一、相馬七郎」とある。

将武（二一四15）　分脈、桓武平氏、将門の第四弟に、将武とあり、常陸大掾譜には、第六弟に、「将武、将門私授二伊豆守一、相馬六郎」とある。世紀、天慶元年十一月三日条に、「今日請印、諸司大粮尽幷依二伊豆国解一、可三追二捕平将武一之由、給二駿河・伊豆・甲斐・相模等国一官符四通」とある。伊豆国に本拠をかまえて、勢力を張っていたものであったことがわかる。

将為（二一五1）　分脈、桓武平氏に、将門の第五弟に、将為とあり、常陸大掾譜には、将門の第四弟に、「将為、将門私授二下総守一、相馬五郎」とある。師守記、貞和三年十二月十七日条所引、中原師茂勘文、天慶三年四月十二日条に「今日、常陸国飛駅参上云、賊首故平将門弟将種、為二陸奥権介伴有梁之聟一、居二住彼国一、仍将種与二有梁一、共成二謀反一云々」とみえ、貞信公記抄、同月十三日条に「常陸飛駅馳駅等奏解、遠江・駿河・上野等解文、給二左中弁一」とある将種は、将為の誤りかとする説もあるが、必ずしも同一人視する必要はなかろう。

下総国の亭南（二一五3）　今昔には「下総国ノ南ノ亭」とあり、扶桑略記には「猿島郡石井郷亭南」とある。扶桑略記が猿島郡石井郷の六字を加えたのは何等かの典拠によったものか。帝王編年記にも「猿島郡石井郷」につくるが、神皇正統記には「下総国相馬郡」とする。亭は、中国では主に郵亭、駅亭の意味に用いられているが、わが国では、第・邸の通用語として用いられる。屋敷・住居の意である。従ってここでも、下総国の将門の第の南方にと解すべきであろう。

相馬郡大井の津（二一五3）　ここだけ相馬郡を冠しているので、これ以前の亭南・檥橋は相馬郡以外の郡であることを示唆する。大井の津は、和名抄の下総国相馬郡大井郷内にあった津と考えられる。但しその位置については諸説あって、決定し難い。京の大津は、京の山崎の例に従えば、現在滋賀県の大津市にあたり、古代では、東海道・北陸道から京への物資揚陸地である。

左右の大臣・納言・参議（二一五4）　職員令、太政官条に「左大臣一人、掌下統二理衆務一、挙二持綱目一、惣中判庶事上、弾正糺不レ当者、兼得レ弾之、右大臣一人、掌同二左大臣一、大納言四人、掌下参二議庶事一、敷奏宣旨侍従献替上、少納言三人、掌下奏二宣小事一、請二進鈴印伝符一、進二付飛駅函鈴一、兼監中官印上、其少納言、在二侍従員内一」。中納言は令外官。職原抄上「中納言〈令外官也〉、持統六年始置二此官一、其後罷レ之、大宝二年定二官位令一日、無二此官一、仍為二令外一歟、慶雲四年又置レ之云云、相当三位也」。参議は、職原抄上「参議八人、参議者、諸官之中四位已上有二其才一之人、奉レ勅参二議官中政一之意也、故非二正官一、然而除目任レ之又例也、四位任レ之者、猶称二某朝臣一」。

六弁八史（二一五5）　大臣以下参議及び六弁八史は、太政官に属する官。庶務を統理し庶政を参議する太政官は八省の上に立つので、文武百官の外にあげたものである。職員令義解「太政官〈謂、太政官内、惣有二三局一、少納言、左弁官、右弁官是也〉…左大弁一人、掌下管二中務式部治部民部一、〈謂、其余不レ被レ管諸司、亦各随レ事分二隷左右一也、問、弁官管二八省一、并八省管二寮司一、未レ知、有レ別以否、答、弁官管レ省者、因レ事管隷、不二常監臨一、…〉受二付庶事一、糺二判官内一、署二文案一、勾二稽失一、知中諸司宿直、諸国朝集上、若右弁官不レ在則併行之、右大弁一人、掌レ管二兵部刑部大蔵宮内一、余同二左大弁一、左中弁一人、掌同二左大弁一、右中弁一人、掌同二右大弁一、左少弁一人、掌同二左中弁一、右少弁一人、掌同二右中弁一、左大史二人、右大史二人、左少史二人、右少史二人」。太政官の左弁官局、右弁官局に、各大・中・少の三等の弁官があるので六弁と総称。史官は、八人あるので八史と総称。

内印・外印（二一五5）　公式令「内印、方三寸、五位以上位記及下二諸国一公文則印、外印、方二寸半、六位以下位記及太政官文案則印、諸司印、方二寸二分、上レ官公文及案移牒則印、諸国印、方二寸、上レ京公文及案調物則印」、内匠寮式「内印一面料、熟銅大一斤八両、白鑞大三両、臈大三両、調布二尺、炭三斗、和炭二斗、長功七人、〈取二臈様一工二人、鋳二人、磨三人〉中功八人小半、短功九人大半、外印一面料、熟銅大一斤、白鑞大二両、臈大二両、調布二尺、炭二斗、和炭二斗、長功七人、〈臈工二人、鋳二人、磨三人〉中功八人小半、短功九人大半」。

相模等の国…（二一五8）　相模国府は、和名抄に「相模国、国府在二大住郡一、行程上二十五日下十三日」。奈良時代には、高座郡、現在の海老名町にあり、国分寺趾も存するが、十世紀頃には、大住郡に移っていたのである。

留守の国掌（二一五9）　留守は留守所。国守が国府に不在のときに、国務を行うために国衙の留守を守る役所。国掌は、国衙の雑務を行う下級官人。主に正税・官物のことを取扱ったようである。平安末の国雑掌とよぶものに当ると考えられる。三代実録、貞観十一年十二月二十二日条に「置二出羽国々掌二員一」とあるのが初見。

名僧を…（二一五11）　七大寺は、南都七大寺のこと。撮壌集「七大寺、東大寺興福寺元興寺法隆寺西大寺薬師寺大安寺」。国家に事あるときには、恒にこの七大寺で続経が行われる代表的官寺。屈しは、屈請の略。膝を屈して招く意で、特に僧侶を法会などに招請する時の用語。扶桑略記、天慶三年正月二十四日条「又世相伝云、於二東大寺羂索院執金剛神前一、七大寺諸僧集会、祈二請将門調伏之由一」。

礼奠を…（二一五11）　礼奠は、神仏などに供物をささげ、供えること。明衡往来「筒裏神輿渡給之間、礼奠之厳、誠存二如在之儀一」。八大明神は、明神八社の意であるが、具体的にはその名明らかでない。或は上文七大寺の対語か。貞信公記抄、天慶三年正月六日条「祈二中京畿七道諸神一祭文、召二斎主頼基一給レ之、於二河原一令二祈申一、始レ自二伊勢大神宮一、祈申事旨在二祭文一」、師守記貞和三年十二月十七日条所載中原師茂勘文「天慶三年正月六日、太政大臣於二式曹司一、召二大内記三善文明一仰云、五畿七道名神等可レ奉レ増二一階一之由、可レ作二祈文一者、是為レ平二東西之兵乱一也」。

名神を饗して（二一五15）　名神は、本義は名ある神、神徳の聞え高き神の意であるが、転じて、それ故に特別の待遇を国家からうけるようにえらばれ、神名帳に登録された神社をいう社格を示す言葉となった。延喜式神名帳には三〇六座、同臨時祭式に二八五座をのせる。饗は、神をもてなすこと。世紀、天慶二年五月十五日条「依二東国西国群賊悖乱事一、奉レ遣二諸社幷東海東山両道明神臨時幣帛使一〈伊勢・石・賀・松・平・原・稲・春・神・住等已下也〉使々官符請二内印一、又依二延喜元年二月例一、於二建礼門一有二大祓事一、上卿参二八省一、被レ立レ之、〈両道使神祇官差二進之一、去延喜元年二月東国乱、承平五年六月南海賊之等時例〉」、同五月十九日条「諸卿参陣、被レ定下行自二来廿五日一三ヶ日間、於二十五大寺幷諸社一、可レ被レ修二仁王経御読経一之由上、是依二坂東兵賊事一也」。これ等の時点では、未だ将門謀反に至らぬのであるが、すでに坂東兵賊の悖乱が中央を動揺させていることが知られ、ここに上掲（四九四頁「国を傾くるの謀」）紀略、天慶二年十二月二十七日条に、下総国豊田郡の武夫が将門や興世王を奉じて謀反すとの記事が生きてくる。将門謀反後としては、天慶三年二月二十二日に、宮中をはじめ名神・諸寺の百座臨時仁王会がある。文粋一三、天慶三年二月廿二日臨時仁王会呪願文「三千界中、唯仏是仰、十六会外、此経殊勝、…我皇虚レ心、叡慮安在、聖主責レ己、神襟何由、…山東凶徒、結レ党構レ逆、海西狂豎、成レ群挾レ邪、凌二辱吏民一、劫二略州県一、顧二我風化一、仰二慙祖宗一、爰命二将軍一、議二其征伐一、轂城石動、常山蛇驚、付嘱寄深、可レ仮二誰力一、受持志切、莫レ惜二其威一、青陽六旬、黒月七日、近綾綺殿、遠羅城門、験仏堂前、名神社下、百講排レ座、二軸分レ時、抽二誠一心一、求二助五力一、准レ法守護、如レ説修行、東方菩薩、持二金剛杵一、放二青色光一、来護二我国一、南方菩薩、持二金剛索一、放二白色光一、来護二我国一、西方菩薩、持二金剛剣一、放二金色光一、来護二我国一、北方菩薩、持二金剛鈴一、放二瑠璃光一、来護二我国一、中央菩薩、持二金剛輪一、放二五色光一、来護二我国一」とある。

邪悪・賊難（二一五15）　ともに仏教語。続紀、天平宝字三年六月丙辰条「断二諸邪悪一、修二諸善行一為レ義」。霊異記中ノ二二「僧並檀越聞レ之集来、衛二於破仏一、而号愁曰、哀哉悲哉、我大師聊何有二過失一、蒙二此賊難一」。

山々の阿闍梨（二一六2）　延暦寺をはじめとする山寺の阿闍梨。阿闍梨は、梵語 ācārya の音訳。本意は、弟子を教授しその師範となるべき高徳の僧の称。玄応音義一五「阿闍梨、経中或作二阿祇利一、皆訛也、応レ言二阿遮利夜一、此云二正行一、又言二阿遮梨耶一、此云二軌範一、旧云、於二善法中一、教授令レ知、名二阿闍梨一也」。我国では、密教伝来以降、伝法灌頂をうけ、これを弟子に伝授する資格を得た者をいい、朝廷から公認された一種の僧位であった。この阿闍梨によって密教の法脈は伝えられた。高僧と見なされて、祈禱なども盛んに行った。将門降伏の祈禱は、貞信公記抄、天慶三年正月二十二日条に「泰舜・泰幽太元、明達四王、向二美濃一、静因六足天王寺、定玄不動相応寺、各二七日」、同正月二十四日条「内御修法、於二山座主所一、令三始二行之一、十五人、以二明達一、補二十禅師一、縁レ遣二美濃一也」、扶桑略記、天慶三年正月二十二日条「善相公男定額僧沙門浄蔵、為レ降二伏将門一、於二延暦寺首楞厳院一、期二三七日一、修二大威徳之法一」、同二十四日条「有レ勅、遣二延暦寺阿闍梨明達於美濃国中山南神宮寺一、令レ修二調伏四天王法一、擢授二内供奉十禅師一」。

邪滅悪滅の法（二一六2）　邪悪を滅亡させる法。仏法では、降魔邪悪の法である。降伏法ともいい、不動・降三世・軍荼利・金剛夜叉・大威徳など忿怒尊を本尊として、修法する。

芥子（二一六4）　護摩を焚くときに加える芥子。真言修行抄五「実賢僧正護摩師伝抄云、取二芥子一投二炉中一、十方十度也、護摩略観抄云、道範芥子堅辛性、有㆓降伏用㆒、投㆓十方㆒、破㆓十方魔軍㆒也」。芥子はカラシで、その性堅く辛いので、密教では之を降伏の相応物とし、真言加持して炉に投じて降伏の用とした。

五色（二一六4）　上文の仏法の芥子に対し、神に供えるための五色の幣をいう。神道名目類聚抄三「五色幣、五行幣、紙を青・黄・赤・白・黒に染て、幣五本に作る」。

大壇（二一六5）　修法の本尊をかける中心の壇。阿娑縛抄「一、立壇の事、往昔には公家の一切の御修法、必ず四壇〈大壇・護摩壇・十二天壇・聖天壇〉を立て来る、大法に非ざれば四壇を立てずとは、謂れ無き事なり、何法といへども如法の時は、蓋し四壇を立つるかと云々」。

五大力の尊（二一六5）　五大尊或は五大力菩薩のことか。五大尊は、五大明王のこと。不動明王を中心に、降三世・軍荼利・大威徳・金剛夜叉の四明王を東西南北に配し、怨敵調伏の法が修せられる。四十帖決に「調伏法は、多く五大尊の法に依りて之を修す、多分に余の仏菩薩等の法に依るを聞かず、調伏の法を修するに、五大尊の中の不動・大威徳は、これ通例なり」、諸法要略抄「天慶三年二月十八日、於㆓法性寺五大尊御前㆒、以㆓五人阿闍梨㆒修㆑之、為㆑降㆓伏東西兵乱㆒也」。しかし前掲（前頁「名神を饗して」）文粋の呪願文によれば、天慶三年二月二十二日、臨時仁王会が行われ、東方菩薩・南方菩薩・西方菩薩・北方菩薩・中央菩薩の五菩薩を本尊とした仁王会が行われた。この五菩薩は、仁王護国経に説く、護国護法の菩薩で、五大力菩薩とよばれる。或はこれを指す可能性が強い。伊呂波「五大力、五智如来教令輪使者、金剛吼菩薩、竜王吼菩薩、無畏十方吼菩薩、電（雷カ）電吼菩薩、無量力吼菩薩」。

侍者（二一六6）　仏菩薩あるいは師僧の左右に侍してその給仕にあたる者。観無量寿経「一一化仏有㆓五百化菩薩・無量諸天㆒、以為㆓侍者㆒」、延慶本平家一八、成親卿八幡賀茂僧籠事「鳩は大菩薩の侍者也」。

八大尊の官（二一六6）　陰陽道で、吉凶の方位をつかさどるとされている八将神、大歳神・大将軍・大陰神・歳刑神・歳破神・歳殺神・黄旛神・豹尾神の八神という。五大力尊が仏教神であるのに対し、これは陰陽道の神々である。

神の鏑（二一六6）　神の放つ不思議な鏑矢。鏑矢は、矢の先に空洞のある蕪形のつくり物（鏑）をつけ、その先に鏃をつけた矢。射ると鏑の穴に空気が入って大音響を発して飛ぶ。鳴鏑矢ともいう。狩猟に獲物を射すくめる作用をなしたが、時には人の注目をひくために矢合わせに用いられる。平家一、願立「八王子の御殿より鏑箭の声いでて、王城さして、なつて行とぞ、人の夢にはみたりける」。

井の底の…堺の外の…（二一六9）　井の底にいて天を望むような浅はかな思慮をめぐらし、眼を国外に向けた視野の広い計をもたない、の意。文粋二、天慶二年正月十一日官符「縦有㆓驍勇之数百㆒、何越㆓紆帯之城㆒、独知㆓井底之広㆒、空忘㆓海外之守㆒」の句と同意。

奈何・久慈…（二一六11）　奈何は那珂の音通。那珂郡は常陸国風土記に、「那賀郡〈東大海、南香島・茨城郡、西新治郡・下野国堺大山、北久慈郡〉」、和名抄国郡部の常陸国に「那珂」。久慈郡は、常陸国風土記に「久慈郡〈東大海、南西那珂郡、北多珂郡・陸奥国堺岳〉、古老曰、自㆑郡以南、近有㆓小丘㆒、体似㆓鯨鯢㆒、倭武天皇因名㆓久慈㆒」、和名抄、国郡部の常陸国に「久慈」。

掾貞盛幷に為憲等が所在…（二一六12）　新編常陸国志「国香男貞盛の宅の旧跡は、那珂郡蒜間湖辺なる平戸の故城にて、この平戸と浄光寺は、那珂川を隔てしといふばかりにて、近接の地なり、国香の子孫ここに墓をつくらんこと、いわれあるに似たり」。勝満寺記（赤城宗徳所引）「国香の墓は、那珂郡湊村浄光寺にあり、古桜樹の枯倒れたりし本を掘つてみれば、金瓶を出せり、銘に国香墓とあり」。これらによれば、那珂郡は、国香・貞盛の根拠地であり、将門が貞盛を索めてこの地方に志向した理由がわかる。

一旬を隔つ（二一六15）　上文に、天慶三年正月中旬に常陸国に発向とあるので、それから一旬は、正月下旬となる。都では、天慶二年十二月十七日将門謀反と決定され（紀略）、天慶三年正月一日早々追捕使が定められ（貞信公記抄）、三日には比叡山・東寺等において七壇法が定められ（同上）、六日には神祇陰陽道の祈が行われ（同上）、九日には密告者経基の恩賞が行われ（同上）、十一日には「右平将門、積悪弥長、宿暴暗成、猥招㆓烏合之群㆒、只宗㆓狼戻之事㆒、寃㆓国宰㆒而奪㆓印鎰㆒、領㆓県邑㆒而事㆓抄掠㆒、…将門不㆑顧㆓微分㆒、還忘㆓朝憲㆒、遂恣㆓逆乱之意㆒、更夾㆓窺窬之謀㆒、縦有㆓帯甲之千万㆒、何犯㆓画象之化㆒、縦有㆓驍勇之数百㆒、何越㆓紆帯之城㆒、独知㆓井底之広㆒、空忘㆓海外之守㆒、開闢以来本朝之間、…」という官符を発して、東海・東山両道の諸国に出動を命じており(文粋二)、十三日には十二社奉幣(貞信公記抄・師守記所載中原師茂勘文)、十四日には東国掾八人と追捕凶賊使の任命(貞信公記抄・紀略)、同日太元帥法二七日御修法が阿闍梨泰舜等によって始められ(覚禅抄五、明王部太元法下)、十九日には参議藤原忠文が征東大将軍に任命され(紀略)、二十一日には高名十余社で仁王経転読(貞信公記抄)、二十四日山陵使の発遣師守記所載中原師茂勘文)、三十日諸社臨時奉幣祈禱(貞信公記抄)等、連日、将門平定の対策を打ち出している。これらの情報が将門の下に達していたかは、これ以後の将門の行動をみると、甚だ疑わしい。追討官符に「独知㆓井底之広㆒、空忘㆓海外之守㆒」と指摘しているのは、正に真相を衝いているというべきであろう。

吉田郡蒜間の江(二一六15)　和名抄国郡部の常陸国那珂郡に吉田郷があり、この郷を俗に郡と呼んだもの。公式の称ではない。新編常陸国誌、俗称郡名の条に「吉田郡、与之多、那珂郡東辺ノ地ニテ、本郡三分ノ一ニ居ル、吉田郷ヲ本トス、故ニ吉田郡ト云フ」。蒜間の江は、新編常陸国誌、山川の条「蒜間湖〈比留麻乃衣〉、旧名阿多可奈湖〈如字〉、鹿島・茨城二郡ノ間ニアリ、東西十四里、南北二里バカリ、古ヲ以テコレヲ推セバ、那珂・鹿島ノ堺ナリ、俗ニ或ハ日沼〈比奴麻〉ニ作ル、旧誌涸沼湖〈訓同上〉ニ作レルモ、亦俗言ニヨレルナリ」。

本貫(二一七8)　本籍地。賦役令「凡丁匠赴㆑役身死者、…並於㆓路次㆒埋殯、立㆑牌幷告㆓本貫㆒」、続紀、和銅四年五月辛亥条「違㆑主失㆑礼、即追㆓其位㆒、還㆓之本貫㆒」。下文の本属に同じ。

本属(二一七9)　生れ育った土地。本籍地。戸令、絶貫条集解「朱云、…然則於㆓家人奴婢等㆒、本所㆓生長㆒之国、称㆓本属㆒耳、…古記云、…欲㆑還㆓本生父母家㆒、亦為㆓本属㆒」。

法式の例(二一七9)　法式は、のり、きまり。三代格一二、天平八年二月二十五日勅「養老五年四月廿七日格云、見㆓獲浮浪㆒、実得㆓本貫㆒、如有㆑悔㆑過欲㆑帰者、逓㆓送本土㆒者更煩㆓路次㆒、宜㆚随㆘其欲㆓帰与㆒状㆖発遣㆙」、捕亡律逸文(国史大系)「凡非㆑亡而浮㆓浪他所㆒者、十日笞十、二十日加㆓一等㆒、罪止㆓杖一百㆒、即有㆓官事㆒」。

鰥寡…孤独…(二一七9)　戸令義解「凡鰥寡孤独、貧窮老疾、不㆑能㆓自存㆒者、〈謂、六十一以上而無㆑妻為㆑鰥也、五十以上而無㆑夫為㆑寡也、…十六以下而無㆑父為㆑孤也、六十一以上而無㆑子為㆑独也、困㆓於財貨㆒為㆓貧窮㆒也、六十六以上為㆑老也、癈疾為㆑疾也、其八十以上及篤疾者、並別給㆑侍、故不㆑入㆓此例㆒也〉令㆓近親収養㆒、若無㆓近親㆒、付㆓坊里㆒安賉」。優恤は賑恤に同じ。国史における鰥寡孤独の優恤は、続紀、霊亀元年九月庚辰条「受㆑禅即㆓位于大極殿㆒、詔曰、…粤得㆓左京職所㆑貢瑞亀㆒、臨㆑位之初、天表㆓嘉瑞㆒、…高年鰥寡孤独疾疹之徒、不㆑能㆓自存㆒者、量加㆓賑恤㆒」を初見とし、国家の慶時の恒例となる。

古帝の恒範…(二一七10)　孔子家語「進㆓用賢良㆒、退㆓貶不肖㆒、則賢者悦、而不肖者懼、哀㆓鰥寡㆒、養㆓孤独㆒、恤㆓貧窮㆒、誘㆓孝悌㆒、選㆓才能㆒、此七者修、則四海之内、無㆓刑民㆒矣」。

恩余の頼り(二一七12)　御巫本日本紀私記、神代上「蒙㆓恩頼㆒〈美陀万乃不由乎加々不礼里〉」、三代実録、貞観十二年八月五日条「自㆓諸司六位官人㆒、迄㆓諸衛府駕輿丁衛士㆒、皆預㆓恩賚㆒焉」。この賚は、頼の異体字。

諸国の兵士…(二一八2)　諸国とあるので、将門勢には、諸国国衙の兵士―健児所や軍団の兵士が主力であったことがわかる。彼等は現地の有力農民から選抜したものである。時は二月に入り、農事の季節に入る。また彼等の兵站維持も大変である。旁々農村に還住させる必要がある。今昔二五、平維茂罰㆓藤原諸任㆒語にも同様な話がある。

藤原秀郷(二一八3)　秀郷の名の確かな史料の初見は、紀略、延喜十六年(九一六)八月十二日条に、「下野国言、罪人藤原秀郷・同兼有・高郷・与貞等十八人、重仰㆓国宰㆒、随㆓其罪科㆒各令㆓配流㆒之由、重下㆓知之㆒」とあるもので、さらに延長七年(九二九)五月二十日にも、下野国から、藤原秀郷の濫行を糺弾すべきことが奏せられ、朝廷は国々に命じて兵を差し向ける官符五通を発したことが見え、その行動は将門と紙一重の差があっただけの土豪であった。なお秀郷が反将門の陣営に加ったについては、吾妻鏡に次のような伝承をのせている。「陸奥鎮守府前将軍従五位下平朝臣良将男将門虜二領東国一、企二叛逆一之昔、藤原秀郷偽称下可レ列二門客一之由上、而入二彼陣一之処、将門喜悦之余、不レ肆二所レ梳之髪一、即引二入烏帽子一誂レ之、秀郷見二其軽骨一、存下可二誅罰一之趣上退出、如二本意一獲二其首一云々」(治承四・九・一九)。分脈の藤氏魚名流に、

- 藤成 伊勢守従四位下、異本云節(良)相大臣子也、母津守氏
  - 豊沢 異本典沢、下野権守、従四位上、備前守、母下野史生鳥取業俊女
    - 村雄 下野大掾、河内守、従五位上、母下野史生鳥取豊後女
      - 秀郷 鎮守府将軍、武蔵守、従四位下、為貞盛朝臣副将軍、此儀非説也、不見将軍補任、母下野掾鹿嶋女、依竜神請、行竜宮、討竜神之敵、得宝俵云々、承平年中為貞盛副将軍、討将門者也
        - 千晴 鎮守府将軍、異本智—、余五将軍敵人也、安和二三廿六左大臣源高明公坐事左遷之時、同配隠岐国
        - 千春 相模介 母
        - 千国 母
        - 千種 母
        - 千常 左衛門尉、鎮守府将軍、従五下、或知常、イ云智—、母侍従源通女、討将門時、以父秀郷白羽上矢射之、仍為当家佳例

三兵の手（二一八11）　三兵は三軍に同じ。令義解、軍防令「凡将帥出レ征、兵満二一万人一以上、〈謂、一万二千人以下、何者、満二三千人一、得二一軍号一故也〉将軍一人、副将軍二人、…五千人以上、〈謂、九千人以下也〉減二副将軍・軍監各一人一、…三千人以上、〈謂、四千人以下也〉減二軍曹二人一、各為二一軍一、毎レ惣二三軍一、大将軍一人、〈謂、一万人以上及五千人以上、并三千人以上、各為二一軍一、故云二三軍一、其三軍官員、大将軍一人、将軍三人、副将軍四人、軍監四人、軍曹十人、録事八人〉」。転じて軍団の惣称として用いられる。古事記序「皇輿忽駕、凌二渡山川一、六師雷震、三軍電逝」。また、軍勢の先陣・中堅・後拒、左翼・中軍・右翼の総称。ここは、秀郷の全軍を三手に分った手法の意。

昨日の雄は…（二一九5）　兵範記、保元元年七月十一日条「彼是合戦已及二雌雄一由、使者参奏」。

人寰に跋躧（二一九9）　文粋一四、清慎公奉二為村上天皇一修二諷誦一文、菅三品「昔者延長明主賜二示弾箏之趣一、…又有二一竜笛一、蓋前代之名物也、…将レ安二於黄閣一、素意誠是咸池之浪、豈敢為二人寰之翫一、須三以作二仏界之資一」。庶物異名疏「漁者、插レ竹編レ之、以取レ魚、謂二之躧業一、大魚跋レ躧而出、故名二強梁一、曰二跋躧一」。

宏蠹（二一九10）　大きな木食い虫。字類抄「蠹、ノムシ、音妬、食木虫也」。蠹は、家の梁や柱を食い荒すので、蠹害といっていみ嫌われ、転じて人の忌み嫌う害を与えることをいう。尾張国解文「所謂、傾レ国之蠹、害レ人之蠹、豈過二於斯一哉」。

外土の毒蟒（二一九10）　外土は畿外の地。三代格、寛平九年六月二十三日官符「所レ試之年分者、専請二京戸之人一、不レ度二外土之民一」。蟒は大蛇。字類抄「蟒蚫、ヤマカ、チ」。

霊蛇を斬りて…（二一九11）　九野は、古代中国で、全域を冀・兗・青・徐・楊・荊・予・梁・雍の九州に分けたところから、中国全土を指す(書経、禹貢)。転じて天下。この文は漢書、高帝紀に「夜径二沢中一、令二一人行レ前、行レ前者還報曰、前有二大蛇一当レ径、願還、高祖酔曰、壮士行何畏、乃前抜レ剣斬レ蛇、蛇分為レ両道開、行数里、酔困臥、後人来至二蛇所一、有二一老嫗一、夜哭、人問、嫗何哭、嫗曰、人殺二吾子一、人曰、嫗子何為見レ殺、嫗曰、吾子白帝子也、化為レ蛇当レ道、今者赤帝子斬レ之、故哭、人乃以レ嫗為レ不レ誠、欲レ苦レ之、嫗因忽不レ見」。白帝は秦、赤帝は漢を指し、漢の高祖が秦を亡ぼして天下を統一する予兆として、名高い説話として伝えられた。帝範序に「先皇以二神武之姿一、当二経綸之会一、斬二霊蛇一而定二王業一」とあるのも、典拠を同じくするものである。

長鯢を剪りて…（二一九11）　鯢は雌鯨のこと。和名抄「鯨鯢、唐韻云、大魚、雄曰㆑鯨〈渠京反〉、雌曰㆑鯢〈音蜺、久知良〉」。長鯢は巨大な鯢。百川を片端から吸い込むとされ、貪って飽くことを知らぬ悪人にたとえる。帝範序に「敵無㆑大而必摧、兵何堅而不㆑砕、剪㆓長鯨㆒清㆓四海㆒」。

蚩尤（二一九12）　山海経、大荒北経「蚩尤作㆑兵伐㆓黄帝㆒、黄帝乃令㆔応竜攻㆓之冀州之野㆒」、史記、五帝紀「蚩尤作㆑乱、不㆑用㆓帝命㆒、於㆑是黄帝乃徴㆓師諸侯㆒、与㆓蚩尤㆒戦㆓於涿鹿之野㆒、遂禽殺㆓蚩尤㆒」。即ち蚩尤は黄帝時代で漢高祖の時代ではない。将門記の著者の誤りである。

楚子（二一九12）　穆王の子。名は旅。頗る武勇の性で、国内の反乱をしずめ、長江流域の諸国を征服し、大軍を周の国境に進めて、鼎の軽重を問い、晋と中原の覇を争って之を破り、大いに勢威を振った。

長鯢は…（二一九12）　春秋経伝集解、宣公十二年条に、晋に大勝した楚子が、勝利に驕る部下を戒めて、「古者明王伐㆓不敬㆒、取㆓其鯨鯢㆒而封㆑之、以為㆓大戮㆒」、注「鯨鯢大魚名、以喩㆔不義之人呑㆓小国㆒」とあるに拠る。

天下安しと…（二一九15）　帝範、閲武編に「夫兵甲者国之凶器也、土地雖㆑広、好㆑戦則民彫、邦境雖㆑安、忘㆑戦則民殆」。

武王の疾…周公命に代る（二二〇2）　武王は周の武王。文王の長子。姓は姫、名は発。殷の紂王を討って、天下を統一した人物。周公は、武王の弟。名は旦。兄武王の覇業を助け、武王の死後、その子成王を輔けて、周室の基礎を固めた。史記、周本紀「武王病、天下未㆑集、群公懼穆卜、周公乃祓斎、自為㆑質、欲㆑代㆓武王㆒、武王有㆑瘳、後而崩」の故事により、将門が倒れても、その弟等が代って戦をつづけるであろう、の意をあらわしたものか。

暴風（二二一3）　旧暦二月、新暦三月のころに、今日でも関東平野を吹きまくる季節風がある。大陸からの移動性高気圧が、日本列島を通過して太平洋に出たとき、後続の低気圧が日本海で発達したために吹く南寄りの強い風。三月から四月にかけてこうした気圧の変化による強風が関東平野に吹くことが多く、時に風速三十メートルを超え、砂塵を吹き上げる。この低気圧が北海道に抜けて寒冷前線が通過すると、風向きが急変して、強い北風が吹く。天慶二年三月十四日の午後は、正にこの季節風が吹いたのである。

暗に神鏑に中り（二二一12）　文粋四、天慶三年五月二十七日同公（貞信公藤原忠平）辞㆓摂政准三宮等㆒表「抑魁首将門、獣心人面、結㆑党聚㆑徒、公㆓行剽劫㆒、狂謀不㆑悛、猶同㆓朱髪之賊㆒、野心弥熾、不㆑異㆓白額之禽㆒、陛下皇威遠振、玄徳潜通、鉄鉞之誅未㆑及、神明之戮先加、幽顕合㆑契、身殞㆓於一箭之前㆒、遐邇同㆑歓、首伝㆓於千里之外㆒」。なお、扶桑略記の将門戦死の記事に「十四日未刻、於㆓同国㆒、貞盛・為憲・秀郷等、棄㆑身忘㆑命馳向射合、于㆑時将門忘㆓風飛之歩㆒、失㆓梨老之術㆒、即中㆓貞盛之矢㆒、落㆑馬、秀郷馳至、斬㆓将門頸㆒、以属㆓士卒㆒、貞盛下㆑馬、到㆓秀郷前㆒、合戦章云、現有㆓天罰㆒、自中㆓神鏑㆒、其日、将門伴類被㆓射殺㆒者一百九十七人、擒得雑物、平楯三百枚、弓胡簶各百九十九具、太刀五十一柄、謀叛書等、〈已上〉」。

託鹿の野（二二一13）　託鹿は、正しくは涿鹿。中国河北省涿鹿県東南の地。黄帝が蚩尤と涿鹿の野に戦った故事から、戦場のことをいう。前頁「蚩尤」参照。

朱雲（二二一15）　漢書、朱雲伝「臣願賜㆓尚方斬馬剣㆒、断㆓佞臣一人㆒、以厲㆓其余㆒、上問、誰也、対曰、安昌侯張禹、上大怒曰、小臣居㆑下訕㆑上、廷㆓辱師傅㆒、罪死不㆑赦、御史将㆑雲下、雲攀㆓殿檻㆒、檻折、雲呼曰、臣得㆘従㆓竜逢比干㆒、遊㆗於地下㆖足矣」。後世、折檻の語の出典となる。文粋二、永観二年十二月二十八日令㆑上㆓封事㆒詔、慶保胤「夫人主者以㆑納㆓敢諫㆒為㆑先、人臣者以㆑進㆓讜言㆒為㆑任、彼広徳之戒㆓楼船㆒、終就㆓其安㆒、朱雲之折㆓殿檻㆒、永令㆑無㆑理、且夫国之将㆑興也、上下聚㆑肩、国之将㆑廃也、道路以㆑目、至㆑如㆓破㆑家為㆑国面折尸諫者㆒、是朕之願也」。

下野国より…（二二二1）　貞信公記抄、天慶三年二月二十五日条「信濃国飛駅、言㆘上平将門為㆓貞盛・秀郷師㆒、被㆓射殺㆒之状㆖」、紀略、同日条「今日、信濃国馳駅来、奏云、凶賊平将門、今月十三日於㆓下総国幸嶋㆒合戦之間、為㆓下野・陸奥軍士、平貞盛・藤原秀郷等㆒、被㆓討殺㆒之由」、貞信公記抄、同月二十九日条「遠江・駿河・甲斐等一帋飛駅、言㆓上将門死状㆒」、同三月五日条「陸奥飛駅来、常陸・下野等任、甲斐解文・信濃解文、秀郷申文来、将門殺状、右大将奏㆓聞秀郷等功可㆑賞事㆒」、同三月七日条「甲斐馳駅解文来、将武等類人殺状申也」。

同年四月廿五日…（二二二2）　貞信公記抄、天慶三年四月二十五日条「左大弁来、告二将門首将来状一」、紀略、同日条「藤原秀郷差レ使、進二平将門首一」、師守記所載中原師茂勘文「五月三日、近日坂東賊首平将門頭、於二東市一令レ見二諸人一」、貞信公記抄、五月十日条「左中弁相弁等、有下将門首不レ収二市司一、可レ懸二外樹一之事上、仰二左中弁一」。

嘉禾（二二二8）　続紀、大宝二年十月乙巳条「近江国献二嘉禾一、異畝同穂」、同、神亀四年正月丙子条「河内国献二嘉禾異畝同穂一」、濫觴抄下「嘉禾、清和二年十月廿八日上野国献レ之、一茎卅穂、一茎九穂」。

桂月（二二二8）　初学記、月条「虞喜安天論曰、俗伝、月中仙人桂樹、今視二其初生一、見二仙人之足一、漸已成レ形、桂樹後生」、懐風藻、七夕、吉智首「菊風披二夕霧一、桂月照二蘭洲一」。

追捕すべきの官符（二二三3）　全文は文粋二に収める。

応丙抜下有二殊功一輩上加乙不次賞甲事

右平将門、積悪弥長、宿暴暗成、猥招二烏合之群一、只宗二狼戻之事一、寃二国宰一而奪二印鎰一、領二県邑一而事二抄掠一、軽狡之党、愚惷之徒、或欲レ免二一朝之辱一、自赴二勧誘之属一、或擬レ延二片時之命一、多入二劫略之中一、将門不レ顧二微分一、還忘二朝憲一、遂恣二逆乱之意一、更夾二窺窬之謀一、縦有二帯甲之千万一、何犯二画象之化一、縦有二驍勇之数百一、何越二紆帯之城一、独知二井底之広一、空忘二海外之守一、開闢以来、本朝之間、叛逆之甚、未レ有二此比一、適懐二異心之志一、空遇二殄滅之殃一、皇天自可レ施二天誅一、神明何有レ秘二神兵一、抑一天之下、寧非二王土一、九州之内、誰非二公民一、官軍黠虜之間、豈無二憂レ国之士一乎、田夫野叟之中、豈無二忘レ身之民一乎者、左大臣（仲平）宣、奉レ勅、宜下仰二国宰一、若殺二魁帥一者、募以二朱紫之品一、賜以二田地之賞一、永及二子孫一、伝二之不朽一、又斬二次将一者、随二其勲功一、賜中官爵上者、諸国承知、依レ宣行レ之、普告二遐邇一、令レ知二此由一、符到奉行、

天慶三年正月十一日

員外従五位下左大史尾張宿禰言鑑奉

右中弁正五位下兼行内蔵頭源朝臣相職

詔使…八国に遣はす（二二三6）　扶桑略記、天慶三年二月八日条「辰刻、主上出二御南殿一、賜二征夷大将軍右衛門督藤原忠文節刀一、下二遣於坂東国一、即以二参議修理大夫兼右衛門督藤原忠文一為二大将軍一、世謂二宇治民部卿一是也、刑部大輔藤原忠舒・右京亮藤原国幹・大監物平清基・散位源就国・同経基等為二副将軍一」。

藤原朝臣忠文（二二三6）　式家枝良の子。寛平二年（八九〇）内舎人を官途の始とし、修理少進・左馬頭・左衛門権佐・右近衛少将・修理大夫等を歴任。天慶二年（九三九）参議、翌三年正月十九日右衛門督、征東大将軍に任命、時に六十九歳の老齢であったが、翌年には純友追討のため征西大将軍に任ぜられた。後、民部卿となり、天暦元年（九四七）六月二十五日死去。七十五歳。

藤原朝臣忠舒（二二三7）　忠文の弟。陸奥権介・相模権守・伊勢守・大蔵大輔を歴任。

興世王は…（二二三8）　師守記所載中原師茂勘文「（三月）十八日、東国謀反副将武蔵権守興世王幷随兵卅余人、於二上総国一被二討殺一之由、彼国々解相二副大将軍解文等一言上、則上卿奏覧了」、紀略、天慶三年三月十八日条「征東大将軍解状云、興世王為二藤原公雅一被レ殺了」、貞信公記抄、同日条「左中弁将下来射二殺興世一之状解文等上」。公雅は、貞信公記抄、天慶三年正月十四日条に「任二東国掾八人一、平公雅等也」とある。分脈、桓武平氏によると、良兼の子に「公雅、武蔵守、従五上」と、良正の子に「公雅、使、従五上」の二人がある。同一人であろうとの説がある。

三月九日の奏（二二四1）　扶桑略記、天慶三年三月九日条「即賞二藤原秀郷一、叙二従四位下一、兼賜二功田一、永伝二子孫一、更追兼二任下野武蔵両国守一、又平貞盛叙二従五位上一、任二右馬助一、又告人源経基叙二従五位下一、兼補二大宰少弐一」。貞信公記抄、同日条「叙位、秀郷・貞盛又賜二国々報符一」、師守記所載中原師茂勘文、同日条「諸卿参入、藤原秀郷叙二従四位下一、平貞盛叙二従五位上一、則請二印其位記等一、付二飛駅使一、相二副各位袍等一遣了」。「中務…」は、位記の例文、群載一二、位記例状に、

無位藤原朝臣忠平

右可二正五位下一

中務、先功名臣後胤遺種、非㆔唯悦㆓部時之器量㆒、亦感㆓曩日之附託㆒、宜㆘授㆓爵命㆒、用異㆗寵栄㆖、

と同式である。

六王の逆心により七国の災難…(二二四11)　呉王を首謀者とし、膠西・膠東・菑州・済南・楚・趙の六王が加って景帝に叛したが、三ケ月で平定した。首謀者呉王を加えれば七王となるが、六、七、八、という数字に合せるため、六王、七国としたものであろう。六王を、秦始皇帝に抵抗した春秋戦国時代の斉・楚・燕・韓・魏・趙の六国王とする説もあるが、当らないであろう。帝範上、建親篇「六王懐㆓叛逆之志㆒、七国受㆓鉄鉞之災㆒」を出典とする。尾張国解文に「昔依㆓六王之誅戮㆒熾㆓七国之災蘖㆒、今懸㆓一守之濫糸㆒、致㆓八郡之騒動㆒」とある。将門記と同巧である。

四鳥の別れ(二二五2)　孔子家語、顔回篇「孔子在㆑衛、昧旦晨興、顔回侍㆑側、聞㆓哭者之声甚哀㆒、子曰、回汝知㆓此何所㆑哭乎、対曰、回以、此哭声、非㆘但為㆓死者㆒而已㆖、又有㆓生離別㆒者也、子曰、何以知㆑之、対曰、回聞、桓山之鳥、生㆓四子㆒焉、羽翼既成、将㆑分㆓于四海㆒、其母悲鳴而送㆑之、哀声有㆑似㆓於此㆒、謂㆓其往而不㆑返也、回窃以㆓音類㆒而知㆑之、孔子使㆔人問㆓哭者㆒、果曰、父死家貧、売㆑子以葬、与㆑之長決、子曰、回也善㆓於識㆑音矣」。

三荊の悲(二二五2)　斉諧記「京兆田真兄弟三人、共議㆑分㆑財、生貲皆平均、惟堂前一株紫荊樹、共議欲㆑破㆓三片㆒、明日就截㆑之、其樹即枯、状如㆓火然㆒、真往見㆑之、大驚謂㆓諸弟㆒曰、樹本同株、聞㆑将㆓分斫㆒、所㆓以顦顇㆒、是人不㆑如㆑木也、因悲不㆓自勝㆒、不㆓復解㆑樹、樹応㆑声栄茂、兄弟相感、合㆓財宝㆒、遂為㆓孝門㆒、真仕至㆓大中大夫㆒」。

薫蕕を同畔に…(二二五3)　薫は香りのよい草、蕕は悪臭のある草。薫と蕕とを一緒にすると十年たっても悪臭が脱けぬとされ、善人は悪人と同じ場所にいるべきでないとされる。孔子家語、致思「回聞、薫蕕不㆓同㆑器而蔵㆒、堯桀不㆓共㆑国而治㆒、以㆓其類異㆒也」。十訓抄五、序「かかれば、ちからなくうちかたらはむ友なり共、よく其人を選ぶべし、薫蕕器を異にすべしと也」。将門の一族であれば一様に悪人とみなされる意。

涇渭を一流に…(二二五3)　涇水は濁り、渭水は清む。この両水は西安の東北方で合流する。続紀、天平十六年九月丙戌条「随㆓善悪㆒、黜㆓陟其人㆒、遂令㆓涇渭殊㆑流、賢愚得㆑所」。尾張国解文「吏富民貧、薫蕕異㆑畝、政濁涙澄、涇渭堺㆑流」。

大康(二二五5)　在位十九年に及んだが、逸楽を事として民意を失い、洛水に田猟して十旬も帰らなかったので、有窮の后羿に帝位を追われ、洛に死去したという。尚書、夏書に見える。

三界の国…(二二五12)　三界は欲界・色界・無色界で、一切の衆生が生死輪廻する世界。六道は、天上・人間・修羅の三善道と畜生・餓鬼・地獄の三悪道の世界、衆生がその生前の業の結果として赴く世界。五趣は、六道から修羅を除いた五道。八難は、仏道修行の妨げとなる障難、地獄・畜生・餓鬼の三悪道に、鬱単越(楽報殊勝、総てに苦なき世界)、長寿天(色界・無色界の長寿安穏なる世界)、聾盲瘖瘂、世智弁聡、仏前仏後(二仏の中間にして仏無き世界)をいう。三界のうち六道五趣の底に身を沈め、八難の苦しみをうけていることを示す。

中有の使(二二五13)　中有は、死後、次の生をうけるまで七七日間さまよう世界。中陰ともいう。大乗義章八「命報終謝、名無㆓無有㆒、生後死前為㆓本有㆒、両身之間所㆑受陰形、名為㆓中有㆒」。中有にさまよう者を使としての意。

剣林(二二六1)　剣林処の略。剣樹地獄のこと。正法念経八「復有㆓異処㆒、名㆓剣林処㆒、是彼地獄第十一処、衆生何業生㆓於彼処㆒、彼見㆑有㆓人殺盗邪行、楽行多作㆒、彼人則堕㆓叫喚地獄㆒、生㆓剣林処㆒」。

鉄囲(二二六2)　鉄をめぐらせた囲。煨燼は灰燼と同じく、焼けのこり。瑜伽論四に八大地獄の中の最底の無間地獄を「皆有㆓四方四岸四門㆒、鉄墻囲遶、従㆓其四方四門㆒出已、其一々門外、置㆓四出園㆒、謂煻煨斉㆑膝、彼諸有情、出為㆑求㆓舎宅㆒、遊行至㆑此、下㆑足之時、皮肉及血並即消爛」。無間地獄は、五逆罪の一を犯したものが、無間にここにおちて、一劫の間苦しみを受けるという。

楚毒(二二六2)　苦しいいたみ。楚はいばら、棘のあるいばらでむちうたれる苦痛をいう。文粋一四、延長四年宇陀院為㆓河原左相府㆒没後修㆓諷誦㆒文、紀在昌「大臣亡霊忽託㆓宮人㆒申云、我在世之間、殺生為㆑事、依㆓其業報㆒、

堕二於悪趣一、一日之中、三度受レ苦、剣林置レ身、鉄杵砕レ骨、楚毒至痛、不レ可二具言一」。

冥官暦（二二六4）　冥官は仏語。冥府の役人。問地獄経に、十八地獄には閻魔大王の配下の十八王がいてそれぞれの地獄を支配するとみえ、浄土三昧経には五官とよばれる鮮官・水官・鉄官・土官・天官がいるという。

陸奥話記

六箇郡（二三〇2）　吾妻鏡、文治五年九月廿三日条に「清衡、継父武貞卒去後、伝二領奥六郡一〈伊沢・和賀・江刺・稗抜・志波・岩井〉」とある。この郡名が南から北に並んでいること、吾妻鏡に厨川柵を岩井郡と記していることから、岩井は岩手の誤りと考えられる。なおこの名称は漢代に辺境の地に六郡が設置されたことと関係があるか。冒頭の数行は、他本との字句の異同が特にはなはだしい。群書類従本では以下の如くである。「六箇郡之司有二安倍頼良者一。是同忠良子也。父祖忠頼東夷酋長。威風（名ィ）大振。村（部ィ）落皆服。横二行六郡一劫二略人民一。子孫尤滋蔓。漸出二衣川外一。不レ輸二賦貢一無レ勤二徭役一代々驕奢。誰之敢不レ能レ制レ之」。

酋長（二三〇3）　類聚国史巻一九〇に「弘仁三年六月戊子、勅、諸国夷俘等、不レ遵二朝制一、多犯二法禁一。雖二彼野性難一レ化、抑此教喩之未レ明。宜乙択下其同類之中心性了レ事衆所二推服一者一人上、置為二之長一令下レ加二捉搦一」と見える。

衣川（二三〇4）　続紀、延暦八年六月九日条に「征東将軍奏偁、胆沢之地、賊奴奥区。…其従二玉造塞一、至二衣川営一四日、輜重受納二箇日」と見える。

藤原朝臣登任（二三〇6）　母は播磨守光孝女。従四位下、主殿頭、出雲・陸奥・大和・能登等守。康平二年三月十九日出家、年七十二（分脈）。

平朝臣重成（二三〇6）　吾妻鏡、建保六年三月十六日条に「出羽城介藤景盛…当職者、醍醐天皇御宇昌泰二年以来中絶。而至二後冷泉院御時一、永承五年九月日、平繁盛（成ヵ）始任レ之。其後亦無二補任人一之処、今被レ興レ絶之条、尤可レ謂二珍重一歟」とある。

追討将軍（二三〇9）　続文粋、源頼義奏状に「爰奥州之中、東夷蜂起、領二郡県一以為二胡地一、駈二人民一以為二蛮虜一、数十年之間、六箇郡之内、不レ従二国務一、如レ忘二皇威一。就中近古以来、暴悪為レ宗。仍去永承六年、忽以二頼義一為レ令二征伐一、被レ任二彼国一。天喜元年、兼二鎮守府将軍一」と見える。

源朝臣頼義（二三〇9）　母は修理命婦。従四位下、鎮守府将軍、伊予・河内・

相模・陸奥等守、左馬助、左衛門少尉、小一条院判官代（分脈）。承保二年七月十三日卒（水左記）。

頼信朝臣（二三〇10）　母は藤原致忠女或は藤原元方女。従四位上。鎮守府将軍、伊勢・河内・甲斐・信濃・美濃・相模・陸奥等守、冷泉院判官代（分脈）。永承三年四月十七日卒（系図纂要）。

追討使…（二三〇11）　紀略、長元三年九月二日「仰下甲斐守源頼信幷坂東諸国司等、可レ追二討平忠常一之状上」。頼信告文案には「僕遂当二朝撰一、任レ身東征〈長元二年任二甲斐一〉」とある。

軍旅（二三〇12）　周礼、小司徒「乃会万民之卒伍而用レ之。五人為レ伍、五伍為レ両、四両為レ卒、五卒為レ旅、五旅為レ師、五師為レ軍、以起二軍旅一〈旅、五百人、軍、万二千五百人〉」。

小一条院（二三〇13）　母は藤原済時女皇后宮娍子。正暦五年誕生、寛弘三年元服、同八年十二月式部卿、長和五年正月皇太子、寛仁元年八月辞退、院号、長久二年八月出家、永承六年正月八日崩年五十八（大鏡裏書）。紀略、寛仁元年八月廿五日条に「以二前皇太子一為二小一条院一、…停二進属一為二判官代主典代一」とあり、古今著聞集巻九に「小一条院は、世のをこの人にてありけるが、頼義を身を放たでもたりけるが、きはめてうるせく覚ゆる也」と見える。

判官代（二三〇13）　その名称と性格については、名目抄、院中篇に「ハフグワンダイ、五位」、西宮記、臨時五「院宮事…五位蔵人為二侍者一、六位蔵人為二別当判官代一」という記述がある。なおこれら院宮の判官代から派生して、のちには諸国の国衙の役人の中にも判官代が生れた。

飲羽（二三一2）　文選、呉都賦「魂褫気慴而自踢跌者、応レ弦而飲レ羽〈王逸曰、飲レ羽謂所レ射箭没二其箭羽一也〉」、芸文類聚巻六〇「新序曰、楚熊渠夜行、見二寝石一。彎レ弓射レ之、没レ矢飲レ羽。下視知レ石也。却復射レ之、矢摧無レ迹」。

平直方（二三一5）　大夫尉、上総介、東三条院判官所雑色（分脈・北条系図）。右衛門尉・検非違使となり万寿四年栄爵（小右記）、長元元年六月平忠常追討使、同三年九月召還（左経記）。上野守は誤りか（分脈清和源氏には上野介）。

騎射（二三一5）　和名抄「漢書云、甘延寿以二良家子一善二騎射一。漢語抄云、馬射〈宇末由美、今案馬射即騎射也〉」。字類抄「騎射ウマユミ」。

不肖（二三一5）　字類抄「フセウ、ホエス」。下学集「肖似也、不肖者不レ似レ人倫義、卑下之詞也」。

義家（二三一8）　鎮守府将軍、下野・相模・武蔵・陸奥・伊予・河内・信濃等守、左馬権守・兵部大輔、正四位上、嘉承元年七月四日出家・同月卒、年六十八。中右記、嘉承元年七月十六日条に「武威満二天下一、誠是足二大将軍一者也」という。

義綱（二三一8）　伊勢・美濃・甲斐・近江・信濃・河内等守、検非違使、左衛門尉。天仁二年甥の義忠殺害の件で佐渡に流され、長承元年再び追討されて自害す。

拒捍（二三一10）　職制律、指斥乗輿条「対二捍詔使一、而無二人臣之礼一者絞〈謂…対レ使拒捍、不レ依二人臣之礼一、既不レ承二詔命一、又出二拒捍之言一者〉」。

鎮守府将軍（二三一13）　職原鈔「鎮守府、将軍一人〈相当従五位上〉、古来尤為二重寄一。非二武略之器一者不レ当二具仁一。仍代々称二将軍一者鎮守府也。中古以来為二陸奥守一者多兼二鎮府一。不レ可二必然一歟」。なお鎮守府将軍の地位は、以上の性格から、摂関期以降源平など武門の棟梁たらんとする者にとって、それを象徴する不可欠の要職となった。鎮守府の官員は、弘仁三年四月二日の太政官符（三代格）で、将軍一・軍監一・軍曹二・医師一・弩師一と定められている。→前頁「追討将軍」

大赦（二三一14）　略記、永承七年五月六日「行二幸女院御在所六条第一。依二御脳重一也。即日大二赦天下一」。

鎮守府（二三一16）　陸奥国鎮守府の設置については神亀元年説（職原抄）、弘仁三年説（職官志等）がある。胆沢城は紀略、延暦二十一年条に「正月丙寅遣二従三位坂上大宿禰田村麻呂一、造二陸奥国胆沢城一」と見える。

冑（二三三2）　貞丈雑記「甲の字よろひとよむなり、冑の字かぶとゝよむなり。然るに源平盛衰記などには甲の字かぶと冑の字よろひに用ひたり。今世俗皆右の如し。字の用ひ違ひなり」。

黄巾（二三三8）　後漢書、皇甫嵩伝「初鉅鹿張角自称二大賢良師一、奉二事黄老道。畜養弟子、跪拝首過、符水呪説以療病。病者頗愈、百姓信向之。角因遣弟子八人使於四方、以善導教化天下。転相誑惑。十余年間、衆徒十万、連結郡国。…角等知事已露、晨夜馳勅諸方、一時俱起。皆著黄巾為標幟。時人謂之黄巾、亦名為蛾賊」。

赤眉（二三三8） 後漢書、劉盆子伝「後数歳、琅邪人樊崇起兵於莒。衆百余人、転入太山、自号三老。時青徐大飢、寇賊蜂起。群盗以崇勇猛、皆付之。一歳間至万余人。…王莽遣平均公廉丹・太師王匡撃之。崇等欲戦、恐其衆与莽兵乱、乃皆朱其眉以相識別。由是号曰赤眉」。

前の車の覆る…（二三三12） 漢書、賈誼伝「鄙諺曰、前車覆、後車誡。…秦世之所以亟絶者、其轍跡可見也。然而不避、是後車又将覆也」。外に説苑、善説篇・荀子、成相篇などにもあり、文選、西征賦の李善注や明文抄では出典を晏子春秋とする。

韓彭誅せられて…（二三三13） 史記、黥布伝「十一年、高后誅淮陰侯（韓信）。黥布因心恐。夏、漢誅梁王彭越醢之。盛其醢徧賜諸侯。至淮南、淮南王（黥布）方猟。見醢因大恐」。

金為時（二三四5） 金氏は拾芥抄、姓尸録部に「臣、金〈コガネ〉」とあり、続後紀、天長十年四月八日条に「投化新羅人金礼真等男女十人貫附左京五条」と見えるのでもとは新羅の帰化人か。なお古事談巻四に「ケセンノ弥太郎」とあるのは関係あるか。

僧良昭（二三四5） 康平七年三月廿九日の官符（群載巻一一）に「沙弥良増俗名則任」とあるが、「正任…相具伯父僧良昭」と同一人と思われる。帝王編年記、康平七年三月には「安倍宗任、則任等五人引率其身、有朝議不入京中。放遣伊与国。同類僧良昭遣大宰府」と則任と良昭を別人とし、藤崎系図は則任を頼良の子とす。↓二四八頁補「則任」

新司を補す…（二三四9） 百錬抄「天喜四年十二月廿九日、源頼義更任陸奥守。為征夷也。陸奥守良綱遷任兵部大輔」。良綱は藤原範永男、母藤原能通女。正四位下、阿波・但馬・周防守（分脈）伊勢守（師通記）。略記、天喜五年十二月廿五日条に「陸奥守藤原良経遷任兵部大輔。源頼義更補陸奥守、有重任宣旨」とある。良経は藤原行成男、母は源泰清女。正四位下、越前・伯耆・陸奥守。皇后宮権大夫、康平元年八月二日卒（分脈）。陸奥話記の文章から天喜四年が正しいが、新司は良経と思われる。

国解（二三四12） 百錬抄、天喜五年九月廿三日条には「諸卿定申陸奥守頼義言上俘囚安倍頼時去七月廿六日合戦之間中矢死去事」と見え、すでに頼時は死んだことになっている。

俘囚（二三四13） 字類抄「フシウ、エゾ」「虜掠分、フシュ」。後紀、弘仁二年十月十三日条に「勅…其蝦夷者、依請須移配中国。唯俘囚者、思量便宜、安置当土、勉加教喩、勿致騒擾」と見える。

頼時流矢のために…（二三五1） 略記、天喜五年九月二日「鎮守府将軍源頼義与俘囚阿倍頼時合戦之間、頼時為流矢所中、還鳥海柵死了。但余党未服。仍重進国解、請賜官符、徴発諸国兵士、兼納兵粮、悉誅余党」。

同年十一月…（二三五5） 略記、天喜五年十一月「将軍頼義率兵士千三百余人、欲討貞任等。爰貞任等引率精兵四千余人拒戦。于時風雪甚厲、道路艱難。官軍無食、人馬共疲、賊徒馳新羈之馬、敵疲足之軍。官軍大敗、死者数百人」。

羈（二三五8） 和名抄「唐韻云、⿰革龍〈音籠、楊氏漢語抄云、⿰革龍頭、於毛都良〉、⿰革龍頭也。羈〈音基〉馬絡頭也」、字類抄「羈、オモツラ、オモカヘ、馬絆也」、貞丈雑記「⿰革龍頭、馬ノ頭ヲ絡フ綱也」。

残るところ纔に六騎…（二三五15） 源威集に「敵二百騎計ニ見ヱシカバ、御方七騎ニ打残サル。其七騎ハ所謂将軍頼義・長子義家・腰滝口末方・後藤内範明・大生大夫光任・大新大夫光房・豊嶋検杖恒家斗也」と記す。

藤原景通 景道（分脈・今昔）。正重の男。加賀介・修理少進。頼義郎等七騎の内（分脈）。吾妻鏡、建久三年四月十一日条に「修理少進景通〈伊予守源頼義朝臣攻貞任等時、七騎武者随一也〉」と見える。

大宅光任 大宅系図に「大三大夫。源頼義朝臣奥州十二年合戦之時、七騎武者第一也」と見える。奥州後三年記上に「すでに出立日、大三大夫光任年八十にして、相具せずして国府にとゞまる」と記す。

清原貞広 今昔「貞廉」。伝未詳。

藤原範季　伝未詳。分脈に三人見えるが時代が合わぬ。

則明　則経の子。内舎人。後藤内・坂戸判官と号す。河内国坂戸の住人。頼義郎等七騎の内（分脈）。古事談巻四に「白川院御時、後藤内則明老衰之後、召出テ合戦之物語セサセラレケルニ」と見える。

将軍の馬…（二三六2）　源威集は「此時大生大夫光任馬ヲ被レ切テ歩也。将云、頼義ト両馬スベキ由仰有リ。光任乍レ致レ礼、御馬ノ後ヲ合テ、鞦ノ芝打総ヲフミカラミテ鐙トシテ弓ヲ射太刀ヲ取ル。主従ノ振舞双身四臂ノ毘沙門ノ如シ。于時光房馳入敵ヲ打馬ヲ取テ父光任ニ乗ス」と記す。

義家の馬…（二三六2）　源威集「亦義家馬離レ給シカバ、範明敵ヲ打馬ヲ取テ奉ル。乗事同前也」。

耳順（二三六10）　論語、為政「六十而耳順〈皇侃注、順謂レ不レ逆也。人年六十、識知広博、凡厥万事、不レ待二悉須一観見一。但聞二其言一、即解二微旨一。是所レ聞不レ逆二於耳一。故曰二耳順一也〉」。

懸車（二三六10）　白虎通、致仕「臣七十懸レ車致レ仕者、臣以二執レ事趨走一為レ職。七十陽道極、耳目不二聡明一、跂踦之属。是以退去避レ賢者、所三以長二廉恥一也。懸レ車示レ不レ用也」。

同年の…・朝家…（二三八1）　略記、天喜五年十二月「鎮守府将軍頼義言上、諸国兵粮兵士雖レ有二徴発之名一、無二到来之実一。当国人民悉赴二他国一不レ従二兵役一。先移二送出羽国一之処、守源兼長敢無二糺越之心一。非レ蒙二裁許一者、何遂二討撃一。同月廿五日…又止二源兼長一、以二源斉頼一為二出羽守一、相共令レ撃二貞任等一。其後諸国軍兵々粮、頻雖レ賜二官符一、不レ到二彼国一。斉頼亦乍レ蒙二不次恩賞一、全無二征伐之心一。然間貞任等恣劫二略人民一」。

不次の（二三八5）　文粋、大江以言奉状「無偏之化、雖レ及二兆民一、不次之恩、濫加二一人一」。

徴り（二三八9）　倭訓栞「神代紀に責ノ字債ノ字徴ノ字などをよめり。…庭訓に徴使定使と見えたり。年貢に就ていふ也」。

国の印…（二三八11）　安斎随筆「朱印と今時いふは誤り也。古は印は皆朱印也。黒印は近代の事なり。…古は印とさへいへば、いづれも朱印也。されば古書には印とばかりあり、朱の字は無レ之」。

武則（二三八12）　清将軍と号す（清原系図）。吾妻鏡、文治五年九月廿三日条に「鎮守府将軍武則」とある。なお武則の鎮守府将軍就任は、本書末尾除目記事（二一五〇頁）から、当該前九年合戦に頼義を援けて、安倍氏を潰滅した結果によることが知られる。

官の軍に…（二三八12）　源威集には「是ヲ憑牒状ヲ遣ス。其詞ニ云、頼義去永承六年ノ春戦将蒙レ勅ヨリ合戦及二多年一ト云ヘドモ、于レ今凶徒雌伏不レ得レ利。剰朝家ノ重事依レ可レ及二相憑処一也。雷電ノ響ヲ発ス、以二風雨一力トス。鴻鶴ノ雲ヲ凌、羽翼ヲ以テ助トス。何ゾ無二合力一乎。且ハ為レ君且ハ義ヲ理ニ任テ時刻ヲ不レ廻、当陣ニ馳加テ可レ令二合力一趣也。是ヲ承テ即時ニ武則一家ノ輩三千余騎引率シ、鞭ヲ揚テ将軍属」と記す。

康平五年の春…（二三八15）　略記「康平五年春月、高階経重為二陸奥守一。依二源頼義任終一也。経重進発下向、人民皆随二前司指揮一、経重帰洛」。今昔では天喜四年のことと誤る。

高階朝臣経重（二三八15）　大和守、従四位上。新古今集作者（分脈・高階系図・世紀）。江家次第巻四に任受領の例として「陸奥国〈有下不レ済二公文一国司拝任之例上〉経重〈依レ撰レ人也〉」と見える。

武則同年の…（二三九2）　略記、康平五年条末尾には「奥州合戦記云…、康平五年七月、武則率二子弟一、発二万余人兵一、越二来当国一、到二栗原郡営岡一。於レ是将軍大喜、率二三千余人軍一、七月廿六日発向、八月九日到二彼営岡一。迭陳二心懐一、拭レ涙悲喜交至」と記す。

田村麿将軍（二三九4）　延暦十五年正月陸奥出羽按察使兼陸奥守（補任）、十月鎮守将軍（後紀）、十六年征夷大将軍を拝し、二十年二月節刀を賜わり、二十一年正月陸奥国胆沢城を造る（紀略）。大同五年大納言・右近衛大将となり、弘仁二年五月廿三日、五十四歳で薨ず。贈従二位（後紀）。

吉彦秀武（二三九8）　後真衡の無礼を怒って合戦し後三年の役の端緒をつくった（後三年記）。吉彦は姓氏録、皇別に「吉弥侯部、上毛野朝臣同祖、豊城入彦命六世孫奈良君之後也」と見え、続紀、天平宝字元年三月廿七日条に「君子部為二吉美侯部一」とある。

八幡三所（二三九14）　二十二社本縁、石清水事には「抑八幡三所登申波、中乃

御殿和大菩薩（応神天皇）、西乃御殿波神功皇后、東乃御殿和神武天皇乃御母」と見えるが、二十二社註式には「八幡宮三座〈式外〉、三所内男躰一、女躰二〈神功皇后・玉依媛〉」とあって、女神につき異同がある。

臂を攘ふ（二三九15）　史記、蘇秦列伝「韓王勃然作レ色、攘レ臂瞋レ目、按レ剣仰レ天」。

鳩あり…（二三九16）　八幡愚童訓巻下「鳩申ハ舎衛国日間五云所アリ。其諸仏菩薩集説レ法給。カレニ紫鳥ト云鳥アリ。日三節廻テ鳴声ハ説法如二音楽一。其鳥我ハ化セルヲ凡夫眼ニハ鳩ミル也ト告給ヘハ、鳩是吾神御変身也。忝大菩薩初後軍陣ニ立カケラセ玉シカハ、如レ思源氏世トリ、海内ヲ握レ掌」。また古事談巻四に「寛治五年八月十四日、義家朝臣許ニ有二山鳩一、居二於渡殿欄上一。義家成レ恐出拝。鳩更入二寝屋中一、居二長押上一。自二口中一落二椋実三粒一而死去了。義家云、是八幡後使歟。近無レ可レ有二慶賀之事一。定凶事歟。仍以二銀剣一腰駿馬一疋一。十五日暁、使二助道惟貞等一奉二八幡一云々」と見える。

松山の道（二四〇1）　略記、康平五年「奥州合戦記云…、（八月）十六日、定二七陣押領使一。武則赴二松山一、道次二磐井郡中山大風沢一、翌日到二同郡萩馬場一」。吾妻鏡、文治五年八月廿一日条に「追二泰衡一令レ向二岩井郡一給…爰二品経二松山道一、到二津久毛橋一給」と見える。

小松柵（二四〇2）　康平七年三月廿九日の太政官符（群載巻一一）に「正任被レ落二衣川関一、逃二小松楯一之刻」とあり、吾妻鏡、文治五年九月廿七日条に「衣河自レ北流、降而通二于北上河一。凡官照小松楯、成通琵琶柵等旧跡、在二彼青巌之間一云々」と見える。

宗任（二四〇2）　字は鳥海弥三郎（安藤系図）、この戦で捕虜となり伊予に流され、治暦三年に本国逃亡の噂により大宰府に移さる（群載巻一一、康平七年三月廿九日太政官府・百錬抄）。

往亡（二四〇7）　暦林問答集巻下「或問、往亡者何也。答曰、新撰陰陽書云、往亡者、天之殺鬼也。暦例云、往者去也。亡者無也。有二三名一、一曰往亡、二曰天門、三曰天従。行二十二節一、而一歳有二十有二日一。今按、自二立春一七日、自二驚蟄一十四日、自二清明一二十一日、合四十二日、春往亡也。自二立夏一八日、自二芒種一十六日、自二小暑一二十四日、合四十八日、夏往亡也。自二立秋一九日、自二白露一十八日、自二寒露一二十七日、合五十四日、秋往亡也。自二立冬一十日、自二大雪一二十日、自二小寒一三十日、合六十日、冬往亡也。四時合二百有四日也。是丁歳之数不レ足、故失二陰陽之数一、仍云二窮日一。其日不レ可二遠行一。又出レ軍憂死不レ還、尤凶也」。なお源平盛衰記巻二八、頼朝義仲中悪事に「佐殿宣ひけるは、昔頼義朝臣、奥州の貞任が小松館を責給ける時、今日往亡日也。明日可レ遂二合戦一かと被レ定けるを、武則先例を勘て云、周武王合戦に勝事往亡日を不レ避。勇士は以レ得レ敵為二吉日一申て、小松館へ押寄て、忽に貞任を誅して勝事をえたりき」と見える。

射斃れたる…（二四一5）　略記、康平五年「奥州合戦記云…、（八月十六日）…彼此合戦、射二斃賊徒六十余人一。被レ疵逃者不レ知二其数一。賊衆捨レ城逃走、則放レ火焼二其柵一了。官軍死者十三人、被レ疵者百五十人也。其後遭二霖雨一、徒送二数日一。粮食已尽、軍中飢乏。各遣二兵士一、令レ苅二稲禾等一、将レ給二軍粮一間、漸経二十八箇日一。残二留営中一者僅六千五百余人也。爰貞任等伝下聞官軍為レ求二兵粮一四方散乱上」。

九月五日を…（二四二2）　略記、康平五年「奥州合戦記云…、九月五日、引二率精兵八千余人一、動レ地襲来。玄甲如レ雲、白刃耀レ日。両陣相対、交レ鋒大戦。貞任等敗北、到二磐井河一、或墜二高岸一、或溺二深淵一。於二河辺一所二射殺一賊衆百余人、所二奪取一馬三百余疋也。武則等以二精兵八百余人一、暗夜尋追。貞任等遂弃二高梨宿并石坂柵一、逃二入衣河関一、卅余町之程、斃亡人馬宛如二乱麻一」。

賊の気黒くして…（二四二10）　越絶書、越絶外伝記軍気「黒気在二軍上一、将謀未レ定。其気本広末鋭而来者、為二逆兵一、去乃可レ攻。黒気在レ右、将弱卒少、兵亡穀尽、軍傷、可二不レ攻自降一。黒気在レ後、将勇卒彊、兵少穀亡、攻レ之殺レ将、軍亡。黒気在レ左、将智而勇、卒少兵少、攻レ之殺レ将、其軍自降。黒気在レ前、将智而明、卒少穀尽、可二不レ攻自降一」。

軽きこと…（二四二15）　文選、報二任少卿一書「人固有二一死一。死或重二於太山一、或軽二於鴻毛一。用之所レ趨異也〈李善注、燕丹子、荊軻謂二太子一曰、烈士之節、死有レ重二於太山一、有下軽二於鴻毛一者上。但問二用之所レ在耳〉」。

常山の蛇の勢（二四三1）　孫子、九地「故善用レ兵者、譬如二率然一。率然者常山

之蚍也。撃二其首一則尾至、撃二其尾一則首至、撃二其中一則首尾倶至」。鈐録六「長蛇ノ陣ト云ハ、常山ノ蛇勢ト云コト孫子ニアリ。ソレヲ略シテ常蛇トモ云。常ト長ト字音同ジキユエ、長蛇トモカク。是ハ首ハ尾ヲ救ヒ、中ハ首尾ヲ救ヒ、首尾ハ中ヲ救フコトヲ云テ、是ゾ長蛇ト云備ノ形ハモトナキコトナリ」。

暴虎憑河の類（二四三5）　論語、述而「子曰、暴虎馮河、死而無レ悔者、吾不レ与也〈皇侃注、謂二世之粗勇一也。…暴虎徒搏也。郭注云、空手執也。又云、馮河徒渉也。郭注云、無二舟檝一也〉」。

鬢を焼き…（二四三11）　旧唐書、李勣伝「勣時遇二暴疾一。験方云、鬚灰可二以療一レ之。太宗乃自翦レ鬚、為二其和薬一。勣頓首見レ血、泣以懇謝。帝曰、吾為二社稷一計耳。不レ煩二深謝一」。平治物語、信頼信西不快の事「唐の太宗文皇帝は、鬢を切て薬に焼、功臣に給ふ。血を含み疵を吮て戦士を撫しかば、心は恩の為に仕はれ、命は義に依て軽かりけり。身をころさむ事を痛まず、死をいたさむ事をのみおもひけるとぞ承る」。

同六日…（二四四3）　略記、康平五年「（九月）六日攻二入衣河一、焼二重々柵一了、殺傷者七十余人」。

峭函の固（二四四4）　文選、過秦論「秦孝公拠二峭函之固一、擁二雍州之地一〈李善注、韋昭曰、峭謂二二殽一、函函谷関也。史記張良曰、関中左二殽函一右二隴蜀一。呂延済注、峭山秦塞也。函谷関名〉」。和漢朗詠集、九月尽「縦以二峭函一為レ固、難レ留二蕭瑟於雲衢一」。

同十一日…（二四五5）　略記「（九月）十一日、襲二鳥海柵一。宗任等弃レ城逃去、保二厨川柵一。所二射殺一賊徒卅二人、被レ疵逃者不レ知二其員一」。

将軍制止せり（二四五8）　太平御覧巻八四五「王孫子新書曰、楚荘王攻レ宋。厨有二臭肉一、樽有二敗酒一。将軍子重諫曰、今君厨肉臭而不レ可レ食、樽酒敗而不レ可レ飲。而三軍之士、皆有二飢食一、欲二以勝一レ敵、不二亦難一乎。荘王曰、請下有二酒投之士一、有中食饋之賢上」。

積れる水を決る…（二四五15）　孫子、形篇「勝者之戦レ民也、若レ決二積水於千仞之谿一者形也」。淮南子、兵略訓「善用レ兵者、勢如レ決二積水於千仞之隄一、若レ転二員石於万丈之谿一」。

白髪返て…（二四五16）　戦争の労苦で髪が白くなった話は、魏書、于禁伝に「太祖在二長安一、使三曹仁討二関羽於樊一、又遣レ禁助レ仁。秋大霖雨、漢水溢二平地一、水数丈、禁等七軍皆没。…会三孫権禽レ羽獲二其衆一、禁復在レ呉。文帝践祚権称レ藩、遣二禁還一。帝引二見禁一、鬚髪皓白、形容顦顇、泣涕頓首」と見え、白髪が黒くなり若返るのは列仙伝に稷丘君が「髪白再黒、歯落更生」とあり、朱璜が「且八十年、復見二故処一、白髪尽黒、鬢更長三尺余」と見えるなど道術を修めたものに限られる。

矢石（二四六2）　弩石について意見十二箇条に「臣伏見二本朝戎器一、強弩為レ神。其為レ用也、短二於逐撃一、長二於守禦一。古語相伝云、此器神功皇后奇巧妙思、別所二製作一也。故大唐雖レ有二弩名一、曾不レ如二此器之勁利一也」と記す（九六頁）。

校尉（二四七5）　後漢書、耿恭伝「匈奴遂於二城下一擁二絶澗水一。恭於二城中一穿レ井十五丈不レ得レ水。吏士渇乏、笮二馬糞汁一而飲レ之。恭仰歎曰、聞昔弐師将軍抜二佩刀一刺レ山、飛泉湧出。今漢徳神明。豈有レ窮哉。乃整二衣服一向レ井再拝、為二吏士一禱。有レ頃水泉奔出、衆皆称二万歳一」。文粋、祭二亀山神一文「戊己校尉正二衣冠一而拝レ井、奔流激射、感之至也」。

この時に鳩あり…（二四七7）　八幡愚童訓巻下「伊予入道頼義責二貞任宗任一カド、敵強シテ送二数年星霜一、力尽ケレバ、金字大般若経ヲ書供養シテ可レ奉二納社壇一由立二願心一ケル。鵧鳩カケリ下旗上ニゾ居タリケル。是御納受瑞也ト無二ノ信心有シカバ、亡二強敵一大ニ名ヲアゲテ蒙二勧賞一果二宿願一レシ願文詞ニ、誠雖二皇威之令一レ然、定是神誅之所レ致也トコソ有シカ」。

貞任は…（二四八5）　略記、康平五年「（九月十七日）官軍以レ鉾刺二貞任一、載二於大楯一、六人舁レ之、将二到将軍之前一。其長六尺有余、腰囲七尺四寸。貞任・経清・重任等一々斬二生首一。又経二数日一、宗任等九人帰降」。源威集には貞任が佩びていた刀を義家に贈った話、一説として貞任の叔父律師頼乗が合戦の祈禱の功なく自害した話を載せる。

則任（二四八13）　字は白鳥八郎（藤崎系図）。ただし群載・安藤系図は頼時の兄で法名良昭（増）。また安藤系図には別に頼時の孫、行任の子で白鳥太郎と号した則任がおり、吾妻鏡、文治五年九月二十七日条ではこれを頼時の子としている。なお妻を今昔は貞任の妻とす。

烈女（二四八15）　列女伝巻四に「斉杞梁殖之妻也。荘公襲レ莒、殖戦而死。荘公帰遇二其妻一、使三使者弔二之于路一。…十日而城為レ之崩。既葬曰、吾何帰矣。夫婦人必有二所レ倚者一也。…内無レ所レ依、以見二吾誠一、外無レ所レ倚、以立二吾節一。吾豈能更レ二哉。亦死而已。遂赴二淄水一而死」と記されている。

家任（二四八16）　藤崎系図は剃髪して官照と号したとあり、安藤系図は官照とは別人とす。官符（群載巻一一）に「家任籠二嫗戸之栖一、為レ兄合戦。而貞任重任経清被二誅殺一之際、交二歩兵之中一逃脱。経二一両日一之後、束レ手露レ身出二来軍中一者」とある。

帰降せし者…（二四九3）　群載巻一一、康平七年三月二十九日太政官符には「太政官符　伊予国司　応レ安二置便所一、帰降俘囚安倍宗任・同正任・同貞任（ママ）・同家任・**沙弥良増**等五人、従類参拾弐人事」と記され、帰降の翌々年、帰降者は頼義が国守となった伊与国に配流となったことが知られる。ただし、このうち良増（昭）は、百錬抄・略記・帝王編年記によれば、大宰府に流されており、又宗任は、百錬抄によると、のち治暦三年に本国への逃亡を企てたのでさらに大宰府に移された。

同六年二月十六日…（二四九15）　水左記、康平六年二月十六日「前鎮守府将軍源頼義朝臣所レ進俘囚貞任、重任、経清等首、并降人交名解文、右大弁令レ進二覧之一。殿下召二頭弁一給レ之、被レ仰二可レ奏之由一。頭弁給二解文一退出。余又参二大内一。頭弁持参経二奏聞一、以二件解文一下二治部卿一。于レ時卿候二奥座一、但交名者留二御所一。治部卿下二頭弁一、々々召二大夫史実長一下レ之。実長召二大夫尉源頼俊於右衛門陣一、口下宣可レ請二取件首等一之由上。頼俊引二率検非違使等一、奉レ宣退出了。余又退出。抑件俘囚首、本所レ随二騎兵二人〈一人傔仗季俊、一人軍曹〉歩兵二十余人許一也。各被二介冑一、殊耀二武威一。先於二粟田山大谷北丘上一蜘蟵徘徊、三首各插レ鋒植レ之。余偸行見レ之。漸及二晡刻一指レ洛持入。検非違使於二四条京極門一請取。其儀、抜二本鋒一以二検非違使鉾一插レ之。即以二着鈦一持レ之。先貞任、次重任、経清也。但鉾緋銘二其姓名一。又各傍看督長二人、免十余人相従、三絶（級カ）相別渡行。観者或車或馬。亦緇亦素、始レ自二粟田之下一、迄二于華洛之中一、駱駅雑錯、人不レ得レ顧。奔車之声、晴空聞レ雷、飛塵之色、春天沸レ霧。希代之観何比レ之有乎。於戯皇威之在レ今、更不レ恥二於古一者歟。但従二四条一西三行朱雀大路二、至三于西獄樒和一梟レ之云々」。略記、康平六年二月十六日「鎮守府将軍前陸奥守源頼義梟二俘囚安倍貞任、同重任、散位藤井経清等三人首一、伝二京師一。検非違使等向二東河一受取、繋二其首於西獄門一。見物之輩貴賤如レ雲」。

車は轂を撃ち…（二四九16）　史記、蘇秦列伝「臨菑之塗、車轂撃、人肩摩」。轂は和名抄に「説文云、轂〈古禄反、楊氏漢語抄云、車乃古之岐、俗云筒〉輻所レ湊也」とある。

これより先…（二四九16）　略記、康平六年二月十六日「先レ是、献レ頸使者到二近江国甲香郡一、開レ筥出レ首、令レ洗二梳其髻一。件担夫者貞任従者降人也。称二無レ櫛由一。使者傔仗季俊仰曰、汝等有二私用櫛一。以レ其可レ梳レ之。担夫則出二私櫛一梳レ之、垂レ涙嗚咽曰、吾主存生之時、仰レ之如二高天一。豈図以二吾垢櫛一忝梳二其髪一乎。悲哀不レ忍。衆人皆以落涙矣」。

同廿五日…（二五〇6）　略記、康平六年二月廿七日「被レ行二勧賞一。頼義叙二正四位下一、任二伊予守一。一男義家叙二従五位下一、任二出羽守一。二男義綱任二左衛門少尉一。従五位下清原武則叙二従五位上一、任二鎮守府将軍一。献レ首使藤原季俊任二左馬允一」。百錬抄も略同じ。

物部長頼（二五〇8）　奥州の物部氏は続後紀、承和七年三月十二日条に「宮城郡権大領外従六位上勲七等物部已波美」が見える。

漢高平城の囲に…（二五〇10）　漢書、高帝紀「（七年冬十月）上従二晋陽一連戦、乗レ勝逐レ北、至二楼煩一、会二大寒一、士卒堕レ指者什二三。遂至二平城一、為二匈奴所レ囲七日、用二陳平秘計一得レ出」。漢書、匈奴伝に詳しい。

呂后不遜の詞を…（二五〇10）　漢書、匈奴伝「孝恵・高后時、冒頓寖驕、乃為レ書使三使遺二高后一曰、孤僨之君、生二於沮沢之中一、長二於平野牛馬之域一。数至二辺境一、願レ遊二中国一。陛下独立、孤僨独居。両主不レ楽、無二以自虞一。願以レ所レ有、易二其所レ無。高后大怒、召二丞相平及樊噲・季布等一、議下斬二其使者一、発レ兵而撃上レ之。…布曰、噲可レ斬也。前陳豨反二於代一、漢兵三十二万、噲為二上将軍一。時匈奴囲二高帝於平城一、噲不レ能レ解レ囲。天下歌之曰、平城

之下亦誠苦。七日不レ食、不レ能レ彀レ弩。今歌唫之声未レ絶、傷痍者甫起。而噲欲レ揺二動天下一、妄下言以二十万衆一横行上、是面謾也。且夷狄譬如二禽獣一、得二其善言一不レ足レ喜、悪言不レ足レ怒也。高后曰、善。…因献レ馬、遂和親」。

郅支単于を斬り…（二五〇16）　漢書、元帝紀「（建昭三年）秋、使下護西域騎都尉甘延寿、副校尉陳湯、撟二発戊己校尉屯田吏士及西域胡兵一攻中郅支単于上。冬、斬二其首一、伝詣二京師一、懸二蛮夷邸門一」。漢書、陳湯伝・匈奴伝に詳しい。

南越王の首を梟す…（二五〇16）　漢書、武帝紀「（元鼎六年）春、至二汲新中郷一、得二呂嘉首一、以為二獲嘉県一。馳義侯遺兵未レ及レ下、上便令下征二西南夷一平上レ之。遂定二越地一。以為二南海…儋耳郡一。…元封元年冬十月…遣三使者告二単于一曰、南越王頭已県二於漢北闕一矣」。漢書、西南夷伝に詳しい。

少生（二五一2）　陔余叢考、小生「漢書朱雲伝、雲罷レ官過二薛宣一。宣曰、君且留二我東閣一、可三以観二四方奇士一。雲曰、小生乃欲二相吏一耶。師古注、小生、謂二其新学後進一。乃欲二以レ我為一レ吏乎。小生之名、始見此。然非三自称作二謙辞一也。其以レ之自称者、唐李陽氷、自謂二篆書一、謂三斯翁之後直至二小生一。又元稹上二令狐相公一曰、白居易能レ詩、或為二千言一、或為二五百言律詩一、以相投寄。小生自審、不レ能レ有二以過一レ之、…此文士自称二小生一之始也」。

解説

古代政治社会思想論序説

家永三郎

一

かつて中江兆民は「我日本古より今に至る迄哲学無し」と喝破し、国学者は「一種の考古家」、儒学者は「経学者」、明治以後の哲学者をもって自他ともに許すものも西洋の「論説を其儘に輸入し」たものにそれぞれすぎず、仏僧のなかには「創意を発し」たものがないではないが、これまた「純然たる哲学に非ず」と論じ、「カントやデカルト」のごとく「独仏の誇」とせるに比すべき「哲学無き人民」が「何事を為すも深遠の意無くして、浅薄を免」れないのを歎いた(『一年有半』)。日本仏教や日本儒学や国学が中江の簡単に評し去ったごとき性格のものにとどまるかどうか、その後日本思想史の研究が大きな進展をとげた今日から顧みればはなはだ疑わしいけれど、内発的でかつ理論体系をそなえた西洋哲学史やインド哲学史や中国哲学史と同じような意味での日本哲学史を構成することの困難な実態を指摘した点では、兆民の右の言はきわめて鋭いものがあったとしなければならない。

日本思想史を学問的に確立した先駆者津田左右吉も、中江とよく似た見解を持し、日本仏教・日本儒学・国学・日本近代哲学等の理論研究のほとんどすべてを、日本人の「実生活」から遊離した机上の空論にちかいものと見なし、「日本人の人生観や世界観は、日本人の生活そのものによつておのづから醸成せられ、また表現せられ、或は生活の内面に流れてゐるのであり、文芸の上には現はれたけれども思想として明かに体系化せられるには至らなかつた」とし（『支那思想と日本』）、文芸作品をおもな史料とする独創的な大著『文学に現はれたる我が国民思想の研究』四巻を一九二一年までに続いて公刊することにより、右の見解を具体的に通史の形で実証してみせたのであった。

中江や津田のように、日本人の生み出した理論的思想の意義を低く評価することには必ずしも全面的に賛同しがたいにせよ、日本において、西洋の philosophy に相当する「哲学」よりも、現実の生活の内から醸成され、必ずしも理論体系の形をとるにいたらない思想のほうに高いウェイトを置き、日本哲学史という形でよりも、日本思想史という形で日本人の思想の形成発展を通観するほうがいっそう適切であることは、津田とは立場を異にし理論体系としての宣長学の研究の成果である『本居宣長』を主著として有する村岡典嗣もまた、「思想史は、哲学史や学問史とは別に、むしろそれらのものの前史として、存在の意義を有すべきである。（中略）吾人はそが、個々の学問や哲学が既に独立的にその発達を実現した西洋の場合に於いて、比較的妥当でなくして、未だそれらの独立の発達を観なかつたと言ひ得る我国の場合に於いて、比較的適切であること、換言すれば、存在の理由を有する」と述べている（『続日本思想史研究』所収「日本思想史の研究法について」）ところであった。これら諸先学のつとに看取せられたように、日本人の思想の形成発展あるいはその今日までに累積した思想的遺産を通覧するためには、少くとも理論的体系的思想に限局されることなく、津田が特に重視した文芸作品をはじめとし、そのほか記録・古文書・法制等の現実の生活記録・生活規範の類、あるいは無形の民間伝承の類にいたるまでをも広く視野にいれる必要があると、私もまたかねがね考えてきたのである。

この大系が、類似の先行刊行物に『日本哲学全書』等の名を掲げたものがあるのに対し、「哲学」の文字を避けて『日本思想大系』という名を撰んだのも、根底に上記のような見解と基本的に共通する考え方によったからであろう。『大系』が、仏教・儒学・国学等の理論体系をそなえた諸古典の重要なものをつとめて網羅するとともに、記録・法制その他むしろ一般史学の資料として扱われている諸文献を集めた諸篇を数巻加えているのも、理論書のみを収載したのでは、日本思想の包括的な集成とならないことが明瞭であると考えたからにほかならない。その意味では、文芸作品をも豊富に収めるのが一般論としては必要なのであるが、すでに『日本古典文学大系』という姉妹篇とも呼ぶべき叢書に重要な作品がほぼ網羅されているので、本大系では重複を避け、『古典文学大系』に収載されなかったいくつかと、思想古典としてどうしてもはずすことのできない重要作品をあえて重複をいとわぬ例外として、それぞれ収載するにとどめることとしたのであって、本大系が文芸作品の思想古典としての意義を無視したためでないのを理解していただきたいと思う。

二

上記のような日本思想史の特質は、古代においてもっとも顕著に現われているところである。古代において、理論的体系的な思想上の業績は、ほとんど仏教教学に関するものに限られ、世俗的領域においては、皆無ではないにしても、最澄・空海・源信等に対比するに足りるスケールをもつものは見られない。日本の思想界が、仏教教学以外の分野においても、理論的体系的な著作活動を生み出すのは、中世に入ってからである。仏教以外の宗教思想としての神道諸理論、芸術思想としての諸芸能理論、史論書等が書かれ、その末期に出現した儒学理論が、やがて次の近世に入って思想界の王座を占めるにいたるが、近世には儒学とその系列に属するおびただしい理論・教説が多様に展開せられ、また国学・洋学の成立によるその系統の諸理論のほかに、多様な思想的業績の簇出することは、本大系の近世関係諸篇が示すとおりである。ことに、経世論の発達は近世思想史の大きな特色の一つであり、理論的な形をとっての政治社会思想の展開は近世以降に属すると言うこともできるであろう。

このような中世以降の大勢と対比するときに、古代思想界が、理論的思想の面では仏教理論のみに偏し、それ以外の領域では、片々たる著作か、そうでなければ理論的な形をとらない生活の記録や意識の表現である文芸作品等によることなしに古代日本人の思想の全貌に接し得ないのである。本大系が『古典文学大系』との重複にもかかわらず『古事記』を収めることとしたのは、『古事記』が日本最古の文芸作品であるにとどまらず、政治思想・宗教思想等をも豊富に内包する最古の貴重な思想古典であって、『思想大系』としても欠くことのできないものであるからであり、また一般には歴史学の分野での史料としてのみ用いられてきた『律令』の一篇を加えたのも、古代国家の支配層の政治思想が、大陸法制の継受である成文法としての律令に広く表現されていて、逸することができなかったからであった。本巻は、一篇を構成するほどのまとまった著作ではない諸文献で、もっぱら俗人の思想を窺うに足りるものを選んで仏教理論以外の古代思想一般の研究に役立てるよう編集したのであるが、上述のとおり実生活裡から生れ出た思想の表現として文芸作品が豊かな史料的機能を有しており、理論的著作のとぼしい古代においては特にその比重が高いのであるから、『日本古典文学大系』所収の『祝詞』『日本書紀』『風土記』『古代歌謡集』『万葉集』『日本霊異記』『宇津保物語』『源氏物語』『栄花物語』『大鏡』『今昔物語集』『梁塵秘抄』その他の文芸作品をもあわせ活用するばかりでなく、六国史・『扶桑略記』等の官私撰の史書

（『新訂増補国史大系』にほぼ網羅されている）や『御堂関白記』『小右記』『中右記』『後二条師通記』『台記』『兵範記』『山槐記』等の公家貴族の日記（『大日本古記録』『史料大成』『史料大観』等に収録）、さらに金石文・古文書の類（『平安遺文』にほぼ網羅されている）までに目を通すことにより、実生活・現実行動の中に示される古代日本人の政治社会思想を全面的に見渡す必要のあることを、念のために一言しておきたい。

このような広い視野から、仏教理論を除く古代政治社会思想の概観をここで叙述できればよいのであるが、現在の私にはその能力がない。ここには、本篇所収各文献を利用されるに当って何ほどかの参考になれば、という程度の意味で、古代貴族・民衆およびその末期に一の社会的階層として抬頭してくる武士等の諸階層の政治社会思想に関し、各文献の解説ではふれられないであろう若干の事項を先学の研究成果に拠って略述することで、概観の「序説」の名を僭称するのを許していただくこととする。

三

仏教が、初めは朝鮮半島を経て、後には中国から直接に移植されて、もっぱら支配層に受容され、また民衆の間にも下降して行くのは、六世紀から七世紀にかけてであるが、少数例外の知識人の孤立した信仰の場合を除けば、現当二世の安楽を祈る呪術として、民族宗教の祭りとほぼ同じ性格・機能において受容されたと言ってよい。個人的祈願や病気の平癒の祈願など、集団的農耕儀礼を本質とする民族宗教に比べ信仰の主体・目的がより多様にわたるところはあるにせよ、支配層や民衆が仏教に求めたのが、仏教の経典や学僧の教学などにおけるような哲学的な理論あるいは精神的救済の要求とは、およそかけ隔っていたのが大勢であったから、律令国家の形成とともに、仏教は律令国家体制を呪術的に護持するという意味での「鎮護国家」の任務を課せられ、支配層は公の行事として神宮・神社への信仰と寺院への信仰とを平行して行なったのであって、民族宗教としての神の祭りと外来宗教としての仏教信仰とはなんら葛藤を生ずることなく相並んで進められ、その現象は政府の公的信仰でもあり、政府を構成する貴族各氏の氏族的信仰でもあったのである。神仏両宗教はかように、その本質的独自性を必ずしも喪失することなしに、信仰のにない手である主体の中で矛盾なく共存したばかりでなく、八世紀から九世紀にかけて次第に神仏習合と呼ばれる結びつきを生じ、神社に神宮寺が建てられたり寺院に神社が建てられるなど、神仏混淆の状態まで生み出すのであるが、このことは、神仏両者への支配層の信仰がその意識裡に矛盾なく共存統一されていたことの外的反映にほかならない。

その基本的大勢は全古代を通じて変化なく、律令体制の盛期にも、貴族政治の爛熟期にも、時代色による変容を伴いながらも、一貫していた。古代国家の支配層にとり、民族宗教と仏教とが相合して大きな思想的支柱として機能し、神事と仏事とが、政府の公的行事、各貴族の私的行事のそれぞれにおいて重要な位置を占めていたのである。

しかし、宗教のほかに、支配層は、仏教と同じ頃から次第に学習されるようになった中国の世俗的学問思想や神秘思想をも受容し、その学習ないし生活面での実践を行なっている。律令国家では、大学が設けられ、もっぱら貴族の子弟のために中国の学問・技術の教授学習が行なわれ、その知識を身につけた者は試験を経て官僚として登用せられることになっていた。ただし、氏の尊卑がほぼ固定し政治的地位の世襲の慣行がゆるぐことなく維持されていた日本では、大学における学問は政治的にさして重いものであったと言えないけれど、公的機関で貴族のための学問として中国の学問が教授学習されたことの社会的意義は無視できない。教育内容は、時代により変化しているが、大体において儒教の古典である『周易』『尚書』『周礼』『儀礼』『礼記』『毛詩』『春秋左氏伝』『孝経』『論語』の学習が中心をなし、これが後に明経道《みょうぎょうどう》と呼ばれて大学の本科の位置を占め、孔子を祭る釈奠《せきてん》の儀礼が行なわれるにいたったが、そのほかに三史(史記・漢書・後漢書)を教科書とする文章道《もんじょうどう》(紀伝道)や、法律の学習のための明法道《みょうぼうどう》、数学の学習のための算道が大学の学科として加わってくる。明法道と算道とは、他の国家機関が専門技術維持のために学習させた陰陽《おんみょう》・天文・医等の諸学のように、専門技術化し、貴族の一般教養としては、明経道と文章道とが重んぜられたが、明経道といっても、政治社会思想としての儒学を学ぶのではなく、文字・語句の読解を主とするにとどまり、それが古代の支配層の間に儒教思想を何程か受容させる結果をもたらしていることはたしかであるにしても、近世儒学のように儒教を思想として身につけようとする姿勢で学習されたのではなかったから、儒教思想が古代国家の体制イデオロギーの地位を占めたわけではない。それは当時の日本貴族の学習態度のみによるのではなく、近世日本で学ばれた宋明の儒学、すなわち朱子学や陽明学が実践的原理としての思想であることを本質としたのに対し、当時の中国の儒学の性格が漢唐訓詁の学の域を出るものでなかったことにより強く規定された結果でもあったのである。思想よりも文章の読解が主な学習内容となるのであれば、文章としていっそう魅力があり、かつ当時の公用文体であった漢文起草能力習得に役立つ実用性にも富む『史記』や『文選《もんぜん》』の学習のほうが興味を惹き、明経道よりも文章道が貴族の教養の主流を占めるようになり、ますます中国学問の思想的影響を薄弱ならしめたのであった。律令体制の空洞化と藤原氏を頂点とする貴族政治の爛熟に伴ない、律令国家の公的機関である大学よりも、貴族各氏がそれぞれ付設した別曹、すなわち和気氏の弘文院、藤原氏の勧学院、皇族出身諸氏の奨学院等が学問のための有力な施設となるが、いずれにしても、貴族の中国古典の学習は、官僚登用のための儒学の教習という大学設置当初の目的をほとんど有効に果すことなく、貴族の知的教養としてもっぱら文芸の鑑賞・創作のために利用された。大学の教科書とされない『老子』『荘子』『白氏文集』などが愛読されることによって、その傾向はいっそう強められた（上記貴族の学問については、もっぱら桃裕行『上代学制の研究』による）。

日本の文芸作品に、『文選』や『白氏文集』その他の中国文学の影響が広く及んでいることは、多くの研究者により精細に実証されているとおりであるけれど、それもどちらかといえば修辞の上の影響を主とするにすぎなかったと考えてよいのではなかろうか。古代日本の文芸作品は、中国文芸の刺戟に負いながらも、基本的には内発的にその生活から醸成されたものであり、そこに頭の中だけの知識では書くことのできない、内心の衷情が吐露されている。『宇津保物語』の登場人物にしばしば見られる広い社会的視野をもった言動（『歴史学研究』第一一五〜六号連載、石母田正「宇津保物語についての覚書」）にしても、『かげろふ日記』『源氏物語』の全篇にみなぎる貴族女性の繊細な生活感情にしても、中国古典の学習といった知的訓練からの借り物ではない実生活の所産にほかならない。ことに『源氏物語』は、その全体の構想が、仏教思想に触発されたスケールの大きな人生観世界観の表明であると認められるとともに、その随処に男女関係や生活技術や歌学・音楽・絵画・物語等さまざまの芸術についての著者の個性的な評論がちりばめられていて、『古事記』のような集団制作の結晶と異なる個人著作としては、古代において最高峰を占める思想古典と称するも決して溢美の言ではない、というのが、私の前々からの持論である。

平安朝には、中国古典の学習により得た観念的知識を「漢才《からざえ》」と呼び、これに対し、日常の生活の知慧ともいうべきものを「大和心《やまとごころ》」または「大和だましひ」と呼んで対照させている(近世から明治にかけ、政治的国粋主義イデオロギーに立つ「大和魂」という標語が喧伝され、昭和初期のファシズム時代に「日本精神」が高調されたが、「大和魂」の本来の意味は、その種のものとは似ても似つかぬものであった)。ここに、はからずも古代人自身の、中国古典の学習による知識の現実的機能の限界の自覚が表明されていると言ってよいであろう。

その点では、同じく外来の思想であっても、人類普遍の原理に富み体験的に理解される可能性の多い仏教思想(必ずしも教義として理論化されていないもののほうがより強く)の影響のほうが、いっそう深く血肉化した。外来思想の日本思想史上の役割を消極的にしか評価しなかった津田左右吉さえも、「日本人の人生観や世界観」に「いくらかの外来思想の影響があつたとするならば、それは支那のではなくして寧ろ仏教のであつた」と言っている(『支那思想と日本』)。『源氏物語』が仏教思想の影響のもとに上述のような人生観世界観をあの巨大な長篇の形で構想できたことによっても、裏書されるであろう。もっとも、仏教思想は宗教思想であって政治社会思想とはいささか異なるが、血肉化された仏教思想は広義の社会思想ともなり、また体制の問題を照射する政治思想ともなり得たことは、後に述べるとおりである。

四

古代政治社会思想の趨勢を大観すると、古代国家の確立期であった律令体制期(七世紀〜九世紀頃)とその変質・動揺期であった貴族政治期(一〇世紀頃〜一二世紀頃)とにおいて、いちじるしい相違があるのに気づく。律令体制期は古代国家の確立期とはいいえ、そこには深刻な社会的・制度的矛盾が含まれており、その間いくたびも政治的動揺や危機がくり返されていて、決して支配層にとり平穏無事ではなかったのであるが、体制全体の危機を感じさせるほどの状態にはいたらなかったし、また体制を深部からゆり動かすほどに被支配層の階層的結集・反抗の力が成長する段階ではなかったから、支配層の意識は楽観的心情を基調としていて、むしろ体制の前途への明るい展望と矛盾を克服する積極的な意慾の表明のほうが目立っている。聖武天皇の大仏発願の詔や『万葉集』所収の政権謳歌の作などにそれが端的に表明されていると言ってよかろう。これに対し、律令体制が実質的に空文化し、中央政府の全国把握力が後退して地方勢力の活動が活潑化してくる貴族体制期に入ると、貴族は荘園から収取する富の上に栄花をほしいままにしながらも、その地位の永続性への不安は覆いがたくなり、体制の危機がひしひしと感ぜられるようになる。仏教思想に触発された無常感が貴族の間に浸透し、それが公私両面にわたり彼らの思想に、律令体制下には顕著でなかった陰翳を落すにいたるのである。『源氏物語』が、最高位の貴族の花やかな生活を主題としながら全体が悲劇の相をもって構想されているのは、まさしくそのような精神的状況を典型的に文芸作品に結晶させたものにほかならない。

この両時期の思想傾向の対照をもっともよく窺わせるものに改元理由の変化がある。七〜九世紀の年号が、大化・白雉・朱鳥・大宝・慶雲・和銅・霊亀・養老・神亀・天平・天平感宝・天平宝字・天平神護・神護景雲・宝亀・天応・延暦・嘉祥・仁寿・斉衡・天安・元慶などおおむね祥瑞の出現(吉事をふくむ)を祝っての改元によるものが続いているのに対し、一〇世紀以降の年号は、延喜・延長・天慶・天徳・応和・康保・天延・貞元・天元・永観・永祚・正暦・長徳・長保・寛弘・長元・長久・寛徳・天喜・康平・治暦・承保・承暦・嘉保・永長・承徳・康和・長治・嘉承・天永・永久・元永・保安・大治・天承・長承・保延・久安・仁平・久寿・永暦・応保・長寛・永万・承安・安元・治承・寿永等、天変・地異・

火災・疫疾・旱魃・洪水・兵革等の災異の発生に基く改元によるものが続くというように、截然と区別されるのであって、祥瑞にはげまされて明るい前途に期待する積極的姿勢を有した七〜九世紀の支配層の政治意識と、災異におびえ危機の解消に汲々たる一〇世紀以後の支配層のそれとのあざやかなコントラストが示されているといえよう。

改元の思想は、中国の自然哲学である陰陽《おんみよう》思想から出ている。陰陽思想は、つとに七世紀以来、天文・暦学などとともに中国から輸入され、律令体制の中でも、大学において明経・文章等の学科の教育学習が行われたと同じように、国家機関である陰陽寮において陰陽・暦・天文等の技術の維持あるいは教育学習が行われてきた。それは陰陽思想が政治と密接な関係を有すると考えられたためであって、陰陽道という一つの思想系列を形成するにいたるのであるが、その実態は観念的な自然哲学に基き吉凶禍福を占い、吉を求め災を避ける神秘的呪術の域を出るものではなく、国家の公的政治判断から貴族個人の私生活にいたるまで、陰陽道に広範に支配されるにいたった。ことに、進取敢為の気象を失ない、ひたすら無事安全を求める退嬰的気風にみちていた平安朝貴族社会では、日常生活のいたるところで陰陽道の吉凶に囚われ、無数の種目にわたる禁忌を墨守する慣習が定着したのである。

陰陽道について最も豊富に史料を集成した文献として『古事類苑方技部』があるが、研究書としては、すでに七〇年ちかい昔に起草された斎藤励『王朝時代の陰陽道』以外に、まとまったものがほとんど出ていない。本稿においても、改元の件をはじめ、陰陽道に関する記述はほとんどこの書に拠った。今、陰陽道がどれほど当時の人々の日常生活を広くかつ強く規制していたか、同書の一部をいささか長文にわたり抄出させていただくことにより、私の不正確なパラフレイズによることなく直接読者の理解に供したいと思う。

今試に平安朝より鎌倉時代の初に亙り記録に多く散見する暦日の吉凶を挙ぐれば（具注暦にのみ見ゆるなるは略す）、〔以下、原文には出典が一々注記してあるが、ここでは省略した＝家永注〕

血忌日　帰忌日　往亡日　坎日　厭日厭対日　凶会日　八竜日　四廃日　陰陽将日　道虚日　五暮日　没日滅日　重日復日　三宝吉　七日忌　歳下食　庚申　衰日　八卦忌

（中略）又年月にも各忌あるは、

革命革令　庚申年　当梁年　三合厄　厄年　厄月　忌避月　五月生

等の類なり。又日時歳月の吉凶に連関して方角の吉凶あり。

八将神方（太歳、大将軍、太陰、歳刑、歳破、歳殺、黄旛、豹尾）　金神　太白　歳徳　天一　王相　土公　遊年　八封忌　生気死気　滅門　鬼門

（中略）是等禁忌の基本を原ぬれば、日月支干の運を考へ、相生相尅の理を推し、吉凶を弁じ、趣避を定むるものにて、全く陰陽五行の説に出で、暦道と密接の関係あるものとす。日時の忌方位の忌、或は一身に係り、或は衆庶に関り、或は一事に止り、或は諸事に亙り一様ならず。もと漢土上古質樸の世、愚民をしてそのよる所を示す一方便として立てられしものならむも、之を暦に具注し、又は言伝へて循行すること日既に久しく、深く迷うて之に拘泥するに及びては、寧害ありて益なきものなり。（中略）

以上はもとより日時吉凶及方位禁忌の一端に過ぎず。（中略）其応用の範囲に於ては、公私の儀式、冠婚喪祭の礼、神事仏事、出行出仕、造営、種樹、沐浴、著衣、剃髪、除甲、剪爪等日常の行事は更なり、戦闘、療病、服薬等の秒時

を争ふことにも及ぼして、すべて日時方位の吉凶を撰ぶことを要せしにて、その如何に当時の人の心理を支配して、迷信怯懦柔弱の時代思想を形成するに至りしかは、想像するに難からざるなり。

五

陰陽道の指定に従う暦日の禁忌順序とならんで、古代貴族の日常生活を強く支配したのは、年中行事反覆の規範意識であった。それは、遠く農耕文化発生以来の年穀の豊熟を祈る呪術の定期的な反覆催行から発し、それが農村共同体の行事から政治的支配権者である宮廷の行事に上昇し、これに大陸伝来の異国的新行事を加え、平安朝に入り、ほぼ固定したものである。それはさらに貴族の私生活にも浸透し、年々これを反覆催行することが貴族の外面生活ばかりでなく、精神面にまで規範意識として定着し、広く貴族文化の特質を規定するほどに大きな役割を演じたのであった。ただに春夏秋冬あるいは十二か月の一定の時日に特定の行事を催行するのが慣行として規範化されたにとどまらず、その行事の催行において、特に宮中の公的儀礼として催行される場合など、厳密な先例・故実により定型化された形式を守ることが要求され、一挙手一投足にいたるまでこれに違背するときには、「大失也」(『小右記』寛仁元年十二月四日条)とか「大奇怪也。不レ知二前例一歟」(同、同二年十月十六日条)とかいう非難を加えられるのを免れなかったのである。そこには、将来への発展の展望を有せず、ひたすら現在の体制を維持することに精一ぱいであった支配層の保守的心情の、いわばもっとも矮小化された形での投影が見られるのではなかろうか。

朝廷における年中行事の種目と催行内容とを具体的に説示する文献として、法的性格を帯びる『内裏式』『貞観儀式』

『延喜式』等官撰のものがまず現われ、次いで先例・故実に通暁した廷臣により、源高明の『西宮記』、藤原公任の『北山抄』等の著作となった。貴族支配体制末期の一二世紀に朝儀の再興を企図した後白河院の命により制作された『年中行事絵』は、今日わずかにその一部分の模本を伝えているにすぎず、全巻もその原本も失われているけれど、そうした古代年中行事を集大成した巨大な記念碑というべきであろう(『日本絵巻物全集』所収)。

年中行事は、耕作の開始に際して行われる祈年祭と収穫を感謝し来年の豊熟を祈る新嘗祭との春秋の農耕儀礼の反覆に淵源し、朝廷の政治的行事や貴族の遊楽的行事などを加えて複雑化したのであるが、その本質上当然に大別して春夏秋冬の四季、細別して十二か月の季節の進行に応じて配当され、人間の行事を中心にしながら、その背景となる四季の自然の推移、各季節の景物と不可分に融合し、貴族的、したがって京都中心の限界を帯びながらも、独特の日本的自然観の表現ともなった。『万葉集』にすでにその萌芽を示しながらなお全般的な範疇とならなかった四季の部立が『古今和歌集』以下の勅撰和歌集の組織の根幹となり、「恋」「哀傷」「神祇」「釈教」等の部に優先するものとして首位に置かれ、量的にも圧倒的であったこと、それが平安朝に初めて純日本的絵画として成立したやまと絵(倭絵・大和絵)に画題としてそのまま採用され、やまと絵の源流である中国画(その日本での継受としての唐絵)の山水・花鳥・人物等の分類と異なる「四季絵」または「月次絵《つきなみ》」がやまと絵障屏画の主要画題となったこと、『源氏物語』のような人生の深層を究めようとする散文文芸作品においてさえ、四季の推移との関連が常にきめこまかく描写されていること、その余韻がはるか後世の連歌や俳諧や歌舞伎にまで及んで「季」が芸術構成の重要な要素として継承されて行ったことなどを通観するならば、年中行事意識の一側面としての自然観が、いかに日本文化のなかで広い影響力を及ぼしたかを理解できるであろう。

今、やまと絵画題となった四季の景物を例示してみるならば、春の元日・若菜摘・子日小松引・梅・鶯・柳・稲荷詣・春野遊・桃・桜(花見)・春田・山吹・杜若・藤花等、夏の賀茂祭・大神祭《おおみわのまつり》・四月神祭・菖蒲(五月五日の節句)・蓮池・卯花・時鳥・照射《ともし》・五月雨・鵜河・泉・井戸・六月祓《みなつきばらえ》・夏神楽・納涼《すずみ》等、秋の七夕(七月七日)・盆・駒迎《こまむかえ》・月(八月十五日の月見)・菊(九月九日の重陽)・志賀山越・擣衣《きぬた》・前栽・鹿・小鷹狩・紅葉・秋田等、冬の時雨《しぐれ》・臨時祭《りんじのまつり》・神楽・野行幸・大鷹狩・氷池・仏名《ぶつみょう》・十二月晦日《しわすのつごもり》等が見られる。これらが四季または十二月の順序に従って適宜組み合わされ、一連の描写として障子または屏風に画かれたのであって、その内には純然たる自然描写としての風景画または花鳥画の画題にすぎないかのような名目のものもあるけれど、それらもすべてそれを鑑賞する単数複数の人物と一体化した画面として画かれていたのであるし、その多くが右にいくつか注記したとおり、特定月日の特定年中行事の表現にほかならなかったのである(家永三郎『上代倭絵全史』・同『上代倭絵年表』参照)。左に一例として『兼盛集』所見の年中行事障屏画の画題を掲げておく。

賀茂の社に人々まうづる、車にてもかちにても
あをうま(白馬節会＝家永注)
みこたちのいでて子の日し給へる所
大臣家大饗するところ
大将の家にすまひのかへりあるじする
大将の家にむすめの裳着るに
祭りの使の立つ所、使舞人へいじうなどに中将かはらけとりて物かづく

こまむかへの使むかひあひてあそびて舎人に中将衣かづく

右のような内容の年中行事慣行規範は、生産の場から遊離し収奪者化した都市貴族の遊民的自然観に基くものであって、農村儀礼と共通要素を有しながら全く異質の社会的意識の表明なること一見明白であるが、重要なことは、年中行事という固定した(もちろん歴史的な変化をおのずから伴ったとしても)行為の反覆が生活様式の内に根強く定着しさまざまの文化領域を覆うにいたったことが、前項に述べた禁忌の墨守などとともに、平安貴族の退嬰保守の生活態度と同じ精神の現われと考えられることである。そして、またそれは、『枕草子』に「ただ過ぎに過ぐるもの、帆かけたる舟、人の齢《よはひ》、春、夏、秋、冬」と印象づけられているとおりに、無常ではかない人生の限どりとして、さらに『栄花物語』に「する事なき年だにはかなく明け暮るるに」(たまのむらきく)と記されているように、希望を欠いた虚無意識にもつらなる心的徴表としての性格をもっていた、と考えてよいのではなかろうか。

六

律令体制期と貴族政治期との支配層の意識の相違は、仏教の受容についても、顕著に現われている。律令期の支配層が仏教に期待したところが現実の律令体制を呪術的に護持する「鎮護国家」の祈願を主とするにとどまり、宗教信仰としては現世利益を求めるにすぎない点で民族宗教における神の祭りと質を同じくしたことは、前に述べたとおりであるが、その信仰の表現のために行われたのは、壮大な造寺造仏の事業であって、七世紀から八世紀にかけてことに古代仏教芸術の最高峰を形づくる法隆寺・薬師寺・大安寺・東大寺・興福寺・唐招提寺・西大寺等の伽藍・仏像・仏画・荘厳具の類が陸続として造顕せられたのであった。それは、律令国家とこれを組織する貴族層の軒昂たる意気とエネルギーとを客体形象化したものと見ることができるのである。その個々の造立の動機を微視的に精査すれば当面する政治的難局の打開を念願する意図に出た場合が少くないにもかかわらず、例えば「頃者、年穀不レ豊、疫癘頻至。慙懼交集、唯労罪レ己」という動機から発した天平十三年の国分寺造立発願の詔に、「所レ冀、聖法之盛、与二天地一而永流、擁護之恩、被二幽明一而恒満。其造塔之寺、兼為二国花一。必択二好処一、実可二長久一」というごとき、また複雑な政情転変の下で発せられた天平十五年の大仏造立発願の詔に「雖三率土之浜已霑二仁恕一、而普天之下未レ浴二法恩一。誠欲下頼二三宝之威霊一乾坤相泰、修二万代之福業一動植咸栄上」「夫有二天下之富一者朕也。有二天下之勢一者朕也。以二此富勢一造二此尊像一。事也易レ成心也難レ至」というごとき、それぞれ雄渾な意気ごみが示されているのを見ても、律令期支配層の仏教信仰が基調としては隆盛期のたくましい国家発展への楽天的心情にささえられていたことを窺わしめるに足りるであろう(そのような事業が、結果として、橘奈良麻呂の言にあるとおり「造二東大寺一、人民苦辛」という事態を招くのを常としたとしても、それは専制君主政治機構のもたらす必然の結果であり、支配層の信仰の主観的動機と次元を異にする問題であった)。

律令体制の変貌と空洞化の進行に伴ない、仏教は次第に貴族の私的信仰に社会的基盤を移して行き、祈願の目的も、国分寺や東大寺の造立発願に見られたような公的性格から、一身一家の福寿を祈り、あるいは敵対する個人を呪詛するためなどの私的性格が主となって行く。九世紀以降における密教の隆盛は、まさしくこうした貴族の私的願望の達成の要求によくこたえたためにほかならない。密教は、その教理においては高度の汎神論的世界観を組織的体系的に整備したもので、卑俗な現世利益追求に終始する呪術とはおよそ同日の談でなかったにもかかわらず、現実に俗社会が密教に求めたのは、そのような高次元の哲学的世界観ではなくして、一身の出世栄達、一家一族の繁栄、怨敵の退散といった現世利益であったのであり、それに応じて、息災・増益《ぞうやく》・鉤召《くしょう》・降伏《ごうぶく》・敬愛《きょうあい》・延命《えんみょう》等の修法が行われたのであった。それは、貴族の造寺造仏の発願の動機にもそのまま現われていて、例えば藤原道長の法成寺金堂供養の願文に「玉燭長明、我寺可二長興一。長秋共二其徳一、少陽重二其明一。准后之家、摂籙之寄、及卿相納言男女子孫、氏族繁昌、其麗不レ億」とあるのを見ても、貴族政治期の支配層の造寺造仏に期待するところの那辺にあったかが、直截に示されているといわねばならない。

しかも、この時期の支配層は、もはや律令期の支配層のように、個々の危機の克服ではなく、体制のトータルな危機を次第に切実に感じて行くようになっている。密教への期待が継続されながらも、他方現世の安楽にのみ安んじ得ないで浄土教への傾倒が進行し始めるのは、彼らの危機感から醸成される無常観を媒介として、現世を超えた浄土への往生を願わないではいられなかった事情によることが多いと思われるが、その傾向をいっそう促進したのが一一世紀の中頃から貴族社会に浸透した末法思想であった。

末法思想とは、仏経所説の釈迦入滅後に正法・像法を経て末法の世となり正法が滅亡するという悲観的予言から生れた思潮であって、正・像・末の三時についての知識は七世紀以来存したけれど、それが実感をもって人々の心を動かすようになったのは、体制の危機の顕在化をまたねばならなかったし、偶然にもあたかもその時期に当る永承七年(一〇五二)が末法第一年とされたところから、経説と目前の事態との符合により、いっそう深刻な印象を生み出したのである。一一世紀以降平安末にいたる時期の貴族の日記には、随処に末法の恐怖感が表明されているが、そこでひとり仏法の滅尽が歎かれているのではなく、多くの場合「仏法王法」の破滅への歎きの声が記録されていて(つとに『文化』第一巻第四号所載寺崎修一「日本末法思想の史的考察」に、「支那に於ては、殆んど僧家に限定の思想なれども、日本に到ては、僧俗に亙り、社会に滲透」し、「彼に比し、此は政治上の意味を多分に加へ、仏法の陵遅と共に、公事の頽廃を慨き、王法の破滅を恐るる色の特に濃厚なること」等を、日本末法思想の中国のそれと異なる特質としている)、末法思想が単なる宗教思想にとどまらず、仏教思想の形をかりた政治思想の表現となっているのを看過してならないのではなかろうか。例えば、「仏法ハ以レ火可レ滅。王位ハ以レ軍可レ止。其期十月十七、廿五、十一月五日也」という落書が院中に出現したり(『中右記』康和四年十月十九日条)、「王法仏法已尽滅之刻歟、可レ哀々々」(『帥記』永保元年六月九日条)、「仏法王法破滅之時歟」(『中右記』天仁元年三月三十日条)、「只以天下亡可レ為レ期歟」(同、天永四年四月六日条)というような嗟嘆の声がくり返し書きとめられており、ことに貴族の独裁体制にとどめをさす直接の契機となった源平の争乱が京都を舞台に展開せられるにおよんで、「眼前見二天下滅亡一、嗟乎悲哉」(『吉記』寿永二年七月二十六日条)、「七大寺已下悉変二灰燼一之条、為レ世為レ民仏法王法滅尽了歟。凡非二言語之所レ及、非二筆端之可レ記。余聞二此事一、心神如レ屠。(中略)当二悪運之時一、顕二破滅之期一歟。誠是雖二時運之令レ然事一、当時之悲哀、甚二於喪二父母一。憖《なまじいに》生而逢二此時一、宿業之程、来世又無レ憑歟」(『玉葉』治承四年十二月二十九日条)という絶望の心境まで吐露せられるにいたるのであった。これらにいう「仏法」とはもちろん貴族の従来護持してきた南都北嶺の顕密の貴族仏教を指し、同じく「王法」とは貴族の支配体制を意味するのであって、末法の世における貴族体制が宗教・世俗の両分野において共に顚覆に面している情勢への体制的危機感の表明であることは、明白であろう。そこにこの時期における支配層の、律令体制期には見られなかった深刻な政治思想の横溢を見るのである。

平安朝貴族のこのような政治的危機意識は、体制の物質的基盤をなす地方の荘園・国衙領において、律令体制下には形成せられていなかった新しい下層社会勢力の強化・上昇があり、それが支配体制を根底からゆり動かし、ついに平安末にその先端にある武士の中央政界への進出によって貴族の単独支配に大破綻を生ずるにいたる社会的変革の進行を母胎として醸成されたのであった。律令体制下にも多くの内乱が生じているし、それが深層において農民の動揺と関連すると考えられるにしても、少くとも内乱それ自体は貴族層内部の権力争奪の争いとして現われており、地方の下層勢力が中央の支配層と直接に対決する形をとることがなかったのに対し、平安朝に入ると、地方農村に生活基盤をすえた下層民衆の社会的地位が強化されるにとどまらず、その上層にあって中央貴族との中間に立つ郡司級の階層を先頭に立てて中央政府に直接はたらきかけてくるような事態が頻出するのである。つとに西岡虎之助は、『平安時代史』(『歴史教育講座・第二部資料篇』所収)において

七

土豪は、地方における経済的有力者であると同時に、社会的優越者でもある。この二つの条件は、土豪をして実力の把持者たるの資格を構成せしめた。加之彼等はその居住地の関係からして地方情況に精通する便宜を得てゐた。随つて土豪にして一旦、下級にもせよ地方官の職にありつけば、容易に官僚または貴族出身の上級地方官に対抗することが出来たわけである。たゞ当時(中略)客観的情勢においては充分上級地方官に対立し得る立場にあつたに係はらず、対立による反撥力は無意識の裏に葬られ、よしさうでないまでも、これを包蔵しつつ、容易に外形に現はすことをし

なかつた。奈良朝時代の形勢これである。けれどもかゝる形勢は、何時までも持続せらるべき筈のものではなくして、土豪の勢力が亢進するに伴つて、勢ひ表面化せざるを得なかつた。表面化したのは、すなはち平安朝時代に這入つてからのことであつて、その初期以来、上級地方官に対する下級地方官または土豪の反抗現象は、繰り返して行はれてゐる。

下級地方官と土豪とは多くの場合に結合状態にあつた。更にその背後には、土豪の社会的地位に基づいて、一般地方民すなはち百姓がひかえてゐるのが常である。百姓は当時の経済段階よりして、大部分は農民であつた。地方官に対する反抗は、これらの農民自らの手によつて行はれることも、絶無ではなかつたらうけれども、多くの場合、土豪が中心者となり指導者となつて、演ぜられた。たとへ表面上では、百姓の仕業であるかのやうに見えても、内実には、土豪が潜んでゐるのである。つまり土豪は、地方民たる百姓農民の代弁者であつたわけである。かくて農民対地方官の抗争は、土豪対地方官の抗争であり、更に広くこれを云へば、地方対中央の抗争であり、氏族制対律令制の抗争であるといへる。

と述べ、そのような「抗争」の具体例を豊富な史料を駆使し数多く検出している。それは、国司の非を文書によって弾劾するという、もっともおだやかな形態から、「進んで局面を打開しやうとする」愁訴となり、さらに「一段と積極的なるもの」として農民の地方官襲撃形態をとるにいたるが、それはやがて農民集団の襲撃形態が「賊党・兇党と呼べると相通ずるものとして、農民集団と群盗との身分的限界を不明ならしむる」ほどにさえ強化されることを、西岡はこくめいに実例を列挙することにより明らかにしたのである。

約半世紀以前の西岡学説が、今日の古代史学界の研究水準に照して依然維持できるものかどうか、古代社会史の専門家でない私には判断しかねるが、「事件を羅列したに過ぎない」と西岡自らことわっているとおり、史料と史実との紹介を主としているが故に、この豊富な「事件の羅列」がかえって研究者の関心に応じどのようにでも活用せられ得る長い生命をもっているように思われる。中央政府、上級地方官(国司)・下級地方官(郡司)、土豪・百姓の相互関係は複雑微妙をきわめさまざまの解釈の余地があるにせよ、とにかく中央政府またはその派出地方官に対する地方下層勢力の攻撃的活動が頻繁に行われていた大勢は否定しがたいであろう。私は、そのような具体的な活動が貴族支配層に体制の危機を感ぜしめたさまざまな要因の内でも特に明確な形をとったものと理解してよいのではないかと思うのであるが、同時にそこに律令体制下のようにきびしい収取に対し逃亡等の消極的抵抗以上の挙に出ることをあえてなし得なかった地方民衆が、どこまで自覚的であったかはとにかく、積極的な抵抗に進んで行く姿をあわせ見出すのである。ただ本大系が『民衆運動の思想』の一巻を編して百姓一揆関係の記録を通し農民の抵抗の思想を発掘したのに相対比できるような形で古代民衆運動の思想を紹介できないのは、史料が近世の場合に比し質量ともにとぼしいのと、さらに根本的には民衆の思想が近世の農民ほどに自覚的となっていないからであろう。ただ少しでもこの種の事件から中央に対する地方勢力の政治的自覚を探り出すための何ほどかの手がかりが、本巻所収の「尾張国郡司百姓等解文」によって得られるかもしれないと期待する余地はある。

古代民衆の思想を文献から再現することは、古代の文献がほとんど貴族ないしその周辺の知識人の手によって作成されたものばかりであって、たとい比較的に少数とはいえ農民自身の筆に成る文献が残されている近世に比べて、いちじるしく困難であるけれど、上記のような地方下層勢力からの攻撃を記録した貴族側の文献のほかにも、民衆生活の描写を比較的豊かに含む『風土記』『万葉集』『日本霊異記』『地蔵菩薩霊験記』『今昔物語集』等をたんねんに究明することによって、古代民衆の社会思想を析出する作業が期待されてよいであろう。

八

地方社会勢力として直接に貴族の独裁体制を脅やかすにいたったのは、武士という新しい武装集団の出現であった。武士の起源やその階級的性格について正確に記述することは私の能力外にわたるが、要するに貴族の単独支配体制に終止符をうったのが武士の組織による京都の貴族政府と対立する鎌倉幕府の創建にあった事実より遡及して考えただけでも、地方から進出してきた武士の勢力の展開が、貴族にとり最大の脅威となったことだけは疑い得ない。源義家が弓箭を帯して白河天皇の行幸に供奉するのを目にした一貴族が「末代作法不レ可ニ量云ニ」と痛歎している一事(『帥記』永保元年十月十四日条)に徴しても、末法思想と体制破綻の予感とが武士の進出現象を通じて深刻化して行くことのあった事情を確認できるのである。そして、貴族に体制の危機を感ぜしめるに足る実力を逐次具備してきた武士という階層は、農民よりは上層の身分でありながら地方農村に生活の基盤をもっていたこと、武装し武力を行使することにその地位向上の道を求めていたことにおいて、中央都市の生活しか知らず、支配し得る限り武士を駆使はしたが自らは武力を行使できなかった貴族といちじるしく生活のあり方を異にしていたから、そこにおのずから武士独特の生活規範が形成され、貴族の思想とも異なり農民の思想とも異なる武士の思想が生み出されたのであった。古代にあっては、武士独自の政治社会思想はいまだ明確な内容を具体的に文献の上に客観化するまでにはいたっていないけれど、中世・近世において支配身分としての地位に上昇し武士の思想が封建社会思想界の中心部を占めることとなるのであるから、その源流をなす古代の武士思想は、歴史的に軽視できないものがあるといわなければならない。『将門記』『陸奥話記』『後三年合戦絵詞書』『今昔物語集』等は、古代の武士思想を再構成するための史料源として大いに活用せられねばならぬ文献である。

武士の武士たる特質はまず武装して武技に熟達し武力をもって社会的経済的地位の確保拡大に役立たせるにある。武士の典型が「心猛くして、弓箭を以て身の荘《かざり》として過」すことに求められ、そこから「弓箭の道」(『今昔物語集』巻二十六第二十三)、すなわち「兵《つはもの》の道」(同、巻二十五第三)の体得が要請された。「兵《つはもの》」とは本来武器を意味する名辞であったが、転じて武士を意味する語ともなったのは、そのような事情による。

武闘は相手を殺すか自分が殺されるかの争いであるから、「心猛き」ことの要求されるばかりでなく、「合戦之時、視レ死如レ帰」き心境(『陸奥話記』)に達しなければならない。武士が自己の生命を平然としてなげうつにとどまらず、その妻のうちから「君将レ没。妾不レ得二独生一。請君前先死。則乍レ抱レ児自投二深淵一死」という「烈女」をも生み出すにいたるのであった(同)。しかし、自己の生命を軽んずる意識は反面他人の生命をも尊重しない行動様式にもつらなるのであって、日常の生活にあってさえ「心極て猛くして殺生を以て業と」し、「人の頸を切り足手を折らぬ日は少」いと伝えられるような人物も見出されるし(『今昔物語集』巻十九第十四)、まして合戦ともなれば、殺傷の方法も残忍を極め、非戦闘員である婦女子を巻ぞえにして殺すことをも意に介しなかったもようが、前九年・後三年合戦の記録等から窺われる。貴族政府が八一八(弘仁九)年に死刑を停止して以後一一五六(保元元)年に保元の乱の敗軍方の首魁を死刑に処するまで、少くとも公の刑罰としての死刑の停廃が三四〇年弱にわたり継続した(『岩波講座東洋思想』所収、滝川政次郎「日本法律思想の特質」)だけでなく、貴族が宮廷での地位権勢の争奪のために手段を選ばぬ陰険陋劣な陰謀をくり返しながらも殺人だけは決してしようとしなかったことと対比するときに、武士の人倫意識がいかに貴族のそれと違っていたかが推察されるであろう。

しかし、武力は個人がどれほどその技に上達しようとも、社会的に組織されないかぎりは大きな力となって歴史を動かすことはできない。武士がその社会的地位を向上させ貴族の独裁に迫って行くことのできたのは、多くの郎等と主従の契を結び、従者に恩顧を与えることによって従者に生命をかけた奉公を尽させる固い結合を成立させ、この関係を拡大強化することにより武装集団として他に相対するもののない社会的勢力を形成し得たからであった。それは、いまだ武士身分が他の社会的階層から完全に分離しない時点においてすでに、「積二穀米一以増レ勇、分二之衣服一以擬レ賞」という物質的報償の給付による郎等の獲得方法に見られたのである（『将門記』）が、やがて主従の結合が長期の人間的親近関係、さらに進んでは二世代以上にわたる譜代の関係として継続することによって、いっそう強化されたのである。『陸奥話記』に源頼義の親兵が「皆入二万死一不レ顧二一生一、悉為二将軍一棄レ命」るを惜しまず、ことに頼義が戦闘終了の後に「親廻二軍中一療二疵傷者一」するを見た従士たちが「感激皆言、身為レ恩使、命依レ義軽、今為二将軍一雖レ死不レ恨」という心境に達したことを記しているのは、まさしく恩顧と奉公との交換において成立する主従の結合が、生命をなげうって忠勤をはげむ従士を造り出すメカニズムを明瞭に示す逸話と言ってよかろう。主従間の結合関係は貴族と武士、上級貴族と下級貴族、上層農民と隷属農民との間にも存したけれど、武士の主従関係は武士のみに見られる独特の結合様式であって、それは近代の日本主義を奉ずる倫理学者等が過大評価したような普遍妥当性をもつ道徳規範の上に立つものではなかったにせよ、武士の社会的躍進をもたらした原動力となったという点で、重要な歴史的役割を果したのである。

また、貴族が退嬰的消極的な意識のために陰陽道その他の禁忌を墨守したのに対し、「国のうちの仏神はをのれになむなびき給へる」(『源氏物語』玉鬘)と自己の実力を誇るものさえいた武士の間から、日次が宜しくないのをも顧みず、「但兵待ニ機発一。不三必撰ニ日時一」と言い即日攻撃を開始した源頼義のごとき武将が現われたり(『陸奥話記』)、柱の木の節の穴から小児の手が出て招くので、仏をかけたけれど怪はやまなかったのに、征箭を一筋さしこんだところ、怪がやんだという話が語り伝えられたり(『今昔物語集』巻二十七第三)しているのは、武士の武力が仏神の呪力や禁忌の墨守にまさる力をもつとの自信が、武士の間にみなぎっていた事実を物語る徴表ではあるまいか。

このような武士の独特の生活意識ないし行動規範は、もっぱら武技への熟達を意味した前記「弓箭の道」「兵の道」をも含む、いっそう広い外延をもつ名称として何と呼ばれたか。明治以後盛に喧伝された「武士道」という言葉ははるか後世のものであって古代には存しなかった。「武者の習」というのがあるいはもっとも古い名称の一であったかと思われるが、この言葉の記載されているのが鎌倉時代に成立した軍記物語であるところからして、古代にすでに広く行われていたかどうかは断定しがたい。

九

農村の大地の上にしっかり足をふみしめていた武士の思想に、京都の市中で消費的な奢侈の生活を営み、しかも社会的危機への不安から消極的退嬰的となって行く貴族に見られない真剣さと健実さとの見られたのは、新しい時代思想の先駆として注目に値するところであるが、反面没落への過程をすでにふみ出している貴族の思想にも、その社会的不安から生ずる無力感がかえって人間の有限性の自覚を導き、楽天的・無葛藤的な平板に終始しかねない古代日本思想にはじめて否定的・逆説的な世界観・人生観を導入する契機となったことをみのがすのも、公正ではない。「にげなきもの、げすの家に雪のふりたる、又月のさし入りたるも、くちをし」(『枕草子』)といった、傲慢極まる階級的優越意識から脱却できなかった貴族が、もしその社会的危機感を媒介とする無力感をいだくことがなかったならば、彼らの思想は浅薄な現世謳歌に終ってしまったであろうが、津田左右吉がいみじくも徳川時代の思想界が現世万能に流れているのを指摘した際に、「人間そのものは宇宙に対しても運命に対しても、何等の畏敬の念を有せず、みづから無上の権力を有するものとして考へられる。敬虔なる宗教的信仰の起こらないのも、人生に対する真率なる反省が無いのも、また其の文芸に概して懐かしみと優しみが出てゐないのも此の故であらう。天地の間に於いて自己の小なることを切実に覚知し神の前に人の力の極めて弱いことをしみ〴〵と感ずるものに於て、始めて真のやさしみと懐かしみとが心の底から湧いて出るからである(平安朝の文学が極めて利己的な現世本位な人生観を示しながら、なほ其の中に情味の極めて濃かなるものがあるに反し、此の時代の文学にそれが乏しい理由はこゝにもある)」(『我が国民思想の研究　平民文学の時代中』)と平安朝貴族意識の近世思想に見られぬ意義を指摘し、平安朝貴族思想の集大成ともいうべき『源氏物語』について、これまた常に大団円に終るお伽草子と対比し、「虚心に観察すれば、人生のあらゆる葛藤は決して円満にのみ解決せられるものでも無」い、「だから昔の源氏物語のやうに切実に世間を観たものは、そこに悲みと喜びとがさまざまに纏綿して、世態の極めて複雑であることを認め、或は源氏や薫が彼等の地位と身分とによってもなほ免れることが出来ない悲哀の運命に陥った有様を叙し、さうして幾多の葛藤に何等の道徳的解決をも下してゐないと共に、測り難き人生の窮通を人力の如何ともすべからざる宿命に帰したのである」(『同　武士文学の時代』)という的確な評価を下したとおり、古代貴族はその無力感と体制崩壊への予感を通じて謙虚に人生の深淵を見る眼を養い得たのである。古代社会思想のうちで後世に伝えるに値する最大の精神的遺産はここにあると私は考える(『岩波講座日本文学史』第二巻所収、家永三郎「古代貴族の精神」)。

例えば、藤原行成は、栄花の極を尽した藤原道長が病に苦しむようすを見、「藤氏長者奉レ之、壮年已極二人位一。皇帝太子親舅、皇后親父、国母之弟。論二其栄幸一天下無レ比。而今霧露相侵、心神若レ亡、邪霊領得、似レ不二平生一。死者士之常也。生而何益之有。謂二事之理一、是世無常也。可レ愁々々、可レ悲々々」(『権記』長保二年五月二十五日条)とその日記に書きつけているが、これはいかに絶大な権力と富とを掌握していようとも肉身の人間としては死の前に無力な有限相対者に過ぎない事実を通じて「是世無常」という普遍的真理の認識に到達したことを示すものといえよう。それは彼が「送二書状於少将許一、其詞云、世中乎如何為《セ》猿《マシ》と思管《ツツ》起臥程爾明昏《アケクラ》須仮名ム。□則世間無常之比、触レ視触レ聴只催二悲感一。抽二中心難レ忍之襟一、示二肝胆不レ隔之人一也」(同、同年十二月十九日条)と自ら記しているとおりの深い人生感覚のもち主であったからこそ可能な認識でもあったろうが、それとともにその感覚が、「今世路之人皆云、代及二像末一。災是理運也」(同、同年六月二十日条)という、既述の体制の危機感としての末法思想との関連なしにあり得なかったところであったかもしれない。行成のように具体的な体制のシンボルの有限性を通しての認識ではないけれど、和泉式部の作歌に「限りあればかつ澄みわたる世間《よのなか》に有明の月をいつまでかみん」「たちのぼる煙につけておもふかないつまた我を人のかく見む」「夕暮は物ぞ悲しき鐘の音をあすもきくべき身とし知らねば」「近く見る人も我身もかたがたにただよふ雲とならんとすらん」(『和泉式部家集』『同続集』)等、人間の有限を詠じた絶唱に富むのも、平安貴族の世界観照がそれ以前の支配層のそれと比すべくもない陰翳と深みとを帯びていたことを窺わせるのである。

これに比べれば飛鳥奈良朝の支配層の楽観主義が対照的に浮びあがってくるものの、彼らといえど、絶対者の前には近世の武将ほどに傲慢ではなかった。近世の武将が織田信長・豊臣秀吉・徳川家康のように、自ら生前神として祭られることを望み（クラッセ『日本西教史』第八章・第十章）、秀吉は豊国大明神、家康は東照大権現とそれぞれ望みどおり神として祭られる身となり、また、戦国以後の諸大名がその居城に高く聳える天守閣を築造してその地上の権力者としての威容を民衆に誇示したのに比べるならば、「現御神《アキツミカミト》御宇《アメノシタシロシメス》倭根子《ヤマトネコ》天皇《スメラミコト》」と自称すると同時に「三宝《ホトケ》乃奴《ヤツコ》止仕奉《ツカヘマツレ》流天皇」とも自称して盧舎那大仏の前に額いた聖武天皇（『続日本紀』天平二十一年四月甲午条）においてもっとも明瞭に示されているように、飛鳥奈良朝の支配者たちは、仏殿・塔婆・仏像を仰いでおのれをその前にひれふさせる謙虚さを失なわなかった。そのことは平安朝の支配者にも継承されており、行成から人間としての有限性を看破された道長自身、自ら建立した法成寺金堂供養願文に「帝王儲皇之祖雖レ貴、若不レ勤其奈ニ菩提一何。三后二府之父雖レ敵、若不レ懺其奈ニ罪業一何」（『法成寺金堂供養願文』）という自省を忘れることなく、晩年は法成寺阿弥陀堂にこもり阿弥陀如来の手にすがって後世の救いを求めるに専念したのであった（家永三郎『上代仏教思想史研究』所収「法成寺の創建」）。そこに近世武士との人生観世界観における決定的な相違が見出され、それがまた他のいろいろな思潮と相合して中世初頭における鎌倉新仏教成立の思想史的前提をなしていることを考えるならば、古代支配層の思想が、必ずしも独創的な、また理論的な内容をもっていないにせよ、歴史上無視できない意味をもつと言うことができよう。

最後に、この時期の家族道徳がまたその対極をなす近世や明治以後第二次大戦期までの正統的家族道徳といちじるしく異なっていたのも、古代社会思想の顕著な特質の一つをなすことを一言しておく。

前に述べたとおり、この時期に貴族の学習した儒学は漢唐訓詁の学であって実践的思想原理としての生きたはたらきを有するものでなかったから、早くから中国において確立していた家父長制家族に基盤をおく家族道徳は、文章として日本に輸入されても、日本人の実生活を規制する力をもち得なかったのである。日本古代の家族生活の実態については、必ずしも学界の見解が一致しておらず、戦前の古い世代から戦後の新しい世代の研究者にいたるまで学界の主流をなす人々は、おおむね家父長制が早くから形成されたと考えてきたのであるが、私は、『記』『紀』『万葉集』から平安朝の物語等を通じて窺われる家族道徳思想について見るかぎり、学界の主流の見解に同調できず、高群逸枝が『招婿婚の研究』において展開した妻訪婚・母系相続が古代の一般的家族形態であって、天皇や貴族等最高支配層の政治的地位の男系相続はむしろ例外的現象と見るべきではないかと考えていた。近年関裕子の「律令国家における嫡妻・妾制について」(『史学雑誌』八十一編一号)・「日本古代家族の規定的血縁紐帯について」(『古代史論叢』中巻)等により、はじめて高群学説にアカデミズム史学の立場から実証的裏づけが加えられることとなった。いずれにせよ、古代の家族道徳思想に、中国あるいは近世および明治以後敗戦までの日本の正統道徳に顕著な家父長主義および男尊女卑のイデオロギーが見出されないことは、明白な事実である。もっとも、すでに家父長制家族が確立していた中国の法制を継受した日本の律令には、中国の家父長制的規定が随処にとり入れられているけれども、それらの条文は日本人の実生活を規制する力をほとんどもっていなかったにちがいない。律令の注釈書に、しばしば成文法と慣習法との乖離の実情を露呈する解釈の散見するのは、そうした事情によるものであろうし、実生活を素材とする文芸作品が親子または男女(夫妻)の愛情の表現・描写によって埋められ、妻の夫に対する片務的な服従・貞節、子の親に対する一方的な奉仕・孝を強調するイデオロギーがほとんど表明されていないのも、古代の日本において家父長制家族が確立していなかった実情を前提とすることなしには、理解できないところではあるまいか。

夫妻が別居し夫が妻の家に通う妻訪婚が広くすべての階層を通じて行われ、夫妻が同居する場合でも、妻が夫の父母の家に入嫁するのではなく、妻の父母の家に夫が婿入りするか、夫妻のみの独立の家で同居するかという婚姻形式を原則とし、娘としては親の、妻としては夫の財産を相続する権利を有していた古代女性は、男あるいは夫に対して独立性を保ち、男女が完全に平等であったとまでは言えないにせよ、男女夫婦の間に後世のようないちじるしい尊卑の別はいまだ生じていなかったのである。なかでももっとも注目すべきは妻の貞操の義務であって、「汝《な》こそは　男《を》にいませば　打ち見る　島の埼埼　かき見る　磯の埼落ちず　若草の　妻持たせらめ　吾《あ》はもよ　女《め》にしあれば　汝《な》措《を》きて　男《を》は無し　汝措《を》きて　夫《つま》は無し」（『古事記』）と歌われているような一夫多妻の慣行はあったけれど、反面妻が多くの夫をもつことも、必ずしもそれほど罪悪視されず、平安朝にいたるまで、「彼もなにがし一人をあひ頼む心もことになくてやありけむと見給つれど、やむごとなくものものしきすぢに思給へばこそあらめ、見るにはたことなる咎も侍らずなどして」（『源氏物語』蜻蛉）とあるように、妻が他の男と情を通ずるのをはげしく非難することもなしに寛恕する例の見られるのは、「間男すれば磔にかかる女子の嗜み」（近松門左衛門『大経師昔暦』）と口ずさまれた近世における峻烈きわまる妻の片務的貞操義務に比べるとき、いちじるしい懸隔があったと言わねばならないであろう。福沢諭吉は、『女大学』の女子に対する一方的貞操の強要を非難して、「男子に内証あれば、婦人にも内証あるべし。男子が春の花に戯るれば、婦人も亦秋の月に遊ぶの興あるべし。

金石流水ともに男女一様なれば夫れにて満足なり」(『日本婦人論後編』)と主張したが、古代日本の男女道徳はあたかも福沢の理想とするところにちかいものであったのである。このような前家父長制的・妻訪婚的・非男尊女卑的家族道徳は、理論的な規範として体系化されるにいたらず、やがて近世以後嫁入婚の普及と女子の相続権喪失とにより形成された家父長制家族生活のもとで、儒教的孝・貞道徳の理論・教説が横溢し、それに先立つ古代の家族関係は「淫風」という否定的評価で塗りつぶされてしまい、あたかも孝・貞道徳が日本古来の「淳風美俗」であったかのように考えられるにいたるのであるが、それはまったく歴史的事実に反する誤解であった。くり返して言うが、古代の文芸作品その他を通じて私たちは、近世以後の家父長制家族イデオロギーの支配下に置かれる以前の家族生活・家族道徳の実態を的確に看取する用意を失ってはならないのである。

古代日本の政治社会思想の全貌を隈なく紹介することは、最初におことわりしておいたとおり、ここでは困難であり、現在の私の力の限界内で重要な若干の問題を指摘するにとどめた。本文中にたびたび引用した津田の『我が国民思想の研究　貴族文学の時代』や家永三郎『日本道徳思想史』等には、この解説で説き得なかったところにも筆を及しているので、それらにより小文の欠を補っていただきたい。

日本思想大系 8
古代政治社会思想

1979 年 3 月29日　第 1 刷発行
1986 年 4 月21日　第 4 刷発行
1994 年 1 月 7 日　新装版第 1 刷発行
2001 年11月 5 日　新装版第 2 刷発行
2016 年11月10日　オンデマンド版発行

校注者　山岸徳平《やまぎしとくへい》　竹内理三《たけうちりぞう》
　　　　家永三郎《いえながさぶろう》　大曾根《おおそね》 章介《しょうすけ》

発行者　岡 本 厚

発行所　株式会社 岩波書店
〒101-8002 東京都千代田区一ツ橋 2-5-5
電話案内 03-5210-4000
http://www.iwanami.co.jp/

印刷／製本・法令印刷

ISBN 978-4-00-730526-9　　Printed in Japan